2019 **North American**

Coins & Prices

A GUIDE TO U.S., CANADIAN AND MEXICAN COINS

28TH EDITION

David C. Harper, Editor

Richard Giedroyc & Thomas Michael, Market Analysts

The World's Best-Selling Coin Books

Published by

Krause Publications, a division of F+W Media, Inc.
5225 Joerns Drive, Suite 2 • Stevens Point, WI 54481
715-445-2214 • 888-457-2873
www.krausebooks.com

To order books or other products call toll-free 1-855-864-2579
or visit us online at www.shopnumismaster.com

ISSN 1935-0562
ISBN-13: 978-1-4402-4874-0
ISBN-10: 1-4402-4874-5

Designed by Sandi Carpenter
Edited by Tracy L. Schmidt

Printed in the United States of America

10 9 8 7 6 5 4 3 2 1

Front cover images left to right:
Mexico, Real, 1739, KM#75.1; United States, 3 Dollar, 1863, KM#84; Canada, Dollar, 1948, KM#46
Back cover images top to bottom:
Canada, Prince Edward Islands, Cent, 1871, KM#4; United States, Roosevelt Dime, 1916, KM#140;
Canada, 500 Dollar, 2007, KM#710; Mexico, Chihuahua, Peso, 1915, KM#619;
Mexico Maximilian 20 Pesos, 1866Mo, KM#389

Contents

1

The Grading Factor

How to classify a coin's condition

By Arlyn G. Sieber

Grading is one of the most important factors in buying and selling coins as collectibles. Unfortunately, it's also one of the most controversial. Since the early days of coin collecting in the United States, buying through the mail has been a convenient way for collectors to acquire coins. As a result, there has always been a need in numismatics for a concise way to classify the amount of wear on a coin and its condition in general.

A look back

In September 1888, Dr. George Heath, a physician in Monroe, Mich., published a four-page pamphlet titled *The American Numismatist*. Publication of subsequent issues led to the founding of the American Numismatic Association, and *The Numismatist*, as it's known today, is the association's official journal. Heath's first issues were largely devoted to selling world coins from his collection. There were no formal grades listed with the coins and their prices, but the following statement by Heath indicates that condition was a consideration for early collectors:

"The coins are in above average condition," Heath wrote, "and so confident am I that they will give satisfaction, that I agree to refund the money in any unsatisfactory sales on the return of the coins."

As coin collecting became more popular and The Numismatist started accepting paid advertising from others, grading became more formal. The February 1892 issue listed seven "classes" for the condition of coins (from worst to best): mutilated, poor, fair, good, fine, uncirculated, and proof. Through the years, the hobby has struggled with developing a grading system that would be accepted by all and could apply to all coins. The hobby's growth was accompanied by a desire for more grades, or classifications, to more precisely define a coin's condition. The desire for more precision, however, was at odds with the basic concept of grading: to provide a concise method for classifying a coin's condition.

For example, even the conservatively few classifications of 1892 included fudge factors.

"To give flexibility to this classification," *The Numismatist* said, "such modification of fine, good and fair, as 'extremely,' 'very,' 'almost,' etc., are used to express slight variations from the general condition."

The debate over grading continued for decades in *The Numismatist*. A number of articles and letters prodded the ANA to write grading guidelines and endorse them as the association's official standards. Some submitted specific suggestions for terminology and accompanying standards for each grade. But grading remained a process of "instinct" gained through years of collecting or dealing experience.

A formal grading guide in book form finally appeared in 1958, but it was the work of two individuals rather than the ANA. *A Guide to the Grading of United States Coins* by Martin R. Brown and John W. Dunn was a breakthrough in the great grading debate. Now collectors had a reference that gave them specific guidelines for specific coins and could be studied and restudied at home.

The first editions of Brown and Dunn carried text only, no illustrations. For the fourth edition, in 1964, publication was assumed by Whitman Publishing Co. of Racine, Wis., and line drawings were added to illustrate the text.

The fourth edition listed six principal categories for circulated coins (from worst to best): good, very good, fine, very fine, extremely fine, and about uncirculated. But again, the desire for more precise categories were evidenced. In the book's introduction, Brown and Dunn wrote, "Dealers will sometimes advertise coins that are graded G-VG, VG-F, F-VF, VF-XF. Or the description may be ABT. G. or VG plus, etc. This means that the coin in question more than meets minimum standards for the lower grade but is not quite good enough for the higher grade."

When the fifth edition appeared, in 1969, the "New B & D Grading System" was introduced. The six principal categories for circulated coins were still intact, but variances within those categories were now designated by up to four letters: "A," "B," "C" or "D." For example, an EF-A coin was "almost about uncirculated." An EF-B was "normal extra fine" within the B & D standards. EF-C had a "normal extra fine" obverse, but the reverse was "obviously not as nice as obverse due to poor strike or excessive wear." EF-D had a "normal extra fine" reverse but a problem obverse.

But that wasn't the end. Brown and Dunn further listed 29 problem points that could appear on a coin – from No. 1 for an "edge bump" to No. 29 for "attempted re-engraving outside of the Mint." The number could be followed by the letter "O" or "R" to designate whether the problem appeared on the obverse or reverse and a Roman numeral corresponding to a clock face to designate where the problem appears on the obverse or reverse. For example, a coin described as "VG-B-9-O-X" would grade "VG-B"; the "9" designated a "single rim nick"; the "O" indicated the nick was on the obverse; and the "X" indicated it appeared at the 10 o'clock position, or upper left, of the obverse.

The authors' goal was noble – to create the perfect grading system. They again, however, fell victim to the age-old grading-system problem: Precision comes at the expense of brevity. Dealer Kurt Krueger wrote in the January 1976 issue of *The Numismatist*, "Under the new B & D system, the numismatist must contend with a minimum of 43,152 different grading combinations! Accuracy is apparent, but simplicity has been lost." As a result, the "New B & D Grading System" never caught on in the marketplace.

The 1970s saw two important grading guides make their debut. The first was *Photograde* by James F. Ruddy. As the title implies, Ruddy uses photographs instead of line drawings to show how coins look in the various circulated grades. Simplicity is also a virtue of Ruddy's book. Only seven circulated grades are listed (about good, good, very good, fine, very fine, extremely fine, and about uncirculated), and the designations stop there.

In 1977, the longtime call for the ANA to issue grading standards was met with the release of *The Official A.N.A. Grading Standards for United States Coins*. Like Brown and Dunn, the first edition of the ANA grading guide used line drawings to illustrate coins in various states of wear. But instead of using adjectival descriptions, the ANA guide adopted a numerical system for designating grades.

The numerical designations were based on a system used by Dr. William H. Sheldon in his book *Early American Cents*, first published in 1949. He used a scale of 1 to 70 to designate the grades of large cents.

"On this scale," Sheldon wrote, "1 means that the coin is identifiable and not mutilated – no more than that. A 70-coin is one in flawless Mint State, exactly as it left the dies, with perfect mint color and without a blemish or nick." (Sheldon's scale also had its pragmatic side. At the time, a No. 2 large cent was worth about twice a No. 1 coin; a No. 4 was worth about twice a No. 2, and so on up the scale.)

With the first edition of its grading guide, the ANA adopted the 70-point scale for grading all U.S. coins. It designated 10 categories of circulated grades: AG-3, G-4, VG-8, F-12, VF-20, VF-30, EF-40, EF-45, AU-50, and AU-55. The third edition, released in 1987, replaced the line drawings with photographs, and another circulated grade was added: AU-58. A fourth edition was released in 1991.

Grading circulated U.S. coins

Dealers today generally use either the ANA guide or Photograde when grading circulated coins for their inventories. (Brown and Dunn is now out of print.) Many local coin shops sell both books. Advertisers in *Numismatic News*, *Coins* magazine, and *Coin Prices* must indicate which standards they are using in grading their coins. If the standards are not listed, they must conform to ANA standards.

Following are some general guidelines, accompanied by photos, for grading circulated U.S. coins. Grading even circulated pieces can be subjective, particularly when attempting to draw the fine line between, for example, AU-55 and AU-58. Two longtime collectors or dealers can disagree in such a case.

But by studying some combination of the following guidelines, the ANA guide, and Photograde, and by looking at a lot of coins at shops and shows, collectors can gain enough grading knowledge to buy circulated coins confidently from dealers and other collectors. The more you study, the more knowledge and confidence you will gain. When you decide which series of coins you want to collect, focus on the guidelines for that particular series. Read them, reread them, and then refer back to them again and again.

AU-50

AU-50 (about uncirculated): Just a slight trace of wear, result of brief exposure to circulation or light rubbing from mishandling, may be evident on elevated design areas.

Indian cent

Lincoln cent

Buffalo nickel

Jefferson nickel

Mercury dime

Standing Liberty quarter

Washington quarter

Walking Liberty half dollar

Morgan dollar

Barber coins

These imperfections may appear as scratches or dull spots, along with bag marks or edge nicks. At least half of the original mint luster generally is still evident.

XF-40

Indian cent

Lincoln cent

Buffalo nickel

Jefferson nickel

Mercury dime

Standing Liberty quarter

Washington quarter

Walking Liberty half dollar

Morgan dollar

Barber coins

XF-40 (extremely fine): The coin must show only slight evidence of wear on the highest points of the design, particularly in the hair lines of the portrait on the obverse. The same may be said for the eagle's feathers and wreath leaves on the reverse of most U.S. coins. A trace of mint luster may still show in protected areas of the coin's surface.

VF-20

Indian cent

Lincoln cent

Buffalo nickel

Jefferson nickel

Mercury dime

Standing Liberty quarter

Washington quarter

Walking Liberty half dollar

Morgan dollar

Barber coins

VF-20 (very fine): The coin will show light wear at the fine points in the design, though they may remain sharp overall. Although the details may be slightly smoothed, all lettering and major features must remain sharp.

Indian cent: All letters in "Liberty" are complete but worn. Headdress shows considerable flatness, with flat spots on the tips of the feathers.

Lincoln cent: Hair, cheek, jaw, and bow-tie details will be worn but clearly separated, and wheat stalks on the reverse will be full with no weak spots.

Buffalo nickel: High spots on hair braid and cheek will be flat but show some detail, and a full horn will remain on the buffalo.

Jefferson nickel: Well over half of the major hair detail will remain, and the pillars on Monticello will remain well defined, with the triangular roof partially visible.

Mercury dime: Hair braid will show some detail, and three-quarters of the detail will remain in the feathers. The two diagonal bands on the fasces will show completely but will be worn smooth at the middle, with the vertical lines sharp.

Standing Liberty quarter: Rounded contour of Liberty's right leg will be flattened, as will the high point of the shield.

Washington quarter: There will be considerable wear on the hair curls, with feathers on the right and left of the eagle's breast showing clearly.

Walking Liberty half dollar: All lines of the skirt will show but will be worn on the high points. Over half the feathers on the eagle will show.

Morgan dollar: Two-thirds of the hair lines from the forehead to the ear must show. Ear should be well defined. Feathers on the eagle's breast may be worn smooth.

Barber coins: All seven letters of "Liberty" on the headband must stand out sharply. Head wreath will be well outlined from top to bottom.

F-12

Indian cent

Lincoln cent

Buffalo nickel

Jefferson nickel

Mercury dime

Standing Liberty quarter

Washington quarter

Walking Liberty half dollar

Morgan dollar

Barber coins

F-12 (fine): Coins show evidence of moderate to considerable but generally even wear on all high points, though all elements of the design and lettering remain bold. Where the word "Liberty" appears in a headband, it must be fully visible. On 20th century coins, the rim must be fully raised and sharp.

VG-8

Indian cent

Lincoln cent

Buffalo nickel

Jefferson nickel

Mercury dime

Standing Liberty quarter

Washington quarter   *Walking Liberty half dollar*

Morgan dollar   *Barber coins*

VG-8 (very good): The coin will show considerable wear, with most detail points worn nearly smooth. Where the word "Liberty" appears in a headband, at least three letters must show. On 20th century coins, the rim will start to merge with the lettering.

G-4

Indian cent

Lincoln cent

Buffalo nickel

Jefferson nickel

Mercury dime

Standing Liberty quarter

Washington quarter

Walking Liberty half dollar

Morgan dollar

Barber coins

G-4 (good): Only the basic design remains distinguishable in outline form, with all points of detail worn smooth. The word "Liberty" has disappeared, and the rims are almost merging with the lettering.

About good or fair: The coin will be identifiable by date and mint but otherwise badly worn, with only parts of the lettering showing. Such coins are of value only as fillers in a collection until a better example of the date and mintmark can be obtained. The only exceptions would be rare coins.

Collectors have a variety of grading services from which to choose. This set of Arkansas half dollars that appeared in an Early American History Auctions sale used two of the services.

Grading uncirculated U.S. coins

The subjectivity of grading and the trend toward more classifications becomes more acute when venturing into uncirculated, or mint-state, coins. A minute difference between one or two grade points can mean a difference in value of hundreds or even thousands of dollars. In addition, the standards are more difficult to articulate in writing and illustrate through drawings or photographs. Thus, the possibilities for differences of opinion on one or two grade points increase in uncirculated coins.

Back in Dr. George Heath's day and continuing through the 1960s, a coin was either uncirculated or it wasn't. Little distinction was made between uncirculated coins of varying condition, largely because there was little if any difference in value. When *Numismatic News* introduced its value guide in 1962 (the forerunner of today's *Coin Market* section in the *News*), it listed only one grade of uncirculated for Morgan dollars.

But as collectible coins increased in value and buyers of uncirculated coins became more picky, distinctions within uncirculated grade started to surface. In 1975 *Numismatic News* still listed only one uncirculated grade in *Coin Market*, but added this note: "Uncirculated and proof specimens in especially choice condition will also command proportionately higher premiums than these listed."

The first edition of the ANA guide listed two grades of uncirculated, MS-60 and MS-65, in addition to the theoretical but non-existent MS-70 (a flawless coin). MS-60 was described as "typical uncirculated" and MS-65 as "choice uncirculated." *Numismatic News* adopted both designations for *Coin Market*. In 1981, when the second edition of the ANA grading guide was released, MS-67 and MS-63 were added. In 1985 *Numismatic News* started listing six grades of uncirculated for Morgan dollars: MS-60, MS-63, MS-65, MS-65+, and MS-63 prooflike.

Then in 1986, a new entity appeared that changed the nature of grading and trading uncirculated coins ever since. A group of dealers led by David Hall of Newport Beach, Calif., formed the Professional Coin Grading Service. For a fee, collectors could submit a coin through an authorized PCGS dealer and receive a professional opinion of its grade.

The concept was not new; the ANA had operated an authentication service since 1972 and a grading service since 1979. A collector or dealer could submit a coin directly to the service and receive a certificate giving the service's opinion on authenticity and grade. The grading service was the source of near constant debate among dealers and ANA officials. Dealers charged that ANA graders were too young and inexperienced, and that their grading was inconsistent.

Grading stability was a problem throughout the coin business in the early 1980s, not just with the ANA service. Standards among uncirculated grades would tighten during a bear market and loosen during a bull market. As a result, a coin graded MS-65 in a bull market may have commanded only MS-63 during a bear market.

PCGS created several innovations in the grading business in response to these problems:

1. Coins could be submitted through PCGS-authorized dealers only.

2. Each coin would be graded by at least three members of a panel of "top graders," all prominent dealers in the business. (Since then, however, PCGS does not allow its graders to also deal in coins.)

3. After grading, the coin would be encapsulated in an inert, hard-plastic holder with a serial number and the grade indicated on the holder.

4. PCGS-member dealers pledged to make a market in PCGS-graded coins and honor the grades assigned.

5. In one of the most far-reaching moves, PCGS said it would use all 11 increments of uncirculated on the 70-point numerical scale: MS-60, MS-61, MS-62, MS-63, MS-64, MS-65, MS-66, MS-67, MS-68, MS-69, and MS-70.

The evolution of more uncirculated grades had reached another milestone.

Purists bemoaned the entombment of classic coins in the plastic holders and denounced the 11 uncirculated grades as implausible. Nevertheless, PCGS was an immediate commercial success. The plastic holders were nicknamed "slabs," and dealers couldn't get coins through the system fast enough.

In subsequent years, a number of similar services have appeared. Among them, one of the original PCGS "top graders," John Albanese, left PCGS to found the Numismatic Guaranty Corp (NGC). The ANA grading service succumbed to "slab mania" and introduced its own encapsulated product.

There now are numerous other reputable private third-party grading services. PCGS and NGC are the oldest and remain the leaders. In 1990 the ANA sold its grading service to a private company. It operates under the ANACS acronym.

How should a collector approach the buying and grading of uncirculated coins? Collecting uncirculated coins worth thousands of dollars implies a higher level of numismatic expertise by the buyer. Those buyers without that level of expertise should cut their teeth on more inexpensive coins, just as today's experienced collectors did. Inexperienced collectors can start toward that level by studying the guidelines for mint-state coins in the ANA grading guide and looking at lots of coins at shows and shops.

Study the condition and eye appeal of a coin and compare it to other coins of the same series. Then compare prices. Do the more expensive coins look better? If so, why? Start to make your own judgments concerning relationships between condition and value.

According to numismatic legend, a collector walked up to a crusty old dealer at a show one time and asked the dealer to grade a coin the collector had with him. The dealer looked at the coin and said, "I grade it a hundred dollars." Such is the bottom line to coin grading.

Grading U.S. proof coins

Because proof coins are struck by a special process using polished blanks, they receive their own grading designation. A coin does not start out being a proof and then become mint state if it becomes worn. Once a proof coin, always a proof coin.

In the ANA system, proof grades use the same numbers as circulated and uncirculated grades, and the amount of wear on the coin corresponds to those grades. But the number is preceded by the word "proof." For example, Proof-65, Proof-55, Proof-45, and so on. In addition, the ANA says a proof coin with many marks, scratches or other defects should be called an "impaired proof."

Grading world coins

The state of grading non-U.S. issues is similar to U.S. coin grading before Brown and Dunn. There is no detailed, illustrated guide that covers the enormous scope and variety of world coins; collectors and dealers rely on their experience in the field and knowledge of the marketplace.

The *Standard Catalog of World Coins* gives the following guidelines for grading world coins, which apply to the Canadian and Mexican value listings in this book:

In grading world coins, there are two elements to look for: 1) Overall wear, and 2) loss of design details, such as strands of hair, feathers on eagles, design elements on the coat-of-arms, etc.

The age, rarity or type of a coin should not be a consideration in grading.

Grade each coin by the weaker of the two sides. This method appears to give results most nearly consistent with the American Numismatic Association standards for U.S. coins. Split grades, i.e., F/VF for obverse and reverse, respectively, are normally no more than one grade apart. If the two sides are more than one grade apart, the series of coins probably wears differently on each side and should then be graded by the weaker side alone.

Grade by the amount of overall wear and loss of design detail evident on each side of the coin. On coins with a moderately small design element, which is prone to early wear, grade by that design alone. For example, the 5-ore (KM#554) of Sweden has a crown above the monogram on which the beads on the arches show wear most clearly. So, grade by the crown alone.

For MS-66 grade full mint luster will be present with no visible signs of any wear or handling, even under strong magnification. An above average strike, with obvious and significant eye appeal are needed for assignment of this grade designation.

For MS-65 (Gem Brilliant Uncirculated, GemBU) grade there will be no visible signs of wear or handling, even under a 10-power loop. Full mint luster should be present, but is not a necessity of the grade. No detracting bag or adjustment marks will be present. Sharp rims and bold detail are characteristic of this grade.

For MS-63 (Choice Brilliant Uncirculated, ChoiceBU) grade there will be no visible signs of wear or handling, even under a 10-power loop. Mint luster will be present. Ideally no bags marks will be evident, light adjustment marks may be present.

For MS-60 (Uncirculated, Unc.) grade there will be no visible signs of wear or handling, even under a 10-power loop. Adjustment marks and bag marks may be present.

For AU-50 (Almost Uncirculated, AU) all details will be visible. There will be the slightest of wear only on the highest point of the coin. There will often be half or more of the original mint luster present.

On the XF-40 (Extremely Fine, XF or EF) coin, there will be about 95% of the original detail visible. Or, on a coin with a design with no inner detail to wear down, there will be a light wear over nearly all the coin. If a small design is used as the grading area, about 90% of the original detail will be visible. This latter rule stems from the logic that a smaller amount of detail needs to be present because a small area is being used to grade the whole coin.

The VF-20 (Very Fine, VF) coin will have about 75% of the original detail visible. Or, on a coin with no inner detail, there will be moderate wear over the entire coin. Corners of letters and numbers may be weak. A small grading area will have about 66% of the original detail.

For F-12 (Fine, F), there will be about 50% of the original detail visible. Or, on a coin with no inner detail, there will be fairly heavy wear over all of the coin. Sides of letters will be weak. A coin which has not been cleaned will often appear as dirty or dull. A small amount of the grading area will have just about 50% of the original detail.

On the VG-8 (Very Good, VG) coin, there will be about 25% of the original detail visible. There will be heavy wear on all of the coin.

The G-4 (Good, G) coin's design will be clearly outlined but with substantial wear. Some of the larger detail may be visible. The rim may have a few weak spots of wear.

About good, AG-3: Typically only a silhouette of a large design will be visible. The rim will be worn down into the letters, if any.

2

Introduction to Pricing

This price guide is divided into three basic sections containing listings for the coinage of the United States, Canada and Mexico. Each section is presented in linear fashion from earliest to most recent issues. Divisions have been made by political eras, rulers, issuers, coinage types and other logical criteria. Within those breakdowns a singular sorting method has been applied grouping coins by denomination and date in ascending order.

Please consult the table of contents page to locate specific areas of interest.

Value listings

Values listed in the following price guide are average retail prices. These are the approximate prices collectors can expect to pay when purchasing coins from dealers. They are not offers to buy or sell. The pricing sections should be considered guides only; actual selling prices will vary.

The values were compiled by Krause Publications' independent staff of market analysts. They derived the values listed by monitoring auction results, business on electronic dealer trading networks, business at major shows, and in consultation with a panel of dealers, collectors, researchers and experts. For rare coins, when only a few specimens of a particular date and mintmark are known, a confirmed transaction may occur only once every several years. In those instances, the most recent auction result is listed.

Grading

Values are listed for coins in various states of preservation, or grades. Standards used in determining grades for U.S. coins are those set by the American Numismatic Association. See Chapter 1 for more on grading.

Dates and mintmarks

The dates listed are the individual dates that appear on each coin. The letter that follows the date is the mintmark and indicates where the coin was struck: "C" — Charlotte, N.C. (1838-1861); "CC" — Carson City, Nev. (1870-1893); "D" — Dahlonega, Ga. (1838-1861), and Denver (1906-present); "O" New Orleans (1838-1909); "P" — Philadelphia (1793-present); "S" San Francisco (1854-present); and "W" — West Point, N.Y. (1984-present). U.S. Coins without mintmarks were struck at Philadelphia.

A slash mark in a date indicates an overdate. This means a new date was engraved on a die over an old date. For example, if the date is listed as "1899/8," an 1898 die had a 9 engraved over the last 8 in the date. Portions of the old numeral are still visible on the coin.

A slash mark in a mintmark listing indicates an overmintmark (example: "1922-P/D"). The same process as above occurred, but this time a new mintmark was engraved over an old.

Mintages

Quantities minted of each date are indicated, after the date and mint mark, when that information is available. Est. prior to a mintage figure indicates the figure is an estimate or a mintage limit.

Precious-metal content

Throughout this book precious-metal content is indicated in troy ounces. One troy ounce equals 480 grains, or 31.1035 grams.

Abbreviations

AGW. Actual gold weight.

APW. Actual platinum weight.

ASW. Actual silver weight.

BV. Bullion value. This indicates the coin's current value is based on the amount of its precious-metal content and the current price for that metal.

Est. Indicates the exact mintage is not known and the figure listed is an estimate.

g. Grams.

Inc. above or Inc. below. Indicates the mintage for the date and mintmark listed is included in the previous or next listing.

KM#. Indicates "Krause-Mishler number." This sequential cataloging numbering system originated with the *Standard Catalog of World Coins* and provides collectors with a means for identifying coins.

Leg. Legend.

Mkt value. Market value.

mm. Millimeters.

Obv. Obverse.

P/L. Indicates "prooflike," a type of finish used on some Canadian coins.

Rev. Reverse.

Spec. Indicates "specimen," a type of finish used on some Canadian coins.

UNITED STATES

COLONIAL COINAGE

MARYLAND
Lord Baltimore

PENNY (DENARIUM)

KM# 1 Copper **Obv. Legend:** CAECILIVS Dns TERRAE MARIÆ

Date	AG3	G4	VG8	F12	VF20	XF40
ND(ca.1659)	—	—	—	65,000	120,000	185,000
9 known						

Note: Stack's Auction 5-04, Proof realized $241,500

4 PENCE (GROAT)

KM# 2 Silver ASW **Obv. Legend:** CAECILIVS Dns TERRAE MARIÆ **Obv:** Large bust **Rev:** Large shield

Date	AG3	G4	VG8	F12	VF20	XF40
ND(ca.1659)	1,350	2,750	5,500	10,000	22,500	35,000

KM# 3 Silver ASW **Obv. Legend:** CAECILIVS Dns TERRAE MARIÆ **Obv:** Small bust **Rev:** Small shield

Date	AG3	G4	VG8	F12	VF20
ND(ca.1659) unique	—	—	—	—	—

Note: Norweb $26,400

6 PENCE

KM# 4 Silver ASW **Obv. Legend:** CAECILIVS Dns TERRAE MARIÆ **Obv:** Small bust **Note:** Known in two other rare small-bust varieties and two rare large-bust varieties.

Date	AG3	G4	VG8	F12	VF20	XF40
ND(ca.1659)	850	1,400	2,400	5,000	9,500	15,000

SHILLING

KM# 6 Silver ASW **Obv. Legend:** CAECILIVS Dns TERRAE MARIÆ **Note:** Varieties exist; one is very rare.

Date	AG3	G4	VG8	F12	VF20	XF40
ND(ca.1659)	1,200	2,000	3,750	7,000	13,500	20,000

MASSACHUSETTS
New England

3 PENCE

KM# 1 Silver ASW **Obv:** NE **Rev:** III

Date	AG3	G4	VG8	F12	VF20
ND(ca. 1652) Unique	—	—	—	—	—

Note: Massachusetts Historical Society specimen

6 PENCE

KM# 2 Silver ASW **Obv:** NE **Rev:** VI

Date	G4	VG8	F12	VF20	XF40
ND(ca. 1652)	45,000	85,000	170,000	295,000	—
8 known					

Note: Garrett $75,000

SHILLING

KM# 3 Silver ASW **Obv:** NE **Rev:** XII

Date	G4	VG8	F12	VF20	XF40
ND(ca. 1652)	40,000	75,000	120,000	195,000	295,000

Willow Tree

3 PENCE

KM# 4 Silver ASW **Obv:** Willow tree

Date	AG3	G4	VG8	F12	VF20	XF40
1652 3 known	—	—	—	—	—	—

6 PENCE

KM# 5 Silver ASW **Obv:** Willow tree

Date	AG3	G4	VG8	F12	VF20	XF40
1652 14 known	9,500	18,500	32,000	60,000	150,000	270,000

SHILLING

KM# 6 Silver ASW **Obv:** Willow tree

Date	AG3	G4	VG8	F12	VF20	XF40
1652	9,000	17,500	30,000	55,000	125,000	245,000

Oak Tree

2 PENCE

KM# 7 Silver ASW **Obv:** Oak tree **Note:** Small 2 and large 2 varieties exist

Date	AG3	G4	VG8	F12	VF20	XF40	MS60
1662	—	500	900	2,000	3,850	6,500	15,000

3 PENCE

KM# 8 Silver ASW **Obv:** Oak tree **Note:** Two types of legends.

Date	AG3	G4	VG8	F12	VF20	XF40	MS60
1652	350	650	1,250	3,000	6,500	12,500	40,000

6 PENCE

KM# 9 Silver ASW **Obv:** Oak tree **Note:** Three types of legends.

Date	AG3	G4	VG8	F12	VF20	XF40	MS60
1652	400	850	1,350	3,250	7,500	15,000	35,000

SHILLING

KM# 10 Silver ASW **Obv:** Oak tree **Note:** Two types of legends.

Date	AG3	G4	VG8	F12	VF20	XF40	MS60
1652	375	750	1,250	3,000	6,200	11,500	32,000

Pine Tree

3 PENCE

KM# 11 Silver ASW **Obv:** Pine tree without berries

Date	AG3	G4	VG8	F12	VF20	XF40	MS60
1652	250	500	775	1,650	3,250	6,500	18,500

KM# 12 Silver ASW **Obv:** Pine tree with berries

Date	AG3	G4	VG8	F12	VF20	XF40	MS60
1652	250	500	775	1,650	3,500	6,750	19,500

6 PENCE

KM# 13 Silver ASW **Obv:** Pine tree without berries; spiney tree

Date	AG3	G4	VG8	F12	VF20	XF40	MS60
1652	350	675	1,200	2,000	4,000	7,000	22,000

KM# 14 Silver ASW **Obv:** Pine tree with berries

Date	AG3	G4	VG8	F12	VF20	XF40	MS60
1652	300	600	1,000	1,850	3,750	6,000	20,000

SHILLING

KM# 15 Silver ASW **Obv:** Pine tree **Note:** Large planchet. Many varieties exist; some are very rare.

Date	AG3	G4	VG8	F12	VF20	XF40	MS60
1652	375	700	1,100	2,250	4,750	8,250	27,000

KM# 16 Silver ASW **Obv:** Pine tree **Note:** Small planchet; large dies. All examples are thought to be contemporary fabrications.

Date	AG3	G4	VG8	F12	VF20	XF40	MS60
1652	—	—	—	—	—	—	—

KM# 17 Silver ASW **Obv:** Pine tree **Note:** Small planchet; small dies. Many varieties exist; some are very rare.

Date	AG3	G4	VG8	F12	VF20	XF40	MS60
1652	285	550	900	1,850	4,000	7,000	24,000

NEW JERSEY

St. Patrick or Mark Newby

FARTHING

KM# 1 Copper **Obv. Legend:** FLOREAT REX **Rev. Legend:** QUIESCAT PLEBS

Date	AG3	G4	VG8	F12	VF20	XF40	MS60
ND(ca. 1682)	65.00	115	300	825	2,750	7,500	18,500

KM# 1a Silver ASW **Obv. Legend:** FLOREAT REX **Rev. Legend:** QUIESCAT PLEBS

Date	AG3	G4	VG8	F12	VF20	XF40
ND(ca. 1682)	800	1,750	3,250	9,000	18,500	27,500

HALFPENNY

KM# 2 Copper **Obv. Legend:** FLOREAT REX **Rev. Legend:** ECCE GREX

Date	AG3	G4	VG8	F12	VF20	XF40
ND(ca. 1682)	185	365	850	1,450	3,250	11,500

EARLY AMERICAN TOKENS

American Plantations

1/24 REAL

KM# Tn5.1 Tin **Obv. Legend:** ET HIB REX

Date	AG3	G4	VG8	F12	VF20	XF40
ND(ca. 1688)	125	220	325	550	1,150	2,150

KM# Tn5.2 Tin **Obv:** Rider's head left of "B" in legend **Note:** Restrikes made in 1828 from broken obverse die.

Date	AG3	G4	VG8	F12	VF20	XF40	MS60
ND(ca. 1688)	60.00	100	150	225	400	550	1,250

KM# Tn5.3 Tin **Rev:** Horizontal 4

Date	AG3	G4	VG8	F12	VF20	XF40
ND(ca. 1688)	285	425	950	1,850	4,250	6,750

KM# Tn5.4 Tin **Obv. Legend:** ET. HB. REX.

Date	AG3	G4	VG8	F12	VF20	XF40	MS60
ND(ca. 1688)	250	450	875	1,950	3,250	11,500	

KM# Tn6 Tin **Rev:** Arms of Scotland left, Ireland right

Date	AG3	G4	VG8	F12	VF20	XF40
ND(ca. 1688)	450	750	1,350	2,750	6,750	11,000

Chalmers

3 PENCE

KM# Tn45 Silver ASW

Date	AG3	G4	VG8	F12	VF20	XF40	MS60
1783	650	1,150	2,200	4,250	9,500	20,000	—

6 PENCE

KM# Tn46.1 Silver ASW **Rev:** Small date

Date	AG3	G4	VG8	F12	VF20	XF40	MS60
1783	900	1,650	2,750	7,000	16,500	29,500	—

KM# Tn46.2 Silver ASW **Rev:** Large date

Date	AG3	G4	VG8	F12	VF20	XF40	MS60
1783	775	1,450	2,250	6,000	14,500	27,500	—

SHILLING

KM# Tn47.1 Silver ASW **Rev:** Birds with long worm

Date	AG3	G4	VG8	F12	VF20	XF40	MS60
1783	450	775	1,350	2,750	7,500	13,500	—

KM# Tn47.2 Silver ASW **Rev:** Birds with short worm

Date	AG3	G4	VG8	F12	VF20	XF40	MS60
1783	450	750	1,250	2,350	6,500	12,000	—

KM# Tn48 Silver ASW **Rev:** Rings and stars

Date	AG3	G4	VG8	F12	VF20	XF40
1783 5 known	—	—	—	—	250,000	—

Note: Norweb $1,320

Elephant

KM# Tn1.1 15.55 g., Copper **Note:** Thick planchet.

Date	AG3	G4	VG8	F12	VF20	XF40	MS60
ND(ca. 1664)	125	200	300	550	1,000	1,750	4,500

KM# Tn1.2 Copper **Note:** Thin planchet.

Date	AG3	G4	VG8	F12	VF20	XF40	MS60
ND(ca. 1664)	175	300	500	950	3,200	5,500	12,500

KM# Tn2 Copper **Rev:** Diagonals tie shield

Date	AG3	G4	VG8	F12	VF20	XF40	MS60
ND(ca. 1664)	250	450	650	2,000	5,000	7,750	37,500

KM# Tn3 Copper **Rev:** Sword right side of shield

Date	AG3	G4	VG8	F12	VF20	XF40
ND(ca. 1664) 3 known	—	—	—	—	25,000	—

KM# Tn4 Copper **Rev. Legend:** LON DON

Date	AG3	G4	VG8	F12	VF20	XF40	MS60
ND(ca. 1684)	340	650	1,100	2,350	4,750	8,500	25,000

KM# Tn7 Copper **Rev. Legend:** GOD / PRESERVE / NEW / ENGLAND

Date	VG8	F12	VF20	XF40
ND1694 2 known	95,000	125,000	175,000	225,000

Note: Norweb $25,300

KM# Tn8.1 Copper **Obv:** Elephant **Rev. Legend:** GOD / PRESERVE / CAROLINA / AND THE LORDS / PROPRIETORS

Date	VG8	F12	VF20	XF40	MS60
ND1694 5 known	12,000	27,000	37,000	55,000	135,000

Note: Norweb $35,200

KM# Tn8.2 Copper **Obv:** Elephant **Rev. Legend:** GOD / PRESERVE / CAROLINA / AND THE LORDS / PROPRIETORS **Note:** O over E in Proprietors

Date	AG3	G4	VG8	F12	VF20	XF40	MS60
1694	1,350	2,650	5,500	8,500	14,500	37,500	115,000

Note: Norweb $17,600

Gloucester

KM# Tn15 Copper **Obv. Legend:** GLOVCESTER • COVRTHOVSE • VIRGINIA / XII **Rev. Legend:** RIGHAVLT • DAWSON • ANNO • DOM • 1714 •

Date	AG3	G4	VG8	F12	VF20
ND(ca. 1714) 2 known	—	—	—	—	—

Note: Garrett $36,000

Hibernia-Voce Populi

FARTHING

KM# Tn21.1 Copper **Note:** Large letters

Date	AG3	G4	VG8	F12	VF20	XF40	MS60
1760	145	250	375	750	1,850	3,500	11,500

KM# Tn21.2 Copper **Note:** Small letters

Date	AG3	G4	VG8	F12	VF20	XF40	MS60
1760	—	—	3,250	6,500	25,000	60,000	—

Note: Norweb $5,940.

HALFPENNY

KM# Tn22 Copper

Date	AG3	G4	VG8	F12	VF20	XF40	MS60
1700	—	—	—	—	—	—	—
Extremely rare							

Note: Date is in error; ex-Roper $575. Norweb $577. Stack's Americana, VF, $2,900

1760	40.00	75.00	145	185	365	675	2,500
1760 P below bust	65.00	120	200	375	750	1,750	8,250
1760 P in front of bust	55.00	110	180	325	650	1,450	6,500
1760	50.00	80.00	135	195	425	775	3,750

Note: legend VOOE POPULI

Higley or Granby

KM# Tn16 Copper **Obv. Legend:** CONNECTICVT **Rev. Legend:** THE VALVE OF THREE PENCE

Date	AG3	G4	VG8	F12	VF20	XF40	MS60
1737	—	10,000	18,500	40,000	85,000	—	—

Note: Garrett $16,000

KM# Tn17 Copper **Obv. Legend:** THE VALVE OF THREE PENCE **Rev. Legend:** I AM GOOD COPPER

Date	AG3	G4	VG8	F12	VF20
1737 3 known	—	12,000	25,000	50,000	100,000

Note: ex-Norweb $6,875

KM# Tn18.1 Copper **Obv. Legend:** VALUE ME AS YOU PLEASE **Rev. Legend:** I AM GOOD COPPER

Date	AG3	G4	VG8	F12	VF20
1737	6,500	10,000	18,500	42,000	87,500

KM# Tn18.2 Copper **Obv. Legend:** VALVE. ME.AS.YOU.PLEASE. **Rev. Legend:** I AM GOOD COPPER.

Date	AG3	G4	VG8	F12	VF20	XF40
1737 3 known	—	—	—	—	—	275,000

KM# Tn19 Copper **Rev:** Broad axe

Date	AG3	G4	VG8	F12	VF20
ND(ca. 1737)	—	10,000	20,000	45,000	125,000

Note: Garrett $45,000

1739 5 known	—	—	—	—	—

Note: Eliasberg $12,650. Oechsner $9,900. Steinberg (holed) $4,400.

KM# Tn20 Copper **Obv. Legend:** THE WHEELE GOES ROUND **Obv:** Wheel **Rev:** Broad axe **Rev. Legend:** J CUT MY WAY THROUGH

Date	AG3	G4 VG8	F12	VF20
ND(ca. 1737) unique	—	— —	150,000	—
Note: Roper $60,500				

New Yorke

KM# Tn9 Brass **Obv. Legend:** NEW • YORKE • IN • AMERICA **Obv:** Eagle

Date	AG3	G4	VG8	F12	VF20	XF40
CA1700	1,800	3,750	7,500	16,500	28,500	57,500

KM# Tn9a White Metal **Obv. Legend:** NEW • YORKE • IN AMERICA **Obv:** Eagle

Date	G4	VG8	F12	VF20	XF40
CA1700 4 known	—	10,000	22,500	35,000	75,000

Pitt

FARTHING

KM# Tn23 Copper

Date	AG3	G4	VG8	F12	VF20	XF40	MS60
1766	—	3,750	7,000	11,500	28,500	42,500	—

HALFPENNY

KM# Tn24 Copper

Date	AG3	G4	VG8	F12	VF20	XF40	MS60
1766	145	275	450	750	1,650	3,000	9,500

KM# Tn24a Silver Plated Copper

Date	AG3	G4	VG8	F12	VF20	XF40	MS60
1766	—	—	—	—	2,250	5,000	12,500

Rhode Island Ship

KM# Tn27a Brass **Obv:** Without wreath below ship.

Date	AG3	G4	VG8	F12	VF20	XF40	MS60
1779	—	—	325	550	1,000	2,000	7,500

KM# Tn27b Pewter **Obv:** Without wreath below ship.

Date	AG3	G4	VG8	F12	VF20	XF40	MS60
1779	—	—	—	—	4,750	8,500	18,500

KM# Tn28a Brass **Obv:** Wreath below ship.

Date	AG3	G4	VG8	F12	VF20	XF40	MS60
1779	—	—	—	675	1,100	2,100	7,750

KM# Tn28b Pewter **Obv:** Wreath below ship.

Date	AG3	G4	VG8	F12	VF20	XF40	MS60
1779	—	—	—	—	5,500	9,000	20,000

KM# Tn29 Brass **Obv:** VLUGTENDE below ship

Date	AG3	G4	VG8	F12	VF20	XF40
1779 unique	—	—	—	—	—	35,000
Note: Garrett $16,000						

ROYAL PATENT COINAGE

Hibernia

FARTHING

KM# 20 Copper **Note:** Pattern.

Date	AG3	G4	VG8	F12	VF20	XF40	MS60
1722	135	250	425	700	1,750	3,500	13,500

KM# 24 Copper **Obv. Legend:** ...D:G:REX. **Obv:** 1722 obverse

Date	AG3	G4	VG8	F12	VF20	XF40	MS60
1723	20.00	75.00	120	200	325	600	1,250

KM# 25 Copper **Obv. Legend:** DEI • GRATIA • REX

Date	AG3	G4	VG8	F12	VF20	XF40	MS60
1723	25.00	45.00	60.00	180	300	550	1,000
1724	—	90.00	125	225	700	1,750	4,250

KM# 25a Silver ASW

Date	AG3	G4	VG8	F12	VF20	XF40	MS60
1723	—	—	1,600	2,250	4,200	6,500	15,000

HALFPENNY

KM# 21 Copper **Obv. Legend:** GEORGIUS • DEI • GRATIA • REX **Obv:** Bust right **Rev:** Harp left, head left **Rev. Legend:** HIBERNIA • 1722

Date	AG3	G4	VG8	F12	VF20	XF40	MS60
1722	50.00	90.00	110	160	325	700	1,750

KM# 22 Copper **Obv. Legend:** GEORGIVS D: G: REX **Obv:** Bust right **Rev:** Harp left, head right **Rev. Legend:** • HIBERNIÆ • **Note:** Rocks Reverse pattern.

Date	AG3	G4	VG8	F12	VF20	XF40	MS60
1722	—	—	—	5,000	7,750	12,500	42,000

KM# 23.1 Copper **Rev:** Harp right

Date	AG3	G4	VG8	F12	VF20	XF40	MS60
1722	35.00	60.00	80.00	120	285	600	1,950
1723	20.00	35.00	45.00	75.00	190	285	850
1723/22	35.00	60.00	80.00	150	400	850	2,500
1724	25.00	50.00	90.00	160	400	850	2,500

KM# 23.2 Copper **Obv.** DEII error in legend

Date	AG3	G4	VG8	F12	VF20	XF40	MS60
1722	75.00	125	160	325	750	1,500	3,250

KM# 26 Copper **Rev:** Large head **Note:** Rare. Generally mint state only. Probably a pattern.

Date	AG3	G4	VG8	F12	VF20	XF40	MS60
1723	—	—	—	—	—	—	—

KM# 27 Copper **Rev:** Continuous legend over head

Date	AG3	G4	VG8	F12	VF20	XF40	MS60
1724	45.00	80.00	150	300	900	1,850	4,500

Rosa Americana

HALFPENNY

KM# 1 Copper **Obv. Legend:** • D : G : REX •

Date	AG3	G4	VG8	F12	VF20	XF40	MS60
1722	20.00	50.00	140	250	525	1,050	4,000

KM# 2 Copper **Obv. Legend:** ... • DEI • GRATIA • REX • **Obv:** Uncrowned rose **Note:** Several varieties exist.

Date	AG3	G4	VG8	F12	VF20	XF40	MS60
1722	50.00	90.00	135	250	450	975	3,500
1723	385	700	850	1,750	3,600	5,500	—

US COLONIAL AMERICA

KM# 3 Copper **Rev. Legend:** VTILE DVLCI

Date	AG3	G4	VG8	F12	VF20	XF40	MS60
1722	250	450	950	2,250	4,000	7,500	—

KM# 9 Copper **Rev:** Crowned rose

Date	AG3	G4	VG8	F12	VF20	XF40	MS60
1723	45.00	85.00	110	165	425	900	4,500

PENNY

KM# 4 Copper **Rev. Legend:** UTILE DULCI **Note:** Several varieties exist.

Date	AG3	G4	VG8	F12	VF20	XF40	MS60
1722	60.00	100	135	240	450	950	3,750

KM# 5 Copper **Note:** Several varieties exist. Also known in two rare pattern types with long hair ribbons, one with V's for U's on the obverse.

Date	AG3	G4	VG8	F12	VF20	XF40	MS60
1722	18.00	35.00	150	275	750	1,450	6,000

KM# 10 Copper **Note:** Several varieties exist.

Date	AG3	G4	VG8	F12	VF20	XF40	MS60
1723	40.00	75.00	110	175	425	875	3,600

KM# 12 Copper **Note:** Pattern.

Date	AG3	G4	VG8	F12	VF20	XF40
1724 2 known	—	—	—	—	—	—

KM# 13 Copper **Rev. Legend:** ROSA: SINE: SPINA

Date	AG3	G4	VG8	F12	VF20	XF40
ND(ca. 1724) 5 known	—	—	—	—	—	—

KM# 14 Copper **Obv:** George II **Note:** Pattern.

Date	AG3	G4	VG8	F12	VF20	XF40
1727 2 known	—	—	—	—	—	—

2 PENCE

KM# 6 Copper **Rev:** Motto in scroll

Date	AG3	G4	VG8	F12	VF20	XF40	MS60
ND (ca.1722)	80.00	150	200	425	750	1,650	7,000

KM# 7 Copper **Rev:** Motto without scroll

Date	AG3	G4	VG8	F12	VF20	XF40
ND(ca.1722) 3 known	—	—	—	—	—	—

KM# 8.1 Copper **Obv. Legend:** ...REX **Rev:** Dated

Date	AG3	G4	VG8	F12	VF20	XF40	MS60
1722	70.00	125	175	275	750	1,500	5,500

KM# 8.2 Copper **Obv. Legend:** ...REX

Date	AG3	G4	VG8	F12	VF20	XF40	MS60
1722	70.00	125	175	275	775	1,600	6,000

KM# 11 Copper **Obv:** No stop after REX **Rev:** Stop after 1723 **Note:** Several varieties exist.

Date	AG3	G4	VG8	F12	VF20	XF40	MS60
1723	65.00	125	175	300	550	1,200	3,500

KM# 15 Copper **Note:** Pattern. Two varieties exist; both extremely rare.

Date	AG3	G4	VG8	F12	VF20	XF40	MS60
1724	—	—	—	—	—	—	—

Note: Stacks-Bowers 5-05 choice AU realized $25,300; Ex-Garrett $5,7775. Stack's Americana, XF, $10,925

KM# 16 Copper **Obv:** Bust left **Rev:** Crowned rose **Note:** Pattern.

Date	AG3	G4	VG8	F12	VF20
1733 4 known			**PF60** 65,000		

Note: Stacks-Bowers 5-05, Gem Proof realized $63,250; Norweb $19,800

Virginia Halfpenny

KM# Tn25.1 Copper **Rev:** Small 7s in date. **Note:** Struck on Irish halfpenny planchets.

Date	AG3	G4	VG8	F12	VF20	XF40	MS60
1773			**PF60** 22,000				

KM# Tn25.2 Copper **Obv. Legend:** GEORGIVS •... **Rev:** Varieties with 7 or 8 strings in harp

Date	AG3	G4	VG8	F12	VF20	XF40	MS60
1773	30.00	50.00	70.00	110	225	425	1,000

KM# Tn25.3 Copper **Obv. Legend:** GEORGIVS... **Rev:** Varieties with 6, 7 or 8 strings in harp

Date	AG3	G4	VG8	F12	VF20	XF40	MS60
1773	35.00	60.00	75.00	135	275	525	1,350

KM# Tn25.4 Copper **Obv. Legend:** GEORGIVS... **Rev:** 8 harp strings, dot on cross

Date	AG3	G4	VG8	F12	VF20	XF40	MS60
1773	—	—	—	—	—	—	—

KM# Tn26 Silver ASW **Note:** So-called "shilling" silver proofs.

Date	G4	VG8	F12	VF20	XF40	MS60
1774 6 known		**PF60** 150,000				

Note: Garrett $23,000

CONTINENTAL CURRENCY

Continental "Dollar"

KM# EA1 Pewter **Obv. Legend:** CURRENCY.

Date	AG3	G4	VG8	F12	VF20	XF40	MS60
1776	—	7,500	9,350	12,000	22,000	33,500	70,000

US COLONIAL AMERICA

KM# EA2 Pewter **Obv. Legend:** CURRENCY, EG FECIT.

Date	AG3	G4	VG8	F12	VF20	XF40	MS60
1776	—	8,000	10,500	14,500	27,500	40,000	80,000

KM# EA2a Silver ASW **Obv. Legend:** CURRENCY, EG FECIT.

Date	AG3	G4	VG8	F12	VF20	XF40
1776 2 known	—	—	—	—	450,000	650,000

KM# EA3 Pewter **Obv. Legend:** CURRENCEY

Date	AG3	G4	VG8	F12	VF20	XF40
1776 Rare	—	—	—	—	—	150,000

KM# EA4 Pewter **Obv. Legend:** CURRENCY. **Rev:** Floral cross.

Date	AG3	G4	VG8	F12	VF20	XF40
1776 3 known	—	—	—	—	—	400,000

KM# EA5 Pewter **Obv. Legend:** CURENCY.

Date	AG3	G4	VG8	F12	VF20	XF40	MS60
1776	—	7,500	9,500	12,000	22,500	35,000	75,000

KM# EA5a Brass **Obv. Legend:** CURENCY. **Note:** Two varieties exist.

Date	AG3	G4	VG8	F12	VF20	XF40
1776	—	22,500	28,500	40,000	75,000	145,000

KM# EA5b Silver ASW **Obv. Legend:** CURENCY.

Date	AG3	G4	VG8	F12	VF20	XF40
1776 2 known	—	—	—	285,000	425,000	—

UNITED STATES POST REVOLUTIONARY AMERICA
STATE COINAGE
CONNECTICUT

KM# 1 Copper **Obv:** Bust facing right.

Date	AG3	G4	VG8	F12	VF20	XF40	MS60
1785	35.00	55.00	90.00	200	650	1,750	—

KM# 2 Copper **Obv:** African head.

Date	AG3	G4	VG8	F12	VF20	XF40	MS60
1785	55.00	85.00	150	600	1,500	3,800	—

KM# 3.1 Copper Obv: Mailed bust facing left.

Date	AG3	G4	VG8	F12	VF20	XF40	MS60
1785	125	220	375	750	1,800	3,850	—
1786	30.00	50.00	90.00	175	500	1,400	—
1787	30.00	50.00	85.00	160	450	1,350	—
1788	30.00	50.00	80.00	160	435	1,150	—

KM# 3.3 Copper Obv: Perfect date. Rev. Legend: IN DE ET.

Date	AG3	G4	VG8	F12	VF20	XF40	MS60
1787	50.00	80.00	125	350	750	1,850	—

KM# 3.4 Copper Obv. Legend: CONNLC.

Date	AG3	G4	VG8	F12	VF20	XF40	MS60
1788	44.00	65.00	130	265	700	2,150	—

KM# 4 Copper Obv: Small mailed bust facing left. Rev. Legend: ETLIB INDE.

Date	AG3	G4	VG8	F12	VF20	XF40	MS60
1786	45.00	90.00	175	400	1,100	2,750	—

KM# 5 Copper Obv: Small mailed bust facing right. Rev. Legend: INDE ET LIB.

Date	AG3	G4	VG8	F12	VF20	XF40	MS60
1786	60.00	100	175	450	2,000	4,250	—

KM# 6 Copper Obv: Large mailed bust facing right.

Date	AG3	G4	VG8	F12	VF20	XF40	MS60
1786	55.00	90.00	160	400	1,750	3,750	—

KM# 7 Copper Obv: Hercules head.

Date	AG3	G4	VG8	F12	VF20	XF40	MS60
1786	60.00	110	220	600	2,500	5,800	—

KM# 8.1 Copper Obv: Draped bust.

Date	AG3	G4	VG8	F12	VF20	XF40	MS60
1786	50.00	100	200	500	1,250	2,850	—

KM# 8.2 Copper Obv: Draped bust. Note: Many varieties.

Date	AG3	G4	VG8	F12	VF20	XF40	MS60
1787	28.00	42.00	70.00	115	325	775	—

KM# 8.3 Copper Obv. Legend: AUCIORI.

Date	AG3	G4	VG8	F12	VF20	XF40	MS60
1787	30.00	55.00	90.00	175	450	1,100	—

KM# 8.4 Copper Obv. Legend: AUCTOPI.

Date	AG3	G4	VG8	F12	VF20	XF40	MS60
1787	35.00	65.00	110	200	650	1,650	—

KM# 8.5 Copper Obv. Legend: AUCTOBI.

Date	AG3	G4	VG8	F12	VF20	XF40	MS60
1787	35.00	65.00	110	200	625	1,550	—

KM# 8.6 Copper Obv. Legend: CONNFC.

Date	AG3	G4	VG8	F12	VF20	XF40	MS60
1787	32.00	60.00	95.00	185	525	1,100	—

KM# 8.7 Copper Obv. Legend: CONNLC.

Date	AG3	G4	VG8	F12	VF20	XF40	MS60
1787	60.00	90.00	180	375	950	3,000	—

KM# 8.8 Copper Rev. Legend: FNDE.

Date	AG3	G4	VG8	F12	VF20	XF40	MS60
1787	35.00	55.00	85.00	175	525	1,650	—

KM# 8.9 Copper Rev. Legend: ETLIR.

Date	AG3	G4	VG8	F12	VF20	XF40	MS60
1787	32.00	50.00	75.00	160	475	1,275	—

KM# 8.10 Copper Rev. Legend: ETIIB.

Date	AG3	G4	VG8	F12	VF20	XF40	MS60
1787	35.00	50.00	75.00	160	485	1,300	—

KM# 9 Copper **Obv:** Small head. **Rev. Legend:** ETLIB INDE.

Date	AG3	G4	VG8	F12	VF20	XF40	MS60
1787	65.00	110	180	425	1,750	4,300	—

KM# 10 Copper **Obv:** Small head. **Rev. Legend:** INDE ET LIB.

Date	AG3	G4	VG8	F12	VF20	XF40	MS60
1787	75.00	135	200	525	2,300	4,600	—

KM# 11 Copper **Obv:** Medium bust. **Note:** Two reverse legend types exist.

Date	AG3	G4	VG8	F12	VF20	XF40	MS60
1787	60.00	90.00	150	400	1,750	3,450	—

KM# 12 Copper **Obv:** Muttonhead variety. **Note:** Extremely rare with legend INDE ET LIB.

Date	AG3	G4	VG8	F12	VF20	XF40	MS60
1787	60.00	90.00	175	575	2,550	5,200	—

KM# 13 Copper **Obv:** Laughing head

Date	AG3	G4	VG8	F12	VF20	XF40	MS60
1787	35.00	60.00	120	240	650	1,800	—

KM# 14 Copper **Obv:** Horned head

Date	AG3	G4	VG8	F12	VF20	XF40	MS60
1787	30.00	50.00	80.00	165	450	1,200	—

KM# 15 Copper **Rev. Legend:** IND ET LIB

Date	AG3	G4	VG8	F12	VF20	XF40
1787/8		100	150	250	750	2,000	5,000
1787/1887	85.00	150	225	600	1,750	4,750

KM# 16 Copper **Obv:** Small head. **Rev. Legend:** IN DE ET LIB. **Note:** Two additional scarce reverse legend types exist.

Date	AG3	G4	VG8	F12	VF20	XF40	MS60
1787	35.00	50.00	120	240	675	1,750	—

KM# 20 Copper **Obv:** Mailed bust facing right.

Date	AG3	G4	VG8	F12	VF20	XF40	MS60
1788	28.00	45.00	90.00	200	650	1,650	—

KM# 21 Copper **Obv:** Small mailed bust facing right.

Date	AG3	G4	VG8	F12	VF20	XF40	MS60
1788	850	1,650	3,750	5,500	12,500	22,500	—

KM# 22.1 Copper **Obv:** Draped bust facing left. **Rev. Legend:** INDE ET LIB.

Date	AG3	G4	VG8	F12	VF20	XF40	MS60
1788	49.50	75.00	140	325	750	1,800	—

KM# 22.2 Copper **Rev. Legend:** INDLET LIB.

Date	AG3	G4	VG8	F12	VF20	XF40	MS60
1788	60.00	90.00	195	425	875	1,950	—

KM# 22.3 Copper **Obv. Legend:** CONNEC. **Rev. Legend:** INDE ET LIB.

Date	AG3	G4	VG8	F12	VF20	XF40	MS60
1788	58.00	85.00	190	400	875	1,850	—

KM# 22.4 Copper **Obv. Legend:** CONNEC. **Rev. Legend:** INDL ET LIB.

Date	AG3	G4	VG8	F12	VF20	XF40	MS60
1788	58.00	85.00	190	400	925	2,250	—

MASSACHUSETTS

HALFPENNY

KM# 17 Copper

Date	AG3	G4	VG8	F12	VF20
1776 unique	—	—	—	200,000	—

Note: Garrett $40,000

PENNY

KM# 18 Copper

Date	AG3	G4	VG8	F12	VF20	XF40
1776 unique	—	—	—	—	—	—

HALF CENT

KM# 19 Copper **Note:** Varieties exist; some are rare.

Date	AG3	G4	VG8	F12	VF20	XF40	MS60
1787	60.00	90.00	140	225	575	1,000	3,250
1788	70.00	115	175	275	600	1,100	3,500

CENT

KM# 20.1 Copper **Rev:** Arrows in right talon

Date	G4	VG8	F12	VF20	XF40	MS60
1787 7 known	9,500	17,500	30,000	55,000	75,000	175,000

Note: Ex-Bushnell-Brand $8,800. Garrett $5,500

KM# 20.2 Copper **Rev:** Arrows in left talon

Date	AG3	G4	VG8	F12	VF20	XF40	MS60
1787	60.00	90.00	165	240	650	1,350	6,250

KM# 20.3 Copper **Rev:** Horned eagle die break

Date	AG3	G4	VG8	F12	VF20	XF40	MS60
1787	70.00	110	190	275	775	1,550	6,000

KM# 20.4 Copper **Rev:** Without period after Massachusetts

Date	AG3	G4	VG8	F12	VF20	XF40	MS60
1788	70.00	105	190	260	675	1,600	6,250

KM# 20.5 Copper **Rev:** Period after Massachusetts, normal Ss

Date	AG3	G4	VG8	F12	VF20	XF40	MS60
1788	60.00	90.00	170	235	600	1,350	5,750

KM# 20.6 Copper **Rev:** Period after Massachusetts, Ss like 8s

Date	AG3	G4	VG8	F12	VF20	XF40	MS60
1788	50.00	75.00	135	200	575	1,250	5,250

NEW HAMPSHIRE

KM# 1 Copper

Date	AG3	G4	VG8	F12	VF20
1776 extremely rare	—	—	110,000	—	—

Note: Garrett $13,000

NEW JERSEY

KM# 8 Copper **Obv:** Date below draw bar.

Date	G4	VG8	F12	VF20	XF40
1786 extremely rare	—	—	80,000	135,000	225,000

KM# 9 Copper **Obv:** Large horse head, date below plow, no coulter on plow.

Date	AG3	G4	VG8	F12	VF20	XF40	MS60
1786	450	850	1,500	2,750	6,500	22,500	—

KM# 10 Copper **Rev:** Narrow shield, straight beam.

Date	AG3	G4	VG8	F12	VF20	XF40	MS60
1786	38.00	60.00	140	210	550	1,350	—

KM# 11.1 Copper **Rev:** Wide shield, curved beam.
Note: Varieties exist.

Date	AG3	G4	VG8	F12	VF20	XF40	MS60
1786	45.00	75.00	150	225	600	2,000	—

KM# 11.2 Copper **Obv:** Bridle variety (die break).
Note: Reverse varieties exist.

Date	AG3	G4	VG8	F12	VF20	XF40	MS60
1786	45.00	70.00	145	235	650	2,400	—

KM# 12.1 Copper **Rev:** Plain shield. **Note:** Small planchet. Varieties exist.

Date	AG3	G4	VG8	F12	VF20	XF40	MS60
1787	35.00	55.00	110	200	500	950	—

KM# 12.2 Copper **Rev:** Shield heavily outlined.
Note: Small planchet.

Date	AG3	G4	VG8	F12	VF20	XF40	MS60
1787	38.00	60.00	120	215	550	1,150	—

KM# 13 Copper **Obv:** Serpent head.

Date	AG3	G4	VG8	F12	VF20	XF40	MS60
1787	55.00	85.00	200	375	1,650	4,200	—

KM# 14 Copper **Rev:** Plain shield. **Note:** Large planchet. Varieties exist.

Date	AG3	G4	VG8	F12	VF20	XF40	MS60
1787	45.00	60.00	135	240	750	1,650	—

KM# 15 Copper **Rev. Legend:** PLURIBS.

Date	AG3	G4	VG8	F12	VF20	XF40	MS60
1787	85.00	150	275	500	1,500	3,250	—

KM# 16 Copper **Obv:** Horse head facing right.
Note: Varieties exist.

Date	AG3	G4	VG8	F12	VF20	XF40	MS60
1788	42.00	60.00	115	190	700	1,275	—

KM# 17 Copper **Rev:** Fox before legend. **Note:** Varieties exist.

Date	AG3	G4	VG8	F12	VF20	XF40	MS60
1788	75.00	145	295	575	2,150	4,750	—

KM# 18 Copper **Obv:** Horse head facing left. **Note:** Varieties exist.

Date	AG3	G4	VG8	F12	VF20	XF40	MS60
1788	235	425	900	1,650	4,800	13,000	—

NEW YORK

KM# 1 Copper **Obv. Legend:** NON VI VIRTUTE VICI. **Obv:** Bust right **Rev. Legend:** NEO-EBORACENSIS

Date	AG3	G4	VG8	F12	VF20	XF40	MS60
1786	3,250	5,000	8,000	16,000	35,000	65,000	—

KM# 2 Copper **Obv. Legend:** EXCELSIOR **Obv:** Eagle on globe facing right. **Rev. Legend:** E. PLURIBUS UNUM

Date	AG3	G4	VG8	F12	VF20	XF40	MS60
1787	1,400	2,250	3,850	7,500	20,000	37,500	—

KM# 3 Copper **Obv. Legend:** EXCELSIOR **Obv:** Eagle on globe facing left. **Rev. Legend:** E. PLURIBUS UNUM

Date	AG3	G4	VG8	F12	VF20	XF40	MS60
1787	1,250	2,000	3,500	7,000	15,000	30,000	—

KM# 4 Copper **Obv. Legend:** EXCELSIOR **Rev:** Large eagle, arrows in right talon. **Rev. Legend:** E. PLURIBUS UNUM

Date	AG3	G4	VG8	F12	VF20	XF40	MS60
1787	—	4,500	9,000	16,500	35,000	55,000	—

Note: Norweb $18,700

KM# 5 Copper **Obv:** George Clinton. **Rev. Legend:** EXCELSIOR

Date	AG3	G4	VG8	F12	VF20	XF40	MS60
1787	5,000	9,500	17,500	45,000	95,000	250,000	450,000

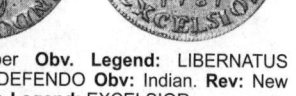

KM# 6 Copper **Obv. Legend:** LIBERNATUS LIBERTATEM DEFENDO **Obv:** Indian. **Rev:** New York arms. **Rev. Legend:** EXCELSIOR

Date	AG3	G4	VG8	F12	VF20	XF40
1787	4,500	7,500	12,500	35,000	80,000	170,000

KM# 7 Copper **Obv. Legend:** LIBERNATUS LIBERTATEM DEFENDO **Obv:** Indian. **Rev:** Eagle on globe. **Rev. Legend:** NEO EBORACUS EXCELSIOR

Date	AG3	G4	VG8	F12	VF20	XF40
1787	6,500	11,500	17,500	37,500	75,000	160,000

KM# 8 Copper **Obv:** Indian. **Rev:** George III.

Date	AG3	G4	VG8	F12	VF20	XF40
1787 3 Known	—	—	—	—	—	—

Machin's Mill

KM# 13 Copper **Note:** Crude, lightweight imitations of the British Halfpenny were struck at Machin's Mill in large quantities bearing the obverse legends: GEORGIVS II REX, GEORGIVS III REX, and GEORGIUS III REX, with the BRITANNIA reverse. There are many different mulings. Plain crosses in the shield of Britannia are noticeable on high grade pieces, unlike common British made imitations, which usually have outlined crosses in the shield. Some Machin's Mill varieties are very rare.

Date	AG3	G4	VG8	F12	VF20	XF40
(1747-1788)	40.00	75.00	145	325	800	2,250

Note: Prices are for most common within date ranges. Examples are dated: 1747, 1771, 1772, 1774, 1775, 1776, 1777, 1778, 1784, 1785, 1786, 1787 and 1788. Other dates may exist

Nova Eboracs

KM# 9 Copper **Obv. Legend:** NOVA EBORAC. **Obv:** Bust right **Rev:** Figure seated right. **Rev. Legend:** VIRT.ET.LIB.

Date	AG3	G4	VG8	F12	VF20	XF40	MS60
1787	75.00	115	220	360	1,150	2,700	—

KM# 10 Copper **Obv. Legend:** NOVA EBORAC **Obv:** Bust right **Rev:** Figure seated left. **Rev. Legend:** VIRT.ET.LIB.

Date	AG3	G4	VG8	F12	VF20	XF40	MS60
1787	60.00	100	200	325	825	1,750	—

KM# 11 Copper **Obv. Legend:** NOVA EBORAC. **Obv:** Small head, star above. **Rev:** Figure seated left **Rev. Legend:** VIRT.ET.LIB.

Date	AG3	G4	VG8	F12	VF20	XF40	MS60
1787	2,450	3,750	5,500	9,500	22,500	—	—

KM# 12 Copper **Obv. Legend:** NOVA EBORAC. **Obv:** Large head, two quatrefoils left. **Rev:** Figure seated left **Rev. Legend:** VIRT.ET.LIB.

Date	AG3	G4	VG8	F12	VF20	XF40	MS60
1787	350	600	1,250	2,500	7,750	15,000	—

VERMONT

KM# 1 Copper **Rev. Legend:** IMMUNE COLUMBIA

Date	AG3	G4	VG8	F12	VF20	XF40
ND1785	4,000	6,000	9,500	13,750	35,000	—

KM# 2 Copper **Obv. Legend:** VERMONTIS. RES. PUBLICA. **Obv:** Sun rising over field with plow **Rev:** Eye, with rays and stars **Rev. Legend:** QUARTA. DECIMA. STELLA.

Date	AG3	G4	VG8	F12	VF20	XF40	MS60
1785	140	300	750	1,650	5,250	12,500	—

KM# 3 Copper **Obv. Legend:** VERMONTS. RES. PUBLICA. **Obv:** Sun rising over field with plow **Rev:** Eye, with rays and stars **Rev. Legend:** QUARTA. DECIMA. STELLA.

Date	AG3	G4	VG8	F12	VF20	XF40	MS60
1785	150	285	550	1,150	2,250	7,500	—

KM# 4 Copper **Obv. Legend:** VERMONTENSIUM. RES.PUBLICA **Obv:** Sun rising over field with plow **Rev:** Eye, with pointed rays and stars **Rev. Legend:** QUARTA. DECIMA. STELLA.

Date	AG3	G4	VG8	F12	VF20	XF40	MS60
1786	140	235	425	775	2,000	4,500	13,500

KM# 5 Copper **Obv. Legend:** AUCTORI: VERMON: **Obv:** Baby head. **Rev:** Seated figure left **Rev. Legend:** ET:LIB: INDE

Date	AG3	G4	VG8	F12	VF20	XF40	MS60
1786	200	350	650	1,250	3,500	9,500	—

KM# 6 Copper **Obv. Legend:** VERMON: AUCTORI: **Obv:** Bust facing left. **Rev:** Seated figure left **Rev. Legend:** INDE ETLIB

Date	AG3	G4	VG8	F12	VF20	XF40
1786	115	175	325	750	2,250	3,850
1787	—	4,500	10,000	22,500	42,500	—

extremely rare

KM# 7 Copper **Obv. Legend:** VERMON. AUCTORI. **Obv:** Bust facing right. **Rev:** Seated figure left **Rev. Legend:** INDE ETLIB **Note:** Varieties exist.

Date	AG3	G4	VG8	F12	VF20	XF40	MS60
1787	70.00	150	260	575	1,450	3,000	—

KM# 8 Copper **Obv. Legend:** VERMON AUCTORI **Obv:** Bust right **Rev:** Seated figure left **Note:** Britannia mule.

Date	AG3	G4	VG8	F12	VF20	XF40	MS60
1787	65.00	120	170	300	700	1,650	—

KM# 9.1 Copper **Obv. Legend:** VERMON. AUCTORI. **Obv:** Bust right **Rev:** Seated figure left **Rev. Legend:** INDE . ET LIB. **Note:** Varieties exist.

Date	AG3	G4	VG8	F12	VF20	XF40	MS60
1788	65.00	125	200	450	950	2,250	—

KM# 9.2 Copper **Obv:** Bust right. "C" backward in AUCTORI. **Rev:** Seated figure left

Date	AG3	G4	VG8	F12	VF20	XF40
1788	—	4,200	7,000	17,500	38,000	—

extremely rare

KM# 10 Copper **Obv:** Bust right **Rev:** Seated figure left **Rev. Legend:** .ET LIB. .INDE.

Date	AG3	G4	VG8	F12	VF20	XF40	MS60
1788	200	325	675	1,750	3,500	11,500	—

KM# 11 Copper **Obv:** Bust right **Rev:** Seated figure left **Note:** George III Rex mule.

Date	AG3	G4	VG8	F12	VF20	XF40	MS60
1788	300	500	850	2,000	4,750	12,500	—

POST REVOLUTION AMERICAN TOKENS
Albany Church "Penny"

KM# Tn54.1 Copper **Obv:** Without "D" above church. **Note:** Uniface.

Date	G4	VG8	F12	VF20	XF40
ND(ca. 1790) 5 known	—	10,000	25,000	45,000	75,000

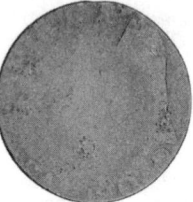

KM# Tn54.2 Copper **Obv:** With "D" above church. **Note:** Uniface.

Date	AG3	G4	VG8	F12	VF20	XF40
ND(ca. 1790) rare	—	—	9,000	22,500	42,500	67,500

Auctori Plebis

KM# Tn50 Copper **Obv. Legend:** AUCTORI: PLEBIS: **Obv:** Bust left **Rev:** Seated figure left **Rev. Legend:** INDEP: ET. LIBER

Date	AG3	G4	VG8	F12	VF20	XF40	MS60
1787	—	100	165	340	700	1,650	15,000

Bar "Cent"

KM# Tn49 Copper **Obv:** USA monogram **Rev:** Horizontal bars

Date	G4	VG8	F12	VF20	XF40	MS60
ND(ca.1785)	1,400	1,750	3,100	6,250	9,500	27,500

Castorland "Half Dollar"

KM# Tn87.1 Silver ASW **Obv. Legend:** FRANCO • AMERICANA / COLONIA **Edge:** Reeded.

Date	AG3	G4	VG8	F12	VF20	XF40	MS60
1796	—	—	—	—	—	4,500	12,500

KM# Tn87.1a Copper **Obv. Legend:** FRANCO • AMERICANA / COLONIA **Edge:** Reeded.

Date	AG3	G4	VG8	F12	VF20	XF40
1796 3 known	—	—	—	—	—	3,500

KM# Tn87.1b Brass **Obv. Legend:** FRANCO • AMERICANA / COLONIA **Edge:** Reeded

Date	AG3	G4	VG8	F12	VF20	XF40	MS60
1796	—	—	—	—	—	275	700

KM# Tn87.2 Copper **Obv. Legend:** FRANCO • AMERICANA / COLONIA **Edge:** Plain. **Note:** Thin planchet.

Date	AG3	G4	VG8	F12	VF20	XF40
1796 unique	—	—	—	—	—	—

KM# Tn87.3 Silver ASW **Obv. Legend:** FRANCO • AMERICANA / COLONIA **Edge:** Reeded. **Note:** Thin planchet. Restrike.

Date	G4	VG8	F12	VF20	XF40	MS60
1796	—	—	—	—	—	1,450

KM# Tn87.3a Copper **Obv. Legend:** FRANCO • AMERICANA / COLONIA **Edge:** Reeded. **Note:** Thin planchet. Restrike.

Date	G4	VG8	F12	VF20	XF40	MS60
1796	—	—	—	—	—	350

KM# Tn87.4 Silver ASW **Obv. Legend:** FRANCO • AMERICANA / COLONIA **Edge:** Lettered. **Edge Lettering:** ARGENT. **Note:** Thin planchet. Restrike.

Date	G4	VG8	F12	VF20	XF40	MS60
1796	—	—	—	—	—	75.00

KM# Tn87.5 Copper **Obv. Legend:** FRANCO • AMERICANA / COLONIA **Edge:** Lettered. **Edge Lettering:** CUIVRE. **Note:** Thin planchet. Restrike.

Date	G4	VG8	F12	VF20	XF40	MS60
1796	—	—	—	—	—	45.00

Copper Company of Upper Canada

HALFPENNY

KM# Tn86 Copper **Obv. Legend:** BRITISH SETTLEMENT KENTUCKY

Date	G4	VG8	F12	VF20	XF40	MS60
1796	PF60 9,500					

Franklin Press

KM# Tn73 Copper **Obv. Legend:** SIC ORITUR DOCTRINA SURGETQUE LIBERTAS **Obv:** Printing press **Rev. Inscription:** PAYABLE AT THE FRANKLIN PRESS LONDON **Edge:** Plain.

Date	AG3	G4	VG8	F12	VF20	XF40	MS60
1794	30.00	75.00	110	150	285	450	1,350

Kentucky Token

KM# Tn70.1 Copper **Obv. Legend:** UNANIMITY IS THE STRENGTH OF SOCIETY **Rev. Legend:** E. PLURIBUS UNUM **Edge:** Plain. **Note:** 1793 date is circa.

Date	AG3	G4	VG8	F12	VF20	XF40	MS60
ND(ca. 1793)	12.00	25.00	40.00	150	200	375	1,150

KM# Tn70.2 Copper **Obv. Legend:** UNANIMITY IS THE STRENGTH OF SOCIETY **Rev. Legend:** E. PLURIBUS UNUM **Edge:** Engrailed.

Date	AG3	G4	VG8	F12	VF20	XF40	MS60
ND(ca. 1793)	35.00	75.00	125	200	500	950	3,250

KM# Tn70.3 Copper **Obv. Legend:** UNANIMITY IS THE STRENGTH OF SOCIETY **Rev. Legend:** E. PLURIBUS UNUM **Edge:** Lettered. **Edge Lettering:** PAYABLE AT BEDWORTH.

Date	VG8	F12	VF20	XF40
ND(ca. 1793) unique	—	—	—	2,500

KM# Tn70.4 Copper **Obv. Legend:** UNANIMITY IS THE STRENGTH OF SOCIETY **Rev. Legend:** E. PLURIBUS UNUM **Edge:** Lettered. **Edge Lettering:** PAYABLE AT LANCASTER.

Date	AG3	G4	VG8	F12	VF20	XF40	MS60
ND(ca. 1793)	14.00	28.00	45.00	65.00	225	400	1,250

KM# Tn70.5 Copper **Obv. Legend:** UNANIMITY IS THE STRENGTH OF SOCIETY **Rev. Legend:** E. PLURIBUS UNUM **Edge:** Lettered. **Edge Lettering:** PAYABLE AT I.FIELDING.

Date	AG3	G4	VG8	F12	VF20	XF40
ND(ca. 1793) unique	—	—	—	—	—	—

KM# Tn70.6 Copper **Obv. Legend:** UNANIMITY IS THE STRENGTH OF SOCIETY **Rev. Legend:** E. PLURIBUS UNUM **Edge:** Lettered. **Edge Lettering:** PAYABLE AT W. PARKERS.

Date	AG3	G4	VG8	F12	VF20	XF40
ND(ca. 1793) unique	—	—	—	—	20,000	—

KM# Tn70.7 Copper **Obv. Legend:** UNANIMITY IS THE STRENGTH OF SOCIETY **Rev. Legend:** E. PLURIBUS UNUM **Edge:** Ornamented branch with two leaves.

Date	AG3	G4	VG8	F12	VF20	XF40
ND(ca. 1793) unique	—	—	—	—	—	—

Mott Token

KM# Tn52.1 Copper **Obv:** Clock **Rev:** Eagle with shield **Note:** Thin planchet.

Date	AG3	G4	VG8	F12	VF20	XF40	MS60
1789	50.00	80.00	150	300	550	1,200	1,750

KM# Tn52.2 Copper **Obv:** Clock **Rev:** Eagle with shield **Note:** Thick planchet. Weight generally about 170 grams.

Date	AG3	G4	VG8	F12	VF20	XF40	MS60
1789	60.00	95.00	175	325	525	1,000	—

KM# Tn52.3 Copper **Obv:** Clock **Rev:** Eagle with shield **Edge:** Fully engrailed. **Note:** Specimens struck with perfect dies are scarcer and generally command higher prices.

Date	AG3	G4	VG8	F12	VF20	XF40	MS60
1789	90.00	160	325	450	700	1,750	4,800

Myddelton Token

KM# Tn85 Copper **Obv. Legend:** BRITISH SETTLEMENT KENTUCKY **Rev. Legend:** PAYABLE BY P • P • P • MYDDELTON •

Date	G4	VG8	F12	VF20	XF40	MS60
1796		PF60 18,500				

KM# Tn85a Silver ASW

Date	G4	VG8	F12	VF20	XF40	MS60
1796		PF60 24,500				

New York Theatre

KM# Tn90 Copper **Obv. Legend:** THE • THEATRE • AT • NEW • YORK • / AMERICA • **Obv:** Theater building **Rev:** Ships at sea, viewed from dock **Rev. Legend:** MAY • COMMERCE • FLOURISH

Date	G4	VG8	F12	VF20	XF40	MS60
ND(ca. 1796)		PF60 35,000				

North American

HALFPENNY

KM# Tn30 Copper **Obv. Legend:** NORTH AMERICAN TOKEN **Obv:** Seated figure left, with harp **Rev:** Ship **Rev. Legend:** COMMERCE

Date	AG3	G4	VG8	F12	VF20	XF40	MS60
1781	32.00	50.00	70.00	140	300	750	3,250

Standish Barry

3 PENCE

KM# Tn55 Silver ASW **Obv. Legend:** BALTIMORE • TOWN • JULY • 4 • 90 **Obv:** Bust left **Rev:** Denomination **Rev. Legend:** STANDISH BARRY •

Date	G4	VG8	F12	VF20	XF40	MS60
1790	—	15,000	25,000	55,000	75,000	125,000

Talbot, Allum & Lee

CENT

KM# Tn71.1 Copper **Rev:** NEW YORK above ship **Edge:** Lettered. **Edge Lettering:** PAYABLE AT THE STORE OF

Date	AG3	G4	VG8	F12	VF20	XF40	MS60
1794	32.00	50.00	85.00	165	275	550	1,850

KM# Tn71.2 Copper **Rev:** NEW YORK above ship **Edge:** Plain. **Note:** Size of ampersand varies on obverse and reverse dies.

Date	AG3	G4	VG8	F12	VF20	XF40
1794 4 known	—	—	—	—	15,000	27,000

KM# Tn72.1 Copper **Rev:** Without NEW YORK above ship **Edge:** Lettered. **Edge Lettering:** PAYABLE AT THE STORE OF

Date	AG3	G4	VG8	F12	VF20	XF40	MS60
1794	200	375	600	1,250	3,750	7,500	22,000

KM# Tn72.2 Copper **Edge:** Lettered. **Edge Lettering:** WE PROMISE TO PAY THE BEARER ONE CENT.

Date	AG3	G4	VG8	F12	VF20	XF40	MS60
1795	30.00	50.00	75.00	135	250	400	1,200

KM# Tn72.3 Copper **Edge:** Lettered. **Edge Lettering:** CURRENT EVERYWHERE.

Date	AG3	G4	VG8	F12	VF20	XF40
1795 unique	—	—	—	—	—	—

KM# Tn72.4 Copper **Edge:** Olive leaf.

Date	AG3	G4	VG8	F12	VF20	XF40
1795 unique	—	—	—	—	—	18,000

KM# Tn72.5 Copper **Edge:** Plain.

Date		G4	VG8	F12	VF20	XF40
1795 Lettered edge; unique		—	—	—	—	18,000
1795 plain edge; 2 known		—	—	—	—	—

Washington Pieces

KM# Tn35 Copper **Obv. Legend:** GEORGIVS TRIUMPHO.

Date	AG3	G4	VG8	F12	VF20	XF40	MS60
1783	—	95.00	135	285	550	850	—

KM# Tn36 Copper **Obv:** Large military bust. **Note:** Varieties exist.

Date	AG3	G4	VG8	F12	VF20	XF40	MS60
1783	—	—	50.00	90.00	185	450	2,600

KM# Tn37.1 Copper **Obv:** Small military bust. **Edge:** Plain.

Date	AG3	G4	VG8	F12	VF20	XF40	MS60
1783	—	—	70.00	95.00	220	525	3,800

KM# Tn37.2 Copper **Obv:** Small military bust. **Edge:** Engrailed.

Date	AG3	G4	VG8	F12	VF20	XF40	MS60
1783	—	75.00	110	150	300	750	4,750

KM# Tn38.1 Copper **Obv:** Draped bust, no button on drapery.

Date	AG3	G4	VG8	F12	VF20	XF40	MS60
1783	—	40.00	60.00	95.00	175	350	2,250

KM# Tn38.2 Copper **Obv:** Draped bust, button on drapery.

Date	AG3	G4	VG8	F12	VF20	XF40	MS60
1783	—	75.00	110	150	300	600	4,500

KM# Tn38.4 Copper **Edge:** Engrailed. **Note:** Restrike.

Date		G4	VG8	F12	VF20	XF40	MS60
1783		PF60 800					

KM# Tn38.4a Copper **Note:** Bronzed. Restrike.

Date		G4	VG8	F12	VF20	XF40	MS60
1783		PF65 300					

KM# Tn83.3 Copper **Obv:** Large modern lettering. **Edge:** Plain. **Note:** Restrike.

Date		G4	VG8	F12	VF20	XF40	MS60
1783		PF60 950					

KM# Tn83.4b Silver ASW **Note:** Restrike.

Date		G4	VG8	F12	VF20	XF40	MS60
1783		PF60 1,750					

KM# Tn83.4c Gold AGW **Note:** Restrike.

Date	AG3	G4	VG8	F12	VF20	XF40
1783 2 known	—	—	—	—	—	—

KM# Tn60.1 Copper **Obv. Legend:** WASHINGTON PRESIDENT. **Edge:** Plain.

Date	AG3	G4	VG8	F12	VF20	XF40	MS60
1792	1,150	2,850	6,500	12,500	27,500	47,500	—

Note: Steinberg $12,650. Garret $15,500

KM# Tn60.2 Copper **Obv. Legend:** WASHINGTON PRESIDENT. **Edge:** Lettered. **Edge Lettering:** UNITED STATES OF AMERICA.

Date	AG3	G4	VG8	F12	VF20	XF40	MS60
1792	—	—	—	—	—	—	—

KM# Tn61.1 Copper **Obv. Legend:** BORN VIRGINIA. **Note:** Varieties exist.

Date	AG3	G4	VG8	F12	VF20	XF40
ND(ca.1792)	500	1,000	2,000	4,000	7,500	12,000

US COLONIAL AMERICA

KM# Tn61.1a Silver ASW **Edge:** Plain.

Date	AG3	G4	VG8	F12	VF20	XF40
ND(ca.1792)	—	—	—	—	—250,000	
4 known						

KM# Tn61.2 Silver ASW **Edge Lettering:** UNITED STATES OF AMERICA •

Date	AG3	G4	VG8	F12	VF20	XF40
ND(ca.1792)	—	—	—	—	—	—
2 known						

KM# Tn62 Silver ASW **Rev:** Heraldic eagle. 1792 half dollar. **Note:** Mule.

Date	AG3	G4	VG8	F12	VF20	XF40
ND(ca.1792)	—	—	—	—	60,000	85,000
3 known						

KM# Tn77.1 Copper **Obv. Legend:** LIBERTY AND SECURITY. **Edge:** Lettered. **Note:** "Penny."

Date	AG3	G4	VG8	F12	VF20	XF40	MS60
ND(ca. 1795)	70.00	110	165	300	500	850	3,500

KM# Tn77.2 Copper **Edge:** Plain. **Note:** "Penny."

Date	AG3	G4	VG8	F12	VF20
ND(ca. 1795)	—	—	—	—	—
extremely rare					

KM# Tn77.3 Copper **Note:** "Penny." Engine-turned borders.

Date	G4	VG8	F12	VF20	XF40	MS60
ND(ca. 1795)	275	450	650	1,250	2,400	7,500
12 known						

KM# Tn78 Copper **Note:** Similar to "Halfpenny" with date on reverse.

Date	AG3	G4	VG8	F12	VF20	XF40
1795 very rare	—	—	—	—	—	—

Note: Roper $16,500

HALFPENNY

KM# Tn56 Copper **Obv. Legend:** LIVERPOOL HALFPENNY

Date	AG3	G4	VG8	F12	VF20	XF40	MS60
1791	40.00	70.00	1,000	125	300	550	3,250

KM# Tn66.1 Copper **Rev:** Ship **Edge:** Lettered.

Date	AG3	G4	VG8	F12	VF20	XF40	MS60
1793	25.00	45.00	85.00	225	450	825	3,500

KM# Tn66.2 Copper **Rev:** Ship **Edge:** Plain.

Date	AG3	G4	VG8	F12	VF20	XF40
1793 5 known	—	—	—	—	15,000	—

KM# Tn75.1 Copper **Obv:** Large coat buttons **Rev:** Grate **Edge:** Reeded.

Date	AG3	G4	VG8	F12	VF20	XF40	MS60
1795	—	—	70.00	110	200	400	900

KM# Tn75.2 Copper **Rev:** Grate **Edge:** Lettered.

Date	AG3	G4	VG8	F12	VF20	XF40	MS60
1795	90.00	140	210	275	400	800	2,800

KM# Tn75.3 Copper **Obv:** Small coat buttons **Rev:** Grate **Edge:** Reeded.

Date	AG3	G4	VG8	F12	VF20	XF40	MS60
1795	50.00	75.00	120	190	275	575	2,550

KM# Tn76.1 Copper **Obv. Legend:** LIBERTY AND SECURITY. **Edge:** Plain.

Date	AG3	G4	VG8	F12	VF20	XF40	MS60
1795	18.00	35.00	60.00	160	350	650	3,250

KM# Tn76.2 Copper **Edge:** Lettered. **Edge Lettering:** PAYABLE AT LONDON ...

Date	AG3	G4	VG8	F12	VF20	XF40	MS60
1795	40.00	65.00	90.00	140	300	600	3,000

KM# Tn76.3 Copper **Edge:** Lettered. **Edge Lettering:** BIRMINGHAM ...

Date	AG3	G4	VG8	F12	VF20	XF40	MS60
1795	55.00	85.00	125	175	350	750	3,500

KM# Tn76.4 Copper **Edge:** Lettered. **Edge Lettering:** AN ASYLUM ...

Date	AG3	G4	VG8	F12	VF20	XF40	MS60
1795	18.00	35.00	60.00	275	600	1,500	6,250

KM# Tn76.5 Copper **Edge:** Lettered. **Edge Lettering:** PAYABLE AT LIVERPOOL ...

Date	AG3	G4	VG8	F12	VF20	XF40
1795 unique	—	—	—	—	—	—

KM# Tn76.6 Copper **Edge:** Lettered. **Edge Lettering:** PAYABLE AT LONDON-LIVERPOOL.

Date	AG3	G4	VG8	F12	VF20	XF40
1795 unique	—	—	—	—	—	—

KM# Tn81.1 Copper **Rev. Legend:** NORTH WALES **Edge:** Plain.

Date	AG3	G4	VG8	F12	VF20	XF40
ND(ca.1795)	60.00	110	175	265	625	1,750

KM# Tn81.2 Copper **Rev. Legend:** NORTH WALES **Edge:** Lettered.

Date	AG3	G4	VG8	F12	VF20	XF40
(ca.1795)	350	550	1,150	1,750	5,500	9,500

KM# Tn82 Copper **Rev:** Four stars at bottom **Rev. Legend:** NORTH WALES

Date	AG3	G4	VG8	F12	VF20	XF40
ND(ca.1795)	1,250	2,250	4,750	7,750	21,500	—

CENT

KM# Tn39 Copper **Obv. Legend:** WASHINGTON & INDEPENDENCE **Obv:** Draped Bust left **Rev:** Denomination in wreath **Rev. Legend:** UNITY STATES OF AMERICA

Date	AG3	G4	VG8	F12	VF20	XF40	MS60
1783	30.00	50.00	70.00	100	265	550	2,150

KM# Tn40 Copper **Note:** Double head.

Date	AG3	G4	VG8	F12	VF20	XF40	MS60
ND(ca. 1783)	25.00	45.00	60.00	95.00	250	500	2,650

KM# Tn41 Copper **Obv:** Ugly head. **Note:** 3 known in copper, 1 in white metal.

Date	AG3	G4	VG8	F12	VF20	XF40
1784	80,000	120,000	—	—	—	—

Note: Roper $14,850. Heritage PCGS Poor $9,775 (2010)

KM# Tn57 Copper **Obv. Legend:** WASHINGTON PRESIDENT. **Obv:** Military bust left **Rev:** Small eagle

Date	AG3	G4	VG8	F12	VF20	XF40	MS60
1791	—	—	350	500	725	1,000	4,250

KM# Tn58 Copper **Obv. Legend:** WASHINGTON PRESIDENT **Obv:** Military bust left **Rev:** Large eagle

Date	AG3	G4	VG8	F12	VF20	XF40	MS60
1791	—	200	325	485	650	900	3,200

KM# Tn65 Copper **Obv. Legend:** WASHINGTON PRESIDENT. **Obv:** "Roman" head

Date	G4	VG8	F12	VF20	XF40	MS60
1792	PF60 75,000		PF63 95,000		PF65 120,000	

HALF DOLLAR

KM# Tn59.1 Copper **Edge Lettering:** UNITED STATES OF AMERICA

Date	G4	VG8	F12	VF20	XF40
1792 2 known	—	—	—	—	150,000

KM# Tn59.1a Silver ASW **Edge Lettering:** UNITED STATES OF AMERICA

Date	AG3	G4	VG8	F12	VF20	XF40
1792 rare	—	—	—	—	70,000	120,000

KM# Tn59.1b Gold AGW **Edge Lettering:** UNITED STATES OF AMERICA

Date	AG3	G4	VG8	F12	VF20	XF40
1792 unique	—	—	—	—	—	—

KM# Tn59.2 Copper **Edge:** Plain.

Date	G4	VG8	F12	VF20	XF40
1792 3 known	—	—	—	145,000	225,000

KM# Tn59.2a Silver ASW **Edge:** Plain.

Date	AG3	G4	VG8	F12	VF20	XF40
1792 rare	—	—	—	—	—	—

KM# Tn63.1 Silver ASW **Rev:** Small eagle **Edge:** Plain.

Date	AG3	G4	VG8	F12	VF20	XF40
1792	—	—	—	—	250,000	350,000

KM# Tn63.1a Copper **Edge:** Plain.

Date	AG3	G4	VG8	F12	VF20	XF40	MS60
1792	—	4,000	6,500	12,500	32,000	48,000	95,000

KM# Tn63.2 Silver ASW **Edge:** Ornamented, circles and squares.

Date	F12	VF20	XF40	MS60
1792 5 known	—	100,000	175,000	400,000

KM# Tn63.3 Silver ASW **Edge:** Two olive leaves.

Date	AG3	G4	VG8	F12	VF20	XF40
1792 unique	—	—	—	—	—	—

KM# Tn64 Silver ASW **Rev:** Large heraldic eagle

Date	AG3	G4	VG8	F12	VF20	XF40
1792 unique	—	—	—	—	120,000	—

UNITED STATES FEDERAL AMERICA

EARLY FEDERAL PATTERNS

NOVA CONSTELLATIO

KM# EA6.1 Copper **Obv. Legend:** NOVA • CONSTELLATIO **Obv:** Pointed rays **Rev:** Small "U•S"

Date	AG3	G4	VG8	F12	VF20	XF40	MS60
1783	50.00	70.00	100	225	440	950	3,250

KM# EA6.2 Copper **Obv. Legend:** NOVA • CONSTELLATIO **Obv:** Pointed rays **Rev:** Large "US"

Date	AG3	G4	VG8	F12	VF20	XF40	MS60
1783	55.00	75.00	110	250	600	1,400	7,000

KM# EA7 Copper **Obv. Legend:** NOVA • CONSTELLATIO **Obv:** Blunt rays

Date	AG3	G4	VG8	F12	VF20	XF40	MS60
1783	50.00	75.00	110	250	575	1,350	5,000

KM# EA8 Copper **Obv. Legend:** NOVA • CONSTELATIO **Obv:** Blunt rays

Date	AG3	G4	VG8	F12	VF20	XF40	MS60
1785	50.00	75.00	110	260	650	1,550	6,500

KM# EA9 Copper **Obv. Legend:** NOVA • CONSTELLATIO **Obv:** Pointed rays

Date	AG3	G4	VG8	F12	VF20	XF40	MS60
1785	—	100	225	450	1,000	3,600

KM# EA10 Copper **Note:** Contemporary circulating counterfeit. Similar to previously listed coin.

Date	AG3	G4	VG8	F12	VF20	XF40
1786	—	—	—	—	—	—
extremely rare						

5 UNITS

KM# EA12 Copper **Obv. Legend:** NOVA CONSTELLATIO **Obv:** Eye, with pointed rays & stars **Rev. Legend:** LIBERTAS • JUSTITIA •

Date	AG3	G4	VG8	F12	VF20	XF40
1783 unique	—	—	—	—	—	—

100 (BIT)

KM# EA13.1 Silver ASW **Obv. Legend:** NOVA CONSTELLATIO **Obv:** Eye, with pointed rays & stars **Rev. Legend:** LIBERTAS • JUSTITIA **Edge:** Leaf.

Date	AG3	G4	VG8	F12	VF20	XF40
1783 2 known	—	—	—	—	—	—

Note: Garrett $97,500. Stack's auction, May 1991, $72,500

KM# EA13.2 Silver ASW **Obv. Legend:** NOVA CONSTELLATIO **Obv:** Eye, with pointed rays & stars **Rev. Legend:** • LIBERTAS • JUSTITIA • **Edge:** Plain

Date	AG3	G4	VG8	F12	VF20	XF40
1783 unique	—	—	—	—	—	—

Note: Newman, AU55, $705,000

500 (QUINT)

KM# EA14 Silver ASW **Obv. Legend:** NOVA CONSTELLATIO **Obv:** Eye with pointed rays & stars **Rev. Legend:** • LIBERTAS • JUSTITIA •

Date	AG3	G4	VG8	F12	VF20	XF40
1783 unique	—	—	—	—	—	—

Note: Garrett $165,000

KM# EA15 Silver ASW **Obv:** Eye, with rays & stars, no legend **Rev. Legend:** • LIBERTAS • JUSTITIA •

Date	AG3	G4	VG8	F12	VF20	XF40
1783 unique	—	—	—	—	—	—

Note: Perschke, AU53, $1,175,000. Garrett $55,000

1000 (MARK)

KM# EA16 Silver ASW **Obv. Legend:** NOVA CONSTELLATIO **Obv:** Eye, with pointed rays & stars **Rev. Legend:** • LIBERTAS • JUSTITIA •

Date	AG3	G4	VG8	F12	VF20	XF40
1783 unique	—	—	—	—	—	—

Note: Garrett $190,000

US COLONIAL AMERICA

IMMUNE COLUMBIA

KM# EA17 Copper **Obv. Legend:** IMMUNE COLUMBIA. **Rev:** Eye, with pointed rays & stars **Rev. Legend:** NOVA • CONSTELLATIO

Date	G4	VG8	F12	VF20	XF40	MS60
1785	—	—	—	25,000	45,000	115,000

KM# EA17a Silver ASW **Obv. Legend:** IMMUNE COLUMBIA **Rev:** Eye, with pointed rays & stars **Rev. Legend:** NOVA CONSTELLATIO

Date	AG3	G4	VG8	F12	VF20	XF40
1785	—	—	—	—	45,000	75,000

KM# EA18 Copper **Obv. Legend:** IMMUNE COLUMBIA **Rev:** Eye, with pointed rays & stars. Extra star in reverse legend **Rev. Legend:** NOVA • CONSTELLATIO *

Date	G4	VG8	F12	VF20	XF40	MS60
1785	—	—	—	25,000	45,000	115,000

Note: Garrett $190,000

KM# EA19 Copper **Obv. Legend:** IMMUNE COLUMBIA **Rev:** Blunt rays **Rev. Legend:** NOVA CONSTELATIO

Date	AG3	G4	VG8	F12	VF20	XF40
1785 2 known	—	—	—	—	—	—

Note: Partrick, XF40, $54,050. Norweb $22,000

KM# EA19a Gold AGW **Obv. Legend:** IMMUNE COLUMBIA **Rev:** Blunt rays **Rev. Legend:** NOVA CONSTELATIO •

Date	AG3	G4	VG8	F12	VF20	XF40
1785 Unique	—	—	—	—	—	—

Note: In the Smithsonian Collection

KM# EA20 Copper **Obv. Legend:** GEORGIVS III • REX **Obv:** George III **Rev. Legend:** IMMUNE COLUMBIA •

Date	AG3	G4	VG8	F12	VF20	XF40	MS60
1785	3,500	5,250	7,750	12,500	22,500	37,500	—

KM# EA21 Copper **Obv. Legend:** VERMON AUCTORI **Obv:** Head right **Rev. Legend:** IMMUNE COLUMBIA •

Date	AG3	G4	VG8	F12	VF20	XF40	MS60
1785	—	6,000	9,500	14,500	37,500	—	—

KM# EA24 Copper **Obv:** Washington **Rev:** Stars in rayed circle **Rev. Legend:** • CONFEDERATIO •

Date	AG3	G4	VG8	F12	VF20	XF40
1786 3 known	—	—	—	—	60,000	—

Note: In the Smithsonian Collection

KM# EA25 Copper **Obv. Legend:** * E • PLURIBUS UNUM • **Obv:** Eagle, raw shield **Rev:** Shield **Rev. Legend:** * E * PLURIBUS * UNUM *

Date	AG3	G4	VG8	F12	VF20	XF40
1786 unique	—	—	—	—	—	—

Note: Garrett $37,500

KM# EA26 Copper **Obv. Legend:** GEN • WASHINGTON **Obv:** Washington **Rev:** Eagle

Date	AG3	G4	VG8	F12	VF20	XF40
1786 2 known	—	—	—	—	—	—

KM# EA27 Copper **Obv. Legend:** IMMUNIS COLUMBIA **Rev:** Shield **Rev. Legend:** * E * PLURIBUS * UNUM *

Date	G4	VG8	F12	VF20	XF40	MS60
1786	—	—	—	—	65,000	137,500

Note: Rescigno, AU, $33,000. Steinberg, VF $11,000

KM# EA28 Copper **Obv. Legend:** IMMUNIS COLUMBIA **Rev:** Eagle **Rev. Legend:** * E * PLURIBUS * UNUM *

Date	G4	VG8	F12	VF20	XF40	MS60
1786	—	—	—	—	80,000	165,000

CONFEDERATIO
CONFEDERATIO

KM# EA22 Copper **Obv. Legend:** INIMICA TYRANNIS • AMERICANA **Obv:** Standing figure with bow & arrow **Rev:** Small circle of stars **Rev. Legend:** • CONFEDERATIO •

Date	AG3	G4	VG8	F12	VF20	XF40
1785	—	—	—	—	70,000	116,500

KM# EA23 Copper **Obv. Legend:** INIMICA TYRANNIS • AMERICANA **Obv:** Standing figure with bow & arrow **Rev:** Large circle of stars **Rev. Legend:** • CONFEDERATIO • **Note:** The Confederatio dies were struck in combination with 13 other dies of the period. All surviving examples of these combinations are extremely rare.

Date	AG3	G4	VG8	F12	VF20	XF40
1785	—	—	—	—	80,000	137,500

Note: Newman, MS63, $352,500

KM# EA23a Silver ASW **Obv. Legend:** INIMICA TYRANNIS • AMERICANA **Obv:** Standing figure with bow & arrow **Rev:** Large circle of stars **Rev. Legend:** • CONFEDERATIO • **Note:** Only known example is holed

Date	AG3	G4	VG8	F12	VF20	XF40
1785 Unique	—	—	—	—	—	—

Note: Partrick, VF, $44,650

EARLY FEDERAL COINAGE
FUGIO "CENT"

KM# EA30.1 Copper **Obv:** Club rays, round ends.

Date	AG3	G4	VG8	F12	VF20	XF40	MS60
1787	225	325	450	950	2,000	3,850	—

KM# EA30.2 Copper **Obv:** Club rays, concave ends.

Date	AG3	G4	VG8	F12	VF20	XF40	MS60
1787	1,500	2,500	4,500	9,000	27,500	—	—

KM# EA30.3 Copper **Obv. Legend:** FUCIO.

Date	AG3	G4	VG8	F12	VF20	XF40	MS60
1787	—	2,000	3,000	7,000	25,000	35,000	—

KM# EA31.1 Copper **Obv:** Pointed rays. **Rev:** UNITED above, STATES below.

Date	AG3	G4	VG8	F12	VF20	XF40	MS60
1787	600	950	1,500	3,250	8,000	11,500	—

KM# EA31.2 Copper **Rev:** UNITED STATES at sides of ring.

Date	AG3	G4	VG8	F12	VF20	XF40	MS60
1787	110	175	275	550	900	1,800	3,500

KM# EA31.3 Copper **Rev:** STATES UNITED at sides of ring.

Date	AG3	G4	VG8	F12	VF20	XF40	MS60
1787	110	190	275	550	850	1,650	2,500

KM# EA31.4 Copper **Rev:** Eight-pointed stars on ring.

Date	AG3	G4	VG8	F12	VF20	XF40	MS60
1787	150	285	475	700	1,250	2,750	9,000

KM# EA31.5 Copper **Rev:** Raised rims on ring, large lettering in center.

Date	AG3	G4	VG8	F12	VF20	XF40	MS60
1787	185	325	550	950	2,750	6,000	18,500

KM# EA32.1 Copper **Obv. Legend:** UNITED STATES. **Obv:** No cinquefoils, cross after date.

Date	AG3	G4	VG8	F12	VF20	XF40	MS60
1787	300	—	750	1,450	3,750	5,750	—

KM# EA32.2 Copper **Obv. Legend:** STATES UNITED. **Obv:** No cinquefoils, cross after date.

Date	AG3	G4	VG8	F12	VF20	XF40	MS60
1787	175	350	750	1,500	4,000	7,200	—

US COLONIAL AMERICA

KM# EA32.3 Copper **Obv:** No cinquefoils, cross after date. **Rev:** Raised rims on ring.

Date	AG3	G4	VG8	F12	VF20	XF40	MS60
1787	—	—	—	—	27,500	—	—

KM# EA33 Copper **Obv:** No cinquefoils, cross after date. **Rev:** With rays. **Rev. Legend:** AMERICAN CONGRESS.

Date	VG8	F12	VF20	XF40
1787 extremely rare	—	—	225,000	300,000

Note: Norweb $63,800

KM# EA34 Brass **Note:** New Haven restrike.

Date	VG8	F12	VF20	XF40	MS60
1787 (ca.1858)	—	—	—	450	950

KM# EA34a Copper **Note:** New Haven restrike.

Date	VG8	F12	VF20	XF40	MS60
1787 (ca.1858)	—	—	450	750	1,250

KM# EA34b Silver ASW **Note:** New Haven restrike.

Date	VG8	F12	VF20	XF40	MS60
1787 (ca. 1858)	—	—	—	2,750	6,750

KM# EA34c Gold AGW **Note:** New Haven restrike.

Date	AG3	G4	VG8	F12	VF20
1787 (ca. 1858)	—	—	—	—	—
2 known					

Note: Norweb (holed) $1,430

BRASHER

KM# Tn51.1 Gold AGW **Obv:** Sunrise over mountains. **Rev:** Displayed eagle with shield on breast, EB counterstamp on wing.

Date	AG3	G4	VG8	F12	VF20	XF40
1787 6 known	—	—	—	—	—	—

Note: Heritage FUN Sale, January 2005, AU-55, $2,415,000.

KM# Tn51.2 Gold AGW **Obv:** Sunrise over mountains **Rev:** Displayed eagle with shield on breast. EB counterstamp on breast.

Date	AG3	G4	VG8	F12	VF20	XF40
1787 unique	—	—	—	—	—	—

Note: Heritage FUN sale, January 2005, XF-45, $2,9900. Foreign gold coins with EB counterstamp exist. These are valued at over $5,000, with many much higher.

ISSUES OF 1792

CENT

KM# PnE1 Bi-Metallic Silver center in Copper ring, Silver center in Copper ring

Date	VG8	F12	VF20	XF40	MS60
1792 14 known	—	185,000	325,000	475,000	950,000

Note: Norweb, MS-60, $143,000; Heritage 4-12; MS61 $1.15 million

KM# PnF1 Copper **Note:** No silver center.

Date	G4	VG8	F12	VF20	XF40
1792 9 known	—	—	250,000	550,000	800,000

Note: Norweb, EF-40, $35,200; Benson, VG-10, $57,500

KM# PnG1 Copper **Edge:** Plain **Note:** Commonly called "Birch cent."

Date	G4	VG8	F12	VF20	XF40
1792 unique	—	—	—	—	850,000

KM# PnH1 Copper **Obv:** One star in edge legend **Note:** Commonly called "Birch cent."

Date	VG8	F12	VF20	XF40	MS60
1792 2 known	—	—	—	650,000	750,000

Note: Norweb, EF-40, $59,400

KM# PnI1 Copper **Obv:** Two stars in edge legend **Note:** Commonly called "Birch cent."

Date	VG8	F12	VF20	XF40
1792 8 known	100,000	200,000	400,000	550,000

Note: Partrick, MS65, $2,585,000. Hawn, strong VF, $57,750

KM# PnJ1 White Metal **Rev:** G.W.Pt. below wreath tie **Note:** Commonly called "Birch cent."

Date	AG3	G4	VG8	F12	VF20	XF40
1792 unique	—	—	—	—	—	—

Note: Garrett, $90,000

HALF DISME

KM# 5 Silver ASW

Date	AG3	G4	VG8	F12	VF20	XF40	MS60
1792					PF65	1,400,000	

KM# PnA1 Copper

Date	AG3	G4	VG8	F12	VF20	XF40
1792 unique	—	—	—	—	—	—

Note: Heritage 4-06, Sp-67, $1,322,500

DISME

KM# PnB1 Silver ASW

Date	VG8	F12	VF20	XF40
1792 3 known	—	—	700,000	1,000,000

Note: Norweb, EF-40, $28,600

KM# PnC1 Copper **Edge:** Reeded

Date	F12	VF20	XF40	MS60
1792 14 known	—	150,000	250,000	500,000

Note: Hawn, VF, $30,800; Benson, EF-45, $109,250

KM# PnD1 Copper **Edge:** Plain

Date	G4	VG8	F12	VF20	XF40
1792 2 known	—	—	—	450,000	750,000

Note: Garrett, $45,000

QUARTER

KM# PnK1 Copper **Edge:** Reeded **Note:** Commonly called "Wright quarter."

Date	AG3	G4	VG8	F12	VF20
1792 2 known	—	—	—	—	—

Note: Partrick, MS63, $2,232,500

KM# PnL1 White Metal **Edge:** Plain **Note:** Commonly called "Wright quarter."

Date	G4	VG8	F12	VF20	XF40
1792 4 known	—	—	—	—	400,000

Note: Partrick, MS63, $2,232,500

KM# PnM1 White Metal **Note:** Commonly called "Wright quarter."

Date	AG3	G4	VG8	F12	VF20	XF40
1792 die trial	—	—	—	—	—	—

Note: Garrett, $12,000

HALF CENT

CIRCULATION COINAGE

HALF CENT

Liberty Cap Half Cent
Head facing left obverse

KM# 10 6.74 g., Copper, 22 mm. **Designer:** Henry Voigt

Date	Mintage	G4	VG8	F12	VF20	XF40	MS60
1793	35,334	3,400	6,000	10,500	13,500	17,000	55,000

Head facing right obverse

KM# 14 Copper, 6.74 g. (1794-95) and 5.44 g. (1795-97), 23.5 mm. **Designer:** Robert Scot (1794) and John Smith Gardner (1795) **Note:** The "lettered edge" varieties have TWO HUNDRED FOR A DOLLAR inscribed around the edge. The "pole" varieties have a pole upon which the cap is hanging, resting on Liberty's shoulder. The "punctuated date" varieties have a comma after the 1 in the date. The 1797 "1 above 1" variety has a second 1 above the 1 in the date.

Date	Mintage	G4	VG8	F12	VF20	XF40	MS60
1794 Normal Relief Head, lg letters	81,600	600	910	1,800	1,975	4,600	34,000
1794 High Relief Head, Lt wreath	Inc. above	600	910	1,800	1,975	4,600	34,000
1795 lettered edge, pole	25,600	560	750	1,075	1,700	3,600	18,000
1795 plain edge, no pole	109,000	500	850	1,075	1,700	3,600	14,000
1795 lettered edge, punctuated date	Inc. above	560	770	1,285	1,825	5,500	17,250
1795 plain edge, punctuated date	Inc. above	525	770	1,125	1,700	4,750	17,000
1796 pole	5,090	17,000	20,000	28,500	45,000	65,000	150,000
1796 no pole	1,390	25,000	34,000	90,000	120,000	165,000	300,000
1797 plain edge	119,215	500	675	1,250	1,725	3,100	15,000
1797 lettered edge	Inc. above	1,100	1,900	3,650	13,500	43,000	50,000
1797 1 above 1	Inc. above	700	1,095	1,528	1,975	3,300	14,500
1797 gripped edge	Inc. above	15,500	38,500	48,000	60,000	72,000	—

Draped Bust Half Cent
Draped bust right, date at angle below obverse
Value within thin wreath reverse

Stemless   Stems

KM# 33 5.44 g., Copper, 23.5 mm. **Obv. Legend:** LIBERTY **Rev. Legend:** UNITED STATES OF AMERICA **Designer:** Robert Scot **Note:** The wreath on the reverse was redesigned slightly in 1802, resulting in "reverse of 1800" and "reverse of 1802" varieties. The "stems" varieties have stems extending from the wreath above and on both sides of the fraction on the reverse. On the 1804 "crosslet 4" variety, a serif appears at the far right of the crossbar on the 4 in the date. The "spiked chin" variety appears to have a spike extending from Liberty's chin, the result of a damaged die. Varieties of the 1805 strikes are distinguished by the size of the 5 in the date. Varieties of the 1806 strikes are distinguished by the size of the 6 in the date.

Date	Mintage	G4	VG8	F12	VF20	XF40	MS60
1800	211,530	50.00	80.00	115	300	345	1,800
1802/0 rev. 1800	14,366	24,000	18,000	32,000	40,500	70,000	—
1802/0 rev. 1802	Inc. above	650	1,900	5,000	8,300	18,500	—
1803	97,900	95.00	135	165	360	800	2,800

Date	Mintage	G4	VG8	F12	VF20	XF40	MS60
1804 plain 4, stemless wreath	1,055,312	95.00	120	155	245	450	1,400
1804 plain 4, stems	Inc. above	95.00	120	155	285	880	3,400
1804 crosslet 4, stemless	Inc. above	95.00	120	155	245	450	1,400
1804 crosslet 4, stems	Inc. above	95.00	120	155	550	1,275	1,400
1804 spiked chin	Inc. above	95.00	120	155	270	450	2,300
1805 small 5, stemless	814,464	95.00	120	155	270	450	1,400
1805 small 5, stems	Inc. above	700	1,300	3,000	6,000	11,000	—
1805 large 5, stems	Inc. above	95.00	120	165	190	450	1,400
1806 small 6, stems	356,000	155	300	500	900	2,500	8,000
1806 small 6, stemless	Inc. above	95.00	120	165	190	450	1,400
1806 large 6, stems	Inc. above	95.00	120	165	190	450	1,400
1807	476,000	95.00	120	165	190	450	2,400
1808/7	400,000	90.00	185	400	1,100	2,900	85,000
1808	Inc. above	95.00	120	165	235	550	2,400

Classic Head Half Cent
Classic head left, flanked by stars, date below obverse
Value within wreath reverse

KM# 41 5.44 g., Copper, 23.5 mm. **Rev. Legend:** UNITED STATES OF AMERICA **Designer:** John Reich **Note:** Restrikes listed were produced privately in the mid-1800s. The 1831 restrikes have two varieties with different sized berries in the wreath on the reverse. The 1828 strikes have either 12 or 13 stars on the obverse.

Date	Mintage	G4	VG8	F12	VF20	XF40	MS60
1809/6	1,154,572	90.00	100	102	150	300	800
1809	Inc. above	90.00	100	92.00	94.00	155	550
1809 circle in 0	Inc. above	90.00	100	92.00	110	270	675
1810	215,000	90.00	100	135	180	600	1,150
1811 Close Date	63,140	250	500	1,390	1,600	4,000	30,000
1811 Wide Date Inc. Above	—	250	500	1,495	1,600	4,000	30,000
1811 restrike, reverse of 1802, uncirculated	—	250	500	1,200	—	—	—

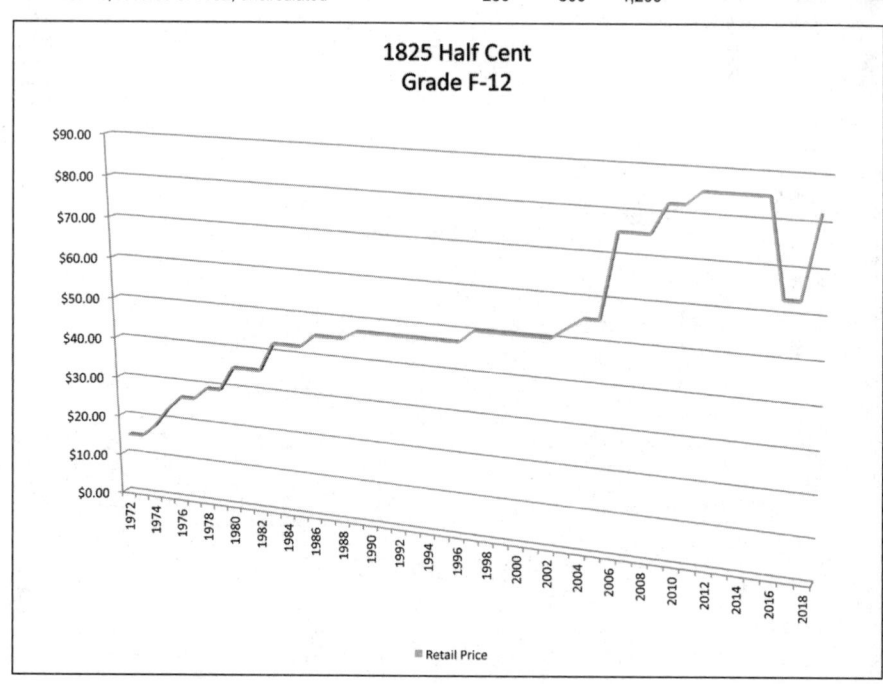

1825 Half Cent
Grade F-12

Retail Price

Date	Mintage	G4	VG8	F12	VF20	XF40	MS60
1825	63,000	65.00	78.00	82.00	105	210	700
1826	234,000	65.00	78.00	82.00	90.00	120	300
1828 13 stars	606,000	65.00	78.00	82.00	90.00	115	350
1828 12 stars	Inc. above	65.00	78.00	82.00	150	275	800
1829	487,000	65.00	78.00	82.00	90.00	205	350
1831 original	2,200	—	—	—	—	50,000	—
1831 1st restrike, lg. berries, reverse of 1836	—	—	—	—	—	—	—
1831 2nd restrike, sm. berries, reverse of 1840, proof	—	—	—	—	—	—	—
1832	154,000	65.00	78.00	82.00	90.00	115	300
1833	120,000	65.00	78.00	82.00	90.00	115	265
1834	141,000	65.00	78.00	82.00	90.00	115	265
1835	398,000	65.00	78.00	82.00	90.00	115	265
1836 original, proof	—	—	—	—	—	—	—
1836 restrike, reverse of 1840, proof	—	—	—	—	—	—	—

Braided Hair Half Cent
Head left, braided hair, within circle of stars, date below obverse
Value within wreath reverse

KM# 70 5.44 g., Copper, 23 mm. **Rev. Legend:** UNITED STATES OF AMERICA **Designer:** Christian Gobrecht **Note:** 1840-1849 and 1852 strikes, both originals and restrikes, are known in proof only; mintages are unknown. The small-date varieties of 1849, both originals and restrikes are known in proof only. The restrikes were produced clandestinely by Philadelphia Mint personnel in the mid-1800s.

Date	G4	VG8	F12	VF20	XF40	AU50	MS60	PF60BRN
1840 original	—	—	—	—	—	—	—	3,250
1840 1st restrike	—	—	—	—	—	—	—	3,250
1840 2nd restrike	—	—	—	—	—	—	—	5,500
1841 original	—	—	—	—	—	—	—	3,250
1841 1st restrike	—	—	—	—	—	—	—	3,250
1841 2nd restrike	—	—	—	—	—	—	—	6,000
1842 original	—	—	—	—	—	—	—	3,250
1842 1st restrike	—	—	—	—	—	—	—	3,250
1842 2nd restrike	—	—	—	—	—	—	—	6,000
1843 original	—	—	—	—	—	—	—	3,250
1843 1st restrike	—	—	—	—	—	—	—	3,250
1843 2nd restrike	—	—	—	—	—	—	—	6,500
1844 original	—	—	—	—	—	—	—	3,250
1844 1st restrike	—	—	—	—	—	—	—	3,250
1844 2nd restrike	—	—	—	—	—	—	—	6,000
1845 original	—	—	—	—	—	—	—	6,000
1845 1st restrike	—	—	—	—	—	—	—	3,250
1845 2nd restrike	—	—	—	—	—	—	—	6,000
1846 original	—	—	—	—	—	—	—	3,250
1846 1st restrike	—	—	—	—	—	—	—	3,250
1846 2nd restrike	—	—	—	—	—	—	—	6,000
1847 original	—	—	—	—	—	—	—	3,250
1847 1st restrike	—	—	—	—	—	—	—	3,250
1847 2nd restrike	—	—	—	—	—	—	—	6,000
1848 original	—	—	—	—	—	—	—	6,000
1848 1st restrike	—	—	—	—	—	—	—	3,250
1848 2nd restrike	—	—	—	—	—	—	—	6,000
1849 original, small date	—	—	—	—	—	—	—	3,250
1849 1st restrike small date	—	—	—	—	2,500	3,000	3,100	3,250
1849 large date	45.00	60.00	65.00	70.00	90.00	140	325	—
1850	115	160	160	210	270	425	670	—
1851	45.00	60.00	63.00	65.00	70.00	125	175	—
1852 original	12,000	45,000	20,000	25,000	30,000	37,000	—	90,000
1852 1st restrike	—	—	—	—	—	—	900	5,000
1852 2nd restrike	—	—	—	—	—	—	900	7,000
1853	45.00	60.00	63.00	65.00	70.00	125	175	—
1854	45.00	60.00	63.00	65.00	70.00	125	175	—

Date	G4	VG8	F12	VF20	XF40	AU50	MS60	PF60BRN
1855	45.00	60.00	63.00	65.00	70.00	125	175	3,250
1856	45.00	60.00	63.00	70.00	75.00	125	180	3,250
1857	45.00	65.00	80.00	90.00	100	155	200	3,250

CENT

Flowing Hair Cent
Chain reverse

KM# 11 13.48 g., Copper, 26-27 mm. **Designer:** Henry Voigt

Date	Mintage	G4	VG8	F12	VF20	XF40	MS60
1793 AMERI	36,103	9,575	14,000	22,000	38,000	75,000	170,000
1793 AMERICA	Inc. above	5,600	9,950	16,000	29,000	66,000	150,000
1793 periods after "LIBERTY"	Inc. above	6,550	10,000	18,500	28,000	66,000	145,000

Wreath reverse

KM# 12 13.48 g., Copper, 26-28 mm. **Designer:** Henry Voigt

Date	Mintage	G4	VG8	F12	VF20	XF40	MS60
1793 vine and bars edge	63,353	2,800	3,875	6,600	9,000	18,000	49,500
1793 lettered edge	Inc. above	3,000	4,500	7,200	12,000	22,000	78,000
1793 strawberry leaf; 4 known	—	135,000	220,000	600,000	—	—	—

Liberty Cap Cent

KM# 13 Copper, 13.48 g., 29 mm. **Designer:** Joseph Wright **Note:** The heavier pieces were struck on a thicker planchet. The Liberty design on the obverse was revised slightly in 1794, but the 1793 design was used on some 1794 strikes. A 1795 "lettered edge" variety has ONE HUNDRED FOR A DOLLAR and a leaf inscribed on the edge.

Date	Mintage	G4	VG8	F12	VF20	XF40	MS60
1793 cap	11,056	6,000	9,500	13,000	35,000	60,000	265,000
1794 NO FRACTION BAR	Inc. above	500	800	1,350	2,750	8,000	33,000
1794 head '93	918,521	1,075	1,525	2,100	5,000	12,000	115,000
1794 head '94	Inc. above	450	600	1,050	1,950	3,750	14,750
1794 head '95	Inc. above	425	600	1,050	1,950	3,750	10,000
1794 starred rev.	Inc. above	23,000	35,000	65,000	220,000	360,000	—
1795 Lettered Edge	Inc. above	450	600	1,250	1,950	3,200	11,000
1795 plain edge	501,500	450	600	1,250	1,950	3,250	7,000
1795 reeded edge	Inc. above	160,000	540,000	1,000,000	—	—	—
1795 Jefferson head plain edge	Inc. above	16,000	19,000	30,000	45,000	120,000	—
1795 Jefferson head lettered edge	Inc. above	70,000	75,000	140,000	220,000	—	—

KM# 13A 10.89 g., Copper, 29 mm. **Designer:** John Smith Gardner

Date	Mintage	G4	VG8	F12	VF20	XF40	MS60
1795 lettered edge, "One Cent" high in wreath	37,000	400	600	10,000	1,800	4,400	12,000
1796	109,825	550	875	1,175	3,700	6,700	27,500

Draped Bust Cent
Draped bust right, date at angle below obverse
Value within wreath reverse

Stemless   Stems

KM# 22 10.98 g., Copper, 29 mm. **Obv. Legend:** LIBERTY **Rev. Legend:** UNITED STATES OF AMERICA **Designer:** Robert Scot **Note:** The 1801 "3 errors" variety has the fraction on the reverse reading "1/000," has only one stem extending from the wreath above and on both sides of the fraction on the reverse, and UNITED in UNITED STATES OF AMERICA appears as "linited".

Date	Mintage	G4	VG8	F12	VF20	XF40	MS60
1796 reverse of 1794	363,375	500	700	1,600	2,650	7,500	35,000
1796 reverse of 1795	Inc. above	475	650	1,200	4,500	9,500	23,000
1796 reverse of 1797	Inc. above	350	500	925	1,875	4,500	9,500
1796 Liherty error	Inc. above	1,150	1,550	2,200	4,700	12,000	—
1797 reverse of 1795 plain edge	897,510	225	1,500	2,100	2,800	4,500	27,000
1797 reverse of 1795 gripped edge	Inc. above	425	1,500	2,100	2,750	5,800	27,000
1797 stems	Inc. above	225	350	650	1,325	2,200	4,100
1797 stemless	Inc. above	225	1,300	1,750	2,600	6,000	27,750
1797 reverse of 1795	—	—	—	—	—	—	8,500
1798 reverse of 1795	—	—	—	—	—	—	6,000
1798 reverse of 1796	Inc. above	2,500	5,000	8,000	12,000	17,500	23,000
1798 1st hair style	Inc. above	250	375	550	900	1,700	12,500
1798 2nd hair style	Inc. above	225	300	450	600	2,100	9,000
1798/7	1,841,745	475	700	1,000	1,050	1,400	13,000
1799	42,540	4,200	9,500	14,500	31,000	120,000	720,000
1799/98	Inc. above	8,800	12,000	22,000	43,000	165,000	—
1800	2,822,175	175	355	475	950	1,700	10,000
1800/798	Inc. above	175	355	500	900	3,000	—
1800/79	Inc. above	175	355	500	825	2,000	18,000
1801	1,362,837	175	355	500	825	1,750	12,750
1801 3 errors	Inc. above	300	650	1,200	2,750	6,000	—
1801 1/000	Inc. above	200	355	525	875	4,000	14,250
1801 100/000	Inc. above	200	355	525	900	5,525	38,000
1802	3,435,100	125	200	300	525	1,125	6,000
1802 stemless	Inc. above	125	200	375	550	1,350	4,200
1802 1/000	Inc. above	200	275	475	650	1,700	6,800
1803 small date, small fraction	2,471,353	150	240	350	525	1,100	5,600
1803 small date, large fraction	Inc. above	150	240	350	525	1,100	4,400
1803 large date, small fraction	Inc. above	9,000	14,000	22,500	38,000	120,000	
1803 large date, large fraction	Inc. above	350	500	875	1,950	3,600	40,000
1803 1/100 over 1/1000	—	200	355	500	925	1,750	17,000
1803 Stemless wreath	—	200	355	425	775	1,600	12,000
1804	96,500	2,300	3,500	4,500	8,500	13,000	225,000
1804 Restrike of 1860	—	—	—	475	500	550	900
1805	941,116	150	200	300	500	1,100	4,200

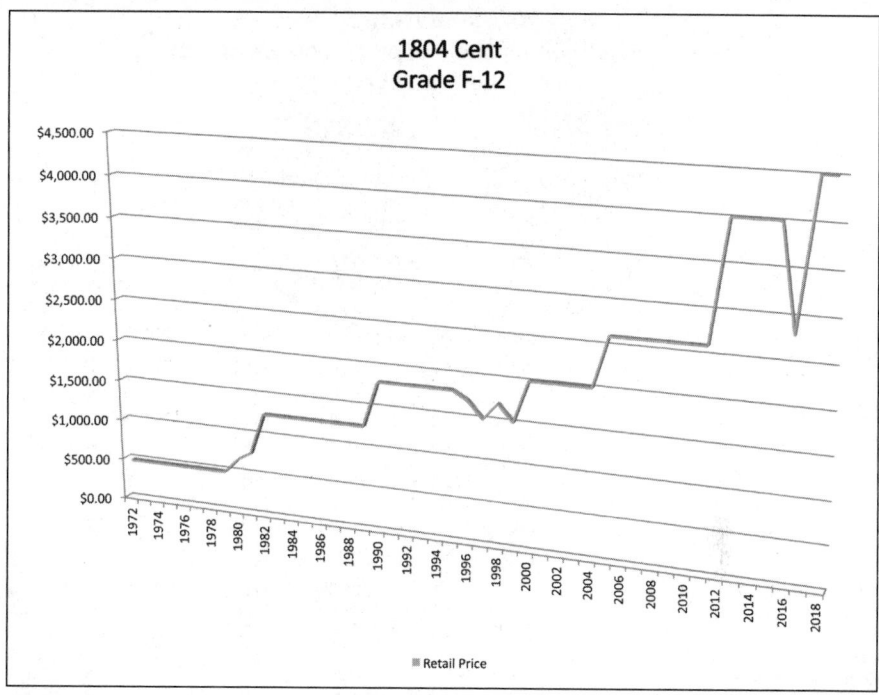

1804 Cent
Grade F-12

Retail Price

Date	Mintage	G4	VG8	F12	VF20	XF40	MS60
1806	348,000	150	250	400	625	1,725	6,800
1807 small fraction	727,221	170	250	380	1,200	9,000	55,000
1807 large fraction	Inc. above	150	200	350	700	1,325	12,000
1807/6 large 7/6	Inc. above	200	350	500	725	1,050	12,000
1807/6 small 7/6	Inc. above	2,400	5,000	8,500	30,000	65,000	—
1807 Comet Variety	Inc. above	250	350	600	1,200	2,300	17,500

Classic Head Cent
Classic head left, flanked by stars, date below obverse
Value within wreath reverse

KM# 39 10.89 g., Copper, 29 mm. **Rev. Legend:** UNITED STATES OF AMERICA **Designer:** John Reich

Date	Mintage	G4	VG8	F12	VF20	XF40	MS60
1808	1,109,000	175	250	650	975	2,000	9,750
1809	222,867	300	600	875	1,325	3,300	12,500
1810/09	1,458,500	175	250	650	990	1,950	10,000
1810	Inc. above	175	250	650	925	2,000	10,500
1811/10	218,025	350	500	775	1,625	6,000	22,000
1811	Inc. above	250	400	600	1,150	2,400	10,000
1812 small date	1,075,500	175	250	650	775	1,890	8,500
1812 large date	—	175	250	650	775	1,690	8,500
1813	418,000	175	250	650	775	1,690	8,500
1814 Plain 4	357,830	175	250	650	775	1,690	8,500
1814 Crosslet 4	Inc. above	175	250	650	775	1,690	8,500

Coronet Cent

Coronet head left, within circle of stars, date below obverse
Value within wreath reverse

KM# 45 10.89 g., Copper, 28-29 mm. **Rev. Legend:** UNITED STATES OF AMERICA **Designer:** Robert Scot

Date	Mintage	G4	VG8	F12	VF20	XF40	MS60
1816	2,820,982	38.00	42.00	100	150	280	600
1817 13 obverse stars	3,948,400	30.00	35.00	100	125	200	690
1817 15 obverse stars	Inc. above	40.00	50.00	150	225	660	2,600
1818	3,167,000	28.00	34.00	90.00	130	180	425
1819 Large date, 9/8	2,671,000	—	—	—	—	—	—
1819	—	30.00	32.00	90.00	130	300	825
1819/8	—	30.00	32.00	90.00	130	300	825
1819 Large date	Inc. above	26.00	33.00	90.00	130	185	650
1819 Small date	Inc. above	30.00	36.00	90.00	130	205	550
1820 Large date, 20/19	4,407,550	35.00	41.00	90.00	130	425	1,325
1820 Large date	—	31.00	38.00	90.00	130	180	375
1820 Small date	—	30.00	38.00	90.00	130	225	600
1821	389,000	44.00	65.00	190	385	1,225	8,500
1822	2,072,339	35.00	46.00	65.00	145	430	1,100
1823 Included in 1824 mintage	—	175	275	550	875	2,600	21,000
1823/22 Included in 1824 mintage	—	175	300	485	900	2,200	19,000
1823 Restrike	—	500	600	650	750	800	1,700
1824	1,262,000	70.00	150	200	310	525	2,700
1824/22	Inc. above	150	175	225	450	875	6,000
1825	1,461,100	60.00	80.00	105	175	340	1,950
1826	1,517,425	60.00	80.00	105	175	275	800
1826/25	Inc. above	175	200	300	450	1,000	9,000
1827	2,357,732	80.00	125	175	190	240	925
1828 Large date	2,260,624	50.00	65.00	85.00	105	325	1,150
1828 Small date	—	135	200	225	325	500	2,600
1829 Large letters	1,414,500	65.00	85.00	130	175	350	1,100
1829 Medium letters	Inc. above	65.00	85.00	130	175	500	5,000
1830 Large letters	1,711,500	50.00	80.00	95.00	125	235	875
1830 Medium letters	Inc. above	50.00	100	250	650	1,600	7,500
1831 Large letters	3,359,260	50.00	80.00	95.00	125	175	550
1831 Medium letters	—	50.00	100	250	650	235	650
1832 Large letters	2,362,000	50.00	80.00	95.00	125	175	640
1832 Medium letters	—	50.00	80.00	95.00	200	225	750
1833	2,739,000	50.00	80.00	95.00	130	180	500
1834 Large 8, stars and letters	1,855,100	65.00	80.00	105	150	225	950
1834 Large 8 & stars, medium letters	Inc. above	600	875	1,350	2,000	4,500	8,800
1834 Large 8, small stars, medium letters	Inc. above	65.00	80.00	105	150	225	950
1834 Small 8 & stars	Inc. above	65.00	80.00	105	150	225	950
1835 Large 8 & stars	3,878,400	45.00	65.00	150	175	400	1,200
1835 Head '36	—	45.00	65.00	125	150	325	900
1835 Small 8 & stars	—	45.00	65.00	125	150	325	900
1836	2,111,000	40.00	60.00	65.00	100	175	600
1837 Plain hair cords, medium letters	5,558,300	23.00	33.00	42.00	100	135	290
1837 Plain hair cords, small letters	Inc. above	23.00	33.00	42.00	100	135	290
1837 Head '38	Inc. above	23.00	33.00	42.00	100	135	290
1838	6,370,200	23.00	33.00	42.00	100	135	290
1839 Head '38, beaded hair cords	3,128,661	45.00	65.00	80.00	120	185	500
1839/36 Plain hair cords	Inc. above	450	880	1,250	2,150	5,500	—
1839 Silly head	Inc. above	45.00	65.00	80.00	120	185	675
1839 Booby head	Inc. above	45.00	65.00	80.00	120	185	700

Braided Hair Cent
Head left, braided hair, within circle of stars, date below obverse
Value within wreath reverse

KM# 67 10.89 g., Copper, 27.5 mm. **Rev. Legend:** UNITED STATES OF AMERICA **Designer:** Christian Gobrecht **Note:** 1840 and 1842 strikes are known with both small and large dates, with little difference in value. A slightly larger Liberty head and larger reverse lettering were used beginning in 1843.

Date	Mintage	G4	VG8	F12	VF20	XF40	MS60
1839 Petite Head	3,128,661	45.00	55.00	83.00	120	210	900
1840 Large date	2,462,700	28.00	30.00	36.00	50.00	95.00	575
1840 Small date	Inc. above	28.00	30.00	36.00	50.00	95.00	575
1840 Small date over large 18	Inc. above	30.00	40.00	60.00	100	150	1,000
1841	1,597,367	35.00	65.00	95.00	160	200	800
1842 Small date	2,383,390	28.00	31.00	37.00	55.00	95.00	600
1842 Large date	Inc. above	28.00	31.00	37.00	55.00	95.00	600
1843 Petite Head, small date	2,425,342	29.00	31.00	42.00	55.00	95.00	600
1843 Petite Head, (rev '44)	Inc. above	29.00	31.00	42.00	55.00	95.00	600
1843 Mature Head	—	29.00	31.00	42.00	55.00	95.00	725
1844	2,398,752	29.00	31.00	42.00	55.00	95.00	600
1844/81	Inc. above	125	200	250	300	500	1,650
1845	3,894,804	28.00	30.00	50.00	68.00	75.00	190
1846 Small date	4,120,800	28.00	30.00	50.00	68.00	75.00	190
1846 MD	Inc. above	28.00	30.00	50.00	68.00	75.00	190
1846 TD	Inc. above	36.00	75.00	100	150	260	1,650
1847	6,183,669	28.00	40.00	45.00	68.00	100	300
1847/7	Inc. above	100	150	200	225	375	1,400
1848	6,415,799	28.00	30.00	50.00	68.00	75.00	190
1849	4,178,500	28.00	30.00	25.00	68.00	75.00	190
1850	4,426,844	28.00	30.00	50.00	68.00	75.00	190
1851	9,889,707	28.00	30.00	50.00	68.00	75.00	190
1851/81	Inc. above	85.00	105	150	175	225	600
1852	5,063,094	28.00	30.00	50.00	68.00	75.00	190
1853	6,641,131	28.00	30.00	50.00	68.00	75.00	190
1854	4,236,156	28.00	30.00	50.00	68.00	75.00	190
1855 Slanted 5's	1,574,829	28.00	30.00	50.00	68.00	75.00	190
1855 Upright 5's	Inc. above	28.00	30.00	50.00	68.00	75.00	190
1855 Slanted 5's Knob on Ear	Inc. above	65.00	75.00	105	150	195	400
1856 Slanted 5	2,690,463	28.00	30.00	50.00	68.00	75.00	190
1856 Upright 5	Inc. above	28.00	32.00	40.00	48.00	65.00	190
1857 Large date	333,456	100	180	210	260	285	450
1857 Small date	Inc. above	100	160	200	275	350	525

Flying Eagle Cent
Flying eagle above date obverse   Value within wreath reverse

   Large letters – AM touch at bottom 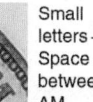 Small letters – Space between AM

KM# 85 4.67 g., Copper-Nickel, 19 mm. **Obv. Legend:** UNITED STATES OF AMERICA **Designer:** James B. Longacre **Note:** On the large-letter variety of 1858, the "A" and "M" in AMERICA are connected at their bases; on the small-letter variety, the two letters are separated.

Date	Mintage	G4	VG8	F12	VF20	XF40	AU50	MS60	MS65	PRF65
1856	Est. 2500	6,100	6,550	8,800	10,500	12,000	14,000	15,000	62,500	27,000
1857	17,450,000	21.00	32.00	36.00	65.00	160	240	450	3,500	25,500
1858/7	Inc. below	55.00	75.00	150	325	650	1,100	2,900	70,000	—
1858 large letters	24,600,000	21.00	32.00	36.00	45.00	140	180	450	2,950	17,500
1858 small letters	Inc. above	21.00	32.00	36.00	45.00	140	180	475	3,300	26,000

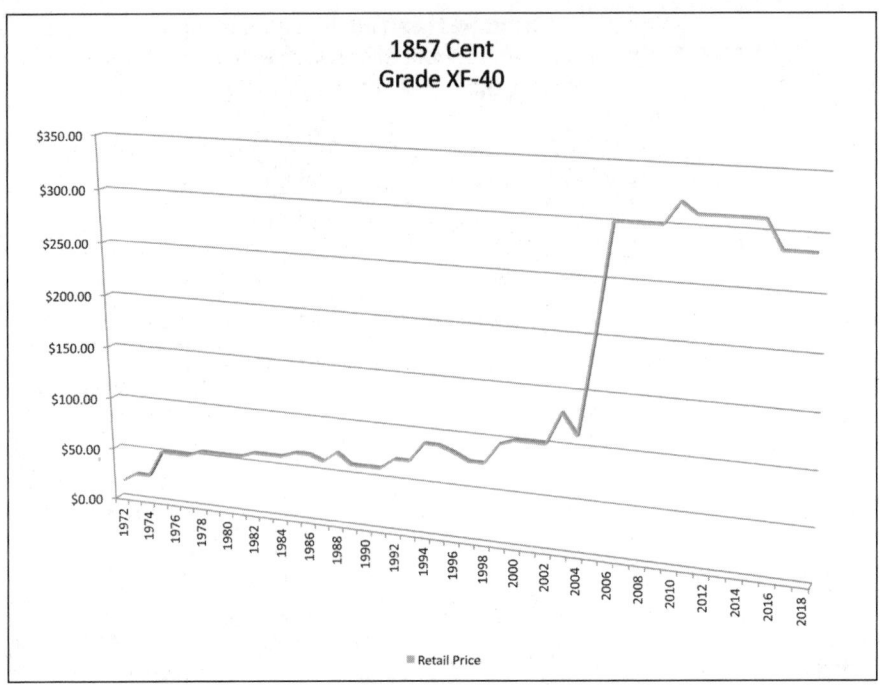

CENT

Indian Head Cent
Indian head with headdress left above date obverse
Value within wreath reverse

KM# 87 4.67 g., Copper-Nickel, 19 mm. **Obv. Legend:** UNITED STATES OF AMERICA **Designer:** James B. Longacre

Date	Mintage	G4	VG8	F12	VF20	XF40	AU50	MS60	MS65	PRF65
1859	36,400,000	12.00	15.00	20.00	40.00	115	215	340	2,390	4,200

Indian head with headdress left above date obverse
Value within wreath, shield above reverse

KM# 90 4.67 g., Copper-Nickel, 19 mm. **Obv. Legend:** UNITED STATES OF AMERICA **Designer:** James B. Longacre

Date	Mintage	G4	VG8	F12	VF20	XF40	AU50	MS60	MS65	PRF65
1860 Rounded Bust	20,566,000	10.00	15.00	22.00	40.00	60.00	90.00	220	1,100	2,200
1860	1,000	—	—	—	—	—	—	—	—	—
1860 Pointed Bust	Inc. above	15.00	20.00	30.00	50.00	75.00	190	285	3,200	—
1861	10,100,000	23.00	26.00	40.00	55.00	120	135	185	1,250	1,900
1862	28,075,000	9.00	10.00	11.00	22.00	45.00	60.00	125	975	2,600
1863	49,840,000	8.00	9.00	10.00	22.00	45.00	60.00	100	850	1,900
1864	13,740,000	20.00	23.00	60.00	65.00	155	195	260	1,200	1,900

Indian head with headdress left above date obverse
Value within wreath, shield above reverse

1864 "L"

KM# 90a 3.11 g., Bronze, 19 mm. **Obv. Legend:** UNITED STATES OF AMERICA **Designer:** James B. Longacre **Note:** The 1864 "L" variety has the designer's initial in Liberty's hair to the right of her neck.

Date	Mintage	G4	VG8	F12	VF20	XF40	AU50	MS60	MS65	PRF65
1864	39,233,714	12.00	17.00	25.00	44.00	60.00	70.00	100	675	1,100
1864 L pointed bust	Inc. above	45.00	65.00	150	215	275	350	410	1,750	60,000
1865 plain 5	35,429,286	11.00	12.00	17.00	23.00	50.00	60.00	75.00	775	400
1865 fancy 5	Inc. above	11.00	12.00	17.00	21.00	33.00	50.00	75.00	775	—
1866	9,826,500	45.00	52.00	70.00	115	225	260	310	1,250	1,350
1867	9,821,000	40.00	55.00	110	135	225	250	240	1,310	425
1867/1867	Inc. above	90.00	114	200	300	750	830	1,350	—	—
1868	10,266,500	45.00	60.00	75.00	125	180	265	310	1,125	700
1869/9	6,420,000	125	245	435	600	875	950	1,000	2,300	—
1869	Inc. above	55.00	175	240	325	550	600	700	2,300	725
1870 Bold N	5,275,000	55.00	125	225	265	410	440	520	1,600	725
1870 Shallow N*	Inc. above	70.00	130	230	475	525	560	—	—	—
1871 Bold N	3,929,500	130	185	300	320	525	600	685	2,200	1,450
1871 Shallow N*	Inc. above	115	125	235	500	600	650	—	—	—
1872 Bold N	4,042,000	115	165	290	415	575	720	875	3,000	1,100
1872 Shallow N*	Inc. above	120	190	340	400	460	550	—	—	—
1873 closed 3	11,676,500	20.00	40.00	60.00	85.00	160	210	300	1,500	1,000
1873 open 3	Inc. above	20.00	35.00	60.00	100	190	275	290	1,325	—
1873 Double Liberty die 1	Inc. above	300	450	800	1,175	2,300	3,650	6,600	36,000	—
1873 Double Liberty die 2	Inc. above	—	75.00	250	400	500	900	4,200	—	—
1874	14,187,500	18.00	30.00	50.00	59.00	115	145	200	995	480
1875	13,528,000	35.00	55.00	85.00	105	165	282	350	780	1,600
1876	7,944,000	25.00	35.00	60.00	100	210	250	360	1,200	480
1877	852,500	550	700	875	1,050	1,875	2,950	3,300	13,000	4,950

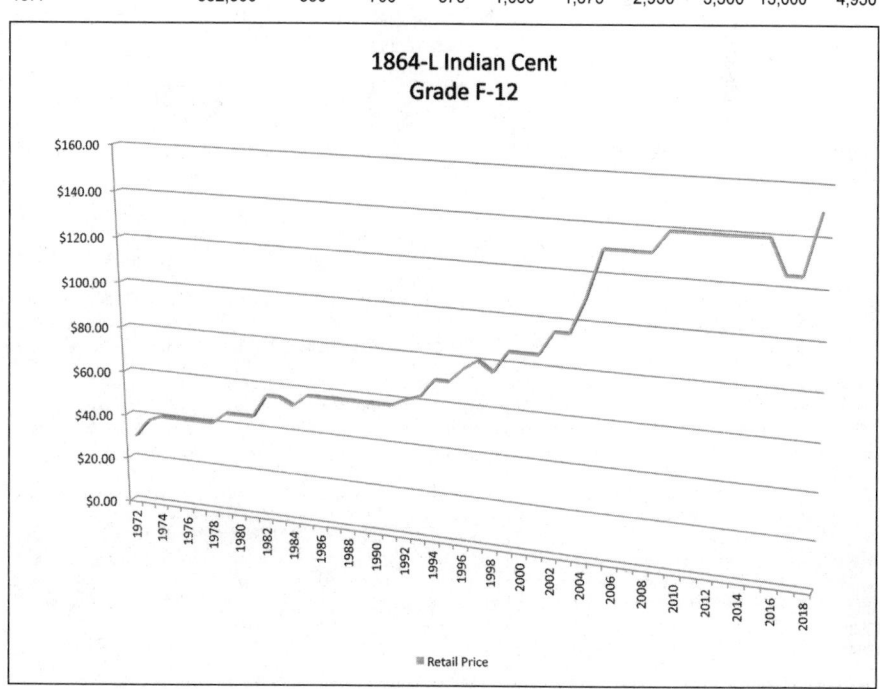

1864-L Indian Cent
Grade F-12

Retail Price

Date	Mintage	G4	VG8	F12	VF20	XF40	AU50	MS60	MS65	PRF65
1878	5,799,850	23.00	30.00	60.00	125	275	325	950	1,500	585
1879	16,231,200	6.00	8.00	14.00	28.00	100	120	180	1,500	585
1880	38,964,955	3.00	4.00	5.00	9.00	25.00	40.00	65.00	475	585
1881	39,211,575	3.00	4.00	5.00	7.00	20.00	25.00	50.00	425	585
1882	38,581,100	3.00	3.25	4.00	8.00	20.00	33.00	55.00	475	585
1883	45,589,109	2.75	3.00	3.50	6.00	19.00	25.00	55.00	595	585
1884	23,261,742	3.50	4.00	10.00	15.00	60.00	85.00	120	425	585
1885	11,765,384	7.00	8.00	10.00	25.00	90.00	140	185	725	585
1886 Type 1 obverse	17,654,290	4.00	6.00	15.00	45.00	145	155	190	1,150	600
1886 Type 2 obverse	Inc. above	6.00	8.00	22.00	75.00	180	210	240	2,495	7,500
1887	45,226,483	1.50	1.60	2.50	4.00	13.00	21.00	45.00	600	800
1888	37,494,414	2.50	3.00	4.00	6.00	17.00	20.00	75.00	750	585
1888/7	Inc. above	1,525	8,700	4,100	6,200	9,300	10,575	—	—	—
1889	48,869,361	1.70	2.10	2.25	5.00	9.00	21.00	33.00	625	1,850
1890	57,182,854	1.50	1.75	2.00	4.00	8.00	20.00	40.00	700	585
1891	47,072,350	1.75	2.25	2.50	4.00	10.00	18.00	40.00	670	585
1892	37,649,832	1.50	2.75	3.50	4.00	16.00	55.00	80.00	560	585
1893	46,642,195	1.50	2.25	2.50	4.00	8.00	18.00	38.00	900	585
1894	16,752,132	4.50	5.00	11.00	16.00	38.00	48.00	65.00	590	900
1894/94	Inc. above	25.00	45.00	65.00	120	300	750	1,100	4,500	585
1895	38,343,636	1.75	2.00	2.50	3.00	9.00	18.00	38.00	156	585
1896	39,057,293	1.75	2.00	2.50	3.00	10.00	21.00	40.00	295	585
1897	50,466,330	1.35	1.75	1.85	3.00	8.00	19.00	38.00	365	585
1898	49,823,079	1.35	1.80	2.00	3.00	8.00	19.00	38.00	300	585
1899	53,600,031	1.35	1.80	2.00	3.00	8.00	19.00	38.00	205	800
1900	66,833,764	1.35	1.80	2.00	3.00	8.00	19.00	38.00	190	585
1901	79,611,143	1.35	1.80	2.00	3.00	8.00	19.00	38.00	190	690
1902	87,376,722	1.35	1.80	2.00	3.00	8.00	19.00	38.00	190	550
1903	85,094,493	1.35	1.80	2.00	3.00	8.00	19.00	38.00	190	585
1904	61,328,015	1.35	1.80	2.00	3.00	8.00	19.00	38.00	200	585
1905	80,719,163	1.35	1.80	2.00	3.00	8.00	19.00	38.00	200	585
1906	96,022,255	1.35	1.80	2.00	3.00	8.00	19.00	38.00	200	585
1907	108,138,618	1.35	1.80	2.00	3.00	8.00	19.00	38.00	250	585
1908	32,327,987	1.35	1.80	2.00	3.00	8.00	19.00	38.00	200	585
1908S	1,115,000	90.00	100	115	140	180	250	280	1,250	—
1909	14,370,645	10.00	12.00	13.00	14.00	18.00	26.00	43.00	675	585
1909S	309,000	290	325	385	465	790	1,125	1,360	2,625	—

Lincoln Cent
Wheat Ears reverse

1922 Plain

KM# 132 3.11 g., Bronze, 19 mm. **Designer:** Victor D. Brenner **Note:** The 1909 "VDB" varieties have the designer's initials inscribed at the 6 o'clock position on the reverse. The initials were removed until 1918, when they were restored on the obverse • MS60 and MS63 prices are for brown coins and MS65 prices are for coins that are at least 90% original red.

Date	Mintage	G4	VG8	F12	VF20	XF40	AU50	MS60	MS65	PRF65
1909 VDB	27,995,000	9.00	10.00	11.00	12.00	14.00	15.00	20.00	105	27,000
1909 VDB Doubled Die Obverse	Inc. above	—	—	45.00	80.00	90.00	110	180	1,750	—
1909S VDB	484,000	580	625	650	700	865	910	1,075	4,500	—
1909	72,702,618	2.00	2.50	3.25	4.00	5.00	12.00	15.00	170	900
1909S	1,825,000	65.00	70.00	88.00	175	190	230	300	550	—
1909S/S S over horizontal S	Inc. above	100	115	125	170	230	260	300	1,150	—
1910	146,801,218	0.30	0.40	0.50	0.60	4.00	8.00	16.00	110	850
1910S	6,045,000	11.00	15.00	16.00	20.00	43.00	65.00	90.00	650	—
1911	101,177,787	0.35	0.45	1.25	1.75	6.00	9.00	16.00	360	1,075
1911D	12,672,000	5.00	6.00	8.00	22.00	46.00	97.00	115	850	—
1911S	4,026,000	32.00	40.00	45.00	50.00	100	120	160	1,000	—
1912	68,153,060	1.00	1.25	2.50	6.00	14.00	23.00	30.00	500	1,200
1912D	10,411,000	6.00	8.00	10.00	26.00	63.00	145	165	1,875	—
1912S	4,431,000	18.00	20.00	25.00	43.00	68.00	95.00	155	1,600	—
1913	76,532,352	0.65	0.75	1.25	3.00	16.00	25.00	30.00	455	1,075

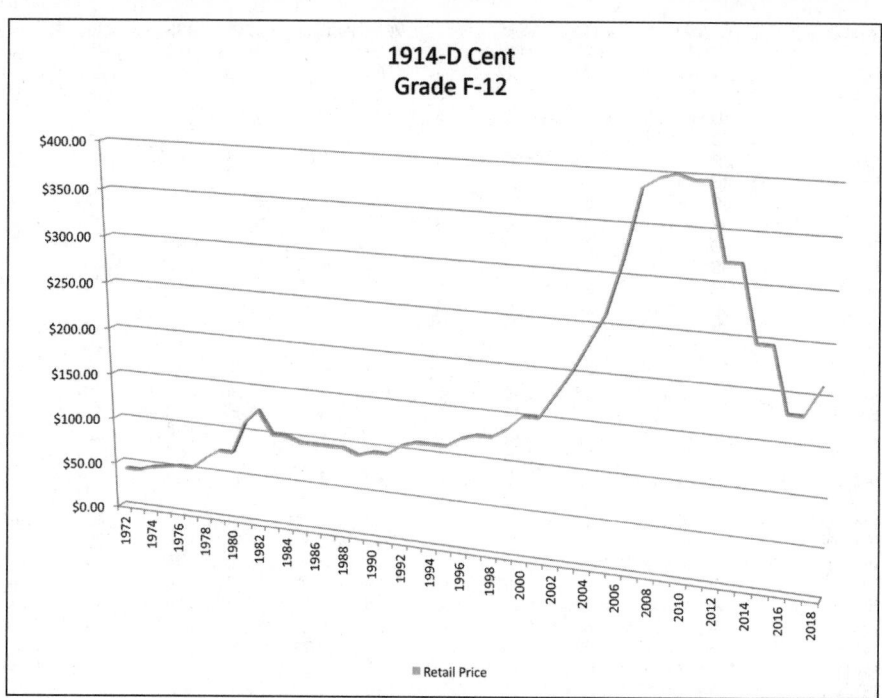

1914-D Cent
Grade F-12

Date	Mintage	G4	VG8	F12	VF20	XF40	AU50	MS60	MS65	PRF65
1913D	15,804,000	3.00	3.50	4.50	10.50	38.00	55.00	90.00	1,225	—
1913S	6,101,000	9.00	13.00	17.00	25.00	50.00	125	170	1,300	—
1914	75,238,432	0.35	0.60	2.00	8.00	17.00	35.00	50.00	475	1,465
1914D	1,193,000	130	160	210	250	725	1,295	1,425	10,750	—
1914S	4,137,000	19.00	21.00	25.00	32.00	78.00	115	275	5,000	—
1915	29,092,120	1.50	3.00	4.50	16.00	52.00	65.00	75.00	770	1,800
1915D	22,050,000	1.35	2.50	3.50	7.00	22.00	4.00	65.00	1,050	—
1915S	4,833,000	15.00	18.00	23.00	29.00	60.00	122	175	4,600	—
1916	131,833,677	0.30	0.35	0.65	2.00	7.00	12.00	17.00	310	4,000
1916D	35,956,000	0.65	2.00	3.00	5.00	16.00	33.00	80.00	1,300	—
1916S	22,510,000	1.35	2.75	4.00	9.00	25.00	42.00	95.00	6,100	—
1917	196,429,785	0.25	0.30	0.35	1.50	4.00	12.00	14.00	325	—
1917 Doubled Die Obverse	Inc. above	125	195	300	390	1,000	1,500	2,500	13,000	—
1917D	55,120,000	0.85	1.00	2.50	6.00	35.00	40.00	65.00	1,375	—
1917S	32,620,000	0.40	0.65	1.00	2.00	10.00	25.00	65.00	6,900	—
1918	288,104,634	0.25	0.30	0.35	0.55	4.00	8.00	11.00	330	—
1918D	47,830,000	0.75	1.25	2.50	5.00	18.00	31.00	70.00	3,600	—
1918S	34,680,000	0.25	0.75	1.00	3.25	10.00	30.00	60.00	10,000	—
1919	392,021,000	0.25	0.30	0.35	0.40	1.00	5.00	7.00	125	—
1919D	57,154,000	0.65	0.90	1.25	4.00	12.00	24.00	55.00	1,475	—
1919S	139,760,000	0.20	0.35	1.25	2.00	5.00	15.00	45.00	975	—
1920	310,165,000	0.15	0.20	0.45	1.00	2.50	7.00	13.00	235	—
1920D	49,280,000	1.00	1.25	2.50	7.00	16.00	32.00	65.00	1,275	—
1920S	46,220,000	0.45	0.50	1.25	2.25	11.00	31.00	95.00	13,500	—
1921	39,157,000	0.40	0.50	0.75	2.50	9.50	20.00	37.00	360	—
1921S	15,274,000	1.20	2.25	3.25	6.00	35.00	60.00	110	—	—
1922D	7,160,000	16.00	20.00	21.00	23.00	38.00	60.00	90.00	1,300	—
1922D Weak Rev	Inc. above	22.00	23.00	24.00	25.50	34.00	65.00	95.00	355	—
1922D Weak D	Inc. above	20.00	30.00	40.00	50.00	105	150	225	1,500	—
1922 No D Die 2 Strong Rev	Inc. above	425	475	525	650	1,275	2,600	8,000	130,000	—
1922 No D Die 3 Weak Rev	Inc. above	140	210	320	375	550	725	1,330	—	—
1923	74,723,000	0.30	0.40	0.50	1.00	5.00	10.00	12.00	350	—
1923S	8,700,000	4.75	6.00	7.25	10.50	35.00	90.00	185	16,000	—

Date	Mintage	G4	VG8	F12	VF20	XF40	AU50	MS60	MS65	PRF65
1924	75,178,000	0.25	0.35	0.45	1.00	4.50	9.00	16.00	450	—
1924D	2,520,000	29.00	33.00	38.00	42.00	85.00	160	260	11,250	—
1924S	11,696,000	1.25	1.50	2.75	5.35	30.00	60.00	130	16,500	—
1925	139,949,000	0.25	0.35	0.45	0.70	3.00	6.50	8.00	125	—
1925D	22,580,000	0.75	1.50	2.60	5.00	14.00	26.00	55.00	3,250	—
1925S	26,380,000	0.80	1.20	1.85	2.75	10.00	25.00	75.00	16,100	—
1926	157,088,000	0.25	0.35	0.45	0.60	1.65	5.00	6.00	65.00	—
1926D	28,020,000	1.50	1.70	2.75	5.25	13.00	28.00	75.00	2,000	—
1926S	4,550,000	8.00	9.00	11.00	16.50	33.00	60.00	120	2,090	—
1927	144,440,000	0.20	0.25	0.35	0.60	1.60	5.25	7.50	135	—
1927D	27,170,000	1.15	1.70	2.25	3.35	7.50	25.00	50.00	470	—
1927S	14,276,000	1.40	1.85	2.65	5.25	13.00	36.00	55.00	8,000	—
1928	134,116,000	0.20	0.25	0.35	0.60	1.45	4.00	7.50	125	—
1928D	31,170,000	0.75	1.00	1.50	3.50	7.00	17.00	32.00	815	—
1928S Small S	17,266,000	0.75	1.40	2.25	3.50	8.00	27.00	60.00	2,500	—
1928S Large S	Inc. above	1.65	2.85	4.25	7.50	15.00	45.00	110	1,000	—
1929	185,262,000	0.20	0.25	0.35	0.55	2.75	4.50	5.50	115	—
1929D	41,730,000	0.50	1.00	1.40	2.75	6.00	12.00	21.00	485	—
1929S	50,148,000	0.60	1.10	1.85	2.80	7.00	13.00	17.00	360	—
1930	157,415,000	0.20	0.25	0.35	0.60	1.25	2.75	4.00	35.00	—
1930D	40,100,000	0.25	0.35	0.60	0.90	2.00	5.50	9.00	140	—
1930S	24,286,000	0.25	0.55	0.75	2.00	4.00	6.50	9.50	85.00	—
1931	19,396,000	0.65	0.75	1.10	2.00	4.00	9.50	17.00	120	—
1931D	4,480,000	4.25	5.00	6.00	7.00	12.50	33.50	45.00	900	—
1931S	866,000	59.00	65.00	70.00	75.00	82.00	85.00	145	500	—
1932	9,062,000	1.60	1.95	2.85	3.50	7.50	11.00	15.00	70.00	—
1932D	10,500,000	1.50	1.90	2.00	2.50	4.15	9.00	16.00	140	—
1933	14,360,000	1.50	1.80	2.65	2.85	6.50	10.00	14.00	77.00	—
1933D	6,200,000	3.50	4.25	5.25	6.50	12.00	17.00	21.00	110	—
1934	219,080,000	0.15	0.25	0.30	0.45	1.25	4.00	9.00	25.00	—
1934D	28,446,000	0.35	0.50	0.80	1.25	5.50	9.00	20.00	30.00	—
1935	245,338,000	0.15	0.20	0.25	0.40	0.90	1.50	5.00	20.00	—
1935D	47,000,000	0.20	0.30	0.40	0.55	0.95	2.50	5.50	20.00	—
1935S	38,702,000	0.25	0.35	0.60	1.75	3.00	5.00	11.00	44.00	—
1936 (Proof in Satin Finish)	309,637,569	0.15	0.20	0.30	0.40	0.85	1.40	1.90	10.00	2,250
1936 Brilliant Proof	Inc. above	—	—	—	—	—	—	—	—	2,300
1936 DDO	Inc. above	—	—	25.00	50.00	80.00	125	175	1,000	—
1936D	40,620,000	0.20	0.30	0.40	0.55	0.90	1.50	4.00	15.00	—
1936S	29,130,000	0.20	0.30	0.45	0.60	1.50	2.25	5.00	18.00	—
1937	309,179,320	0.15	0.20	0.30	0.40	0.50	0.75	1.75	13.50	300
1937D	50,430,000	0.20	0.30	0.40	0.60	0.80	1.20	2.65	15.00	—
1937S	34,500,000	0.20	0.30	0.40	0.55	0.90	1.25	2.75	16.50	—
1938	156,696,734	0.15	0.20	0.30	0.40	0.50	1.20	2.25	18.00	200
1938D	20,010,000	0.20	0.30	0.45	0.60	1.00	1.50	3.50	20.00	—
1938S	15,180,000	0.30	0.40	0.50	0.70	1.00	1.75	3.00	15.00	—
1939	316,479,520	0.15	0.20	0.30	0.40	0.45	0.75	1.00	16.00	165
1939D	15,160,000	0.35	0.45	0.50	0.60	0.95	1.75	3.00	18.00	—
1939S	52,070,000	0.30	0.40	0.50	0.60	0.80	1.20	2.50	16.00	—
1940	586,825,872	0.10	0.20	0.30	0.35	0.45	0.75	1.00	12.00	130
1940D	81,390,000	0.20	0.30	0.40	0.55	0.75	1.10	2.00	11.00	—
1940S	112,940,000	0.20	0.30	0.40	0.55	0.70	1.25	2.50	12.50	—
1941	887,039,100	0.10	0.20	0.30	0.35	0.45	0.60	1.25	10.00	170
1941 Doubled Die Obv	Inc. above	35.00	50.00	70.00	80.00	95.00	135	200	1,000	—
1941D	128,700,000	0.20	0.30	0.40	0.55	0.90	1.35	2.20	12.50	—
1941S	92,360,000	0.20	0.30	0.40	0.55	0.95	1.75	2.50	15.00	—
1942	657,828,600	0.10	0.20	0.30	0.35	0.40	0.55	0.85	11.00	150
1942D	206,698,000	0.20	0.25	0.30	0.35	0.45	0.60	1.00	12.00	—
1942S	85,590,000	0.25	0.35	0.45	0.85	1.25	2.50	5.00	18.00	—
1943 Copper planchet error	—	—	—	35,000	42,000	45,000	80,000	155,000	—	—
1943S Copper planchet error	—	—	—	125,000	150,000	185,000	275,000	—	—	—

Wheat Ears reverse

KM# 132a 2.70 g., Zinc Coated Steel, 19 mm. **Designer:** Victor D. Brenner

Date	Mintage	G4	VG8	F12	VF20	XF40	AU50	MS60	MS65	PRF65
1943	684,628,670	0.20	0.30	0.35	0.45	0.60	0.85	1.25	18.00	—
1943D	217,660,000	0.35	0.40	0.45	0.50	0.70	1.00	1.50	—	—
1943D/D RPM	Inc. above	30.00	38.00	50.00	65.00	90.00	125	200	—	—
1943S	191,550,000	0.40	0.45	0.50	0.65	0.90	1.40	4.00	28.00	—

Lincoln Cent
Wheat Ears reverse

1955 Double die

KM# A132 3.11 g., Brass, 19 mm. **Designer:** Victor D. Brenner **Note:** KM#132 design and composition resumed • MS60 prices are for brown coins and MS65 prices are for coins that are at least 90% original red.

Date	Mintage	XF40	MS65
1944	1,435,400,000	0.30	8.00
1944D	430,578,000	0.40	14.00
1944D/S Type 1	Inc. above	115	3,300
1944D/S Type 2	Inc. above	115	2,500
1944S	282,760,000	0.35	8.00
1945	1,040,515,000	0.40	13.50
1945D	226,268,000	0.40	8.00
1945S	181,770,000	0.40	7.50
1946	991,655,000	0.25	13.50
1946D	315,690,000	0.30	10.00
1946S	198,100,000	0.30	13.50
1946S/D	—	70.00	650
1947	190,555,000	0.45	18.50
1947D	194,750,000	0.35	7.50
1947S	99,000,000	0.35	8.00
1948	317,570,000	0.35	18.50
1948D	172,637,000	0.40	12.00
1948S	81,735,000	0.40	12.00
1949	217,775,000	0.40	18.00
1949D	153,132,000	0.40	15.00
1949S	64,290,000	0.50	10.00
1950	272,686,386	0.35	16.50
1950D	334,950,000	0.35	12.50
1950S	118,505,000	0.30	9.00
1951	295,633,500	0.40	16.50
1951D	625,355,000	0.30	8.50
1951S	136,010,000	0.40	9.00
1952	186,856,980	0.40	16.00
1952D	746,130,000	0.30	8.50
1952S	137,800,004	0.60	12.00
1953	256,883,800	0.25	18.00
1953D	700,515,000	0.25	8.50
1953S	181,835,000	0.40	8.00
1954	71,873,350	0.25	20.00
1954D	251,552,500	0.25	8.50
1954S	96,190,000	0.25	10.00
1955	330,958,000	0.25	9.00
1955 Doubled Die	Inc. above	1,450	35,000

Note: The 1955 "doubled die" has distinct doubling of the date and lettering on the obverse.

Date	Mintage	XF40	MS65
1955D	563,257,500	0.20	8.00
1955S	44,610,000	0.35	7.50
1956	421,414,384	0.20	12.00
1956D	1,098,201,100	0.20	7.00
1957	283,787,952	0.20	7.50
1957D	1,051,342,000	0.20	6.00
1958	253,400,652	0.20	9.00
1958D	800,953,300	0.20	7.00

Lincoln Memorial reverse

Small date	Large date

Small date | Large date

KM# 201 3.11 g., Brass, 19 mm. **Rev. Designer:** Frank Gasparro **Note:** MS60 prices are for brown coins and MS65 prices are for coins that are at least 90% original red. The dates were modified in 1960, 1970 and 1982, resulting in large-date and small-date varieties for those years. The 1972 "doubled die" shows doubling of IN GOD WE TRUST. The 1979-S and 1981-S Type II proofs have a clearer mint mark than the Type I proofs of those years. Some 1982 cents have the predominantly copper composition; others have the predominantly zinc composition. They can be distinguished by weight.

Date	Mintage	XF40	MS65	PRF65
1959	610,864,291	—	15.00	6.50
1959D	1,279,760,000	—	7.50	—
1960 small date, low 9	588,096,602	1.85	12.00	16.00
1960 large date, high 9	Inc. above	—	8.00	7.50
1960 small over large date	Inc. above	—	—	600
1960D small date, low 9	1,580,884,000	—	10.00	—
1960D large date, high 9	Inc. above	—	8.00	—
1960D/D small over large date	Inc. above	—	300	—
1961	756,373,244	—	8.50	9.00
1961D	1,753,266,700	—	18.00	—
1962	609,263,019	—	8.00	8.00
1962D	1,793,148,400	—	14.00	—
1963	757,185,645	—	10.00	6.00
1963D	1,774,020,400	—	12.00	—

Date	Mintage	XF40	MS65	PRF65
1964	2,652,525,762	—	8.50	6.00
1964D	3,799,071,500	—	10.00	—
1965	1,497,224,900	—	10.00	—
1965 SMS	Inc. above	—	7.50	—
1966	2,188,147,783	—	10.00	—
1966 SMS	Inc. above	—	8.00	—
1967	3,048,667,100	—	12.00	—
1967 SMS	Inc. above	—	8.00	—
1968	1,707,880,970	—	12.00	—
1968D	2,886,269,600	—	12.50	—
1968S	261,311,510	—	10.00	4.50
1969	1,136,910,000	—	7.00	—
1969D	4,002,832,200	—	10.00	—
1969S	547,309,631	—	15.00	5.50
1969S Doubled Die Obverse	Inc. above	10,000	—	100,000
1970	1,898,315,000	—	8.00	—
1970D	2,891,438,900	—	6.00	—
1970S small date, level 7	Inc. above	30.00	65.00	60.00
1970S large date, low 7	Inc. above	—	15.00	5.00
1970S Doubled Die Obverse	Inc. above	—	20,000	15,000
1971	1,919,490,000	—	20.00	—
1971D	2,911,045,600	—	6.50	—
1971S	528,354,192	—	7.50	5.50
1971S Doubled Die Obverse	Inc. above	—	—	400
1972	2,933,255,000	—	6.00	—
1972 Doubled Die Obverse	Inc. above	240	585	—
1972D	2,665,071,400	—	12.00	—
1972S	380,200,104	—	26.50	5.50
1973	3,728,245,000	—	8.00	—
1973D	3,549,576,588	—	11.00	—
1973S	319,937,634	—	10.00	5.50
1974	4,232,140,523	—	12.00	—
1974D	4,235,098,000	—	9.00	—
1974S	412,039,228	—	12.00	5.00
1975	5,451,476,142	—	8.00	—
1975D	4,505,245,300	—	13.50	—
1975S	2,845,450	—	—	5.00
1976	4,674,292,426	—	14.00	—
1976D	4,221,592,455	—	16.00	—
1976S	4,149,730	—	—	6.00
1977	4,469,930,000	—	16.00	—
1977D	4,149,062,300	—	16.00	—
1977S	3,251,152	—	—	5.00
1978	5,558,605,000	—	16.00	—
1978D	4,280,233,400	—	14.00	—
1978S	3,127,781	—	—	5.00
1979	6,018,515,000	—	12.00	—
1979D	4,139,357,254	—	8.00	—
1979S type I, proof	3,677,175	—	—	5.00
1979S type II, proof	—	—	—	10.00
1980	7,414,705,000	—	6.50	—
1980D	5,140,098,660	—	12.00	—
1980S	3,554,806	—	—	5.00
1981	7,491,750,000	—	8.50	—
1981D	5,373,235,677	—	9.00	—
1981S type I, proof	4,063,083	—	—	5.00
1981S type II, proof	—	—	—	42.00
1982 large date	10,712,525,000	—	7.00	—
1982 small date	Inc. above	—	9.00	—

Date	Mintage	XF40	MS65	PRF65
1982D large date	6,012,979,368	—	7.50	—
1982S	3,857,479	—	—	5.00

KM# 201a 2.50 g., Copper Plated Zinc, 19 mm. **Note:** MS60 prices are for brown coins and MS65 prices are for coins that are at least 90% original red.

Date	Mintage	XF40	MS65	PRF65
1982 large date	—	—	6.00	—
1982 small date	—	—	9.00	—
1982D large date	—	—	8.00	—
1982D small date	—	—	6.00	—

KM# 201b Copper Plated Zinc, 19 mm. **Note:** MS60 prices are for brown coins and MS65 prices are for coins that are at least 90% original red.

Date	Mintage	XF40	MS65	PRF65
1983	7,752,355,000	—	7.00	—
1983 Doubled Die	Inc. above	135	290	—
1983D	6,467,199,428	—	5.50	—
1983S	3,279,126	—	—	3.50
1984	8,151,079,000	—	7.50	—
1984 Doubled Die	Inc. above	90.00	250	—
1984D	5,569,238,906	—	6.50	—
1984S	3,065,110	—	—	3.50
1985	5,648,489,887	—	4.50	—
1985D	5,287,399,926	—	4.50	—
1985S	3,362,821	—	—	3.50
1986	4,491,395,493	—	5.00	—
1986D	4,442,866,698	—	8.00	—
1986S	3,010,497	—	—	3.50
1987	4,682,466,931	—	7.50	—
1987D	4,879,389,514	—	5.50	—
1987S	4,227,728	—	—	3.50
1988	6,092,810,000	—	10.00	—
1988D	5,253,740,443	—	6.00	—
1988S	3,262,948	—	—	3.50
1989	7,261,535,000	—	6.50	—
1989D	5,345,467,111	—	6.50	—
1989S	3,220,194	—	—	5.00
1990	6,851,765,000	—	5.00	—
1990D	4,922,894,533	—	5.50	—
1990S	3,299,559	—	—	3.50
1990 no S, Proof only	Inc. above	—	—	4,650
1991	5,165,940,000	—	6.50	—
1991D	4,158,442,076	—	5.50	—
1991S	2,867,787	—	—	3.50
1992	4,648,905,000	—	5.50	—
1992D	4,448,673,300	—	5.50	—
1992D Close AM, Proof Reverse Die	Inc. above	—	—	—
1992S	4,176,560	—	—	3.50
1993	5,684,705,000	—	5.00	—
1993D	6,426,650,571	—	4.50	—
1993S	3,394,792	—	—	3.50
1994	6,500,850,000	—	6.00	—
1994D	7,131,765,000	—	4.50	—
1994S	3,269,923	—	—	3.50
1995	6,411,440,000	—	5.00	—

Date	Mintage	XF40	MS65	PRF65
1995 Doubled Die Obverse	Inc. above	20.00	60.00	—
1995D	7,128,560,000	—	4.50	—
1995S	2,707,481	—	—	3.50
1996	6,612,465,000	—	4.50	—
1996D	6,510,795,000	—	4.50	—
1996S	2,915,212	—	—	3.50
1997	4,622,800,000	—	3.00	—
1997D	4,576,555,000	—	3.50	—
1997S	2,796,678	—	—	4.00
1998	5,032,155,000	—	3.00	—
1998 Wide AM, reverse from proof die	Inc. above	—	110	—
1998D	5,255,353,500	—	3.00	—
1998S	2,957,286	—	—	4.00
1999	5,237,600,000	—	3.00	—
1999 Wide AM, reverse from proof die	Inc. above	—	450	—
1999D	6,360,065,000	—	3.00	—
1999S	3,362,462	—	—	3.50
2000 Wide AM, reverse from proof die	Inc. above	—	45.00	—
2000	5,503,200,000	—	3.00	—
2000D	8,774,220,000	—	3.00	—
2000S	4,063,361	—	—	3.50
2001	4,959,600,000	—	3.00	—
2001D	5,374,990,000	—	3.00	—
2001S	3,099,096	—	—	3.50
2002	3,260,800,000	—	3.00	—
2002D	4,028,055,000	—	3.00	—
2002S	3,157,739	—	—	3.50
2003	3,300,000,000	—	3.50	—
2003D	3,548,000,000	—	3.50	—
2003S	3,116,590	—	—	3.50
2004	3,379,600,000	—	3.50	—
2004D	3,456,400,000	—	3.50	—
2004S	2,992,069	—	—	3.50
2005	3,935,600,000	—	2.50	—
2005 Satin Finish	1,160,000	—	4.00	—
2005D	3,764,450,000	—	2.50	—
2005D Satin Finish	1,160,000	—	4.00	—
2005S	3,273,000	—	—	3.50
2006	4,290,000,000	—	2.00	—
2006 Satin Finish	847,361	—	4.00	—
2006D	3,944,000,000	—	2.50	—
2006D Satin Finish	847,361	—	4.00	—
2006S	2,923,105	—	—	3.50
2007	3,762,400,000	—	2.00	—
2007 Satin Finish	895,628	—	4.00	—
2007D	3,638,800,000	—	2.00	—
2007D Satin Finish	895,628	—	4.00	—
2007S	2,577,166	—	—	3.50
2008	2,558,800,000	—	2.25	—
2008 Satin Finish	745,464	—	4.00	—
2008D	2,849,600,000	—	2.25	—
2008D Satin Finish	745,464	—	4.00	—
2008S	2,169,561	—	—	4.50

Lincoln Bicentennial
Bust right obverse
Log cabin reverse

KM# 441 2.50 g., Copper Plated Zinc, 19 mm. **Subject:** Early Childhood in Kentucky **Rev. Designer:** Richard Masters and James Licaretz

Date	Mintage	XF40	MS65	PRF65
2009	284,400,000	—	1.50	—
2009D	350,400,000	—	1.50	—

KM# 441a 3.31 g., Brass, 19 mm. **Subject:** Early childhood in Kentucky **Rev. Designer:** Richard Masters and James Licaretz

Date	Mintage	XF40	MS65	PRF65
2009 Satin finish	784,614	—	4.00	—
2009D Satin finish	784,614	—	4.00	—
2009S	2,995,615	—	—	4.00

Lincoln seated on log reverse

KM# 442 2.50 g., Copper Plated Zinc, 19 mm. **Subject:** Formative years in Indiana **Rev. Designer:** Charles Vickers

Date	Mintage	XF40	MS65	PRF65
2009	376,000,000	—	1.50	—
2009D	363,600,000	—	1.50	—

KM# 442a 3.11 g., Brass, 19 mm. **Subject:** Formative years in Indiana **Rev. Designer:** Charles Vickers

Date	Mintage	XF40	MS65	PRF65
2009 Satin finish	784,614	—	4.00	—
2009D Satin finish	784,614	—	4.00	—
2009S	2,995,615	—	—	4.00

Lincoln standing before Illinois Statehouse reverse

KM# 443 2.50 g., Copper Plated Zinc, 19 mm. **Subject:** Professional life in Illinois **Rev. Designer:** Joel Iskowitz and Don Everhart

Date	Mintage	XF40	MS65	PRF65
2009	316,000,000	—	1.50	—
2009D	336,000,000	—	1.50	—

KM# 443a 3.11 g., Brass, 19 mm. **Subject:** Professional life in Illinois **Rev. Designer:** Joel Iskowitz and Don Everhart

Date	Mintage	XF40	MS65	PRF65
2009 Satin finish	784,614	—	4.00	—
2009D Satin finish	784,614	—	4.00	—
2009S	2,995,615	—	—	4.00

Capitol Building reverse

KM# 444 2.50 g., Copper Plated Zinc, 19 mm. **Subject:** Presidency in Washington, DC **Rev. Designer:** Susan Gamble and Joseph Menna

Date	Mintage	XF40	MS65	PRF65
2009	129,600,000	—	1.50	—
2009D	198,000,000	—	1.50	—

KM# 444a 3.11 g., Brass, 19 mm. **Subject:** Presidency in Washington, DC **Rev. Designer:** Susan Ganmble and Joseph Menna

Date	Mintage	XF40	MS65	PRF65
2009 Satin finish	784,614	—	4.00	—
2009D Satin finish	784,614	—	4.00	—
2009S	2,995,615	—	—	4.00

Lincoln - Shield Reverse
Lincoln bust right obverse
Shield reverse

KM# 468 2.50 g., Copper Plated Zinc, 19 mm. **Obv. Designer:** Victor D. Brenner **Rev. Designer:** Lyndall Bass and Joseph Menna

Date	Mintage	MS65	PRF65
2010	1,963,630,000	1.50	—
2010 Satin finish	583,912	—	—
2010D	2,047,200,000	1.50	—
2010D Satin finish	583,912	—	—
2010S	1,689,364	—	4.00
2011	2,006,800,000	1.50	—
2011D	2147483647	1.50	—
2011S	1,673,010	—	4.00
2012	3,132,000,000	1.50	—
2012D	2,883,200,000	1.50	—
2012S	1,237,415	—	4.00
2013	3,750,400,000	1.50	—
2013D	3,319,600,000	1.50	—
2013S	1,237,926	—	4.00
2014	3,990,800,000	1.50	—
2014D	4,155,600,000	1.50	—
2014S	—	—	4.00
2015	4,691,512,561	—	—
2015D	4,674,212,561	—	—
2015S	710,183	—	—
2016	4,698,000,000	1.50	—
2016D	4,420,400,000	1.50	—
2016S	—	—	4.00
2017	—	1.50	—
2017D	—	1.50	—
2017S Enhanced Unc.	225,000	10.00	—
2017S	—	—	4.00

2 CENTS

Shield in front of crossed arrows, banner above, date below obverse
Value within wheat wreath reverse

Small motto   Large motto

KM# 94 6.22 g., Copper-Tin-Zinc, 23 mm. **Rev. Legend:** UNITED STATES OF AMERICA **Designer:** James B. Longacre **Note:** The motto IN GOD WE TRUST was modified in 1864, resulting in small-motto and large-motto varieties for that year.

Date	Mintage	G4	VG8	F12	VF20	XF40	AU50	MS60	MS65	PRF65
1864 small motto	19,847,500	200	255	425	570	750	900	1,400	3,100	45,000
1864 large motto	Inc. above	16.50	18.50	20.00	27.50	42.50	72.00	88.00	575	2,500
1865 fancy 5	13,640,000	13.00	15.00	22.00	27.00	40.00	65.00	90.00	425	900
1865 plain 5	Inc. above	10.00	12.00	14.00	19.00	35.00	50.00	60.00	425	900
1866	3,177,000	14.00	16.00	19.00	23.00	40.00	70.00	95.00	650	900
1867	2,938,750	15.00	18.00	30.00	40.00	55.00	80.00	110	800	900
1867 double die obverse	Inc. above	110	150	275	370	640	1,100	1,700	8,500	—
1868	2,803,750	15.00	19.00	32.00	42.00	55.00	90.00	120	750	900
1869	1,546,000	17.00	23.00	36.00	44.00	90.00	130	165	1,000	900
1869 repunched 18	Inc. above	25.00	35.00	65.00	125	275	450	—	—	—
1869/8 die crack	Inc. above	100	130	250	325	500	750	—	—	—
1870	861,250	26.00	35.00	50.00	70.00	115	160	245	1,950	900
1871	721,250	35.00	42.00	60.00	95.00	130	175	250	1,695	900
1872	65,000	450	500	680	760	900	1,640	2,700	8,250	1,600
1873 closed 3 proof only	Est. 600	1,075	1,250	1,350	1,450	1,550	1,700	2,300	4,500	4,350
1873 open 3 proof only	Est. 500	1,125	1,300	1,475	1,600	1,775	1,950	—	—	3,200

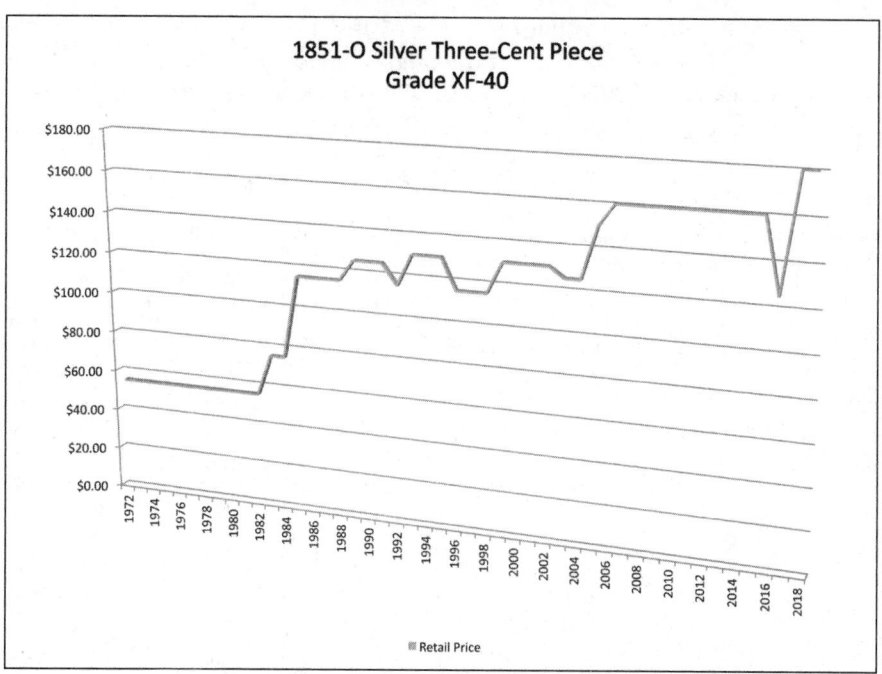

SILVER 3 CENTS

Silver 3 Cents - Type 1
Shield within star, no outlines in star obverse
Roman numeral in designed C, within circle of stars reverse

KM# 75 0.80 g., 0.750 Silver 0.0193 oz. ASW, 14 mm. **Obv. Legend:** UNITED STATES OF AMERICA
Designer: James B. Longacre

Date	Mintage	G4	VG8	F12	VF20	XF40	AU50	MS60	MS65	PRF65
1851	5,447,400	33.00	49.00	52.00	65.00	75.00	170	210	700	—
1851O	720,000	40.00	53.00	56.00	95.00	180	265	525	3,000	—
1852	18,663,500	33.00	49.00	52.00	65.00	75.00	170	210	590	—
1853	11,400,000	33.00	49.00	52.00	65.00	75.00	170	210	590	—

Silver 3 Cents - Type 2
Shield within star, three outlines in star obverse
Roman numeral in designed C, within circle of stars reverse

KM# 80 0.75 g., 0.900 Silver 0.0217 oz. ASW, 14 mm. **Obv. Legend:** UNITED STATES OF AMERICA
Designer: James B. Longacre

Date	Mintage	G4	VG8	F12	VF20	XF40	AU50	MS60	MS65	PRF65
1854	671,000	43.00	55.00	65.00	75.00	125	160	260	2,800	30,000
1855	139,000	43.00	55.00	70.00	150	250	425	700	7,800	16,000
1856	1,458,000	43.00	55.00	65.00	75.00	125	185	235	2,100	10,000
1857	1,042,000	43.00	55.00	65.00	75.00	125	200	235	2,875	9,000
1858	1,604,000	43.00	55.00	65.00	75.00	125	160	235	1,620	5,000

Silver 3 Cents - Type 3
Shield within star, two outlines in star obverse
Roman numeral in designed C, within circle of stars reverse

KM# 88 0.75 g., 0.900 Silver 0.0217 oz. ASW, 14 mm. **Obv. Legend:** UNITED STATES OF AMERICA **Designer:** James B. Longacre

Date	Mintage	G4	VG8	F12	VF20	XF40	AU50	MS60	MS65	PRF65
1859	365,000	43.00	55.00	65.00	75.00	125	150	185	825	1,700
1860	287,000	43.00	55.00	65.00	75.00	105	150	185	1,125	5,000
1861	498,000	43.00	55.00	65.00	75.00	105	150	185	750	1,700
1862	343,550	43.00	55.00	65.00	75.00	105	150	185	750	1,450
1862/1	Inc. above	43.00	55.00	65.00	75.00	105	165	225	1,000	—
1863	21,460	460	525	600	750	775	825	1,050	3,400	1,700
1863/62 proof only; Rare	Inc. above	—	—	—	—	—	—	—	—	5,400
1864	12,470	460	525	600	750	775	825	1,050	2,900	1,700
1865	8,500	460	525	600	750	775	825	1,750	3,900	1,700
1866	22,725	450	500	550	600	700	800	900	3,500	1,700
1867	4,625	460	525	600	750	800	1,200	1,700	15,000	1,700
1868	4,100	650	750	925	1,350	1,800	2,400	4,000	25,000	1,700
1869	5,100	460	525	600	750	800	1,000	1,500	7,300	1,700
1869/68 proof only; Rare	Inc. above	—	—	—	—	—	—	—	—	8,500
1870	4,000	460	525	600	750	775	950	1,425	4,500	1,700
1871	4,360	460	525	600	750	775	825	1,000	1,900	1,565
1872	1,950	600	750	950	1,400	1,800	2,300	2,800	12,000	1,500
1873 proof only	600	—	—	—	—	775	900	—	—	2,500

NICKEL 3 CENTS

Coronet head left, date below obverse
Roman numeral value within wreath reverse

KM# 95 1.94 g., Copper-Nickel, 17.9 mm. **Obv. Legend:** UNITED STATES OF AMERICA **Designer:** James B. Longacre

Date	Mintage	G4	VG8	F12	VF20	XF40	AU50	MS60	MS65	PRF65
1865	11,382,000	15.50	16.50	17.50	22.50	33.00	60.00	90.00	500	3,350
1866	4,801,000	15.50	16.50	17.50	22.50	33.00	60.00	90.00	500	860
1867	3,915,000	15.50	16.50	17.50	22.50	33.00	60.00	90.00	500	775
1868	3,252,000	15.50	16.50	17.50	22.50	33.00	60.00	90.00	500	825
1869	1,604,000	16.50	17.50	19.50	25.50	33.00	61.00	90.00	500	500
1870	1,335,000	17.50	18.50	20.50	26.50	33.00	62.00	90.00	500	500
1871	604,000	17.50	19.00	22.50	27.50	33.00	64.00	155	800	580
1872	862,000	19.00	22.50	24.50	29.00	43.50	68.00	175	995	580
1873 Closed 3	1,173,000	16.50	18.50	22.50	25.50	40.50	62.00	145	950	720
1873 Open 3	Inc. above	16.50	18.50	22.50	26.00	41.50	68.00	180	1,250	—
1874	790,000	17.50	20.50	22.50	27.50	42.50	66.00	160	750	550
1875	228,000	19.00	22.50	27.50	30.50	45.50	82.00	175	950	870
1876	162,000	20.50	23.50	26.50	34.50	49.50	97.00	225	1,350	580
1877 proof	Est. 900	1,000	1,025	1,075	1,125	1,275	1,350	—	—	3,750
1878 proof	2,350	615	645	720	770	795	830	—	—	825
1879	41,200	70.00	80.00	96.00	110	122	180	320	925	500
1880	24,955	100	115	130	165	185	235	350	935	460
1881	1,080,575	15.50	16.50	19.00	23.50	39.50	60.00	100	585	450
1882	25,300	130	150	180	225	300	325	425	1,700	500
1883	10,609	325	375	425	500	600	935	1,325	8,400	500
1884	5,642	700	900	1,050	1,350	2,000	4,000	5,500	18,000	500
1885	4,790	800	1,100	1,425	2,200	2,300	2,850	3,600	12,000	500

Date	Mintage	G4	VG8	F12	VF20	XF40	AU50	MS60	MS65	PRF65
1886 proof	4,290	320	330	345	385	385	420	—	—	600
1887/6 proof	7,961	350	390	415	450	460	515	—	—	600
1887	Inc. above	305	355	395	440	455	500	540	1,200	500
1888	41,083	54.00	63.00	70.00	80.00	100	170	315	665	500
1889	21,561	90.00	115	145	180	230	260	320	660	500

HALF DIME

Flowing Hair Half Dime

KM# 15 1.35 g., 0.892 Silver 0.0387 oz. ASW, 16.5 mm. **Designer:** Robert Scot

Date	Mintage	G4	VG8	F12	VF20	XF40	MS60
1794	86,416	1,500	1,700	26,500	3,850	8,000	18,000
1795	Inc. above	1,500	1,500	2,700	2,800	7,350	10,000

Draped Bust Half Dime
Draped bust right obverse Small eagle reverse

KM# 23 1.35 g., 0.892 Silver 0.0387 oz. ASW, 16.5 mm. **Designer:** Robert Scot

Date	Mintage	G4	VG8	F12	VF20	XF40	MS60
1796	10,230	1,400	1,750	3,000	4,100	9,500	20,000
1796 LIKERTY	Inc. above	1,400	1,800	3,050	4,100	9,600	20,500
Note: In 1796 the word LIBERTY was spelled LIKERTY on a die.							
1796/5	Inc. above	2,300	2,850	4,200	5,200	7,900	25,000
1797 13 stars	44,527	2,300	3,000	5,000	5,800	12,250	43,000
1797 15 stars	Inc. above	1,500	18,750	3,000	4,600	6,000	15,000
1797 16 stars	Inc. above	1,700	2,300	3,300	4,200	7,000	15,500

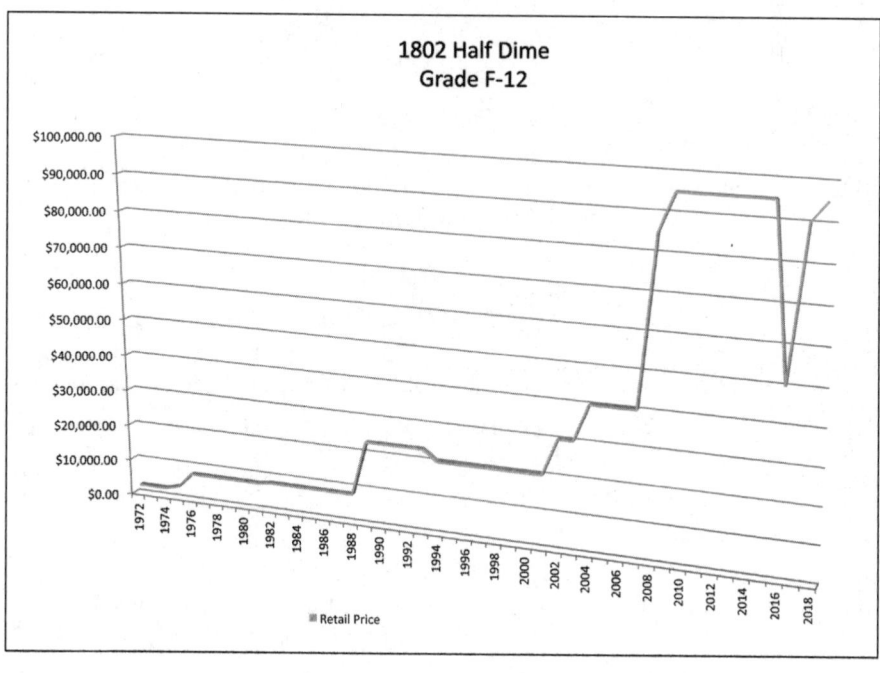

1802 Half Dime
Grade F-12

Draped bust right, flanked by stars, date at angle below obverse
Heraldic eagle reverse

KM# 34 1.35 g., 0.892 Silver 0.0387 oz. ASW, 16.5 mm. **Obv. Legend:** LIBERTY **Rev. Legend:** UNITED STATES OF AMERICA **Designer:** Robert Scot

Date	Mintage	G4	VG8	F12	VF20	XF40	MS60
1800	24,000	1,300	1,400	2,000	2,600	4,500	13,000
1800 LIBEKTY	Inc. above	1,400	1,600	2,500	3,000	5,000	15,000
1801	33,910	1,300	1,400	2,000	3,600	5,500	18,500
1802	3,060	60,000	75,000	95,000	120,000	200,000	—
1803 Large 8	37,850	1,250	1,450	2,000	25,000	6,750	13,000
1803 Small 8	Inc. above	2,000	2,750	3,800	5,600	9,500	62,500
1805	15,600	1,400	1,500	2,400	3,700	9,500	—

Liberty Cap Half Dime
Classic head left, flanked by stars, date below obverse
Eagle with arrows in talons, banner above reverse

KM# 47 1.35 g., 0.892 Silver 0.0387 oz. ASW, 15.5 mm. **Rev. Legend:** UNITED STATES OF AMERICA **Designer:** William Kneass

Date	Mintage	G4	VG8	F12	VF20	XF40	AU50	MS60	MS65
1829	1,230,000	60.00	85.00	105	125	165	270	375	2,600
1830	1,240,000	60.00	85.00	105	125	165	270	375	2,600
1831	1,242,700	60.00	85.00	105	125	165	270	375	2,600
1832	965,000	60.00	85.00	105	125	165	270	375	2,600
1833	1,370,000	60.00	85.00	105	125	165	270	375	2,600
1834	1,480,000	60.00	85.00	105	125	165	270	375	2,600
1835 large date and 5C.	2,760,000	60.00	85.00	105	125	165	270	375	2,600
1835 large date, small 5C.	Inc. above	60.00	85.00	105	125	165	270	375	2,600
1835 small date, large 5C.	Inc. above	60.00	85.00	105	125	165	270	375	2,600
1835 small date and 5C.	Inc. above	60.00	85.00	105	125	165	270	375	2,600
1836 large 5C.	1,900,000	60.00	85.00	105	125	165	270	375	2,600
1836 small 5C.	Inc. above	60.00	85.00	105	125	165	270	375	2,600
1837 large 5C.	2,276,000	60.00	85.00	105	160	225	300	425	5,600
1837 small 5C.	Inc. above	175	200	250	300	425	875	2,200	9,100

Seated Liberty Half Dime
Seated Liberty, no stars around border, date below obverse
Value within wreath reverse

KM# 60 1.34 g., 0.900 Silver 0.0388 oz. ASW, 15.5 mm. **Rev. Legend:** UNITED STATES OF AMERICA **Designer:** Christian Gobrecht **Note:** A design modification in 1837 resulted in small-date and large-date varieties for that year.

Date	Mintage	G4	VG8	F12	VF20	XF40	AU50	MS60	MS65
1837 small date	Inc. above	45.00	60.00	95.00	155	215	460	625	2,625
1837 large date	Inc. above	45.00	60.00	95.00	155	215	460	525	2,300
1838O	70,000	110	165	310	610	1,600	2,550	4,200	23,500

Seated Liberty, stars around top 1/2 of border, date below obverse
Value within wreath reverse

KM# 62.1 1.34 g., 0.900 Silver 0.0388 oz. ASW, 15.5 mm. **Rev. Legend:** UNITED STATES OF AMERICA **Designer:** Christian Gobrecht **Note:** The two varieties of 1838 are distinguished by the size of the stars on the obverse. The 1839-O with reverse of 1838-O was struck from rusted reverse dies. The result is a bumpy surface on this variety's reverse.

Date	Mintage	G4	VG8	F12	VF20	XF40	AU50	MS60	MS65
1838 large stars	2,255,000	17.00	22.00	26.00	42.00	95.00	190	250	1,250
1838 small stars	Inc. above	17.00	31.00	42.00	90.00	175	350	675	3,200
1839	1,069,150	17.00	32.00	35.00	43.00	88.00	200	275	1,700
1839O	1,034,039	23.00	35.00	43.00	53.00	135	325	875	7,800
1839O reverse 1838O	Inc. above	450	650	1,100	1,600	2,600	—	—	—
1840	1,344,085	17.00	30.00	35.00	42.00	85.00	195	250	1,625
1840O	935,000	23.00	29.00	33.00	80.00	135	550	1,625	14,000

Seated Liberty, stars around top 1/2 of border, date below obverse

KM# 62.2 1.34 g., 0.900 Silver 0.0388 oz. ASW, 15.5 mm. **Rev. Legend:** UNITED STATES OF AMERICA **Designer:** Christian Gobrecht **Note:** In 1840 drapery was added to Liberty's left elbow. Varieties for the 1848 Philadelphia strikes are distinguished by the size of the numerals in the date.

Date	Mintage	G4	VG8	F12	VF20	XF40	AU50	MS60	MS65
1840	Inc. above	26.00	38.00	65.00	135	225	325	500	2,500
1840O	Inc. above	32.00	55.00	105	250	775	1,275	11,500	—
1841	1,150,000	17.00	30.00	35.00	40.00	63.00	140	155	1,025
1841O	815,000	75.00	95.00	130	195	325	440	1,100	6,600
1842	815,000	17.00	30.00	35.00	40.00	63.00	140	165	1,100
1842O	350,000	75.00	115	210	325	470	950	1,400	12,750
1843	1,165,000	17.00	30.00	35.00	40.00	63.00	140	210	1,175
1844	430,000	22.00	36.00	30.00	65.00	90.00	185	300	1,300

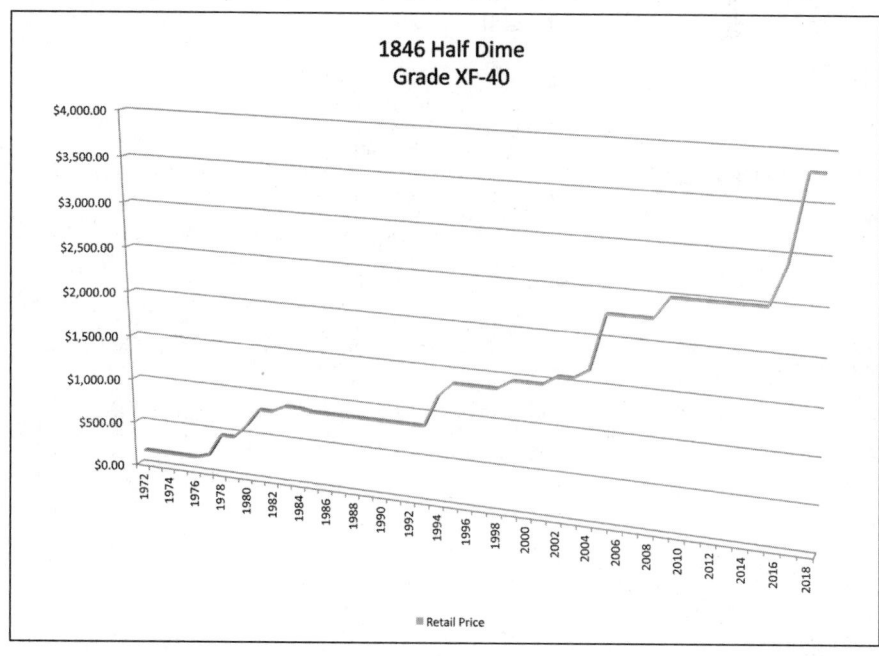

1846 Half Dime Grade XF-40

HALF DIME

HALF DIME

Date	Mintage	G4	VG8	F12	VF20	XF40	AU50	MS60	MS65
1844O	220,000	150	200	325	675	1,300	2,150	6,300	22,000
1845	1,564,000	17.00	30.00	35.00	40.00	63.00	140	205	1,050
1845/1845	Inc. above	23.00	40.00	50.00	60.00	75.00	175	200	1,175
1846	27,000	750	1,150	1,750	2,400	3,800	6,000	17,000	—
1847	1,274,000	17.00	30.00	35.00	40.00	63.00	140	195	975
1848 medium date	668,000	17.00	30.00	35.00	40.00	63.00	140	350	3,100
1848 large date	Inc. above	27.00	32.00	43.00	66.00	175	340	510	3,100
1848O	600,000	30.00	35.00	50.00	95.00	195	345	560	2,375
1849/8	1,309,000	45.00	65.00	95.00	140	200	360	750	1,825
1849/6	Inc. above	45.00	65.00	95.00	140	200	360	775	2,650
1849	Inc. above	17.00	30.00	35.00	40.00	63.00	140	260	1,850
1849O	140,000	90.00	130	200	270	525	875	1,775	7,900
1850	955,000	17.00	30.00	35.00	40.00	63.00	140	185	770
1850O	690,000	25.00	30.00	38.00	63.00	130	275	700	4,500
1851	781,000	17.00	30.00	35.00	40.00	63.00	140	240	880
1851O	860,000	24.00	26.00	30.00	42.00	105	205	410	3,400
1852	1,000,500	17.00	30.00	35.00	40.00	63.00	140	165	925
1852O	260,000	31.00	42.00	64.00	135	225	450	900	7,800
1853	135,000	60.00	80.00	110	200	310	550	700	1,880
1853O	160,000	300	400	775	1,200	2,500	3,400	10,600	30,000

Seated Liberty, stars around top 1/2 of border, arrows at date obverse
Value within wreath reverse

KM# 76 1.24 g., 0.900 Silver 0.0359 oz. ASW **Rev. Legend:** UNITED STATES OF AMERICA **Designer:** Christian Gobrecht

Date	Mintage	G4	VG8	F12	VF20	XF40	AU50	MS60	MS65	PRF65
1853	13,210,020	17.00	30.00	35.00	40.00	63.00	140	200	950	100,000
1853O	2,200,000	17.00	30.00	47.00	60.00	70.00	155	270	3,500	—
1854	5,740,000	17.00	30.00	35.00	40.00	63.00	140	200	1,200	8,800
1854O	1,560,000	17.00	30.00	35.00	40.00	76.00	165	300	3,200	—
1855	1,750,000	17.00	30.00	35.00	40.00	63.00	140	200	1,550	8,800
1855O	600,000	17.00	30.00	35.00	64.00	135	200	575	4,000	—

Seated Liberty, stars around top 1/2 of border, date below obverse
Value within wreath reverse

KM# A62.2 1.24 g., 0.900 Silver 0.0359 oz. ASW **Rev. Legend:** UNITED STATES OF AMERICA **Designer:** Christian Gobrecht **Note:** On the 1858/inverted date variety, the date was engraved into the die upside down and then re-engraved right side up. Another 1858 variety has the date doubled.

Date	Mintage	G4	VG8	F12	VF20	XF40	AU50	MS60	MS65	PRF65
1856	4,880,000	17.00	30.00	35.00	40.00	63.00	140	165	680	8,225
1856O	1,100,000	17.00	30.00	35.00	53.00	110	245	460	1,800	—
1857	7,280,000	17.00	30.00	35.00	37.00	63.00	145	165	680	4,600
1857O	1,380,000	17.00	30.00	45.00	65.00	95.00	205	315	1,100	—
1858	3,500,000	17.00	30.00	35.00	37.00	68.00	140	165	680	3,750
1858 inverted date	Inc. above	75.00	140	185	285	400	600	875	3,200	—
1858 double date	Inc. above	60.00	75.00	135	225	375	700	1,250	—	—
1858O	1,660,000	17.00	30.00	35.00	48.00	85.00	145	285	1,300	—
1859	340,000	17.00	30.00	35.00	54.00	84.00	145	230	800	2,950
1859O	560,000	17.00	28.00	55.00	85.00	175	225	400	1,500	—

Seated Liberty, date below obverse   Value within wreath reverse

KM# 91 1.24 g., 0.900 Silver 0.0359 oz. ASW **Obv. Legend:** UNITED STATES OF AMERICA **Designer:** Christian Gobrecht

Date	Mintage	G4	VG8	F12	VF20	XF40	AU50	MS60	MS65	PRF65
1860	799,000	17.00	30.00	35.00	40.00	63.00	90.00	175	575	890
1860O	1,060,000	17.00	30.00	35.00	45.00	60.00	125	195	830	—
1861	3,361,000	17.00	30.00	35.00	40.00	63.00	115	175	575	890
1861/0	Inc. above	30.00	43.00	67.00	130	285	375	500	2,100	—
1862	1,492,550	17.00	30.00	35.00	40.00	63.00	115	185	575	890
1863	18,460	195	270	325	375	500	600	750	1,480	890
1863S	100,000	30.00	50.00	100	125	275	380	700	4,500	—
1864	48,470	315	425	810	900	1,150	1,300	1,450	2,500	890
1864S	90,000	110	145	175	230	500	675	925	3,375	—
1865	13,500	300	425	650	700	950	1,000	1,125	2,200	890
1865S	120,000	55.00	75.00	110	175	325	600	1,100	6,700	—
1866	10,725	280	360	580	700	825	850	900	2,500	890
1866S	120,000	30.00	42.00	44.00	72.00	180	325	450	4,000	—
1867	8,625	450	490	725	825	900	1,075	1,200	2,800	890
1867S	120,000	45.00	65.00	95.00	130	215	285	600	2,900	—
1868	89,200	50.00	65.00	105	180	280	425	650	1,500	890
1868S	280,000	17.00	24.00	32.00	40.00	63.00	130	285	1,800	—
1869	208,600	17.00	24.00	31.00	40.00	62.00	135	225	1,025	890
1869S	230,000	17.00	24.00	31.00	38.00	52.00	135	375	3,400	—
1870	536,600	17.00	24.00	28.00	31.00	63.00	95.00	175	850	890
1870S unique	—	—	—	—	—	—	—	—	—	—

Note: 1870S, Superior Galleries, July 1986, brilliant uncirculated, $253,000.

Date	Mintage	G4	VG8	F12	VF20	XF40	AU50	MS60	MS65	PRF65
1871	1,873,960	17.00	24.00	28.00	31.00	63.00	90.00	175	625	890
1871S	161,000	24.00	35.00	45.00	70.00	85.00	190	270	1,325	—
1872	2,947,950	17.00	24.00	28.00	31.00	63.00	90.00	175	625	890
1872S mint mark in wreath	837,000	17.00	24.00	28.00	31.00	63.00	90.00	180	635	—
1872S mint mark below wreath	Inc. above	17.00	24.00	28.00	31.00	63.00	90.00	180	595	—
1873	712,600	17.00	24.00	28.00	31.00	63.00	90.00	175	625	890
1873S	324,000	17.00	24.00	28.00	31.00	63.00	90.00	175	600	—

5 CENTS

Shield Nickel
Draped garland above shield, date below obverse
Value within center of rays between stars reverse

KM# 96 5.00 g., Copper-Nickel, 20.5 mm. **Obv. Legend:** IN GOD WE TRUST **Rev. Legend:** UNITED STATES OF AMERICA **Designer:** James B. Longacre

Date	Mintage	G4	VG8	F12	VF20	XF40	AU50	MS60	MS65	PRF65
1866	14,742,500	29.00	38.00	65.00	80.00	140	195	280	1,290	3,450
1867	2,019,000	30.00	36.00	56.00	105	165	255	380	3,000	32,000

Draped garland above shield, date below obverse
Value within circle of stars reverse

KM# 97 5.00 g., Copper-Nickel **Obv. Legend:** IN GOD WE TRUST **Rev. Legend:** UNITED STATES OF AMERICA

Date	Mintage	G4	VG8	F12	VF20	XF40	AU50	MS60	MS65	PRF65
1867	28,890,500	25.00	28.00	30.00	37.50	60.00	105	150	700	925
1868 Rev'67	28,817,000	25.00	28.00	30.00	35.00	62.00	115	150	675	1,000
1868 Rev'68	Inc. above	22.00	34.00	36.00	45.00	77.00	144	188	—	—
Note: Star points to center of A in STATES.										
1869	16,395,000	25.00	28.00	30.00	35.00	62.00	115	150	660	625
1870	4,806,000	27.00	35.00	54.00	69.00	100	150	230	1,300	800
1871	561,000	75.00	95.00	140	210	310	340	525	2,150	900
1872	6,036,000	39.00	48.00	85.00	96.00	135	180	230	1,350	600
1873 Open 3	4,550,000	29.00	40.00	54.00	68.00	80.00	135	230	1,525	—
1873 Closed 3	Inc. above	50.00	60.00	80.00	135	160	235	375	1,900	575
1874	3,538,000	31.00	45.00	74.00	94.00	120	165	245	1,125	700
1875	2,097,000	46.00	62.00	90.00	125	170	230	290	1,375	1,000
1876	2,530,000	40.00	54.00	84.00	125	165	200	255	1,000	700
1877 proof	Est. 900	—	—	—	1,800	2,000	2,100	—	—	3,950
1878 proof	2,350	—	—	—	1,000	1,100	1,250	—	—	1,200
1879	29,100	390	485	625	600	710	970	1,725	2,800	625
1879/8	Inc. above	—	—	—	—	—	—	—	—	750
1880	19,995	1,400	1,800	2,200	2,500	4,925	8,000	14,000	65,000	680
1881	72,375	260	340	430	500	735	800	980	2,800	650
1882	11,476,600	28.00	30.00	32.00	40.00	60.00	95.00	140	525	500
Note: Many exist with excess metal at numeral 2 & 3 these should not be confused with the following overdate.										
1883	1,456,919	25.00	35.00	38.00	40.00	65.00	95.00	140	600	590
Note: Many exist with excess metal at numeral 2 & 3 these should not be confused with the following overdate.										
1883/2	Inc. above	220	300	535	670	880	1,100	1,750	5,000	—

Liberty Nickel
Liberty head left, within circle of stars, date below obverse
Roman numeral value within wreath, without CENTS below reverse

KM# 111 5.00 g., Copper-Nickel, 21.2 mm. **Rev. Legend:** UNITED STATES OF AMERICA **Designer:** Charles E. Barber

Date	Mintage	G4	VG8	F12	VF20	XF40	AU50	MS60	MS65	PRF65
1883	5,479,519	8.00	9.00	10.00	12.00	14.00	20.00	26.00	255	525

Liberty head left, within circle of stars, date below obverse
Roman numeral value within wreath, CENTS below reverse

KM# 112 5.00 g., Copper-Nickel, 21.2 mm. **Rev. Legend:** UNITED STATES OF AMERICA

Date	Mintage	G4	VG8	F12	VF20	XF40	AU50	MS60	MS65	PRF65
1883	16,032,983	20.00	28.00	35.00	47.00	72.00	100	140	510	500
1884	11,273,942	20.00	31.00	40.00	55.00	80.00	125	180	1,075	500
1885	1,476,490	500	650	925	990	1,150	1,550	1,700	5,400	1,225
1886	3,330,290	220	260	375	425	575	775	900	4,200	620
1887	15,263,652	12.00	18.00	30.00	40.00	75.00	100	145	670	500

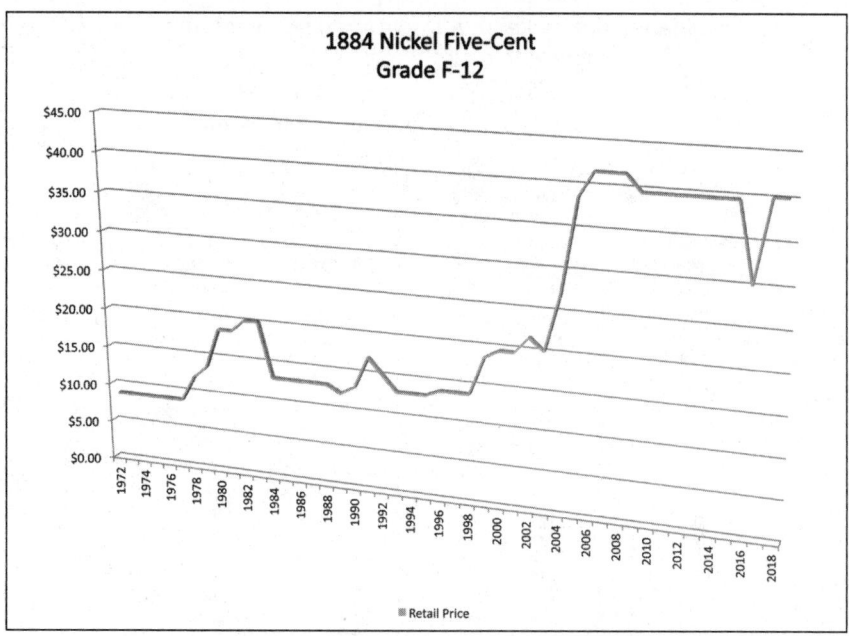

1884 Nickel Five-Cent
Grade F-12

■ Retail Price

Date	Mintage	G4	VG8	F12	VF20	XF40	AU50	MS60	MS65	PRF65
1888	10,720,483	26.00	40.00	60.00	125	170	210	260	1,200	500
1889	15,881,361	12.00	18.00	24.00	50.00	75.00	115	165	700	500
1890	16,259,272	8.00	15.00	30.00	40.00	60.00	115	150	770	500
1891	16,834,350	5.00	8.00	20.00	40.00	55.00	115	140	875	500
1892	11,699,642	5.00	8.00	21.00	40.00	60.00	115	140	995	500
1893	13,370,195	5.00	8.00	23.00	34.00	55.00	115	140	610	500
1894	5,413,132	12.00	30.00	100	155	250	300	335	1,150	500
1895	9,979,884	4.50	5.75	16.00	36.00	70.00	115	135	900	500
1896	8,842,920	5.75	21.00	40.00	65.00	125	160	200	1,125	500
1897	20,428,735	2.00	4.00	8.00	18.00	45.00	70.00	100	700	500
1898	12,532,087	2.00	4.00	8.00	17.00	60.00	90.00	135	550	500
1899	26,029,031	2.00	4.00	8.00	16.00	35.00	60.00	82.00	400	500
1900	27,255,995	2.00	4.00	8.00	16.00	35.00	60.00	82.00	400	500
1901	26,480,213	2.00	4.00	8.00	16.00	35.00	60.00	82.00	400	500
1902	31,480,579	2.00	4.00	8.00	16.00	35.00	60.00	82.00	400	500
1903	28,006,725	2.00	4.00	8.00	16.00	35.00	60.00	82.00	400	500
1904	21,404,984	2.00	4.00	8.00	16.00	35.00	60.00	82.00	400	500
1905	29,827,276	2.00	4.00	8.00	16.00	35.00	60.00	82.00	400	500
1906	38,613,725	2.00	4.00	8.00	16.00	35.00	60.00	82.00	485	500
1907	39,214,800	2.00	4.00	8.00	16.00	35.00	60.00	82.00	650	500
1908	22,686,177	2.00	4.00	8.00	16.00	35.00	60.00	82.00	490	500
1909	11,590,526	4.00	6.00	7.00	14.00	35.00	78.00	100	625	500
1910	30,169,353	2.00	4.00	8.00	16.00	35.00	60.00	82.00	600	500
1911	39,559,372	2.00	4.00	8.00	16.00	35.00	60.00	82.00	600	500
1912	26,236,714	2.00	4.00	8.00	16.00	35.00	60.00	82.00	600	580
1912D	8,474,000	4.00	5.00	16.00	38.00	105	200	260	1,425	—
1912S	238,000	135	175	200	575	955	1,225	1,350	2,250	—
1913 5 known	—	—	—	—	—	—	—	—	—	—

Note: 1913, Heritage Sale, January 2010, Proof-64 (Olsen), $3,737,500. Private treaty, 2007, (Eliasburg) Proof-66 $5 million.

Buffalo Nickel
American Bison standing on a mound reverse

KM# 133 5.00 g., Copper-Nickel, 21.2 mm. **Designer:** James Earle Fraser

Date	Mintage	G4	VG8	F12	VF20	XF40	AU50	MS60	MS65	PRF65
1913	30,993,520	20.00	21.00	22.00	23.00	27.00	40.00	48.00	180	3,150
1913D	5,337,000	23.00	25.00	26.00	28.00	30.00	55.00	67.00	325	—
1913S	2,105,000	44.00	46.00	50.00	60.00	65.00	92.00	160	670	—

American Bison standing on a line reverse

1918/17D   1937D 3-legged

KM# 134 5.00 g., Copper-Nickel, 21.2 mm. **Designer:** James Earle Fraser **Note:** In 1913 the reverse design was modified so the ground under the buffalo was represented as a line rather than a mound. On the 1937D 3-legged variety, the buffalo's right front leg is missing, the result of a damaged die.

Date	Mintage	G4	VG8	F12	VF20	XF40	AU50	MS60	MS65	PRF65
1913	29,858,700	21.00	22.00	23.00	24.00	26.00	32.00	50.00	300	2,500
1913D	4,156,000	110	135	155	175	250	270	355	1,000	—
1913S	1,209,000	300	340	370	335	440	600	850	2,600	—
1914	20,665,738	27.00	28.00	29.00	30.00	31.00	38.00	70.00	475	2,250
1914/3	Inc. above	110	250	400	460	550	760	1,800	30,000	—
1914D	3,912,000	80.00	100	120	155	300	325	430	1,220	—
1914/3D	Inc. above	90.00	200	300	400	590	800	3,200	—	—
1914S	3,470,000	29.00	37.00	43.00	55.00	90.00	165	210	1,825	—
1914/3S	Inc. above	210	400	650	900	1,300	2,000	4,100	—	—
1915	20,987,270	5.00	6.25	11.00	12.00	16.00	35.00	48.00	375	2,100
1915D	7,569,500	18.00	25.00	35.00	50.00	105	140	245	1,200	—
1915S	1,505,000	50.00	60.00	88.00	135	375	480	615	3,900	—
1916	63,498,066	4.50	6.00	8.00	10.00	14.00	25.00	60.00	285	3,250
1916 2 Feathers	Inc. above	40.00	—	65.00	—	—	—	—	200	—
1916/16	Inc. above	3,400	4,400	8,500	15,000	16,000	27,000	55,000	—	—
1916D	13,333,000	18.00	25.00	28.00	32.00	80.00	105	160	1,425	—
1916S	11,860,000	12.00	16.00	22.00	32.00	80.00	140	200	1,900	—
1917	51,424,029	5.00	6.00	7.50	8.75	14.00	35.00	54.00	475	—
1917 2 Feathers	Inc. above	30.00	—	40.00	—	—	—	—	145	—
1917D	9,910,800	20.00	30.00	46.00	67.00	135	255	360	2,100	—
1917S	4,193,000	17.50	40.00	70.00	87.00	160	270	700	3,650	—
1917S 2 Feathers	Inc. above	40.00	60.00	85.00	—	—	—	—	255	—
1918	32,086,314	5.25	6.00	7.25	9.75	20.00	48.00	150	1,200	—
1918/17D	8,362,314	975	1,295	2,075	4,250	8,000	10,500	32,000	250,000	—
1918D	Inc. above	21.00	33.00	55.00	105	195	280	550	3,400	—
1918 2 Feathers	Inc. above	40.00	—	85.00	—	—	—	—	275	—
1918S	4,882,000	13.00	23.00	47.00	90.00	185	370	680	12,000	—
1919	60,868,000	2.00	3.25	4.00	6.50	12.00	27.00	51.00	455	—
1919D	8,006,000	14.50	25.00	56.00	110	245	380	670	6,650	—
1919S	7,521,000	7.00	17.00	42.00	82.00	230	310	610	10,500	—
1920	63,093,000	1.25	1.75	3.00	5.00	13.50	26.00	54.00	600	—
1920D	9,418,000	8.50	17.50	31.00	93.00	275	340	560	4,600	—
1920S	9,689,000	4.00	10.00	18.00	70.00	200	300	580	14,000	—
1921	10,663,000	3.25	5.50	6.00	18.00	50.00	100	145	795	—
1921S	1,557,000	60.00	90.00	165	500	900	1,000	1,525	6,600	—
1923	35,715,000	1.75	2.75	4.50	7.00	13.00	35.00	54.00	660	—
1923S	6,142,000	7.00	9.50	21.00	95.00	195	290	510	5,300	—
1924	21,620,000	1.25	1.75	2.75	7.00	22.00	44.00	69.00	825	—
1924D	5,258,000	6.75	10.00	30.00	67.00	180	300	380	5,600	—
1924S	1,437,000	15.00	27.00	80.00	320	875	1,550	2,325	9,600	—
1925	35,565,100	2.00	3.25	3.75	6.00	20.00	28.00	39.00	355	—
1925D	4,450,000	9.25	17.50	31.00	62.00	145	280	410	3,600	—
1925S	6,256,000	3.75	8.25	13.50	61.00	170	245	550	18,800	—
1926	44,693,000	1.50	2.50	4.00	6.00	12.00	20.00	29.00	210	—
1926D	5,638,000	10.50	17.00	26.00	85.00	185	290	335	3,660	—
1926S	970,000	20.00	39.00	80.00	375	720	2,650	4,100	90,000	—
1927	37,981,000	1.00	1.50	3.00	5.00	13.00	21.00	31.00	250	—
1927D	5,730,000	3.50	7.00	10.00	50.00	120	160	180	4,400	—
1927S	3,430,000	1.75	3.00	4.75	45.00	90.00	240	810	11,000	—
1928	23,411,000	2.00	2.25	2.50	4.00	11.00	21.00	40.00	250	—
1928D	6,436,000	2.00	3.00	5.00	14.00	38.00	51.00	80.00	560	—
1928S	6,936,000	2.00	3.00	5.00	14.00	38.00	130	245	2,160	—
1929	36,446,000	1.00	1.50	2.00	4.25	13.00	21.00	33.00	275	—

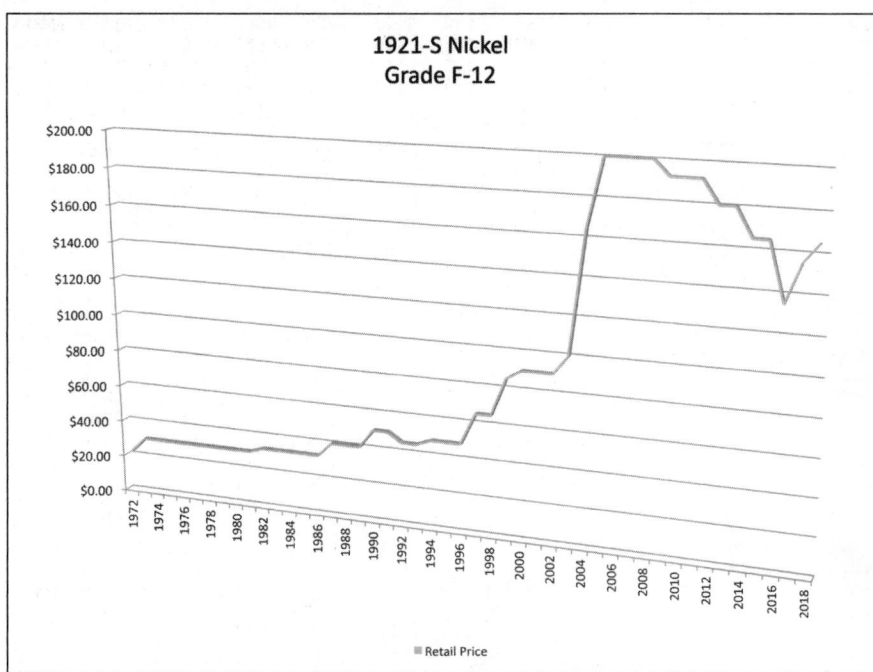

1921-S Nickel
Grade F-12

Retail Price

Date	Mintage	G4	VG8	F12	VF20	XF40	AU50	MS60	MS65	PRF65
1929D	8,370,000	1.00	1.50	3.00	6.00	30.00	43.00	60.00	880	—
1929S	7,754,000	1.00	1.50	1.90	2.00	16.00	26.00	45.00	370	—
1930	22,849,000	2.00	2.25	2.50	4.00	16.00	21.00	30.00	260	—
1930S	5,435,000	2.00	2.25	2.50	4.00	16.00	35.00	65.00	425	—
1931S	1,200,000	15.00	18.00	21.00	23.00	34.00	45.00	63.00	350	—
1934	20,213,003	1.75	2.00	2.50	4.00	9.50	24.00	41.00	200	—
1934D	7,480,000	1.75	3.00	4.00	9.00	19.00	41.00	70.00	475	—
1935	58,264,000	1.00	1.25	1.60	2.00	3.00	12.00	28.00	130	—
1935 Double Die Rev.	Inc. above	80.00	100	125	185	480	900	3,200	22,000	—
1935D	12,092,000	2.00	2.50	3.00	8.00	18.00	40.00	70.00	495	—
1935S	10,300,000	1.00	1.50	1.60	2.00	4.00	21.00	42.00	225	—
1936	119,001,420	1.00	1.50	1.60	2.00	4.00	10.00	25.00	77.00	1,650
1936 Brilliant	Inc. above	—	—	—	—	—	—	—	—	2,300
1936D	24,814,000	1.00	1.50	1.60	2.00	4.00	21.00	32.00	135	—
1936D 3-1/2 leg	Inc. above	400	600	925	1,100	2,465	3,375	12,000	—	—
1936D/S	Inc. above	—	—	10.00	16.00	25.00	—	—	—	—
1936S	14,930,000	1.00	1.50	1.60	2.00	4.00	12.00	31.00	90.00	—
1937	79,485,769	1.00	1.50	1.60	2.00	4.00	10.00	31.00	60.00	1,600
1937D	17,826,000	1.00	1.50	1.60	2.00	4.00	10.00	31.00	70.00	—
1937D 3-legged	Inc. above	530	555	580	645	750	1,000	2,000	29,000	—
1937S	5,635,000	1.00	1.50	1.60	2.00	4.00	11.00	28.00	60.00	—
1938D	7,020,000	2.00	2.35	3.00	4.25	4.50	9.25	25.00	45.00	—
1938D/D	Inc. above	6.00	7.00	8.00	10.00	12.00	22.00	40.00	70.00	—
1938D/S	Inc. above	6.50	8.00	10.00	11.00	18.00	33.00	50.00	100	—

Jefferson Nickel
Monticello, mintmark to right side reverse

KM# 192 5.00 g., Copper-Nickel, 21.2 mm. **Designer:** Felix Schlag **Note:** Some 1939 strikes have doubling of the word MONTICELLO on the reverse.

Date	Mintage	VG8	F12	VF20	XF40	MS60	MS65	65FS	PRF65
1938	19,515,365	0.50	0.75	1.00	2.25	7.50	18.00	125	105
1938D	5,376,000	1.00	1.25	1.50	2.00	4.00	15.00	95.00	—
1938S	4,105,000	1.75	2.00	2.50	3.00	5.25	12.00	165	—
1939 T I, wavy steps, Rev. of 1939	120,627,535	—	—	—	—	3.00	30.00	300	125
1939 T II, even steps, Rev. of 1940	Inc. above	—	0.20	0.25	0.30	4.00	45.00	50.00	130
1939 doubled MONTICELLO T II	Inc. above	40.00	60.00	90.00	165	375	1,100	2,000	—
1939D T IT I, wavy steps, Rev. of 1939	3,514,000	—	—	10.00	17.50	75.00	160	275	—
1939D T IIT II, even steps, Rev. of 1940	Inc. above	4.00	5.00	8.00	14.00	35.00	75.00	400	—
1939S T IT I, wavy steps, Rev. of 1939	6,630,000	0.45	0.60	1.50	4.00	17.00	45.00	250	—
1939S T IIT II, even steps, Rev. of 1940	Inc. above	—	—	—	5.00	24.00	250	275	—
1940	176,499,158	—	—	—	0.25	1.00	12.00	60.00	125
1940D	43,540,000	—	0.20	0.30	0.40	1.50	2.75	25.00	—
1940S	39,690,000	0.25	0.40	0.50	1.25	4.50	20.00	55.00	—
1941	203,283,720	—	—	—	0.20	0.75	20.00	55.00	65.00
1941D	53,432,000	—	0.20	0.30	0.50	2.25	7.50	25.00	—
1941S	43,445,000	0.25	0.40	0.50	1.35	5.00	14.00	60.00	—
1942	49,818,600	—	—	—	0.40	5.00	22.00	75.00	68.00
1942D	13,938,000	1.00	1.75	3.00	5.00	38.00	65.00	85.00	—
1942D D over horizontal D	Inc. above	35.00	60.00	100	165	1,400	4,500	25,000	—

Note: Fully Struck Full Step nickels command higher prices. Bright, Fully Struck coins command even higher prices. 1938 thru 1989 - 5 Full Steps. 1990 to date - 6 Full Steps. Without bag marks or nicks on steps.

Monticello, mint mark above reverse

1943/2P

KM# 192a 0.350 Copper-Silver-Manganese, 21.2 mm. **Designer:** Felix Schlag **Note:** War-time composition nickels have the mint mark above MONTICELLO on the reverse.

Date	Mintage	VG8	F12	VF20	XF40	MS60	MS65	65FS	PRF65
1942P	57,900,600	1.87	1.93	2.13	2.00	9.00	20.00	75.00	150
1942S	32,900,000	1.87	1.93	2.13	2.45	8.00	19.00	170	—
1943P	271,165,000	1.87	1.93	2.13	2.00	5.00	20.00	40.00	—
1943P DDO	Inc. above	—	—	32.00	54.00	125	575	1,100	—
1943/2P	Inc. above	35.00	50.00	75.00	110	300	775	1,000	—
1943D	15,294,000	2.12	2.18	2.38	2.05	4.00	18.00	40.00	—
1943S	104,060,000	1.87	1.93	2.13	2.15	6.75	18.50	48.00	—
1944P	119,150,000	1.87	1.93	2.13	2.15	10.00	28.00	75.00	—
1944D	32,309,000	1.92	1.98	2.18	2.25	10.00	22.50	65.00	—
1944S	21,640,000	1.92	1.98	2.18	2.15	8.50	20.00	185	—
1945P	119,408,100	1.87	1.93	2.13	2.15	6.00	28.00	120	—
1945D	37,158,000	1.97	2.03	2.28	2.30	5.50	20.00	40.00	—
1945S	58,939,000	1.87	1.93	2.13	2.15	5.00	18.00	250	—

Note: Fully Struck Full Step nickels command higher prices. Bright, Fully Struck coins command even higher prices. 1938 thru 1989 - 5 Full Steps. 1990 to date - 6 Full Steps. Without bag marks or nicks on steps.

Pre-war design resumed reverse

KM# A192 5.00 g., Copper-Nickel, 21.2 mm. **Edge:** Plain **Designer:** Felix Schlag

Date	Mintage	XF40	MS65	PRF65	Date	Mintage	XF40	MS65	PRF65
1946	161,116,000	0.25	35.00	—	1946D/D	Inc. above	—	1,750	—
1946D	45,292,200	0.35	22.00	—	1946S	13,560,000	0.40	15.00	—

Date	Mintage	XF40	MS65	PRF65	Date	Mintage	XF40	MS65	PRF65
1947	95,000,000	0.25	18.00	—	1971D	316,144,800	—	4.50	—
1947D	37,822,000	0.30	18.00	—	1971S	3,220,733	—	—	1.00
1947S	24,720,000	0.25	20.00	—	1972	202,036,000	—	4.00	—
1948	89,348,000	0.25	25.00	—	1972D	351,694,600	—	3.00	—
1948D	44,734,000	0.35	19.00	—	1972S	3,260,996	—	—	1.00
1948S	11,300,000	0.50	15.00	—	1973	384,396,000	—	5.00	—
1949	60,652,000	0.30	40.00	—	1973D	261,405,000	—	4.00	—
1949D	36,498,000	0.40	18.00	—	1973S	2,760,339	—	—	0.75
1949D/S	Inc. above	65.00	550	—	1974	601,752,000	—	12.00	—
1949S	9,716,000	0.90	25.00	—	1974D	277,373,000	—	5.00	—
1950	9,847,386	0.75	25.00	75.00	1974S	2,612,568	—	—	0.75
1950D	2,630,030	10.00	28.00	—	1975	181,772,000	—	6.00	—
1951	28,609,500	0.50	35.00	70.00	1975D	401,875,300	—	6.00	—
1951D	20,460,000	0.50	22.00	—	1975S	2,845,450	—	—	0.75
1951S	7,776,000	1.10	28.00	—	1976	367,124,000	—	8.00	—
1952	64,069,980	0.25	35.00	42.00	1976D	563,964,147	—	6.00	—
1952D	30,638,000	0.45	30.00	—	1976S	4,149,730	—	—	0.75
1952S	20,572,000	0.25	30.00	—	1977	585,376,000	—	8.50	—
1953	46,772,800	0.25	26.00	45.00	1977D	297,313,460	—	6.50	—
1953D	59,878,600	0.25	25.00	—	1977S	3,251,152	—	—	0.75
1953S	19,210,900	0.25	35.00	—	1978	391,308,000	—	7.00	—
1954	47,917,350	—	37.50	20.00	1978D	313,092,780	—	5.00	—
1954D	117,136,560	—	40.00	—	1978S	3,127,781	—	—	0.75
1954S	29,384,000	0.20	35.00	—	1979	463,188,000	—	8.50	—
1954S/D	Inc. above	20.00	165	—	1979D	325,867,672	—	5.50	—
1955	8,266,200	0.45	25.00	17.00	1979S type I, proof	3,677,175	—	—	0.75
1955D	74,464,100	—	25.00	—	1979S type II, proof	—	—	—	2.00
1955D/S	Inc. above	25.00	300	—	1980P	593,004,000	—	6.50	—
1956	35,885,384	—	16.00	3.00	1980D	502,323,448	—	5.50	—
1956D	67,222,940	—	26.00	—	1980S	3,554,806	—	—	0.75
1957	39,655,952	—	35.00	2.50	1981P	657,504,000	—	5.00	—
1957D	136,828,900	—	22.00	—	1981D	364,801,843	—	6.00	—
1958	17,963,652	0.20	36.00	8.00	1981S type I, proof	4,063,083	—	—	2.00
1958D	168,249,120	—	13.00	—	1981S type II, proof	—	—	—	2.50

Note: Fully Struck Full Step nickels command higher prices. Bright, Fully Struck coins command even higher prices. 1938 thru 1989 - 5 Full Steps. 1990 to date - 6 Full Steps. Without bag marks or nicks on steps.

Date	Mintage	XF40	MS65	PRF65	Date	Mintage	XF40	MS65	PRF65
1959	28,397,291	—	22.00	1.40	1982P	292,355,000	—	15.00	—
1959D	160,738,240	—	22.00	—	1982D	373,726,544	—	14.00	—
1960	57,107,602	—	30.00	1.25	1982S	3,857,479	—	—	1.50
1960D	192,582,180	—	25.00	—	1983P	561,615,000	—	9.00	—
1961	76,668,244	—	40.00	1.00	1983D	536,726,276	—	6.00	—
1961D	229,342,760	—	35.00	—	1983S	3,279,126	—	—	1.50
1962	100,602,019	—	24.00	1.00	1984P	746,769,000	—	5.00	—
1962D	280,195,720	—	110	—	1984D	517,675,146	—	4.75	—
1963	178,851,645	—	4.00	1.00	1984S	3,065,110	—	—	1.50
1963D	276,829,460	—	100	—	1985P	647,114,962	—	4.75	—
1964	1,028,622,762	—	5.00	1.00	1985D	459,747,446	—	4.75	—
1964D	1,787,297,160	—	12.00	—	1985S	3,362,821	—	—	1.50
1965	136,131,380	—	12.00	—	1986P	536,883,483	—	5.00	—
1965SMS	2,360,000	—	12.00	—	1986D	361,819,140	—	4.75	—
1966	156,208,283	—	10.00	—	1986S	3,010,497	—	—	3.00
1966SMS	2,261,583	—	15.00	—	1987P	371,499,481	—	5.00	—
1967	107,325,800	—	8.00	—	1987D	410,590,604	—	4.50	—
1967SMS	1,863,344	—	12.00	—	1987S	4,227,728	—	—	1.25
1968 none minted	—	—	—	—	1988P	771,360,000	—	4.50	—
1968D	91,227,880	—	6.00	—	1988D	663,771,652	—	5.00	—
1968S	103,437,510	—	5.00	0.75	1988S	3,262,948	—	—	1.75
1969 none minted	—	—	—	—	1989P	898,812,000	—	4.50	—
1969D	202,807,500	—	5.00	—	1989D	570,842,474	—	6.00	—
1969S	123,099,631	—	7.50	0.75	1989S	3,220,194	—	—	1.50
1970 none minted	—	—	—	—	1990P	661,636,000	—	4.50	—
1970D	515,485,380	—	12.00	—	1990D	663,938,503	—	5.50	—
1970S	241,464,814	—	30.00	0.75	1990S	3,299,559	—	—	1.50
1971	106,884,000	—	9.00	—	1991P	614,104,000	—	4.50	—
					1991D	436,496,678	—	4.50	—
					1991S	2,867,787	—	—	1.50
					1992P	399,552,000	—	5.00	—

Date	Mintage	XF40	MS65	PRF65
1992D	450,565,113	—	4.00	—
1992S	4,176,560	—	—	1.00
1993P	412,076,000	—	4.00	—
1993D	406,084,135	—	4.00	—
1993S	3,394,792	—	—	1.00
1994P	722,160,000	—	4.00	—
1994P Special Uncirculated matte finish	167,703	—	—	—
1994D	715,762,110	—	4.00	—
1994S	3,269,923	—	—	1.00
1995P	774,156,000	—	4.00	—
1995D	888,112,000	—	4.50	—
1995S	2,707,481	—	—	1.50
1996P	829,332,000	—	4.00	—
1996D	817,736,000	—	4.00	—
1996S	2,915,212	—	—	1.50
1997P	470,972,000	—	4.75	—
1997P Special Uncirculated matte finish	25,000	—	—	—
1997D	466,640,000	—	4.50	—
1997S	1,975,000	—	—	1.50
1998P	688,272,000	—	3.75	—
1998D	635,360,000	—	3.75	—
1998S	2,957,286	—	—	1.25
1999P	1,212,000,000	—	3.75	—
1999D	1,066,720,000	—	3.75	—
1999S	3,362,462	—	—	1.25
2000P	846,240,000	—	3.75	—
2000D	1,509,520,000	—	3.75	—
2000S	4,063,361	—	—	1.00
2001P	675,704,000	—	3.75	—
2001D	627,680,000	—	3.75	—
2001S	3,099,096	—	—	1.00
2002P	539,280,000	—	3.75	—
2002D	691,200,000	—	3.75	—
2002S	3,157,739	—	—	1.00
2003P	441,840,000	—	3.75	—
2003D	383,040,000	—	3.75	—
2003S	3,116,590	—	—	1.00

Jefferson - Westward Expansion - Lewis & Clark Bicentennial
Jefferson era peace medal design: two clasped hands, pipe and hatchet reverse

KM# 360 5.00 g., Copper-Nickel, 21.2 mm. **Obv. Designer:** Felix Schlag **Rev. Designer:** Norman E. Nemeth

Date	Mintage	MS65	PRF65
2004P	361,440,000	1.50	—
2004D	372,000,000	1.50	—
2004S	2,992,069	—	5.00

Lewis and Clark's Keelboat reverse

KM# 361 5.00 g., Copper-Nickel, 21.2 mm. **Obv. Designer:** Felix Schlag **Rev. Designer:** Al Maletsky

Date	Mintage	MS65	PRF65
2004P	366,720,000	1.50	—
2004D	344,880,000	1.50	—
2004S	2,965,422	—	5.00

Thomas Jefferson large profile right obverse
American Bison right reverse

KM# 368 5.00 g., Copper-Nickel, 21.2 mm. **Obv. Designer:** Joe Fitzgerald and Don Everhart II **Rev. Designer:** Jamie Franki and Norman E. Nemeth

Date	Mintage	MS65	PRF65
2005P	448,320,000	1.50	—
2005P Satin Finish	1,160,000	4.00	—
2005D	487,680,000	1.50	—
2005D Satin Finish	1,160,000	4.00	—
2005S	3,344,679	—	6.50

Jefferson, large profile obverse
Pacific coastline reverse

KM# 369 5.00 g., Copper-Nickel, 21.2 mm. **Subject:** Ocean in View!, oh the joy! **Obv. Designer:** Joe Fitzgerald and Don Everhart **Rev. Designer:** Joe Fitzgerald and Donna Weaver

Date	Mintage	MS65	PRF65
2005P	394,080,000	1.25	—
2005P Satin Finish	1,160,000	4.00	—
2005D	411,120,000	1.25	—
2005D Satin Finish	1,160,000	4.00	—
2005S	3,344,679	—	5.50

Jefferson large facing portrait - Enhanced Monticello Reverse
Jefferson head facing obverse
Monticello, enhanced design reverse

KM# 381 5.00 g., Copper-Nickel, 21.2 mm. **Subject:** Jefferson facing head **Obv. Designer:** Jamie N. Franki and Donna Weaver **Rev. Designer:** Felix Schlag and John Mercanti

Date	Mintage	MS65	PRF65
2006P	693,120,000	2.50	—
2006P Satin finish	847,361	4.00	—
2006D	809,280,000	2.50	—
2006D Satin finish	847,361	4.00	—
2006S	3,054,436	—	5.00
2007P	571,680,000	2.50	—
2007P Satin finish	895,628	4.00	—
2007D	626,160,000	2.50	—
2007D Satin finish	895,628	4.00	—
2007S	2,577,166	—	4.00
2008P	279,840,000	2.50	—
2008P Satin finish	745,464	4.00	—
2008D	345,600,000	2.50	—
2008D Satin finish	745,464	4.00	—
2008S	2,169,561	—	4.00
2009P	39,840,000	3.50	—
2009P Satin finish	784,614	4.00	—
2009D	46,800,000	1.75	—
2009D Satin finish	784,614	4.00	—
2009S	2,179,867	—	3.00
2010P	260,640,000	1.50	—
2010P Satin finish	—	4.00	—
2010D	229,920,000	1.50	—
2010D Satin finish	—	4.00	—
2010S	1,689,216	—	3.00
2011P	450,000,000	1.50	—
2011D	540,240,000	1.50	—
2011S	1,673,010	—	4.00
2012P	464,640,000	1.50	—
2012D	558,960,000	1.50	—
2012S	1,237,415	—	4.00
2013P	607,440,000	1.50	—
2013D	615,600,000	1.50	—
2013S	1,237,926	—	3.00
2014P	—	1.50	—
2014D	—	1.50	—
2014S	—	—	3.00
2015P	753,092,561	2.50	—
2015D	846,932,561	2.50	—
2015S	710,183	—	3.00
2016P	786,960,000	2.50	—
2016D	759,600,000	2.50	—
2016S	—	—	3.00
2017P	—	2.50	—
2017D	—	2.50	—
2017S Enhanced Unc.	225,000	12.00	—
2017S	—	—	3.00

DIME

Draped Bust Dime
Draped bust right obverse   Small eagle reverse

KM# 24 2.70 g., 0.892 Silver 0.0774 oz. ASW, 19 mm. **Designer:** Robert Scot

Date	Mintage	G4	VG8	F12	VF20	XF40	MS60
1796	22,135	2,400	3,400	4,500	7,500	8,500	22,000
1797 13 stars	25,261	2,650	3,700	6,500	8,000	16,000	65,000
1797 16 stars	Inc. above	2,650	3,700	4,900	6,750	12,000	38,000

Draped bust right obverse   Heraldic eagle reverse

KM# 31 2.70 g., 0.892 Silver 0.0774 oz. ASW, 19 mm. **Obv. Legend:** LIBERTY **Rev. Legend:** UNITED STATES OF AMERICA **Designer:** Robert Scot **Note:** The 1805 strikes have either 4 or 5 berries on the olive branch held by the eagle.

Date	Mintage	G4	VG8	F12	VF20	XF40	MS60
1798 large 8	27,550	715	900	1,300	2,000	3,300	11,000
1798 small 8	Inc. above	1,325	1,850	3,000	6,000	11,000	50,000
1798/97 13 stars	Inc. above	2,200	4,000	6,000	7,700	11,000	41,000
1798/97 16 stars	Inc. above	825	1,100	1,450	2,200	3,300	6,700

Note: The 1798 overdates have either 13 or 16 stars under the clouds on the reverse; Varieties of the regular 1798 strikes are distinguished by the size of the 8 in the date

Date	Mintage	G4	VG8	F12	VF20	XF40	MS60
1800	21,760	975	1,225	1,600	2,200	3,600	22,000
1801	34,640	1,000	1,550	1,950	3,250	5,200	43,000
1802	10,975	1,475	2,250	2,425	3,300	5,700	30,000
1803	33,040	1,150	1,600	1,825	2,200	4,500	66,000
1804 13 stars	8,265	3,300	5,500	8,800	14,000	27,000	—
1804 14 stars	Inc. above	4,650	6,300	12,000	23,500	45,000	—

Date	Mintage	G4	VG8	F12	VF20	XF40	MS60
1805 5 berries	Inc. above	625	925	1,450	2,100	2,700	6,500
1805 4 berries	120,780	600	925	1,075	1,650	2,600	5,500
1807	165,000	560	775	1,050	1,425	2,600	5,500

Liberty Cap Dime
Draped bust left, flanked by stars, date below obverse
Eagle with arrows in talons, banner above, value below reverse

KM# 42 2.70 g., 0.892 Silver 0.0774 oz. ASW, 18.8 mm. **Rev. Legend:** UNITED STATES OF AMERICA **Designer:** John Reich **Note:** The 1820 varieties are distinguished by the size of the 0 in the date. The 1823 overdates have either large E's or small E's in UNITED STATES OF AMERICA on the reverse.

Date	Mintage	G4	VG8	F12	VF20	XF40	AU50	MS60	MS65
1809	51,065	660	880	1,350	2,400	3,300	4,400	5,500	25,000
1811/9	65,180	200	350	880	1,250	1,650	2,200	3,300	29,000
1814 small date	421,500	100	150	225	350	660	1,025	1,675	22,000
1814 large date	Inc. above	75.00	120	185	270	540	700	1,250	10,500
1814 large date with period	Inc. above	46.00	60.00	85.00	195	500	775	2,000	—
1814 STATESOF	Inc. above	325	490	650	825	1,450	1,800	3,000	24,500
1820 large O	942,587	85.00	125	185	300	600	725	1,300	13,000
1820 small O	Inc. above	50.00	80.00	105	225	525	980	1,650	15,000
1820 STATESOF	Inc. above	225	300	475	650	1,200	2,000	4,000	17,500
1821 large date	1,186,512	80.00	130	185	270	580	825	1,450	16,500
1821 small date	Inc. above	80.00	130	185	270	600	925	2,450	12,000
1822	100,000	2,100	3,000	3,600	6,600	8,800	12,000	18,500	70,000
1823/22 large E's	440,000	50.00	80.00	102	185	450	560	2,300	19,000
1823/22 small E's	Inc. above	125	200	290	450	750	1,000	1,450	18,000
1824/22	—	125	200	250	560	900	1,225	1,650	18,000
1825	510,000	125	200	240	270	600	800	1,425	16,500
1827	1,215,000	125	200	210	270	520	750	1,475	14,000
1827/7	Inc. above	250	—	—	750	1,100	1,500	—	—
1828 large date	125,000	125	200	250	500	900	1,600	3,500	—

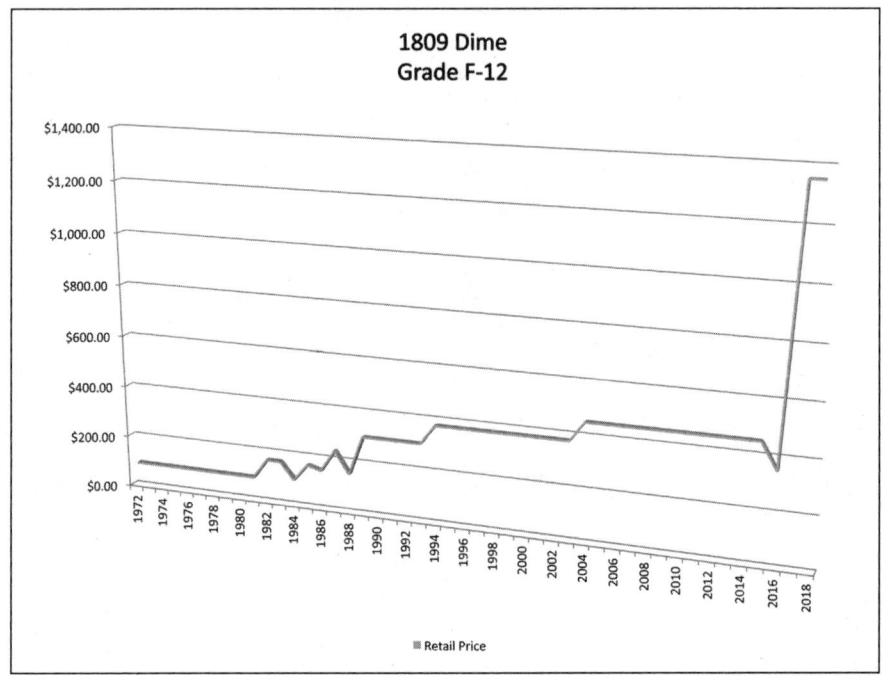

1809 Dime
Grade F-12

Draped bust left, flanked by stars, date below obverse
Eagle with arrows in talons, banner above, value below reverse

KM# 48 Silver, 18.5 mm. **Rev. Legend:** UNITED STATES OF AMERICA **Designer:** John Reich **Note:** The three varieties of 1829 strikes and two varieties of 1830 strikes are distinguished by the size of "10C." on the reverse. On the 1833 "high 3" variety, the last 3 in the date is higher thatn the first 3. The two varieties of the 1834 strikes are distinguished by the size of the 4 in the date.

Date	Mintage	G4	VG8	F12	VF20	XF40	AU50	MS60	MS65
1828 small date	Inc. above	60.00	80.00	125	200	400	725	1,250	14,000
1829 very large 10C.	770,000	60.00	70.00	100	195	455	700	1,325	—
1829 large 10C.	Inc. above	65.00	85.00	100	160	400	725	1,375	9,400
1829 medium 10C.	Inc. above	37.50	46.00	54.00	85.00	255	525	900	8,500
1829 small 10C.	Inc. above	37.50	46.00	56.00	90.00	270	460	920	8,700
1829 curl base 2	Inc. above	5,800	9,500	16,500	30,000	—	—	—	—
1830 large 10C.	510,000	37.50	46.00	56.00	95.00	255	440	900	8,500
1830 small 10C.	Inc. above	65.00	75.00	100	160	350	500	1,450	13,500
1830/29	Inc. above	50.00	60.00	90.00	150	350	600	1,350	22,000
1831	771,350	40.00	53.00	62.00	95.00	285	460	875	7,300
1832	522,500	40.00	53.00	62.00	95.00	285	460	875	7,300
1833	485,000	40.00	53.00	62.00	95.00	285	460	875	7,300
1833 last 3 high	Inc. above	40.00	53.00	62.00	95.00	285	460	875	7,300
1834 small 4	635,000	40.00	53.00	62.00	95.00	285	460	875	7,300
1834 large 4	Inc. above	40.00	53.00	62.00	95.00	285	460	875	7,300
1835	1,410,000	40.00	53.00	62.00	95.00	285	460	875	7,300
1836	1,190,000	40.00	53.00	62.00	95.00	285	460	875	11,000
1837	1,042,000	40.00	53.00	62.00	95.00	285	460	875	13,500

Seated Liberty Dime
Seated Liberty, date below obverse   Value within wreath reverse

KM# 61 2.67 g., 0.900 Silver 0.0773 oz. ASW, 17.9 mm. **Rev. Legend:** UNITED STATES OF AMERICA **Designer:** Christian Gobrecht

Date	Mintage	G4	VG8	F12	VF20	XF40	AU50	MS60	MS65
1837 flat top	Inc. above	45.00	60.00	105	250	550	700	925	6,300
1837 curly top	Inc. above	45.00	65.00	110	285	550	700	925	8,000
1838O	406,034	125	200	250	425	800	950	3,600	24,000

Seated Liberty, stars around top 1/2 of border, date below obverse
Value within wreath reverse

No drapery at elbow

KM# 63.1 2.67 g., 0.900 Silver 0.0773 oz. ASW, 17.9 mm. **Obv. Designer:** Christian Gobrecht **Rev. Legend:** UNITED STATES OF AMERICA **Note:** The 1839-O with reverse of 1838-O variety was struck from rusted dies, it has a bumpy reverse surface.

Date	Mintage	G4	VG8	F12	VF20	XF40	AU50	MS60	MS65
1838 small stars	1,992,500	30.00	45.00	60.00	85.00	180	320	600	4,000
1838 large stars	Inc. above	22.00	30.00	40.00	60.00	150	315	450	2,300
1838 partial drapery	Inc. above	25.00	40.00	75.00	140	215	325	505	—
1839	1,053,115	20.00	28.00	35.00	55.00	145	310	385	2,500
1839O	1,323,000	30.00	50.00	70.00	135	240	400	725	7,500
1839O reverse 1838O	Inc. above	155	200	325	500	1,000	—	—	—
1840	1,358,580	14.00	17.00	25.00	40.00	120	300	350	3,000
1840O	1,175,000	60.00	85.00	125	200	500	1,125	7,000	40,000

DIME

Seated Liberty, stars around top 1/2 of border, date below obverse
Value within wreath reverse

Drapery at elbow

KM# 63.2 2.67 g., 0.900 Silver 0.0773 oz. ASW, 17.9 mm. **Rev. Legend:** UNITED STATES OF AMERICA **Designer:** Christian Gobrecht **Note:** Drapery added to Liberty's left elbow

Date	Mintage	G4	VG8	F12	VF20	XF40	AU50	MS60	MS65
1840	Inc. above	90.00	125	175	300	750	1,225	2,700	27,000
1841	1,622,500	24.00	26.00	28.00	34.00	55.00	155	425	4,000
1841O	2,007,500	28.00	40.00	50.00	100	175	350	800	8,500
1841O large O	Inc. above	500	800	1,100	2,325	—	—	—	—
1842	1,887,500	20.00	25.00	28.00	32.00	48.00	145	350	3,500
1842O	2,020,000	40.00	60.00	85.00	200	425	1,100	3,500	15,000
1843	1,370,000	18.00	25.00	28.00	34.00	50.00	145	475	4,500
1843/1843	Inc. above	18.00	30.00	35.00	50.00	75.00	200	300	—
1843O	150,000	200	350	495	1,000	2,650	10,000	65,000	—
1844	72,500	185	300	385	625	1,000	1,900	4,000	24,500
1845	1,755,000	24.00	26.00	28.00	36.00	50.00	175	425	1,985
1845/1845	Inc. above	24.00	27.00	29.00	55.00	90.00	185	—	—
1845O	230,000	100	155	240	500	900	2,600	11,000	—
1846	31,300	200	375	600	1,075	2,200	7,000	18,000	—
1847	245,000	24.00	35.00	38.00	60.00	200	425	1,400	8,300
1848	451,500	26.00	29.00	33.00	55.00	95.00	165	700	4,500
1849	839,000	25.00	27.00	30.00	40.00	70.00	175	350	3,300
1849O	300,000	30.00	35.00	70.00	135	350	900	2,000	8,000
1850	1,931,500	25.00	27.00	29.00	65.00	80.00	175	295	4,000
1850O	510,000	30.00	60.00	100	125	300	800	1,725	7,800
1851	1,026,500	25.00	27.00	29.00	40.00	75.00	215	400	4,000
1851O	400,000	30.00	34.00	47.00	125	300	875	2,200	16,000
1852	1,535,500	18.00	21.00	26.00	33.00	55.00	145	275	2,350
1852O	430,000	32.00	50.00	100	200	350	550	2,100	—
1853	95,000	140	200	325	500	650	775	950	2,500

Seated Liberty, stars around top 1/2 of border, arrows at date obverse
Value within wreath reverse

KM# 77 2.49 g., 0.900 Silver 0.072 oz. ASW **Rev. Legend:** UNITED STATES OF AMERICA **Designer:** Christian Gobrecht

Date	Mintage	G4	VG8	F12	VF20	XF40	AU50	MS60	MS65	PRF65
1853	12,078,010	18.00	22.00	28.00	35.00	55.00	140	350	1,500	—
1853O	1,100,000	23.00	45.00	100	125	285	650	2,400	—	—
1854	4,470,000	22.00	23.00	24.00	35.00	60.00	145	325	1,500	18,000
1854O	1,770,000	23.00	27.00	30.00	40.00	80.00	200	425	5,000	—
1855	2,075,000	21.00	22.00	24.00	35.00	55.00	145	325	2,375	22,750

Seated Liberty, stars around top 1/2 of border, date below obverse
Value within wreath reverse

KM# A6.3.2 2.49 g., 0.900 Silver 0.072 oz. ASW **Rev. Legend:** UNITED STATES OF AMERICA **Designer:** Christian Gobrecht

Date	Mintage	G4	VG8	F12	VF20	XF40	AU50	MS60	MS65	PRF65
1856 small date	5,780,000	22.00	23.00	24.00	35.00	58.00	140	275	2,000	9,750
1856 large date	Inc. above	45.00	60.00	100	135	200	300	625	7,700	—
1856O	1,180,000	24.00	50.00	60.00	100	160	350	750	5,500	—

Date	Mintage	G4	VG8	F12	VF20	XF40	AU50	MS60	MS65	PRF65
1856S	70,000	250	400	600	1,100	1,500	2,150	7,000	—	—
1857	5,580,000	22.00	23.00	24.00	35.00	48.00	145	275	1,650	5,500
1857O	1,540,000	23.00	25.00	30.00	32.00	57.00	165	375	2,200	—
1858	1,540,000	22.00	23.00	24.00	30.00	52.00	145	275	1,650	3,800
1858O	290,000	23.00	27.00	39.00	75.00	175	350	800	8,000	—
1858S	60,000	150	225	350	750	1,200	1,800	7,000	25,500	—
1859	430,000	23.00	26.00	27.00	36.00	57.00	165	275	1,625	2,400
1859O	480,000	25.00	28.00	33.00	38.00	80.00	225	330	—	—
1859S	60,000	200	300	500	950	2,650	6,000	16,000	85,000	—
1860S	140,000	75.00	100	165	325	600	900	2,000	39,000	—

UNITED STATES OF AMERICA replaced stars obverse
Value within wreath reverse

KM# 92 2.49 g., 0.900 Silver 0.072 oz. ASW **Obv. Legend:** UNITED STATES OF AMERICA **Obv. Designer:** Christian Gobrecht **Note:** The 1873 "closed-3" and "open-3" varieties are distinguished by the amount of space between the upper left and lower left serifs of the 3 in the date.

Date	Mintage	G4	VG8	F12	VF20	XF40	AU50	MS60	MS65	PRF65
1860	607,000	23.00	25.00	26.00	35.00	40.00	85.00	200	1,050	1,500
1860O	40,000	550	750	1,400	2,000	4,250	8,000	16,500	—	—
1861	1,884,000	22.00	23.00	24.00	27.00	35.00	80.00	175	1,050	1,450
1861S	172,500	160	275	450	650	850	1,150	6,000	—	—
1862	847,550	24.00	25.00	27.00	30.00	45.00	80.00	180	1,000	1,500
1862S	180,750	160	250	325	600	950	2,300	3,800	35,000	—
1863	14,460	600	850	900	950	1,075	1,200	1,300	—	1,200
1863S	157,500	125	175	300	450	800	1,100	3,200	32,000	—
1864	11,470	275	450	600	800	900	1,025	1,200	—	1,550
1864S	230,000	125	150	250	350	700	900	1,200	—	—
1865	10,500	400	600	750	850	950	1,050	1,200	—	1,800
1865S	175,000	125	200	350	650	975	2,600	6,600	—	—
1866	8,725	660	775	875	975	1,125	1,325	1,600	—	1,550
1866S	135,000	125	200	275	425	850	1,400	3,200	—	—
1867	6,625	550	725	825	930	990	1,275	1,400	—	1,200
1867S	140,000	125	180	250	375	650	1,375	2,000	9,500	—
1868	464,000	25.00	27.00	34.00	45.00	70.00	145	275	2,950	1,250
1868S	260,000	75.00	100	150	250	500	600	900	5,000	—
1869	256,600	28.00	31.00	43.00	85.00	145	200	375	2,900	1,100
1869S	450,000	25.00	27.00	30.00	38.00	250	325	500	3,600	—
1870	471,000	22.00	23.00	24.00	27.00	50.00	100	250	2,300	1,300
1870S	50,000	300	350	600	750	900	1,025	1,375	7,000	—
1871	907,710	18.00	20.00	30.00	36.00	45.00	130	260	—	1,100
1871CC	20,100	2,450	4,000	5,250	8,000	10,750	23,000	40,000	—	—
1871S	320,000	29.00	75.00	125	200	350	725	1,400	12,000	—
1872	2,396,450	20.00	22.00	23.00	26.00	40.00	75.00	160	—	1,100
1872CC	35,480	900	1,200	2,375	3,375	11,000	17,500	73,000	—	—
1872S	190,000	26.00	75.00	125	175	325	500	1,700	—	—
1873 closed 3	1,568,600	18.00	21.00	45.00	60.00	80.00	125	250	1,300	1,100
1873 open 3	Inc. above	26.00	34.00	60.00	80.00	150	275	775	12,000	—
1873CC	12,400	—	—	—	—	—	—	—	—	—

Note: 1873-CC, Heritage Sale, April 1999, MS-64, $632,500.

Seated Liberty, arrows at date obverse   Value within wreath reverse

KM# 105 2.50 g., 0.900 Silver 0.0723 oz. ASW **Obv. Legend:** UNITED STATES OF AMERICA **Designer:** Christian Gobrecht

Date	Mintage	G4	VG8	F12	VF20	XF40	AU50	MS60	MS65	PRF65
1873	2,378,500	24.00	27.00	32.00	63.00	175	300	450	4,500	3,500
1873CC	18,791	2,900	3,150	3,500	7,000	13,000	38,500	63,000	—	—

Date	Mintage	G4	VG8	F12	VF20	XF40	AU50	MS60	MS65	PRF65
1873S	455,000	16.00	19.00	30.00	60.00	160	470	800	7,500	—
1874	2,940,700	16.00	19.00	25.00	60.00	150	275	350	3,450	4,100
1874CC	10,817	6,000	8,500	12,000	17,000	28,000	50,000	70,000	—	—
1874S	240,000	26.00	40.00	64.00	100	210	420	800	—	—

Seated Liberty, date below obverse Value within wreath reverse

KM# A92 2.50 g., 0.900 Silver 0.0723 oz. ASW **Obv. Legend:** UNITED STATES OF AMERICA **Designer:** Christian Gobrecht **Note:** On the 1876-CC doubled-obverse variety, doubling appears in the words OF AMERICA in the legend.

Date	Mintage	G4	VG8	F12	VF20	XF40	AU50	MS60	MS65	PRF65
1875	10,350,700	19.00	21.00	22.00	25.00	35.00	75.00	175	600	1,100
1875CC mint mark in wreath	4,645,000	33.00	36.00	38.00	60.00	83.00	190	360	2,600	—
1875CC mint mark under wreath	Inc. above	24.00	26.00	28.00	46.00	68.00	185	360	3,600	—
1875S mint mark in wreath	9,070,000	22.00	23.00	24.00	27.00	40.00	85.00	225	1,850	—
1875S mint mark under wreath	Inc. above	22.00	23.00	24.00	27.00	40.00	80.00	175	900	—
1876 Type 1 rev	11,461,150	22.00	23.00	23.00	26.00	28.00	75.00	175	750	1,100
1876 Type 2 rev	Inc. above	25.00	30.00	35.00	45.00	65.00	145	205	—	—
1876CC Type 1 rev	8,270,000	33.00	36.00	38.00	56.00	135	175	300	—	—
1876CC Type 2 rev	Inc. above	40.00	44.00	55.00	75.00	140	155	275	—	—
1876CC doubled die obverse	Inc. above	35.00	40.00	55.00	100	185	340	600	—	—
1876S Type 1 rev	10,420,000	21.00	22.00	24.00	27.00	35.00	85.00	175	1,400	—
1876S Type 2 rev	Inc. above	28.00	30.00	32.00	41.00	50.00	100	190	—	—
1877 Type 1 rev	7,310,510	20.00	22.00	23.00	26.00	35.00	80.00	170	725	1,000
1877 Type 2 rev	Inc. above	26.00	32.00	40.00	50.00	60.00	110	170	—	—
1877CC Type 1 rev	7,700,000	30.00	36.00	38.00	53.00	130	185	300	1,995	—
1877CC Type 2 rev	Inc. above	38.00	40.00	50.00	72.00	90.00	125	210	—	—
1877S Type 1 rev	2,340,000	—	—	—	—	—	—	—	—	—
1877S Type 2 rev	Inc. above	20.00	22.00	23.00	27.00	40.00	80.00	175	—	—
1878 Type 1 rev	1,678,800	22.00	30.00	40.00	55.00	85.00	150	—	—	—
1878 Type 2 rev	Inc. above	21.00	22.00	23.00	26.00	40.00	80.00	175	1,000	1,100
1878CC Type 1 rev	200,000	145	170	225	350	600	800	—	—	—
1878CC Type 2 rev	Inc. above	225	250	325	400	500	850	1,300	4,000	—
1879	15,100	225	250	290	300	400	485	575	1,000	1,000
1880	37,335	160	210	275	310	400	450	550	1,200	1,000
1881	24,975	175	230	270	325	400	475	550	1,575	1,000
1882	3,911,100	20.00	22.00	23.00	26.00	35.00	80.00	170	550	1,000
1883	7,675,712	20.00	22.00	23.00	26.00	35.00	80.00	170	550	1,000
1884	3,366,380	20.00	22.00	23.00	26.00	35.00	80.00	170	550	1,000
1884S	564,969	26.00	28.00	35.00	55.00	105	270	600	4,800	—
1885	2,533,427	20.00	22.00	23.00	26.00	35.00	80.00	165	625	1,000
1885S	43,690	575	890	1,000	1,225	2,200	4,000	5,500	—	—
1886	6,377,570	20.00	22.00	23.00	26.00	35.00	80.00	165	595	1,000
1886S	206,524	29.00	45.00	55.00	80.00	110	175	475	—	—
1887	11,283,939	20.00	22.00	23.00	26.00	35.00	80.00	165	550	1,000
1887S	4,454,450	20.00	22.00	23.00	26.00	35.00	80.00	165	550	—
1888	5,496,487	20.00	22.00	23.00	26.00	35.00	80.00	165	550	1,000
1888S	1,720,000	20.00	22.00	23.00	26.00	35.00	95.00	325	3,350	—
1889	7,380,711	20.00	22.00	23.00	26.00	35.00	80.00	165	550	1,000
1889S	972,678	23.00	25.00	28.00	46.00	75.00	155	325	4,500	—
1890	9,911,541	21.00	22.00	23.00	26.00	40.00	80.00	175	715	1,000
1890S	1,423,076	22.00	23.00	28.00	45.00	75.00	140	225	1,400	—
1891	15,310,600	20.00	22.00	23.00	25.00	40.00	80.00	175	550	1,000
1891O	4,540,000	20.00	23.00	30.00	32.00	40.00	80.00	175	1,050	1,000
1891O /horizontal O	Inc. above	65.00	95.00	125	175	225	400	—	—	—
1891S	3,196,116	18.00	23.00	24.00	27.00	40.00	80.00	175	825	—
1891S/S	Inc. above	25.00	30.00	40.00	85.00	135	250	—	—	—

DIME

Barber Dime
Laureate head right, date at angle below obverse   Value within wreath reverse

KM# 113 2.50 g., 0.900 Silver 0.0723 oz. ASW, 17.9 mm. **Obv. Legend:** UNITED STATES OF AMERICA
Designer: Charles E. Barber

Date	Mintage	G4	VG8	F12	VF20	XF40	AU50	MS60	MS65	PRF65
1892	12,121,245	10.00	11.00	19.00	24.00	30.00	65.00	105	450	1,000
1892O	3,841,700	12.00	17.00	35.00	56.00	70.00	85.00	135	1,225	—
1892S	990,710	60.00	92.00	185	215	235	270	340	2,800	—
1893/2	3,340,792	130	160	195	235	330	550	1,300	5,200	—
1893	Inc. above	8.00	12.00	17.00	28.00	40.00	66.00	130	825	1,000
1893O	1,760,000	25.00	37.00	110	140	165	200	265	2,000	—
1893S	2,491,401	10.50	25.00	42.00	50.00	85.00	130	315	1,800	—
1894	1,330,972	25.00	38.00	125	160	190	225	265	1,100	1,000
1894O	720,000	65.00	100	200	315	370	675	1,850	11,025	—
1894S	24	—	—	—	—	—	—	—	—	1,700,000
Note: 1894S, Eliasberg Sale, May 1996, Prf-64, $451,000.										
1895	690,880	90.00	185	370	495	570	650	840	2,000	1,000
1895O	440,000	440	550	825	1,300	2,175	2,585	5,850	33,000	—
1895S	1,120,000	42.00	54.00	125	180	205	270	450	3,150	—
1896	2,000,762	9.25	23.00	56.00	75.00	91.00	100	145	1,025	1,000
1896O	610,000	70.00	160	300	320	450	675	1,100	7,800	—
1896S	575,056	72.00	190	240	285	335	440	675	2,900	—
1897	10,869,264	4.00	5.00	8.00	18.00	35.00	74.00	120	425	1,000
1897O	666,000	75.00	120	280	360	420	550	1,000	2,950	—
1897S	1,342,844	18.00	30.00	110	135	180	250	470	2,800	—
1898	16,320,735	4.00	5.00	8.00	15.00	32.00	72.00	120	425	1,000
1898O	2,130,000	12.00	30.00	100	145	195	290	450	3,000	—
1898S	1,702,507	8.00	18.00	34.00	50.00	100	140	450	2,050	—
1899	19,580,846	3.75	4.50	7.00	11.00	32.00	72.00	120	425	1,000
1899O	2,650,000	8.00	18.00	70.00	100	145	200	350	3,700	—
1899S	1,867,493	7.00	16.00	38.00	40.00	48.00	95.00	320	2,100	—
1900	17,600,912	2.75	3.05	3.50	10.00	32.00	72.00	120	500	1,000
1900O	2,010,000	14.00	34.00	120	155	245	295	550	3,300	—
1900S	5,168,270	2.75	3.05	14.00	24.00	33.00	70.00	175	1,350	—
1901	18,860,478	2.75	3.05	3.50	10.00	32.00	72.00	120	475	1,000
1901O	5,620,000	5.00	7.00	15.00	27.00	85.00	185	560	1,800	—
1901S	593,022	350	440	490	535	750	1,000	1,420	3,320	—
1902	21,380,777	4.00	6.00	7.00	9.00	32.00	72.00	120	575	1,000
1902O	4,500,000	5.00	7.00	15.00	35.00	65.00	175	400	3,300	—
1902S	2,070,000	11.00	25.00	56.00	85.00	135	185	380	3,125	—
1903	19,500,755	2.75	3.05	3.50	7.50	32.00	72.00	140	800	1,000
1903O	8,180,000	4.75	5.50	16.00	23.00	51.00	95.00	205	2,875	—
1903S	613,300	85.00	120	315	400	510	850	925	2,400	—
1904	14,601,027	2.75	3.05	3.50	7.50	32.00	72.00	120	800	1,000
1904S	800,000	45.00	60.00	145	205	280	450	800	3,600	—
1905	14,552,350	2.75	3.05	3.50	10.00	32.00	72.00	120	630	1,000
1905O	3,400,000	4.00	8.00	36.00	54.00	100	135	275	1,120	—
1905O micro O	Inc. above	75.00	105	155	300	700	1,050	2,325	8,800	—
1905S	6,855,199	3.00	5.00	9.00	22.00	43.00	100	190	900	—
1906	19,958,406	2.75	3.05	3.55	7.50	32.00	72.00	120	420	1,000
1906D	4,060,000	2.75	3.05	3.55	18.00	37.00	70.00	145	1,395	—
1906O	2,610,000	6.00	15.00	50.00	74.00	95.00	125	200	975	—
1906S	3,136,640	2.75	4.05	15.00	23.00	48.00	135	250	900	—
1907	22,220,575	2.75	3.05	3.55	7.50	32.00	72.00	120	420	1,000
1907D	4,080,000	2.75	3.05	14.00	20.00	43.00	105	240	1,500	—
1907O	5,058,000	2.75	6.75	42.00	55.00	65.00	95.00	195	1,025	—
1907S	3,178,470	2.75	3.05	18.00	29.00	65.00	175	340	1,750	—
1908	10,600,545	2.75	3.05	3.55	7.50	32.00	72.00	120	500	1,000
1908D	7,490,000	2.75	3.05	3.55	16.00	34.00	65.00	125	480	—
1908O	1,789,000	4.25	14.00	47.00	65.00	90.00	135	260	800	—
1908S	3,220,000	5.00	6.25	13.00	24.00	48.00	155	285	1,250	—
1909	10,240,650	2.75	3.05	3.55	7.50	32.00	72.00	120	450	1,000
1909D	954,000	7.00	19.00	60.00	95.00	135	200	440	1,575	—

DIME

DIME

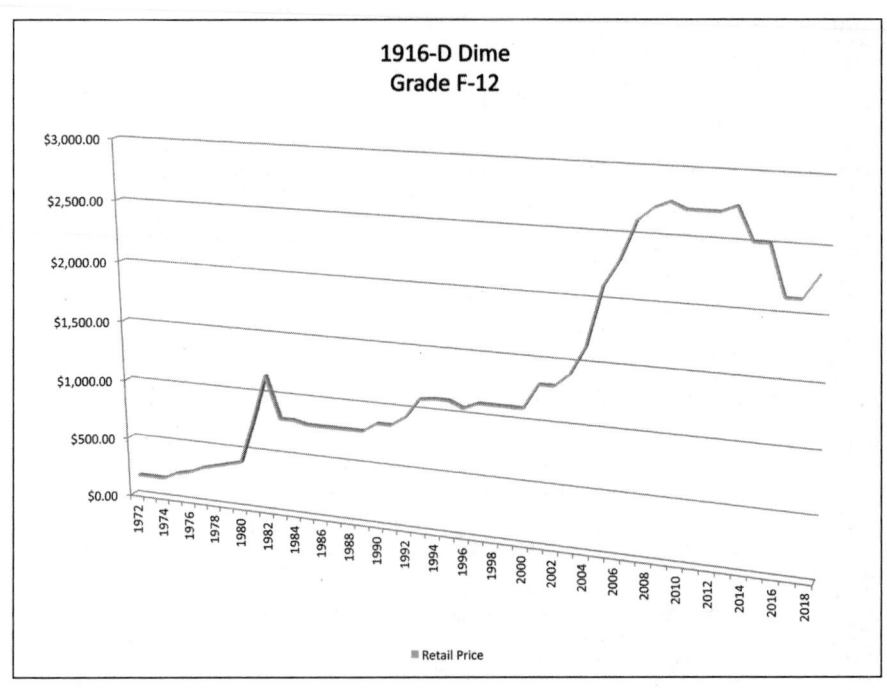

Date	Mintage	G4	VG8	F12	VF20	XF40	AU50	MS60	MS65	PRF65
1909O	2,287,000	2.75	7.75	11.75	24.00	60.00	170	275	1,425	—
1909S	1,000,000	11.00	22.00	83.00	125	190	280	490	2,100	—
1910	11,520,551	2.75	3.05	3.55	7.50	32.00	72.00	120	450	1,000
1910D	3,490,000	2.75	2.75	11.00	20.00	48.00	100	195	1,275	—
1910S	1,240,000	6.00	13.00	52.00	75.00	105	200	370	1,700	—
1911	18,870,543	2.75	8.05	8.55	7.50	32.00	72.00	120	450	1,000
1911D	11,209,000	2.75	3.05	3.55	7.50	32.00	72.00	120	450	—
1911S	3,520,000	3.50	5.00	8.00	25.00	40.00	105	200	800	—
1912	19,350,700	2.75	3.05	3.55	7.50	32.00	72.00	120	420	1,000
1912D	11,760,000	2.75	3.05	3.55	7.50	32.00	72.00	120	450	—
1912S	3,420,000	2.75	3.05	3.55	13.00	35.00	85.00	165	975	—
1913	19,760,622	2.75	3.05	3.55	7.50	32.00	72.00	120	450	1,000
1913S	510,000	35.00	65.00	125	185	220	300	600	2,625	—
1914	17,360,655	2.75	3.05	3.55	7.00	32.00	72.00	120	415	1,000
1914D	11,908,000	2.75	5.75	8.75	11.75	32.00	72.00	120	465	—
1914S	2,100,000	2.75	5.25	6.75	21.00	45.00	80.00	130	1,000	—
1915	5,620,450	2.75	3.05	3.55	7.00	32.00	72.00	120	450	1,000
1915S	960,000	7.00	11.00	35.00	50.00	75.00	125	205	1,300	—
1916	18,490,000	2.75	3.05	3.55	8.35	32.00	72.00	120	465	—
1916S	5,820,000	2.75	3.05	3.55	8.35	32.00	72.00	120	450	—

Mercury Dime

   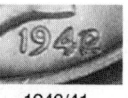

Mint mark   1942/41

KM# 140 2.50 g., 0.900 Silver 0.0723 oz. ASW, 17.8 mm. **Designer:** Adolph A. Weinman **Note:** All specimens listed as -65FSB are for fully struck MS-65 coins with fully split and rounded horizontal bands on the fasces.

Date	Mintage	G4	VG8	F12	VF20	XF40	MS60	MS65	MS65FSB	PF65
1916	22,180,080	2.50	5.50	6.00	7.50	10.50	40.00	105	165	—
1916D	264,000	725	1,275	2,300	3,300	5,300	11,250	24,000	48,500	—
1916S	10,450,000	3.00	3.50	6.50	7.85	12.00	21.00	200	800	—
1917	55,230,000	—	3.50	6.50	7.00	8.50	10.50	170	375	—
1917D	9,402,000	—	3.50	6.50	12.00	19.00	77.00	925	5,650	—
1917S	27,330,000	—	3.50	6.50	7.00	18.00	85.00	400	1,265	—
1918	26,680,000	—	3.50	6.50	7.00	10.00	37.00	355	1,325	—
1918D	22,674,800	—	3.50	6.50	7.00	11.00	38.00	680	27,500	—
1918S	19,300,000	—	3.50	6.50	7.00	9.00	32.00	700	7,450	—
1919	35,740,000	—	3.50	6.50	7.00	8.50	20.00	325	685	—
1919D	9,939,000	—	3.50	6.50	11.00	24.00	195	1,200	38,500	—
1919S	8,850,000	—	3.50	6.50	10.00	45.00	260	1,400	14,350	—
1920	59,030,000	—	3.50	6.50	7.00	8.50	13.00	240	540	—
1920D	19,171,000	—	3.50	6.50	7.00	8.00	37.00	700	4,750	—
1920S	13,820,000	—	3.50	6.50	9.00	9.00	34.00	11,225	8,250	—
1921	1,230,000	28.00	40.00	115	290	430	1,140	2,900	4,350	—
1921D	1,080,000	40.00	50.00	200	375	600	1,400	3,645	5,200	—
1923	50,130,000	—	3.50	6.50	7.00	8.50	11.00	350	340	—
1923S	6,440,000	—	3.50	6.50	19.00	70.00	200	1,200	7,450	—
1924	24,010,000	—	3.50	6.50	7.00	8.50	22.00	181	500	—
1924D	6,810,000	—	3.50	6.50	8.00	20.00	85.00	900	1,365	—
1924S	7,120,000	—	3.50	6.50	25.00	50.00	270	1,495	16,750	—
1925	25,610,000	—	3.50	6.50	7.00	8.50	14.00	275	990	—
1925D	5,117,000	—	3.00	4.50	11.00	42.00	157	1,520	3,500	—
1925S	5,850,000	—	3.00	18.00	30.00	80.00	200	1,050	4,650	—
1926	32,160,000	—	3.50	6.50	7.00	8.50	10.50	205	525	—
1926D	6,828,000	—	3.50	6.50	18.00	32.00	160	450	2,500	—
1926S	1,520,000	7.50	10.00	45.00	70.00	240	1,150	3,300	6,750	—
1927	28,080,000	—	3.50	6.50	7.00	8.50	10.50	145	350	—
1927D	4,812,000	—	3.50	6.50	8.50	24.00	102	1,015	8,500	—
1927S	4,770,000	—	3.50	6.50	18.00	35.00	265	1,200	7,600	—
1928	19,480,000	—	3.50	6.50	7.00	8.50	14.00	135	345	—
1928D	4,161,000	—	3.50	6.50	11.50	24.00	87.00	750	2,750	—
1928S Large S	7,400,000	—	3.50	6.50	7.00	7.00	31.00	600	6,500	—
1928S Small S	Inc. above	—	3.50	6.50	7.00	9.50	41.00	440	2,000	—
1929	25,970,000	—	3.50	6.50	7.00	8.50	10.00	72.00	175	—
1929D	5,034,000	—	3.50	6.50	7.00	10.50	17.00	73.00	225	—
1929S	4,730,000	—	3.50	6.50	7.00	9.50	16.00	125	560	—

Date	Mintage	G4	VG8	F12	VF20	XF40	MS60	MS65	MS65FSB	PF65
1929S Doubled Die Obv	Inc. above	—	8.00	11.00	16.00	25.00	60.00	335	1,150	—
1930	6,770,000	—	3.50	6.50	7.00	9.50	11.00	115	575	—
1930S	1,843,000	—	3.50	6.50	7.00	8.50	36.00	195	685	—
1931	3,150,000	—	3.50	6.50	7.00	8.50	17.50	150	800	—
1931D	1,260,000	4.75	6.75	8.00	13.00	18.00	45.00	285	375	—
1931 Doubled Die Obv & Rev	Inc. above	—	—	20.00	27.50	50.00	90.00	485	650	—
1931S	1,800,000	—	3.50	6.50	8.00	9.00	36.00	280	2,500	—
1931S Doubled Die Obv	Inc. above	—	7.50	10.00	13.00	25.00	60.00	425	3,850	—
1934	24,080,000	—	3.00	3.30	3.80	4.10	10.00	53.00	130	—
1934D	6,772,000	—	3.00	3.30	3.80	7.50	18.00	80.00	320	—
1935	58,830,000	—	3.00	3.30	3.80	4.10	6.00	32.00	68.00	—
1935D	10,477,000	—	3.00	3.30	3.80	6.50	14.00	85.00	500	—
1935S	15,840,000	—	3.00	3.30	3.80	4.10	14.00	37.00	360	—
1936	87,504,130	—	3.00	3.30	3.80	4.10	6.00	28.00	84.00	935
1936 Doubled Die Obv	Inc. above	—	—	—	8.00	15.00	35.00	165	—	—
1936D	16,132,000	—	3.00	3.30	3.80	4.10	17.00	55.00	290	—
1936S	9,210,000	—	3.00	3.30	3.80	4.10	9.00	36.00	88.00	—
1937	56,865,756	—	3.00	3.30	3.80	4.10	6.00	25.00	52.00	500
1937 Doubled Die Obv	Inc. above	—	—	—	—	6.00	12.00	105	175	—
1937D	14,146,000	—	3.00	3.30	3.80	4.10	7.00	40.00	105	460
1937S	9,740,000	—	3.00	3.30	3.80	4.10	9.00	33.00	190	—
1937S Doubled Die Obv	Inc. above	—	—	—	—	5.00	12.00	135	275	—
1938	22,198,728	—	3.00	3.30	3.80	4.10	6.00	28.00	80.00	275
1938D	5,537,000	—	3.00	3.30	3.80	4.10	6.00	32.00	62.00	—
1938S	8,090,000	—	3.00	3.30	3.80	4.10	9.00	40.00	160	—
1939	67,749,321	—	3.00	3.30	3.80	4.10	6.00	28.00	170	235
1939 Doubled Die Obv	Inc. above	—	—	—	—	4.00	8.00	45.00	450	—
1939D	24,394,000	—	3.00	3.30	3.80	4.10	6.00	28.00	49.00	—
1939S	10,540,000	—	3.00	7.30	7.80	8.10	8.00	37.00	765	—
1940	65,361,827	—	3.00	3.30	3.80	4.10	6.00	30.00	48.00	200
1940D	21,198,000	—	3.00	3.30	*3.80	4.10	6.00	32.00	48.00	—
1940S	21,560,000	—	3.00	3.30	3.80	4.10	6.00	32.00	95.00	—
1941	175,106,557	—	3.00	3.30	3.80	4.10	6.00	30.00	46.00	200
1941 Doubled Die Obv	Inc. above	—	—	—	—	10.00	30.00	175	295	—
1941D	45,634,000	—	3.00	3.30	3.80	4.10	6.00	24.00	46.00	—
1941D Doubled Die Obv	Inc. above	—	—	—	—	9.00	20.00	135	250	—
1941S Small S	43,090,000	—	3.00	3.30	3.80	4.10	6.00	30.00	46.00	—
1941S Large S	Inc. above	—	4.00	5.00	8.00	15.00	60.00	265	425	—
1941S Doubled Die Rev	Inc. above	—	4.00	4.50	5.00	5.50	7.50	70.00	85.00	—
1942	205,432,329	—	3.00	3.30	3.80	4.10	6.00	24.00	46.00	200
1942/41	Inc. above	290	325	365	420	485	2,400	12,000	35,000	—
1942D	60,740,000	—	3.00	3.30	3.80	4.10	6.00	27.00	46.00	—
1942/41D	Inc. above	275	310	315	350	370	790	12,000	26,500	—
1942S	49,300,000	—	3.00	3.30	3.80	4.10	6.00	26.00	145	—
1943	191,710,000	—	3.00	3.30	3.80	4.10	6.00	28.00	50.00	—
1943D	71,949,000	—	3.00	3.30	3.80	4.10	6.00	28.00	47.00	—
1943S	60,400,000	—	3.00	3.30	3.80	4.10	6.00	27.00	66.00	—
1944	231,410,000	—	3.00	3.30	3.80	4.10	6.00	25.00	75.00	—
1944D	62,224,000	—	3.00	3.30	3.80	4.10	6.00	25.00	46.00	—
1944S	49,490,000	—	3.00	3.30	3.80	4.10	6.00	30.00	50.00	—
1945	159,130,000	—	3.00	3.30	3.80	4.10	6.00	26.00	97.50	—
1945D	40,245,000	—	3.00	3.30	3.80	4.10	6.00	26.00	46.50	—
1945S	41,920,000	—	3.00	3.30	3.80	4.10	6.00	26.00	105	—
1945S micro S	Inc. above	3.25	4.00	6.00	9.00	13.00	30.00	110	685	—

Roosevelt Dime

  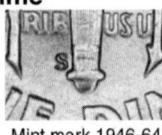

Mint mark 1946-64

KM# 195 2.50 g., 0.900 Silver 0.0723 oz. ASW, 17.9 mm. **Designer:** John R. Sinnock

Date	Mintage	G4	VG8	F12	VF20	XF40	AU50	MS60	MS65	PRF65
1946	225,250,000	—	—	—	—	3.00	3.30	3.80	5.00	—
1946D	61,043,500	—	—	—	—	3.00	3.30	3.80	5.00	—
1946S	27,900,000	—	—	—	—	3.00	3.30	3.80	5.00	—
1947	121,520,000	—	—	—	—	3.00	3.30	3.80	12.00	—

Date	Mintage	G4	VG8	F12	VF20	XF40	AU50	MS60	MS65	PRF65
1947D	46,835,000	—	—	—	—	3.00	3.30	4.00	16.00	—
1947S	34,840,000	—	—	—	—	3.00	3.30	3.50	12.00	—
1948	74,950,000	—	—	—	—	3.00	3.30	3.25	10.00	—
1948D	52,841,000	—	—	—	—	3.00	3.30	5.00	14.00	—
1948S	35,520,000	—	—	—	—	3.00	3.30	4.50	15.00	—
1949	30,940,000	—	—	3.00	3.30	5.00	8.50	12.00	25.00	—
1949D	26,034,000	—	—	3.00	3.30	5.00	5.50	7.00	20.00	—
1949S	13,510,000	—	—	3.00	3.30	8.00	15.00	35.00	60.00	—
1950	50,181,500	—	—	—	3.30	3.60	5.30	6.00	12.00	60.00
1950D	46,803,000	—	—	—	—	—	1.63	3.25	10.00	—
1950S	20,440,000	—	—	3.00	3.30	5.00	9.00	23.00	35.00	—
1951	102,937,602	—	—	—	—	—	3.00	3.30	13.00	60.00
1951D	56,529,000	—	—	—	—	—	1.73	2.80	12.00	—
1951S	31,630,000	—	—	—	3.00	3.30	5.00	10.00	18.00	—
1952	99,122,073	—	—	—	—	—	3.00	3.30	20.00	45.00
1952D	122,100,000	—	—	—	—	—	3.00	3.30	10.00	—
1952S	44,419,500	—	—	—	3.00	3.30	5.00	5.50	16.00	—
1953	53,618,920	—	—	—	—	—	3.00	3.30	12.00	40.00
1953D	136,433,000	—	—	—	—	—	3.00	3.30	11.00	—
1953S	39,180,000	—	—	—	—	—	3.70	3.00	12.50	—
1954	114,243,503	—	—	—	—	—	3.00	3.30	10.00	24.00
1954D	106,397,000	—	—	—	—	—	3.00	3.30	15.00	—
1954S	22,860,000	—	—	—	—	—	3.00	3.30	10.00	—
1955	12,828,381	—	—	—	3.00	3.30	3.80	4.10	8.50	20.00
1955D	13,959,000	—	—	—	3.00	3.30	3.80	4.10	8.50	—
1955S	18,510,000	—	—	—	3.00	3.30	3.80	4.10	8.00	—
1956	109,309,384	—	—	—	—	—	3.00	3.30	9.50	12.00
1956D	108,015,100	—	—	—	—	—	3.00	3.30	9.00	—
1957	161,407,952	—	—	—	—	—	3.00	3.30	8.50	10.00
1957D	113,354,330	—	—	—	—	—	3.00	3.30	7.50	—
1958	32,785,652	—	—	—	—	—	3.00	3.30	11.00	10.00
1958D	136,564,600	—	—	—	—	—	3.00	3.30	10.00	—
1959	86,929,291	—	—	—	—	—	3.00	3.30	8.00	10.00
1959D	164,919,790	—	—	—	—	—	3.00	3.30	8.50	—
1960	72,081,602	—	—	—	—	—	3.00	3.30	8.50	10.00
1960D	200,160,400	—	—	—	—	—	3.00	3.30	7.50	—
1961	96,758,244	—	—	—	—	—	3.00	3.30	8.00	10.00
1961D	209,146,550	—	—	—	—	—	3.00	3.30	6.50	—
1962	75,668,019	—	—	—	—	—	3.00	3.30	6.50	10.00
1962D	334,948,380	—	—	—	—	—	3.00	3.30	7.00	—
1963	126,725,645	—	—	—	—	—	3.00	3.30	7.50	10.00
1963D	421,476,530	—	—	—	—	—	3.00	3.30	7.00	—
1964	933,310,762	—	—	—	—	—	3.00	3.30	7.50	10.00
1964D	1,357,517,180	—	—	—	—	—	3.00	3.30	7.00	—

Mint mark 1968- present   1982 No mint mark

KM# 195a 2.27 g., Copper-Nickel Clad Copper, 17.91 mm. **Designer:** John R. Sinnock **Note:** The 1979-S and 1981-S Type II proofs have clearer mint marks than the Type I proofs of those years. On the 1982 no-mint-mark variety, the mint mark was inadvertently left off.

Date	Mintage	MS65	PRF65	Date	Mintage	MS65	PRF65
1965	1,652,140,570	6.00	—	1970D	754,942,100	5.00	—
1965SMS	—	2.00	—	1970S	2,632,810	—	4.00
1966	1,382,734,540	6.50	—	1970S No S	—	—	1,300
1966SMS	—	2.25	—	1971	162,690,000	10.00	—
1967	2,244,007,320	7.00	—	1971D	377,914,240	8.00	—
1967SMS	—	3.50	—	1971S	3,220,733	—	4.00
1968	424,470,000	6.50	—	1972	431,540,000	7.50	—
1968D	480,748,280	6.50	—	1972D	330,290,000	8.50	—
1968S	3,041,506	—	4.00	1972S	3,260,996	—	4.00
1968 no S error	—	—	7,500	1973	315,670,000	6.00	—
1969	145,790,000	7.00	—	1973D	455,032,426	5.50	—
1969D	563,323,870	6.00	—	1973S	2,760,339	—	4.00
1969S	2,934,631	—	4.00	1974	470,248,000	5.50	—
1970	345,570,000	5.50	—	1974D	571,083,000	4.50	—

Date	Mintage	MS65	PRF65	Date	Mintage	MS65	PRF65
1974S	2,612,568	—	4.00	1996W	1,457,949	24.00	—
1975	585,673,900	4.50	—	1996S	2,085,191	—	3.50
1975D	313,705,300	4.50	—	1997P	991,640,000	4.00	—
1975S	2,845,450	—	4.00	1997D	979,810,000	3.00	—
1976	568,760,000	4.50	—	1997S	1,975,000	—	14.00
1976D	695,222,774	4.50	—	1998P	1,163,000,000	2.75	—
1976S	4,149,730	—	4.00	1998D	1,172,250,000	2.75	—
1977	796,930,000	4.50	—	1998S	2,078,494	—	4.00
1977D	376,607,228	8.00	—	1999P	2,164,000,000	2.75	—
1977S	3,251,152	—	4.00	1999D	1,397,750,000	2.75	—
1978	663,980,000	5.00	—	1999S	2,557,897	—	4.00
1978D	282,847,540	4.50	—	2000P	1,842,500,000	2.75	—
1978S	3,127,781	—	4.00	2000D	1,818,700,000	2.75	—
1979	315,440,000	5.50	—	2000S	3,097,440	—	1.00
1979D	390,921,184	5.00	—	2001P	1,369,590,000	2.75	—
1979S type I	3,677,175	—	5.00	2001D	1,412,800,000	2.75	—
1979S type II	—	—	2.00	2001S	2,249,496	—	3.75
1980P	735,170,000	6.00	—	2002P	1,187,500,000	2.75	—
1980D	719,354,321	5.00	—	2002D	1,379,500,000	3.00	—
1980S	3,554,806	—	4.00	2002S	2,268,913	—	2.50
1981P	676,650,000	4.00	—	2003P	1,085,500,000	3.00	—
1981D	712,284,143	4.00	—	2003D	986,500,000	3.00	—
1981S type I	—	—	4.00	2003S	2,076,165	—	2.60
1981S type II	—	—	6.50	2004P	1,328,000,000	3.00	—
1982P	519,475,000	8.50	—	2004D	1,159,500,000	3.00	—
1982 no mint mark	Inc. above	200	—	2004S	1,804,396	—	4.75
1982D	542,713,584	3.20	—	2005P	1,412,000,000	2.75	—
1982S	3,857,479	—	4.00	2005P Satin Finish	—	4.00	—
1983P	647,025,000	6.00	—	2005D	1,423,500,000	2.75	—
1983D	730,129,224	4.00	—	2005D Satin Finish	—	4.00	—
1983S	3,279,126	—	4.00	2005S	2,275,000	—	2.60
1984P	856,669,000	4.00	—	2006P	1,381,000,000	2.50	—
1984D	704,803,976	3.50	—	2006P Satin Finish	—	4.00	—
1984S	3,065,110	—	4.00	2006D	1,447,000,000	2.50	—
1985P	705,200,962	5.00	—	2006D Satin Finish	—	4.00	—
1985D	587,979,970	3.50	—	2006S	2,000,428	—	2.50
1985S	3,362,821	—	4.00	2007P	1,047,500,000	2.00	—
1986P	682,649,693	3.50	—	2007P Satin Finish	—	3.00	—
1986D	473,326,970	3.50	—	2007D	1,042,000,000	2.00	—
1986S	3,010,497	—	4.00	2007D Satin Finish	—	3.00	—
1987P	762,709,481	4.50	—	2007S	1,702,116	—	2.50
1987D	653,203,402	4.50	—	2008P	391,000,000	1.25	—
1987S	4,227,728	—	4.00	2008 Satin Finish	—	2.50	—
1988P	1,030,550,000	5.50	—	2008D	624,500,000	1.25	—
1988D	962,385,488	5.50	—	2008D Satin Finish	—	2.50	—
1988S	3,262,948	—	3.00	2008S	1,405,674	—	2.50
1989P	1,298,400,000	4.00	—	2009P	96,500,000	1.25	—
1989D	896,535,597	5.00	—	2009P Satin Finish	—	1.00	—
1989S	3,220,194	—	4.00	2009D	49,500,000	1.25	—
1990P	1,034,340,000	4.50	—	2009D Satin Finish	—	1.00	—
1990D	839,995,824	5.50	—	2009S	1,482,502	—	2.50
1990S	3,299,559	—	4.00	2010P	557,000,000	4.00	—
1991P	927,220,000	5.00	—	2010P Satin Finish	—	2.00	—
1991D	601,241,114	5.00	—	2010D	562,000,000	4.00	—
1991S	2,867,787	—	3.00	2010D Satin Finish	—	2.00	—
1992P	593,500,000	4.50	—	2010S	1,103,815	—	2.50
1992D	616,273,932	4.50	—	2011P	748,000,000	4.00	—
1992S	2,858,981	—	4.00	2011D	754,000,000	4.00	—
1993P	766,180,000	3.50	—	2011S	1,098,835	—	2.50
1993D	750,110,166	4.50	—	2012P	808,000,000	4.00	—
1993S	2,633,439	—	7.00	2012D	868,000,000	4.00	—
1994P	1,189,000,000	4.00	—	2012S	841,972	—	2.50
1994D	1,303,268,110	5.50	—	2013P	1,086,500,000	4.00	—
1994S	2,484,594	—	5.00	2013D	1,025,500,000	4.00	—
1995P	1,125,500,000	4.00	—	2013S	821,031	—	2.50
1995D	1,274,890,000	4.50	—	2014P	1,125,845,813	2.00	—
1995S	2,010,384	—	20.00	2014D	1,177,345,813	2.00	—
1996P	1,421,163,000	3.00	—	2014S	764,641	—	2.50
1996D	1,400,300,000	5.00	—	2015P	1,543,712,561	2.00	—

Date	Mintage	MS65	PRF65
2015D	1,497,722,561	2.00	—
2015S	462,393	—	2.50
2016P	1,517,000,000	2.00	—
2016D	1,437,000,000	2.00	—
2016S	—	—	2.50
2017P	—	2.00	—
2017D	—	2.00	—
2017S Enhanced Unc.	225,000	12.00	—
2017S	—	—	2.50

KM# 195b 2.50 g., 0.900 Silver 0.0723 oz. ASW, 17.9 mm. **Designer:** John R. Sinnock

Date	Mintage	PRF65
1992S	1,317,579	5.00
1993S	761,353	7.00
1994S	785,329	7.00
1995S	838,953	8.00
1996S	830,021	7.00
1997S	821,678	14.00
1998S	878,792	7.00
1999S	804,565	7.00
1999S	1,317,579	7.00
1999S	761,353	7.00
1999S	785,329	7.00

Date	Mintage	PRF65
1999S	838,953	7.00
2000S	965,921	5.50
2001S	849,600	5.00
2002S	888,826	5.00
2003S	1,090,425	4.75
2004S	1,175,934	5.00
2005S	1,069,679	5.00
2006S	1,054,008	4.50
2007S	875,050	6.00
2008S	763,887	6.50
2009S	697,365	6.75
2010S	585,401	6.75
2011S	574,175	6.75
2012S	395,443	6.75
2013S	821,031	6.75
2014S	467,074	6.75
2015P	74,430	10.00

Note: Available only in March of Dimes silver set.

Date	Mintage	PRF65
2015W	74,430	10.00

Note: Available only in March of Dimes silver set.

Date	Mintage	PRF65
2015S	247,790	6.75
2016S	—	6.75
2017S	—	6.75

20 CENTS

Seated Liberty within circle of stars, date below obverse
Eagle with arrows in talons, value below reverse

KM# 109 5.00 g., 0.900 Silver 0.1447 oz. ASW, 22 mm. **Rev. Legend:** UNITED STATES OF AMERICA **Designer:** William Barber

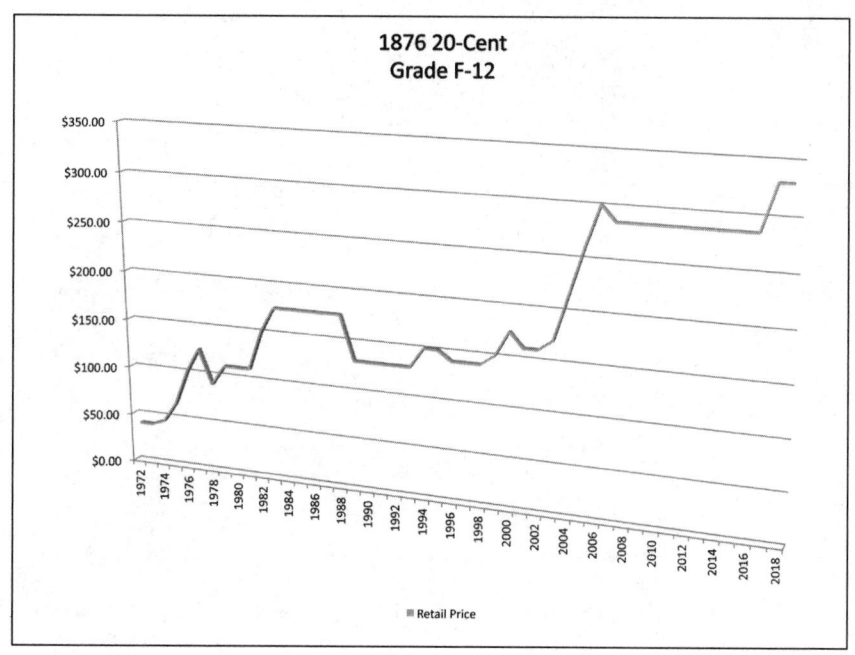

Date	Mintage	G4	VG8	F12	VF20	XF40	AU50	MS60	MS65	PRF65
1875	39,700	215	265	390	410	475	650	875	4,400	7,700
1875S Clear S	Inc. above	130	155	180	205	270	385	700	2,700	—
1875S	1,155,000	130	160	180	205	280	385	650	2,700	—
Note: 1875-S exists as a branch mint proof										
1875S over horizontal S	Inc. above	105	140	160	200	235	375	550	4,500	—
Note: Also known as filled S										
1875S as	Inc. above	—	150	170	190	230	280	365	1,250	—
1875CC	133,290	350	375	390	550	715	1,025	1,800	9,300	—
1876	15,900	210	260	330	365	500	600	1,000	5,200	7,000
1876CC	10,000	—	—	—	—	—	160,000	220,000	585,000	—
1877 proof only	510	—	—	—	—	3,300	3,500	—	—	7,700
1878 proof only	600	—	—	—	—	2,400	2,700	—	—	8,000

QUARTER

Draped Bust Quarter
Draped bust right obverse Small eagle reverse

KM# 25 6.74 g., 0.892 Silver 0.1933 oz. ASW, 27.5 mm. **Designer:** Robert Scot

Date	Mintage	G4	VG8	F12	VF20	XF40	AU50	MS60	MS65
1796	6,146	10,750	1,600	22,000	30,000	49,750	60,000	70,000	375,000

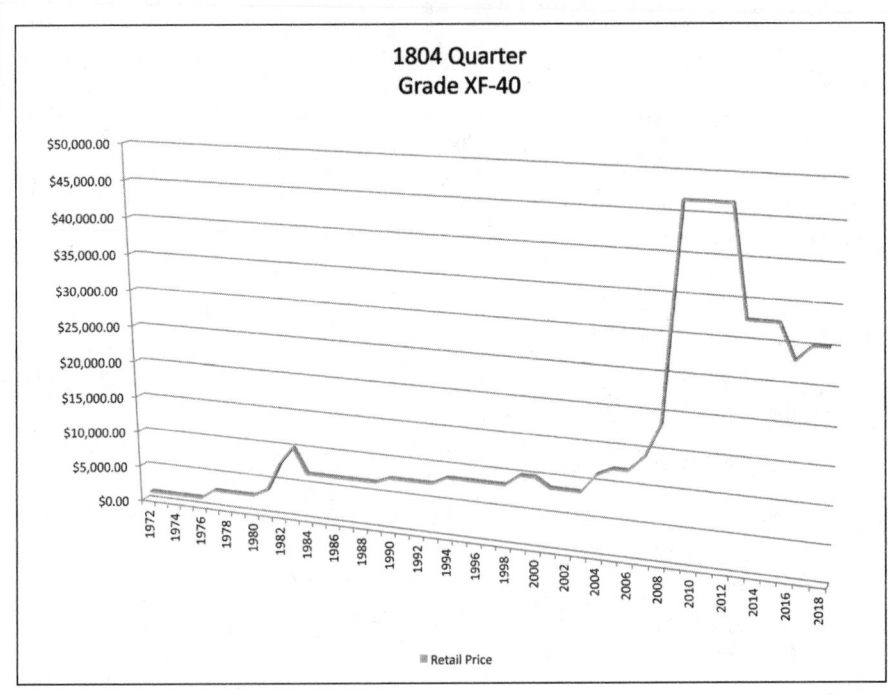

1804 Quarter
Grade XF-40

Draped bust right, flanked by stars, date at angle below obverse
Heraldic eagle reverse

KM# 36 6.74 g., 0.892 Silver 0.1933 oz. ASW, 27.5 mm. **Obv. Legend:** LIBERTY **Rev. Legend:** UNITED STATES OF AMERICA **Designer:** Robert Scot

Date	Mintage	G4	VG8	F12	VF20	XF40	AU50	MS60	MS65
1804	6,738	4,000	6,400	7,600	14,000	30,000	48,000	95,000	360,000
1805	121,394	430	600	975	1,650	3,500	5,000	11,000	84,000
1806/5	206,124	430	650	1,000	1,550	4,100	6,000	14,000	100,000
1806	Inc. above	430	600	900	1,650	3,500	5,000	11,000	84,000
1807	220,643	430	600	935	1,650	3,500	5,000	11,000	84,000

Liberty Cap Quarter
Draped bust left, flanked by stars, date below obverse
Eagle with arrows in talons, banner above, value below reverse

KM# 44 6.74 g., 0.892 Silver 0.1933 oz. ASW, 27 mm. **Rev. Legend:** UNITED STATES OF AMERICA **Designer:** John Reich **Note:** Varieties of the 1819 strikes are distinguished by the size of the 9 in the date. Varieties of the 1820 strikes are distinguished by the size of the 0 in the date. One 1822 variety and one 1828 variety have "25" engraved over "50" in the denomination. The 1827 restrikes were produced privately using dies sold as scrap by the U.S. Mint.

Date	Mintage	G4	VG8	F12	VF20	XF40	AU50	MS60	MS65
1815	89,235	130	360	500	785	950	2,000	4,000	24,000
1818/15	361,174	125	240	375	600	1,500	1,700	4,000	24,000
1818	Inc. above	125	240	375	600	1,500	1,700	4,000	24,000
1819 small 9	144,000	125	240	375	600	1,500	1,700	4,000	30,000
1819 large 9	Inc. above	125	240	375	600	1,500	1,700	4,000	45,000
1820 small 0	127,444	125	240	375	600	1,500	1,700	6,000	30,000
1820 large 0	Inc. above	125	240	375	600	1,500	1,700	4,000	40,000
1821	216,851	125	240	375	600	1,500	1,700	3,600	24,000
1822	64,080	275	425	600	950	1,700	3,500	5,700	—
1822 25/50C.	Inc. above	6,000	11,500	18,000	26,000	35,000	45,000	55,000	—
1823/22	17,800	50,000	60,000	80,000	100,000	125,000	175,000	275,000	—
1824/2	—	800	1,225	2,250	2,500	4,750	8,500	23,000	—
1825/22	168,000	525	700	1,050	1,450	4,500	7,200	15,000	—
1825/23	Inc. above	160	220	350	500	1,500	1,700	3,500	28,000
1825/24	Inc. above	150	220	350	500	1,500	1,700	3,400	30,000
1827 original curl base 2	4,000	—	—	—	100,000	—	—	140,000	550,000
1827 restrike, square base 2	Inc. above	—	—	—	—	—	—	—	85,000
1828	102,000	140	200	325	700	1,500	1,800	4,000	25,000
1828 25/50C.	Inc. above	1,000	1,700	2,250	3,600	7,500	11,500	17,000	—

QUARTER

Draped bust left, flanked by stars, date below obverse
Eagle with arrows in talons, value below reverse

KM# 55 0.892 Silver, 24.3 mm. **Rev. Legend:** UNITED STATES OF AMERICA **Designer:** William Kneass
Note: Varieties of the 1831 strikes are distinguished by the size of the lettering on the reverse.

Date	Mintage	G4	VG8	F12	VF20	XF40	AU50	MS60	MS65
1831 small letter rev.	398,000	80.00	115	130	160	425	800	1,750	19,000
1831 large letter rev.	Inc. above	80.00	115	130	160	400	800	1,750	28,000
1832	320,000	80.00	115	130	160	400	800	1,750	19,000
1833	156,000	80.00	115	130	160	400	800	1,750	19,000
1834	286,000	80.00	115	130	160	400	800	1,750	19,000
1834 No period after C	Inc. above	160	220	260	310	400	900	1,850	28,500
1834 0 over O	Inc. above	—	—	—	—	600	—	—	—
1835	1,952,000	80.00	115	130	160	450	800	1,750	25,000
1836	472,000	80.00	115	130	160	400	800	1,750	45,500
1837	252,400	80.00	115	130	160	400	800	1,750	19,000
1838	832,000	80.00	115	130	160	400	800	1,750	23,000

Seated Liberty Quarter
Seated Liberty, stars around top 1/2 of border, date below obverse
Eagle with arrows in talons, value below reverse

KM# 64.1 6.68 g., 0.900 Silver 0.1933 oz. ASW, 24.3 mm. **Rev. Legend:** UNITED STATES OF AMERICA
Designer: Christian Gobrecht

Date	Mintage	G4	VG8	F12	VF20	XF40	AU50	MS60	MS65
1838	Inc. above	30.00	35.00	48.00	160	400	925	1,410	33,000
1839	491,146	28.00	35.00	45.00	160	400	900	1,410	36,000
1840O	425,200	35.00	45.00	60.00	195	400	900	2,000	28,500

Drapery added to Liberty's left elbow, stars around top 1/2 of border obverse
Eagle with arrows in talons, value below reverse

KM# 64.2 6.68 g., 0.900 Silver 0.1933 oz. ASW, 24.3 mm. **Rev. Legend:** UNITED STATES OF AMERICA
Designer: Christian Gobrecht

Date	Mintage	G4	VG8	F12	VF20	XF40	AU50	MS60	MS65
1840	188,127	31.00	35.00	60.00	150	310	560	1,575	17,000
1840O	Inc. above	40.00	48.00	100	175	300	600	1,275	17,000
1841	120,000	56.00	85.00	120	230	385	710	1,125	6,500
1841O	452,000	40.00	45.00	55.00	200	265	375	900	9,000
1842 small date	88,000	—	—	—	—	—	—	—	—
1842 large date	Inc. above	60.00	78.00	130	230	350	660	1,625	11,000
1842O small date	769,000	575	1,000	1,400	2,700	6,650	11,000	27,000	—
1842O large date	Inc. above	40.00	45.00	60.00	125	275	500	1,300	—

Date	Mintage	G4	VG8	F12	VF20	XF40	AU50	MS60	MS65
1843	645,600	30.00	35.00	45.00	75.00	180	340	590	4,100
1843O	968,000	40.00	70.00	140	330	1,100	1,300	2,000	17,000
1844	421,200	30.00	35.00	45.00	55.00	80.00	250	660	11,250
1844O	740,000	40.00	45.00	60.00	80.00	200	425	1,200	10,200
1845	922,000	30.00	35.00	40.00	60.00	105	185	600	4,950
1846	510,000	46.00	67.00	88.00	115	195	385	700	10,000
1847	734,000	30.00	35.00	45.00	55.00	90.00	185	500	5,000
1847O	368,000	125	175	325	700	920	1,900	7,500	—
1848	146,000	30.00	60.00	100	140	300	500	1,050	9,800
1849	340,000	30.00	35.00	40.00	80.00	125	270	900	8,600
1849O	—	1,100	1,400	1,800	3,000	6,700	8,000	17,000	—
1850	190,800	32.00	46.00	105	160	275	600	1,300	10,750
1850O	412,000	40.00	105	175	210	475	800	1,400	12,500
1851	160,000	60.00	90.00	150	300	450	900	1,100	6,000
1851O	88,000	400	650	800	1,000	2,300	3,000	6,000	—
1852	177,060	65.00	100	150	250	450	660	1,025	4,600
1852O	96,000	200	275	700	1,350	1,900	6,000	10,000	—
1853 recut date	44,200	1,500	2,000	2,700	3,400	5,000	6,000	6,500	10,600

Seated Liberty, arrows at date obverse Rays around eagle reverse

KM# 78 6.22 g., 0.900 Silver 0.180 oz. ASW, 24.3 mm. **Rev. Legend:** UNITED STATES OF AMERICA
Designer: Christian Gobrecht

Date	Mintage	G4	VG8	F12	VF20	XF40	AU50	MS60	MS65	PRF65
1853	15,210,020	30.00	35.00	40.00	45.00	180	415	900	10,000	85,000
1853/4	Inc. above	60.00	100	150	300	450	700	1,500	33,000	—
1853O	1,332,000	40.00	60.00	100	150	475	1,000	4,000	22,000	—

Seated Liberty, arrows at date obverse
Eagle with arrows in talons, value below reverse

KM# 81 6.22 g., 0.900 Silver 0.180 oz. ASW, 24.3 mm. **Rev. Legend:** UNITED STATES OF AMERICA
Designer: Christian Gobrecht

Date	Mintage	G4	VG8	F12	VF20	XF40	AU50	MS60	MS65	PRF65
1854	12,380,000	30.00	35.00	40.00	42.00	110	250	625	5,100	24,000
1854O	1,484,000	40.00	45.00	50.00	55.00	125	300	900	15,000	—
1854O huge O	Inc. above	650	1,390	1,625	1,900	4,500	13,500	—	—	—
1855	2,857,000	30.00	35.00	40.00	45.00	110	250	600	9,000	23,500
1855O	176,000	110	165	300	500	775	1,750	2,600	—	—
1855S	396,400	100	150	250	400	800	1,100	2,000	23,000	—

QUARTER

Seated Liberty, date below obverse
Eagle with arrows in talons, value below reverse

KM# A64.2 6.22 g., 0.900 Silver 0.180 oz. ASW, 24.3 mm. **Rev. Legend:** UNITED STATES OF AMERICA
Designer: Christian Gobrecht

Date	Mintage	G4	VG8	F12	VF20	XF40	AU50	MS60	MS65	PRF65
1856	7,264,000	30.00	35.00	40.00	45.00	85.00	185	375	2,530	11,000
1856O	968,000	37.00	45.00	80.00	130	250	525	850	12,000	—
1856S	286,000	230	280	490	675	1,600	2,700	7,500	38,000	—
1856S/S	Inc. above	500	800	1,100	1,850	8,000	11,000	33,000	—	—
1857	9,644,000	30.00	35.00	40.00	50.00	75.00	180	325	2,530	10,000
1857O	1,180,000	37.00	45.00	100	175	300	675	1,100	—	—
1857S	82,000	180	290	380	650	975	1,600	3,600	—	—
1858	7,368,000	30.00	35.00	40.00	50.00	75.00	180	350	2,530	5,000
1858O	520,000	37.00	45.00	75.00	125	275	725	3,500	22,000	—
1858S	121,000	250	375	600	975	2,400	4,400	25,000	—	—
1859	1,344,000	30.00	35.00	40.00	50.00	80.00	200	400	3,800	4,500
1859O	260,000	60.00	80.00	110	160	300	1,000	2,450	22,000	—
1859S	80,000	450	600	950	1,400	4,300	12,000	48,000	—	—
1860	805,400	30.00	35.00	40.00	80.00	110	185	600	2,900	3,500
1860O	388,000	37.00	45.00	50.00	100	225	400	850	12,000	—
1860S	56,000	1,000	1,375	2,900	4,860	8,200	14,250	55,000	—	—
1861	4,854,600	30.00	35.00	40.00	45.00	80.00	180	325	2,475	4,500
1861S	96,000	600	800	1,250	1,800	4,500	11,000	33,000	—	—
1862	932,550	30.00	35.00	40.00	48.00	85.00	180	600	2,900	3,500
1862S	67,000	200	300	400	600	1,250	2,400	4,600	—	—
1863	192,060	40.00	48.00	60.00	125	285	425	625	3,750	3,500
1864	94,070	150	225	300	400	500	800	1,300	6,000	3,500
1864S	20,000	800	1,000	1,300	1,625	4,000	5,700	11,000	—	—
1865	59,300	70.00	80.00	180	350	500	700	1,275	13,000	4,150
1865S	41,000	200	300	400	650	1,000	1,150	3,500	17,500	—
1866 unique	—	—	—	—	—	—	—	—	—	—

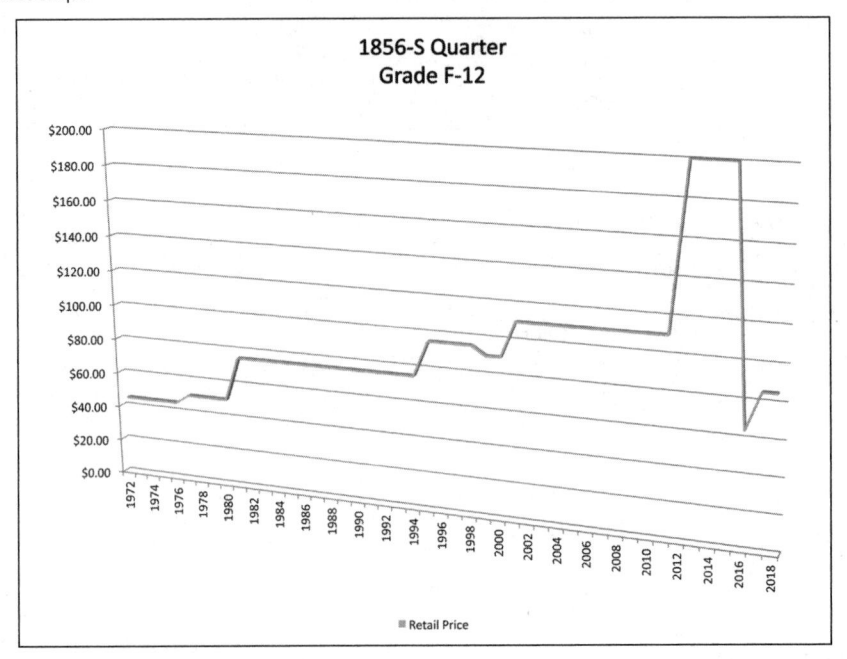

1856-S Quarter
Grade F-12

(Chart: Retail Price from 1972 to 2018, y-axis from $0.00 to $200.00)

Seated Liberty, date below obverse In God We Trust above eagle reverse

KM# 98 6.22 g., 0.900 Silver 0.180 oz. ASW, 24.3 mm. **Rev. Legend:** UNITED STATES OF AMERICA **Designer:** Christian Gobrecht **Note:** The 1873 closed-3 and open-3 varieties are distinguished by the amount of space between the upper left and lower left serifs in the 3.

Date	Mintage	G4	VG8	F12	VF20	XF40	AU50	MS60	MS65	PRF65
1866	17,525	660	900	1,100	1,250	1,400	1,550	2,075	8,000	1,900
1866S	28,000	400	550	800	1,200	1,500	2,100	4,500	—	—
1867	20,625	300	450	600	880	1,350	1,700	2,500	—	1,750
1867S	48,000	350	500	700	1,100	2,100	7,800	10,000	—	—
1868	30,000	200	275	350	450	700	950	1,600	7,800	1,890
1868S	96,000	125	175	300	700	1,000	1,700	5,500	15,000	—
1869	16,600	450	550	650	675	800	1,300	—	—	2,300
1869S	76,000	200	250	400	600	1,100	1,500	400	7,000	—
1870	87,400	65.00	100	150	250	400	600	900	5,200	2,100
1870CC	8,340	8,400	11,500	18,000	23,500	37,000	85,000	220,000	—	—
1871	119,160	60.00	80.00	110	160	300	400	675	6,500	2,300
1871CC	10,890	6,500	11,000	14,500	19,000	33,000	65,000	125,000	—	—
1871S	30,900	750	1,100	1,725	2,800	4,000	5,000	6,250	19,000	—
1872	182,950	60.00	100	170	275	425	650	1,350	6,500	2,300
1872CC	22,850	1,500	2,000	3,250	6,500	12,000	18,000	55,000	—	—
1872S	83,000	1,800	2,100	3,000	3,700	4,600	6,000	8,500	35,000	—
1873 closed 3	212,600	350	550	850	1,200	3,300	4,400	22,000	—	2,000
1873 open 3	Inc. above	100	125	175	265	345	580	1,100	5,600	—
1873CC 6 known	4,000	—	—	—	—	70,000	80,000	130,000	—	—

Note: 1873CC, Heritage, April 1999, MS-62, $106,375.

Seated Liberty, arrows at date obverse In God We Trust above eagle reverse

KM# 106 6.25 g., 0.900 Silver 0.1808 oz. ASW, 24.3 mm. **Rev. Legend:** UNITED STATES OF AMERICA **Designer:** Christian Gobrecht

Date	Mintage	G4	VG8	F12	VF20	XF40	AU50	MS60	MS65	PRF65
1873	1,271,700	29.00	35.00	40.00	65.00	190	400	800	3,200	5,500
1873CC	12,462	4,600	8,500	11,500	17,000	24,000	45,000	85,000	165,000	—
1873S	156,000	88.00	117	165	220	400	575	1,600	14,500	—
1874	471,900	29.00	35.00	45.00	75.00	200	400	800	3,300	5,500
1874S	392,000	33.00	38.00	52.00	100	250	425	800	3,500	—

Seated Liberty, date below obverse In God We Trust above eagle reverse

KM# A98 6.25 g., 0.900 Silver 0.1808 oz. ASW, 24.3 mm. **Rev. Legend:** UNITED STATES OF AMERICA **Designer:** Christian Gobrecht **Note:** The 1876-CC fine-reeding variety has a more finely reeded edge.

Date	Mintage	G4	VG8	F12	VF20	XF40	AU50	MS60	MS65	PRF65
1875	4,293,500	30.00	33.00	35.00	46.00	73.00	165	275	1,625	1,350
1875CC	140,000	200	300	500	650	1,150	1,600	3,500	22,000	—
1875S	680,000	34.00	44.00	65.00	105	175	275	600	3,000	—
1876	17,817,150	30.00	33.00	35.00	47.00	68.00	125	275	1,400	1,350

QUARTER

Date	Mintage	G4	VG8	F12	VF20	XF40	AU50	MS60	MS65	PRF65
1876CC Ty1 rev. sm wide CC	4,944,000	65.00	85.00	120	160	250	350	500	3,950	—
1876CC Ty1 rev. sm close CC	Inc. above	60.00	80.00	115	140	200	300	500	3,950	—
1876CC Ty1 rev. tall CC	Inc. above	60.00	80.00	115	140	200	300	500	3,950	—
1876CC Ty2 rev. sm CC	Inc. above	60.00	80.00	115	140	200	300	500	3,950	—
1876CC Ty2 rev tall CC	Inc. above	65.00	85.00	120	160	250	350	500	3,950	—
1876S	8,596,000	30.00	33.00	35.00	42.00	68.00	160	275	1,700	
1877	10,911,710	30.00	33.00	35.00	42.00	68.00	160	275	1,300	1,600
1877CC	4,192,000	65.00	90.00	130	150	200	285	500	2,050	—
1877S	8,996,000	30.00	33.00	35.00	42.00	68.00	160	275	1,500	—
1877S over horizontal S	Inc. above	41.00	62.00	90.00	200	300	500	825	3,400	—
1878	2,260,800	30.00	33.00	35.00	42.00	68.00	160	275	1,950	1,350
1878CC	996,000	65.00	75.00	85.00	125	250	375	825	—	—
1878S	140,000	200	300	500	750	1,000	1,350	2,400	—	—
1879	14,700	150	210	275	325	450	550	650	1,900	1,600
1880	14,955	150	210	275	325	450	550	650	2,100	1,350
1881	12,975	150	210	275	325	450	550	650	1,900	1,350
1882	16,300	150	210	275	325	450	550	650	1,900	1,350
1883	15,439	150	210	275	325	450	550	650	2,300	1,350
1884	8,875	225	300	350	400	500	550	650	2,000	1,350
1885	14,530	150	210	275	325	450	550	475	2,200	1,350
1886	5,886	300	350	450	525	700	850	1,000	2,300	1,350
1887	10,710	200	250	325	400	550	625	850	2,150	1,350
1888	10,833	200	250	325	400	550	575	650	2,250	1,350
1888S	1,216,000	32.00	36.00	39.00	50.00	70.00	200	350	3,000	—
1889	12,711	175	210	275	325	400	475	700	1,800	1,350
1890	80,590	125	150	175	250	275	350	500	1,900	1,350
1891	3,920,600	25.00	30.00	35.00	55.00	80.00	160	275	1,300	1,350
1891O	68,000	350	500	880	1,300	2,200	3,500	6,500	25,000	—
1891S	2,216,000	25.00	28.00	32.00	43.00	68.00	160	275	1,675	—

Barber Quarter
Laureate head right, flanked by stars, date below obverse
Heraldic eagle reverse

KM# 114 6.25 g., 0.900 Silver 0.1808 oz. ASW, 24.3 mm. **Obv. Legend:** IN GOD WE TRUST **Rev. Legend:** UNITED STATES OF AMERICA **Designer:** Charles E. Barber

Date	Mintage	G4	VG8	F12	VF20	XF40	AU50	MS60	MS65	PRF65
1892	8,237,245	9.00	10.00	22.00	39.00	63.00	110	220	700	1,300
1892 Type 2 Rev	Inc. above	10.00	12.00	25.00	44.00	70.00	130	250	1,125	1,500
1892O	2,640,000	13.00	19.00	38.00	55.00	88.00	135	300	1,400	—
1892O Type 2 Rev	Inc. above	15.00	23.50	44.00	61.00	98.00	155	340	1,600	—
1892S	964,079	40.00	65.00	105	145	200	330	550	4,000	—
1892S Type 2 Rev	Inc. above	28.00	53.00	82.00	125	175	275	525	3,600	—
1893	5,484,838	9.00	11.00	22.00	33.00	60.00	110	220	1,250	1,300
1893O	3,396,000	9.00	13.00	27.00	52.00	100	150	325	1,300	—
1893O MM far right	Inc. above	11.50	15.50	30.00	58.00	118	170	245	1,760	—
1893S	1,454,535	16.00	33.00	59.00	110	165	330	385	—	—
1893S MM far right	Inc. above	20.00	38.00	65.00	125	190	320	435	4,000	—
1894	3,432,972	10.00	11.00	27.00	41.00	77.00	125	220	960	1,300
1894O	2,852,000	10.00	16.00	38.00	72.00	120	185	275	1,500	—
1894O MM far right	Inc. above	12.00	18.00	42.00	81.00	138	190	270	1,450	—
1894S	2,648,821	10.00	16.00	38.00	72.00	120	185	275	—	—
1894S MM far right	Inc. above	10.00	13.00	34.50	71.00	115	190	295	1,775	—
1895	4,440,880	10.00	11.00	25.00	33.00	65.00	115	220	1,300	1,300
1895O	2,816,000	10.00	17.00	38.00	66.00	120	230	325	—	—
1895O MM far right	Inc. above	9.00	16.00	36.00	60.00	110	175	300	1,800	—
1895S	1,764,681	16.00	31.00	66.00	110	160	245	355	—	—
1895S MM far right	Inc. above	15.00	27.00	62.00	100	120	210	315	3,000	—
1896	3,874,762	10.00	11.00	20.00	35.00	72.00	115	220	750	1,050

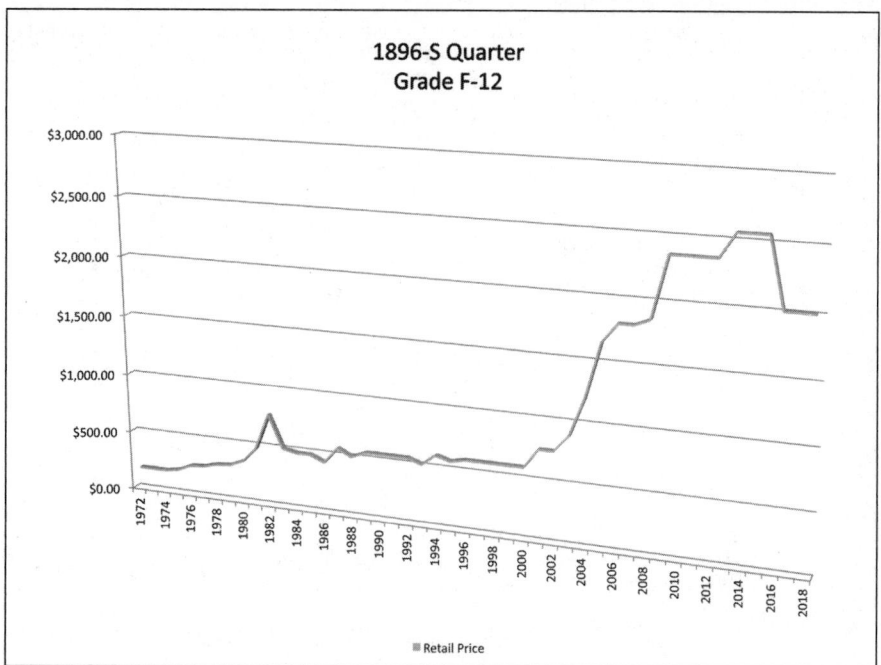

1896-S Quarter Grade F-12

■ Retail Price

Date	Mintage	G4	VG8	F12	VF20	XF40	AU50	MS60	MS65	PRF65
1896O	1,484,000	54.00	83.00	175	425	550	880	1,050	7,000	—
1896S	188,039	575	1,625	2,000	3,550	4,800	6,250	9,900	50,000	—
1897	8,140,731	10.00	11.00	18.00	27.00	60.00	125	245	700	1,450
1897O	1,414,800	38.00	95.00	175	340	375	615	800	2,475	—
1897S	542,229	130	275	600	720	895	1,415	1,800	6,450	—
1898	11,100,735	10.00	11.00	19.00	30.00	63.00	125	245	700	1,450
1898O	1,868,000	13.00	25.00	66.00	130	250	440	880	6,100	—
1898S	1,020,592	10.00	16.00	44.00	60.00	140	330	980	5,800	—
1899	12,624,846	10.00	11.00	19.00	30.00	63.00	125	245	700	1,450
1899O	2,644,000	11.00	19.00	33.00	60.00	120	250	440	2,225	—
1899S	708,000	26.00	40.00	93.00	105	130	330	1,100	4,300	—
1900	10,016,912	11.00	12.00	20.00	31.00	63.00	115	230	1,150	1,450
1900O	3,416,000	13.00	25.00	60.00	105	150	375	725	3,000	—
1900S	1,858,585	10.00	12.00	31.00	44.00	65.00	200	650	2,475	—
1901	8,892,813	27.00	31.00	39.00	63.00	76.00	115	275	875	1,450
1901O	1,612,000	63.00	95.00	185	400	750	1,200	1,725	6,600	—
1901S	72,664	3,600	7,800	15,000	18,500	25,500	30,500	37,500	70,000	—
1902	12,197,744	8.00	9.00	16.00	27.00	55.00	125	245	700	1,450
1902O	4,748,000	10.00	13.00	44.00	72.00	120	220	500	2,900	—
1902S	1,524,612	12.00	19.00	44.00	77.00	140	275	500	2,750	—
1903	9,670,064	8.00	9.00	17.00	29.00	100	125	245	1,600	1,450
1903O	3,500,000	10.00	11.00	33.00	55.00	105	210	440	3,300	—
1903S	1,036,000	13.00	21.00	37.00	77.00	125	230	570	2,200	—
1904	9,588,813	8.00	11.00	17.00	30.00	58.00	110	220	1,300	1,450
1904O	2,456,000	27.00	37.00	115	140	190	365	875	4,000	—
1905	4,968,250	27.00	31.00	42.00	55.00	60.00	115	220	850	1,450
1905O	1,230,000	39.00	55.00	110	210	260	300	550	4,000	—
1905S	1,884,000	29.00	37.00	62.00	90.00	95.00	180	500	3,300	—
1906	3,656,435	8.00	9.00	16.00	27.00	55.00	125	245	900	1,450
1906D	3,280,000	8.00	16.00	20.00	35.00	57.00	125	220	1,500	—
1906O	2,056,000	10.00	14.00	33.00	51.00	95.00	165	240	1,250	—
1907	7,192,575	8.00	9.00	14.00	27.00	53.00	125	245	700	1,450
1907D	2,484,000	8.00	9.00	22.00	42.00	65.00	200	330	2,200	—
1907O	4,560,000	10.00	11.00	16.00	33.00	55.00	115	220	1,550	—
1907S	1,360,000	10.00	15.00	38.00	60.00	170	280	500	2,800	—
1908	4,232,545	8.00	9.00	16.00	27.00	55.00	125	245	700	1,450
1908D	5,788,000	8.00	9.00	14.00	30.00	55.00	125	245	700	—
1908O	6,244,000	8.00	9.00	14.00	30.00	55.00	125	220	700	—

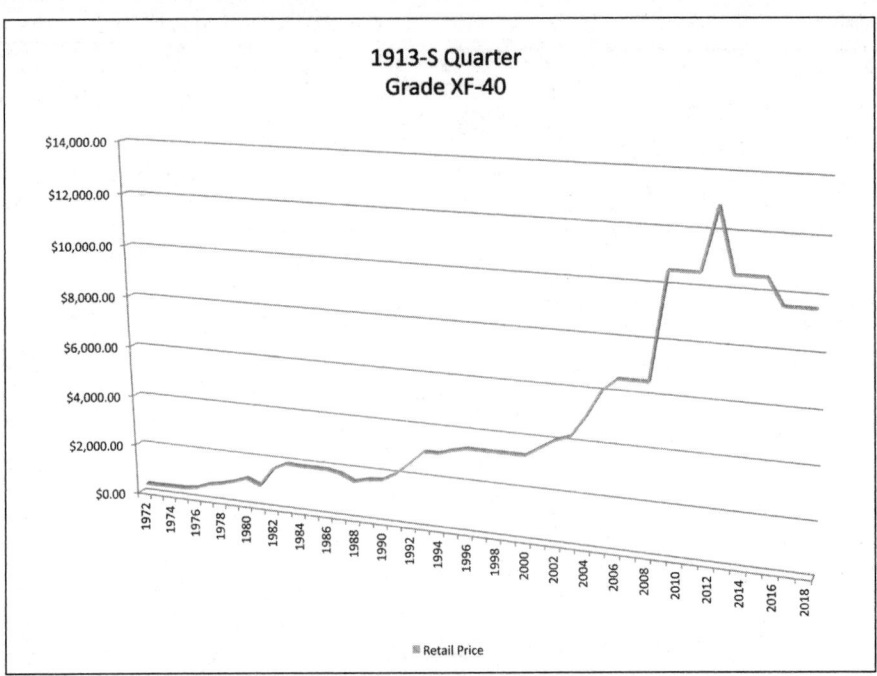

1913-S Quarter
Grade XF-40

■ Retail Price

Date	Mintage	G4	VG8	F12	VF20	XF40	AU50	MS60	MS65	PRF65
1908S	784,000	28.00	60.00	120	140	330	500	900	2,875	—
1909	9,268,650	8.00	9.00	14.00	30.00	55.00	125	245	700	1,450
1909D	5,114,000	8.00	9.00	14.00	30.00	55.00	125	245	700	—
1909O	712,000	50.00	165	540	815	2,000	3,100	4,000	7,250	—
1909S	1,348,000	10.00	11.00	30.00	46.00	77.00	200	330	1,550	—
1910	2,244,551	8.00	9.00	14.00	30.00	55.00	125	245	700	1,450
1910D	1,500,000	8.00	18.00	38.00	75.00	135	250	450	1,600	—
1911	3,720,543	8.00	9.00	14.00	30.00	55.00	125	220	700	1,450
1911D	933,600	27.00	37.00	140	275	400	500	800	3,200	—
1911S	988,000	10.00	13.00	46.00	82.00	210	300	490	1,350	—
1912	4,400,700	8.00	9.00	14.00	27.00	46.00	125	245	700	1,450
1912S	708,000	22.00	28.00	65.00	90.00	110	260	490	1,500	—
1913	484,613	26.00	41.00	100	160	330	440	940	2,100	1,450
1913D	1,450,800	12.00	15.00	38.00	53.00	85.00	170	350	920	—
1913S	40,000	1,225	2,250	4,500	7,000	9,550	12,000	14,250	31,000	—
1914	6,244,610	8.00	9.00	14.00	27.00	46.00	125	245	700	1,450
1914D	3,046,000	8.00	9.00	14.00	27.00	46.00	125	245	700	—
1914S	264,000	125	250	400	525	990	1,100	1,550	4,800	—
1915	3,480,450	8.00	9.00	14.00	27.00	46.00	125	245	700	1,450
1915D	3,694,000	8.00	9.00	14.00	27.00	46.00	125	245	700	—
1915S	704,000	22.00	37.00	55.00	82.00	88.00	175	250	990	—
1916	1,788,000	8.00	9.00	14.00	27.00	46.00	125	245	700	—
1916D	6,540,800	8.00	9.00	14.00	27.00	46.00	125	245	700	—
1916D/D	Inc. above	12.00	16.00	21.00	32.00	59.00	148	280	—	—

Standing Liberty Quarter

Right breast exposed

KM# 141 6.25 g., 0.900 Silver 0.1808 oz. ASW, 24.3 mm. **Designer:** Hermon A. MacNeil

Date	Mintage	G4	VG8	F12	VF20	XF40	AU50	MS60	MS65	65FH
1916	52,000	3,000	4,200	5,800	6,800	8,750	10,000	13,000	26,000	36,500

Date	Mintage	G4	VG8	F12	VF20	XF40	AU50	MS60	MS65	65FH
1917	8,792,000	18.00	38.00	80.00	90.00	110	165	205	330	850
1917D	1,509,200	19.00	55.00	80.00	160	180	265	300	825	1,650
1917S	1,952,000	22.00	62.00	95.00	130	250	340	400	925	3,200

Right breast covered   Mint mark

KM# 145 6.25 g., 0.900 Silver 0.1808 oz. ASW, 24.3 mm. **Designer:** Hermon A. MacNeil

Date	Mintage	G4	VG8	F12	VF20	XF40	AU50	MS60	MS65	65FH
1917	13,880,000	16.00	35.00	46.00	55.00	88.00	155	210	515	900
1917D	6,224,400	32.00	35.00	125	170	200	245	300	1,400	3,350
1917S	5,522,000	29.00	36.00	80.00	165	215	250	300	930	3,650
1918	14,240,000	12.00	18.00	24.00	25.00	35.00	70.00	110	440	1,750
1918D	7,380,000	18.00	32.00	62.00	120	165	225	285	1,350	4,850
1918S	11,072,000	13.00	15.00	35.00	55.00	70.00	95.00	220	1,200	10,500
1918/17S	Inc. above	1,400	1,750	3,300	3,800	6,500	11,000	16,750	83,000	320,000
1919	11,324,000	26.00	40.00	53.00	60.00	81.00	140	170	440	1,275
1919D	1,944,000	60.00	80.00	250	345	600	685	900	4,000	37,500
1919S	1,836,000	55.00	80.00	245	475	550	900	1,400	8,000	31,500
1920	27,860,000	11.00	13.00	33.00	50.00	85.00	105	170	540	1,850
1920D	3,586,400	125	135	170	205	245	300	525	1,900	6,850
1920S	6,380,000	13.00	18.00	23.00	30.00	50.00	150	315	1,925	24,000
1921	1,916,000	130	150	390	500	640	1,000	1,450	2,900	5,500
1923	9,716,000	14.00	21.00	41.00	55.00	90.00	112	225	505	3,850
1923S	1,360,000	320	420	540	600	700	840	1,440	3,360	7,500
1924	10,920,000	11.00	13.00	32.00	50.00	65.00	75.00	160	432	1,550
1924D	3,112,000	40.00	50.00	88.00	193	235	280	310	470	4,350
1924S	2,860,000	20.00	25.00	37.00	50.00	145	190	260	2,140	5,650
1925	12,280,000	10.00	14.00	20.00	35.00	60.00	100	125	435	950
1926	11,316,000	10.00	14.00	20.00	35.00	60.00	100	125	450	1,650
1926D	1,716,000	10.00	14.00	20.00	35.00	60.00	100	150	450	25,000
1926S	2,700,000	10.00	14.00	20.00	35.00	60.00	210	500	2,750	26,000
1927	11,912,000	10.00	14.00	20.00	35.00	60.00	100	125	450	1,150
1927D	976,400	15.00	18.00	26.00	66.00	130	185	220	600	2,450
1927S	396,000	66.00	90.00	120	260	775	2,050	4,500	11,500	185,000
1928	6,336,000	10.00	14.00	20.00	35.00	60.00	100	125	450	1,850
1928D	1,627,600	10.00	14.00	20.00	35.00	60.00	100	125	450	4,950
1928S Large S	2,644,000	10.00	14.00	20.00	35.00	60.00	100	125	450	—
1928S Small S	Inc. above	10.00	14.00	20.00	35.00	60.00	100	125	450	900
1929	11,140,000	10.00	14.00	20.00	35.00	60.00	100	125	450	795
1929D	1,358,000	10.00	14.00	20.00	35.00	60.00	100	125	450	5,850
1929S	1,764,000	10.00	14.00	20.00	35.00	60.00	100	125	450	795
1930	5,632,000	10.00	14.00	20.00	35.00	60.00	100	125	450	795
1930S	1,556,000	10.00	14.00	20.00	35.00	60.00	100	125	450	845

Washington Quarter

Mint mark 1932-64

KM# 164 6.25 g., 0.900 Silver 0.1808 oz. ASW, 24.3 mm. **Designer:** John Flanagan

Date	Mintage	G4	VG8	F12	VF20	XF40	AU50	MS60	MS65	PRF65
1932	5,404,000	9.00	10.00	10.00	12.00	14.00	17.00	27.00	235	—
1932D	436,800	115	130	170	200	225	310	1,025	9,500	—
1932S	408,000	45.00	50.00	60.00	63.00	100	162	300	2,300	—
1934 Medium Motto	31,912,052	5.00	6.00	7.00	8.00	8.50	9.00	20.00	90.00	—
1934 Heavy Motto	Inc. Above	6.00	7.00	9.00	12.50	15.00	25.00	45.00	225	—
1934 Light Motto	Inc. Above	6.00	7.00	10.00	13.00	17.00	25.00	45.00	290	—
1934 Doubled Die Obverse	Inc. Above	60.00	80.00	140	180	200	295	800	3,000	—

QUARTER

QUARTER

1932-D Quarter
Grade F-12

■ Retail Price

Date	Mintage	G4	VG8	F12	VF20	XF40	AU50	MS60	MS65	PRF65
1934D Medium Motto	3,527,200	5.00	6.00	10.00	17.00	25.00	90.00	200	480	—
1934D Heavy Motto	Inc. Above	5.00	7.50	12.50	20.00	30.00	100	240	485	—
1935	32,484,000	5.00	6.00	7.00	8.00	11.00	14.00	19.00	70.00	—
1935D	5,780,000	5.00	6.00	9.00	14.00	35.00	125	260	420	—
1935S	5,660,000	5.00	6.00	7.00	8.00	13.00	30.00	82.00	260	—
1936	41,303,837	5.00	6.00	7.00	8.00	12.00	17.00	22.00	85.00	1,550
1936D	5,374,000	5.00	8.00	9.00	31.00	60.00	285	530	900	—
1936S	3,828,000	5.00	6.00	7.00	15.00	20.00	48.00	92.00	245	—
1937	19,701,542	5.00	6.00	7.00	7.00	12.00	20.00	28.00	100	375
1937 Double Die Obverse	Inc. Above	95.00	140	250	350	600	800	1,650	8,000	—
1937D	7,189,600	5.00	6.00	7.00	9.00	21.00	40.00	60.00	135	—
1937S	1,652,000	5.00	6.00	8.00	19.00	38.00	125	195	315	—
1938	9,480,045	5.00	6.00	7.00	8.00	24.00	55.00	100	215	185
1938S	2,832,000	5.00	6.00	7.00	11.00	32.00	60.00	105	200	—
1939	33,548,795	5.00	6.00	7.00	12.00	14.00	15.00	22.00	65.00	250
1939D	7,092,000	5.00	6.00	7.00	12.00	18.00	24.00	41.00	100	—
1939S	2,628,000	5.00	6.00	7.00	10.00	30.00	55.00	105	270	—
1940	35,715,246	5.00	6.00	7.00	8.00	9.00	12.00	21.00	45.00	160
1940D	2,797,600	5.00	6.00	8.00	11.00	22.00	55.00	110	270	—
1940S	8,244,000	5.00	6.00	7.00	8.00	9.00	15.00	25.00	36.00	—
1941	79,047,287	—	—	—	—	—	8.00	9.00	30.00	175
1941 Double Die Obv.	Inc. Above	—	—	—	20.00	30.00	50.00	65.00	120	—
1941D	16,714,800	—	—	—	—	—	12.00	28.00	58.00	—
1941S	16,080,000	—	—	—	—	—	10.00	25.00	55.00	—
1941 Lg S	Inc. Above	—	4.00	8.00	10.00	15.00	40.00	85.00	300	—
1942	102,117,123	—	—	—	—	—	8.00	8.50	25.00	135
1942D	17,487,200	—	—	—	—	—	9.00	16.00	33.00	—
1942D Double Die Obv.	Inc. Above	—	—	—	—	—	700	1,800	9,000	—
1942D Double Die Rev.	Inc. Above	—	18.00	35.00	50.00	65.00	120	300	1,550	—
1942S	19,384,000	—	—	—	—	—	19.00	63.00	110	—
1943	99,700,000	—	—	—	—	—	8.00	8.50	35.00	—
1943 Double Die Obv.	Inc. Above	—	—	—	—	—	4,200	6,000	13,750	—
1943D	16,095,600	—	—	—	—	—	14.00	25.00	44.00	—
1943S	21,700,000	—	—	—	—	—	11.00	23.00	45.00	—
1943S Double Die Obv.	Inc. Above	20.00	—	—	—	—	300	525	1,475	—
1943 Trumpet tail S	Inc. Above	6.00	12.00	18.00	30.00	45.00	80.00	140	500	—
1944	104,956,000	—	—	—	—	—	8.00	8.50	25.00	—

Date	Mintage	G4	VG8	F12	VF20	XF40	AU50	MS60	MS65	PRF65
1944D	14,600,800	—	—	—	—	—	9.00	16.00	34.00	—
1944S	12,560,000	—	—	—	—	—	9.00	13.00	27.00	—
1945	74,372,000	—	—	—	—	—	8.00	8.50	30.00	—
1945D	12,341,600	—	—	—	—	—	11.00	16.00	33.00	—
1945S	17,004,001	—	—	—	—	—	8.00	9.00	28.00	—
1946	53,436,000	—	—	—	—	—	8.00	8.50	34.00	—
1946D	9,072,800	—	—	—	—	—	8.00	9.00	35.00	—
1946S	4,204,000	—	—	—	—	—	8.00	8.50	26.00	—
1947	22,556,000	—	—	—	—	—	8.00	9.00	28.00	—
1947D	15,338,400	—	—	—	—	—	8.00	9.00	32.00	—
1947S	5,532,000	—	—	—	—	—	8.00	9.00	20.00	—
1948	35,196,000	—	—	—	—	—	8.00	8.50	20.00	—
1948D	16,766,800	—	—	—	—	—	8.00	11.00	45.00	—
1948S	15,960,000	—	—	—	—	—	8.00	9.00	36.00	—
1949	9,312,000	—	—	—	—	—	13.00	31.00	65.00	—
1949D	10,068,400	—	—	—	—	—	15.00	23.00	33.00	—
1950	24,971,512	—	—	—	—	—	8.00	8.50	26.00	65.00
1950D	21,075,600	—	—	—	—	—	8.00	8.50	26.00	—
1950D/S	Inc. Above	18.00	21.00	30.00	49.00	120	185	215	3,300	—
1950S	10,284,004	—	—	—	—	—	8.00	8.50	26.00	—
1950S/D	Inc. Above	18.00	21.00	30.00	49.00	155	260	325	680	—
1950S/S	Inc. Above	6.00	7.00	8.00	10.00	—	18.00	35.00	135	—
1951	43,505,602	—	—	—	—	—	8.00	8.50	26.00	60.00
1951D	35,354,800	—	—	—	—	—	8.00	8.50	26.00	—
1951S	9,048,000	—	—	—	—	—	8.00	8.50	26.00	—
1952	38,862,073	—	—	—	—	—	8.00	8.50	26.00	46.00
1952D	49,795,200	—	—	—	—	—	8.00	8.50	26.00	—
1952S	13,707,800	—	—	—	—	—	8.00	8.50	26.00	—
1953	18,664,920	—	—	—	—	—	8.00	8.50	26.00	44.00
1953D	56,112,400	—	—	—	—	—	8.00	8.50	26.00	—
1953S	14,016,000	—	—	—	—	—	8.00	8.50	26.00	—
1954	54,645,503	—	—	—	—	—	8.00	8.50	26.00	18.00
1954D	42,305,500	—	—	—	—	—	8.00	8.50	26.00	—
1954S	11,834,722	—	—	—	—	—	8.00	8.50	26.00	—
1955	18,558,381	—	—	—	—	—	8.00	8.50	26.00	22.00
1955D	3,182,400	—	—	—	—	—	8.00	8.50	26.00	—
1956	44,813,384	—	—	—	—	—	8.00	8.50	26.00	15.00
1956 Double Bar 5	Inc. Above	—	5.60	5.70	5.80	6.50	9.00	20.00	125	—
1956 Type B rev, proof rev die	Inc. Above	—	—	8.00	12.00	18.00	25.00	35.00	275	—
1956D	32,334,500	—	—	—	—	—	8.00	8.50	26.00	—
1957	47,779,952	—	—	—	—	—	8.00	8.50	26.00	15.00
1957 Type B rev, proof rev die	Inc. Above	—	—	—	5.60	10.00	20.00	40.00	125	—
1957D	77,924,160	—	—	—	—	—	8.00	8.50	26.00	—
1958	7,235,652	—	—	—	—	—	8.00	8.50	26.00	15.00
1958 Type B rev, proof rev die	Inc. Above	—	—	—	5.60	10.00	16.00	24.00	90.00	—
1958D	78,124,900	—	—	—	—	—	8.00	8.50	26.00	—
1959	25,533,291	—	—	—	—	—	8.00	8.50	26.00	15.00
1959 Type B rev, proof rev die	Inc. Above	—	—	—	5.80	8.00	12.00	18.00	65.00	—
1959D	62,054,232	—	—	—	—	—	8.00	8.50	26.00	—
1960	30,855,602	—	—	—	—	—	8.00	8.50	26.00	15.00
1960 Type B rev, proof rev die	Inc. Above	—	—	—	5.10	10.00	16.00	24.00	90.00	—
1960D	63,000,324	—	—	—	—	—	8.00	8.50	26.00	—
1961	40,064,244	—	—	—	—	—	8.00	8.50	26.00	15.00
1961 Type B rev, proof rev die	Inc. Above	—	—	—	5.80	10.00	14.00	20.00	200	—
1961D	83,656,928	—	—	—	—	—	8.00	8.50	26.00	—
1962	39,374,019	—	—	—	—	—	8.00	8.50	26.00	15.00
1962 Type B rev, proof rev die	Inc. Above	—	—	—	8.00	12.00	15.00	30.00	175	—
1962D	127,554,756	—	—	—	—	—	8.00	8.50	26.00	—
1963	77,391,645	—	—	—	—	—	8.00	8.50	26.00	15.00
1963 Type B rev, proof rev die	Inc. Above	—	—	—	5.80	5.90	8.00	15.00	50.00	—
1963D	135,288,184	—	—	—	—	—	8.00	8.50	26.00	—
1964	564,341,347	—	—	—	—	—	8.00	8.50	26.00	15.00
1964 Type B rev, proof rev die	Inc. Above	—	—	—	5.80	9.00	10.00	18.00	75.00	—
1964 SMS	Inc. Above	—	—	—	—	—	250	750	1,400	—
1964D	704,135,528	—	—	—	—	—	8.00	8.50	26.00	—
1964D Type C rev, clad rev die	Inc. Above	—	—	—	40.00	55.00	75.00	125	450	—

QUARTER

KM# 164a 5.67 g., Copper-Nickel Clad Copper, 24.3 mm. **Designer:** John Flanagan

Date	Mintage	MS65	PRF65
1965	1,819,717,540	10.00	—
1965 SMS	2,360,000	9.00	—
1966	821,101,500	7.50	—
1966 SMS	2,261,583	9.00	—
1967	1,524,031,848	10.00	—
1967 SMS	1,863,344	9.00	—
1968	220,731,500	10.00	—
1968D	101,534,000	7.00	—
1968S	3,041,506	—	2.00
1969	176,212,000	14.00	—
1969D	114,372,000	8.00	—
1969S	2,934,631	—	2.25
1970	136,420,000	12.00	—
1970D	417,341,364	6.00	—
1970S	2,632,810	—	2.00
1971	109,284,000	12.00	—
1971D	258,634,428	6.00	—
1971S	3,220,733	—	2.00
1972	215,048,000	7.50	—
1972D	311,067,732	6.00	—
1972S	3,260,996	—	2.00
1973	346,924,000	8.00	—
1973D	232,977,400	7.00	—
1973S	2,760,339	—	1.75
1974	801,456,000	6.00	—
1974D	353,160,300	8.00	—
1974S	2,612,568	—	2.10
1975 none minted	—	—	—
1975D none minted	—	—	—
1975S none minted	—	—	—

Colonial drummer, torch at top left within ring of stars reverse

KM# 204 5.67 g., Copper-Nickel Clad Copper, 24.3 mm. **Rev. Designer:** Jack L. Ahr

Date	Mintage	MS60	MS65	PF65
1976	809,784,016	0.50	7.00	—
1976D	860,118,839	0.50	8.00	—
1976S	4,149,730	—	—	3.25

Bicentennial design, drummer boy reverse

KM# 204a 5.75 g., Silver Clad, 24.3 mm. **Rev. Designer:** Jack L. Ahr

Date	Mintage	MS60	MS65	PF65
1976S	4,908,319	1.85	6.00	—
1976S	3,998,621	1.85	6.00	4.50

Eagle, regular design resumed reverse

KM# A164a 5.67 g., Copper-Nickel Clad Copper, 24.3 mm. **Edge:** Reeded **Note:** KM#164 design and composition resumed. The 1979-S and 1981 Type II proofs have clearer mint marks than the Type I proofs for those years.

Date	Mintage	MS65	PRF65
1977	468,556,000	7.50	—
1977D	256,524,978	8.00	—
1977S	3,251,152	—	2.75
1978	521,452,000	6.00	—
1978D	287,373,152	7.00	—
1978S	3,127,781	—	2.75
1979	515,708,000	8.00	—
1979D	489,789,780	7.00	—
1979S T-I	3,677,175	—	2.50
1979S T-II	Inc. above	—	4.00
1980P	635,832,000	8.00	—
1980D	518,327,487	8.50	—
1980S	3,554,806	—	2.75
1981P	601,716,000	7.50	—
1981D	575,722,833	6.50	—
1981S T-I	4,063,083	—	2.75
1981S T-II	Inc. above	—	7.50
1982P	500,931,000	28.00	—
1982D	480,042,788	15.00	—
1982S	3,857,479	—	4.00
1983P	673,535,000	50.00	—
1983D	617,806,446	30.00	—
1983S	3,279,126	—	3.00
1984P	676,545,000	14.50	—
1984D	546,483,064	12.50	—
1984S	3,065,110	—	3.00
1985P	775,818,962	12.50	—
1985D	519,962,888	10.00	—
1985S	3,362,821	—	3.00
1986P	551,199,333	11.00	—
1986D	504,298,660	15.00	—
1986S	3,010,497	—	3.00
1987P	582,499,481	10.50	—
1987D	655,594,696	8.50	—
1987S	4,227,728	—	3.00
1988P	562,052,000	10.00	—
1988D	596,810,688	7.50	—
1988S	3,262,948	—	3.00
1989P	512,868,000	16.00	—
1989D	896,535,597	7.50	—
1989S	3,220,194	—	3.00
1990P	613,792,000	12.00	—
1990D	927,638,181	6.00	—
1990S	3,299,559	—	4.50
1991P	570,968,000	10.00	—
1991D	630,966,693	12.00	—
1991S	2,867,787	—	3.00
1992P	384,764,000	20.00	—
1992D	389,777,107	12.00	—

QUARTER

Date	Mintage	MS65	PRF65
1992S	2,858,981	—	3.00
1993P	639,276,000	7.50	—
1993D	645,476,128	8.50	—
1993S	2,633,439	—	3.00
1994P	825,600,000	8.00	—
1994D	880,034,110	8.00	—
1994S	2,484,594	—	3.00
1995P	1,004,336,000	7.50	—
1995D	1,103,216,000	6.50	—
1995S	2,117,496	—	6.00
1996P	925,040,000	7.50	—
1996D	906,868,000	11.00	—
1996S	1,750,244	—	4.00
1997P	595,740,000	22.50	—
1997D	599,680,000	17.00	—
1997S	2,055,000	—	9.00
1998P	896,268,000	14.00	—
1998D	821,000,000	18.00	—
1998S	2,086,507	—	9.00

KM# A164b 6.25 g., 0.900 Silver 0.1808 oz. ASW, 24.3 mm.

Date	Mintage	MS65	PRF65
1992S	1,317,579	—	6.80
1993S	761,353	6.80	—
1994S	785,329	8.00	—
1995S	838,953	—	8.00
1996S	775,021	—	—
1997S	741,678	—	8.00
1998S	878,792	—	6.80

50 State Quarters
Delaware

KM# 293 5.67 g., Copper-Nickel Clad Copper, 24.3 mm.

Date	Mintage	MS63	MS65	PRF65
1999P	373,400,000	1.00	5.00	—
1999D	401,424,000	1.00	7.00	—
1999S	3,713,359	—	—	3.50

KM# 293a 6.25 g., 0.900 Silver, 0.1808 oz. ASW 24.3 mm.

Date	Mintage	MS63	MS65	PRF65
1999S	804,565	—	—	20.00

Pennsylvania

KM# 294 5.67 g., Copper-Nickel Clad Copper, 24.3 mm.

Date	Mintage	MS63	MS65	PRF65
1999P	349,000,000	1.00	5.00	—
1999D	358,332,000	1.00	4.00	—
1999S	3,713,359	—	—	3.50

KM# 294a 6.25 g., 0.900 Silver, 0.1808 oz. ASW 24.3 mm.

Date	Mintage	MS63	MS65	PRF65
1999S	804,565	—	—	20.00

New Jersey

KM# 295 5.67 g., Copper-Nickel Clad Copper, 24.3 mm.

Date	Mintage	MS63	MS65	PRF65
1999P	363,200,000	1.00	5.00	—
1999D	299,028,000	1.00	4.00	—
1999S	3,713,359	—	—	3.50

KM# 295a 6.25 g., 0.900 Silver, 0.1808 oz. ASW 24.3 mm.

Date	Mintage	MS63	MS65	PRF65
1999S	804,565	—	—	20.00

Georgia

KM# 296 5.67 g., Copper-Nickel Clad Copper, 24.3 mm.

Date	Mintage	MS63	MS65	PRF65
1999P	451,188,000	1.00	4.50	—
1999D	488,744,000	1.00	4.50	—
1999S	3,713,359	—	—	3.50

KM# 296a 6.25 g., 0.900 Silver, 0.1808 oz. ASW 24.3 mm.

Date	Mintage	MS63	MS65	PRF65
1999S	804,565	—	—	20.00

Connecticut

KM# 297 5.67 g., Copper-Nickel Clad Copper, 24.3 mm.

Date	Mintage	MS63	MS65	PRF65
1999P	688,744,000	0.80	6.00	—
1999D	657,480,000	0.80	5.00	—
1999S	3,713,359	—	—	3.50

KM# 297a 6.25 g., 0.900 Silver, 0.1808 oz. ASW 24.3 mm.

Date	Mintage	MS63	MS65	PRF65
1999S	804,565	—	—	20.00

Massachusetts

KM# 305 5.67 g., Copper-Nickel Clad Copper, 24.3 mm.

Date	Mintage	MS63	MS65	PRF65
2000P	629,800,000	0.80	7.00	—
2000D	535,184,000	0.80	8.00	—
2000S	4,078,747	—	—	3.00

KM# 305a 6.25 g., 0.900 Silver, 0.1808 oz. ASW 24.3 mm.

Date	Mintage	MS63	MS65	PRF65
2000S	965,921	—	—	9.00

Maryland

KM# 306 5.67 g., Copper-Nickel Clad Copper, 24.3 mm.

Date	Mintage	MS63	MS65	PRF65
2000P	678,200,000	0.80	6.00	—
2000D	556,526,000	0.80	6.00	—
2000S	4,078,747	—	—	3.00

KM# 306a 6.25 g., 0.900 Silver, 0.1808 oz. ASW 24.3 mm.

Date	Mintage	MS63	MS65	PRF65
2000S	965,921	—	—	9.00

South Carolina

KM# 307 5.67 g., Copper-Nickel Clad Copper, 24.3 mm.

Date	Mintage	MS63	MS65	PRF65
2000P	742,756,000	0.80	6.00	—
2000D	566,208,000	0.80	9.00	—
2000S	4,078,747	—	—	3.00

KM# 307a 6.25 g., 0.900 Silver, 0.1808 oz. ASW 24.3 mm.

Date	Mintage	MS63	MS65	PRF65
2000S	965,921	—	—	9.00

New Hampshire

KM# 308 5.67 g., Copper-Nickel Clad Copper, 24.3 mm.

Date	Mintage	MS63	MS65	PRF65
2000P	673,040,000	0.80	8.00	—
2000D	495,976,000	0.80	9.00	—
2000S	4,078,747	—	—	3.00

KM# 308a 6.25 g., 0.900 Silver, 0.1808 oz. ASW 24.3 mm.

Date	Mintage	MS63	MS65	PRF65
2000S	965,921	—	—	9.00

Virginia

KM# 309 5.67 g., Copper-Nickel Clad Copper, 24.3 mm.

Date	Mintage	MS63	MS65	PRF65
2000P	943,000,000	0.80	6.50	—
2000D	651,616,000	0.80	6.50	—
2000S	4,078,747	—	—	3.00

KM# 309a 6.25 g., 0.900 Silver, 0.1808 oz. ASW 24.3 mm.

Date	Mintage	MS63	MS65	PRF65
2000S	965,921	—	—	9.50

New York

KM# 318 5.67 g., Copper-Nickel Clad Copper, 24.3 mm.

Date	Mintage	MS63	MS65	PRF65
2001P	655,400,000	0.80	5.50	—
2001D	619,640,000	0.80	5.50	—
2001S	3,094,140	—	—	4.00

KM# 318a 6.25 g., 0.900 Silver, 0.1808 oz. ASW 24.3 mm.

Date	Mintage	MS63	MS65	PRF65
2001S	889,697	—	—	9.50

North Carolina

KM# 319 5.67 g., Copper-Nickel Clad Copper, 24.3 mm.

Date	Mintage	MS63	MS65	PRF65
2001P	627,600,000	1.00	5.50	—
2001D	427,876,000	1.00	6.50	—
2001S	3,094,140	—	—	4.00

KM# 319a 6.25 g., 0.900 Silver, 0.1808 oz. ASW 24.3 mm.

Date	Mintage	MS63	MS65	PRF65
2001S	889,697	—	—	9.50

Rhode Island

KM# 320 5.67 g., Copper-Nickel Clad Copper, 24.3 mm.

Date	Mintage	MS63	MS65	PRF65
2001P	423,000,000	0.80	5.50	—
2001D	447,100,000	0.80	6.00	—
2001S	3,094,140	—	—	4.00

KM# 320a 6.25 g., 0.900 Silver, 0.1808 oz. ASW 24.3 mm.

Date	Mintage	MS63	MS65	PRF65
2001S	889,697	—	—	9.50

Vermont

KM# 321 5.67 g., Copper-Nickel Clad Copper, 24.3 mm.

Date	Mintage	MS63	MS65	PRF65
2001P	423,400,000	0.80	6.50	—
2001D	459,404,000	0.80	6.50	—
2001S	3,094,140	—	—	4.00

KM# 321a 6.25 g., 0.900 Silver, 0.1808 oz. ASW 24.3 mm.

Date	Mintage	MS63	MS65	PRF65
2001S	889,697	—	—	9.50

Kentucky

KM# 322 5.67 g., Copper-Nickel Clad Copper, 24.3 mm.

Date	Mintage	MS63	MS65	PRF65
2001P	353,000,000	1.00	6.50	—
2001D	370,564,000	1.00	7.00	—
2001S	3,094,140	—	—	4.00

KM# 322a 6.25 g., 0.900 Silver, 0.1808 oz. ASW 24.3 mm.

Date	Mintage	MS63	MS65	PRF65
2001S	889,697	—	—	9.50

Tennessee

KM# 331 5.67 g., Copper-Nickel Clad Copper, 24.3 mm.

Date	Mintage	MS63	MS65	PRF65
2002P	361,600,000	1.40	6.50	—
2002D	286,468,000	1.40	7.00	—
2002S	3,084,245	—	—	2.30

KM# 331a 6.25 g., 0.900 Silver, 0.1808 oz. ASW 24.3 mm.

Date	Mintage	MS63	MS65	PRF65
2002S	892,229	—	—	8.50

Ohio

KM# 332 5.67 g., Copper-Nickel Clad Copper, 24.3 mm.

Date	Mintage	MS63	MS65	PRF65
2002P	217,200,000	0.80	5.50	—
2002D	414,832,000	0.80	5.50	—
2002S	3,084,245	—	—	2.30

KM# 332a 6.25 g., 0.900 Silver, 0.1808 oz. ASW 24.3 mm.

Date	Mintage	MS63	MS65	PRF65
2002S	892,229	—	—	8.50

Louisiana

KM# 333 5.67 g., Copper-Nickel Clad Copper, 24.3 mm.

Date	Mintage	MS63	MS65	PRF65
2002P	362,000,000	0.80	5.50	—
2002D	402,204,000	0.80	6.00	—
2002S	3,084,245	—	—	2.30

KM# 333a 6.25 g., 0.900 Silver, 0.1808 oz. ASW 24.3 mm.

Date	Mintage	MS63	MS65	PRF65
2002S	892,229	—	—	8.50

Indiana

KM# 334 5.67 g., Copper-Nickel Clad Copper, 24.3 mm.

Date	Mintage	MS63	MS65	PRF65
2002P	362,600,000	0.80	5.00	—
2002D	327,200,000	0.80	5.00	—
2002S	3,084,245	—	—	2.30

KM# 334a 6.25 g., 0.900 Silver, 0.1808 oz. ASW 24.3 mm.

Date	Mintage	MS63	MS65	PRF65
2002S	892,229	—	—	8.50

Mississippi

KM# 335 5.67 g., Copper-Nickel Clad Copper, 24.3 mm.

Date	Mintage	MS63	MS65	PRF65
2002P	290,000,000	0.80	5.00	—
2002D	289,600,000	0.80	5.00	—
2002S	3,084,245	—	—	2.30

KM# 335a 6.25 g., 0.900 Silver, 0.1808 oz. ASW 24.3 mm.

Date	Mintage	MS63	MS65	PRF65
2002S	892,229	—	—	8.50

Illinois

KM# 343 5.67 g., Copper-Nickel Clad Copper, 24.3 mm.

Date	Mintage	MS63	MS65	PRF65
2003P	225,800,000	1.10	5.00	—
2003D	237,400,000	1.10	5.00	—
2003S	3,408,516	—	—	2.30

KM# 343a 6.25 g., 0.900 Silver, 0.1808 oz. ASW 24.3 mm.

Date	Mintage	MS63	MS65	PRF65
2003S	1,257,555	—	—	8.50

Alabama

KM# 344 5.67 g., Copper-Nickel Clad Copper, 24.3 mm.

Date	Mintage	MS63	MS65	PRF65
2003P	225,000,000	0.65	5.00	—
2003D	232,400,000	0.65	5.00	—
2003S	3,408,516	—	—	2.30

KM# 344a 6.25 g., 0.900 Silver, 0.1808 oz. ASW 24.3 mm.

Date	Mintage	MS63	MS65	PRF65
2003S	1,257,555	—	—	8.50

Maine

KM# 345 5.67 g., Copper-Nickel Clad Copper, 24.3 mm.

Date	Mintage	MS63	MS65	PRF65
2003P	217,400,000	0.65	5.00	—
2003D	213,400,000	0.65	5.00	—
2003S	3,408,516	—	—	2.30

KM# 345a 6.25 g., 0.900 Silver, 0.1808 oz. ASW 24.3 mm.

Date	Mintage	MS63	MS65	PRF65
2003S	1,257,555	—	—	8.50

Missouri

KM# 346 5.67 g., Copper-Nickel Clad Copper, 24.3 mm.

Date	Mintage	MS63	MS65	PRF65
2003P	225,000,000	0.65	5.00	—
2003D	228,200,000	0.65	5.00	—
2003S	3,408,516	—	—	2.30

KM# 346a 6.25 g., 0.900 Silver, 0.1808 oz. ASW 24.3 mm.

Date	Mintage	MS63	MS65	PRF65
2003S	1,257,555	—	—	8.50

Arkansas

KM# 347 5.67 g., Copper-Nickel Clad Copper, 24.3 mm.

Date	Mintage	MS63	MS65	PRF65
2003P	228,000,000	0.65	5.00	—
2003D	229,800,000	0.65	5.00	—
2003S	3,408,516	—	—	2.30

KM# 347a 6.25 g., 0.900 Silver, 0.1808 oz. ASW 24.3 mm.

Date	Mintage	MS63	MS65	PRF65
2003S	1,257,555	—	—	8.50

Michigan

KM# 355 5.67 g., Copper-Nickel Clad Copper, 24.3 mm.

Date	Mintage	MS63	MS65	PRF65
2004P	233,800,000	0.65	5.00	—
2004D	225,800,000	0.65	5.00	—
2004S	2,740,684	—	—	2.30

KM# 355a 6.25 g., 0.900 Silver, 0.1808 oz. ASW 24.3 mm.

Date	Mintage	MS63	MS65	PRF65
2004S	1,781,810	—	—	8.50

Florida

KM# 356 5.67 g., Copper-Nickel Clad Copper, 24.3 mm.

Date	Mintage	MS63	MS65	PRF65
2004P	240,200,000	0.65	5.00	—
2004D	241,600,000	0.65	5.00	—
2004S	2,740,684	—	—	2.30

KM# 356a 6.25 g., 0.900 Silver, 0.1808 oz. ASW 24.3 mm.

Date	Mintage	MS63	MS65	PRF65
2004S	1,781,810	—	—	8.50

Texas

KM# 357 5.67 g., Copper-Nickel Clad Copper, 24.3 mm.

Date	Mintage	MS63	MS65	PRF65
2004P	278,800,000	0.65	5.00	—
2004D	263,000,000	0.65	5.00	—
2004S	2,740,684	—	—	2.30

KM# 357a 6.25 g., 0.900 Silver, 0.1808 oz. ASW 24.3 mm.

Date	Mintage	MS63	MS65	PRF65
2004S	1,781,810	—	—	8.50

Iowa

KM# 358 5.67 g., Copper-Nickel Clad Copper, 24.3 mm.

QUARTER

Date	Mintage	MS63	MS65	PRF65
2004P	213,800,000	0.65	5.00	—
2004D	251,800,000	0.65	5.00	—
2004S	2,740,684	—	—	2.30

KM# 358a 6.25 g., 0.900 Silver, 0.1808 oz. ASW 24.3 mm.

Date	Mintage	MS63	MS65	PRF65
2004S	1,781,810	—	—	8.50

Wisconsin

KM# 359 5.67 g., Copper-Nickel Clad Copper, 24.3 mm.

Date	Mintage	MS63	MS65	PRF65
2004P	226,400,000	0.65	5.00	—
2004D	226,800,000	0.65	5.00	—
2004D Extra Leaf Low	Est. 9000	135	190	—
2004D Extra Leaf High	Est. 3000	175	285	—
2004S	2,740,684	—	—	2.30

KM# 359a 6.25 g., 0.900 Silver, 0.1808 oz. ASW 24.3 mm.

Date	Mintage	MS63	MS65	PRF65
2004S	1,781,810	—	—	8.50

California

KM# 370 5.67 g., Copper-Nickel Clad Copper, 24.3 mm.

Date	Mintage	MS63	MS65	PRF65
2005P	257,200,000	0.65	5.00	—
2005P Satin Finish	1,160,000	1.50	4.50	—
2005D	263,200,000	0.65	5.00	—
2005D Satin Finish	1,160,000	1.50	4.50	—
2005S	3,262,960	—	—	2.30

KM# 370a 6.25 g., 0.900 Silver, 0.1808 oz. ASW 24.3 mm.

Date	Mintage	MS63	MS65	PRF65
2005S	1,679,600	—	—	8.50

Minnesota

KM# 371 5.67 g., Copper-Nickel Clad Copper, 24.3 mm.

Date	Mintage	MS63	MS65	PRF65
2005P	226,400,000	0.65	5.00	—
2005P Satin Finish	1,160,000	1.50	4.50	—
2005D	226,800,000	0.65	5.00	—
2005D Satin Finish	1,160,000	1.50	4.50	—
2005S	3,262,960	—	—	2.30

KM# 371a 6.25 g., 0.900 Silver, 0.1808 oz. ASW 24.3 mm.

Date	Mintage	MS63	MS65	PRF65
2005S	1,679,600	—	—	8.50

Oregon

KM# 372 5.67 g., Copper-Nickel Clad Copper, 24.3 mm.

Date	Mintage	MS63	MS65	PRF65
2005P	316,200,000	0.65	5.00	—
2005P Satin Finish	1,160,000	1.50	4.50	—
2005D	404,000,000	0.65	5.00	—
2005D Satin Finish	1,160,000	1.50	4.50	—
2005S	3,262,960	—	—	2.30

KM# 372a 6.25 g., 0.900 Silver, 0.1808 oz. ASW 24.3 mm.

Date	Mintage	MS63	MS65	PRF65
2005S	1,679,600	—	—	8.50

Kansas

KM# 373 5.67 g., Copper-Nickel Clad Copper, 24.3 mm.

Date	Mintage	MS63	MS65	PRF65
2005P	263,400,000	0.65	5.00	—
2005P Satin Finish	1,160,000	1.50	4.50	—
2005D	300,000,000	0.65	5.00	—

Date	Mintage	MS63	MS65	PRF65
2005D Satin Finish	1,160,000	1.50	4.50	—
2005S	3,262,960	—	—	2.30

KM# 373a 6.25 g., 0.900 Silver, 0.1808 oz. ASW 24.3 mm.

Date	Mintage	MS63	MS65	PRF65
2005S	1,679,600	—	—	8.50

West Virginia

KM# 374 5.67 g., Copper-Nickel Clad Copper, 24.3 mm.

Date	Mintage	MS63	MS65	PRF65
2005P	365,400,000	0.65	5.00	—
2005P Satin Finish	1,160,000	1.50	4.50	—
2005D	356,200,000	0.65	5.00	—
2005D Satin Finish	1,160,000	1.50	4.50	—
2005S	3,262,960	—	—	2.30

KM# 374a 6.25 g., 0.900 Silver, 0.1808 oz. ASW 24.3 mm.

Date	Mintage	MS63	MS65	PRF65
2005S	1,679,600	—	—	8.50

Nevada

KM# 382 5.67 g., Copper-Nickel Clad Copper, 24.3 mm.

Date	Mintage	MS63	MS65	PRF65
2006P	277,000,000	0.65	5.00	—
2006P Satin Finish	847,361	1.50	4.50	—
2006D	312,800,000	0.65	5.00	—
2006D Satin Finish	847,361	1.50	4.50	—
2006S	2,862,078	—	—	2.30

KM# 382a 6.25 g., 0.900 Silver, 0.1808 oz. ASW 24.3 mm.

Date	Mintage	MS63	MS65	PRF65
2006S	1,571,839	—	—	8.50

Nebraska

KM# 383 5.67 g., Copper-Nickel Clad Copper, 24.3 mm.

Date	Mintage	MS63	MS65	PRF65
2006P	318,000,000	0.65	5.00	—
2006P Satin Finish	847,361	1.50	4.50	—

Date	Mintage	MS63	MS65	PRF65
2006D	273,000,000	0.65	5.00	—
2006D Satin Finish	847,361	1.50	4.50	—
2006S	2,862,078	—	—	2.30

KM# 383a 6.25 g., 0.900 Silver, 0.1808 oz. ASW 24.3 mm.

Date	Mintage	MS63	MS65	PRF65
2006S	1,571,839	—	—	8.50

Colorado

KM# 384 5.67 g., Copper-Nickel Clad Copper, 24.3 mm.

Date	Mintage	MS63	MS65	PRF65
2006P	274,800,000	0.65	5.00	—
2006P Satin Finish	847,361	1.50	4.50	—
2006D	294,200,000	0.65	5.00	—
2006D Satin Finish	847,361	1.50	4.50	—
2006S	2,862,078	—	—	2.30

KM# 384a 6.25 g., 0.900 Silver, 0.1808 oz. ASW 24.3 mm.

Date	Mintage	MS63	MS65	PRF65
2006S	1,571,839	—	—	8.50

North Dakota

KM# 385 5.67 g., Copper-Nickel Clad Copper, 24.3 mm.

Date	Mintage	MS63	MS65	PRF65
2006P	305,800,000	0.65	5.00	—
2006P Satin Finish	847,361	1.50	4.50	—
2006D	359,000,000	0.65	5.00	—
2006D Satin Finish	847,361	1.50	4.50	—
2006S	2,862,078	—	—	2.30

KM# 385a 6.25 g., 0.900 Silver, 0.1808 oz. ASW 24.3 mm.

Date	Mintage	MS63	MS65	PRF65
2006S	1,571,839	—	—	8.50

South Dakota

KM# 386 5.67 g., Copper-Nickel Clad Copper, 24.3 mm.

Date	Mintage	MS63	MS65	PRF65
2006P	245,000,000	0.65	5.00	—

QUARTER

Date	Mintage	MS63	MS65	PRF65
2006P Satin Finish	847,361	1.50	4.50	—
2006D	265,800,000	0.65	5.00	—
2006D Satin Finish	847,361	1.50	4.50	—
2006S	2,862,078	—	—	2.30

KM# 386a 6.25 g., 0.900 Silver, 0.1808 oz. ASW 24.3 mm.

Date	Mintage	MS63	MS65	PRF65
2006S	1,571,839	—	—	8.50

Montana

KM# 396 5.67 g., Copper-Nickel Clad Copper, 24.3 mm.

Date	Mintage	MS63	MS65	PRF65
2007P	257,000,000	0.65	5.00	—
2007P Satin Finish	895,628	1.50	4.50	—
2007D	256,240,000	0.65	5.00	—
2007D Satin Finish	895,628	1.50	4.50	—
2007S	2,374,778	—	—	2.30

KM# 396a 6.25 g., 0.900 Silver, 0.1808 oz. ASW 24.3 mm.

Date	Mintage	MS63	MS65	PRF65
2007S	1,299,878	—	—	8.50

Washington

KM# 397 5.67 g., Copper-Nickel Clad Copper, 24.3 mm.

Date	Mintage	MS63	MS65	PRF65
2007P	265,200,000	0.65	5.00	—
2007P Satin Finish	895,628	1.50	4.50	—
2007D	280,000,000	0.65	5.00	—
2007D Satin Finish	895,628	1.50	4.50	—
2007S	2,374,778	—	—	2.30

KM# 397a 6.25 g., 0.900 Silver, 0.1808 oz. ASW 24.3 mm.

Date	Mintage	MS63	MS65	PRF65
2007S	1,299,878	—	—	8.50

Idaho

KM# 398 5.67 g., Copper-Nickel Clad Copper, 24.3 mm.

Date	Mintage	MS63	MS65	PRF65
2007P	294,600,000	0.65	5.00	—
2007P Satin finish	895,628	1.50	4.50	—
2007D	286,800,000	0.65	5.00	—
2007D Satin finish	895,628	1.50	4.50	—
2007S	2,374,778	—	—	2.30

KM# 398a 6.25 g., 0.900 Silver, 0.1808 oz. ASW 24.3 mm.

Date	Mintage	MS63	MS65	PRF65
2007S	1,299,878	—	—	8.50

Wyoming

KM# 399 5.67 g., Copper-Nickel Clad Copper, 24.3 mm.

Date	Mintage	MS63	MS65	PRF65
2007P	243,600,000	0.65	5.00	—
2007P Satin finish	895,628	1.50	4.50	—
2007D	320,800,000	0.65	5.00	—
2007 Satin finish	895,628	1.50	4.50	—
2007S	2,374,778	—	—	2.30

KM# 399a 6.25 g., 0.900 Silver, 0.1808 oz. ASW 24.3 mm.

Date	Mintage	MS63	MS65	PRF65
2007S	1,299,878	—	—	8.50

Utah

KM# 400 5.67 g., Copper-Nickel Clad Copper, 24.3 mm.

Date	Mintage	MS63	MS65	PRF65
2007P	255,000,000	0.65	5.00	—
2007P Satin finish	895,628	1.50	4.50	—
2007D	253,200,000	0.65	5.00	—
2007D Satin finish	895,628	1.50	4.50	—
2007S	2,374,778	—	—	2.30

KM# 400a 6.25 g., 0.900 Silver, 0.1808 oz. ASW

Date	Mintage	MS63	MS65	PRF65
2007S	1,299,878	—	—	8.50

Oklahoma

KM# 421 5.67 g., Copper-Nickel Clad Copper, 24.3 mm.

QUARTER

Date	Mintage	MS63	MS65	PRF65
2008P	222,000,000	0.65	5.00	—
2008P Satin finish	745,464	1.50	4.50	—
2008D	194,600,000	0.65	5.00	—
2008D Satin finish	745,464	1.50	4.50	—
2008S	2,100,000	—	—	2.30

KM# 421a 6.25 g., 0.900 Silver, 0.1808 oz. ASW 24.3 mm.

Date	Mintage	MS63	MS65	PRF65
2008S	1,200,000	—	—	8.50

New Mexico

KM# 422 5.67 g., Copper-Nickel Clad Copper, 24.3 mm.

Date	Mintage	MS63	MS65	PRF65
2008P	244,200,000	0.65	5.00	—
2008P Satin finish	745,464	1.50	4.50	—
2008D	244,400,000	0.65	5.00	—
2008D Satin finish	745,464	1.50	4.50	—
2008S	2,100,000	—	—	2.30

KM# 422a 6.25 g., 0.900 Silver, 0.1808 oz. ASW 24.3 mm.

Date	Mintage	MS63	MS65	PRF65
2008S	1,200,000	—	—	8.50

Arizona

KM# 423 5.67 g., Copper-Nickel Clad Copper, 24.3 mm.

Date	Mintage	MS63	MS65	PRF65
2008P	244,600,000	0.65	5.00	—
2008P Satin finish	745,464	1.50	4.50	—
2008D	265,000,000	0.65	5.00	—
2008D Satin finish	745,464	1.50	4.50	—
2008S	2,100,000	—	—	2.30

KM# 423a 6.25 g., 0.900 Silver, 0.1808 oz. ASW 24.3 mm.

Date	Mintage	MS63	MS65	PRF65
2008S	1,200,000	—	—	8.50

Alaska

KM# 424 5.67 g., Copper-Nickel Clad Copper, 24.3 mm.

Date	Mintage	MS63	MS65	PRF65
2008P	251,800,000	0.65	5.00	—
2008P Satin finish	745,464	1.50	4.50	—
2008D	254,000,000	0.65	5.00	—
2008D Satin finish	745,464	1.50	4.50	—
2008S	2,100,000	—	—	2.30

KM# 424a 6.25 g., 0.900 Silver, 0.1808 oz. ASW 24.3 mm.

Date	Mintage	MS63	MS65	PRF65
2008S	1,200,000	—	—	8.50

Hawaii

KM# 425 5.67 g., Copper-Nickel Clad Copper, 24.3 mm.

Date	Mintage	MS63	MS65	PRF65
2008P	254,000,000	0.65	5.00	—
2008P Satin finish	745,464	1.50	4.50	—
2008D	263,600,000	0.65	5.00	—
2008D Satin finish	745,464	1.50	4.50	—
2008S	2,100,000	—	—	2.30

KM# 425a 6.25 g., 0.900 Silver, 0.1808 oz. ASW 24.3 mm.

Date	Mintage	MS63	MS65	PRF65
2008S	1,200,000	—	—	8.50

DC and Territories

District of Columbia

KM# 445 5.67 g., Copper-Nickel Clad Copper, 24.3 mm. **Rev. Designer:** Don Everhart

Date	Mintage	MS63	MS65	PRF65
2009P	83,600,000	0.75	5.00	—
2009D	88,800,000	0.75	5.00	—
2009S	2,113,478	—	—	3.75

KM# 445a 6.25 g., 0.900 Silver, 0.1808 oz. ASW 24.3 mm.

Date	Mintage	MS63	MS65	PRF65
2009S	996,548	—	—	7.75

Puerto Rico

KM# 446 5.67 g., Copper-Nickel Clad Copper, 24.3 mm. **Rev. Designer:** Joseph Menna

QUARTER

Date	Mintage	MS63	MS65	PRF65
2009P	53,200,000	0.75	5.00	—
2009D	86,000,000	0.75	5.00	—
2009S	2,113,478	—	—	3.75

KM# 446a 6.25 g., 0.900 Silver, 0.1808 oz. ASW 24.3 mm.

Date	Mintage	MS63	MS65	PRF65
2009S	996,548	—	—	7.75

Guam

KM# 447 5.67 g., Copper-Nickel Clad Copper, 24.3 mm. **Rev. Designer:** James Licaretz

Date	Mintage	MS63	MS65	PRF65
2009P	45,000,000	0.75	5.00	—
2009D	42,600,000	0.75	5.00	—
2009S	2,113,478	—	—	3.75

KM# 447a 6.25 g., 0.900 Silver, 0.1808 oz. ASW 24.3 mm.

Date	Mintage	MS63	MS65	PRF65
2009S	996,548	—	—	7.75

American Samoa

KM# 448 5.67 g., Copper-Nickel Clad Copper, 24.3 mm. **Rev. Designer:** Charles Vickers

Date	Mintage	MS63	MS65	PRF65
2009P	42,600,000	0.75	5.00	—
2009D	39,600,000	0.75	5.00	—
2009S	2,113,478	—	—	3.75

KM# 448a 6.25 g., 0.900 Silver, 0.1808 oz. ASW 24.3 mm.

Date	Mintage	MS63	MS65	PRF65
2009S	996,548	—	—	7.75

US Virgin Islands

KM# 449 5.67 g., Copper-Nickel Clad Copper, 24.3 mm. **Rev. Designer:** Joseph Menna

Date	Mintage	MS63	MS65	PRF65
2009P	41,000,000	0.75	5.00	—
2009D	41,000,000	0.75	5.00	—
2009S	2,113,478	—	—	3.75

KM# 449a 6.25 g., 0.900 Silver, 0.1808 oz. ASW 24.3 mm.

Date	Mintage	MS63	MS65	PRF65
2009S	996,548	—	—	7.75

Northern Mariana Islands

KM# 466 5.67 g., Copper-Nickel Clad Copper, **Rev. Designer:** Pheve Hemphill

Date	Mintage	MS63	MS65	PRF65
2009P	35,200,000	0.75	5.00	—
2009D	37,600,000	0.75	5.00	—
2009S	2,113,478	—	—	3.75

KM# 466a 6.25 g., 0.900 Silver, 0.1808 oz. ASW

Date	Mintage	MS63	MS65	PRF65
2009S	996,548	—	—	7.75

America the Beautiful

Hot Springs, Ark.

KM# 469 5.67 g., Copper-Nickel Clad Copper, 24.3 mm.

Date	Mintage	MS63	MS65	PRF65
2010P	35,600,000	0.75	5.00	—
2010D	34,000,000	0.75	5.00	—
2010S	1,401,903	—	—	3.75

KM# 469a 6.25 g., 0.900 Silver, 0.1808 oz. ASW

Date	Mintage	MS63	MS65	PRF65
2010S	859,435	—	—	7.75

Yellowstone National Park

KM# 470 5.67 g., Copper-Nickel Clad Copper, 24.3 mm. **Rev. Designer:** Don Everhart

Date	Mintage	MS63	MS65	PRF65
2010P	33,600,000	0.75	5.00	—
2010D	34,800,000	0.75	5.00	—
2010S	1,402,756	—	—	3.75

KM# 470a 6.25 g., 0.900 Silver, 0.1808 oz. ASW

Date	Mintage	MS63	MS65	PRF65
2010	859,435	—	—	7.75

Yosemite National Park

KM# 471 5.67 g., Copper-Nickel Clad Copper, 24.3 mm. **Rev. Designer:** Joseph Menna and Phebe Hemphill

Date	Mintage	MS63	MS65	PRF65
2010P	35,200,000	0.75	5.00	—
2010D	34,800,000	0.75	5.00	—
2010S	1,400,215	—	—	3.75

KM# 471a 6.25 g., 0.900 Silver, 0.1808 oz. ASW

Date	Mintage	MS63	MS65	PRF65
2010	859,435	—	—	7.75

Grand Canyon National Park

KM# 472 5.67 g., Copper-Nickel Clad Copper, 24.3 mm. **Rev. Designer:** Phebe Hemphill

Date	Mintage	MS63	MS65	PRF65
2010P	34,800,000	0.75	5.00	—
2010D	35,400,000	0.75	5.00	—
2010S	1,399,970	—	—	3.75

KM# 472a 6.25 g., 0.900 Silver, 0.1808 oz. ASW

Date	Mintage	MS63	MS65	PRF65
2010	859,435	—	—	7.75

Mount Hood National Park

KM# 473 5.67 g., Copper-Nickel Clad Copper, 24.3 mm. **Rev. Designer:** Phebe Hemphill

Date	Mintage	MS63	MS65	PRF65
2010P	34,400,000	0.75	5.00	—
2010D	34,400,000	0.75	5.00	—
2010S	1,397,101	—	—	3.75

KM# 473a 6.25 g., 0.900 Silver, 0.1808 oz. ASW

Date	Mintage	MS63	MS65	PRF65
2010S	859,435	—	—	7.75

Gettysburg National Military Park

KM# 494 5.67 g., Copper-Nickel Clad Copper, 24 mm. **Rev. Designer:** Joel Iskowitz and Phebe Hemphill

Date	Mintage	MS63	MS65	PRF65
2011P	30,800,000	0.75	5.00	—
2011D	30,400,000	0.75	5.00	—
2011S	1,271,553	—	—	3.75

KM# 494a 6.25 g., 0.900 Silver, 0.1808 oz. ASW

Date	Mintage	MS63	MS65	PRF65
2011S	722,076	—	—	7.75

Glacier National Park

KM# 495 5.67 g., Copper-Nickel Clad Copper, 24 mm. **Rev. Designer:** Barbara Fox and Charles L. Vickers

Date	Mintage	MS63	MS65	PRF65
2011P	30,400,000	0.75	5.00	—
2011D	31,200,000	0.75	5.00	—
2011S	1,268,452	—	—	3.75

KM# 495a 6.25 g., 0.900 Silver, 0.1808 oz. ASW

Date	Mintage	MS63	MS65	PRF65
2011S	722,076	—	—	7.75

Olympic National Park

KM# 496 5.67 g., Copper-Nickel Clad Copper, 24 mm.

Date	Mintage	MS63	MS65	PRF65
2011P	30,400,000	0.75	5.00	—
2011D	30,600,000	0.75	5.00	—
2011S	1,267,361	—	—	3.75

KM# 496a 6.25 g., 0.900 Silver, 0.1808 oz. ASW

Date	Mintage	MS63	MS65	PRF65
2011S	722,076	—	—	7.75

QUARTER

Vicksburg National Military Park

KM# 497 5.67 g., Copper-Nickel Clad Copper, 24 mm. **Rev. Designer:** Thomas Cleveland and Joseph Menna

Date	Mintage	MS63	MS65	PRF65
2011P	30,800,000	0.75	5.00	—
2011D	33,400,000	0.75	5.00	—
2011S	1,267,691	—	—	3.75

KM# 497a 6.25 g., 0.900 Silver, 0.1808 oz. ASW

Date	Mintage	MS63	MS65	PRF65
2011S	722,076	—	—	7.75

Chickasaw National Recreation Area

KM# 498 5.67 g., Copper-Nickel Clad Copper, 24 mm. **Rev. Designer:** Donna Weaver and Jim Licaretz

Date	Mintage	MS63	MS65	PRF65
2011P	73,800,000	0.75	5.00	—
2011D	69,400,000	0.75	5.00	—
2011S	1,266,010	—	—	3.75

KM# 498a 6.25 g., 0.900 Silver, 0.1808 oz. ASW

Date	Mintage	MS63	MS65	PRF65
2011S	722,076	—	—	7.75

El Yunque National Forest

KM# 519 5.67 g., Copper-Nickel Clad Copper, 24.3 mm. **Rev. Designer:** Gary Whitley and Michael Gaudioso

Date	Mintage	MS63	MS65	PRF65
2012P	25,800,000	0.75	5.00	—
2012D	25,800,000	0.75	5.00	—
2012S	1,010,361	—	7.50	—
2012S	1,679,240	—	—	3.75

KM# 519a 6.25 g., 0.900 Silver, 0.1808 oz. ASW 24.3 mm.

Date	Mintage	MS63	MS65	PRF65
2012S	557,891	—	—	7.75

Chaco Culture National Historic Park

KM# 520 5.71 g., Copper-Nickel Clad Copper, 24.3 mm.

Date	Mintage	MS63	MS65	PRF65
2012P	22,000,000	0.75	8.00	—
2012D	22,000,000	0.75	8.00	—
2012S	960,049	—	10.00	—
2012S	1,389,020	—	—	4.00

KM# 520a 6.25 g., 0.900 Silver, 0.1808 oz. ASW 24.3 mm.

Date	Mintage	MS63	MS65	PRF65
2012S	557,891	—	—	7.75

Acadia National Park

KM# 521 5.67 g., Copper-Nickel Clad Copper, 24.3 mm. **Rev. Designer:** Barbara Fox and Joseph Menna

Date	Mintage	MS63	MS65	PRF65
2012P	24,800,000	0.75	5.00	—
2012D	21,606,000	0.75	5.00	—
2012S	960,409	—	7.50	—
2012S	1,409,120	—	—	3.75

KM# 521a 6.25 g., 0.900 Silver, 0.1808 oz. ASW 24.3 mm.

Date	Mintage	MS63	MS65	PRF65
2012S	557,891	—	—	7.75

Hawai'i Volcanoes National Park

KM# 522 5.67 g., Copper-Nickel Clad Copper, 24.3 mm. **Rev. Designer:** Charles L. Vickers

Date	Mintage	MS63	MS65	PRF65
2012P	46,200,000	0.75	5.00	—
2012D	78,600,000	0.75	5.00	—
2012S	961,272	—	7.50	—
2012S	1,407,520	—	—	3.75

KM# 522a 6.25 g., 0.900 Silver, 0.1808 oz. ASW 24.3 mm.

Date	Mintage	MS63	MS65	PRF65
2012S	557,891	—	—	7.75

Denali National Park

KM# 523 5.67 g., Copper-Nickel Clad Copper, 24.3 mm.

Date	Mintage	MS63	MS65	PRF65
2012P	135,400,000	0.75	5.00	—
2012D	166,600,000	0.75	5.00	—
2012S	957,856	—	7.50	—
2012S	1,401,920	—	—	3.75

KM# 523a 6.25 g., 0.900 Silver, 0.1808 oz. ASW 24.3 mm.

Date	Mintage	MS63	MS65	PRF65
2012S	557,891	—	—	7.75

White Mountain National Forest

KM# 542 5.67 g., Copper-Nickel Clad Copper, 24.3 mm.

Date	Mintage	MS63	MS65	PRF65
2013P	68,800,000	0.75	5.00	—
2013D	107,600,000	0.75	5.00	—
2013S	950,080	—	7.50	—
2013S	990,144	—	—	3.75

KM# 542a 6.25 g., 0.900 Silver, 0.1808 oz. ASW 24.3 mm.

Date	Mintage	MS63	MS65	PRF65
2013S	579,409	—	—	7.75

Perry's Victory and International Peace Memorial

KM# 543 5.67 g., Copper-Nickel Clad Copper, 24.3 mm. **Rev. Designer:** Don Everhart

Date	Mintage	MS63	MS65	PRF65
2013P	107,800,000	0.75	5.00	—
2013D	131,600,000	0.75	5.00	—
2013S	913,563	—	7.50	—
2013S	947,992	—	—	3.75

KM# 543a 6.25 g., 0.900 Silver, 0.1808 oz. ASW 24.3 mm.

Date	Mintage	MS63	MS65	PRF65
2013S	579,409	—	—	7.75

Great Basin National Park

KM# 544 5.67 g., Copper-Nickel Clad Copper, 24.3 mm. **Rev. Designer:** Ronald D. Sanders and Renata Gordon

Date	Mintage	MS63	MS65	PRF65
2013P	122,400,000	0.75	5.00	—
2013D	141,400,000	0.75	5.00	—
2013S	911,525	—	7.50	—
2013S	945,867	—	—	3.75

KM# 544a 6.25 g., 0.900 Silver, 0.1808 oz. ASW 24.3 mm.

Date	Mintage	MS63	MS65	PRF65
2013S	579,409	—	—	7.75

Fort McHenry National Monument and Historic Shrine

KM# 545 5.67 g., Copper-Nickel Clad Copper, 24.3 mm. **Rev. Designer:** Joseph Menna

Date	Mintage	MS63	MS65	PRF65
2013P	120,000,000	0.75	5.00	—
2013D	151,400,000	0.75	5.00	—
2013S	911,451	—	7.50	—
2013S	946,514	—	—	3.75

KM# 545a 6.25 g., 0.900 Silver, 0.1808 oz. ASW 24.3 mm.

Date	Mintage	MS63	MS65	PRF65
2013S	579,409	—	—	7.75

Mount Rushmore National Memorial

KM# 546 5.67 g., Copper-Nickel Clad Copper, 24.3 mm. **Rev. Designer:** Joseph Menna

Date	Mintage	MS63	MS65	PRF65
2013P	231,800,000	0.75	5.00	—
2013D	272,400,000	0.75	5.00	—
2013S	920,695	—	7.50	—
2013S	959,244	—	—	3.75

KM# 546a 6.25 g., 0.900 Silver, 0.1808 oz. ASW 24.3 mm.

Date	Mintage	MS63	MS65	PRF65
2013S	579,409	—	—	7.75

QUARTER

Great Smoky Mountains National Park

KM# 566 5.67 g., Copper-Nickel Clad Copper, 24.3 mm.

Date	Mintage	MS63	MS65	PRF65
2014P	73,593,253	0.75	5.00	—
2014D	99,793,253	0.75	5.00	—
2014S	1,360,780	—	7.50	—
2014S	882,444	—	—	3.75

KM# 566a 6.25 g., 0.900 Silver, 0.1808 oz. ASW 24.3 mm.

Date	Mintage	MS63	MS65	PRF65
2014S	586,325	—	—	7.75

Shenandoah National Park

KM# 567 5.67 g., Copper-Nickel Clad Copper, 24.3 mm.

Date	Mintage	MS63	MS65	PRF65
2014P	113,191,404	0.75	5.00	—
2014D	198,191,404	0.75	5.00	—
2014S	1,266,720	—	7.50	—
2014S	846,579	—	—	3.75

KM# 567a 6.25 g., 0.900 Silver, 0.1808 oz. ASW 24.3 mm.

Date	Mintage	MS63	MS65	PRF65
2014S	586,325	—	—	7.75

Arches National Park

KM# 568 5.67 g., Copper-Nickel Clad Copper, 24.3 mm.

Date	Mintage	MS63	MS65	PRF65
2014P	214,589,782	0.75	5.00	—
2014D	251,789,782	0.75	5.00	—
2014S	1,235,720	—	7.50	—
2014S	844,957	—	—	3.75

KM# 568a 6.25 g., 0.900 Silver, 0.1808 oz. ASW 24.3 mm.

Date	Mintage	MS63	MS65	PRF65
2014S	586,325	—	—	7.75

Great Sand Dunes National Park

KM# 569 5.67 g., Copper-Nickel Clad Copper, 24.3 mm.

Date	Mintage	MS63	MS65	PRF65
2014P	159,988,214	0.75	5.00	—
2014D	172,188,214	0.75	5.00	—
2014S	1,176,760	—	7.50	—
2014S	843,389	—	—	3.75

KM# 569a 6.25 g., 0.900 Silver, 0.1808 oz. ASW 24.3 mm.

Date	Mintage	MS63	MS65	PRF65
2014S	586,325	—	—	7.75

Everglades National Park

KM# 570 5.67 g., Copper-Nickel Clad Copper, 24.3 mm.

Date	Mintage	MS63	MS65	PRF65
2014P	157,989,610	0.75	5.00	—
2014D	142,788,410	0.75	5.00	—
2014S	1,180,900	—	7.50	—
2014S	856,549	—	—	3.75

KM# 570a 6.25 g., 0.900 Silver, 0.1808 oz. ASW 24.3 mm.

Date	Mintage	MS63	MS65	PRF65
2014S	586,325	—	—	7.75

Homestead National Monument of America

KM# 597 5.67 g., Copper-Nickel Clad Copper, 24.3 mm.

Date	Mintage	MS63	MS65	PRF65
2015P	214,400,000	0.75	5.00	—
2015D	248,600,000	0.75	5.00	—
2015S	—	—	—	3.75

KM# 597a 6.25 g., 0.900 Silver, 0.1808 oz. ASW 24.3 mm.

Date	Mintage	MS63	MS65	PRF65
2015S	—	—	—	7.75

Kisatchie National Forest

KM# 598 5.67 g., Copper-Nickel Clad Copper, 24.3 mm.

Date	Mintage	MS63	MS65	PRF65
2015P	397,200,000	0.75	5.00	—
2015D	379,600,000	0.75	5.00	—
2015S	—	—	—	3.75

KM# 598a 6.25 g., 0.900 Silver, 0.1808 oz. ASW 24.3 mm.

Date	Mintage	MS63	MS65	PRF65
2015S	—	—	—	7.75

Blue Ridge Parkway

KM# 599 5.67 g., Copper-Nickel Clad Copper, 24.3 mm.

Date	Mintage	MS63	MS65	PRF65
2015P	325,616,000	0.75	5.00	—
2015D	505,200,000	0.75	5.00	—
2015S	—	—	—	3.75

KM# 599a 6.25 g., 0.900 Silver, 0.1808 oz. ASW 24.3 mm.

Date	Mintage	MS63	MS65	PRF65
2015S	—	—	—	7.75

Bombay Hook National Wildlife Refuge

KM# 600 5.67 g., Copper-Nickel Clad Copper, 24.3 mm.

Date	Mintage	MS63	MS65	PRF65
2015P	275,000,000	0.75	5.00	—
2015D	206,400,000	0.75	5.00	—
2015S	—	—	—	3.75

KM# 600a 6.25 g., 0.900 Silver, 0.1808 oz. ASW 24.3 mm.

Date	Mintage	MS63	MS65	PRF65
2015S	—	—	—	7.75

Saratoga National Historical Park

KM# 601 5.67 g., Copper-Nickel Clad Copper, 24.3 mm.

Date	Mintage	MS63	MS65	PRF65
2015P	223,000,000	0.75	5.00	—
2015D	215,800,000	0.75	5.00	—
2015S	—	—	—	3.75

KM# 601a 6.25 g., 0.900 Silver, 0.1808 oz. ASW 24.3 mm.

Date	Mintage	MS63	MS65	PRF65
2015S	—	—	—	7.75

Shawnee National Forest

KM# 635 5.67 g., Copper-Nickel Clad Copper, 24.3 mm.

Date	Mintage	MS63	MS65	PRF65
2016P	—	0.75	5.00	—
2016D	—	0.75	5.00	—
2016S Proof	—	—	—	3.75

KM# 635a 6.25 g., 0.900 Silver, 0.1808 oz. ASW 24.3 mm.

Date	Mintage	MS63	MS65	PRF65
2016S Proof	—	—	—	7.75

Cumberland Gap National Historical Park

KM# 636 5.67 g., Copper-Nickel Clad Copper, 24.3 mm.

Date	Mintage	MS63	MS65	PRF65
2016P	—	0.75	5.00	—
2016D	—	0.75	5.00	—
2016S Proof	—	—	—	3.75

KM# 636a 6.25 g., 0.900 Silver, 0.1808 oz. ASW 24.3 mm.

Date	Mintage	MS63	MS65	PRF65
2016S Proof	—	—	—	7.75

Harper's Ferry National Historical Park

KM# 637 5.67 g., Copper-Nickel Clad Copper, 24.3 mm.

Date	Mintage	MS63	MS65	PRF65
2016P	—	0.75	5.00	—
2016D	—	0.75	5.00	—
2016S Proof	—	—	—	3.75

KM# 637a 6.25 g., 0.900 Silver, 0.1808 oz. ASW 24.3 mm.

Date	Mintage	MS63	MS65	PRF65
2016S Proof	—	—	—	7.75

Theodore Roosevelt National Park

KM# 638 5.67 g., Copper-Nickel Clad Copper, 24.3 mm.

Date	Mintage	MS63	MS65	PRF65
2016P	—	0.75	5.00	—
2016D	—	0.75	5.00	—
2016S Proof	—	—	—	3.75

KM# 638a 6.25 g., 0.900 Silver, 0.1808 oz. ASW 24.3 mm.

Date	Mintage	MS63	MS65	PRF65
2016S Proof	—	—	—	7.75

Fort Moultrie (Fort Sumter) National Monument

KM# 639 5.67 g., Copper-Nickel Clad Copper, 24.3 mm.

Date	Mintage	MS63	MS65	PRF65
2016P	—	0.75	5.00	—
2016D	—	0.75	5.00	—
2016S Proof	—	—	—	3.75

KM# 639a 6.25 g., 0.900 Silver, 0.1808 oz. ASW 24.3 mm.

Date	Mintage	MS63	MS65	PRF65
2016S Proof	—	—	—	7.75

Effigy Mounds National Monument

KM# 653 5.67 g., Copper-Nickel Clad Copper, 24.3 mm.

Date	Mintage	MS63	MS65	PRF65
2017P	—	0.75	5.00	—
2017D	—	0.75	5.00	—
2017S Enhanced Unc.	225,000	—	15.00	—
2017S Proof	—	—	—	3.75

KM# 653a 6.25 g., 0.900 Silver, 0.1808 oz. ASW 24.3 mm.

Date	Mintage	MS63	MS65	PRF65
2017S Proof	—	—	—	7.75

Frederick Douglass National Historic Site

KM# 654 5.67 g., Copper-Nickel Clad Copper, 24.3 mm.

Date	Mintage	MS63	MS65	PRF65
2017P	—	0.75	5.00	—
2017D	—	0.75	5.00	—
2017S Enhanced Unc.	225,000	—	15.00	—
2017S Proof	—	—	—	3.75

KM# 654a 6.25 g., 0.900 Silver, 0.1808 oz. ASW 24.3 mm.

Date	Mintage	MS63	MS65	PRF65
2017S Proof	—	—	—	7.75

Ozark National Scenic Riverways

KM# 655 5.67 g., Copper-Nickel Clad Copper, 24.3 mm.

Date	Mintage	MS63	MS65	PRF65
2017P	—	0.75	5.00	—
2017D	—	0.75	5.00	—
2017S Enhanced Unc.	225,000	—	15.00	—
2017S Proof	—	—	—	3.75

KM# 655a 6.25 g., 0.900 Silver, 0.1808 oz. ASW 24.3 mm.

Date	Mintage	MS63	MS65	PRF65
2017S Proof	—	—	—	7.75

Ellis Island (Statue of Liberty National Monument)

KM# 656 5.67 g., Copper-Nickel Clad Copper, 24.3 mm.

Date	Mintage	MS63	MS65	PRF65
2017P	—	0.75	5.00	—
2017D	—	0.75	5.00	—
2017S Enhanced Unc.	225,000	—	15.00	—
2017S Proof	—	—	—	3.75

KM# 656a 6.25 g., 0.900 Silver, 0.1808 oz. ASW 24.3 mm.

Date	Mintage	MS63	MS65	PRF65
2017S Proof	—	—	—	7.75

George Rogers Clark National Historical Park

KM# 657 5.67 g., Copper-Nickel Clad Copper, 24.3 mm.

Date	Mintage	MS63	MS65	PRF65
2017P	—	0.75	5.00	—
2017D	—	0.75	5.00	—
2017S Enhanced Unc.	225,000	—	15.00	—
2017S Proof	—	—	—	3.75

KM# 657a 6.25 g., 0.900 Silver, 0.1808 oz. ASW 24.3 mm.

Date	Mintage	MS63	MS65	PRF65
2017S Proof	—	—	—	7.75

HALF DOLLAR

Flowing Hair Half Dollar

KM# 16 13.48 g., 0.892 Silver 0.3866 oz. ASW, 32.5 mm. **Designer:** Robert Scot **Note:** The 1795 "recut date" variety had the date cut into the dies twice, so both sets of numbers are visible on the coin. The 1795 "3 leaves" variety has three leaves under each of the eagle's wings on the reverse.

Date	Mintage	G4	VG8	F12	VF20	XF40	MS60
1794	23,464	4,600	6,900	9,800	24,000	40,000	230,000
1795	299,680	1,600	1,800	2,040	2,400	12,600	32,000
1795 recut date	Inc. above	1,000	1,375	2,400	4,000	12,000	—
1795 3 leaves	Inc. above	2,400	3,000	4,500	6,600	18,000	54,000

Draped Bust Half Dollar

Draped bust right obverse Small eagle reverse

KM# 26 13.48 g., 0.892 Silver 0.3866 oz. ASW, 32.5 mm. **Designer:** Robert Scot

Date	Mintage	G4	VG8	F12	VF20	XF40	MS60
1796 15 obverse stars	3,918	33,000	40,000	50,000	75,000	112,000	260,000
1796 16 obverse stars	Inc. above	34,000	41,000	50,000	75,000	112,000	260,000
1797	Inc. above	40,000	45,000	53,000	70,000	108,000	255,000

HALF DOLLAR

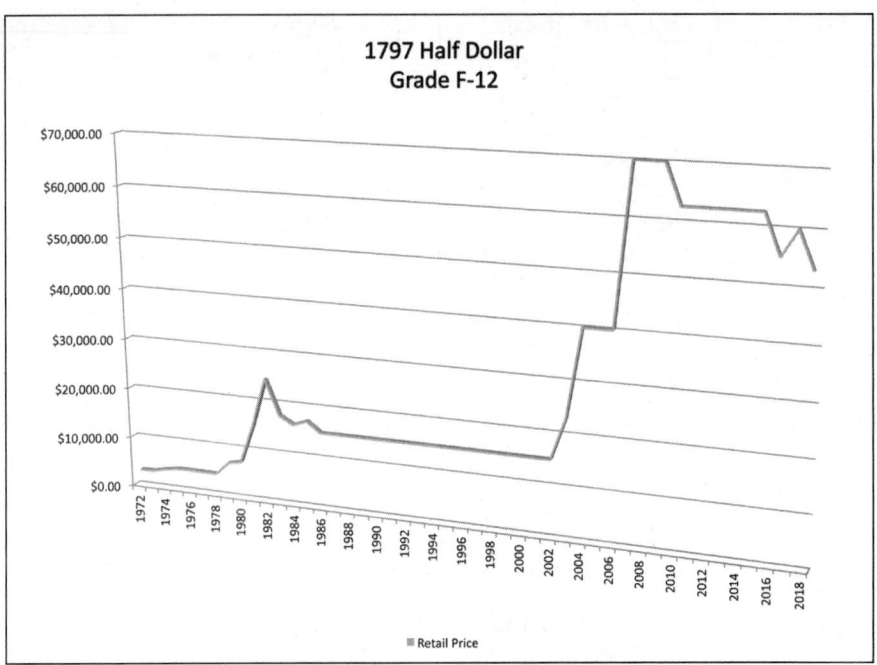

**1797 Half Dollar
Grade F-12**

■ Retail Price

Draped bust right, flanked by stars, date at angle below obverse
Heraldic eagle reverse

KM# 35 13.48 g., 0.892 Silver 0.3866 oz. ASW, 32.5 mm. **Obv. Legend:** LIBERTY **Rev. Legend:** UNITED STATES OF AMERICA **Designer:** Robert Scot **Note:** The two varieties of the 1803 strikes are distinguished by the size of the 3 in the date. The several varieties of the 1806 strikes are distinguished by the style of 6 in the date, size of the stars on the obverse, and whether the stem of the olive branch held by the reverse eagle extends through the claw.

Date	Mintage	G4	VG8	F12	VF20	XF40	MS60
1801	30,289	825	1,350	2,500	3,550	5,000	63,000
1802	29,890	825	1,350	2,200	2,500	5,800	55,000
1803 small 3	188,234	500	600	625	1,000	3,500	26,500
1803 large 3	Inc. above	300	400	500	750	1,825	22,000
1805	211,722	220	400	460	700	1,925	22,000
1805/4	Inc. above	375	650	1,000	1,575	3,200	30,000
1806 knobbed 6, large stars	839,576	220	250	350	630	1,725	—
1806 knobbed 6, small stars	Inc. above	250	325	500	700	1,825	11,500
1806 knobbed 6, stem not through claw	Inc. above	70,000	90,000	100,000	112,000	116,000	—
1806 pointed-top 6, stem not through claw	Inc. above	250	300	400	640	1,725	10,000
1806 pointed-top 6, stem through claw	Inc. above	250	300	400	640	1,725	9,000
1806/5	Inc. above	300	375	600	750	2,200	14,000
1806 /inverted 6	Inc. above	375	500	925	1,425	3,500	27,250
1807	301,076	220	300	400	680	1,900	9,000

Capped Bust Half Dollar
Draped bust left, flanked by stars, date at angle below obverse
50 C. below eagle reverse

KM# 37 13.48 g., 0.892 Silver 0.3866 oz. ASW, 32.5 mm. **Rev. Legend:** UNITED STATES OF AMERICA **Designer:** John Reich **Note:** There are three varieties of the 1807 strikes. Two are distinguished by the size of the stars on the obverse. The third was struck from a reverse die that had a 5 cut over a 2 in the "50C" denomination. Two varieties of the 1811 are distinguished by the size of the 8 in the date. A third has a period between the 8 and second 1 in the date. One variety of the 1817 has a period between the 1 and 7 in the date. Two varieties of the 1820 are distinguished by the size of the date. On the 1823 varieties, the "broken 3" appears to be almost separated in the middle of the 3 in the date; the "patched 3" has the error repaired; the "ugly 3" has portions of its detail missing. The 1827 "curled-2" and "square-2" varieties are distinguished by the numeral's base -- either curled or square. Among the 1828 varieties, "knobbed 2" and "no knob" refers to whether the upper left serif of the digit is rounded. The 1830 varieties are distinguished by the size of the 0 in the date. The four 1834 varieties are distinguished by the sizes of the stars, date and letters in the inscriptions. The 1836 "50/00" variety was struck from a reverse die that has "50" recut over "00" in the denomination.

Date	Mintage	G4	VG8	F12	VF20	XF40	AU50	MS60	MS65
1807 small stars	750,500	220	330	660	1,050	2,000	5,000	16,000	70,000
1807 large stars	Inc. above	200	250	450	750	950	2,700	11,000	150,000
1807 50/20 C.	Inc. above	175	200	500	600	1,700	2,500	7,000	65,000
1807 bearded goddess	—	700	1,100	2,500	4,000	7,000	12,000	—	—
1808	1,368,600	70.00	95.00	140	240	400	1,300	3,200	19,000
1808/7	Inc. above	95.00	150	200	330	600	1,500	5,000	23,000
1809 IIIIII edge	Inc. above	90.00	125	175	300	700	1,200	5,000	40,000
1809 Normal edge	1,405,810	95.00	130	180	260	525	780	2,350	22,000
1809 XXXX edge	Inc. above	175	225	275	380	1,050	1,600	9,000	—
1810	1,276,276	85.00	105	130	205	390	750	2,200	22,000
1811 small 8	1,203,644	85.00	105	130	200	375	725	2,200	16,000
1811 large 8	Inc. above	85.00	105	130	200	390	950	1,850	23,000
1811 dated 18.11	Inc. above	125	150	250	400	625	1,100	6,500	35,000
1812	1,628,059	85.00	105	130	185	450	680	1,975	12,500
1812/1 small 8	Inc. above	125	150	200	300	600	1,150	3,300	21,000
1812/1 large 8	Inc. above	1,700	2,600	4,500	7,250	10,000	21,000	—	—
1812 Single leaf below wing	Inc. above	350	600	850	1,600	3,300	5,500	—	—
1813	1,241,903	85.00	105	130	185	425	700	2,600	22,000
1813 50/UNI reverse	1,241,903	150	175	250	425	850	1,300	2,700	42,500
1814	1,039,075	110	125	160	285	650	825	1,700	11,500
1814/3	Inc. above	175	225	300	425	825	1,875	4,400	30,000
1814 E/A in States	Inc. above	175	250	400	500	1,175	2,600	7,500	—
1814 Single leaf below wing	Inc. above	175	250	400	600	2,000	3,500	7,000	—
1815/2	47,150	1,400	2,000	3,300	3,600	5,100	9,000	17,500	115,000
1817	1,215,567	85.00	105	180	260	400	900	2,900	17,000
1817/3	Inc. above	200	275	500	700	1,275	2,850	8,500	37,000
1817/4	—	60,000	75,000	125,000	175,000	275,000	350,000	—	—
1817 dated 181.7	Inc. above	85.00	105	135	175	625	1,250	3,700	28,000
1817 Single leaf below wing	Inc. above	85.00	105	135	200	625	1,900	2,700	—
1818	1,960,322	60.00	75.00	95.00	145	300	650	1,700	13,500
1818/7 Large 8	Inc. above	80.00	90.00	165	200	550	1,400	3,400	25,000
1818/7 Small 8	Inc. above	95.00	105	155	250	525	1,300	2,750	22,000
1819	2,208,000	65.00	80.00	95.00	145	320	630	1,900	2,000
1819/8 small 9	Inc. above	70.00	80.00	115	200	475	725	2,200	22,000
1819/8 large 9	Inc. above	70.00	80.00	95.00	135	400	600	4,000	26,500
1820 Curl Base 2, small date	751,122	100	175	225	300	725	1,000	3,400	40,000
1820 Square Base 2 with knob, large date	Inc. above	100	175	200	250	500	1,000	3,800	22,000
1820 Square Base 2 without knob, large date	Inc. above	85.00	120	175	200	650	900	3,300	33,000
1820 E's without Serifs	Inc. above	600	850	1,350	3,300	7,500	11,000	25,000	—
1820/19 Square Base 2	Inc. above	85.00	125	150	250	800	1,200	2,400	37,000

Date	Mintage	G4	VG8	F12	VF20	XF40	AU50	MS60	MS65
1820/19 Curled Base 2	Inc. above	85.00	125	150	250	750	1,000	3,300	41,000
1821	1,305,797	62.00	77.00	90.00	140	330	5,500	1,700	16,000
1822	1,559,573	75.00	100	120	175	330	460	1,300	14,000
1822/1	Inc. above	75.00	90.00	120	175	600	1,175	2,350	21,000
1823	1,694,200	75.00	105	120	150	285	475	1,200	11,000
1823 broken 3	Inc. above	150	175	250	400	700	2,200	6,000	50,000
1823 patched 3	Inc. above	125	150	200	300	800	1,575	4,500	23,000
1823 ugly 3	Inc. above	125	150	200	300	700	2,200	6,000	33,000
1824	3,504,954	65.00	80.00	105	150	175	425	1,075	12,000
1824/21	Inc. above	90.00	125	150	175	350	625	2,100	21,500
1824/4	Inc. above	75.00	100	125	160	325	670	2,200	10,000
1824 1824/various dates	Inc. above	80.00	95.00	125	155	350	1,100	3,300	16,000
1825	2,943,166	65.00	78.00	80.00	90.00	170	375	1,100	11,000
1826	4,004,180	65.00	78.00	80.00	90.00	170	350	1,100	9,600
1827 curled 2	5,493,400	65.00	78.00	80.00	90.00	360	450	1,300	20,000
1827 square 2	Inc. above	65.00	78.00	80.00	90.00	170	330	1,100	10,750
1827/6	Inc. above	100	125	150	200	450	1,100	1,900	13,500
1828 curled-base 2, no knob	3,075,200	60.00	75.00	90.00	110	175	330	1,300	9,600
1828 curled-base 2, knobbed 2	Inc. above	64.00	75.00	100	160	250	600	2,000	12,750
1828 small 8s, square-base 2, large letters	Inc. above	60.00	70.00	75.00	85.00	145	330	1,275	9,000
1828 small 8s, square-base 2, small letters	Inc. above	125	150	175	250	400	800	2,200	25,500
1828 large 8s, square-base 2	Inc. above	60.00	70.00	85.00	90.00	150	330	1,275	12,500
1829	3,712,156	60.00	70.00	75.00	85.00	145	350	1,275	9,000
1829 Large letters	Inc. above	60.00	75.00	85.00	95.00	160	390	1,275	13,000
1829/7	Inc. above	68.00	80.00	125	160	300	750	1,400	21,000
1830 Small O rev	4,764,800	60.00	70.00	75.00	85.00	140	330	1,275	9,000
1830 Large O	Inc. above	60.00	70.00	75.00	85.00	140	330	1,275	9,000
1830 Large letter rev	Inc. above	800	1,100	1,600	3,300	5,500	8,800	14,000	—
1831	5,873,660	60.00	70.00	75.00	85.00	140	330	1,275	6,500
1832 small letters	4,797,000	60.00	70.00	75.00	85.00	140	330	1,275	9,000
1832 large letters	Inc. above	60.00	70.00	75.00	85.00	225	500	1,275	9,000
1833	5,206,000	60.00	70.00	75.00	85.00	140	330	1,275	9,000
1834 small date, large stars, small letters	6,412,004	60.00	70.00	75.00	85.00	140	390	1,275	9,000
1834 small date, small stars, small letters	Inc. above	60.00	70.00	75.00	85.00	140	390	1,275	9,000
1834 large date, small letters	Inc. above	60.00	70.00	75.00	85.00	140	390	1,275	9,000
1834 large date, large letters	Inc. above	60.00	70.00	75.00	85.00	140	390	1,275	9,000
1835	5,352,006	60.00	70.00	75.00	85.00	140	330	1,275	9,000
1836	6,545,000	60.00	70.00	75.00	85.00	140	330	1,275	9,000
1836	Inc. above	60.00	70.00	75.00	85.00	140	330	2,300	—
1836 50/00	Inc. above	125	150	200	300	450	800	2,600	30,000

Bust Half Dollar
Draped bust left, flanked by stars, date at angle below obverse
50 Cents below eagle reverse

KM# 58 13.48 g., 0.892 Silver 0.3866 oz. ASW, 30 mm. **Rev. Legend:** UNITED STATES OF AMERICA **Edge:** Reeded. **Designer:** Christian Gobrecht

Date	Mintage	G4	VG8	F12	VF20	XF40	AU50	MS60	MS65
1836	1,200	880	1,100	1,600	1,950	3,790	4,700	8,800	68,000

Draped bust left, flanked by stars, date at angle below obverse
50 Cents below eagle reverse

KM# 58a 13.36 g., 0.900 Silver 0.3866 oz. ASW, 30 mm. **Rev. Legend:** UNITED STATES OF AMERICA
Edge: Reeded. **Designer:** Christian Gobrecht

Date	Mintage	G4	VG8	F12	VF20	XF40	AU50	MS60	MS65
1837	3,629,820	60.00	70.00	77.00	100	175	400	1,100	16,500

Draped bust left, flanked by stars, date below obverse
HALF DOL. below eagle reverse

KM# 65 13.36 g., 0.900 Silver 0.3866 oz. ASW, 30 mm. **Rev. Legend:** UNITED STATES OF AMERICA
Designer: Christian Gobrecht

Date	Mintage	G4	VG8	F12	VF20	XF40	AU50	MS60	MS65
1838	3,546,000	60.00	70.00	77.00	100	175	400	1,100	16,500
1838O proof only	Est. 20	—	—	—	—	275,000	300,000	375,000	—
1839	1,392,976	60.00	74.00	130	175	235	450	1,300	27,000
1839O	116,000	400	600	880	1,175	1,780	2,400	6,700	60,000

Seated Liberty Half Dollar
Seated Liberty, date below obverse Half Dol. below eagle reverse

KM# 68 13.36 g., 0.900 Silver 0.3866 oz. ASW, 30.6 mm. **Rev. Legend:** UNITED STATES OF AMERICA
Designer: Christian Gobrecht

Date	Mintage	G4	VG8	F12	VF20	XF40	AU50	MS60	MS65
1839 no drapery from elbow	Inc. above	40.00	120	325	550	1,050	2,600	6,300	125,000
1839 drapery	Inc. above	46.00	65.00	70.00	105	240	450	1,300	14,500
1840 small letters	1,435,008	40.00	50.00	55.00	120	250	350	650	7,000
1840 reverse 1838	Inc. above	150	210	360	500	1,000	1,600	3,800	—
1840O	855,100	40.00	50.00	80.00	140	320	425	1,500	—
1841	310,000	38.00	45.00	70.00	140	300	600	1,200	8,500
1841O	401,000	35.00	50.00	95.00	130	225	650	1,100	9,000
1842 small date	2,012,764	35.00	50.00	65.00	80.00	135	375	1,250	14,000
1842 medium date	Inc. above	35.00	50.00	60.00	100	160	300	950	7,500
1842O small date	957,000	600	850	1,200	1,800	3,000	6,000	13,000	—
1842O medium date	Inc. above	35.00	50.00	60.00	70.00	250	500	1,600	18,000
1843	3,844,000	40.00	45.00	55.00	80.00	150	250	750	6,500
1843O	2,268,000	50.00	55.00	60.00	70.00	195	400	1,300	22,000
1844	1,766,000	40.00	45.00	55.00	90.00	150	250	600	8,500
1844O	2,005,000	45.00	55.00	70.00	125	245	495	1,300	12,000
1844/1844O	Inc. above	375	600	800	1,200	2,300	4,850	7,000	—
1845	589,000	35.00	60.00	70.00	110	180	350	800	—
1845O	2,094,000	35.00	50.00	55.00	80.00	125	250	425	7,000
1845O no drapery	Inc. above	75.00	100	125	150	400	770	1,125	—
1846 medium date	2,210,000	35.00	50.00	60.00	70.00	150	400	825	7,200
1846 tall date	Inc. above	45.00	50.00	80.00	110	300	500	600	15,000
1846 /horizontal 6	Inc. above	225	300	525	925	1,600	2,500	4,400	16,000
1846O medium date	2,304,000	50.00	60.00	95.00	135	235	400	1,400	18,000
1846O tall date	Inc. above	250	350	500	950	1,600	2,200	8,700	—

Date	Mintage	G4	VG8	F12	VF20	XF40	AU50	MS60	MS65
1847/1846	1,156,000	1,150	1,750	2,500	3,500	8,500	11,000	22,000	—
1847	Inc. above	45.00	60.00	85.00	110	205	250	550	6,400
1847O	2,584,000	45.00	60.00	65.00	90.00	200	525	950	12,000
1848	580,000	40.00	53.00	100	160	275	600	1,100	13,000
1848O	3,180,000	35.00	45.00	55.00	100	200	400	1,100	23,000
1849	1,252,000	35.00	60.00	65.00	125	150	300	900	11,000
1849O	2,310,000	45.00	550	60.00	100	400	850	1,500	16,000
1850	227,000	225	400	450	525	850	1,200	2,000	26,000
1850O	2,456,000	35.00	45.00	55.00	80.00	175	350	700	13,000
1851	200,750	650	700	800	900	1,200	2,300	3,400	10,750
1851O	402,000	35.00	85.00	125	150	300	800	1,200	9,500
1852	77,130	275	400	475	700	1,000	1,200	1,825	10,000
1852O	144,000	275	425	610	750	1,000	1,700	3,300	33,000
1853O mintage unrecorded	—	135,000	180,000	220,000	300,000	400,000	—	—	—

Seated Liberty, arrows at date obverse Rays around eagle reverse

KM# 79 12.44 g., 0.900 Silver 0.360 oz. ASW **Rev. Legend:** UNITED STATES OF AMERICA **Designer:** Christian Gobrecht

Date	Mintage	G4	VG8	F12	VF20	XF40	AU50	MS60	MS65	PRF65
1853	3,532,708	45.00	65.00	80.00	115	200	500	1,350	20,000	150,000
1853O	1,328,000	45.00	65.00	80.00	115	250	650	2,300	35,000	—

Seated Liberty, arrows at date obverse HALF DOL. below eagle reverse

KM# 82 12.44 g., 0.900 Silver 0.360 oz. ASW **Rev. Legend:** UNITED STATES OF AMERICA **Designer:** Christian Gobrecht

Date	Mintage	G4	VG8	F12	VF20	XF40	AU50	MS60	MS65	PRF65
1854	2,982,000	36.50	42.00	55.00	75.00	135	315	500	8,000	25,000
1854O	5,240,000	36.50	42.00	60.00	70.00	130	300	500	6,750	—
1855	759,500	38.50	42.00	55.00	70.00	150	350	750	12,000	30,000
1855/4	Inc. above	65.00	90.00	190	360	500	1,025	1,850	11,000	55,000
1855O	3,688,000	39.50	42.00	60.00	70.00	130	300	500	8,600	—
1855S	129,950	400	1,000	1,200	1,600	2,950	5,825	32,000	—	—

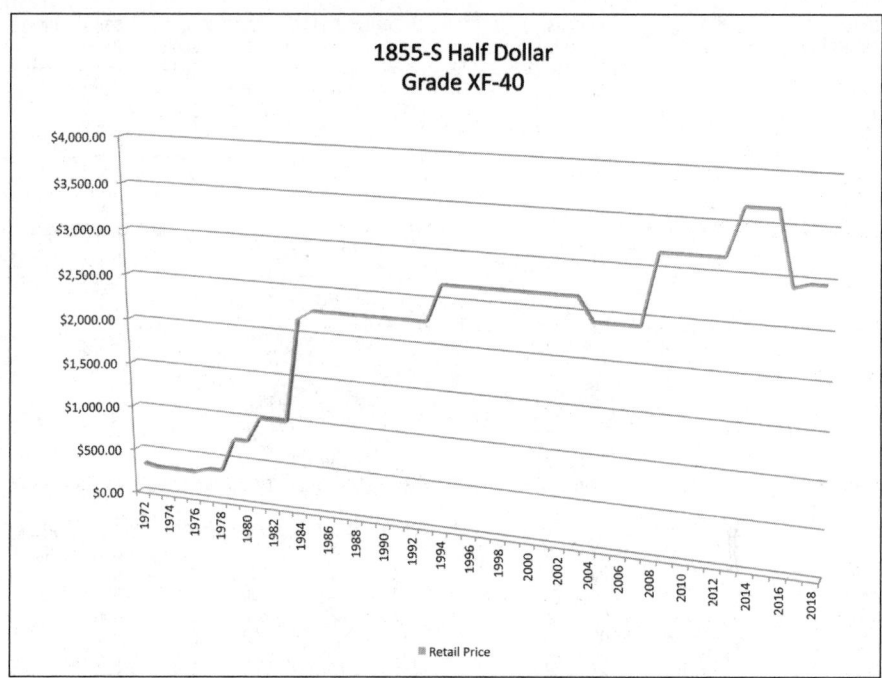

1855-S Half Dollar
Grade XF-40

Retail Price

Seated Liberty, date below obverse HALF DOL. below eagle reverse

KM# A68 12.44 g., 0.900 Silver 0.360 oz. ASW **Rev. Legend:** UNITED STATES OF AMERICA **Designer:** Christian Gobrecht

Date	Mintage	G4	VG8	F12	VF20	XF40	AU50	MS60	MS65	PRF65
1856	938,000	35.00	50.00	55.00	70.00	180	300	500	4,600	18,000
1856O	2,658,000	40.00	50.00	60.00	80.00	145	265	375	6,200	—
1856S	211,000	75.00	125	200	375	1,000	1,800	4,500	—	—
1857	1,988,000	35.00	45.00	55.00	70.00	100	200	375	4,400	18,500
1857O	818,000	40.00	45.00	55.00	70.00	100	200	1,300	10,000	—
1857S	158,000	100	150	200	350	1,200	1,800	3,000	15,000	—
1858	4,226,000	35.00	45.00	550	70.00	100	200	375	4,200	6,000
1858O	7,294,000	40.00	50.00	55.00	70.00	100	250	375	6,300	—
1858S	476,000	45.00	65.00	100	185	300	550	1,500	13,000	—
1859	748,000	45.00	60.00	65.00	80.00	160	310	420	4,200	5,000
1859O	2,834,000	45.00	65.00	70.00	95.00	155	310	625	7,600	—
1859S	566,000	35.00	45.00	55.00	150	225	500	1,200	6,300	—
1860	303,700	40.00	45.00	60.00	70.00	125	250	550	4,200	5,000
1860O	1,290,000	35.00	50.00	55.00	125	200	425	650	4,400	—
1860S	472,000	45.00	80.00	105	135	250	450	1,275	—	—
1861	2,888,400	45.00	50.00	65.00	80.00	120	250	450	4,000	5,000
1861O	2,532,633	60.00	80.00	100	150	300	835	1,425	5,400	—
1861O CSA Obv, cracked die	Inc. above	300	450	650	1,200	3,000	4,400	13,000	—	—
1861S	939,500	45.00	55.00	80.00	100	350	650	1,000	17,500	—
1862	253,550	60.00	85.00	120	200	350	600	850	6,000	5,000
1862S	1,352,000	45.00	65.00	70.00	75.00	220	325	1,000	22,000	—
1863	503,660	35.00	60.00	80.00	125	185	350	650	7,000	5,000

Date	Mintage	G4	VG8	F12	VF20	XF40	AU50	MS60	MS65	PRF65
1863S	916,000	35.00	60.00	80.00	175	350	600	1,200	11,250	—
1864	379,570	35.00	55.00	100	250	395	650	1,100	6,000	5,000
1864S	658,000	70.00	95.00	175	275	415	725	1,600	13,000	—
1865	511,900	70.00	95.00	135	180	450	700	1,300	4,500	5,000
1865S	675,000	75.00	105	150	200	400	725	1,825	44,500	—
1866 proof, unique	—	—	—	—	—	—	—	—	—	—
1866S	60,000	375	500	875	975	2,200	2,500	8,000	63,000	—

Seated Liberty, date below obverse IN GOD WE TRUST above eagle reverse

KM# 99 12.44 g., 0.900 Silver 0.360 oz. ASW **Rev. Legend:** UNITED STATES OF AMERICA **Designer:** Christian Gobrecht

Date	Mintage	G4	VG8	F12	VF20	XF40	AU50	MS60	MS65	PRF65
1866	745,625	45.00	60.00	65.00	90.00	160	215	600	4,850	3,000
1866S	994,000	55.00	60.00	85.00	135	200	400	700	11,000	—
1867	449,925	60.00	70.00	105	155	300	500	700	4,300	3,000
1867S	1,196,000	47.00	55.00	80.00	115	225	650	1,200	11,000	—
1868	418,200	55.00	60.00	80.00	155	275	500	675	7,000	3,000
1868S	1,160,000	47.00	55.00	80.00	135	230	375	900	11,000	—
1869	795,900	50.00	60.00	70.00	90.00	175	275	650	9,000	3,000
1869S	656,000	55.00	60.00	70.00	115	225	450	850	6,500	—
1870	634,900	40.00	60.00	70.00	90.00	175	275	675	7,750	3,300
1870CC	54,617	1,100	2,400	4,500	5,500	1,000	27,500	70,000	—	—
1870S	1,004,000	60.00	75.00	100	150	400	650	2,000	30,000	—
1871	1,204,560	35.00	55.00	70.00	80.00	140	220	550	4,000	3,300
1871CC	153,950	475	725	1,275	1,500	3,000	5,400	27,000	—	—
1871S	2,178,000	40.00	50.00	60.00	70.00	125	325	800	7,000	—
1872	881,550	40.00	45.00	55.00	70.00	150	300	650	6,000	2,150
1872CC	272,000	315	475	700	1,250	1,925	3,900	20,000	—	—
1872S	580,000	40.00	50.00	80.00	200	300	550	1,000	12,750	—
1873 closed 3	801,800	40.00	45.00	60.00	100	190	260	600	6,000	2,150
1873 open 3	Inc. above	2,750	4,000	4,500	5,000	7,000	12,500	45,000	—	—
1873CC	122,500	325	600	990	1,800	2,095	5,000	10,000	80,000	—
1873S no arrows	5,000	—	—	—	—	—	—	—	—	—

Note: 1873S no arrows, no specimens known to survive.

Seated Liberty, arrows at date obverse
IN GOD WE TRUST above eagle reverse

KM# 107 12.50 g., 0.900 Silver 0.3617 oz. ASW **Rev. Legend:** UNITED STATES OF AMERICA **Designer:** Christian Gobrecht

Date	Mintage	G4	VG8	F12	VF20	XF40	AU50	MS60	MS65	PRF65
1873	1,815,700	35.00	45.00	60.00	70.00	200	380	725	13,000	8,000
1873CC	214,560	200	400	650	950	2,000	3,000	7,500	43,000	—
1873S	233,000	40.00	100	150	175	400	600	1,950	28,000	—
1874	2,360,300	35.00	45.00	60.00	70.00	200	375	725	1,300	8,000
1874CC	59,000	1,100	1,350	1,825	2,650	4,900	7,700	14,000	93,000	—
1874S	394,000	75.00	150	180	200	300	575	1,350	19,500	—

Seated Liberty, date below obverse IN GOD WE TRUST above eagle reverse

KM# A99 12.50 g., 0.900 Silver 0.3617 oz. ASW **Rev. Legend:** UNITED STATES OF AMERICA **Designer:** Christian Gobrecht

Date	Mintage	G4	VG8	F12	VF20	XF40	AU50	MS60	MS65	PRF65
1875	6,027,500	35.00	45.00	55.00	70.00	125	200	350	2,800	2,150
1875CC	1,008,000	60.00	100	175	250	400	800	1,300	7,000	—
1875S	3,200,000	35.00	40.00	60.00	70.00	125	200	330	2,600	—
1876	8,419,150	45.00	50.00	60.00	70.00	90.00	200	380	2,850	2,150
1876CC	1,956,000	80.00	90.00	115	175	340	600	950	4,825	—
1876S	4,528,000	36.50	55.00	65.00	70.00	100	200	540	3,000	—
1877	8,304,510	36.50	50.00	60.00	70.00	100	200	335	2,650	2,150
1877CC	1,420,000	85.00	105	125	175	300	400	1,000	5,800	—
1877S	5,356,000	36.50	42.00	55.00	70.00	100	200	330	2,700	—
1878	1,378,400	38.50	75.00	100	105	110	210	330	4,200	2,150
1878CC	62,000	850	1,200	2,000	2,400	3,200	4,500	10,000	40,000	—
1878S	12,000	24,000	34,000	35,500	37,000	54,500	65,000	85,000	210,000	—
1879	5,900	255	280	380	460	660	760	880	2,700	2,150
1880	9,755	255	280	380	460	660	760	880	3,000	2,150
1881	10,975	255	280	380	460	660	760	880	3,500	2,150
1882	5,500	255	280	380	460	660	760	880	4,000	2,150
1883	9,039	255	280	380	460	660	760	925	3,500	2,150
1884	5,275	265	330	385	475	660	770	880	3,800	2,150
1885	6,130	275	330	400	475	660	770	1,000	3,600	2,150
1886	5,886	300	375	400	425	660	770	880	3,450	2,150
1887	5,710	375	425	475	525	660	770	880	3,300	2,150
1888	12,833	250	300	375	450	660	770	880	3,500	2,150
1889	12,711	200	250	400	475	660	875	1,000	3,600	2,150
1890	12,590	200	250	400	475	620	770	880	3,400	2,150
1891	200,600	60.00	85.00	125	150	200	250	390	3,325	2,150

1878-S Half Dollar
Grade F-12

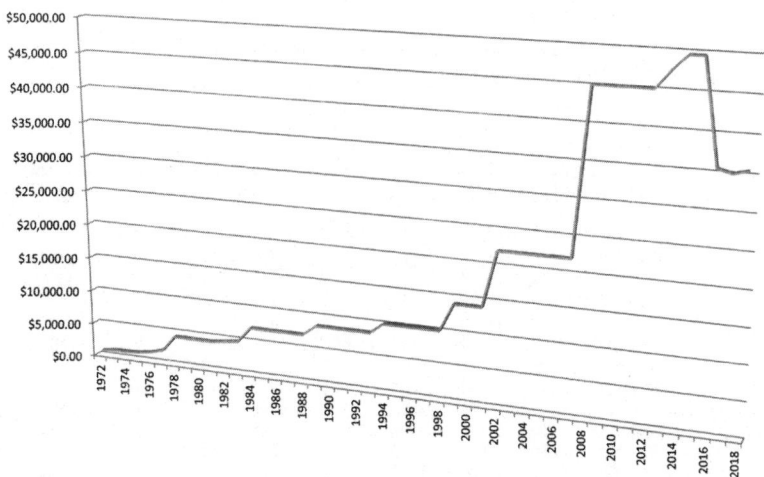

■ Retail Price

Barber Half Dollar
Laureate head right, flanked by stars, date below obverse
Heraldic eagle reverse

KM# 116 12.50 g., 0.900 Silver 0.3617 oz. ASW, 30.6 mm. **Obv. Legend:** IN GOD WE TRUST **Rev. Legend:** UNITED STATES OF AMERICA **Designer:** Charles E. Barber

Date	Mintage	G4	VG8	F12	VF20	XF40	AU50	MS60	MS65	PRF65
1892	935,245	30.00	35.00	70.00	145	225	410	530	1,675	1,990
1892O	390,000	285	375	575	630	700	770	975	2,600	—
1892O micro O	Inc. above	4,000	7,000	12,000	16,000	21,000	23,000	30,000	84,500	—
1892S	1,029,028	275	320	345	500	675	840	1,050	5,500	—
1893	1,826,792	26.00	35.00	75.00	140	225	360	530	2,700	1,990
1893O	1,389,000	38.00	57.00	170	350	400	500	900	8,800	—
1893S	740,000	140	185	500	660	1,150	1,825	2,000	17,500	—
1894	1,148,972	26.00	43.00	145	175	245	340	530	1,925	1,990
1894O	2,138,000	23.00	29.00	82.00	155	270	395	530	5,000	—
1894S	4,048,690	22.00	29.00	65.00	125	200	385	575	6,000	—
1895	1,835,218	22.00	29.00	165	130	260	350	530	2,500	1,990
1895O	1,766,000	40.00	57.00	115	205	275	330	660	5,000	—
1895S	1,108,086	31.00	45.00	130	250	350	425	545	4,800	—
1896	950,762	40.00	48.00	150	200	260	320	475	3,500	1,990
1896O	924,000	45.00	60.00	350	445	1,825	3,000	5,500	20,500	—
1896S	1,140,948	110	145	210	450	1,000	1,170	2,200	8,495	—
1897	2,480,731	21.00	29.00	30.00	135	245	380	530	3,000	1,990
1897O	632,000	120	175	390	710	935	1,200	1,725	7,700	—
1897S	933,900	120	200	310	600	1,975	2,300	2,600	6,400	—
1898	2,956,735	20.00	23.00	55.00	135	245	360	530	2,500	1,990
1898O	874,000	29.00	84.00	265	420	600	800	1,400	6,000	—
1898S	2,358,550	23.00	40.00	80.00	170	395	510	1,400	6,000	—
1899	5,538,846	19.00	23.00	55.00	135	275	300	530	1,950	1,990
1899O	1,724,000	21.00	32.00	68.00	180	245	370	660	4,800	—
1899S	1,686,411	19.00	35.00	78.00	135	245	370	720	5,700	—
1900	4,762,912	16.00	20.00	55.00	135	245	340	530	2,000	1,990
1900O	2,744,000	25.00	38.00	100	250	370	475	1,100	9,500	—
1900S	2,560,322	15.00	20.00	55.00	135	245	325	550	9,250	—
1901	4,268,813	15.00	20.00	55.00	135	245	300	530	2,400	1,990
1901O	1,124,000	15.00	29.00	147	440	1,100	1,600	2,200	12,500	—
1901S	847,044	27.00	44.00	92.00	425	1,200	1,575	3,750	12,000	—
1902	4,922,777	15.00	20.00	55.00	135	245	340	600	2,000	1,990
1902O	2,526,000	16.00	20.00	60.00	135	245	475	900	7,500	—
1902S	1,460,670	16.00	20.00	105	135	245	490	880	4,500	—
1903	2,278,755	16.00	20.00	55.00	135	245	340	550	7,000	1,990
1903O	2,100,000	16.00	20.00	55.00	135	245	415	770	3,800	—
1903S	1,920,772	16.00	20.00	80.00	135	245	440	900	3,100	—
1904	2,992,670	16.00	20.00	55.00	135	245	320	630	3,600	1,990
1904O	1,117,600	16.00	20.00	115	200	600	925	1,525	10,400	—
1904S	553,038	100	175	375	820	3,900	7,000	13,250	36,000	—
1905	662,727	16.00	32.00	120	170	225	425	700	4,700	1,990
1905O	505,000	26.00	40.00	170	220	350	550	850	4,000	—
1905S	2,494,000	16.00	20.00	75.00	135	245	390	660	6,600	—
1906	2,638,675	16.00	20.00	55.00	165	245	340	530	2,000	1,990
1906D	4,028,000	16.00	20.00	55.00	135	245	340	530	2,450	—
1906O	2,446,000	16.00	20.00	55.00	135	245	500	850	5,100	—
1906S	1,740,154	16.00	40.00	80.00	135	245	330	800	3,800	—
1907	2,598,575	16.00	20.00	55.00	135	245	340	530	2,000	1,990
1907D	3,856,000	16.00	20.00	55.00	135	245	450	530	2,000	—
1907O	3,946,000	16.00	20.00	55.00	135	245	340	530	2,000	—
1907S	1,250,000	16.00	40.00	90.00	200	425	810	2,500	9,300	—
1908	1,354,545	16.00	20.00	55.00	135	245	340	530	2,000	1,990

Date	Mintage	G4	VG8	F12	VF20	XF40	AU50	MS60	MS65	PRF65
1908D	3,280,000	16.00	20.00	55.00	135	245	340	530	2,350	—
1908O	5,360,000	16.00	20.00	55.00	135	245	340	530	2,000	—
1908S	1,644,828	16.00	20.00	55.00	135	400	625	990	3,600	
1909	2,368,650	16.00	20.00	55.00	135	245	340	530	2,000	1,990
1909O	925,400	16.00	20.00	80.00	135	480	625	990	4,800	—
1909S	1,764,000	16.00	20.00	55.00	135	305	440	660	3,300	—
1910	418,551	16.00	35.00	75.00	185	315	355	535	3,200	1,990
1910S	1,948,000	16.00	20.00	75.00	135	245	405	660	3,400	—
1911	1,406,543	16.00	20.00	55.00	135	245	340	530	2,000	1,990
1911D	695,080	16.00	20.00	55.00	135	245	340	530	1,900	—
1911S	1,272,000	16.00	20.00	55.00	135	390	440	700	3,500	—
1912	1,550,700	16.00	20.00	55.00	135	245	340	530	2,000	1,990
1912D	2,300,800	16.00	20.00	55.00	135	245	400	530	1,900	—
1912S	1,370,000	16.00	20.00	55.00	135	245	360	550	3,100	—
1913	188,627	65.00	75.00	185	385	770	1,250	1,600	3,900	1,990
1913D	534,000	16.00	20.00	55.00	135	245	340	530	3,275	—
1913S	604,000	16.00	20.00	85.00	155	325	450	660	3,750	—
1914	124,610	120	145	300	500	880	1,100	1,425	5,800	1,990
1914S	992,000	16.00	20.00	55.00	135	220	400	585	3,300	—
1915	138,450	75.00	185	300	410	600	975	1,320	5,500	1,990
1915D	1,170,400	16.00	20.00	55.00	135	245	340	530	1,900	—
1915S	1,604,000	16.00	20.00	55.00	135	225	340	530	2,000	—

Walking Liberty Half Dollar
Liberty walking left wearing U.S. flag gown, sunrise at left obverse
Eagle advancing left reverse

Obverse mint mark   Reverse mint mark
1916-1917   1917-1947

KM# 142 12.50 g., 0.900 Silver 0.3617 oz. ASW, 30.6 mm. **Designer:** Adolph A. Weinman **Note:** The mint mark appears on the obverse below the word "Trust" on 1916 and some 1917 issues. Starting with some 1917 issues and continuing through the remainder of the series, the mint mark was changed to the reverse, at about the 8 o'clock position near the rim.

Date	Mintage	G4	VG8	F12	VF20	XF40	AU50	MS60	MS65	PRF65
1916	608,000	44.00	75.00	130	180	240	310	450	2,600	—
1916D	1,014,400	44.00	75.00	130	180	170	265	480	2,450	—
1916S	508,000	80.00	150	220	350	495	900	1,600	6,100	—
1917	12,292,000	14.00	15.00	21.00	23.00	35.00	85.00	150	950	—
1917D obv. mint mark	765,400	21.00	30.00	68.00	130	265	400	725	7,395	—
1917S obv. mint mark	952,000	23.00	37.00	170	300	800	1,225	3,000	26,000	—
1917D rev. mint mark	1,940,000	15.00	16.00	38.00	110	280	570	1,125	16,000	—
1917S rev. mint mark	5,554,000	14.00	15.00	16.00	27.00	67.00	275	700	11,750	—
1918	6,634,000	15.00	16.00	17.00	60.00	100	370	600	5,000	—
1918D	3,853,040	15.00	22.00	38.00	93.00	190	425	1,350	27,500	—
1918S	10,282,000	14.00	15.00	31.00	55.00	85.00	225	600	18,000	—
1919	962,000	21.00	27.00	65.00	240	595	1,000	2,200	8,000	—
1919D	1,165,000	22.00	65.00	210	370	895	2,000	4,500	210,000	—
1919S	1,552,000	16.00	24.00	60.00	350	1,000	1,500	3,650	25,500	—
1920	6,372,000	15.00	16.00	18.00	35.00	60.00	200	425	4,000	—
1920D	1,551,000	15.00	17.00	55.00	200	400	800	2,600	16,750	—
1920S	4,624,000	14.00	16.00	20.00	85.00	200	700	1,100	16,500	—
1921	246,000	130	175	280	625	1,820	3,000	5,750	20,000	—
1921D	208,000	205	340	625	775	2,625	5,050	8,500	40,000	—
1921S	548,000	38.00	52.00	220	680	3,100	6,800	20,000	110,000	—
1923S	2,178,000	16.00	21.00	41.00	180	560	1,450	2,600	16,250	—
1927S	2,392,000	13.00	14.00	16.00	44.00	140	500	1,200	9,000	—
1928S Large S	1,940,000	19.50	22.00	28.00	90.00	290	625	1,700	7,500	—
1928S Small S	Inc. above	13.00	14.00	15.00	80.00	170	675	1,200	11,000	—
1929D	1,001,200	12.00	14.00	16.00	35.00	80.00	220	450	2,675	—
1929S	1,902,000	12.00	13.00	15.00	25.00	110	220	500	3,100	—
1933S	1,786,000	15.00	16.00	19.00	32.00	70.00	260	700	2,900	—

HALF DOLLAR

HALF DOLLAR

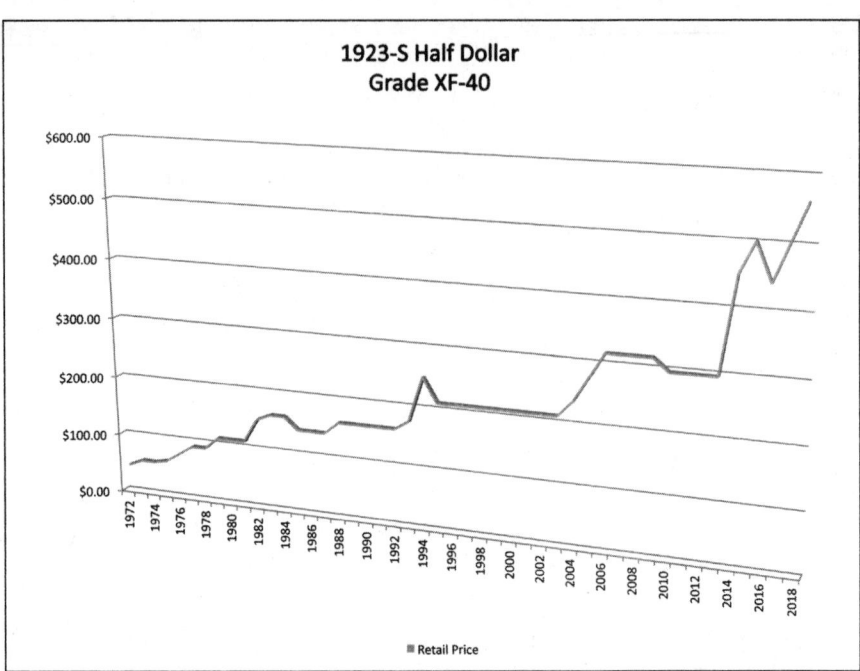

1923-S Half Dollar
Grade XF-40

■ Retail Price

Date	Mintage	G4	VG8	F12	VF20	XF40	AU50	MS60	MS65	PRF65
1934	6,964,000	9.00	10.00	12.00	17.00	18.00	29.00	80.00	330	—
1934D	2,361,400	9.00	10.00	12.00	17.00	18.00	105	155	1,000	—
1934S	3,652,000	9.00	10.00	12.00	17.00	42.00	105	345	3,000	—
1935	9,162,000	9.00	10.00	12.00	17.00	18.00	29.00	60.00	210	—
1935D	3,003,800	9.00	10.00	12.00	17.00	18.00	75.00	155	2,000	—
1935S	3,854,000	9.00	10.00	12.00	17.00	42.00	130	265	1,875	—
1936	12,617,901	9.00	10.00	12.00	17.00	18.00	29.00	42.00	240	3,100
1936D	4,252,400	9.00	10.00	12.00	17.00	18.00	42.00	95.00	400	—
1936S	3,884,000	9.00	10.00	12.00	17.00	18.00	75.00	165	575	—
1937	9,527,728	9.00	10.00	12.00	17.00	18.00	29.00	64.00	160	975
1937D	1,676,000	9.00	10.00	12.00	17.00	18.00	120	205	650	—
1937S	2,090,000	9.00	10.00	12.00	17.00	18.00	75.00	180	485	—
1938	4,118,152	9.00	10.00	12.00	17.00	18.00	50.00	100	255	785
1938D	491,600	65.00	75.00	90.00	105	170	220	485	1,175	—
1939	6,820,808	9.00	10.00	12.00	17.00	18.00	40.00	57.00	200	565
1939D	4,267,800	9.00	10.00	12.00	17.00	18.00	29.00	57.00	140	—
1939S	2,552,000	9.00	10.00	12.00	17.00	18.00	100	175	225	—
1940	9,167,279	9.00	10.00	12.00	17.00	18.00	29.00	50.00	158	575
1940S	4,550,000	9.00	10.00	12.00	17.00	18.00	50.00	65.00	325	—
1941	24,207,412	9.00	10.00	12.00	17.00	18.00	29.00	45.00	125	500
1941D	11,248,400	9.00	10.00	12.00	17.00	18.00	29.00	52.00	160	—
1941S Small S	8,098,000	9.00	10.00	12.00	17.00	18.00	43.00	85.00	610	—
1941S Large S	Inc. above	9.00	10.00	12.00	17.00	18.00	29.00	80.00	565	—
1942	47,839,120	9.00	10.00	12.00	17.00	18.00	29.00	47.00	130	600
1942D	10,973,800	9.00	10.00	12.00	17.00	18.00	29.00	52.00	205	—
1942S	12,708,000	9.00	10.00	12.00	17.00	18.00	29.00	52.00	300	—
1943	53,190,000	9.00	10.00	12.00	17.00	18.00	29.00	57.00	85.00	—
1943D	11,346,000	9.00	10.00	12.00	17.00	18.00	29.00	55.00	250	—
1943D Double Die Obverse	Inc. above	9.00	10.00	12.00	17.00	18.00	50.00	78.00	500	—
1943S	13,450,000	9.00	10.00	12.00	17.00	18.00	29.00	65.00	300	—
1944	28,206,000	9.00	10.00	12.00	17.00	18.00	29.00	62.00	85.00	—
1944D	9,769,000	9.00	10.00	12.00	17.00	18.00	29.00	62.00	135	—
1944S	8,904,000	9.00	10.00	12.00	17.00	18.00	30.00	67.00	285	—
1945	31,502,000	9.00	10.00	12.00	17.00	18.00	29.00	57.00	125	—
1945D	9,966,800	9.00	10.00	12.00	17.00	18.00	29.00	62.00	125	—
1945S	10,156,000	9.00	10.00	12.00	17.00	18.00	52.00	67.00	135	—
1946	12,118,000	9.00	10.00	12.00	17.00	18.00	29.00	57.00	90.00	—
1946 Double Die Reverse	Inc. above	—	—	80.00	90.00	100	155	400	1,800	—

Date	Mintage	G4	VG8	F12	VF20	XF40	AU50	MS60	MS65	PRF65
1946D	2,151,000	9.00	10.00	12.00	17.00	18.00	65.00	70.00	85.00	—
1946S	3,724,000	9.00	10.00	12.00	17.00	18.00	65.00	80.00	135	—
1947	4,094,000	9.00	10.00	12.00	17.00	18.00	29.00	58.00	135	—
1947D	3,900,600	9.00	10.00	12.00	17.00	18.00	58.00	68.00	135	—

Franklin Half Dollar
Franklin bust right obverse Liberty Bell, small eagle at right reverse

Mint mark

KM# 199 12.50 g., 0.900 Silver 0.3617 oz. ASW, 30.6 mm. **Designer:** John R. Sinnock **Note:** The type I reverse is distinguished by the eagle having four full feathers on the wing closest the bell, whereas the type II reverse eagle has three full feathers.

Date	Mintage	VG8	F12	VF20	XF40	AU50	MS60	MS65	65FBL	65CAM
1948	3,006,814	—	—	—	—	12.00	18.00	66.00	190	—
1948D	4,028,600	—	—	—	—	12.00	18.00	90.00	260	—
1949	5,614,000	—	—	—	—	15.00	33.00	100	250	—
1949D	4,120,600	—	—	—	—	24.00	48.00	350	1,750	—
1949S	3,744,000	—	—	—	—	33.00	70.00	130	700	—
1950	7,793,509	—	—	—	—	14.00	23.00	75.00	285	435
1950D	8,031,600	—	—	—	—	13.00	24.00	200	900	—
1951	16,859,602	—	—	—	—	12.00	15.00	44.00	340	350
1951D	9,475,200	—	—	—	—	22.00	33.00	125	540	—
1951S	13,696,000	—	—	—	—	15.00	22.00	70.00	750	—
1952	21,274,073	—	—	—	—	10.00	15.00	44.00	210	235
1952D	25,395,600	—	—	—	—	10.00	16.00	95.00	450	—
1952S	5,526,000	—	—	—	—	44.00	60.00	100	1,500	—
1953	2,796,920	—	—	—	—	20.00	22.00	63.00	1,000	175
1953D	20,900,400	—	—	—	—	10.00	16.00	88.00	400	—
1953S	4,148,000	—	—	—	—	22.00	28.00	65.00	160	—
1954	13,421,503	—	—	—	—	10.00	14.00	35.00	225	95.00
1954D	25,445,580	—	—	—	—	10.00	13.00	65.00	235	—
1954S	4,993,400	—	—	—	—	14.00	15.00	30.00	440	—
1955	2,876,381	—	—	—	—	14.00	17.00	37.00	140	85.00
1955 Bugs Bunny	Inc. above	15.00	17.00	19.00	21.00	22.00	25.00	95.00	750	—
1956 Type 1 rev.	4,701,384	—	—	—	—	10.00	15.00	25.00	125	50.00
1956 Type 2 rev.	Inc. above	—	—	—	—	—	—	—	—	48.00
1957 Type 1 rev.	6,361,952	—	—	—	—	10.00	14.00	28.00	95.00	—
1957 Type 2 rev.	Inc. above	—	—	—	—	—	—	—	—	35.00
1957D	19,966,850	—	—	—	—	10.00	14.00	30.00	100	—
1958 Type 1 rev.	4,917,652	—	—	—	—	10.00	13.00	26.00	110	—
1958 Type 2 rev.	Inc. above	—	—	—	—	15.00	20.00	—	—	42.00
1958D	23,962,412	—	—	—	—	10.00	13.00	26.00	80.00	—
1959 Type 1 rev.	7,349,291	—	—	—	—	10.00	13.00	44.00	250	—
1959 Type 2 rev.	Inc. above	—	—	—	—	16.00	25.00	90.00	—	48.00
1959D	13,053,750	—	—	—	—	10.00	14.00	55.00	215	—
1960 Type 1 rev.	7,715,602	—	—	—	—	10.00	14.00	79.00	340	—
1960 Type 2 rev.	Inc. above	—	—	—	—	—	—	—	—	48.00
1960D	18,215,812	—	—	—	—	10.00	14.00	155	1,350	—
1961 Type 1 rev.	11,318,244	—	—	—	—	10.00	14.00	36.00	1,300	—
1961 Type 2 rev.	Inc. above	—	—	—	—	—	—	—	—	45.00
1961 Double die rev.	Inc. above	—	—	—	—	—	—	—	—	3,000
1961D	20,276,442	—	—	—	—	10.00	14.00	90.00	875	—
1962 Type 1 rev.	12,932,019	—	—	—	—	10.00	14.00	66.00	1,850	—
1962 Type 2 rev.	Inc. above	—	—	—	—	—	—	—	—	42.00
1962D	35,473,281	—	—	—	—	10.00	13.00	60.00	800	—
1963 Type 1 rev.	25,239,645	—	—	—	—	10.00	13.00	25.00	1,200	—
1963 Type 2 rev.	Inc. above	—	—	—	—	—	—	—	—	42.00
1963D	67,069,292	—	—	—	—	10.00	13.00	26.00	165	—

HALF DOLLAR

HALF DOLLAR

1953 Half Dollar
Grade MS-60

■ Retail Price

Kennedy Half Dollar

Mint mark 1964

KM# 202 12.50 g., 0.900 Silver 0.3617 oz. ASW, 30.6 mm. **Obv. Designer:** Gilroy Roberts **Rev. Designer:** Frank Gasparro **Edge:** Reeded

Date	Mintage	MS60	MS65	PF65
1964	277,254,766	13.00	19.00	125
1964 Accented Hair	Inc. above	—	—	40.00
1964D	156,205,446	13.00	19.00	—

Mint mark 1968 - present

KM# 202a 11.50 g., 0.400 Silver 0.1479 oz. ASW, 30.6 mm. **Obv. Designer:** Gilroy Roberts **Rev. Designer:** Frank Gasparro **Edge:** Reeded

Date	Mintage	MS60	MS65	PF65
1965	65,879,366	6.10	14.50	—
1965 SMS	2,360,000	—	15.00	—
1966	108,984,932	6.10	22.50	—
1966 SMS	2,261,583	—	17.00	—
1967	295,046,978	6.10	18.50	—
1967 SMS	1,863,344	—	18.00	—
1968D	246,951,930	6.10	16.50	—
1968S	3,041,506	—	—	8.56
1969D	129,881,800	6.10	20.00	—
1969S	2,934,631	—	—	8.56
1970D	2,150,000	8.50	40.00	—
1970S	2,632,810	—	—	12.00

KM# 202b 11.34 g., Copper-Nickel Clad Copper, 30.6 mm. **Obv. Designer:** Gilroy Roberts **Rev. Designer:** Frank Gasparro

Date	Mintage	MS60	MS65	PF65
1971	155,640,000	1.00	17.50	—
1971D	302,097,424	1.00	12.00	—
1971S	3,244,183	—	—	5.00
1972	153,180,000	1.00	15.50	—
1972D	141,890,000	1.00	14.50	—
1972S	3,267,667	—	—	5.00
1973	64,964,000	1.00	20.00	—
1973D	83,171,400	—	12.00	—
1973S	2,769,624	—	—	5.00
1974	201,596,000	1.00	25.00	—
1974D	79,066,300	1.00	17.00	—
1974D DDO	Inc. above	32.00	165	—
1974S	2,617,350	—	—	5.00
1975 none minted	—	—	—	—
1975D none minted	—	—	—	—
1975S none minted	—	—	—	—

Independence Hall reverse

KM# 205 11.20 g., Copper-Nickel, 30.6 mm. **Obv. Designer:** Gilroy Roberts **Rev. Designer:** Seth Huntington

Date	Mintage	MS60	MS65	PF65
1976	234,308,000	1.00	16.50	—
1976D	287,565,248	1.00	14.00	—
1976S	7,059,099	—	—	5.00

Bicentennial design, Independence Hall reverse

KM# 205a 11.50 g., 0.400 Silver 0.1479 oz. ASW, 30.6 mm. **Rev. Designer:** Seth Huntington

Date	Mintage	MS60	MS65	PF65
1976S	4,908,319	—	12.00	8.70
1976S	3,998,621	—	—	8.70

Regular design resumed reverse

KM# A202b 11.34 g., Copper-Nickel Clad Copper, 30.61 mm. **Edge:** Reeded **Note:** KM#202b design and composition resumed. The 1979-S and 1981-S Type II proofs have clearer mint marks than the Type I proofs of those years.

Date	Mintage	MS65	PRF65
1977	43,598,000	12.50	—
1977D	31,449,106	16.50	—
1977S	3,251,152	—	4.50
1978	14,350,000	12.00	—
1978D	13,765,799	15.00	—
1978S	3,127,788	—	5.00
1979	68,312,000	13.50	—
1979D	15,815,422	13.50	—
1979S Type I	3,677,175	—	5.00
1979S Type II	Inc. above	—	18.00
1980P	44,134,000	12.50	—
1980D	33,456,449	17.50	—
1980S	3,547,030	—	5.00
1981P	29,544,000	9.00	—
1981D	27,839,533	12.00	—
1981S Type I	4,063,083	—	5.00
1981S Type II	Inc. above	—	18.50
1982P	10,819,000	18.50	—
1982P no initials FG	Inc. above	110	—
1982D	13,140,102	20.00	—
1982S	38,957,479	—	5.00
1983P	34,139,000	22.50	—
1983D	32,472,244	12.50	—
1983S	3,279,126	—	5.00
1984P	26,029,000	12.00	—
1984D	26,262,158	18.00	—
1984S	3,065,110	—	6.00
1985P	18,706,962	16.50	—
1985D	19,814,034	12.50	—
1985S	3,962,138	—	5.00
1986P	13,107,633	17.50	—
1986D	15,336,145	14.00	—
1986S	2,411,180	—	6.00
1987P	2,890,758	16.50	—
1987D	2,890,758	12.50	—
1987S	4,407,728	—	5.00
1988P	13,626,000	16.50	—
1988D	12,000,096	10.00	—
1988S	3,262,948	—	5.00
1989P	24,542,000	13.00	—
1989D	23,000,216	13.00	—
1989S	3,220,194	—	5.00
1990P	22,780,000	17.50	—
1990D	20,096,242	20.00	—
1990S	3,299,559	—	5.00
1991P	14,874,000	12.50	—
1991D	15,054,678	16.00	—
1991S	2,867,787	—	5.00
1992P	17,628,000	10.00	—
1992D	17,000,106	10.00	—
1992S	2,858,981	—	5.00
1993P	15,510,000	12.00	—
1993D	15,000,006	10.00	—
1993S	2,633,439	—	5.00
1994P	23,718,000	12.00	—
1994D	23,828,110	8.50	—
1994S	2,484,594	—	5.00
1995P	26,496,000	10.00	—
1995D	26,288,000	8.00	—
1995S	2,010,384	—	12.00
1996P	24,442,000	10.00	—
1996D	24,744,000	10.00	—
1996S	2,085,191	—	9.00
1997P	20,882,000	14.00	—
1997D	19,876,000	13.50	—
1997S	1,975,000	—	10.00
1998P	15,646,000	12.50	—
1998D	15,064,000	12.50	—
1998S	2,078,494	—	7.00

Date	Mintage	MS65	PRF65
1999P	8,900,000	11.00	—
1999D	10,682,000	10.00	—
1999S	2,557,897	—	8.00
2000P	22,600,000	12.00	—
2000D	19,466,000	12.00	—
2000S	3,082,944	—	5.00
2001P	21,200,000	10.00	—
2001D	19,504,000	9.00	—
2001S	2,235,000	—	5.00
2002P	3,100,000	10.00	—
2002D	2,500,000	10.50	—
2002S	2,268,913	—	5.00
2003P	2,500,000	6.00	—
2003D	2,500,000	6.00	—
2003S	2,076,165	—	5.00
2004P	2,900,000	4.50	—
2004D	2,900,000	4.50	—
2004S	1,789,488	—	6.00
2005P	3,800,000	6.00	—
2005P Satin finish	1,160,000	8.00	—
2005D	3,500,000	5.00	—
2005D Satin finish	1,160,000	10.00	—
2005S	2,275,000	—	5.00
2006P	2,400,000	4.50	—
2006P Satin finish	847,361	12.00	—
2006D	2,000,000	4.50	—
2006D Satin finish	847,361	14.00	—
2006S	1,934,965	—	6.00
2007P	2,400,000	4.50	—
2007P Satin finish	—	8.00	—
2007D	2,400,000	4.50	—
2007D Satin finish	—	8.00	—
2007S	1,702,116	—	6.00
2008P	1,700,000	4.50	—
2008P Satin finish	—	8.50	—
2008D	1,700,000	4.50	—
2008D Satin finish	—	8.50	—
2008S	1,405,674	—	9.00
2009P	1,900,000	4.50	—
2009P Satin finish	—	8.50	—
2009D	1,900,000	4.50	—
2009D Satin finish	—	8.50	—
2009S	1,482,502	—	6.00
2010P	1,800,000	4.50	—
2010P Satin finish	—	8.50	—
2010D	1,700,000	4.50	—
2010D Satin finish	—	8.50	—
2010S	1,103,815	—	13.00
2011P	1,750,000	4.50	—
2011D	1,700,000	4.50	—
2011S	1,098,835	—	9.00
2012P	1,800,000	4.50	—
2012D	1,700,000	4.50	—
2012S	841,972	—	9.00
2013P	5,000,000	4.50	—
2013D	4,600,000	4.50	—
2013S	821,031	—	9.00
2014D	2,445,813	4.50	—
2014P	2,845,813	4.50	—
2014S	761,641	—	9.00

KM# A202c 12.50 g., 0.900 Silver 0.3617 oz. ASW, 30.6 mm. **Designer:** Gilroy Roberts

Date	Mintage	PRF65
1992S	1,317,579	13.20
1993S	761,353	15.20
1994S	785,329	13.20
1995S	838,953	46.00
1996S	830,021	15.20
1997S	821,678	35.00
1998S Matte Finish	62,350	—
1998S	878,792	13.20
1999S	804,565	15.20
2000S	965,921	13.20
2001S	849,600	13.20
2002S	888,816	13.20
2003S	1,040,425	13.20
2004S	1,175,935	13.20
2005S	1,069,679	14.20
2006S	988,140	14.20
2007S	1,384,797	15.70
2008S	620,684	14.20
2009S	697,365	13.20
2010S	585,401	14.20
2011S	574,175	14.20
2012S	395,443	175
2013S	451,342	14.20
2014S	467,074	12.00

Restored 1964 portrait obverse

KM# A202b.1 11.34 g., Copper-Nickel Clad Copper, 30.61 mm. **Subject:** 50th anniversary of Kennedy half dollar **Edge:** Reeded

Date	Mintage	MS65	PRF65
2014P	197,608	6.00	—
Note: In anniversary sets only.			
2014D	197,608	6.00	—
Note: In anniversary sets only.			
2015P	2,512,561	4.50	—
2015D	2,512,561	4.50	—
2015S	462,393	—	9.00
2016P	2,100,000	4.50	—
2016D	2,100,000	4.50	—
2016S	—	—	9.00
2017P	—	4.50	—
2017D	—	4.50	—
2017S Enhanced Unc.	225,000	15.00	—
2017S	—	—	9.00

KM# A202c.1 12.50 g., 0.900 Silver 0.3617 oz. ASW, 30.61 mm. **Subject:** 50th anniversary of Kennedy half dollar **Note:** In anniversary sets only.

Date	Mintage	PRF65
2014D	221,134	—

KM# A202c.2 12.50 g., 0.900 Silver 0.3617 oz. ASW, 30.61 mm. **Subject:** 50th anniversary of Kennedy half dollar **Note:** In anniversary sets only.

Date	Mintage	PRF65
2014S Enhanced Unc.	221,134	—

KM# A202c.3 12.50 g., 0.900 Silver 0.3617 oz. ASW, 30.61 mm. **Subject:** 50th anniversary of Kennedy half dollar

Date	Mintage	PRF65
2014P	221,134	30.00
Note: In anniversary sets only.		
2015S	247,790	9.00
2016S	—	9.00
2017S	—	9.00

KM# A202c.4 12.50 g., 0.900 Silver 0.3617 oz. ASW, 30.61 mm. **Subject:** 50th anniversary of Kennedy half dollar **Note:** In anniversary sets only.

Date	Mintage	PRF65
2014W	221,134	30.00
Note: Reverse Proof		

KM# 587 23.33 g., 0.9999 Gold 0.750 oz. AGW, 30.61 mm. **Subject:** John F. Kennedy Half Dollar, 50th Anniversary **Obv. Designer:** Gilroy Roberts **Rev. Designer:** Frank Gasparro

Date	Mintage	PRF65
1964-2014W	73,772	1,500

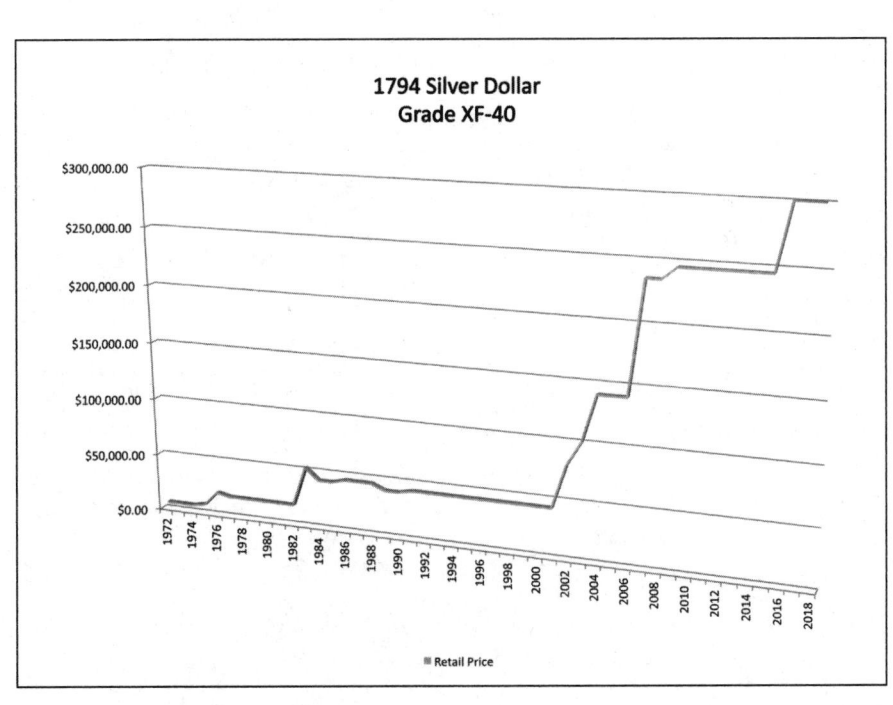

HALF DOLLAR

DOLLAR
Flowing Hair Dollar

KM# 17 26.96 g., 0.892 Silver 0.7732 oz. ASW, 39-40 mm. **Designer:** Robert Scot **Note:** The two 1795 varieties have either two or three leaves under each of the eagle's wings on the reverse.

Date	Mintage	F12	VF20	XF40	AU50	MS60	MS63
1794	1,758	125,000	155,000	300,000	500,000	1,000,000	1,500,000
1795 2 leaves	203,033	3,700	5,600	10,750	19,500	63,000	135,000
1795 3 leaves	Inc. above	4,000	5,600	10,750	20,000	63,000	135,000
1795 Silver plug	Inc. above	15,500	21,000	28,500	48,500	115,000	235,000

Draped Bust Dollar
Small eagle reverse

KM# 18 26.96 g., 0.892 Silver 0.7732 oz. ASW, 39-40 mm. **Designer:** Robert Scot

Date	Mintage	F12	VF20	XF40	AU50	MS60	MS63
1795 Off-center bust	Inc. above	3,300	4,500	7,450	14,750	41,000	125,000
1795 Centered bust	—	3,300	4,500	7,450	14,750	41,000	115,000
1796 small date, small letters	72,920	3,300	4,500	7,450	14,750	54,000	175,000
1796 small date, large letters	Inc. above	3,300	4,500	7,450	14,750	95,000	—
1796 large date, small letters	Inc. above	3,300	4,500	7,450	14,750	95,000	165,000
1797 9 stars left, 7 stars right, small letters	7,776	4,200	6,000	14,750	31,000	65,000	—
1797 9 stars left, 7 stars right, large letters	Inc. above	3,500	4,500	7,450	12,950	70,000	210,000
1797 10 stars left, 6 stars right	Inc. above	3,300	5,600	7,450	14,750	65,000	112,000
1798 13 stars	327,536	3,300	4,500	7,450	23,000	113,000	—
1798 15 stars	Inc. above	4,700	7,450	16,150	25,500	95,000	—

Draped bust right, flanked by stars, date below obverse   Heraldic eagle reverse

KM# 32 26.96 g., 0.892 Silver 0.7732 oz. ASW, 39-40 mm. **Obv. Legend:** LIBERTY **Rev. Legend:** UNITED STATES OF AMERICA **Designer:** Robert Scot **Note:** The 1798 "knob 9" variety has a serif on the lower left of the 9 in the date. The 1798 varieties are distinguished by the number of arrows held by the eagle on the reverse and the number of berries on the olive branch. On the 1798 "high-8" variety, the 8 in the date is higher than the other numerals. The 1799 varieties are distinguished by the number and positioning of the stars on the obverse and by the size of the berries in the olive branch on the reverse. On the 1700 "irregular date" variety, the first 9 in the date is smaller than the other numerals. Some varieties of the 1800 strikes had letters in the legend cut twice into the dies; as between the numerals in the date are wider than other varieties and the 8 is lower than the other numerals. The 1800 "small berries" variety refers to the size of the berries in the olive branch on the reverse. The 1800 "12 arrows" and "10 arrows" varieties refer to the number of arrows held by the eagle. The 1800 "Americai" variety appears to have the faint outline of an "I" after "America" in the reverse legend. The "close" and "wide" varieties of the 1802 refer to the amount of space between the numerals in the date. The 1800 large-3 and small-3 varieties are distinguished by the size of the 3 in the date.

Date	Mintage	F12	VF20	XF40	AU50	MS60	MS63
1798 knob 9, 4 stripes	423,515	1,475	2,500	5,500	8,100	23,000	57,000
1798 knob 9, 10 arrows	Inc. above	1,475	2,500	5,500	8,100	23,000	57,000
1798 knob 9, 5 stripes	Inc. above	—	—	—	—	—	124,500
1798 pointed 9, 4 berries	Inc. above	1,475	2,500	5,500	8,100	23,000	57,000
1798 5 berries, 12 arrows	Inc. above	1,475	2,500	5,500	8,100	23,000	57,000
1798 high 8	Inc. above	1,475	2,500	5,500	8,100	23,000	57,000
1798 13 arrows	Inc. above	1,475	2,500	5,500	8,100	23,000	57,000
1799/98 13-star reverse	Inc. above	1,475	2,500	5,500	8,100	20,000	54,000
1799/98 15-star reverse	Inc. above	1,475	2,500	5,500	8,100	20,000	54,000
1799 irregular date, 13-star reverse	Inc. above	1,475	2,500	5,500	8,100	23,000	200,000
1799 irregular date, 15-star reverse	Inc. above	1,475	2,500	5,500	8,100	23,000	200,000
1799 perfect date, 7- and 6-star obverse, no berries	Inc. above	1,475	2,500	5,500	8,100	23,000	200,000
1799 perfect date, 7- and 6-star obverse, small berries	Inc. above	1,475	2,500	4,400	8,100	23,000	200,000
1799 perfect date, 7- and 6-star obverse, medium large berries	Inc. above	1,475	2,500	4,000	8,100	23,000	200,000
1799 perfect date, 7- and 6-star obverse, extra large berries	Inc. above	1,475	2,500	5,500	7,400	23,000	200,000
1799 8 stars left, 5 stars right on obverse	Inc. above	1,475	2,500	5,500	7,400	23,000	200,000
1800 "R" in "Liberty" double cut	220,920	1,475	2,500	5,500	8,100	23,000	107,000
1800 first "T" in "States" double cut	Inc. above	1,475	2,500	5,500	8,100	23,000	107,000
1800 both letters double cut	Inc. above	1,475	2,500	5,500	8,100	23,000	107,000
1800 "T" in "United" double cut	Inc. above	1,475	2,500	5,500	8,100	23,000	107,000
1800 very wide date, low 8	Inc. above	1,550	2,500	5,500	8,100	23,000	—
1800 small berries	Inc. above	1,475	2,500	5,500	8,100	23,000	107,000
1800 dot date	Inc. above	1,475	2,500	5,500	8,100	23,000	107,000
1800 12 arrows	Inc. above	1,475	2,500	5,500	8,100	23,000	—
1800 10 arrows	Inc. above	1,475	2,500	5,500	8,100	23,000	—
1800 Americai	Inc. above	1,475	2,500	5,500	8,100	23,000	107,000
1801	54,454	1,690	3,000	5,500	7,700	28,000	68,000
1801 proof restrike	—	—	—	—	—	—	—
1802/1 close	Inc. above	2,300	2,600	4,500	7,500	25,500	—
1802/1 wide	Inc. above	2,300	2,600	4,500	7,500	25,500	—
1802 close, perfect date	Inc. above	1,675	2,500	4,600	7,500	23,000	60,000
1802 wide, perfect date	Inc. above	1,675	2,500	4,600	7,500	23,000	55,000
1802 proof restrike, mintage unrecorded	—	—	—	—	—	—	—
1803 large 3	85,634	1,700	2,400	4,700	7,500	28,000	112,000
1803 small 3	Inc. above	1,700	2,500	4,700	7,500	24,000	54,000
1803 proof restrike, mintage unrecorded	—	—	—	—	—	—	—
1804 15 known	—	—	—	—	—	—	—

Note: 1804, Childs Sale, Aug. 1999, Prf-68, $4,140,000.

Gobrecht Dollar

C Gobrecht F. in base obverse   Eagle flying left amid stars reverse

KM# 59.1 26.73 g., 0.900 Silver 0.7734 oz. ASW, 38.1 mm. **Obv. Designer:** Christian Gobrecht **Rev. Legend:** UNITED STATES OF AMERICA **Edge:** Plain.

Date	Mintage	G4	VG8	F12	VF20	XF40	AU50	MS60	MS63	MS65	PRF65
1836	1,000	—	—	—	11,500	14,850	18,000	—	—	—	75,000

C. Gobrecht F. in base obverse   Eagle flying in plain field reverse

KM# 59.2 26.73 g., 0.900 Silver 0.7734 oz. ASW, 38.1 mm. **Obv. Designer:** Christian Gobrecht. **Edge:** Plain.

Date	Mintage	G4	VG8	F12	VF20	XF40	AU50	MS60	MS63	MS65	PRF65
1836 Restrike	—	—	—	—	—	17,500	—	—	—	—	68,000

DOLLAR

C. Gobrecht F. in base obverse

KM# **59a.1** 26.73 g., 0.900 Silver 0.7734 oz. ASW, 38.1 mm. **Obv. Legend:** Eagle flying left amid stars. **Edge:** Plain.

Date	Mintage	G4	VG8	F12	VF20	XF40	AU50	MS60	MS63	MS65	PRF65
1836	600	—	—	—	—	—	—	—	—	—	—

C. Gobrecht F. in base obverse   Eagle flying left amid stars reverse

KM# **59a.2** 26.73 g., 0.900 Silver 0.7734 oz. ASW, 38.1 mm. **Edge:** Reeded.

Date	Mintage	G4	VG8	F12	VF20	XF40	AU50	MS60	MS63	MS65	PRF65
1836 Restrike	—	—	—	—	—	—	—	—	—	—	—

Designer's name omitted in base obverse   Eagle in plain field reverse

KM# **59a.3** 26.73 g., 0.900 Silver 0.7734 oz. ASW, 38.1 mm. **Edge:** Reeded.

Date	Mintage	G4	VG8	F12	VF20	XF40	AU50	MS60	MS63	MS65	PRF65
1839	300	—	—	—	—	—	27,500	—	—	—	95,000

Designer's name omitted in base obverse   Eagle in plain field reverse

KM# **59a.4** 26.73 g., 0.900 Silver 0.7734 oz. ASW, 38.1 mm.

Date	Mintage	G4	VG8	F12	VF20	XF40	AU50	MS60	MS63	MS65	PRF65
1839 Restrike	—	—	—	—	—	—	26,500	—	—	—	90,000

Note: All other combinations are restrikes of the late 1850's.

Seated Liberty Dollar
Seated Liberty, date below obverse   No motto above eagle reverse

KM# **71** 26.73 g., 0.900 Silver 0.7734 oz. ASW, 38.1 mm. **Rev. Legend:** UNITED STATES OF AMERICA **Designer:** Christian Gobrecht

Date	Mintage	G4	VG8	F12	VF20	XF40	AU50	MS60	MS63	MS65	PRF65
1840	61,005	265	275	420	435	700	1,200	6,000	14,000	—	76,000
1841	173,000	265	275	420	435	525	900	2,200	7,500	28,000	220,000

Date	Mintage	G4	VG8	F12	VF20	XF40	AU50	MS60	MS63	MS65	PRF65
1842	184,618	265	275	420	435	520	825	2,200	3,400	—	76,000
1843	165,100	265	275	420	435	575	875	2,000	6,000	—	125,000
1844	20,000	300	350	420	500	800	1,400	4,850	12,000	—	72,000
1845	24,500	300	350	420	500	825	1,325	6,000	31,000	—	55,000
1846	110,600	265	300	420	435	520	860	2,100	5,000	65,000	95,000
1846O	59,000	300	340	420	500	700	1,225	5,800	17,000	—	—
1847	140,750	265	275	420	435	520	925	2,650	4,200	57,000	60,000
1848	15,000	350	450	550	650	1,650	2,000	6,600	12,000	—	62,000
1849	62,600	300	350	400	500	600	900	2,300	5,650	85,000	66,000
1850	7,500	500	600	750	1,000	1,800	3,000	6,300	14,000	—	42,000
1850O	40,000	300	400	460	700	1,500	3,000	9,500	22,000	—	—
1851	1,300	5,000	9,500	9,800	10,000	17,000	23,000	33,000	50,000	120,000	80,000
1851 Restrike	—	—	—	—	—	—	—	—	—	—	75,000
1852	1,100	2,200	2,700	3,600	5,100	16,000	25,000	30,000	60,000	120,000	80,000
1852 Restrike	—	—	—	—	—	—	—	—	—	—	53,000
1853	46,110	350	450	550	650	1,000	1,200	3,200	5,000	72,000	82,000
1853 Restrike	—	—	—	—	—	—	—	—	—	—	—
1854	33,140	1,200	1,600	2,200	3,000	4,000	5,800	9,200	18,000	85,000	65,000
1855	26,000	1,000	1,250	1,750	2,600	3,800	5,000	8,750	30,000	—	45,000
1856	63,500	450	600	800	1,300	1,700	2,900	4,300	10,000	—	26,000
1857	94,000	450	600	800	1,300	1,800	3,000	4,400	5,800	72,000	24,000
1858 proof only	Est. 800	—	—	3,200	3,800	5,850	6,800	—	—	—	32,000
Note: Later restrike.											
1859	256,500	300	350	450	590	800	1,100	2,500	5,200	72,000	10,000
1859O	360,000	300	350	375	410	550	730	1,775	3,200	42,000	—
1859S	20,000	500	660	900	1,325	1,725	3,400	8,800	18,000	—	—
1860	218,930	340	380	430	535	775	900	2,100	4,425	45,000	10,000
1860O	515,000	305	340	375	410	525	760	1,700	2,800	48,000	—
1861	78,500	425	550	800	1,100	2,200	2,600	33,000	6,600	51,000	10,000
1862	12,090	425	550	800	1,500	2,600	3,200	6,000	9,100	55,000	10,000
1863	27,660	400	850	1,200	1,700	2,600	2,750	3,600	5,400	46,000	10,000
1864	31,170	350	450	725	900	1,300	2,525	3,750	8,800	48,000	10,000
1865	47,000	400	550	650	850	1,625	2,300	4,400	8,000	75,000	10,000
1866 2 known without motto	—	—	—	—	—	—	—	—	—	—	—

Seated Liberty, date below obverse   IN GOD WE TRUST above eagle reverse

KM# 100 26.73 g., 0.900 Silver 0.7734 oz. ASW, 38.1 mm. **Rev. Legend:** UNITED STATES OF AMERICA
Designer: Christian Gobrecht **Note:** In 1866 the motto was added to the reverse above the eagle.

Date	Mintage	G4	VG8	F12	VF20	XF40	AU50	MS60	MS63	MS65	PRF65
1866	49,625	290	300	360	500	880	1,100	2,200	4,500	75,000	9,500
1867	47,525	290	300	360	575	975	1,225	2,200	4,500	50,000	9,500
1868	162,700	280	300	400	575	880	1,175	2,000	6,300	75,000	9,500
1869	424,300	290	300	360	500	600	1,175	2,200	4,600	75,000	9,500
1870	416,000	265	275	300	420	490	700	1,800	4,000	45,000	9,500
1870CC	12,462	700	1,000	1,225	1,700	4,250	6,000	24,000	36,750	—	—
1870S 12-15 known	—150,000	200,000	275,000	400,000	500,000	850,000	1,500,000	—	—	—
Note: 1870S, Eliasberg Sale, April 1997, EF-45 to AU-50, $264,000.											
1871	1,074,760	265	275	290	420	450	700	1,700	3,300	52,000	9,500
1871CC	1,376	2,200	3,000	4,500	6,000	11,000	20,000	55,000	147,000	225,000	—
1872	1,106,450	265	275	290	420	490	800	1,900	3,200	50,000	9,500
1872CC	3,150	1,600	2,000	2,400	3,100	5,900	8,000	21,000	75,000	100,000	—
1872S	9,000	580	725	810	900	1,610	2,800	7,000	26,000	—	—
1873	293,600	265	275	300	420	490	700	1,600	3,300	8,000	9,500

Date	Mintage	G4	VG8	F12	VF20	XF40	AU50	MS60	MS63	MS65	PRF65
1873CC	2,300	7,000	9,500	13,000	18,000	23,000	40,000	110,000	—	—	—
1873S none known	700	—	—	—	—	—	—	—	—	—	—

Trade Dollar
Seated Liberty, IN GOD WE TRUST in base above date obverse
TRADE DOLLAR below eagle reverse

KM# 108 27.22 g., 0.900 Silver 0.7876 oz. ASW, 38.1 mm. **Rev. Legend:** UNITED STATES OF AMERICA.
Designer: William Barber

Date	Mintage	G4	VG8	F12	VF20	XF40	AU50	MS60	MS65	PRF65
1873	397,500	110	125	130	145	225	280	525	9,500	7,000
1873CC	124,500	250	300	450	600	1,525	2,500	7,100	95,000	—
1873S	703,000	110	125	130	150	225	350	1,200	24,000	—
1874	987,800	110	125	130	145	225	350	2,100	13,000	5,900
1874CC	1,373,200	200	250	300	400	825	2,700	2,500	30,000	—
1874S	2,549,000	110	125	130	135	225	880	1,400	14,500	—
1875	218,900	320	400	500	700	975	1,225	2,125	13,000	8,750
1875CC	1,573,700	250	280	425	400	500	700	2,000	32,000	—
1875S	4,487,000	110	120	125	135	225	300	880	7,900	—
1875S/CC	Inc. above	175	225	325	450	775	1,200	4,500	48,000	—
1876	456,150	325	425	550	700	1,125	300	925	7,900	5,900
1876CC	509,000	370	500	600	800	1,350	1,400	6,600	64,000	—

1875 Trade Dollar
Grade F-12

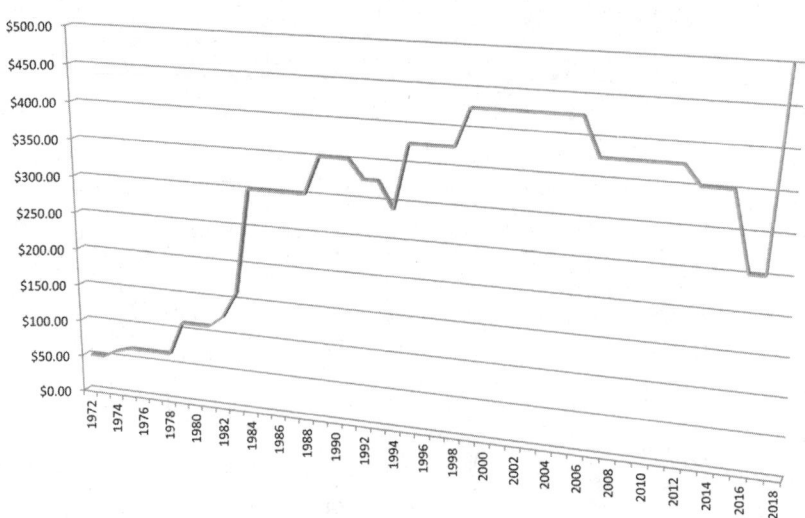

III Retail Price

Date	Mintage	G4	VG8	F12	VF20	XF40	AU50	MS60	MS65	PRF65
1876CC DDR	Inc. above	—	—	375	650	1,250	2,000	8,500	—	—
1876S	5,227,000	100	120	125	130	225	300	880	11,000	—
1877	3,039,710	100	120	125	130	225	300	880	7,900	5,900
1877CC	534,000	370	500	600	825	1,200	1,900	4,000	60,000	—
1877S	9,519,000	110	120	125	130	265	350	900	7,900	—
1878 proof only	900	700	800	900	1,000	1,100	1,200	—	—	5,900
1878CC	97,000	550	800	1,200	1,700	3,400	6,500	15,000	130,000	—
1878S	4,162,000	110	120	125	130	225	300	850	7,900	—
1879 proof only	1,541	600	700	800	900	1,000	1,100	—	—	5,900
1880 proof only	1,987	600	700	800	900	1,000	1,100	—	—	5,900
1881 proof only	960	600	700	800	900	1,000	1,100	—	—	5,900
1882 proof only	1,097	600	700	800	900	1,000	1,100	—	—	5,900
1883 proof only	979	600	700	800	900	1,000	1,100	—	—	5,900
1884 proof only	10	—	—	—	—	—	—	—	—	750,000

Note: 1884, Eliasberg Sale, April 1997, Prf-66, $396,000.

| 1885 proof only | 5 | — | — | — | — | — | — | — | — | — |

Note: 1885, Eliasberg Sale, April 1997, Prf-65, $907,500.

Morgan Dollar
Laureate head left, date below flanked by stars obverse
Eagle within 1/2 wreath reverse

7 Tail feathers   7/8 Tail feathers   8 Tail feathers

KM# 110 26.73 g., 0.900 Silver 0.7734 oz. ASW, 38.1 mm. **Obv. Legend:** E PLURIBUS UNUM **Rev. Legend:** UNITED STATES OF AMERICA **Designer:** George T. Morgan **Note:** 65DMPL values are for coins grading MS-65 deep-mirror prooflike. The 1878 "8 tail feathers" and "7 tail feathers" varieties are distinguished by the number of feathers in the eagle's tail. On the "reverse of 1878" varieties, the top of the top feather in the arrows held by the eagle is straight across and the eagle's breast is concave. On the "reverse of 1879 varieties," the top feather in the arrows held by the eagle is slanted and the eagle's breast is convex. The 1890-CC "tail-bar" variety has a bar extending from the arrow feathers to the wreath on the reverse, the result of a die gouge. The Pittman Act of 1918 authorized the melting of 270 Million pieces of various dates. They were not individually recorded.

Date	Mintage	VG8	F12	VF20	XF40	AU50	MS60	MS63	MS64	MS65	65DMPL	PRF65
1878 8 tail feathers	750,000	80.00	85.00	90.00	95.00	125	200	295	420	1,125	20,000	9,000
1878 7 over 8 tail feathers	9,759,550	57.00	58.00	60.00	65.00	85.00	220	267	522	1,400	14,500	—
1878 7 tail feathers, reverse of 1878	—	57.00	58.00	60.00	65.00	80.00	85.00	145	245	900	9,250	11,000
1878 7 tail feathers, reverse of 1879	—	57.00	58.00	60.00	65.00	80.00	130	165	496	1,520	21,250	135,000
1878CC	2,212,000	115	125	130	150	230	440	572	587	1,350	9,100	—
1878S	9,744,000	55.00	58.00	65.00	67.00	76.00	90.00	103	132	250	8,500	—
1879	14,807,100	30.00	31.00	33.00	38.00	44.00	80.00	110	145	685	10,000	6,800
1879CC	756,000	200	230	340	1,675	2,700	5,200	7,200	8,900	22,000	34,000	—
1879CC capped CC	—	170	200	320	725	1,670	4,250	6,250	7,825	39,500	54,000	—
1879O	2,887,000	53.00	56.00	57.00	58.00	65.00	100	315	606	2,600	20,000	—

DOLLAR

Date	Mintage	VG8	F12	VF20	XF40	AU50	MS60	MS63	MS64	MS65	65DMPL	PRF65
1879S reverse of 1878	9,110,000	65.00	68.00	72.00	80.00	90.00	275	750	1,562	5,000	16,000	—
1879S reverse of 1879	—	30.00	31.00	33.00	38.00	44.00	70.00	73.00	80.00	140	1,200	—
1880	12,601,335	30.00	31.00	33.00	38.00	44.00	70.00	103	130	782	4,800	6,800
1880CC reverse of 1878	591,000	155	185	205	220	295	575	660	925	1,100	15,000	—
1880CC 80/79 reverse of 1878	—	200	240	280	345	420	650	782	1,175	4,100	—	—
1880CC 8/7 reverse of 1878	—	180	210	245	300	370	610	760	1,310	2,900	—	—
1880CC reverse of 1879	—	150	200	240	250	350	490	627	625	1,000	7,000	—
1880CC 8/7 high 7 reverse of 1879	—	185	215	255	300	365	535	695	785	1,900	—	—
1880CC 8/7 low 7 reverse of 1879	—	185	215	255	300	355	535	695	785	1,900	10,500	—
1880O	5,305,000	30.00	31.00	33.00	38.00	44.00	110	457	1,425	14,000	62,500	—
1880S	8,900,000	30.00	31.00	33.00	38.00	44.00	55.00	67.00	80.00	140	1,250	—
1880S 8/7 crossbar	—	67.00	68.00	75.00	77.00	110	120	360	435	550	—	—
1881	9,163,975	30.00	46.00	46.00	49.00	59.00	70.00	85.00	165	535	12,250	5,200
1881CC	296,000	345	350	360	375	400	460	587	632	775	3,200	—
1881O	5,708,000	44.00	44.00	46.00	46.00	49.00	70.00	86.00	185	900	10,250	—
1881S	12,760,000	30.00	31.00	45.00	56.00	60.00	65.00	75.00	80.00	140	900	—
1882	11,101,100	30.00	31.00	35.00	36.00	42.00	50.00	80.00	115	325	6,000	5,000
1882CC	1,133,000	100	102	105	110	145	225	250	265	550	1,900	—
1882O	6,090,000	51.00	52.00	53.00	53.00	59.00	65.00	75.00	115	750	3,450	—
1882O/S	—	58.00	59.00	70.00	71.00	100	175	525	1,670	51,000	55,000	—
1882S	9,250,000	30.00	32.00	45.00	56.00	69.00	78.00	88.00	85.00	135	2,750	—
1883	12,291,039	30.00	45.00	46.00	46.00	54.00	67.00	70.00	93.00	170	1,475	5,200
1883CC	1,204,000	105	107	110	115	155	225	230	250	425	1,200	—
1883O	8,725,000	30.00	31.00	45.00	56.00	64.00	70.00	81.00	85.00	140	1,150	—
1883S	6,250,000	30.00	31.00	46.00	65.00	125	1,025	2,400	4,300	39,500	—	—
1884	14,070,875	30.00	31.00	48.00	48.00	54.00	65.00	90.00	105	235	3,950	4,800
1884CC	1,136,000	137	150	155	158	160	175	255	250	400	1,500	—
1884O	9,730,000	30.00	31.00	45.00	56.00	63.00	70.00	72.00	85.00	160	950	—
1884S	3,200,000	30.00	31.00	56.00	80.00	205	9,000	47,000	130,000	225,000	215,000	—
1885	17,787,767	30.00	31.00	34.00	35.00	40.00	50.00	60.00	85.00	160	1,050	4,600
1885CC	—	550	575	625	628	640	645	730	755	940	2,400	—
1885O	9,185,000	30.00	31.00	45.00	56.00	64.00	70.00	72.00	85.00	160	1,065	—
1885S	1,497,000	21.05	60.00	70.00	110	275	350	600	1,725	40,000	—	—
1886	19,963,886	30.00	31.00	45.00	56.00	64.00	70.00	81.00	85.00	155	1,000	5,200
1886O	10,710,000	44.00	45.00	57.00	57.00	95.00	1,100	2,950	9,300	145,000	—	—
1886S	750,000	65.00	67.00	67.00	100	150	380	460	680	1,625	26,000	—
1887	20,290,710	30.00	31.00	45.00	56.00	64.00	70.00	81.00	85.00	160	1,125	5,600
1887/6	—	58.00	59.00	60.00	61.00	160	335	500	600	1,700	23,000	—
1887O	11,550,000	30.00	31.00	45.00	57.00	68.00	98.00	150	355	1,650	16,000	—
1887/6O	—	48.00	59.00	55.00	57.00	225	525	2,495	4,000	33,750	—	—
1887S	1,771,000	30.00	45.00	46.00	47.00	57.00	145	260	570	1,595	25,300	—
1888	19,183,833	30.00	45.00	48.00	48.00	59.00	60.00	75.00	95.00	200	2,250	5,200
1888O	12,150,000	30.00	45.00	46.00	47.00	60.00	75.00	75.00	110	475	4,000	—
1888O Hot Lips	—	80.00	145	300	700	3,100	—	—	—	—	—	—
1888S	657,000	105	140	150	—	175	345	390	750	2,750	—	—
1889	21,726,811	30.00	31.00	45.00	55.00	68.00	80.00	82.00	75.00	250	3,400	5,200
1889CC	350,000	575	775	1,000	4,000	6,950	26,750	47,000	95,000	278,000	—	—
1889O	11,875,000	17.05	45.00	48.00	50.00	54.00	220	3,655	725	3,750	26,500	—
1889S	700,000	53.00	65.00	80.00	85.00	135	300	405	600	1,600	29,500	—
1890	16,802,590	30.00	25.05	45.00	57.00	65.00	70.00	85.00	160	1,275	15,000	5,200
1890CC	2,309,041	95.00	97.00	105	120	195	475	950	1,285	3,000	11,500	—
1890CC tail bar	—	125	145	245	390	700	1,450	3,300	4,700	—	—	—
1890O	10,701,000	30.00	31.00	45.00	56.00	61.00	85.00	135	300	1,375	9,750	—
1890S	8,230,373	30.00	31.00	45.00	56.00	61.00	85.00	125	235	900	9,000	—
1891	8,694,206	30.00	31.00	56.00	56.00	58.00	80.00	210	500	3,400	24,500	4,800
1891CC	1,618,000	120	124	132	170	320	480	750	1,075	3,250	28,000	—
1891CC Spitting Eagle	—	105	115	135	185	260	605	850	1,375	5,500	—	—
1891O	7,954,529	30.00	31.00	45.00	58.00	64.00	210	330	675	5,000	32,000	—
1891S	5,296,000	30.00	31.00	45.00	55.00	61.00	100	150	280	1,125	18,000	—
1892	1,037,245	30.00	48.00	49.00	52.00	100	290	495	890	2,800	18,000	4,500

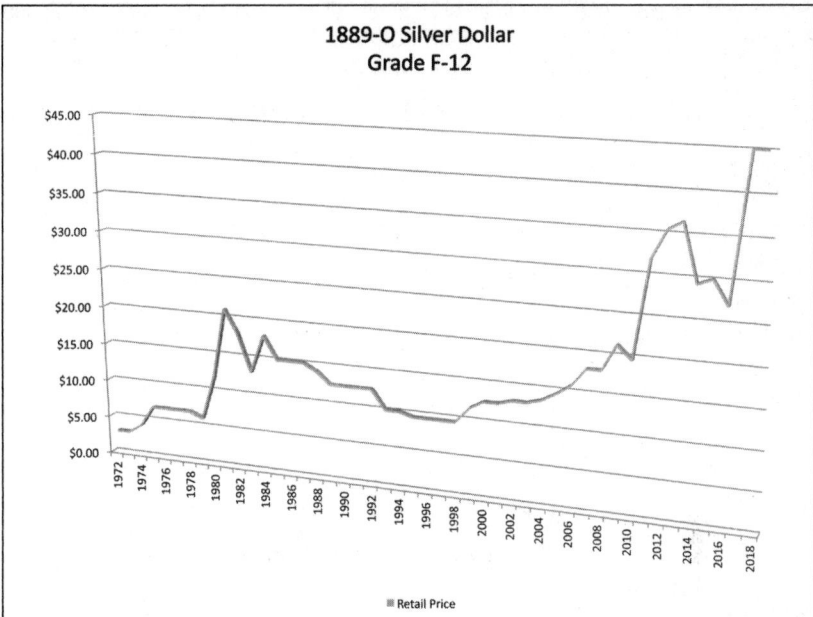

1889-O Silver Dollar
Grade F-12

Retail Price

Date	Mintage	VG8	F12	VF20	XF40	AU50	MS60	MS63	MS64	MS65	65DMPL	PRF65
1892CC	1,352,000	190	210	260	390	655	1,325	2,250	3,250	6,275	32,500	—
1892O	2,744,000	17.05	25.05	45.00	56.00	78.00	345	460	750	3,700	45,000	—
1892S	1,200,000	45.00	50.00	125	210	1,375	39,000	77,500	105,000	150,000	175,000	—
1893	378,792	165	170	190	210	365	925	2,450	2,400	10,000	—	5,200
1893CC	677,000	370	420	575	1,000	2,175	5,000	6,875	14,000	77,000	85,500	—
1893O	300,000	210	230	380	410	775	3,325	7,000	15,250	165,000	210,000	—
1893S	100,000	2,500	3,825	4,800	7,100	20,500	150,000	300,000	350,000	700,000	650,000	—
1894	110,972	680	700	770	880	1,150	2,900	5,000	8,400	35,000	80,000	6,400
1894O	1,723,000	43.00	48.00	50.00	65.00	155	1,325	5,500	8,600	56,000	58,000	—
1894S	1,260,000	58.00	60.00	95.00	130	450	900	1,275	2,950	5,795	—	—
1895 proof only	12,880	30,000	32,000	34,000	34,750	38,000	43,500	53,000	60,000	69,000	—	66,000
1895O	450,000	192	216	258	465	1,000	15,000	55,000	86,000	185,000	—	—
1895S	400,000	400	525	700	1,000	1,110	4,000	5,640	8,000	20,000	32,500	—
1896	9,967,762	30.00	31.00	35.00	44.00	51.00	55.00	78.00	85.00	190	1,000	4,800
1896O	4,900,000	43.00	46.00	47.00	47.80	160	1,650	6,050	38,000	150,000	140,000	—
1896S	5,000,000	43.00	45.00	55.00	165	825	2,400	3,800	5,600	11,750	85,000	—
1897	2,822,731	30.00	31.00	40.00	49.00	50.00	60.00	88.00	95.00	235	2,700	4,900
1897O	4,004,000	30.00	31.00	40.00	49.00	95.00	1,000	4,600	14,000	70,000	60,000	—
1897S	5,825,000	30.00	31.00	48.00	49.00	55.00	90.00	145	245	545	2,300	—
1898	5,884,735	30.00	31.00	40.00	49.00	50.00	65.00	81.00	90.00	200	950	5,200
1898O	4,440,000	30.00	31.00	33.00	49.00	50.00	65.00	85.00	85.00	140	1,100	—
1898S	4,102,000	45.00	46.00	47.00	50.00	95.00	270	410	670	1,430	13,000	—
1899	330,846	140	155	160	162	185	265	310	350	780	2,500	5,200
1899O	12,290,000	30.00	31.00	45.00	54.00	59.00	65.00	78.00	85.00	160	1,300	—
1899S	2,562,000	30.00	31.00	47.00	52.00	185	375	600	1,000	1,790	17,500	—
1900	8,880,938	30.00	31.00	45.00	—	60.00	75.00	77.00	85.00	160	30,000	5,200
1900O	12,590,000	30.00	31.00	45.00	—	60.00	66.00	80.00	85.00	140	5,000	—
1900O/CC	—	70.00	75.00	105	120	180	375	725	1,050	2,200	15,000	—
1900S	3,540,000	30.00	48.00	50.00	57.00	85.00	290	435	560	1,450	25,000	—
1901	6,962,813	47.00	48.00	55.00	85.00	215	3,100	12,100	52,000	450,000	—	4,800
1901 doubled die reverse	—	275	450	900	2,000	3,850	—	—	—	—	—	—
1901O	13,320,000	50.00	53.00	53.00	54.00	59.00	71.00	82.00	85.00	160	9,000	—
1901S	2,284,000	45.00	50.00	51.00	60.00	195	465	900	1,250	2,300	23,000	—
1902	7,994,777	42.00	46.00	47.00	50.00	56.00	100	170	220	400	17,500	5,800
1902O	8,636,000	43.00	44.00	47.00	—	59.00	65.00	80.00	85.00	190	14,000	—
1902S	1,530,000	102	105	140	160	250	425	650	810	1,825	12,000	—
1903	4,652,755	50.00	51.00	53.00	54.00	55.00	70.00	115	140	265	23,000	4,800
1903O	4,450,000	330	350	375	385	420	425	435	545	630	6,800	—
1903S	1,241,000	80.00	105	195	300	1,450	5,500	7,700	8,000	10,400	32,500	—

DOLLAR

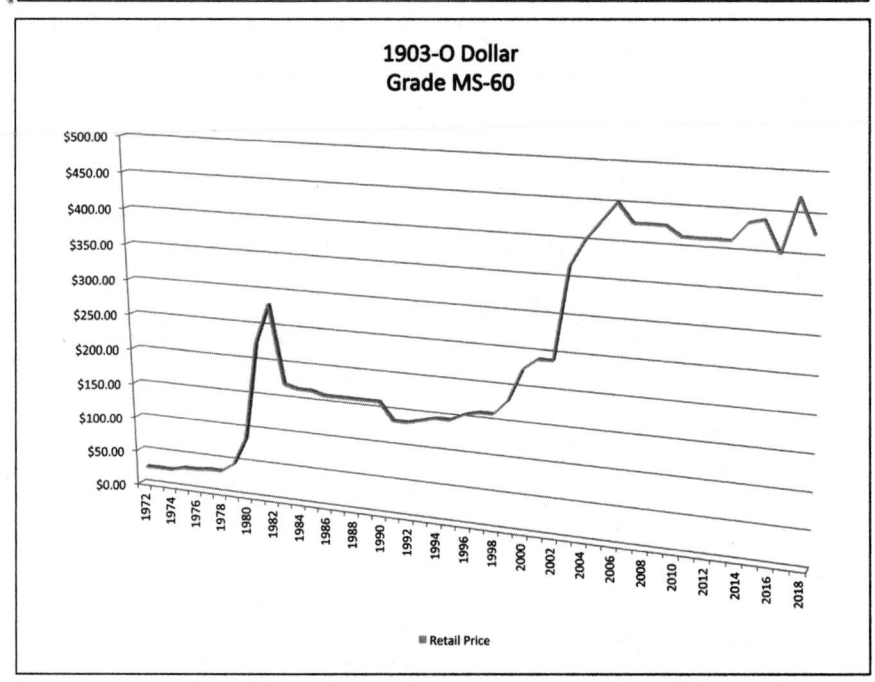

Date	Mintage	VG8	F12	VF20	XF40	AU50	MS60	MS63	MS64	MS65	65DMPL	PRF65
1903S Micro S	—	155	245	500	1,250	—	—	—	—	—	—	—
1904	2,788,650	43.00	44.00	45.00	47.00	60.00	135	275	485	1,650	65,000	5,000
1904O	3,720,000	43.00	44.00	45.00	46.00	50.00	60.00	80.00	85.00	135	1,125	—
1904S	2,304,000	30.00	31.00	80.00	110	525	2,550	4,425	5,600	7,800	20,000	—
1921	44,690,000	30.00	31.00	34.00	—	38.00	40.00	56.00	80.00	150	11,250	10,000
1921D	20,345,000	30.00	31.00	34.00	—	38.00	42.00	90.00	135	325	—	—
1921S	21,695,000	30.00	31.00	34.00	—	38.00	42.00	90.00	145	710	—	—

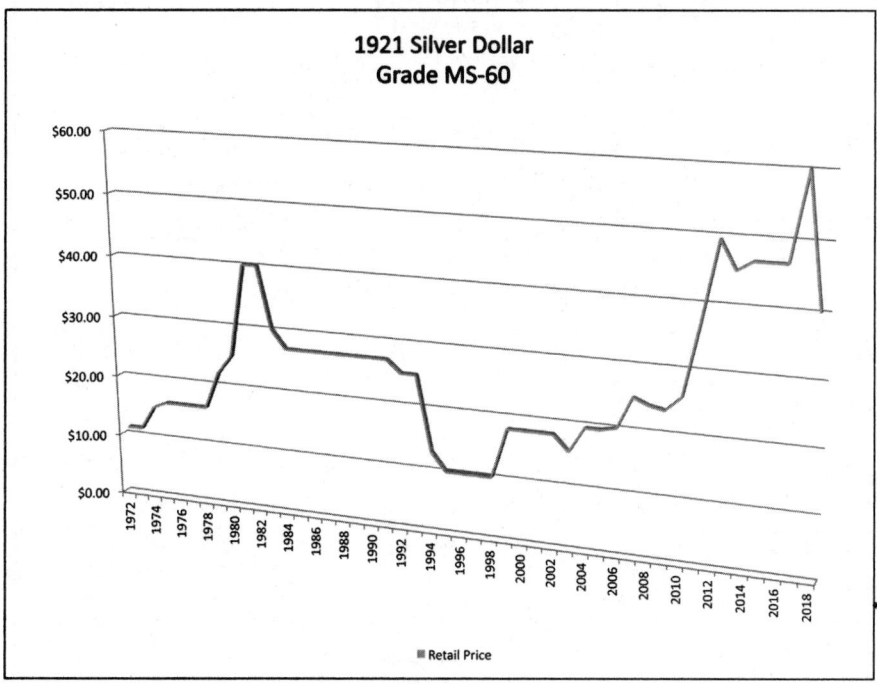

1921 Silver Dollar
Grade MS-60

Retail Price

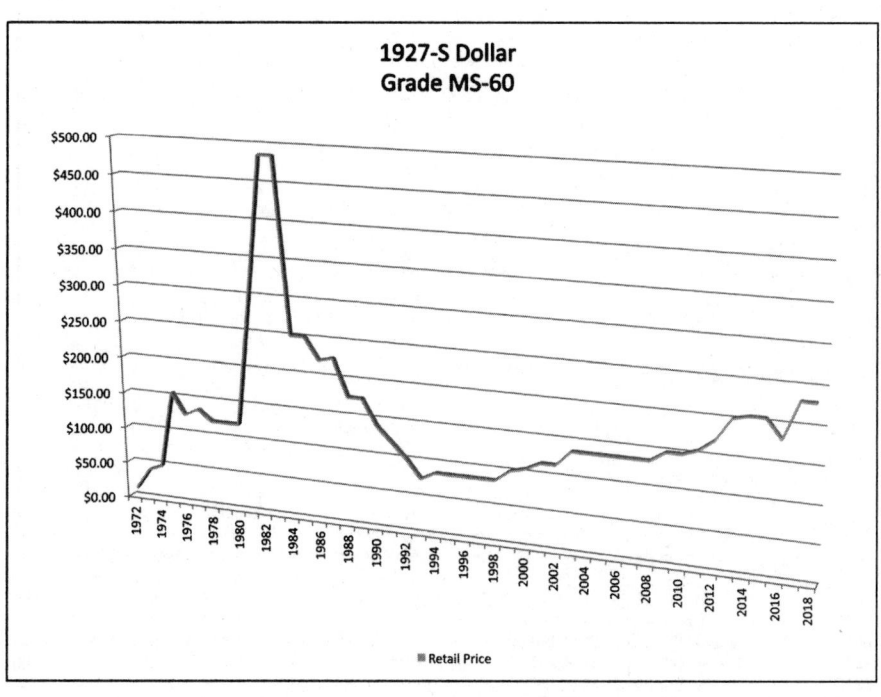

1927-S Dollar
Grade MS-60

Retail Price

DOLLAR

DOLLAR

Peace Dollar
Liberty Head left obverse   Eagle facing right perched on rock reverse

KM# 150 26.73 g., 0.900 Silver 0.7734 oz. ASW, 38.1 mm. **Designer:** Anthony DeFrancisci

Date	Mintage	G4	VG8	F12	VF20	XF40	AU50	MS60	MS63	MS64	MS65
1921	1,006,473	65.00	85.00	90.00	100	110	140	285	450	750	1,795
1921 rev ray over first L in DOLLAR Vam 3	—	—	—	—	—	200	250	475	—	—	—
1922	51,737,000	19.00	20.00	21.00	23.00	25.00	25.00	36.00	39.00	55.00	100
1922D	15,063,000	19.00	20.00	21.00	23.00	25.00	25.00	66.00	85.00	140	750
1922S	17,475,000	19.00	—	21.00	23.00	25.00	25.00	64.00	100	220	1,340
1923	30,800,000	19.00	20.00	21.00	23.00	25.00	25.00	36.00	39.00	55.00	130
1923D	6,811,000	19.00	20.00	21.00	23.00	33.00	34.00	76.00	180	340	965
1923S	19,020,000	19.00	20.00	21.00	23.00	25.00	25.00	62.00	95.00	325	2,500
1924	11,811,000	19.00	20.00	21.00	23.00	25.00	25.00	36.00	40.00	55.00	130
1924S	1,728,000	19.00	20.00	21.00	37.00	40.00	45.00	265	455	1,075	6,000
1925	10,198,000	19.00	20.00	21.00	23.00	25.00	25.00	36.00	40.00	60.00	125
1925S	1,610,000	19.00	20.00	21.00	29.00	37.00	48.00	80.00	260	690	21,200
1926	1,939,000	19.00	20.00	21.00	29.00	37.00	45.00	65.00	100	125	400
1926D	2,348,700	19.00	20.00	21.00	23.00	37.00	60.00	100	210	350	850
1926S	6,980,000	19.00	20.00	21.00	23.00	35.00	45.00	70.00	105	230	850
1927	848,000	19.00	31.00	32.00	34.00	45.00	55.00	98.00	185	430	1,385
1927D	1,268,900	19.00	30.00	30.00	37.00	46.00	100	165	420	930	3,250
1927S	866,000	19.00	32.00	32.00	42.00	56.00	81.00	230	495	860	7,400
1928	360,649	185	240	245	250	255	265	400	650	1,095	3,600
1928S	1,632,000	19.00	34.00	38.00	40.00	49.00	70.00	215	425	950	17,000
1934	954,057	19.00	31.00	43.00	46.00	50.00	55.00	125	205	305	610
1934D Large D	1,569,500	19.00	37.00	40.00	44.00	52.00	55.00	130	315	460	1,180
1934D Small D	—	19.00	35.00	38.00	40.00	52.00	55.00	130	410	575	1,550
1934S	1,011,000	—	34.00	40.00	60.00	140	500	2,300	4,000	5,500	7,325
1935	1,576,000	19.00	33.00	36.00	39.00	48.00	65.00	95.00	140	245	600
1935S 3 Rays	1,964,000	19.00	41.00	42.00	45.00	50.00	95.00	285	495	575	990
1935S 4 Rays	—	19.00	41.00	42.00	50.00	54.00	100	275	465	575	1,550

Eisenhower Dollar

KM# 203 22.80 g., Copper-Nickel Clad Copper, 38 mm. **Designer:** Frank Gasparro

Date	Mintage	MS63	MS65	PRF65
1971	47,799,000	—	5.00	—
1971D	68,587,424	—	4.00	—
1972 Low Relief	75,890,000	—	18.00	—
1972 High Relief	Inc. above	—	100	—
1972 Modified High Relief	Inc. above	—	25.00	—
1972D	92,548,511	—	8.00	—
1973	2,000,056	—	12.00	—
1973D	2,000,000	—	12.00	—
1973S	2,769,624	7.00	—	12.00
1974	27,366,000	—	9.00	—
1974D	35,466,000	—	7.50	—
1974S	2,617,350	6.00	—	11.00

KM# 203a 24.59 g., 0.400 Silver 0.3162 oz. ASW, 38.1 mm. **Designer:** Frank Gasparro

Date	Mintage	MS63	MS65	PRF65
1971S	6,868,530	6.50	7.50	11.00
1971S	4,265,234	—	—	—
1971S Peg Leg "R" Variety	Inc. above	8.00	—	17.00
1971S Partial Peg Leg "R" Variety	Inc. above	9.00	—	18.00
1972S	2,193,056	—	7.50	—
1972S	1,811,631	6.50	—	9.00
1973S	1,833,140	—	7.50	—
1973S	1,005,617	30.00	—	45.00
1974S	1,720,000	—	7.50	—
1974S	1,306,579	6.50	—	11.00

Bicentennial design, moon behind Liberty Bell reverse

Type I Squared "T"	Type II Slant-top "T"

KM# 206 22.68 g., Copper-Nickel Clad Copper, 38.1 mm. **Rev. Designer:** Dennis R. Williams **Note:** In 1976 the lettering on the reverse was changed to thinner letters, resulting in the Type II variety for that year. The Type I variety was minted 1975 and dated 1976.

Date	Mintage	MS63	MS65	PRF65
1976 type I	117,337,000	—	12.00	—
1976 type II	Inc. above	—	7.50	—
1976D type I	103,228,274	—	10.00	—
1976D type II	Inc. above	—	7.00	—
1976S type I	2,909,369	5.00	—	10.00
1976S type II	4,149,730	5.00	—	9.00

KM# 206a 24.59 g., 0.400 Silver 0.3162 oz. ASW **Rev. Designer:** Dennis R. Williams

Date	Mintage	MS63	MS65	PRF65
1976S	4,908,319	11.50	7.50	14.00
1976S	3,998,621	—	—	—

Regular design resumed reverse

KM# A203 Copper-Nickel Clad Copper, 38.1 mm. **Designer:** Frank Gasparro

Date	Mintage	MS63	MS65	PRF65
1977	12,596,000	—	5.50	—
1977D	32,983,006	—	8.00	—
1977S	3,251,152	5.00	—	9.00
1978	25,702,000	—	6.50	—
1978D	33,012,890	—	6.50	—
1978S	3,127,788	5.50	—	9.00

Susan B. Anthony Dollar
Susan B. Anthony bust right obverse
Eagle landing on moon, symbolic of Apollo manned moon landing reverse

KM# 207 8.10 g., Copper-Nickel Clad Copper, 26.5 mm. **Edge:** Reeded **Designer:** Frank Gasparro **Note:** The 1979-S and 1981-S Type II coins have a clearer mint mark than the Type I varieties for those years.

Date	Mintage	MS63	MS65	PRF65
1979P Near date	360,222,000	30.00	90.00	—
1979P	Inc. above	2.50	12.50	—
1979D	288,015,744	2.50	12.50	—
1979S Proof, Type I	3,677,175	—	—	6.00
1979S Proof, Type II	Inc. above	—	—	85.00
1979S	109,576,000	2.50	13.50	—
1980P	27,610,000	2.50	12.00	—
1980D	41,628,708	2.50	12.00	—
1980S	20,422,000	5.00	20.00	—
1980S Proof	3,547,030	—	—	5.00
1981P	3,000,000	5.00	18.00	—
1981D	3,250,000	5.00	13.50	—
1981S	3,492,000	5.00	30.00	—
1981S Proof, Type I	4,063,083	—	—	7.00

DOLLAR

Date	Mintage	MS63	MS65	PRF65
1981S Proof, Type II	Inc. above	—	—	225
1999P	29,592,000	3.00	10.00	—
1999P Proof	Est. 750000	—	—	22.00
1999D	11,776,000	3.00	10.00	—

Sacagawea Dollar
Sacagawea bust right, with baby on back obverse
Eagle in flight left reverse

KM# 310 8.07 g., Copper-Zinc-Manganese-Nickel Clad Copper, 26.5 mm. **Obv. Designer:** Glenda Goodacre **Rev. Designer:** Thomas D. Rodgers

Date	Mintage	MS63	MS65	PRF65
2000P	767,140,000	2.00	7.50	—
2000P Goodacre Presentation	5,000	—	575	—
2000D	518,916,000	2.00	11.00	—
2000D from Millennium Set	5,500	10.00	50.00	—
2000S	4,048,000	—	—	5.00
2001P	62,468,000	2.25	6.00	—
2001D	70,909,500	2.25	8.00	—
2001S	3,084,000	—	—	16.00
2002P	3,865,610	3.00	9.00	—
2002D	3,732,000	2.75	10.00	—
2002S	3,157,739	—	—	10.00
2003P	3,090,000	4.50	10.00	—
2003D	3,090,000	4.75	12.00	—
2003S	3,116,590	—	—	8.00
2004P	2,660,000	3.50	6.00	—
2004D	2,660,000	4.00	8.00	—
2004S	2,992,069	—	—	7.50
2005P	2,520,000	3.00	9.00	—
2005P Satin Finish	1,160,000	5.00	9.00	—
2005D	2,520,000	3.00	10.00	—
2005D Satin Finish	1,160,000	5.00	9.00	—
2005S	3,273,000	—	—	6.00
2006P	4,900,000	3.25	6.00	—
2006P Satin Finish	847,361	4.50	9.00	—
2006D	2,800,000	3.50	10.00	—
2006D Satin Finish	847,361	4.00	6.00	—
2006S	3,054,436	—	—	9.00
2007P	3,640,000	2.25	5.50	—
2007P Satin Finish	895,628	4.00	6.00	—
2007D	3,920,000	2.25	7.50	—
2007D Satin Finish	895,628	4.00	6.00	—
2007S	2,577,166	—	—	6.50
2008P	1,820,000	2.00	7.00	—
2008P Satin Finish	745,464	4.00	6.00	—
2008D	1,820,000	3.50	10.00	—
2008D Satin Finish	745,464	4.00	6.00	—
2008S	2,169,561	—	—	16.00

Native American Dollar - Planting crops reverse
Sacagawea bust right with baby on back obverse
Native American female planting corn, beans and squash reverse

KM# 467 8.07 g., Copper-Zinc-Manganese-Nickel Clad Copper, 26.5 mm. **Obv. Designer:** Glenda Goodacre **Rev. Designer:** Norm Nemeth **Edge Lettering:** E PLURIBUS UNUM, date, mint mark **Note:** Date and mint mark on edge

Date	Mintage	MS63	MS65	PRF65
2009P	37,380,000	2.00	5.00	—
2009P Satin finish	784,614	4.00	7.00	—
2009D	33,880,000	2.00	5.00	—
2009D Satin finish	784,614	4.00	7.00	—
2009S	2,179,867	—	—	6.00

Hiawatha belt reverse
Sacagawea bust right with baby on back obverse
Hiawatha belt and bundle of five arrows reverse

KM# 474 8.07 g., Copper-Zinc-Manganese-Nickel Clad Copper, 26.5 mm. **Obv. Designer:** Glenda Goodacre **Rev. Designer:** Thomas Cleveland and Charles L. Vickers **Edge Lettering:** E PLURIBUS UNUM, date, mint mark **Note:** Date and mint mark on edge

Date	Mintage	MS63	MS65	PRF65
2010P	32,060,000	2.00	5.00	—
2010P Satin Finish	583,897	4.00	7.00	—
2010D	48,720,000	2.00	5.00	—
2010D Satin Finish	583,897	4.00	7.00	—
2010S	1,689,364	—	—	12.50

DOLLAR

Peace Pipe reverse
Sacagawea bust right
with baby on back obverse
Hands passing peace pipe reverse

KM# 503 8.07 g., Copper-Zinc-Manganese-Nickel Clad Copper, 26.5 mm. **Obv. Designer:** Glenna Goodacre **Rev. Designer:** Richard Masters and Joseph Menna **Edge Lettering:** E PLURIBUS UNUM, date, mint mark **Note:** Date and mint mark on edge

Date	Mintage	MS63	MS65	PRF65
2011P	29,400,000	2.00	5.50	—
2011D	48,160,000	2.00	5.00	—
2011S	1,453,276	—	—	8.00

Horse reverse
Sacagawea bust right
with baby on back obverse
Horse and Native American profile
facing left reverse

KM# 528 8.07 g., Copper-Zinc-Manganese-Nickel Clad Copper, 26.5 mm. **Obv. Designer:** Glenda Goodacre **Rev. Designer:** Thomas Cleveland and Phebe Hemphill **Edge Lettering:** E PLURIBUS UNUM, date, mint mark **Note:** Date and mint mark on edge

Date	Mintage	MS63	MS65	PRF65
2012P	2,800,000	2.00	7.00	—
2012D	3,080,000	2.00	7.00	—
2012S	1,189,445	—	—	12.50

Delaware Treaty of 1778
Turtle, turkey and wolf reverse

KM# 551 8.07 g., Copper-Zinc-Manganese-Nickel Clad Copper, 26.5 mm. **Edge:** E PLURIBUS UNUM, date, mint mark **Note:** Date and mint mark on edge.

Date	Mintage	MS63	MS65	PRF65
2013P	1,820,000	2.00	7.00	—
2013D	1,820,000	2.00	7.00	—
2013S	1,192,690	—	—	12.50

Native Hospitality

KM# 575 8.07 g., Copper-Zinc-Manganese-Nickel Clad Copper, 26.5 mm.

Date	Mintage	MS63	MS65	PRF65
2014P	3,080,000	2.00	7.00	—
2014D	2,800,000	2.00	7.00	—
2014S	—	—	—	12.50

KM# 575.1 8.07 g., Copper-Zinc-Manganese-Nickel Clad Copper, 26.5 mm. **Note:** In 2014 American $1 Coin & Currency Sets only.

Date	Mintage	MS63	MS65	PRF65
2014D Enhanced Unc.	50,000	5.00	—	—

Mohawk Ironworkers

KM# 603 8.07 g., Copper-Zinc-Manganese-Nickel Clad Copper, 26.5 mm.

Date	Mintage	MS63	MS65	PRF65
2015P	2,467,651	2.00	7.00	—
2015D	3,042,741	2.00	7.00	—
2015S	661,165	—	—	12.50

KM# 603.1 8.07 g., Copper-Zinc-Manganese-Nickel Clad Copper, 26.5 mm. **Note:** In 2015 American $1 Coin & Currency Sets only.

Date	Mintage	MS63	MS65	PRF65
2015W Enhanced Unc.	87,239	5.00	—	—

Code Talkers

KM# 618 8.07 g., Copper-Zinc-Manganese-Nickel Clad Copper, 26.5 mm.

Date	Mintage	MS63	MS65	PRF65
2016P	2,800,000	2.00	7.00	—
2016D	2,100,000	2.00	7.00	—
2016S	—	—	—	12.50

DOLLAR

Sequoyah

KM# 640 8.07 g., Copper-Zinc-Manganese-Nickel Clad Copper, 26.5 mm.

Date	Mintage	MS63	MS65	PRF65
2017P	—	2.00	—	—
2017D	—	2.00	—	—
2017S Proof	—	—	—	12.50

Presidents
George Washington

KM# 401 8.07 g., Copper-Zinc-Manganese-Nickel Clad Copper, 26.5 mm. **Obv. Designer:** Joseph Menna **Rev. Designer:** Don Everhart **Edge Lettering:** IN GOD WE TRUST date, mint mark E PLURIBUS UNUM **Note:** Date and mint mark incuse on edge.

Date	Mintage	MS63	MS65	PRF65
2007P	176,680,000	2.00	3.00	—
2007P Satin Finish	895,628	2.00	4.00	—
-2007 Plain edge error	Inc. above	175	275	—
2007D	163,680,000	2.00	3.00	—
2007D Satin Finish	895,628	2.00	4.00	—
2007S	3,883,103	—	—	3.00

John Adams

KM# 402 8.07 g., Copper-Zinc-Manganese-Nickel Clad Copper, 26.5 mm. **Obv. Designer:** Joel Iskowitz and Charles Vickers **Rev. Designer:** Don Everhart **Edge Lettering:** IN GOD WE TRUST date, mint mark E PLURIBUS UNUM **Note:** Date and mint mark incuse on edge.

Date	Mintage	MS63	MS65	PRF65
2007P	112,420,000	2.00	3.00	—
2007P Double edge lettering	Inc. above	45.00	65.00	—
2007D Plain edge error	Inc. above	60.00	70.00	—
2007P Satin Finish	895,628	2.00	4.00	—
2007D	112,140,000	2.00	3.00	—

Date	Mintage	MS63	MS65	PRF65
2007D Satin Finish	895,628	2.00	4.00	—
2007S	3,877,409	—	—	3.00

Thomas Jefferson

KM# 403 8.07 g., Copper-Zinc-Manganese-Nickel Clad Copper, 26.5 mm. **Obv. Designer:** Joseph Menna **Rev. Designer:** Don Everhart **Edge Lettering:** IN GOD WE TRUST date, mint mark E PLURIBUS UNUM **Note:** Date and mint mark incuse on edge.

Date	Mintage	MS63	MS65	PRF65
2007P	100,800,000	2.00	3.00	—
2007P Satin Finish	895,628	2.00	4.00	—
2007D	102,810,000	2.00	3.00	—
2007D Satin Finish	895,628	2.00	4.00	—
2007S	3,877,573	—	—	3.00

James Madison

KM# 404 8.07 g., Copper-Zinc-Manganese-Nickel Clad Copper, 26.5 mm. **Obv. Designer:** Joel Iskowitz and Don Everhart **Rev. Designer:** Don Everhart **Edge Lettering:** IN GOD WE TRUST date, mint mark E PLURIBUS UNUM **Note:** Date and mint mark incuse on edge.

Date	Mintage	MS63	MS65	PRF65
2007P	84,560,000	2.00	3.00	—
2007P Satin Finish	895,628	2.00	4.00	—
2007D	87,780,000	2.00	3.00	—
2007D Satin Finish	895,628	2.00	4.00	—
2007S	3,876,829	—	—	3.00

James Monroe

KM# 426 8.07 g., Copper-Zinc-Manganese-Nickel Clad Copper, 26.5 mm. **Obv. Designer:** Joseph Menna **Rev. Designer:** Don Everhart **Edge Lettering:** IN GOD WE TRUST date, mint mark E PLURIBUS UNUM

Date	Mintage	MS63	MS65	PRF65
2008P	64,260,000	2.00	3.00	—
2008P Satin Finish	745,464	2.00	4.00	—
2008D	60,230,000	2.00	3.00	—
2008D Satin Finish	745,464	2.00	4.00	—
2008S	3,000,000	—	—	4.00

John Quincy Adams

KM# 427 8.07 g., Copper-Zinc-Manganese-Nickel Clad Copper, 26.5 mm. **Obv. Designer:** Don Everhart **Rev. Designer:** Don Everhart **Edge Lettering:** IN GOD WE TRUST date, mint mark E PLURIBUS UNUM **Note:** Date and mint mark incuse on edge.

Date	Mintage	MS63	MS65	PRF65
2008P	57,540,000	2.00	3.00	—
2008P Satin Finish	745,464	2.00	4.00	—
2008D	57,720,000	2.00	3.00	—
2008D Satin Finish	745,464	2.00	4.00	—
2008S	3,000,000	—	—	4.00

Andrew Jackson

KM# 428 8.07 g., Copper-Zinc-Manganese-Nickel Clad Copper, 26.5 mm. **Obv. Designer:** Joel Iskowitz and Jim Licaretz **Rev. Designer:** Don Everhart **Edge Lettering:** IN GOD WE TRUST date, mint mark E PLURIBUS UNUM **Note:** Date and mint mark incuse on edge.

Date	Mintage	MS63	MS65	PRF65
2008P	61,180,000	2.00	3.00	—
2008P Satin Finish	745,464	2.00	4.00	—
2008D	61,070,000	2.00	3.00	—
2008D Satin Finish	745,464	2.00	4.00	—
2008S	3,000,000	—	—	4.00

Martin van Buren

KM# 429 8.07 g., Copper-Zinc-Manganese-Nickel Clad Copper, 26.5 mm. **Obv. Designer:** Joel Iskowitz and Phebe Hemphill **Rev. Designer:** Don Everhart **Edge Lettering:** IN GOD WE TRUST date, mint mark E PLURIBUS UNUM **Note:** Date and mint mark incuse on edge.

Date	Mintage	MS63	MS65	PRF65
2008P	51,520,000	2.00	3.00	—
2008P Satin Finish	745,464	2.00	4.00	—
2008D	50,960,000	2.00	3.00	—
2008D Satin Finish	745,464	2.00	4.00	—
2008S	3,000,000	—	—	4.00

William Henry Harrison

KM# 450 8.07 g., Copper-Zinc-Manganese-Nickel Clad Copper, 26.5 mm. **Obv. Designer:** Joseph Menna **Rev. Designer:** Don Everhart **Edge Lettering:** E PLURIBUS UNUM, date, mint mark **Note:** Date and mint mark on edge

Date	Mintage	MS63	MS65	PRF65
2009P	43,260,000	2.00	3.00	—
2009P Satin Finish	784,614	2.00	4.00	—
2009D	55,160,000	2.00	3.00	—
2009P Satin Finish	784,614	2.00	4.00	—
2009S	2,224,827	—	—	3.00

John Tyler

KM# 451 8.07 g., Copper-Zinc-Manganese-Nickel Clad Copper, 26.5 mm. **Obv. Designer:** Phebe Hemphill **Rev. Designer:** Don Everhart **Edge Lettering:** E PLURIBUS UNUM, date, mint mark **Note:** Date and mint mark on edge.

Date	Mintage	MS63	MS65	PRF65
2009P	43,540,000	2.00	3.00	—
2009P Satin Finish	784,614	2.00	4.00	—
2009D	43,540,000	2.00	3.00	—
2009D Satin Finish	784,614	2.00	4.00	—
2009S	2,224,827	—	—	3.00

James K. Polk

KM# 452 8.07 g., Copper-Zinc-Manganese-Nickel Clad Copper, 26.5 mm. **Obv. Designer:** Susan Gamble and Charles Vickers **Rev. Designer:** Don Everhart **Edge Lettering:** E PLURIBUS UNUM, date, mint mark **Note:** Date and mint mark on edge

Date	Mintage	MS63	MS65	PRF65
2009P	46,620,000	2.00	3.00	—

Date	Mintage	MS63	MS65	PRF65
2009P Satin Finish	784,614	2.00	4.00	—
2009D	41,720,000	2.00	3.00	—
2009D Satin Finish	784,614	2.00	4.00	—
2009S	2,224,827	—	—	3.00

Zachary Taylor

KM# 453 8.07 g., Copper-Zinc-Manganese-Nickel Clad Copper, 26.5 mm. **Obv. Designer:** Don Everhart **Rev. Designer:** Don Everhart **Edge Lettering:** E PLURIBUS UNUM, date, mint mark **Note:** Date and mint mark on edge.

Date	Mintage	MS63	MS65	PRF65
2009P	41,580,000	2.00	3.00	—
2009P Satin Finish	784,614	2.00	4.00	—
2009D	36,680,000	2.00	3.00	—
2009D Satin Finish	784,614	2.00	4.00	—
2009S	2,224,827	—	—	3.00

Millard Filmore

KM# 475 8.07 g., Copper-Zinc-Manganese-Nickel Clad Copper, 26.5 mm. **Obv. Designer:** Don Everhart **Rev. Designer:** Don Everhart **Edge Lettering:** E PLURIBUS UNUM, date, mint mark **Note:** Date and mint mark on edge.

Date	Mintage	MS63	MS65	PRF65
2010P	37,520,000	2.00	3.00	—
2010P Satin Finish	583,897	2.00	4.00	—
2010D	36,960,000	2.00	3.00	—
2010D Satin Finish	583,897	2.00	4.00	—
2010S	2,224,827	—	—	4.00

Franklin Pierce

KM# 476 8.07 g., Copper-Zinc-Manganese-Nickel Clad Copper, 26.5 mm. **Obv. Designer:** Susan Gamble and Charles L. Vickers **Rev. Designer:** Don Everhart **Edge Lettering:** E PLURIBUS UNUM, date, mint mark **Note:** Date and mint mark on edge.

Date	Mintage	MS63	MS65	PRF65
2010P	38,220,000	2.00	3.00	—
2010P Satin Finish	583,897	2.00	4.00	—

Date	Mintage	MS63	MS65	PRF65
2010D	38,360,000	2.00	3.00	—
2010D Satin Finish	583,897	2.00	4.00	—
2010S	2,224,827	—	—	4.00

James Buchanan

KM# 477 8.07 g., Copper-Zinc-Manganese-Nickel Clad Copper, 26.5 mm. **Obv. Designer:** Phebe Hemphill **Rev. Designer:** Don Everhart **Edge Lettering:** E PLURIBUS UNUM, date, mint mark **Note:** Date and mint mark on edge.

Date	Mintage	MS63	MS65	PRF65
2010P	36,820,000	2.00	3.00	—
2010P Satin Finish	583,897	2.00	4.00	—
2010D	36,540,000	2.00	3.00	—
2010D Satin Finish	583,897	2.00	4.00	—
2010S	2,224,827	—	—	4.00

Abraham Lincoln

KM# 478 8.07 g., Copper-Zinc-Manganese-Nickel Clad Copper, 26.5 mm. **Obv. Designer:** Don Everhart **Rev. Designer:** Don Everhart **Edge Lettering:** E PLURIBUS UNUM, date, mint mark **Note:** Date and mint mark on edge.

Date	Mintage	MS63	MS65	PRF65
2010P	49,000,000	2.00	3.00	—
2010P Satin Finish	583,897	2.00	4.00	—
2010D	48,020,000	2.00	3.00	—
2010D Satin Finish	583,897	2.00	4.00	—
2010S	2,224,827	—	—	4.00

Andrew Johnson

KM# 499 8.07 g., Copper-Zinc-Manganese-Nickel Clad Copper, 26.5 mm. **Obv. Designer:** Don Everhart **Rev. Designer:** Don Everhart **Edge Lettering:** E PLURIBUS UNUM, date, mint mark **Note:** Date and mint mark on edge.

Date	Mintage	MS63	MS65	PRF65
2011P	35,560,000	2.00	3.00	—
2011D	37,100,000	2.00	3.00	—
2011S	1,706,916	—	—	4.00

Ulysses S. Grant

KM# 500 8.07 g., Copper-Zinc-Manganese-Nickel Clad Copper, 26.5 mm. **Obv. Designer:** Don Everhart **Rev. Designer:** Don Everhart **Edge Lettering:** E PLURIBUS UNUM, date, mint mark **Note:** Date and mint mark on edge.

Date	Mintage	MS63	MS65	PRF65
2011P	38,080,000	2.00	3.00	—
2011D	37,940,000	2.00	3.00	—
2011S	1,706,916	—	—	4.00

Rutherford B. Hayes

KM# 501 8.07 g., Copper-Zinc-Manganese-Nickel Clad Copper, 26.5 mm. **Obv. Designer:** Don Everhart **Rev. Designer:** Don Everhart **Edge Lettering:** E PLURIBUS UNUM, date, mint mark **Note:** Date and mint mark on edge.

Date	Mintage	MS63	MS65	PRF65
2011P	37,660,000	2.00	3.00	—
2011D	36,820,000	2.00	3.00	—
2011S	1,706,916	—	—	4.00

James Garfield

KM# 502 8.07 g., Copper-Zinc-Manganese-Nickel Clad Copper, 26.5 mm. **Obv. Designer:** Phebe Hemphill **Rev. Designer:** Don Everhart **Edge Lettering:** E PLURIBUS UNUM, date, mint mark **Note:** Date and mint mark on edge.

Date	Mintage	MS63	MS65	PRF65
2011P	37,100,000	2.00	3.00	—
2011D	37,100,000	2.00	3.00	—
2011S	1,706,916	—	—	4.00

Chester A. Arthur

KM# 524 8.07 g., Copper-Zinc-Manganese-Nickel Clad Copper, 26.5 mm. **Obv. Designer:** Don Everhart **Rev. Designer:** Don Everhart **Edge Lettering:** E PLURIBUS UNUM, date, mintmark **Note:** Date and mintmark on edge

Date	Mintage	MS63	MS65	PRF65
2012P	6,020,000	2.00	3.00	—
2012D	4,060,000	2.00	3.00	—
2012S	—	—	—	5.00

Grover Cleveland, first term

KM# 525 8.07 g., Copper-Zinc-Manganese-Nickel Clad Copper, 26.5 mm. **Obv. Designer:** Don Everhart **Rev. Designer:** Don Everhart **Edge Lettering:** E PLURIBUS UNUM, date, mintmark **Note:** Date and mint mark on edge

Date	Mintage	MS63	MS65	PRF65
2012P	5,460,000	2.00	3.00	—
2012D	4,060,000	2.00	3.00	—
2012S	1,438,710	—	—	5.00

Benjamin Harrison

KM# 526 8.07 g., Copper-Zinc-Manganese-Nickel Clad Copper, 26.5 mm. **Obv. Designer:** Phebe Hemphill **Rev. Designer:** Don Everhart **Edge Lettering:** E PLURIBUS UNUM, date, mintmark **Note:** Date at mint mark on edge

Date	Mintage	MS63	MS65	PRF65
2012P	5,640,001	2.00	3.00	—
2012D	4,200,000	2.00	3.00	—
2012S	1,438,710	—	—	5.00

DOLLAR

Grover Cleveland, second term

KM# 527 8.07 g., Copper-Zinc-Manganese-Nickel Clad Copper, 26.5 mm. **Obv. Designer:** Don Everhart **Rev. Designer:** Don Everhart **Edge Lettering:** E PLURIBUS UNUM, date, mintmark **Note:** Date and mint mark on edge

Date	Mintage	MS63	MS65	PRF65
2012P	10,680,000	2.00	3.00	—
2012D	3,920,000	2.00	3.00	—
2012S	1,438,710	—	—	5.00

William McKinley

KM# 547 8.07 g., Copper-Zinc-Manganese-Nickel Clad Copper, 26.5 mm. **Edge:** E PLURIBUS UNUM, date, mint mark **Note:** Date and mint mark on edge.

Date	Mintage	MS63	MS65	PRF65
2013P	4,760,000	2.00	3.00	—
2013D	3,365,100	2.00	3.00	—
2013S	1,449,415	—	—	5.00

Theodore Roosevelt

KM# 548 8.07 g., Copper-Zinc-Manganese-Nickel Clad Copper, 26.5 mm. **Edge:** E PLURIBUS UNUM, date, mint mark **Note:** Date and mint mark on edge.

Date	Mintage	MS63	MS65	PRF65
2013P	5,310,700	2.00	3.00	—
2013D	3,920,000	2.00	3.00	—
2013S	1,449,415	—	—	5.00

William Howard Taft

KM# 549 8.07 g., Copper-Zinc-Manganese-Nickel Clad Copper, 26.5 mm. **Edge:** E PLURIBUS UNUM, date, mint mark **Note:** Date and mint mark on edge.

Date	Mintage	MS63	MS65	PRF65
2013P	4,760,000	2.00	3.00	—
2013D	3,360,000	2.00	3.00	—
2013S	1,449,415	—	—	5.00

Woodrow Wilson

KM# 550 8.07 g., Copper-Zinc-Manganese-Nickel Clad Copper, 26.5 mm. **Edge:** E PLURIBUS UNUM, date, mint mark **Note:** Date and mint mark on edge.

Date	Mintage	MS63	MS65	PRF65
2013P	4,620,000	2.00	3.00	—
2013D	3,360,000	2.00	3.00	—
2013S	1,449,415	—	—	5.00

Warren G. Harding

KM# 571 8.07 g., Copper-Zinc-Manganese-Nickel Clad Copper, 26.5 mm. **Note:** Date and mint mark on edge.

Date	Mintage	MS63	MS65	PRF65
2014P	6,160,000	2.00	3.00	—
2014D	3,780,000	2.00	3.00	—
2014S	—	—	—	5.00

Calvin Coolidge

KM# 572 8.07 g., Copper-Zinc-Manganese-Nickel Clad Copper, 26.5 mm. **Note:** Date and mint mark on edge.

Date	Mintage	MS63	MS65	PRF65
2014P	4,480,000	2.00	5.00	—
2014D	3,780,000	2.00	5.00	—
2014S	—	—	—	5.00

Herbert Hoover

KM# 573 8.07 g., Copper-Zinc-Manganese-Nickel Clad Copper, 26.5 mm. **Note:** Date and mint mark on edge.

Date	Mintage	MS63	MS65	PRF65
2014P	4,944,886	2.00	3.00	—
2014D	4,208,459	2.00	3.00	—
2014S	1,373,569	—	—	5.00

Franklin D. Roosevelt

KM# 574 8.07 g., Copper-Zinc-Manganese-Nickel Clad Copper, 26.5 mm. **Note:** Date and mint mark on edge.

Date	Mintage	MS63	MS65	PRF65
2014P	4,760,000	2.00	3.00	—
2014D	3,920,000	2.00	3.00	—
2014S	—	—	—	5.00

Harry S. Truman

KM# 606 8.07 g., Copper-Zinc-Manganese-Nickel Clad Copper, 26.5 mm. **Note:** Date and mint mark on edge.

Date	Mintage	MS63	MS65	PRF65
2015P	4,900,000	2.00	3.00	—
2015D	3,500,000	2.00	3.00	—
2015S	836,777	—	—	5.00
2015P Reverse Proof	17,000	—	—	—

Note: In 2015 Truman Coin and Chronicles Sets only, including 1oz. silver Presidential medal and U.S. postage stamp

Dwight D. Eisenhower

KM# 607 8.07 g., Copper-Zinc-Manganese-Nickel Clad Copper, 26.5 mm. **Note:** Date and mint mark on edge.

Date	Mintage	MS63	MS65	PRF65
2015P	4,900,000	2.00	3.00	—
2015D	3,645,998	2.00	3.00	—
2015S	836,777	—	—	5.00
2015P Reverse Proof	17,000	—	—	—

Note: In 2015 Eisenhower Coin and Chronicles Sets only, including 1oz. silver Presidential medal and U.S. postage stamp

John F. Kennedy

KM# 608 8.07 g., Copper-Zinc-Manganese-Nickel Clad Copper, 26.5 mm. **Note:** Date and mint mark on edge.

Date	Mintage	MS63	MS65	PRF65
2015P	6,160,000	2.00	3.00	—
2015D	5,180,000	2.00	3.00	—
2015S	836,777	—	—	5.00
2015P Reverse Proof	50,000	—	—	—

Note: In 2015 Kennedy Coin and Chronicles Sets only, including 1oz. silver Presidential medal and U.S. postage stamp

Lyndon B. Johnson

KM# 609 8.07 g., Copper-Zinc-Manganese-Nickel Clad Copper, 26.5 mm. **Note:** Date and mint mark on edge.

Date	Mintage	MS63	MS65	PRF65
2015P	7,840,000	2.00	3.00	—
2015D	4,200,000	2.00	3.00	—
2015S	836,777	—	—	5.00
2015P Reverse Proof	25,000	—	—	—

Note: In 2015 Johnson Coin and Chronicles Sets only, including 1oz. silver Presidential medal and U.S. postage stamp

DOLLAR

Richard M. Nixon

KM# 619 8.07 g., Copper-Zinc-Manganese-Nickel Clad Copper, 26.5 mm. **Note:** Date and mint mark on edge.

Date	Mintage	MS63	MS65	PRF65
2016P	5,460,000	2.00	3.00	—
2016D	4,340,000	2.00	3.00	—
2016S	—	—	—	5.00

Gerald Ford

KM# 620 8.07 g., Copper-Zinc-Manganese-Nickel Clad Copper, 26.5 mm. **Note:** Date and mint mark on edge.

Date	Mintage	MS63	MS65	PRF65
2016P	5,460,000	2.00	3.00	—
2016D	5,040,000	2.00	3.00	—
2016S	—	—	—	5.00

Ronald Reagan

KM# 621 8.07 g., Copper-Zinc-Manganese-Nickel Clad Copper, 26.5 mm. **Note:** Date and mint mark on edge.

Date	Mintage	MS63	MS65	PRF65
2016P	7,140,000	2.00	3.00	—
2016D	5,880,000	2.00	3.00	—
2016S	—	—	—	5.00
2016S Reverse Proof				

Note: In 2016 Reagan Coin and Chronicles Sets only, including 1oz. silver Presidential medal and U.S. postage stamp

Date	Mintage	MS63	MS65	PRF65
2017S Enhanced Unc.	225,000	—	15.00	—

$1

GOLD
Liberty Head - Type 1
Liberty head left within circle of stars obverse, date within 3/4 wreath reverse

KM# 73 1.67 g., 0.900 Gold 0.0484 oz. AGW, 13 mm. **Rev. Legend:** UNITED STATES OF AMERICA **Designer:** James B. Longacre **Note:** On the "closed wreath" varieties of 1849, the wreath on the reverse extends closer to the numeral 1.

Date	Mintage	F12	VF20	XF40	AU50	MS60
1849 open wreath	688,567	177	227	257	310	700
1849 small head, no L	—	—	—	—	—	—
1849 closed wreath	Inc. above	130	200	240	285	450
1849C closed wreath	11,634	800	1,000	1,400	2,000	8,300
1849C open wreath	Inc. above	100,000	150,000	200,000	300,000	500,000
1849D open wreath	21,588	900	1,250	2,000	2,200	4,400
1849O open wreath	215,000	160	270	300	345	940
1850	481,953	190	227	277	310	325
1850C	6,966	800	1,150	1,725	2,875	6,800
1850D	8,382	900	1,200	1,950	2,875	9,800
1850O	14,000	250	500	750	875	2,600
1851	3,317,671	177	227	257	310	325
1851C	41,267	750	1,000	1,400	1,675	2,800
1851D	9,882	850	1,150	1,900	2,200	4,600
1851O	290,000	177	227	257	310	725
1852	2,045,351	177	227	257	310	325
1852C	9,434	750	1,000	1,350	2,200	4,000
1852D	6,360	850	1,150	1,725	2,200	7,000
1852O	140,000	177	227	257	310	985
1853	4,076,051	177	227	257	310	325

Date	Mintage	F12	VF20	XF40	AU50	MS60
1853C	11,515	750	1,000	1,525	1,775	4,300
1853D	6,583	850	1,150	1,725	2,400	7,500
1853O	290,000	177	227	257	310	550
1854	736,709	177	227	257	310	325
1854D	2,935	1,200	1,800	3,500	6,000	9,800
1854S	14,632	225	350	475	1,050	2,450

Indian Head - Type 2

Indian head with headdress left obverse   Value, date within wreath reverse

KM# 83 1.67 g., 0.900 Gold 0.0484 oz. AGW, 15 mm. **Obv. Legend:** UNITED STATES OF AMERICA
Designer: James B. Longacre

Date	Mintage	F12	VF20	XF40	AU50	MS60
1854	902,736	175	280	330	460	1,025
1855	758,269	175	280	330	475	1,025
1855C	9,803	1,200	2,000	4,500	5,500	14,000
1855D	1,811	4,500	7,500	20,000	25,000	40,000
1855O	55,000	950	1,100	1,275	1,775	6,750
1856S	24,600	460	700	1,400	1,950	6,750

Indian Head - Type 3

Indian head with headdress left obverse   Value, date within wreath reverse

KM# 86 1.67 g., 0.900 Gold 0.0484 oz. AGW, 15 mm. **Obv. Legend:** UNITED STATES OF AMERICA
Designer: James B. Longacre **Note:** The 1856 varieties are distinguished by whether the 5 in the date is
slanted or upright. The 1873 varieties are distinguished by the amount of space between the upper left and
lower left serifs in the 3.

Date	Mintage	F12	VF20	XF40	AU50	MS60	PF65
1856 upright 5	1,762,936	161	211	221	246	450	—
1856 slanted 5	Inc. above	161	211	220	240	310	60,000
1856D	1,460	2,750	3,800	6,800	8,000	24,000	—
1857	774,789	161	211	221	246	310	30,000
1857C	13,280	650	800	1,500	2,800	8,000	—
1857D	3,533	800	1,300	1,800	3,350	9,000	—
1857S	10,000	200	425	650	1,000	4,000	—
1858	117,995	190	207	247	262	307	23,000
1858D	3,477	800	950	2,800	2,500	6,300	—
1858S	10,000	225	350	600	950	4,200	—
1859	168,244	161	211	221	246	325	16,000
1859C	5,235	1,200	1,800	2,800	3,600	6,000	—
1859D	4,952	950	1,200	1,800	2,800	8,000	—
1859S	15,000	200	275	475	1,000	3,700	—
1860	36,668	161	211	221	246	310	13,000
1860D	1,566	2,000	2,800	5,000	9,000	16,000	—
1860S	13,000	260	325	450	680	2,300	—
1861	527,499	161	211	221	246	420	13,000
1861D mintage unrecorded	—	12,000	18,000	30,000	60,000	70,000	—
1862	1,361,390	161	211	221	246	350	17,000
1863	6,250	450	700	1,200	2,200	4,700	17,000
1864	5,950	400	550	650	750	1,100	17,000
1865	3,725	500	600	800	900	1,200	15,000
1866	7,130	300	350	500	600	900	12,000
1867	5,250	300	350	500	650	1,000	13,000
1868	10,525	300	350	500	600	950	13,000
1869	5,925	300	350	500	600	900	12,000
1870	6,335	300	350	500	600	775	11,500
1870S	3,000	450	600	850	1,200	2,000	—
1871	3,930	250	300	375	450	600	14,000
1872	3,530	225	275	325	400	800	14,000
1873 closed 3	125,125	325	400	625	725	1,250	27,000

Date	Mintage	F12	VF20	XF40	AU50	MS60	PF65
1873 open 3	Inc. above	185	235	245	270	325	—
1874	198,820	185	235	245	270	325	18,000
1875	420	2,500	3,000	4,300	5,000	9,000	26,000
1876	3,245	300	325	400	500	900	12,500
1877	3,920	300	325	400	550	725	14,000
1878	3,020	300	325	400	500	700	12,000
1879	3,030	250	275	325	375	500	11,000
1880	1,636	250	275	325	375	500	10,000
1881	7,707	185	235	245	270	450	10,595
1882	5,125	185	235	245	270	450	8,500
1883	11,007	185	235	245	270	450	8,500
1884	6,236	185	235	245	270	450	8,500
1885	12,261	185	235	245	270	450	8,500
1886	6,016	185	235	245	270	450	8,500
1887	8,543	185	235	245	270	450	8,500
1888	16,580	185	235	245	270	450	8,500
1889	30,729	185	235	245	270	325	8,500

$2.50 (QUARTER EAGLE)

GOLD
Liberty Cap
Liberty cap on head, right, flanked by stars obverse   Heraldic eagle reverse

KM# 27 4.37 g., 0.916 Gold 0.1287 oz. AGW, 20 mm. **Obv. Legend:** LIBERTY **Rev. Legend:** UNITED STATES OF AMERICA **Designer:** Robert Scot **Note:** The 1796 "no stars" variety does not have stars on the obverse. The 1804 varieties are distinguished by the number of stars on the obverse.

Date	Mintage	F12	VF20	XF40	MS60
1796 no stars	963	45,000	70,000	90,000	240,000
1796 stars	432	50,000	60,000	76,000	160,000
1797	427	11,500	17,500	30,000	175,000
1798 close date	1,094	4,000	6,000	13,000	58,000
1798 wide date	Inc. above	3,500	8,100	13,000	110,000
1802/1	3,035	3,500	5,500	12,000	28,000
1804 13-star reverse	3,327	45,000	80,000	130,000	—
1804 14-star reverse	Inc. above	6,000	8,000	12,000	28,000
1805	1,781	3,500	5,500	12,000	28,000
1806/4	1,616	3,500	5,100	12,000	28,000
1806/5	Inc. above	3,500	7,500	14,400	73,000
1807	6,812	3,500	5,500	12,000	28,000

Turban Head
Turban on head left flanked by stars obverse   Banner above eagle reverse

KM# 40 4.37 g., 0.916 Gold 0.1287 oz. AGW, 20 mm. **Rev. Legend:** UNITED STATES OF AMERICA **Designer:** John Reich

Date	Mintage	F12	VF20	XF40	MS60
1808	2,710	18,000	31,000	60,000	155,000

Turban on head left within circle of stars obverse Banner above eagle reverse

KM# 46 4.37 g., 0.916 Gold 0.1287 oz. AGW, 18.5 mm. **Rev. Legend:** UNITED STATES OF AMERICA **Designer:** John Reich

Date	Mintage	F12	VF20	XF40	MS60
1821	6,448	6,000	8,000	14,250	28,000
1824/21	2,600	6,000	8,000	11,250	30,000
1825	4,434	6,000	8,000	11,250	25,500
1826/25	760	8,000	10,500	14,000	55,000
1827	2,800	6,000	8,000	11,250	28,000

Turban on head left within circle of stars obverse Banner above eagle reverse

KM# 49 4.37 g., 0.916 Gold 0.1287 oz. AGW, 18.2 mm. **Rev. Legend:** UNITED STATES OF AMERICA **Designer:** John Reich

Date	Mintage	F12	VF20	XF40	MS60
1829	3,403	5,200	6,250	8,600	19,000
1830	4,540	5,200	6,250	8,600	19,000
1831	4,520	5,200	6,250	8,600	19,000
1832	4,400	5,200	6,250	8,600	19,000
1833	4,160	5,200	6,250	8,600	19,000
1834	4,000	—	—	50,000	175,000

Classic Head
Classic head left within circle of stars obverse No motto above eagle reverse

KM# 56 4.18 g., 0.899 Gold 0.1208 oz. AGW, 18.2 mm. **Rev. Legend:** UNITED STATES OF AMERICA **Designer:** William Kneass

Date	Mintage	F12	VF20	XF40	MS60
1834	112,234	280	480	675	3,000
1835	131,402	280	480	675	3,000
1836	547,986	280	480	675	3,000
1837	45,080	450	700	975	3,800
1838	47,030	350	700	900	3,000
1838C	7,880	2,500	4,000	7,000	23,000
1839	27,021	600	850	1,500	9,000
1839C	18,140	1,700	3,250	5,000	23,000
1839/8	Inc. above	—	—	—	—
1839D	13,674	2,000	3,500	5,800	26,000
1839O	17,781	850	1,500	3,000	12,000

Coronet Head
Coronet head left within circle of stars obverse No motto above eagle reverse

1848 "Cal." reverse

KM# 72 4.18 g., 0.900 Gold 0.121 oz. AGW, 18 mm. **Rev. Legend:** UNITED STATES OF AMERICA **Designer:** Christian Gobrecht

$2.50 (QUARTER EAGLE)

Date	Mintage	F12	VF20	XF40	AU50	MS60	PF65
1840	18,859	650	850	1,000	2,200	6,000	—
1840C	12,822	1,000	1,200	3,000	3,200	8,000	—
1840D	3,532	1,800	2,400	7,000	8,200	31,000	—
1840O	33,580	350	500	1,000	1,700	8,000	—
1841	—	—	42,000	95,000	105,000	—	—
1841C	10,281	950	1,200	1,900	4,000	13,500	—
1841D	4,164	1,350	1,800	4,300	8,000	24,000	—
1842	2,823	900	1,100	3,000	5,500	16,500	125,000
1842C	6,729	1,250	1,650	3,000	5,000	18,500	—
1842D	4,643	1,500	2,000	5,000	6,500	30,000	—
1842O	19,800	265	425	1,000	1,750	7,700	—
1843	100,546	180	240	350	650	2,000	125,000
1843C small date, Crosslet 4	26,064	1,500	1,950	4,400	6,300	19,000	—
1843C large date, Plain 4	Inc. above	850	1,200	1,600	2,625	6,000	—
1843D small date, Crosslet 4	36,209	900	1,500	2,000	2,500	5,000	—
1843O small date, Crosslet 4	288,002	195	250	300	500	1,400	—
1843O large date, Plain 4	76,000	255	300	450	1,625	4,000	—
1844	6,784	300	375	770	2,100	6,700	150,000
1844C	11,622	1,000	1,450	2,450	4,500	14,000	—
1844D	17,332	1,050	1,350	2,000	2,700	5,300	—
1845	91,051	275	300	400	470	1,100	150,000
1845D	19,460	1,100	1,350	1,800	2,400	8,000	—
1845O	4,000	650	900	2,200	5,850	20,000	—
1846	21,598	270	310	400	700	4,000	150,000
1846C	4,808	800	1,400	2,500	4,700	13,500	—
1846D	19,303	780	1,350	2,000	2,600	8,000	—
1846O	66,000	300	350	490	925	3,900	—
1847	29,814	300	350	525	770	3,375	—
1847C	23,226	900	1,200	1,650	2,400	5,950	—
1847D	15,784	900	1,350	1,900	2,400	6,500	—
1847O	124,000	275	310	350	850	3,250	—
1848	7,497	400	500	900	2,600	4,900	150,000
1848 CAL.	1,389	—	28,000	34,000	46,000	68,000	—
1848C	16,788	950	1,200	2,450	2,875	9,000	—
1848D	13,771	1,250	1,800	2,500	3,500	7,300	—
1849	23,294	400	500	700	900	2,700	—
1849C	10,220	—	1,600	2,600	4,500	13,000	—
1849D	10,945	1,500	2,000	2,700	3,500	12,000	—
1850	252,923	220	315	325	375	825	—
1850C	9,148	800	1,200	2,200	2,900	11,000	—
1850D	12,148	850	1,350	2,400	3,500	11,800	—
1850O	84,000	240	275	400	900	3,400	—
1851	1,372,748	240	275	295	315	550	—
1851C	14,923	800	1,200	1,800	3,000	6,750	—
1851D	11,264	900	1,350	2,000	3,200	9,000	—
1851O	148,000	270	300	415	600	4,000	—
1852	1,159,681	240	275	295	315	400	—
1852C	9,772	975	1,200	1,800	2.200	5,400	—
1852D	4,078	900	1,350	3,000	5,600	14,000	—
1852O	140,000	270	300	350	6,000	34,500	—
1853	1,404,668	240	275	295	315	420	—
1853D	3,178	900	1,600	2,900	4,100	13,500	—
1854	596,258	240	275	295	315	400	—
1854C	7,295	900	1,200	2,000	3,900	9,000	—
1854D	1,760	1,700	2,700	5,800	9,000	23,000	—
1854O	153,000	250	300	350	425	1,250	—
1854S	246	—	180,000	285,000	375,000	—	—
1855	235,480	240	275	295	315	425	—
1855C	3,677	1,450	2,500	4,000	6,000	17,000	—
1855D	1,123	2,100	2,800	6,000	12,000	43,000	—
1856	384,240	240	275	295	315	350	120,000
1856C	7,913	985	1,225	2,100	3,300	10,000	—
1856D	874	6,500	8,500	15,000	26,000	71,000	—
1856O	21,100	300	400	850	1,500	6,400	—
1856S	71,120	240	275	500	1,300	3,800	—
1857	214,130	240	275	295	315	320	120,000
1857D	2,364	1,025	1,350	2,300	3,200	11,000	—
1857O	34,000	240	275	295	315	3,500	—
1857S	69,200	240	275	295	315	4,900	—

Date	Mintage	F12	VF20	XF40	AU50	MS60	PF65
1858	47,377	240	275	375	400	1,200	75,000
1858C	9,056	1,000	1,400	2,000	3,300	6,000	—
1859	39,444	240	275	320	350	1,300	80,000
1859D	2,244	1,150	1,550	2,500	3,300	14,000	—
1859S	15,200	275	350	900	2,000	4,000	—
1860	22,675	240	275	295	400	1,000	35,000
1860C	7,469	1,050	1,400	2,100	2,800	14,000	—
1860S	35,600	300	350	525	900	3,200	—
1861	1,283,878	240	275	295	370	600	35,000
1861S	24,000	325	400	725	3,000	6,000	—
1862	98,543	275	325	500	1,500	4,100	45,000
1862/1	Inc. above	650	850	1,650	3,000	8,800	—
1862S	8,000	1,100	1,675	2,175	3,900	14,000	—
1863	30	—	—	—	—	—	95,000
1863S	10,800	550	650	2,100	4,500	16,000	—
1864	2,874	3,100	4,500	9,000	18,000	70,000	50,000
1865	1,545	2,950	3,750	8,500	17,000	—	50,000
1865S	23,376	600	725	1,300	2,000	4,000	—
1866	3,110	650	975	2,600	4,700	13,000	40,000
1866S	38,960	400	450	700	1,150	5,100	—
1867	3,250	180	300	650	1,300	5,200	30,000
1867S	28,000	180	300	500	1,200	3,400	—
1868	3,625	375	450	500	625	2,300	40,000
1868S	34,000	240	300	350	825	3,000	—
1869	4,345	340	375	520	770	2,800	36,000
1869S	29,500	345	430	600	900	2,950	—
1870	4,555	245	300	400	750	3,650	40,000
1870S	16,000	245	300	400	770	3,600	—
1871	5,350	290	450	600	850	2,000	36,000
1871S	22,000	240	275	345	475	1,850	—
1872	3,030	350	425	800	1,050	4,000	30,000
1872S	18,000	325	375	475	890	3,800	—
1873 closed 3	178,025	240	275	325	340	500	36,000
1873 open 3	Inc. above	240	275	325	330	425	—
1873S	27,000	240	275	375	600	1,600	—
1874	3,940	240	275	375	675	2,000	40,000
1875	420	3,000	4,000	6,000	10,000	25,000	80,000
1875S	11,600	240	275	375	625	3,200	—
1876	4,221	300	500	750	950	2,800	30,000
1876S	5,000	300	450	700	900	2,600	—
1877	1,652	300	360	725	940	2,750	36,000
1877S	35,400	240	275	315	340	575	—
1878	286,260	240	275	300	320	350	36,000
1878S	178,000	240	275	300	320	330	—
1879	88,990	240	275	300	320	400	28,000
1879S	43,500	240	275	325	475	1,800	—
1880	2,996	240	275	365	600	1,100	30,000
1881	691	950	1,500	2,500	4,500	10,000	25,000
1882	4,067	240	275	300	425	1,075	23,000
1883	2,002	400	725	1,350	2,500	4,700	22,000
1884	2,023	240	350	500	625	1,700	24,000
1885	887	400	600	1,600	2,600	5,000	24,000
1886	4,088	280	340	475	550	1,250	24,000
1887	6,282	280	340	475	550	800	26,000
1888	16,098	240	275	300	310	395	25,000
1889	17,648	240	275	300	310	395	24,000
1890	8,813	240	275	300	310	395	17,000
1891	11,040	240	275	300	310	395	17,000
1891 Double die reverse	Inc. above	—	—	—	—	—	—
1892	2,545	240	275	300	310	800	17,000
1893	30,106	240	275	300	310	400	17,000
1894	4,122	240	275	300	350	600	16,000
1895	6,199	240	275	300	310	475	15,000
1896	19,202	240	275	300	310	395	15,000
1897	29,904	240	275	300	310	395	15,000
1898	24,165	240	275	300	310	395	15,000
1899	27,350	240	275	300	310	395	15,000
1900	67,205	240	275	300	310	395	15,000
1901	91,322	240	275	300	310	395	15,000

Date	Mintage	F12	VF20	XF40	AU50	MS60	PF65
1902	133,733	240	275	300	310	395	15,000
1903	201,257	240	275	300	310	395	15,000
1904	160,960	240	275	300	310	395	15,000
1905	217,944	240	275	300	310	395	15,000
1906	176,490	240	275	300	310	395	15,000
1907	336,448	240	275	300	310	395	15,000

Indian Head

KM# 128 4.18 g., 0.900 Gold 0.121 oz. AGW, 18 mm. **Designer:** Bela Lyon Pratt

Date	Mintage	VF20	XF40	AU50	MS60	MS63	MS65	PRF65
1908	565,057	—	285	295	320	560	2,175	23,750
1909	441,899	—	285	295	320	925	4,750	37,000
1910	492,682	—	285	295	320	670	2,700	26,500
1911	704,191	—	285	295	320	550	3,300	26,000
1911D D strong D	55,680	2,600	2,950	3,775	7,200	14,000	46,000	—
1911D 1D weak D	Inc. above	—	1,800	2,600	4,500	—	—	—
1912	616,197	—	285	295	320	1,050	13,500	26,000
1913	722,165	—	285	295	320	550	3,425	24,000
1914	240,117	—	285	330	465	2,000	16,000	26,000
1914D	448,000	—	285	295	380	900	12,000	—
1915	606,100	—	285	295	320	550	3,300	31,500
1925D	578,000	—	285	295	320	550	1,450	—
1926	446,000	—	285	295	320	550	1,450	—
1927	388,000	—	285	295	320	550	1,450	—
1928	416,000	—	285	295	320	550	1,450	—
1929	532,000	—	285	295	320	550	2,375	—

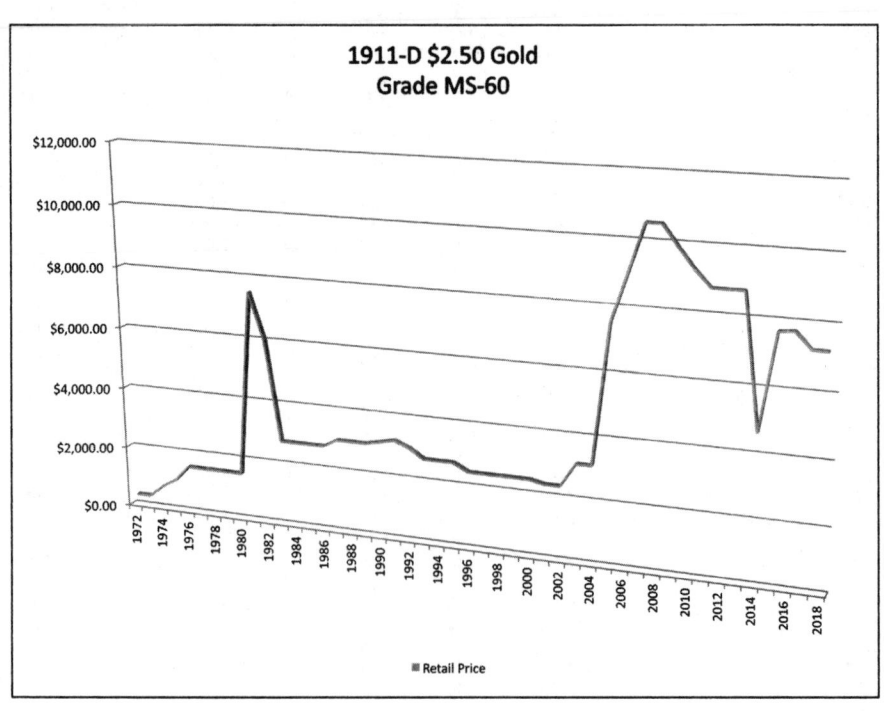

1911-D $2.50 Gold
Grade MS-60

■ Retail Price

$3

GOLD
Indian head with headdress, left obverse   Value, date within wreath reverse

KM# 84 5.02 g., 0.900 Gold 0.1451 oz. AGW, 20.5 mm. **Obv. Legend:** UNITED STATES OF AMERICA **Designer:** James B. Longacre **Note:** The 1873 "closed-3" and "open-3" varieties are distinguished by the amount of space between the upper left and lower left serifs of the 3 in the date.

Date	Mintage	VF20	XF40	AU50	MS60	MS65	PRF65
1854	138,618	775	1,000	1,000	1,900	13,000	—
1854D	1,120	13,000	22,000	37,000	70,000	—	—
1854O	24,000	1,525	3,000	4,500	38,000	—	—
1855	50,555	775	925	1,050	1,900	33,000	150,000
1855S	6,600	1,400	2,800	6,300	32,000	—	—
1856	26,010	775	925	1,000	2,300	34,500	120,000
1856S	34,500	900	1,325	2,400	10,750	—	—
1857	20,891	775	1,000	1,150	2,850	33,000	120,000
1857S	14,000	950	2,000	3,900	19,000	—	—
1858	2,133	1,100	2,000	3,300	10,000	—	93,000
1859	15,638	925	1,100	1,200	2,900	20,500	53,000
1860	7,155	925	1,250	1,750	3,300	30,000	53,000
1860S	7,000	1,150	2,450	7,000	23,000	—	—
1861	6,072	1,300	2,450	3,400	6,450	26,000	53,000
1862	5,785	1,300	2,450	3,800	6,450	34,000	53,000
1863	5,039	1,300	2,450	3,600	7,000	28,000	53,000
1864	2,680	1,450	3,000	5,000	7,700	36,000	53,000
1865	1,165	2,400	4,000	7,700	13,000	48,000	55,000
1866	4,030	1,100	1,350	1,800	3,600	32,000	53,000
1867	2,650	1,100	1,350	2,300	4,400	33,000	53,000
1868	4,875	1,100	1,350	1,800	3,700	28,000	53,000
1869	2,525	1,100	1,350	2,000	3,700	40,000	53,000
1870	3,535	1,100	1,600	1,800	3,800	43,000	53,000
1870S unique	—	—	1,000,000	—	—	—	—
Note: H. W. Bass Collection. AU50, cleaned. Est. value, $1,250,000.							
1871	1,330	1,100	1,600	2,000	4,000	32,000	52,000
1872	2,030	1,100	1,450	2,300	4,500	33,000	53,000
1873 closed 3, mintage unknown	—	4,800	8,800	12,500	25,000	—	—
1873 open 3, proof only	25	—	—	—	—	—	135,000
1874	41,820	800	1,000	1,100	2,000	13,000	55,000
1875 proof only	20	—	—	—	—	—	235,000
1876	45	—	—	22,000	—	—	72,000
1877	1,488	4,000	6,600	8,750	23,000	—	55,000
1878	82,324	775	1,000	1,100	2,000	10,000	55,000
1879	3,030	925	1,200	1,800	2,750	12,000	40,000
1880	1,036	1,300	1,800	3,150	4,400	16,000	35,000
1881	554	2,500	4,000	7,000	13,000	55,000	32,500
1882	1,576	1,200	1,600	2,100	3,400	22,000	30,000
1883	989	1,500	2,200	2,700	3,600	22,000	30,000
1884	1,106	1,600	2,400	3,100	4,400	22,000	30,000
1885	910	1,600	2,400	3,100	5,050	25,000	27,500
1886	1,142	1,300	2,000	2,600	4,000	38,000	26,000
1887	6,160	900	1,300	1,800	2,500	14,000	26,500
1888	5,291	900	1,300	1,500	2,500	10,500	32,000
1889	2,429	900	1,300	1,900	2,800	10,500	26,500

$5 (HALF EAGLE)

GOLD
Liberty Cap
Liberty Cap on head, right, flanked by stars obverse   Small eagle reverse

KM# 19 8.75 g., 0.916 Gold 0.2577 oz. AGW

Date	Mintage	F12	VF20	XF40	MS60
1795	8,707	16,000	22,000	26,000	68,000
1796/95	6,196	22,000	28,000	40,000	165,000
1797 15 obverse stars	Inc. above	25,000	35,000	60,000	230,000
1797 16 obverse stars	Inc. above	25,000	35,000	60,000	210,000
1798	—	75,000	130,000	230,000	—

Large Heraldic eagle reverse

KM# 28 8.75 g., 0.916 Gold 0.2577 oz. AGW, 25 mm. **Obv. Legend:** LIBERTY **Rev. Legend:** UNITED STATES OF AMERICA **Designer:** Robert Scot

Date	Mintage	F12	VF20	XF40	MS60
1795	Inc. above	8,000	17,000	26,000	80,000
1797/95	3,609	8,000	13,000	19,500	130,000
1797 15 star obv.; Unique	—	—	—	—	—
Note: Smithsonian collection					
1797 16 star obv.; Unique	—	—	—	—	—
Note: Smithsonian collection					
1798 small 8	24,867	4,200	5,000	8,500	34,000
1798 large 8, 13-star reverse	Inc. above	3,600	4,300	11,200	22,000
1798 large 8, 14-star reverse	Inc. above	3,500	4,300	8,500	—
1799 small reverse stars	7,451	3,300	3,900	7,000	20,000
1799 large reverse stars	Inc. above	3,950	4,750	9,000	24,500
1800	37,628	3,200	3,800	6,800	13,000
1802/1	53,176	3,200	3,800	6,800	13,000
1803/2	33,506	3,200	3,800	6,800	13,000
1804 small 8	30,475	3,850	3,200	3,800	15,000
1804 small 8 over large 8	Inc. above	3,200	3,800	6,800	13,000
1805	33,183	3,200	3,800	6,800	16,000
1806 pointed 6	64,093	3,200	3,800	6,800	13,000
1806 round 6	Inc. above	3,200	3,800	7,400	13,000
1807	32,488	3,200	3,800	6,800	13,000

Turban Head
Capped draped bust, left, flanked by stars obverse   Heraldic eagle reverse

KM# 38 8.75 g., 0.916 Gold 0.2577 oz. AGW, 25 mm. **Rev. Legend:** UNITED STATES OF AMERICA
Designer: John Reich

Date	Mintage	F12	VF20	XF40	MS60
1807	51,605	2,600	3,300	5,500	11,000
1808	55,578	2,600	3,300	5,500	11,000
1808/7	Inc. above	2,600	3,200	5,500	11,000
1809/8	33,875	2,600	3,200	5,500	11,000
1810 small date, small 5	100,287	9,000	19,000	30,000	85,000
1810 small date, large 5	Inc. above	2,600	3,250	5,500	10,200
1810 large date, small 5	Inc. above	12,000	55,000	75,000	150,000
1810 large date, large 5	Inc. above	2,600	3,300	5,500	11,000
1811 small 5	99,581	2,600	3,300	5,500	11,000
1811 tall 5	Inc. above	2,600	3,200	5,500	12,500
1812	58,087	2,600	3,300	5,500	11,000

Capped head, left, within circle of stars obverse

KM# 43 8.75 g., 0.916 Gold 0.2577 oz. AGW, 25 mm. **Rev. Legend:** UNITED STATES OF AMERICA
Designer: John Reich

Date	Mintage	F12	VF20	XF40	MS60
1813	95,428	2,500	3,000	6,500	10,000
1814/13	15,454	4,200	5,400	7,000	20,000
1815	635	28,000	40,000	165,000	195,000
Note: 1815, private sale, Jan. 1994, MS-61, $150,000					
1818	48,588	4,200	5,500	12,000	17,000
1818 5D over 50 Inc. Above	—	4,500	55,000	85,000	21,000
1819	51,723	25,000	35,000	50,000	100,000
1819 5D over 50 Inc. Above	—	4,600	9,500	31,000	53,000
1820 curved-base 2, small letters	263,806	4,650	6,000	11,000	19,000
1820 curved-base 2, large letters	Inc. above	4,400	5,800	10,500	18,500
1820 square-base 2	Inc. above	4,200	5,400	10,000	17,000
1821	34,641	10,000	18,000	37,000	90,000
1822 3 known	—	—	—	6,000,000	—
1823	14,485	4,200	5,400	11,000	23,000
1824	17,340	4,200	9,000	26,000	34,000
1825/21	29,060	4,400	7,000	19,000	34,500
1825/24	Inc. above	—	—	—	600,000
Note: 1825/4, Bowers & Merena, March 1989, XF, $148,500.					
1826	18,069	5,000	8,000	20,000	40,000
1827	24,913	5,000	8,000	20,000	40,000
1828/7	28,029	11,000	24,000	58,000	90,000
Note: 1828/7, Bowers & Merena, June 1989, XF, $20,900.					
1828	Inc. above	10,000	20,000	30,000	75,000
1829 large planchet	57,442	—	—	—	300,000
Note: 1829 large planchet, Superior, July 1985, MS-65, $104,500.					
1829 small planchet	Inc. above	—	—	—	300,000
Note: 1829 small planchet, private sale, 1992 (XF-45), $89,000.					
1830 small "5D".	126,351	12,000	26,000	40,000	54,000
1830 large "5D".	Inc. above	12,000	26,500	40,000	55,000
1831	140,594	12,000	26,500	40,000	75,000
1832 curved-base 2, 12 stars	157,487	75,000	100,000	125,000	—

Date	Mintage	F12	VF20	XF40	MS60
1832 square-base 2, 13 stars	Inc. above	13,000	26,500	40,000	65,000
1833 large date	Inc. above	13,000	26,500	40,000	55,000
1833 small date	193,630	13,000	26,500	40,000	52,000
1834 plain 4	50,141	13,000	26,500	40,000	54,500
1834 crosslet 4	Inc. above	13,000	26,500	40,000	62,000

Classic Head
Classic head, left, within circle of stars obverse   No motto above eagle reverse

KM# 57 8.36 g., 0.899 Gold 0.2416 oz. AGW, 22.5 mm. **Rev. Legend:** UNITED STATES OF AMERICA **Designer:** William Kneass

Date	Mintage	F12	VF20	XF40	MS60	PRF65
1834 plain 4	450	480	650	1,150	3,800	—
1834 crosslet 4	1,000	1,750	3,000	5,300	21,000	—
1835	450	480	695	1,225	3,800	—
1836	450	480	650	1,400	3,800	—
1837	450	500	875	1,400	5,200	—
1838	450	500	800	1,525	3,800	—
1838C	1,600	3,900	10,000	13,500	67,000	—
1838D	1,750	4,000	6,000	12,000	26,000	—

Coronet Head
Coronet head, left, within circle of stars obverse
No motto above eagle reverse

KM# 69 8.36 g., 0.900 Gold 0.2419 oz. AGW, 21.6 mm. **Rev. Legend:** UNITED STATES OF AMERICA **Designer:** Christian Gobrecht **Note:** Varieties for 1843 are distinguished by the size of the numerals in the date. One 1848 variety has "Cal." incsribed on the reverse, indicating it was made from California gold. The 1873 "closed-3" and "open-3" varieties are distinguished by the amount of space between the upper left and lower left serifs in the 3 in the date.

Date	Mintage	F12	VF20	XF40	MS60	PRF65
1839	475	700	1,150	1,800	7,000	—
1839C	1,300	2,000	4,000	8,000	23,000	—
1839D	2,000	2,600	4,100	8,500	25,000	—
1840	490	540	650	950	4,000	—
1840C	900	1,700	3,750	5,000	18,000	—
1840D	900	1,650	2,800	4,700	12,000	—
1840O	400	500	950	1,800	8,000	—
1841	375	430	800	1,400	3,700	—
1841C	900	1,400	1,900	7,500	13,000	—
1841D 2 known	—	—	—	—	—	—
1841O 2 known	—	—	—	—	—	—
1842 small letters	450	600	1,100	2,300	11,000	170,000
1842 large letters	500	700	1,500	3,000	8,400	—
1842C small date	4,500	7,500	15,275	23,200	70,000	—
1842C large date	1,000	1,625	2,000	3,600	9,600	—
1842D small date	1,275	1,675	1,900	3,600	11,000	—
1842D large date	1,800	2,400	4,850	10,000	38,500	—
1842O	1,200	1,800	3,100	8,800	20,000	—
1843	400	430	450	540	1,200	—
1843C	1,400	1,600	2,300	3,600	8,500	—
1843D	1,200	1,500	1,825	2,600	8,500	—
1843O small letters	490	550	1,525	2,475	16,500	—
1843O large letters	490	550	1,000	1,600	11,000	—

Date	Mintage	F12	VF20	XF40	MS60	PRF65
1844	400	430	475	500	1,650	—
1844C	1,100	1,800	2,300	4,300	14,500	—
1844D	1,000	1,500	2,000	3,400	7,300	—
1844O	400	510	600	850	4,700	—
1845	350	400	460	550	1,680	—
1845D	1,000	1,450	1,850	2,600	7,000	—
1845O	500	600	1,000	2,300	8,500	—
1846	370	400	500	530	1,850	—
1846C	1,400	1,600	3,000	4,300	13,000	—
1846D	1,150	1,450	1,900	2,800	9,300	—
1846O	400	500	850	3,250	9,000	—
1847	370	400	460	500	1,500	—
1847C	1,050	1,400	2,000	2,800	8,000	—
1847D	1,100	1,450	2,425	3,300	7,000	—
1847O	2,100	2,500	6,500	10,000	20,000	—
1848	370	400	460	500	1,400	—
1848C	1,400	1,725	1,850	2,800	14,000	—
1848D	1,100	1,400	2,570	3,750	11,000	—
1849	370	400	460	600	2,500	—
1849C	1,100	1,500	1,825	2,725	8,100	—
1849D	1,200	1,600	2,350	3,000	13,000	—
1850	340	400	500	750	2,200	—
1850C	1,300	1,650	1,900	2,400	8,800	—
1850D	1,100	1,450	1,850	3,340	20,000	—
1851	370	400	460	500	1,900	—
1851C	1,000	1,400	1,750	2,575	10,500	—
1851D	1,000	1,400	1,700	2,475	9,000	—
1851O	500	750	1,400	4,500	10,000	—
1852	370	400	460	550	1,500	—
1852C	1,500	1,725	2,375	2,640	6,000	—
1852D	1,200	1,550	1,900	2,400	7,000	—
1853	370	400	460	500	1,200	—
1853C	1,400	1,900	2,350	2,800	500	—
1853D	1,400	1,500	2,400	3,600	5,800	—
1854	340	400	460	500	1,650	—
1854C	1,100	1,400	2,100	2,750	10,500	—

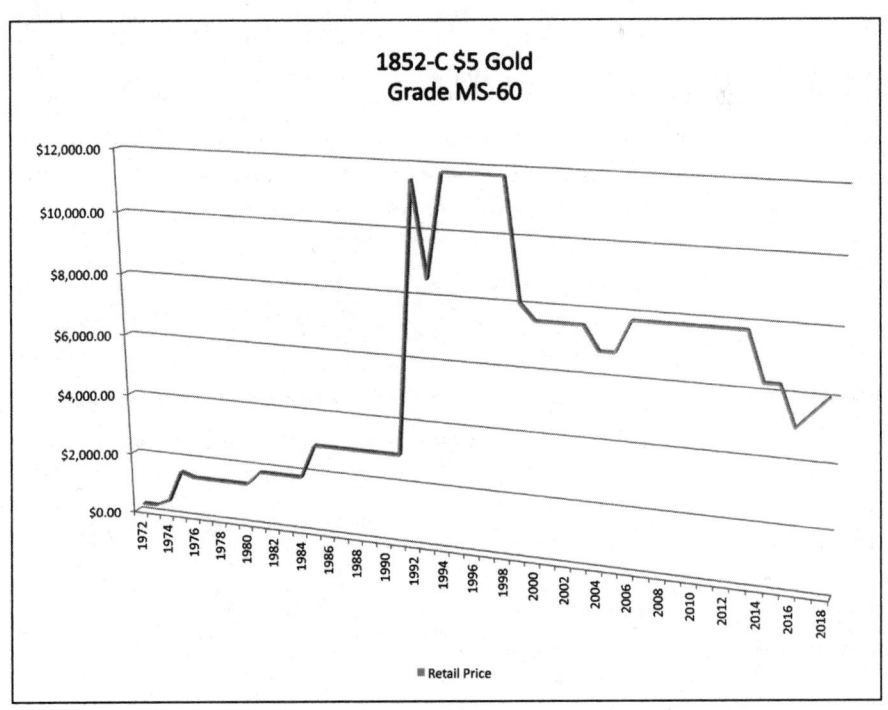

1852-C $5 Gold
Grade MS-60

Retail Price

Date	Mintage	F12	VF20	XF40	MS60	PRF65
1854D	1,400	1,600	2,100	3,200	7,100	—
1854O	380	430	650	1,100	6,300	—
1854S	—	—	—	300,000	—	—
Note: 1854S, Bowers & Merena, Oct. 1982, AU-55, $170,000.						
1855	370	400	460	500	1,650	—
1855C	1,400	1,500	2,000	2,800	10,000	—
1855D	1,100	1,450	2,300	2,450	12,000	—
1855O	875	1,000	2,400	3,800	17,000	—
1855S	550	650	900	1,650	10,000	—
1856	370	400	460	600	1,775	—
1856C	1,400	1,500	1,900	2,600	12,000	—
1856D	1,250	1,550	2,000	3,000	7,500	—
1856O	650	800	1,500	3,800	11,000	—
1856S	430	500	650	1,000	6,000	—
1857	370	400	460	500	1,600	150,000
1857C	1,050	1,400	1,750	2,400	6,600	—
1857D	1,450	1,800	2,000	3,000	9,500	—
1857O	620	800	1,500	3,400	12,000	—
1857S	370	430	550	825	8,000	—
1858	430	500	600	700	2,800	120,000
1858C	1,400	1,600	2,500	3,500	7,500	—
1858D	1,450	1,650	2,000	3,000	9,000	—
1858S	1,000	1,200	2,800	4,300	25,000	—
1859	370	430	500	650	5,300	93,000
1859C	1,050	1,400	1,850	2,700	8,000	—
1859D	1,100	1,650	2,000	3,000	7,500	—
1859S	1,100	1,450	3,000	4,200	21,000	—
1860	430	500	960	1,200	3,250	95,000
1860C	1,500	1,750	2,400	3,600	9,500	—
1860D	1,500	1,650	2,400	3,200	11,500	—
1860S	1,500	1,750	3,000	5,500	25,000	—
1861	400	450	510	600	1,625	95,000
1861C	4,000	45,000	8,500	12,000	25,000	—
1861D	121,000	15,000	22,000	38,000	60,000	—
1862	1,500	2,000	3,800	6,000	28,000	100,000
1862S	2,400	3,500	6,300	8,500	38,000	—
1861S	1,600	2,500	5,500	7,500	—	—
1863	1,800	3,000	7,500	15,000	45,000	95,000
1863S	2,000	2,800	4,000	10,000	35,000	—
1864	1,100	1,500	3,500	9,000	18,000	95,000
1864S	8,000	10,000	30,000	50,000	80,000	—
1865	4,000	5,000	10,000	18,000	32,000	95,000
1865S	980	2,000	3,300	6,000	12,500	—
1866S	1,000	1,800	4,200	9,100	—	—

Coronet head, left, within circle of stars obverse
IN GOD WE TRUST above eagle reverse

KM# 101 8.36 g., 0.900 Gold 0.2419 oz. AGW, 21.6 mm. **Rev. Legend:** UNITED STATES OF AMERICA **Designer:** Christian Gobrecht

Date	Mintage	VF20	XF40	AU50	MS60	MS63	MS65	PRF65
1866	6,730	900	1,800	2,800	11,000	35,000	—	60,000
1866S	34,920	1,100	2,400	6,500	18,500	—	—	—
1867	6,920	800	1,700	3,000	9,000	—	—	50,000
1867S	29,000	925	1,850	6,000	25,000	30,000	—	—
1868	5,725	500	750	2,200	10,000	—	—	50,000
1868S	52,000	475	1,125	2,300	15,000	—	—	—
1869	1,785	675	2,300	4,000	12,000	25,000	—	50,000
1869S	31,000	575	2,000	2,500	19,250	—	—	—
1870	4,035	575	1,500	2,500	13,000	—	—	75,000
1870CC	7,675	14,000	24,000	35,000	90,000	—	—	—
1870S	17,000	1,250	2,000	4,500	21,000	—	—	—

Date	Mintage	VF20	XF40	AU50	MS60	MS63	MS65	PRF65
1871	3,230	700	1,350	2,300	7,500	—	—	70,000
1871CC	20,770	3,000	5,000	10,000	46,000	—	—	—
1871S	25,000	450	900	2,100	12,000	30,000	—	—
1872	1,690	800	1,400	3,500	9,000	14,500	—	70,000
1872CC	16,980	3,300	4,500	12,000	—	—	—	—
1872S	36,400	770	960	2,500	11,000	—	—	—
1873 closed 3	49,305	345	345	345	850	4,300	20,000	65,000
1873 open 3	63,200	345	345	345	700	3,150	14,500	—
1873CC	7,416	6,000	12,000	21,000	65,000	—	—	—
1873S	31,000	525	825	1,600	16,000	—	—	—
1874	3,508	750	1,225	1,850	9,000	19,000	—	65,000
1874CC	21,198	2,000	3,800	8,000	30,000	—	—	—
1874S	16,000	800	1,525	3,600	—	—	—	—
1875	220	70,000	75,000	122,000	—	—	—	175,000
1875CC	11,828	3,000	5,500	13,750	36,000	90,000	—	—
1875S	9,000	1,000	2,250	3,500	15,000	—	—	—
1876	1,477	1,500	3,500	4,500	12,000	20,000	37,000	55,000
1876CC	6,887	3,300	6,500	11,000	34,000	—	—	—
1876S	4,000	2,800	6,350	9,000	—	—	—	—
1877	1,152	1,750	3,000	5,000	9,500	—	—	65,000
1877CC	8,680	2,300	4,100	8,800	40,000	—	—	—
1877S	26,700	470	600	1,200	7,500	17,000	—	—
1878	131,740	360	360	360	500	1,700	8,200	55,000
1878CC	9,054	3,500	8,000	13,750	60,000	—	—	—
1878S	144,700	360	360	360	700	3,800	17,000	—
1879	301,950	360	360	360	360	1,300	8,000	55,000
1879CC	17,281	1,875	2,450	5,000	23,000	—	—	—
1879S	426,200	360	360	360	500	1,450	22,000	—
1880	3,166,436	360	360	360	360	550	1,700	43,000
1880CC	51,017	850	1,050	1,625	10,500	37,000	—	—
1880S	1,348,900	360	360	360	360	550	8,000	—
1881	5,708,802	360	360	360	360	460	1,500	36,000
1881/80	Inc. above	585	600	625	1,000	4,000	—	—
1881CC	13,886	1,400	2,800	5,200	18,500	40,000	—	—
1881S	969,000	360	360	360	360	525	3,300	—
1882	2,514,568	360	360	360	360	470	3,400	36,000
1882CC	82,817	850	1,350	1,750	10,500	34,250	—	—
1882S	969,000	360	360	360	360	525	1,500	—
1883	233,461	360	360	360	475	1,200	12,500	36,000
1883CC	12,958	1,650	2,750	5,750	17,000	43,000	—	—
1883S	83,200	360	360	360	625	1,500	—	—
1884	191,078	360	360	360	360	1,325	—	36,000
1884CC	16,402	900	1,350	3,900	19,000	—	—	—
1884S	177,000	360	360	360	360	975	12,500	—
1885	601,506	360	360	360	360	550	5,000	34,000
1885S	1,211,500	360	360	360	360	525	1,750	—
1886	388,432	360	360	360	360	650	5,250	34,000
1886S	3,268,000	360	360	360	360	460	1,500	—
1887	87	—	—	26,000	—	—	—	9,300
1887S	1,912,000	360	360	360	360	630	4,000	—
1888	18,296	360	360	360	630	1,500	12,000	36,000
1888S	293,900	360	360	360	1,050	3,700	—	—
1889	7,565	450	475	600	1,225	4,250	—	36,000
1890	4,328	550	650	925	2,750	6,000	—	36,000
1890CC	53,800	650	750	925	1,850	6,000	43,000	—
1891	61,413	360	360	360	600	1,300	—	32,000
1891CC	208,000	750	800	975	1,675	4,000	31,000	—
1892	753,572	360	360	360	360	520	1,500	32,000
1892CC	82,968	650	725	900	2,000	6,725	38,000	—
1892O	10,000	1,700	2,000	2,475	5,200	—	—	—
1892S	298,400	360	360	360	360	1,850	—	—
1893	1,528,197	360	360	360	360	460	1,950	36,000
1893CC	60,000	800	900	1,200	2,400	7,600	29,000	—
1893O	110,000	360	360	360	1,025	4,750	—	—
1893S	224,000	360	360	360	360	650	7,300	—
1894	957,955	360	360	360	360	525	3,200	32,000
1894O	16,600	450	550	725	1,550	8,800	—	—
1894S	55,900	360	360	360	3,550	10,000	—	—
1895	1,345,936	360	360	360	360	460	1,500	29,000

$5 (HALF EAGLE)

Date	Mintage	VF20	XF40	AU50	MS60	MS63	MS65	PRF65
1895S	112,000	360	360	360	1,900	4,100	16,500	—
1896	59,063	360	360	360	360	675	6,800	25,000
1896S	155,400	360	360	360	1,000	4,450	20,000	—
1897	867,883	360	360	360	360	500	1,820	27,500
1897S	354,000	360	360	360	775	3,850	—	—
1898	633,495	360	360	360	360	650	3,300	25,000
1898S	1,397,400	360	360	360	360	1,125	6,700	—
1899	1,710,729	380	400	405	440	440	2,100	25,000
1899S	1,545,000	360	360	360	360	720	7,250	—
1900	1,405,730	360	360	360	360	460	2,000	25,000
1900S	329,000	360	360	360	360	460	11,000	—
1901	616,040	360	360	360	360	460	2,000	25,000
1901S	3,648,000	360	360	360	360	460	2,000	—
1902	172,562	360	360	360	360	650	1,500	25,000
1902S	939,000	360	360	360	360	460	2,000	—
1903	227,024	360	360	360	360	925	1,690	25,000
1903S	1,855,000	360	360	360	360	460	2,000	—
1904	392,136	360	360	360	360	520	2,000	25,000
1904S	97,000	360	360	360	825	3,000	9,200	—
1905	302,308	360	360	360	360	460	3,000	27,500
1905S	880,700	360	360	360	625	1,225	6,000	—
1906	348,820	360	360	360	360	460	2,000	25,000
1906D	320,000	360	360	360	360	460	2,000	—
1906S	598,000	360	360	360	360	725	4,450	—
1907	626,192	360	360	360	360	460	2,000	25,000
1907D	888,000	360	360	360	360	460	2,000	—
1908	421,874	360	360	360	360	460	2,000	—

Indian Head

KM# 129 8.36 g., 0.900 Gold 0.2419 oz. AGW, 21.6 mm. **Designer:** Bela Lyon Pratt

Date	Mintage	VF20	XF40	AU50	MS60	MS63	MS65	PRF65
1908	578,012	360	380	400	450	925	7,100	40,000
1908D	148,000	360	380	400	520	925	27,000	—
1908S	82,000	360	380	900	2,200	7,400	20,000	—
1909	627,138	360	380	400	440	925	7,100	43,000
1909D	3,423,560	360	380	400	440	925	7,200	—
1909O	34,200	4,200	5,600	10,000	34,200	76,000	455,000	—
1909S	297,200	390	400	475	1,900	8,500	55,000	—
1910	604,250	350	380	400	440	925	7,100	43,000
1910D	193,600	350	380	400	525	2,025	28,500	—
1910S	770,200	350	380	400	1,100	8,000	65,000	—
1911	915,139	350	380	400	440	1,095	7,100	43,000
1911D	72,500	600	800	1,500	7,500	34,000	225,000	—
1911S	1,416,000	350	380	525	700	3,100	50,000	—
1912	790,144	350	380	400	440	925	7,100	43,000
1912S	392,000	400	410	525	1,600	14,000	165,000	—
1913	916,099	350	380	400	440	995	7,100	43,000
1913S	408,000	400	440	450	1,700	12,000	130,000	—
1914	247,125	350	380	400	500	16,000	13,500	43,000
1914D	247,000	350	380	400	500	2,000	20,000	—
1914S	263,000	390	415	435	1,600	6,500	105,000	—
1915	588,075	350	380	400	440	925	6,800	46,000
1915S	164,000	350	380	400	2,125	10,200	120,000	—
1916S	240,000	385	395	435	990	3,600	40,000	—
1929	662,000	—	15,000	17,000	28,250	48,500	110,000	—

$10 (EAGLE)

GOLD
Liberty Cap
Small eagle reverse

KM# 21 17.50 g., 0.916 Gold 0.5154 oz. AGW, 33 mm. **Designer:** Robert Scot

Date	Mintage	F12	VF20	XF40	MS60
1795 13 leaves	5,583	24,000	30,000	45,000	95,000
1795 9 leaves	Inc. above	45,000	75,000	90,000	225,000
1796	4,146	25,000	30,000	45,000	100,000
1797 small eagle	3,615	40,000	50,000	75,000	230,000

Liberty cap on head, right, flanked by stars obverse   Heraldic eagle reverse

KM# 30 17.50 g., 0.916 Gold 0.5154 oz. AGW, 33 mm. **Obv. Legend:** LIBERTY **Rev. Legend:** UNITED STATES OF AMERICA **Designer:** Robert Scot

Date	Mintage	F12	VF20	XF40	MS60
1797 large eagle	10,940	8,500	15,000	19,000	47,600
1798/97 9 stars left, 4 right	900	11,000	15,000	32,000	125,000
1798/97 7 stars left, 6 right	842	40,000	55,000	90,000	435,000
1799 large star obv	37,449	8,000	10,000	15,000	26,000
1799 small star obv	Inc. above	8,500	11,000	15,000	32,000
1800	5,999	8,000	10,000	15,000	26,000
1801	44,344	8,000	10,000	15,000	26,000
1803 extra star	15,017	8,000	10,000	15,000	26,000
1803 large stars rev	Inc. above	7,500	9,000	14,000	28,000
1804 crosslet 4	3,757	16,000	22,000	30,000	70,000
1804 plain 4	—	—	—	—	—

Coronet Head
Old-style head, left, within circle of stars obverse
No motto above eagle reverse

KM# 66.1 16.72 g., 0.900 Gold 0.4837 oz. AGW, 27 mm. **Rev. Legend:** UNITED STATES OF AMERICA **Designer:** Christian Gobrecht

Date	Mintage	F12	VF20	XF40	MS60	PRF65
1838	3,000	3,600	8,500	16,500	65,000	1,500,000
1839/8 Type of 1838	800	1,750	4,600	5,800	26,000	1,500,000
1839 large letters	700	1,200	4,000	6,000	26,000	—

New-style head, left, within circle of stars obverse
No motto above eagle reverse

KM# 66.2 16.72 g., 0.900 Gold 0.4837 oz. AGW, 27 mm. **Rev. Legend:** UNITED STATES OF AMERICA
Designer: Christian Gobrecht

Date	Mintage	F12	VF20	XF40	MS60	PRF65
1839 small letters	3,000	3,400	9,700	13,000	38,000	—
1840	900	1,020	1,350	1,625	8,175	—
1841	850	925	1,000	1,375	7,500	—
1841O	2,000	3,800	10,750	19,000	—	—
1842 small date	900	1,020	1,350	1,600	13,000	—
1842 large date	900	1,020	1,350	1,700	16,000	—
1842O	900	1,300	1,600	3,375	36,000	—
1843	900	1,020	1,350	2,000	15,250	—
1843O	900	1,020	1,350	1,900	10,600	—
1844	1,400	2,100	4,200	5,500	21,000	—
1844O	900	1,020	1,300	1,850	14,000	—
1845	900	1,020	1,500	2,300	15,000	—
1845O	900	1,020	1,700	3,100	15,000	—
1845O repunched	900	975	1,400	5,100	—	—
1846	900	1,025	1,400	4,750	19,000	—
1846O	900	1,200	2,100	3,600	13,500	—
1846/5	900	1,200	2,000	4,100	—	—
1847	900	1,020	1,350	1,100	3,750	—
1847O	900	1,020	1,350	1,200	5,400	—
1848	900	1,020	1,350	1,100	4,000	—
1848O	875	1,000	3,100	3,550	14,000	—
1849	900	1,020	1,020	1,050	3,300	—
1849O	1,200	1,750	2,500	5,300	23,000	—
1850 large date	900	1,020	1,300	1,100	4,600	—
1850 small date	900	1,020	1,350	1,425	6,750	—
1850O	900	1,150	1,900	3,000	20,000	—
1851	900	1,020	1,225	1,050	4,000	—
1851O	900	1,020	1,300	1,425	8,000	—
1852	900	1,020	1,300	1,500	2,975	—
1852O	1,300	1,500	2,500	6,000	43,000	—
1853	900	1,020	1,300	1,500	3,000	—
1853/2	900	1,020	1,450	1,800	14,500	—
1853O	900	1,050	1,500	2,200	13,000	—
1854	900	1,020	1,300	1,500	5,500	—
1854O small date	900	1,020	1,400	2,100	9,750	—
1854O large date	900	1,020	1,500	2,000	9,250	—
1854S	925	1,050	1,300	1,900	11,000	—
1855	900	1,020	1,300	1,500	4,000	—
1855O	950	1,050	3,600	7,000	26,000	—
1855S	900	1,950	32.50	—	—	—
1856	900	1,020	1,300	1,500	3,350	—
1856O	1,100	1,300	2,500	4,000	27,000	—
1856S	900	1,020	1,350	1,600	11,250	—
1857	900	1,020	1,300	1,550	12,750	—
1857O	1,400	2,000	3,800	6,500	—	—
1857S	900	1,020	1,300	2,150	11,000	—
1858	3,400	4,800	6,500	10,900	28,000	—
1858O	900	1,150	1,550	2,600	8,000	—
1858S	950	1,350	3,600	7,000	—	—
1859	900	1,020	1,325	1,600	7,200	165,000

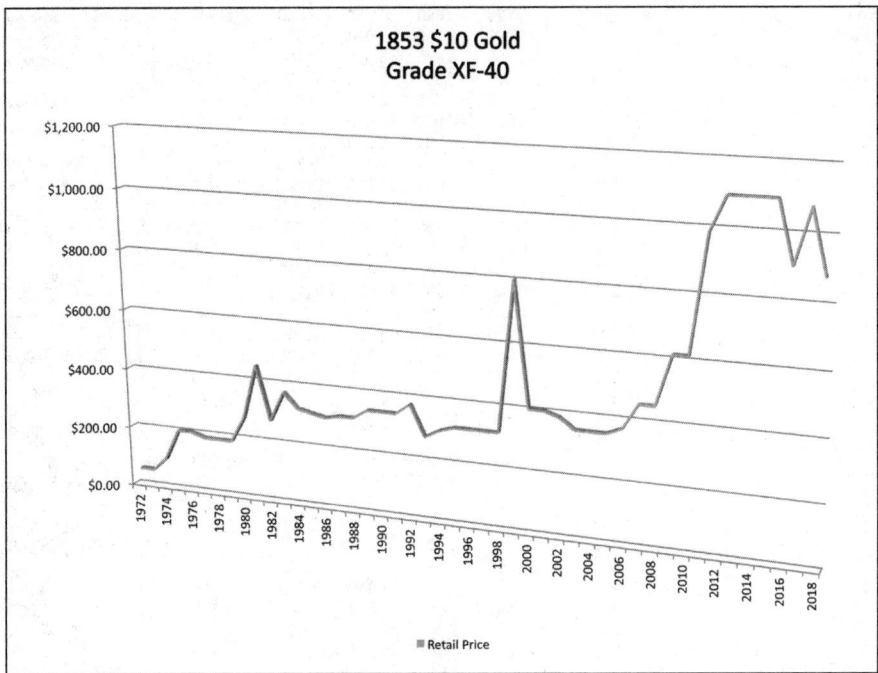

1853 $10 Gold
Grade XF-40

■ Retail Price

Date	Mintage	F12	VF20	XF40	MS60	PRF65
1859O	2,600	3,800	8,500	19,500	—	—
1859S	1,800	2,300	4,000	16,000	39,000	—
1860	900	1,020	1,300	1,425	7,500	165,000
1860O	1,200	1,600	3,000	4,200	16,000	—
1860S	1,800	2,500	5,500	13,000	—	—
1861	900	1,020	1,300	1,800	5,700	165,000
1861S	3,000	3,600	8,500	12,200	46,000	—
1862	900	1,020	2,000	5,100	16,225	165,000
1862S	1,100	2,000	4,500	10,500	—	—
1863	2,700	3,600	13,750	24,000	47,500	165,000
1863S	4,000	6,000	10,000	14,500	42,000	—
1864	1,100	1,525	5,600	8,800	21,500	165,000
1864S	25,000	33,000	66,000	140,000	—	—
1865	1,100	3,400	5,150	16,000	28,500	165,000
1865S	2,000	4,600	7,600	14,750	41,000	—
1865S over inverted 186	—	5,125	6,175	15,000	—	—
1866S	1,800	2,200	3,800	6,000	39,000	—

IN GOD WE TRUST above eagle reverse

KM# 102 16.72 g., 0.900 Gold 0.4837 oz. AGW, 27 mm. **Rev. Legend:** UNITED STATES OF AMERICA **Designer:** Christian Gobrecht

Date	Mintage	VF20	XF40	AU50	MS60	MS63	MS65	PRF65
1866	3,780	1,800	3,100	7,000	40,500	—	—	75,000
1866S	11,500	3,300	5,800	7,500	22,000	—	—	—
1867	3,140	800	1,400	1,750	34,000	—	—	64,000
1867S	9,000	1,950	5,800	7,500	35,000	—	—	—
1868	10,655	800	1,000	1,550	14,000	—	—	58,000

$10 (EAGLE)

Date	Mintage	VF20	XF40	AU50	MS60	MS63	MS65	PRF65
1868S	13,500	1,700	2,200	3,500	20,000	—	—	—
1869	1,855	1,550	3,900	5,025	32,250	—	—	58,000
1869S	6,430	2,075	3,500	6,100	20,000	—	—	—
1870	4,025	1,075	1,725	3,000	26,500	—	—	64,000
1870CC	5,908	30,000	46,500	75,000	—	—	—	—
1870S	8,000	1,600	4,500	4,850	29,000	—	—	—
1871	1,820	1,300	2,675	4,800	15,750	—	—	64,000
1871CC	8,085	4,400	13,000	17,750	53,000	135,000	—	—
1871S	16,500	1,400	1,875	3,400	22,000	—	—	—
1872	1,650	2,100	3,900	7,550	13,750	27,000	—	64,000
1872CC	4,600	8,000	11,500	22,000	45,000	65,000	—	—
1872S	17,300	900	1,575	2,400	17,000	—	—	—
1873 closed 3	825	8,500	18,500	31,000	70,000	—	—	85,000
1873CC	4,543	10,500	19,500	43,000	—	—	—	—
1873S	12,000	1,250	2,795	3,750	26,000	—	—	—
1874	53,160	680	690	760	1,425	6,500	38,000	64,000
1874CC	16,767	3,000	4,700	11,750	63,000	155,000	—	—
1874S	10,000	1,250	1,950	4,000	—	—	—	—
1875	120	55,000	80,000	150,000	—	—	—	150,000
Note: 1875, Akers, Aug. 1990, Proof, $115,000.								
1875CC	7,715	4,500	9,000	14,000	85,000	155,000	—	—
1876	732	4,800	8,000	23,500	68,000	—	—	85,000
1876CC	4,696	4,800	12,000	18,500	—	—	—	—
1876S	5,000	2,000	4,000	6,700	32,000	—	—	—
1877	817	4,300	6,700	9,500	43,000	—	—	55,000
1877CC	3,332	7,500	10,250	18,750	42,000	—	—	—
1877S	17,000	850	1,350	1,850	27,000	—	—	—
1878	73,800	680	680	690	800	4,800	25,000	55,000
1878CC	3,244	6,700	15,000	22,000	50,000	—	—	—
1878S	26,100	825	925	1,000	12,000	25,500	—	—
1879	384,770	680	680	680	725	2,800	13,750	49,000
1879/78	Inc. above	800	840	950	1,000	2,500	—	—
1879CC	1,762	18,500	18,800	41,125	—	—	—	—
1879O	1,500	9,500	16,000	21,500	72,500	—	—	—
1879S	224,000	680	680	680	1,095	6,250	—	—
1880	1,644,876	680	680	680	725	1,325	—	60,000
1880CC	11,190	1,850	2,550	4,300	25,000	—	—	—
1880O	9,200	900	2,000	4,000	20,000	—	—	—
1880S	506,250	680	680	680	725	1,400	—	—
1881	3,877,260	680	680	680	725	925	15,750	55,000
1881CC	24,015	1,300	1,800	2,725	6,600	32,000	—	—
1881O	8,350	800	1,000	3,200	8,800	—	—	—
1881S	970,000	680	680	680	725	1,300	—	—
1882	2,324,480	680	680	680	725	755	—	55,000
1882CC	6,764	1,750	2,750	4,600	30,000	63,000	—	—
1882O	10,820	1,400	1,700	2,600	9,000	34,000	—	—
1882S	132,000	680	680	680	725	1,800	31,000	—
1883	208,740	680	680	680	725	1,125	—	55,000
1883CC	12,000	1,500	2,000	3,750	32,000	—	—	—
1883O	800	8,500	21,500	37,000	95,000	—	—	—
1883S	38,000	680	680	680	725	9,000	—	—
1884	76,905	680	680	680	725	3,500	—	60,000
1884CC	9,925	1,475	2,700	5,000	14,000	44,000	—	—
1884S	124,250	680	680	680	725	4,000	—	—
1885	253,527	680	680	680	725	1,620	18,000	48,000
1885S	228,000	680	680	680	725	1,000	—	—
1886	236,160	680	680	680	725	1,875	—	53,000
1886S	826,000	680	680	680	725	850	—	—
1887	53,680	680	680	680	725	5,300	—	75,000
1887S	817,000	680	680	680	725	1,350	—	—
1888	132,996	680	680	680	725	3,450	—	45,000
1888O	21,335	680	680	680	1,100	6,500	—	—
1888S	648,700	680	680	680	725	925	—	—
1889	4,485	750	900	1,175	3,375	8,500	—	50,000
1889S	425,400	680	680	680	725	1,075	—	—
1890	58,043	680	680	680	725	3,400	16,500	43,000
1890CC	17,500	1,125	1,350	1,675	3,800	16,000	—	—
1891	91,868	680	680	680	725	1,725	—	40,000
1891CC	103,732	1,000	1,200	1,400	2,100	7,500	43,000	—

Date	Mintage	VF20	XF40	AU50	MS60	MS63	MS65	PRF65
1892	797,552	680	680	680	725	750	6,600	37,000
1892CC	40,000	1,125	1,350	1,700	4,400	25,500	—	—
1892O	28,688	680	680	680	1,225	7,500	—	—
1892S	115,500	680	680	680	725	2,100	—	—
1893	1,840,895	680	680	680	725	750	7,500	37,000
1893CC	14,000	1,125	1,375	3,000	15,000	—	—	—
1893O	17,000	680	680	680	725	4,800	—	—
1893S	141,350	680	680	680	725	1,600	—	—
1894	2,470,778	680	680	680	725	750	12,750	37,000
1894O	107,500	680	680	680	725	4,350	—	—
1894S	25,000	680	680	680	3,600	—	—	—
1895	567,826	680	680	680	725	750	9,850	37,000
1895O	98,000	680	680	680	1,300	6,000	—	—
1895S	49,000	680	680	680	725	8,500	—	—
1896	76,348	680	680	680	725	1,200	—	37,000
1896S	123,750	680	680	680	725	7,800	—	—
1897	1,000,159	680	680	680	725	750	3,600	37,000
1897O	42,500	680	680	680	725	6,600	23,000	—
1897S	234,750	680	680	680	725	5,250	—	—
1898	812,197	680	680	680	725	750	6,300	37,000
1898S	473,600	680	680	680	725	1,525	—	—
1899	1,262,305	680	680	680	725	750	2,320	37,000
1899O	37,047	680	680	680	725	7,850	32,000	—
1899S	841,000	680	680	680	725	1,550	16,000	—
1900	293,960	680	680	680	725	750	3,500	34,000
1900S	81,000	680	680	680	725	4,600	19,000	—
1901	1,718,825	680	680	680	725	750	2,260	34,000
1901O	72,041	680	680	680	1,050	3,000	—	—
1901S	2,812,750	680	680	680	725	750	2,260	—
1902	82,513	680	680	680	725	1,300	8,650	34,000
1902S	469,500	680	680	680	725	750	2,260	—
1903	125,926	680	680	680	725	750	6,750	34,000
1903O	112,771	680	680	680	725	2,300	20,500	—
1903S	538,000	680	680	680	725	750	2,260	—
1904	162,038	680	680	680	725	1,500	6,150	37,000
1904O	108,950	680	680	680	725	3,200	20,000	—
1905	201,078	680	680	680	725	980	5,875	34,000
1905S	369,250	680	680	680	725	4,400	—	—
1906	165,497	680	680	680	725	1,025	6,500	34,000
1906D	981,000	680	680	680	725	750	6,000	—
1906O	86,895	680	680	680	1,125	4,350	23,000	—
1906S	457,000	680	680	680	725	2,300	15,750	—
1907	1,203,973	680	680	680	725	750	2,260	37,000
1907D	1,030,000	680	680	680	725	1,550	12,000	—
1907S	210,500	680	680	680	725	3,550	—	—

Indian Head
No motto to left of eagle reverse

KM# 125 16.72 g., 0.900 Gold 0.4837 oz. AGW, 27 mm. **Designer:** Augustus Saint-Gaudens **Note:** 1907 varieties are distinguished by whether the edge is rolled or wired, and whether the legend E PLURIBUS UNUM has periods between each word.

Date	Mintage	VF20	XF40	AU50	MS60	MS63	MS65
1907 wire edge, periods before and after legend	500	11,000	16,500	19,000	38,000	39,000	70,000
1907 same, without stars on edge, unique	—	—	—	—	—	—	—
1907 rolled edge, periods	42	24,500	38,000	48,000	73,000	115,000	275,000
1907 without periods	239,406	—	710	740	1,120	1,950	5,500
1908 without motto	33,500	—	710	760	1,310	4,600	15,000
1908D without motto	210,000	—	710	760	1,300	5,700	41,000

IN GOD WE TRUST left of eagle reverse

KM# 130 16.72 g., 0.900 Gold 0.4837 oz. AGW, 27 mm. **Designer:** Augustus Saint-Gaudens

Date	Mintage	VF20	XF40	AU50	MS60	MS63	MS65	PRF65
1908	341,486	—	695	725	810	1,400	4,050	55,000
1908D	836,500	—	695	760	1,225	3,500	24,000	
1908S	59,850	900	975	1,250	3,600	12,600	23,000	
1909	184,863	—	695	700	750	1,500	20,500	72,500
1909D	121,540	—	695	700	1,200	4,000	28,000	—
1909S	292,350	—	695	880	1,800	5,500	16,950	—
1910	318,704	—	695	700	720	925	5,700	68,000
1910D	2,356,640	—	695	700	720	990	5,950	—
1910S	811,000	—	695	700	900	4,875	41,000	—
1911	505,595	—	695	700	720	865	5,000	55,000
1911D	30,100	1,600	1,800	2,550	8,500	27,000	220,000	—
1911S	51,000	950	1,100	1,200	2,900	10,000	25,000	—
1912	405,083	—	695	700	720	875	8,000	55,000
1912S	300,000	—	695	700	1,425	4,850	31,500	—
1913	442,071	—	695	700	720	1,000	5,200	55,000
1913S	66,000	840	950	1,170	5,500	17,750	170,000	—
1914	151,050	—	695	700	720	1,425	7,400	60,000
1914D	343,500	—	695	700	800	1,375	11,000	—
1914S	208,000	850	975	1,125	1,800	4,300	30,500	—
1915	351,075	—	695	700	720	1,320	6,000	55,000
1915S	59,000	1,050	1,225	1,600	5,500	19,700	69,000	—
1916S	138,500	—	695	750	1,750	5,300	22,250	—
1920S	126,500	16,500	23,000	30,000	55,000	90,000	275,000	—
1926	1,014,000	—	695	705	720	800	2,325	—
1930S	96,000	14,000	19,750	24,000	36,500	44,000	93,000	—
1932	4,463,000	—	695	705	720	790	2,325	—
1933	312,500	130,000	140,000	145,000	165,000	225,000	600,000	—

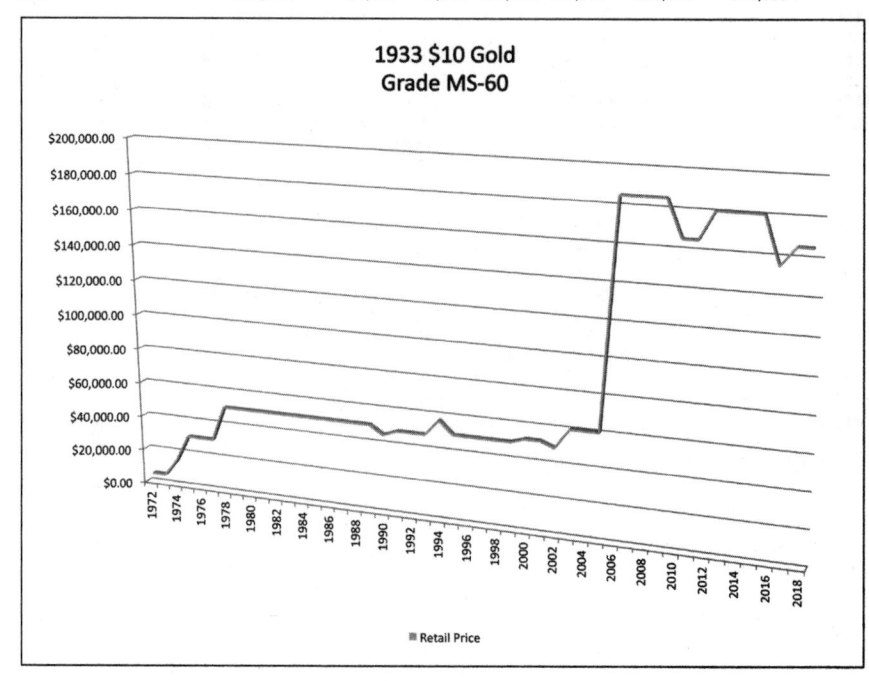

1933 $10 Gold
Grade MS-60

$20 (DOUBLE EAGLE)

GOLD
Liberty Head
Coronet head, left, within circle of stars obverse
TWENTY D. below eagle, no motto above eagle reverse

KM# 74.1 33.44 g., 0.900 Gold 0.9675 oz. AGW, 34 mm. **Rev. Legend:** UNITED STATES OF AMERICA
Designer: James B. Longacre

Date	Mintage	VF20	XF40	AU50	MS60	MS63	MS65	PRF65
1849 unique, in Smithsonian collection	1	—	—	—	—	—	—	—
1850	1,170,261	2,100	2,800	4,500	15,000	53,000	195,000	—
1850O	141,000	5,000	7,000	13,250	63,000	—	—	—
1851	2,087,155	1,825	1,900	2,300	6,250	21,250	—	—
1851O	315,000	2,500	4,000	6,600	28,000	—	—	—
1852	2,053,026	1,750	1,825	2,200	5,400	20,000	—	—
1852O	190,000	2,150	4,000	6,000	34,500	—	—	—
1853	1,261,326	1,725	1,750	2,000	5,300	30,000	165,000	—
1853/2	Inc. above	2,000	3,000	5,100	35,500	—	—	—
1853O	71,000	2,700	6,600	11,500	35,000	—	—	—
1854 SD	757,899	2,500	5,000	10,000	25,850	—	—	—
1854 LD	Inc. above	3,000	4,100	11,000	36,000	61,000	—	—
1854O	3,250	92,000	176,000	290,000	—	—	—	—
1854S	141,468	2,750	3,700	12,000	29,000	47,500	86,000	—
1855	364,666	1,750	1,825	2,200	12,000	9,500	60,000	—
1855O	8,000	14,500	36,000	45,000	120,000	—	—	—
1855S	879,675	1,750	1,825	2,200	7,000	22,000	—	—
1856	329,878	1,825	2,100	3,300	7,900	36,000	—	—
1856O	2,250	175,000	220,000	335,000	—	—	—	—
1856S	1,189,750	1,750	1,800	2,200	6,000	16,000	37,000	—
1857	439,375	1,750	1,775	2,425	7,700	37,500	—	—
1857O	30,000	4,600	9,200	15,000	45,000	250,000	—	—
1857S	970,500	1,750	1,825	2,200	4,300	7,000	10,500	—
1858	211,714	1,750	1,825	2,700	9,000	35,000	—	—
1858O	35,250	4,600	8,300	19,000	53,000	180,000	—	—
1858S	846,710	1,750	1,775	2,400	8,800	40,000	—	—
1859	43,597	3,000	6,000	12,000	30,000	—	—	—
1859O	9,100	5,600	22,500	41,000	130,000	—	—	—
1859S	636,445	1,750	1,775	2,150	14,250	58,000	—	—
1860	577,670	1,750	1,825	2,150	5,400	18,000	72,000	—
1860O	6,600	12,000	34,000	50,000	—	—	—	—
1860S	544,950	1,750	2,200	2,450	10,000	35,000	—	—
1861	2,976,453	1,750	1,825	2,150	6,200	18,500	55,000	225,000
1861O	17,741	15,000	36,000	55,000	160,000	—	—	—
1861S	768,000	1,750	2,300	2,800	15,000	40,000	—	—

Paquet design, TWENTY D. below eagle reverse

KM# 93 33.44 g., 0.900 Gold 0.9675 oz. AGW **Rev. Legend:** UNITED STATES OF AMERICA **Note:** In 1861 the reverse was redesigned by Anthony C. Paquet, but it was withdrawn soon after its release. The letters in the inscriptions on the Paquet-reverse variety are taller than on the regular reverse.

Date	Mintage	VF20	XF40	AU50	MS60	MS63	MS65	PRF65
1861 2 Known	—	—	—	—	—	—	—	—

Note: 1861 Paquet reverse, Bowers & Merena, Nov. 1988, MS-67, $660,000.

Date	Mintage	VF20	XF40	AU50	MS60	MS63	MS65	PRF65
1861S	—	22,000	56,000	90,000	—	—	—	—

Note: Included in mintage of 1861S, KM#74.1

Longacre design resumed reverse

KM# A74.1 33.44 g., 0.900 Gold 0.9675 oz. AGW

Date	Mintage	VF20	XF40	AU50	MS60	MS63	MS65	PRF65
1862	92,133	4,800	11,000	14,500	40,000	—	—	400,000
1862S	854,173	2,000	2,400	2,700	11,250	46,000	—	—
1863	142,790	3,000	4,700	12,000	31,500	90,000	—	400,000
1863S	966,570	2,100	2,200	2,650	11,000	34,000	—	—
1864	204,285	3,000	5,000	8,250	24,000	76,000	240,000	400,000
1864S	793,660	1,825	2,000	2,550	9,500	42,000	—	—
1865	351,200	2,200	2,400	2,900	7,000	22,500	70,000	400,000
1865S	1,042,500	1,700	1,775	2,300	7,000	13,750	30,000	—
1866S	Inc. below	10,000	20,000	35,000	150,000	—	—	—

TWENTY D. below eagle. IN GOD WE TRUST above eagle reverse

KM# 74.2 33.44 g., 0.900 Gold 0.9675 oz. AGW, 34 mm. **Rev. Legend:** UNITED STATES OF AMERICA **Designer:** James B. Longacre

Date	Mintage	VF20	XF40	AU50	MS60	MS63	MS65	PRF65
1866	698,775	1,365	2,300	3,700	12,500	55,000	—	290,000
1866S	842,250	1,750	2,300	4,100	22,000	—	—	—
1867	251,065	1,600	1,700	2,100	5,700	28,000	—	290,000
1867S	920,750	1,365	1,475	1,850	11,000	—	—	—
1868	98,600	1,700	2,100	3,500	18,500	60,000	—	290,000
1868S	837,500	1,365	1,700	2,000	11,000	—	—	—
1869	175,155	1,600	1,700	2,000	11,000	33,000	245,000	290,000
1869S	686,750	1,365	1,750	1,775	8,200	38,000	—	—
1870	155,185	1,365	1,800	2,650	15,000	48,000	—	325,000
1870CC	3,789	175,000	240,000	345,000	—	—	—	—
1870S	982,000	1,365	1,625	1,750	4,100	56,000	—	—
1871	80,150	1,600	1,650	3,275	6,800	40,000	—	—
1871CC	17,387	12,500	29,000	50,000	120,000	225,000	—	—
1871S	928,000	1,365	1,625	1,700	4,400	19,500	—	—
1872	251,880	1,365	1,625	2,000	3,800	24,000	—	—
1872CC	26,900	5,000	9,500	15,000	62,000	—	—	—
1872S	780,000	1,365	1,625	1,625	3,000	25,000	—	—
1873 closed 3	Est. 208925	1,365	1,625	1,700	3,500	—	—	325,000
1873 open 3	Est. 1500900	1,365	1,625	1,675	1,700	7,800	190,000	—

Date	Mintage	VF20	XF40	AU50	MS60	MS63	MS65	PRF65
1873CC	22,410	4,000	8,100	16,250	45,000	125,000	—	—
1873S closed 3	1,040,600	1,365	1,400	1,400	2,300	18,500	—	—
1873S open 3	Inc. above	1,365	1,500	1,500	5,600	6,700	—	—
1874	366,800	1,365	1,625	1,625	2,700	17,250	—	325,000
1874CC	115,085	3,000	3,550	5,000	26,000	—	—	—
1874S	1,214,000	1,450	1,475	1,475	1,820	24,000	—	—
1875	295,740	1,450	1,475	1,475	1,950	6,700	—	—
1875CC	111,151	2,400	3,350	4,000	12,750	30,000	—	—
1875S	1,230,000	1,365	1,625	1,625	1,650	11,000	—	—
1876	583,905	1,365	1,625	1,625	1,650	12,000	—	325,000
1876CC	138,441	2,600	3,400	4,500	12,950	28,000	—	—
1876S	1,597,000	1,365	1,625	1,625	1,500	7,000	185,000	—

TWENTY DOLLARS below eagle reverse

KM# 74.3 33.44 g., 0.900 Gold 0.9675 oz. AGW **Rev. Legend:** UNITED STATES OF AMERICA

Date	Mintage	VF20	XF40	AU50	MS60	MS63	MS65	PRF65
1877	397,670	1,270	1,275	1,280	1,900	12,000	—	125,000
1877CC	42,565	3,000	3,400	6,000	27,000	—	—	—
1877S	1,735,000	1,305	1,305	1,305	1,500	13,700	42,500	—
1878	543,645	1,305	1,305	1,305	1,500	9,100	—	125,000
1878CC	13,180	5,500	8,000	12,250	42,500	—	—	—
1878S	1,739,000	1,305	1,305	1,305	1,500	14,250	—	—
1879	207,630	1,305	1,305	1,305	2,000	14,000	53,000	125,000
1879CC	10,708	6,100	11,000	19,000	58,000	—	—	—
1879O	2,325	26,500	40,000	54,000	125,000	—	—	—
1879S	1,223,800	1,305	1,305	1,305	2,000	34,000	—	—
1880	51,456	1,310	1,450	1,900	7,500	27,000	—	125,000
1880S	836,000	1,305	1,305	1,305	1,750	20,000	49,500	—
1881	2,260	17,500	25,000	40,000	110,000	—	—	145,000
1881S	727,000	1,305	1,305	1,305	1,750	23,000	—	—
1882	630	30,000	50,000	85,000	125,000	—	—	210,000
1882CC	39,140	2,600	3,000	4,500	13,250	83,000	—	—
1882S	1,125,000	1,305	1,305	1,305	1,590	12,750	—	—
1883 proof only	92	—	—	—	—	—	—	225,000
1883CC	59,962	2,600	2,700	4,800	10,000	36,500	—	—
1883S	1,189,000	1,305	1,305	1,305	1,480	5,000	—	—
1884 proof only	71	—	—	—	—	—	—	245,000
1884CC	81,139	2,500	2,700	4,000	10,500	43,000	—	—
1884S	916,000	1,305	1,305	1,305	1,475	3,500	37,500	—
1885	828	20,000	30,000	45,000	70,000	115,000	—	90,000
1885CC	9,450	6,000	12,000	16,000	36,000	115,000	—	—
1885S	683,500	1,305	1,305	1,305	1,725	3,000	—	—
1886	1,106	38,000	70,000	88,000	125,000	145,000	—	87,000
1887	121	—	—	—	—	—	—	165,000
1887S	283,000	1,305	1,305	1,305	1,500	12,000	37,500	—
1888	226,266	1,305	1,305	1,305	2,100	10,000	28,000	85,000
1888S	859,600	1,305	1,305	1,305	1,600	3,400	45,000	—
1889	44,111	1,305	1,305	1,305	2,000	13,000	—	85,000
1889CC	30,945	3,000	3,600	5,000	12,500	40,000	—	—
1889S	774,700	1,305	1,305	1,305	1,600	2,800	20,000	—
1890	75,995	1,305	1,305	1,305	1,340	7,900	—	85,000
1890CC	91,209	2,600	3,100	4,500	10,000	38,500	—	—
1890S	802,750	1,305	1,305	1,305	1,340	4,025	23,000	—
1891	1,442	14,000	21,000	36,000	75,000	136,000	—	87,000
1891CC	5,000	7,800	12,000	18,000	41,000	80,000	—	—
1891S	1,288,125	1,305	1,305	1,305	1,340	2,225	—	—
1892	4,523	4,500	6,800	9,000	20,000	35,000	55,000	84,000

$20 (DOUBLE EAGLE)

Date	Mintage	VF20	XF40	AU50	MS60	MS63	MS65	PRF65
1892CC	27,265	2,700	3,000	4,100	11,950	52,000	—	—
1892S	930,150	1,305	1,305	1,305	1,340	2,300	19,000	—
1893	344,339	1,305	1,305	1,305	1,340	2,200	—	160,000
1893CC	18,402	2,700	3,600	6,000	13,000	50,000	—	—
1893S	996,175	1,305	1,305	1,305	1,340	2,900	—	—
1894	1,368,990	1,305	1,305	1,305	1,340	1,700	23,000	84,000
1894S	1,048,550	1,305	1,305	1,305	1,340	2,700	23,000	—
1895	1,114,656	1,305	1,305	1,305	1,340	1,800	18,000	84,000
1895S	1,143,500	1,305	1,305	1,305	1,340	1,900	11,000	—
1896	792,663	1,305	1,305	1,305	1,340	1,825	19,000	84,000
1896S	1,403,925	1,305	1,305	1,305	1,340	1,800	25,000	—
1897	1,383,261	1,305	1,305	1,305	1,340	1,800	19,000	84,000
1897S	1,470,250	1,305	1,305	1,305	1,340	1,750	16,000	—
1898	170,470	1,305	1,305	1,305	1,340	2,600	—	84,000
1898S	2,575,175	1,305	1,305	1,305	1,340	1,800	8,000	—
1899	1,669,384	1,305	1,305	1,305	1,340	1,600	9,000	84,000
1899S	2,010,300	1,305	1,305	1,305	1,340	2,150	19,000	—
1900	1,874,584	1,305	1,305	1,305	1,340	1,430	4,600	84,000
1900S	2,459,500	1,305	1,305	1,305	1,340	1,900	17,500	—
1901	111,526	1,305	1,305	1,305	1,340	1,800	3,300	84,000
1901S	1,596,000	1,305	1,305	1,305	1,340	3,000	17,000	—
1902	31,254	1,305	1,305	1,305	1,340	10,000	—	84,000
1902S	1,753,625	1,305	1,305	1,305	1,340	2,900	29,000	—
1903	287,428	1,305	1,305	1,305	1,340	1,400	2,900	84,000
1903S	954,000	1,305	1,305	1,305	1,340	1,800	12,000	—
1904	6,256,797	1,305	1,305	1,305	1,340	1,400	2,500	84,000
1904S	5,134,175	1,305	1,305	1,305	1,340	1,400	2,500	—
1905	59,011	1,305	1,305	1,305	2,450	13,000	85,000	84,000
1905S	1,813,000	1,305	1,305	1,305	1,260	2,500	18,000	—
1906	69,690	1,305	1,305	1,305	2,100	6,700	32,000	84,000
1906D	620,250	1,305	1,305	1,305	1,340	3,400	17,000	—
1906S	2,065,750	1,305	1,305	1,305	1,340	1,950	22,000	—
1907	1,451,864	1,305	1,305	1,305	1,340	1,400	7,000	84,000
1907D	842,250	1,305	1,305	1,305	1,340	3,000	7,000	—
1907S	2,165,800	1,305	1,305	1,305	1,340	2,025	22,000	—

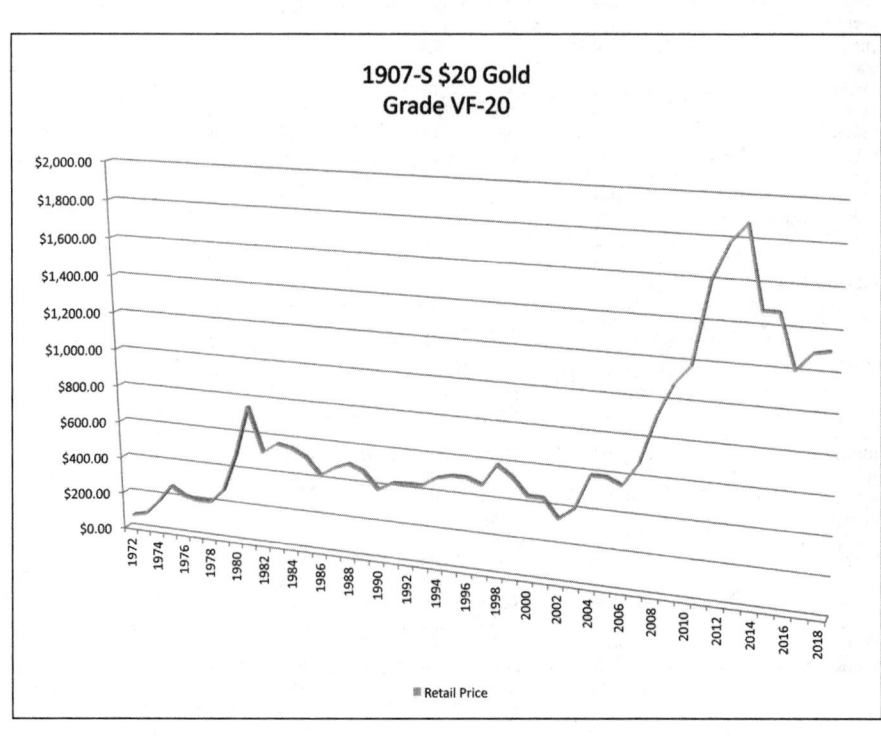

1907-S $20 Gold
Grade VF-20

Retail Price

Saint-Gaudens High Relief
Roman numerals in date obverse   No motto below eagle reverse

KM# 126 33.44 g., 0.900 Gold 0.9675 oz. AGW, 34 mm. **Edge:** Plain. **Designer:** Augustus Saint-Gaudens

Date	Mintage	VF20	XF40	AU50	MS60	MS63	MS65
MCMVII (1907) high relief, unique, AU-55, 150,000	—	—	—	—	—	—	—
MCMVII (1907) high relief, wire rim	11,250	7,000	8,500	9,800	13,500	23,500	38,750
MCMVII (1907) high relief, flat rim	Inc. above	7,000	8,500	9,800	13,500	23,500	38,750

Saint-Gaudens
Arabic numerals in date obverse   No motto below eagle reverse

KM# 127 33.44 g., 0.900 Gold 0.9675 oz. AGW, 34 mm. **Edge:** Lettered; large letters. **Designer:** Augustus Saint-Gaudens

Date	Mintage	VF20	XF40	AU50	MS60	MS63	MS65
1907 large letters on edge, unique	—	—	—	—	—	—	—
1907 small letters on edge	361,667	1,330	1,330	1,330	1,330	1,825	3,100
1908	4,271,551	1,330	1,340	1,340	1,340	1,340	1,725
1908D	663,750	1,330	1,340	1,340	1,340	1,350	5,650

IN GOD WE TRUST below eagle reverse

KM# 131 33.44 g., 0.900 Gold 0.9675 oz. AGW, 34 mm. **Designer:** Augustus Saint-Gaudens

Date	Mintage	VF20	XF40	AU50	MS60	MS63	MS65	PRF65
1908	156,359	1,330	1,205	1,340	1,400	1,800	20,000	75,000
1908 Roman finish; Prf64 Rare Note: Rare	—	—	—	—	—	—	—	
1908D	349,500	1,330	1,330	1,330	1,360	1,875	6,000	
1908S	22,000	1,800	2,800	3,300	4,500	20,000	45,000	
1909/8	161,282	1,400	1,400	1,600	1,650	3,800	38,000	—
1909	Inc. Above	1,330	1,330	1,330	1,330	2,300	34,000	75,000
1909D	52,500	1,300	1,340	1,340	2,800	5,000	28,000	—
1909S	2,774,925	1,330	1,330	1,330	1,330	1,395	4,100	—
1910	482,167	1,330	1,330	1,330	1,330	1,395	5,500	80,000

$20 (DOUBLE EAGLE)

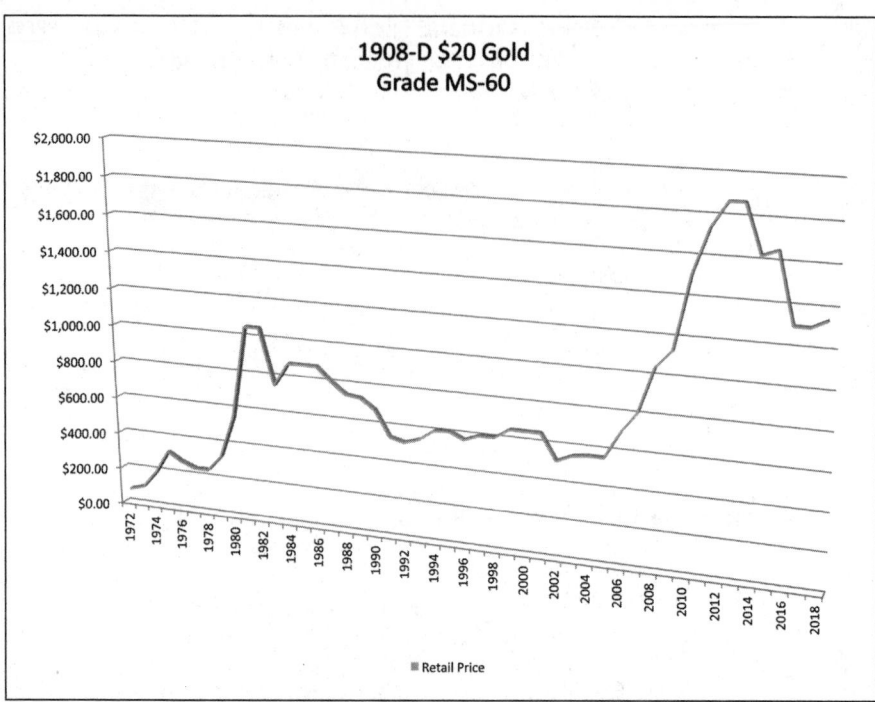

1908-D $20 Gold
Grade MS-60

■ Retail Price

Date	Mintage	VF20	XF40	AU50	MS60	MS63	MS65	PRF65
1910D	429,000	1,330	1,330	1,330	1,330	1,340	2,400	—
1910S	2,128,250	1,330	1,330	1,330	1,330	1,410	5,100	—
1911	197,350	1,330	1,330	1,330	1,330	2,200	17,800	74,000
1911D	846,500	1,330	1,330	1,330	1,330	1,340	2,300	—
1911S	775,750	1,330	1,330	1,330	1,330	1,395	3,950	—
1912	149,824	1,330	1,330	1,330	1,330	2,095	24,000	74,000
1913	168,838	1,330	1,330	1,330	1,330	2,300	60,000	79,000
1913D	393,500	1,330	1,330	1,330	1,330	1,750	4,900	—
1913S	34,000	1,330	1,330	1,800	2,200	4,100	29,000	—
1914	95,320	1,330	1,330	1,330	1,330	2,600	16,250	79,000
1914D	453,000	1,330	1,330	1,330	1,330	1,340	2,750	—
1914S	1,498,000	1,330	1,330	1,330	1,330	1,340	2,050	—
1915	152,050	1,330	1,330	1,330	1,330	2,160	16,000	90,000
1915S	567,500	1,330	1,330	1,330	1,330	1,340	2,375	—
1916S	796,000	1,330	1,330	1,330	1,330	1,600	2,975	—
1920	228,250	1,330	1,330	1,330	1,330	1,700	85,000	—
1920S	558,000	11,000	11,000	15,500	24,000	75,000	250,000	—
1921	528,500	—	—	38,000	48,000	225,000	585,000	—
1922	1,375,500	1,330	1,330	1,330	1,330	1,330	2,875	—
1922S	2,658,000	1,330	1,330	2,000	2,300	4,600	38,000	—
1923	566,000	1,330	1,330	1,330	1,330	1,330	3,600	—
1923D	1,702,250	1,330	1,330	1,330	1,330	1,330	2,350	—
1924	4,323,500	1,330	1,330	1,330	1,330	1,330	1,550	—
1924D	3,049,500	1,330	1,330	1,330	4,000	6,800	73,000	—
1924S	2,927,500	1,330	1,330	1,750	3,800	9,000	140,000	—
1925	2,831,750	1,330	1,330	1,330	1,330	1,330	1,550	—
1925D	2,938,500	1,600	1,900	2,500	4,000	8,500	85,000	—
1925S	3,776,500	1,900	2,300	3,300	8,000	16,000	150,000	—
1926	816,750	1,330	1,330	1,330	1,330	1,330	1,550	—
1926D	481,000	8,000	9,000	10,000	13,000	19,000	170,000	—
1926S	2,041,500	1,650	1,760	1,900	3,000	5,625	22,500	—
1927	2,946,750	1,330	1,330	1,330	1,330	1,330	1,550	—
1927D	180,000	240,000	240,000	300,000	500,000	1,000,000	1,600,000	—
1927S	3,107,000	7,500	7,500	10,000	13,000	35,000	110,000	—
1928	8,816,000	1,330	1,330	1,330	1,330	1,330	1,550	—
1929	1,779,750	9,000	11,000	13,000	17,000	30,000	75,000	—
1930S	74,000	33,000	37,000	42,000	60,000	84,000	165,000	—

Date	Mintage	VF20	XF40	AU50	MS60	MS63	MS65	PRF65
1931	2,938,250	13,000	16,000	20,000	30,000	50,000	105,000	—
1931D	106,500	13,000	16,000	26,000	36,000	60,000	125,000	—
1932	1,101,750	13,000	16,000	20,000	25,000	70,000	102,000	—
1933	445,500	—	—	—	—	—	9,000,000	—

Note: Sotheby/Stack's Sale, July 2002. Thirteen known, only one currently available.

MINT SETS

Mint, or uncirculated, sets contain one uncirculated coin of each denomination from each mint produced for circulation that year. Values listed here are only for those sets sold by the U.S. Mint. Sets were not offered in years not listed. In the years the mint did not offer the sets, some private companies compiled and marketed uncirculated sets. Mint sets from 1947 through 1958 contained two exmples of each coin mounted in cardboard holders, which caused the coins to tarnish. Beginning in 1959, the sets have been packaged in sealed Pliofilm packets and include only one secimen of each coin struck for that year (both P & D mints). Listings for 1965, 1966 and 1967 are for "special mint sets," which were of higher quality than regular mint sets and were prooflike. They were packaged in plastic cases. The 1970 large-date and small-date varieties are distinguished by the size of the date on the coin. The 1976 three-piece set contains the quarter, half dollar and dollar with the Bicentennial design. The 1971 and 1972 sets do not include a dollar coin; the1979 set does not include an S-mint-marked dollar. Mint sets issued prior to 1959 were double sets (containing two of each coin) packaged in cardboard with a paper overlay. Original sets will always be toned and can bring large premiums if nicely preserved with good color.

Date	Sets Sold	Issue Price	Mkt Val
1947 Est. 5,000	—	4.87	1,300
1948 Est. 6,000	—	4.92	935
1949 Est. 5,200	—	5.45	1,100
1950 None issued	—	—	—
1951	8,654	6.75	875
1952	11,499	6.14	780
1953	15,538	6.14	660
1954	25,599	6.19	360
1955 flat pack	49,656	3.57	300
1956	45,475	3.34	300
1957	32,324	24.50	300
1958	50,314	4.43	275
1959	187,000	2.40	46.00
1960 large date	260,485	2.40	40.00
1961	223,704	2.40	38.00
1962	385,285	2.40	37.50
1963	606,612	2.40	32.00
1964	1,008,108	2.40	32.00
1965 Special Mint Set	2,360,000	4.00	8.50
1966 Special Mint Set	2,261,583	4.00	8.00
1967 Special Mint Set	1,863,344	4.00	9.00
1968	2,105,128	2.50	6.25
1969	1,817,392	2.50	5.50
1970 large date	2,038,134	2.50	16.00
1970 small date	Inc. above	2.50	44.00
1971	2,193,396	3.50	3.00
1972	2,750,000	3.50	3.00
1973	1,767,691	8.00	10.00
1974	1,975,981	6.75	5.00
1975	1,921,488	6.00	7.50
1976 3 coins	4,908,319	9.00	15.50
1976	1,892,513	6.00	7.00
1977	2,006,869	7.00	5.00
1978	2,162,609	7.00	5.50
1979 Type I	2,526,000	8.00	5.00
1979 Susan B Anthony PDS Souvenir Set	—	—	6.50
1980	2,815,066	9.00	6.00
1980 Susan B. Anthony PDS Souvenir Set	—	—	6.50
1981 Type I	2,908,145	11.00	8.00

Date	Sets Sold	Issue Price	Mkt Val
1981 Susan B. Anthony PDS Souvenir Set	—	—	22.00
1982 & 1983 None issued	—	—	—
1982 Souvenir set	—	—	55.00
1983 Souvenir set	—	—	60.00
1984	1,832,857	7.00	3.00
1985	1,710,571	7.00	3.50
1986	1,153,536	7.50	6.00
1987	2,890,758	7.00	3.50
1988	1,646,204	7.00	3.50
1989	1,987,915	7.00	3.50
1990	1,809,184	7.00	3.50
1991	1,352,101	7.00	4.00
1992	1,500,143	7.00	3.50
1993	1,297,094	8.00	3.75
1994	1,234,813	8.00	3.00
1995	1,038,787	8.00	4.00
1996	1,457,949	8.00	14.00
1997	950,473	8.00	4.00
1998	1,187,325	8.00	4.50
1999 9 piece	1,421,625	14.95	7.00
2000	1,490,160	14.95	7.00
2001	1,066,900	14.95	7.00
2002	1,139,388	14.95	7.25
2003	1,002,555	14.95	7.75
2004	844,484	16.95	7.75
2005	—	16.95	7.25
2006	—	16.95	7.25
2007	—	—	16.00
2008	—	—	25.00
2009 18 piece clad set	—	—	20.00
2010 28 piece clad set	—	—	20.00
2011 28 piece clad set	532,059	—	21.00
2012 28 piece clad set	365,298	—	58.00
2013 28 piece clad set	—	31.95	20.00
2014 28 piece clad set	—	27.95	22.00
2015 28 piece clad set	—	28.95	23.00
2016 27 piece clad set	—	26.95	28.00
2017 20 piece clad set	—	20.95	20.00
2017 Enhanced Unc. clad set	—	29.95	28.00

PROOF SETS

Proof coins are produced through a special process involving specially selected, highly polished planchets and dies.They usually receive two strikings from the coin press at increased pressure. The result is a coin with mirrorlike surfaces and, in recent years, a cameo effect on its raised design surfaces. Proof sets have been sold off and on by the U.S. Mint since 1858. Listings here are from what is commonly called the modern era, since 1936. Values for earlier proofs are included in regular-date listings. Sets were not offered in years not listed. Since 1968, proof coins have been produced at the San Francisco Mint; before that they were produced at the Phila- delphia Mint. In 1942 the five-cent coin was struck in two compositions. Some proof sets for that year contain only one type (five-coin set); others contain both types. Two types of packaging were used in 1955 -- a box and a flat, plastic holder. The 1960 large-date and small-date sets are distinguished by the size of the date on the cent. Some1968 sets are missing the mint mark on the dime, the result of an error in the preparation of an obverse die. The 1970 large-date and small-date sets are distinguished by the date on the cent. Some 1970 sets are missing the mint mark on the dime, the result of an error in the preparation of an obverse die. Some 1971 sets are missing the mint mark on the five-cent piece, the result in the preparation of an obverse die. The 1976 three- piece set contains the quarter, half dollar and dollar with the Bicentennial designs. The 1979 and 1981 Type II sets have clearer mint marks than the Type I sets for those years. Some 1983 sets are missing the mint mark on the dime, the result of an error in the preparation of an obverse die. Prestige sets contain the five regular-issue coins plus a commemorative silver dollar from that year. Sets issued prior 1956 came in transparent envelopes stapled together in a small square box. In mid-1955, sets were changed to a flat clear cellophane envelope. In 1968 sets were changed to a hard plastic case as they still are currrently issued.

Date	Sets Sold	Issue Price	Mkt Val	Date	Sets Sold	Issue Price	Mkt Val
1936	3,837	1.89	6,000	1955 flat pack	Inc. above	2.10	95.00
1937	5,542	1.89	2,600	1956	669,384	2.10	58.00
1938	8,045	1.89	1,100	1957	1,247,952	2.10	25.00
1939	8,795	—	1,000	1958	875,652	2.10	25.00
1940	11,246	—	925	1959	1,149,291	2.10	25.00
1941	15,287	—	800	1960 large date	1,691,602	2.10	25.00
1942 6 coins	21,120	1.89	840	1960 small date	Inc. above	2.10	28.00
1942 5 coins	Inc. above	1.89	800	1961	3,028,244	2.10	20.00
1950	51,386	2.10	500	1962	3,218,019	2.10	20.00
1951	57,500	2.10	460	1964	3,950,762	2.10	20.00
1952	81,980	2.10	230	1968S	3,041,509	5.00	7.00
1953	128,800	2.10	175	1968S no mint mark dime	Inc. above	5.00	13,000
1954	233,300	2.10	90.00	1969S	2,934,631	5.00	6.50
1955 box	378,200	2.10	115	1970S large date	2,632,810	5.00	10.00

Date	Sets Sold	Issue Price	Mkt Val
1970S small date	Inc. above	5.00	77.00
1970S no mint mark dime	Inc. above	5.00	750
1971S	3,224,138	5.00	3.25
1971S no mint mark nickel Est. 1,655	1,655	5.00	1,100
1972S	3,267,667	5.00	3.75
1973S	2,769,624	7.00	7.50
1974S	2,617,350	7.00	9.50
1975S	2,909,369	7.00	9.00
1975S no mint mark dime	Inc. above	7.00	220,000
1976S 3 coins	3,998,621	13.00	21.00
1976S	4,149,730	7.00	8.00
1977S	3,251,152	9.00	6.00
1978S	3,127,788	9.00	5.25
1979S Type I	3,677,175	9.00	7.50
1979S Type II	Inc. above	9.00	45.00
1980S	3,547,030	9.00	4.50
1981S Type I	4,063,083	7.00	4.50
1981S Type II	Inc. above	11.00	250
1982S	3,857,479	11.00	4.50
1983S	3,138,765	11.00	4.00
1983S Prestige Set	140,361	59.00	38.50
1983S no mint mark dime	Inc. above	11.00	650
1984S	2,748,430	11.00	5.00
1984S Prestige Set	316,680	59.00	22.00
1985S	3,362,821	11.00	3.00
1986S	2,411,180	11.00	5.00
1986S Prestige Set	599,317	48.50	26.00
1987S	3,972,233	11.00	3.50
1987S Prestige Set	435,495	45.00	23.00
1988S	3,031,287	11.00	4.00
1988S Prestige Set	231,661	45.00	27.00
1989S	3,009,107	11.00	3.75
1989S Prestige Set	211,087	45.00	26.50
1990S	2,793,433	11.00	4.00
1990S no S 1¢	3,555	11.00	4,100
1990S Prestige Set	506,126	45.00	24.00
1990S Prestige Set, no S 1¢	Inc. above	45.00	4,300
1991S	2,610,833	11.00	3.50
1991S Prestige Set	256,954	59.00	42.00
1992S	2,675,618	12.00	3.50
1992S Prestige Set	183,285	59.00	46.00
1992S Silver	1,009,585	21.00	19.00
1992S Silver premier	308,055	37.00	21.00
1993S	2,337,819	12.50	4.75
1993S Prestige Set	224,045	57.00	31.00
1993S Silver	570,213	21.00	24.00
1993S Silver premier	191,140	37.00	30.00
1994S	2,308,701	13.00	4.50
1994S Prestige Set	175,893	57.00	31.00
1994S Silver	636,009	21.00	22.00
1994S Silver premier	149,320	37.50	30.00
1995S	2,010,384	12.50	9.00
1995S Prestige Set	107,112	57.00	72.00
1995S Silver	549,878	21.00	48.00
1995S Silver premier	130,107	37.50	48.00
1996S	2,085,191	16.00	7.00
1996S Prestige Set	55,000	57.00	285
1996S Silver	623,655	21.00	24.00
1996S Silver premier	151,366	37.50	27.50
1997S	1,975,000	12.50	7.00
1997S Prestige Set	80,000	57.00	53.00
1997S Silver	605,473	21.00	30.00
1997S Silver premier	136,205	37.50	34.00
1998S	2,078,494	12.50	9.00
1998S Silver	638,134	21.00	20.00
1998S Silver premier	240,658	26.50	26.00
1999S 9 piece	2,557,899	19.95	7.50
1999S 5 quarter set	1,169,958	13.95	5.75
1999S Silver	804,565	31.95	83.00
2000S 10 piece	3,097,442	19.95	5.00
2000S 5 quarter set	995,803	13.95	4.75
2000S Silver	965,421	31.95	34.00
2001S 10 piece	2,249,498	19.95	9.25
2001S 5 quarter set	774,800	13.95	5.25
2001S Silver	849,600	31.95	40.00
2002S 10 piece	2,319,766	19.95	7.00
2002S 5 quarter set	764,419	13.95	6.50
2002S Silver	892,229	31.95	34.00
2003S 10 piece	2,175,684	16.75	5.50
2003S 5 quarter set	1,225,507	13.95	5.00
2003S Silver	1,142,858	31.95	34.50
2004S 11 piece	1,804,396	22.95	9.50
2004S 5 quarter set	987,960	23.95	6.00
2004S Silver 11 piece	1,187,673	37.95	34.00
2004S Silver 5 quarter set	594,137	—	22.00
2005S American Legacy	—	—	84.50
2005S American Legacy	—	—	66.00
2005S 11 piece	—	22.95	4.25
2005S 5 quarter set	—	15.95	4.25
2005S Silver 11 piece	—	37.95	33.00
2005S Silver 5 quarter set	—	23.95	21.00
2006S 10 piece clad	—	22.95	7.25
2006S 5 quarter set	—	15.95	3.00
2006S Silver 10 piece	—	37.95	34.00
2006S Silver 5 quarter set	—	23.95	21.00
2006S American Legacy	—	—	68.00
2007S 5 quarter set	—	13.95	6.25
2007S Silver 5 quarter set	—	22.95	21.00
2007S 14 piece clad	—	—	14.00
2007S Silver 14 piece	—	—	39.00
2007S Presidental $ set	—	—	5.00
2007S American Legacy	—	—	66.00
2008S 5 quarter clad set	—	22.95	22.00
2008S 5 quarter silver set	—	—	23.00
2008 14 piece clad set	—	—	25.00
2008S 14 piece silver set	734,045	—	39.00
2008S Presidental $ set	—	—	10.00
2008S American Legacy	—	—	75.00
2009S 18 piece clad set	1,477,967	—	21.00
2009S 18 piece silver set	694,406	—	43.00
2009S Presidential $ set	627,925	—	7.25
2009S Lincoln Chronicle	—	—	75.00
2009S Lincoln 4 piece	—	—	9.00
2009S 6 quarter clad set	—	—	5.75
2009S 6 quarter silver set	—	—	27.00
2010S 14 piece clad set	1,103,950	—	31.00
2010S 14 piece silver set	583,912	—	46.00
2010S Presidential $ set	535,463	—	20.50
2010S 6 quarter set	276,335	—	12.00
2010S 5 quarter silver set	274,003	—	21.00
2011S 5 quarter silver set	147,005	—	23.00
2011S 14 piece silver set	572,247	—	55.00
2011S 5 quarter clad set	151,434	—	14.50
2011S Presidential $ set	299,161	—	26.00
2011S 14 piece clad set	1,095,318	—	31.00
2011S 6 quarter set	—	—	12.00
2012 8 piece Limited Edition	—	—	220
2012S 5 quarter silver set	—	—	27.00
2012S 14 piece silver set	—	—	210
2012S 5 quarter clad set	—	—	13.75
2012S 14 piece clad set	—	—	110
2012S Presidential $ set	—	—	60.00
2013S 5 quarter silver set	—	36.95	32.00
2013S 14 piece silver set	—	60.95	75.00

Date	Sets Sold	Issue Price	Mkt Val
2013S 5 quarter clad set	—	14.95	13.00
2013S 14 piece clad set	—	31.95	32.00
2013S Presidential $ set	—	18.95	15.00
2013S 8 piece Limited Edition	—	139	165
2014S 5 quarter silver set	—	36.95	32.00
2014S 14 piece silver set	—	60.95	58.00
2014S 5 quarter clad set	—	14.95	14.00
2014S 14 piece clad set	—	31.95	28.00
2014S Presidential $ set	—	18.95	19.00
2014S 8 piece Limited Edition	—	139	165
2015S 5 quarter silver set	—	31.95	25.00
2015S 14 piece silver set	—	53.95	50.00
2015S 5 quarter clad set	—	14.95	14.00
2015S 14 piece clad set	—	32.95	35.00
2015S Presidential $ set	—	18.95	15.00
2016S 5 quarter silver set	—	31.95	25.00
2016S 13 piece silver set	—	52.95	49.00
2016S 5 quarter clad set	—	14.95	14.00
2016S 13 piece clad set	—	31.95	28.00
2016S Presidential $ set	—	17.95	14.00
2016S 8 piece Limited Edition	—	139	165
2017S 5 quarter silver set	—	31.95	25.00
2017S 10 piece silver set	—	47.95	40.00
2017S 5 quarter clad set	—	14.95	14.00
2017S 10 piece clad set	—	26.95	25.00
2017S 8 piece Limited Edition	—	139	165

UNCIRCULATED ROLLS

Listings are for rolls containing uncirculated coins. Large date and small date varieties for 1960 and 1970 apply to the one cent coins.

Date	Cents	Nickels	Dimes	Quarters	Halves
1934	585	3,500	2,350	1,650	2,350
1934D	2,650	4,350	2,950	9,000	—
1934S	—	—	—	—	—
1935	885	1,700	1,450	1,725	1,250
1935D	750	3,150	2,950	8,850	4,000
1935S	2,500	1,725	1,950	4,650	6,500
1936	285	1,450	885	1,300	1,750
1936D	400	1,450	1,700	—	2,750
1936S	885	1,800	1,675	6,250	3,500
1937	250	1,100	710	1,250	1,150
1937D	250	1,200	1,550	3,450	5,000
1937S	335	1,285	1,650	4,850	3,450
1938	665	535	1,100	3,100	1,850
1938D	—	1,065	—		
1938D Buffalo	710	485	1,000	—	—
1938S	440	355	1,350	3,250	—
1939	180	160	630	1,040	1,250
1939D	535	3,850	610	1,875	1,975
1939S	265	2,750	1,900	3,200	2,350
1940	225	145	535	1,850	975
1940D	265	120	780	5,350	—
1940S	300	265	675	1,275	1,200
1941	170	215	430	475	750
1941D	335	330	710	2,750	1,200
1941S	360	295	535	2,450	3,000
1942	140	315	465	450	690
1942P	—	600	—	—	—
1942D	140	2,550	740	1,060	1,350
1942S	585	525	1,050	5,350	1,475
1943	60.00	275	470	365	725
1943D	170	210	610	2,000	1,775
1943S	310	325	650	2,100	1,365
1944	30.00	720	460	280	715
1944D	38.00	680	635	725	1,250
1944S	120	565	660	950	1,300
1945	125	375	410	325	730
1945D	110	315	500	1,000	1,000
1945S	80.00	270	525	575	950
1946	39.00	80.00	140	365	1,025
1946D	36.50	75.00	140	380	900
1946S	185	50.00	140	275	900
1947	220	58.00	215	735	1,000
1947D	46.50	72.00	275	385	1,000
1947S	39.00	72.00	210	415	—
1948	72.50	55.00	188	270	450
1948D	175	155	325	645	425
1948S	165	80.00	255	475	—
1949	180	330	1,200	2,350	1,300
1949D	125	215	550	1,285	1,475
1949S	140	138	2,350	—	2,250
1950	115	120	525	395	750
1950D	42.00	385	200	440	875
1950S	78.00	—	1,550	850	—
1951	165	230	140	435	390
1951D	26.50	285	140	325	800
1951S	60.00	265	690	1,350	750
1952	165	145	140	535	385
1952D	26.50	260	140	300	230
1952S	300	42.00	290	1,000	1,585
1953	42.00	24.50	140	635	490
1953D	22.50	17.00	140	280	280
1953S	35.00	39.00	140	280	850
1954	39.00	57.50	140	280	280
1954D	22.50	24.00	140	280	280
1954S	22.50	39.50	140	280	400
1955	24.50	19.00	140	280	300
1955D	19.00	7.00	170	280	—
1955S	27.50	—	140	—	—
1956	10.50	7.50	140	280	280
1956D	12.50	9.25	140	280	—
1957	10.00	12.50	140	280	280
1957D	9.50	4.75	140	280	280
1958	10.50	6.50	140	280	280
1958D	9.75	5.50	140	280	280
1959	2.50	5.00	140	280	280
1959D	2.10	5.25	140	280	280
1960 large date	1.60	4.40	140	280	280
1960 small date	220	—	—	—	—
1960D large date	1.60	5.00	140	280	280
1960D small date	2.85	—	—	—	—
1961	1.60	4.25	140	280	280
1961D	1.90	4.50	140	280	280
1962	1.65	5.25	140	280	280
1962D	1.65	5.50	140	280	280
1963	1.50	4.25	140	280	280
1963D	1.65	4.75	140	280	280
1964	1.50	3.50	140	280	280

Date	Cents	Nickels	Dimes	Quarters	Halves	Date	Cents	Nickels	Dimes	Quarters	Halves
1964D	1.60	3.50	140	280	280	1989	3.25	5.50	12.00	19.50	42.00
1965	2.25	8.75	8.00	25.00	120	1989D	3.50	8.75	12.50	17.00	25.00
1966	3.75	6.00	10.00	53.00	120	1990	4.00	11.50	14.50	20.00	39.00
1967	4.50	9.75	8.50	25.00	120	1990D	5.85	13.75	10.00	25.00	52.00
1968	1.75	—	8.50	25.00	—	1991	2.60	12.00	10.00	29.00	37.50
1968D	1.70	6.00	9.50	33.00	120	1991D	11.50	12.00	11.00	31.00	33.00
1968S	1.90	6.25	—	—	—	1992	3.00	46.00	8.00	42.00	21.00
1969	7.75	—	44.00	100	—	1992D	5.00	9.00	8.00	27.50	50.00
1969D	2.00	6.25	21.50	82.00	120	1993	3.25	13.50	9.50	39.00	64.00
1969S	3.75	6.75	—	—	—	1993D	7.50	17.50	13.00	36.00	17.00
1970	2.10	—	8.00	26.00	—	1994	2.00	7.75	12.00	42.00	15.00
1970D	2.10	4.00	7.75	16.00	235	1994D	2.00	8.00	12.00	47.50	20.00
1970S	3.00	4.50	—	—	—	1995	1.85	10.50	16.50	45.00	17.00
1970S small date	2,650	—	—	—	—	1995D	2.00	20.00	19.50	53.00	40.00
						1996	2.25	8.75	11.00	19.00	17.00
1971	17.00	26.50	16.00	50.00	26.00	1996D	2.85	8.25	11.50	27.50	19.00
1971D	3.00	7.50	9.50	19.50	15.50	1997	2.75	14.50	29.00	22.50	20.00
1971S	4.00	—	—	—	—	1997D	3.35	60.00	11.00	30.00	16.50
1972	2.00	6.50	11.00	23.00	32.00	1998	2.00	13.75	9.75	17.00	20.00
1972D	6.00	5.75	10.00	21.50	23.00	1998D	1.85	14.00	12.00	18.00	16.50
1972S	4.75	—	—	—	—	1999P	2.35	5.50	8.50	—	20.00
1973	1.75	6.25	10.50	22.00	25.50	1999D	2.25	6.25	8.50	—	19.00
1973D	1.75	6.25	9.00	23.00	18.00	2000P	2.50	6.25	7.75	—	15.00
1973S	3.00	—	—	—	—	2000D	1.75	4.75	7.00	—	17.00
1974	1.75	4.50	7.50	18.50	15.00	2001P	3.75	4.75	7.75	—	16.50
1974D	1.75	5.75	7.75	17.50	21.00	2001D	2.00	6.50	7.25	—	16.00
1974S	3.50	—	—	—	—	2002P	2.00	4.00	7.25	—	20.00
1975	3.75	12.50	8.75	—	—	2002D	3.25	4.10	7.25	—	20.00
1975D	1.75	5.25	15.50	—	—	2003P	3.35	7.50	7.00	—	22.50
1976	1.75	13.50	21.00	17.50	18.00	2003D	2.00	3.50	7.00	—	19.50
1976D	2.50	11.00	18.00	17.50	15.50	2004P Peace Medal Nickel	1.75	6.75	7.00	—	30.00
1977	1.75	6.25	9.75	16.50	21.50						
1977D	2.85	5.75	8.50	17.50	24.00	2004D Peace Medal Nickel	2.50	7.00	7.00	—	30.00
1978	3.00	4.50	7.25	16.00	32.00						
1978D	10.00	5.00	8.00	16.50	46.50	2004P Keel-boat Nickel	—	4.00	—	—	—
1979	1.75	4.75	8.75	17.00	22.50						
1979D	3.00	5.75	8.00	22.50	22.50	2004D Keel-boat Nickel	—	3.50	—	—	—
1980	1.75	4.25	8.00	16.50	20.50						
1980D	2.50	4.50	7.50	16.50	20.50	2005P Bison Nickel	1.75	3.25	7.00	—	21.00
1981	1.75	4.25	7.50	16.50	16.50						
1981D	1.85	4.25	8.00	16.50	19.00	2005D Bison Nickel	2.75	3.25	7.00	—	21.00
1982 Large date	2.50	—	—	—	—						
						2005P Ocean in view Nickel	—	3.25	—	—	—
1982 Small date	25.00	325	270	250	98.00						
1982D Large date	4.00	54.00	66.00	165	80.00	2005D Ocean in view Nickel	—	3.25	—	—	—
1982 Copper plated Zinc	8.00	—	—	—	—	2006P	2.75	3.25	8.50	—	29.00
						2006D	1.75	3.25	8.50	—	29.00
1982 Small date, copper plated zinc	3.00	—	—	—	—	2007P	1.75	3.50	8.00	—	21.00
						2007D	1.75	3.50	7.75	—	21.00
1982D Large date, copper plated zinc	35.00	—	—	—	—	2008P	1.75	3.75	8.00	—	24.50
						2008D	1.75	3.75	7.50	—	25.50
1982D Small date, copper plated zinc	2.50	—	—	—	—	2009P Log Cabin	2.00	23.00	13.50	—	18.50
1983	7.50	90.00	235	945	80.00	2009D Log Cabin	2.15	13.50	13.50	—	18.50
1983D	17.50	39.00	39.00	410	120						
1984	5.50	22.00	8.50	17.00	26.00	2009P Log Splitter	1.75	—	—	—	—
1984D	14.50	6.50	21.00	29.00	37.00	2009D Log Splitter	1.75	—	—	—	—
1985	4.25	10.00	9.75	31.00	76.00						
1985D	9.75	8.00	9.25	22.00	44.00	2009P Professional	1.75	—	—	—	—
1986	20.00	8.75	25.00	85.00	75.00	2009D Professional	1.75	—	—	—	—
1986D	31.50	24.50	22.50	210	90.00						
1987	6.50	6.00	7.75	15.50	52.00	2009P President	2.00	—	—	—	—
1987D	13.50	4.50	8.75	15.50	52.00						
1988	6.25	5.50	9.75	39.00	75.00	2009D President	2.00	—	—	—	—
1988D	12.50	9.00	9.25	22.50	45.00						

COMMEMORATIVES

50 STATE QUARTER UNCIRCULATED ROLLS

Listings are for rolls containing uncirculated coins.

Date	Philadelphia	Denver	Date	Philadelphia	Denver
1999 Delaware	16.50	14.50	2004 Michigan	11.00	11.25
1999 Pennsylvania	21.00	21.00	2004 Florida	12.00	11.50
1999 New Jersey	13.00	17.00	2004 Texas	12.25	12.25
1999 Georgia	14.00	14.00	2004 Iowa	12.25	11.00
1999 Connecticut	12.00	12.00	2004 Wisconsin	14.00	15.00
2000 Massachusetts	11.50	12.00	2005 California	13.50	13.00
2000 Maryland	12.00	12.00	2005 Minnesota	13.50	11.00
2000 South Carolina	12.00	11.50	2005 Oregon	11.50	12.00
2000 New Hampshire	12.00	11.50	2005 Kansas	11.00	11.00
2000 Virginia	12.00	12.00	2005 West Virginia	11.50	11.00
2001 New York	13.00	12.00	2006 Nevada	12.00	12.00
2001 North Carolina	12.00	11.00	2006 Nebraska	11.50	11.50
2001 Rhode Island	12.50	12.50	2006 Colorado	12.00	11.50
2001 Vermont	12.50	12.50	2006 North Dakota	12.50	12.00
2001 Kentucky	12.50	14.00	2006 South Dakota	11.75	11.75
2002 Tennessee	18.50	22.00	2007 Montana	12.00	12.00
2002 Ohio	113	12.00	2007 Washington	13.00	16.00
2002 Louisiana	11.50	12.00	2007 Idaho	13.00	15.50
2002 Indiana	11.50	12.50	2007 Wyoming	12.00	12.00
2002 Mississippi	14.50	14.50	2007 Utah	12.00	13.00
2003 Illinois	32.00	33.00	2008 Oklahoma	11.50	11.50
2003 Alabama	15.00	16.00	2008 New Mexico	15.00	15.00
2003 Maine	16.50	22.00	2008 Arizona	13.00	13.00
2003 Missouri	12.00	20.00	2008 Alaska	12.00	12.50
2003 Arkansas	13.00	14.00	2008 Hawaii	13.00	13.00

COMMEMORATIVE COINAGE 1892-1954

All commemorative half dollars of 1892-1954 have the following specifications: diameter — 30.6 millimeters; weight — 12.500 grams; composition — 0.900 silver, 0.3617 ounces actual silver weight. Values for PDS sets contain one example each from the Philadelphia, Denver and San Francisco mints. Type coin prices are the most inexpensive single coin available from the date and mint mark combinations listed.

QUARTER

KM# 115 COLUMBIAN EXPOSITION Weight: 6.25 g., 0.900 Silver, 0.1808 oz. ASW, **Diameter:** 24.3mm. **Obv:** Queen Isabella bust left **Rev:** Female kneeling with distaff and spindle

Date	Mintage	AU50	MS60	MS63	MS64	MS65
1893	24,214	290	350	510	785	1,385

HALF DOLLAR

KM# 117 COLUMBIAN EXPOSITION Weight: 12.50 g., 0.900 Silver, 0.3617 oz. ASW, **Diameter:** 30.6mm. **Obv:** Christopher Columbus bust right **Rev:** Santa Maria sailing left, two globes below **Obv. Designer:** Charles E. Barber **Rev. Designer:** George T. Morgan

Date	Mintage	AU50	MS60	MS63	MS64	MS65
1892	950,000	24.00	45.00	85.00	150	375
1893	1,550,405	24.00	25.00	75.00	145	330

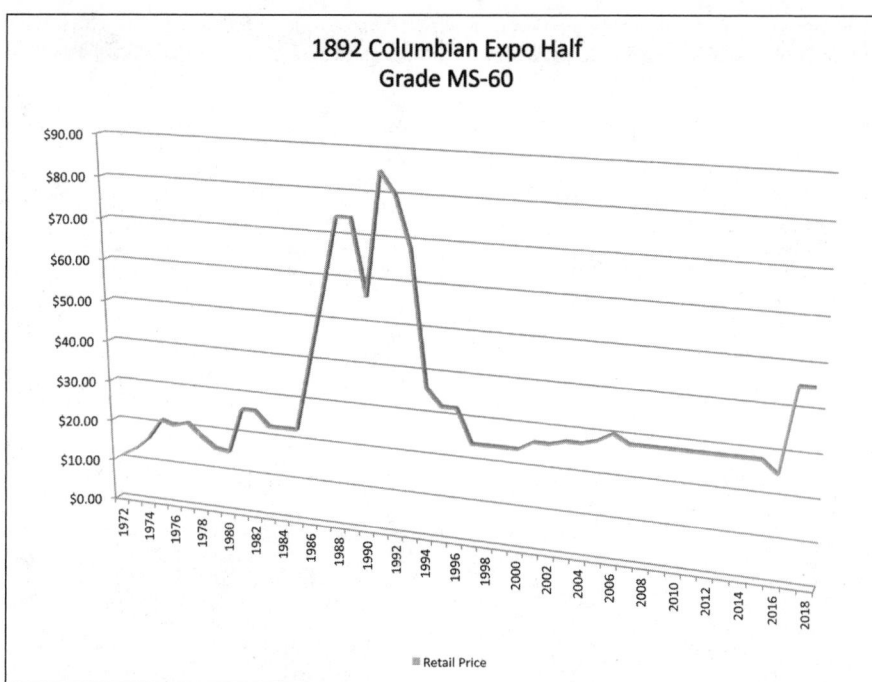

1892 Columbian Expo Half
Grade MS-60

■ Retail Price

COMMEMORATIVES

KM# 135 PANAMA-PACIFIC EXPOSITION
Weight: 12.50 g., 0.900 Silver, 0.3617 oz. ASW,
Diameter: 30.6mm. **Obv:** Columbia standing,
sunset in background **Rev:** Eagle standing on shield
Designer: Charles E. Barber

Date	Mintage	AU50	MS60	MS63	MS64	MS65
1915 S	27,134	360	475	725	790	1,300

KM# 146 MAINE CENTENNIAL Weight: 12.50 g.,
0.900 Silver, 0.3617 oz. ASW, **Diameter:** 30.6mm.
Obv: Arms of the State of Maine **Rev:** Legend
within wreath **Designer:** Anthony de Francisci

Date	Mintage	AU50	MS60	MS63	MS64	MS65
1920	50,028	135	160	165	170	370

KM# 143 ILLINOIS CENTENNIAL-LINCOLN
Weight: 12.50 g., 0.900 Silver, 0.3617 oz. ASW,
Diameter: 30.6mm. **Obv:** Abraham Lincon bust
right **Rev:** Eagle standing left **Obv. Designer:**
George T. Morgan **Rev. Designer:** John R. Sinnock

Date	Mintage	AU50	MS60	MS63	MS64	MS65
1918	100,058	155	170	180	210	295

KM# 147.1 PILGRIM TERCENTENARY Weight:
12.50 g., 0.900 Silver, 0.3617 oz. ASW, **Diameter:**
30.6mm. **Obv:** William Bradford half-length left **Rev:**
Mayflower sailing left **Designer:** Cyrus E. Dallin

Date	Mintage	AU50	MS60	MS63	MS64	MS65
1920	152,112	88.00	105	110	130	190

KM# 147.2 PILGRIM TERCENTENARY Weight: 12.50 g., 0.900 Silver, 0.3617 oz. ASW, **Diameter:** 30.6mm. **Obv:** William Bradford half-length left, 1921 added at left **Rev:** Mayflower sailing left **Designer:** Cyrus E. Dallin

Date	Mintage	AU50	MS60	MS63	MS64	MS65
1921	20,053	215	220	230	240	275

2x2

KM# 148.1 ALABAMA CENTENNIAL Weight: 12.50 g., 0.900 Silver, 0.3617 oz. ASW, **Diameter:** 30.6mm. **Obv:** William W. Bibb and T.E. Kilby conjoint busts left. "2x2" at right above stars **Rev:** Eagle left on shield **Designer:** Laura G. Fraser **Note:** Fake "2x2" counterstamps exist.

Date	Mintage	AU50	MS60	MS63	MS64	MS65
1921	6,006	300	320	465	475	900

KM# 148.2 ALABAMA CENTENNIAL Weight: 12.50 g., 0.900 Silver, 0.3617 oz. ASW, **Diameter:** 30.6mm. **Obv:** William W. Bibb and T.E. Kilby conjoint busts left **Rev:** Eagle standing left on shield **Obv. Designer:** Laura G. Fraser

Date	Mintage	AU50	MS60	MS63	MS64	MS65
1921	59,038	160	210	420	395	840

KM# 149.1 MISSOURI CENTENNIAL Weight: 12.50 g., 0.900 Silver, 0.3617 oz. ASW, **Diameter:** 30.6mm. **Obv:** Frontiersman in coonskin cap left **Rev:** Frontiersman and Native American standing left **Designer:** Robert Aitken

Date	Mintage	AU50	MS60	MS63	MS64	MS65
1921	15,428	375	475	550	800	1,725

2x4

KM# 149.2 MISSOURI CENTENNIAL Weight: 12.50 g., 0.900 Silver, 0.3617 oz. ASW, **Diameter:** 30.6mm. **Obv:** Frontiersman in coonskin cap left, 2(star)4 in field at left **Rev:** Frontiersman and Native American standing left **Designer:** Robert Aitken **Note:** Fake "2(star)4" counterstamps exist.

Date	Mintage	AU50	MS60	MS63	MS64	MS65
1921	5,000	600	675	985	1,000	1,450

KM# 151.1 GRANT MEMORIAL Weight: 12.50 g., 0.900 Silver, 0.3617 oz. ASW, **Diameter:** 30.6mm. **Obv:** Grant bust right **Rev:** Birthplace in Point Pleasant, Ohio **Designer:** Laura G. Fraser

Date	Mintage	AU50	MS60	MS63	MS64	MS65
1922	67,405	110	125	160	275	600

KM# 151.2 GRANT MEMORIAL Weight: 12.50 g., 0.900 Silver, 0.3617 oz. ASW, **Diameter:** 30.6mm. **Obv:** Grant bust left, star above the word GRANT **Rev:** Birthplace in Point Pleasant, Ohio **Designer:** Laura G. Fraser **Note:** Fake "star" counterstamps exist.

Date	Mintage	AU50	MS60	MS63	MS64	MS65
1922	4,256	840	1,080	1,405	2,300	4,350

KM# 153 MONROE DOCTRINE CENTENNIAL Weight: 12.50 g., 0.900 Silver, 0.3617 oz. ASW, **Diameter:** 30.6mm. **Obv:** James Monroe and John Quincy Adams conjoint busts left **Rev:** Western Hemisphere portraied by two female figures **Designer:** Chester Beach

Date	Mintage	AU50	MS60	MS63	MS64	MS65
1923 S	274,077	55.00	80.00	130	210	800

KM# 154 HUGUENOT-WALLOON TERCENTENARY Weight: 12.50 g., 0.900 Silver, 0.3617 oz. ASW, **Diameter:** 30.6mm. **Obv:** Huguenot leader Gaspard de Coligny and William I of Orange conjoint busts right **Rev:** Nieuw Nederland sailing left **Designer:** George T. Morgan

Date	Mintage	AU50	MS60	MS63	MS64	MS65
1924	142,080	135	140	175	205	300

KM# 155 CALIFORNIA DIAMOND JUBILEE Weight: 12.50 g., 0.900 Silver, 0.3617 oz. ASW, **Diameter:** 30.6mm. **Obv:** Fourty-Niner kneeling panning for gold **Rev:** Grizzly bear walking left **Designer:** Jo Mora

Date	Mintage	AU50	MS60	MS63	MS64	MS65
1925 S	86,594	200	205	215	350	450

KM# 156 LEXINGTON-CONCORD SESQUICENTENNIAL Weight: 12.50 g., 0.900 Silver, 0.3617 oz. ASW, **Diameter:** 30.6mm. **Obv:** Concord's Minute Man statue **Rev:** Old Belfry at Lexington **Designer:** Chester Beach

Date	Mintage	AU50	MS60	MS63	MS64	MS65
1925	162,013	80.00	95.00	105	135	325

KM# 157 STONE MOUNTAIN MEMORIAL Weight: 12.50 g., 0.900 Silver, 0.3617 oz. ASW, **Diameter:** 30.6mm. **Obv:** Generals Robert E. Lee and Thomas "Stonewall" Jackson mounted left. **Rev:** Eagle on rock at right **Designer:** Gutzon Borglum

Date	Mintage	AU50	MS60	MS63	MS64	MS65
1925	1,314,709	60.00	70.00	80.00	135	195

KM# 158 FORT VANCOUVER CENTENNIAL Weight: 12.50 g., 0.900 Silver, 0.3617 oz. ASW, **Diameter:** 30.6mm. **Obv:** John McLoughlin bust left **Rev:** Frontiersmen standing with musket, Ft. Vancouver in background **Designer:** Laura G. Fraser

Date	Mintage	AU50	MS60	MS63	MS64	MS65
1925	14,994	325	380	425	455	625

COMMEMORATIVES

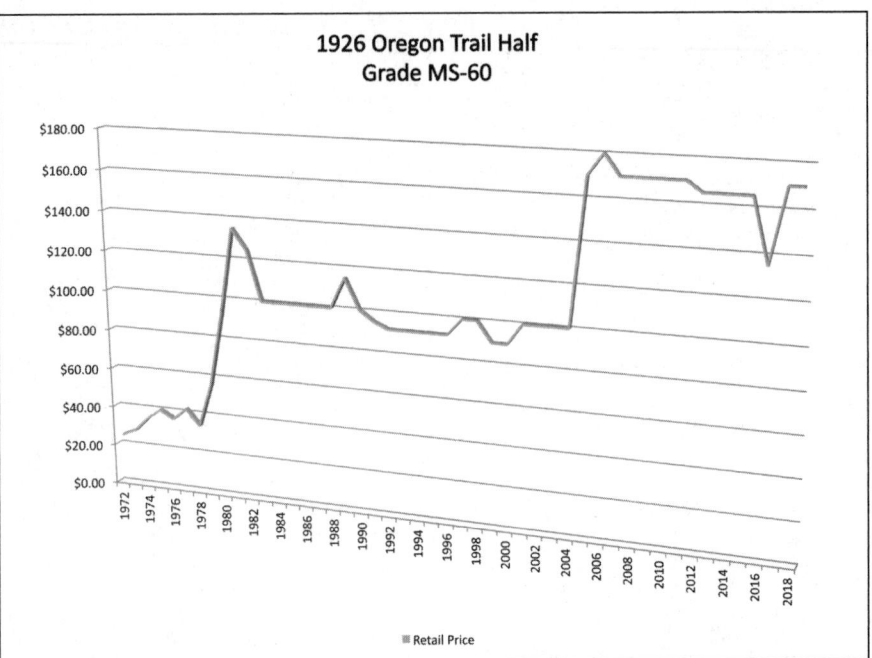

**1926 Oregon Trail Half
Grade MS-60**

■ Retail Price

KM# 159 OREGON TRAIL MEMORIAL Weight:
12.50 g., 0.900 Silver, 0.3617 oz. ASW, **Diameter:**
30.6mm. **Obv:** Native American standing in full
headdress and holding bow, US Map in background
Rev: Conestoga wagon pulled by oxen left towards
sunset **Designer:** James E. and Laura G. Fraser

Date	Mintage	AU50	MS60	MS63	MS64	MS65
1926	47,955	145	170	190	215	255
1926 S	83,055	145	170	190	215	265
1928	6,028	155	180	200	220	260
1933 D	5,008	315	335	360	380	435
1934 D	7,006	200	205	215	225	325
1936	10,006	170	200	215	250	260
1936 S	5,006	175	200	215	260	300
1937 D	12,008	160	180	185	200	225
1938	6,006	170	180	185	200	245
1938 D	6,005	185	220	225	260	325
1938 S	6,006	185	220	225	260	325
1939	3,004	390	400	410	420	425
1939 D	3,004	425	445	490	490	560
1939 S	3,005	460	490	500	600	600

KM# 160 U.S. SESQUICENTENNIAL Weight:
12.50 g., 0.900 Silver, 0.3617 oz. ASW, **Diameter:**
30.6mm. **Obv:** George Washington and Calvin
Coolidge conjoint busts right **Rev:** Liberty Bell
Designer: John R. Sinnock

Date	Mintage	AU50	MS60	MS63	MS64	MS65
1926	141,120	85.00	95.00	125	210	1,275

**KM# 162 VERMONT SESQUICENTENNIAL
Weight:** 12.50 g., 0.900 Silver, 0.3617 oz. ASW,
Diameter: 30.6mm. **Obv:** Ira Allen bust right **Rev:**
Catamount advancing left **Obv. Designer:** Charles
Keck

Date	Mintage	AU50	MS60	MS63	MS64	MS65
1927	28,142	235	255	265	295	450

KM# 163 HAWAIIAN SESQUICENTENNIAL
Weight: 12.50 g., 0.900 Silver, 0.3617 oz. ASW,
Diameter: 30.6mm. **Obv:** Captain James Cook
bust left **Rev:** Native Hawaiian standing over view of
Diamond Head **Designer:** Juliette May Fraser and
Chester Beach **Note:** Counterfeits exist.

Date	Mintage	AU50	MS60	MS63	MS64	MS65
1928	10,008	1,700	2,100	2,100	2,475	3,400

KM# 165.1 DANIEL BOONE BICENTENNIAL
Weight: 12.50 g., 0.900 Silver, 0.3617 oz. ASW,
Diameter: 30.6mm. **Obv:** Daniel Boone bust left
Rev: Daniel Boone and Native American standing
Designer: Augustus Lukeman

Date	Mintage	AU50	MS60	MS63	MS64	MS65
1934	10,007	90.00	112	120	132	165
1935	10,010	145	160	185	200	250
1935 D	5,005	180	190	195	200	245
1935 S	5,005	180	190	195	210	230

KM# 165.2 DANIEL BOONE BICENTENNIAL
Weight: 12.50 g., 0.900 Silver, 0.3617 oz. ASW,
Diameter: 30.6mm. **Obv:** Daniel Boone bust left
Rev: Daniel Boone and Native American standing,
"1934" added above the word "PIONEER".
Designer: Augustus Lukeman

Date	Mintage	AU50	MS60	MS63	MS64	MS65
1935	10,008	160	170	185	200	220
1935 D	2,003	180	190	195	200	245
1935 S	2,004	180	190	195	210	230
1936	12,012	145	150	160	170	175
1936 D	5,005	145	150	160	170	195
1936 S	5,006	145	150	160	170	195
1937	9,810	150	160	180	205	220
1937 D	2,506	210	215	270	285	285
1937 S	2,506	225	235	270	310	375
1938	2,100	290	310	345	380	450
1938 D	2,100	290	310	345	370	415
1938 S	2,100	290	300	335	340	400

KM# 166 MARYLAND TERCENTENARY Weight:
12.50 g., 0.900 Silver, 0.3617 oz. ASW, **Diameter:**
30.6mm. **Obv:** Lord Baltimore, Cecil Calvert bust
right **Rev:** Maryland state arms **Designer:** Hans
Schuler

Date	Mintage	AU50	MS60	MS63	MS64	MS65
1934	25,015	155	160	170	190	210

KM# 167 TEXAS CENTENNIAL Weight: 12.50 g.,
0.900 Silver, 0.3617 oz. ASW, **Diameter:** 30.6mm.
Obv: Eagle standing left, large star in background
Rev: Winged Victory kneeling beside Alamo
Mission, small busts of Sam Houston and Stephen
Austin at sides **Designer:** Pompeo Coppini

Date	Mintage	AU50	MS60	MS63	MS64	MS65
1934	61,463	130	140	155	165	175
1935	9,994	130	140	155	165	200
1935 D	10,007	130	140	155	165	200
1935 S	10,008	130	140	155	165	200
1936	8,911	130	140	155	165	200
1936 D	9,039	130	140	155	165	200
1936 S	9,055	130	140	155	165	200
1937	6,571	130	140	155	165	200
1937 D	6,605	130	140	155	165	200
1937 S	6,637	130	140	155	165	200
1938	3,780	260	270	275	295	435
1938 D	3,775	260	270	275	285	500
1938 S	3,814	260	270	275	285	500

KM# 168 ARKANSAS CENTENNIAL Weight:
12.50 g., 0.900 Silver, 0.3617 oz. ASW, **Diameter:**
30.6mm. **Obv:** Liberty and Indian Chief's conjoint
heads left **Rev:** Eagle with outstretched wings and
flag of Arkansas in background **Designer:** Edward
E. Burr

Date	Mintage	AU50	MS60	MS63	MS64	MS65
1935 D	5,505	105	110	120	145	180
1935 S	5,506	105	110	120	145	180
1935	13,012	105	110	120	145	180
1936	9,660	105	110	120	145	175
1936 D	9,660	105	110	120	145	170
1936 S	9,662	105	110	120	145	200
1937	5,505	105	110	120	145	180
1937 D	5,505	105	110	120	145	180
1937 S	5,506	105	110	120	145	400
1938	3,156	135	140	180	225	370
1938 D	3,155	135	140	170	225	275
1938 S	3,156	135	140	170	195	340
1939	2,104	220	240	250	280	650
1939 D	2,104	220	240	250	320	650
1939 S	2,105	220	240	250	320	650

KM# 169 CONNECTICUT TERCENTENARY
Weight: 12.50 g., 0.900 Silver, 0.3617 oz. ASW,
Diameter: 30.6mm. **Obv:** Eagle standing left **Rev:**
Charter oak tree **Designer:** Henry Kreiss

Date	Mintage	AU50	MS60	MS63	MS64	MS65
1935	25,018	205	210	220	275	340

KM# 170 HUDSON, N.Y., SESQUICENTENNIAL
Weight: 12.50 g., 0.900 Silver, 0.3617 oz. ASW,
Diameter: 30.6mm. **Obv:** Hudson's ship, the Half
Moon sailing right **Rev:** Seal of the City of Hudson
Designer: Chester Beach

Date	Mintage	AU50	MS60	MS63	MS64	MS65
1935	10,008	600	660	770	790	950

KM# 171 SAN DIEGO-PACIFIC INTERNATIONAL
EXPOSITION Weight: 12.50 g., 0.900 Silver,
0.3617 oz. ASW, **Diameter:** 30.6mm. **Obv:** Seated
female with bear at her side **Rev:** State of California
exposition building **Designer:** Robert Aitken

Date	Mintage	AU50	MS60	MS63	MS64	MS65
1935 S	70,132	80.00	90.00	120	130	165
1936 D	30,092	80.00	90.00	120	130	175

KM# 172 OLD SPANISH TRAIL Weight: 12.50 g.,
0.900 Silver, 0.3617 oz. ASW, **Diameter:** 30.6mm.
Obv: Long-horn cow's head facing **Rev:** The 1535
route of Cabeza de Vaca's expedition and a yucca
tree **Designer:** L.W. Hoffecker **Note:** Counterfeits
exist.

Date	Mintage	AU50	MS60	MS63	MS64	MS65
1935	10,008	975	1,000	1,025	1,100	1,100

KM# 173 ALBANY, N.Y., CHARTER
ANNIVERSARY Weight: 12.50 g., 0.900 Silver,
0.3617 oz. ASW, **Diameter:** 30.6mm. **Obv:** Beaver
gnawing on maple branch **Rev:** Standing figures
of Thomas Dongan, Peter Schyuyler and Robert
Livingston **Designer:** Gertrude K. Lathrop

Date	Mintage	AU50	MS60	MS63	MS64	MS65
1936	17,671	210	220	235	245	300

KM# 174 SAN FRANCISCO-OAKLAND BAY BRIDGE Weight: 12.50 g., 0.900 Silver, 0.3617 oz. ASW, **Diameter:** 30.6mm. **Obv:** Grizzly bear facing **Rev:** Oakland Bay Bridge **Designer:** Jacques Schnier

Date	Mintage	AU50	MS60	MS63	MS64	MS65
1936	71,424	140	150	160	175	215

KM# 175 BRIDGEPORT, CONN., CENTENNIAL Weight: 12.50 g., 0.900 Silver, 0.3617 oz. ASW, **Diameter:** 30.6mm. **Obv:** P.T. Barnum bust left **Rev:** Eagle standing right **Designer:** Henry Kreiss

Date	Mintage	AU50	MS60	MS63	MS64	MS65
1936	25,015	130	135	145	150	170

KM# 176 CINCINNATI MUSIC CENTER Weight: 12.50 g., 0.900 Silver, 0.3617 oz. ASW, **Diameter:** 30.6mm. **Obv:** Stephen Foster bust right **Rev:** Kneeling female with lyre **Designer:** Constance Ortmayer

Date	Mintage	AU50	MS60	MS63	MS64	MS65
1936	5,005	280	300	350	375	425
1936 D	5,005	280	300	350	390	425
1936 S	5,006	280	300	350	375	425

KM# 177 CLEVELAND-GREAT LAKES EXPOSITION Weight: 12.50 g., 0.900 Silver, 0.3617 oz. ASW, **Diameter:** 30.6mm. **Obv:** Moses Cleaveland bust left **Rev:** Dividers and map of the Great Lakes **Designer:** Brenda Putnam

Date	Mintage	AU50	MS60	MS63	MS64	MS65
1936	50,030	110	120	130	145	180

KM# 178 COLUMBIA, S.C., SESQUICENTENNIAL Weight: 12.50 g., 0.900 Silver, 0.3617 oz. ASW, **Diameter:** 30.6mm. **Obv:** Figure of Justice between capitols of 1786 and 1936 **Rev:** Palmetto tree **Designer:** A. Wolfe Davidson

Date	Mintage	AU50	MS60	MS63	MS64	MS65
1936	9,007	200	225	230	235	250
1936 D	8,009	200	225	240	260	270
1936 S	8,007	200	225	240	260	300

KM# 179 DELAWARE TERCENTENARY Weight: 12.50 g., 0.900 Silver, 0.3617 oz. ASW, **Diameter:** 30.6mm. **Obv:** Old Swedes Church in Wilmington **Rev:** Kalmar Nyckel sailing left **Designer:** Carl L. Schmitz

Date	Mintage	AU50	MS60	MS63	MS64	MS65
1936	20,993	180	200	215	245	260

KM# 180 ELGIN, ILL., CENTENNIAL Weight: 12.50 g., 0.900 Silver, 0.3617 oz. ASW, **Diameter:** 30.6mm. **Obv:** Pioneer head left **Rev:** Statue group **Designer:** Trygve Rovelstad

Date	Mintage	AU50	MS60	MS63	MS64	MS65
1936	20,015	160	160	175	180	190

KM# 181 BATTLE OF GETTYSBURG 75TH ANNIVERSARY Weight: 12.50 g., 0.900 Silver, 0.3617 oz. ASW, **Diameter:** 30.6mm. **Obv:** Union and Confederate veteran conjoint busts right **Rev:** Double bladed fasces seperating two shields **Designer:** Frank Vittor

Date	Mintage	AU50	MS60	MS63	MS64	MS65
1936	26,928	475	485	500	570	700

KM# 182 LONG ISLAND TERCENTENARY Weight: 12.50 g., 0.900 Silver, 0.3617 oz. ASW, **Diameter:** 30.6mm. **Obv:** Dutch settler and Native American conjoint head right **Rev:** Dutch sailing vessel **Designer:** Howard K. Weinman

Date	Mintage	AU50	MS60	MS63	MS64	MS65
1936	81,826	95.00	105	110	120	190

KM# 183 LYNCHBURG, VA., SESQUICENTENNIAL Weight: 12.50 g., 0.900 Silver, 0.3617 oz. ASW, **Diameter:** 30.6mm. **Obv:** Sen. Carter Glass bust left **Rev:** Liberty standing, old Lynchburg courthouse at right **Designer:** Charles Keck

Date	Mintage	AU50	MS60	MS63	MS64	MS65
1936	20,013	225	235	250	265	300

KM# 184 NORFOLK, VA., BICENTENNIAL Weight: 12.50 g., 0.900 Silver, 0.3617 oz. ASW,

Diameter: 30.6mm. **Obv:** Seal of the City of Norfolk **Rev:** Royal Mace of Norfolk **Designer:** William M. and Marjorie E. Simpson

Date	Mintage	AU50	MS60	MS63	MS64	MS65
1936	16,936	300	305	315	320	330

KM# 185 RHODE ISLAND TERCENTENARY Weight: 12.50 g., 0.900 Silver, 0.3617 oz. ASW, **Diameter:** 30.6mm. **Obv:** Roger Williams in canoe hailing Native American **Rev:** Shield with anchor **Designer:** Arthur G. Carey and John H. Benson

Date	Mintage	AU50	MS60	MS63	MS64	MS65
1936	20,013	110	125	130	140	170
1936 D	15,010	110	125	130	140	170
1936 S	15,011	110	125	130	160	225

KM# 186 ROANOKE ISLAND, N.C. Weight: 12.50 g., 0.900 Silver, 0.3617 oz. ASW, **Diameter:** 30.6mm. **Obv:** Sir Walter Raleigh bust left **Rev:** Ellinor Dare holding baby Virginia, two small ships flanking **Designer:** William M. Simpson

Date	Mintage	AU50	MS60	MS63	MS64	MS65
1937	29,030	180	185	195	200	245

KM# 187 ARKANSAS CENTENNIAL Weight: 12.50 g., 0.900 Silver, 0.3617 oz. ASW, **Diameter:** 30.6mm. **Obv:** Eagle with wings outstreatched, Arkansas flag in backgorund **Rev:** Sen. Joseph T. Robinson bust right **Obv. Designer:** Henry Kreiss **Rev. Designer:** Edward E. Burr

Date	Mintage	AU50	MS60	MS63	MS64	MS65
1936	25,265	70.00	80.00	130	145	210

KM# 188 WISCONSIN TERRITORIAL CENTENNIAL Weight: 12.50 g., 0.900 Silver, 0.3617 oz. ASW, **Diameter:** 30.6mm. **Obv:** Badger from the Territorial seal **Rev:** Pick axe and mound of lead ore **Designer:** David Parsons

Date	Mintage	AU50	MS60	MS63	MS64	MS65
1936	25,015	105	120	150	142	170

KM# 189 YORK COUNTY, MAINE, TERCENTENARY Weight: 12.50 g., 0.900 Silver, 0.3617 oz. ASW, **Diameter:** 30.6mm. **Obv:** Stockade **Rev:** York County seal **Designer:** Walter H. Rich

Date	Mintage	AU50	MS60	MS63	MS64	MS65
1936	25,015	160	170	180	195	205

KM# 190 BATTLE OF ANTIETAM 75TH ANNIVERSARY Weight: 12.50 g., 0.900 Silver, 0.3617 oz. ASW, **Diameter:** 30.6mm. **Obv:** Generals Robert E. Lee and George McClellan conjoint busts left **Rev:** Burnside Bridge **Designer:** William M. Simpson

Date	Mintage	AU50	MS60	MS63	MS64	MS65
1937	18,028	530	550	570	590	725

KM# 191 NEW ROCHELLE, N.Y. Weight: 12.50 g., 0.900 Silver, 0.3617 oz. ASW, **Diameter:** 30.6mm. **Obv:** John Pell and a calf **Rev:** Fleur-de-lis from the seal of the city **Designer:** Gertrude K. Lathrop

Date	Mintage	AU50	MS60	MS63	MS64	MS65
1938	15,266	300	310	325	350	400

KM# 197 IOWA STATEHOOD CENTENNIAL Weight: 12.50 g., 0.900 Silver, 0.3617 oz. ASW, **Diameter:** 30.6mm. **Obv:** First Capitol building at Iowa City **Rev:** Iowa state seal **Designer:** Adam Pietz

Date	Mintage	AU50	MS60	MS63	MS64	MS65
1946	100,057	65.00	70.00	80.00	90.00	100

KM# 198 BOOKER T. WASHINGTON Weight: 12.50 g., 0.900 Silver, 0.3617 oz. ASW, **Diameter:** 30.6mm. **Obv:** Booker T. Washington bust right **Rev:** Cabin and NYU's Hall of Fame **Designer:** Isaac S. Hathaway **Note:** Actual mintages are higher, but unsold issues were melted to produce Washington Carver issues.

Date	Mintage	AU50	MS60	MS63	MS64	MS65
1946	1,000,546	20.00	28.00	32.00	45.00	65.00
1946 D	200,113	20.00	28.00	32.00	45.00	65.00
1946 S	500,729	20.00	28.00	32.00	45.00	65.00
1947	100,017	20.00	28.00	60.00	75.00	85.00
1947 D	100,017	20.00	28.00	60.00	75.00	85.00
1947 S	100,017	20.00	28.00	60.00	75.00	85.00
1948	8,005	20.00	28.00	60.00	75.00	85.00
1948 D	8,005	20.00	28.00	60.00	75.00	85.00
1948 S	8,005	20.00	28.00	60.00	75.00	110
1949	6,004	20.00	35.00	45.00	60.00	175
1949 D	6,004	20.00	50.00	60.00	70.00	150
1949 S	6,004	20.00	50.00	60.00	70.00	140
1950	6,004	20.00	40.00	60.00	70.00	100
1950 D	6,004	20.00	28.00	60.00	65.00	105
1950 S	512,091	20.00	28.00	45.00	55.00	95.00
1951	51,082	20.00	28.00	40.00	55.00	75.00
1951 D	7,004	20.00	40.00	60.00	75.00	100
1951 S	7,004	20.00	35.00	60.00	75.00	100

COMMEMORATIVES

KM# 200 BOOKER T. WASHINGTON AND GEORGE WASHINGTON CARVER **Weight:** 12.50 g., 0.900 Silver, 0.3617 oz. ASW, **Diameter:** 30.6mm. **Obv:** Booker T. Washington and George Washington Carver conjoint busts right **Rev:** Map of the United States **Designer:** Isaac S. Hathaway

Date	Mintage	AU50	MS60	MS63	MS64	MS65
1951	110,018	20.00	28.00	40.00	75.00	130
1951 D	10,004	20.00	30.00	40.00	50.00	90.00
1951 S	10,004	20.00	28.00	55.00	60.00	90.00
1952	2,006,292	20.00	28.00	42.00	55.00	75.00
1952 D	8,006	20.00	35.00	45.00	70.00	160
1952 S	8,006	20.00	28.00	40.00	65.00	105
1953	8,003	20.00	28.00	40.00	55.00	110
1953 D	8,003	20.00	28.00	40.00	65.00	120
1953 S	108,020	20.00	28.00	40.00	50.00	75.00
1954	12,006	20.00	28.00	40.00	55.00	75.00
1954 D	12,006	20.00	28.00	40.00	55.00	100
1954 S	122,024	20.00	28.00	40.00	45.00	75.00

DOLLAR

KM# 118 LAFAYETTE **Weight:** 26.73 g., 0.900 Silver, 0.7734 oz. ASW, **Diameter:** 38.1mm. **Obv:** George Washington and Marquis de Lafayette conjoint busts right **Rev:** Lafayette on horseback left **Designer:** Charles E. Barber

Date	Mintage	AU50	MS60	MS63	MS64	MS65
1900	36,026	500	850	1,420	2,175	4,825

KM# 119 LOUISIANA PURCHASE EXPOSITION - JEFFERSON BUST **Weight:** 1.67 g., 0.900 Gold, 0.0484 oz. AGW, **Diameter:** 15mm. **Obv:** Jefferson bust left **Rev:** Legend and laurel branch **Designer:** Charles E. Barber

Date	Mintage	AU50	MS60	MS63	MS64	MS65
1903	17,500	510	560	660	720	1,065

KM# 120 LOUISIANA PURCHASE EXPOSITION - MCKINLEY BUST **Weight:** 1.67 g., 0.900 Gold, 0.0484 oz. AGW, **Diameter:** 15mm. **Obv:** William McKinley bust left **Rev:** Legend and laurel branch **Obv. Designer:** Charles E. Barber

Date	Mintage	AU50	MS60	MS63	MS64	MS65
1903	17,500	420	525	580	680	1,150

KM# 121 LEWIS AND CLARK EXPOSITION **Weight:** 1.67 g., 0.900 Gold, 0.0484 oz. AGW, **Diameter:** 15mm. **Obv:** Lewis bust left **Rev:** Clark bust left **Obv. Designer:** Charles E. Barber

Date	Mintage	AU50	MS60	MS63	MS64	MS65
1904	10,025	670	825	990	1,795	3,200
1905	10,041	575	780	1,100	1,750	5,500

KM# 136 PANAMA-PACIFIC EXPOSITION **Weight:** 1.67 g., 0.900 Gold, 0.0484 oz. AGW, **Diameter:** 15mm. **Obv:** Canal laborer bust left **Rev:** Value within two dolphins **Obv. Designer:** Charles Keck

Date	Mintage	AU50	MS60	MS63	MS64	MS65
1915 S	15,000	425	525	625	725	1,170

KM# 144 MCKINLEY MEMORIAL **Weight:** 1.67 g., 0.900 Gold, 0.0484 oz. AGW, **Diameter:** 15mm. **Obv:** William McKinley head left **Rev:** Memorial building at Niles, Ohio **Obv. Designer:** Charles E. Barber **Rev. Designer:** George T. Morgan

Date	Mintage	AU50	MS60	MS63	MS64	MS65
1916	9,977	390	410	500	525	950
1917	10,000	475	500	600	700	1,050

KM# 152.1 GRANT MEMORIAL Weight: 1.67 g., 0.900 Gold, 0.0484 oz. AGW, **Diameter:** 15mm. **Obv:** U.S. Grant bust right **Rev:** Birthplace **Obv. Designer:** Laura G. Fraser **Note:** Without an incuse "star" above the word GRANT on the obverse.

Date	Mintage	AU50	MS60	MS63	MS64	MS65
1922	5,000	1,000	1,025	1,100	1,250	1,550

   Star

KM# 152.2 GRANT MEMORIAL Weight: 1.67 g., 0.900 Gold, 0.0484 oz. AGW, **Diameter:** 15mm. **Obv:** U.S. Grant bust right **Rev:** Birthplace **Obv. Designer:** Laura G. Fraser **Note:** Variety with an incuse "star" above the word GRANT on the obverse.

Date	Mintage	AU50	MS60	MS63	MS64	MS65
1922	5,016	1,025	1,100	1,300	1,325	1,685

$2.50 (QUARTER EAGLE)

KM# 137 PANAMA-PACIFIC EXPOSITION Weight: 4.18 g., 0.900 Gold, 0.121 oz. AGW, **Diameter:** 18mm. **Obv:** Columbia holding cadueus while seated on a hippocamp **Rev:** Eagle standing left **Obv. Designer:** Charles E. Barber **Rev. Designer:** George T. Morgan

Date	Mintage	AU50	MS60	MS63	MS64	MS65
1915 S	6,749	1,525	1,900	3,500	3,550	3,900

KM# 161 U.S. SESQUICENTENNIAL Weight: 4.18 g., 0.900 Gold, 0.121 oz. AGW, **Diameter:** 18mm. **Obv:** Liberty standing holding torch and scroll **Rev:** Independence Hall **Obv. Designer:** John R. Sinnock

Date	Mintage	AU50	MS60	MS63	MS64	MS65
1926	46,019	360	425	550	780	1,450

$50

KM# 138 PANAMA-PACIFIC EXPOSITION ROUND Weight: 83.59 g., 0.900 Gold, 2.4187 oz. AGW, **Diameter:** 44mm. **Obv:** Minerva bust helmeted left **Rev:** Owl perched on California pin branch **Obv. Designer:** Robert Aitken **Shape:** Round

Date	Mintage	AU50	MS60	MS63	MS64	MS65
1915 S	483	50,000	65,500	85,000	113,000	175,000

KM# 139 PANAMA-PACIFIC EXPOSITION OCTAGONAL Weight: 83.59 g., 0.900 Gold, 2.4187 oz. AGW, **Diameter:** 44mm. **Obv:** Minerva bust helmeted left **Rev:** Owl perched on California pine branch **Obv. Designer:** Robert Aitken **Shape:** Octagon

Date	Mintage	AU50	MS60	MS63	MS64	MS65
1915 S	645	50,000	65,500	80,000	92,000	170,000

COMMEMORATIVE COINAGE 1982-PRESENT

All commemorative silver dollar coins of 1982-present have the following specifications: diameter — 38.1 millimeters ; weight — 26.7300 grams; composition — 0.9000 silver, 0.7736 ounces actual silver weight. All commemorative $5 coins of 1982-present have the following specificiations: diameter — 21.6 millimeters; weight — 8.3590 grams; 0.9000 gold, 0.242 ounces actual gold weight.

Note: In 1982, after a hiatus of nearly 30 years, coinage of commemorative half dollars resumed. Those designated with a 'W' were struck at the West Point Mint. Some issues were struck in copper-nickel. Those struck in silver have the same size, weight and composition as the prior commemorative half-dollar series.

DIME

KM# 641 ObvDesc: Mercury, 3.11 g., 0.9999 Gold 0.100 oz. AGW, 16.5 mm.

Date	Mintage	MS63	MS65	PRF65
2016W	—	—	280	—

QUARTER

KM# 642 ObvDesc: Standing Liberty, 7.78 g., 0.9999 Gold 0.250 oz. AGW, 22 mm.

Date	Mintage	MS63	MS65	PRF65
2016W	—	—	500	—

HALF DOLLAR

KM# 208 ObvDesc: George Washington on horseback facing **RevDesc:** Mount Vernon, 12.50 g., 0.900 Silver 0.3617 oz. ASW, 30.6 mm. **Obv. Designer:** Elizabeth Jones **Rev. Designer:** Matthew Peloso

Date	Mintage	MS63	MS65	PRF65
1982D	2,210,458	—	10.00	—
1982S	4,894,044	—	—	11.00

KM# 212 ObvDesc: Statue of Liberty and sunrise **RevDesc:** Immigrant family looking toward mainland, 11.34 g., Copper-Nickel Clad Copper **Obv. Designer:** Edgar Z. Steever **Rev. Designer:** Sherl Joseph Winter

Date	Mintage	MS63	MS65	PRF65
1986D	928,008	—	5.00	—
1986S	6,925,627	—	—	3.50

KM# 224 ObvDesc: Statue of Freedom head **RevDesc:** Capitol building, 11.34 g., Copper-Nickel Clad Copper **Obv. Designer:** Patricia L. Verani **Rev. Designer:** William Woodward and Edgar Z. Steever

Date	Mintage	MS63	MS65	PRF65
1989D	163,753	—	7.00	—
1989S	762,198	—	—	6.00

KM# 228 RevDesc: Mount Rushmore portraits, 11.34 g., Copper-Nickel Clad Copper **Obv Designer:** Marcel Jovine **Rev. Designer:** T. James Ferrell

Date	Mintage	MS63	MS65	PRF65
1991D	172,754	—	13.00	—
1991S	753,257	—	—	10.00

KM# 233 ObvDesc: Torch and laurel **RevDesc:** Female gymnast and large flag, 1.34 g., Copper-Nickel Clad Copper **Obv. Designer:** William Cousins **Rev. Designer:** Steven M. Bieda

Date	Mintage	MS63	MS65	PRF65
1992P	161,607	—	8.00	—
1992S	519,645	—	—	7.00

KM# 237 ObvDesc: Columbus standing on shore **RevDesc:** Nina, Pinta and Santa Maria sailing right, 11.34 g., Copper-Nickel Clad Copper **Obv. Designer:** T. James Ferrell **Rev. Designer:** Thomas D. Rogers, Sr.

Date	Mintage	MS63	MS65	PRF65
1992D	135,702	—	10.00	—
1992S	390,154	—	—	9.00

KM# 240 ObvDesc: James Madison writing, Montpelier in background **RevDesc:** Statue of Liberty torch, 12.50 g., 0.900 Silver 0.3617 oz. ASW **Obv. Designer:** T. James Ferrell **Rev. Designer:** Dean McMullen

Date	Mintage	MS63	MS65	PRF65
1993W	193,346	—	18.00	—
1993S	586,315	—	—	15.00

KM# 243 ObvDesc: Three portraits, plane above, large V in backgound **RevDesc:** Pacific island battle scene, 11.34 g., Copper-Nickel Clad Copper **Obv. Designer:** George Klauba and T. James Ferrell **Rev. Designer:** William J. Leftwich and T. James Ferrell

Date	Mintage	MS63	MS65	PRF65
ND-1993P	317,396	—	—	14.00
ND-1993P	197,072	—	13.00	—

KM# 246 ObvDesc: Soccer player with ball **RevDesc:** World Cup 94 logo, 11.34 g., Copper-Nickel Clad Copper **Obv. Designer:** Richard T. LaRoche **Rev. Designer:** Dean McMullen

Date	Mintage	MS63	MS65	PRF65
1994D	168,208	—	9.00	—
1994P	609,354	—	—	9.00

KM# 254 ObvDesc: Drummer and fenceline, **RevDesc:** Canon overlooking battlefield, 11.34 g., Copper-Nickel Clad Copper **Obv. Designer:** Don Troiani **Rev. Designer:** T. James Ferrell

Date	Mintage	MS63	MS65	PRF65
1995S	119,510	—	30.00	—
1995S	330,099	—	—	30.00

KM# 257 ObvDesc: Three players, one jumping for a shot **RevDesc:** Hemisphere and Atlanta Olympics logo, 11.34 g., Copper-Nickel Clad Copper **Obv. Designer:** Clint Hansen and Al Maletsky **Rev. Designer:** T. James Ferrell

Date	Mintage	MS63	MS65	PRF65
1995S	171,001	—	15.00	—
1995S	169,655	—	—	15.50

KM# 262 ObvDesc: Baseball batter at plate, catcher and umpire **RevDesc:** Hemisphere and Atlanta Olympics logo, 11.34 g., Copper-Nickel Clad Copper **Obv. Designer:** Edgar Z. Steever **Rev. Designer:** T. James Ferrell

Date	Mintage	MS63	MS65	PRF65
1995S	164,605	—	16.00	—
1995S	118,087	—	—	19.00

KM# 267 ObvDesc: Swimmer right in butterfly stroke **RevDesc:** Atlanta Olympics log, 11.34 g., Copper-Nickel Clad Copper **Obv. Designer:** William J. Krawczewicz and Edgar Z. Steever **Rev. Designer:** Malcolm Farley and Thomas D. Rogers, Sr.

Date	Mintage	MS63	MS65	PRF65
1996S	49,533	—	90.00	—
1996S	114,315	—	—	23.00

KM# 271 ObvDesc: Two female soccer players **RevDesc:** Atlanta Olympics logo, 11.34 g., Copper-Nickel Clad Copper

Date	Mintage	MS63	MS65	PRF65
1996S	52,836	—	90.00	—
1996S	122,412	—	—	75.00

KM# 323 ObvDesc: Capitol silhouette, 1800 structure in detail **RevDesc:** Legend within circle of stars, 11.34 g., Copper-Nickel Clad Copper **Obv. Designer:** Dean McMullen **Rev. Designer:** Alex Shagin and Marcel Jovine

Date	Mintage	MS63	MS65	PRF65
2001P	99,157	—	18.50	—
2001P	77,962	—	—	17.50

KM# 348 ObvDesc: Wright Monument at Kitty Hawk **RevDesc:** Wright Flyer in flight, 11.34 g., Copper-Nickel Clad Copper **Obv. Designer:** John Mercanti **Rev. Designer:** Donna Weaver

Date	Mintage	MS63	MS65	PRF65
2003P	57,726	—	14.00	—
2003P	111,569	—	—	16.00

KM# 438 ObvDesc: Two eaglets in nest with egg **RevDesc:** Eagle Challenger facing right, American Flag in background, 11.34 g., Copper-Nickel Clad Copper, 30.6 mm. **Obv. Designer:** Susan Gamble and Joseph Menna **Rev. Designer:** Donna Weaver and Charles Vickers

Date	Mintage	MS63	MS65	PRF65
2008S	120,180	—	14.00	—
2008S	222,577	—	—	18.00

KM# 506 ObvDesc: Army contributions during peacetime, surveying, building a flood wall and space exploration **RevDesc:** Continental soldier with musket, 11.34 g., Copper-Nickel Clad Copper, 30.6 mm. **Obv. Designer:** Donna Weaver and Charles L. Vickers **Rev. Designer:** Thomas Cleveland and Joseph Menna

Date	Mintage	MS63	MS65	PRF65
2011D	39,461	—	60.00	—
2011S	68,349	—	—	45.00

KM# 554 ObvDesc: Two portraits facing **RevDesc:** ShieldSilver, 30.6 mm.

Date	Mintage	MS63	MS65	PRF65
2013P	38,097	—	22.00	—
2013S	47,337	—	—	30.00

KM# 576 ObvDesc: Glove **RevDesc:** Baseball 11.34 g., Copper-Nickel Clad Copper, 30.6 mm.

Date	Mintage	MS63	MS65	PRF65
2014S	—	—	—	24.00
2014D	—	—	29.00	—

KM# 602 ObvDesc: Old West and modern Marshals **RevDesc:** Lady Justice with scale and star, copy of Constitution, books, handcuffs, jug, 11.34 g., Copper-Nickel Clad Copper, 30.61 mm.

Date	Mintage	MS63	MS65	PRF65
2015S	76,549	—	—	18.95
2015D	30,231	—	17.95	—

KM# 643 ObvDesc: Walking Liberty, 15.55 g., 0.9999 Gold 0.500 oz. AGW, 27 mm.

Date	Mintage	MS63	MS65	PRF65
2016W	—	—	850	—

KM# 644 ObvDesc: Hiker and child with frog **RevDesc:** National Park Service Logo, 11.34 g., Copper-Nickel Clad Copper, 30.61 mm.

Date	Mintage	MS63	MS65	PRF65
2016D	—	—	20.00	—
2016S	—	—	—	22.00

KM# 659 ObvDesc: Older and younger brothers holding hands in 1917 advancing towards Father Flanagan's Boys Town **RevDesc:** Boys Town neighborhood of homes with young adults, 11.34 g., Copper-Nickel Clad Copper, 30.61 mm.

Date	Mintage	MS63	MS65	PRF65
2017D	Est. 300000	—	—	—
2017S Proof	Inc. Ab.	—	—	—

DOLLAR

KM# 209 ObvDesc: Trippled discus thrower and five star logo **RevDesc:** Eagle bust left, 26.73 g., 0.900 Silver 0.7734 oz. ASW, 38.1 mm.**Obv. Designer:** Elizabeth Jones

Date	Mintage	MS63	MS65	PRF65
1983P	294,543	—	18.00	—
1983D	174,014	—	18.00	—
1983S	174,014	—	18.00	—
1983S	1,577,025	—	—	20.00

KM# 210 ObvDesc: Statues at exterior of Los Angeles Memorial Coliseum **RevDesc:** Eagle standing on rock, 26.73 g., 0.900 Silver 0.7734 oz. ASW, 38.1 mm.**Obv. Designer:** Robert Graham

Date	Mintage	MS63	MS65	PRF65
1984P	217,954	—	18.00	—
1984D	116,675	—	18.00	—
1984S	116,675	—	18.00	—
1984S	1,801,210	—	—	20.00

KM# 214 ObvDesc: Statue of Liberty and Ellis Island great hall **RevDesc:** Statue of Liberty torch 26.73 g., 0.900 Silver 0.7734 oz. ASW, 38.1 mm. **Obv. Designer:** John Mercanti **Rev. Designer:** John Mercanti and Matthew Peloso

Date	Mintage	MS63	MS65	PRF65
1986P	723,635	—	18.00	—
1986S	6,414,638	—	—	18.00

KM# 220 ObvDesc: Feather pen and document **RevDesc:** Group of people, 26.73 g., 0.900 Silver 0.7734 oz. ASW, 38.1 mm.**Obv. Designer:** Patricia L. Verani

Date	Mintage	MS63	MS65	PRF65
1987P	451,629	—	18.00	—
1987S	2,747,116	—	—	18.00

KM# 222 ObvDesc: Olympic torch and Statue of Liberty torch within laurel wreath **RevDesc:** Olympic rights within olive wreath, 26.73 g., 0.900 Silver 0.7734 oz. ASW, 38.1 mm. **Obv. Designer:** Patricia L. Verani **Rev. Designer:** Sherl Joseph Winter

Date	Mintage	MS63	MS65	PRF65
1988D	191,368	—	18.00	—
1988S	1,359,366	—	—	18.00

COMMEMORATIVES

KM# 225 ObvDesc: Statue of Freedom in clouds and sunburst **RevDesc:** Mace from the House of Represenatives, 26.73 g., 0.900 Silver 0.7734 oz. ASW, 38.1 mm.

Date	Mintage	MS63	MS65	PRF65
1989D	135,203	—	18.00	—
1989S	762,198	—	—	20.00

KM# 227 ObvDesc: Two Eisenhower profiles, as general, left, as President, right **RevDesc:** Eisenhower home at Gettysburg, 26.73 g., 0.900 Silver 0.7734 oz. ASW, 38.1 mm.**Obv. Designer:** John Mercanti **Rev. Designer:** Marcel Jovine and John Mercanti

Date	Mintage	MS63	MS65	PRF65
1990W	241,669	—	24.00	—
1990P	1,144,461	—	—	20.00

KM# 229 ObvDesc: Mount Rushmore portraits, wreath below **RevDesc:** Great seal in rays, United States map in background, 26.73 g., 0.900 Silver 0.7734 oz. ASW, 38.1 mm. **Obv. Designer:** Marika Somogyi and Chester Martin **Rev. Designer:** Frank Gasparro

Date	Mintage	MS63	MS65	PRF65
1991P	133,139	—	24.00	—
1991S	738,419	—	—	20.00

KM# 231 ObvDesc: Soldier advancing right up a hill; planes above, ships below **RevDesc:** Map of Korean peninsula, eagle's head at right, 26.73 g., 0.900 Silver 0.7734 oz. ASW, 38.1 mm. **Obv. Designer:** John Mercanti **Rev. Designer:** T. James Ferrell

Date	Mintage	MS63	MS65	PRF65
1991D	213,049	—	22.00	—
1991P	618,488	—	—	20.00

KM# 232 ObvDesc: USO banne **RevDesc:** Eagle perched right atop globe, 26.73 g., 0.900 Silver 0.7734 oz. ASW, 38.1 mm. **Obv. Designer:** Robert Lamb **Rev. Designer:** John Mercanti

Date	Mintage	MS63	MS65	PRF65
1991D	124,958	—	22.00	—
1991S	321,275	—	—	20.00

KM# 234 ObvDesc: Baseball pitcher, Nolan Ryan as depicted on card **RevDesc:** Shield flanked by stylized wreath, olympic rings above, 26.73 g., 0.900 Silver 0.7734 oz. ASW, 38.1 mm. **Obv. Designer:** John R. Deecken and Chester Y. Martin **Rev. Designer:** Marcel Jovine

Date	Mintage	MS63	MS65	PRF65
1992D	187,552	—	34.00	—
1992S	504,505	—	—	20.00

KM# 236 ObvDesc: White House's north portico **RevDesc:** John Hoban bust left, main entrance doorway, 26.73 g., 0.900 Silver 0.7734 oz. ASW, 38.1 mm. **Obv. Designer:** Edgar Z. Steever **Rev. Designer:** Chester Y. Martin

Date	Mintage	MS63	MS65	PRF65
1992D	123,803	—	20.00	—
1992W	375,851	—	—	20.00

KM# 238 ObvDesc: Columbus standing with banner, three ships in background **RevDesc:** Half view of Santa Maria on left, Space Shuttle Discovery on right, 26.73 g., 0.900 Silver 0.7734 oz. ASW, 38.1 mm. **Obv. Designer:** John Mercanti **Rev. Designer:** Thomas D. Rogers, Sr.

Date	Mintage	MS63	MS65	PRF65
1992D	106,949	—	28.00	—
1992P	385,241	—	—	22.00

KM# 241 ObvDesc: James Madison bust right, at left **RevDesc:** Montpelier home, 26.73 g., 0.900 Silver 0.7734 oz. ASW, 38.1 mm. **Obv. Designer:** William Krawczewicz and Thomas D. Rogers, Sr. **Rev. Designer:** Dean McMullen and Thomas D. Rogers, Sr.

Date	Mintage	MS63	MS65	PRF65
1993D	98,383	—	28.00	—
1993S	534,001	—	—	24.00

KM# 247 ObvDesc: Two players with ball **RevDesc:** World Cup 94 logo, 26.73 g., 0.900 Silver 0.7734 oz. ASW, 38.1 mm. **Obv. Designer:** Dean McMullen and T. James Ferrell **Rev. Designer:** Dean McMullen

Date	Mintage	MS63	MS65	PRF65
1994D	81,698	—	26.00	—
1994S	576,978	—	—	24.00

KM# 244 ObvDesc: Soldier on Normandy beach **RevDesc:** Insignia of the Supreme Headquarters of the AEF above Eisenhower quote, 26.73 g., 0.900 Silver 0.7734 oz. ASW, 38.1 mm.

Date	Mintage	MS63	MS65	PRF65
1993D	94,708	—	35.00	—
1993W	342,041	—	—	35.00

KM# 249 ObvDesc: Jefferson's head left **RevDesc:** Monticello home 26.73 g., 0.900 Silver 0.7734 oz. ASW, 38.1 mm.

Date	Mintage	MS63	MS65	PRF65
1993P	266,927	—	20.00	—
1993S	332,891	—	—	20.00

COMMEMORATIVES

KM# 250 ObvDesc: Outstretched hand touching names on the Wall, Washington Monument in background **RevDesc:** Service Medals, 26.73 g., 0.900 Silver 0.7734 oz. ASW, 38.1 mm. **Obv. Designer:** John Mercanti **Rev. Designer:** Thomas D. Rogers, Sr.

Date	Mintage	MS63	MS65	PRF65
1994W	57,317	—	50.00	—
1994P	226,262	—	—	35.00

KM# 251 ObvDesc: Eagle in flight left within circle of barbed wire **RevDesc:** National Prisoner of War Museum, 26.73 g., 0.900 Silver 0.7734 oz. ASW, 38.1 mm. **Obv. Designer:** Thomas Nielson and Alfred Maletsky **Rev. Designer:** Edgar Z. Steever

Date	Mintage	MS63	MS65	PRF65
1994W	54,790	—	50.00	—
1994P	220,100	—	—	50.00

KM# 252 ObvDesc: Five uniformed women left **RevDesc:** Memorial at Arlington National Cemetery, 26.73 g., 0.900 Silver 0.7734 oz. ASW, 38.1 mm. **Obv. Designer:** T. James Ferrell **Rev. Designer:** Thomas D. Rogers, Sr.

Date	Mintage	MS63	MS65	PRF65
1994W	53,054	—	24.00	—
1994P	213,201	—	—	30.00

KM# 253 ObvDesc: Capitol dome, Statue fo Freedom surrounded by stars **RevDesc:** Eagle on shield, flags flanking, 26.73 g., 0.900 Silver 0.7734 oz. ASW, 38.1 mm. **Obv. Designer:** William C. Cousins **Rev. Designer:** John Mercanti

Date	Mintage	MS63	MS65	PRF65
1994D	68,352	—	26.00	—
1994S	279,416	—	—	30.00

KM# 255 ObvDesc: Soldier giving water to wounded soldier **RevDesc:** Chamberlain quote and battlefield monument 26.73 g., 0.900 Silver 0.7734 oz. ASW, 38.1 mm. **Obv. Designer:** Don Troiani and Edgar Z. Steever **Rev. Designer:** John Mercanti

Date	Mintage	MS63	MS65	PRF65
1995P	45,866	—	45.00	—
1995S	437,114	—	—	36.00

KM# 260 ObvDesc: Two gymnasts, female on floor exercise and male on rings **RevDesc:** Two clasped hands, Atlanta Olympic logo above, 26.73 g., 0.900 Silver 0.7734 oz. ASW, 38.1 mm. **Obv. Designer:** James C. Sharpe and Thomas D. Rogers, Sr **Rev. Designer:** William J. Krawczewicz and T. James Ferrell

Date	Mintage	MS63	MS65	PRF65
1995D	42,497	—	35.00	—
1995P	182,676	—	—	28.00

KM# 259 ObvDesc: Blind runner **RevDesc:** Two clasped hands, Atlanta Olympic logo above, 26.73 g., 0.900 Silver 0.7734 oz. ASW, 38.1 mm. **Obv. Designer:** Jim C. Sharpe and Thomas D. Rogers, Sr. **Rev. Designer:** William J. Krawczewicz and T. James Ferrell

Date	Mintage	MS63	MS65	PRF65
1995D	28,649	—	50.00	—
1995P	138,337	—	—	35.00

KM# 263 ObvDesc: Three cyclists approaching **RevDesc:** Two clasped hands, Atlanta Olympic logo above, 26.73 g., 0.900 Silver 0.7734 oz. ASW, 38.1 mm. **Obv. Designer:** John Mercanti **Rev. Designer:** William J. Krawczewicz and T. James Ferrell

Date	Mintage	MS63	MS65	PRF65
1995D	19,662	—	100	—
1995P	118,795	—	—	35.00

COMMEMORATIVES

COMMEMORATIVES

KM# 264 ObvDesc: Two runners on a track, one crossing finish line **RevDesc:** Two clasped hands, Atlanta Olympic logo above, 26.73 g., 0.900 Silver 0.7734 oz. ASW, 38.1 mm. **Obv. Designer:** John Mercanti **Rev. Designer:** William J. Krawczewicz and T. James Ferrell

Date	Mintage	MS63	MS65	PRF65
1995D	24,796	—	55.00	—
1995P	136,935	—	—	30.00

KM# 266 ObvDesc: Eunice Schriver head left; founder of the Special Olympics **RevDesc:** Special Olympics Logo on an award medal, rose, quote from Schriver, 26.73 g., 0.900 Silver 0.7734 oz. ASW, 38.1 mm. **Obv. Designer:** Jamie Wyeth and T. James Ferrell **Rev. Designer:** Thomas D. Rogers, Sr.

Date	Mintage	MS63	MS65	PRF65
1995W	89,301	—	33.00	—
1995P	351,764	—	—	33.00

KM# 268 ObvDesc: Wheelchair racer approaching with uplifted arms **RevDesc:** Atlanta Olympics logo, 26.73 g., 0.900 Silver 0.7734 oz. ASW, 38.1 mm. **Obv. Designer:** James C. Sharpe and Alfred F. Maletsky **Rev. Designer:** Thomas D. Rogers, Sr.

Date	Mintage	MS63	MS65	PRF65
1996D	14,497	—	165	—
1996P	84,280	—	—	50.00

KM# 269 ObvDesc: Female tennis player **RevDesc:** Atlanta Olympics logo, 26.73 g., 0.900 Silver 0.7734 oz. ASW, 38.1 mm. **Obv. Designer:** James C. Sharpe and T. James Ferrell **Rev. Designer:** Thomas D. Rogers, Sr.

Date	Mintage	MS63	MS65	PRF65
1996D	15,983	—	140	—
1996P	92,016	—	—	60.00

KM# A272 ObvDesc: High jumper, 26.73 g., 0.900 Silver 0.7734 oz. ASW **Obv. Designer:** T. James Ferrell **Rev. Designer:** Thomas D. Rogers, Sr.

Date	Mintage	MS63	MS65	PRF65
1996D	15,697	—	160	—
1996P	124,502	—	—	40.00

KM# 272 ObvDesc: Four man crew rowing left **RevDesc:** Atlanta Olympic logo, 26.73 g., 0.900 Silver 0.7734 oz. ASW, 38.1 mm. **Obv. Designer:** Bart Forbes and T. James Ferrell **Rev. Designer:** Thomas D. Rogers, Sr.

Date	Mintage	MS63	MS65	PRF65
1996D	16,258	—	140	—
1996P	151,890	—	—	50.00

KM# 275 ObvDesc: Female standing with lamp and shield **RevDesc:** Legend within wreath, 26.73 g., 0.900 Silver 0.7734 oz. ASW, 38.1 mm. **Obv. Designer:** Thomas D. Rogers, Sr. **Rev. Designer:** William C. Cousins

Date	Mintage	MS63	MS65	PRF65
1996S	101,543	—	—	26.00
1996S	23,500	—	80.00	—

KM# 276 ObvDesc: Original Smithsonian building, the "Castle" designed by James Renwick **RevDesc:** Female seated with torch and scroll on globe, 26.73 g., 0.900 Silver 0.7734 oz. ASW, 38.1 mm. **Obv. Designer:** Thomas D. Rogers, Sr. **Rev. Designer:** John Mercanti

Date	Mintage	MS63	MS65	PRF65
1996D	31,230	—	50.00	—
1996P	129,152	—	—	30.00

COMMEMORATIVES

KM# 278 ObvDesc: National Botanic Gardens Conservatory building **RevDesc:** Rose, 26.73 g., 0.900 Silver 0.7734 oz. ASW, 38.1 mm. **Obv. Designer:** Edgar Z. Steever **Rev. Designer:** William C. Cousins

Date	Mintage	MS63	MS65	PRF65
1997P	57,272	—	20.00	—
1997P	264,528	—	—	30.00

KM# 279 ObvDesc: Jackie Robinson sliding into base **RevDesc:** Anniversary logo, 26.73 g., 0.900 Silver 0.7734 oz. ASW, 38.1 mm. **Obv. Designer:** Alfred Maletsky **Rev. Designer:** T. James Ferrell

Date	Mintage	MS63	MS65	PRF65
1997S	30,007	—	57.00	—
1997S	110,495	—	—	45.00

KM# 281 ObvDesc: Male and female officer admiring name on monumen **RevDesc:** Rose on a plain shield, 26.73 g., 0.900 Silver 0.7734 oz. ASW, 38.1 mm.

Date	Mintage	MS63	MS65	PRF65
1997P	28,575	—	90.00	—
1997P	110,428	—	—	50.00

KM# 287 ObvDesc: Kennedy bust facing **RevDesc:** Eagle on shield, Senate Seal, 26.73 g., 0.900 Silver 0.7734 oz. ASW, 38.1 mm. **Obv. Designer:** Thomas D. Rogers, Sr. **Rev. Designer:** James M. Peed and Thomas D. Rogers, Sr.

Date	Mintage	MS63	MS65	PRF65
1998S	106,422	—	30.00	—
1998S	99,020	—	—	50.00

KM# 288 ObvDesc: Crispus Attucks bust right **RevDesc:** Family standing, 6.73 g., 0.900 Silver 0.7734 oz. ASW, 38.1 mm. **Obv. Designer:** John Mercanti **Rev. Designer:** Edward Dwight and Thomas D. Rogers, Sr.

Date	Mintage	MS63	MS65	PRF65
1998S	37,210	—	60.00	—
1998S	75,070	—	—	40.00

KM# 299 ObvDesc: Old Faithful gyser erupting **RevDesc:** Bison and vista as on National Parks shield, 6.73 g., 0.900 Silver 0.7734 oz. ASW, 38.1 mm. **Obv. Designer:** Edgar Z. Steever **Rev. Designer:** William C. Cousins

Date	Mintage	MS63	MS65	PRF65
1999P	82,563	—	35.00	—
1999P	187,595	—	—	35.00

KM# 298 ObvDesc: Madison bust right, at left **RevDesc:** Montpelier home 26.73 g., 0.900 Silver 0.7734 oz. ASW, 38.1 mm. **Obv. Designer:** Tiffany & Co. and T. James Ferrell **Rev. Designer:** Tiffany & Co. and Thomas D. Rogers, Sr.

Date	Mintage	MS63	MS65	PRF65
1999P	22,948	—	24.00	—
1999P	158,247	—	—	24.00

KM# 311 ObvDesc: Open and closed book, torch in background **RevDesc:** Skylight dome above the main reading room, 26.73 g., 0.900 Silver 0.7734 oz. ASW **Obv. Designer:** Thomas D. Rogers, Sr. **Rev. Designer:** John Mercanti

Date	Mintage	MS63	MS65	PRF65
2000P	52,771	—	20.00	—
2000P	196,900	—	—	20.00

COMMEMORATIVES

KM# 313 ObvDesc: Ericson bust helmeted right **RevDesc:** Viking ship sailing left, 26.73 g., 0.900 Silver 0.7734 oz. ASW **Obv. Designer:** John Mercanti **Rev. Designer:** T. James Ferrell

Date	Mintage	MS63	MS65	PRF65
2000P	28,150	—	55.00	—
2000P	58,612	—	—	40.00
2000 Iceland	15,947	—	—	20.00

KM# 324 ObvDesc: Original and current Capital facades **RevDesc:** Eagle with shield and ribbon 26.73 g., 0.900 Silver 0.7734 oz. ASW **Obv. Designer:** Marika Somogyi **Rev. Designer:** John Mercanti

Date	Mintage	MS63	MS65	PRF65
2001P	66,636	—	30.00	—
2001P	143,793	—	—	32.00

KM# 325 ObvDesc: Native American bust right **RevDesc:** Bison standing left, 26.73 g., 0.900 Silver 0.7734 oz. ASW

Date	Mintage	MS63	MS65	PRF65
2001D	197,131	—	125	—
2001P	272,869	—	—	110

KM# 336 ObvDesc: Salt Lake City Olympic logo **RevDesc:** Stylized skyline with mountains in background, 26.73 g., 0.900 Silver 0.7734 oz. ASW, 38.1 mm. **Obv. Designer:** John Mercanti **Rev. Designer:** Donna Weaver

Date	Mintage	MS63	MS65	PRF65
2002P	35,388	—	32.00	—
2002P	142,873	—	—	30.00

KM# 338 ObvDesc: Cadet Review flagbearers, Academy buildings in background **RevDesc:** Academy emblems - Corinthian helmet and sword, 26.73 g., 0.900 Silver 0.7734 oz. ASW, 38.1 mm. **Obv. Designer:** T. James Ferrell **Rev. Designer:** John Mercanti

Date	Mintage	MS63	MS65	PRF65
2002W	103,201	—	20.00	—
2002W	288,293	—	—	31.00

KM# 362 ObvDesc: Edison half-length figure facing holding light bulb **RevDesc:** Light bulb and rays, 23.73 g., 0.900 Silver 0.6866 oz. ASW **Obv. Designer:** Donna Weaver **Rev. Designer:** John Mercanti

Date	Mintage	MS63	MS65	PRF65
2004P	68,031	—	22.00	—
2004P	213,409	—	—	22.00

KM# 349 ObvDesc: Orville and Wilbur Wright busts left **RevDesc:** Wright Flyer over dunes 26.75 g., 0.900 Silver 0.774 oz. ASW, 38.1 mm. **Obv. Designer:** T. James Ferrell **Rev. Designer:** Norman E. Nemeth

Date	Mintage	MS63	MS65	PRF65
2003P	53,761	—	35.00	—
2003P	193,086	—	—	32.00

KM# 363 ObvDesc: Lewis and Clark standing **RevDesc:** Jefferson era clasped hands peace medal, 26.73 g., 0.900 Silver 0.7734 oz. ASW

Date	Mintage	MS63	MS65	PRF65
2004P	90,323	—	22.00	—
2004P	288,492	—	—	22.00

COMMEMORATIVES

KM# 375 ObvDesc: Marshall bust left **RevDesc:** Marshall era Supreme Court Chamber 26.73 g., 0.900 Silver 0.7734 oz. ASW, 38.1 mm. **Obv. Designer:** John Mercanti **Rev. Designer:** Donna Weaver

Date	Mintage	MS63	MS65	PRF65
2005P	48,953	—	38.00	—
2005P	141,993	—	—	36.00

KM# 376 ObvDesc: Flag Raising at Mt. Suribachi on Iwo Jima **RevDesc:** Marine Corps emblem, 26.73 g., 0.900 Silver 0.7734 oz. ASW, 38.1 mm. **Obv. Designer:** Norman E. Nemeth **Rev. Designer:** Charles Vickers

Date	Mintage	MS63	MS65	PRF65
2005P	130,000	—	28.00	—
2005P	370,000	—	—	24.00

KM# 387 ObvDesc: Youthful Franklin flying kite **RevDesc:** Revolutionary era "JOIN, or DIE" snake cartoon illustration, 26.73 g., 0.900 Silver 0.7734 oz. ASW, 38.1 mm. **Obv. Designer:** Norman E. Nemeth **Rev. Designer:** Charles Vickers

Date	Mintage	MS63	MS65	PRF65
2006P	58,000	—	25.00	—
2006P	142,000	—	—	26.00

KM# 388 ObvDesc: Bust 3/4 right, signature in oval below **RevDesc:** Continental Dollar of 1776 in center, 26.73 g., 0.900 Silver 0.7734 oz. ASW, 38.1 mm. **Obv. Designer:** Don Everhart II **Rev. Designer:** Donna Weaver

Date	Mintage	MS63	MS65	PRF65
2006P	58,000	—	22.00	—
2006P	142,000	—	—	22.00

KM# 394 ObvDesc: 3/4 view of building **RevDesc:** Reverse of 1880s Morgan silver dollar, 26.73 g., 0.900 Silver 0.7734 oz. ASW, 38.1 mm. **Obv. Designer:** Sherl J. Winter **Rev. Designer:** George T. Morgan

Date	Mintage	MS63	MS65	PRF65
2006S	65,609	—	30.00	—
2006S	255,700	—	—	30.00

KM# 405 ObvDesc: Two settlers and Native American **RevDesc:** Three ships, 26.73 g., 0.900 Silver 0.7734 oz. ASW, 38.1 mm. **Obv. Designer:** Donna Weaver and Don Everhart II **Rev. Designer:** Susan Gamble and Charles Vickers

Date	Mintage	MS63	MS65	PRF65
2007P	79,801	—	22.00	—
2007P	258,802	—	—	22.00

KM# 418 ObvDesc: Children's feet walking left with adult feet in military boots **RevDesc:** Little Rock's Central High School, 26.73 g., 0.900 Silver 0.7734 oz. ASW, 38.1 mm. **Obv. Designer:** Richard Masters and Charles Vickers **Rev. Designer:** Don Everhart II

Date	Mintage	MS63	MS65	PRF65
2007P	66,093	—	24.00	—
2007P	124,618	—	—	24.00

KM# 439 ObvDesc: Eagle with flight, mountain in background at right **RevDesc:** Great Seal of the United States, 26.73 g., 0.900 Silver 0.7734 oz. ASW, 38.1 mm. **Obv. Designer:** Joel Iskowitz and Don Everhart II **Rev. Designer:** James Licaretz

Date	Mintage	MS63	MS65	PRF65
2008P	110,073	—	22.00	—
2008P	243,558	—	—	22.00

COMMEMORATIVES

KM# 454 ObvDesc: 3/4 portrait facing right **RevDesc:** Part of Gettysburg Address within wreath, 26.73 g., 0.900 Silver 0.7734 oz. ASW, 38.1 mm. **Obv. Designer:** Justin Kunz and Don Everhart II **Rev. Designer:** Phebe Hemphill

Date	Mintage	MS63	MS65	PRF65
2009P	125,000	—	26.00	—
2009P	375,000	—	—	30.00

KM# 455 ObvDesc: Louis Braille bust facing **RevDesc:** School child reading book in Braille, BRL in Braille code above, 6.73 g., 0.900 Silver 0.7734 oz. ASW, 38.1 mm. **Obv. Designer:** Joel Iskowitz and Phebe Hemphill **Rev. Designer:** Susan Gamble and Joseph Menna

Date	Mintage	MS63	MS65	PRF65
2009P	82,639	—	21.00	—
2009P	135,235	—	—	21.00

KM# 479 ObvDesc: Soldier's feet, crutches **RevDesc:** Legend within wreath, 0.900 Silver **Obv. Designer:** Don Everhart II **Rev. Designer:** Thomas Cleveland and Joseph Menna

Date	Mintage	MS63	MS65	PRF65
2010W	77,859	—	22.00	—
2010W	189,881	—	—	24.00

KM# 480 ObvDesc: Cub Scout, Boy Scout and Venturer saluting **RevDesc:** Boy Scouts of America logo, 0.900 Silver **Obv. Designer:** Donna Weaver **Rev. Designer:** Jim Licaretz

Date	Mintage	MS63	MS65	PRF65
2010P	105,020	—	27.00	—
2010P	244,963	—	—	26.00

KM# 504 ObvDesc: Medal of Honor designs for Army, Navy and Air Force awards **RevDesc:** Army infantry soldier carrying another to safety 26.73 g., 0.900 Silver 0.7734 oz. ASW, 38.1 mm. **Obv. Designer:** James Licaretz **Rev. Designer:** Richard Masters and Phebe Hemphill

Date	Mintage	MS63	MS65	PRF65
2011S	44,769	—	35.00	—
2011S	112,850	—	—	35.00

KM# 529 ObvDesc: Infantry soldier advancing left **RevDesc:** Crossed rifles insignia, 26.73 g., 0.900 Silver 0.7734 oz. ASW, 38.1 mm. **Obv. Designer:** Joel Iskowitz and Michael Gaudioso **Rev. Designer:** Ronald D. Sanders and Norman E. Nemeth

Date	Mintage	MS63	MS65	PRF65
2012	—	—	32.00	—
2012	—	—	—	38.00

KM# 507 ObvDesc: Male and female soldier heads looking outward **RevDesc:** Seven core values of the Army, Eagle from the great seal, 26.73 g., 0.900 Silver 0.7734 oz. ASW, 38.1 mm. **Obv. Designer:** Richard Masters and Michael Gaudioso **Rev. Designer:** Susan Gamble and Don Everhart, II

Date	Mintage	MS63	MS65	PRF65
2011S	43,512	—	35.00	—
2011S	119,829	—	—	35.00

KM# 530 ObvDesc: Liberty waving 15 star and stripe flag, Ft. McHenry in background **RevDesc:** Modern American Flag, 26.73 g., 0.900 Silver 0.7734 oz. ASW, 38.1 mm. **Obv. Designer:** Joel Iskowitz and Phebe Hemphill **Rev. Designer:** William C Burgard III and Don Everhart

Date	Mintage	MS63	MS65	PRF65
2012	—	—	34.00	—
2012	—	—	—	34.00

COMMEMORATIVES

KM# 552 ObvDesc: Three busts right **RevDesc:** Trefoil logo, 26.73 g., 0.900 Silver 0.7734 oz. ASW, 38.1 mm.

Date	Mintage	MS63	MS65	PRF65
2013W	37,461	—	30.00	—
2013W	86,353	—	—	35.00

KM# 553 ObvDesc: Two busts facing, strips from flag in background **RevDesc:** Lamp from U.S. Army Command and General Staff College, 26.73 g., 0.900 Silver 0.7734 oz. ASW, 38.1 mm.

Date	Mintage	MS63	MS65	PRF65
2013W	34,639	—	45.00	—
2013S	69,290	—	—	48.00

KM# 577 ObvDesc: Baseball glove **RevDesc:** Baseball, 26.73 g., 0.900 Silver 0.7734 oz. ASW

Date	Mintage	MS63	MS65	PRF65
2014P	131,924	—	40.00	—
2014P	268,076	—	—	55.00

KM# 579 ObvDesc: Three Civil Rights marchers **RevDesc:** Torch, 26.73 g., 0.900 Silver 0.7734 oz. ASW

Date	Mintage	MS63	MS65	PRF65
2014P	—	—	45.00	—
2014P	—	—	—	50.00

KM# 604 ObvDesc: President Franklin D. Roosevelt and Dr. Jonas Salk busts right **RevDesc:** Baby cradled in hand, 26.73 g., 0.900 Silver 0.7734 oz. ASW, 38.1 mm.

Date	Mintage	MS63	MS65	PRF65
2015P	22,606	—	40.00	—
2015W	124,671	—	—	55.00

KM# 605 ObvDesc: Star, deputies on horseback **RevDesc:** Frontier Marshal, 26.73 g., 0.900 Silver 0.7734 oz. ASW, 38.1 mm.

Date	Mintage	MS63	MS65	PRF65
2015P	38,149	—	40.00	—
2015P	124,329	—	—	37.00

KM# 658 ObvDesc: Melvin Jones with Lions Club International Logo **RevDesc:** Male and female Lions with cub superimposed over globe, 26.73 g., 0.900 Silver 0.7734 oz. ASW, 38.61 mm.

Date	Mintage	MS63	MS65	PRF65
2017P	Est. 400000	—	35.00	—
2017P Proof	Inc. Ab.	—	—	38.00

KM# 622 ObvDesc: Twain with pipe, image in smoke **RevDesc:** Book characters, 26.73 g., 0.900 Silver 0.7734 oz. ASW, 38.1 mm.

Date	Mintage	MS63	MS65	PRF65
2016P	—	—	35.00	—
2016P	—	—	—	38.00

KM# 645 ObvDesc: Yellowstone National Park's Old Faithful geyers and Bison **RevDesc:** Latina Folk lorico dancer and National Park Service Logo, 26.73 g., 0.900 Silver 0.7734 oz. ASW, 38.61 mm.

Date	Mintage	MS63	MS65	PRF65
2016P	—	—	40.00	—
2016P Proof	—	—	—	37.00

KM# 660 ObvDesc: Young girl gazing into the branches of an oak tree **RevDesc:** Oak tree offering shelter, family, including girl from obverse, holding hands below tree, 26.73 g., 0.900 Silver 0.7734 oz. ASW, 38.61 mm.

Date	Mintage	MS63	MS65	PRF65
2017P	Est. 350000	—	33.00	—
2017P Proof	Inc. Ab.	—	—	35.00

$5 (HALF EAGLE)

KM# 215 ObvDesc: Statue of Liberty head right **RevDesc:** Eagle in flight left 8.36 g., 0.900 Gold 0.2419 oz. AGW, 21.6 mm.

Date	Mintage	MS63	MS65	PRF65
1986W	95,248	—	337	—
1986W	404,013	—	—	337

COMMEMORATIVES

KM# 221 ObvDesc: Eagle left with quill pen in talon **RevDesc:** Upright quill pen, 8.36 g., 0.900 Gold 0.2419 oz. AGW, 21.6 mm.

Date	Mintage	MS63	MS65	PRF65
1987W	214,225	—	337	—
1987W	651,659	—	—	337

KM# 223 ObvDesc: Nike head wearing olive wreath **RevDesc:** Stylized Olympic cauldron, 8.36 g., 0.900 Gold 0.2419 oz. AGW, 21.6 mm. **Obv. Designer:** Elizabeth Jones **Rev. Designer:** Marcel Jovine

Date	Mintage	MS63	MS65	PRF65
1988W	62,913	—	337	—
1988W	281,456	—	—	337

KM# 226 ObvDesc: Capitol dome **RevDesc:** Eagle atop of the canopy from the Old Senate Chamber, 8.36 g., 0.900 Gold 0.2419 oz. AGW, 21.6 mm.

Date	Mintage	MS63	MS65	PRF65
1989W	46,899	—	337	—
1989W	164,690	—	—	337

KM# 230 ObvDesc: Eagle in flight towards Mount Rushmore **RevDesc:** Legend at center, 8.36 g., 0.900 Gold 0.2419 oz. AGW, 21.6 mm. **Obv. Designer:** John Mercanti **Rev. Designer:** Robert Lamb and William C. Cousins

Date	Mintage	MS63	MS65	PRF65
1991W	31,959	—	337	—
1991W	111,991	—	—	337

KM# 235 ObvDesc: Sprinter, U.S. Flag in background **RevDesc:** Heraldic eagle, Olympic rings above, 8.36 g., 0.900 Gold 0.2419 oz. AGW, 21.6 mm.**Obv. Designer:** James C. Sharpe and T. James Ferrell **Rev. Designer:** James M. Peed

Date	Mintage	MS63	MS65	PRF65
1992W	27,732	—	337	—
1992W	77,313	—	—	337

KM# 239 ObvDesc: Columbus' profile left, at right, map of Western Hemisphere at left **RevDesc:** Arms of Spain, and parchment map, 8.36 g., 0.900 Gold 0.2419 oz. AGW, 21.6 mm. **Obv. Designer:** T. James Ferrell **Rev. Designer:** Thomas D. Rogers, Sr.

Date	Mintage	MS63	MS65	PRF65
1992W	24,329	—	337	—
1992W	79,730	—	—	337

KM# 242 ObvDesc: Madison at left holding document **RevDesc:** Eagle above legend, torch and laurel at sides, 8.36 g., 0.900 Gold 0.2419 oz. AGW, 21.6 mm. **Obv. Designer:** Scott R. Blazek **Rev. Designer:** Joseph D. Peña

Date	Mintage	MS63	MS65	PRF65
1993W	22,266	—	337	—
1993W	78,651	—	—	337

KM# 245 ObvDesc: Soldier with expression of victory **RevDesc:** Morse code dot-dot-dot-dash for V, large in background; V for Victory, 8.36 g., 0.900 Gold 0.2419 oz. AGW, 21.6 mm. **Obv. Designer:** Charles J. Madsen and T. James Ferrell **Rev. Designer:** Edward S. Fisher and T. James Ferrell

Date	Mintage	MS63	MS65	PRF65
1993W	23,089	—	337	—
1993W	65,461	—	—	337

KM# 248 ObvDesc: World Cup trophy **RevDesc:** World Cup 94 logo, 8.36 g., 0.900 Gold 0.2419 oz. AGW, 21.6 mm. **Obv. Designer:** William J. Krawczewicz **Rev. Designer:** Dean McMullen

Date	Mintage	MS63	MS65	PRF65
1994W	22,464	—	337	—
1994W	89,619	—	—	337

KM# 256 ObvDesc: Bugler on horseback right **RevDesc:** Eagle on shield, 8.36 g., 0.900 Gold 0.2419 oz. AGW, 21.6 mm.

Date	Mintage	MS63	MS65	PRF65
1995W	55,246	—	—	337
1995W	12,735	—	337	—

KM# 261 ObvDesc: Torch runner, Atlanta skyline and logo in background **RevDesc:** Eagle advancing right, 8.36 g., 0.900 Gold 0.2419 oz. AGW, 21.6 mm.

Date	Mintage	MS63	MS65	PRF65
1995W	14,675	—	500	—
1995W	57,442	—	—	337

KM# 265 ObvDesc: Atlanta Stadium and logo **RevDesc:** Eagle advancing right, 8.36 g., 0.900 Gold 0.2419 oz. AGW, 21.6 mm. **Obv. Designer:** Marvel Jovine and William C. Cousins **Rev. Designer:** Frank Gasparro

Date	Mintage	MS63	MS65	PRF65
1995W	10,579	—	625	—
1995W	43,124	—	—	337

KM# 270 ObvDesc: Torch bearer lighting cauldron **RevDesc:** Atlanta Olympics logo flanked by laurel, 8.36 g., 0.900 Gold 0.2419 oz. AGW, 21.6 mm. **Obv. Designer:** Frank Gasparro and T. James Ferrell **Rev. Designer:** William J. Krawczewicz and Thomas D. Rogers, Sr.

Date	Mintage	MS63	MS65	PRF65
1996W	9,210	—	800	—
1996W	38,555	—	—	337

KM# 274 ObvDesc: Flag bearer advancing **RevDesc:** Atlanta Olympic logo flanked by laurel, 8.36 g., 0.900 Gold 0.2419 oz. AGW, 21.6 mm. **Obv. Designer:** Patricia Verani and John Mercanti **Rev. Designer:** William J. Krawczewicz and Thomas D. Rogers, Sr.

Date	Mintage	MS63	MS65	PRF65
1996W	9,174	—	400	—
1996W	32,886	—	—	337

KM# 277 ObvDesc: Smithson bust left **RevDesc:** Sunburst museum logo, 8.36 g., 0.900 Gold 0.2419 oz. AGW, 21.6 mm. **Obv. Designer:** Alfred Maletsky **Rev. Designer:** T. James Ferrell

Date	Mintage	MS63	MS65	PRF65
1996W	9,068	—	337	—
1996W	29,474	—	—	337

KM# 280 ObvDesc: Robinson head right **RevDesc:** Legend on baseball, 8.36 g., 0.900 Gold 0.2419 oz. AGW, 21.6 mm. **Obv. Designer:** William C. Cousins **Rev. Designer:** James M. Peed

Date	Mintage	MS63	MS65	PRF65
1997W	5,202	—	1,100	—
1997W	24,072	—	—	400

COMMEMORATIVES

KM# 282 ObvDesc: Roosevelt bust right **RevDesc:** Eagle shield, 8.36 g., 0.900 Gold 0.2419 oz. AGW, 21.6 mm. **Obv. Designer:** T. James Ferrell **Rev. Designer:** James M. Peed and Thomas D. Rogers, Sr.

Date	Mintage	MS63	MS65	PRF65
1997W	11,894	—	337	—
1997W	29,474	—	—	337

KM# 300 ObvDesc: Washington's head right **RevDesc:** Eagle with wings outstretched, 8.36 g., 0.900 Gold 0.2419 oz. AGW, 21.6 mm.

Date	Mintage	MS63	MS65	PRF65
1999W	22,511	—	337	—
1999W	41,693	—	—	337

KM# 326 ObvDesc: Column at right **RevDesc:** First Capital building, 8.54 g., 0.900 Gold 0.2471 oz. AGW

Date	Mintage	MS63	MS65	PRF65
2001W	6,761	—	750	—
2001W	27,652	—	—	337

KM# 337 ObvDesc: Salt Lake City Olympics logo **RevDesc:** Stylized cauldron, 8.36 g., 0.900 Gold 0.2419 oz. AGW, 21.6 mm.

Date	Mintage	MS63	MS65	PRF65
2002W	10,585	—	337	—
2002W	32,877	—	—	337

KM# 395 ObvDesc: Front entrance façade **RevDesc:** Eagle as on 1860s $5. Gold, 8.36 g., 0.900 Gold 0.2419 oz. AGW **Obv. Designer:** Charles Vickers and Joseph Menna **Rev. Designer:** Christian Gobrecht

Date	Mintage	MS63	MS65	PRF65
2006S	16,230	—	337	—
2006S	41,517	—	—	337

KM# 406 ObvDesc: Settler and Native American **RevDesc:** Jamestown Memorial Church ruins, 8.36 g., 0.900 Gold 0.2419 oz. AGW **Obv. Designer:** John Mercant **Rev. Designer:** Susan Gamble and Norman Nemeth

Date	Mintage	MS63	MS65	PRF65
2007W	18,843	—	337	—
2007W	47,050	—	—	337

KM# 440 ObvDesc: Two eagles on branch **RevDesc:** Eagle with shield, 8.36 g., 0.900 Gold 0.2419 oz. AGW, 21.6 mm. **Obv. Designer:** Susan Gamble and Phebe Hemphill **Rev. Designer:** Don Everhart II

Date	Mintage	MS63	MS65	PRF65
2008W	13,467	—	337	—
2008W	59,269	—	—	337

KM# 505 ObvDesc: 1861 Medal of Honor design for the Navy **RevDesc:** Minerva standing with shield and Union flag, field artillery cannon flanking, 8.36 g., 0.900 Gold 0.2419 oz. AGW, 21.1 mm. **Obv. Designer:** Joseph Menna **Rev. Designer:** Joel Iskowitz and Michael Gaudioso

Date	Mintage	MS63	MS65	PRF65
2011S	18,012	—	—	337
2011S	8,251	—	425	—

KM# 508 ObvDesc: Five Soldiers of different eras **RevDesc:** Elements from the Army's emblem 8.36 g., 0.900 Gold 0.2419 oz. AGW, 21.1 mm. **Obv. Designer:** Joel Iskowitz and Phebe Hemphill **Rev. Designer:** Joseph Menna

Date	Mintage	MS63	MS65	PRF65
2011P	8,062	—	337	—
2011W	17,173	—	—	337

KM# 531 ObvDesc: Naval battle scene from the War of 1812. American ship in foreground, damaged British ship in background **RevDesc:** 15 stars and 15 stripes, opening words to the Star-Spangled Banner: O say can you see., 8.36 g., 0.900 Gold 0.2419 oz. AGW, 21.1 MM. **Obv. Designer:** Donna Weaver **Rev. Designer:** Joseph Menna

Date	Mintage	MS63	MS65	PRF65
2012	—	—	337	—
2012	—	—	—	337

KM# 555 ObvDesc: Head facing at left **RevDesc:** Lamp, 8.36 g., 0.900 Gold 0.2419 oz. AGW, 21.1 mm.

Date	Mintage	MS63	MS65	PRF65
2013P	5,658	—	430	—
2013S	15,843	—	—	380

KM# 578 ObvDesc: Baseball glove **RevDesc:** Baseball, 8.36 g., 0.900 Gold 0.2419 oz. AGW, 21.1 mm.

Date	Mintage	MS63	MS65	PRF65
2014W	—	—	550	—
2014W	—	—	—	525

KM# 610 ObvDesc: Star, mountains **RevDesc:** Eagle, 8.36 g., 0.900 Gold 0.2419 oz. AGW, 21.6 mm.

Date	Mintage	MS63	MS65	PRF65
2015W	6,743	—	550	—
2015W	24,959	—	—	600

KM# 626 ObvDesc: Twain bust right **RevDesc:** Steamboat, 8.36 g., 0.900 Gold 0.2419 oz. AGW, 21.6 mm.

Date	Mintage	MS63	MS65	PRF65
2016W	—	—	550	—
2016W	—	—	—	600

KM# 646 ObvDesc: John Muir and Theodore Roosevelt with Yosemite National Park's Half Dome in background **RevDesc:** National Park Service Logo, 8.36 g., 0.900 Gold 0.2419 oz. AGW, 21.6 mm.

Date	Mintage	MS63	MS65	PRF65
2016W	—	—	400	—
2016W	—	—	—	400

KM# 661 ObvDesc: Father Flanagan **RevDesc:** Outstretched hand holding young oak tree growing from acorn, 8.36 g., 0.900 Gold 0.2419 oz. AGW, 21.6 mm.

Date	Mintage	MS63	MS65	PRF65
2017W	Est. 50000	—	—	—
2017W Proof	Inc. Ab.	—	—	—

$10 (EAGLE)

KM# 211 ObvDesc: Male and female runner with torch **RevDesc:** Heraldic eagle, 16.72 g., 0.900 Gold 0.4837 oz. AGW, 27 mm. **Obv. Designer:** James M. Peed and John Mercanti **Rev. Designer:** John Mercanti

Date	Mintage	MS63	MS65	PRF65
1984W	75,886	—	700	—
1984W	381,085	—	—	700
1984P	33,309	—	—	700
1984D	34,533	—	—	700
1984S	48,551	—	—	700

KM# 312 ObvDesc: Torch and partial facade **RevDesc:** Stylized eagle within laurel wreath, 16.26 g., Bi-Metallic **Obv. Designer:** John Mercanti **Rev. Designer:** Thomas D. Rogers, Sr.

Date	Mintage	MS63	MS65	PRF65
2000W	6,683	—	990	—
2000W	27,167	—	—	800

KM# 350 ObvDesc: Orville and Wilbur Wright busts facing **RevDesc:** Wright flyer and eagle, 16.72 g., 0.900 Gold 0.4837 oz. AGW **Obv. Designer:** Donna Weaver **Rev. Designer:** Norman Nemeth

Date	Mintage	MS63	MS65	PRF65
2003P	10,129	—	700	—
2003W	21,846	—	—	700

$20 (DOUBLE EAGLE)

KM# 464 ObvDesc: Ultra high relief Liberty holding torch, walking forward **RevDesc:** Eagle in flight left, sunrise in background, 31.11 g., 0.999 Gold 0.999 oz. AGW, 27 mm.

Date	Mintage	MS63	MS65	PRF65
2009	115,178	—	1,850	—

$100

KM# 617 ObvDesc: Modern Liberty **RevDesc:** Eagle, 31.10 g., 0.9999 Gold 0.9998 oz. AGW, 30.61 mm.

Date	Mintage	MS63	MS65	PRF65
2015W	1,829,517	—	1,550	—

KM# 668 ObvDesc: Lady Liberty with stars divides anniversary dates **RevDesc:** Eagle in flight, 31.10 g., 0.9999 Gold 0.9998 oz. AGW, 30.61 mm.

Date	Mintage	MS63	MS65	PRF65
2017W	—	—	1,550	—

MODERN COMMEMORATIVE COIN SETS

Olympic, 1983-1984

DATE	VALUE
1983 collectors 3 coin set: 1983 PDS uncirculated dollars; KM209.	710
1983 & 1984 3 coin set: 1983 and one 1984 uncirculated dollar and 1984W uncirculated gold $10; KM209, 210, 211.	1,460
1983S & 1984S 3 coin set: proof 1983 and 1984 dollar and 1984W gold $10; KM209, 210, 211.	60.00
1983 & 1984 6 coin set in a cherrywood box: 1983S and 1984S uncirculated and proof dollars, 1984W uncirculated and proof gold $10; KM209, 210, 211.	80.00
1984 collectors 3 coin set: 1984 PDS uncirculated dollars; KM210.	710

Statue of Liberty

DATE	VALUE
1986 2 coin set: uncirculated silver dollar and clad half dollar; KM212, 214.	33.00
1986 2 coin set: proof silver dollar and clad half dollar; KM212, 214.	32.00
1986 3 coin set: uncirculated silver dollar, clad half dollar and gold $5; KM212, 214, 215.	378
1986 3 coin set: proof silver dollar, clad half dollar and gold $5; KM212, 214, 215.	378
1986 6 coin set: 1 each of the proof and uncirculated issues; KM212, 214, 215.	750

Constitution

DATE	VALUE
1987 2 coin set: uncirculated silver dollar and gold $5; KM220, 221.	375
1987 2 coin set: proof silver dollar and gold $5; KM220, 221.	375
1987 4 coin set: silver dollar and $5 gold proof and uncirculated issues; KM220, 221.	745

Olympic, 1988

DATE	VALUE
1988 2 coin set: uncirculated silver dollar and gold $5; KM222, 223.	375
1988 2 coin set: proof silver dollar and gold $5; KM222, 223.	375
1988 4 coin set: silver dollar and $5 gold proof and uncirculated issues; KM222, 223.	745

Congress

DATE	VALUE
1989 2 coin set: uncirculated silver dollar and clad half dollar; KM224, 225.	34.00
1989 2 coin set: proof silver dollar and clad half dollar; KM224, 225.	39.00
1989 3 coin set: uncirculated silver dollar, clad half and gold $5; KM224, 225, 226.	380
1989 3 coin set: proof silver dollar, clad half and gold $5; KM224, 225, 226.	385
1989 6 coin set: 1 each of the proof and uncirculated issues; KM224, 225, 226.	765

Mt. Rushmore

DATE	VALUE
1991 2 coin set: uncirculated half dollar and silver dollar; KM228, 229.	454
1991 2 coin set: proof half dollar and silver dollar; KM228, 229.	50.00
1991 3 coin set: uncirculated half dollar, silver dollar and gold $5; KM228, 229, 230.	396
1991 3 coin set: proof half dollar, silver dollar and gold $5; KM228, 229, 230.	393
1991 6 coin set: 1 each of proof and uncirculated issues; KM228, 229, 230.	789

Olympic, 1992

DATE	VALUE
1992 2 coin set: uncirculated half dollar and silver dollar; KM233, 234.	41.00
1992 2 coin set: proof half dollar and silver dollar; KM233, 234.	44.00
1992 3 coin set: uncirculated half dollar, silver dollar and gold $5; KM233, 234, 235.	388
1992 3 coin set: proof half dollar, silver dollar and gold $5; KM233, 234, 235.	391
1992 6 coin set: 1 each of proof and uncirculated issues; KM233, 234, 235.	779

Columbus Quincentenary

DATE	VALUE
1992 2 coin set: uncirculated half dollar and silver dollar; KM237, 238.	48.00
1992 2 coin set: proof half dollar and silver dollar; KM237, 238.	42.00
1992 3 coin set: uncirculated half dollar, silver dollar and gold $5; KM237, 238, 239.	396
1992 3 coin set: proof half dollar, silver dollar and gold $5; KM237, 238, 239.	390
1992 6 coin set: 1 each of proof and uncirculated issues; KM237, 238, 239.	786

Jefferson

DATE	VALUE
1993 Jefferson: dollar, 1994 matte proof nickel and $2 note; KM249, 192.	816

COMMEMORATIVES

Madison / Bill of Rights

DATE	VALUE
1993 2 coin set: uncirculated half dollar and silver dollar; KM240, 241.	58.00
1993 2 coin set: proof half dollar and silver dollar; KM240, 241.	55.00
1993 3 coin set: uncirculated half dollar, silver dollar and gold $5; KM240, 241, 242.	49.00
1993 3 coin set: proof half dollar, silver dollar and gold $5; KM240, 241, 242.	404
1993 6 coin set: 1 each of proof and uncirculated issues; KM240, 241, 242.	398
1993 Coin and stamp set; KM#240 and 20c stamp	58.00

World War II

DATE	VALUE
1993 2 coin set: uncirculated half dollar and silver dollar; KM243, 244.	15.00
1993 2 coin set: proof half dollar and silver dollar; KM243, 244.	57.00
1993 3 coin set: uncirculated half dollar, silver dollar and gold $5; KM243, 244, 245.	58.00
1993 3 coin set: proof half dollar, silver dollar and gold $5; KM243, 244, 245.	407
1993 6 coin set: 1 each of proof and uncirculated issues; KM243, 244, 245.	409

U.S. Veterans

DATE	VALUE
1994 3 coin set: uncirculated POW, Vietnam, Women dollars; KM250, 251, 252.	396
1994 3 coin set: proof POW, Vietnam, Women dollars; KM250, 251, 252.	797

World Cup

DATE	VALUE
1994 2 coin set: uncirculated half dollar and silver dollar; KM246, 247.	156
1994 2 coin set: proof half dollar and silver dollar; KM246, 247.	134
1994 3 coin set: uncirculated half dollar, silver dollar and gold $5; KM246, 247, 248.	52.00
1994 3 coin set: proof half dollar, silver dollar and gold $5; KM246, 247, 248.	44.00
1994 6 coin set: 1 each of proof and uncirculated issues; KM246, 247, 248.	401

Olympic, 1995-96

DATE	VALUE
1995 4 coin set: uncirculated basketball half, $1 gymnast & blind runner, $5 torch runner; KM257, 259, 260, 261.	1,024
1995 4 coin set: proof basketball half, $1 gymnast & blind runner, $5 torch runner; KM257, 259, 260, 261.	533
1995P 2 coin set: proof $1 gymnast & blind runner; KM259, 260.	82.00
1995P 2 coin set: proof $1 track & field, cycling; KM263, 264.	84.00
1995-96 4 coin set: proof halves, basketball, baseball, swimming, soccer; KM257, 262, 267, 271.	75.00
1995 & 96 8 coins in cherry wood case: proof silver dollars: blind runner, gymnast, cycling, track & field, wheelchair, tennis, rowing, high jump; KM259, 260, 263, 264, 268, 269, 272, 272A.	425
1995 & 96 16 coins in cherry wood case: bu and proof silver dollars: blind runner, gymnast, cycling, track & field, wheelchair, tennis, rowing, high jump; KM259, 260, 263, 264, 268, 269, 272, 272A.	10,400
1995 & 96 16 coins in cherry wood case: proof half dollars: basketball, baseball, swimming, soccer, KM257, 262, 267, 271. Proof silver dollars: blind runner, gymnast, cycling, track & field, wheelchair, tennis, rowing, high jump, KM259, 260, 263, 264, 268, 269, 272, 272A. Proof $5 gold: torch runner, stadium, cauldron, flag bearer, KM 261, 265, 270, 274.	2,370
1995 & 96 32 coins in cherry wood case: bu & proof half dollars: basketball, baseball, swimming, soccer, KM257, 262, 267, 271. BU & proof silver dollars: blind runner, gymnast, cycling, track & field, wheelchair, tennis, rowing, high jump, KM259, 260, 263, 264, 268, 269, 272, 272A. BU & proof $5 gold: torch runner, stadium, cauldron, flag bearer, KM261, 265, 270, 274.	12,800
1996P 2 coin set: proof $1 wheelchair & tennis; KM268, 269.	755
1996P 2 coin set: proof $1 rowing & high jump; KM272, 272A.	514
1996 Young collector 4 coin set; Half dollars: KM#257, 262, 267, 271	1,787

Civil War

DATE	VALUE
1995 2 coin set: uncirculated half and dollar; KM254, 255.	82.00
1995 2 coin set: proof half and dollar; KM254, 255.	76.00
1995 3 coin set: uncirculated half, dollar and gold $5; KM254, 255, 256.	483
1995 3 coin set: proof half, dollar and gold $5; KM254, 255, 256.	426
1995 6 coin set: 1 each of proof and uncirculated issues; KM254, 255, 256.	909
1995 Civil War Young Collectors set KM#245	40.00

Smithsonian

DATE	VALUE
1996 2 coin set: proof dollar and $5 gold; KM276, 277.	391
1996 4 coin set: proof and B.U. ; KM276, 277.	782

Franklin Delano Roosevelt

DATE	VALUE
1997W 2 coin set: uncirculated and proof; KM282.	500

Jackie Robinson

DATE	VALUE
1997 2 coin set: proof dollar & $5 gold; KM279, 280.	680
1997 4 coin set: proof & BU; KM279, 280.	3,660
1997 legacy set.	650

Botanic Garden

DATE	VALUE
1997 2 coin set: dollar, Jefferson nickel and $1 note; KM278, 192.	132

Black Patriots

DATE	VALUE
1998S 2 coin set: uncirculated and proof; KM288.	63.00

Kennedy

DATE	VALUE
1998 2 coin set: proof; KM287.	103
1998 2 coin collectors set: Robert Kennedy dollar and John Kennedy half dollar; KM287, 202b. Matte finished.	218

Dolley Madison

DATE	VALUE
1999 2 coin set: proof and uncirculated silver dollars; KM298.	75.00

Yellowstone National Park

DATE	VALUE
1999 2 coin set: proof and uncirculated silver dollars; KM299.	120

George Washington

DATE	VALUE
1999 2 coin set: proof and uncirculated gold $5; KM300.	675

Millennium Coin & Currency

DATE	VALUE
2000 2 coin set: uncirculated Sacagewea $1, silver Eagle & $1 note.	270

Leif Ericson

DATE	VALUE
2000 2 coin set: proof and uncirculated silver dollars; KM313.	95.00

American Buffalo

DATE	VALUE
2001 2 coin set: 90% silver unc. & proof $1.; KM325.	410
2001 coin & currency set 90% unc. dollar & replicas of 1899 $5 silver cert.; KM325.	387

Capitol Visitor Center

DATE	VALUE
2001 3 coin set: proof half, silver dollar, gold $5; KM323, 324, 326.	162

Winter Olympics - Salt Lake City

DATE	VALUE
2002 2 coin set: proof 90% silver dollar KM336 & $5.00 Gold KM337.	774
2002 4 coin set: 90% silver unc. & proof $1, KM336 & unc. & proof gold $5, KM337.	38.00

Thomas Alva Edison

DATE	VALUE
2004 Uncirculated silver dollar and light bulb.	55.00

Lewis and Clark Bicentennial

DATE	VALUE
2004 Coin and pouch set.	50.00
2004 coin and currency set: Uncirculated silver dollar, two 2005 nickels, replica 1901 $10 Bison note, silver plated peace medal, three stamps & two booklets.	60.00
2004 Westward Journey Nickel series coin and medal set: Proof Sacagawea dollar, two 2005 proof nickels and silver plated peace medal.	58.00

Chief Justice John Marshall

DATE	VALUE
2005 Coin and Chronicles set: Uncirculated silver dollar, booklet and BEP intaglio portrait.	57.00

U.S. Marine Corps

DATE	VALUE
2005 Uncirculated silver dollar and stamp set.	63.00

Benjamin Franklin Tercentennary

DATE	VALUE
2006 Coin and Chronicles set: Uncirculated "Scientist" silver dollar, four stamps, Poor Richards Almanac and intaglio print.	60.00

Central High School Desegregation

DATE	VALUE
2007 Little Rock Dollar and medal set, KM#418	55.00

American Bald Eagle

DATE	VALUE
2008 Proof half dollar, dollar and $5 gold, KM438, KM439, KM440	400
2008 Bald Eagle young collector's set; Half Dollar, KM#438	20.00

Louis Braille

DATE	VALUE
2009 Braille Education set, KM#455	38.00

Star Spangled Banner

DATE	VALUE
2012 Star Spangled Banner 2-coin set: Proof silver dollar and gold $5 coin, KM #530, 51	375

Infantry Soldier

DATE	VALUE
2012 Infantry Soldier Defenders of Freedom set, proof silver dollar KM #529, dogtag in folder	60.00

5-Star Generals

DATE	VALUE
2013 5-Star Generals 3-coin set: clad half dollar, silver dollar, gold $5 coin, KM #553, 554. 555	425

March of Dimes

DATE	VALUE
2015 March of Dimes 3-coin set: Proof silver dollar, proof and reverse proof silver dimes, KM #604, 195b	75.00

U.S. Marshals Service

DATE	VALUE
2015 U.S. Marshals Service 3-coin proof set, KM #608, 609, 610	370

National Park Service

DATE	VALUE
2016 National Park Service 3-coin proof set, KM #644, 645, 646	425

Boys Town

DATE	VALUE
2017 Boys Town 3-coin proof set, KM #659, 660, 661	450

AMERICAN EAGLE SILVER BULLION COINS

SILVER DOLLAR

Date	Mintage	MS65	PRF65
2001	9,001,711	26.40	—
2001W	746,398	—	45.40
2002W	10,539,026	26.40	—
2002	647,342	—	45.40
2003W	8,495,008	26.40	—
2003	747,831	—	45.40
2004	8,882,754	—	45.40
2004W	801,602	26.40	—
2005	8,891,025	26.40	—
2005W	816,663	—	45.40
2006	10,676,522	26.40	—
2006P Burnished Unc.	468,000	65.00	—
2006W	1,093,600	—	45.40
2006W Reverse Proof	Est. 250000	—	175
2006 20th Aniv. 3 pc. set	—	250	—
2007W	9,028,036	26.40	—
2007W Burnished Unc.	690,891	30.00	—
2007	821,759	—	45.40
2008W	20,583,000	26.40	—
2008 Burnished Unc.	Est. 550000	50.00	—
2008 Reverse of '07, U in United with rounded bottom.	Est. 47000	520	—
2008W	713,353	—	45.40
2009	30,459,000	26.40	—
2010	34,764,500	26.40	—
2010	—	—	45.40
2011W	39,764,500	26.40	—
2011P Reverse Proof	100,000	—	350
2011 Burnished Unc.	100,000	50.00	—
2011S Burnished Unc.	—	90.00	—
2011W	850,000	—	45.40
2012	—	26.40	—
2012S Reverse Proof	—	—	140
2012	60,203	—	45.40
2012W Burnished Unc.	33,742,500	72.00	—
2013W	42,675,000	26.40	—
2013W Burnished Unc.	281,310	50.00	—
2013 Enhanced Unc.	281,310	110	—
2013 Reverse Proof	281,310	—	105
2013W Proof	868,494	—	45.40
2014	44,006,000	26.40	—
2014W	894,614	—	45.40
2015	47,000,000	26.40	—
2015W	699,623	—	45.40
2016	—	26.40	—
2016W	—	—	45.40
2017	—	26.40	—
2017W	—	—	45.40

KM# 273 ObvDesc: Liberty walking left **RevDesc:** Eagle with shield, 31.11 g., 0.9993 Silver 0.9993 oz. ASW, 40.6 mm. **Obv. Designer:** Adolph A. Weinman **Rev. Designer:** John Mercanti

Date	Mintage	MS65	PRF65
1986	5,393,005	26.40	—
1986S	1,446,778	—	45.40
1987	11,442,335	26.40	—
1987S	904,732	—	45.40
1988	5,004,646	26.40	—
1988S	557,370	—	45.40
1989	5,203,327	26.40	—
1989S	617,694	—	45.40
1990	5,840,110	26.40	—
1990S	695,510	—	45.40
1991	7,191,066	26.40	—
1991S	511,924	—	45.40
1992	5,540,068	26.40	—
1992S	498,543	—	45.40
1993	6,763,762	26.40	—
1993P	405,913	—	95.00
1994	4,227,319	56.40	—
1994P	372,168	—	200
1995W	4,672,051	55.00	—
1995	407,822	—	80.00
1995P 10th Anniversary	30,102	3,600	—
1996P	3,603,386	95.00	—
1996	498,293	—	45.40
1997P	4,295,004	26.40	—
1997	440,315	—	45.40
1998P	4,847,547	26.40	—
1998	450,728	—	45.40
1999P	7,408,640	26.40	—
1999	549,330	—	45.40
2000	9,239,132	26.40	—
2000P	600,743	—	45.40

KM# 273.1 ObvDesc: Liberty walking left **RevDesc:** Eagle with shield, 31.11 g., 0.999 Silver 0.9992 oz. ASW, 40.6 mm.

Date	Mintage	MS65	PRF65
2016W Proof	—	—	45.40
2016W	—	26.40	—

BULLION

AMERICA THE BEAUTIFUL SILVER BULLION

SILVER QUARTER

KM# 491 YOSEMITE NATIONAL PARK RevDesc: El Capitan, largest monolith of granite in the world, 155.55 g., 0.999 Silver 4.996 oz. ASW **Rev. Designer:** Joseph Menna and Phebe Hemphill

Date	Mintage	MS65	MS69
2010	33,000	130	385
2010P Vapor blast finish	27,000	230	260

KM# 489 HOT SPRINGS NATIONAL PARK RevDesc: Park Headquarters and fountain, 155.55 g., 0.999 Silver 4.996 oz. ASW **Rev. Designer:** Don Everhart II and Joseph Menna

Date	Mintage	MS65	MS69
2010	33,000	130	360
2010P Vapor Blast finish	27,000	230	375

KM# 490 YELLOWSTONE NATIONAL PARK RevDesc: Old Faithful geyser and bison, 155.55 g., 0.999 Silver 4.996 oz. ASW **Rev. Designer:** Don Everhart II

Date	Mintage	MS65	MS69
2010	33,000	130	360
2010P Vapor Blast finish	27,000	240	325

KM# 492 GRAND CANYON NATIONAL PARK RevDesc: Grabarues above the Nankoweap Delta in Marble Canyon near the Colorado River, 155.55 g., 0.999 Silver 4.996 oz. ASW **Rev. Designer:** Phebe Hemphill

Date	Mintage	MS65	MS69
2010	33,000	130	325
2010P Vapor blast finish	26,019	230	325

KM# 493 MOUNT HOOD NATIONAL PARK
RevDesc: Mt. Hood with Lost Lake in the foreground, 155.55 g., 0.999 Silver 4.996 oz. ASW
Rev. Designer: Phebe Hemphill

Date	Mintage	MS65	MS69
2010	33,000	130	360
2010P Vapor blast finish	25,318	210	260

KM# 514 GLACIER NATIONAL PARK RevDesc: Northeast slope of Mount Reynolds, 155.55 g., 0.999 Silver 4.996 oz. ASW **Rev. Designer:** Barbara Fox and Charles L. Vickers

Date	Mintage	MS65	MS69
2011	126,700	130	260
2011P Vapor blast finish	20,503	205	240

KM# 513 GETTYSBURG NATIONAL MILITARY PARK RevDesc: 72nd Pennsylvania Infantry Monument on the battle line of the Union Army at Cemetery Ridge, 155.55 g., 0.999 Silver 4.996 oz. ASW **Rev. Designer:** Joel Iskowitz and Phebe Hemphill

Date	Mintage	MS65	MS69
2011	126,700	130	260
2011P Vapor blast finish	24,625	200	240

KM# 515 OLYMPIC NATIONAL PARK RevDesc: Roosevelt elk on a gravel river bar along the Hoh River, Mount Olympus in the background, 155.55 g., 0.999 Silver 4.996 oz. ASW **Rev. Designer:** Susan Gambel and Michael Gaudioso

Date	Mintage	MS65	MS69
2011	85,900	130	260
2011P Vapor blast finish	17,988	200	240

KM# 516 VICKSBURG NATIONAL MILITARY PARK RevDesc: U.S.S. Cairo on the Yazoo River, 155.55 g., 0.999 Silver 4.996 oz. ASW **Rev. Designer:** Thomas Cleveland and Joseph Menna

Date	Mintage	MS65	MS69
2011	39,500	130	260
2011P Vapor blast finish	18,181	225	240

KM# 536 EL YUNGUE NATIONAL FOREST RevDesc: Coquin tree frog and Puerto Rico parrot, 155.55 g., 0.999 Silver 4.996 oz. ASW

Date	Mintage	MS65	MS69
2012	21,900	130	260
2012P Vapor blast finish	15,271	290	240

KM# 517 CHICKASAW NATIONAL RECREATION AREA RevDesc: Limestone Lincoln Bridge, 155.55 g., 0.999 Silver 4.996 oz. ASW **Rev. Designer:** Donna Weaver and James Licaretz

Date	Mintage	MS65	MS69
2011	29,700	130	260
2011P Vapor blast finish	16,386	235	240

KM# 537 CHACO CULTURE NATIONAL HISTORIC PARK RevDesc: Two elevated kivas at Chetro Ketl complex, 155.52 g., 0.999 Silver 4.9951 oz. ASW

Date	Mintage	MS65	MS69
2012	20,000	130	260
2012P Vapor blast finish	12,679	230	240

KM# 540 DENALI NATIONAL PARK RevDesc:
Dall sheep and Mount McKinley, 155.55 g., 0.999
Silver 4.9961 oz. ASW

Date	Mintage	MS65	MS69
2012	20,000	130	260
2012P Vapor blast finish	10,180	360	240

KM# 538 ACADIA NATIONAL PARK RevDesc:
Bass Harbor Head Lighthouse, 155.52 g., 0.999
Silver 4.9951 oz. ASW

Date	Mintage	MS65	MS69
2012	25,400	130	260
2012P Vapor blast finish	13,196	575	240

KM# 539 HAWAII VOLCANOES NATIONAL PARK
RevDesc: Volcano erupting, 155.52 g., 0.999 Silver
4.9951 oz. ASW

Date	Mintage	MS65	MS69
2012	20,000	130	260
2012P Vapor blast finish	13,789	750	240

KM# 556 WHITE MOUNTAIN NATIONAL FOREST
RevDesc: Mountain vista, 155.55 g., 0.999 Silver
4.996 oz. ASW

Date	Mintage	MS65	MS69
2013	35,000	130	260
2013P Vapor blast finish	20,530	210	240

KM# 557 PERRY'S VICTORY AND INTERNATIONAL PEACE MEMORIAL RevDesc: Perry standing and Memorial column, 155.55 g., 0.999 Silver 4.996 oz. ASW

Date	Mintage	MS65	MS69
2013	30,000	130	260
2013P Vapor blast finsih	17,707	165	240

KM# 559 FORT MCHENRY NATIONAL MONUMENT AND HISTORIC SITE RevDesc: Fort McHenry and flag, 155.55 g., 0.999 Silver 4.996 oz. ASW

Date	Mintage	MS65	MS69
2013	30,000	130	260
2013 Vapor blast finish	19,802	165	240

KM# 558 GREAT BASIN NATIONAL PARK RevDesc: Ancient weatherworn tree, 155.55 g., 0.999 Silver 4.996 oz. ASW

Date	Mintage	MS65	MS69
2013	30,000	130	240
2013P Vapor blast finish	17,792	165	260

KM# 560 MT. RUSHMORE NATIONAL MEMORIAL RevDesc: Presidential head sculpture on Mt. Rushmore, 155.55 g., 0.999 Silver 4.996 oz. ASW

Date	Mintage	MS65	MS69
2013	35,000	130	240
2013P Vapor blast finish	23,547	165	260

KM# 582 ARCHES NATIONAL PARK RevDesc: Famed Delicate Arch, 155.55 g., 0.999 Silver 4.996 oz. ASW

Date	Mintage	MS65	MS69
2014	—	130	260
2014P Vapor blast finish	—	165	240

KM# 580 GREAT SMOKEY MOUNTAINS NATIONAL PARK RevDesc: Historic log cabin, 155.55 g., 0.999 Silver 4.996 oz. ASW

Date	Mintage	MS65	MS69
2014	29,500	130	260
2014P Vapor blast finish	24,705	165	240

KM# 581 SHENANDOAH NATIONAL PARK RevDesc: Hiker overlooking scenic view, 155.55 g., 0.999 Silver 4.996 oz. ASW

Date	Mintage	MS65	MS69
2014	—	130	260
2014P Vapor blast finish	—	165	240

KM# 583 GREAT SAND DUNES NATIONAL PARK RevDesc: Father and son playing in sand by the creek, 155.55 g., 0.999 Silver 4.996 oz. ASW

Date	Mintage	MS65	MS69
2014	—	130	260
2014P Vapor blast finish	—	165	240

BULLION

BULLION

KM# 631 KISATCHIE NATIONAL FOREST
RevDesc: Wild turkey in flight, 155.55 g., 0.999
Silver 4.996 oz. ASW

Date	Mintage	MS65	MS69
2015	42,000	200	260
2015P Vapor blast finish	17,477	190	240

KM# 584 EVERGLADES NATIONAL PARK
RevDesc: Bird with outstretched wings right; bird
in water left, 155.55 g., 0.999 Silver 4.996 oz. ASW

Date	Mintage	MS65	MS69
2014	—	130	260
2014P Vapor blast finish	—	165	240

**KM# 630 HOMESTEAD NATIONAL MONUMENT
OF AMERICA RevDesc:** Homestead scene with
water pump and corn ears, 155.55 g., 0.999 Silver
4.996 oz. ASW

Date	Mintage	MS65	MS69
2015	35,000	200	260
2015P Vapor blast finish	19,357	190	240

KM# 632 BLUE RIDGE PARKWAY RevDesc:
Road along side of mountain with flowers, 155.50
g., 0.999 Silver 4.9944 oz. ASW

Date	Mintage	MS65	MS69
2015	45,000	200	260
2015P Vapor blast finish	16,000	190	240

KM# 647 SHAWNEE NATIONAL FOREST RevDesc: Camel Rock with vegetation and flying hawk, 155.50 g., 0.999 Silver 4.9944 oz. ASW, 76.2 mm.

Date	Mintage	MS65	MS69
2016	—	200	260
2016P Vapor blast finish	—	190	240

KM# 633 BOMBAY HOOK NATIONAL WILDLIFE REFUGE RevDesc: Heron in foreground and Egret in background, 155.50 g., 0.999 Silver 4.9944 oz. ASW

Date	Mintage	MS65	MS69
2015	45,000	200	260
2015P Vapor blast finish	17,309	190	240

KM# 634 SARATOGA NATIONAL HISTORICAL PARK RevDesc: Military surrender of sword, 155.50 g., 0.999 Silver 4.9944 oz. ASW

Date	Mintage	MS65	MS69
2015	45,000	200	260
2015P Vapor blast finish	17,563	190	240

KM# 648 CUMBERLAND GAP NATIONAL HISTORICAL PARK RevDesc: Frontiersman looking at mountains, 155.50 g., 0.999 Silver 4.9944 oz. ASW, 76.2 mm.

Date	Mintage	MS65	MS69
2016	—	200	260
2016P Vapor blast finish	—	190	240

BULLION

KM# 651 FORT MOULTRIE (FORT SUMTER) NATIONAL MONUMENT RevDesc: Soldier carrying flag in foreground with ships in background, 155.50 g., 0.999 Silver 4.9944 oz. ASW, 76.2 mm.

Date	Mintage	MS65	MS69
2016	—	200	260
2016P Vapor blast finish	—	190	240

KM# 649 HARPERS FERRY NATIONAL HISTORICAL PARK RevDesc: John Brown's Fort building with barrels along side, 155.50 g., 0.999 Silver 4.9944 oz. ASW, 76.2 mm.

Date	Mintage	MS65	MS69
2016	—	200	260
2016P Vapor blast finish	—	190	240

KM# 650 THEODORE ROOSEVELT NATIONAL PARK RevDesc: Theodore Roosevelt on horseback overlooking river, 155.50 g., 0.999 Silver 4.9944 oz. ASW, 76.2 mm.

Date	Mintage	MS65	MS69
2016	—	200	260
2016P Vapor blast finish	—	190	240

KM# 662 EFFIGY MOUNDS NATIONAL MONUMENT RevDesc: Three animal-shaped effigy mounds., 155.50 g., 0.999 Silver 4.9944 oz. ASW, 76.2 mm.

Date	Mintage	MS65	MS69
2017	—	140	200
2017P Vapor blast finish	—	175	225

KM# 665 ELLIS ISLAND (STATUE OF LIBERTY NATIONAL MONUMENT) RevDesc: Immigrants including boy holding flag in foreground; building in background., 155.50 g., 0.999 Silver 4.9944 oz. ASW, 76.2 mm.

Date	Mintage	MS65	MS69
2017	—	140	200
2017P Vapor blast finish	—	175	225

KM# 663 FREDERICK DOUGLASS NATIONAL HISTORIC SITE RevDesc: Frederick Douglass holding pen poised to write with house in the background., 155.50 g., 0.999 Silver 4.9944 oz. ASW, 76.2 mm.

Date	Mintage	MS65	MS69
2017	—	140	200
2017P Vapor blast finish	—	175	225

KM# 664 OZARK NATIONAL SCENIC RIVERWAYS RevDesc: Building with dam next to river., 155.50 g., 0.999 Silver 4.9944 oz. ASW, 76.2 mm.

Date	Mintage	MS65	MS69
2017	—	140	200
2017P Vapor blast finish	—	175	225

KM# 666 GEORGE ROGERS CLARK NATIONAL HISTORICAL PARK RevDesc: Three men holding guns., 155.50 g., 0.999 Silver 4.9944 oz. ASW, 76.2 mm.

Date	Mintage	MS65	MS69
2017	—	140	200
2017P Vapor blast finish	—	175	225

AMERICAN EAGLE GOLD BULLION COINS

GOLD $5

KM# 216 3.39 g., 0.9167 Gold 0.100 oz. AGW, 16.5 mm. **Obv. Designer:** Augustus Saint-Gaudens **Rev. Designer:** Miley Busiek

Date	Mintage	MS65	PRF65
MCMLXXXVI 1986	912,609	153	—
MCMLXXXVII 1987	580,266	153	—
MCMLXXXVIII 1988	159,500	153	—
MCMLXXXVIII (1988)P	143,881	—	145
MCMLXXXIX 1989	264,790	153	—
MCMLXXXIX (1989)P	84,647	—	145
MCMXC 1990	210,210	153	—
MCMXC (1990)P	99,349	—	145
MCMXCI 1991	165,200	153	—
MCMXCI (1991)P	70,334	—	145
1992	209,300	153	—
1992P	64,874	—	145
1993	210,709	158	—
1993P	45,960	—	145
1994W	206,380	153	—
1994	62,849	—	145
1995	223,025	153	—
1995W	62,667	—	145
1996	401,964	158	—
1996W	57,047	—	145
1997	528,515	153	—
1997W	34,977	—	145
1998	1,344,520	153	—
1998W	39,395	—	145
1999W	2,750,338	153	—
1999W	48,428	—	145
1999 Unfinished Proof die	Est. 6000	700	—

Note: The 1999 W issues are standard matte finished gold that were struck with unfinished proof dies.

Date	Mintage	MS65	PRF65
2000W	569,153	153	—
2000	49,971	—	145
2001	269,147	153	—
2001W	37,530	—	145
2002	230,027	153	—
2002W	40,864	—	145
2003W	245,029	153	—
2003	40,027	—	145
2004W	250,016	153	—
2004	35,131	—	145
2005W	300,043	153	—
2005	49,265	—	145
2006W	285,006	153	—
2006 Burnished Unc.	20,643	168	—
2006W	47,277	—	145
2007	190,010	153	—
2007W Burnished Unc.	22,501	173	—
2007W	58,553	—	145
2008W	305,000	153	—
2008 Burnished Unc.	12,657	340	—
2008W	Est. 29000	—	145
2009	27,000	153	—
2010	435,000	153	—
2010W	54,285	—	145
2011	350,000	153	—

Date	Mintage	MS65	PRF65
2011W	42,697	—	145
2012W	315,000	137	—
2012W	20,740	—	145
2013W	535,000	153	—
2013	21,879	—	145
2014	565,000	153	—
2014	22,725	—	145
2015	980,000	153	—
2015	17,444	—	145
2016	—	153	—
2016W Proof	—	—	145
2017	—	153	—
2017 Proof	—	—	145

GOLD $10

KM# 217 8.48 g., 0.9167 Gold 0.250 oz. AGW, 22 mm. **Obv. Designer:** Augustus Saint-Gaudens **Rev. Designer:** Miley Busiek

Date	Mintage	MS65	PRF65
MCMLXXXVI 1986	726,031	372	—
MCMLXXXVII 1987	269,255	472	—
MCMLXXXVIII 1988	49,000	—	377
MCMLXXXVIII (1988)P	98,028	657	—
MCMLXXXIX 1989	81,789	657	—
MCMLXXXIX (1989)P	54,170	—	377
MCMXC 1990	41,000	—	377
MCMXC (1990)P	62,674	792	—
MCMXCI 1991	36,100	—	377
MCMXCI (1991)P	50,839	832	—
1992	59,546	—	377
1992P	46,269	592	—
1993	71,864	592	—
1993P	33,775	—	377
1994	72,650	592	—
1994W	47,172	—	377
1995	83,752	592	—
1995W	47,526	—	377
1996	60,318	592	—
1996W	38,219	—	377
1997	108,805	—	377
1997W	29,805	387	—
1998	309,829	—	377
1998W	29,503	387	—
1999	564,232	387	—
1999W	34,417	—	377
1999W Unfinished Proof die	Est. 6000	1,325	—

Note: The 1999 W issues are standard matte finished gold that were struck with unfinished proof dies.

Date	Mintage	MS65	PRF65
2000	128,964	387	—
2000W	36,036	—	377
2001	71,280	—	377
2001W	25,613	592	—
2002	62,027	—	377
2002W	29,242	592	—

Date	Mintage	MS65	PRF65
2003	74,029	387	—
2003W	30,292	—	377
2004	72,014	—	377
2004W	28,839	387	—
2005	72,015	387	—
2005W	37,207	—	377
2006	60,004	387	—
2006W Burnished Unc.	15,188	610	—
2006W	36,127	—	377
2007	34,004	592	—
2007W Burnished Unc.	12,786	660	—
2007W	46,189	—	377
2008	Est. 58000	387	—
2008W Burnished Unc.	8,883	1,450	—
2008W	28,000	421	—
2009	110,000	387	—
2010	86,000	387	—
2010W	44,507	—	377
2011	80,000	—	377
2011W	28,782	387	—
2012	76,000	387	—
2012W	13,375	—	377
2013	122,000	387	—
2013W	12,642	—	377
2014	118,000	387	—
2014W	14,790	—	377
2015	158,000	387	—
2015W	11,437	—	377
2016	—	387	—
2016W	—	—	377
2017	—	387	—
2017W	—	—	377

Date	Mintage	MS65	PRF65
1996W	35,058	—	684
1997	79,605	—	684
1997W	26,344	724	—
1998	169,029	—	684
1998W	25,374	689	—
1999	263,013	689	—
1999W	30,427	—	684
2000	79,287	699	—
2000W	32,028	—	684
2001	48,047	—	684
2001W	23,240	699	—
2002	70,027	699	—
2002W	26,646	—	684
2003	79,029	—	684
2003W	28,270	689	—
2004	98,040	689	—
2004W	27,330	—	684
2005	80,023	—	684
2005W	34,311	689	—
2006	66,004	—	684
2006W Burnished Unc.	15,164	960	—
2006W	34,322	699	—
2007	47,002	699	—
2007W Burnished Unc.	11,458	1,075	—
2007W	44,025	—	684
2008	61,000	689	—
2008W Burnished Unc.	15,683	1,050	—
2008W	27,800	—	684
2009	55,000	689	—
2010	81,000	689	—
2010W	44,527	—	684
2011	70,000	689	—
2011W	26,781	—	684
2012	71,000	689	—
2012W	12,809	—	684
2013	58,000	689	—
2013W	12,570	—	684
2014	46,000	925	—
2014W	14,693	—	684
2015	75,000	689	—
2015W	9,989	—	684
2016	—	704	—
2016W Proof	—	—	684
2017	—	689	—
2017W Proof	—	—	684

GOLD $25

KM# 218 16.97 g., 0.9167 Gold 0.500 oz. AGW, 27 mm. **Obv. Designer:** Augustus Saint-Gaudens **Rev. Designer:** Miley Busiek

Date	Mintage	MS65	PRF65
MCMLXXXVI 1986	599,566	689	—
MCMLXXXVII 1987	131,255	—	684
MCMLXXXVII (1987)P	143,398	899	—
MCMLXXXVIII 1988	45,000	—	684
MCMLXXXVIII (1988)P	76,528	1,399	—
MCMLXXXIX 1989	44,829	1,550	—
MCMLXXXIX (1989)P	44,798	—	684
MCMXC 1990	31,000	1,700	—
MCMXC (1990)P	51,636	—	684
MCMXCI 1991	24,100	—	684
MCMXCI (1991)P	53,125	2,650	—
1992	54,404	—	684
1992P	40,976	724	—
1993	73,324	—	684
1993P	31,130	724	—
1994	62,400	—	684
1994W	44,584	704	—
1995	53,474	—	684
1995W	45,388	1,100	—
1996	39,287	1,000	—

GOLD $50

KM# 219 33.93 g., 0.9167 Gold 1.000 oz. AGW, 32.7 mm. **Obv. Designer:** Augustus Saint-Gaudens **Rev. Designer:** Miley Busiek

Date	Mintage	MS65	PRF65
MCMLXXXVI (1986)W	446,290	—	1,374
MCMLXXXVI -1986	1,362,650	1,379	—

Date	Mintage	MS65	PRF65
MCMLXXXVII (1987)W	147,498	—	1,374
MCMLXXXVII -1987	1,045,500	1,379	—
MCMLXXXVIII (1988)W	87,133	—	1,374
MCMLXXXVIII -1988	465,000	1,379	—
MCMLXXXIX (1989)W	54,570	—	1,374
MCMLXXXIX -1989	415,790	1,379	—
MCMXC (1990)W	62,401	—	1,374
MCMXC -1990	373,219	1,379	—
MCMXCI (1991)W	50,411	—	1,374
MCMXCI -1991	243,100	1,399	—
1992W	275,000	1,379	—
1992	44,826	—	1,374
1993W	480,192	1,379	—
1993	34,369	—	1,374
1994W	221,663	1,379	—
1994	46,674	—	1,374
1995W	200,636	1,379	—
1995	46,368	—	1,374
1995W 10th Anniversary	30,125	—	—
1996W	189,148	1,379	—
1996	36,153	—	1,374
1997	664,508	1,379	—
1997W	28,034	—	1,374
1998	1,468,530	1,379	—
1998W	25,886	—	1,374
1999	1,505,026	1,379	—
1999W	31,427	—	1,374
2000	433,319	1,379	—
2000W	33,007	—	1,374
2001	143,605	1,379	—
2001W	24,555	—	1,374
2002	222,029	1,379	—
2002W	27,499	—	1,374
2003	416,032	1,379	—
2003W	28,344	—	1,374
2004	417,149	1,379	—
2004W	28,215	—	1,374
2005W	356,555	1,379	—
2005	35,246	—	1,374
2006	237,510	1,379	—
2006W Burnished Unc.	45,912	1,450	—
2006W	47,000	—	1,374
2006W Reverse Proof	10,000	—	2,600
2007W	140,016	1,379	—
2007W Burnished Unc.	18,609	1,500	—
2007	51,810	—	1,374
2008W	710,000	1,379	—
2008W Burnished Unc.	11,908	2,350	—
2008W Reverse of '07	Est. 47000		
2008W	29,000	—	1,374
2009	122,000	1,379	—
2010W	1,125,000	1,379	—
2010	59,480	—	1,374
2011	857,000	1,379	—
2011 Burnished Unc.	8,729	1,500	—
2011W	48,306	—	1,374
2012W	—	1,379	—
2012 Burnished Unc.	5,829	1,875	—
2013	—	—	1,374
2013W	24,753	1,379	—
2014	—	—	1,374
2014	—	1,379	—
2015	626,500	1,379	—
2015	—	—	1,374
2016	—	1,379	—
2016W Proof	—	—	1,374
2017	—	1,379	—
2017W Proof	—	—	1,374

AMERICAN EAGLE PALLADIUM BULLION COINS

PALLADIUM $25

KM# 667 ObvDesc: Winged Liberty Mercury Dime style in high relief **RevDesc:** Standing Eagle from Weinman's 1907 AIA Gold Medal, 31.11 g., 0.9995 Palladium 0.9995 oz. APW, 33 mm.

Date	Mintage	MS65	PRF65
2017	—	289	—

AMERICAN EAGLE PLATINUM BULLION COINS

PLATINUM $10

KM# 283 RevDesc: Eagle flying right over sunrise, 3.11 g., 0.9995 Platinum 0.0999 oz. APW, 17 mm. **Obv. Designer:** John Mercanti **Rev. Designer:** Thomas D. Rogers Sr

Date	Mintage	MS65	PRF65
1997	70,250	135	—
1997W	36,996	—	117
1998	39,525	135	—
1999	55,955	135	—
2000	34,027	135	—
2001	52,017	135	—
2002	23,005	135	—
2003	22,007	135	—
2004	15,010	135	—
2005	14,013	135	—
2006	11,001	135	—
2006W Burnished Unc.	3,544	300	—
2007	13,003	135	—
2007W Burnished Unc.	5,566	135	—
2008	17,000	135	—
2008 Burnished Unc.	3,706	180	—

KM# 289 RevDesc: Eagle in flight over New England costal lighthouse, 3.11 g., 0.9995 Platinum 0.0999 oz. APW, 17 mm. **Obv. Designer:** John Mercanti

Date	Mintage	MS65	PRF65
1998W	19,847	—	117

KM# 301 RevDesc: Eagle in flight over Southeastern Wetlands, 3.11 g., 0.9995 Platinum 0.0999 oz. APW, 17 mm. **Obv. Designer:** John Mercanti

Date	Mintage	MS65	PRF65
1999W	19,133	—	117

KM# 314 RevDesc: Eagle in flight over Heartland, 3.11 g., 0.9995 Platinum 0.0999 oz. APW, 17 mm. **Obv. Designer:** John Mercanti

Date	Mintage	MS65	PRF65
2000W	15,651	—	117

KM# 327 RevDesc: Eagle in flight over Southwestern cactus desert, 3.11 g., 0.9995 Platinum 0.0999 oz. APW, 17 mm. **Obv. Designer:** John Mercanti

Date	Mintage	MS65	PRF65
2001W	12,174	—	110

KM# 339 RevDesc: Eagle fishing in America's Northwest, 3.11 g., 0.9995 Platinum 0.0999 oz. APW, 17 mm. **Obv. Designer:** John Mercanti

Date	Mintage	MS65	PRF65
2002W	12,365	—	110

KM# 351 RevDesc: Eagle pearched on a Rocky Mountain Pine branch against a flag backdrop, 3.11 g., 0.9995 Platinum 0.0999 oz. APW, 17 mm. **Obv. Designer:** John Mercanti **Rev. Designer:** Al Maletsky

Date	Mintage	MS65	PRF65
2003W	9,534	—	117

KM# 364 RevDesc: Chester French, 1907. The sculpture is outside the N.Y. Customs House, now part of the Smithsonian's Museum of the American Indian, 3.11 g., 0.9995 Platinum 0.0999 oz. APW, 17 mm. **Obv. Designer:** John Mercanti

Date	Mintage	MS65	PRF65
2004W	7,161	—	445

KM# 377 RevDesc: Eagle with cornucopiae, 3.11 g., 0.9995 Platinum 0.0999 oz. APW, 17 mm. **Obv. Designer:** John Mercanti **Rev. Designer:** Donna Weaver

Date	Mintage	MS65	PRF65
2005W	8,104	—	265

KM# 389 RevDesc: Liberty seated writing between two columns, 3.11 g., 0.9995 Platinum 0.0999 oz. APW, 17 mm. **Obv. Designer:** John Mercanti

Date	Mintage	MS65	PRF65
2006W	10,205	—	180

KM# 414 RevDesc: Eagle with shield, 3.11 g., 0.9995 Platinum 0.0999 oz. APW, 17 mm. **Obv. Designer:** John Mercanti

Date	Mintage	MS65	PRF65
2007W	8,176	—	180

KM# 434 RevDesc: Justice standing before eagle, 3.11 g., 0.9995 Platinum 0.0999 oz. APW, 17 mm. **Obv. Designer:** John Mercanti

Date	Mintage	MS65	PRF65
2008W	8,176	—	495

KM# 460 3.11 g., 0.9995 Platinum 0.0999 oz. APW, 17 mm. **Obv. Designer:** John Mercanti

Date	Mintage	MS65	PRF65
2009W	5,600	—	—

PLATINUM $25

KM# 284 RevDesc: Eagle in flight over sunrise, 7.79 g., 0.9995 Platinum 0.2502 oz. APW, 22 mm. **Obv. Designer:** John Mercanti **Rev. Designer:** Thomas D. Rogers Sr

Date	Mintage	MS65	PRF65
1997	27,100	289	—
1997W	18,628	—	294
1998	38,887	289	—
1999	39,734	289	—
2000	20,054	289	—
2001	21,815	289	—
2002	27,405	289	—
2003	25,207	289	—
2004	18,010	289	—
2005	12,013	289	—
2006	12,001	289	—
2006W Burnished Unc.	2,676	475	—
2007	8,402	289	—
2007W Burnished Unc.	3,690	550	—
2008	20,800	289	—
2008 Burnished Unc.	2,481	425	—

KM# 290 RevDesc: Eagle in flight over New England costal lighthouse, 7.79 g., 0.9995 Platinum 0.2502 oz. APW, 22 mm. **Obv. Designer:** John Mercanti

Date	Mintage	MS65	PRF65
1998W	14,873	—	294

KM# 302 RevDesc: Eagle in flight over Southeastern Wetlands, 7.79 g., 0.9995 Platinum 0.2502 oz. APW, 22 mm. **Obv. Designer:** John Mercanti

Date	Mintage	MS65	PRF65
1999W	13,507	—	294

KM# 315 RevDesc: Eagle in flight over Heartland, 7.79 g., 0.9995 Platinum 0.2502 oz. APW, 22 mm. **Obv. Designer:** John Mercanti

Date	Mintage	MS65	PRF65
2000W	11,995	—	294

KM# 328 RevDesc: Eagle in flight over Southwestern cactus desert, 7.79 g., 0.9995 Platinum 0.2502 oz. APW, 22 mm. **Obv. Designer:** John Mercanti

Date	Mintage	MS65	PRF65
2001W	8,847	—	368

KM# 340 RevDesc: Eagle fishing in America's Northwest, 7.79 g., 0.9995 Platinum 0.2502 oz. APW, 22 mm. **Obv. Designer:** John Mercanti

Date	Mintage	MS65	PRF65
2002W	9,282	—	368

KM# 352 RevDesc: Eagle perched on a Rocky Mountain Pine branch against a flag backdrop., 7.79 g., 0.9995 Platinum 0.2502 oz. APW, 22 mm. **Obv. Designer:** John Mercanti **Rev. Designer:** Al Maletsky

Date	Mintage	MS65	PRF65
2003W	7,044	—	294

KM# 365 RevDesc: Chester French, 1907. The sculpture is outside the N.Y. Customs House, now part of the Smithsonian's Museum of the American Indian, 7.79 g., 0.9995 Platinum 0.2502 oz. APW, 22 mm. **Obv. Designer:** John Mercanti

Date	Mintage	MS65	PRF65
2004W	5,193	—	1,000

KM# 378 RevDesc: Eagle with cornucopiae, 7.79 g., 0.9995 Platinum 0.2502 oz. APW, 22 mm. **Obv. Designer:** John Mercanti **Rev. Designer:** Donna Weaver

Date	Mintage	MS65	PRF65
2005W	6,592	—	610

KM# 390 RevDesc: Liberty seated writing between two columns, 7.79 g., 0.9995 Platinum 0.2502 oz. APW, 22 mm. **Obv. Designer:** John Mercanti

Date	Mintage	MS65	PRF65
2006W	7,813	—	368

KM# 415 RevDesc: Eagle with shield, 7.79 g., 0.9995 Platinum 0.2502 oz. APW, 22 mm. **Obv. Designer:** John Mercanti

Date	Mintage	MS65	PRF65
2007W Polished Freedom	6,017	—	368
2007W Frosted Freedom, Rare	21	—	—

KM# 435 RevDesc: Justice holding scales, standing before eagle, 7.79 g., 0.9995 Platinum 0.2502 oz. APW, 22 mm. **Obv. Designer:** John Mercanti

Date	Mintage	MS65	PRF65
2008W	6,017	—	715

KM# 461 7.79 g., 0.9995 Platinum 0.2502 oz. APW, 22 mm. **Obv. Designer:** John Mercanti

Date	Mintage	MS65	PRF65
2009W	3,800	—	374

PLATINUM $50

KM# 285 RevDesc: Eagle flying right over sunrise, 15.55 g., 0.9995 Platinum 0.4998 oz. APW, 27 mm. **Obv. Designer:** John Mercanti **Rev. Designer:** Thomas D. Rogers Sr.

Date	Mintage	MS65	PRF65
1997W	20,500	522	—
1997	15,432	—	562
1998	32,419	522	562
1999	32,309	522	562
2000	18,892	522	562
2001	12,815	522	562
2002	24,005	522	562
2003	17,409	522	562
2004	13,236	522	1,225
2005	9,013	522	—
2006W	9,602	522	—
2006 Burnished Unc.	—	700	—
2007W	7,001	522	—
2007 Burnished Unc.	—	650	—
2008	14,000	522	—
2008W Burnished Unc.	—	850	—

KM# 291 RevDesc: Eagle in flight over New England costal lighthouse, 15.55 g., 0.9995 Platinum 0.4998 oz. APW, 27 mm. **Obv. Designer:** John Mercanti

Date	Mintage	MS65	PRF65
1998W	13,836	—	562

KM# 303 RevDesc: Eagle in flight over Southeastern Wetlands, 5.55 g., 0.9995 Platinum 0.4998 oz. APW, 27 mm **Obv. Designer:** John Mercanti

Date	Mintage	MS65	PRF65
1999W	11,103	—	562

KM# 316 RevDesc: Eagle in flight over Heartland, 15.55 g., 0.9995 Platinum 0.4998 oz. APW, 27 mm. **Obv. Designer:** John Mercanti

Date	Mintage	MS65	PRF65
2000W	11,049	—	562

KM# 329 RevDesc: Eagle in flight over Southwestern cactus desert, 15.55 g., 0.9995 Platinum 0.4998 oz. APW, 27 mm. **Obv. Designer:** John Mercanti

Date	Mintage	MS65	PRF65
2001W	8,254	—	541

KM# 341 RevDesc: Eagle fishing in America's Northwest, 15.55 g., 0.9995 Platinum 0.4998 oz. APW, 27 mm **Obv. Designer:** John Mercanti

Date	Mintage	MS65	PRF65
2002W	8,772	—	541

KM# 353 RevDesc: Eagle perched on a Rocky Mountain Pine branch against a flag backdrop, 15.55 g., 0.9995 Platinum 0.4998 oz. APW, 27 mm. **Obv. Designer:** John Mercanti **Rev. Designer:** Al Maletsky

Date	Mintage	MS65	PRF65
2003W	7,131	—	562

KM# 366 RevDesc: Chester French, 1907. The sculpture is outside the N.Y. Customs House, now part of the Smithsonian's Museum of the American Indian, 15.55 g., 0.9995 Platinum 0.4998 oz. APW, 27 mm **Obv. Designer:** John Mercanti

Date	Mintage	MS65	PRF65
2004W	5,063	—	1,550

KM# 379 RevDesc: Eagle with cornucopiae, 15.55 g., 0.9995 Platinum 0.4998 oz. APW, 27 mm. **Obv. Designer:** John Mercanti **Rev. Designer:** Donna Weaver

Date	Mintage	MS65	PRF65
2005W	5,942	—	1,088

KM# 391 RevDesc: Liberty seated writing between two columns, 15.55 g., 0.9995 Platinum 0.4998 oz. APW, 27 mm. **Obv. Designer:** John Mercanti

Date	Mintage	MS65	PRF65
2006W	7,649	—	541

KM# 416 RevDesc: Eagle with shield, 15.55 g., 0.9995 Platinum 0.4998 oz. APW, 27 mm **Obv. Designer:** John Mercanti

Date	Mintage	MS65	PRF65
2007W Reverse Proof	22,873	—	790
2007W Frosted Freedom, Rare	21	—	—

KM# 436 RevDesc: Justice standing before eagle, 15.55 g., 0.9995 Platinum 0.4998 oz. APW, 27 mm. **Obv. Designer:** John Mercanti

Date	Mintage	MS65	PRF65
2008W	22,873	—	638

KM# 462 15.55 g., 0.9995 Platinum 0.4998 oz. APW, 27 mm. **Obv. Designer:** John Mercanti

Date	Mintage	MS65	PRF65
2009	3,600	—	—

PLATINUM $100

KM# 286 ObvDesc: Statue of Liberty **RevDesc:** Eagle in flight over sunrise, 31.11 g., 0.9995 Platinum 0.9995 oz. APW, 33 mm. **Obv. Designer:** John Mercanti **Rev. Designer:** Thomas D. Rogers Sr

Date	Mintage	MS65	PRF65
1997W	15,885	—	1,173
1997	56,000	1,083	1,173
1998	133,002	1,083	—
1999	56,707	1,083	—
2000	10,003	1,083	—
2001	14,070	1,083	1,173
2002	11,502	1,083	1,173
2003	8,007	1,083	1,173
2004	7,009	1,083	1,173
2005	6,310	1,083	1,173
2006	6,000	1,083	1,173
2006W Burnished Unc.	—	1,800	—
2007W	—	1,083	1,173
2007 Burnished Unc.	7,202	1,700	—
2008	21,800	1,083	1,675
2008W Burnished Unc.	—	1,700	—
2011	—	—	1,173
2017	—	1,083	—
2017W Proof	—	—	1,173

KM# 292 RevDesc: Eagle in flight over New England costal lighthouse, 31.11 g., 0.9995 Platinum 0.9995 oz. APW, 33 mm. **Obv. Designer:** John Mercanti

Date	Mintage	MS65	PRF65
1998W	14,912	—	1,173

KM# 304 RevDesc: Eagle in flight over Southeastern Wetlands, 31.11 g., 0.9995 Platinum 0.9995 oz. APW, 33 mm. **Obv. Designer:** John Mercanti

Date	Mintage	MS65	PRF65
1999W	12,363	—	1,173

KM# 317 RevDesc: Eagle in flight over Heartland, 31.11 g., 0.9995 Platinum 0.9995 oz. APW **Obv. Designer:** John Mercanti

Date	Mintage	MS65	PRF65
2000W	12,453	—	1,173

KM# 330 RevDesc: Eagle in flight over Southwestern cactus desert, 31.11 g., 0.9995 Platinum 0.9995 oz. APW, 33 mm. **Obv. Designer:** John Mercanti

Date	Mintage	MS65	PRF65
2001W	8,969	—	1,173

KM# 342 RevDesc: Eagle fishing in America's Northwest, 31.11 g., 0.9995 Platinum 0.9995 oz. APW, 33 mm. **Obv. Designer:** John Mercanti

Date	Mintage	MS65	PRF65
2002W	9,834	—	1,275

KM# 354 RevDesc: Eagle perched on a Rocky Mountain Pine branch against a flag backdrop, 31.11 g., 0.9995 Platinum 0.9995 oz. APW, 33 mm. **Obv. Designer:** John Mercanti **Rev. Designer:** Al Maletsky

Date	Mintage	MS65	PRF65
2003W	8,246	—	1,173

KM# 367 RevDesc: Inspired by the sculpture "America" by Daniel Chester French, 1907. The sculpture is outside the N.Y. Customs House, now part of the Smithsonian's Museum of the American Indian, 31.11 g., 0.9995 Platinum 0.9995 oz. APW, 33 mm. **Obv. Designer:** John Mercanti **Rev. Designer:** Donna Weaver

Date	Mintage	MS65	PRF65
2004W	6,007	—	1,950

KM# 380 RevDesc: Eagle with cornucopiae, 31.11 g., 0.9995 Platinum 0.9995 oz. APW, 33 mm. **Obv. Designer:** John Mercanti **Rev. Designer:** Donna Weaver

Date	Mintage	MS65	PRF65
2005W	6,602	—	2,175

KM# 392 RevDesc: Liberty seated writing between two columns, 31.11 g., 0.9995 Platinum 0.9995 oz. APW, 33 mm. **Obv. Designer:** John Mercanti

Date	Mintage	MS65	PRF65
2006W	9,152	—	1,275

KM# 417 RevDesc: Eagle with shield, 31.11 g., 0.9995 Platinum 0.9995 oz. APW, 33 mm. **Obv. Designer:** John Mercanti

Date	Mintage	MS65	PRF65
2007W Freedom Frosted	12	—	47,000
2007W Freedom Polished	8,363	—	1,173

KM# 437 RevDesc: Justice standing before eagle, 31.11 g., 0.9995 Platinum 0.9995 oz. APW, 33 mm. **Obv. Designer:** John Mercanti

Date	Mintage	MS65	PRF65
2008W	8,363	—	1,173

KM# 463 RevDesc: Four portraits, 31.10 g., 0.9995 Platinum 0.9995 oz. APW, 33 mm. **Obv. Designer:** John Mercanti

Date	Mintage	MS65	PRF65
2009W Proof	4,900	—	1,173

KM# 488 RevDesc: Statue of Justice holding scales, 31.11 g., 0.999 Platinum 0.999 oz. APW, 33 mm. **Obv. Designer:** John Mercanti

Date	Mintage	MS65	PRF65
2010W	—	—	1,173

KM# 518 RevDesc: Female with dove, walking in field, 31.11 g., 0.9995 Platinum 0.9995 oz. APW, 33 mm.

Date	Mintage	MS65	PRF65
2011W	10,299	—	1,173

KM# 541 RevDesc: Colonial soldier and flag, 31.11 g., 0.9995 Platinum 0.9995 oz. APW, 33 mm.

Date	Mintage	MS65	PRF65
2012	—	—	1,173

KM# 585 RevDesc: Female and gears of industry, 31.11 g., 0.9995 Platinum 0.9995 oz. APW, 33 mm.

Date	Mintage	MS65	PRF65
2013	—	—	1,173

KM# 592 RevDesc: Girl with torch; landscape scene with sun in background, 31.11 g., 0.9995 Platinum 0.9995 oz. APW, 33 mm.

Date	Mintage	MS65	PRF65
2014W	—	—	1,173

KM# 616 RevDesc: Liberty, American bald eagle, 31.12 g., 0.9995 Platinum 1.000 oz. APW, 32.7 mm.

Date	Mintage	MS65	PRF65
2015W	—	—	1,400

KM# 652 RevDesc: Liberty, with torch of enlightenment and olive branch, bald eagle at side, 31.12 g., 0.9995 Platinum 1.000 oz. APW, 32.7 mm. **Obv. Designer:** John Mercanti **Rev. Designer:** Paul C. Balan

Date	Mintage	MS65	PRF65
2016W Proof	—	—	1,173

BISON BULLION COINAGE

GOLD $5

KM# 411 ObvDesc: Indian Head right **RevDesc:** Bison, 3.11 g., 0.9999 Gold 0.100 oz. AGW

Date	Mintage	MS65	PRF65
2008W	17,429	893	—
2008W	18,884	—	109

GOLD $10

KM# 412 ObvDesc: Indian Head right **RevDesc:** Bison, 7.79 g., 0.9999 Gold 0.2503 oz. AGW

Date	Mintage	MS65	PRF65
2008W	9,949	274	—
2008W	13,125	—	856

GOLD $25

KM# 413 ObvDesc: Indian Head right **RevDesc:** Bison, 15.55 g., 0.999 Gold 0.4995 oz. AGW

Date	Mintage	MS65	PRF65
2008W	16,908	1,113	—
2008W	12,169	—	547

GOLD $50

KM# 393 ObvDesc: Indian head right **RevDesc:** Bison standing left on mound, 31.11 g., 0.9999 Gold 0.9999 oz. AGW, 32 mm. **Designer:** James E. Fraser

Date	Mintage	MS65	PRF65
2006	337,012	1,095	—

Date	Mintage	MS65	PRF65
2006W Proof	246,267	—	1,125
2007	136,503	1,095	—
2007W Proof	58,998	—	1,125
2008	189,500	1,095	—
2008W Burnished	18,863	—	2,225
2008W Moy Family Chop, Proof	—	—	1,095
2009	200,000	1,095	—
2009W Proof	49,306	—	1,125
2010	209,000	1,095	—
2010W Proof	49,263	—	1,125
2011W	174,500	1,095	—
2011 Proof	28,693	—	1,125
2012	132,000	1,095	—
2012W Proof	19,765	—	1,225
2013W	—	1,095	—
2013 Reverse Proof	47,836	1,275	—
2014	—	1,095	—
2014W Proof	—	—	1,275
2015	—	1,095	—
2015W Proof	—	—	1,275
2016	—	1,195	—
2016W Proof	—	—	1,275
2017	—	1,250	—
2017W Proof	—	—	1,275

FIRST SPOUSE GOLD COINAGE

GOLD $10

KM# 407 ObvDesc: Bust 3/4 facing **RevDesc:** Martha Washington seated sewing, 15.55 g., 0.9999 Gold 0.500 oz. AGW, 26.5 mm. **Obv. Designer:** Joseph Menna **Rev. Designer:** Susan Gamble and Don Everhart

Date	Mintage	MS65	PRF65
2007W	17,661	710	—
2007W	19,169	—	710

KM# 408 ObvDesc: Bust 3/4 facing **RevDesc:** Abigail Adams seated at desk writing to John during the Revolutionary War, 15.55 g., 0.9999 Gold 0.500 oz. AGW, 26.5 mm. **Obv. Designer:** Joseph Menna **Rev. Designer:** Thomas Cleveland and Phebe Hemphill

Date	Mintage	MS65	PRF65
2007W	17,142	710	—
2007W	17,149	—	710

KM# 409 ObvDesc: Bust design from coinage **RevDesc:** Jefferson's tombstone, 5.55 g., 0.9999 Gold 0.500 oz. AGW, 26.5 mm. **Obv. Designer:** Robert Scot and Phebe Hemphill **Rev. Designer:** Charles Vickers

Date	Mintage	MS65	PRF65
2007W	19,823	710	—
2007W	19,815	—	710

KM# 432 ObvDesc: Capped and draped bust left **RevDesc:** Andrew Jackson on horseback right, 15.55 g., 0.999 Gold 0.4995 oz. AGW, 26.5 mm. **Obv. Designer:** John Reich **Rev. Designer:** Justin Kunz and Don Everhart

Date	Mintage	MS65	PRF65
2008W	4,281	760	—
2008W	7,454	—	750

KM# 410 ObvDesc: Bust 3/4 facing **RevDesc:** Dolley standing before painting of Washington, which she saved from the White House, 15.55 g., 0.9999 Gold 0.500 oz. AGW, 26.5 mm. **Obv. Designer:** Don Everhart **Rev. Designer:** Joel Iskowitz and Don Everhart

Date	Mintage	MS65	PRF65
2007W	11,813	710	—
2007W	17,661	—	710

KM# 433 ObvDesc: Seated Liberty with shield **RevDesc:** Youthful van Buren seated under tree, family tavern in distance, 15.55 g., 0.999 Gold 0.4995 oz. AGW, 26.5 mm. **Obv. Designer:** Christian Gobrecht **Rev. Designer:** Thomas Cleveland and James Licaretz

Date	Mintage	MS65	PRF65
2008W	3,443	780	—
2008W	6,187	—	740

KM# 430 ObvDesc: Bust 3/4 facing right **RevDesc:** Elizabeth standing before mirror, 15.55 g., 0.999 Gold 0.4995 oz. AGW, 26.5 mm. **Obv. Designer:** Joel Iskowitz and Don Everhart **Rev. Designer:** Donna Weaver and Charles Vickers

Date	Mintage	MS65	PRF65
2008W	4,519	710	—
2008W	7,933	—	710

KM# 456 ObvDesc: Bust 3/4 left **RevDesc:** Anna reading to her three children, 15.55 g., 0.999 Gold 0.4995 oz. AGW, 26.5 mm. **Obv. Designer:** Donna Weaver and Joseph Menna **Rev. Designer:** Thomas Cleveland and Charles Vickers

Date	Mintage	MS65	PRF65
2009W	2,993	740	—
2009W	5,801	—	720

KM# 431 ObvDesc: Bust 3/4 facing right **RevDesc:** Lousia and son Charles before entrance, 15.55 g., 0.999 Gold 0.4995 oz. AGW, 26.5 mm. **Obv. Designer:** Susan Gamble and Phebe Hemphill **Rev. Designer:** Joseph Menna

Date	Mintage	MS65	PRF65
2008W	4,223	740	—
2008W	7,454	—	710

KM# 457 ObvDesc: Bust facing **RevDesc:** Letitia and two children playing outside of Cedar Grove Plantation, 15.55 g., 0.999 Gold 0.4995 oz. AGW, 26.5 mm. **Obv. Designer:** Phebe Hemphill **Rev. Designer:** Susan Gamble and Norm Nemeth

Date	Mintage	MS65	PRF65
2009W	2,381	750	—
2009W	4,341	—	750

KM# 458 ObvDesc: Bust facing **RevDesc:** Julia and John Tyler dancing, 15.55 g., 0.999 Gold 0.4995 oz. AGW **Designer:** Joel Iskowitz and Don Everhart **Rev. Designer:** 26.5

Date	Mintage	MS65	PRF65
2009W	2,188	830	—
2009W	3,878	—	780

KM# 459 ObvDesc: Bust 3/4 right **RevDesc:** Sarah seated at desk as personal secretary to James Polk, 15.55 g., 0.999 Gold 0.4995 oz. AGW, 26.5 mm. **Designer:** Phebe Hemphill

Date	Mintage	MS65	PRF65
2009W	1,893	710	—
2009W	3,512	—	740

KM# 465 ObvDesc: Bust 3/4 left **RevDesc:** Margaret Taylor nurses wounded soldier during the Seminole War, 15.55 g., 0.999 Gold 0.4995 oz. AGW, 26.5 mm. **Obv. Designer:** Phebe Hemphill and Charles Vickers **Rev. Designer:** Mary Beth Zeitz and James Licaretz

Date	Mintage	MS65	PRF65
2009W	3,430	710	—
2009W	4,787	—	710

KM# 481 RevDesc: Abigail Filmore placing books on library shelf, 15.52 g., 0.999 Gold 0.4985 oz. AGW, 26.5 mm. **Obv. Designer:** Phebe Hemphill **Rev. Designer:** Susan Gamble and Joseph Menna

Date	Mintage	MS65	PRF65
2010W	3,482	710	—
2010W	6,130	—	710

KM# 482 RevDesc: Jane Pierce seated on porch, 15.52 g., 0.999 Gold 0.4985 oz. AGW, 26.5 mm. **Obv. Designer:** Donna Weaver and Don Everhart **Rev. Designer:** Donna Weaver and Charles Vickers

Date	Mintage	MS65	PRF65
2010W	3,338	710	—
2010W	4,775	—	710

KM# 483 RevDesc: Buchanan as clerk, 15.52 g., 0.999 Gold 0.4985 oz. AGW, 26.5 mm. **Obv. Designer:** Christian Gobrecht **Rev. Designer:** Joseph Menna

Date	Mintage	MS65	PRF65
2010W	5,162	720	—
2010W	7,110	—	740

KM# 484 RevDesc: Mary Lincoln visiting soldiers at hospital, 15.52 g., 0.999 Gold 0.4985 oz. AGW, 26.5 mm. **Obv. Designer:** Phebe Hemphill **Rev. Designer:** Joel Iskowitz and Pheve Hemphill

Date	Mintage	MS65	PRF65
2010W	3,965	710	—
2010W	6,861	—	740

KM# 509 ObvDesc: Bust of Eliza Johnson, 15.55 g., 0.999 Gold 0.4994 oz. AGW, 26.5 mm.

Date	Mintage	MS65	PRF65
2011W	2,915	740	—
2011W	3,907	—	710

BULLION

KM# 510 ObvDesc: Bust of Julia Grant, 15.55 g., 0.999 Gold 0.4995 oz. AGW, 26.5 mm.

Date	Mintage	MS65	PRF65
2011W	2,952	740	—
2011W	3,969	—	710

KM# 511 ObvDesc: Bust of Lucy Hayes, 15.55 g., 0.999 Gold 0.4995 oz. AGW, 26.5 mm.

Date	Mintage	MS65	PRF65
2011W	2,263	860	—
2011W	3,885	—	750

KM# 512 ObvDesc: Bust of Lucretia Garfield, 15.55 g., 0.999 Gold 0.4995 oz. AGW, 26.5 mm.

Date	Mintage	MS65	PRF65
2011W	2,498	900	—
2011W	3,652	—	850

KM# 532 15.55 g., 0.999 Gold 0.4995 oz. AGW, 26.5 mm.

Date	Mintage	MS65	PRF65
2012W	2,798	720	—
2012W	3,506	—	750

KM# 533 ObvDesc: Frances Cleveland, 15.55 g., 0.999 Gold 0.4995 oz. AGW, 26.5 mm.

Date	Mintage	MS65	PRF65
2012W	2,454	740	—
2012W	3,158	—	750

KM# 534 ObvDesc: Caroline Harrison, 15.55 g., 0.999 Gold 0.4995 oz. AGW, 26.5 mm.

Date	Mintage	MS65	PRF65
2012W	2,436	750	—
2012W	3,046	—	720

KM# 535 ObvDesc: Frances Cleveland, 15.55 g., 0.999 Gold 0.4995 oz. AGW, 26.5 mm.

Date	Mintage	MS65	PRF65
2012W	2,425	710	—
2012W	3,104	—	720

KM# 561 ObvDesc: Bust of Ida McKinley, 15.55 g., 0.999 Gold 0.4995 oz. AGW, 26.5 mm.

Date	Mintage	MS65	PRF65
2013W	—	860	—
2013W	—	—	780

KM# 562 ObvDesc: Bust of Edith Roosevelt, 15.55 g., 0.999 Gold 0.4995 oz. AGW, 26.5 mm.

Date	Mintage	MS65	PRF65
2013W	—	760	—
2013W	—	—	780

KM# 563 ObvDesc: Bust of Helen Taft, 15.55 g., 0.999 Gold 0.4995 oz. AGW, 26.5 mm.

Date	Mintage	MS65	PRF65
2013W	—	800	—
2013W	—	—	800

KM# 564 ObvDesc: Bust of Ellen Wilson, 15.55 g., 0.999 Gold 0.4995 oz. AGW, 26.5 mm.

Date	Mintage	MS65	PRF65
2013W	—	840	—
2013W	—	—	780

KM# 565 ObvDesc: Bust of Edith Wilson, 15.55 g., 0.999 Gold 0.4995 oz. AGW, 26.5 mm.

Date	Mintage	MS65	PRF65
2013W	—	860	—
2013W	—	—	780

KM# 593 ObvDesc: Bust of Florence Harding, 15.55 g., 0.999 Gold 0.4995 oz. AGW, 26.5 mm.

Date	Mintage	MS65	PRF65
2014W	—	860	—
2014W	—	—	830

KM# 594 ObvDesc: Bust of Grace Coolidge, 15.55 g., 0.999 Gold 0.4995 oz. AGW, 26.5 mm.

Date	Mintage	MS65	PRF65
2014W	—	860	—
2014W	—	—	850

KM# 595 ObvDesc: Bust of Lou Hoover, 15.55 g., 0.999 Gold 0.4995 oz. AGW, 26.5 mm.

Date	Mintage	MS65	PRF65
2014W	—	850	—
2014W	—	—	850

KM# 596 ObvDesc: Bust of Eleanor Roosevelt, 15.55 g., 0.999 Gold 0.4995 oz. AGW, 26.5 mm.

Date	Mintage	MS65	PRF65
2014W	—	1,450	—
2014W	—	—	1,250

KM# 612 ObvDesc: Bust of Elizabeth Truman, 15.55 g., 0.999 Gold 0.4995 oz. AGW, 26.5 mm.

Date	Mintage	MS65	PRF65
2015W	—	800	—
2015W	—	—	760

KM# 613 ObvDesc: Bust of Mamie Eisenhower, 15.55 g., 0.999 Gold 0.4995 oz. AGW, 26.5 mm.

Date	Mintage	MS65	PRF65
2015W	—	760	—
2015W	—	—	750

KM# 614 ObvDesc: Bust of Jacqueline Kennedy, 15.55 g., 0.999 Gold 0.4995 oz. AGW, 26.5 mm.

Date	Mintage	MS65	PRF65
2015W	—	760	—
2015W	—	—	765

KM# 615 ObvDesc: Bust of Lady Bird Johnson, 15.55 g., 0.999 Gold 0.4995 oz. AGW, 26.5 mm.

Date	Mintage	MS65	PRF65
2015W	—	820	—
2015W	—	—	820

KM# 627 ObvDesc: Bust of Pat Nixon, 15.55 g., 0.999 Gold 0.4995 oz. AGW, 26.5 mm.

Date	Mintage	MS65	PRF65
2016W	—	870	—
2016W	—	—	840

KM# 628 ObvDesc: Bust of Betty Ford, 15.55 g., 0.999 Gold 0.4995 oz. AGW, 26.5 mm.

Date	Mintage	MS65	PRF65
2016W	—	1,000	—
2016W	—	—	900

KM# 629 ObvDesc: Bust of Nancy Reagan, 15.55 g., 0.999 Gold 0.4995 oz. AGW, 26.5 mm.

Date	Mintage	MS65	PRF65
2016W	—	780	—
2016W	—	—	800

BULLION

CANADA

Canada is located to the north of the United States, and spans the full breadth of the northern portion of North America from Atlantic to Pacific oceans, except for the State of Alaska. It has a total area of 3,850,000 sq. mi. (9,971,550 sq. km.) and a population of 30.29 million. Capital: Ottawa. Canada is a member of the Commonwealth of Nations. Elizabeth II is Head of State as Queen of Canada.

RULER
British 1763-

MONETARY SYSTEM
1 Dollar = 100 Cents

CONFEDERATION
CIRCULATION COINAGE
CENT

KM# 1 4.54 g., Bronze, **Obv:** Laureate head left **Rev:** Denomination and date within beaded circle, chain of leaves surrounds **Obv. Legend:** VICTORIA DEI GRATIA REGINA. CANADA **Rev. Legend:** ONE CENT **Edge:** plain

Date	Mintage	VG8	F12	VF20	XF40	AU50	MS60	MS63	MS65
1858	421,000	65.00	90.00	125	200	300	500	2,000	6,500
1859 Narrow 9	9,579,000	3.00	4.00	5.00	7.00	15.00	45.00	225	2,000
1859/8 Wide 9	Inc. above	30.00	45.00	60.00	125	225	350	1,800	—
1859 Double punched narrow 9 type I	Inc. above	200	250	350	550	850	1,300	5,000	—
1859 Double punched narrow 9 type II	Inc. above	55.00	75.00	125	175	300	550	3,000	—

KM# 7 5.67 g., Bronze, 25.5mm. **Obv:** Crowned head left within beaded circle **Obv. Designer:** Leonard C. Wyon **Rev:** Denomination and date within beaded circle, chain of leaves surrounds **Obv. Legend:** VICTORIA DEI GRATIA REGINA. CANADA **Edge:** Plain

Date	Mintage	VG8	F12	VF20	XF40	AU50	MS60	MS63	MS65
1876	4,000,000	3.00	4.00	6.00	9.00	27.00	45.00	225	2,200
1881	2,000,000	4.00	5.00	11.00	18.00	45.00	75.00	300	3,000
1882	4,000,000	3.00	3.50	6.00	7.50	23.00	40.00	225	2,400
1884	2,500,000	3.00	4.00	6.50	11.00	35.00	60.00	225	1,900
1886	1,500,000	4.00	7.00	13.00	20.00	55.00	95.00	450	5,500
1887	1,500,000	3.50	5.00	8.00	14.00	40.00	70.00	225	2,000
1888	4,000,000	3.00	4.00	5.00	7.50	22.00	40.00	175	1,200
1890	1,000,000	8.00	12.00	19.00	30.00	65.00	125	350	2,000
1891 Large date	1,452,000	8.00	11.00	17.00	35.00	80.00	150	450	3,000
1891 S.D.L.L.	Inc. above	65.00	125	175	250	500	1,000	4,000	—
1891 S.D.S.L.	Inc. above	60.00	85.00	125	175	250	400	1,400	9,000
1892	1,200,000	5.50	8.00	12.00	27.00	35.00	60.00	225	2,000
1893	2,000,000	3.00	4.00	5.00	9.50	27.00	45.00	200	1,400
1894	1,000,000	11.00	15.00	20.00	40.00	70.00	125	300	1,800
1895	1,200,000	5.00	9.50	13.00	16.00	35.00	60.00	225	1,400
1896	2,000,000	3.00	5.00	6.50	13.00	23.00	40.00	150	1,200
1897	1,500,000	3.00	5.00	6.50	9.00	27.00	45.00	200	1,400
1898	1,000,000	8.00	12.00	17.00	30.00	55.00	100	300	3,500
1899	2,400,000	3.00	3.50	5.00	12.00	26.00	45.00	150	1,000
1900	1,000,000	9.00	13.50	20.00	30.00	75.00	125	500	6,000

Date	Mintage	VG8	F12	VF20	XF40	AU50	MS60	MS63	MS65
1900	2,600,000	3.00	3.50	5.00	7.50	18.50	30.00	95.00	500
1901	4,100,000	3.00	4.00	6.00	10.00	22.00	45.00	100	650

KM# 8 5.67 g., Bronze, 25.5mm. **Obv:** Kings bust right within beaded circle **Obv. Designer:** G. W. DeSaulles **Rev:** Denomination above date within circle, chain of leaves surrounds **Edge:** Plain

Date	Mintage	VG8	F12	VF20	XF40	AU50	MS60	MS63	MS65
1902	3,000,000	2.25	3.00	4.00	8.00	13.50	27.00	70.00	300
1903	4,000,000	2.25	3.00	4.00	8.00	15.00	30.00	90.00	450
1904	2,500,000	2.50	4.00	6.00	10.00	22.00	45.00	100	700
1905	2,000,000	4.00	6.00	9.00	13.00	27.00	55.00	125	700
1906	4,100,000	2.25	3.00	4.00	8.00	18.00	40.00	150	1,200
1907	2,400,000	2.50	3.00	5.00	10.00	19.50	40.00	150	1,400
1907H	800,000	13.00	20.00	30.00	50.00	90.00	175	550	—
1908	2,401,506	3.00	4.00	6.00	10.00	22.00	40.00	100	750
1908	—	PF60 85.00	PF63 175	PF65 700					
1909	3,973,339	2.00	2.50	4.00	7.00	15.00	30.00	100	850
1910	5,146,487	1.50	2.00	3.00	6.00	13.50	30.00	80.00	1,000

KM# 15 5.67 g., Bronze, 25.5mm. **Obv:** King's bust left **Obv. Designer:** E. B. MacKennal **Rev:** Denomination above date within beaded circle, chain of leaves surrounds **Edge:** Plain

Date	Mintage	VG8	F12	VF20	XF40	AU50	MS60	MS63	MS65
1911	4,663,486	0.80	1.50	2.25	3.50	13.50	25.00	65.00	350
1911	—	PF60 125	PF63 250	PF65 900					

KM# 21 5.67 g., Bronze, 25.5mm. **Obv:** King's bust left **Obv. Designer:** E. B. MacKennal **Rev:** Denomination above date within beaded circle, chain of leaves surrounds **Edge:** Plain

Date	Mintage	VG8	F12	VF20	XF40	AU50	MS60	MS63	MS65
1912	5,107,642	0.90	1.75	2.50	4.00	13.00	30.00	70.00	450
1913	5,735,405	0.90	1.75	2.50	5.00	13.00	27.00	90.00	800
1914	3,405,958	1.25	1.75	3.00	5.00	18.00	40.00	100	700
1915	4,932,134	0.90	1.50	2.50	5.00	13.00	35.00	90.00	700
1916	11,022,367	0.60	0.80	1.75	3.00	9.00	19.00	60.00	400
1917	11,899,254	0.60	0.80	1.75	2.50	5.00	16.00	50.00	450
1918	12,970,798	0.60	0.80	1.75	2.50	5.00	14.00	50.00	400
1919	11,279,634	0.60	0.80	1.75	2.50	5.00	14.00	50.00	400
1920	6,762,247	0.70	0.90	1.75	2.50	8.00	22.00	80.00	1,100

Dot below date

KM# 28 3.24 g., Bronze, 19.10mm. **Obv:** King's bust left **Obv. Designer:** E. B. MacKennal **Rev:** Denomination above date, leaves flank **Rev. Designer:** Fred Lewis **Edge:** Plain

Date	Mintage	VG8	F12	VF20	XF40	AU50	MS60	MS63	MS65
1920	15,483,923	0.20	0.45	0.90	1.75	5.00	15.00	50.00	650
1921	7,601,627	0.45	0.75	1.75	5.00	13.00	35.00	250	—
1922	1,243,635	13.00	16.00	25.00	45.00	100	200	1,200	—
1923	1,019,002	29.00	35.00	40.00	60.00	150	300	2,000	—
1924	1,593,195	6.00	7.00	12.00	20.00	55.00	125	850	—
1925	1,000,622	22.00	25.00	30.00	50.00	100	200	1,100	—
1926	2,143,372	4.00	5.00	7.00	16.00	45.00	90.00	600	—
1927	3,553,928	1.25	1.75	3.50	8.00	22.00	40.00	225	3,000
1928	9,144,860	0.15	0.30	0.65	1.50	8.00	20.00	90.00	2,200
1929	12,159,840	0.15	0.30	0.65	1.50	9.00	20.00	80.00	1,600
1930	2,538,613	2.00	2.50	4.50	9.00	27.00	50.00	225	2,200
1931	3,842,776	0.65	1.00	2.50	6.00	22.00	40.00	200	1,800
1932	21,316,190	0.15	0.20	0.50	1.50	5.00	16.00	60.00	1,000
1933	12,079,310	0.15	0.30	0.50	1.50	5.00	16.00	50.00	550
1934	7,042,358	0.20	0.30	0.75	1.50	5.00	16.00	60.00	900
1935	7,526,400	0.20	0.30	0.75	1.50	5.00	16.00	50.00	700
1936	8,768,769	0.15	0.30	0.75	1.50	5.00	14.00	45.00	250
1936 dot below date; Rare	678,823	—	—	—	—	—	—	—	250,000

Note: Only one possible business strike is known to exist. No other examples (or possible business strikes) have ever surfaced.

| 1936 dot below date, specimen, 3 known | | — | — | — | — | — | — | — | — |

Note: At the David Akers auction of the John Jay Pittman collection (Part 1, 10-97), a gem specimen realized $121,000. At the David Akers auction of the John Jay Pittman collection (Part 3, 10-99), a near choice specimen realized $115,000.

  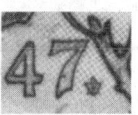

Maple leaf

KM# 32 3.24 g., Bronze, 19.10mm. **Obv:** Head left **Obv. Designer:** T. H. Paget **Rev:** Maple leaf divides date and denomination **Rev. Designer:** George E. Kruger-Gray **Edge:** Plain

Date	Mintage	VG8	F12	VF20	XF40	AU50	MS60	MS63	MS65
1937	10,040,231	0.35	0.45	0.65	0.90	1.50	2.50	12.00	55.00
1938	18,365,608	0.10	0.20	0.30	0.70	1.50	2.50	13.00	55.00
1939	21,600,319	0.10	0.20	0.30	0.65	1.25	2.00	8.00	35.00
1940	85,740,532	—	0.10	0.25	0.50	0.90	2.50	8.00	45.00
1941	56,336,011	—	0.10	0.25	0.50	2.25	8.00	50.00	450
1942	76,113,708	—	0.10	0.25	0.50	1.75	7.00	50.00	500
1943	89,111,969	—	0.10	0.25	0.45	1.25	3.50	22.00	225
1944	44,131,216	—	0.10	0.30	0.60	2.25	10.00	65.00	1,800
1945	77,268,591	—	0.10	0.20	0.35	0.90	2.50	20.00	450
1946	56,662,071	—	0.10	0.20	0.35	0.90	2.50	12.00	90.00
1947	31,093,901	—	0.10	0.20	0.35	0.90	2.50	9.00	50.00
1947 maple leaf	47,855,448	—	0.10	0.20	0.35	0.90	2.50	9.00	100

KM# 41 3.24 g., Bronze, 19.10mm. **Obv:** Modified legend **Obv. Designer:** T. H. Paget **Rev. Designer:** George E. Kruger-Gray **Edge:** Plain

Date	Mintage	VG8	F12	VF20	XF40	AU50	MS60	MS63	MS65
1948	25,767,779	—	0.15	0.25	0.70	1.25	4.00	27.00	450
1949	33,128,933	—	—	0.15	0.35	0.90	2.50	9.00	45.00
1950	60,444,992	—	—	0.15	0.25	0.65	1.75	9.00	50.00

Date	Mintage	VG8	F12	VF20	XF40	AU50	MS60	MS63	MS65
1951	80,430,379	—	—	0.15	0.20	0.45	1.75	14.00	125
1952	67,631,736	—	—	0.15	0.20	0.45	1.25	9.00	50.00

No strap   With strap

KM# 49 3.24 g., Bronze, 19.10mm. **Obv:** Laureate bust right **Obv. Designer:** Mary Gillick **Rev:** Maple leaf divides date and denomination **Rev. Designer:** George E. Kruger-Gray

Date	Mintage	VG8	F12	VF20	XF40	AU50	MS60	MS63	MS65
1953	67,806,016	—	—	—	0.25	0.45	0.80	2.50	35.00
Note: Without strap									
1953	Inc. above	0.50	1.00	1.50	2.50	7.00	12.00	60.00	1,000
Note: With strap									
1954	22,181,760	—	—	0.10	0.40	0.90	1.75	6.00	125
Note: With strap									
1954 Prooflike only	Inc. above	—	—	—	—	—	550	800	1,800
Note: Without strap									
1955	56,403,193	—	—	—	0.15	0.20	0.45	3.00	35.00
Note: With strap									
1955	Inc. above	100	150	175	250	400	600	2,000	—
Note: Without strap									
1956	78,658,535	—	—	—	0.15	0.20	0.30	2.00	30.00
1957	100,601,792	—	—	—	—	—	0.10	1.00	27.00
1958	59,385,679	—	—	—	—	—	0.10	1.00	27.00
1959	83,615,343	—	—	—	—	—	—	0.60	18.00
1960	75,772,775	—	—	—	—	—	—	0.60	18.00
1961	139,598,404	—	—	—	—	—	—	0.60	18.00
1962	227,244,069	—	—	—	—	—	—	0.40	18.00
1963	279,076,334	—	—	—	—	—	—	0.40	15.00
1964	484,655,322	—	—	—	—	—	—	0.40	15.00

KM# 59.1 3.24 g., Bronze, 19.10mm. **Obv:** Queen's bust right **Obv. Designer:** Arnold Machin **Rev:** Maple leaf divides date and denomination **Rev. Designer:** George E. Kruger-Gray **Edge:** Plain

Date	Mintage	VG8	F12	VF20	XF40	AU50	MS60	MS63	MS65
1965	304,441,082	—	0.10	0.20	0.40	0.70	1.00	5.00	60.00
Note: Small beads, pointed 5									
1965	Inc. above	—	—	—	—	—	—	0.40	15.00
Note: Small beads, blunt 5									
1965	Inc. above	1.75	3.00	4.50	7.00	12.50	18.00	45.00	250
Note: Large beads, pointed 5									
1965	Inc. above	—	—	—	—	—	—	0.40	15.00
Note: Large beads, blunt 5									
1966	184,151,087	—	—	—	—	—	—	0.40	18.00
1968	329,695,772	—	—	—	—	—	—	0.40	18.00
1969	335,240,929	—	—	—	—	—	—	0.40	18.00
1970	311,145,010	—	—	—	—	—	—	0.40	18.00
1971	298,228,936	—	—	—	—	—	—	0.40	18.00
1972	451,304,591	—	—	—	—	—	—	0.40	18.00
1973	457,059,852	—	—	—	—	—	—	0.40	18.00
1974	692,058,489	—	—	—	—	—	—	0.40	18.00
1975	642,318,000	—	—	—	—	—	—	0.40	18.00
1976	701,122,890	—	—	—	—	—	—	0.40	18.00
1977	453,762,670	—	—	—	—	—	—	0.40	18.00

CENT

KM# 65 3.24 g., Bronze, 19.10mm.   **Subject:** Confederation Centennial **Obv:** Queen's bust right   **Obv. Designer:** Arnold Machin **Rev:** Dove with wings spread, denomination above, two dates below **Rev. Designer:** Alex Coville

Date	Mintage	VF20	XF40	MS60	MS63	MS65
1967	345,140,645	—	—	—	0.40	18.00
1967 Specimen	—	PF63 4.50		PF65 22.00		

KM# 59.2 3.24 g., Bronze, 19.10mm.   **Obv:** Queen's bust right **Obv. Designer:** Arnold Machin **Rev:** Maple leaves **Rev. Designer:** George E. Kruger-Gray **Edge:** Plain **Note:** Thin planchet.

Date	Mintage	VF20	XF40	MS60	MS63	MS65
1978	911,170,647	—	—	—	0.30	18.00
1979	754,394,064	—	—	—	0.30	18.00

KM# 127 2.80 g., Bronze, 19.10mm. **Obv:** Queen's bust right **Obv. Designer:** Arnold Machin **Rev. Designer:** George E. Kruger-Gray **Edge:** Plain **Note:** Reduced weight.

Date	Mintage	VF20	XF40	MS60	MS63	MS65
1980	912,052,318	—	—	—	0.30	18.00
1981	1,209,468,500	—	—	—	0.30	22.00
1981	199,000	PF65 2.25				

KM# 132 2.50 g., Bronze, 19.10mm. **Obv:** Queen's bust right   **Obv. Designer:** Arnold Machin **Rev: Designer:** George E. Kruger-Gray **Edge:** Plain **Shape:** 10-sided **Note:** Reduced weight.

Date	Mintage	VF20	XF40	MS60	MS63	MS65
1982	911,001,000	—	—	—	0.30	22.00
1982	180,908	PF65 1.75				
1983	975,510,000	—	—	—	0.30	18.00
1983	168,000	PF65 1.75				
1984	838,225,000	—	—	—	0.30	22.00
1984	161,602	PF65 3.00				
1985	771,772,500	2.50	3.50	10.00	19.00	50.00
Note: Pointed 5						
1985	Inc. above	—	—	—	0.30	27.00
Note: Blunt 5						
1985	157,037	PF65 3.00				
Note: Blunt 5						
1986	740,335,000	—	—	—	0.30	22.00
1986	175,745	PF65 3.00				
1987	774,549,000	—	—	—	0.30	27.00
1987	179,004	PF65 3.00				
1988	482,676,752	—	—	—	0.30	35.00
1988	175,259	PF65 3.00				
1989	1,077,347,200	—	—	—	0.30	22.00
1989	170,928	PF65 3.00				

KM# 181 2.50 g., Bronze, 19.10mm.   **Obv:** Crowned Queen's head right **Obv. Designer:** Dora dePedery-Hunt **Rev:** Maple leaf divides date and denomination **Rev. Designer:** George E. Kruger-Gray **Edge:** Plain

Date	Mintage	VF20	XF40	MS60	MS63	MS65
1990	218,035,000	—	—	—	0.30	22.00
1990	140,649	PF65 4.50				
1991	831,001,000	—	—	—	0.30	18.00
1991	131,888	PF65 7.00				
1993	752,034,000	—	—	—	0.30	18.00
1993	145,065	PF65 3.50				
1994	639,516,000	—	—	—	0.30	18.00
1994	146,424	PF65 4.50				
1995	624,983,000	—	—	—	0.30	18.00
1995	—	PF65 4.50				
1996	445,746,000	—	—	—	0.30	18.00
1996	—	PF65 7.00				

KM# 204 Bronze, 19.10mm.   **Subject:** Confederation 125 **Obv:** Crowned Queen's head right **Obv. Designer:** Dora dePedery-Hunt **Rev:** Maple leaf divides date and denomination **Rev. Designer:** George E. Kruger-Gray

Date	Mintage	VF20	XF40	MS60	MS63	MS65
1992	147,061	PF65 3.00				
1992	673,512,000	—	—	—	0.30	18.00

KM# 289 2.25 g., Copper Plated Steel, 19.05mm. **Obv:** Crowned head right **Obv. Designer:** Dora dePédery-Hunt **Rev:** Maple twig design **Rev. Designer:** George E. Kruger-Gray **Edge:** Round and plain

Date	Mintage	VF20	XF40	MS60	MS63	MS65
1997	549,868,000	—	—	—	0.30	18.00
1997	—	PF65 5.00				
1998	999,578,000	—	—	—	0.30	22.00
1998	—	PF65 5.00				
1998 W PL	—	—	—	—	—	1.00
1999 P PL	—	—	—	—	13.00	—
1999	1,089,625,000	—	—	—	0.30	18.00
1999	—	PF65 8.00				
1999 W	—	—	—	—	—	—
2000	771,908,206	—	—	—	0.30	18.00
2000	—	PF65 5.00				
2000 W	—	—	—	—	2.50	—
2001	919,358,000	—	—	—	0.30	13.00
2001 P	—	PF65 5.00				
2003	92,219,775	—	—	—	0.20	18.00
2003 P	—	PF65 7.50				
2003 P	235,936,799	—	—	—	0.20	13.00

KM# 289a Bronze, 19.10mm.

Date	Mintage	VF20	XF40	MS60	MS63	MS65
1998	—	—	—	—	—	7.00

Note: In Specimen sets only

KM# 309 5.67 g., 0.925 Copper Plated Silver, 0.1686 oz. **Subject:** 90th Anniversary Royal Canadian Mint - 1908-1998 **Obv. Designer:** Dora dePedery-Hunt **Rev. Designer:** G. W. DeSaulles

Date	Mintage	VF20	XF40	MS60	MS63	MS65
1908-1998	25,000	—	—	—	16.00	—
Note: Antique finish						
1908-1998 Proof	—	—	—	—	—	—

KM# 332 5.67 g., 0.925 Silver, 0.1686 oz. ASW **Subject:** 90th Anniversary Royal Canadian Mint - 1908-1998 **Obv:** Crowned Queen's head right, with "Canada" added to head **Obv. Designer:** Dora dePedery-Hunt **Rev:** Denomination above dates withn beaded circle, chain of leaves surrounds **Rev. Designer:** G. W. DeSaulles

Date	Mintage	VF20	XF40	MS60	MS63	MS65
1908-1998	—	PF65 16.00				
Note: Mirror finish						

KM# 445 2.25 g., Copper Plated Steel, 19.1mm. **Subject:** Elizabeth II Golden Jubilee **Obv:** Crowned head right, Jubilee commemorative dates 1952-2002 **Obv. Designer:** Dora dePédery-Hunt **Rev:** Denomination above maple leaves **Rev. Designer:** George E. Kruger-Gray **Edge:** Plain

Date	Mintage	VF20	XF40	MS60	MS63	MS65
1952-2002	716,366,000	—	—	—	0.20	13.00
1952-2002 P	114,212,000	—	—	—	0.45	13.00
1952-2002 P	32,642	PF65 5.00				

KM# 445a 0.925 Silver, **Subject:** Elizabeth II Golden Jubilee **Obv:** Crowned head right, Jubilee commemorative dates 1952-2002 **Obv. Designer:** Dora dePédery-Hunt **Rev:** Denomination above maple leaves **Rev. Designer:** George E. Kruger-Gray

Date	Mintage	VF20	XF40	MS60	MS63	MS65
1952-2002	21,537	PF65 3.00				

KM# 468 2.50 g., Copper, **Subject:** 50th Anniversary of the Coronation of Elizabeth II **Obv:** 1953 Effigy of the Queen, Jubilee commemorative dates 1953-2003 **Obv. Designer:** Mary Gillick

Date	Mintage	VF20	XF40	MS60	MS63	MS65
1953-2003	—	PF65 10.00				

KM# 490 2.25 g., Copper Plated Zinc, 19.05mm. **Obv:** New effigy of Queen Elizabeth II right **Obv. Designer:** Susanna Blunt **Rev:** Two maple leaves **Edge:** Plain

Date	Mintage	VF20	XF40	MS60	MS63	MS65
2003	56,877,144	—	—	—	0.25	—
2004	653,317,000	—	—	—	0.25	—
2004	—	PF65 7.00				
2005	759,658,000	—	—	—	0.25	—
2005	—	PF65 7.50				
2006	886,275,000	—	—	—	0.25	—
2006	—	PF65 7.00				

KM# 490a 2.25 g., Copper Plated Steel, 19.05mm. **Obv:** Bust right **Obv. Designer:** Susanna Blunt **Rev:** Two maple leaves **Rev. Designer:** G. E. Kruger-Gray

Date	Mintage	VF20	XF40	MS60	MS63	MS65
2003 P	591,257,000	—	—	—	0.20	13.00
2003 WP	Inc. above	—	—	—	0.20	13.00
2004 P	134,906,000	—	—	—	0.20	13.00
2005 P	30,525,000	—	—	—	0.20	13.00
2006 P	137,733,000	—	—	—	9.00	27.00
2006 (ml)	Inc. above	—	—	—	0.20	13.00
2007 (ml)	938,270,000	—	—	—	0.20	13.00
2007 (ml)	—	PF65 7.00				
2008 (ml)	787,625,000	—	—	—	0.20	13.00
2008 (ml)	—	PF65 7.00				
2009 (ml)	455,680,000	—	—	—	0.20	13.00
2009 (ml)	—	PF65 7.00				
2010 (ml)	—	—	—	—	0.20	13.00
2010 (ml)	—	PF65 7.00				
2011 (ml)	—	—	—	—	0.20	13.00
2011 (ml)	—	PF65 7.00				
2012 (ml)	—	—	—	—	0.20	13.00
2012 (ml)	—	PF65 4.50				

KM# 490b 2.25 g., Copper Plated Zinc, **Obv:** Head right **Rev:** Maple leaf, selectively gold plated **Note:** Bound into Annual Report.

Date	Mintage	VF20	XF40	MS60	MS63	MS65
2003	7,746	PF65 35.00				

KM# 1023 Copper, 19.1mm. **Obv:** George V bust left **Rev:** Value within wreath, dual dates below

Date	Mintage	VF20	XF40	MS60	MS63	MS65
1935-2010	—	PF65 10.00				

KM# 1153 5.67 g., Copper, 19.1mm. **Obv:** George V bust **Rev:** Value within wreath

Date	Mintage	VF20	XF40	MS60	MS63	MS65
1911-2011	6,000	PF65 10.00				

KM# 1342 Silver, 25.5mm. **Obv:** Edward VII crowned bust right **Rev:** Small leaves in wreath around value, country name and date

Date	Mintage	VF20	XF40	MS60	MS63	MS65
2012	—	PF65 20.00				

KM# 1343 Silver, 25.5mm. **Obv:** George V crowned bust left **Rev:** Small leaves in wreath around value and date

Date	Mintage	VF20	XF40	MS60	MS63	MS65
2012	—	PF65 20.00				

KM# 1344 0.925 Silver, 19.1mm. **Obv:** Elizabeth II bust right **Rev:** Two maple leaves

Date	Mintage	VF20	XF40	MS60	MS63	MS65
2012	—	PF65 20.00				

KM# 1345 0.925 Silver, 19.1mm. **Obv:** Elizabeth II Malouf bust right **Rev:** Dove in flight

Date	Mintage	VF20	XF40	MS60	MS63	MS65
2012	—	PF65 20.00				

KM# 1427 157.60 g., 0.999 Silver, 5.0619 oz. ASW 65mm. **Subject:** Farewell to the cent **Obv. Designer:** Susanna Blunt **Rev:** Two maple leaves **Rev. Designer:** G.E. Kruger-Gray

Date	Mintage	VF20	XF40	MS60	MS63	MS65
2012	Est. 1500	PF65 500				

KM# 1428 15.87 g., 0.999 Silver, 0.5097 oz. ASW 34mm. **Obv. Designer:** Susanna Blunt **Rev:** Two maple leaves selectively gilt **Rev. Designer:** G.E. Kruger-Gray

Date	Mintage	VF20	XF40	MS60	MS63	MS65
2013	Est. 3000	PF65 55.00				

3 CENTS

KM# 410 3.11 g., 0.925 Silver Gilt, 0.0925 oz. ASW 21.3mm. **Subject:** 1st Canadian Postage Stamp **Obv:** Crowned head right **Obv. Designer:** Dora dePédery-Hunt **Rev:** Partial stamp design **Rev. Designer:** Sandford Fleming **Edge:** Plain

Date	Mintage	VF20	XF40	MS60	MS63	MS65
2001	59,573	PF65 12.50				

5 CENTS

Round O's

KM# 2 1.16 g., 0.925 Silver, 0.0346 oz. ASW **Obv:** Head left **Rev:** Denomination and date within wreath, crown above **Obv. Legend:** VICTORIA DEI GRATIA REGINA. CANADA **Designer:** Leonard C. Wyon

Date	Mintage	VG8	F12	VF20	XF40	AU50	MS60	MS63	MS65
1858 Small date	1,500,000	19.00	30.00	45.00	80.00	150	250	550	800
1858 Large date over small date	Inc. above	150	225	350	550	1,300	1,800	3,500	17,000
1870	2,800,000	15.00	24.00	40.00	75.00	150	250	850	3,500
Note: Flat rim									
1870	Inc. above	15.00	24.00	40.00	75.00	150	250	600	2,800
Note: Wire rim									
1871	1,400,000	15.00	24.00	40.00	75.00	175	300	800	2,800
1872H	2,000,000	13.00	20.00	35.00	80.00	200	350	1,250	6,000
1874H Plain 4	800,000	22.00	45.00	90.00	150	300	450	1,000	5,500
1874H Crosslet 4	Inc. above	18.00	40.00	75.00	150	300	500	1,100	7,500
1875H Large date	1,000,000	300	500	800	1,400	3,000	5,000	15,000	—
1875H Small date	Inc. above	150	225	500	700	1,400	2,100	6,000	—
1880H	3,000,000	6.00	12.00	27.00	65.00	175	300	800	3,000
1881H	1,500,000	9.00	15.00	30.00	70.00	150	300	800	3,500
1882H	1,000,000	12.00	18.00	28.00	80.00	175	300	800	3,500
1883H	600,000	23.00	40.00	85.00	200	550	900	3,000	10,000
1884H	200,000	125	200	350	750	1,350	3,500	9,000	—
1885 Small 5	1,000,000	16.00	24.00	50.00	125	400	750	2,900	11,000
1885 Large 5	Inc. above	15.00	27.00	55.00	150	450	850	3,000	12,000
1885 Large 5 over small 5	Inc. above	65.00	125	200	500	—	4,000	—	—
1886 Small 6	1,700,000	9.00	15.00	30.00	60.00	225	400	1,300	5,500
1886 Large 6	Inc. above	11.00	18.00	40.00	70.00	225	425	1,500	6,000
1887	500,000	25.00	50.00	75.00	175	300	500	1,000	4,500
1888	1,000,000	6.00	16.00	24.00	50.00	100	175	450	2,000

CENT

Date	Mintage	VG8	F12	VF20	XF40	AU50	MS60	MS63	MS65
1889	1,200,000	24.00	40.00	90.00	175	350	600	1,600	9,000
1890H	1,000,000	8.00	12.00	22.00	70.00	125	200	450	1,700
1891	1,800,000	6.00	9.00	15.00	30.00	90.00	150	400	2,000
1892	860,000	6.00	14.00	28.00	70.00	125	350	700	3,500
1893	1,700,000	6.00	9.00	14.00	30.00	100	175	500	1,800
1894	500,000	19.00	30.00	75.00	125	250	450	1,400	6,000
1896	1,500,000	6.00	9.00	14.00	35.00	100	175	450	2,000
1897	1,319,283	6.00	8.50	20.00	45.00	90.00	150	450	1,600
1898	580,717	12.00	20.00	40.00	90.00	200	350	950	4,500
1899	3,000,000	4.50	6.50	12.00	25.00	80.00	175	350	1,300
1900 Oval 0's	1,800,000	4.50	6.50	12.00	25.00	75.00	125	400	1,500
1900 Round 0's	Inc. above	21.00	40.00	60.00	150	300	450	1,000	4,500
1901	2,000,000	6.00	8.00	16.00	35.00	80.00	175	500	1,300

KM# 9 1.16 g., 0.925 Silver, 0.0346 oz. ASW 15.5mm. **Obv. Designer:** G. W. DeSaulles **Rev. Designer:** Leonard C. Wyon

Date	Mintage	VG8	F12	VF20	XF40	AU50	MS60	MS63	MS65
1902	2,120,000	2.00	3.00	5.00	9.00	19.50	45.00	65.00	200
1902	2,200,000	2.00	4.00	7.00	14.00	27.00	45.00	80.00	400
Note: Large broad H									
1902	Inc. above	10.00	17.00	30.00	50.00	85.00	125	225	750
Note: Small narrow H									

KM# 13 1.16 g., 0.925 Silver, 0.0346 oz. ASW 15.5mm. **Obv:** King's bust right **Rev:** Denomination and date within wreath, crown at top

Date	Mintage	VG8	F12	VF20	XF40	AU50	MS60	MS63	MS65
1903	1,000,000	5.00	9.00	22.00	45.00	100	200	450	1,100
1903H	2,640,000	2.50	4.50	10.00	22.00	65.00	125	400	2,900
1904	2,400,000	4.00	5.00	9.00	30.00	90.00	225	650	2,700
1905	2,600,000	2.50	4.00	10.00	20.00	50.00	125	300	1,100
1906	3,100,000	2.50	3.00	7.00	16.00	45.00	100	250	1,800
1907	5,200,000	2.50	3.00	5.00	12.00	30.00	70.00	175	650
1908	1,220,524	7.00	13.00	30.00	50.00	85.00	125	225	700
1909 Round leaves	1,983,725	4.00	8.00	13.00	40.00	95.00	250	700	2,200
1909 Pointed leaves	Inc. above	16.00	24.00	55.00	125	250	700	1,700	—
1910 Pointed leaves	3,850,325	2.50	3.00	6.00	12.00	27.00	65.00	125	500
1910 Round leaves	Inc. above	18.00	24.00	45.00	100	225	550	1,700	—

KM# 16 1.16 g., 0.925 Silver, 0.0346 oz. ASW **Obv:** King's bust left **Obv. Designer:** E. B. MacKennal **Rev:** Denomination and date within wreath, crown above **Rev. Designer:** Leonard C. Wyon

Date	Mintage	VG8	F12	VF20	XF40	AU50	MS60	MS63	MS65
1911	3,692,350	2.50	4.00	7.00	12.00	40.00	80.00	125	300

KM# 22 1.13 g., 0.925 Silver, 0.0336 oz. ASW 15.5mm. **Obv:** King's bust left **Obv. Designer:** E. B. MacKennal **Rev:** Denomination and date within wreath, crown above **Rev. Designer:** Leonard C. Wyon

Date	Mintage	VG8	F12	VF20	XF40	AU50	MS60	MS63	MS65
1912	5,863,170	2.50	3.00	6.00	10.00	32.00	70.00	200	1,100
1913	5,488,048	2.50	3.00	5.00	8.00	18.00	35.00	70.00	250
1914	4,202,179	2.50	3.00	6.00	10.00	30.00	65.00	200	1,100
1915	1,172,258	14.00	20.00	35.00	65.00	175	350	750	2,500
1916	2,481,675	4.00	7.00	12.00	27.00	65.00	125	300	1,500
1917	5,521,373	2.25	3.00	4.00	9.00	22.00	40.00	100	400
1918	6,052,298	2.25	3.00	4.00	8.00	18.00	40.00	85.00	400
1919	7,835,400	2.25	3.00	4.00	8.00	18.00	35.00	80.00	450

KM# 22a 1.17 g., 0.800 Silver, 0.030 oz. ASW 15.48mm. **Obv. Designer:** E. B. MacKennal **Rev. Designer:** Leonard C. Wyon

Date	Mintage	VG8	F12	VF20	XF40	AU50	MS60	MS63	MS65
1920	10,649,851	2.00	2.50	3.00	6.50	17.00	28.00	65.00	300
1921	2,582,495	4,500	6,000	7,500	10,500	14,500	18,500	28,000	—

Note: Approximately 460 known; balance remelted. Stack's A.G. Carter Jr. Sale (12-89) choice BU, finest known, realized $57,200

Far 6

KM# 29 4.60 g., Nickel, 21.2mm. **Obv:** King's bust left **Obv. Designer:** E. B. MacKennal **Rev:** Maple leaves divide denomination and date **Rev. Designer:** W. H. J. Blakemore

Date	Mintage	VG8	F12	VF20	XF40	AU50	MS60	MS63	MS65
1922	4,794,119	0.30	0.90	1.75	7.00	30.00	60.00	125	900
1923	2,502,279	0.40	1.25	5.50	16.00	60.00	150	350	—
1924	3,105,839	0.30	1.00	4.00	10.00	40.00	100	250	—
1925	201,921	70.00	90.00	125	300	700	1,600	5,000	—
1926 Near 6	938,162	3.00	7.00	16.00	75.00	225	450	1,600	—
1926 Far 6	Inc. above	150	175	300	600	1,100	2,000	6,000	—
1927	5,285,627	0.30	0.65	3.00	13.00	35.00	75.00	175	1,800
1928	4,577,712	0.30	0.65	3.00	13.00	35.00	65.00	125	1,000
1929	5,611,911	0.30	0.65	3.00	13.00	35.00	80.00	200	1,800
1930	3,704,673	0.30	1.25	3.00	15.00	45.00	100	250	—
1931	5,100,830	0.30	1.25	3.50	18.00	70.00	175	650	—
1932	3,198,566	0.30	1.00	3.50	16.00	50.00	150	500	—
1933	2,597,867	0.40	1.50	6.00	18.00	80.00	200	800	—
1934	3,827,304	0.30	1.00	3.00	16.00	50.00	150	500	—
1935	3,900,000	0.30	1.00	3.00	11.00	50.00	125	350	1,800
1936	4,400,450	0.30	0.65	1.75	9.00	30.00	60.00	150	1,100

KM# 33 4.50 g., Nickel, 21.2mm. **Obv:** Head left **Obv. Designer:** T. H. Paget **Rev:** Beaver on rock divides denomination and date **Rev. Designer:** George E. Kruger-Gray

Date	Mintage	VG8	F12	VF20	XF40	AU50	MS60	MS63	MS65
1937 Dot	4,593,263	0.20	0.30	1.25	2.50	5.00	12.00	24.00	27.00
1938	3,898,974	0.30	0.90	2.50	10.00	40.00	80.00	175	7,000
1939	5,661,123	0.20	0.35	1.25	5.00	22.00	55.00	90.00	500
1940	13,920,197	0.20	0.30	1.00	2.25	9.00	20.00	55.00	900
1941	8,681,785	0.20	0.30	1.00	3.00	13.00	28.00	70.00	2,000
1942 Round	6,847,544	0.20	0.30	1.00	2.50	9.00	20.00	50.00	500

KM# 39 Tombac Brass, 21.2mm. **Obv:** Head left **Obv. Designer:** T. H. Paget **Rev:** Beaver on rock divides denomination and date **Rev. Designer:** George E. Kruger-Gray **Shape:** 12-sided

Date	Mintage	VG8	F12	VF20	XF40	AU50	MS60	MS63	MS65
1942	3,396,234	0.40	0.65	1.25	1.75	2.50	4.00	16.00	175

KM# 40 Tombac Brass, 21.2mm. **Subject:** Victory **Obv:** Head left **Obv. Designer:** T. H. Paget **Rev:** Torch on "V" divides date **Rev. Designer:** Thomas Shingles

Date	Mintage	VG8	F12	VF20	XF40	AU50	MS60	MS63	MS65
1943	24,760,256	0.20	0.30	0.40	0.80	1.75	3.50	12.00	150
1944	8,000	—	—	85,000	—	—	—	—	—
Note: 1 known									

KM# 40a 4.40 g., Chrome Plated Steel, 21.2mm. **Obv:** Head left **Rev:** Torch on "V" divides date

Date	Mintage	VG8	F12	VF20	XF40	AU50	MS60	MS63	MS65
1944	11,532,784	0.15	0.20	0.45	0.90	1.25	2.50	6.00	50.00
1945	18,893,216	0.10	0.20	0.40	0.80	1.25	2.50	6.00	80.00

Maple leaf

KM# 39a 4.50 g., Nickel, 21.2mm. **Obv:** Head left **Obv. Designer:** T. H. Paget **Rev:** Beaver on rock divides denomination and date **Rev. Designer:** George E. Kruger-Gray

Date	Mintage	VG8	F12	VF20	XF40	AU50	MS60	MS63	MS65
1946	6,952,684	0.10	0.25	0.50	2.00	8.00	16.00	40.00	1,100
1947	7,603,724	0.20	0.25	0.50	1.25	5.00	12.00	28.00	650
1947 Dot	Inc. above	18.00	22.00	35.00	75.00	125	200	400	1,800
1947 Maple leaf	9,595,124	0.20	0.25	0.45	1.25	5.00	12.00	25.00	225

KM# 42 4.54 g., Nickel, 21.2mm. **Obv:** Head left, modified legend **Obv. Designer:** T. H. Paget **Rev:** Beaver on rock divides date and denomination **Rev. Designer:** George E. Kruger-Gray

Date	Mintage	VG8	F12	VF20	XF40	AU50	MS60	MS63	MS65
1948	1,810,789	0.40	0.70	1.00	3.00	10.50	20.00	40.00	225
1949	13,037,090	0.15	0.25	0.45	1.00	3.50	7.00	16.00	125
1950	11,970,521	0.15	0.25	0.45	1.00	3.50	7.00	16.00	300

KM# 42a Chromium and Nickel Plated Steel, 21.2mm. **Obv:** Head left **Obv. Designer:** T. H. Paget **Rev:** Beaver on rock divides date and denomination **Rev. Designer:** George E. Kruger-Gray

Date	Mintage	VG8	F12	VF20	XF40	AU50	MS60	MS63	MS65
1951	4,313,410	0.15	0.20	0.45	0.80	1.75	3.50	10.00	125
Note: Low relief; Second "A" in GRATIA points between denticles									
1951	Inc. above	400	575	850	1,450	1,950	2,450	3,650	4,800
Note: High relief; Second "A" in GRATIA points to a denticle									
1952	10,891,148	0.15	0.20	0.45	0.80	1.75	3.50	8.00	90.00

KM# 48 4.55 g., Nickel, 21.2mm. **Subject:** Nickel Bicentennial **Obv:** Head left **Obv. Designer:** T. H. Paget **Rev:** Buildings with center tower divide dates and denomination **Rev. Designer:** Stephen Trenka **Shape:** 12-sided

Date	Mintage	VG8	F12	VF20	XF40	AU50	MS60	MS63	MS65
1951	9,028,507	0.15	0.25	0.30	0.45	0.90	1.75	8.00	125

KM# 50 Chromium and Nickel Plated Steel, 21.2mm. **Obv:** Laureate queen's bust, right **Obv. Designer:** Mary Gillick **Rev:** Beaver on rock divides date and denomination **Rev. Designer:** George E. Kruger-Gray **Shape:** 12-sided

Date	Mintage	VG8	F12	VF20	XF40	AU50	MS60	MS63	MS65
1953	16,635,552	—	0.20	0.40	0.90	1.75	3.00	7.00	60.00
Note: Without strap									
1953	Inc. above	165	235	325	520	850	1,500	3,500	—
Note: With strap, far leaf									
1953	Inc. above	280	450	625	950	1,250	1,600	3,700	—
Note: Without strap, near leaf									
1953	Inc. above	—	0.20	0.40	0.90	2.25	5.00	8.00	60.00
Note: With strap									
1954	6,998,662	—	0.25	0.50	1.00	2.50	6.00	12.00	80.00

KM# 50a 4.59 g., Nickel, 21.2mm. **Obv:** Laureate queen's bust right **Obv. Designer:** Mary Gillick **Rev:** Beaver on rock divides date and denomination **Rev. Designer:** George E. Kruger-Gray

Date	Mintage	VG8	F12	VF20	XF40	AU50	MS60	MS63	MS65
1955	5,355,028	—	0.15	0.40	0.75	1.75	3.50	6.50	70.00
1956	9,399,854	—	0.15	0.30	0.45	1.25	2.50	5.00	60.00
1957	7,387,703	—	0.15	0.25	0.30	0.65	1.25	3.50	45.00
1958	7,607,521	—	0.15	0.25	0.30	0.65	1.25	3.50	45.00
1959	11,552,523	—	—	0.15	0.20	0.25	0.45	1.75	45.00
1960	37,157,433	—	—	0.15	0.20	0.25	0.45	1.75	45.00
1961	47,889,051	—	—	0.15	0.20	0.25	0.40	1.25	45.00
1962	46,307,305	—	—	—	—	0.20	0.40	1.25	60.00

KM# 57 Nickel, 21.2mm. **Obv:** Laureate queen's bust right **Obv. Designer:** Mary Gillick **Rev:** Beaver on rock divides date and denomination **Rev. Designer:** George E. Kruger-Gray **Shape:** Round

Date	Mintage	VG8	F12	VF20	XF40	AU50	MS60	MS63	MS65
1963	43,970,320	—	—	—	—	0.15	0.30	0.80	100
1964	78,075,068	—	—	—	—	0.15	0.30	0.80	90.00
1964	—	18.00	20.00	21.00	24.00	30.00	40.00	125	—
Note: Extra water line									

KM# 60.1 4.54 g., Nickel, 21.2mm. **Obv:** Queen's bust right **Obv. Designer:** Arnold Machin **Rev:** Beaver on rock divides date and denomination **Rev. Designer:** George E. Kruger-Gray

Date	Mintage	VF20	XF40	MS60	MS63	MS65
1965	84,876,018	—	—	0.30	0.80	90.00

Date	Mintage	VF20	XF40	MS60	MS63	MS65
1966	27,976,648	—	—	0.30	0.80	300
1968	101,930,379	—	—	0.30	0.80	35.00
1969	27,830,229	—	—	0.30	0.80	50.00
1970	5,726,010	—	0.25	0.50	1.75	35.00
1971	27,312,609	—	—	0.30	0.80	35.00
1972	62,417,387	—	—	0.30	0.80	35.00
1973	53,507,435	—	—	0.30	0.80	27.00
1974	94,704,645	—	—	0.30	0.80	45.00
1975	138,882,000	—	—	0.30	0.80	35.00
1976	55,140,213	—	—	0.30	0.80	35.00
1977	89,120,791	—	—	—	0.80	45.00
1978	137,079,273	—	—	—	0.80	22.00

5 CENTS

KM# 66 Nickel, 21.2mm. **Subject:** Confederation Centennial **Obv:** Queen's bust right **Obv. Designer:** Arnold Machin **Rev:** Snowshoe rabbit bounding left divides dates and denomination **Rev. Designer:** Alex Coville

Date	Mintage	VF20	XF40	MS60	MS63	MS65
1867-1967	36,876,574	PF65 2.00				

KM# 60.2 Nickel, 21.2mm. **Obv:** Queen's bust right **Obv. Designer:** Arnold Machin **Rev:** Beaver on rock divides date and denomination **Rev. Designer:** George E. Kruger-Gray

Date	Mintage	VF20	XF40	MS60	MS63	MS65
1979	186,295,825	—	—	—	0.60	22.00
1980	134,878,000	—	—	—	0.60	45.00
1981	99,107,900	—	—	—	0.60	175
1981	199,000	PF65 2.00				

KM# 60.2a 4.60 g., Copper-Nickel, 21.2mm. **Obv:** Queen's bust right **Obv. Designer:** Arnold Machin **Rev:** Beaver on rock divides date and denomination **Rev. Designer:** George E. Kruger-Gray

Date	Mintage	VF20	XF40	MS60	MS63	MS65
1982	64,924,400	—	—	—	0.60	90.00
1982	180,908	PF65 2.00				
1983	72,596,000	—	—	—	0.60	175
1983	168,000	PF65 2.00				
1984	84,088,000	—	—	—	0.60	100
1984	161,602	PF65 2.00				
1985	126,618,000	—	—	—	0.60	125
1985	157,037	PF65 2.00				
1986	156,104,000	—	—	—	0.60	125
1986	175,745	PF65 2.00				
1987	106,299,000	—	—	—	0.60	40.00
1987	179,004	PF65 2.00				
1988	75,025,000	—	—	—	0.60	100
1988	175,259	PF65 2.00				
1989	141,570,538	—	—	—	0.70	40.00
1989	170,928	PF65 2.00				

KM# 182 4.60 g., Copper-Nickel, 19.55mm. **Obv:** Crowned head right **Obv. Designer:** Dora dePedery-Hunt **Rev:** Beaver on rock divides dates and denomination **Rev. Designer:** George E. Kruger-Gray **Edge:** Plain

Date	Mintage	VF20	XF40	MS60	MS63	MS65
1990	42,537,000	—	—	—	0.60	55.00
1990	140,649	PF65 3.50				
1991	10,931,000	—	—	0.45	0.95	35.00
1991	131,888	PF65 7.00				
1993	86,877,000	—	—	—	0.60	40.00
1993	143,065	PF65 2.50				
1994	99,352,000	—	—	—	0.60	27.00
1994	146,424	PF65 3.00				
1995	78,528,000	—	—	—	0.60	55.00
1995	—	PF65 2.50				
1996 Far 6	36,686,000	—	—	—	1.75	225
1996 Near 6	Inc. above	—	—	—	0.90	27.00
1996	—	PF65 6.00				
1997	27,354,000	—	—	—	0.60	22.00
1997	—	PF65 5.00				
1998	156,873,000	—	—	—	0.60	22.00
1998 W PL	—	—	—	—	—	2.25
1998	—	PF65 5.00				
1999	124,861,000	—	—	—	0.60	18.00
1999 W	—	—	—	—	—	—
1999	—	PF65 9.00				
2000	108,514,000	—	—	—	0.60	22.00

Date	Mintage	VF20	XF40	MS60	MS63	MS65
2000 W PL	—	—	—	—	—	2.25
2000	—	PF65 5.00				
2001	30,035,000	—	—	—	1.25	65.00
2001 P	—	PF65 9.00				
2003	—	—	—	—	0.60	22.00

KM# 205 4.60 g., Copper-Nickel, 21.2mm. **Subject:** Confederation 125 **Obv:** Crowned head right **Obv. Designer:** Dora dePedery-Hunt **Rev:** Beaver on rock divides date and denomination **Rev. Designer:** George E. Kruger-Gray

Date	Mintage	VF20	XF40	MS60	MS63	MS65
1992	147,061	PF65 2.50				
1992	53,732,000	—	—	—	0.60	27.00

KM# 182a 5.35 g., 0.925 Silver, 0.1591 oz. ASW 21.2mm. **Obv:** Crowned head right **Obv. Designer:** Dora dePedery-Hunt **Rev:** Beaver on rock divides date and denomination **Rev. Designer:** George E. Kruger-Gray

Date	Mintage	VF20	XF40	MS60	MS63	MS65
1996	—	PF65 8.00				
1997	—	PF65 8.00				
1998	—	PF65 8.00				
1998 O	—	PF65 8.00				
1999	—	PF65 8.00				
2000	—	PF65 8.00				
2001	—	PF65 8.00				
2003	—	PF65 8.00				

KM# 182b 3.90 g., Nickel Plated Steel, 21.2mm. **Obv:** Crowned head right **Obv. Designer:** Dora dePedery-Hunt **Rev:** Beaver on rock divides date and denomination **Rev. Designer:** George E. Kruger-Gray **Edge:** Plain

Date	Mintage	VF20	XF40	MS60	MS63	MS65
1999 P PL	Est. 20000	—	—	—	—	13.00
2000 P	Est. 2300000	—	—	—	0.90	22.00
2001 P	136,650,000	—	—	—	0.50	22.00
2003 P	32,986,921	—	—	—	0.60	22.00

KM# 310 1.17 g., 0.925 Silver, 0.0347 oz. ASW **Subject:** 90th Anniversary Royal Canadian Mint **Obv:** Crowned head right **Obv. Designer:** Dora dePedery-Hunt **Rev:** Denomination and date within wreath, crown above **Rev. Designer:** W. H. J. Blackmore

Date	Mintage	VF20	XF40	MS60	MS63	MS65
1908-1998	25,000	—	—	—	12.00	
1908-1998	25,000	PF65 12.00				

KM# 400 0.925 Silver, 21.2mm. **Subject:** First French-Canadian Regiment **Obv:** Crowned head right **Obv. Designer:** Dora dePedery-Hunt **Rev:** Regimental drums, sash and baton, denomination above, date at right **Rev. Designer:** R. C. M. Staff **Edge:** Plain

Date	Mintage	VF20	XF40	MS60	MS63	MS65
2000	—	PF65 7.00				

KM# 413 5.35 g., 0.925 Silver, 0.1591 oz. ASW 21.2mm. **Subject:** Royal Military College **Obv:** Crowned head right **Rev:** Marching cadets and arch **Rev. Designer:** Gerald T. Locklin **Edge:** Plain

Date	Mintage	VF20	XF40	MS60	MS63	MS65
2001	—	PF65 8.00				

KM# 446 3.95 g., Nickel Plated Steel, 21.2mm. **Subject:** Elizabeth II Golden Jubilee **Obv:** Crowned head right, Jubilee commemorative dates 1952-2002 **Obv. Designer:** Dora dePedery-Hunt **Rev. Designer:** George E. Kruger-Gray **Note:** Magnetic.

Date	Mintage	VF20	XF40	MS60	MS63	MS65
1952-2002 P	135,960,000	—	—	—	0.45	22.00
1952-2002 P	32,642	PF65 10.00				

KM# 446a 5.35 g., 0.925 Silver, 0.1591 oz. ASW 21.2mm. **Subject:** Elizabeth II Golden Jubilee **Obv:** Queen, Jubilee commemorative dates 1952-2002

Date	Mintage	VF20	XF40	MS60	MS63	MS65
1952-2002	21,573	PF65 11.50				

KM# 453 5.35 g., 0.925 Silver, 0.1591 oz. ASW 21.2mm. **Subject:** Vimy Ridge - WWI **Obv:** Crowned head right **Rev:** Vimy Ridge Memorial, allegorical figure and dates 1917-2002 **Rev. Designer:** S. A. Allward

Date	Mintage	VF20	XF40	MS60	MS63	MS65
2002	—	PF65 11.50				

KM# 469 5.35 g., 0.925 Silver, 0.1591 oz. ASW 21.2mm. **Subject:** 50th Anniversary of the Coronation of Elizabeth II **Obv:** Crowned head right, Jubilee commemorative dates 1953-2003 **Obv. Designer:** Mary Gillick

Date	Mintage	VF20	XF40	MS60	MS63	MS65
1953-2003	21,573	PF65 11.50				

KM# 491 3.95 g., Nickel Plated Steel, 21.2mm. **Obv:** Bare head right **Obv. Designer:** Susanna Blunt **Rev:** Beaver divides date and denomination **Rev. Designer:** George E. Kruger-Gray **Note:** Magnetic.

Date	Mintage	VF20	XF40	MS60	MS63	MS65
2003 P	61,392,180	—	—	—	0.65	90.00

Date	Mintage	VF20	XF40	MS60	MS63	MS65
2004 P	132,097,000	—	—	—	0.45	18.00
2004 P	—	PF65 7.00				
2005 P	89,664,000	—	—	—	0.45	18.00
2005 P	—	PF65 9.00				
2006 P	139,308,000	—	—	—	0.50	18.00
2006 P	—	PF65 7.00				
2006 (ml)	184,874,000	—	—	—	0.45	18.00
2006 (ml)	—	PF65 2.50				
2007 (ml)	221,472,000	—	—	—	0.45	18.00
2007 (ml)	—	PF65 7.00				
2008 (ml)	278,530,000	—	—	—	0.45	18.00
2008 (ml)	—	PF65 7.00				
2009 (ml)	266,488,000	—	—	—	0.45	18.00
2009 (ml)	—	PF65 7.00				
2010 (ml)	—	—	—	—	0.45	18.00
2010 (ml)	—	PF65 7.00				
2011 (ml)	—	—	—	—	0.45	18.00
2011 (ml)	—	PF65 7.00				
2012 (ml)	—	—	—	—	0.45	18.00
2012 (ml)	—	PF65 3.50				
2013 (ml)	—	—	—	—	0.45	18.00
2013 (ml)	—	PF65 2.50				
2014	—	—	—	—	0.45	—
2014	—	PF63 1.50	PF65 2.50			
2015	—	—	—	—	0.45	—
2015	—	PF63 1.50	PF65 2.50			

KM# 491a 5.35 g., 0.925 Silver, 0.1591 oz. ASW 21.1mm. **Obv:** Crowned head right **Obv. Designer:** Susanna Blunt **Rev:** Beaver divides date and denomination **Edge:** Plain

Date	Mintage	VF20	XF40	MS60	MS63	MS65
2004	—	PF65 6.50				

KM# 506 5.35 g., 0.925 Silver, 0.1591 oz. ASW 21.3mm. **Obv:** Bare head right **Rev:** Victory design of the KM-40 reverse **Edge:** Plain **Shape:** 12-sided

Date	Mintage	VF20	XF40	MS60	MS63	MS65
1944-2004	20,019	PF65 15.00				

KM# 627 3.95 g., Nickel Plated Steel, 21.2mm. **Subject:** 60th Anniversary, Victory in Europe 1945-2005 **Obv:** Head right **Rev:** Large V **Edge:** Plain

Date	Mintage	VF20	XF40	MS60	MS63	MS65
2005 P	59,269,192	—	—	—	0.65	18.00

KM# 758 5.30 g., 0.925 Silver, 0.1576 oz. ASW **Obv:** George VI head left **Rev:** Torch and large V

Date	Mintage	VF20	XF40	MS60	MS63	MS65
2005	42,792	PF65 35.00				

KM# 758a 5.30 g., 0.925 Silver selectively gold plated, 0.1576 oz. ASW **Obv:** George VI head left **Rev:** Torch and large V **Note:** Bound into Annual Report.

Date	Mintage	VF20	XF40	MS60	MS63	MS65
2005	6,065	PF65 40.00				

KM# 491b 4.60 g., Copper-Nickel, **Obv:** Bust right **Rev:** Beaver

Date	Mintage	VF20	XF40	MS60	MS63	MS65
2006	43,008,000	—	—	—	5.00	—

KM# 1024 Nickel, 21.2mm. **Obv:** George V bust left **Rev:** Denomination and 1935-2010 anniversary dates, two maple leaves below

Date	Mintage	VF20	XF40	MS60	MS63	MS65
1935-2010	—			PF65 15.00		

KM# 1154 1.56 g., 0.925 Silver, 0.0464 oz. ASW 15.5mm. **Obv:** George V bust **Rev:** Value within wreath

Date	Mintage	VF20	XF40	MS60	MS63	MS65
1911-2011	6,000			PF65 15.00		

KM# 1941 31.83 g., 0.9999 Silver Selective gold plating, 1.0233 oz. ASW 40mm. **Subject:** Legacy of the Canadian Nickel **Obv:** Elizabeth II Machin bust right **Rev:** Snowshoe rabbit bounding left divides denomination and date

Date	Mintage	VF20	XF40	MS60	MS63	MS65
2015	8,500			PF65 95.00		

KM# 1942 31.83 g., 0.9999 Silver Selective gold plating, 1.0233 oz. ASW 40mm. **Subject:** Legacy of the Canadian Nickel **Obv:** George VI bust left **Rev:** Torch on "V" divides date

Date	Mintage	VF20	XF40	MS60	MS63	MS65
2015	8,500			PF65 95.00		

KM# 1943 31.83 g., 0.9999 Silver Selective gold plating, 1.0233 oz. ASW 40mm. **Subject:** Legacy of the Canadian Nickel **Obv:** George VI bust left **Rev:** Nickel refinery above maple leaf trio

Date	Mintage	VF20	XF40	MS60	MS63	MS65
2015	8,500			PF65 95.00		

KM# 1944 31.83 g., 0.9999 Silver Selective gold plating, 1.0233 oz. ASW 40mm. **Subject:** Legacy of the Canadian Nickel **Obv:** Bust right **Rev:** Beaver on rock divides denomination and date

Date	Mintage	VF20	XF40	MS60	MS63	MS65
2015				PF65 95.00		

KM# 1945 157.60 g., 0.9999 Silver Selective gold plating, 5.0664 oz. ASW 65.25mm. **Subject:** Big Coin Series **Obv:** Bust right **Rev:** Beaver on rock divides denomination and date

Date	Mintage	VF20	XF40	MS60	MS63	MS65
2015	1,500			PF65 350		

KM# 2072 157.60 g., 0.9999 Silver, 5.0664 oz. ASW 65.25mm. **Subject:** Big Coin Series **Obv:** Bust right **Rev:** Beaver on rock divides denomination and date, selective color

Date	Mintage	VF20	XF40	MS60	MS63	MS65
2016	1,500			PF67 400		

10 CENTS

KM# 3 2.32 g., 0.925 Silver, 0.0691 oz. ASW 18.03mm. **Obv:** Head left **Rev:** Denomination and date within wreath, crown above **Obv. Legend:** VICTORIA DEI GRATIA REGINA. CANADA **Edge:** Reeded **Designer:** Leonard C. Wyon

Date	Mintage	VG8	F12	VF20	XF40	AU50	MS60	MS63	MS65
1858/5	Inc. below	900	1,400	2,100	4,000	8,000	12,000	—	—
1858	1,250,000	20.00	35.00	65.00	125	225	350	850	2,500
1870 Narrow 0	1,600,000	18.00	40.00	75.00	125	250	400	1,300	3,500
1870 Wide 0	Inc. above	35.00	65.00	125	225	400	600	2,100	6,500
1871	800,000	29.00	50.00	125	200	400	600	2,500	6,500
1871H	1,870,000	35.00	60.00	125	225	400	600	2,100	6,500
1872H	1,000,000	150	225	400	600	1,150	1,750	4,000	9,500
1874H	600,000	14.00	24.00	50.00	125	225	350	1,100	3,500
1875H	1,000,000	400	750	1,200	2,000	4,000	7,000	16,000	35,000
1880H	1,500,000	18.00	30.00	65.00	125	225	350	1,200	2,900
1881H	950,000	21.00	35.00	70.00	150	300	400	1,300	3,500
1882H	1,000,000	21.00	35.00	70.00	150	300	450	1,500	4,500
1883H	300,000	65.00	125	250	500	900	1,300	3,000	7,500
1884	150,000	300	500	950	1,700	3,500	6,000	20,000	45,000
1885	400,000	65.00	125	250	500	1,100	2,600	7,000	16,500
1886 Small 6	800,000	30.00	65.00	125	300	900	1,500	4,000	9,000
1886 Large 6	Inc. above	40.00	80.00	150	350	900	1,500	4,000	11,000
1887	350,000	65.00	125	225	450	1,050	1,700	4,000	9,500
1888	500,000	16.00	27.00	55.00	125	225	350	1,100	2,500
1889	600,000	750	1,200	2,000	4,000	8,500	13,000	35,000	85,000
1890H	450,000	21.00	45.00	90.00	200	350	500	1,100	2,800
1891 21 leaves	800,000	21.00	45.00	90.00	200	350	500	1,300	3,500
1891 22 leaves	Inc. above	21.00	45.00	90.00	200	350	500	1,200	3,500
1892/1	520,000	250	400	700	1,400	2,700	4,000	—	—
1892	Inc. above	20.00	35.00	75.00	150	300	450	1,200	3,500
1893 Flat-top 3	500,000	45.00	80.00	150	300	650	1,000	2,300	6,000

Date	Mintage	VG8	F12	VF20	XF40	AU50	MS60	MS63	MS65
1893 Round-top 3	Inc. above	1,000	1,400	2,700	5,000	9,000	13,000	35,000	85,000
1894	500,000	45.00	80.00	150	250	450	750	1,800	4,000
1896	650,000	14.00	24.00	45.00	90.00	175	300	750	2,100
1898	720,000	14.00	24.00	45.00	90.00	175	300	750	2,100
1899 Small 9's	1,200,000	12.00	22.00	40.00	75.00	150	225	600	1,700
1899 Large 9's	Inc. above	24.00	45.00	85.00	150	300	500	1,200	3,500
1900	1,100,000	8.50	18.00	40.00	85.00	150	225	650	1,600
1901	1,200,000	13.00	24.00	50.00	100	150	250	850	1,800

KM# 10 2.32 g., 0.925 Silver, 0.0691 oz. ASW 18.03mm. **Obv:** Crowned bust right **Obv. Designer:** G. W. DeSaulles **Rev:** Denomination and date within wreath, crown above **Rev. Designer:** Leonard C. Wyon **Edge:** Reeded

Date	Mintage	VG8	F12	VF20	XF40	AU50	MS60	MS63	MS65
1902	720,000	9.00	18.00	35.00	100	200	450	1,200	4,500
1902H	1,100,000	6.00	9.00	20.00	45.00	90.00	150	350	1,100
1903	500,000	15.00	35.00	90.00	250	600	1,200	2,300	8,000
1903H	1,320,000	8.00	18.00	35.00	90.00	150	350	800	2,700
1904	1,000,000	12.00	27.50	50.00	125	225	400	1,000	3,500
1905	1,000,000	7.00	27.50	60.00	150	300	600	1,400	5,000
1906	1,700,000	7.00	13.00	35.00	80.00	150	350	900	2,600
1907	2,620,000	5.00	12.00	25.00	45.00	125	300	600	2,100
1908	776,666	9.00	27.50	60.00	150	200	300	600	1,300
1909	1,697,200	7.00	20.00	45.00	125	225	500	1,200	5,000
Note: Victorian leaves, similar to 1902-08 coins									
1909	Inc. above	11.00	30.00	60.00	150	350	750	1,800	5,500
Note: Broad leaves, similar to 1910-12 coins									
1910	4,468,331	4.00	9.00	20.00	40.00	80.00	150	400	1,200

KM# 17 2.32 g., 0.925 Silver, 0.0691 oz. ASW 23.5mm. **Obv:** Crowned bust left **Obv. Designer:** E. B. MacKennal **Rev:** Denomination and date within wreath, crown above **Rev. Designer:** Leonard C. Wyon **Edge:** Reeded

Date	Mintage	VG8	F12	VF20	XF40	AU50	MS60	MS63	MS65
1911	2,737,584	5.00	12.00	20.00	45.00	80.00	150	300	700

Small leaves   Large leaves

KM# 23 2.32 g., 0.925 Silver, 0.0691 oz. ASW 17.8mm. **Obv:** Crowned bust left **Obv. Designer:** E. B. MacKennal **Rev:** Denomination and date within wreath, crown above **Rev. Designer:** Leonard C. Wyon **Edge:** Reeded

Date	Mintage	VG8	F12	VF20	XF40	AU50	MS60	MS63	MS65
1912	3,235,557	2.50	5.00	10.00	35.00	90.00	250	650	1,900
1913	3,613,937	2.50	3.50	9.00	30.00	80.00	200	500	1,300
Note: Small leaves									
1913	Inc. above	125	225	450	1,200	3,000	8,000	27,500	—
Note: Large leaves									
1914	2,549,811	2.00	4.00	9.00	30.00	75.00	175	500	1,700
1915	688,057	7.00	16.00	40.00	125	225	500	950	2,600
1916	4,218,114	2.00	3.50	6.00	20.00	45.00	100	200	800
1917	5,011,988	2.00	3.50	4.00	12.00	40.00	70.00	125	400
1918	5,133,602	2.00	3.50	4.00	10.00	35.00	60.00	100	350
1919	7,877,722	2.00	3.50	4.00	10.00	35.00	60.00	100	250

KM# 23a 2.33 g., 0.800 Silver, 0.060 oz. ASW 17.9mm. **Obv:** Crowned bust left **Obv. Designer:** E. B. MacKennal **Rev:** Denomination and date within wreath, crown above **Edge:** Reeded

Date	Mintage	VG8	F12	VF20	XF40	AU50	MS60	MS63	MS65
1920	6,305,345	2.00	2.75	3.50	12.00	40.00	75.00	125	400
1921	2,469,562	2.00	2.75	6.00	20.00	50.00	90.00	225	900
1928	2,458,602	2.00	2.75	4.00	12.00	40.00	80.00	150	600
1929	3,253,888	2.00	3.00	3.50	12.00	40.00	75.00	125	400
1930	1,831,043	2.00	3.50	4.50	14.00	45.00	80.00	175	500
1931	2,067,421	2.50	3.50	4.00	12.00	40.00	70.00	125	400
1932	1,154,317	2.00	3.00	9.00	23.00	60.00	125	250	600
1933	672,368	2.50	5.00	12.00	40.00	95.00	200	400	1,300
1934	409,067	4.00	7.00	22.00	70.00	175	375	650	1,800
1935	384,056	4.50	7.00	19.00	60.00	165	350	600	1,600
1936	2,460,871	2.00	2.50	3.00	9.00	30.00	60.00	100	250
1936 Specimen	—	—	—	—	—	—	—	125,000	200,000

Note: Dot on reverse. Specimen, 4 known; David Akers sale of John Jay Pittman collection, Part 1, 10-97, a gem specimen realized $120,000

Maple leaf

KM# 34 2.33 g., 0.800 Silver, 0.060 oz. ASW 18.03mm. **Obv:** Head left **Obv. Designer:** T. H. Paget **Rev:** Bluenose sailing left, date at right, denomination below **Rev. Designer:** Emanuel Hahn **Edge:** Reeded

Date	Mintage	VG8	F12	VF20	XF40	AU50	MS60	MS63	MS65
1937	2,500,095	1.10	3.00	3.50	4.00	8.00	16.00	24.00	175
1938	4,197,323	1.10	3.00	4.50	10.00	30.00	60.00	100	800
1939	5,501,748	1.10	3.00	3.50	6.00	22.00	50.00	85.00	500
1940	16,526,470	—	1.10	3.00	4.00	9.00	20.00	40.00	225
1941	8,716,386	—	1.10	3.00	7.00	22.00	55.00	120	500
1942	10,214,011	—	1.10	3.00	5.00	18.00	40.00	60.00	600
1943	21,143,229	—	1.10	3.00	4.00	9.00	20.00	35.00	225
1944	9,383,582	—	1.10	3.00	5.00	12.00	28.00	45.00	250
1945	10,979,570	—	1.10	3.00	4.00	9.00	20.00	35.00	225
1946	6,300,066	1.10	2.00	4.00	5.00	15.00	30.00	45.00	225
1947	4,431,926	1.10	2.00	3.00	7.00	18.00	40.00	60.00	400
1947	9,638,793	—	1.10	3.00	4.00	7.00	15.00	20.00	125

Note: Maple leaf

KM# 43 2.33 g., 0.800 Silver, 0.060 oz. ASW 18.03mm. **Obv:** Head left, modified legend **Obv. Designer:** T. H. Paget **Rev:** Bluenose sailing left, date at right, denomination below **Rev. Designer:** Emanuel Hahn

Date	Mintage	VG8	F12	VF20	XF40	AU50	MS60	MS63	MS65
1948	422,741	2.50	4.00	9.50	18.00	35.00	65.00	95.00	650
1949	11,336,172	—	1.10	2.00	2.50	6.00	12.00	18.00	150
1950	17,823,075	—	1.10	2.00	2.50	5.00	10.00	15.00	250
1951	15,079,265	—	—	1.10	2.50	4.00	7.00	12.00	175
1951	—	—	6.00	8.00	12.00	18.00	40.00	65.00	350
Note: Doubled die									
1952	10,474,455	—	—	1.10	2.50	4.00	6.00	10.00	90.00

KM# 51 2.31 g., 0.800 Silver, 0.0594 oz. ASW 18mm. **Obv:** Laureate bust right **Obv. Designer:** Mary Gillick **Rev:** Bluenose sailing left, date at right, denomination below **Rev. Designer:** Emanuel Hahn

Date	Mintage	VG8	F12	VF20	XF40	AU50	MS60	MS63	MS65
1953	Inc. above	—	1.00	2.00	3.00	3.50	4.00	8.00	125
Note: With straps									
1953	17,706,395	—	—	1.00	3.00	3.50	4.50	9.00	50.00
Note: Without straps									
1954	4,493,150	—	1.00	2.00	3.00	7.00	12.00	20.00	125
1955	12,237,294	—	—	1.00	2.00	3.00	4.50	8.00	55.00
1956	Inc. above	1.00	3.50	4.00	7.00	9.50	15.00	24.00	125
Note: Dot below date									
1956	16,732,844	—	—	—	1.00	2.00	3.00	6.00	45.00
1957	16,110,229	—	—	—	1.00	2.25	3.50	4.00	35.00
1958	10,621,236	—	—	—	1.00	2.25	3.50	4.00	35.00
1959	19,691,433	—	—	—	1.00	1.10	3.00	4.00	35.00
1960	45,446,835	—	—	—	1.00	1.10	3.00	4.00	45.00
1961	26,850,859	—	—	—	1.00	1.10	3.00	4.00	45.00
1962	41,864,335	—	—	—	1.00	1.10	2.00	2.50	22.00
1963	41,916,208	—	—	—	1.00	1.10	2.00	2.50	22.00
1964	49,518,549	—	—	—	1.00	1.10	2.00	2.50	22.00

KM# 61 2.33 g., 0.800 Silver, 0.060 oz. ASW 18.03mm. **Obv:** Young bust right **Obv. Designer:** Arnold Machin **Rev:** Bluenose sailing left, date at right, denomination below

Date	Mintage	VF20	XF40	MS60	MS63	MS65
1965	56,965,392	—	—	1.10	2.50	18.00
1966	34,567,898	—	—	1.10	2.50	27.00

KM# 67 2.33 g., 0.800 Silver, 0.060 oz. ASW 18.03mm. **Subject:** Confederation Centennial **Obv:** Bust right **Rev:** Atlantic mackeral left, denomination above, dates below **Rev. Designer:** Alex Colville

Date	Mintage	VF20	XF40	MS60	MS63	MS65
1867-1967	62,998,215	—	—	1.10	2.50	27.00
ND1867-1967	—		PF65	18.00		

KM# 67a 2.33 g., 0.500 Silver, 0.0375 oz. ASW 18.03mm. **Subject:** Confederation Centennial **Obv:** Young bust right **Rev:** Atlantic mackeral left, denomination below, dates below

Date	Mintage	VF20	XF40	MS60	MS63	MS65
1867-1967	Inc. above	—	—	0.70	2.00	27.00

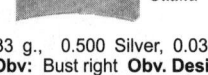
Ottawa

KM# 72 2.33 g., 0.500 Silver, 0.0375 oz. ASW 18.03mm. **Obv:** Bust right **Obv. Designer:** Arnold Machin **Rev:** Bluenose sailing left, date at right, denomination below **Rev. Designer:** Emanuel Hahn **Note:** Ottawa Mint reeding has pointed deep areas in the edge reeding.

Date	Mintage	VF20	XF40	MS60	MS63	MS65
1968	70,460,000	—	—	0.70	1.50	18.00

Ottawa

KM# 72a Nickel, 18.03mm. **Obv:** Young bust right **Obv. Designer:** Arnold Machin **Rev:** Bluenose sailing left, date at right, denomination below **Rev. Designer:** Emanuel Hahn **Note:** Ottawa Mint reeding has pointed deep areas in the edge reeding.

Date	Mintage	VF20	XF40	MS60	MS63	MS65
1968	87,412,930	—	—	—	0.40	90.00

Philadelphia

KM# 73 2.33 g., Nickel, 18.03mm. **Obv:** Young bust right **Obv. Designer:** Arnold Machin **Rev:** Bluenose sailing left, date at right, denomination below **Rev. Designer:** Emanuel Hahn **Note:** Philadelphia Mint reeding has flat deep areas in the edge reeding.

Date	Mintage	VF20	XF40	MS60	MS63	MS65
1968	85,170,000	—	—	—	0.40	40.00
1969	—	12,000	17,000	25,000		
Note: Large date, large ship, 10-20 known						

KM# 77.1 2.07 g., Nickel, 18.03mm. **Obv:** Young bust right **Obv. Designer:** Arnold Machin **Rev:** Redesigned smaller Bluenose sailing left, date at right, denomination below **Rev. Designer:** Emanuel Hahn **Edge:** Reeded

Date	Mintage	VF20	XF40	MS60	MS63	MS65
1969	55,833,929	—	—	0.25	0.70	30.00
1970	5,249,296	—	—	0.40	1.25	27.00
1971	41,016,968	—	—	0.20	0.70	27.00
1972	60,169,387	—	—	0.20	0.70	30.00
1973	167,715,435	—	—	0.20	0.70	45.00
1974	201,566,565	—	—	0.20	0.70	45.00

Date	Mintage	VF20	XF40	MS60	MS63	MS65
1975	207,680,000	—	—	0.20	0.70	45.00
1976	95,018,533	—	—	0.20	0.70	45.00
1977	128,452,206	—	—	—	0.70	35.00
1978	170,366,431	—	—	—	0.70	45.00

KM# 77.2 2.07 g., Nickel, 18.03mm. **Obv:** Smaller young bust right **Obv. Designer:** Arnold Machin **Rev:** Redesigned smaller Bluenose sailing left, denomination below, date at right **Rev. Designer:** Emanuel Hahn **Edge:** Reeded

Date	Mintage	VF20	XF40	MS60	MS63	MS65
1979	237,321,321	—	—	—	0.60	30.00
1980	170,111,533	—	—	—	2.25	45.00
1981	123,912,900	—	—	—	0.60	85.00
1981	199,000	PF65 1.50				
1982	93,475,000	—	—	—	0.60	45.00
1982	180,908	PF65 1.50				
1983	111,065,000	—	—	—	0.60	45.00
1983	168,000	PF65 1.50				
1984	121,690,000	—	—	—	0.60	65.00
1984	161,602	PF65 2.00				
1985	143,025,000	—	—	—	0.60	40.00
1985	157,037	PF65 2.00				
1986	168,620,000	—	—	—	0.60	45.00
1986	175,745	PF65 2.00				
1987	147,309,000	—	—	—	0.60	40.00
1987	179,004	PF65 2.00				
1988	162,998,558	—	—	—	0.60	40.00
1988	175,259	PF65 2.00				
1989	199,104,414	—	—	—	0.70	35.00
1989	170,528	PF65 2.00				

KM# 183 2.14 g., Nickel, 18.03mm. **Obv:** Crowned head right **Obv. Designer:** Dora dePedery-Hunt **Rev:** Bluenose sailing left, date at right, denomination below **Rev. Designer:** Emanuel Hahn **Edge:** Reeded

Date	Mintage	VF20	XF40	MS60	MS63	MS65
1990	65,023,000	—	—	—	0.60	30.00
1990	140,649	PF65 2.50				
1991	50,397,000	—	—	0.65	0.90	27.00
1991	131,888	PF65 4.00				
1993	135,569,000	—	—	—	0.60	27.00
1993	143,065	PF65 2.00				
1994	145,800,000	—	—	—	0.60	30.00
1994	146,424	PF65 2.50				
1995	123,875,000	—	—	—	0.60	27.00
1995	—	PF65 2.50				
1996	51,814,000	—	—	—	0.60	30.00
1996	—	PF65 3.50				
1997	43,126,000	—	—	—	0.60	27.00
1997	—	PF65 3.50				
1998	203,514,000	—	—	—	0.60	30.00
1998	—	PF65 4.50				
1998 W PL	—					
1999	258,462,000	—	—	—	0.60	30.00
1999	—	PF65 6.00				
2000	159,125,000	—	—	—	0.50	30.00
2000	—	PF65 4.00				
2000 W PL	—	—	—	—	—	1.75

KM# 206 Nickel, 18.03mm. **Subject:** Confederation 125 **Obv:** Crowned head right **Rev:** Bluenose

sailing left, date at right, denomination below

Date	Mintage	VF20	XF40	MS60	MS63	MS65
1867-1992	174,476,000	—	—	—	0.60	27.00
1867-1992	147,061	PF65 2.50				

KM# 183a 2.40 g., 0.925 Silver, 0.0714 oz. ASW 18.03mm. **Obv:** Crowned head right **Rev:** Bluenose sailing left, date at right, denomination below

Date	Mintage	VF20	XF40	MS60	MS63	MS65
1996	—	PF65 5.50				
1997	—	PF65 5.50				
1998	—	PF65 4.00				
1998 O	—	PF65 4.00				
1999	—	PF65 5.00				
2000	—	PF65 5.00				
2001	—	PF65 5.00				
2002	—	PF65 7.50				
2003	—	PF65 7.50				

KM# 299 2.40 g., 0.925 Silver, 0.0714 oz. ASW 18.03mm. **Subject:** John Cabot **Obv:** Crowned head right **Rev:** Ship with full sails divides dates, denomination below **Rev. Designer:** Donald H. Curley

Date	Mintage	VF20	XF40	MS60	MS63	MS65
1997	—	PF65 13.50				

KM# 311 2.32 g., 0.925 Silver, 0.069 oz. ASW 18.03mm. **Subject:** 90th Anniversary Royal Canadian Mint **Obv:** Crowned head right **Rev:** Denomination and date within wreath, crown above

Date	Mintage	VF20	XF40	MS60	MS63	MS65
1908-1998 Matte	—	PF65 10.00				
1908-1998	—	PF65 10.00				

KM# 183b 1.77 g., Nickel Plated Steel, 18.03mm. **Obv:** Crowned head right **Obv. Designer:** Dora dePedery-Hunt **Rev:** Bluenose sailing left, date at right, denomination below **Rev. Designer:** Emanuel Hahn **Edge:** Reeded

Date	Mintage	VF20	XF40	MS60	MS63	MS65
1999 P PL	Est. 20000	—	—	—	—	10.00
2000 P	Est. 200	—	—	600	1,000	2,000
2001 P	266,000,000	—	—	—	0.45	27.00
2003 P	162,398,000	—	—	—	0.55	18.00

KM# 409 2.40 g., 0.925 Silver, 0.0714 oz. ASW 18.03mm. **Subject:** First Canadian Credit Union **Obv:** Crowned head right **Rev:** Alphonse

Desjardins' house (founder of the first credit union in Canada), dates at right, denomination below **Edge:** Reeded

Date	Mintage	VF20	XF40	MS60	MS63	MS65
2000	—		PF65 7.00			

KM# 412 1.77 g., Nickel Plated Steel, 18mm. **Subject:** Year of the Volunteer **Obv:** Crowned head right **Rev:** Three portraits left and radiant sun **Edge:** Reeded

Date	Mintage	VF20	XF40	MS60	MS63	MS65
2001 P	224,714,000	—	—	—	0.65	27.00

KM# 412a 2.40 g., 0.925 Silver, 0.0714 oz. ASW 18mm. **Subject:** Year of the Volunteer **Obv:** Crowned head right **Rev:** Three portraits left above banner, radiant sun below **Edge:** Reeded

Date	Mintage	VF20	XF40	MS60	MS63	MS65
2001 P	40,634	PF65 7.00				

KM# 447 1.77 g., Nickel Plated Steel, 18mm. **Subject:** Elizabeth II Golden Jubilee **Obv:** Crowned head right, Jubilee commemorative dates 1952-2002

Date	Mintage	VF20	XF40	MS60	MS63	MS65
1952-2002 P	252,563,000	—	—	—	1.00	—
1952-2002	32,642	PF65 2.50				

KM# 447a 2.32 g., 0.925 Silver, 0.069 oz. ASW 18mm. **Subject:** Elizabeth II Golden Jubilee **Obv:** Crowned head right, Jubilee commemorative dates 1952-2002

Date	Mintage	VF20	XF40	MS60	MS63	MS65
2002	21,537	PF65 12.50				

KM# 470 2.32 g., 0.925 Silver, 0.069 oz. ASW **Subject:** 50th Anniversary of the Coronation of Elizabeth II **Obv:** Head right **Rev:** Bluenose sailing left

Date	Mintage	VF20	XF40	MS60	MS63	MS65
1953-2003	21,537	PF65 10.00				

KM# 492 1.77 g., Nickel Plated Steel, 18mm. **Obv:** Head right **Obv. Designer:** Susanna Blunt **Rev:** Bluenose sailing left

Date	Mintage	VF20	XF40	MS60	MS63	MS65
2003 P	—	—	—	—	0.90	18.00
2004 P	211,924,000	—	—	—	0.60	18.00
2004 P	—	PF65 5.50				
2005 P	212,175,000	—	—	—	0.60	18.00
2005 P	—	PF65 5.50				
2006 P	312,122,000	—	—	—	0.60	18.00
2006 P	—	PF65 4.00				
2007 (ml) Straight 7	304,110,000	—	—	—	0.60	18.00
2007 (ml) Curved 7, PL	Inc. above	—	—	—	—	0.90
2007 (ml)	—	PF65 3.50				
2008 (ml)	467,495,000	—	—	—	0.60	18.00
2008 (ml)	—	PF65 3.50				
2009 (ml)	370,700,000	—	—	—	0.60	18.00
2009 (ml)	—	PF65 3.50				

Date	Mintage	VF20	XF40	MS60	MS63	MS65
2010 (ml)	—	—	—	—	0.60	18.00
2010 (ml)	—	PF65 3.50				
2011 (ml)	—	—	—	—	0.60	18.00
2011 (ml)	—	PF65 3.50				
2012 (ml)	—	—	—	—	0.60	18.00
2012 (ml)	—	PF65 3.50				
2013 (ml)	—	—	—	—	0.60	—
2013 (ml)	—	PF65 2.50				
2014	—	—	—	—	0.60	—
2014	—	PF63 1.50	PF65 2.50			
2015	—	—	—	—	0.60	—
2015	—	PF63 1.50	PF65 2.50			

KM# 492a 2.40 g., 0.925 Silver, 0.0714 oz. ASW 18mm. **Obv:** Bare head right **Obv. Designer:** Susanna Blunt **Rev:** Sailboat **Edge:** Reeded

Date	Mintage	VF20	XF40	MS60	MS63	MS65
2004	—	PF65 6.00				

KM# 524 2.40 g., 0.925 Silver, 0.0714 oz. ASW 18mm. **Subject:** Golf, Championship of Canada, Centennial. **Obv:** Head right

Date	Mintage	VF20	XF40	MS60	MS63	MS65
2004	39,486	—	—	—	10.00	—

KM# 1025 2.40 g., 0.925 Silver, 0.0714 oz. ASW 18.03mm. **Obv:** George V bust left **Rev:** Value within wreath, dual dates below

Date	Mintage	VF20	XF40	MS60	MS63	MS65
1935-2010	—	PF65 20.00				

KM# 1155 2.40 g., 0.925 Silver, 0.0714 oz. ASW 18.03mm. **Obv:** George V bust **Rev:** Value within wreath

Date	Mintage	VF20	XF40	MS60	MS63	MS65
1911-2011	6,000	PF65 20.00				

KM# 1946 157.60 g., 0.9999 Silver Selective gold plating, 5.0664 oz. ASW 65.25mm. **Subject:** Big Coin Series **Obv:** Bust right **Rev:** Bluenose sailing left, denomination below, date right

Date	Mintage	VF20	XF40	MS60	MS63	MS65
2015	1,500	PF65 450				

KM# 2073 157.60 g., 0.9999 Silver, 5.0664 oz. ASW 65.25mm. **Subject:** Big Coin Series **Obv:** Bust right **Rev:** Bluenose sailing left, denomination below, date right, selective color

Date	Mintage	VF20	XF40	MS60	MS63	MS65
2016	1,500	PF67 400				

20 CENTS

KM# 4 4.65 g., 0.925 Silver, 0.1382 oz. ASW **Obv:** Head left **Rev:** Denomination and date within wreath, crown above **Obv. Legend:** VICTORIA DEI GRATIA REGINA. CANADA

Date	Mintage	VG8	F12	VF20	XF40	AU50	MS60	MS63	MS65
1858	750,000	70.00	100	125	225	500	900	2,500	5,000

25 CENTS

KM# 5 5.81 g., 0.925 Silver, 0.1728 oz. ASW 23.88mm. **Obv:** Crowned head left **Obv. Designer:** Leonard C. Wyon **Rev:** Denomination and date within wreath, crown above **Obv. Legend:** VICTORIA DEI GRATIA REGINA / CANADA

Date	Mintage	VG8	F12	VF20	XF40	AU50	MS60	MS63	MS65
1870	900,000	28.00	45.00	85.00	200	450	750	2,000	5,500
1871	400,000	30.00	50.00	125	250	600	1,000	2,400	6,500
1871H	748,000	40.00	60.00	150	300	700	1,100	2,100	5,500
1872H	2,240,000	17.00	25.00	45.00	125	300	550	1,800	5,000
1872H	Inc. above	75.00	125	250	600	1,500	2,500	6,000	—
Note: Inverted "A" for "V" in Victoria									
1874H	1,600,000	17.00	25.00	45.00	125	250	450	1,400	4,000
1875H	1,000,000	400	700	1,700	3,000	8,500	20,000	35,000	—
1880H Narrow 0	400,000	60.00	125	300	600	1,150	1,700	3,500	8,500
1880H Wide 0	Inc. above	150	350	600	1,400	2,900	4,500	8,000	—
1880H Narrow/wide 0	Inc. above	150	225	600	950	1,850	2,800	10,000	18,000
1881H	820,000	35.00	55.00	125	300	750	1,300	4,000	9,500
1882H	600,000	40.00	65.00	125	300	750	1,200	3,000	8,000
1883H	960,000	25.00	40.00	85.00	200	400	600	1,700	4,500
1885	192,000	150	300	550	1,100	2,500	4,000	10,000	28,000
1886/3	540,000	90.00	200	400	750	1,550	2,400	4,500	—
1886	Inc. above	50.00	90.00	200	450	1,050	1,700	4,500	9,500
1887	100,000	150	300	550	1,200	3,000	7,500	12,500	—
1888	400,000	26.00	55.00	90.00	200	450	750	2,200	5,000
1889	66,324	175	350	650	1,400	2,900	4,500	13,000	—
1890H	200,000	35.00	60.00	150	300	650	1,000	2,300	6,000
1891	120,000	125	225	400	750	1,250	1,800	3,500	8,500
1892	510,000	24.00	40.00	85.00	200	450	750	2,300	5,500
1893	100,000	150	300	550	1,000	1,450	2,000	3,000	8,000
1894	220,000	35.00	65.00	150	300	550	850	2,000	5,000
1899	415,580	17.00	25.00	60.00	150	350	600	1,500	4,500
1900	1,320,000	14.00	20.00	50.00	125	300	550	1,200	2,400
1901	640,000	15.00	24.00	65.00	220	375	675	1,450	2,600

KM# 11 5.81 g., 0.925 Silver, 0.1728 oz. ASW 23.4mm. **Obv:** Crowned bust right **Obv. Designer:** G. W. DeSaulles **Rev:** Denomination and date within wreath, crown above

Date	Mintage	VG8	F12	VF20	XF40	AU50	MS60	MS63	MS65
1902	464,000	16.00	35.00	85.00	250	450	1,000	2,500	7,500
1902H	800,000	11.00	22.50	65.00	125	225	350	650	2,100

Date	Mintage	VG8	F12	VF20	XF40	AU50	MS60	MS63	MS65
1903	846,150	20.00	40.00	100	300	500	1,000	2,600	9,500
1904	400,000	30.00	75.00	200	500	950	2,250	7,000	—
1905	800,000	20.00	45.00	150	350	800	2,000	5,500	—
1906 Large crown	1,237,843	14.00	30.00	75.00	250	450	800	2,200	11,000
1906 Small crown, Rare	Inc. above	3,500	5,500	11,500	19,000	25,000	32,000	45,000	—
1907	2,088,000	11.00	22.50	65.00	175	300	600	1,600	5,000
1908	495,016	27.00	50.00	100	250	400	550	1,000	1,900
1909	1,335,929	15.00	40.00	100	250	450	850	2,000	8,000

KM# 11a 5.83 g., 0.925 Silver, 0.1734 oz. ASW **Obv:** Crowned bust right **Rev:** Denomination and date within wreath, crown above

Date	Mintage	VG8	F12	VF20	XF40	AU50	MS60	MS63	MS65
1910	3,577,569	10.00	22.50	50.00	100	200	350	850	3,500

KM# 18 5.83 g., 0.925 Silver, 0.1734 oz. ASW **Obv:** Crowned bust left **Obv. Designer:** E. B. MacKennal **Rev:** Denomination and date within wreath, crown above **Obv. Legend:** GEORGIVS V REX ET IND IMP

Date	Mintage	VG8	F12	VF20	XF40	AU50	MS60	MS63	MS65
1911	1,721,341	12.00	20.00	50.00	100	175	350	650	1,600

KM# 24 5.83 g., 0.925 Silver, 0.1734 oz. ASW 23.5mm. **Obv:** Crowned bust left **Obv. Designer:** E. B. MacKennal **Rev:** Denomination and date within wreath, crown above **Obv. Legend:** GEORGIVS V DEI GRA REX ET IND IMP

Date	Mintage	VG8	F12	VF20	XF40	AU50	MS60	MS63	MS65
1912	2,544,199	9.00	14.00	30.00	70.00	200	400	1,500	4,500
1913	2,213,595	8.00	14.00	30.00	65.00	175	350	1,250	4,000
1914	1,215,397	9.00	16.00	40.00	80.00	250	650	2,000	7,000
1915	242,382	28.00	70.00	225	650	1,600	3,500	8,000	25,000
1916	1,462,566	7.00	11.00	25.00	50.00	100	250	800	3,500
1917	3,365,644	7.00	9.00	18.00	40.00	65.00	150	300	900
1918	4,175,649	6.00	9.00	13.00	35.00	55.00	100	225	850
1919	5,852,262	6.00	9.00	13.00	35.00	50.00	125	225	950

Dot below wreath

KM# 24a 5.83 g., 0.800 Silver, 0.150 oz. ASW **Obv:** Crowned bust left **Obv. Designer:** E. B. MacKennal **Rev:** Denomination and date within wreath, crown below

Date	Mintage	VG8	F12	VF20	XF40	AU50	MS60	MS63	MS65
1920	1,975,278	5.00	9.00	18.00	40.00	90.00	200	500	1,600
1921	597,337	17.00	35.00	125	325	775	1,550	3,500	12,000
1927	468,096	40.00	65.00	125	275	700	1,150	2,250	7,500
1928	2,114,178	5.00	9.00	18.00	50.00	90.00	175	450	1,600
1929	2,690,562	5.00	9.00	18.00	45.00	90.00	150	400	1,200
1930	968,748	5.00	9.00	27.00	50.00	95.00	250	600	1,800
1931	537,815	5.00	10.00	30.00	65.00	100	250	650	2,300
1932	537,994	5.00	10.00	30.00	65.00	100	250	650	2,100
1933	421,282	5.00	10.00	35.00	85.00	125	250	450	1,300
1934	384,350	5.00	12.00	45.00	90.00	150	350	650	2,300
1935	537,772	5.00	10.00	35.00	65.00	125	200	350	1,200
1936	972,094	5.00	8.00	13.00	28.00	55.00	100	225	800

Date	Mintage	VG8	F12	VF20	XF40	AU50	MS60	MS63	MS65
1936 Dot below wreath	153,322	40.00	95.00	225	450	750	1,050	2,400	9,500

Note: David Akers John Jay Pittman sale Part Three, 10-99, nearly Choice Unc. realized $6,900; considered a possible specimen example

Maple leaf after date

KM# 35 5.83 g., 0.800 Silver, 0.150 oz. ASW 23.5mm. **Obv:** Head left **Obv. Designer:** T. H. Paget **Rev:** Caribou left, denomination above, date at right **Rev. Designer:** Emanuel Hahn

Date	Mintage	VG8	F12	VF20	XF40	AU50	MS60	MS63	MS65
1937	2,690,176	2.75	5.00	7.00	7.50	13.00	20.00	40.00	250
1938	3,149,245	2.75	5.00	8.00	15.00	35.00	75.00	150	1,000
1939	3,532,495	2.75	5.00	8.00	11.00	27.00	60.00	125	400
1940	9,583,650	—	2.75	4.00	5.00	10.00	20.00	40.00	250
1941	6,654,672	—	2.75	4.00	6.00	10.00	23.00	45.00	250
1942	6,935,871	—	2.75	4.00	6.00	10.00	24.00	45.00	350
1943	13,559,575	—	2.75	4.00	6.00	10.00	23.00	45.00	350
1944	7,216,237	2.75	4.00	5.00	6.00	15.00	30.00	60.00	400
1945	5,296,495	—	2.75	4.00	6.00	10.00	23.00	50.00	350
1946	2,210,810	2.75	4.00	6.00	12.00	30.00	50.00	100	400
1947	1,524,554	2.75	4.00	6.00	12.00	35.00	60.00	100	1,000
1947 Dot after 7	Inc. above	65.00	90.00	125	225	300	450	900	8,500
1947 Maple leaf after 7	4,393,938	—	2.75	4.00	6.00	11.00	20.00	30.00	250

KM# 44 5.83 g., 0.800 Silver, 0.150 oz. ASW 23.5mm. **Obv:** Head left, modified legend **Obv. Designer:** T. H. Paget **Rev:** Caribou left, denomination above, date at right **Rev. Designer:** Emanuel Hahn

Date	Mintage	VG8	F12	VF20	XF40	AU50	MS60	MS63	MS65
1948	2,564,424	2.50	4.00	6.00	11.00	30.00	65.00	125	500
1949	7,988,830	—	2.50	4.00	8.00	10.50	14.00	30.00	500
1950	9,673,335	—	2.50	4.00	8.00	10.00	12.00	23.00	350
1951	8,290,719	—	2.50	4.00	7.00	9.00	10.00	18.00	350
1952	8,859,642	—	2.50	4.00	7.00	8.50	10.00	17.00	500

KM# 52 5.83 g., 0.800 Silver, 0.150 oz. ASW 23.8mm. **Obv:** Laureate bust right **Obv. Designer:** Mary Gillick **Rev:** Caribou left, denomination above, date at right **Rev. Designer:** Emanuel Hahn

Date	Mintage	VG8	F12	VF20	XF40	AU50	MS60	MS63	MS65
1953 Without strap	10,546,769	—	—	2.50	4.00	6.00	8.00	14.00	100
1953 With strap	Inc. above	—	2.50	4.00	6.00	8.50	11.00	27.00	350
1954	2,318,891	2.50	4.00	5.00	10.00	18.00	30.00	55.00	450
1955	9,552,505	—	—	2.50	6.00	7.50	9.00	16.00	225
1956	11,269,353	—	—	—	2.50	5.50	8.00	12.00	100
1957	12,770,190	—	—	—	2.50	5.50	8.00	10.00	75.00
1958	9,336,910	—	—	—	2.50	5.50	8.00	10.00	65.00
1959	13,503,461	—	—	—	2.50	3.00	5.50	8.00	125
1960	22,835,327	—	—	—	2.50	3.00	5.50	8.00	72.00
1961	18,164,368	—	—	—	2.50	3.00	5.50	8.00	72.00
1962	29,559,266	—	—	—	2.50	3.00	5.50	8.00	62.00
1963	21,180,652	—	—	—	—	2.50	3.00	8.00	47.00
1964	36,479,343	—	—	—	—	2.50	3.00	8.00	42.00

25 CENTS

KM# 62 5.83 g., 0.800 Silver, 0.150 oz. ASW 23.8mm. **Obv:** Young bust right **Obv. Designer:** Arnold Machin **Rev:** Caribou left, denomination above, date at right **Rev. Designer:** Emanuel Hahn

Date	Mintage	VF20	XF40	MS60	MS63	MS65
1965	44,708,869	—	—	2.75	8.00	42.00
1966	25,626,315	—	—	2.75	8.00	42.00

KM# 68 5.83 g., 0.800 Silver, 0.150 oz. ASW 23.8mm. **Subject:** Confederation Centennial **Obv:** Young bust right **Rev:** Lynx striding left divides dates and denomination **Rev. Designer:** Alex Colville

Date	Mintage	VF20	XF40	MS60	MS63	MS65
1867-1967	48,855,500	—	—	2.75	6.00	27.00

KM# 68a 5.83 g., 0.500 Silver, 0.0937 oz. ASW 23.8mm. **Subject:** Confederation Centennial **Obv:** Young bust right **Rev:** Lynx striding left divides dates and denomination

Date	Mintage	VF20	XF40	MS60	MS63	MS65
1867-1967	Inc. above	—	—	1.70	4.50	27.00

KM# 62a 5.83 g., 0.500 Silver, 0.0937 oz. ASW 23.8mm. **Obv:** Young bust right **Obv. Designer:** Machin **Rev:** Caribou left, denomination above, date at right

Date	Mintage	VF20	XF40	MS60	MS63	MS65
1968	71,464,000	—	—	1.70	4.50	27.00

KM# 62b 5.06 g., Nickel, 23.8mm. **Obv:** Young bust right **Obv. Designer:** Machin **Rev:** Caribou left, denomination above, date at right

Date	Mintage	VF20	XF40	MS60	MS63	MS65
1968	88,686,931	—	—	0.45	0.80	42.00
1969	133,037,929	—	—	0.45	0.80	42.00
1970	10,302,010	—	—	1.00	2.00	42.00
1971	48,170,428	—	—	0.45	0.80	32.00
1972	43,743,387	—	—	0.45	0.80	32.00
1974	192,360,598	—	—	0.45	0.80	32.00
1975	141,148,000	—	—	0.45	0.80	42.00

Date	Mintage	VF20	XF40	MS60	MS63	MS65
1976	86,898,261	—	—	0.45	0.80	42.00
1977	99,634,555	—	—	0.45	0.80	27.00
1978	176,475,408	—	—	0.45	0.80	62.00

KM# 81.1 Nickel, 23.8mm. **Subject:** Royal Candian Mounted Police Centennial **Obv:** Young bust right **Rev:** Mountie divides dates, denomination above **Rev. Designer:** Paul Cedarberg **Note:** 120 beads.

Date	Mintage	VF20	XF40	MS60	MS63	MS65
1873-1973	134,958,587	—	—	0.55	1.25	32.00

KM# 81.2 Nickel, 23.8mm. **Subject:** RCMP Centennial **Obv:** Young bust right **Rev:** Mountie divides dates, denomination above **Note:** Large bust, 132 beads.

Date	Mintage	VF20	XF40	MS60	MS63	MS65
1873-1973	Inc. above	125	150	300	700	3,000

KM# 74 5.07 g., Nickel, 23.88mm. **Obv:** Small young bust right **Obv. Designer:** Machin **Rev. Designer:** Emanuel Hahn

Date	Mintage	VF20	XF40	MS60	MS63	MS65
1979	131,042,905	—	—	0.45	0.75	27.00
1980	76,178,000	—	—	0.45	1.00	120
1981	131,580,272	—	—	0.45	1.00	57.00
1981	—	PF65 2.00				
1982	171,926,000	—	—	0.45	1.00	57.00
1982	180,908	PF65 2.00				
1983	13,162,000	—	—	1.00	2.00	62.00
1983	168,000	PF65 3.00				
1984	121,668,000	—	—	0.45	1.00	57.00
1984	161,602	PF65 2.00				
1985	158,734,000	—	—	0.45	1.00	87.00
1985	157,037	PF65 2.00				
1986	132,220,000	—	—	0.45	1.00	62.00
1986	175,745	PF65 2.00				
1987	53,408,000	—	—	0.60	1.25	47.00
1987	179,004	PF65 2.00				
1988	80,368,473	—	—	0.45	0.95	57.00
1988	175,259	PF65 2.00				
1989	119,796,307	—	—	0.45	1.00	57.00
1989	170,928	PF65 2.50				

KM# 184 5.07 g., Nickel, 23.88mm. **Obv:** Crowned head right **Obv. Designer:** Dora dePedery-Hunt **Rev:** Caribou left, denomination above, date at right **Rev. Designer:** Emanuel Hahn

Date	Mintage	VF20	XF40	MS60	MS63	MS65
1990	31,258,000	—	—	0.45	0.90	50.00
1990	140,649	PF65 3.50				
1991	459,000	—	—	6.00	12.00	65.00
1991	131,888	PF65 20.00				
1993	73,758,000	—	—	0.50	0.70	60.00
1993	143,065	PF65 2.50				
1994	77,670,000	—	—	0.50	0.70	50.00
1994	146,424	PF65 3.00				
1995	89,210,000	—	—	0.50	0.70	35.00
1995	—	PF65 3.00				
1996	28,106,000	—	—	0.50	0.70	35.00

Date	Mintage	VF20	XF40	MS60	MS63	MS65
1996	—	PF65 6.00				
1997 PL	—	—	—	—	—	4.50
1997	—	PF65 6.00				
1998 W PL	—	—	—	—	—	10.00
1999 PL	258,888,000	—	—	—	—	5.00
1999	—	PF65 9.50				
2000 PL	434,087,000	—	—	—	—	5.00
2000	—	PF65 6.00				
2000 W PL	—	—	—	—	—	5.00
2001	8,415,000	—	—	—	4.50	30.00
2001	—	PF65 7.00				

KM# 203 5.00 g., Nickel, 23.9mm. **Subject:** New Brunswick **Obv:** Crowned head right **Rev:** Covered bridge in Newton, denomination below **Series:** 125th Anniversary of Confederation **Rev. Designer:** Ronald Lambert

Date	Mintage	VF20	XF40	MS60	MS63	MS65
1992	—	—	—	0.50	1.00	45.00

KM# 203a 5.83 g., 0.925 Silver, 0.1734 oz. ASW 23.8mm. **Subject:** New Brunswick **Obv:** Crowned head right **Rev:** Covered bridge in Newton, denomination below **Series:** 125th Anniversary of Confederation

Date	Mintage	VF20	XF40	MS60	MS63	MS65
1992	149,579	PF65 8.50				

KM# 207 Nickel, 23.8mm. **Subject:** Confederation 125 **Obv:** Crowned head right **Obv. Designer:** Dora dePedery-Hunt **Rev:** Caribou left, denomination above, date at right **Rev. Designer:** Emanuel Hahn

Date	Mintage	VF20	XF40	MS60	MS63	MS65
1867-1992	147,061	PF65 16.00				
1867-1992 PL	442,986	—	—	—	—	13.00

KM# 212 Nickel, 23.8mm. **Subject:** Northwest Territories **Obv:** Crowned head right **Series:** 125th Anniversary of Confederation **Rev. Designer:** Beth McEachen

Date	Mintage	VF20	XF40	MS60	MS63	MS65
1992	12,582,000	—	—	0.50	1.00	45.00

KM# 212a 5.83 g., 0.925 Silver, 0.1734 oz. ASW 23.8mm. **Subject:** Northwest Territories **Obv:** Crowned head right **Series:** 125th Anniversary of Confederation

Date	Mintage	VF20	XF40	MS60	MS63	MS65
1992	149,579	PF65 8.50				

KM# 213 Nickel, 23.8mm. **Subject:** Newfoundland **Rev:** Fisherman rowing a dory, denomination below **Series:** 125th Anniversary of Confederation **Rev. Designer:** Christopher Newhook

Date	Mintage	VF20	XF40	MS60	MS63	MS65
1992	11,405,000	—	—	0.50	1.00	45.00

KM# 213a 5.83 g., 0.925 Silver, 0.1734 oz. ASW 23.8mm. **Subject:** Newfoundland **Rev:** Fisherman rowing a dory, denomination below **Series:** 125th Anniversary of Confederation

Date	Mintage	VF20	XF40	MS60	MS63	MS65
1992	149,579	PF65 8.50				

KM# 214 Nickel, 23.8mm. **Subject:** Manitoba **Obv:** Crowned head right **Series:** 125th Anniversary of Confederation **Rev. Designer:** Muriel Hope

Date	Mintage	VF20	XF40	MS60	MS63	MS65
1992	11,349,000	—	—	0.50	1.00	45.00

KM# 214a 5.83 g., 0.925 Silver, 0.1734 oz. ASW 23.8mm. **Subject:** Manitoba **Obv:** Crowned head right **Series:** 125th Anniversary of Confederation

Date	Mintage	VF20	XF40	MS60	MS63	MS65
1992	149,579	PF65 8.50				

KM# 220 Nickel, 23.8mm. **Subject:** Yukon **Obv:** Crowned head right **Series:** 125th Anniversary of Confederation **Rev. Designer:** Libby Dulac

Date	Mintage	VF20	XF40	MS60	MS63	MS65
1992	10,388,000	—	—	0.50	1.00	45.00

KM# 220a 5.83 g., 0.925 Silver, 0.1734 oz. ASW 23.8mm. **Subject:** Yukon **Obv:** Crowned head right **Series:** 125th Anniversary of Confederation

Date	Mintage	VF20	XF40	MS60	MS63	MS65
1992	149,579	PF65 8.50				

KM# 221 Nickel, 23.8mm. **Subject:** Alberta **Obv:** Crowned head right **Rev:** Rock formations in the badlands near Drumhelter, denomination below **Series:** 125th Anniversary of Confederation **Rev. Designer:** Mel Heath

Date	Mintage	VF20	XF40	MS60	MS63	MS65
1992	12,133,000	—	—	0.50	1.00	45.00

25 CENTS

KM# 221a 5.83 g., 0.925 Silver, 0.1734 oz. ASW 23.8mm. **Subject:** Alberta **Obv:** Crowned head right **Rev:** Rock formations in the badlands near Drumhelter, denomination below **Series:** 125th Anniversary of Confederation **Rev. Designer:** Mel Heath

Date	Mintage	VF20	XF40	MS60	MS63	MS65
1992	—	PF65 8.50				

KM# 222 Nickel, 23.8mm. **Subject:** Prince Edward Island **Obv:** Crowned head right **Series:** 125th Anniversary of Confederation **Rev. Designer:** Nigel Roe

Date	Mintage	VF20	XF40	MS60	MS63	MS65
1992	13,001,000	—	—	0.50	1.00	60.00

KM# 222a 5.83 g., 0.925 Silver, 0.1734 oz. ASW 23.8mm. **Subject:** Prince Edward Island **Obv:** Crowned head right **Series:** 125th Anniversary of Confederation **Rev. Designer:** Nigel Roe

Date	Mintage	VF20	XF40	MS60	MS63	MS65
1992	149,579	PF65 8.50				

KM# 223 Nickel, 23.8mm. **Subject:** Ontario **Obv:** Crowned head right **Rev:** Jack pine, denomination below **Series:** 125th Anniversary of Confederation **Rev. Designer:** Greg Salmela

Date	Mintage	VF20	XF40	MS60	MS63	MS65
1992	14,263,000	—	—	0.50	1.00	60.00

KM# 223a 5.83 g., 0.925 Silver, 0.1734 oz. ASW 23.8mm. **Subject:** Ontario **Obv:** Crowned head right **Rev:** Jack pine, denomination below **Series:** 125th Anniversary of Confederation **Rev. Designer:** Greg Salmela

Date	Mintage	VF20	XF40	MS60	MS63	MS65
1992	149,579	PF65 8.50				

KM# 231 5.03 g., Nickel, 23.8mm. **Subject:** Nova Scotia **Obv:** Crowned head right **Rev:** Lighthouse, denomination below **Series:** 125th Anniversary of Confederation **Rev. Designer:** Bruce Wood

Date	Mintage	VF20	XF40	MS60	MS63	MS65
1992	13,600,000	—	—	0.50	1.00	45.00

KM# 231a 5.83 g., 0.925 Silver, 0.1734 oz. ASW 23.8mm. **Subject:** Nova Scotia **Obv:** Crowned head right **Rev:** Lighthouse, denomination below **Series:** 125th Anniversary of Confederation **Rev. Designer:** Bruce Wood

Date	Mintage	VF20	XF40	MS60	MS63	MS65
1992	149,579	PF65 8.50				

KM# 232 Nickel, 23.8mm. **Subject:** British Columbia **Obv:** Crowned head right, dates below **Rev:** Large rock, whales, denomination below **Series:** 125th Anniversary of Confederation **Rev. Designer:** Carla Herrera Egan

Date	Mintage	VF20	XF40	MS60	MS63	MS65
1992	14,001,000	—	—	0.50	1.00	60.00

KM# 232a 5.83 g., 0.925 Silver, 0.1734 oz. ASW 23.8mm. **Subject:** British Columbia **Obv:** Crowned head right, dates below **Rev:** Large rock, whales, denomination below **Series:** 125th Anniversary of Confederation **Rev. Designer:** Carla Herrera Egan

Date	Mintage	VF20	XF40	MS60	MS63	MS65
1992	149,579	PF65 8.50				

KM# 233 Nickel, 23.8mm. **Subject:** Saskatchewan **Obv:** Crowned head right **Rev:** Buildings behind wall, grain stalks on right, denomination below **Series:** 125th Anniversary of Confederation **Rev. Designer:** Brian Cobb

Date	Mintage	VF20	XF40	MS60	MS63	MS65
1992	14,165,000	—	—	0.50	1.00	75.00

KM# 233a 5.83 g., 0.925 Silver, 0.1734 oz. ASW 23.8mm. **Subject:** Saskatchewan **Obv:** Crowned head right **Rev:** Buildings behind wall, grain stalks on right, denomination below **Series:** 125th Anniversary of Confederation **Rev. Designer:** Brian Cobb

Date	Mintage	VF20	XF40	MS60	MS63	MS65
1992	149,579	PF65 8.50				

KM# 234 Nickel, 23.8mm. **Subject:** Quebec **Obv:** Crowned head right **Rev:** Boats on water, large rocks in background, denomination below **Series:** 125th Anniversary of Confederation **Rev. Designer:** Romualdas Bukauskas

Date	Mintage	VF20	XF40	MS60	MS63	MS65
1992	13,607,000	—	—	0.50	1.00	60.00

KM# 234a 5.83 g., 0.925 Silver, 0.1734 oz. ASW 23.8mm. **Subject:** Quebec **Obv:** Crowned head right **Rev:** Boats on water, large rocks in background, denomination below **Series:** 125th Anniversary of Confederation **Rev. Designer:** Romualdas Bukauskas

Date	Mintage	VF20	XF40	MS60	MS63	MS65
1992	149,579	PF65 8.50				

KM# 184a 5.90 g., 0.925 Silver, 0.1755 oz. ASW 23.88mm. **Obv:** Crowned head right **Rev:** Caribou left, denomination above, date at right

Date	Mintage	VF20	XF40	MS60	MS63	MS65
1996	—			PF65	9.50	
1997	—			PF65	9.50	
1998	—			PF65	8.50	
1998 O	—			PF65	8.50	
1999	—			PF65	8.50	
2001	—			PF65	9.50	
2003	—			PF65	9.50	

KM# 312 0.925 Silver, 23.88mm. **Subject:** 90th Anniversary Royal Canadian Mint **Obv:** Crowned head right **Rev:** Denomination and date within wreath, crown above

Date	Mintage	VF20	XF40	MS60	MS63	MS65
1998 Matte	—			PF65	15.00	
1998	—			PF65	15.00	

KM# 184b 4.40 g., Nickel Plated Steel, 23.88mm. **Obv:** Crowned head right **Rev:** Caribou left, denomination above, date at right

Date	Mintage	VF20	XF40	MS60	MS63	MS65
1999 P	Est. 20000	—	—	—	—	14.00
2000 P	—			—	3,500	5,500	—
Note: 3-5 known						
2001 P	55,773,000	—	—	—	0.90	30.00
2001 P	—	PF65	5.00			
2002 P	156,105,000	—	—	—	0.90	30.00
2002 P	—	PF65	5.00			
2003 P	87,647,000	—	—	—	1.75	22.00
2003 P	—	PF65	5.00			

KM# 342 5.07 g., Nickel, 23.8mm. **Subject:** January - A Country Unfolds **Obv:** Crowned head right **Rev:** Totem pole, portraits **Series:** Millennium **Rev. Designer:** P. Ka-Kin Poon

Date	Mintage	VF20	XF40	MS60	MS63	MS65
1999	12,181,200	—	—	—	1.00	32.00

KM# 342a 5.83 g., 0.925 Silver, 0.1734 oz. ASW 23.8mm. **Subject:** January **Obv:** Crowned head right **Rev:** Totem pole, portraits **Series:** Millennium **Rev. Designer:** P. Ka-kin Poon

Date	Mintage	VF20	XF40	MS60	MS63	MS65
1999	113,645			PF65	9.00	

KM# 343 5.09 g., Nickel, 23.8mm. **Subject:** February - Etched in Stone **Obv:** Crowned head right **Rev:** Native petroglyphs **Series:** Millennium **Rev. Designer:** L. Springer

Date	Mintage	VF20	XF40	MS60	MS63	MS65
1999	14,469,250	—	—	—	0.65	32.00

KM# 343a 5.83 g., 0.925 Silver, 0.1734 oz. ASW 23.8mm. **Subject:** February **Obv:** Crowned head right **Rev:** Native petroglyphs **Series:** Millennium **Rev. Designer:** L. Springer

Date	Mintage	VF20	XF40	MS60	MS63	MS65
1999	—			PF65	9.00	

KM# 344 5.07 g., Nickel, 23.8mm. **Subject:** March - The Log Drive **Obv:** Crowned head right **Rev:** Lumberjack **Series:** Millennium **Rev. Designer:** M. Lavoie

Date	Mintage	VF20	XF40	MS60	MS63	MS65
1999	15,033,500	—	—	—	0.65	32.00

KM# 344a 5.83 g., 0.925 Silver, 0.1734 oz. ASW 23.8mm. **Subject:** March **Obv:** Crowned head right **Rev:** Lumberjack **Series:** Millennium **Rev. Designer:** M. Lavoie

Date	Mintage	VF20	XF40	MS60	MS63	MS65
1999	113,645			PF65	9.00	

KM# 345 5.07 g., Nickel, 23.8mm. **Subject:** April - Our Northern Heritage **Obv:** Crowned head right **Rev:** Owl, polar bear **Series:** Millennium **Rev. Designer:** Ken Ojnak Ashevac

Date	Mintage	VF20	XF40	MS60	MS63	MS65
1999	15,446,000	—	—	—	0.65	32.00

KM# 345a 5.83 g., 0.925 Silver, 0.1734 oz. ASW 23.8mm. **Subject:** April **Obv:** Crowned head right **Rev:** Owl, polar bear **Series:** Millennium **Rev. Designer:** Ken Ojnak Ashevac

Date	Mintage	VF20	XF40	MS60	MS63	MS65
1999	113,645			PF65	9.00	

KM# 346 5.07 g., Nickel, 23.8mm. **Subject:** May - The Voyageures **Obv:** Crowned head right **Rev:** Voyageurs in canoe **Series:** Millennium **Rev. Designer:** S. Mineok

Date	Mintage	VF20	XF40	MS60	MS63	MS65
1999	15,566,100	—	—	—	0.65	32.00

KM# 346a 5.83 g., 0.925 Silver, 0.1734 oz. ASW 23.8mm. **Subject:** May **Obv:** Crowned head right **Rev:** Voyageurs in canoe **Series:** Millennium **Rev. Designer:** S. Mineok

Date	Mintage	VF20	XF40	MS60	MS63	MS65
1999	113,645		PF65 9.00			

KM# 347 5.03 g., Nickel, 23.8mm. **Subject:** June - From Coast to Coast **Obv:** Crowned head right **Rev:** 19th-century locomotive **Series:** Millennium **Rev. Designer:** G. Ho **Edge:** Reeded

Date	Mintage	VF20	XF40	MS60	MS63	MS65
1999	20,432,750	—	—	—	0.65	32.00

KM# 347a 5.83 g., 0.925 Silver, 0.1734 oz. ASW 23.8mm. **Subject:** June **Obv:** Crowned head right **Rev:** 19th-century locomotive **Series:** Millennium **Rev. Designer:** G. Ho **Edge:** Reeded

Date	Mintage	VF20	XF40	MS60	MS63	MS65
1999	113,645		PF65 9.00			

KM# 348 5.07 g., Nickel, 23.8mm. **Subject:** July - A Nation of People **Obv:** Crowned head right **Rev:** 6 stylized portraits **Series:** Millennium **Rev. Designer:** M. H. Sarkany

Date	Mintage	VF20	XF40	MS60	MS63	MS65
1999	17,321,000	—	—	—	0.65	32.00

KM# 348a 5.83 g., 0.925 Silver, 0.1734 oz. ASW 23.8mm. **Subject:** July **Obv:** Crowned head right **Rev:** 6 stylized portraits **Series:** Millennium **Rev. Designer:** M.H. Sarkany

Date	Mintage	VF20	XF40	MS60	MS63	MS65
1999	113,645		PF65 9.00			

KM# 349 5.07 g., Nickel, 23.8mm. **Subject:** August - The Pioneer Spirit **Obv:** Crowned head right **Rev:** Hay harvesting **Series:** Millennium **Rev. Designer:** A. Botelho

Date	Mintage	VF20	XF40	MS60	MS63	MS65
1999	18,153,700	—	—	—	0.65	32.00

KM# 349a 5.83 g., 0.925 Silver, 0.1734 oz. ASW 23.8mm. **Subject:** August **Obv:** Crowned head right **Rev:** Hay harvesting **Series:** Millennium **Rev. Designer:** A. Botelho

Date	Mintage	VF20	XF40	MS60	MS63	MS65
1999	113,645		PF65 9.00			

KM# 350 5.07 g., Nickel, 23.8mm. **Subject:** September - Canada Through a Child's Eye **Obv:** Crowned head right **Rev:** Childlike artwork **Series:** Millennium **Rev. Designer:** Claudia Bertrand

Date	Mintage	VF20	XF40	MS60	MS63	MS65
1999	31,539,350	—	—	—	0.65	32.00

KM# 350a 5.83 g., 0.925 Silver, 0.1734 oz. ASW 23.8mm. **Subject:** September **Obv:** Crowned head right **Rev:** Childlike artwork **Series:** Millennium **Rev. Designer:** Claudia Bertrand

Date	Mintage	VF20	XF40	MS60	MS63	MS65
1999	113,645		PF65 9.00			

KM# 351 5.07 g., Nickel, 23.8mm. **Subject:** October - Tribute to the First Nations **Obv:** Crowned head right **Rev:** Aboriginal artwork **Series:** Millennium **Rev. Designer:** J. E. Read

Date	Mintage	VF20	XF40	MS60	MS63	MS65
1999	32,136,650	—	—	—	0.65	32.00

KM# 351a 5.83 g., 0.925 Silver, 0.1734 oz. ASW 23.8mm. **Subject:** October **Obv:** Crowned head right **Rev:** Aboriginal artwork **Series:** Millennium **Rev. Designer:** J.E. Read

Date	Mintage	VF20	XF40	MS60	MS63	MS65
1999	113,645		PF65 9.00			

KM# 352 5.07 g., Nickel, 23.8mm. **Subject:** November - The Airplane Opens the North **Obv:** Crowned head right **Rev:** Bush plane with landing skis **Series:** Millennium **Rev. Designer:** B. R. Brown

Date	Mintage	VF20	XF40	MS60	MS63	MS65
1999	27,162,800	—	—	—	0.65	32.00

KM# 352a 5.83 g., 0.925 Silver, 0.1734 oz. ASW 23.8mm. **Subject:** November **Obv:** Crowned head right **Rev:** Bush plane with landing skis **Series:** Millennium **Rev. Designer:** B.R. Brown

Date	Mintage	VF20	XF40	MS60	MS63	MS65
1999	113,645		PF65 9.00			

KM# 353 5.07 g., Nickel, 23.8mm. **Subject:** December - This is Canada **Obv:** Crowned head right **Rev:** Eclectic geometric design **Series:** Millennium **Rev. Designer:** J. L. P. Provencher

Date	Mintage	VF20	XF40	MS60	MS63	MS65
1999	43,339,200	—	—	—	0.65	32.00

KM# 353a 5.10 g., 0.925 Silver, 0.1517 oz. ASW 23.8mm. **Subject:** December **Obv:** Crowned head right **Rev:** Eclectic geometric design **Series:** Millennium **Rev. Designer:** J.L.P. Provencher

Date	Mintage	VF20	XF40	MS60	MS63	MS65
1999	113,645		PF65 9.00			

KM# 373 Nickel, 23.8mm. **Subject:** Health **Obv:** Crowned head right, denomination below **Rev:** Ribbon and caduceus, date above **Rev. Designer:** Anny Wassef

Date	Mintage	VF20	XF40	MS60	MS63	MS65
2000	35,470,900	—	—	—	0.65	32.00

KM# 373a 0.925 Silver, 23.8mm. **Subject:** Health **Obv:** Crowned head right, denomination below **Rev:** Ribbon and caduceus, date above **Rev. Designer:** Anny Wassef

Date	Mintage	VF20	XF40	MS60	MS63	MS65
2000	—		PF65 9.00			

KM# 374 5.10 g., Nickel, 23.85mm. **Subject:** Freedom **Obv:** Crowned head right, denomination below **Rev:** 2 children on maple leaf and rising sun, date above **Rev. Designer:** Kathy Vinish

Date	Mintage	VF20	XF40	MS60	MS63	MS65
2000	35,188,900	—	—	—	0.65	32.00

KM# 374a 0.925 Silver, 23.8mm. **Subject:** Freedom **Obv:** Crowned head right, denomination below **Rev:** 2 children on maple leaf and rising sun, date above **Rev. Designer:** Kathy Vinish

Date	Mintage	VF20	XF40	MS60	MS63	MS65
2000	—		PF65 9.00			

KM# 375 Nickel, 23.8mm. **Subject:** Family **Obv:** Crowned head right, denomination below **Rev:** Wreath of native carvings, date above **Rev. Designer:** Wade Stephen Baker

Date	Mintage	VF20	XF40	MS60	MS63	MS65
2000	35,107,700	—	—	—	0.65	32.00

KM# 375a 0.925 Silver, 23.8mm. **Subject:** Family **Obv:** Crowned head right, denomination below **Rev:** Wreath of native carvings, date above **Rev. Designer:** Wade Stephen Baker

Date	Mintage	VF20	XF40	MS60	MS63	MS65
2000	—		PF65 9.00			

KM# 376 5.08 g., Nickel, 23.8mm. **Subject:** Community **Obv:** Crowned head right, denomination below **Rev:** Map on globe, symbols surround, date above **Rev. Designer:** Michelle Thibodeau

Date	Mintage	VF20	XF40	MS60	MS63	MS65
2000	35,155,400	—	—	—	0.65	32.00

KM# 376a 0.925 Silver, 23.8mm. **Subject:** Community **Obv:** Crowned head right, denomination below **Rev:** Map on globe, symbols surround, date above **Rev. Designer:** Michelle Thibodeau

Date	Mintage	VF20	XF40	MS60	MS63	MS65
2000	—		PF65 9.00			

KM# 377 Nickel, 23.8mm. **Subject:** Harmony **Obv:** Crowned **Rev:** Maple leaf, date above **Rev. Designer:** Haver Demirer

Date	Mintage	VF20	XF40	MS60	MS63	MS65
2000	35,184,200	—	—	—	0.65	32.00

KM# 377a 0.925 Silver, 23.8mm. **Subject:** Harmony **Obv:** Crowned head right, denomination below **Rev:** Maple leaf **Rev. Designer:** Haver Demirer

Date	Mintage	VF20	XF40	MS60	MS63	MS65
2000	—		PF65 9.00			

KM# 378 Nickel, 23.8mm. **Subject:** Wisdom **Obv:** Crowned head right, denomination below **Rev:** Man with young child, date above **Rev. Designer:** Cezar Serbanescu

Date	Mintage	VF20	XF40	MS60	MS63	MS65
2000	35,123,950	—	—	—	0.65	32.00

KM# 378a 0.925 Silver, 23.8mm. **Subject:** Wisdom **Obv:** Crowned head right, denomination below **Rev:** Man with young child **Rev. Designer:** Cezar Serbanescu

Date	Mintage	VF20	XF40	MS60	MS63	MS65
2000	—	PF65 9.00				

KM# 379 Nickel, 23.8mm. **Subject:** Creativity **Obv:** Crowned head right, denomination below **Rev:** Canoe full of children, date above **Rev. Designer:** Kong Tat Hui

Date	Mintage	VF20	XF40	MS60	MS63	MS65
2000	35,316,770	—	—	—	0.65	32.00

KM# 379a 0.925 Silver, 23.8mm. **Subject:** Creativity **Obv:** Crowned head right, denomination below **Rev:** Canoe full of children **Rev. Designer:** Kong Tat Hui

Date	Mintage	VF20	XF40	MS60	MS63	MS65
2000	—	PF65 9.00				

KM# 380 Nickel, 23.8mm. **Subject:** Ingenuity **Obv:** Crowned head right, denomination below **Rev:** Crescent-shaped city views, date above **Rev. Designer:** John Jaciw

Date	Mintage	VF20	XF40	MS60	MS63	MS65
2000	36,078,360	—	—	—	0.65	32.00

KM# 380a 0.925 Silver, 23.8mm. **Subject:** Ingenuity **Obv:** Crowned head right, denomination below **Rev:** Crescent-shaped city views **Rev. Designer:** John Jaciw

Date	Mintage	VF20	XF40	MS60	MS63	MS65
2000	—	PF65 9.00				

KM# 381 Nickel, 23.8mm. **Subject:** Achievement **Obv:** Crowned head right, denomination below **Rev:** Rocket above jagged design, date above **Rev. Designer:** Daryl Dorosz

Date	Mintage	VF20	XF40	MS60	MS63	MS65
2000	35,312,750	—	—	—	0.65	32.00

KM# 381a 0.925 Silver, 23.8mm. **Subject:** Achievement **Obv:** Crowned head right, denomination below **Rev:** Rocket above jagged design **Rev. Designer:** Daryl Dorosz

Date	Mintage	VF20	XF40	MS60	MS63	MS65
2000	—	PF65 9.00				

KM# 382 Nickel, 23.8mm. **Subject:** Natural legacy **Obv:** Crowned head right, denomination below **Rev:** Environmental elements, date above **Rev. Designer:** Randy Trantau

Date	Mintage	VF20	XF40	MS60	MS63	MS65
2000	36,236,900	—	—	—	0.65	32.00

KM# 382a 0.925 Silver, 23.8mm. **Subject:** Natural legacy **Obv:** Crowned head right, denomination below **Rev:** Environmental elements **Rev. Designer:** Randy Trantau

Date	Mintage	VF20	XF40	MS60	MS63	MS65
2000	—	PF65 9.00				

KM# 383 Nickel, 23.8mm. **Subject:** Celebration **Obv:** Crowned head right, denomination below **Rev:** Fireworks, children behind flag, date above **Rev. Designer:** Laura Paxton

Date	Mintage	VF20	XF40	MS60	MS63	MS65
2000	35,144,100	—	—	—	0.65	32.00

KM# 383a 0.925 Silver, 23.8mm. **Subject:** Celebration **Obv:** Crowned head right, denomination below **Rev:** Fireworks, children behind flag **Rev. Designer:** Laura Paxton

Date	Mintage	VF20	XF40	MS60	MS63	MS65
2000	—	PF65 9.00				

KM# 384.1 Nickel, 23.8mm. **Subject:** Pride **Obv:** Crowned head right, denomination below **Rev:** Large ribbon 2 in red with 3 small red maple leaves on large maple leaf, date above **Rev. Designer:** Donald F. Warkentin **Edge:** Reeded **Note:** Colorized version.

Date	Mintage	VF20	XF40	MS60	MS63	MS65
2000 PL	49,399	—	—	—	—	18.00

KM# 384.2 Nickel, 23.8mm. **Subject:** Pride **Obv:** Crowned head right, denomination below **Rev:** Large ribbon 2 with three small maple leaves on large maple leaf, date above **Rev. Designer:** Donald F. Warkentin

Date	Mintage	VF20	XF40	MS60	MS63	MS65
2000	50,666,800	—	—	—	0.65	32.00

KM# 384.2a 0.925 Silver, 23.8mm. **Subject:** Pride **Obv:** Crowned head right, denomination below **Rev:** Ribbon 2 with 3 small maple leaves on large maple leaf **Rev. Designer:** Donald F. Warkentin

Date	Mintage	VF20	XF40	MS60	MS63	MS65
2000	—	PF65 9.00				

KM# 419 4.40 g., Nickel Plated Steel, 23.9mm. **Subject:** Canada Day **Obv:** Crowned head right **Rev:** Maple leaf at center, children holding hands below **Rev. Designer:** Silke Ware **Edge:** Reeded

Date	Mintage	VF20	XF40	MS60	MS63	MS65
2001 PL	96,352	—	—	—	—	13.00

KM# 448 4.40 g., Nickel Plated Steel, 23.9mm. **Subject:** Elizabeth II Golden Jubilee **Obv:** Crowned head right **Rev:** Caribou left

Date	Mintage	VF20	XF40	MS60	MS63	MS65
1952-2002 P	152,485,000	—	—	—	0.90	30.00
1952-2002 P	32,642	PF65 6.00				

KM# 448a 5.90 g., 0.925 Silver, 0.1755 oz. ASW 23.9mm. **Subject:** Elizabeth II Golden Jubilee **Obv:** Crowned head right, Jubilee commemorative dates 1952-2002

Date	Mintage	VF20	XF40	MS60	MS63	MS65
1952-2002	100,000	PF65 12.50				

KM# 451 4.40 g., Nickel Plated Steel, 23.9mm. **Rev:** Small human figures supporting large maple leaf

Date	Mintage	VF20	XF40	MS60	MS63	MS65
2002 P	30,627,000	—	—	—	0.90	22.00

KM# 451a 4.40 g., Nickel Plated Steel, 23.9mm. **Subject:** Canada Day **Obv:** Crowned head right **Rev:** Human figures supporting large red maple leaf **Edge:** Reeded

Date	Mintage	VF20	XF40	MS60	MS63	MS65
2002 P	49,901	—	—	—	6.00	—

KM# 471 5.90 g., 0.925 Silver, 0.1755 oz. ASW 23.9mm.   **Subject:** 50th Anniversary of the Coronation of Elizabeth II **Obv:** 1953 Effigy of the Queen, Coronation Jubilee dates 1953-2003 **Obv. Designer:** Mary Gillick

Date	Mintage	VF20	XF40	MS60	MS63	MS65
1953-2003	21,537	PF65 11.00				

KM# 474 4.40 g., 0.925 Silver, 0.1309 oz. ASW 23.9mm. **Subject:** Canada Day **Obv:** Queen's head right **Rev:** Polar bear and red colored maple leaves

Date	Mintage	VF20	XF40	MS60	MS63	MS65
2003	63,511	PF65 11.00				

KM# 493 4.40 g., Nickel Plated Steel, 23.9mm. **Obv:** Bare head right **Obv. Designer:** Susanna Blunt **Rev:** Caribou left, denomination above, date at right

Date	Mintage	VF20	XF40	MS60	MS63	MS65
2003 P	66,861,633	—	—	—	0.90	22.00
2003 P W PL	—	—	—	—	—	3.50
2004 P	177,466,000	—	—	—	0.65	22.00
2004 P	—	PF65 5.00				
2005 P	206,346,000	—	—	—	0.90	22.00
2005 P	—	PF65 5.00				
2006 P	423,189,000	—	—	—	0.90	22.00
2006 P	—	PF65 5.00				
2006 (ml)	—	—	—	—	0.90	22.00
2007 (ml)	386,763,000	—	—	—	0.90	18.00
2007 (ml)	—	PF65 5.00				
2008 (ml)	387,222,000	—	—	—	0.90	18.00
2008 (ml)	—	PF65 5.00				
2009 (ml)	266,766,000	—	—	—	0.90	18.00
2009 (ml)	—	PF65 5.00				
2010 (ml)	—	—	—	—	0.90	18.00
2010 (ml)	—	PF65 5.00				
2011 (ml)	—	—	—	—	0.90	18.00
2011 (ml)	—	PF65 5.00				
2012 (ml)	—	—	—	—	0.90	18.00
2012 (ml)	—	PF65 5.00				
2013 (ml)	—	—	—	—	2.50	—
2013 (ml)	—	PF65 5.00				
2014	—	—	—	—	2.50	—
2014	—	PF63 4.00	PF65 5.00			
2015	—	—	—	—	2.50	—
2015	—	PF63 4.00	PF65 5.00			

KM# 493a 5.90 g., 0.925 Silver, 0.1755 oz. ASW 23.9mm. **Obv:** Bare head right **Obv. Designer:** Suanne Blunt **Rev:** Caribou **Edge:** Reeded

Date	Mintage	VF20	XF40	MS60	MS63	MS65
2004	—	PF65 6.50				

KM# 510 4.40 g., Nickel Plated Steel, 23.9mm.
Obv: Bare head right **Rev:** Red poppy in center of maple leaf **Edge:** Reeded

Date	Mintage	VF20	XF40	MS60	MS63	MS65
2004	28,500,000	—	—	—	0.90	22.00

KM# 510a 5.90 g., 0.925 Silver, 0.1755 oz. ASW 23.9mm. **Obv:** Bare head right **Rev:** Poppy at center of maple leaf, selectively gold plated **Edge:** Reeded **Note:** Housed in Annual Report.

Date	Mintage	VF20	XF40	MS60	MS63	MS65
2004	12,677				PF65	20.00

KM# 525 4.40 g., Nickel Plated Steel, 23.9mm.
Obv: Bare head right **Rev:** Maple leaf, colorized

Date	Mintage	VF20	XF40	MS60	MS63	MS65
2004	16,028	—	—	—	8.00	—

KM# 628 4.40 g., Nickel Plated Steel, 23.9mm.
Subject: First Settlement, Ile Ste Croix 1604-2004 **Obv:** Bare head right **Rev:** Sailing ship Bonne-Renommee

Date	Mintage	VF20	XF40	MS60	MS63	MS65
2004 P	15,400,000	—	—	—	0.90	22.00

KM# 698 4.40 g., Nickel Plated Steel, 23.88mm.
Rev: Santa, colorized

Date	Mintage	VF20	XF40	MS60	MS63	MS65
2004 PL	62,777	—	—	—	—	30.00

KM# 699 4.40 g., Nickel Plated Steel, 23.9mm.
Rev: Moose head, humorous **Series:** Canada Day

Date	Mintage	VF20	XF40	MS60	MS63	MS65
2004 PL	44,752	—	—	—	—	13.00

KM# 529 4.40 g., Nickel Plated Steel, 23.9mm.
Subject: WWII, 60th Anniversary **Obv:** Head right **Rev:** Three soldiers and flag

Date	Mintage	VF20	XF40	MS60	MS63	MS65
1945-2005 PL	3,500	—	—	—	—	70.00

KM# 530 4.40 g., Nickel Plated Steel, 23.9mm.
Subject: Alberta **Obv:** Head right **Rev:** Oil rig and sunset

Date	Mintage	VF20	XF40	MS60	MS63	MS65
2005 P	20,640,000	—	—	—	0.90	22.00

KM# 531 4.40 g., Nickel Plated Steel, 23.9mm.
Subject: Canada Day **Obv:** Head right **Rev:** Beaver, colorized

Date	Mintage	VF20	XF40	MS60	MS63	MS65
2005 P PL	58,370	—	—	—	—	13.00

KM# 532 4.40 g., Nickel Plated Steel, 23.9mm.
Subject: Saskatchewan **Obv:** Head right **Rev:** Bird on fencepost

Date	Mintage	VF20	XF40	MS60	MS63	MS65
2005 P	19,290,000	—	—	—	0.90	22.00

KM# 533 4.40 g., Nickel Plated Steel, 23.9mm.
Obv: Head right **Rev:** Stuffed bear in Christmas stocking, colorized

Date	Mintage	VF20	XF40	MS60	MS63	MS65
2005 P PL	72,831	—	—	—	—	16.00

KM# 535 4.40 g., Nickel Plated Steel, 23.9mm.
Subject: Year of the Veteran **Obv:** Head right **Rev:** Conjoined busts of young and veteran left **Edge:** Reeded

Date	Mintage	VF20	XF40	MS60	MS63	MS65
2005 P	29,390,000	—	—	—	0.90	22.00

KM# 534 4.40 g., Nickel Plated Steel, 23.9mm.
Subject: Toronto Maple Leafs **Obv:** Head right **Rev:** Colorized team logo

Date	Mintage	VF20	XF40	MS60	MS63	MS65
2006 P PL	11,765	—	—	—	—	18.00

KM# 575 4.40 g., Nickel Plated Steel, 23.9mm.
Subject: Montreal Canadiens **Obv:** Head right
Rev: Colorized logo

Date	Mintage	VF20	XF40	MS60	MS63	MS65
2006 P PL	11,765	—	—	—	—	18.00

KM# 576 4.40 g., Nickel Plated Steel, 23.9mm.
Subject: Quebec Winter Carnival **Obv:** Head right
Rev: Snowman, colorized

Date	Mintage	VF20	XF40	MS60	MS63	MS65
2006 PL	8,200	—	—	—	—	18.00

KM# 629 4.40 g., Nickel Plated Steel, 23.9mm.
Obv: Head right **Rev:** Medal of Bravery (maple leaf
within wreath) **Edge:** Reeded

Date	Mintage	VF20	XF40	MS60	MS63	MS65
2006 (ml)	20,045,111	—	—	—	0.90	22.00

KM# 632 12.61 g., Nickel Plated Steel, 35mm.
Subject: Queen Elizabeth II 80th Birthday **Rev:**
Crown, colorized

Date	Mintage	VF20	XF40	MS60	MS63	MS65
1926-2006	24,977	—	—	—	—	22.00
Specimen						

KM# 633 4.43 g., Nickel Plated Steel, 23.9mm.
Subject: Canada Day **Obv:** Crowned head right
Rev: Boy marching with flag, colorized

Date	Mintage	VF20	XF40	MS60	MS63	MS65
2006 P PL	30,328	—	—	—	—	13.00

KM# 634 4.43 g., Nickel Plated Steel, 23.88mm.
Subject: Breast Cancer **Rev:** Four ribbons, all
colorized **Note:** Sold housed in a bookmark.

Date	Mintage	VF20	XF40	MS60	MS63	MS65
2006 P	40,911	—	—	—	0.90	22.00

KM# 637 4.43 g., Nickel Plated Steel, 23.88mm.
Subject: Wedding **Rev:** Colorized bouquet of
flowers

Date	Mintage	VF20	XF40	MS60	MS63	MS65
2006 (ml)	10,318	—	—	—	5.00	—

KM# 642 4.43 g., Nickel Plated Steel, 23.88mm.
Subject: Ottawa Senators **Obv:** Head right **Rev:**
Logo

Date	Mintage	VF20	XF40	MS60	MS63	MS65
2006 P PL	11,765	—	—	—	—	18.00

KM# 644 4.43 g., Nickel Plated Steel, 23.88mm.
Subject: Calgary Flames **Obv:** Head right **Rev:**
Logo

Date	Mintage	VF20	XF40	MS60	MS63	MS65
2006 (ml)	1,082	—	—	—	12.50	—

KM# 645 4.43 g., Nickel Plated Steel, 23.88mm.
Subject: Edmonton Oilers **Obv:** Head right **Rev:**
Logo

Date	Mintage	VF20	XF40	MS60	MS63	MS65
2006 (ml)	2,214	—	—	—	12.50	—

KM# 647 4.43 g., Nickel Plated Steel, **Subject:**
Santa and Rudolph **Rev:** Colorized Santa in sled
led by Rudolph

Date	Mintage	VF20	XF40	MS60	MS63	MS65
2006 P PL	99,258	—	—	—	—	16.00

KM# 638 4.43 g., Nickel Plated Steel, 23.88mm.
Subject: Birthday **Rev:** Colorized balloons

Date	Mintage	VF20	XF40	MS60	MS63	MS65
2007 (ml) PL	24,531	—	—	—	—	18.00

KM# 639 4.43 g., Nickel Plated Steel, 23.88mm.
Subject: Baby birth **Rev:** Colorized baby rattle
Edge: Reeded

Date	Mintage	VF20	XF40	MS60	MS63	MS65
2007 (ml) PL	30,090	—	—	—	—	18.00

KM# 640 4.43 g., Nickel Plated Steel, 23.88mm.
Subject: Oh Canada **Obv:** Head right **Rev:** Maple
leaf, colorized

Date	Mintage	VF20	XF40	MS60	MS63	MS65
2007 (ml) PL	23,582	—	—	—	—	13.00

KM# 641 4.43 g., Nickel Plated Steel, 23.88mm.
Subject: Congratulations **Obv:** Head right **Rev:**
Fireworks, colorized

Date	Mintage	VF20	XF40	MS60	MS63	MS65
2007 (ml) PL	9,671	—	—	—	—	18.00

KM# 643 4.43 g., Nickel Plated Steel, 23.88mm.
Subject: Vancouver Canucks **Obv:** Head right
Rev: Logo

Date	Mintage	VF20	XF40	MS60	MS63	MS65
2007 (ml) PL	1,526	—	—	—	—	18.00

KM# 682 4.43 g., Nickel Plated Steel, **Subject:** Curling **Obv:** Head right

Date	Mintage	VF20	XF40	MS60	MS63	MS65
2007	22,400,000	—	—	—	0.90	18.00
2008 Mule	—	—	—	—	—	—

KM# 683 4.43 g., Nickel Plated Steel, **Subject:** Ice Hockey **Obv:** Head right

Date	Mintage	VF20	XF40	MS60	MS63	MS65
2007	22,400,000	—	—	—	0.90	18.00
2008 Mule	—	—	—	—	—	—

KM# 684 4.43 g., Nickel Plated Steel, 23.8mm. **Subject:** Paralympic Winter Games **Obv:** Head right **Rev:** Wheelchair curling

Date	Mintage	VF20	XF40	MS60	MS63	MS65
2007	22,400,000	—	—	—	0.90	18.00
2008 Mule	—	—	—	—	—	—

KM# 685 4.43 g., Nickel Plated Steel, **Subject:** Biathlon **Obv:** Head right

Date	Mintage	VF20	XF40	MS60	MS63	MS65
2007	22,400,000	—	—	—	0.90	18.00
2008 Mule	—	—	—	—	—	—

KM# 686 4.43 g., Nickel Plated Steel, 23.8mm. **Subject:** Alpine Skiing **Obv:** Head right

Date	Mintage	VF20	XF40	MS60	MS63	MS65
2007	22,400,000	—	—	—	0.90	18.00
2008 Mule	—	—	—	—	22.00	—

KM# 701 4.43 g., Nickel Plated Steel, 23.88mm. **Subject:** Birthday **Rev:** Party hat, multicolor

Date	Mintage	VF20	XF40	MS60	MS63	MS65
2007	11,376	—	—	—	8.00	—

KM# 702 4.43 g., Nickel Plated Steel, 23.88mm. **Subject:** Congratulations **Rev:** Trophy, multicolor

Date	Mintage	VF20	XF40	MS60	MS63	MS65
2007 PL	—	—	—	—	—	18.00

KM# 703 4.43 g., Nickel Plated Steel, 23.88mm. **Subject:** Wedding **Rev:** Cake, multicolor

Date	Mintage	VF20	XF40	MS60	MS63	MS65
2007	—	—	—	—	8.00	—

KM# 704 4.43 g., Nickel Plated Steel, 23.88mm. **Subject:** Canada Day **Rev:** Mountie, colorized

Date	Mintage	VF20	XF40	MS60	MS63	MS65
2007 (ml) PL	27,743	—	—	—	—	18.00

KM# 705 4.43 g., Nickel Plated Steel, 23.88mm. **Subject:** Christmas **Rev:** Multicolor tree

Date	Mintage	VF20	XF40	MS60	MS63	MS65
2007 PL	66,267	—	—	—	—	18.00

KM# 706 12.61 g., Nickel Plated Steel, 35.0mm. **Subject:** Red-breasted Nuthatch **Obv:** Head right **Obv. Designer:** Susanna Blunt **Rev:** Nuthatch perched on pine branch multicolor **Obv. Legend:** ELIZABETH II - D • G • REGINA **Rev. Designer:** Arnold Nogy **Rev. Legend:** CANADA **Edge:** Plain

Date	Mintage	VF20	XF40	MS60	MS63	MS65
2007 (ml) Specimen	11,909	—	—	—	300	—

KM# 707 12.61 g., Nickel Plated Steel, 35mm.
Obv: Elizabeth II **Rev:** Multicolor ruby-throated hummingbird and flower **Edge:** Plain

Date	Mintage	VF20	XF40	MS60	MS63	MS65
2007 Specimen	17,174	—	—	—	125	—

KM# 708 12.61 g., Nickel Plated Steel, 35mm.
Subject: Queen's 60th Wedding Anniversary **Rev:** Royal carriage in color

Date	Mintage	VF20	XF40	MS60	MS63	MS65
1947-2007 PL, Specimen	15,235	—	—	—	—	22.00

KM# 713 4.40 g., Nickel Plated Steel, **Rev:** Toronto Maple Leaf logo, colorized

Date	Mintage	VF20	XF40	MS60	MS63	MS65
2007 (ml) PL	5,365	—	—	—	—	18.00

KM# 714 4.40 g., Nickel Plated Steel, **Rev:** Ottawa Senators logo, colorized

Date	Mintage	VF20	XF40	MS60	MS63	MS65
2007 (ml) PL	2,474	—	—	—	—	18.00

KM# 723 4.40 g., Nickel Plated Steel, **Rev:** Montreal Canadiens logo, colorized

Date	Mintage	VF20	XF40	MS60	MS63	MS65
2007 (ml) PL	4,091	—	—	—	—	18.00

KM# 760 4.43 g., Nickel Plated Steel, 23.88mm.
Subject: Baby **Rev:** Multicolor blue teddy bear

Date	Mintage	VF20	XF40	MS60	MS63	MS65
2008 PL	29,639	—	—	—	—	20.00

KM# 761 4.43 g., Nickel Plated Steel, 23.88mm.
Subject: Birthday **Rev:** Multicolor party hat

Date	Mintage	VF20	XF40	MS60	MS63	MS65
2008 PL	11,376	—	—	—	—	18.00

KM# 762 4.43 g., Nickel Plated Steel, 23.88mm.
Subject: Congratulations **Rev:** Multicolor trophy

Date	Mintage	VF20	XF40	MS60	MS63	MS65
2008 PL	6,821	—	—	—	—	18.00

KM# 763 4.43 g., Nickel Plated Steel, 23.88mm.
Subject: Wedding **Rev:** Multicolor wedding cake

Date	Mintage	VF20	XF40	MS60	MS63	MS65
2008 PL	7,407	—	—	—	—	18.00

KM# 764 4.43 g., Nickel Plated Steel, 23.88mm.
Subject: Santa Claus **Rev:** Multicolor Santa

Date	Mintage	VF20	XF40	MS60	MS63	MS65
2008 PL	42,344	—	—	—	—	18.00

KM# 765 4.43 g., Nickel Plated Steel, 23.9mm.
Subject: Vancouver Olympics **Rev:** Freestyle skiing

Date	Mintage	VF20	XF40	MS60	MS63	MS65
2008	—	—	—	—	0.90	18.00

KM# 766 4.43 g., Nickel Plated Steel, 23.8mm.
Subject: Vancouver Olympics **Rev:** Figure skating

Date	Mintage	VF20	XF40	MS60	MS63	MS65
2008	—	—	—	—	0.90	18.00

KM# 768 4.43 g., Nickel Plated Steel, 23.88mm.
Subject: Vancouver Olympics **Rev:** Snowboarding

Date	Mintage	VF20	XF40	MS60	MS63	MS65
2008	—	—	—	—	0.90	18.00

KM# 769 4.43 g., Nickel Plated Steel, 23.88mm.
Subject: Vancouver Olympics **Rev:** Olympic mascot - Miga

Date	Mintage	VF20	XF40	MS60	MS63	MS65
2008 PL	—	—	—	—	—	0.90

KM# 770 4.43 g., Nickel Plated Steel, 23.88mm.
Subject: Vancouver Olympics **Rev:** Olympic mascot - Quatchi

Date	Mintage	VF20	XF40	MS60	MS63	MS65
2008 PL	—	—	—	—	—	0.90

25 CENTS

KM# 771 4.43 g., Nickel Plated Steel, 23.88mm.
Subject: Vancouver Olympics **Rev:** Olympic mascot - Sumi

Date	Mintage	VF20	XF40	MS60	MS63	MS65
2008 PL	—	—	—	—	—	0.90

KM# 772 4.43 g., Nickel Plated Steel, 23.88mm.
Subject: Oh Canada **Rev:** Multicolor red flag

Date	Mintage	VF20	XF40	MS60	MS63	MS65
2008 PL	—	—	—	—	—	18.00

KM# 773 12.61 g., Nickel Plated Steel, 35mm.
Obv: Bust right **Obv. Designer:** Susanna Blunt
Rev: Downy woodpecker in tree, multicolor **Rev. Designer:** Arnold Nogy **Edge:** Plain **Note:** Prev. KM#717.

Date	Mintage	VF20	XF40	MS60	MS63	MS65
2008 (ml) Specimen	14,282	—	—	—	—	175

KM# 774 12.61 g., Nickel Plated Steel, 35mm. **Obv:** Bust right **Obv. Designer:** Susanna Blunt **Rev:** Northern cardinal perched on branch - multicolor **Rev. Designer:** Arnold Nogy **Edge:** Plain **Note:** Prev. KM#718.

Date	Mintage	VF20	XF40	MS60	MS63	MS65
2008 (ml) Specimen	11,604	—	—	—	—	250

KM# 775 4.43 g., Nickel Plated Steel, 23.8mm.
Subject: End of WWI, 90th Anniversary **Rev:**

Multicolor poppy

Date	Mintage	VF20	XF40	MS60	MS63	MS65
1918-2008	10,167	—	—	—	—	8.00

KM# 776 12.61 g., Nickel Plated Steel, 35mm.
Subject: Anne of Green Gables **Rev:** Image of young girl, multicolor **Rev. Designer:** Ben Stahl

Date	Mintage	VF20	XF40	MS60	MS63	MS65
1908-2008 Specimen	32,795	—	—	—	—	25.00

KM# 841 4.43 g., Nickel Plated Steel, 23.8mm.
Subject: Vancouver Olympics **Rev:** Bobsleigh

Date	Mintage	VF20	XF40	MS60	MS63	MS65
2008	—	—	—	—	0.90	18.00

KM# 1039 4.43 g., Nickel Plated Steel, 23.9mm.
Subject: Canada Day **Rev:** Colorized moose head

Date	Mintage	VF20	XF40	MS60	MS63	MS65
2008 PL	11,538	—	—	—	—	18.00

KM# 1041 4.43 g., Nickel Plated Steel, **Subject:** WWI **Rev:** Three military men standing over tomb

Date	Mintage	VF20	XF40	MS60	MS63	MS65
2008 (ml)	10,167	—	—	—	—	12.50

25 CENTS

KM# 840 4.43 g., Nickel Plated Steel, 23.8mm.
Subject: Valcouver 2010 Olympics **Rev:** Cross-country skiing

Date	Mintage	VF20	XF40	MS60	MS63	MS65
2009	—	—	—	—	0.90	18.00

KM# 842 4.43 g., Nickel Plated Steel, 23.9mm.
Subject: Edmonton Olympics **Rev:** Speed skating

Date	Mintage	VF20	XF40	MS60	MS63	MS65
2009	—	—	—	—	0.90	18.00

KM# 885 4.40 g., Nickel Plated Steel, 23.88mm.
Subject: Canada Day **Rev:** Animals in boat with flag **Rev. Legend:** Canada 25 cents

Date	Mintage	VF20	XF40	MS60	MS63	MS65
2009 PL	11,091	—	—	—	—	16.00

KM# 886 12.61 g., Nickel Plated Steel, 35mm.
Subject: Notre-Dame-Du-Saguenay **Obv:** Bust right **Obv. Designer:** Susanna Blunt **Obv.** Color photo of fjord and statue **Obv. Legend:** Elizabeth II DG Regina **Rev. Legend:** Canada 25 cents

Date	Mintage	VF20	XF40	MS60	MS63	MS65
2009 Specimen	16,653	—	—	—	—	18.00

KM# 915 4.43 g., Nickel Plated Steel, 23.9mm.
Subject: Surprise Birthday **Obv:** Bust right **Obv. Designer:** Susanna Blunt **Rev:** Colorized

Date	Mintage	VF20	XF40	MS60	MS63	MS65
2009 PL	9,663	—	—	—	—	13.00

KM# 916 4.43 g., Nickel Plated Steel, 23.9mm.
Subject: Share the Excitement **Obv:** Bust right **Obv. Designer:** Susanna Blunt **Rev:** Colorized

Date	Mintage	VF20	XF40	MS60	MS63	MS65
2009 PL	4,126	—	—	—	—	12.50

KM# 917 4.43 g., Nickel Plated Steel, 23.9mm.
Subject: Share the Love **Obv:** Bust right **Obv. Designer:** Susanna Blunt **Rev:** Two doves, colored

Date	Mintage	VF20	XF40	MS60	MS63	MS65
2009 PL	7,571	—	—	—	—	13.00

KM# 918 4.43 g., Nickel Plated Steel, 23.9mm.
Subject: Thank You **Obv:** Bust right **Obv. Designer:** Susanna Blunt **Rev:** Colorized

Date	Mintage	VF20	XF40	MS60	MS63	MS65
2009 PL	4,415	—	—	—	—	13.00

KM# 933 4.40 g., Nickel Plated Steel, 23.9mm.
Rev: Santa Claus, multicolor

Date	Mintage	VF20	XF40	MS60	MS63	MS65
2009 PL	—	—	—	—	—	16.00

25 CENTS

KM# 934 4.40 g., Nickel Plated Steel, 23.9mm.
Rev: Multicolor teddy bear, crescent moon

Date	Mintage	VF20	XF40	MS60	MS63	MS65
2009 PL	25,182	—	—	—	—	16.50

KM# 935 4.40 g., Nickel Plated Steel, 23.9mm.
Subject: Oh Canada **Rev:** Maple leaves, yellow color

Date	Mintage	VF20	XF40	MS60	MS63	MS65
2009 PL	14,451	—	—	—	—	16.00

KM# 952 4.40 g., Nickel Plated Steel, 23.9mm.
Rev: Sledge hockey

Date	Mintage	VF20	XF40	MS60	MS63	MS65
2009	—	—	—	—	0.90	18.00

KM# 1063 Nickel Plated Steel, **Subject:** Men's Hockey **Rev:** Hockey player and maple leaf outline

Date	Mintage	VF20	XF40	MS60	MS63	MS65
2009	—	—	—	—	—	2.50

KM# 1063a Nickel Plated Steel, **Subject:** Men's Hockey **Rev:** Hockey player and maple leaf outline in red

Date	Mintage	VF20	XF40	MS60	MS63	MS65
2009	—	—	—	—	2.25	35.00

KM# 1064 Nickel Plated Steel, 23.9mm. **Subject:** Women's Hockey **Rev:** Hockey player and maple leaf outline

Date	Mintage	VF20	XF40	MS60	MS63	MS65
2009	—	—	—	—	0.90	18.00

KM# 1064a Nickel Plated Steel, **Subject:** Women's Hockey **Rev:** Hockey player and male leaf outline in red

Date	Mintage	VF20	XF40	MS60	MS63	MS65
2009	—	—	—	—	2.25	35.00

KM# 1065 Nickel Plated Steel, 23.9mm. **Subject:** Klassen - Female speed skater **Rev:** Skater and maple leaf outline

Date	Mintage	VF20	XF40	MS60	MS63	MS65
2009	—	—	—	—	0.90	18.00

KM# 1065a Nickel Plated Steel, **Subject:** Klassen - female skater **Rev:** Skater and maple leaf outline in red

Date	Mintage	VF20	XF40	MS60	MS63	MS65
2009	—	—	—	—	2.25	35.00

KM# 880 4.40 g., Nickel Plated Steel, 23.88mm.
Subject: Miga Mascot Vancouver Olympics **Rev:** Mica Mascot - color **Rev. Legend:** Vancouver 2010 25 cents

Date	Mintage	VF20	XF40	MS60	MS63	MS65
2010	14,654	—	—	—	—	3.00

KM# 881 4.40 g., Nickel Plated Steel, 23.88mm.
Subject: Quatchi Mascot - Vancouver Olympics **Obv:** Bust right **Rev:** Quatchi Mascot color **Rev. Legend:** Vancouver 2010 25 cents

Date	Mintage	VF20	XF40	MS60	MS63	MS65
2010	15,310	—	—	—	—	3.00

KM# 882 4.40 g., Nickel Plated Steel, 23.88mm.
Subject: Sumi Mascot **Rev:** Sumi Mascot color
Rev. Legend: Vancouver 2010 25 cents

Date	Mintage	VF20	XF40	MS60	MS63	MS65
2010	15,333	—	—	—	—	3.00

KM# 953 4.40 g., Nickel Plated Steel, 23.9mm.
Rev: Ice hockey

Date	Mintage	VF20	XF40	MS60	MS63	MS65
2010	—	—	—	—	—	3.00

KM# 953a 4.40 g., Nickel Plated Steel, 23.9mm.
Rev: Ice Hockey - red enamel

Date	Mintage	VF20	XF40	MS60	MS63	MS65
2010	—	—	—	—	2.25	35.00

KM# 954 4.40 g., Nickel Plated Steel, 23.9mm.
Rev: Curling

Date	Mintage	VF20	XF40	MS60	MS63	MS65
2010	—	—	—	—	—	3.00

KM# 954a 4.40 g., Nickel Plated Steel, 23.9mm.
Rev: Curling red enamel

Date	Mintage	VF20	XF40	MS60	MS63	MS65
2010	—	—	—	—	—	8.00

KM# 955 4.40 g., Nickel Plated Steel, 23.9mm.
Rev: Wheelchair curling

Date	Mintage	VF20	XF40	MS60	MS63	MS65
2010	—	—	—	—	—	3.00

KM# 955a 4.40 g., Nickel Plated Steel, 23.9mm.
Rev: Wheelchair curling - red enamel

Date	Mintage	VF20	XF40	MS60	MS63	MS65
2010	—	—	—	—	—	8.00

KM# 956 4.40 g., Nickel Plated Steel, 23.9mm.
Rev: Biathlon

Date	Mintage	VF20	XF40	MS60	MS63	MS65
2010	—	—	—	—	—	3.00

KM# 956a 4.40 g., Nickel Plated Steel, 23.9mm.
Rev: Biathlon - red enamel

Date	Mintage	VF20	XF40	MS60	MS63	MS65
2010	—	—	—	—	—	8.00

KM# 957 4.40 g., Nickel Plated Steel, 23.9mm.
Rev: Alpine skiing

Date	Mintage	VF20	XF40	MS60	MS63	MS65
2010	—	—	—	—	—	3.00

KM# 957a 4.40 g., Nickel Plated Steel, 23.9mm.
Rev: Alpine skiing - red enamel

Date	Mintage	VF20	XF40	MS60	MS63	MS65
2010	—	—	—	—	—	8.00

KM# 958 4.40 g., Nickel Plated Steel, 23.9mm.
Rev: Snowboarding

Date	Mintage	VF20	XF40	MS60	MS63	MS65
2010	—	—	—	—	—	3.00

KM# 958a 4.40 g., Nickel Plated Steel, 23.9mm.
Rev: Snowboarding - red enamel

Date	Mintage	VF20	XF40	MS60	MS63	MS65
2010	—	—	—	—	—	8.00

KM# 959 23.90 g., Nickel Plated Steel, 23.9mm.
Rev: Free-style skiing

Date	Mintage	VF20	XF40	MS60	MS63	MS65
2010	—	—	—	—	—	3.00

KM# 959a 4.40 g., Nickel Plated Steel, 23.9mm.
Rev: Free-style skiing - red enamel

Date	Mintage	VF20	XF40	MS60	MS63	MS65
2010	—	—	—	—	—	8.00

KM# 960 4.40 g., Nickel Plated Steel, 23.9mm.
Rev: Alpine skiing

Date	Mintage	VF20	XF40	MS60	MS63	MS65
2010	—	—	—	—	—	3.00

KM# 960a 4.40 g., Nickel Plated Steel, 23.9mm.
Rev: Alpine skiing - red enamel

Date	Mintage	VF20	XF40	MS60	MS63	MS65
2010	—	—	—	—	—	8.00

KM# 988 4.40 g., Nickel Plated Steel, 23.88mm.
Rev: Blue baby carriage

Date	Mintage	VF20	XF40	MS60	MS63	MS65
2010	—	—	—	—	—	10.00

KM# 989 4.40 g., Nickel Plated Steel, 23.9mm.
Rev: Purple gift box

Date	Mintage	VF20	XF40	MS60	MS63	MS65
2010	—	—	—	—	—	10.00

KM# 991 4.40 g., Nickel Plated Steel, 23.9mm.
Rev: Three maple leaves

Date	Mintage	VF20	XF40	MS60	MS63	MS65
2010	—	—	—	—	—	12.50

KM# 992 4.40 g., Nickel Plated Steel, 23.9mm.
Rev: Three zinnias

Date	Mintage	VF20	XF40	MS60	MS63	MS65
2010	—	—	—	—	—	12.50

KM# 993 4.43 g., Nickel Plated Steel, 23.9mm.
Rev: Pink hearts and roses

Date	Mintage	VF20	XF40	MS60	MS63	MS65
2010	—	—	—	—	—	10.00

KM# 994 12.61 g., Nickel Plated Steel, 35mm. **Rev:** Goldfinch, multicolor **Rev. Designer:** Arnold Nogy

Date	Mintage	VF20	XF40	MS60	MS63	MS65
2010	Est. 14000	—	—	—	—	150
Specimen						

KM# 1001 12.61 g., Nickel Plated Steel, 35mm. **Subject:** Blue Jay **Rev:** Multicolor blue jay on yellow maple leaves

Date	Mintage	VF20	XF40	MS60	MS63	MS65
2010	Est. 14000	—	—	—	—	100
Specimen						

KM# 1006 0.50 g., 0.999 Gold, 0.0161 oz. AGW 11mm. **Rev:** Caribou head left

Date	Mintage	VF20	XF40	MS60	MS63	MS65
2010	15,000	PF65 80.00				

KM# 1021 Nickel Plated Steel, 23.9mm. **Rev:** Santa Claus in color

Date	Mintage	VF20	XF40	MS60	MS63	MS65
2010	—	—	—	—	—	15.00

KM# 1026 Silver, 23.8mm. **Obv:** George V bust left **Rev:** Value within wreath, dual dates below

Date	Mintage	VF20	XF40	MS60	MS63	MS65
1935-2010	—	PF65 25.00				

KM# 1028 4.40 g., Nickel Plated Steel, 23.9mm. **Rev:** Soldier standing, two red poppies, large maple leaf behind

Date	Mintage	VF20	XF40	MS60	MS63	MS65
2010	—	—	—	—	—	15.00

KM# 1079 12.61 g., Nickel Plated Steel, 35mm. **Rev:** Barn Swallow in color **Rev. Designer:** Arnold Nagy

Date	Mintage	VF20	XF40	MS60	MS63	MS65
2011	Est. 14000	—	—	—	—	50.00
Specimen						

KM# 1080 4.43 g., Nickel Plated Steel, 23.88mm. **Subject:** Oh Canada! **Rev:** Maple leaf and circular legend

Date	Mintage	VF20	XF40	MS60	MS63	MS65
2011	—	—	—	—	—	2.50

KM# 1081 4.43 g., Nickel Plated Steel, 23.88mm. **Subject:** Wedding **Rev:** Two rings

Date	Mintage	VF20	XF40	MS60	MS63	MS65
2011	—	—	—	—	—	2.50

KM# 1082 4.43 g., Nickel Plated Steel, 23.88mm.
Subject: Birthday **Rev:** Year in four balloons

Date	Mintage	VF20	XF40	MS60	MS63	MS65
2011	—	—	—	—	—	2.50

KM# 1083 4.43 g., Nickel Plated Steel, 23.88mm.
Subject: New Baby! **Rev:** Baby's feet

Date	Mintage	VF20	XF40	MS60	MS63	MS65
2011	—	—	—	—	—	2.50

KM# 1084 4.43 g., Nickel Plated Steel, 23.88mm.
Rev: Tooth Fairy

Date	Mintage	VF20	XF40	MS60	MS63	MS65
2011	—	—	—	—	—	2.50

KM# 1110 12.61 g., Nickel Plated Steel, 35mm.
Subject: Royal Wedding **Rev:** Colored portraits left of William and Catherine

Date	Mintage	VF20	XF40	MS60	MS63	MS65
2011 Specimen	—	—	—	—	—	18.00

KM# 1113 12.61 g., Nickel Plated Steel, 35mm.
Rev: Fantasy Furry Woods creature in color

Date	Mintage	VF20	XF40	MS60	MS63	MS65
2011	—	—	—	—	—	22.00

KM# 1114 12.61 g., Nickel Plated Steel, 35mm.
Rev: Fantasy sea serpent in color

Date	Mintage	VF20	XF40	MS60	MS63	MS65
2011	—	—	—	—	—	22.00

KM# 1115 12.61 g., Nickel Plated Steel, 35mm.
Rev: Tulip and ladybug in color

Date	Mintage	VF20	XF40	MS60	MS63	MS65
2011	—	—	—	—	—	35.00

KM# 1116 12.61 g., Nickel Plated Steel, 35mm.
Rev: Black capped chickadee in color

Date	Mintage	VF20	XF40	MS60	MS63	MS65
2011 Specimen	—	—	—	—	—	50.00

KM# 1148 4.43 g., Nickel Plated Steel, 23.9mm.
Obv: Bust right **Rev:** Snowflake

Date	Mintage	VF20	XF40	MS60	MS63	MS65
2011	—	—	—	—	—	7.50

KM# 1156 5.90 g., 0.925 Silver, 0.1755 oz. ASW 23.8mm. **Obv:** George V bust **Rev:** Value within wreath

Date	Mintage	VF20	XF40	MS60	MS63	MS65
1911-2011	6,000	PF65 25.00				

KM# 1168 4.40 g., Nickel Plated Steel, 23.9mm. **Obv:** Bust right **Rev:** Stylized bison

Date	Mintage	VF20	XF40	MS60	MS63	MS65
2011	—	—	—	—	0.90	18.00

KM# 1168a 4.40 g., Nickel Plated Steel with color, 23.9mm. **Obv:** Bust right **Rev:** Stylized bison, green circle in background

Date	Mintage	VF20	XF40	MS60	MS63	MS65
2011	—	—	—	—	—	9.50

KM# 1169 4.40 g., Nickel Plated Steel, 23.9mm. **Obv:** Bust right **Rev:** Stylized falcon

Date	Mintage	VF20	XF40	MS60	MS63	MS65
2011	—	—	—	—	0.90	18.00

KM# 1169a 4.40 g., Nickel Plated Steel with color, 23.9mm. **Obv:** Bust right **Rev:** Stylized falcon with yellow circle in background

Date	Mintage	VF20	XF40	MS60	MS63	MS65
2011	—	—	—	—	—	9.50

KM# 1170 4.40 g., Nickel Plated Steel, 23.9mm. **Obv:** Bust right **Rev:** Stylized orca whale

Date	Mintage	VF20	XF40	MS60	MS63	MS65
2011	—	—	—	—	0.90	18.00

KM# 1170a 4.40 g., Nickel Plated Steel with color, 23.9mm. **Obv:** Bust right **Rev:** Stylized orca whale with blue circle in background

Date	Mintage	VF20	XF40	MS60	MS63	MS65
2011	—	—	—	—	—	9.50

KM# 1171 0.50 g., 0.999 Gold, 0.0161 oz. AGW 11mm. **Obv:** Bust right **Rev:** Cougar head left

Date	Mintage	VF20	XF40	MS60	MS63	MS65
2011	—	PF65 80.00				

KM# 1172 12.61 g., Copper Plated Silver gold plated, 35mm. **Obv:** Bust right **Rev:** Wayne Greskey in hockey helmet left

Date	Mintage	VF20	XF40	MS60	MS63	MS65
2011 Specimen	—	—	—	—	—	35.00

KM# 1192 4.43 g., Nickel Plated Steel, 23.9mm. **Subject:** Canadian Broadcasting Company, 75th Anniversary **Obv:** Bust right **Rev:** Old-time radio microphone

Date	Mintage	VF20	XF40	MS60	MS63	MS65
2011	—	—	—	—	—	2.50

KM# 1193 12.61 g., Nickel Plated Steel, 35mm. **Subject:** Mythical Creature - Mishepishu **Obv:** Bust right **Rev:** Horned lizard in color

Date	Mintage	VF20	XF40	MS60	MS63	MS65
2011	—	—	—	—	—	22.00

KM# 1227 4.43 g., Nickel Plated Steel, 23.9mm. **Obv:** Bust right **Rev:** Tooth Fairy in flight

Date	Mintage	VF20	XF40	MS60	MS63	MS65
2012	—	—	—	—	—	13.00

KM# 1228 4.43 g., Nickel Plated Steel, 23.9mm. **Subject:** Baby **Rev:** Baby's mobile

Date	Mintage	VF20	XF40	MS60	MS63	MS65
2012 PL	—	—	—	—	—	13.00

KM# 1229 4.43 g., Nickel Plated Steel, 23.9mm. **Subject:** Wedding **Rev:** Two wedding rings with small feet

Date	Mintage	VF20	XF40	MS60	MS63	MS65
2012 PL	—	—	—	—	—	13.00

KM# 1230 4.43 g., Nickel Plated Steel, 23.9mm. **Subject:** Birthday **Rev:** Cone with character face

Date	Mintage	VF20	XF40	MS60	MS63	MS65
2012	—	—	—	—	—	2.50

KM# 1231 4.43 g., Nickel Plated Steel, 23.9mm. **Subject:** Oh, Canada! **Rev:** Maple leaves with character faces

Date	Mintage	VF20	XF40	MS60	MS63	MS65
2012	—	—	—	—	—	2.50

KM# 1232 4.43 g., Nickel Plated Steel, 23.88mm. **Subject:** Winnipeg Jets **Rev:** Jet superimposed on Maple leaf

Date	Mintage	VF20	XF40	MS60	MS63	MS65
2012	—	—	—	—	—	2.50

KM# 1233 12.51 g., Nickel Plated Steel, 35mm. **Subject:** Titanic, 100th Anniversary **Obv:** Bust right **Rev:** Two views of Titanic, one at dockside, one nighttime at sea

Date	Mintage	VF20	XF40	MS60	MS63	MS65
2012	—	—	—	—	—	22.00

KM# 1247 12.61 g., Nickel Plated Steel, 35mm. **Subject:** Coast Guard, 100th anniversary **Rev:** Rescue craft in rough seas

Date	Mintage	VF20	XF40	MS60	MS63	MS65
2012	—	—	—	—	—	22.00

KM# 1252 12.61 g., Nickel Plated Steel, 35mm. **Subject:** Pachyrhinosaurus Lakusta **Note:** Skeleton glows in the dark

Date	Mintage	VF20	XF40	MS60	MS63	MS65
2012	—	—	—	—	—	100

KM# 1253 12.61 g., Nickel Plated Steel, 35mm.
Subject: Rose Breasted Grosbeak

Date	Mintage	VF20	XF40	MS60	MS63	MS65
2012	—	—	—	—	—	30.00

KM# 1265 12.61 g., Nickel Plated Steel, 35mm.
Subject: Aster and Bee

Date	Mintage	VF20	XF40	MS60	MS63	MS65
2012	—	—	—	—	—	22.00

KM# 1313 12.61 g., Copper-Nickel, 35mm.
Subject: Grey Cup, 100th Anniversary **Obv:** Bust right **Obv. Designer:** Susana Blunt **Rev:** B.C. Lions logo in color

Date	Mintage	VF20	XF40	MS60	MS63	MS65
2012	—	PF65 25.00				

KM# 1314 12.61 g., Copper-Nickel, 35mm.
Subject: Grey Cup, 100th Anniversary **Obv:** Bust right **Obv. Designer:** Susana Blunt **Rev:** Calgary Stampeders' logo in color

Date	Mintage	VF20	XF40	MS60	MS63	MS65
2012	—	PF65 22.00				

KM# 1315 12.61 g., Copper-Nickel, 35mm.
Subject: Grey Cup, 100th Anniversary **Obv:** Bust right **Obv. Designer:** Susana Blunt **Rev:** Edmonton Eskimos logo in color

Date	Mintage	VF20	XF40	MS60	MS63	MS65
2012	—	PF65 25.00				

KM# 1316 12.61 g., Copper-Nickel, 35mm.
Subject: Grey Cup, 100th Anniversary **Obv:** Bust right **Obv. Designer:** Susana Blunt **Rev:** Hamilton Tiger-Cats logo in color

Date	Mintage	VF20	XF40	MS60	MS63	MS65
2012	—	PF65 25.00				

KM# 1317 12.61 g., Copper-Nickel, 35mm.
Subject: Grey Cup, 100th Anniversary **Obv:** Bust right **Obv. Designer:** Susana Blunt **Rev:** Montreal Alouettes logo in color

Date	Mintage	VF20	XF40	MS60	MS63	MS65
2012	—	PF65 25.00				

KM# 1318 12.61 g., Copper-Nickel, 35mm.
Subject: Grey Cup, 100th Anniversary **Obv:** Bust right **Obv. Designer:** Susana Blunt **Rev:** Saskatchewan Roughriders logo in color

Date	Mintage	VF20	XF40	MS60	MS63	MS65
2012	—	PF65 25.00				

KM# 1319 12.61 g., Copper-Nickel, 35mm.
Subject: Grey Cup, 100th Anniversary **Obv:** Bust right **Obv. Designer:** Susana Blunt **Rev:** Toronto Argonauts logo in color

Date	Mintage	VF20	XF40	MS60	MS63	MS65
2012	—	PF65 25.00				

KM# 1320 12.61 g., Copper-Nickel, 35mm.
Subject: Grey Cup, 100th Anniversary **Obv:** Bust right **Obv. Designer:** Susana Blunt **Rev:** Winnipeg Blue Bombers logo in color

Date	Mintage	VF20	XF40	MS60	MS63	MS65
2012	—	PF65 25.00				

KM# 1321 12.61 g., Nickel Plated Steel, 35mm.
Subject: Calgary Stampede **Rev:** Cowboy on bucking horse in color

Date	Mintage	VF20	XF40	MS60	MS63	MS65
2012 Specimen	—	—	—	—	—	22.00

KM# 1322 4.43 g., Nickel Plated Steel, 23.9mm.
Subject: War of 1812 - Brock **Rev:** Portrait at right **Rev. Designer:** Bonnie Ross

Date	Mintage	VF20	XF40	MS60	MS63	MS65
2012	—	—	—	—	0.90	18.00

KM# 1322a 4.43 g., Nickel Plated Steel, 23.9mm.
Subject: War of 1812 - Brock **Rev:** Portrait at right, red maple leaf **Rev. Designer:** Bonnie Ross

Date	Mintage	VF20	XF40	MS60	MS63	MS65
2012	—	—	—	—	—	10.00

KM# 1324 4.43 g., Nickel Plated Steel, 23.9mm.
Subject: War of 1812 - Tecumseh **Rev:** Portrait at right **Rev. Designer:** Bonnie Ross

Date	Mintage	VF20	XF40	MS60	MS63	MS65
2012	—	—	—	—	0.90	18.00

KM# 1324a 4.42 g., Nickel Plated Steel, 23.9mm. **Subject:** War of 1812 - Tecumseh **Rev:** Portrait at right, red maple leaf **Rev. Designer:** Bonnie Ross

Date	Mintage	VF20	XF40	MS60	MS63	MS65
2012	—	—	—	—	—	10.00

KM# 1326 12.61 g., Nickel Plated Steel, 35mm. **Rev:** Evening Grosbeak in color

Date	Mintage	VF20	XF40	MS60	MS63	MS65
2012 Specimen	—	—	—	—	—	35.00

KM# 1341 12.16 g., Copper-Nickel, 35mm. **Subject:** Christmas Lenticular **Rev:** Santa Claus with bag of presents **Rev. Designer:** Tony Bianco

Date	Mintage	VF20	XF40	MS60	MS63	MS65
2012 Specimen	25,000	—	—	—	—	30.00

KM# 1351 Nickel Plated Steel, 35mm. **Subject:** Quetzalcoatlus **Rev:** Dinosaur in color and as glow-in-the-dark skeleton

Date	Mintage	VF20	XF40	MS60	MS63	MS65
2013	—	—	—	—	—	35.00

KM# 1353 12.61 g., Copper-Nickel, 35mm. **Rev:** Purple cone flower and butterfly in color

Date	Mintage	VF20	XF40	MS60	MS63	MS65
2013 Specimen	17,500	—	—	—	—	30.00

KM# 1354 12.61 g., Copper-Nickel, 35mm. **Rev:** Male and female mallards in color **Rev. Designer:** Trevor Tennant

Date	Mintage	VF20	XF40	MS60	MS63	MS65
2013 Specimen	17,500	—	—	—	—	27.00

25 CENTS

KM# 1368 4.43 g., Nickel Plated Steel, 23.9mm.
Subject: Oh Canada **Rev:** Maple Leaf

Date	Mintage	VF20	XF40	MS60	MS63	MS65
2013	—	PF65 10.00				

KM# 1373 12.61 g., Nickel Plated Steel, 35mm.
Rev: American Robin in color

Date	Mintage	VF20	XF40	MS60	MS63	MS65
2013 Specimen	—	—	—	—	—	27.00

KM# 1380 0.50 g., 0.9999 Gold, 0.0161 oz. AGW
11mm.   **Rev:** Hummingbird in flight right   **Rev. Designer:** Claudio D'Angelo

Date	Mintage	VF20	XF40	MS60	MS63	MS65
2013	Est. 10000	PF65 70.00				

KM# 1419 4.43 g., Nickel Plated Steel, 23.9mm.
Subject: Birthday **Rev:** Birthday cake and candle

Date	Mintage	VF20	XF40	MS60	MS63	MS65
2013	—	PF65 20.00				

KM# 1420 4.43 g., Nickel Plated Steel, 23.9mm.
Rev: Two Rings

Date	Mintage	VF20	XF40	MS60	MS63	MS65
2013	—	PF65 20.00				

KM# 1432 15.50 g., Copper-Nickel, 35mm.
Subject: Coronation Anniversary **Rev:** Elizabeth standing, Victoria painting in background in color.
Rev. Designer: Phil Richards

Date	Mintage	VF20	XF40	MS60	MS63	MS65
2013 Specimen	Est. 15000	—	—	—	—	22.00

KM# 1443 Copper-Nickel, 35mm. **Obv:** Bust right
Rev: Barn owl in flight left, in color

Date	Mintage	VF20	XF40	MS60	MS63	MS65
2013	17,500	PF65 27.00				

KM# 1460 0.50 g., Nickel Plated Steel, 23.9mm.
Rev: Baby carriage - William and Catherine names around **Rev. Designer:** Laurie McGaw

Date	Mintage	VF20	XF40	MS60	MS63	MS65
2013 Specimen	—	—	—	—	—	22.00

KM# 1465 12.61 g., Nickel Plated Steel, 35mm.
Rev: Christmas wreath in color

Date	Mintage	VF20	XF40	MS60	MS63	MS65
2013	—	—	—	—	—	25.00

KM# 1491 15.50 g., Copper-Nickel, 35mm.
Subject: Eastern Prickly Pear Cactus **Rev:** Partial flower in color **Rev. Designer:** Claudio D'Angelo

Date	Mintage	VF20	XF40	MS60	MS63	MS65
2013	17,500	PF65 22.00				

KM# 1521 Copper-Nickel, 35mm. **Rev:** Tylosaurus Pembinensis glow in the dark **Rev. Designer:** Julius Csotonyi

Date	Mintage	VF20	XF40	MS60	MS63	MS65
2013	30,000	PF65 27.00				

KM# 1524 Copper-Nickel, 35mm. **Rev:** Wood duck pair

Date	Mintage	VF20	XF40	MS60	MS63	MS65
2013	—	—	—	—	—	30.00

KM# 1539 Nickel Plated Steel, 23.9mm. **Obv:** Birthday cake

Date	Mintage	VF20	XF40	MS60	MS63	MS65
2013	—	—	—	—	—	2.50

KM# A1547 4.40 g., Nickel Plated Steel, 23.88mm. **Rev:** Whale group with boat

Date	Mintage	VF20	XF40	MS60	MS63	MS65
2013	—	—	—	—	—	2.50

KM# B1547 4.40 g., Nickel Plated Steel, 23.88mm. **Rev:** Dogsled, stylized compass

Date	Mintage	VF20	XF40	MS60	MS63	MS65
2013	—	—	—	—	—	2.50

KM# 1547 Copper-Nickel, 23.9mm. **Rev:** Arctic Explorers, compass rose

Date	Mintage	VF20	XF40	MS60	MS63	MS65
2013 Frosted compass arc	—	—	—	—	—	2.50
2013 Frosted explorers	—	—	—	—	—	2.50

KM# 1700 4.43 g., Nickel Plated Steel, 23.9mm. **Ruler:** Elizabeth II **Subject:** War of 1812 - Secord **Rev:** Portrait at right **Mint:** Royal Canadian Mint

Date	Mintage	F12	VF20	XF40	MS60	MS63
2013	—	—	—	—	—	2.50

KM# 1700a 4.43 g., Nickel Plated Steel, 23.9mm. **Ruler:** Elizabeth II **Subject:** War of 1812 - Seacord **Rev:** Portrait at right, red maple leaf at left **Mint:** Royal Canadian Mint

Date	Mintage	F12	VF20	XF40	MS60	MS63
2013	—	—	—	—	—	2.50

KM# 1494 0.50 g., 0.999 Gold, 0.0161 oz. AGW 11mm. **Subject:** Rocky Mountain Bighorn Sheep **Rev:** Head right

Date	Mintage	VF20	XF40	MS60	MS63	MS65
2014	10,000	PF65 80.00				

KM# 1572 12.61 g., Nickel Plated Steel, 35mm. **Obv:** Bust right **Rev:** Montreal Canadians logo in color

Date	Mintage	VF20	XF40	MS60	MS63	MS65
2014	—	—	—	—	—	10.00

KM# 1573 12.61 g., Nickel Plated Steel, 35mm. **Obv:** Bust right **Rev:** Canucks logo in color

Date	Mintage	VF20	XF40	MS60	MS63	MS65
2014	—	—	—	—	—	10.00

KM# 1574 12.61 g., Nickel Plated Steel, 35mm. **Obv:** Bust right **Rev:** Calgary Flames logo in color

Date	Mintage	VF20	XF40	MS60	MS63	MS65
2014	—	—	—	—	—	10.00

KM# 1575 12.61 g., Nickel Plated Steel, 35mm. **Obv:** Bust right **Rev:** Winnipeg Jets logo in color

Date	Mintage	VF20	XF40	MS60	MS63	MS65
2014	—	—	—	—	—	10.00

KM# 1576 12.61 g., Nickel Plated Steel, 35mm.
Obv: Bust right **Rev:** Toronto Maple Leafs logo in color

Date	Mintage	VF20	XF40	MS60	MS63	MS65
2014	—	—	—	—	—	10.00

KM# 1577 12.61 g., Nickel Plated Steel, 35mm.
Obv: Bust right **Rev:** Edmonton Oilers logo in color

Date	Mintage	VF20	XF40	MS60	MS63	MS65
2014	—	—	—	—	—	10.00

KM# 1578 12.61 g., Nickel Plated Steel, 35mm.
Obv: Bust right **Rev:** Senators logo in color

Date	Mintage	VF20	XF40	MS60	MS63	MS65
2014	—	—	—	—	—	10.00

KM# 1602 0.50 g., 0.999 Gold, 0.0161 oz. AGW
11mm. **Obv:** Bust right **Rev:** Chipmunk

Date	Mintage	VF20	XF40	MS60	MS63	MS65
2014	10,000	PF65 80.00				

KM# 1618 12.61 g., Nickel Plated Steel, 35mm.
Obv: Bust right **Rev:** Eastern Meadowlark in color

Date	Mintage	VF20	XF40	MS60	MS63	MS65
2014	17,500	—	—	—	—	35.00

KM# 1619 12.61 g., Nickel Plated Steel, 35mm.
Obv: Bust right **Rev:** Tikaalik creature in glow in the dark format

Date	Mintage	VF20	XF40	MS60	MS63	MS65
2014	30,000	—	—	—	—	25.00

KM# A1630 14.00 g., Nickel Plated Steel, 35mm.
Obv: Bust right **Rev:** Harlequin ducks in color

Date	Mintage	VF20	XF40	MS60	MS63	MS65
2014 Specimen Proof	17,500	PF65 25.00				

KM# 1630 12.61 g., Nickel Plated Steel, 35mm.
Obv: Bust right **Rev:** Pintail ducks in color

Date	Mintage	VF20	XF40	MS60	MS63	MS65
2014	17,500	—	—	—	—	25.00

KM# 1631 12.61 g., Nickel Plated Steel, 35mm. **Subject:** Haunted Canada - Ghost of the Fairmont Banff Springs hotel **Obv:** Bust right **Rev:** Female head facing above roofline of hotel

Date	Mintage	VF20	XF40	MS60	MS63	MS65
2014 Specimen Proof	15,000	**PF65** 35.00				

KM# 1632 12.61 g., Nickel Plated Stainless Steel, 35mm. **Obv:** Bust right **Rev:** FIFA World Cup, Brazil design in color

Date	Mintage	VF20	XF40	MS60	MS63	MS65
2014	20,000	—	—	—	35.00	—

KM# 1633 12.61 g., Nickel Plated Steel, 35mm. **Obv:** Bust right **Rev:** Leopard frog and water lily in color

Date	Mintage	VF20	XF40	MS60	MS63	MS65
2014	17,500	—	—	—	35.00	—

KM# 1779 15.87 g., Copper-Nickel, 35mm. **Obv:** Bust right **Rev:** Scarlet Tanager in color **Rev. Designer:** Pierre Leduc

Date	Mintage	VF20	XF40	MS60	MS63	MS65
2014	17,500	—	—	—	30.00	—

KM# 1810 0.50 g., 0.999 Gold, 0.0161 oz. AGW **Obv:** Bust right **Rev:** Grizzly Bear head left

Date	Mintage	VF20	XF40	MS60	MS63	MS65
2015	10,000	**PF65** 80.00				

KM# 1851.1 4.40 g., Nickel Plated Steel, 23.88mm. **Ruler:** Elizabeth II **Subject:** 50th Anniversary - Canadian Flag **Obv:** Bust right **Rev:** Canadian flag in color, surrounded by people, denomination and date above **Mint:** Royal Canadian Mint

Date	Mintage	F12	VF20	XF40	MS60	MS63
2015	6,250,000	—	—	—	—	2.50

KM# 1851.2 4.40 g., Nickel Plated Steel, 23.88mm. **Ruler:** Elizabeth II **Subject:** 50th Anniversary - Canadian Flag **Obv:** Bust right **Rev:** Canadian flag surrounded by people, denomination and date above **Mint:** Royal Canadian Mint

Date	Mintage	F12	VF20	XF40	MS60	MS63
2015		—	—	—	—	2.50

KM# 1852.1 4.40 g., Nickel Plated Steel, 23.88mm. **Ruler:** Elizabeth II **Obv:** Bust right, date above, denomination below **Rev:** Poppy **Mint:** Royal Canadian Mint

Date	Mintage	F12	VF20	XF40	MS60	MS63
2015	6,250,000	—	—	—	—	2.50

KM# 1852.2 4.40 g., Nickel Plated Steel, 23.88mm. **Ruler:** Elizabeth II **Obv:** Bust right, date above, denomination below **Rev:** Poppy in red colors **Mint:** Royal Canadian Mint

Date	Mintage	F12	VF20	XF40	MS60	MS63
2015	6,250,000	—	—	—	—	2.50

KM# 1947 13.70 g., Nickel Plated Steel, 35mm. **Obv:** Bust right **Rev:** Cinnamon Teal duck pair in color

Date	Mintage	VF20	XF40	MS60	MS63	MS65
2015 Specimen Proof	17,500	**PF67** 28.00				

KM# 1948 Nickel Plated Steel, 35mm. **Subject:** Haunted Canada **Obv:** Bust right **Rev:** Lenticular image of shadowy figure with lantern, in color

Date	Mintage	VF20	XF40	MS60	MS63	MS65
2015 Specimen Proof	15,000	**PF65** 35.00				

KM# 1949 0.50 g., 0.9999 Gold, 0.0161 oz. AGW 11mm. **Obv:** Bust right **Rev:** Rock Rabbit side profile right

Date	Mintage	VF20	XF40	MS60	MS63	MS65
2015	10,000	**PF65** 80.00				

KM# 1950 0.50 g., 0.9999 Gold, 0.0161 oz. AGW 11mm. **Subject:** Diwali: Festival of Lights **Obv:** Bust right **Rev:** Maple leaf and clay lamp at center, wheel of law and partial maple leaf border

Date	Mintage	VF20	XF40	MS60	MS63	MS65
2015	10,000	**PF65** 80.00				

KM# 2074 157.60 g., 0.9999 Silver, 5.0664 oz. ASW 65.25mm. **Subject:** Big Coin Series **Obv:** Bust right **Rev:** Caribou left, denomination between antlers, date right, selective color

Date	Mintage	VF20	XF40	MS60	MS63	MS65
2016	1,500	**PF67** 400				

KM# 2078 0.50 g., 0.9999 Gold, 0.0161 oz. AGW 11mm. **Obv:** Bust right **Rev:** Predator vs. Prey: Traditional Arctic Fox

Date	Mintage	VF20	XF40	MS60	MS63	MS65
2016	6,500	**PF65** 80.00				

KM# 2079 13.70 g., Copper-Nickel, 35mm. **Subject:** Batman v Superman: Dawn of Justice **Rev:** Lenticular image of Superman and Batman with capes spread, in color

Date	Mintage	VF20	XF40	MS60	MS63	MS65
2016 Specimen Proof	30,000	**PF65** 30.00				

KM# 2080 Nickel Plated Steel, 35mm. **Subject:** Haunted Canada **Obv:** Bust right **Rev:** Lenticular image of Bell Island Banshee and man with lantern, in color

Date	Mintage	VF20	XF40	MS60	MS63	MS65
2016 Specimen Proof	20,000	PF65 35.00				

KM# 2081 12.61 g., Nickel Plated Steel, 35mm. **Subject:** Star Trek 50th Anniversary **Obv:** Bust right **Rev:** Six views of U.S.S. Enterprise around Delta Shield insignia, nebula background in color

Date	Mintage	VF20	XF40	MS60	MS63	MS65
2016 Specimen Proof	—	PF65 30.00	PF67 35.00			

50 CENTS

KM# 6 11.62 g., 0.925 Silver, 0.3456 oz. ASW 29.72mm. **Obv:** VICTORIA DEI GRATIA REGINA. CANADA **Obv. Designer:** Leonard C. Wyon **Rev:** Denomination and date within wreath, crown above **Edge:** Reeded

Date	Mintage	VG8	F12	VF20	XF40	AU50	MS60	MS63	MS65
1870	450,000	1,000	1,400	2,400	5,000	13,500	25,000	40,000	—
1870 LCW	Inc. above	45.00	75.00	175	400	1,150	3,500	9,000	16,000
1871	200,000	75.00	150	350	650	2,000	7,000	15,000	24,000
1871	45,000	150	225	450	1,100	2,800	8,500	22,000	40,000
1872	80,000	55.00	95.00	200	450	1,350	4,000	10,500	17,500
1872 Inverted A for V in Victoria	Inc. above	450	700	1,800	5,000	10,500	25,000	—	—
1881	150,000	75.00	125	225	550	2,100	5,500	14,000	23,000
1888	60,000	225	400	750	1,400	4,000	9,500	22,000	35,000
1890	20,000	1,300	1,900	3,500	6,000	14,000	30,000	65,000	—
1892	151,000	80.00	125	350	650	2,500	9,000	21,000	35,000
1894	29,036	500	900	1,500	2,500	7,000	14,000	35,000	60,000
1898	100,000	85.00	150	350	750	2,800	9,000	24,000	40,000
1899	50,000	200	350	700	1,600	5,000	14,000	30,000	—
1900	118,000	60.00	100	200	500	1,800	5,000	10,500	16,500
1901	80,000	80.00	150	300	750	2,000	7,000	16,000	26,000

Victorian leaves

KM# 12 11.62 g., 0.925 Silver, 0.3456 oz. ASW 29.72mm. **Obv:** Crowned bust right **Obv. Designer:** G. W. DeSaulles **Rev:** Denomination and date within wreath, crown above **Edge:** Reeded

Date	Mintage	VG8	F12	VF20	XF40	AU50	MS60	MS63	MS65
1902	120,000	28.00	55.00	150	350	650	1,800	4,500	7,500
1903H	140,000	35.00	70.00	225	550	850	2,000	5,000	8,500
1904	60,000	175	350	750	1,550	2,750	5,000	14,500	25,000
1905	40,000	225	450	1,000	2,200	4,000	9,000	18,000	—
1906	350,000	24.00	45.00	150	400	800	1,800	4,500	7,500
1907	300,000	24.00	50.00	125	350	700	1,800	5,000	8,500
1908	128,119	40.00	90.00	250	550	850	1,400	2,700	4,500
1909	302,118	30.00	90.00	250	700	1,600	3,000	11,000	20,000
1910 Victoria leaves	649,521	35.00	65.00	175	500	1,050	2,200	7,000	12,000

Edwardian leaves

KM# 12a 11.62 g., 0.925 Silver, 0.3456 oz. ASW 29.72mm. **Obv:** Crowned bust right **Obv. Designer:** G. W. DeSaulles **Rev:** Denomination and date within wreath **Edge:** Reeded

Date	Mintage	VG8	F12	VF20	XF40	AU50	MS60	MS63	MS65
1910 Edwardian leaves	Inc. above	22.00	40.00	100	350	650	1,550	4,500	7,500

KM# 19 11.62 g., 0.925 Silver, 0.3456 oz. ASW 29.72mm. **Obv:** Crowned bust left **Obv. Designer:** E. B. MacKennal **Rev:** Denomination and date within wreath, crown above **Edge:** Reeded

Date	Mintage	VG8	F12	VF20	XF40	AU50	MS60	MS63	MS65
1911	209,972	25.00	100	350	750	1,100	1,950	4,000	10,000

KM# 25 11.62 g., 0.925 Silver, 0.3456 oz. ASW 29.72mm. **Obv:** Crowned bust left, modified legend **Obv. Designer:** E. B. MacKennal **Rev:** Denomination and date within wreath, crown above **Edge:** Reeded

Date	Mintage	VG8	F12	VF20	XF40	AU50	MS60	MS63	MS65
1912	285,867	16.00	40.00	150	350	650	1,500	4,000	12,000
1913	265,889	16.00	40.00	175	400	800	1,800	6,000	20,000
1914	160,128	40.00	100	300	750	1,800	4,000	10,000	—
1916	459,070	15.00	24.00	75.00	200	400	900	2,700	9,500
1917	752,213	13.00	22.00	50.00	150	300	650	1,600	3,500
1918	754,989	13.00	20.00	40.00	125	250	500	1,300	4,000
1919	1,113,429	13.00	20.00	40.00	125	225	500	1,300	4,000

KM# 25a 11.66 g., 0.800 Silver, 0.300 oz. ASW 29.72mm. **Obv:** Crowned bust left **Obv. Designer:** E. B. MacKennal **Rev:** Denomination and date within wreath, crown below **Edge:** Reeded

Date	Mintage	VG8	F12	VF20	XF40	AU50	MS60	MS63	MS65
1920	584,691	17.00	22.00	55.00	200	400	800	2,000	4,500
1921	—	32,000	42,500	52,500	60,000	65,000	75,000	125,000	—
Note: 75 to 100 known; David Akers John Jay Pittman sale, Part Three, 10-99, Gem Unc. realized $63,250									
1929	228,328	13.00	22.00	50.00	150	300	650	1,500	4,000
1931	57,581	25.00	45.00	100	300	600	1,100	2,200	5,500
1932	19,213	150	250	500	1,000	2,200	5,000	9,500	—
1934	39,539	30.00	50.00	100	300	550	900	1,800	4,500
1936	38,550	24.00	45.00	100	300	450	700	1,300	3,500

50 CENTS

KM# 36 11.66 g., 0.800 Silver, 0.300 oz. ASW 29.72mm. **Obv:** Head left **Obv. Designer:** T. H. Paget **Rev:** Crowned arms with supporters, denomination above, date below **Rev. Designer:** George E. Kruger-Gray **Edge:** Reeded

Date	Mintage	VG8	F12	VF20	XF40	AU50	MS60	MS63	MS65
1937	192,016	5.25	12.00	14.00	18.00	25.00	40.00	90.00	1,800
1938	192,018	5.25	15.00	20.00	40.00	85.00	175	450	4,500
1939	287,976	5.25	13.00	15.00	28.00	60.00	100	300	2,500
1940	1,996,566	—	—	5.25	14.00	19.00	35.00	75.00	1,000
1941	1,714,874	—	—	5.25	14.00	19.00	35.00	75.00	1,300
1942	1,974,164	—	—	5.25	14.00	19.00	35.00	75.00	1,300
1943	3,109,583	—	—	5.25	14.00	19.00	35.00	75.00	1,300
1944	2,460,205	—	—	5.25	14.00	19.00	35.00	75.00	1,300
1945	1,959,528	—	—	5.25	14.00	19.00	35.00	90.00	2,700
1946	950,235	—	5.25	13.00	18.00	35.00	75.00	175	3,500
1946 hoof in 6	Inc. above	30.00	40.00	60.00	225	600	1,650	4,500	—
1947 straight 7	424,885	—	5.25	13.00	20.00	45.00	90.00	250	—
1947 curved 7	Inc. above	—	5.25	13.00	29.00	65.00	125	350	3,500
1947 maple leaf, straight 7	38,433	28.00	40.00	50.00	100	150	250	400	3,500
1947 maple leaf, curved 7	Inc. above	1,600	2,000	2,500	3,200	4,500	7,500	13,500	—

KM# 45 11.66 g., 0.800 Silver, 0.300 oz. ASW 29.72mm. **Obv:** Head left, modified legend **Obv. Designer:** T. H. Paget **Rev:** Crowned arms with supporters, denomination above, date below **Rev. Designer:** George E. Kruger-Gray **Edge:** Reeded

Date	Mintage	VG8	F12	VF20	XF40	AU50	MS60	MS63	MS65
1948	37,784	90.00	125	150	175	225	300	450	2,200
1949	858,991	—	—	5.25	13.00	22.00	50.00	125	1,300
1949 hoof over 9	Inc. above	20.00	22.50	45.00	90.00	200	500	1,150	—
1950 no lines in 0	2,384,179	14.00	16.00	18.00	45.00	90.00	175	300	2,700
1950 lines in 0	Inc. above	—	—	5.25	12.00	14.50	16.00	45.00	900
1951	2,421,730	—	—	—	5.25	10.00	14.00	30.00	250
1952	2,596,465	—	—	—	5.25	10.00	14.00	22.00	150

KM# 53 11.66 g., 0.800 Silver, 0.300 oz. ASW 29.72mm. **Obv:** Laureate bust right **Obv. Designer:** Mary Gillick **Rev:** Crowned arms with supporters, denomination above, date below **Edge:** Reeded

Date	Mintage	VG8	F12	VF20	XF40	AU50	MS60	MS63	MS65
1953	1,630,429	—	—	—	5.25	9.50	13.00	22.50	225
Note: small date									
1953	Inc. above	—	—	5.25	12.00	15.00	27.00	50.00	800
Note: large date, straps									

Date	Mintage	VG8	F12	VF20	XF40	AU50	MS60	MS63	MS65
1953	Inc. above	—	5.25	12.00	20.00	45.00	90.00	225	3,500
Note: large date without straps									
1954	506,305	—	—	5.25	14.00	19.50	28.00	50.00	350
1955	753,511	—	—	5.25	12.00	15.00	18.00	30.00	250
1956	1,379,499	—	—	—	5.25	6.25	12.00	20.00	225
1957	2,171,689	—	—	—	5.25	6.25	12.00	13.00	150
1958	2,957,266	—	—	—	5.25	6.25	12.00	13.00	200

KM# 56 11.66 g., 0.800 Silver, 0.300 oz. ASW 29.7mm. **Obv:** Luareate bust right **Obv. Designer:** Mary Gillick **Rev:** Crown divides date above arms with supporters, denomination at right **Rev. Designer:** Thomas Shingles **Edge:** Reeded

Date	Mintage	VF20	XF40	MS60	MS63	MS65
1959	3,095,535	—	—	5.50	12.00	175
Note: horizontal shading						
1960	3,488,897	—	—	5.50	12.00	175
1961	3,584,417	—	—	5.50	12.00	100
1962	5,208,030	—	—	5.50	12.00	80.00
1963	8,348,871	—	—	5.50	12.00	100
1964	9,377,676	—	—	5.50	12.00	80.00

KM# 63 11.66 g., 0.800 Silver, 0.300 oz. ASW 29.72mm. **Obv:** Young bust right **Obv. Designer:** Arnold Machin **Rev:** Crown divides date above arms with supporters, denomination at right **Rev. Designer:** Thomas Shingles **Edge:** Reeded

Date	Mintage	VF20	XF40	MS60	MS63	MS65
1965	12,629,974	—	—	5.50	12.00	80.00
1966	7,920,496	—	—	5.50	12.00	100

KM# 69 11.66 g., 0.800 Silver, 0.300 oz. ASW 29.72mm. **Subject:** Confederation Centennial **Obv:** Young bust right **Rev:** Seated wolf howling divides denomination at top, dates at bottom **Rev. Designer:** Alex Colville **Edge:** Reeded

Date	Mintage	VF20	XF40	MS60	MS63	MS65
1867-1967	4,211,392	PF65 14.00				
1867-1967	—	PF63 14.00				

KM# 75.1 8.10 g., Nickel, 27.13mm. **Obv:** Young bust right **Obv. Designer:** Arnold Machin **Rev:** Crown divides date above arms with supporters, denomination at right **Rev. Designer:** Thomas Shingles **Edge:** Reeded

Date	Mintage	VF20	XF40	MS60	MS63	MS65
1968	3,966,932	—	—	0.80	1.25	62.00
1969	7,113,929	—	—	0.80	1.25	62.00
1970	2,429,526	—	—	0.80	1.25	42.00
1971	2,166,444	—	—	0.80	1.25	62.00
1972	2,515,632	—	—	0.80	1.25	62.00
1973	2,546,096	—	—	0.80	1.25	62.00
1974	3,436,650	—	—	0.80	1.25	42.00
1975	3,710,000	—	—	0.80	1.25	85.00
1976	2,940,719	—	—	0.80	1.25	175

KM# 75.2 8.10 g., Nickel, 27.13mm. **Obv:** Small young bust right **Obv. Designer:** Arnold Machin **Rev:** Crown divides date above arms with supporters, denomination at right **Rev. Designer:** Thomas Shingles **Edge:** Reeded

Date	Mintage	VF20	XF40	MS60	MS63	MS65
1977	709,839	—	—	1.25	2.00	80.00

KM# 75.3 8.10 g., Nickel, 27.13mm. **Obv:** Young bust right **Obv. Designer:** Arnold Machin **Rev:** Crown divides date above arms with supporters, denomination at right, redesigned arms **Rev. Designer:** Thomas Shingles **Edge:** Reeded

Date	Mintage	VF20	XF40	MS60	MS63	MS65
1978	3,341,892	—	—	0.65	1.25	85.00
Note: square jewels						

Date	Mintage	VF20	XF40	MS60	MS63	MS65
1978	Inc. above	1.00	2.50	4.50	6.00	95.00
Note: round jewels						
1979	3,425,000	—	—	0.65	1.25	40.00
1980	1,574,000	—	—	0.65	1.25	40.00
1981	2,690,272	—	—	0.65	1.25	55.00
1981	199,000	PF65 3.00				
1982	2,236,674	—	22.00	35.00	55.00	250
Note: small beads						
1982	180,908	PF65 3.00				
Note: small beads						
1982	Inc. above	—	—	0.65	1.25	35.00
Note: large beads						
1983	1,177,000	—	—	0.65	1.25	60.00
1983	168,000	PF65 3.00				
1984	1,502,989	—	—	0.65	1.25	40.00
1984	161,602	PF65 3.00				
1985	2,188,374	—	—	0.65	1.25	65.00
1985	157,037	PF65 3.00				
1986	781,400	—	—	0.80	1.25	40.00
1986	175,745	PF65 3.00				
1987	373,000	—	—	0.80	1.50	40.00
1987	179,004	PF65 3.50				
1988	220,000	—	—	1.75	2.25	40.00
1988	175,259	PF65 4.00				
1989	266,419	—	—	0.80	1.25	40.00
1989	170,928	PF65 4.00				

KM# 185 8.10 g., Nickel, 27.13mm. **Obv:** Crowned head right **Obv. Designer:** Dora dePedery-Hunt **Rev:** Crown divides date above arms with supporters, denomination at right **Rev. Designer:** Thomas Shingles **Edge:** Reeded

Date	Mintage	VF20	XF40	MS60	MS63	MS65
1990	207,000	—	—	1.75	2.50	40.00
1990	140,649	PF65 5.00				
1991	490,000	—	—	0.85	1.25	27.00
1991	131,888	PF65 7.00				
1993	393,000	—	—	0.85	1.25	27.00
1993	143,065	PF65 4.00				
1994	987,000	—	—	0.75	1.25	27.00
1994	146,424	PF65 4.00				
1995	626,000	—	—	0.75	1.25	27.00
1995	—	PF65 4.00				
1996	—	PF65 7.00				
1996	458,000	—	—	0.65	1.25	27.00

KM# 208 8.10 g., Nickel, 27.1mm. **Subject:** Confederation 125 **Obv:** Crowned head right **Obv. Designer:** Dora dePedery-Hunt **Rev:** Crown divides date above arms with supporters, denomination at right **Rev. Designer:** Thomas Shingles **Edge:** Reeded

Date	Mintage	VF20	XF40	MS60	MS63	MS65
1992	445,000	—	—	1.50	2.50	40.00
1992	147,061	PF65 5.00				

KM# 261 9.34 g., 0.925 Silver, 0.2778 oz. ASW **Obv:** Crowned head right **Rev:** Atlantic Puffin, denomination and date at right **Rev. Designer:** Sheldon Beveridge

Date	Mintage	VF20	XF40	MS60	MS63	MS65
1995		PF65 12.00				

KM# 262 9.34 g., 0.925 Silver, 0.2778 oz. ASW **Obv:** Crowned head right **Rev:** Whooping crane left, denomination and date at right **Rev. Designer:** Stan Witten

Date	Mintage	VF20	XF40	MS60	MS63	MS65
1995	—	PF65 12.00				

KM# 263 9.34 g., 0.925 Silver, 0.2778 oz. ASW **Obv:** Crowned head right **Rev:** Gray Jays, denomination and date at right **Rev. Designer:** Sheldon Beveridge

Date	Mintage	VF20	XF40	MS60	MS63	MS65
1995	—	PF65 12.00				

KM# 264 9.34 g., 0.925 Silver, 0.2778 oz. ASW **Obv:** Crowned head right **Rev:** White-tailed ptarmigans, date and denomination at right **Rev. Designer:** Cosme Saffioti

Date	Mintage	VF20	XF40	MS60	MS63	MS65
1995	—	PF65 12.00				

KM# 185a 11.64 g., 0.925 Silver, 0.3461 oz. ASW **Obv:** Crowned head right **Obv. Designer:** Dora dePedery-Hunt **Rev:** Crown divides date above arms with supporters, denomination at right **Rev. Designer:** Thomas Shingles

Date	Mintage	VF20	XF40	MS60	MS63	MS65
1996	—		PF65 13.00			

KM# 283 9.34 g., 0.925 Silver, 0.2778 oz. ASW 27mm. **Obv:** Crowned head right **Rev:** Moose calf left, denomination and date at right **Rev. Designer:** Ago Aarand

Date	Mintage	VF20	XF40	MS60	MS63	MS65
1996	—		PF65 17.00			

KM# 284 9.34 g., 0.925 Silver, 0.2778 oz. ASW 27mm. **Obv:** Crowned head right **Rev:** Wood ducklings, date and denomination at right **Rev. Designer:** Sheldon Beveridge

Date	Mintage	VF20	XF40	MS60	MS63	MS65
1996	—		PF65 17.00			

KM# 285 9.34 g., 0.925 Silver, 0.2778 oz. ASW 27mm. **Obv:** Crowned head right **Rev:** Cougar kittens, date and denomination at right **Rev. Designer:** Stan Witten

Date	Mintage	VF20	XF40	MS60	MS63	MS65
1996	—		PF65 17.00			

KM# 286 9.34 g., 0.925 Silver, 0.2778 oz. ASW 27mm. **Obv:** Crowned head right **Rev:** Bear cubs standing, date and denomination at right **Rev. Designer:** Sheldon Beveridge

Date	Mintage	VF20	XF40	MS60	MS63	MS65
1996	—		PF65 17.00			

KM# 290 8.10 g., Nickel, 27.1mm. **Obv:** Crowned head right **Obv. Designer:** Dora dePedery-Hunt **Rev:** Redesigned arms **Rev. Designer:** Cathy Bursey-Sabourin **Edge:** Reeded

Date	Mintage	VF20	XF40	MS60	MS63	MS65
1997	387,000	—	—	0.70	1.25	30.00
1997	—	PF65 7.50				
1998	308,000	—	—	0.70	1.25	60.00
1998	—	PF65 13.00				
1998 W PL	—	—	—	—	—	3.50
1999	496,000	—	—	0.70	1.25	40.00
1999	—	PF65 9.00				
2000	559,000	—	—	0.70	1.25	35.00
2000	—	PF65 8.00				
2000 W	—	—	—	—	—	1.50
2001 P	—	—	—	0.70	1.50	30.00
2001 P	—	PF65 5.00				
2002	—	—	—	—	15.00	—
2002	—	PF63 15.00				
2003 P PL	—	—	—	—	—	10.00
2003 P	—	PF65 5.00				

KM# 290a 11.66 g., 0.925 Silver, 0.3469 oz. ASW 27.13mm. **Obv:** Crowned head right **Obv. Designer:** Dora dePedery-Hunt **Rev:** Redesigned arms **Rev. Designer:** Cathy Bursey-Sabourin **Edge:** Reeded

Date	Mintage	VF20	XF40	MS60	MS63	MS65
1997	—	PF65 10.00				
1998	—	PF65 13.00				
1999	—	PF65 13.00				
2000	—	PF65 12.00				
2001	—	PF65 9.00				
2003	—	PF65 13.00				

KM# 292 9.34 g., 0.925 Silver, 0.2778 oz. ASW 27mm. **Obv:** Crowned head right **Rev:** Duck Toling Retriever, date and denomination at right **Rev. Designer:** Stan Witten

Date	Mintage	VF20	XF40	MS60	MS63	MS65
1997	—		PF65 16.00			

KM# 293 9.34 g., 0.925 Silver, 0.2778 oz. ASW **Obv:** Crowned head right **Rev:** Labrador leaping

left, date and denomination at right **Rev. Designer:**
Sheldon Beveridge

Date	Mintage	VF20	XF40	MS60	MS63	MS65
1997	—	PF65 16.00				

KM# 294 9.34 g., 0.925 Silver, 0.2778 oz. ASW
Obv: Crowned head right **Rev:** Newfoundland right,
date and denomination at right   **Rev. Designer:**
William Woodruff

Date	Mintage	VF20	XF40	MS60	MS63	MS65
1997	—	PF65 16.00				

KM# 295 9.34 g., 0.925 Silver, 0.2778 oz. ASW
27.1mm. **Obv:** Crowned head right **Rev:** Eskimo
dog leaping forward, date and denomination at right
Rev. Designer: Cosme Saffioti

Date	Mintage	VF20	XF40	MS60	MS63	MS65
1997	—	PF65 16.00				

KM# 313 11.66 g., 0.925 Silver, 0.3469 oz. ASW
Subject: 90th Anniversary Royal Canadian Mint
Obv: Crowned head right **Rev:** Denomination and
date within wreath, crown above **Rev. Designer:**
W. H. J. Blakemore

Date	Mintage	VF20	XF40	MS60	MS63	MS65
1908-1998 Matte	—	PF65 14.00				
1908-1998	—	PF65 14.00				

KM# 314 9.34 g., 0.925 Silver, 0.2778 oz. ASW
Subject: 110 Years Canadian Speed and Figure
Skating **Obv:** Crowned head right **Rev:** Speed
skaters, dates below, denomination above   **Rev.
Designer:** Sheldon Beveridge

Date	Mintage	VF20	XF40	MS60	MS63	MS65
1998	—	PF65 12.00				

KM# 315 9.34 g., 0.925 Silver, 0.2778 oz. ASW
Subject: 100 Years Canadian Ski Racing **Obv:**
Crowned head right **Rev:** Skiers, dates below,
denomination upper left   **Rev. Designer:** Ago
Aarand

Date	Mintage	VF20	XF40	MS60	MS63	MS65
1998	—	PF65 12.00				

KM# 318 9.34 g., 0.925 Silver, 0.2778 oz. ASW
Obv: Crowned head right **Rev:** Killer Whales, date
and denomination at right   **Rev. Designer:** William
Woodruff

Date	Mintage	VF20	XF40	MS60	MS63	MS65
1998	—	PF65 16.00				

KM# 319 9.34 g., 0.925 Silver, 0.2778 oz. ASW
27mm. **Obv:** Crowned head right **Rev:** Humpback
whale, date and denomination at right   **Rev.
Designer:** Sheldon Beveridge

Date	Mintage	VF20	XF40	MS60	MS63	MS65
1998	—	PF65 16.00				

KM# 320 9.34 g., 0.925 Silver, 0.2778 oz. ASW
Obv: Crowned head right **Rev:** Beluga whales,
date and denomination at right   **Rev. Designer:**
Cosme Saffioti

Date	Mintage	VF20	XF40	MS60	MS63	MS65
1998	—	PF65 16.00				

KM# 321 9.34 g., 0.925 Silver, 0.2778 oz. ASW 27mm. **Obv:** Crowned head right **Rev:** Blue whale, date and denomination at right **Rev. Designer:** Stan Witten

Date	Mintage	VF20	XF40	MS60	MS63	MS65
1998	—	PF65 16.00				

KM# 327 9.34 g., 0.925 Silver, 0.2778 oz. ASW **Subject:** 110 Years Canadian Soccer **Obv:** Crowned head right **Rev:** Soccer players, dates above, denomination at right **Rev. Designer:** Stan Witten

Date	Mintage	VF20	XF40	MS60	MS63	MS65
1998	—	PF65 12.00				

KM# 328 9.34 g., 0.925 Silver, 0.2778 oz. ASW **Subject:** 20 Years Canadian Auto Racing **Obv:** Crowned head right **Rev:** Race car divides date and denomination **Rev. Designer:** Cosme Saffioti

Date	Mintage	VF20	XF40	MS60	MS63	MS65
1998	—	PF65 12.00				

KM# 290b 6.90 g., Nickel Plated Steel, 27.13mm. **Obv:** Crowned head right **Obv. Designer:** Dora dePedery-Hunt **Rev:** Redesigned arms **Rev. Designer:** Cathy Bursey-Sabourin **Edge:** Reeded

Date	Mintage	VF20	XF40	MS60	MS63	MS65
1999 P	Est. 20000	—	—	—	—	10.00
2000 P	Est. 50	—	—	—	—	3,500
Note: Available only in RCM presentation coin clocks						
2001 P	389,000	—	—	0.90	1.50	30.00
2003 P PL	—	—	—	—	—	10.00

KM# 333 9.34 g., 0.925 Silver, 0.2778 oz. ASW **Subject:** 1904 Canadian Open **Obv:** Crowned

head right **Rev:** Golfers, date at right, denomination below **Rev. Designer:** William Woodruff

Date	Mintage	VF20	XF40	MS60	MS63	MS65
1999	—	PF65 14.00				

KM# 334 9.34 g., 0.925 Silver, 0.2778 oz. ASW **Subject:** First U.S.-Canadian Yacht Race **Obv:** Crowned head right **Rev:** Yachts, dates at left, denomination below **Rev. Designer:** Stan Witten

Date	Mintage	VF20	XF40	MS60	MS63	MS65
1999	—	PF65 12.00				

KM# 335 9.34 g., 0.925 Silver, 0.2778 oz. ASW **Obv:** Crowned head right **Rev:** Cymric cat, date below, denomination at bottom **Series:** Canadian Cats **Rev. Designer:** Susan Taylor

Date	Mintage	VF20	XF40	MS60	MS63	MS65
1999	—	PF65 20.00				

KM# 336 9.34 g., 0.925 Silver, 0.2778 oz. ASW **Obv:** Crowned head right **Rev:** Tonkinese cat, date below, denomination at bottom **Series:** Canadian Cats **Rev. Designer:** Susan Taylor

Date	Mintage	VF20	XF40	MS60	MS63	MS65
1999	—	PF65 20.00				

KM# 337 9.34 g., 0.925 Silver, 0.2778 oz. ASW **Obv:** Crowned head right **Rev:** Cougar, date and denomination below **Series:** Canadian Cats **Rev. Designer:** Susan Taylor

Date	Mintage	VF20	XF40	MS60	MS63	MS65
1999	—	PF65 20.00				

50 CENTS

KM# 338 9.34 g., 0.925 Silver, 0.2778 oz. ASW **Obv:** Crowned head right **Rev:** Lynx, date and denomination below **Series:** Canadian Cats **Rev. Designer:** Susan Taylor

Date	Mintage	VF20	XF40	MS60	MS63	MS65
1999	—	PF65 20.00				

KM# 371 9.36 g., 0.925 Silver, 0.2784 oz. ASW 27.1mm. **Subject:** Basketball **Obv:** Crowned head right **Rev:** Basketball players **Rev. Designer:** Sheldon Beveridge **Edge:** Reeded

Date	Mintage	VF20	XF40	MS60	MS63	MS65
1999	—	PF65 10.00				

KM# 372 9.36 g., 0.925 Silver, 0.2784 oz. ASW 27.1mm. **Obv:** Crowned head right **Rev:** Football players **Rev. Designer:** Cosme Saffioti **Edge:** Reeded

Date	Mintage	VF20	XF40	MS60	MS63	MS65
1999	—	PF65 11.00				

KM# 385 9.35 g., 0.925 Silver, 0.2781 oz. ASW **Subject:** Ice Hockey **Obv:** Crowned head right **Rev:** 4 hockey players **Rev. Designer:** Stanley Witten

Date	Mintage	VF20	XF40	MS60	MS63	MS65
2000	—	PF65 11.00				

KM# 386 9.35 g., 0.925 Silver, 0.2781 oz. ASW **Subject:** Curling **Obv:** Crowned head right **Rev:** Motion study of curlers, dates and denomination below **Rev. Designer:** Cosme Saffioti

Date	Mintage	VF20	XF40	MS60	MS63	MS65
1910-2000	—	PF65 11.00				

KM# 389 9.35 g., 0.925 Silver, 0.2781 oz. ASW **Obv:** Crowned head right **Rev:** Great horned owl, facing, date and denomination at right **Rev. Designer:** Susan Taylor

Date	Mintage	VF20	XF40	MS60	MS63	MS65
2000	—	PF65 17.00				

KM# 390 9.35 g., 0.925 Silver, 0.2781 oz. ASW **Obv:** Crowned head right **Rev:** Red-tailed hawk, dates and denomination at right

Date	Mintage	VF20	XF40	MS60	MS63	MS65
2000	—	PF65 17.00				

KM# 391 9.35 g., 0.925 Silver, 0.2781 oz. ASW **Obv:** Crowned head right **Rev:** Osprey, dates and denomination at right **Rev. Designer:** Susan Taylor

Date	Mintage	VF20	XF40	MS60	MS63	MS65
2000	—	PF65 17.00				

KM# 392 9.35 g., 0.925 Silver, 0.2781 oz. ASW **Obv:** Crowned head right **Rev:** Bald eagle, dates and denomination at right **Rev. Designer:** William Woodruff

Date	Mintage	VF20	XF40	MS60	MS63	MS65
2000	—	PF65 17.00				

KM# 393 9.35 g., 0.925 Silver, 0.2781 oz. ASW **Subject:** Steeplechase **Obv:** Crowned head right **Rev:** Steeplechase, dates and denomination below **Rev. Designer:** Susan Taylor

Date	Mintage	VF20	XF40	MS60	MS63	MS65
1840-2000	—	PF65 11.00				

KM# 394 9.35 g., 0.925 Silver, 0.2781 oz. ASW **Subject:** Bowling **Obv:** Crowned head right **Rev. Designer:** William Woodruff

Date	Mintage	VF20	XF40	MS60	MS63	MS65
2000	—	PF65 11.00				

KM# 420 9.30 g., 0.925 Silver, 0.2766 oz. ASW 27.13mm. **Obv:** Crowned head right **Rev:** Snowman and Chateau Frontenac **Series:** Festivals - Quebec **Rev. Designer:** Sylvie Daigneault **Edge:** Reeded

Date	Mintage	VF20	XF40	MS60	MS63	MS65
2001	58,123	PF65 11.00				

KM# 421 9.30 g., 0.925 Silver, 0.2766 oz. ASW 27.13mm. **Obv:** Crowned head right **Rev:** Dancer, dog sled and snowmobiles **Series:** Festivals - Nunavut **Rev. Designer:** John Mardon **Edge:** Reeded

Date	Mintage	VF20	XF40	MS60	MS63	MS65
2001	—	PF65 11.00				

KM# 422 9.30 g., 0.925 Silver, 0.2766 oz. ASW 27.13mm. **Obv:** Crowned head right **Rev:** Sailor and musical people **Series:** Festivals - Newfoundland **Rev. Designer:** David Craig **Edge:** Reeded

Date	Mintage	VF20	XF40	MS60	MS63	MS65
2001	58,123	PF65 11.00				

KM# 423 9.30 g., 0.925 Silver, 0.2766 oz. ASW 27.13mm. **Obv:** Crowned head right **Rev:** Family, juggler and building **Series:** Festivals - Prince Edward Island **Rev. Designer:** Brenda Whiteway **Edge:** Reeded

Date	Mintage	VF20	XF40	MS60	MS63	MS65
2001	58,123	PF65 11.00				

KM# 424 9.30 g., 0.925 Silver, 0.2766 oz. ASW 27.13mm. **Obv:** Crowned head right **Rev:** Family scene **Series:** Folklore - The Sled **Rev. Designer:** Valentina Hotz-Entin **Edge:** Reeded

Date	Mintage	VF20	XF40	MS60	MS63	MS65
2001	28,979	PF65 11.00				

KM# 425 9.30 g., 0.925 Silver, 0.2766 oz. ASW 27.13mm. **Obv:** Crowned head right **Rev:** Woman shouting **Series:** Folklore - The Maiden's Cave **Rev. Designer:** Peter Kiss **Edge:** Reeded

Date	Mintage	VF20	XF40	MS60	MS63	MS65
2001	28,979	PF65 11.00				

KM# 426 9.30 g., 0.925 Silver, 0.2766 oz. ASW 27.13mm. **Obv:** Crowned head right **Rev:** Jumping children on seashore **Series:** Folklore - The Small Jumpers **Rev. Designer:** Miynki Tanobe **Edge:** Reeded

Date	Mintage	VF20	XF40	MS60	MS63	MS65
2001	28,979	PF65 11.00				

KM# 444 6.90 g., Nickel Plated Steel, 27.13mm. **Subject:** Queen's Golden Jubilee **Obv:** Coronation crowned head right and monogram **Rev:** Canadian arms **Rev. Designer:** Bursey Sabourin **Edge:** Reeded

Date	Mintage	VF20	XF40	MS60	MS63	MS65
1952-2002 P	14,440,000	—	—	0.90	1.75	35.00

KM# 444a 9.30 g., 0.925 Silver, 0.2766 oz. ASW 27.13mm. **Subject:** Elizabeth II Golden Jubilee **Obv:** Crowned head right, Jubilee commemorative dates 1952-2002

Date	Mintage	VF20	XF40	MS60	MS63	MS65
1952-2002	100,000	PF65 17.50				

KM# 444b 9.30 g., 0.925 Silver 24 karat gold plated, 0.2766 oz. ASW 27.13mm. **Subject:** Queen's Golden Jubilee **Obv:** Crowned head right and monogram **Rev:** Canadian arms **Edge:** Reeded

Date	Mintage	VF20	XF40	MS60	MS63	MS65
1952-2002	32,642	PF65 35.00				

KM# 454 9.30 g., 0.925 Silver, 0.2766 oz. ASW 27.13mm. **Subject:** Nova Scotia Annapolis Valley Apple Blossom Festival **Obv:** Crowned head right **Rev. Designer:** Bonnie Ross

Date	Mintage	VF20	XF40	MS60	MS63	MS65
2002	59,998	PF65 9.50				

KM# 455 9.30 g., 0.925 Silver, 0.2766 oz. ASW 27.13mm. **Subject:** Stratford Festival **Obv:** Crowned head right **Rev:** Couple with building in background **Rev. Designer:** Laurie McGaw

Date	Mintage	VF20	XF40	MS60	MS63	MS65
2002	59,998	PF65 9.50				

KM# 456 9.30 g., 0.925 Silver, 0.2766 oz. ASW 27.13mm. **Subject:** Folklorama **Obv:** Crowned head right **Rev. Designer:** William Woodruff

Date	Mintage	VF20	XF40	MS60	MS63	MS65
2002	59,998	PF65 9.50				

KM# 457 9.30 g., 0.925 Silver, 0.2766 oz. ASW 27.13mm. **Subject:** Calgary Stampede **Obv:** Crowned head right **Rev. Designer:** Stan Witten

Date	Mintage	VF20	XF40	MS60	MS63	MS65
2002	59,998	PF65 9.50				

KM# 458 9.30 g., 0.925 Silver, 0.2766 oz. ASW 27.13mm. **Subject:** Squamish Days Logger Sports **Obv:** Crowned head right **Rev. Designer:** Jose Osio

Date	Mintage	VF20	XF40	MS60	MS63	MS65
2002	59,998	PF65 9.50				

KM# 459 9.30 g., 0.925 Silver, 0.2766 oz. ASW 27.13mm. **Obv:** Crowned head right **Rev:** The Shoemaker in Heaven **Series:** Folklore and Legends **Rev. Designer:** Francine Gravel

Date	Mintage	VF20	XF40	MS60	MS63	MS65
2002	19,267	PF65 11.00				

KM# 460 9.30 g., 0.925 Silver, 0.2766 oz. ASW 27.13mm. **Subject:** The Ghost Ship **Obv:** Crowned head right **Series:** Folklore and Legends **Rev. Designer:** Colette Boivin

Date	Mintage	VF20	XF40	MS60	MS63	MS65
2002	19,267	PF65 11.00				

KM# 461 9.30 g., 0.925 Silver, 0.2766 oz. ASW 27.13mm. **Subject:** The Pig That Wouldn't Get Over the Stile **Obv:** Crowned head right **Series:** Folklore and Legends **Rev. Designer:** Laura Jolicoeur

Date	Mintage	VF20	XF40	MS60	MS63	MS65
2002	19,267	PF65 11.00				

KM# 472 11.62 g., 0.925 Silver, 0.3456 oz. ASW 27.13mm. **Subject:** 50th Anniversary of the Coronation of Elizabeth II **Obv:** Crowned head right, Jubilee commemorative dates 1952-2002 **Obv. Designer:** Mary Gillick

Date	Mintage	VF20	XF40	MS60	MS63	MS65
2003	30,000	PF65 15.00				

KM# 475 9.30 g., 0.925 Silver, 0.2766 oz. ASW 27.13mm. **Obv:** Crowned head right **Obv. Designer:** Dora dePédery-Hunt **Rev:** Golden daffodil **Rev. Designer:** Christie Paquet, Stan Witten

Date	Mintage	VF20	XF40	MS60	MS63	MS65
2003	36,293	PF65 25.00				

KM# 476 9.30 g., 0.925 Silver, 0.2766 oz. ASW 27.13mm. **Subject:** Yukon International Storytelling Festival **Obv:** Crowned head right **Obv. Designer:** Dora dePédery-Hunt **Rev. Designer:** Ken Anderson, Jose Oslo

Date	Mintage	VF20	XF40	MS60	MS63	MS65
2003	—	PF65 11.00				

KM# 477 9.30 g., 0.925 Silver, 0.2766 oz. ASW 27.13mm. **Subject:** Festival Acadien de Caraquet **Obv:** Crowned head right **Obv. Designer:** Dora dePédery-Hunt **Rev:** Sailboat and couple **Rev. Designer:** Susan Taylor, Hudson Design Group

Date	Mintage	VF20	XF40	MS60	MS63	MS65
2003	—	PF65 11.00				

KM# 478 9.30 g., 0.925 Silver, 0.2766 oz. ASW 27.13mm. **Subject:** Back to Batoche **Obv:** Crowned head right **Obv. Designer:** Dora dePédery-Hunt **Rev. Designer:** David Hannan, Stan Witten

Date	Mintage	VF20	XF40	MS60	MS63	MS65
2003	—	PF65 11.00				

KM# 479 9.30 g., 0.925 Silver, 0.2766 oz. ASW 27.13mm. **Subject:** Great Northern Arts Festival **Obv:** Crowned head right **Obv. Designer:** Dora dePédery-Hunt **Rev. Designer:** Dawn Oman, Susan Taylor

Date	Mintage	VF20	XF40	MS60	MS63	MS65
2003	—	PF65 11.00				

50 CENTS

KM# 494 6.90 g., Nickel Plated Steel, 27.13mm. **Obv:** Crowned head right **Obv. Designer:** Susanna Blunt **Rev:** National arms **Rev. Designer:** Cathy Bursey-Sabourin **Edge:** Reeded

Date	Mintage	VF20	XF40	MS60	MS63	MS65
2003 P W PL	—	—	—	—	—	7.50
2003 P W	—		PF65 7.50			
2004 P	—	—	—	—	—	3.50
2004 P	—		PF65 7.50			
2005 P	200,000	—	—	—	2.00	20.00
2005 P	—		PF65 5.00			
2006 P	98,000	—	—	—	2.50	20.00
2006 P	—		PF65 5.00			
2007 (ml)	250,000	—	—	—	2.50	20.00
2007 (ml)	—		PF65 5.00			
2008 (ml)	211,000	—	—	—	2.00	20.00
2008 (ml)	—		PF65 5.00			
2009 (ml)	150,000	—	—	—	2.00	20.00
2009 (ml)	—		PF65 5.00			
2010 (ml)	—	—	—	—	2.00	20.00
2010 (ml)	—		PF65 5.00			
2011 (ml)	—	—	—	—	2.00	20.00
2011 (ml)	—		PF65 5.00			
2012 (ml)	—	—	—	—	2.00	20.00
2012 (ml)	—		PF65 5.00			
2013 (ml)	—	—	—	—	1.50	—
2013 (ml)	—		PF65 5.00			
2014	—	—	—	—	1.50	—
2014	—		PF63 4.00	PF65 5.00		
2015	—	—	—	—	1.50	—
2015	—		PF63 4.00	PF65 5.00		

KM# 494a 9.30 g., 0.925 Silver, 0.2766 oz. ASW 27.13mm. **Obv:** Crowned head right **Obv. Designer:** Susanna Blunt **Rev:** Canadian coat of arms **Edge:** Reeded

Date	Mintage	VF20	XF40	MS60	MS63	MS65
2004	—		PF65 11.00			

KM# 509 9.30 g., 0.925 Silver, 0.2766 oz. ASW 27.13mm. **Rev:** Daylily, gilt

Date	Mintage	VF20	XF40	MS60	MS63	MS65
2004	—		PF65 25.00			

KM# 526 1.27 g., 0.9999 Gold, 0.0408 oz. AGW 14mm. **Subject:** Moose **Obv:** Head right **Rev:** Moose head facing right

Date	Mintage	VF20	XF40	MS60	MS63	MS65
2004	—		PF65 85.00			

KM# 606 9.30 g., 0.925 Silver, 0.2766 oz. ASW 27.13mm. **Obv:** Head right **Obv. Designer:** Susanna Blunt **Rev:** Clouded Sulphur Butterfly, hologram **Rev. Designer:** Susan Taylor

Date	Mintage	VF20	XF40	MS60	MS63	MS65
2004	15,281		PF65 35.00			

KM# 712 9.30 g., 0.925 Silver, 0.2766 oz. ASW 27.13mm. **Rev:** Hologram of Tiger Swallowtail butterfly

Date	Mintage	VF20	XF40	MS60	MS63	MS65
2004	20,462		PF65 35.00			

KM# 536 9.30 g., 0.925 Silver with partial gold plating, 0.2766 oz. ASW 27.13mm. **Subject:** Golden rose **Obv:** Head right **Obv. Designer:** Susanna Blunt **Rev. Designer:** Christie Paquet

Date	Mintage	VF20	XF40	MS60	MS63	MS65
2005	17,418		PF65 30.00			

KM# 537 9.30 g., 0.925 Silver, 0.2766 oz. ASW 27.13mm. **Obv:** Head right **Obv. Designer:** Susanna Blunt **Rev:** Great Spangled Fritillary butterfly, hologram **Rev. Designer:** Jianping Yan

Date	Mintage	VF20	XF40	MS60	MS63	MS65
2005	20,000		PF65 35.00			

KM# 538 9.30 g., 0.925 Silver, 0.2766 oz. ASW 27.13mm. **Subject:** Toronto Maple Leafs **Obv:** Head right **Obv. Designer:** Susanna Blunt **Rev:** Darryl Sittler

Date	Mintage	VF20	XF40	MS60	MS63	MS65
2005 Specimen	25,000		PF65 16.00			

KM# 539 9.30 g., 0.925 Silver, 0.2766 oz. ASW
27.13mm. **Subject:** Toronto Maple Leafs **Obv:**
Head right **Obv. Designer:** Susanna Blunt **Rev:**
Dave Keon

Date	Mintage	VF20	XF40	MS60	MS63	MS65
2005 Specimen	25,000	PF65 16.00				

KM# 540 9.30 g., 0.925 Silver, 0.2766 oz. ASW
27.13mm. **Subject:** Toronto Maple Leafs **Obv:**
Head right **Obv. Designer:** Susanna Blunt **Rev:**
Jonny Bover, goalie

Date	Mintage	VF20	XF40	MS60	MS63	MS65
2005 Specimen	25,000	PF65 16.00				

KM# 541 9.30 g., 0.925 Silver, 0.2766 oz. ASW
27.13mm. **Subject:** Toronto Maple Leafs **Obv:**
Head right **Obv. Designer:** Susanna Blunt **Rev:**
Tim Horton

Date	Mintage	VF20	XF40	MS60	MS63	MS65
2005 Specimen	25,000	PF65 16.00				

KM# 543 9.30 g., 0.925 Silver, 0.2766 oz. ASW
Subject: WWII - Battle of Britain **Obv:** Head right
Rev: Fighter plane in sky

Date	Mintage	VF20	XF40	MS60	MS63	MS65
2005 Specimen	20,000	PF65 22.00				

KM# 544 9.30 g., 0.925 Silver, 0.2766 oz. ASW
27.13mm. **Subject:** WWII - Battle of Scheldt **Obv:**
Head right **Obv. Designer:** Susanna Blunt **Rev:**
Four soldiers walking down road **Rev. Designer:**
Peter Mossman

Date	Mintage	VF20	XF40	MS60	MS63	MS65
2005 Specimen	20,000	PF65 19.00				

KM# 545 9.30 g., 0.925 Silver, 0.2766 oz. ASW
27.13mm. **Subject:** WWII - Battle of the Atlantic
Obv: Head right **Obv. Designer:** Susanna Blunt
Rev: Merchant ship sinking **Rev. Designer:** Peter
Mossman

Date	Mintage	VF20	XF40	MS60	MS63	MS65
2005 Specimen	20,000	PF65 19.00				

KM# 546 9.30 g., 0.925 Silver, 0.2766 oz. ASW
27.13mm. **Subject:** WWII - Conquest of Sicily
Obv: Head right **Obv. Designer:** Susanna Blunt
Rev: Tank among town ruins **Rev. Designer:** Peter
Mossman

Date	Mintage	VF20	XF40	MS60	MS63	MS65
2005 Specimen	20,000	PF65 19.00				

KM# 547 9.30 g., 0.925 Silver, 0.2766 oz. ASW
27.13mm. **Subject:** WWII - Liberation of the
Netherlands **Obv:** Head right **Obv. Designer:**
Susanna Blunt **Rev:** Soldiers in parade, one holding
flag **Rev. Designer:** Peter Mossman

Date	Mintage	VF20	XF40	MS60	MS63	MS65
2005 Specimen	20,000	PF65 19.00				

KM# 548 9.30 g., 0.925 Silver, 0.2766 oz. ASW
27.13mm. **Subject:** WWII - Raid of Dieppe **Obv:**
Head right **Obv. Designer:** Susanna Blunt **Rev:**
Three soldiers exiting landing craft **Rev. Designer:**
Peter Mossman

Date	Mintage	VF20	XF40	MS60	MS63	MS65
2005 Specimen	20,000	PF65 19.00				

KM# 577 9.30 g., 0.925 Silver, 0.2766 oz. ASW
27.13mm. **Subject:** Montreal Canadiens **Obv:**
Head right **Obv. Designer:** Susanna Blunt **Rev:**
Guy LaFleur

Date	Mintage	VF20	XF40	MS60	MS63	MS65
2005 Specimen	25,000	PF65 17.50				

KM# 578 9.30 g., 0.925 Silver, 0.2766 oz. ASW
27.13mm. **Subject:** Montreal Canadiens **Obv:**
Head right **Obv. Designer:** Susanna Blunt **Rev:**
Jaque Plante

Date	Mintage	VF20	XF40	MS60	MS63	MS65
2005 Specimen	25,000	PF65 17.50				

KM# 579 9.30 g., 0.925 Silver, 0.2766 oz. ASW
27.13mm. **Subject:** Montreal Canadiens **Obv:**
Head right **Obv. Designer:** Susanna Blunt **Rev:**
Jean Beliveau

Date	Mintage	VF20	XF40	MS60	MS63	MS65
2005 Specimen	25,000	PF65 17.50				

KM# 580 9.30 g., 0.925 Silver, 0.2766 oz. ASW
27.13mm. **Subject:** Montreal Canadiens **Obv:**
Head right **Obv. Designer:** Susanna Blunt **Rev:**
Maurice Richard

Date	Mintage	VF20	XF40	MS60	MS63	MS65
2005 Specimen	25,000	PF65 17.50				

KM# 599 9.30 g., 0.925 Silver, 0.2766 oz. ASW
27.13mm. **Obv:** Head right **Obv. Designer:**
Susanna Blunt **Rev:** Monarch butterfly, colorized
Rev. Designer: Susan Taylor

Date	Mintage	VF20	XF40	MS60	MS63	MS65
2005	20,000	PF65 40.00				

KM# 494b 6.90 g., Nickel Plated Steel partially gilt,
27.13mm. **Rev:** State Arms, gilt **Note:** Housed in
Mint Annual Report

Date	Mintage	VF20	XF40	MS60	MS63	MS65
2006	—	—	—	—	—	15.00

KM# 648 9.30 g., 0.925 Silver partially gilt, 0.2766
oz. ASW **Subject:** Golden Daisy **Obv:** Head right

Date	Mintage	VF20	XF40	MS60	MS63	MS65
2006	18,190	PF65 30.00				

KM# 649 9.30 g., 0.925 Silver, 0.2766 oz. ASW 27.13mm. **Subject:** Short-tailed swallowtail **Obv:** Head right **Rev:** Colorized butterfly

Date	Mintage	VF20	XF40	MS60	MS63	MS65
2006	24,568		PF65 45.00			

KM# 650 9.30 g., 0.925 Silver, 0.2766 oz. ASW 27.13mm. **Obv:** Head right **Rev:** Butterfly, silvery blue hologram

Date	Mintage	VF20	XF40	MS60	MS63	MS65
2006	16,000		PF65 45.00			

KM# 651 9.30 g., 0.925 Silver, 0.2766 oz. ASW **Subject:** Cowboy **Obv:** Head right

Date	Mintage	VF20	XF40	MS60	MS63	MS65
2006	—	—	—	—	17.50	—

KM# 716 9.30 g., 0.925 Silver, 0.2766 oz. ASW **Rev:** Multicolor holiday ornaments

Date	Mintage	VF20	XF40	MS60	MS63	MS65
2006	16,989	—	—	—	17.50	—

KM# 715 9.30 g., 0.925 Silver with partial gold plating, 0.2766 oz. ASW 27.12mm. **Rev:** Forget-me-not flower

Date	Mintage	VF20	XF40	MS60	MS63	MS65
2007	22,882		PF65 55.00			

KM# 778 20.00 g., 0.925 Silver colorized green, 0.5948 oz. ASW 34.06mm. **Subject:** Milk delivery **Obv:** Bust right **Rev:** Cow head and milk can **Shape:** Triangle

Date	Mintage	VF20	XF40	MS60	MS63	MS65
2008	24,448		PF65 35.00			

KM# 779 9.30 g., 0.925 Silver, 0.2766 oz. ASW 35mm. **Rev:** Multicolor snowman

Date	Mintage	VF20	XF40	MS60	MS63	MS65
2008 PL	21,679	—	—	—	—	17.50

KM# 780 9.30 g., 0.925 Silver, 0.2766 oz. ASW 29.72mm. **Subject:** Ottawa Mint Centennial 1908-2008 **Obv:** Edward bust right **Rev:** Crowned value and dates within wreath

Date	Mintage	VF20	XF40	MS60	MS63	MS65
2008	3,248		PF65 20.00			

KM# 845 9.30 g., 0.925 Silver, 0.2766 oz. ASW 27.13mm. **Rev:** Calgary Flames lenticular design, old and new logos

Date	Mintage	VF20	XF40	MS60	MS63	MS65
2009	—	—	—	—	—	17.00

KM# 846 9.30 g., 0.925 Silver, 0.2766 oz. ASW 27.13mm. **Rev:** Edmonton Oiler's lenticular design, old and new logos

Date	Mintage	VF20	XF40	MS60	MS63	MS65
2009	—	—	—	—	—	17.00

50 CENTS

KM# 847 9.30 g., 0.925 Silver, 0.2766 oz. ASW 27.13mm. **Rev:** Montreal Canadiens lenticular design, old and new logos

Date	Mintage	VF20	XF40	MS60	MS63	MS65
2009	—	—	—	—	—	17.00

KM# 848 9.30 g., 0.925 Silver, 0.2766 oz. ASW 27.13mm. **Rev:** Ottawa Senators lenticular design, old and new logos

Date	Mintage	VF20	XF40	MS60	MS63	MS65
2009	—	—	—	—	—	17.00

KM# 849 9.30 g., 0.925 Silver, 0.2766 oz. ASW 27.13mm. **Rev:** Toronto Maple Leafs lenticular design, old and new logos

Date	Mintage	VF20	XF40	MS60	MS63	MS65
2009	—	—	—	—	—	17.00

KM# 850 9.30 g., 0.925 Silver, 0.2766 oz. ASW 27.13mm. **Rev:** Vancouver Canucks lenticular design, old and new logos

Date	Mintage	VF20	XF40	MS60	MS63	MS65
2009	—	—	—	—	—	17.00

KM# 857 6.90 g., Nickel Plated Steel, 35mm. **Rev:** Calgary Flames lenticular old and new logos

Date	Mintage	VF20	XF40	MS60	MS63	MS65
2009	—	—	—	—	25.00	—

KM# 858 6.90 g., Nickel Plated Steel, 35mm. **Rev:** Edmonton Oilers lenticular old and new logos

Date	Mintage	VF20	XF40	MS60	MS63	MS65
2009	—	—	—	—	25.00	—

KM# 859 35.00 g., Nickel Plated Steel, 35mm. **Rev:** Montreal Canadians lenticular old and new logo

Date	Mintage	VF20	XF40	MS60	MS63	MS65
2009	—	—	—	—	25.00	—

KM# 860 6.90 g., Nickel Plated Steel, 35mm. **Rev:** Ottawa Senators lenticular old and new logos

Date	Mintage	VF20	XF40	MS60	MS63	MS65
2009	—	—	—	—	25.00	—

KM# 861 6.90 g., Nickel Plated Steel, 35mm. **Rev:** Toronto Maple Leafs lenticular old and new logos

Date	Mintage	VF20	XF40	MS60	MS63	MS65
2009	—	—	—	—	25.00	—

KM# 862 6.90 g., Nickel Plated Steel, 35mm. **Rev:** Vancouver Canucks lenticular old and new logos

Date	Mintage	VF20	XF40	MS60	MS63	MS65
2009	—	—	—	—	25.00	—

KM# 887 19.10 g., Copper-Nickel, 34.06mm. **Subject:** Six-string national guitar **Obv:** Bust right **Obv. Designer:** Susanna Blunt **Rev:** Hologram with 6 "strings **Obv. Legend:** Elizabeth II DG Regina **Rev. Legend:** 50 CENTS Canada **Shape:** Triangle

Date	Mintage	VF20	XF40	MS60	MS63	MS65
2009	13,602		PF65	35.00		

KM# 936 9.30 g., Nickel, **Rev:** Vancouver Canucks goalie jersey

Date	Mintage	VF20	XF40	MS60	MS63	MS65
2009	3,563	—	—	—	15.00	—

KM# 937 6.90 g., Nickel Plated Steel, 35mm. **Rev:** Calgary Flames player - colorized

Date	Mintage	VF20	XF40	MS60	MS63	MS65
2009	3,518	—	—	—	15.00	—

KM# 938 6.90 g., Nickel Plated Steel, 35mm. **Rev:** Edmonton Oilers player

Date	Mintage	VF20	XF40	MS60	MS63	MS65
2009	3,562	—	—	—	15.00	—

KM# 939 6.90 g., Nickel Plated Steel, 35mm. **Rev:** Toronto Maple Leafs player

Date	Mintage	VF20	XF40	MS60	MS63	MS65
2009	5,918	—	—	—	15.00	—

KM# 940 6.90 g., Nickel Plated Steel, 35mm. **Rev:** Montreal Canadiens player

Date	Mintage	VF20	XF40	MS60	MS63	MS65
2009	9,865	—	—	—	15.00	—

KM# 941 6.90 g., Nickel Plated Steel, 35mm. **Rev:** Ottawa Senators player

Date	Mintage	VF20	XF40	MS60	MS63	MS65
2009	3,293	—	—	—	15.00	—

KM# 1035 12.61 g., Brass Plated Steel, 35mm. **Subject:** Christmas toy train **Rev:** movement from far to close

Date	Mintage	VF20	XF40	MS60	MS63	MS65
2009	19,103	—	—	—	—	26.00

KM# 961 6.90 g., Nickel Plated Steel, 35mm. **Rev:** Bob sleigh

Date	Mintage	VF20	XF40	MS60	MS63	MS65
2010	—	—	—	—	12.00	—

KM# 961a 6.90 g., Nickel Plated Steel, 35mm. **Rev:** Bob sleigh - red enamel

Date	Mintage	VF20	XF40	MS60	MS63	MS65
2010	—	—	—	—	12.00	—

KM# 962 6.90 g., Nickel Plated Steel, 35mm. **Rev:** Speed skating

Date	Mintage	VF20	XF40	MS60	MS63	MS65
2010	—	—	—	—	12.00	—

KM# 962a 6.90 g., Nickel Plated Steel, 35mm. **Rev:** Speed skating - red enamel

Date	Mintage	VF20	XF40	MS60	MS63	MS65
2010	—	—	—	—	12.00	—

KM# 963 6.90 g., Nickel Plated Steel, 35mm. **Rev:** Migaand Quatchi in bob sleigh

Date	Mintage	VF20	XF40	MS60	MS63	MS65
2010	2,119	—	—	—	—	9.00

KM# 964 6.90 g., Nickel Plated Steel, 35mm. **Rev:** Miga in hockey

Date	Mintage	VF20	XF40	MS60	MS63	MS65
2010	5,275	—	—	—	—	9.00

KM# 965 6.90 g., Nickel Plated Steel, 35mm. **Rev:** Quatchi in ice hockey

Date	Mintage	VF20	XF40	MS60	MS63	MS65
2010	5,614	—	—	—	—	9.00

KM# 966 6.90 g., Nickel Plated Steel, 35mm. **Rev:** Sumi Para Sledge

Date	Mintage	VF20	XF40	MS60	MS63	MS65
2010	3,707	—	—	—	—	9.00

KM# 967 6.90 g., Nickel Plated Steel, 35mm. **Rev:** Miga and Quatchi Figure-skating **Edge:** Reeded

Date	Mintage	VF20	XF40	MS60	MS63	MS65
2010	2,981	—	—	—	—	9.00

KM# 968 6.90 g., Nickel Plated Steel, 35mm. **Rev:** Free-style mascot

Date	Mintage	VF20	XF40	MS60	MS63	MS65
2010	2,114	—	—	—	—	9.00

KM# 969 6.90 g., Nickel Plated Steel, 35mm. **Rev:** Skeleton mascot

Date	Mintage	VF20	XF40	MS60	MS63	MS65
2010	1,672	—	—	—	—	9.00

KM# 970 6.90 g., Nickel Plated Steel, 35mm. **Rev:** Parallel giant slalom mascot

Date	Mintage	VF20	XF40	MS60	MS63	MS65
2010	1,730	—	—	—	—	9.00

KM# 971 6.90 g., Nickel Plated Steel, 35mm. **Rev:** Alpine skiing mascot

Date	Mintage	VF20	XF40	MS60	MS63	MS65
2010	2,309	—	—	—	—	9.00

KM# 972 6.90 g., Nickel Plated Steel, 35mm. **Rev:** Para Olympic alpine skiing mascott

Date	Mintage	VF20	XF40	MS60	MS63	MS65
2010	1,902	—	—	—	—	9.00

KM# 973 6.90 g., Nickel Plated Steel, 35mm. **Rev:** Snowboard mascot

Date	Mintage	VF20	XF40	MS60	MS63	MS65
2010	2,090	—	—	—	—	9.00

KM# 974 6.90 g., Nickel Plated Steel, 35mm. **Rev:** Speed-skating mascott

Date	Mintage	VF20	XF40	MS60	MS63	MS65
2010	1,825	—	—	—	—	9.00

50 CENTS

KM# 986 12.61 g., Brass Plated Steel, 35mm. **Rev:** Dasplerosaurus Torosus - 3-D lenticular movement

Date	Mintage	VF20	XF40	MS60	MS63	MS65
2010	—	—	—	—	—	18.00

KM# 1015 12.61 g., Brass Plated Steel, 35mm. **Rev:** Sinosauropteryx

Date	Mintage	VF20	XF40	MS60	MS63	MS65
2010	—	—	—	—	—	18.00

KM# 1016 12.61 g., Brass Plated Steel, 35mm. **Rev:** Albertosaurus

Date	Mintage	VF20	XF40	MS60	MS63	MS65
2010	—	—	—	—	—	18.00

KM# 1043 Nickel Plated Steel, 34mm. **Rev:** Santa Claus transforms into Rudolf the red-nosed reindeer

Date	Mintage	VF20	XF40	MS60	MS63	MS65
2010	—	—	—	—	—	17.50

KM# 1157 11.62 g., 0.925 Silver, 0.3456 oz. ASW 29.72mm. **Obv:** George V bust **Rev:** Value within wreath

Date	Mintage	VF20	XF40	MS60	MS63	MS65
1911-2011	6,000	PF65 45.00				

KM# 1180 6.90 g., Nickel Plated Steel, 27.13mm. **Obv:** Bust right **Rev:** Winnipeg Jets Logo, jet over maple leaf **Edge:** Reeded

Date	Mintage	VF20	XF40	MS60	MS63	MS65
2011	—	—	—	—	—	13.00

KM# 1191 12.61 g., Copper Plated Steel, 35mm. **Obv:** Bust right **Rev:** Santa Claus checking list, and in sled over house

Date	Mintage	VF20	XF40	MS60	MS63	MS65
2011	—	—	—	—	—	24.00

KM# 1202 1.27 g., 0.9999 Gold, 0.0408 oz. AGW 13.92mm. **Rev:** Wood Bison **Rev. Designer:** Corrine Hunt **Edge:** Reeded

Date	Mintage	VF20	XF40	MS60	MS63	MS65
2011	Est. 2500	PF65 100				

KM# 1204 1.27 g., 0.9999 Gold, 0.0408 oz. AGW 13.92mm. **Subject:** Boreal Forest **Rev:** Bird and tree **Rev. Designer:** Corrine Hunt **Edge:** Reeded

Date	Mintage	VF20	XF40	MS60	MS63	MS65
2011	Est. 2500	PF65 100				

KM# 1206 1.27 g., 0.9999 Gold, 0.0408 oz. AGW 13.92mm. **Rev:** Peregrine Falcon perched on branch **Rev. Designer:** Corrine Hunt

Date	Mintage	VF20	XF40	MS60	MS63	MS65
2011	Est. 2500	PF65 100				

50 CENTS

KM# 1208 1.27 g., 0.9999 Gold, 0.0408 oz. AGW 13.92mm. **Rev: Designer:** **Rev:** Orca Whale Corrine Hunt **Edge:** Reeded

Date	Mintage	VF20	XF40	MS60	MS63	MS65
2011	Est. 2500	PF65 100				

KM# 1234 12.61 g., Nickel Plated Steel, 35mm. **Subject:** Titanic, 100th Anniversary **Obv:** Bust right **Rev:** Titanic sailing forward towards iceberg, colored sea

Date	Mintage	VF20	XF40	MS60	MS63	MS65
2012	—	PF65 65.00				

KM# 1264 1.27 g., 0.999 Gold, 0.0408 oz. AGW 13.92mm. **Subject:** Gold Rush

Date	Mintage	VF20	XF40	MS60	MS63	MS65
2012	—	PF65 100				

KM# 1293 9.30 g., 0.925 Silver, 0.2766 oz. ASW 27.13mm. **Subject:** Elizabeth II Diamond Jubilee **Rev:** Crowned monogram within wreath in color

Date	Mintage	VF20	XF40	MS60	MS63	MS65
2012	—	—	—	—	—	18.00

KM# 1435 Silver Plated Copper-Nickel, 35mm. **Rev:** Canadian Tiger Swallowtail Butterfly in color **Rev. Designer:** Celia Godkin

Date	Mintage	VF20	XF40	MS60	MS63	MS65
2013	Est. 20000	PF65 30.00				

KM# 1444 12.51 g., Copper-Nickel, 35mm. **Subject:** 75th Anniversary of Superman **Rev:** Superman lenticular background - then and now **Rev. Designer:** Joe Shuster and Jim Lee, DC Comics

Date	Mintage	VF20	XF40	MS60	MS63	MS65
2013	—	PF65 30.00				

KM# 1493 1.27 g., 0.9999 Gold, 0.0408 oz. AGW 13.92mm. **Rev:** Starfish **Rev. Designer:** Emily Damstra

Date	Mintage	VF20	XF40	MS60	MS63	MS65
2013	10,000	PF65 130				

KM# 1496 1.27 g., 0.9999 Gold, 0.0408 oz. AGW 13.92mm. **Subject:** Louisbourg, 300th Anniversary **Rev:** Ship, fort gate and fish

Date	Mintage	VF20	XF40	MS60	MS63	MS65
2013	1,000	PF65 100				

KM# 1523 Copper-Nickel, 35mm. **Rev:** Snowman, lenticular **Rev. Designer:** Tony Bianco

Date	Mintage	VF20	XF40	MS60	MS63	MS65
2013	20,000	—	—	—	—	27.00

KM# 1584 1.27 g., 0.999 Gold, 0.0408 oz. AGW
13.92mm. **Obv:** Bust right **Rev:** Beaver left from
5 Cent coin

Date	Mintage	VF20	XF40	MS60	MS63	MS65
2014	7,500	PF65 90.00				

KM# 1585 Silver Plated, 35mm. **Subject:** 100
Blessings of Good Fortune **Obv:** Bust right

Date	Mintage	VF20	XF40	MS60	MS63	MS65
2014	14,888	PF65 50.00				

KM# 1603 1.27 g., 0.999 Gold, 0.0408 oz. AGW
13.92mm. **Obv:** Bust right **Rev:** Osprey head

Date	Mintage	VF20	XF40	MS60	MS63	MS65
2014	7,500	PF65 100				

KM# 1634 1.27 g., 0.9999 Gold, 0.0408 oz. AGW
13.92mm. **Obv:** Bust right **Rev:** Seahorse

Date	Mintage	VF20	XF40	MS60	MS63	MS65
2014	—	PF63 120	PF65 130			

KM# 1635 12.61 g., Nickel Plated Steel, 35mm.
Obv: Bust right **Rev:** Canoe beached on island in
color

Date	Mintage	VF20	XF40	MS60	MS63	MS65
2014 Proof	—	—	—	—	35.00	—

KM# 1636 12.61 g., Silver Plated Copper-Nickel,
35mm. **Obv:** Bust right **Rev:** Empress of Ireland

Date	Mintage	VF20	XF40	MS60	MS63	MS65
2014	15,000	PF63 30.00	PF65 35.00			

KM# 1752 1.24 g., 0.999 Gold, 0.0398 oz. AGW
13.92mm. **Subject:** Charlottetown **Obv:** Bust right
Rev: Views within maple leaf

Date	Mintage	VF20	XF40	MS60	MS63	MS65
2014	7,500	PF65 100				

KM# 1775 13.70 g., Copper-Nickel, 35mm. **Obv:**
Bust right **Rev:** Christmas Tree lenticular

Date	Mintage	VF20	XF40	MS60	MS63	MS65
2014	20,000	PF65 30.00				

KM# 1842 1.27 g., 0.9999 Gold, 0.0408 oz. AGW
13.92mm. **Obv:** Bust right **Rev:** Maple leaf above
flag

Date	Mintage	VF20	XF40	MS60	MS63	MS65
2015	7,500	PF65 100				

KM# A1868 32.50 g., Gold Plated Copper, 42mm.
Subject: Toronto 2015 Pan Am Parapan AM
Games - Mokume gane blended metals **Obv:** Bust
right **Rev:** Detail from Toronto 2015 gold medals

Date	Mintage	VF20	XF40	MS60	MS63	MS65
2015	15,000	PF65 45.00				

KM# 1951 157.60 g., 0.9999 Silver Selective gold
plating, 5.0664 oz. ASW 65.25mm. **Subject:** Big
Coin Series **Obv:** Bust right **Rev:** Crown divides
date above with supporters, denomination right

Date	Mintage	VF20	XF40	MS60	MS63	MS65
2015 Proof	1,500	PF67 475				

KM# 1952 1.27 g., 0.9999 Gold, 0.0408 oz. AGW
13.92mm. **Obv:** Bust right **Rev:** Profile of Canadian
Atlantic lobster

Date	Mintage	VF20	XF40	MS60	MS63	MS65
2015	7,500	PF65 104				

KM# 1953 1.27 g., 0.9999 Gold, 0.0408 oz. AGW
13.92mm. **Obv:** Bust right **Rev:** Snowy owl head

Date	Mintage	VF20	XF40	MS60	MS63	MS65
2015	7,500	PF65 106				

KM# 1954 Copper-Nickel, 35mm. **Obv:** Bust right
Rev: Lenticular view of toy box, in color

Date	Mintage	VF20	XF40	MS60	MS63	MS65
2015	30,000	—	15.00	20.00	25.00	

KM# 2075 157.60 g., 0.9999 Silver, 5.0664 oz.
ASW 65.25mm. **Subject:** Big Coin Series **Obv:**
Bust right **Rev:** Crown divides date above arms with
supporters, denomination right, selective color

Date	Mintage	VF20	XF40	MS60	MS63	MS65
2016	1,500	PF67 400				

KM# 2082 12.30 g., Nickel Plated Steel, 35mm.
Obv: Bust right **Rev:** Lenticular image of two
children making snow angels, in color

Date	Mintage	VF20	XF40	MS60	MS63	MS65
2016 Specimen	26,000	PF65 35.00				
Proof						

DOLLAR

KM# 30 23.33 g., 0.800 Silver, 0.600 oz. ASW 36mm. **Subject:** Silver Jubilee **Obv:** Bust left **Obv. Designer:** Percy Metcalfe **Rev:** Voyager, date and denomination below **Rev. Designer:** Emanuel Hahn

Date	Mintage	VG8	F12	VF20	XF40	AU50	MS60	MS63	MS65
1935	428,707	—	23.00	28.00	32.00	37.00	42.00	65.00	300
1935 Specimen	—	—	—	—	—	—	—	1,800	6,000

KM# 31 23.33 g., 0.800 Silver, 0.600 oz. ASW 36mm. **Obv:** Crowned bust left **Obv. Designer:** E. B. MacKennal **Rev:** Voyageur, date and denomination below **Rev. Designer:** Emanuel Hahn

Date	Mintage	VG8	F12	VF20	XF40	AU50	MS60	MS63	MS65
1936	339,600	—	25.00	29.00	32.00	37.00	52.00	100	750
1936 Specimen	—	—	—	—	—	—	—	2,200	9,000

Pointed 7

KM# 37 23.33 g., 0.800 Silver, 0.600 oz. ASW 36mm. **Obv:** Head left **Obv. Designer:** T. H. Paget **Rev:** Voyageur, date and denomination below **Rev. Designer:** Emanuel Hahn

Date	Mintage	VG8	F12	VF20	XF40	AU50	MS60	MS63	MS65
1937	207,406	—	25.00	29.00	32.00	37.00	47.00	95.00	—
1937 Mirror Specimen	1,295	—	—	—	—	—	—	650	1,300
1937 Matte Specimen	—	—	—	—	—	—	—	225	450
1938	90,304	—	32.00	45.00	65.00	80.00	100	250	4,500
1938 Specimen	—	—	—	—	—	—	—	5,000	9,000
1945	38,391	—	125	175	225	275	375	750	13,000
1945 Specimen	—	—	—	—	—	—	—	1,300	5,000
1946	93,055	—	27.00	40.00	55.00	75.00	100	400	9,000
1946 Specimen	—	—	—	—	—	—	—	1,300	5,000
1947 Pointed 7	Inc. below	—	80.00	125	175	225	400	2,000	—
1947 Pointed 7, Specimen	—	—	—	—	—	—	—	2,700	5,000
1947 Blunt 7	65,595	—	60.00	90.00	125	150	175	400	7,000
1947 Blunt 7, Specimen	—	—	—	—	—	—	—	2,700	5,000
1947 Maple leaf	21,135	—	150	200	225	325	450	800	7,000
1947 Maple leaf, Specimen	—	—	—	—	—	—	—	2,200	6,000

KM# 38 23.33 g., 0.800 Silver, 0.600 oz. ASW 36mm. **Subject:** Royal Visit **Obv:** Head left **Obv. Designer:** T. H. Paget **Rev:** Tower at center of building, date and denomination below **Rev. Designer:** Emanuel Hahn

Date	Mintage	VG8	F12	VF20	XF40	AU50	MS60	MS63	MS65
1939	1,363,816	—	—	10.50	16.00	20.00	24.00	35.00	500
1939 Matte specimen	—	—	—	—	—	—	—	450	900
1939 Mirror specimen	—	—	—	—	—	—	—	650	1,300

KM# 46 23.33 g., 0.800 Silver, 0.600 oz. ASW 36mm. **Obv:** Head left, modified left legend **Obv. Designer:** T. H. Paget **Rev:** Voyageur, date and denomination below **Rev. Designer:** Emanuel Hahn

Date	Mintage	VG8	F12	VF20	XF40	AU50	MS60	MS63	MS65
1948	18,780	—	750	950	1,200	1,350	1,650	2,950	15,000
1948 Specimen	—	—	—	—	—	—	—	4,500	9,000
1950	261,002	—	10.50	20.00	24.00	25.00	30.00	60.00	250
Note: With 3 water lines									
1950 Specimen	—	—	—	—	—	—	—	1,000	1,800
Note: With 3 water lines									
1950 Matte Proof	—	PF65 18,000							
Note: With 4 water lines, 1 known									
1950	Inc. above	—	22.00	28.00	35.00	40.00	50.00	125	2,200
Note: Arnprior with 2-1/2 water lines									
1950 Specimen	—	—	—	—	—	—	—	1,300	3,000
Note: Amprior with 2-1/2 water lines									
1951	416,395	—	—	10.50	18.00	22.00	25.00	40.00	650
Note: With 3 water lines									
1951 Specimen	—	—	—	—	—	—	—	900	1,800
Note: With 3 water lines									
1951	Inc. above	—	40.00	55.00	90.00	125	225	450	6,500
Note: Arnprior with 1-1/2 water lines									
1951 Specimen	—	—	—	—	—	—	—	1,300	3,500
Note: Amprior with 1-1/2 water lines									
1952	406,148	—	—	—	10.50	22.00	24.00	35.00	500
Note: With 3 water lines									
1952 Specimen	—	—	—	—	—	—	—	650	1,800
Note: With 3 water lines									
1952	Inc. above	—	10.50	25.00	27.00	35.00	50.00	100	—
Note: Short water links									
1952 Specimen	—	—	—	—	—	—	—	650	1,800
Note: Short water lines									
1952	Inc. above	—	10.50	18.00	22.00	24.00	26.00	55.00	900
Note: Without water lines									
1952 Specimen	—	—	—	—	—	—	—	650	1,800
Note: Without water lines									

KM# 47 23.33 g., 0.800 Silver, 0.600 oz. ASW 36mm. **Subject:** Newfoundland **Obv:** Head left **Obv. Designer:** T. H. Paget **Rev:** "The Matthew", John Cabot's ship, date and denomination below **Rev. Designer:** Thomas Shingles

Date	Mintage	VG8	F12	VF20	XF40	AU50	MS60	MS63	MS65
1949	672,218	—	10.50	20.00	23.00	27.00	30.00	35.00	90.00
1949 Specimen	—	—	—	—	—	—	—	700	1,800
1949	—	PF60 2,600							

KM# 54 23.33 g., 0.800 Silver, 0.600 oz. ASW 36mm. **Obv:** Laureate bust right **Obv. Designer:** Mary Gillick **Rev:** Voyageur, date and denomination below **Rev. Designer:** Emanuel Hahn **Note:** All genuine circulation strike 1955 Arnprior dollars have a die break running along the top of TI in the word GRATIA on the obverse.

Date	Mintage	VG8	F12	VF20	XF40	AU50	MS60	MS63	MS65
1953	1,074,578	—	—	—	—	10.50	23.00	30.00	500
Note: Without strap, wire rim									
1953 Specimen	Inc. above	—	—	—	—	—	—	800	2,200
Note: Without strap, wire rim									
1953	Inc. above	PF60 1,600							
Note: Without strap, wire rim									
1953	Inc. above	—	—	—	—	10.50	23.00	30.00	550
Note: With strap, flat rim									
1953 Specimen	—	—	—	—	—	—	—	900	2,300
Note: With strap, flat rim									
1954	246,606	—	17.00	18.00	20.00	25.00	29.00	50.00	1,300
1955	268,105	—	14.00	16.00	18.00	24.00	29.00	50.00	1,100
Note: With 3 water lines									
1955	Inc. above	—	85.00	90.00	100	125	150	250	2,900
Note: Arnprior with 1-1/2 water lines* and die break									
1956	209,092	—	20.00	22.00	24.00	26.00	35.00	80.00	3,500
1957	496,389	—	—	—	10.50	21.00	23.00	26.00	2,700
Note: With 3 water lines									
1957	Inc. above	—	20.00	22.00	24.00	26.00	28.00	50.00	3,000
Note: With 1 water line									
1959	1,443,502	—	—	—	10.50	16.00	20.00	24.00	2,000
1960	1,420,486	—	—	—	—	10.50	18.00	24.00	1,000
1961	1,262,231	—	—	—	—	10.50	12.00	24.00	1,800
1962	1,884,789	—	—	—	—	10.50	18.00	24.00	900
1963	4,179,981	—	—	—	—	10.50	12.00	24.00	1,300

KM# 55 23.33 g., 0.800 Silver, 0.600 oz. ASW 36mm. **Subject:** British Columbia **Obv:** Laureate bust right **Obv. Designer:** Mary Gillick **Rev:** Totem Pole, dates at left, denomination below **Rev. Designer:** Stephan Trenka

Date	Mintage	VG8	F12	VF20	XF40	AU50	MS60	MS63	MS65
1858-1958	3,039,630	—	—	10.50	18.00	21.00	23.00	26.00	450

KM# 58 23.33 g., 0.800 Silver, 0.600 oz. ASW 36mm. **Subject:** Charlottetown **Obv:** Laureate bust right **Rev:** Design at center, dates at outer edges, denomination below **Rev. Designer:** Dinko Voldanovic

Date	Mintage	VG8	F12	VF20	XF40	AU50	MS60	MS63	MS65
1864-1964	7,296,832	—	—	—	—	10.50	12.00	27.00	1,300
1864-1964 Specimen	—	—	—	—	—	—	—	225	450

Small beads

KM# 64.1 23.33 g., 0.800 Silver, 0.600 oz. ASW 36mm. **Obv:** Young bust right **Obv. Designer:** Arnold Machin **Rev:** Voyageur, date and denomination below **Rev. Designer:** Emanual Hahn

Date	Mintage	VG8	F12	VF20	XF40	AU50	MS60	MS63	MS65
1965	10,768,569	—	—	—	—	10.50	12.50	25.00	750
Note: Small beads, pointed 5									
1965	—	PF63 400							
Note: Small beads, pointed 5									
Specimen	—	—	—	—	—	—	—	250	900
Note: Small beads, pointed 5									
1965	Inc. above	—	—	—	—	10.50	12.50	25.00	1,400
Note: Small beads, blunt 5									
1965	—	PF63 400							
Note: Small beads, blunt 5									
1965 Specimen	—	—	—	—	—	—	—	250	650
Note: Small beads, blunt 5									
1965	Inc. above	—	—	—	—	10.50	12.50	25.00	650
Note: Large beads, blunt 5									
1965 Specimen	—	—	—	—	—	—	—	225	500
Note: Large beads, blunt 5									
1965	Inc. above	—	—	—	—	11.50	24.00	28.00	650
Note: Large beads, pointed 5									

Date	Mintage	VG8	F12	VF20	XF40	AU50	MS60	MS63	MS65
1965 Specimen	—	—	—	—	—	—	—	450	900
Note: Large beads, pointed 5									
1965	Inc. above	—	—	10.50	22.00	25.00	29.00	45.00	1,800
Note: Medium beads, pointed 5									
1966	9,912,178	—	—	—	—	10.50	12.50	25.00	550
Note: Large beads									
1966 Specimen	—	—	—	—	—	—	—	250	900
Note: Large beads									
1966	485	—	—	—	2,300	2,600	3,000	4,000	—
Note: Small beads									

KM# 70 23.33 g., 0.800 Silver, 0.600 oz. ASW 36mm. **Subject:** Confederation Centennial **Obv:** Young bust right **Obv. Designer:** Arnold Machin **Rev:** Goose left, dates below, denomination above **Rev. Designer:** Alex Colville

Date	Mintage	VF20	XF40	MS60	MS63	MS65
1867-1967	6,767,496	—	—	18.00	23.00	400
1867-1967 Specimen	—	—	—	—	30.00	45.00

KM# 76.1 15.64 g., Nickel, 32mm. **Obv:** Young bust right **Obv. Designer:** Arnold Machin **Rev:** Voyageur, date and denomination below **Rev. Designer:** Emanuel Hahn

Date	Mintage	VF20	XF40	MS60	MS63	MS65
1968	5,579,714	—	—	1.75	2.50	45.00
1968 Prooflike	1,408,143	—	—	—	—	2.50
1968 Small island	—	—	—	5.00	10.00	100
1968 Prooflike	—	—	—	—	—	10.00
Note: Small island						
1968 No Island	—	—	—	5.00	12.00	65.00
1968 Prooflike	—	—	—	—	—	4.50
Note: No island						
1968	Prooflike	—	—	22.00	30.00	70.00
Note: Doubled die; exhibits extra water lines						
1969	4,809,313	—	—	2.25	3.50	225
1969 Prooflike	594,258	—	—	—	2.00	—
1965 Specimen	—	—	—	—	—	500
1972	2,676,041	—	—	2.25	3.50	225
1972 Prooflike	405,865	—	—	—	—	2.25

KM# 78 15.60 g., Nickel, 32mm. **Subject:** Manitoba **Obv:** Young bust right **Rev:** Pasque flower divides dates and denomination **Rev. Designer:** Raymond Taylor

Date	Mintage	VF20	XF40	MS60	MS63	MS65
1870-1970	4,140,058	—	—	2.25	3.50	150
1870-1970 Prooflike	645,869	—	—	—	—	2.25
1870-1970 Specimen	—	—	—	—	—	40.00

KM# 79 15.70 g., Nickel, 32.1mm. **Subject:** British Columbia **Obv:** Young bust right **Rev:** Shield divides dates, denomination below, flowers above **Rev. Designer:** Thomas Shingles

Date	Mintage	VF20	XF40	MS60	MS63	MS65
1871-1971	4,260,781	—	—	2.25	3.50	175
1871-1971 Prooflike	468,729	—	—	—	—	2.25
1871-1971 Specimen	—	—	—	—	—	40.00

KM# 80 23.33 g., 0.500 Silver, 0.375 oz. ASW 36mm. **Subject:** British Columbia **Obv:** Young

DOLLAR

bust right **Rev:** Crowned arms with supporters divide dates, maple at top divides denomination, crowned lion atop crown on shield **Rev. Designer:** Patrick Brindley

Date	Mintage	VF20	XF40	MS60	MS63	MS65
1871-1971	585,674	—	—	—	—	12.00
Specimen						

KM# 64.2a 23.33 g., 0.500 Silver, 0.375 oz. ASW 36mm. **Obv:** Smaller young bust right **Obv. Designer:** Arnold Machin **Rev:** Voyageur **Rev. Designer:** Emanuel Hahn

Date	Mintage	VF20	XF40	MS60	MS63	MS65
1972	341,598	—	—	—	—	13.00
Specimen						
1972 Proof	Inc. above	—	—	—	—	—

Note: doesn't exist

KM# 82 Nickel, 32mm. **Subject:** Prince Edward Island **Obv:** Young bust right **Rev:** Building, inscription below divides dates, denomination above **Rev. Designer:** Terry Manning

Date	Mintage	VF20	XF40	MS60	MS63	MS65
1873-1973	3,196,452	—	—	2.25	3.00	65.00
1873-1973	—	—	—	—	—	2.25
(c) Prooflike						

KM# 83 23.33 g., 0.500 Silver, 0.375 oz. ASW 36mm. **Obv:** Young bust right **Rev:** Mountie left, dates below, denomination at right **Rev. Designer:** Paul Cedarberg

Date	Mintage	VF20	XF40	MS60	MS63	MS65
1873-1973	1,031,271	—	—	—	—	12.00
Specimen						
1873-1973	—	—	—	—	20.00	—
Specimen						

Note: Dollar housed in special blue case with RCMP crest.

KM# 88 Nickel, 32mm. **Subject:** Winnipeg Centennial **Obv:** Young bust right **Rev:** Zeros frame pictures, dates below, denomination at bottom **Rev. Designer:** Paul Pederson and Patrick Brindley

Date	Mintage	VF20	XF40	MS60	MS63	MS65
1874-1974	2,799,363	—	—	2.50	3.50	90.00
1874-1974	—	—	—	—	—	2.50
(c) Prooflike						

KM# 88a 23.33 g., 0.500 Silver, 0.375 oz. ASW 36mm. **Subject:** Winnipeg Centennial **Obv:** Young bust right **Rev:** Zeros frame pictures, dates below, denomination at bottom **Rev. Designer:** Paul Pederson and Patrick Brindley

Date	Mintage	VF20	XF40	MS60	MS63	MS65
1974-1974	728,947	—	—	—	—	12.00
Specimen						

KM# 76.2 15.62 g., Nickel, 32mm. **Obv:** Smaller young bust right **Obv. Designer:** Arnold Machin **Rev:** Voyageur **Rev. Designer:** Emanuel Hahn

Date	Mintage	VF20	XF40	MS60	MS63	MS65
1975	3,256,000	—	—	2.25	2.50	90.00
1975	322,325	—	—	—	—	2.50
Prooflike						
1976	2,498,204	—	—	2.25	2.50	90.00
1976	274,106	—	—	—	—	2.50
Prooflike						

KM# 76.3 Nickel, 32mm. **Obv:** Young bust right **Obv. Designer:** Arnold Machin **Rev:** Voyageur **Rev. Designer:** Emanuel Hahn **Note:** Only known in prooflike sets with 1976 obverse slightly modified.

Date	Mintage	VF20	XF40	MS60	MS63	MS65
1975	Inc. above	—	—	—	3.00	—

Note: mule with 1976 obv.

KM# 97 23.33 g., 0.500 Silver, 0.375 oz. ASW 36mm. **Subject:** Calgary **Obv:** Young bust right **Rev:** Figure on bucking horse, dates divided below, denomination above **Rev. Designer:** Donald D. Paterson

Date	Mintage	VF20	XF40	MS60	MS63	MS65
1875-1975 Specimen	930,956	—	—	—	—	12.00

KM# 106 23.33 g., 0.500 Silver, 0.375 oz. ASW 36mm. **Subject:** Parliament Library **Obv:** Young bust right **Rev:** Library building, dates below, denomination above **Rev. Designer:** Walter Ott and Patrick Brindley

Date	Mintage	VF20	XF40	MS60	MS63	MS65
1876-1976 Specimen	578,708	—	—	—	—	12.00
1876-1976	—	PF65 22.00				

Note: Blue VIP case

KM# 117 Nickel, 32mm. **Obv:** Young bust right **Obv. Designer:** Arnold Machin **Rev:** Voyageur modified **Rev. Designer:** Emanuel Hahn

Date	Mintage	VF20	XF40	MS60	MS63	MS65
1977	1,393,745	—	—	2.50	3.50	90.00
1977 Prooflike	—	—	—	—	—	2.50

KM# 118 23.33 g., 0.500 Silver, 0.375 oz. ASW 36mm. **Subject:** Silver Jubilee **Obv:** Young bust right, dates below **Rev:** Throne, denomination below **Rev. Designer:** Raymond Lee

Date	Mintage	VF20	XF40	MS60	MS63	MS65
1952-1977 Specimen	744,848	—	—	—	—	12.00
1952-1977 Specimen	—	—	—	—	—	30.00

Note: Red VIP case

KM# 120.1 15.50 g., Nickel, 32.1mm. **Obv:** Young bust right **Obv. Designer:** Arnold Machin **Rev:** Voyageur, date and denomination below **Rev. Designer:** Emanuel Hahn **Note:** Modified design.

Date	Mintage	VF20	XF40	MS60	MS63	MS65
1978	2,948,488	—	—	2.25	2.50	100
1979	2,954,842	—	—	2.25	2.50	175
1980	3,291,221	—	—	2.50	3.00	90.00
1981	2,778,900	—	—	2.50	3.00	125
1981	—	PF65 5.00				
1982	1,098,500	—	—	2.50	3.00	90.00
1982	180,908	PF65 5.00				
1983	2,267,525	—	—	2.50	4.00	100
1983	166,779	PF65 5.00				
1984	1,223,486	—	—	2.50	3.00	100
1984	161,602	PF65 6.00				
1985	3,104,092	—	—	2.50	3.50	—
1985	153,950	PF65 7.00				
1986	3,089,225	—	—	2.50	4.00	90.00
1986	176,224	PF65 7.00				
1987 PL	287,330	—	—	—	—	5.00
1987	175,686	PF65 7.50				

KM# 121 23.33 g., 0.500 Silver, 0.375 oz. ASW 36mm. **Subject:** XI Commonwealth Games

Obv: Young bust right **Rev:** Commonwealth games, logo at center **Rev. Designer:** Raymond Taylor

Date	Mintage	VF20	XF40	MS60	MS63	MS65
1978 Specimen	709,602	—	—	—	—	12.00

KM# 124 23.33 g., 0.500 Silver, 0.375 oz. ASW 36mm. **Subject:** Griffon **Obv:** Young bust right **Rev:** Ship, dates below, denomination above **Rev. Designer:** Walter Schluep

Date	Mintage	VF20	XF40	MS60	MS63	MS65
1979 Specimen	826,695	—	—	—	—	12.00

KM# 128 23.33 g., 0.500 Silver, 0.375 oz. ASW 36mm. **Subject:** Arctic Territories **Obv:** Young bust right **Rev:** Bear right, date below, denomination above **Rev. Designer:** Donald D. Paterson

Date	Mintage	VF20	XF40	MS60	MS63	MS65
1980 Specimen	539,617	—	—	—	—	17.00

KM# 130 23.33 g., 0.500 Silver, 0.375 oz. ASW 36mm. **Subject:** Transcontinental Railroad **Obv:** Young bust right **Rev:** Train engine and map, date below, denomination above **Rev. Designer:** Christopher Gorey

Date	Mintage	VF20	XF40	MS60	MS63	MS65
1981	699,494	—	—	—	—	10.00
1981	—	PF65 14.00				

KM# 133 23.33 g., 0.500 Silver, 0.375 oz. ASW 36mm. **Subject:** Regina **Obv:** Young bust right **Rev:** Cattle skull divides dates and denomination below **Rev. Designer:** Huntley Brown

Date	Mintage	VF20	XF40	MS60	MS63	MS65
1882-1982	144,930	—	—	—	—	10.00
1882-1982	—	PF65 14.00				

KM# 134 15.42 g., Nickel, 32mm. **Subject:** Constitution **Obv:** Young bust right **Rev:** Meeting of Government **Rev. Designer:** Ago Aarand

Date	Mintage	VF20	XF40	MS60	MS63	MS65
1867-1982	9,709,422	—	—	1.75	2.50	65.00

KM# 138 23.33 g., 0.500 Silver, 0.375 oz. ASW 36mm. **Subject:** Edmonton University Games **Obv:** Young bust right **Rev:** Athlete within game logo, date and denomination below **Rev. Designer:** Carola Tietz

Date	Mintage	VF20	XF40	MS60	MS63	MS65
1983	159,450	—	—	—	—	10.00
1983	—	PF65 14.00				

KM# 140 23.33 g., 0.500 Silver, 0.375 oz. ASW 36mm. **Subject:** Toronto Sesquicentennial **Obv:** Young bust right **Rev. Designer:** D. J. Craig

Date	Mintage	VF20	XF40	MS60	MS63	MS65
1984	133,610	—	—	—	—	10.00
1984	—	PF65 14.00				

KM# 141 15.50 g., Nickel, 32mm. **Subject:** Jacques Cartier **Obv:** Young bust right **Rev:** Cross with shield above figures **Rev. Designer:** Hector Greville

Date	Mintage	VF20	XF40	MS60	MS63	MS65
1534-1984	7,009,323	—	—	1.75	3.50	90.00
1534-1984	—	PF65 6.00				

KM# 120.2 Nickel, 32.13mm. **Obv:** Young bust right **Rev:** Voyageur **Note:** Mule with New Zealand 50 cent, KM-37 obverse.

Date	Mintage	VF20	XF40	MS60	MS63	MS65
1985	—	—	—	—	3,200	10,000	—

KM# 143 23.33 g., 0.500 Silver, 0.375 oz. ASW 36mm. **Subject:** National Parks **Obv:** Young bust right **Rev:** Moose right, dates above, denomination below **Rev. Designer:** Karel Rohlicek

Date	Mintage	VF20	XF40	MS60	MS63	MS65
1885-1985	163,314	—	—	—	—	10.00
1885-1985	733,354	PF65 14.00				

KM# 149 23.33 g., 0.500 Silver, 0.375 oz. ASW 36mm. **Subject:** Vancouver **Obv:** Young bust right **Rev:** Train left, dates divided below, denomination above **Rev. Designer:** Elliot John Morrison

Date	Mintage	VF20	XF40	MS60	MS63	MS65
1886-1986	125,949	—	—	—	—	10.00
1886-1986	—	PF65 14.00				

KM# 154 23.33 g., 0.500 Silver, 0.375 oz. ASW 36mm. **Subject:** John Davis **Obv:** Young bust right **Rev:** Ship "John Davis" with masts, rock in background, dates below, denomination at bottom **Rev. Designer:** Christopher Gorey

Date	Mintage	VF20	XF40	MS60	MS63	MS65
1587-1987	118,722	—	—	—	—	10.00
1587-1987	—	PF65 14.00				

KM# 157 7.00 g., Aureate-Bronze Plated Nickel, 26.5mm. **Obv:** Young bust right **Obv. Designer:** Arnold Machin **Rev:** Loon right, date and denomination below **Rev. Designer:** Robert R. Carmichael **Shape:** 11-sided

Date	Mintage	VF20	XF40	MS60	MS63	MS65
1987	205,405,000	—	—	—	2.25	35.00
1987	178,120	PF65 8.00				
1988	138,893,539	—	—	—	3.50	50.00
1988	175,259	PF65 6.50				
1989	184,773,902	—	—	—	4.00	65.00
1989	170,928	PF65 6.50				

DOLLAR

KM# 161 23.33 g., 0.500 Silver, 0.375 oz. ASW 36mm. **Subject:** Ironworks **Obv:** Young bust right **Rev:** Ironworkers, date and denomination below **Rev. Designer:** Robert R. Carmichael

Date	Mintage	VF20	XF40	MS60	MS63	MS65
1988	106,872	—	—	—	—	10.00
1988	—	PF65 15.00				

KM# 168 23.33 g., 0.500 Silver, 0.375 oz. ASW 36mm. **Subject:** MacKenzie River **Obv:** Young bust right **Rev:** People in canoe, date above, denomination below **Rev. Designer:** John Mardon

Date	Mintage	VF20	XF40	MS60	MS63	MS65
1989	99,774	—	—	—	—	13.00
1989	—	PF65 17.50				

KM# 170 23.33 g., 0.500 Silver, 0.375 oz. ASW 36mm. **Subject:** Henry Kelsey **Obv:** Crowned head right **Rev:** Kelsey with natives, dates below, denomination above **Rev. Designer:** D. J. Craig

Date	Mintage	VF20	XF40	MS60	MS63	MS65
1690-1990	99,455	—	—	—	—	12.00
1690-1990	—	PF65 20.00				

KM# 186 7.00 g., Aureate-Bronze Plated Nickel, 26.5mm.   **Obv:**   Crowned   head   right   **Obv. Designer:** Dora dePedery-Hunt **Rev:** Loon right, date and denomination **Rev. Designer:** Robert R. Carmichael **Shape:** 11-sided

Date	Mintage	VF20	XF40	MS60	MS63	MS65
1990	68,402,000	—	—	—	3.50	63.00
1990	140,649	PF65 7.00				
1991	23,156,000	—	—	—	3.50	63.00
1991	131,888	PF65 13.00				
1993	33,662,000	—	—	—	3.00	63.00
1993	143,065	PF65 6.00				
1994	16,232,530	—	—	—	3.50	32.00
1994	104,485	PF65 7.00				
1995	27,492,630	—	—	—	3.50	42.00
1995	101,560	PF65 7.00				
1996	17,101,000	—	—	—	3.50	32.00
1996	112,835	PF65 7.50				
1997 PL	—	—	—	—	—	13.00
1997	113,647	PF65 8.00				
1998 PL	—	—	—	—	—	6.00
1998 W Prooflike	—	—	—	—	—	10.00
1998	93,632	PF65 10.00				
1999 PL	—	—	—	—	—	6.00
1999	95,113	PF65 13.00				
2000 PL	—	—	—	—	—	6.00
2000 W Prooflike	—	—	—	—	—	9.00
2000	90,921	PF65 8.00				
2001 PL	—	—	—	—	—	6.00
2001	74,194	PF65 8.00				
2002	—	—	—	—	3.50	22.00
2002	65,315	PF65 10.00				
2003	—	—	—	—	3.50	22.00

Note: Mintage of 5,101,000 includes both KM186 and KM495 examples.

| 2003 | — | PF65 12.00 | | | | |

KM# 179 23.33 g., 0.500 Silver, 0.375 oz. ASW 36mm. **Subject:** S.S. Frontenac **Obv:** Crowned head right **Rev:** Ship, "Frontenac", date and denomination below, **Rev. Designer:** D. J. Craig

Date	Mintage	VF20	XF40	MS60	MS63	MS65
1991	73,843	—	—	—	—	12.00
1991	195,424	PF65 23.00				

KM# 209 Aureate, 26.5mm. **Subject:** Loon right, dates and denomination **Obv:** Crowned head right **Rev. Designer:** Robert R. Carmichael

Date	Mintage	VF20	XF40	MS60	MS63	MS65
1867-1992	4,242,085	—	—	—	3.50	45.00
1867-1992	147,061	PF65 8.00				

KM# 210 25.18 g., 0.925 Silver, 0.7487 oz. ASW 36mm. **Subject:** Stagecoach service **Obv:** Crowned head right **Rev:** Stagecoach, date and denomination below **Rev. Designer:** Karsten Smith

Date	Mintage	VF20	XF40	MS60	MS63	MS65
1992	78,160	—	—	—		17.00
1992	187,612	PF65 25.00				

KM# 218 Aureate, 26mm. **Subject:** Parliament **Obv:** Crowned head right, dates below **Rev:** Backs of three seated figures in front of building, denomination below **Rev. Designer:** Rita Swanson

Date	Mintage	VF20	XF40	MS60	MS63	MS65
1867-1992	23,915,000	—	—	—	3.50	35.00
1867-1992	—	PF65 9.00				

KM# 235 25.18 g., 0.925 Silver, 0.7487 oz. ASW 36mm. **Subject:** Stanley Cup hockey **Obv:** Crowned head right **Rev:** Hockey players between cups, dates below, denomination above **Rev. Designer:** Stewart Sherwood

Date	Mintage	VF20	XF40	MS60	MS63	MS65
1993	88,150	—	—	—	—	20.00
1993	—	PF65 25.00				

KM# 248 7.00 g., Aureate-Bronze Plated Nickel, 26mm. **Subject:** War Memorial **Obv:** Crowned head right, date below **Rev:** Memorial, denomination at right **Rev. Designer:** R. C. M. Staff

Date	Mintage	VF20	XF40	MS60	MS63	MS65
1994	20,004,830	—	—	—	2.25	35.00
1994	—	PF65 10.00				

KM# 251 25.18 g., 0.925 Silver, 0.7487 oz. ASW 36mm. **Subject:** Last RCMP sled-dog patrol **Obv:** Crowned head right **Rev:** Dogsled, denomination divides dates below **Rev. Designer:** Ian Sparks

Date	Mintage	VF20	XF40	MS60	MS63	MS65
1969-1994	61,561	—	—	—	—	22.00
1969-1994	170,374	PF65 25.00				

KM# 258 7.00 g., Aureate Bronze, 26mm. **Subject:** Peacekeeping Monument in Ottawa **Obv:** Crowned head right, date below **Rev:** Monument, denomination above right **Rev. Designer:** J. K. Harmon, R. G. Henriquez and C. H. Oberlander **Note:** Mintage included with KM#186.

Date	Mintage	VF20	XF40	MS60	MS63	MS65
1995	18,502,750	—	—	—	2.25	35.00
1995	—	PF65 10.00				

DOLLAR

DOLLAR

KM# 259 25.18 g., 0.925 Silver, 0.7487 oz. ASW 36mm. **Subject:** Hudson Bay Company **Obv:** Crowned head right **Rev:** Explorers and ship, date and denomination below **Rev. Designer:** Vincent McIndoe

Date	Mintage	VF20	XF40	MS60	MS63	MS65
1995	61,819	—	—	—	—	17.00
1995	166,259	PF65 29.00				

KM# 274 25.18 g., 0.925 Silver, 0.7487 oz. ASW 36mm. **Subject:** McIntosh Apple **Obv:** Crowned head right **Rev:** Apple, dates and denomination below **Rev. Designer:** Roger Hill

Date	Mintage	VF20	XF40	MS60	MS63	MS65
1796-1996	58,834	—	—	—	—	17.00
1796-1996	133,779	PF65 25.00				

KM# 282 25.18 g., 0.925 Silver, 0.7487 oz. ASW 36mm. **Subject:** 25th Anniversary Hockey Victory **Obv:** Crowned head right **Rev:** The winning goal by Paul Aenderson. Based on a painting by Andre l'Archeveque, dates at right, denomination at bottom **Rev. Designer:** Walter Burden

Date	Mintage	VF20	XF40	MS60	MS63	MS65
1972-1997	155,252	—	—	—	—	20.00
1972-1997	184,965	PF65 29.00				

KM# 291 7.00 g., Aureate-Bronze Plated Nickel, 26mm. **Subject:** Loon Dollar 10th Anniversary **Obv:** Crowned head right **Rev:** Loon in flight left, dates above, denomination below **Rev. Designer:** Jean-Luc Grondin

Date	Mintage	VF20	XF40	MS60	MS63	MS65
1987-1997 Prooflike	—	—	—	—	—	22.00

KM# 296 25.18 g., 0.925 Silver, 0.7487 oz. ASW 36mm. **Subject:** Loon Dollar 10th Anniversary **Obv:** Crowned head right **Rev:** Loon in flight left, dates above, denomination below **Rev. Designer:** Jean-Luc Grondin

Date	Mintage	VF20	XF40	MS60	MS63	MS65
1987-1997	—	PF65 95.00				

KM# 306 25.18 g., 0.925 Silver, 0.7487 oz. ASW 36mm. **Subject:** 120th Anniversary Royal Canadian Mounted Police **Obv:** Crowned head right **Rev:** Mountie on horseback, dates at left, denomination above **Rev. Designer:** Adeline Halvorson **Note:** Individually cased prooflikes, proofs or specimens are from broken-up prooflike or specimen sets.

Date	Mintage	VF20	XF40	MS60	MS63	MS65
1873-1998	79,777	—	—	—	—	17.00
1873-1998	120,172	PF65 29.00				

KM# 355 25.18 g., 0.925 Silver, 0.7487 oz. ASW 36mm. **Subject:** International Year of Old Persons **Obv:** Crowned head right **Rev:** Figures amid trees, date and denomination below **Rev. Designer:** S. Armstrong-Hodgson

Date	Mintage	VF20	XF40	MS60	MS63	MS65
1999	—	PF65 40.00				

KM# 356 25.18 g., 0.925 Silver, 0.7487 oz. ASW 36mm. **Subject:** Discovery of Queen Charlotte Isle **Obv:** Crowned head right **Rev:** Ship and three boats, dates at right, denomination below **Rev. Designer:** D. J. Craig

Date	Mintage	VF20	XF40	MS60	MS63	MS65
1999	67,655	—	—	—	—	22.00
1999	126,435	PF65 30.00				

KM# 401 25.18 g., 0.925 Silver, 0.7487 oz. ASW 36mm. **Subject:** Voyage of Discovery **Obv:** Crowned head right **Rev:** Human and space shuttle, date above, denomination below **Rev. Designer:** D. F. Warkentine

Date	Mintage	VF20	XF40	MS60	MS63	MS65
2000	60,100	—	—	—	—	21.00
2000	114,130	PF65 29.00				

KM# 414 25.18 g., 0.925 Silver, 0.7487 oz. ASW 36mm. **Subject:** National Ballet **Obv:** Crowned head right **Rev:** Ballet dancers **Rev. Designer:** Scott McKowen **Edge:** Reeded

Date	Mintage	VF20	XF40	MS60	MS63	MS65
2001	—	PF65 29.00				
2001	65,000	—	—	—	—	21.00

KM# 434 25.18 g., 0.925 Silver, 0.7487 oz. ASW 36mm. **Obv:** Crowned head right **Rev:** Recycled 1911 pattern dollar design: denomination, country name and dates in crowned wreath **Edge:** Reeded

Date	Mintage	VF20	XF40	MS60	MS63	MS65
1911-2001	24,996	PF65 55.00				

KM# 186a Gilt Aureate-Bronze Plated Nickel, 26.5mm. **Subject:** Olympic Win

Date	Mintage	VF20	XF40	MS60	MS63	MS65
2002	—	PF65 40.00				

KM# 443 25.18 g., 0.925 Silver, 0.7487 oz. ASW 36mm. **Subject:** Queen's Golden Jubilee **Obv:** Crowned head right, with anniversary date at left **Obv. Designer:** Dora dePédery-Hunt **Rev:** Queen in her coach and a view of the coach, denomination below **Edge:** Reeded

Date	Mintage	VF20	XF40	MS60	MS63	MS65
1952-2002	65,140	—	—	—	—	21.00
1952-2002	29,688	PF65 29.00				

KM# 443a 25.18 g., 0.925 Silver Gilt, 0.7488 oz. 36mm. **Subject:** Queen's Golden Jubilee **Obv:** Crowned head right with anniversary date **Rev:** Queen in her coach and a view of the coach **Edge:** Reeded **Note:** Special 24 karat gold plated issue of KM#443.

Date	Mintage	VF20	XF40	MS60	MS63	MS65
2002	32,642		PF65 45.00			

KM# 462 7.00 g., Aureate-Bronze Plated Nickel, 26mm. **Obv:** Commemorative dates 1952-2002 **Obv. Designer:** Dora dePédery-Hunt **Rev:** Family of Loons

Date	Mintage	VF20	XF40	MS60	MS63	MS65
2002 Specimen	67,672	—	—	—	—	25.00

KM# 467 7.00 g., Aureate-Bronze Plated Nickel, **Subject:** Elizabeth II Golden Jubilee **Obv:** Crowned head right, Jubilee commemorative dates 1952-2002 **Obv. Designer:** Dora dePédery-Hunt

Date	Mintage	VF20	XF40	MS60	MS63	MS65
2002	2,302,000	—	—	—	2.50	—
2002	—		PF65 8.00			

KM# 467a Gold, **Subject:** 50th Anniversary, Accession to the Throne **Obv:** Crowned head right **Note:** Sold on the internet.

Date	Mintage	VF20	XF40	MS60	MS63	MS65
2002	1		PF65 55,500			

KM# 503 25.18 g., 0.925 Silver, 0.7487 oz. ASW 36mm. **Subject:** Queen Mother **Obv:** Crowned head right **Obv. Designer:** Dora de Pedery-Hunt **Rev:** Queen Mother facing

Date	Mintage	VF20	XF40	MS60	MS63	MS65
2002	9,994		PF65 225			

KM# 450 25.18 g., 0.9999 Silver, 0.8093 oz. ASW 36mm. **Subject:** Cobalt Mining Centennial **Obv:** Queens portrait right **Obv. Designer:** Dora dePédery-Hunt **Rev:** Mine tower and fox **Edge:** Reeded

Date	Mintage	VF20	XF40	MS60	MS63	MS65
2003	51,130	—	—	—	—	22.00
2003	88,536		PF65 30.00			

KM# 473 25.18 g., 0.9999 Silver, 0.8093 oz. ASW **Subject:** 50th Anniversary of the Coronation of Elizabeth II **Obv:** 1953 effigy of the Queen, Jubilee dates 1953-2003 **Obv. Designer:** Mary Gillick **Rev:** Voyageur, date and denomination below

Date	Mintage	VF20	XF40	MS60	MS63	MS65
1953-2003	21,537		PF65 45.00			

KM# 480 25.18 g., 0.9999 Silver, 0.8093 oz. ASW **Subject:** Coronation of Queen Elizabeth II **Obv:** Head right **Rev:** Voyaguers **Rev. Designer:** Emanuel Hahn

Date	Mintage	VF20	XF40	MS60	MS63	MS65
1953-2003	29,586		PF65 50.00			

KM# 495 7.00 g., Aureate-Bronze Plated Nickel, 26.5mm. **Obv:** Bare head right **Obv. Designer:** Susanna Blunt **Rev:** Loon right **Rev. Designer:** Robert R. Carmichael **Shape:** 11-sided

Date	Mintage	VF20	XF40	MS60	MS63	MS65
2003	5,102,000	—	—	—	3.50	22.00
Note: Mintage of 5,101,000 includes both KM 186 and 495 examples.						
2003 W Prooflike	—	—	—	—	—	7.50
2003	62,507		PF65 12.00			
2004	10,894,000	—	—	—	2.50	22.00
2004	—		PF65 12.00			
2005	44,375,000	—	—	—	3.00	22.00
2005	—		PF65 10.00			
2006	49,111,000	—	—	—	3.00	—
2006	—		PF65 7.50			
2006 (ml)	49,111,000	—	—	—	2.25	13.00
2006 (ml)	—		PF65 7.50			
2007 (ml)	38,045,000	—	—	—	2.25	22.00
2007 (ml)	—		PF65 7.50			
2008 (ml)	29,561,000	—	—	—	2.25	22.00
2008 (ml)	—		PF65 7.50			
2009 (ml)	39,601,000	—	—	—	2.25	22.00
2009 (ml)	—		PF65 7.50			
2010 (ml)	—	—	—	—	2.25	22.00
2010 (ml)	—		PF65 7.50			
2011 (ml)	—	—	—	—	2.25	22.00
2011 (ml)	—		PF65 7.50			
2012 (ml)	—	—	—	—	2.25	22.00
2012 (ml)	—		PF65 10.00			

KM# 480a Gold, **Subject:** 50th Anniversary of Coronation **Obv. Designer:** Mary Gillick **Rev:** Voyageur **Note:** Sold on the internet.

Date	Mintage	VF20	XF40	MS60	MS63	MS65
1953-2003	1		PF65 60,000			

KM# 507 7.00 g., Aureate-Bronze Plated Nickel, 26.5mm. **Obv:** Bare head right, date below **Obv. Designer:** Susanna Blunt **Rev:** Loon **Edge:** Plain **Shape:** 11-sided

Date	Mintage	VF20	XF40	MS60	MS63	MS65
2004	25,105		PF65 40.00			

KM# 511 25.18 g., 0.9999 Silver, 0.8093 oz. ASW 36mm. **Obv:** Elizabeth II **Rev:** Poppy on maple leaf **Edge:** Reeded

Date	Mintage	VF20	XF40	MS60	MS63	MS65
2004	24,527	PF65 50.00				

KM# 512 25.18 g., 0.9999 Silver, 0.8093 oz. ASW 36mm. **Subject:** First French Settlement in America **Obv:** Crowned head right **Rev:** Sailing ship **Edge:** Reeded

Date	Mintage	VF20	XF40	MS60	MS63	MS65
2004	42,582	—	—	—	—	20.00
2004 Fleur-dis-lis privy mark	8,315	—	—	—	—	60.00
2004	106,974	PF65 30.00				

KM# 513 7.00 g., Aureate-Bronze Plated Nickel, 26.5mm. **Subject:** Olympics **Obv:** Bare head right **Rev:** Maple leaf, Olympic flame and rings above loon **Edge:** Plain **Shape:** 11-sided

Date	Mintage	VF20	XF40	MS60	MS63	MS65
2004	6,526,000	—	—	—	3.50	22.00

KM# 513a 9.31 g., 0.925 Silver, 0.2769 oz. ASW 26.5mm. **Subject:** Olympics **Obv:** Bare head right **Rev:** Multicolor maple leaf, Olympic flame and rings above loon **Edge:** Plain **Shape:** 11-sided

Date	Mintage	VF20	XF40	MS60	MS63	MS65
2004	19,994	PF65 50.00				

KM# 549 25.18 g., 0.925 Silver, 0.7487 oz. ASW 36.07mm. **Subject:** 40th Anniversary of National Flag **Obv:** Head right **Obv. Designer:** Susanna Blunt **Rev. Designer:** William Woodruff

Date	Mintage	VF20	XF40	MS60	MS63	MS65
2005	50,948	—	—	—	—	22.00
2005	95,431	PF65 35.00				

KM# 549a 25.18 g., 0.925 Silver partially gilt, 0.7487 oz. ASW 36.07mm. **Subject:** 40th Anniversary of National Flag **Obv:** Head right **Rev:** Flag partially gilt, fireworks, parliament tower

Date	Mintage	VF20	XF40	MS60	MS63	MS65
2005	62,562	—	—	—	—	65.00

KM# 549b 25.18 g., 0.925 Silver, 0.7488 oz. ASW 36.07mm. **Subject:** 40th Anniversary National Flag **Rev:** National flag, colorized

Date	Mintage	VF20	XF40	MS60	MS63	MS65
2005	4,898	PF65 225				

KM# 552 7.00 g., Aureate-Bronze Plated Nickel, 26.5mm. **Obv:** Head right **Rev:** Terry Fox walking left

Date	Mintage	VF20	XF40	MS60	MS63	MS65
2005	1,290,900	—	—	—	2.50	22.00

KM# 553 7.00 g., Aureate-Bronze Plated Nickel, **Subject:** Tuffed Puffin **Obv:** Head right **Obv. Designer:** Susanna Blunt

Date	Mintage	VF20	XF40	MS60	MS63	MS65
2005 PL	39,818	—	—	—	—	30.00

KM# 581 9.31 g., 0.925 Silver, 0.2769 oz. ASW **Subject:** Lullabies Loonie **Obv:** Head right **Obv.**

Designer: Susanna Blunt **Rev:** Loon and moon, teddy bear in stars **Edge:** 11-sided **Shape:** 26.5

Date	Mintage	VF20	XF40	MS60	MS63	MS65
2006	18,103	—	—	—	—	35.00

KM# 582 7.00 g., Aureate-Bronze Plated Nickel, 26.5mm. **Subject:** Snowy owl **Obv:** Head right **Obv. Designer:** Susanna Blunt **Rev:** Snowy owl with year above

Date	Mintage	VF20	XF40	MS60	MS63	MS65
2006 Specimen	39,935	PF65 30.00				

KM# 583 25.18 g., 0.925 Silver, 0.7487 oz. ASW 36mm. **Obv:** Head right **Rev:** Victoria Cross

Date	Mintage	VF20	XF40	MS60	MS63	MS65
2006	27,254	—	—	—	—	25.00
2006	53,822	PF65 40.00				

KM# 583a 25.18 g., 0.925 Silver partially gilt, 0.7487 oz. ASW 36mm. **Obv:** Head right **Rev:** Victoria Cross gilt

Date	Mintage	VF20	XF40	MS60	MS63	MS65
2006	53,822	PF65 65.00				

KM# 630 7.00 g., Aureate Bronze, 26.5mm. **Obv:** Bust right **Rev:** Loon splashing in water

Date	Mintage	VF20	XF40	MS60	MS63	MS65
2006	—	—	—	—	2.25	22.00

KM# 630a 9.31 g., 0.925 Silver, 0.2769 oz. ASW 26.5mm. **Subject:** Olympic Games **Obv:** Crowned head right **Rev:** Loon in flight, color olympic logo above **Shape:** 11-sided

Date	Mintage	VF20	XF40	MS60	MS63	MS65
2006	19,956	—	—	—	30.00	—

KM# 654 7.00 g., 0.925 Silver, 0.2082 oz. ASW 26.5mm. **Obv:** Head right **Rev:** Snowflake, colorized **Shape:** 11-sided **Note:** Sold in a CD package.

Date	Mintage	VF20	XF40	MS60	MS63	MS65
2006 (ml)	34,014	—	—	—	35.00	—

KM# 655 7.00 g., 0.925 Silver, 0.2082 oz. ASW 26.5mm. **Subject:** Baby Rattle **Obv:** Head right **Rev:** Baby rattle **Shape:** 11-sided

Date	Mintage	VF20	XF40	MS60	MS63	MS65
2006	3,207	—	—	—	20.00	—

KM# 655a 7.00 g., 0.925 Silver, 0.2082 oz. ASW 26.5mm. **Obv:** Bust right **Rev:** Baby Rattle, partially gilt **Shape:** 11-sided

Date	Mintage	VF20	XF40	MS60	MS63	MS65
2006	1,911	—	—	—	15.00	—

KM# 656 28.18 g., 0.925 Silver, 0.8379 oz. ASW **Subject:** Medal of Bravery **Obv:** Head right

Date	Mintage	VF20	XF40	MS60	MS63	MS65
2006	8,343	PF65 50.00				

KM# 656a 28.18 g., 0.925 Silver with multicolor enamel, 0.8379 oz. ASW **Subject:** Medal of Bravery **Obv:** Head right **Rev:** Maple leaf within wreath. Colorized.

Date	Mintage	VF20	XF40	MS60	MS63	MS65
2006	4,999	PF65 125				

KM# 1287 7.00 g., Aureate Bronze, 26.5mm. **Rev:** Goose in flight

Date	Mintage	VF20	XF40	MS60	MS63	MS65
2006	—	PF65 20.00				

KM# 653 25.18 g., 0.925 Silver, 0.7487 oz. ASW 36.07mm. **Subject:** Thayendanegea **Obv:** Head right **Rev:** Bust 3/4 facing right

Date	Mintage	VF20	XF40	MS60	MS63	MS65
2007	16,378	—	—	—	—	23.00
2007	—	PF65 40.00				

KM# 653a 25.18 g., 0.925 Silver partially gilt, 0.7487 oz. ASW 36.07mm. **Subject:** Thayendanega **Rev:** Bust 3/4 right, partially gold plated

Date	Mintage	VF20	XF40	MS60	MS63	MS65
2007	60,000	PF65 60.00				

KM# 688 7.00 g., Aureate-Bronze Plated Nickel, 26.5mm. **Obv:** Head right **Rev:** Trumpeter Swan

Date	Mintage	VF20	XF40	MS60	MS63	MS65
2007 (ml)	40,000	—	—	—	—	30.00

KM# 700 7.00 g., 0.925 Silver, 0.2082 oz. ASW 26.5mm. **Rev:** Alphabet Letter Blocks **Shape:** 11-sided

Date	Mintage	VF20	XF40	MS60	MS63	MS65
2007	3,207	PF65 25.00				

KM# 719 25.18 g., 0.925 Silver, 0.7488 oz. ASW 36.07mm. **Subject:** Celebration of the Arts **Rev:** Book, TV set, musical instruments, film montage **Rev. Designer:** Friedrich Peter **Edge:** Reeded

Date	Mintage	VF20	XF40	MS60	MS63	MS65
2007	6,466	PF65 55.00				

KM# 720 25.18 g., 0.925 Silver, 0.7488 oz. ASW 36.07mm. **Obv:** Bust right **Rev:** Thayendanega multicolor

Date	Mintage	VF20	XF40	MS60	MS63	MS65
2007	4,760	PF65 120				

KM# A727 7.00 g., Aureate-Bronze Plated Nickel, 26.5mm. **Subject:** Vancouver Olympic Games **Rev:** Loon splashing in water, Olympics logo at right

Date	Mintage	VF20	XF40	MS60	MS63	MS65
2007 (ml)	19,973	—	—	—	3.00	—

KM# 724 7.00 g., Nickel, 26.5mm. **Rev:** Ottawa Senators, multicolor logo in circle

Date	Mintage	VF20	XF40	MS60	MS63	MS65
2008	1,633	—	—	—	—	18.00

KM# 725 7.00 g., Aureate-Bronze Plated Nickel, 26.5mm. **Obv:** Bust right **Rev:** Toronto Maple Leafs, multicolor logo in circle

Date	Mintage	VF20	XF40	MS60	MS63	MS65
2008	—	—	—	—	—	18.00

DOLLAR

KM# 726 7.00 g., Aureate-Bronze Plated Nickel, 26.5mm. **Obv:** Bust left **Rev:** Vancouver Canucks, logo in center

Date	Mintage	VF20	XF40	MS60	MS63	MS65
2008	1,302	—	—	—	—	18.00

KM# 767 25.18 g., 0.925 Silver, 0.7488 oz. ASW 36.07mm. **Rev:** Poppy at center of large maple leaf

Date	Mintage	VF20	XF40	MS60	MS63	MS65
2008	—	PF65 100				

KM# 781 25.18 g., 0.925 Silver partially gilt, 0.7488 oz. ASW 36.07mm. **Subject:** Ottawa Mint Centennial 1908-2008 **Rev:** Maple leaf transforming into a common loon, gilt rim and 100 **Rev. Designer:** Jason Bowman

Date	Mintage	VF20	XF40	MS60	MS63	MS65
2008	15,000	PF65 100				

KM# 784 7.00 g., Aureate-Bronze Plated Nickel, 26.5mm. **Rev:** Common elder

Date	Mintage	VF20	XF40	MS60	MS63	MS65
2008 Specimen	21,227	—	—	—	—	40.00

KM# 785 25.18 g., 0.925 Silver, 0.7488 oz. ASW 36.07mm. **Subject:** Founding of Quebec 400th

Anniversary **Rev:** Samuel de Champlain, ship and town view **Rev. Designer:** Susanne Duranceau

Date	Mintage	VF20	XF40	MS60	MS63	MS65
2008	35,000	—	—	—	—	25.00
2008	65,000	PF65 40.00				

KM# 785a 25.18 g., 0.925 Silver partially gilt., 0.7488 oz. ASW 36.07mm. **Subject:** Founding of Quebec 400th Anniversary **Rev:** Samuel de Champlain selectively gold plated, ship, town view **Rev. Designer:** Susanne Duranceau

Date	Mintage	VF20	XF40	MS60	MS63	MS65
2008	38,630	PF65 65.00				

KM# 787 7.00 g., Aureate-Bronze Plated Nickel, 26.5mm. **Subject:** Lucky Loonie **Rev:** Loon splashing and Olympic logo at right **Rev. Designer:** Steve Hepurn

Date	Mintage	VF20	XF40	MS60	MS63	MS65
2008	—	—	—	—	20.00	—

KM# 787a 9.31 g., 0.925 Silver, 0.2769 oz. ASW 26.5mm. **Rev:** Loon splashing with Olympic logo and maple leaf in color at right **Rev. Designer:** Steve Hepurn **Shape:** 11-sided

Date	Mintage	VF20	XF40	MS60	MS63	MS65
2008	52,987	PF65 35.00				

KM# 791 6.50 g., Nickel, 26.5mm. **Rev:** Edmonton Oilers

Date	Mintage	VF20	XF40	MS60	MS63	MS65
2008	—	—	—	—	25.00	—

KM# 792 6.50 g., Nickel, 26.5mm. **Rev:** Montreal Canadiens

Date	Mintage	VF20	XF40	MS60	MS63	MS65
2008	—	—	—	—	25.00	—

KM# 793 6.50 g., Nickel, 26.5mm. **Rev:** Ottawa Senators

Date	Mintage	VF20	XF40	MS60	MS63	MS65
2008	—	—	—	—	25.00	—

KM# 794 6.50 g., Nickel, 26.5mm. **Rev:** Toronto Maple Leafs

Date	Mintage	VF20	XF40	MS60	MS63	MS65
2008	—	—	—	—	25.00	—

KM# 795 6.50 g., Nickel, 26.5mm. **Rev:** Vancouver Canucks

Date	Mintage	VF20	XF40	MS60	MS63	MS65
2008	—	—	—	—	25.00	—

KM# 851 33.65 g., Nickel, 26.5mm. **Rev:** Calgary Flames Road Jersey

Date	Mintage	VF20	XF40	MS60	MS63	MS65
2009	382	—	—	—	25.00	—

KM# 852 33.65 g., Nickel, 26.5mm. **Rev:** Edmonton Oilers Road Jersey

Date	Mintage	VF20	XF40	MS60	MS63	MS65
2009	472	—	—	—	25.00	—

KM# 853 33.65 g., Nickel, 26.5mm. **Rev:** Montreal Canadiens Road Jersey

Date	Mintage	VF20	XF40	MS60	MS63	MS65
2009	4,857	—	—	—	25.00	—

KM# 854 33.65 g., Nickel, 26.5mm. **Rev:** Ottawa Senators Road Jersey

Date	Mintage	VF20	XF40	MS60	MS63	MS65
2009	387	—	—	—	25.00	—

KM# 855 33.65 g., Nickel, 26.5mm. **Rev:** Toronto Maple Leafs Road Jersey

Date	Mintage	VF20	XF40	MS60	MS63	MS65
2009	1,328	—	—	—	25.00	—

KM# 856 33.65 g., Nickel, 26.5mm. **Rev:** Vancouver Canucks Road Jersey

Date	Mintage	VF20	XF40	MS60	MS63	MS65
2009	794	—	—	—	25.00	—

KM# 864 7.00 g., Aureate-Bronze Plated Nickel, 26.5mm. **Subject:** Montreal Canadiens, 100th

Anniversary **Obv:** Bust right **Rev:** Montreal Canadiens logo and large 100 **Shape:** 11-sided

Date	Mintage	VF20	XF40	MS60	MS63	MS65
2009	—	—	—	—	2.25	22.00

KM# 865 25.17 g., 0.925 Silver, 0.7485 oz. ASW 36.07mm. **Subject:** Montreal Canadiens 100th Anniversary **Obv:** Bust right **Obv. Designer:** Susanna Blunt **Rev:** Montreal Canadiens logo partially gilt

Date	Mintage	VF20	XF40	MS60	MS63	MS65
2009 Proof in black case	15,000				PF65 75.00	
2009 Proof in acrillic stand	5,000				PF65 150	

KM# 889 25.18 g., 0.925 Silver, 0.7488 oz. ASW 36.07mm. **Subject:** 100th Anniversary of flight in Canada **Obv:** Bust right **Obv. Designer:** Susanna Blunt **Rev:** Silhouette with arms spread, 3 planes, plane cutout **Obv. Legend:** Elizabeth II DG Regina **Rev. Designer:** Jason Bouwman **Rev. Legend:** Canada Dollar 1909-2009

Date	Mintage	VF20	XF40	MS60	MS63	MS65
2009	13,074	—	—	—	—	30.00
2009	52,549				PF65 45.00	

KM# 889a 25.18 g., 0.925 Silver partially gilt, 0.7488 oz. ASW 36.07mm. **Obv:** Bust right **Rev:** Boy silouette with arms spread, 3 planes, plane shadow partially gilt

Date	Mintage	VF20	XF40	MS60	MS63	MS65
2009 (ml)	27,549				PF65 65.00	

KM# 914 7.00 g., Aureate-Bronze Plated Nickel, 26.5mm. **Obv:** Bust right **Obv. Designer:** Susanna Blunt **Rev:** Blue heron in flight

Date	Mintage	VF20	XF40	MS60	MS63	MS65
2009 Specimen	21,677	—	—	—	—	40.00

KM# 883 7.00 g., Aureate-Bronze Plated Nickel, 26.5mm. **Subject:** Lucky Loonie **Obv:** Bust right **Rev:** Canadian Olympic logo **Obv. Legend:** Elizabeth II DG Regina **Rev. Legend:** Canada Dollar

Date	Mintage	VF20	XF40	MS60	MS63	MS65
2010	12,000	—	—	—	2.50	22.00

KM# 883a 9.31 g., 0.925 Silver, 0.2769 oz. ASW 26.5mm. **Subject:** Lucky Loonie **Obv:** Bust right **Rev:** Canadian Olympic logo in color **Obv. Legend:** Elizabeth II DG Regina **Rev. Legend:** Vancouver 2010 Canada Dollar **Shape:** 11-sided

Date	Mintage	VF20	XF40	MS60	MS63	MS65
2010	40,000				PF65 55.00	

KM# 975 0.925 Silver, 36mm. **Rev:** Sun mask **Rev. Designer:** Xwa lack Tun

Date	Mintage	VF20	XF40	MS60	MS63	MS65
2010	1,278				PF65 200	

DOLLAR

KM# 995 25.17 g., 0.925 Silver, 0.7485 oz. ASW 36.07mm. **Rev:** HMCS Sackville **Rev. Designer:** Yves Berube

Date	Mintage	VF20	XF40	MS60	MS63	MS65
2010	—	PF65 45.00				

KM# 995a 25.17 g., 0.925 Silver partially gilt, 0.7485 oz. ASW 36.07mm. **Subject:** Navy Centennial **Rev:** HMCS Sackville, sea waves in gilt

Date	Mintage	VF20	XF40	MS60	MS63	MS65
2010	—	PF65 70.00				

KM# 996 7.00 g., Aureate-Bronze Plated Nickel, 26.5mm. **Rev:** Northern Harrier Hawk

Date	Mintage	VF20	XF40	MS60	MS63	MS65
2010	35,000	—	—	—	—	30.00
Prooflike						
2010 (ml)	—	PF65 50.00				

KM# 1017 7.00 g., Aureate-Bronze Plated Nickel, 26.5mm. **Rev:** Male and female sailors saluting, HMCS Halifax and anchor above

Date	Mintage	VF20	XF40	MS60	MS63	MS65
2010	—	—	—	—	5.00	—

KM# 1017a 7.00 g., Aureate Bronze gilt, 26.5mm. **Rev:** Male and female sailors saluting, HMCS Halifax in background and anchor above

Date	Mintage	VF20	XF40	MS60	MS63	MS65
2010	—	PF65 50.00				

KM# 1027 25.18 g., 0.925 Silver, 0.7488 oz. ASW 36.07mm. **Obv:** George V bust left **Rev:** Voyaguers, dual dates below

Date	Mintage	VF20	XF40	MS60	MS63	MS65
2010	7,500	PF65 70.00				

KM# 1046 Aureate-Bronze Plated Nickel, 26.5mm. **Subject:** Roughriders **Rev:** S logo **Shape:** 11-sided

Date	Mintage	VF20	XF40	MS60	MS63	MS65
2010 (ml)	—	—	—	—	2.25	22.00

KM# 1050 25.18 g., 0.925 Silver, 0.7488 oz. ASW 36.07mm. **Rev:** Red poppy in large field of poppies **Edge:** Reeded

Date	Mintage	VF20	XF40	MS60	MS63	MS65
2010	5,000	PF65 150				

DOLLAR

KM# 1086 7.00 g., Aureate-Bronze Plated Nickel, 26.5mm. **Rev:** Great Grey Owl **Rev. Designer:** Arnold Nagy

Date	Mintage	VF20	XF40	MS60	MS63	MS65
2011 Prooflike	35,000	—	—	—	—	27.00

KM# 1087 25.18 g., 0.925 Silver, 0.7488 oz. ASW 36.07mm. **Subject:** Parks Canada, 100th Anniversary **Rev:** Female head looking downward into hands holding nature scene **Rev. Designer:** Luc Normandin

Date	Mintage	VF20	XF40	MS60	MS63	MS65
2011	—	PF65 50.00				
2011	25,000	—	—	—	—	45.00

KM# 1087a 25.18 g., 0.925 Silver partially gilt, 0.7488 oz. ASW 36.07mm. **Subject:** Parks Canada, 100th Anniversary **Rev:** Female head looking downward to hands holding nature scene, partially gilt **Rev. Designer:** Luc Normandin

Date	Mintage	VF20	XF40	MS60	MS63	MS65
2011	45,000	PF65 75.00				

KM# 1112 25.17 g., 0.925 Silver, 0.7485 oz. ASW 36.07mm. **Obv:** Crowned bust left of George V **Obv. Designer:** E. B. MacKennal **Rev:** Value and date within maple wreath **Rev. Designer:** W.H.J. Blakemore

Date	Mintage	VF20	XF40	MS60	MS63	MS65
2011	Est. 15000	PF65 50.00				

KM# 1166 7.00 g., Aureate-Bronze Plated Nickel, 26.5mm. **Subject:** Canada Parks **Obv:** Bust right **Rev:** Stylized animals

Date	Mintage	VF20	XF40	MS60	MS63	MS65
2011	—	—	—	—	2.50	22.00

KM# 1216 9.31 g., 0.925 Silver, 0.2769 oz. ASW 26.5mm. **Obv:** Bust right, SP/PA below **Rev:** Loon, 1987-2012 below **Shape:** 11-sided

Date	Mintage	VF20	XF40	MS60	MS63	MS65
2012 Specimen	—	PF65 30.00				

KM# 1222 7.00 g., Aureate-Bronze Plated Nickel, 26.5mm. **Obv:** Bust right **Rev:** Loon and two young, 1987-2012 dates

Date	Mintage	VF20	XF40	MS60	MS63	MS65
2012 Specimen	—	PF65 40.00				

KM# 1225 25.18 g., 0.925 Silver, 0.7488 oz. ASW 36.07mm. **Subject:** War of 1812, 200th Anniversary **Obv:** Bust right **Rev:** Two soldiers and guide on patrol

Date	Mintage	VF20	XF40	MS60	MS63	MS65
2012	—	PF65 50.00				
2012	—	—	—	—	50.00	—

KM# 1225a 25.18 g., 0.925 Silver partially gilt, 0.7488 oz. ASW 36.07mm. **Subject:** War of 1812, 200th Anniversary **Obv:** Bust right, gilt rim **Rev:** Two soldiers and guide, partially gilt

Date	Mintage	VF20	XF40	MS60	MS63	MS65
2012	—	PF65 65.00				

KM# 1244 23.17 g., 0.999 Silver, 0.7442 oz. ASW 36.07mm. **Subject:** Calgary Stampede

Date	Mintage	VF20	XF40	MS60	MS63	MS65
2012	10,000	PF65 55.00				

KM# 1254 7.89 g., 0.999 Silver, 0.2534 oz. ASW 26.5mm. **Subject:** Loonie, 25th Anniversary **Rev:** Two loons and large 25 **Shape:** 11-sided

Date	Mintage	VF20	XF40	MS60	MS63	MS65
1987-2012	15,000	PF65 35.00				

KM# 1255 6.27 g., Brass Plated Steel, 26.5mm. **Rev:** Loon with security feature above **Shape:** 11-sided

Date	Mintage	VF20	XF40	MS60	MS63	MS65
2012	—	—	—	—	2.25	22.00
2012	—	PF65 10.00				
2013	—	—	—	—	5.00	—

Date	Mintage	VF20	XF40	MS60	MS63	MS65
2013	—	PF65 7.50				
2014	—	—	—	—	5.00	—
2014	—	PF65 7.50				
2015	—	—	—	—	5.00	—
2015	—	PF65 7.50				

KM# 1256 6.27 g., Brass Plated Steel, 26.5mm. **Subject:** Lucky Loonie **Rev:** Loon and Olympic logo **Shape:** 11-sided

Date	Mintage	VF20	XF40	MS60	MS63	MS65
2012	—	—	—	—	2.50	22.00
2014	—	—	—	—	10.00	—

KM# 1256a 12.16 g., 0.999 Silver, 0.3906 oz. ASW 26.5mm. **Subject:** Lucky loonie **Rev:** Loon and olympic logo in color **Rev. Designer:** Emily S. Damstra **Shape:** 11-sided

Date	Mintage	VF20	XF40	MS60	MS63	MS65
2012	20,000	PF65 35.00				
2014	—	PF63 30.00	PF65 35.00			

KM# 1274 31.39 g., 0.999 Silver, 1.0082 oz. ASW 38mm. **Subject:** Artistic Loonie **Rev:** Four Loons in color

Date	Mintage	VF20	XF40	MS60	MS63	MS65
2012	10,000	PF65 125				

KM# 1294 6.27 g., Brass Plated Steel, 26.5mm. **Subject:** Grey Cup, 100th Anniversary **Obv:** Bust right **Shape:** 11-sided

Date	Mintage	VF20	XF40	MS60	MS63	MS65
2012	—	—	—	—	2.50	22.00

DOLLAR

KM# 1295 25.18 g., 0.925 Silver, 0.7488 oz. ASW 36.07mm. **Subject:** Grey Cup, 100th Anniversary

Date	Mintage	VF20	XF40	MS60	MS63	MS65
2012	—	PF65 65.00				

KM# 1360 7.00 g., Bronze Plated Nickel, 26.5mm. **Rev:** Blue wing teal standing on log **Rev. Designer:** Glen Loates

Date	Mintage	VF20	XF40	MS60	MS63	MS65
2013	50,000	PF65 40.00				

KM# 1387 23.17 g., 0.999 Silver, 0.7442 oz. ASW 36.07mm. **Subject:** Arctic Exploration - 100th Anniversary **Rev:** Three explorers and dog sled team, Company Rose in background **Rev. Designer:** Bonnie Ross

Date	Mintage	VF20	XF40	MS60	MS63	MS65
2013	Est. 40000	PF65 50.00				
2013	20,000	—	—	—	—	50.00

KM# 1387a 23.17 g., 0.999 Silver, 0.7442 oz. ASW 36.07mm. **Subject:** Arctic Exploration - 100th Anniversary **Rev:** Map of North Pole, Arctic Explorers, Selectively Gilt **Rev. Designer:** Bonnie Ross

Date	Mintage	VF20	XF40	MS60	MS63	MS65
2013	—	PF65 125				

KM# 1388 23.17 g., 0.999 Silver, 0.7442 oz. ASW 36.07mm. **Subject:** End of 7 Years War - 250th Anniversary **Rev:** Soldiers and Settlers **Rev. Designer:** Tony Bianco

Date	Mintage	VF20	XF40	MS60	MS63	MS65
2013	Est. 10000	PF65 60.00				

KM# 1394 25.11 g., 0.925 Silver, 0.7467 oz. ASW 36.07mm. **Obv:** Elizabeth II, Mary Gillick portrait

Date	Mintage	VF20	XF40	MS60	MS63	MS65
2013	—	PF65 65.00				

KM# 1464 23.17 g., 0.925 Silver, 0.6891 oz. ASW 36mm. **Subject:** Korean War Armistance, 60th Anniversary **Rev:** Hercules slaying Hydra **Designer:** Edward Carter Preston **Note:** Based on the design of the Korean Service Medal

Date	Mintage	VF20	XF40	MS60	MS63	MS65
2013	10,000	PF65 60.00				

KM# 1586.1 25.18 g., 0.925 Silver, 0.7488 oz. ASW 36.07mm. **Subject:** WWI **Obv:** Bust right **Rev:** Soldier and woman kissing, soldiers boarding train

Date	Mintage	VF20	XF40	MS60	MS63	MS65
2014	—	—	—	—	50.00	—
2014		PF65 65.00				

KM# 1586.2 25.18 g., 0.925 Silver partially gilt, 0.7488 oz. ASW 36.07mm. **Ruler:** Elizabeth II **Subject:** WWI, 100th Anniversary **Obv:** Bust right **Rev:** Soldier and woman kissing, soldiers boarding train, partially gilt **Mint:** Royal Canadian Mint

Date	Mintage	F12	VF20	XF40	MS60	MS63
2014	—	PF65 85.00				

KM# A1587 7.89 g., 0.9999 Silver, 0.2536 oz. ASW 26.5mm. **Subject:** Lucky Loon **Obv:** Bust right **Rev:** Loon, Olympic logo at left, nature background

Date	Mintage	VF20	XF40	MS60	MS63	MS65
2014 Proof, reverse	15,000	PF63 35.00				

KM# 1587 7.00 g., Aluminum-Bronze, 26.5mm. **Subject:** Lucky Loon **Obv:** Bust right **Rev:** Loon, Olympic logo at left

Date	Mintage	VF20	XF40	MS60	MS63	MS65
2014	—	—	—	—	5.00	—

KM# 1588 7.00 g., Aluminum-Bronze, 26.5mm. **Subject:** Baby loon **Obv:** Bust right **Rev:** Stork in flight left with baby bundle

Date	Mintage	VF20	XF40	MS60	MS63	MS65
2014	—	—	—	—	5.00	—

KM# 1589 7.00 g., Aluminum-Bronze, 26.5mm. **Subject:** Birthday Loon **Obv:** Bust right **Rev:** Party hats, decorations, presents

Date	Mintage	VF20	XF40	MS60	MS63	MS65
2014	—	—	—	—	5.00	—

KM# 1591 7.00 g., Aluminum-Bronze, **Subject:** Oh Canada Loonie **Obv:** Bust right **Rev:** Maple leaf

Date	Mintage	VF20	XF40	MS60	MS63	MS65
2014	—	—	—	—	5.00	—

KM# 1627 6.27 g., Brass Plated Nickel, 26.5mm. **Subject:** Wedding **Obv:** Bust right **Rev:** Two birds

Date	Mintage	VF20	XF40	MS60	MS63	MS65
2014	—	—	—	—	20.00	—

KM# 1628 6.27 g., Bronze Plated Nickel, 26.5mm. **Obv:** Bust right **Rev:** Ferruginous Hawk in flight right **Rev. Designer:** Trevor Tennant

Date	Mintage	VF20	XF40	MS60	MS63	MS65
2014 Specimen	50,000	—	—	—	50.00	—

KM# 1702 7.00 g., Brass Plated Steel, **Obv:** Bust right **Rev:** Two reindeer and Christmas tree

Date	Mintage	VF20	XF40	MS60	MS63	MS65
2014	—	—	—	—	20.00	—

KM# 1724 23.17 g., 0.999 Silver, 0.7442 oz. ASW 36.07mm. **Subject:** World War II **Obv:** Bust right **Rev:** 3 females working on plane interior

Date	Mintage	VF20	XF40	MS60	MS63	MS65
2014	7,500	PF65 75.00				

KM# 1725 23.17 g., 0.999 Silver, 0.7442 oz. ASW 36.07mm. **Obv:** Bust right **Rev:** WWI troops at station saying farewells

Date	Mintage	VF20	XF40	MS60	MS63	MS65
2014 Reverse Proof	—			PF65 85.00		

KM# 1726 23.17 g., 0.999 Silver partially gilt, 0.7442 oz. ASW 36.07mm. **Ruler:** Elizabeth II **Obv:** Bust right **Rev:** Troops at train station saying farewell, gilt highlights **Mint:** Royal Canadian Mint

Date	Mintage	F12	VF20	XF40	MS60	MS63
2014	—			PF65 100		

KM# A1839 23.17 g., 0.9999 Silver, 0.7449 oz. ASW 36.07mm. **Obv:** Bust right **Rev:** Family beneath billowing flag

Date	Mintage	VF20	XF40	MS60	MS63	MS65
2015	—		PF65 75.00			

KM# 1839.1 23.17 g., 0.9999 Silver, 0.7449 oz. ASW 36mm. **Obv:** Bust right **Rev:** Flag above backpacker

Date	Mintage	VF20	XF40	MS60	MS63	MS65
2015	20,000		PF65 75.00			

KM# 1839.2 23.17 g., 0.9999 Silver, 0.7449 oz. ASW 36mm. **Obv:** Bust right **Rev:** Color flag above backpacker

Date	Mintage	VF20	XF40	MS60	MS63	MS65
2015	20,000		PF65 75.00			

KM# 1840 7.00 g., Aluminum-Bronze, 26.5mm. **Obv:** Bust right **Rev:** Bluejay

Date	Mintage	VF20	XF40	MS60	MS63	MS65
2015	—	—	—	—	—	50.00

KM# 1847 7.00 g., Aureate Bronze, 26.5mm. **Obv:** Bust right **Rev:** Two swans

Date	Mintage	VF20	XF40	MS60	MS63	MS65
2015	—	—	—	—	—	15.00

KM# 1848 7.00 g., Aureate Bronze, 26.5mm. **Obv:** Bust right **Rev:** Three balloons

Date	Mintage	VF20	XF40	MS60	MS63	MS65
2015	—	—	—	—	—	15.00

KM# 1849 7.00 g., Aureate Bronze, 26.5mm. **Obv:** Bust right **Rev:** Fluttering Maple leaf

Date	Mintage	VF20	XF40	MS60	MS63	MS65
2015	—	—	—	—	—	15.00

KM# 1850 7.00 g., Aureate Bronze, 26.5mm. **Obv:** Bust right **Rev:** Bear doll

Date	Mintage	VF20	XF40	MS60	MS63	MS65
2015	—	—	—	—	—	15.00

KM# 1853 23.17 g., 0.999 Silver, 0.7442 oz. ASW 36.07mm. **Subject:** 100th Anniversary - In Flander Field **Obv:** Crowned bust left of King George V **Rev:** Soldiers at gravesite, 1915-2015, red poppy forms backdrop **Obv. Legend:** GEORGIVS V DEI GRA: REX ET IND:IMP:

Date	Mintage	VF20	XF40	MS60	MS63	MS65
2015	10,000		PF65 75.00			

KM# 1955 26.50 g., Brass Plated Steel, 6.27mm. **Obv:** Bust right **Rev:** Snowflakes

Date	Mintage	VF20	XF40	MS60	MS63	MS65
2015	—	—	—	—	20.00	

KM# 1956 62.67 g., 0.9999 Silver selective gold plating, 2.0147 oz. ASW 54mm. **Subject:** Silver Dollar Series: Voyageur **Obv:** Bust right **Rev:** Canoe with European and First Nations men

Date	Mintage	VF20	XF40	MS60	MS63	MS65
2015	2,200		PF67 600			

KM# 2076 157.60 g., 0.9999 Silver, 5.0664 oz. ASW 65.25mm. **Subject:** Big Coin Series **Obv:** Bust right **Rev:** Common loon right, date and denomination below, selective color

Date	Mintage	VF20	XF40	MS60	MS63	MS65
2016	1,500		PF67 475			

KM# 2083 6.27 g., Brass Plated Steel, 26.5mm. **Subject:** Wedding/Love **Obv:** Bust right **Rev:** Pair of bells, background hearts

Date	Mintage	VF20	XF40	MS60	MS63	MS65
2016	—	—	—	—	6.00	8.00

KM# 2084 6.27 g., Brass Plated Steel, 26.5mm. **Subject:** Birthday **Obv:** Bust right **Rev:** Party hat, cupcake, wrapped gift

Date	Mintage	VF20	XF40	MS60	MS63	MS65
2016	—	—	—	—	6.00	8.00

KM# 2085 6.27 g., Brass Plated Steel, 26.5mm. **Subject:** Baby **Obv:** Bust right **Rev:** Trio of ABC blocks

Date	Mintage	VF20	XF40	MS60	MS63	MS65
2016	—	—	—	—	6.00	8.00

KM# 2086 6.27 g., Brass Plated Steel, 26.5mm. **Subject:** O Canada **Obv:** Bust right **Rev:** Maple leaf trio

Date	Mintage	VF20	XF40	MS60	MS63	MS65
2016	—	—	—	—	6.00	8.00

KM# 2087 6.27 g., Brass Plated Steel, 26.5mm. **Subject:** Christmas **Obv:** Bust right **Rev:** Holly leaves/berries, pine cone

Date	Mintage	VF20	XF40	MS60	MS63	MS65
2016	—	—	—	—	6.00	8.00

KM# 2088 6.27 g., Brass Plated Steel, 26.5mm. **Subject:** Tundra swan **Obv:** Bust right **Rev:** Tundra swan in flight right, date and denomination below

Date	Mintage	VF20	XF40	MS60	MS63	MS65
2016 Specimen Proof	—	—	—	—	6.00	8.00

KM# 2089 6.27 g., Brass Plated Steel, 26.5mm. **Subject:** Lucky Loonie **Obv:** Bust right **Rev:** Loon poised for takeoff, maple leaf, Olympic/Paralympic logos below

Date	Mintage	VF20	XF40	MS60	MS63	MS65
2016	—	—	—	—	6.00	8.00

KM# 2089a 7.89 g., 0.9999 Silver, 0.2536 oz. ASW 26.5mm. **Subject:** Lucky Loonie **Obv:** Bust right **Rev:** Loon poised for takeoff, maple leaf, Olympic/Paralympic logos below

Date	Mintage	VF20	XF40	MS60	MS63	MS65
2016	15,000	PF65 30.00	PF67 35.00			

KM# 2098 23.17 g., 0.9999 Silver, 0.7449 oz. ASW 36.07mm. **Subject:** Celebrating Canadian Athletes **Obv:** Bust right **Rev:** Olympic/Paralympic partcipants at Rio 2016 Games

Date	Mintage	VF20	XF40	MS60	MS63	MS65
2016	10,000	PF65 65.00	PF67 75.00			

KM# 2099 62.69 g., 0.9999 Silver Selective gold plating, 2.0153 oz. ASW 50mm. **Obv:** Bust right **Rev:** Library of Parliament

Date	Mintage	VF20	XF40	MS60	MS63	MS65
2016	2,500	PF67 220				

KM# 2100 23.17 g., 0.9999 Silver, 0.7449 oz. ASW 36.07mm. **Subject:** 150th Anniversary of Transatlantic Cable **Obv:** Bust right **Rev:** Starboard view of S.S. Great Eastern, map element beneath

Date	Mintage	VF20	XF40	MS60	MS63	MS65
2016	20,000	PF65 55.00	PF67 65.00			

KM# 2100.1 23.17 g., 0.9999 Silver Selective gold plating, 0.7449 oz. ASW 36.07mm. **Subject:** 150th Anniversary of Transatlantic Cable **Obv:** Bust right **Rev:** Starboard view of S.S. Great Eastern, map element beneath

Date	Mintage	VF20	XF40	MS60	MS63	MS65
2016	—	PF67 95.00				

KM# 2101 23.17 g., 0.9999 Silver, 0.7449 oz. ASW 36.07mm. **Subject:** 150th Anniversary of Transatlantic Cable **Obv:** Bust right **Rev:** Starboard view of S.S. Great Eastern in color, local residents on beach, officers on rocks

Date	Mintage	VF20	XF40	MS60	MS63	MS65
2016	—	PF65 50.00	PF67 60.00			

KM# 2102 6.27 g., Brass Plated Steel, 26.5mm. **Subject:** 100th Anniversary of Women's Right to Vote **Obv:** Bust right **Rev:** Woman with daughter at left casting ballot

Date	Mintage	VF20	XF40	MS60	MS63	MS65
2016	—	—	—	—	6.00	8.00

DOLLAR (LOUIS)

KM# 652 1.50 g., 0.999 Gold, 0.0482 oz. AGW 14.1mm. **Subject:** Gold Louis **Obv:** Bust right **Obv. Designer:** Susanna Blunt **Rev:** Crowned double L monogram within wreath

Date	Mintage	VF20	XF40	MS60	MS63	MS65
2006	5,648	PF65 90.00				

KM# 756 1.56 g., 0.999 Gold, 0.0499 oz. AGW 14.1mm. **Obv:** Bust right **Obv. Designer:** Susanna Blunt **Rev:** Crown above two oval shields

Date	Mintage	VF20	XF40	MS60	MS63	MS65
2007	4,023	PF65 110				

KM# 834 1.56 g., 0.999 Gold, 0.0499 oz. AGW 14.1mm. **Obv:** Bust right **Obv. Designer:** Susanna Blunt **Rev:** Crowned double L monogram, three lis around

Date	Mintage	VF20	XF40	MS60	MS63	MS65
2008	3,793	PF65 100				

2 DOLLARS

KM# 270 7.30 g., Bi-Metallic Aluminum-Bronze center in Nickel ring, 28mm. **Obv:** Crowned head right within circle, date below **Obv. Designer:** Dora dePedery-Hunt **Rev:** Polar bear right within circle, denomination below **Rev. Designer:** Brent Townsend **Edge:** Segmented reeding

Date	Mintage	VF20	XF40	MS60	MS63	MS65
1996	375,483,000	—	—	2.50	5.00	45.00
1996		PF65 10.00				
1997	16,942,000	—	—	—	3.50	90.00
1998 PL	4,926,000	—	—	—	—	7.00
1998 W PL	Inc. above	—	—	—	—	7.00
1999 PL	25,130,000	—	—	—	—	7.00
2000 PL	29,847,000	—	—	—	—	5.00
2000 W PL	Inc. above	—	—	—	—	5.00
2001	27,008,000	—	—	2.50	5.00	30.00
2001	74,944	PF65 12.50				
2002	11,910,000	—	—	2.50	5.00	30.00
2002	65,315	PF65 12.50				
2003	7,123,697	—	—	2.50	5.00	35.00
2003	62,007	PF65 12.50				

KM# 270a 11.32 g., Bi-Metallic .916 Gold 6.2679g center in .999 Silver 5.0958g ring, 28mm. **Obv:** Crowned head right within circle, date below **Rev:** Polar bear right within circle, denomination below

Date	Mintage	VF20	XF40	MS60	MS63	MS65
1996	—	PF65 375				

KM# 270b 25.00 g., 0.925 Bi-Metallic Gold plated silver center on Silver planchet, 0.7435 oz. 28mm. **Obv:** Crowned head right within circle, date below **Rev:** Polar bear right within circle, denomination below **Edge:** 4.5mm thick

Date	Mintage	VF20	XF40	MS60	MS63	MS65
1996	10,000	PF65 55.00				
1998 Proof	—	—	—	—	—	—

KM# 270c 8.83 g., 0.925 Silver gold plated center, 0.2626 oz. ASW 28mm. **Obv:** Crowned head right within circle, date below **Rev:** Polar bear right within circle, denomination below **Note:** 1.9mm thick.

Date	Mintage	VF20	XF40	MS60	MS63	MS65
1996	10,000	PF65 12.00				
1997	—	PF65 10.00				
1998 O	—	PF65 12.00				
1999	—	PF65 12.00				
2000	—	PF65 12.00				
2001	—	PF65 12.00				

KM# 357 7.30 g., Bi-Metallic Aluminum-Bronze center in Nickel ring, 28mm. **Subject:** Nunavut **Obv:** Crowned head right **Rev:** Inuit person with drum, denomination below **Rev. Designer:** G. Arnaktavyok **Edge:** Segmented reeding

Date	Mintage	VF20	XF40	MS60	MS63	MS65
1999	—			2.50	4.00	30.00

KM# 357a 8.52 g., 0.925 Silver gold plated center, 0.2534 oz. ASW 28mm. **Subject:** Nunavut **Obv:** Crowned head right **Rev:** Drum dancer **Edge:** Interrupted reeding

Date	Mintage	VF20	XF40	MS60	MS63	MS65
1999	39,873	PF65 15.00				

KM# 357b Gold Yellow gold center in White Gold ring, **Subject:** Nunavut **Obv:** Crowned head right **Rev:** Drum dancer

Date	Mintage	VF20	XF40	MS60	MS63	MS65
1999	4,298	PF65 400				

KM# 399 7.30 g., Bi-Metallic Aluminum-Bronze center in Nickel ring, 28mm. **Subject:** Knowledge **Obv:** Crowned head right within circle, denomination below **Rev:** Polar bear and 2 cubs right within circle, date above **Rev. Designer:** Tony Bianco **Edge:** Segmented reeding

Date	Mintage	VF20	XF40	MS60	MS63	MS65
2000 Specimen	1,500	—	—	2.50	5.00	30.00

KM# 399a 8.52 g., 0.925 Silver gold plated center., 0.2534 oz. ASW **Subject:** Knowledge **Obv:** Crowned head right within circle, denomination below **Rev:** Polar bear and 2 cubs within circle, date above

Date	Mintage	VF20	XF40	MS60	MS63	MS65
2000	39,768	PF65 15.00				

KM# 399b 6.31 g., 0.916 Gold Yellow gold center in White Gold ring, 0.1858 oz. AGW **Subject:** Knowledge **Obv:** Crowned head right within circle, denomination below **Rev:** Polar bear and two cubs right within circle, date above

Date	Mintage	VF20	XF40	MS60	MS63	MS65
2000	5,881	PF65 350				

KM# 449 7.30 g., Bi-Metallic Aluminum-Bronze center in Nickel ring, 28mm. **Subject:** Elizabeth II Golden Jubilee **Obv:** Crowned head right, jubilee commemorative dates below **Edge:** Segmented reeding

Date	Mintage	VF20	XF40	MS60	MS63	MS65
1952-2002	27,020,000	—	—	2.50	4.00	30.00

KM# 449a 8.83 g., 0.925 Silver gold plated center, 0.2626 oz. ASW 28mm. **Subject:** Elizabeth II Golden Jubilee **Obv:** Crowned head right, jubilee commemorative dates below

Date	Mintage	VF20	XF40	MS60	MS63	MS65
1952-2002	100,000	PF65 14.00				

KM# 270d 8.83 g., 0.925 Silver gold plated center, 0.2626 oz. ASW **Subject:** 100th Anniversary of the Cobalt Silver Strike **Obv:** Crowned head right, within circle, date below **Rev:** Polar bear, right, within circle, denomination below

Date	Mintage	VF20	XF40	MS60	MS63	MS65
2003	100,000	PF65 25.00				

KM# 496 7.30 g., Bi-Metallic Aluminum-Bronze center in Nickel ring, 28mm. **Obv:** Head right **Obv. Designer:** Susanna Blunt **Rev:** Polar bear advancing right **Rev. Designer:** Brent Townsend **Edge:** Segmented reeding

Date	Mintage	VF20	XF40	MS60	MS63	MS65
2003	11,244,000	—	—	2.50	5.00	45.00
2003 W PL	71,142	—	—	—	—	5.00
2004	12,908,000	—	—	2.50	5.00	30.00
2004	—	PF65 12.50				
2005	38,317,000	—	—	2.50	5.00	30.00
2005	—	PF65 12.50				
2006 (ml)	35,319,000	—	—	2.50	5.00	30.00
2006 (ml)	—	PF65 12.50				
2007 (ml)	38,957,000	—	—	2.50	5.00	30.00
2007 (ml)	—	PF65 12.50				
2008 (ml)	18,400,000	—	—	2.50	5.00	30.00
2008 (ml)	—	PF65 12.50				
2009 (ml)	38,430,000	—	—	2.50	5.00	30.00
2009 (ml)	—	PF65 12.50				
2010 (ml)	—	—	—	2.50	5.00	30.00
2010 (ml)	—	PF65 12.50				
2011 (ml)	—	—	—	2.50	5.00	30.00
2011 (ml)	—	PF65 12.50				
2012 (ml)	—	—	—	4.50	9.00	45.00
2012 (ml)	—	PF65 12.50				

KM# 496a 10.84 g., 0.925 Bi-Metallic gold plated center, 0.3224 oz. 28mm. **Obv:** Head right **Obv. Designer:** Susanna Blunt **Rev:** Polar Bear **Edge:** Segmented reeding

Date	Mintage	VF20	XF40	MS60	MS63	MS65
2004	—	PF65 25.00				

KM# 835 8.80 g., 0.925 Silver, 0.2617 oz. ASW 27.95mm. **Rev:** Proud Polar Bear advancing right

Date	Mintage	VF20	XF40	MS60	MS63	MS65
2004	12,607	PF65 40.00				

KM# 631 7.30 g., Bi-Metallic Aluminum-Bronze center in Nickel ring, 28mm. **Subject:** 10th Anniversary of $2 coin **Obv:** Crowned head right **Edge:** Segmented reeding

Date	Mintage	VF20	XF40	MS60	MS63	MS65
2006 (ml)	5,005,000	—	—	2.50	5.00	30.00
2006 (ml)	—	PF65 40.00				

KM# 631a Bi-Metallic 24 Kt Gold center in 22 Kt Gold ring, **Subject:** 10th Anniversary of $2 coin **Obv:** Crowned head right **Rev:** Polar bear

Date	Mintage	VF20	XF40	MS60	MS63	MS65
2006	2,068	PF65 400				

KM# 836 7.30 g., Bi-Metallic Aluminum-Bronze center in Nickel ring, 28mm. **Subject:** $2 coin, 10th Anniversary **Rev:** "Churchill" Polar Bear, northern lights **Edge:** Segmented reeding

Date	Mintage	VF20	XF40	MS60	MS63	MS65
2006 (ml)	31,636	—	—	2.50	5.00	—

KM# 837 7.30 g., Bi-Metallic Aluminum-Bronze center in Nickel ring, **Obv:** Bust left, date at top **Rev:** Polar Bear advancing right

Date	Mintage	VF20	XF40	MS60	MS63	MS65
2006 (ml)	—	—	—	—	7.50	—
2007 (ml)	38,957,000	—	—	—	7.50	—

KM# 796 8.83 g., 0.925 Silver gilt, 0.2626 oz. ASW 28.07mm. **Rev:** Bear, gold plated center

Date	Mintage	VF20	XF40	MS60	MS63	MS65
2008	—	—	—	—	25.00	—

KM# 1040 7.30 g., Bi-Metallic Aluminum-Bronze center in Nickel ring, 28mm. **Subject:** Quebec 400th Anniversary **Rev:** Lis and small sailing ship **Edge:** Segmented reeding

Date	Mintage	VF20	XF40	MS60	MS63	MS65
2008	—	—	—	2.50	5.00	30.00

KM# 1020 7.30 g., Bi-Metallic Aluminum-Bronze center in Nickel ring, 28mm. **Rev:** Two lynx cubs **Rev. Designer:** Christie Paquet **Edge:** Segmented reeding

Date	Mintage	VF20	XF40	MS60	MS63	MS65
2010 Specimen	15,000	PF65 40.00				

KM# 1088 7.30 g., Bi-Metallic Aluminum-Bronze center in Nickel ring, 28mm. **Rev:** Elk Calf **Rev. Designer:** Christine Paquet **Edge:** Segmented reeding

Date	Mintage	VF20	XF40	MS60	MS63	MS65
2011 PL	—	—	—	—	—	40.00

KM# 1167 7.30 g., Bi-Metallic Aluminum-Bronze center in Nickel ring, 28mm. **Subject:** Canada Parks **Obv:** Bust right **Rev:** Stylized trees

Date	Mintage	VF20	XF40	MS60	MS63	MS65
2011	—	—	—	—	3.50	30.00

KM# 1257 6.92 g., Bi-Metallic Brass Plated Aluminum-Bronze center in Nickel Plated Steel ring, 28mm. **Rev:** Polar bear with security device above **Edge:** Lettered and segmented reeding

Date	Mintage	VF20	XF40	MS60	MS63	MS65
2012	—	—	—	—	3.50	30.00
2012	—		PF65 10.00			
2013	—	—	—	2.50	5.00	30.00
2013	—		PF65 10.00			
2014	—	—	—	—	7.50	—
2014	—		PF65 10.00			
2015	—	—	—	—	7.50	—
2015	—		PF65 10.00			

KM# 1258 6.92 g., Bi-Metallic Brass Plated Aluminum-Bronze center in Nickel Plated Steel ring, 28mm. **Subject:** H.M.S. Shannon **Obv. Designer:** Susana Blunt **Rev. Designer:** Christie Paquet **Edge:** Lettered and segmented reeding

Date	Mintage	VF20	XF40	MS60	MS63	MS65
2012	—	—	—	—	3.50	30.00

KM# 1263 7.30 g., Bi-Metallic Aluminum-Bronze center in Nickel Plated Steel ring, 28mm. **Rev:** Wolf cubs

Date	Mintage	VF20	XF40	MS60	MS63	MS65
2012 PL	—	—	—	—	—	40.00

KM# 1463 7.30 g., Bi-Metallic Aluminum-Bronze center in Nickel ring, 28mm. **Rev:** Two black bear cubs playing **Rev. Designer:** Glen Lontes

Date	Mintage	VF20	XF40	MS60	MS63	MS65
2013	17,500	PF65 50.00				

KM# 1638 6.92 g., Bi-Metallic, 28mm. **Ruler:** Elizabeth II **Obv:** Bust right **Rev:** Two baby rabbits **Mint:** Royal Canadian Mint

Date	Mintage	F12	VF20	XF40	MS60	MS63
2014	—	—	—	—	—	7.50

KM# 1711 7.30 g., Bi-Metallic Brass Plated Aluminum-Bronze center in Nickel Plated Steel ring, 28mm. **Obv:** Bust right **Rev:** WWII photo of child running after dad leaving for war

Date	Mintage	VF20	XF40	MS60	MS63	MS65
2014	—	—	—	—	10.00	—

KM# 1854 6.99 g., Bi-Metallic Aluminum-Bronze center in Nickel ring, 28mm. **Subject:** In Flanders Field **Obv:** Bust right, denomination below **Rev:** Seated soldier writing

Date	Mintage	VF20	XF40	MS60	MS63	MS65
2015	5,000,000	PF65 50.00				

KM# 1855 6.99 g., Bi-Metallic Aluminum-Bronze center in Nickel ring, 28mm. **Subject:** 200th Anniversary - Birth of John A. McDonald **Obv:** Bust right, denomination below **Rev:** Bust 3/4 facing, anniversary dates separated by maple leaves

Date	Mintage	VF20	XF40	MS60	MS63	MS65
2015	5,000,000	—	—	—	10.00	—

KM# 1881.1 31.10 g., 0.9999 Silver, 0.9999 oz. ASW 36.07mm. **Obv:** Bust right, denomination below **Rev:** Grey Wolf howling

Date	Mintage	VF20	XF40	MS60	MS63	MS65
2015	—	—	—	—	—	25.00

KM# 1881.2 31.10 g., 0.9999 Silver, 0.9999 oz. ASW 36.07mm. **Obv:** Bust right, denomination below **Rev:** Grey Wolf howling in color

Date	Mintage	VF20	XF40	MS60	MS63	MS65
2015	—	—	—	—	—	30.00

KM# 1957 7.30 g., Bi-Metallic Brass Plated Aluminum-Bronze center in Nickel Plated Steel ring, 28.03mm. **Obv:** Bust right **Rev:** Raccoon cub pair climbing tree

Date	Mintage	VF20	XF40	MS60	MS63	MS65
2015 Specimen Proof	—	PF65 50.00				

KM# 1958 157.60 g., 0.9999 Silver Selective gold plating, 5.0664 oz. ASW 65.25mm. **Subject:** Big Coin Series **Obv:** Bust right **Rev:** Polar bear advancing right

Date	Mintage	VF20	XF40	MS60	MS63	MS65
2015	1,500	PF67 450				

KM# 1915 31.10 g., 0.9999 Silver, 0.9999 oz. ASW 36.07mm. **Obv:** Bust right, denomination below **Rev:** Two wolves howling at moon

Date	Mintage	VF20	XF40	MS60	MS63	MS65
2016	—	—	—	—	—	25.00

KM# 2077 157.60 g., 0.9999 Silver, 5.0664 oz. ASW 65.25mm. **Subject:** Big Coin Series **Obv:** Bust right **Rev:** Polar bear advancing right, selective color

Date	Mintage	VF20	XF40	MS60	MS63	MS65
2016	1,500	PF67 375				

KM# 2103 6.99 g., Bi-Metallic Aluminum-Bronze center in Nickel ring, 28mm. **Subject:** 75th Anniversary - Battle of the Atlantic **Obv:** Bust right, denomination below **Rev:** Sailor aboard warship scanning skies with anti-aircraft gun

Date	Mintage	VF20	XF40	MS60	MS63	MS65
2016	—	—	—	—	6.00	8.00

KM# 2104 31.16 g., 0.9995 Platinum With gold-plated inner core, 1.0013 oz. APW 30mm. **Subject:** 20th Anniversary of $2 coin **Obv:** Bust right **Rev:** Polar bear advancing right

Date	Mintage	VF20	XF40	MS60	MS63	MS65
2016 Proof, reverse	—	—	—	—	—	—

KM# 2105 31.16 g., 0.9999 Gold, 1.0017 oz. AGW 30mm. **Subject:** 20th Anniversary of $2 coin **Obv:** Bust right **Rev:** Magnified view of polar bear advancing right

Date	Mintage	VF20	XF40	MS60	MS63	MS65
2016 Proof	—	—	—	—	—	—

KM# 2106 31.16 g., 0.9999 Platinum, 1.0017 oz. APW 30mm. **Subject:** 20th Anniversary of $2 coin **Obv:** Bust right **Rev:** Parliament buildings from $2 bank note, scrollwork/frame

Date	Mintage	VF20	XF40	MS60	MS63	MS65
2016 Proof, reverse	—	—	—	—	—	—

KM# 2107 31.16 g., 0.9999 Gold, 1.0017 oz. AGW 30mm. **Subject:** 20th Anniversary of $2 coin **Obv:** Bust right **Rev:** Two robins from $2 bank note, scrollwork/frame

Date	Mintage	VF20	XF40	MS60	MS63	MS65
2016 Proof	—	—	—	—	—	—

3 DOLLARS

KM# 657 11.72 g., 0.925 Silver gilt, 0.3485 oz. ASW 27x27mm. **Rev:** Beaver within wreath **Shape:** Square

Date	Mintage	VF20	XF40	MS60	MS63	MS65
2006	19,963	PF65 225				

KM# 978 7.96 g., Silver Partially Gilt, 27mm. **Rev:** Return of the Tyee (giant salmon)

Date	Mintage	VF20	XF40	MS60	MS63	MS65
2010	15,000	PF63 35.00	PF65 45.00			

KM# 1011 11.60 g., 0.925 Silver gilt, 0.345 oz. ASW 27x27mm. **Rev:** Barn Owl **Rev. Designer:** Jason Bouwman **Shape:** Square

Date	Mintage	VF20	XF40	MS60	MS63	MS65
2010	15,000	PF63 50.00	PF65 60.00			

KM# 1051 11.60 g., 0.925 Silver gilt, 0.345 oz. ASW 27x27mm. **Subject:** Wildlife conservation **Rev:** Stylized polar bear and northern lights **Shape:** square

Date	Mintage	VF20	XF40	MS60	MS63	MS65
2010	15,000	PF63 50.00	PF65 60.00			

KM# 1089 11.60 g., 0.925 Silver gilt, 0.345 oz. ASW 27x27mm. **Rev:** Orca Whale **Rev. Designer:** Jason Bouwman **Shape:** Square

Date	Mintage	VF20	XF40	MS60	MS63	MS65
2011	15,000		PF63 50.00		PF65 60.00	

KM# 1090 7.96 g., 0.999 Silver with red and yellow partial gilding, 0.2557 oz. ASW 27mm. **Obv:** Bust right **Rev:** Eskimo mother kneeling, child on back, partially gilt **Rev. Designer:** Andrew Oappik

Date	Mintage	VF20	XF40	MS60	MS63	MS65
2011	10,000		PF63 50.00		PF65 60.00	

KM# 1117 7.96 g., 0.9999 Silver, 0.2559 oz. ASW 27mm. **Subject:** January birthstone, Garnet **Obv:** Bust left **Rev:** Birthstone at cener of artistic sunburst **Edge:** Reeded

Date	Mintage	VF20	XF40	MS60	MS63	MS65
2011	—		PF63 35.00		PF65 40.00	

KM# 1118 7.96 g., 0.9999 Silver, 0.2559 oz. ASW 27mm. **Subject:** February birthstone, Amethyst **Obv:** Bust right **Rev:** Birthstone at center of artistic sunburst **Edge:** Reeded

Date	Mintage	VF20	XF40	MS60	MS63	MS65
2011	—		PF63 35.00		PF65 40.00	

KM# 1119 7.96 g., 0.9999 Silver, 0.2559 oz. ASW 27mm. **Subject:** March birthstone, Aquamarine **Obv:** Bust right **Rev:** Birthstone at center of artistic sunburst **Edge:** Reeded

Date	Mintage	VF20	XF40	MS60	MS63	MS65
2011	—		PF63 35.00		PF65 40.00	

KM# 1120 7.96 g., 0.9999 Silver, 0.2559 oz. ASW 27mm. **Subject:** April birthstone, diamond **Obv:** Bust right **Rev:** Birthstone at center of artistic sunburst **Edge:** Reeded

Date	Mintage	VF20	XF40	MS60	MS63	MS65
2011	—		PF63 35.00		PF65 40.00	

KM# 1121 7.96 g., 0.9999 Silver, 0.2559 oz. ASW 27mm. **Subject:** May birthstone **Obv:** Bust right **Rev:** Birthstone at center of artistic sunburst **Edge:** Reeded

Date	Mintage	VF20	XF40	MS60	MS63	MS65
2011	—		PF63 35.00		PF65 40.00	

KM# 1122 7.96 g., 0.9999 Silver, 0.2559 oz. ASW 27mm. **Subject:** June birthstone, Alexandrite **Obv:** Bust right **Rev:** Birthstone at center of artistic sunburst

Date	Mintage	VF20	XF40	MS60	MS63	MS65
2011	—		PF63 35.00		PF65 40.00	

KM# 1123 7.96 g., 0.9999 Silver, 0.2559 oz. ASW 27mm. **Subject:** July birthstone, Ruby **Obv:** Bust right **Rev:** Birthstone at center of artistic sunburst

Date	Mintage	VF20	XF40	MS60	MS63	MS65
2011	—		PF63 35.00		PF65 40.00	

KM# 1124 7.96 g., 0.9999 Silver, 0.2559 oz. ASW 27mm. **Subject:** August birthstone, Peridot **Obv:** Bust right **Rev:** Birthstone at center of artistic sunburst

Date	Mintage	VF20	XF40	MS60	MS63	MS65
2011	—	PF63 35.00	PF65 40.00			

KM# 1125 7.96 g., 0.9999 Silver, 0.2559 oz. ASW 27mm. **Subject:** September birthstone **Obv:** Bust right **Rev:** Birthstone at center of artistic sunburst **Edge:** Reeded

Date	Mintage	VF20	XF40	MS60	MS63	MS65
2011	—	PF63 35.00	PF65 40.00			

KM# 1126 7.96 g., 0.9999 Silver, 0.2559 oz. ASW 27mm. **Subject:** October birthstone **Obv:** Bust right **Rev:** Birthstone at center of artistic sunburst

Date	Mintage	VF20	XF40	MS60	MS63	MS65
2011	—	PF63 35.00	PF65 40.00			

KM# 1127 7.96 g., 0.9999 Silver, 0.2559 oz. ASW 27mm. **Subject:** November birthstone **Obv:** Bust right **Rev:** Birthstone at center of artistic sunburst

Date	Mintage	VF20	XF40	MS60	MS63	MS65
2011	—	PF63 35.00	PF65 40.00			

KM# 1128 7.96 g., 0.9999 Silver, 0.2559 oz. ASW 27mm. **Subject:** December birthstone **Obv:** Bust right **Rev:** Birthstone at center of artistic sunburst

Date	Mintage	VF20	XF40	MS60	MS63	MS65
2011	—	PF63 35.00	PF65 40.00			

KM# 1151 11.80 g., 0.925 Silver gold plated, 0.3509 oz. ASW 27x27mm. **Obv:** Bust right **Rev:** Black footed ferret

Date	Mintage	VF20	XF40	MS60	MS63	MS65
2011	Est. 15000	PF63 50.00	PF65 60.00			

KM# 1300 7.96 g., 0.9999 Silver, 0.2559 oz. ASW 27mm. **Subject:** January birthstone, Garnet **Obv:** Bust right **Obv. Designer:** Susana Blunt **Rev:** Birthstone at center of wreath **Rev. Designer:** Maurice Gervias

Date	Mintage	VF20	XF40	MS60	MS63	MS65
2013	—	PF65 45.00				

KM# 1301 7.96 g., 0.999 Silver, 0.2557 oz. ASW 27mm. **Subject:** February birthstone, Amethyst **Obv:** Bust right **Obv. Designer:** Susana Blunt **Rev:** Birthstone at center of wreath **Rev. Designer:** Maurice Gervais

Date	Mintage	VF20	XF40	MS60	MS63	MS65
2013	—	PF65 60.00				

KM# 1302 7.96 g., 0.999 Silver, 0.2557 oz. ASW 27mm. **Subject:** March birthstone, Aquamarine **Obv:** Bust right **Obv. Designer:** Susana Blunt **Rev:** Birthstone at center of wreath **Rev. Designer:** Maurice Gervais

Date	Mintage	VF20	XF40	MS60	MS63	MS65
2013	—	PF65 45.00				

KM# 1303 7.96 g., 0.999 Silver, 0.2557 oz. ASW 27mm. **Subject:** April birthstone, Diamond **Obv:** Bust right **Obv. Designer:** Susana Blunt **Rev:** Birthstone at center of wreath **Rev. Designer:** Maurice Gervais

Date	Mintage	VF20	XF40	MS60	MS63	MS65
2013	—	PF65 45.00				

3 DOLLARS

KM# 1304 7.96 g., 0.999 Silver, 0.2557 oz. ASW 27mm. **Subject:** May birthstone **Obv:** Bust right **Obv. Designer:** Susana Blunt **Rev:** Birthstone at center of wreath **Rev. Designer:** Maurice Gervais

Date	Mintage	VF20	XF40	MS60	MS63	MS65
2013	—	PF65 45.00				

KM# 1305 7.96 g., 0.999 Silver, 0.2557 oz. ASW 27mm. **Subject:** June birthstone, Alexandrite **Obv:** Bust right **Obv. Designer:** Susana Blunt **Rev:** Birthstone at center of wreath **Rev. Designer:** Maurice Gervais

Date	Mintage	VF20	XF40	MS60	MS63	MS65
2013	—	PF65 45.00				

KM# 1306 7.96 g., 0.999 Silver, 0.2557 oz. ASW 27mm. **Subject:** July birthstone - Ruby **Obv:** Bust right **Obv. Designer:** Susana Blunt **Rev:** Birthstone at center of wreath **Rev. Designer:** Maurice Gervais

Date	Mintage	VF20	XF40	MS60	MS63	MS65
2013	—	PF65 45.00				

KM# 1307 7.96 g., 0.999 Silver, 0.2557 oz. ASW 27mm. **Subject:** August birthstone - Peridot **Obv:** Bust right **Obv. Designer:** Susana Blunt **Rev:** Birthstone at center of wreath **Rev. Designer:** Maurice Gervais

Date	Mintage	VF20	XF40	MS60	MS63	MS65
2013	—	PF65 45.00				

KM# 1308 7.96 g., 0.999 Silver, 0.2557 oz. ASW 27mm. **Subject:** September birthstone **Obv:** Bust right **Obv. Designer:** Susana Blunt **Rev:** Birthstone at center of wreath **Rev. Designer:** Maruice Gervais

Date	Mintage	VF20	XF40	MS60	MS63	MS65
2013	—	PF65 45.00				

KM# 1309 7.96 g., 0.999 Silver, 0.2557 oz. ASW 27mm. **Subject:** October birthstone **Obv:** Bust right **Obv. Designer:** Susana Blunt **Rev:** Birthstone at center of wreath **Rev. Designer:** Maurice Gervais

Date	Mintage	VF20	XF40	MS60	MS63	MS65
2013	—	PF65 45.00				

KM# 1310 7.96 g., 0.999 Silver, 0.2557 oz. ASW 27mm. **Subject:** November birthstone **Obv:** Bust right **Obv. Designer:** Susana Blunt **Rev:** Birthstone at center of wreath **Rev. Designer:** Maurice Gervais

Date	Mintage	VF20	XF40	MS60	MS63	MS65
2013	—	PF65 45.00				

KM# 1311 7.96 g., 0.999 Silver, 0.2557 oz. ASW 27mm. **Subject:** December birthstone **Obv:** Bust right **Obv. Designer:** Susana Blunt **Rev:** Birthstone at center of wreath **Rev. Designer:** Maurice Gervais

Date	Mintage	VF20	XF40	MS60	MS63	MS65
2013	—	PF65 45.00				

KM# 1352 7.96 g., 0.9999 Silver, 0.2559 oz. ASW 27mm. **Rev:** Hummingbirds around crystal **Rev. Designer:** Yves Bérubé

Date	Mintage	VF20	XF40	MS60	MS63	MS65
2013	20,000	PF63 60.00		PF65 65.00		

KM# 1367 7.96 g., 0.9999 Silver, 0.2559 oz. ASW 27mm. **Subject:** Animal Architects: Bee **Rev:** Bee and Hive in color **Rev. Designer:** Yves Berube

Date	Mintage	VF20	XF40	MS60	MS63	MS65
2013	Est. 10000	PF63 55.00		PF65 65.00		

KM# 1451 7.96 g., 0.9999 Silver, 0.2559 oz. ASW 27mm. **Rev:** Large maple leaf and many small maple leaves **Rev. Designer:** Jose Osio

Date	Mintage	VF20	XF40	MS60	MS63	MS65
2013	10,000	PF63 45.00		PF65 55.00		

KM# 1481 19.20 g., 0.950 Copper, 0.5864 oz. 35.75mm. **Subject:** Banknote Allegory **Rev:** Female seated **Rev. Designer:** Laurie McGaw

Date	Mintage	VF20	XF40	MS60	MS63	MS65
2013	15,000	PF63 35.00		PF65 40.00		

KM# 1485 31.11 g., 0.999 Silver, 0.999 oz. ASW 38mm. **Rev:** Father and son seated, fishing from lake dock, dog at their side

Date	Mintage	VF20	XF40	MS60	MS63	MS65
2013	—	PF63 50.00		PF65 55.00		

KM# 1492 7.96 g., 0.9999 Silver, 0.2559 oz. ASW 27mm. **Rev:** Hummingbird and morning glory - crystal insert **Rev. Designer:** Yves Berube

Date	Mintage	VF20	XF40	MS60	MS63	MS65
2013	20,000	PF63 45.00		PF65 55.00		

KM# 1528 7.96 g., 0.999 Silver, 0.2557 oz. ASW 27mm. **Rev:** Spider on web **Rev. Designer:** Yves Berube

Date	Mintage	VF20	XF40	MS60	MS63	MS65
2013	10,000	PF63 55.00		PF65 65.00		

KM# 1537 7.96 g., 0.999 Silver, 0.2557 oz. ASW 27mm. **Rev:** Whale, realistic and Inuit designs **Rev. Designer:** Tim Pitsiulak

Date	Mintage	VF20	XF40	MS60	MS63	MS65
2013	10,000	PF63 30.00		PF65 35.00		
2013 Reverse Proof	—	PF65 35.00				

KM# 1617 7.96 g., 0.9999 Silver partially gilt with five crystal inserts, 0.2559 oz. ASW 27mm. **Subject:** Jewel of Life **Obv:** Bust right, denomination below **Rev:** Tree gilt with crystals **Rev. Designer:** Caroline Néron

Date	Mintage	VF20	XF40	MS60	MS63	MS65
2014	15,000	PF63 60.00		PF65 70.00		

KM# 1639 7.96 g., Silver, 27mm. **Ruler:** Elizabeth II **Obv:** Bust right **Rev:** Caterpillar in color with

Chrysalis in background **Rev. Designer:** Trevor Tennant **Mint:** Royal Canadian Mint

Date	Mintage	F12	VF20	XF40	MS60	MS63
2014	10,000	**PF63** 40.00	**PF65** 45.00			

KM# 1712 7.96 g., 0.9999 Silver, 0.2559 oz. ASW 27mm. **Obv:** Bust right **Rev:** WWII photo of child running after dad leaving for war

Date	Mintage	VF20	XF40	MS60	MS63	MS65
2014	15,000	**PF65** 80.00				

KM# B1839 7.96 g., 0.9999 Silver, 0.2559 oz. ASW 27mm. **Obv:** Bust right **Rev:** Canadian flag in color within country map

Date	Mintage	VF20	XF40	MS60	MS63	MS65
2015	15,000	**PF65** 24.00				

KM# 1856 7.96 g., 0.9999 Silver, 0.2559 oz. ASW 27mm. **Subject:** 400th Anniversary - Samuel de Champlain in Huronia **Obv:** Bust right **Rev:** Champlain standing, four scenes in background

Date	Mintage	VF20	XF40	MS60	MS63	MS65
2015	10,000	**PF65** 80.00				

KM# 1902 7.96 g., 0.9999 Silver, 0.2559 oz. ASW 27mm. **Subject:** In Flanders Field - Au champ d'honneur **Obv:** Bust King George V left **Rev:** Officer writing near gravesites and ambulance **Obv. Legend:** GEORGIVS V DEI GRA: REX ET IND: IMP:

Date	Mintage	VF20	XF40	MS60	MS63	MS65
2015	15,000	**PF65** 30.00				

KM# 2108 7.96 g., 0.9999 Silver Selective rose gold plating, 0.2559 oz. ASW 27mm. **Ruler:** Elizabeth II **Obv:** Bust right **Rev:** Two Queen Elizabeth roses **Mint:** Royal Canadian Mint

Date	Mintage	F12	VF20	XF40	MS60	MS63
2016	10,000	**PF65** 25.00	**PF67** 40.00			

4 DOLLARS

KM# 728 15.87 g., 0.925 Silver, 0.472 oz. ASW 34mm. **Subject:** Dinosaur fossil **Obv:** Bust right

Rev: Parasaurolophus, selective enameling

Date	Mintage	VF20	XF40	MS60	MS63	MS65
2007	14,946	**PF63** 110	**PF65** 120			

KM# 797 15.87 g., 0.999 Silver, 0.5097 oz. ASW 34mm. **Subject:** Dinosaur fossil **Obv:** Bust right **Rev:** Triceratops, enameled **Rev. Designer:** Kerri Burnett

Date	Mintage	VF20	XF40	MS60	MS63	MS65
2008	13,046	**PF63** 60.00	**PF65** 70.00			

KM# 890 15.87 g., 0.999 Silver, 0.5097 oz. ASW 34mm. **Subject:** Tyrannosaurus Rex **Obv:** Bust right **Obv. Designer:** Susanna Blunt **Rev:** T-Rex skeleton in selective aging **Obv. Legend:** Elizabeth II DG Regina **Rev. Designer:** Kerri Burnette **Rev. Legend:** Canada 4 Dollars

Date	Mintage	VF20	XF40	MS60	MS63	MS65
2009	13,572	**PF63** 45.00	**PF65** 55.00			

KM# 942 15.87 g., 0.999 Silver, 0.5097 oz. ASW 34mm. **Rev:** Kids hanging stocking on fireplace mantle, Christmas tree on right

Date	Mintage	VF20	XF40	MS60	MS63	MS65
2009	6,011	**PF63** 40.00	**PF65** 45.00			

KM# 1014 15.87 g., 0.999 Silver selectively plated, 0.5097 oz. ASW 34mm. **Rev:** Euoplocephalus **Rev. Designer:** Kerri Burnett

Date	Mintage	VF20	XF40	MS60	MS63	MS65
2010	Est. 13000	PF63 45.00		PF65 55.00		

KM# 1022 15.87 g., 0.999 Silver selective plating, 0.5097 oz. ASW 34mm. **Rev:** Dromaeosaurus

Date	Mintage	VF20	XF40	MS60	MS63	MS65
2010	8,982	PF63 70.00		PF65 80.00		

KM# 1129 15.87 g., 0.9999 Silver, 0.5102 oz. ASW 34mm. **Obv:** Bust right **Rev:** Baby's footprint **Edge:** Reeded

Date	Mintage	VF20	XF40	MS60	MS63	MS65
2011	Est. 10000	PF63 45.00		PF65 55.00		

KM# 1323 7.96 g., 0.999 Silver, 0.2557 oz. ASW 27mm. **Subject:** War of 1812 - Brock **Rev:** Portrait at right, red maple leaf **Rev. Designer:** Bonnie Ross

Date	Mintage	VF20	XF40	MS60	MS63	MS65
2012	10,000	PF63 40.00		PF65 45.00		

KM# 1325 7.96 g., 0.999 Silver, 0.2557 oz. ASW 27mm. **Subject:** War of 1812 - Tecumseh **Rev:** Portrait at right, red maple leaf **Rev. Designer:** Bonnie Ross

Date	Mintage	VF20	XF40	MS60	MS63	MS65
2012	10,000	PF63 40.00		PF65 45.00		

KM# 1356 7.96 g., 0.9999 Silver, 0.2559 oz. ASW 27mm. **Subject:** War of 1812 - Salaberry **Rev:** Bust at right, red maple leaf **Rev. Designer:** Bonnie Ross

Date	Mintage	VF20	XF40	MS60	MS63	MS65
2013	10,000	PF63 40.00		PF65 45.00		

KM# 1452 7.96 g., 0.999 Silver, 0.2557 oz. ASW 27mm. **Subject:** War of 1812 - Secord **Rev:** Bust at right, maple leaf in color

Date	Mintage	VF20	XF40	MS60	MS63	MS65
2013	Est. 10000	PF63 40.00		PF65 45.00		

SOVEREIGN

KM# 14 7.99 g., 0.917 Gold, 0.2355 oz. AGW **Rev:** St. George slaying dragon, mint mark below horse's rear hooves

Date	Mintage	VG8	F12	VF20	XF40	AU50	MS60	MS63	MS65
1908C	636	—	1,800	2,500	3,500	4,000	4,500	5,500	8,000
1909C	16,273	—	310	345	400	450	675	2,200	7,000
1910C	28,012	—	310	345	400	450	675	2,700	9,500

KM# 20 7.99 g., 0.917 Gold, 0.2355 oz. AGW **Rev:** St. George slaying dragon, mint mark below horse's rear hooves

Date	Mintage	VG8	F12	VF20	XF40	AU50	MS60	MS63	MS65
1911C Specimen	—	—	—	—	—	—	—	3,000	8,000
1911C	256,946	—	—	310	345	400	450	500	550
1913C	3,715	—	650	800	1,050	1,400	1,800	3,500	—
1914C	14,871	—	310	400	450	500	675	1,150	3,500
1916C About 20 known	—	—	16,000	17,000	18,000	22,000	24,000	40,000	100,000
Note: Stacks' A.G. Carter Jr. Sale 12-89 Gem BU realized $82,500									
1917C	58,845	—	—	310	345	390	435	650	2,000
1918C	106,514	—	—	310	345	390	435	1,000	—
1919C	135,889	—	—	310	345	390	435	800	—

5 DOLLARS

KM# 26 8.36 g., 0.900 Gold, 0.2419 oz. AGW **Obv:** Crowned bust left **Obv. Designer:** E. B. MacKennal **Rev:** Arms within wreath, date and denomination below **Rev. Designer:** W. H. J. Blakemore

Date	Mintage	VG8	F12	VF20	XF40	AU50	MS60	MS63	MS65
1912	165,680	—	—	320	355	400	450	650	2,200
1913	98,832	—	—	320	355	400	450	800	2,800
1914	31,122	—	—	320	450	600	900	3,000	15,000

KM# 84 24.30 g., 0.925 Silver, 0.7227 oz. ASW 38mm. **Subject:** 1976 Montreal Olympics **Obv:** Young bust right, small maple below, date at right **Rev:** Sailboat "Kingston", date at left, denomination below **Rev. Designer:** Georges Huel **Note:** Series I.

Date	Mintage	VF20	XF40	MS60	MS63	MS65
1973	—	—	—	—	16.50	19.50
1973	165,203	PF63 16.50		PF65 19.50		

KM# 85 24.30 g., 0.925 Silver, 0.7227 oz. ASW 38mm. **Subject:** 1976 Montreal Olympics **Obv:** Young bust right, small maple leaf below, date at right **Rev:** North American map, denominaton below **Rev. Designer:** Georges Huel **Note:** Series I.

Date	Mintage	VF20	XF40	MS60	MS63	MS65
1973	—	—	—	—	16.50	19.50
1973	165,203	PF63 16.50		PF65 19.50		

KM# 89 24.30 g., 0.925 Silver, 0.7227 oz. ASW 38mm. **Subject:** 1976 Montreal Olympics **Obv:** Young bust right, small maple leaf below, date at right **Rev:** Olympic rings, denomination below **Rev. Designer:** Anthony Mann **Note:** Series II.

Date	Mintage	VF20	XF40	MS60	MS63	MS65
1974	—	—	—	—	16.50	19.50
1974	—	**PF63** 16.50	**PF65** 19.50			

KM# 90 24.30 g., 0.925 Silver, 0.7227 oz. ASW 38mm. **Subject:** 1976 Montreal Olympics **Obv:** Young bust right, small maple leaf below, date at right **Rev:** Athlete with torch, denomination below **Rev. Designer:** Anthony Mann **Note:** Series II.

Date	Mintage	VF20	XF40	MS60	MS63	MS65
1974	—	—	—	—	16.50	19.50
1974	—	**PF63** 16.50	**PF65** 19.50			

KM# 91 24.30 g., 0.925 Silver, 0.7227 oz. ASW 38mm. **Subject:** 1976 Montreal Olympics **Obv:** Young bust right, small maple leaf below, date at right **Rev:** Rower, denomination below **Rev. Designer:** Ken Danby **Note:** Series III.

Date	Mintage	VF20	XF40	MS60	MS63	MS65
1974	—	—	—	—	16.50	19.50
1974	104,684	**PF63** 16.50	**PF65** 19.50			

KM# 92 24.30 g., 0.925 Silver, 0.7227 oz. ASW 38mm. **Subject:** 1976 Montreal Olympics **Obv:** Young bust right, small maple leaf below, date at right **Rev:** Canoeing, denomination below **Rev. Designer:** Ken Danby **Note:** Series III.

Date	Mintage	VF20	XF40	MS60	MS63	MS65
1974	—	—	—	—	16.50	19.50
1974	104,684	**PF63** 16.50	**PF65** 19.50			

KM# 98 24.30 g., 0.925 Silver, 0.7227 oz. ASW 38mm. **Subject:** 1976 Montreal Olympics **Obv:** Young bust right, small maple leaf below, date at right **Rev:** Marathon, denomination below **Rev. Designer:** Leo Yerxa **Note:** Series IV.

Date	Mintage	VF20	XF40	MS60	MS63	MS65
1975	—	—	—	—	16.50	19.50
1975	—	**PF63** 16.50	**PF65** 19.50			

KM# 99 24.30 g., 0.925 Silver, 0.7227 oz. ASW 38mm. **Subject:** Montreal 1976 - 21st Summer Olympic Games **Obv:** Young bust right, small maple leaf below, date at right **Rev:** Women's javelin event, denomination below **Rev. Designer:** Leo Yerxa **Note:** Series IV.

Date	Mintage	VF20	XF40	MS60	MS63	MS65
1975	—	—	—	—	16.50	19.50
1975	—	**PF63** 16.50	**PF65** 19.50			

5 DOLLARS

KM# 100 24.30 g., 0.925 Silver, 0.7227 oz. ASW 38mm. **Subject:** 1976 Montreal Olympics **Obv:** Young bust right, small maple leaf below, date at right **Rev:** Swimmer, denomination below **Rev. Designer:** Lynda Cooper **Note:** Series V.

Date	Mintage	VF20	XF40	MS60	MS63	MS65
1975	—	—	—	—	16.50	19.50
1975	—	**PF63** 16.50		**PF65** 19.50		

KM# 101 24.30 g., 0.925 Silver, 0.7227 oz. ASW 38mm. **Subject:** Montreal 1976 - 21st Summer Olympic Games **Obv:** Young bust right, small maple leaf below, date at right **Rev:** Platform Diver, denomination below **Rev. Designer:** Lynda Cooper **Note:** Series V.

Date	Mintage	VF20	XF40	MS60	MS63	MS65
1975	—	—	—	—	16.50	19.50
1975	—	**PF63** 16.50		**PF65** 19.50		

KM# 107 24.30 g., 0.925 Silver, 0.7227 oz. ASW 38mm. **Subject:** 1976 Montreal Olympics **Obv:** Young bust right, small maple leaf below, date at right **Rev:** Fencing, denomination below **Rev. Designer:** Shigeo Fukada **Note:** Series VI.

Date	Mintage	VF20	XF40	MS60	MS63	MS65
1976	—	—	—	—	16.50	19.50
1976	—	**PF63** 16.50		**PF65** 19.50		

KM# 108 24.30 g., 0.925 Silver, 0.7227 oz. ASW 38mm. **Subject:** 1976 Montreal Olympics **Obv:** Young bust right, small maple leaf below, date at right **Rev:** Boxers, denomination below **Obv. Legend:** Boxing **Rev. Designer:** Shigeo Fukada **Note:** Series VI.

Date	Mintage	VF20	XF40	MS60	MS63	MS65
1976	—	—	—	—	16.50	19.50
1976	82,302	**PF63** 16.50		**PF65** 19.50		

KM# 109 24.30 g., 0.925 Silver, 0.7227 oz. ASW 38mm. **Subject:** 1976 Montreal Olympics **Obv:** Young bust right, small maple leaf below, date at right **Rev:** Olympic village, denomination below **Rev. Designer:** Elliot John Morrison **Note:** Series VII.

Date	Mintage	VF20	XF40	MS60	MS63	MS65
1976	—	—	—	—	16.50	19.50
1976	—	**PF63** 16.50		**PF65** 19.50		

KM# 110 24.30 g., 0.925 Silver, 0.7227 oz. ASW 38mm. **Subject:** 1976 Montreal Olympics **Obv:** Young bust right, maple leaf below, date at right **Rev:** Olympic flame, denomination below **Rev. Designer:** Elliot John Morrison **Note:** Series VII.

Date	Mintage	VF20	XF40	MS60	MS63	MS65
1976	—	—	—	—	16.50	19.50
1976	—	**PF63** 16.50		**PF65** 19.50		

5 DOLLARS

KM# 316 31.39 g., 0.9999 Silver, 1.0091 oz. ASW **Subject:** Dr. Norman Bethune **Obv:** Young bust right **Rev:** Bethune and party, date at upper right **Rev. Designer:** Harvey Chan

Date	Mintage	VF20	XF40	MS60	MS63	MS65
1998	—	PF63 40.00	PF65 45.00			

KM# 398 Copper-Nickel-Zinc, **Obv:** Young bust right **Rev:** Viking ship under sail **Rev. Designer:** Donald Curley **Note:** Sold in sets with Norway 20 kroner, KM#465.

Date	Mintage	VF20	XF40	MS60	MS63	MS65
1999	28,450	PF63 18.50	PF65 22.50			

KM# 435 16.86 g., 0.925 Silver, 0.5014 oz. ASW 28.4mm. **Subject:** Guglielmo Marconi **Obv:** Crowned head right **Rev:** Gold-plated cameo portrait of Marconi **Rev. Designer:** Cosme Saffioti **Edge:** Reeded **Note:** Only issued in two coin set with British 2 pounds KM#1014a.

Date	Mintage	VF20	XF40	MS60	MS63	MS65
2001	15,011	PF63 22.00	PF65 30.00			

KM# 519 8.36 g., 0.900 Gold, 0.2419 oz. AGW 21.6mm. **Obv:** Crowned head right **Rev:** National arms **Edge:** Reeded

Date	Mintage	VF20	XF40	MS60	MS63	MS65
1912-2002	2,002	PF65 450				

KM# 603 31.11 g., 0.9999 Silver, 0.9999 oz. ASW **Obv:** Head right **Rev:** Loon splashing in the water, hologram

Date	Mintage	VF20	XF40	MS60	MS63	MS65
2002 Satin Proof	30,000	PF65 50.00				

KM# 518 31.12 g., 0.9999 Silver, 1.0004 oz. ASW 38mm. **Subject:** F.I.F.A. World Cup Soccer, Germany 2006 **Obv:** Crowned head right, denomination **Rev:** Goalie on knees **Edge:** Reeded

Date	Mintage	VF20	XF40	MS60	MS63	MS65
2003	21,542	PF63 35.00	PF65 40.00			

KM# 514 31.12 g., 0.9999 Silver, 1.0004 oz. ASW 38mm. **Obv:** Crowned head right **Rev:** Moose **Edge:** Reeded

Date	Mintage	VF20	XF40	MS60	MS63	MS65
2004	12,822	PF65 175				

KM# 527 31.12 g., 0.9999 Silver, 1.0004 oz. ASW **Subject:** Golf, Championship of Canada, Centennial **Obv:** Head right

Date	Mintage	VF20	XF40	MS60	MS63	MS65
2004	18,750	PF63 25.00	PF65 30.00			

KM# 554 31.12 g., 0.9999 Silver, 1.0004 oz. ASW **Subject:** Alberta **Obv. Designer:** Head right **Rev. Designer:** Michelle Grant

Date	Mintage	VF20	XF40	MS60	MS63	MS65
2005	20,000	PF63 30.00	PF65 35.00			

KM# 555 31.12 g., 0.9999 Silver, 1.0004 oz. ASW **Subject:** Saskatchewan **Obv:** Head right **Obv. Designer:** Susanna Blunt **Rev. Designer:** Paulett Sapergia

Date	Mintage	VF20	XF40	MS60	MS63	MS65
2005	20,000	PF63 30.00	PF65 35.00			

KM# 556.1 31.12 g., 0.999 Silver, 0.9995 oz. ASW 38.02mm. **Subject:** 60th Anniversay Victory WWII - Veterans **Obv:** Bust right **Rev:** Large V and heads of sailor, soldier and aviator on large maple leaf **Edge:** Reeded

Date	Mintage	VF20	XF40	MS60	MS63	MS65
2005	25,000	—	—	—	32.00	—

KM# 556.2 31.12 g., 0.9999 Silver, 1.0004 oz. ASW 38.02mm. **Subject:** 60th Anniversary Victory WW II - Veterans **Obv:** Bust right **Rev:** Large V and heads of sailor, soldier and aviator on maple leaf with small maple leaf added at left and right **Edge:** Reeded

Date	Mintage	VF20	XF40	MS60	MS63	MS65
2005	10,000	—	—	—	125	—

KM# 557 31.12 g., 0.9999 Silver, 1.0004 oz. ASW 36mm. **Subject:** Walrus and calf **Obv:** Head right **Obv. Designer:** Susanna Blunt **Rev:** Two walruses and calf **Rev. Designer:** Pierre Leduc

Date	Mintage	VF20	XF40	MS60	MS63	MS65
2005	5,519	PF63 40.00		PF65 45.00		

KM# 558 31.12 g., 0.9999 Silver, 1.0004 oz. ASW 36mm. **Subject:** White tailed deer **Obv:** Head right **Obv. Designer:** Susanna Blunt **Rev:** Two deer standing **Rev. Designer:** Xerxes Irani

Date	Mintage	VF20	XF40	MS60	MS63	MS65
2005	6,439	PF63 40.00		PF65 45.00		

KM# 585 31.12 g., 0.9999 Silver, 1.0004 oz. ASW 36mm. **Obv:** Head right **Obv. Designer:** Susanna Blunt **Rev:** Peregrine Falcon feeding young ones **Rev. Designer:** Dwayne Harty

Date	Mintage	VF20	XF40	MS60	MS63	MS65
2006	7,226	PF63 45.00		PF65 50.00		

KM# 586 31.12 g., 0.9999 Silver, 1.0004 oz. ASW 36mm. **Subject:** Sable Island horses **Obv:** Head right **Obv. Designer:** Susanna Blunt **Rev:** Horse and foal standing **Rev. Designer:** Christie Paquet

Date	Mintage	VF20	XF40	MS60	MS63	MS65
2006	10,108	PF63 45.00		PF65 50.00		

KM# 658 31.12 g., 0.9999 Silver, 1.0004 oz. ASW 36.07mm. **Subject:** Breast Cancer Awareness **Rev:** Colorized pink ribbon

Date	Mintage	VF20	XF40	MS60	MS63	MS65
2006	11,048	PF63 45.00		PF65 50.00		

KM# 659 31.12 g., 0.9999 Silver, 1.0004 oz. ASW **Subject:** C.A.F. Snowbirds Acrobatic Jet Flying Team **Rev:** Image of fighter jets and pilot

Date	Mintage	VF20	XF40	MS60	MS63	MS65
2006	10,034	PF63 45.00	PF65 50.00			

KM# 1036 31.12 g., 0.999 Silver, 0.9995 oz. ASW **Subject:** 80th Anniversary **Rev:** Two deer standing, one eating branch

Date	Mintage	VF20	XF40	MS60	MS63	MS65
2009	27,872	PF63 60.00	PF65 70.00			

KM# 1130 8.50 g., 0.925 Silver with Niobium plated reverse center, 0.2528 oz. ASW 28mm. **Subject:** Summer - Buck Moon **Obv:** Bust right **Rev:** Buck against summer moon

Date	Mintage	VF20	XF40	MS60	MS63	MS65
2011	7,500	PF63 115	PF65 125			

KM# 1131 8.50 g., 0.925 Silver with Niobium plated reverse center, 0.2528 oz. ASW 28mm. **Subject:** Fall Moon **Obv:** Bust right **Rev:** Native American hunter seated tracking prey before Harvest Moon

Date	Mintage	VF20	XF40	MS60	MS63	MS65
2011	7,500	PF63 115	PF65 125			

KM# 1149 3.13 g., 0.9999 Gold, 0.1006 oz. AGW 16mm. **Subject:** Norman Bethune **Obv:** Bust right **Rev:** Half-length figure at right, looking left

Date	Mintage	VF20	XF40	MS60	MS63	MS65
2011	Est. 5000	PF65 300				

KM# 1132 8.50 g., 0.925 Silver with Niobium plated reverse center, 0.2528 oz. ASW 28mm. **Subject:** Winter Moon **Obv:** Bust right **Rev:** Wolf howling before Winter Moon

Date	Mintage	VF20	XF40	MS60	MS63	MS65
2012	7,500	PF63 115	PF65 125			

KM# 1133 8.50 g., 0.925 Silver with Niobium plated reverse center., 0.2528 oz. ASW 28mm. **Subject:** Spring Moon **Rev:** Phlox blossoming against a Spring Moon, field in color

Date	Mintage	VF20	XF40	MS60	MS63	MS65
2012	—	PF63 115	PF65 125			

KM# 1194 3.13 g., 0.999 Gold, 0.1005 oz. AGW 16mm. **Obv:** Bust right **Rev:** Royal Cypher, wreath below

Date	Mintage	VF20	XF40	MS60	MS63	MS65
2012	—	PF65 200				

KM# 1220 3.13 g., 0.9999 Gold, 0.1006 oz. AGW 16mm. **Subject:** Year of the Dragon **Obv:** Bust right **Rev:** Dragon forepart right

Date	Mintage	VF20	XF40	MS60	MS63	MS65
2012 Specimen	—	PF65 225				

KM# 1236 8.36 g., 0.900 Gold, 0.2419 oz. AGW 21.6mm. **Obv:** Bust right **Rev:** Crowned monogram in wreath

Date	Mintage	VF20	XF40	MS60	MS63	MS65
1952-2012	—	PF65 500				

KM# 1248 31.12 g., 0.999 Silver, 0.9995 oz. ASW 36mm. **Subject:** Rick Hansen **Rev:** Wheelchair bound athlete

Date	Mintage	VF20	XF40	MS60	MS63	MS65
2012	—	PF63 65.00		PF65 75.00		

KM# 1281 3.13 g., 0.999 Gold, 0.1005 oz. AGW 16mm. **Subject:** Year of the Dragon

Date	Mintage	VF20	XF40	MS60	MS63	MS65
2012	—	PF65 200				

KM# 1332 31.11 g., 0.999 Silver, 0.999 oz. ASW 36mm. **Subject:** Georgia Pope **Rev:** Four female soldiers

Date	Mintage	VF20	XF40	MS60	MS63	MS65
2012	—	PF63 70.00		PF65 75.00		

KM# 1298 3.13 g., 0.999 Gold, 0.1005 oz. AGW 16mm. **Subject:** Year of the Snake

Date	Mintage	VF20	XF40	MS60	MS63	MS65
2013	—	PF65 225				

KM# 1395 3.13 g., 0.9999 Gold, 0.1006 oz. AGW 16mm. **Rev:** Beaver swimming with branch in mouth **Rev. Designer:** Pierre Le Duc

Date	Mintage	VF20	XF40	MS60	MS63	MS65
2013	Est. 4000	PF65 280				

KM# 1401 3.13 g., 0.9999 Gold, 0.1006 oz. AGW 16mm. **Rev:** Polar Bear head **Rev. Designer:** Pierre Le Duc

Date	Mintage	VF20	XF40	MS60	MS63	MS65
2013	Est. 4000	PF65 275				

KM# 1426 23.17 g., 0.9999 Silver, 0.7449 oz. ASW 36mm. **Subject:** Traditions: Hunting **Rev:** Deer and hunter teaching child **Rev. Designer:** Darleen Gait

Date	Mintage	VF20	XF40	MS60	MS63	MS65
2013	Est. 10000	PF63 60.00		PF65 70.00		

KM# 1453 3.13 g., 0.999 Gold, 0.1005 oz. AGW 16mm. **Rev:** Caribou head **Rev. Designer:** Pierre Leduc

Date	Mintage	VF20	XF40	MS60	MS63	MS65
2013	4,000	PF65 275				

KM# 1454 3.13 g., 0.999 Gold, 0.1005 oz. AGW 16mm. **Rev:** Wolf head **Rev. Designer:** Pierre Leduc

Date	Mintage	VF20	XF40	MS60	MS63	MS65
2013	4,000	PF65 275				

KM# 1461 23.17 g., 0.9999 Silver with selective gold-plating, 0.7449 oz. ASW 36mm. **Subject:** Birth of Prince George **Rev:** W and C crowned in gilt center, Infant toys around **Rev. Designer:** Laurie McCaw

Date	Mintage	VF20	XF40	MS60	MS63	MS65
2013	Est. 15000	**PF63** 65.00	**PF65** 75.00			

KM# 1461a 23.17 g., 0.9999 Silver, 0.7449 oz. ASW 36mm. **Subject:** Birth of Prince George **Rev:** W and C crowned, infant toys around, gilt reverse **Rev. Designer:** Laurie McCaw

Date	Mintage	VF20	XF40	MS60	MS63	MS65
2013	Est. 15000	**PF63** 65.00	**PF65** 75.00			

KM# 1475 8.50 g., 0.9999 Silver with Niobium plated reverse center., 0.2733 oz. ASW 28mm. **Subject:** Father Ice **Rev. Designer:** Ulaayn Pilurtuut

Date	Mintage	VF20	XF40	MS60	MS63	MS65
2013	6,500	**PF63** 130	**PF65** 140			

KM# 1476 8.50 g., 0.9999 Silver with Niobium plated reverse center, 0.2733 oz. ASW 28mm. **Subject:** Mother Ice **Rev. Designer:** Ulaayu Pilurtuut

Date	Mintage	VF20	XF40	MS60	MS63	MS65
2013	6,500	**PF63** 130	**PF65** 140			

KM# 1497 7.80 g., 0.999 Gold, 0.2505 oz. AGW 20mm. **Subject:** US / Canada Devil's Brigade **Rev:** Special Forces Emblem **Rev. Designer:** Ardell Bourgeois

Date	Mintage	VF20	XF40	MS60	MS63	MS65
2013	2,000	**PF65** 650				

KM# 1498 23.17 g., 0.9999 Silver, 0.7449 oz. ASW 36mm. **Subject:** US / Canada Devil's Brigade **Rev:** Special Forces Emblem **Rev. Designer:** Ardell Bourgeois

Date	Mintage	VF20	XF40	MS60	MS63	MS65
2013	20,000	**PF63** 70.00	**PF65** 80.00			

KM# 1534 23.00 g., 0.999 Silver, 0.7387 oz. ASW 36mm. **Subject:** Traditional Hunting - Bison **Rev:** Natives advancing upon Bison herd in distance **Rev. Designer:** Darlene Gait

Date	Mintage	VF20	XF40	MS60	MS63	MS65
2013	10,000	**PF63** 65.00	**PF65** 70.00			

KM# 1543 3.13 g., 0.999 Gold, 0.1005 oz. AGW 16mm. **Subject:** Oh Canada **Rev:** Orca surfacing

Date	Mintage	VF20	XF40	MS60	MS63	MS65
2013	4,000	**PF65** 275				

KM# 1551 23.00 g., 0.9999 Silver, 0.7394 oz. ASW 36mm. **Subject:** Canadian Bank Note Vignette

Date	Mintage	VF20	XF40	MS60	MS63	MS65
2013	—	**PF65** 75.00				

KM# 1559 23.00 g., 0.9999 Silver, 0.7394 oz. ASW 36mm. **Obv:** Bust right **Rev:** St. George slaying dragon

Date	Mintage	VF20	XF40	MS60	MS63	MS65
2014	8,500	**PF63** 65.00	**PF65** 75.00			

KM# 1611 3.13 g., 0.999 Gold, 0.1005 oz. AGW 16mm. Obv: Bust right Rev: Grizzly bear

Date	Mintage	VF20	XF40	MS60	MS63	MS65
2014	4,000			PF65 280		

KM# 1615 23.17 g., 0.999 Silver, 0.7442 oz. ASW 36.07mm. Subject: Traditions of the Hunt - Seal Spearing Obv: Bust right Rev: Two men ready to spear seal Rev. Designer: Darlene Gait

Date	Mintage	VF20	XF40	MS60	MS63	MS65
2014	10,000		PF63 60.00		PF65 70.00	

KM# 1641 31.12 g., 0.999 Silver, 0.9995 oz. ASW 36mm. Ruler: Elizabeth II Obv: Bust right Rev: WWI Troops and ship transports Mint: Royal Canadian Mint

Date	Mintage	F12	VF20	XF40	MS60	MS63
2014	10,000	PF63 170		PF65 180		

KM# 1642 3.13 g., 0.9999 Platinum, 0.1006 oz. APW 16mm. Ruler: Elizabeth II Obv: Bust right Rev: Nanabzohoo Rev. Designer: Cyril Assiniboine Mint: Royal Canadian Mint

Date	Mintage	F12	VF20	XF40	MS60	MS63
2014	3,000	PF63 280		PF65 300		

KM# 1643 3.13 g., 0.9999 Gold, 0.1006 oz. AGW 16mm. Ruler: Elizabeth II Obv: Bust right Rev: Nanabozhoo Rev. Designer: Cyril Assiniboine Mint: Royal Canadian Mint

Date	Mintage	F12	VF20	XF40	MS60	MS63
2014	3,000	PF63 260		PF65 280		

KM# 1644 31.39 g., 0.9999 Silver, 1.0091 oz. ASW Ruler: Elizabeth II Obv: Bust right Rev: Arctic Fox Rev. Designer: Maurice Gervais Mint: Royal Canadian Mint

Date	Mintage	F12	VF20	XF40	MS60	MS63
2014	750	PF63 85.00		PF65 90.00		

KM# 1645 3.13 g., 0.9999 Gold, 0.1006 oz. AGW 16mm. Ruler: Elizabeth II Obv: Bust right Rev: Canadian Goose Rev. Designer: Jean Charles Daumas Mint: Royal Canadian Mint

Date	Mintage	F12	VF20	XF40	MS60	MS63
2014	4,000	PF63 275		PF65 290		

KM# 1646 31.11 g., 0.9999 Silver, 1.0001 oz. ASW 38mm. Ruler: Elizabeth II Obv: Bust right Rev: Orca whale surfacing in color in maple leaf outline Mint: Royal Canadian Mint

Date	Mintage	F12	VF20	XF40	MS60	MS63
2014	—	—	—	—	—	60.00

KM# 1647 0.9999 Silver, 38mm. **Ruler:** Elizabeth II **Subject:** Alice Munro **Obv:** Bust right **Rev:** Female figure, hand writing in open book **Mint:** Royal Canadian Mint

Date	Mintage	F12	VF20	XF40	MS60	MS63
2014	—	PF63 60.00	PF65 70.00			

KM# 1648 3.14 g., 0.999 Gold, 0.1009 oz. AGW 16mm. **Ruler:** Elizabeth II **Obv:** Bust right **Rev:** Moose **Rev. Designer:** Trevor Tennant **Mint:** Royal Canadian Mint

Date	Mintage	F12	VF20	XF40	MS60	MS63
2014	4,000	PF63 270	PF65 280			

KM# 1720 31.39 g., 0.9999 Silver, 1.0091 oz. ASW 38mm. **Ruler:** Elizabeth II **Subject:** Birds of Prey **Obv:** Bust right **Rev:** Peregrine Falcon **Mint:** Royal Canadian Mint

Date	Mintage	F12	VF20	XF40	MS60	MS63
2014	—	—	—	—	—	—
2014	—	PF65 28.00				
2016 Reverse Proof	—	PF65 50.00				

KM# A1728 31.39 g., 0.999 Silver, 1.0082 oz. ASW 38mm. **Obv:** Bust right **Rev:** Five Blessings

Date	Mintage	VF20	XF40	MS60	MS63	MS65
2014	8,500	PF65 80.00				

KM# 1728 3.11 g., 0.999 Gold, 0.0999 oz. AGW 16mm. **Obv:** Bust right **Rev:** Five Blessings

Date	Mintage	VF20	XF40	MS60	MS63	MS65
2014	2,000	PF65 280				

KM# 1730 3.14 g., 0.9999 Gold, 0.1009 oz. AGW 16mm. **Subject:** Prehistoric Animals **Obv:** Bust right **Rev:** Woolly Mammoth **Rev. Designer:** Michael Skrepnick

Date	Mintage	VF20	XF40	MS60	MS63	MS65
2014	3,000	PF65 280				

KM# 1731 23.17 g., 0.9999 Silver, 0.7449 oz. ASW 36.07mm. **Ruler:** Elizabeth II **Subject:** Canadian Bank Note Vignette **Obv:** Bust right **Rev:** Lion on the mountain **Mint:** Royal Canadian Mint

Date	Mintage	F12	VF20	XF40	MS60	MS63
2014	8,500	PF65 100				

KM# A1740 31.39 g., 0.9999 Silver, 1.0091 oz. ASW 38mm. **Obv:** Bust right **Rev:** Eagle flying left, fish in talons

Date	Mintage	VF20	XF40	MS60	MS63	MS65
2014	7,500	PF65 72.00				

KM# 1740 3.13 g., 0.999 Gold, 0.1005 oz. AGW 16mm. **Obv:** Bust right **Rev:** Eagle head left **Rev. Designer:** Derek Wicks

Date	Mintage	VF20	XF40	MS60	MS63	MS65
2014	3,000	PF65 100				

KM# 1740a 3.13 g., 0.999 Platinum, 0.1005 oz. APW 16mm. **Obv:** Bust right **Rev:** Eagle head left **Rev. Designer:** Derek Wicks

Date	Mintage	VF20	XF40	MS60	MS63	MS65
2014	3,000	PF65 100				

KM# 1756 3.14 g., 0.999 Gold, 0.1009 oz. AGW 16mm. **Obv:** Bust right **Rev:** Cougar head

Date	Mintage	VF20	XF40	MS60	MS63	MS65
2014	—	PF65 100				

KM# 1756a 3.14 g., 0.999 Platinum, 0.1009 oz. APW 16mm. **Obv:** Bust right **Rev:** Cougar head

Date	Mintage	VF20	XF40	MS60	MS63	MS65
2014	—	PF65 100				

KM# 1767 9.00 g., 0.9999 Silver, 0.2893 oz. ASW 28mm. **Obv:** Bust right **Rev:** Pointsetta in purple niobium

Date	Mintage	VF20	XF40	MS60	MS63	MS65
2014	—	PF65 140				

KM# 1768 9.00 g., 0.9999 Silver, 0.2893 oz. ASW 28mm. **Obv:** Bust right **Rev:** Rose in golden color niobium

Date	Mintage	VF20	XF40	MS60	MS63	MS65
2014	6,000	PF65 140				

KM# 1774 9.00 g., 0.999 Silver, 0.2891 oz. ASW 28mm. **Obv:** Bust right **Rev:** Tulip in niobium **Rev. Designer:** Bert Liverance

Date	Mintage	VF20	XF40	MS60	MS63	MS65
2014	6,000	PF65 140				

KM# 1778 3.14 g., 0.999 Gold, 0.1009 oz. AGW 16mm. **Ruler:** Elizabeth II **Obv:** Bust right **Rev:** Bison **Mint:** Royal Canadian Mint

Date	Mintage	F12	VF20	XF40	MS60	MS63
2014	2,000	PF65 280				

KM# 1790 3.14 g., 0.9999 Gold, 0.1009 oz. AGW 16mm. **Ruler:** Elizabeth II **Obv:** Bust right by Mary Gillick **Obv. Designer:** Mary Gilick **Rev:** Two maple leaves **Mint:** Royal Canadian Mint

Date	Mintage	F12	VF20	XF40	MS60	MS63
2014	650	PF65 200				

KM# 1790a 3.13 g., 0.9995 Platinum, 0.1006 oz. APW 16mm. **Ruler:** Elizabeth II **Obv:** Bust right by Mary Gillick **Obv. Designer:** Mary Gillick **Rev:** Two maple leaves **Mint:** Royal Canadian Mint

Date	Mintage	F12	VF20	XF40	MS60	MS63
2014	—	PF65 200				

KM# 1798 23.17 g., 0.999 Silver, 0.7442 oz. ASW 36.07mm. **Ruler:** Elizabeth II **Subject:** Traditions of Hunting **Obv:** Bust right **Rev:** Bow hunting of goose in flight **Rev. Designer:** Tim Whiskeychan **Mint:** Royal Canadian Mint

Date	Mintage	F12	VF20	XF40	MS60	MS63
2014	10,000	PF65 70.00				

KM# 1799 23.17 g., 0.999 Silver, 0.7442 oz. ASW 36.07mm. **Ruler:** Elizabeth II **Subject:** Princess to Monarch **Obv:** Bust right **Rev:** Elizabeth II reviewing troops **Mint:** Royal Mint

Date	Mintage	F12	VF20	XF40	MS60	MS63
2014	10,000	PF65 65.00				

KM# 1812 23.17 g., 0.9999 Silver, 0.7449 oz. ASW 36.07mm. **Obv:** Bust right **Rev:** Ram head facing in color **Rev. Designer:** Simon Ng

Date	Mintage	VF20	XF40	MS60	MS63	MS65
2015	8,888	PF65 75.00				

KM# 1815 31.39 g., 0.999 Silver, 1.0082 oz. ASW 38mm. **Obv:** Bust right **Rev:** Polar bear and cub advancing left **Rev. Designer:** Germaine Arnaktauyok

Date	Mintage	VF20	XF40	MS60	MS63	MS65
2015	7,500	PF65 90.00				

KM# 1818 3.15 g., 0.999 Gold, 0.1012 oz. AGW 16mm. **Ruler:** Elizabeth II **Subject:** Year of the Ram **Obv:** Bust right **Rev:** Ram head facing **Mint:** Royal Canadian Mint

Date	Mintage	F12	VF20	XF40	MS60	MS63
2015	2,888	PF65				

KM# 1819 23.17 g., 0.9999 Silver, 0.7449 oz. ASW 36.07mm. **Ruler:** Elizabeth II **Subject:** Art by Cornelius Krieghoff **Obv:** Bust right **Rev:** Moccasin Seller Crossing St. Lawrence at Quebec City **Mint:** Royal Canadian Mint

Date	Mintage	F12	VF20	XF40	MS60	MS63
2015	7,000	PF65 75.00				

KM# 1820 23.17 g., 0.9999 Silver, 0.7449 oz. ASW 36.07mm. **Subject:** Art by Cornelius Krieghoff **Obv:** Bust right **Rev:** Hunter in Winter

Date	Mintage	VF20	XF40	MS60	MS63	MS65
2015	7,000	PF65 75.00				

KM# 1821 23.17 g., 0.9999 Silver, 0.7449 oz. ASW 36.07mm. **Ruler:** Elizabeth II **Subject:** Art by Cornelius Krieghoff **Obv:** Bust right **Rev:** Wigwam in Montagnais **Mint:** Royal Canadian Mint

Date	Mintage	F12	VF20	XF40	MS60	MS63
2015	7,000	PF65 75.00				

KM# 1882 31.39 g., 0.9999 Silver, 1.0091 oz. ASW 38mm. **Subject:** Birds of Prey **Obv:** Bust right **Rev:** Red Tailed Hawk

Date	Mintage	VF20	XF40	MS60	MS63	MS65
2015	—	—	—	—	—	25.00
2015		PF65 28.00				

KM# 1883 31.39 g., 0.9999 Silver, 1.0091 oz. ASW 38mm. **Subject:** Birds of Prey **Obv:** Bust right **Rev:** Great Horned Owl

Date	Mintage	VF20	XF40	MS60	MS63	MS65
2015	—	—	—	—	—	25.00
2015		PF65 28.00				

KM# 1960 23.17 g., 0.9999 Silver, 0.7449 oz. ASW 36.07mm. **Ruler:** Elizabeth II **Subject:** Princess to Monarch **Obv:** Bust right **Rev:** Elizabeth II reviewing guard of honor **Mint:** Royal Mint

Date	Mintage	F12	VF20	XF40	MS60	MS63
2015		PF65 65.00				

KM# 1961 23.17 g., 0.9999 Silver, 0.7449 oz. ASW 36.07mm. **Subject:** Canadian Bank Note Vignette **Rev:** Scene from 1929 $5 Barclays Bank note, female figure gazing into globe

Date	Mintage	VF20	XF40	MS60	MS63	MS65
2015	8,500	PF65 100				

KM# 1962 3.14 g., 0.9999 Gold, 0.1009 oz. AGW 16mm. **Subject:** Prehistoric Animals **Obv:** Bust right **Rev:** Sabre-tooth cat

Date	Mintage	VF20	XF40	MS60	MS63	MS65
2015	3,000	PF65 280				

KM# 2110.1 7.96 g., 0.9999 Silver, 0.2559 oz. ASW 27mm. **Subject:** Birthstones: January **Obv:** Bust right **Rev:** Dragon below red Swarovski crystal for garnet, engraved lotus pattern

Date	Mintage	VF20	XF40	MS60	MS63	MS65
2016	3,000	PF65 45.00	PF67 55.00			

KM# 2110.2 7.96 g., 0.9999 Silver, 0.2559 oz. ASW 27mm. **Subject:** Birthstones: February **Obv:** Bust right **Rev:** Dragon below purple Swarovski crystal for amethyst, engraved lotus pattern

Date	Mintage	VF20	XF40	MS60	MS63	MS65
2016	3,000	PF65 45.00	PF67 55.00			

KM# 2110.3 7.96 g., 0.9999 Silver, 0.2559 oz. ASW 27mm. **Subject:** Birthstones: March **Obv:** Bust right **Rev:** Dragon below blue-green Swarovski crystal for aquamarine, engraved lotus pattern

Date	Mintage	VF20	XF40	MS60	MS63	MS65
2016	3,000	PF65 45.00	PF67 55.00			

KM# 2110.4 7.96 g., 0.9999 Silver, 0.2559 oz. ASW 27mm. **Subject:** Birthstones: April **Obv:** Bust right **Rev:** Dragon below clear Swarovski crystal for diamond, engraved lotus pattern

Date	Mintage	VF20	XF40	MS60	MS63	MS65
2016	3,000	PF65 45.00	PF67 55.00			

KM# 2110.5 7.96 g., 0.9999 Silver, 0.2559 oz. ASW 27mm. **Subject:** Birthstones: May **Obv:** Bust right **Rev:** Dragon below green Swarovski crystal for emerald, engraved lotus pattern

Date	Mintage	VF20	XF40	MS60	MS63	MS65
2016	3,000	PF65 45.00	PF67 55.00			

KM# 2110.6 7.96 g., 0.9999 Silver, 0.2559 oz. ASW 27mm. **Subject:** Birthstones: June **Obv:** Bust right **Rev:** Dragon below white Swarovski crystal for pearl, engraved lotus pattern

Date	Mintage	VF20	XF40	MS60	MS63	MS65
2016	3,000	PF65 45.00	PF67 55.00			

KM# 2110.7 7.96 g., 0.9999 Silver, 0.2559 oz. ASW 27mm. **Subject:** Birthstones: July **Obv:** Bust right **Rev:** Dragon below red Swarovski crystal for ruby, engraved lotus pattern

Date	Mintage	VF20	XF40	MS60	MS63	MS65
2016	3,000	PF65 45.00	PF67 55.00			

KM# 2110.8 7.96 g., 0.9999 Silver, 0.2559 oz. ASW 27mm. **Subject:** Birthstones: August **Obv:** Bust right **Rev:** Dragon below light green Swarovski crystal for peridot, engraved lotus pattern

Date	Mintage	VF20	XF40	MS60	MS63	MS65
2016	3,000	PF65 45.00	PF67 55.00			

KM# 2110.9 7.96 g., 0.9999 Silver, 0.2559 oz. ASW 27mm. **Subject:** Birthstones: September **Obv:** Bust right **Rev:** Dragon below blue Swarovski crystal for sapphire, engraved lotus pattern

Date	Mintage	VF20	XF40	MS60	MS63	MS65
2016	3,000	PF65 45.00	PF67 55.00			

KM# 2110.10 7.96 g., 0.9999 Silver, 0.2559 oz. ASW 27mm. **Subject:** Birthstones: October **Obv:** Bust right **Rev:** Dragon below light greenish-white Swarovski crystal for opal, engraved lotus pattern

Date	Mintage	VF20	XF40	MS60	MS63	MS65
2016	3,000	PF65 45.00	PF67 55.00			

KM# 2110.11 7.96 g., 0.9999 Silver, 0.2559 oz. ASW 27mm. **Subject:** Birthstones: November **Obv:** Bust right **Rev:** Dragon below gold Swarovski crystal for topaz, engraved lotus pattern

Date	Mintage	VF20	XF40	MS60	MS63	MS65
2016	3,000	PF65 45.00	PF67 55.00			

KM# 2110.12 7.96 g., 0.9999 Silver, 0.2559 oz. ASW 27mm. **Subject:** Birthstones: December **Obv:** Bust right **Rev:** Dragon below purple Swarovski crystal for tanzanite, engraved lotus pattern

Date	Mintage	VF20	XF40	MS60	MS63	MS65
2016	3,000	PF65 45.00	PF67 55.00			

8 DOLLARS

KM# 515 28.80 g., 0.925 Silver, 0.8565 oz. ASW 39mm. **Obv:** Head right **Obv. Designer:** Susanna Blunt **Rev:** Grizzly bear walking left **Edge:** Reeded

Date	Mintage	VF20	XF40	MS60	MS63	MS65
2004	12,942	PF65 85.00				

KM# 597 32.15 g., 0.9999 Silver partially gilt, 1.0335 oz. ASW **Subject:** Canadian Pacific Railway, 120th Anniversary **Obv:** Head right **Obv. Designer:** Susanna Blunt **Rev:** Railway bridge, center is gilt

Date	Mintage	VF20	XF40	MS60	MS63	MS65
2005	9,892	PF63 60.00	PF65 65.00			

KM# 598 32.15 g., 0.9999 Silver partially gilt, 1.0335 oz. ASW **Subject:** Canadian Pacific Railway, 120th Anniversary **Obv:** Head right **Rev:** Railway memorial to the Chinese workers, center gilt

Date	Mintage	VF20	XF40	MS60	MS63	MS65
2005	9,892	PF63 60.00	PF65 65.00			

KM# 730 25.18 g., 0.9999 Silver, 0.8095 oz. ASW 36.07mm. **Obv:** Queen's head at top in circle, three Chinese characters **Rev:** Dragon and other creatures

Date	Mintage	VF20	XF40	MS60	MS63	MS65
2007	19,996	PF63 45.00		PF65 50.00		

KM# 731 25.18 g., 0.999 Silver, 0.8087 oz. ASW 36.1mm. **Rev:** Maple leaf, long life hologram

Date	Mintage	VF20	XF40	MS60	MS63	MS65
2007	15,000	PF65 55.00				

KM# 943 25.18 g., 0.925 Silver, 0.7488 oz. ASW

36.1mm. **Rev:** Hologram maple of wisdom at top left, crystal in center, dragons around

Date	Mintage	VF20	XF40	MS60	MS63	MS65
2009	7,273	PF63 85.00		PF65 90.00		

KM# 1012 25.30 g., 0.925 Silver, 0.7524 oz. ASW 36.07mm. **Rev:** Horses around central maple leaf hologram **Rev. Designer:** Simon Ng

Date	Mintage	VF20	XF40	MS60	MS63	MS65
2010	8,888	PF63 90.00		PF65 100		

KM# 1535 46.65 g., 0.999 Silver, 1.4983 oz. ASW 38mm. **Rev:** Polar bear advancing left **Rev. Designer:** Germaine Arnaktayok

Date	Mintage	VF20	XF40	MS60	MS63	MS65
2013	—	PF65 125				

KM# 2113 20.86 g., 0.9999 Silver, 0.6706 oz. ASW 36mm. **Obv:** Bust right above hole in scroll held up by two phoenixes **Rev:** Tiger and Dragon Yin and Yang **Note:** Square holed

Date	Mintage	VF20	XF40	MS60	MS63	MS65
2016	6,888	PF67 85.00				

KM# 2114 7.96 g., 0.9999 Silver, 0.2559 oz. ASW 27mm. **Obv:** Bust right above hole in scroll held up by two phoenixes **Rev:** Dragon Dance - Chinese dragon undulating

Date	Mintage	VF20	XF40	MS60	MS63	MS65
2016 Matte Proof	20,000	PF63 25.00		PF65 30.00		

10 DOLLARS

KM# 27 16.72 g., 0.900 Gold, 0.4838 oz. AGW 26.92mm. **Obv:** Crowned bust left **Obv. Designer:** E. B. MacKennal **Rev:** Arms within wreath, date and denomination below **Rev. Designer:** W. H. J. Blakemore

Date	Mintage	VG8	F12	VF20	XF40	AU50	MS60	MS63	MS65
1912	74,759	—	—	700	750	800	900	2,500	7,500
1912 Specimen	—	—	—	—	—	—	—	7,000	135,000
1913	149,232	—	—	700	750	800	900	3,000	13,000

Date	Mintage	VG8	F12	VF20	XF40	AU50	MS60	MS63	MS65
1912 Specimen	—		—	—	—	—	—	—	—
1914	140,068	—	—	740	780	850	1,100	3,000	13,000
1914 Specimen	—		—	—	—	—	—	—	—

KM# 86.1 48.60 g., 0.925 Silver, 1.4453 oz. ASW 45mm. **Subject:** 1976 Montreal Olympics **Obv:** Young bust right, maple leaf below, date at right **Rev:** World map, denomination below **Rev. Designer:** Georges Huel **Note:** Series I.

Date	Mintage	VF20	XF40	MS60	MS63	MS65
1973	103,426	—	—	—	33.00	39.00
1973	165,203	PF63 33.00		PF65 39.00		

KM# 87 48.60 g., 0.925 Silver, 1.4453 oz. ASW 45mm. **Subject:** 1976 Montreal Olympics **Obv:** Young bust right, small maple leaf below, date at right **Rev:** Montreal skyline, denomination below **Rev. Designer:** Georges Huel **Note:** Series I.

Date	Mintage	VF20	XF40	MS60	MS63	MS65
1973	165,203	PF63 33.00		PF65 39.00		
1973	—	—	—	—	33.00	39.00

KM# 86.2 48.60 g., 0.925 Silver, 1.4453 oz. ASW 45mm. **Subject:** 1976 Montreal Olympics **Obv:** Young bust right, small maple leaf below, date at right **Rev:** World map **Rev. Designer:** Georges Huel **Note:** Series I.

Date	Mintage	VF20	XF40	MS60	MS63	MS65
1974	320	—	—	—	325	—

Note: Error: mule

KM# 93 48.60 g., 0.925 Silver, 1.4453 oz. ASW 45mm. **Subject:** 1976 Montreal Olympics **Obv:** Young bust right, small maple leaf below, date at right **Rev:** Head of Zeus, denomination below **Rev. Designer:** Anthony Mann **Note:** Series II.

Date	Mintage	VF20	XF40	MS60	MS63	MS65
1974	104,684	PF63 33.00		PF65 39.00		
1974	—	—	—	—	33.00	39.00

KM# 94 48.60 g., 0.925 Silver, 1.4453 oz. ASW 45mm. **Subject:** 1976 Montreal Olympics **Obv:** Young bust right, small maple leaf below, date at right **Rev:** Temple of Zeus, denomination below **Rev. Designer:** Anthony Mann **Note:** Series II.

Date	Mintage	VF20	XF40	MS60	MS63	MS65
1974	—	—	—	—	33.00	39.00
1974	104,684	PF63 33.00		PF65 39.00		

KM# 95 48.60 g., 0.925 Silver, 1.4453 oz. ASW 45mm. **Subject:** 1976 Montreal Olympics **Obv:**

Young bust right, small maple leaf below, date at right **Rev:** Cycling, denomination below **Rev. Designer:** Ken Danby **Note:** Series III.

Date	Mintage	VF20	XF40	MS60	MS63	MS65
1974	—	—	—	—	33.00	39.00
1974	—	PF63 33.00		PF65 39.00		

KM# 96 48.60 g., 0.925 Silver, 1.4453 oz. ASW 45mm. **Subject:** 1976 Montreal Olympics **Obv:** Young bust right, small maple leaf below, date at right **Rev:** Lacrosse, denomination below **Rev. Designer:** Ken Danby **Note:** Series III.

Date	Mintage	VF20	XF40	MS60	MS63	MS65
1974	—	—	—	—	33.00	39.00
1974	—	PF63 33.00		PF65 39.00		

KM# 102 48.60 g., 0.925 Silver, 1.4453 oz. ASW 45mm. **Subject:** 1976 Montreal Olympics **Obv:** Young bust right, small maple leaf below, date at right **Rev:** Men's hurdles, denomination below **Rev. Designer:** Leo Yerxa **Note:** Series IV.

Date	Mintage	VF20	XF40	MS60	MS63	MS65
1975	—	—	—	—	33.00	39.00
1975	—	PF63 33.00		PF65 39.00		

KM# 103 48.60 g., 0.925 Silver, 1.4453 oz. ASW 45mm. **Subject:** Montreal 1976 - 21st Summer Olympic Games **Obv:** Young bust right, small maple leaf below, date at right **Rev:** Women's shot put, denomination below **Rev. Designer:** Leo Yerxa **Note:** Series IV.

Date	Mintage	VF20	XF40	MS60	MS63	MS65
1975	—	—	—	—	33.00	39.00
1975	—	PF63 33.00		PF65 39.00		

KM# 104 48.60 g., 0.925 Silver, 1.4453 oz. ASW 45mm. **Subject:** 1976 Montreal Olympics **Obv:** Young bust right, small maple leaf below, date at right **Rev:** Sailing, denomination below **Rev. Designer:** Lynda Cooper **Note:** Series V.

Date	Mintage	VF20	XF40	MS60	MS63	MS65
1975	—	—	—	—	33.00	39.00
1975	—	PF63 33.00		PF65 39.00		

KM# 105 48.60 g., 0.925 Silver, 1.4453 oz. ASW 45mm. **Subject:** 1976 Montreal Olympics **Obv:** Young bust right, small maple leaf below, date at right **Rev:** Canoeing, denomination below **Rev. Designer:** Lynda Cooper **Note:** Series V.

Date	Mintage	VF20	XF40	MS60	MS63	MS65
1975	—	—	—	—	33.00	39.00
1975	—	PF63 33.00		PF65 39.00		

KM# 111 48.60 g., 0.925 Silver, 1.4453 oz. ASW 45mm. **Subject:** 1976 Montreal Olympics **Obv:** Young bust right, small maple leaf below, date at right **Rev:** Football, denomination below **Rev. Designer:** Shigeo Fukada **Note:** Series VI.

Date	Mintage	VF20	XF40	MS60	MS63	MS65
1976	—	—	—	—	33.00	39.00
1976	—	PF63 33.00	PF65 39.00			

KM# 112 48.60 g., 0.925 Silver, 1.4453 oz. ASW 45mm. **Subject:** 1976 Montreal Olympics **Obv:** Young bust right, small maple leaf below, date at right **Rev:** Field hockey **Rev. Designer:** Shigeo Fukada **Note:** Series VI.

Date	Mintage	VF20	XF40	MS60	MS63	MS65
1976	—	—	—	—	33.00	39.00
1976	—	PF63 33.00	PF65 39.00			

KM# 113 48.60 g., 0.925 Silver, 1.4453 oz. ASW 45mm. **Subject:** 1976 Montreal Olympics **Obv:** Young bust right, small maple leaf below, date at right **Rev:** Olympic Stadium, denomination below **Rev. Designer:** Elliot John Morrison **Note:** Series VII.

Date	Mintage	VF20	XF40	MS60	MS63	MS65
1976	—	—	—	—	33.00	39.00
1976	—	PF63 33.00	PF65 39.00			

KM# 114 48.60 g., 0.925 Silver, 1.4453 oz. ASW 45mm. **Subject:** 1976 Montreal Olympics **Obv:** Young bust right, small maple leaf below, date at right **Rev:** Olympic Velodrome, denomination below **Rev. Designer:** Elliot John Morrison **Note:** Series VII.

Date	Mintage	VF20	XF40	MS60	MS63	MS65
1976	—	—	—	—	33.00	39.00
1976	—	PF63 33.00	PF65 39.00			

KM# 520 16.72 g., 0.900 Gold, 0.4838 oz. AGW 26.92mm. **Obv:** Crowned head right **Rev:** National arms **Edge:** Reeded

Date	Mintage	VF20	XF40	MS60	MS63	MS65
1912-2002	2,002	PF65 850				

KM# 559 25.18 g., 0.9999 Silver, 0.8093 oz. ASW 36mm. **Subject:** Pope John Paul II **Obv:** Head right

Date	Mintage	VF20	XF40	MS60	MS63	MS65
2005	24,716	PF63 40.00	PF65 45.00			

KM# 757 25.18 g., 0.9999 Silver, 0.8093 oz. ASW **Subject:** Year of the Veteran **Rev:** Profile left of young and old veteran

Date	Mintage	VF20	XF40	MS60	MS63	MS65
2005	6,549	PF65 225				

KM# 661 25.18 g., 0.9999 Silver, 0.8093 oz. ASW
Subject: National Historic Sites **Obv:** Head right
Rev: Fortress of Louisbourg

Date	Mintage	VF20	XF40	MS60	MS63	MS65
2006	5,544	**PF63** 35.00	**PF65** 40.00			

KM# 1010 15.87 g., 0.999 Silver, 0.5097 oz. ASW
Subject: 75th Anniversary Canadian Bank Notes
Rev: Female seated

Date	Mintage	VF20	XF40	MS60	MS63	MS65
2010	7,500	**PF63** 45.00	**PF65** 50.00			

KM# 1096 27.78 g., 0.925 Silver, 0.8262 oz. ASW
40mm. **Obv:** Bust right **Rev:** Blue whale diving in sea

Date	Mintage	VF20	XF40	MS60	MS63	MS65
2010	10,000	**PF63** 75.00	**PF65** 85.00			

KM# 1198 15.87 g., 0.999 Silver, 0.5097 oz. ASW
34mm. **Subject:** Highway of Heroes **Obv:** Bust

right **Obv. Designer:** Susanna Blunt **Rev:** Citizens
on Highway 401 overpass with signs and flags,
large maple leaf in background, Memorial Cross
medal at top left. **Rev. Designer:** Stan Witten and
Major Carl Gauthier **Edge:** Reeded

Date	Mintage	VF20	XF40	MS60	MS63	MS65
2011	25,000	**PF63** 60.00	**PF65** 70.00			

KM# 1199 15.87 g., 0.9999 Silver, 0.5102 oz. ASW
34mm. **Subject:** Winter Scene - Skating **Rev:**
Three kids skating on pond, colored holly at left

Date	Mintage	VF20	XF40	MS60	MS63	MS65
2011	Est. 8000	**PF63** 35.00	**PF65** 40.00			

KM# 1200 15.87 g., 0.9999 Silver, 0.5102 oz. ASW
34mm. **Subject:** Winter scene - Two houses **Rev:**
Two houses in snowy lane, colored holly flanking

Date	Mintage	VF20	XF40	MS60	MS63	MS65
2011	—	**PF63** 35.00	**PF65** 40.00			

KM# 1201 15.87 g., 0.9999 Silver, 0.5102 oz. ASW
34mm. **Obv:** Bust right **Rev:** Wood Bison **Rev.
Designer:** Corrine Hunt

Date	Mintage	VF20	XF40	MS60	MS63	MS65
2011	Est. 10000	**PF63** 40.00	**PF65** 50.00			

KM# 1203 15.87 g., 0.9999 Silver, 0.5102 oz. ASW
34mm. **Subject:** Boreal Forest **Rev:** Bird and tree
Rev. Designer: Corrine Hunt

Date	Mintage	VF20	XF40	MS60	MS63	MS65
2011	Est. 10000	**PF63** 40.00	**PF65** 50.00			

KM# 1205 15.87 g., 0.9999 Silver, 0.5102 oz. ASW
34mm. **Obv:** Bust right **Rev:** Peregrine Falcon
perched on branch **Rev. Designer:** Corrine Hunt

Date	Mintage	VF20	XF40	MS60	MS63	MS65
2011	Est. 10000	**PF63** 40.00	**PF65** 50.00			

KM# 1207 15.87 g., 0.9999 Silver, 0.5102 oz. ASW 34mm. **Obv:** Bust right **Rev:** Orca Whale **Rev. Designer:** Corrine Hunt

Date	Mintage	VF20	XF40	MS60	MS63	MS65
2011	Est. 10000		PF63 40.00		PF65 50.00	

KM# 1221 15.87 g., 0.999 Silver, 0.5097 oz. ASW 34mm. **Subject:** Year of the Dragon **Obv:** Bust right **Rev:** Dragon forepart right

Date	Mintage	VF20	XF40	MS60	MS63	MS65
2012 Specimen	58,888	—	—	—	40.00	—

KM# 1235 25.18 g., 0.999 Silver, 0.8086 oz. ASW 36mm. **Obv:** Bust right **Rev:** Titanic sailing at right, map of Eastern Canada at left

Date	Mintage	VF20	XF40	MS60	MS63	MS65
2012	—		PF63 90.00		PF65 100	

KM# 1249 15.87 g., 0.999 Silver, 0.5097 oz. ASW 34mm. **Subject:** H.M.S. Shannon

Date	Mintage	VF20	XF40	MS60	MS63	MS65
2012	—		PF63 55.00		PF65 65.00	

KM# 1259 15.87 g., 0.999 Silver, 0.5097 oz. ASW 34mm. **Subject:** Praying Mantis

Date	Mintage	VF20	XF40	MS60	MS63	MS65
2012	7,500		PF63 40.00		PF65 45.00	

KM# 1282 7.77 g., 0.999 Gold, 0.2496 oz. AGW 20mm. **Subject:** Year of the Dragon

Date	Mintage	VF20	XF40	MS60	MS63	MS65
2012	—		PF65 450			

KM# 1346 15.55 g., 0.999 Silver, 0.4994 oz. ASW 34mm. **Rev:** Baby's feet

Date	Mintage	VF20	XF40	MS60	MS63	MS65
2012 Specimen	—	—	—	—	27.50	—
2013		—	—	—	27.50	—
2014		—	PF63 45.00		PF65 50.00	

KM# 1299 31.11 g., 0.999 Silver, 0.999 oz. ASW 34mm. **Subject:** Year of the Snake

Date	Mintage	VF20	XF40	MS60	MS63	MS65
2013	—		PF65 50.00			

KM# 1355 30.00 g., 0.999 Silver, 0.9636 oz. ASW 36.5mm. **Subject:** Ducks of Canada **Rev:** Male and female mallards in color **Rev. Designer:** Trevor Tennant

Date	Mintage	VF20	XF40	MS60	MS63	MS65
2013	—		PF63 75.00		PF65 85.00	

KM# 1357 15.87 g., 0.999 Silver, 0.5097 oz. ASW 34mm. **Subject:** Year of the Snake **Rev:** Circular coiled snake **Rev. Designer:** Simon Ng

Date	Mintage	VF20	XF40	MS60	MS63	MS65
2013	18,888	PF63 40.00	PF65 45.00			

KM# 1383 15.87 g., 0.999 Silver, 0.5097 oz. ASW 34mm. **Subject:** Ice Skating on Frozen Lake **Rev:** Winter Scene in Color **Rev. Designer:** Remi Clark

Date	Mintage	VF20	XF40	MS60	MS63	MS65
2013	Est. 8000	PF63 55.00	PF65 65.00			

KM# 1392 15.87 g., 0.999 Silver, 0.5097 oz. ASW 35mm. **Subject:** Oh Canada - R.C.M.P. **Rev:** Mountie on horseback

Date	Mintage	VF20	XF40	MS60	MS63	MS65
2013	—	PF63 32.00	PF65 40.00			

KM# 1392a 15.87 g., 0.999 Silver partially gilt, 0.5097 oz. ASW 35mm. **Subject:** Oh Canada - R.C.M.P. **Rev:** Mountie on horseback within gilt border

Date	Mintage	VF20	XF40	MS60	MS63	MS65
2013	—	PF63 65.00	PF65 75.00			

KM# 1393 15.87 g., 0.999 Silver, 0.5097 oz. ASW 34mm. **Rev:** Twelve Spotted Skimmer Dragonfly in color **Rev. Designer:** Celia Godkin

Date	Mintage	VF20	XF40	MS60	MS63	MS65
2013	Est. 10000	PF63 70.00	PF65 80.00			

KM# 1396 15.87 g., 0.9999 Silver, 0.5102 oz. ASW 34mm. **Rev:** Beaver Felling Tree **Rev. Designer:** Pierre Le Duc

Date	Mintage	VF20	XF40	MS60	MS63	MS65
2013	Est. 40000	PF63 35.00	PF65 40.00			

KM# 1396a 15.87 g., 0.999 Silver partially gilt, 0.5097 oz. ASW 34mm. **Subject:** Oh Canada - Beaver **Rev:** Beaver gnawing on tree

Date	Mintage	VF20	XF40	MS60	MS63	MS65
2013	—	PF63 65.00	PF65 75.00			

KM# 1400 15.87 g., 0.999 Silver, 0.5097 oz. ASW 34mm. **Rev:** Stone formation at seaside **Rev. Designer:** Tony Bianco

Date	Mintage	VF20	XF40	MS60	MS63	MS65
2013	40,000	PF63 35.00	PF65 40.00			

KM# 1400a 15.87 g., 0.999 Silver partially gilt, 0.5097 oz. ASW 34mm. **Subject:** Oh Canada **Rev:** Stone formation at seaside

Date	Mintage	VF20	XF40	MS60	MS63	MS65
2013	—	PF63 65.00		PF65 75.00		

KM# 1402 15.57 g., 0.999 Silver, 0.5001 oz. ASW 34mm. **Rev:** Polar Bear walking right **Rev. Designer:** Tony Bianco

Date	Mintage	VF20	XF40	MS60	MS63	MS65
2013	—	PF63 35.00		PF65 40.00		

KM# 1402a 15.57 g., 0.999 Silver partially gilt, 0.5001 oz. ASW **Subject:** Oh Canada **Rev:** Polar bear advancing right

Date	Mintage	VF20	XF40	MS60	MS63	MS65
2013	—	PF63 65.00		PF65 75.00		

KM# 1421 15.87 g., 0.9999 Silver, 0.5102 oz. ASW 34mm. **Rev:** Caribou

Date	Mintage	VF20	XF40	MS60	MS63	MS65
2013	Est. 40000	PF63 25.00		PF65 30.00		

KM# 1421a 15.87 g., 0.9999 Silver partially gilt, 0.5102 oz. ASW 34mm. **Subject:** Oh Canada **Rev:** Caribou

Date	Mintage	VF20	XF40	MS60	MS63	MS65
2013	—	PF63 65.00		PF65 75.00		

KM# 1422 15.87 g., 0.9999 Silver, 0.5102 oz. ASW 34mm. **Rev:** Niagra Falls

Date	Mintage	VF20	XF40	MS60	MS63	MS65
2013	Est. 40000	PF63 32.00		PF65 40.00		

KM# 1422a 15.87 g., 0.9999 Silver partially gilt, 0.5102 oz. ASW 34mm. **Subject:** Oh Canada **Rev:** Niagara Falls

Date	Mintage	VF20	XF40	MS60	MS63	MS65
2013	—	PF63 65.00		PF65 75.00		

KM# 1423 15.57 g., 0.9999 Silver, 0.5005 oz. ASW 34mm. **Rev:** Summer lake swimming

Date	Mintage	VF20	XF40	MS60	MS63	MS65
2013	Est. 40000	PF63 32.00		PF65 40.00		

KM# 1423a 15.87 g., 0.9999 Silver partially gilt, 0.5102 oz. ASW 34mm. **Subject:** Oh Canada **Rev:** Summertime lake swimming

Date	Mintage	VF20	XF40	MS60	MS63	MS65
2013	—	PF63 65.00		PF65 75.00		

KM# 1424 15.87 g., 0.9999 Silver, 0.5102 oz. ASW 34mm. **Rev:** Hand holding three Fall-colored maple leaves **Rev. Designer:** Emily S. Damstra

Date	Mintage	VF20	XF40	MS60	MS63	MS65
2013	Est. 40000	PF63 32.00		PF65 40.00		

KM# 1424a 15.87 g., 0.9999 Silver, 0.5102 oz. ASW 34mm. **Subject:** Oh Canada **Rev:** Hand holding three color maple leaves

Date	Mintage	VF20	XF40	MS60	MS63	MS65
2013	—	PF63 65.00		PF65 75.00		

KM# 1425 15.87 g., 0.9999 Silver, 0.5102 oz. ASW 34mm. **Rev:** Outdoor ice hockey rink

Date	Mintage	VF20	XF40	MS60	MS63	MS65
2013	Est. 40000	PF63 32.00		PF65 40.00		

KM# 1425a 15.87 g., 0.9999 Silver partially gilt, 0.5102 oz. ASW 34mm. **Subject:** Oh Canada **Rev:** Winter ice rink

Date	Mintage	VF20	XF40	MS60	MS63	MS65
2013	—	PF63 65.00		PF65 75.00		

KM# 1442 15.87 g., 0.999 Silver, 0.5097 oz. ASW 34mm. **Obv:** Bust right **Obv. Designer:** Susana Blunt **Rev:** Dream catcher in color **Rev. Designer:** Darlene Gait **Edge:** Reeded

Date	Mintage	VF20	XF40	MS60	MS63	MS65
2013	10,000	PF63 70.00		PF65 80.00		

KM# 1445 7.06 g., 0.999 Silver, 0.2268 oz. ASW 27mm. **Subject:** 75th Anniversary of Superman

Rev: Superman breaking chains **Rev. Legend:** Joe Shuster, DC Comics

Date	Mintage	VF20	XF40	MS60	MS63	MS65
2013	Est. 15000	PF63 40.00		PF65 45.00		

KM# 1455 15.57 g., 0.999 Silver, 0.5001 oz. ASW 34mm. **Rev:** Wolf standing right **Rev. Designer:** Pierre Leduc

Date	Mintage	VF20	XF40	MS60	MS63	MS65
2013	Est. 40000	PF63 35.00		PF65 40.00		

KM# 1455a 15.57 g., 0.999 Silver partially gilt, 0.5001 oz. ASW **Rev:** Wolf standing right

Date	Mintage	VF20	XF40	MS60	MS63	MS65
2013	—	PF63 65.00		PF65 75.00		

KM# 1529 15.87 g., 0.999 Silver, 0.5097 oz. ASW 34mm. **Rev:** Three red candles **Rev. Designer:** Claudio D'Angelo

Date	Mintage	VF20	XF40	MS60	MS63	MS65
2013	10,000	PF63 55.00		PF65 65.00		

KM# 1530 15.87 g., 0.999 Silver, 0.5097 oz. ASW 34mm. **Rev:** Partridge in a pear tree, colored greens below **Rev. Designer:** Risto Turunen

Date	Mintage	VF20	XF40	MS60	MS63	MS65
2013	10,000	PF63 55.00		PF65 65.00		

KM# 1533 15.87 g., 0.999 Silver, 0.5097 oz. ASW 34mm. **Subject:** World Cup, 2014 **Rev:** Soccer player, maple leaf, fans **Rev. Designer:** Greg Banning

Date	Mintage	VF20	XF40	MS60	MS63	MS65
2013	10,000	PF63 50.00	PF65 55.00			

KM# 1536 15.87 g., 0.999 Silver, 0.5097 oz. ASW 34mm. **Subject:** Oh Canada - Holiday season **Rev:** Sleigh and Christmas Tree **Rev. Designer:** Doug Geldart

Date	Mintage	VF20	XF40	MS60	MS63	MS65
2013	40,000	PF63 35.00	PF65 40.00			

KM# 1536a 15.87 g., 0.999 Silver partially gilt, 0.5097 oz. ASW 34mm. **Subject:** Oh Canada - Holiday Season **Rev:** Sleigh and tree **Rev. Designer:** Doug Geldart

Date	Mintage	VF20	XF40	MS60	MS63	MS65
2013	—	PF63 65.00	PF65 75.00			

KM# 1540 15.870 Silver .999, 34mm. **Subject:** Oh Canada **Rev:** Orca surfacing **Rev. Designer:** Doug Geldart

Date	Mintage	VF20	XF40	MS60	MS63	MS65
2013	40,000	PF63 35.00	PF65 40.00			

KM# 1540a 15.87 g., 0.999 Silver partially gilt, 0.5097 oz. ASW 34mm. **Subject:** Oh Canada **Rev:** Orca surfacing **Rev. Designer:** Doug Geldart

Date	Mintage	VF20	XF40	MS60	MS63	MS65
2013	—	PF63 65.00	PF65 75.00			

KM# 1546 30.00 g., 0.999 Silver, 0.9636 oz. ASW 36.5mm. **Subject:** Ducks of Canada **Rev:** Wood Ducks in color

Date	Mintage	VF20	XF40	MS60	MS63	MS65
2013	—	PF63 75.00	PF65 85.00			

KM# 1517 15.87 g., 0.9999 Silver, 0.5102 oz. ASW 34mm. **Subject:** Year of the Horse **Obv:** Bust right **Rev:** Horse head left **Rev. Designer:** Simon Ng

Date	Mintage	VF20	XF40	MS60	MS63	MS65
2014	58,888	PF63 35.00	PF65 40.00			

KM# 1580 15.87 g., 0.999 Silver, 0.5097 oz. ASW 34mm. **Obv:** Bust right **Rev:** Igloo

Date	Mintage	VF20	XF40	MS60	MS63	MS65
2014	40,000	PF63 55.00	PF65 65.00			

KM# 1580a 15.87 g., 0.999 Silver partially gilt, 0.5097 oz. ASW 35mm. **Ruler:** Elizabeth II **Subject:** Oh Canada **Obv:** Bust right **Rev:** Igloo in gilt border **Mint:** Royal Canadian Mint

Date	Mintage	F12	VF20	XF40	MS60	MS63
2014	—	PF63 65.00	PF65 75.00			

KM# 1590 15.87 g., 0.999 Silver, 0.5097 oz. ASW 34mm. **Obv:** Bust right **Rev:** Adult teaching child how to ice skate, in color

Date	Mintage	VF20	XF40	MS60	MS63	MS65
2014	10,000	PF63 50.00	PF65 60.00			

KM# 1607 15.87 g., 0.999 Silver, 0.5097 oz. ASW 34mm. **Subject:** Ducks of Canada **Obv:** Bust right **Rev:** Pintail ducks in color **Rev. Designer:** Trevor Tennant

Date	Mintage	VF20	XF40	MS60	MS63	MS65
2014	10,000	—	—	—	35.00	—

KM# 1612 15.87 g., 0.999 Silver, 0.5097 oz. ASW 34mm. **Obv:** Bust right **Rev:** Grizzly bear left **Rev. Designer:** Glen Loates

Date	Mintage	VF20	XF40	MS60	MS63	MS65
2014	40,000	PF63 35.00	PF65 40.00			

KM# 1612a 15.87 g., 0.999 Silver partially gilt, 0.5097 oz. ASW 34mm. **Ruler:** Elizabeth II **Subject:** Oh Canada **Obv:** Bust right **Rev:** Bear in gilt border **Mint:** Royal Canadian Mint

Date	Mintage	F12	VF20	XF40	MS60	MS63
2014	—	PF63 55.00	PF65 65.00			

KM# 1613 15.87 g., 0.999 Silver, 0.5097 oz. ASW 34mm. **Subject:** World War I - Mobilization of a nation **Obv:** Bust right **Rev:** Soldier with gear walking up ship's gangway **Rev. Designer:** Maskull Lasserre

Date	Mintage	VF20	XF40	MS60	MS63	MS65
2014	40,000	PF63 40.00	PF65 45.00			

KM# 1625.1 15.87 g., 0.999 Silver, 0.5097 oz. ASW 34mm. **Obv:** Bust right **Rev:** Downhill skiing **Rev. Designer:** Kendra Dixon

Date	Mintage	VF20	XF40	MS60	MS63	MS65
2014	40,000	PF63 35.00	PF65 40.00			

KM# 1625.2 15.87 g., 0.999 Silver partially gilt, 0.5097 oz. ASW **Ruler:** Elizabeth II **Subject:** Oh Canada **Obv:** Bust right **Rev:** Skiing in gilt border **Mint:** Royal Canadian Mint

Date	Mintage	F12	VF20	XF40	MS60	MS63
2014	—	PF63 60.00	PF65 75.00			

KM# 1649.1 15.87 g., 0.9999 Silver, 0.5102 oz. ASW 34mm. **Ruler:** Elizabeth II **Subject:** O Canada **Obv:** Bust right **Rev:** Moose **Mint:** Royal Canadian Mint

Date	Mintage	F12	VF20	XF40	MS60	MS63
2014 Matte Proof	40,000	PF63 35.00	PF65 40.00			

KM# 1649.2 15.87 g., 0.9999 Silver, 0.5102 oz. ASW 34mm. **Ruler:** Elizabeth II **Subject:** O Canada **Obv:** Bust right **Rev:** Moose in gilt border **Mint:** Royal Canadian Mint

Date	Mintage	F12	VF20	XF40	MS60	MS63
2014 Matte Proof	—	PF63 60.00	PF65 75.00			

KM# 1651 7.80 g., 0.999 Gold, 0.2505 oz. AGW 20mm. **Ruler:** Elizabeth II **Obv:** Bust right **Rev:** Arctic Fox **Rev. Designer:** Maurice Gervais **Mint:** Royal Canadian Mint

Date	Mintage	F12	VF20	XF40	MS60	MS63
2014	2,000	PF63 640	PF65 650			

KM# 1652 15.55 g., 0.9999 Silver, 0.4999 oz. ASW 34mm. **Ruler:** Elizabeth II **Subject:** D-Day, 70th Anniversary **Obv:** Head left of George VI **Rev:** Troops landing on Juno Beach in Normandy **Mint:** Royal Canadian Mint

Date	Mintage	F12	VF20	XF40	MS60	MS63
2014	8,000	PF63 50.00		PF65 60.00		

KM# 1653 15.87 g., 0.9999 Silver, 0.5102 oz. ASW 34mm. **Ruler:** Elizabeth II **Obv:** Bust right **Rev:** Green Darner Dragonfly **Mint:** Royal Canadian Mint

Date	Mintage	F12	VF20	XF40	MS60	MS63
2014	10,000	PF63 75.00		PF65 85.00		

KM# 1654 15.87 g., 0.9999 Silver, 0.5102 oz. ASW 34mm. **Ruler:** Elizabeth II **Subject:** Sainthood **Obv:** Bust right **Rev:** Pope John Paul II elevating host **Mint:** Royal Canadian Mint

Date	Mintage	F12	VF20	XF40	MS60	MS63
2014	8,500	PF63 75.00		PF65 80.00		

KM# 1713 15.87 g., 0.9999 Silver, 0.5102 oz. ASW 34mm. **Obv:** Bust right **Rev:** WWII photo of child running after dad leaving for war, with color highlights

Date	Mintage	VF20	XF40	MS60	MS63	MS65
2014	10,000		PF65 60.00			

KM# 1748 15.87 g., 0.999 Silver, 0.5097 oz. ASW 34mm. **Obv:** Bust right **Rev:** Superman lifting auto thus saving child

Date	Mintage	VF20	XF40	MS60	MS63	MS65
2014	10,000		PF65 60.00			

KM# 1787 15.87 g., 0.9999 Silver, 0.5102 oz. ASW 34mm. **Ruler:** Elizabeth II **Obv:** Bust right **Rev:** Harlequin Duck pair in color **Mint:** Royal Canadian Mint

Date	Mintage	F12	VF20	XF40	MS60	MS63
2014	10,000	PF65 75.00				

KM# 1791 7.78 g., 0.999 Gold, 0.2499 oz. AGW 20mm. **Ruler:** Elizabeth II **Subject:** Effigies of Queen Elizabeth II (1953) **Obv:** Bust right by Mary Gillick **Rev:** Two maple leaves **Mint:** Royal Canadian Mint

Date	Mintage	F12	VF20	XF40	MS60	MS63
2014 Proof, reverse	650	PF65 475				

KM# 1793 15.87 g., 0.999 Silver, 0.5097 oz. ASW 34mm. **Ruler:** Elizabeth II **Subject:** First Nations Art **Obv:** Bust right **Rev:** Salmon hologram **Rev. Designer:** Darlene Gait **Mint:** Royal Canadian Mint

Date	Mintage	F12	VF20	XF40	MS60	MS63
2014	10,000	PF65 75.00				

KM# 1800 7.80 g., 0.9999 Gold, 0.2508 oz. AGW 20mm. **Ruler:** Elizabeth II **Obv:** Gillick portrait of Elizabeth II right **Rev:** Two maple leaves on twig **Rev. Designer:** Celia Godkin **Mint:** Royal Canadian Mint

Date	Mintage	F12	VF20	XF40	MS60	MS63
2014 Reverse Proof	1,500	**PF65** 650				

KM# 1917.1 15.87 g., 0.9999 Silver, 0.5102 oz. ASW 34mm. **Subject:** O Canada **Obv:** Bust right **Rev:** Cowboy on horse

Date	Mintage	VF20	XF40	MS60	MS63	MS65
2014 Matte Proof	40,000	**PF63** 35.00	**PF65** 40.00			

KM# 1917.2 15.87 g., 0.9999 Silver partially gilt, 0.5102 oz. ASW 34mm. **Ruler:** Elizabeth II **Subject:** O Canada **Obv:** Bust right **Rev:** Cowboy on horse in gilt border **Mint:** Royal Canadian Mint

Date	Mintage	F12	VF20	XF40	MS60	MS63
2014 Matte Proof	—	**PF63** 60.00	**PF65** 75.00			

KM# 1918.1 15.87 g., 0.9999 Silver, 0.5102 oz. ASW 34mm. **Subject:** O Canada **Obv:** Bust right **Rev:** Snowman

Date	Mintage	VF20	XF40	MS60	MS63	MS65
2014 Matte Proof	40,000	**PF63** 35.00	**PF65** 40.00			

KM# 1918.2 15.87 g., 0.9999 Silver partially gilt, 0.5102 oz. ASW 34mm. **Ruler:** Elizabeth II **Subject:** O Canada **Obv:** Bust right **Rev:** Snowman in gilt border **Mint:** Royal Canadian Mint

Date	Mintage	F12	VF20	XF40	MS60	MS63
(2014) Matte Proof	—	**PF63** 60.00	**PF65** 75.00			

KM# 1919.1 15.87 g., 0.9999 Silver, 0.5102 oz. ASW 34mm. **Subject:** O Canada **Obv:** Bust right **Rev:** Adult bison trio, calf

Date	Mintage	VF20	XF40	MS60	MS63	MS65
2014 Matte Proof	—	**PF63** 35.00	**PF65** 40.00			

KM# 1919.2 15.87 g., 0.9999 Silver partially gilt, 0.5102 oz. ASW 34mm. **Ruler:** Elizabeth II **Subject:** O Canada **Obv:** Bust right **Rev:** Adult bison trio, calf in gilt border **Mint:** Royal Canadian Mint

Date	Mintage	F12	VF20	XF40	MS60	MS63
2014 Matte Proof	—	**PF63** 60.00	**PF65** 75.00			

KM# 1920.1 15.87 g., 0.9999 Silver, 0.5102 oz. ASW 34mm. **Subject:** O Canada **Obv:** Bust right **Rev:** Girl on tree swing

Date	Mintage	VF20	XF40	MS60	MS63	MS65
2014 Matte Proof	40,000	**PF63** 35.00	**PF65** 40.00			

KM# 1920.2 15.87 g., 0.9999 Silver partially gilt, 0.5102 oz. ASW 34mm. **Ruler:** Elizabeth II **Subject:** O Canada **Obv:** Bust right **Rev:** Girl on tree swing in gilt border **Mint:** Royal Canadian Mint

Date	Mintage	F12	VF20	XF40	MS60	MS63
2014 Matte Proof	—	**PF63** 60.00	**PF65** 75.00			

KM# 1921.1 15.87 g., 0.9999 Silver, 0.5102 oz. ASW 34mm. **Subject:** O Canada **Obv:** Bust right **Rev:** Goose looking across marsh

Date	Mintage	VF20	XF40	MS60	MS63	MS65
2014 Matte Proof	40,000	**PF63** 35.00	**PF65** 40.00			

KM# 1921.2 15.87 g., 0.9999 Silver partially gilt, 0.5102 oz. ASW 34mm. **Ruler:** Elizabeth II **Subject:** O Canada **Obv:** Bust right **Rev:** Goose looking across marsh in gilt border **Mint:** Royal Canadian Mint

Date	Mintage	F12	VF20	XF40	MS60	MS63
2014 Matte Proof	—	**PF63** 60.00	**PF65** 75.00			

KM# 1922.1 15.87 g., 0.9999 Silver, 0.5102 oz. ASW 34mm. **Subject:** O Canada **Obv:** Bust right **Rev:** Wolf howling, Northern Lights

Date	Mintage	VF20	XF40	MS60	MS63	MS65
2014 Matte Proof	—	**PF63** 35.00	**PF65** 40.00			

KM# 1922.2 15.87 g., 0.9999 Silver partially gilt, 0.5102 oz. ASW 34mm. **Subject:** O Canada **Obv:** Bust right **Rev:** Wolf howling, Northern Lights in gilt border **Mint:** Royal Canadian Mint

Date	Mintage	F12	VF20	XF40	MS60	MS63
2014 Matte Proof	—	**PF63** 60.00	**PF65** 75.00			

KM# 1923 15.87 g., 0.9999 Silver, 0.5102 oz. ASW 34mm. **Subject:** Welcome to the World **Obv:** Bust right **Rev:** Baby feet

Date	Mintage	VF20	XF40	MS60	MS63	MS65
2014 Matte Proof	15,000	**PF63** 45.00	**PF65** 50.00			

KM# 1924 7.80 g., 0.9999 Gold, 0.2508 oz. AGW 20mm. **Obv. Designer:** Mary Gillick **Rev:** Two maple leaves

Date	Mintage	VF20	XF40	MS60	MS63	MS65
2014 Proof, reverse	1,500	**PF65** 650				

KM# 1811 7.80 g., 0.999 Gold, 0.2505 oz. AGW 20mm. **Obv:** Bust right **Rev:** Polar Bear and cub **Rev. Designer:** Germane Arnaktaryok

Date	Mintage	VF20	XF40	MS60	MS63	MS65
2015	2,000	**PF65** 650				

KM# 1813 15.87 g., 0.9999 Silver, 0.5102 oz. ASW 34mm. **Obv:** Bust right **Rev:** Ram head, bamboo background **Rev. Designer:** Simon Ng

Date	Mintage	VF20	XF40	MS60	MS63	MS65
2015	22,888	**PF65** 40.00				

KM# 1826 15.87 g., 0.999 Silver, 0.5097 oz. ASW 34mm. **Ruler:** Elizabeth II **Obv:** Bust right **Rev:** Calgary Flames logo **Mint:** Royal Canadian Mint

Date	Mintage	F12	VF20	XF40	MS60	MS63
2015	5,000	**PF65** 75.00				

KM# 1827 15.87 g., 0.999 Silver, 0.5097 oz. ASW
34mm. **Ruler:** Elizabeth II **Obv:** Bust right **Rev:**
Edmonton Oilers logo **Mint:** Royal Canadian Mint

Date	Mintage	F12	VF20	XF40	MS60	MS63
2015	5,000	PF65 75.00				

KM# 1828 15.87 g., 0.999 Silver, 0.5097 oz. ASW
34mm. **Ruler:** Elizabeth II **Obv:** Bust right **Rev:**
Montreal Canadiens logo **Mint:** Royal Canadian Mint

Date	Mintage	F12	VF20	XF40	MS60	MS63
2015	6,000	PF65 75.00				

KM# 1829 15.87 g., 0.999 Silver, 0.5097 oz. ASW
34mm. **Obv:** Bust right **Rev:** Ottawa Senators logo

Date	Mintage	VF20	XF40	MS60	MS63	MS65
2015	5,000	PF65 75.00				

KM# 1830 15.87 g., 0.999 Silver, 0.5097 oz.
ASW 34mm. **Obv:** Bust right **Rev:** Toronto Maple
Leaves logo

Date	Mintage	VF20	XF40	MS60	MS63	MS65
2015	5,000	PF65 75.00				

KM# 1831 15.87 g., 0.999 Silver, 0.5097 oz. ASW
34mm. **Obv:** Bust right **Rev:** Vancouver Canucks
logo

Date	Mintage	VF20	XF40	MS60	MS63	MS65
2015	5,000	PF65 75.00				

KM# 1832 15.87 g., 0.999 Silver, 0.5097 oz. ASW
34mm. **Obv:** Bust right **Rev:** Winnipeg Jets logo

Date	Mintage	VF20	XF40	MS60	MS63	MS65
2015	5,000	PF65 75.00				

KM# 1841 15.87 g., 0.9999 Silver, 0.5102 oz. ASW
34mm. **Obv:** Bust right **Rev:** Sir John A. McDonald
standing selectively gilt

Date	Mintage	VF20	XF40	MS60	MS63	MS65
2015	10,000	PF65 85.00				

KM# 1857 15.87 g., 0.9999 Silver, 0.5102 oz. ASW
34mm. **Ruler:** Elizabeth II **Subject:** Songbirds of
Canada **Obv:** Bust right **Rev:** Blue Jay in color on
branch **Mint:** Royal Canadian Mint

Date	Mintage	F12	VF20	XF40	MS60	MS63
2015	15,000	PF65 75.00				

KM# 1858 15.87 g., 0.9999 Silver, 0.5102 oz. ASW
34mm. **Ruler:** Elizabeth II **Subject:** First Nations
Art **Obv:** Bust right **Rev:** Mother eagle feeding baby
in color **Mint:** Royal Canadian Mint

Date	Mintage	F12	VF20	XF40	MS60	MS63
2015	10,000	PF65 75.00				

KM# A1859 15.87 g., 0.9999 Silver, 0.5102 oz.
ASW 34mm. **Subject:** Canoe Across Canada **Obv:**
Bust right **Rev:** Quebec's Sain-Jean River

Date	Mintage	VF20	XF40	MS60	MS63	MS65
2015	20,000	PF65 32.00		PF67 35.00		

KM# B1859 15.87 g., 0.9999 Silver, 0.5102 oz. ASW 34mm. **Subject:** Canoe Across Canada **Obv:** Bust right **Rev:** Ontario's Georgian Bay Islands

Date	Mintage	VF20	XF40	MS60	MS63	MS65
2015	20,000	PF65 32.00	PF67 35.00			

KM# C1859 15.87 g., 0.9999 Silver, 0.5102 oz. ASW 34mm. **Subject:** Canoe Across Canada **Obv:** Bust right **Rev:** Yukon River

Date	Mintage	VF20	XF40	MS60	MS63	MS65
2015		PF65 32.00	PF67 35.00			

KM# D1859 15.87 g., 0.9999 Silver, 0.5102 oz. ASW 34mm. **Subject:** Canoe Across Canada **Obv:** Bust right **Rev:** Lake in Quebec's Laurentian Mountains

Date	Mintage	VF20	XF40	MS60	MS63	MS65
2015	20,000	PF65 32.00	PF67 35.00			

KM# E1859 15.87 g., 0.9999 Silver, 0.5102 oz. ASW 34mm. **Subject:** Canoe Across Canada **Obv:** Bust right **Rev:** Alberta's Bow River

Date	Mintage	VF20	XF40	MS60	MS63	MS65
2015	20,000	PF65 32.00	PF67 35.00			

KM# F1859 15.87 g., 0.9999 Silver, 0.5102 oz. ASW 34mm. **Subject:** Canoe Across Canada **Obv:** Bust right **Rev:** British Columbia's Fraser River

Date	Mintage	VF20	XF40	MS60	MS63	MS65
2015	20,000	PF65 32.00	PF67 35.00			

KM# G1859 15.87 g., 0.9999 Silver, 0.5102 oz. ASW 34mm. **Subject:** Adventure Canada **Obv:** Bust right **Rev:** Whitewater rafting

Date	Mintage	VF20	XF40	MS60	MS63	MS65
2015 Matte Proof	20,000	PF65 28.00	PF67 30.00			

KM# H1859 15.87 g., 0.9999 Silver, 0.5102 oz. ASW 34mm. **Subject:** Adventure Canada **Obv:** Bust right **Rev:** Dog Sledding

Date	Mintage	VF20	XF40	MS60	MS63	MS65
2015 Matte Proof	20,000	PF65 28.00	PF67 30.00			

KM# I1859 15.87 g., 0.9999 Silver, 0.5102 oz. ASW 34mm. **Subject:** Adventure Canada **Obv:** Bust right **Rev:** Mountain Biking

Date	Mintage	VF20	XF40	MS60	MS63	MS65
2015 Matte Proof	20,000	PF65 28.00	PF67 30.00			

KM# J1859 15.87 g., 0.9999 Silver, 0.5102 oz. ASW 34mm. **Subject:** Adventure Canada **Obv:** Bust right **Rev:** Ice Climbing

Date	Mintage	VF20	XF40	MS60	MS63	MS65
2015 Matte Proof	20,000	PF65 28.00	PF67 30.00			

KM# K1859 15.87 g., 0.9999 Silver, 0.5102 oz. ASW 34mm. **Subject:** Adventure Canada **Obv:** Bust right **Rev:** Windsurfing

Date	Mintage	VF20	XF40	MS60	MS63	MS65
2015 Matte Proof	20,000	PF65 28.00	PF67 30.00			

KM# A1888 15.87 g., 0.9999 Silver, 0.5102 oz. ASW 34mm. **Ruler:** Elizabeth II **Subject:** Songbirds of Canada **Obv:** Bust right **Rev:** Oriole in color on wild plum branch **Mint:** Royal Canadian Mint

Date	Mintage	F12	VF20	XF40	MS60	MS63
2015	15,000	PF65 75.00				

KM# B1888 15.87 g., 0.9999 Silver, 0.5102 oz. ASW 34mm. **Ruler:** Elizabeth II **Subject:** Songbirds of Canada **Obv:** Bust right **Rev:** Swallow in color on branch **Mint:** Royal Canadian Mint

Date	Mintage	F12	VF20	XF40	MS60	MS63
2015	15,000	PF65 75.00				

KM# C1888 15.87 g., 0.9999 Silver, 0.5102 oz. ASW 34mm. **Ruler:** Elizabeth II **Subject:** Songbirds of Canada **Obv:** Bust right **Rev:** Warbler in color on plum branch **Mint:** Royal Canadian Mint

Date	Mintage	F12	VF20	XF40	MS60	MS63
2015	15,000	PF65 75.00				

KM# 1888 15.87 g., 0.9999 Silver, 0.5102 oz. ASW 34mm. **Ruler:** Elizabeth II **Subject:** Songbirds of Canada **Obv:** Bust right **Rev:** Northern Cardinal in color on branch **Mint:** Royal Canadian Mint

Date	Mintage	F12	VF20	XF40	MS60	MS63
2015	15,000	PF65 75.00				

KM# A1890 15.87 g., 0.9999 Silver, 0.5102 oz. ASW 34mm. **Subject:** DC Comics Originals: Unity **Obv:** Bust right **Rev:** Supergirl at right in color

Date	Mintage	VF20	XF40	MS60	MS63	MS65
2015 Matte Proof	30,000	PF65 60.00				

KM# B1890 15.87 g., 0.9999 Silver, 0.5102 oz. ASW 34mm. **Subject:** DC Comics Originals: Legacy **Obv:** Bust right **Rev:** Superman at center in color

Date	Mintage	VF20	XF40	MS60	MS63	MS65
2015 Matte Proof	30,000	PF65 60.00				

KM# C1890 15.87 g., 0.9999 Silver, 0.5102 oz. ASW 34mm. **Subject:** DC Comics Originals: Gauntlet **Obv:** Bust right **Rev:** Superman at left in color

Date	Mintage	VF20	XF40	MS60	MS63	MS65
2015 Matte Proof	30,000	PF65 60.00				

KM# 1890 15.87 g., 0.9999 Silver, 0.5102 oz. ASW 34mm. **Subject:** DC Comics Originals: Strength **Obv:** Bust right **Rev:** Supergirl at left in color

Date	Mintage	VF20	XF40	MS60	MS63	MS65
2015	30,000	PF65 60.00				

KM# A1891 15.87 g., 0.9999 Silver, 0.5102 oz. ASW 34mm. **Subject:** NHL Goalies **Obv:** Bust right **Rev:** Gerry Cheevers

Date	Mintage	VF20	XF40	MS60	MS63	MS65
2015	8,000	PF65 75.00				

KM# B1891 15.87 g., 0.9999 Silver, 0.5102 oz. ASW 34mm. **Subject:** NHL Goalies **Obv:** Bust right **Rev:** Johnny Bower

Date	Mintage	VF20	XF40	MS60	MS63	MS65
2015	8,000	PF65 75.00				

KM# C1891 15.87 g., 0.9999 Silver, 0.5102 oz. ASW 34mm. **Subject:** NHL Goalies **Obv:** Bust right **Rev:** Eddie Giacomin

Date	Mintage	VF20	XF40	MS60	MS63	MS65
2015	8,000	PF65 75.00				

KM# 1891 15.87 g., 0.999 Silver, 0.5097 oz. ASW 34mm. **Subject:** NHL Goalies **Obv:** Bust right **Rev:** Jacuqes Plante

Date	Mintage	VF20	XF40	MS60	MS63	MS65
2015	8,000	PF65 75.00				

KM# 1892 15.87 g., 0.999 Silver, 0.5097 oz. ASW 34mm. **Subject:** NHL Goalies **Obv:** Bust right **Rev:** Terry Sawchuk

Date	Mintage	VF20	XF40	MS60	MS63	MS65
2015	8,000	PF65 75.00				

KM# 1893 15.87 g., 0.999 Silver, 0.5097 oz. ASW 34mm. **Subject:** NHL Goalies **Obv:** Bust right **Rev:** Glenn Hall

Date	Mintage	VF20	XF40	MS60	MS63	MS65
2015	8,000	PF65 75.00				

KM# 1963 7.80 g., 0.9999 Gold, 0.2508 oz. AGW 20mm. **Ruler:** Elizabeth II **Subject:** Effigies of Queen Elizabeth II (1965) **Obv:** Bust right by Arnold Machin **Rev:** Two maple leaves **Mint:** Royal Canadian Mint

Date	Mintage	F12	VF20	XF40	MS60	MS63
2015 Proof, reverse	1,500		PF65 475			

KM# 1964 15.87 g., 0.9999 Silver Selective gold plating, 0.5102 oz. ASW 34mm. **Ruler:** Elizabeth II **Subject:** Celebrating Canada **Obv:** Bust right **Rev:** Maple leaf outline with interior symbols **Mint:** Royal Canadian Mint

Date	Mintage	F12	VF20	XF40	MS60	MS63
2015	8,000		PF65 75.00			

KM# 1965 15.87 g., 0.9999 Silver, 0.5102 oz. ASW 34mm. **Ruler:** Elizabeth II **Obv:** Bust right **Rev:** Winter Fun - Three children playing in snow, in color **Mint:** Royal Canadian Mint

Date	Mintage	F12	VF20	XF40	MS60	MS63
2015	8,000		PF65 75.00			

KM# 1966 15.87 g., 0.9999 Silver, 0.5102 oz. ASW 34mm. **Ruler:** Elizabeth II **Subject:** Ducks of Canada **Obv:** Bust right **Rev:** Cinnamon Teal duck pair in color **Mint:** Royal Canadian Mint

Date	Mintage	F12	VF20	XF40	MS60	MS63
2015	10,000		PF65 75.00			

KM# 1967 15.87 g., 0.9999 Silver, 0.5102 oz. ASW 34mm. **Ruler:** Elizabeth II **Subject:** Welcome to the World **Obv:** Bust right **Rev:** Baby feet **Mint:** Royal Canadian Mint

Date	Mintage	F12	VF20	XF40	MS60	MS63
2015	15,000		PF65 75.00			

KM# 1968 15.87 g., 0.9999 Silver, 0.5102 oz. ASW 34mm. **Subject:** 75th Anniversary of Bugs Bunny/Looney Tunes **Obv:** Bust right **Rev:** Bugs Bunny, hidden Daffy Duck design element

Date	Mintage	VF20	XF40	MS60	MS63	MS65
2015 Matte Proof	30,000		PF65 60.00			

KM# 1969 15.87 g., 0.9999 Silver, 0.5102 oz. ASW 34mm. **Subject:** 75th Anniversary of Bugs Bunny/Looney Tunes **Obv:** Bust right **Rev:** Sylvester the Cat, hidden Tweety Bird design element

Date	Mintage	VF20	XF40	MS60	MS63	MS65
2015 Matte Proof	30,000		PF65 60.00			

KM# 1970 15.87 g., 0.9999 Silver, 0.5102 oz. ASW 34mm. **Subject:** 75th Anniversary of Bugs Bunny/Looney Tunes **Obv:** Bust right **Rev:** Marvin the Martian, hidden K-9 design element

Date	Mintage	VF20	XF40	MS60	MS63	MS65
2015 Matte Proof	30,000		PF65 60.00			

KM# 1971 15.87 g., 0.9999 Silver, 0.5102 oz. ASW 34mm. **Subject:** 75th Anniversary of Bugs Bunny/Looney Tunes **Obv:** Bust right **Rev:** Road Runner, hidden Wile E. Coyote design element

Date	Mintage	VF20	XF40	MS60	MS63	MS65
2015 Matte Proof	30,000		PF65 60.00			

KM# 1972 15.87 g., 0.9999 Silver, 0.5102 oz. ASW 34mm. **Subject:** 75th Anniversary of Bugs Bunny/Looney Tunes **Obv:** Bust right **Rev:** Wile E. Coyote, hidden Road Runner design element

Date	Mintage	VF20	XF40	MS60	MS63	MS65
2015 Matte Proof	30,000		PF65 60.00			

KM# 1973 15.87 g., 0.9999 Silver, 0.5102 oz. ASW 34mm. **Subject:** 75th Anniversary of Bugs Bunny/Looney Tunes **Obv:** Bust right **Rev:** Daffy Duck, hidden Bugs Bunny design element

Date	Mintage	VF20	XF40	MS60	MS63	MS65
2015 Matte Proof	30,000		PF65 60.00			

KM# 1974 15.87 g., 0.9999 Silver, 0.5102 oz. ASW 34mm. **Subject:** 75th Anniversary of Bugs Bunny/Looney Tunes **Obv:** Bust right **Rev:** Tweety Bird, hidden Sylvester the Cat design element

Date	Mintage	VF20	XF40	MS60	MS63	MS65
2015 Matte Proof	30,000		PF65 60.00			

KM# 1975 15.87 g., 0.9999 Silver, 0.5102 oz. ASW 34mm. **Subject:** 75th Anniversary of Bugs Bunny/Looney Tunes **Obv:** Bust right **Rev:** Looney Tunes gang with Bugs Bunny at center

Date	Mintage	VF20	XF40	MS60	MS63	MS65
2015 Matte Proof	30,000		PF65 60.00			

KM# 1988 7.80 g., 0.9999 Gold, 0.2508 oz. AGW 20mm. **Ruler:** Elizabeth II **Subject:** Effigies of Queen Elizabeth II (1990) **Obv:** Bust right by Dora de Pedery-Hunt **Rev:** Two maple leaves **Mint:** Royal Canadian Mint

Date	Mintage	F12	VF20	XF40	MS60	MS63
2015 Proof, reverse	1,000		PF65 475			

KM# 1989 15.87 g., 0.9999 Silver, 0.5102 oz. ASW 34mm. **Ruler:** Elizabeth II **Obv:** Bust right **Rev:** Painted Pygmy Snaketail Dragonfly in color, hologram background **Mint:** Royal Canadian Mint

Date	Mintage	F12	VF20	XF40	MS60	MS63
2015	10,000		PF65 75.00			

KM# 1990 15.87 g., 0.9999 Silver, 0.5102 oz. ASW 34mm. **Ruler:** Elizabeth II **Subject:** FIFA Women's World Cup: Go Canada Go! **Obv:** Bust right **Rev:** Players running onto pitch, stands in background **Mint:** Royal Canadian Mint

Date	Mintage	F12	VF20	XF40	MS60	MS63
2015	15,000		PF65 75.00			

KM# 1991 15.87 g., 0.9999 Silver, 0.5102 oz. ASW 34mm. **Ruler:** Elizabeth II **Subject:** FIFA Women's World Cup: Celebration **Obv:** Bust right **Rev:** Player running with Canadian flag, stylized maple leaf **Mint:** Royal Canadian Mint

Date	Mintage	F12	VF20	XF40	MS60	MS63
2015	15,000		PF65 75.00			

KM# 1992 15.87 g., 0.9999 Silver, 0.5102 oz. ASW 34mm. **Ruler:** Elizabeth II **Subject:** FIFA Women's World Cup: The Kicker **Obv:** Bust right **Rev:** Player kicking ball, stylized maple leaf **Mint:** Royal Canadian Mint

Date	Mintage	F12	VF20	XF40	MS60	MS63
2015	15,000		PF65 75.00			

KM# 1993 15.87 g., 0.9999 Silver, 0.5102 oz. ASW 34mm. **Ruler:** Elizabeth II **Subject:** FIFA Women's World Cup: The Goalie **Obv:** Bust right **Rev:** Player diving to defend goal, stylized maple leaf **Mint:** Royal Canadian Mint

Date	Mintage	F12	VF20	XF40	MS60	MS63
2015	15,000		PF65 75.00			

KM# 1994 15.87 g., 0.9999 Silver, 0.5102 oz. ASW 34mm. **Ruler:** Elizabeth II **Subject:** FIFA Women's World Cup: Heading the Ball **Obv:** Bust right **Rev:** Player heading the ball, stylized maple leaf **Mint:** Royal Canadian Mint

Date	Mintage	F12	VF20	XF40	MS60	MS63
2015	15,000		PF65 75.00			

KM# 1995 15.87 g., 0.9999 Silver, 0.5102 oz. ASW 34mm. **Ruler:** Elizabeth II **Subject:** FIFA Women's World Cup: Canada Welcomes the World **Obv:** Bust right **Rev:** Stylized maple leaf in color **Mint:** Royal Canadian Mint

Date	Mintage	F12	VF20	XF40	MS60	MS63
2015	15,000		PF65 75.00			

KM# 2000 15.87 g., 0.9999 Silver, 0.5102 oz. ASW 34mm. **Ruler:** Elizabeth II **Subject:** Canadian Maple Leaf **Obv:** Bust right **Rev:** Four sugar maple leaves **Mint:** Royal Canadian Mint

Date	Mintage	F12	VF20	XF40	MS60	MS63
2015 Specimen	25,000	PF65 25.00	PF67 30.00			
Proof						

KM# 2116 15.67 g., 0.9999 Silver, 0.5038 oz. ASW 39.6x38mm. **Subject:** Maple Leaf Silhouette **Obv:** Bust right **Rev:** Pair of Canadian geese, date above, denomination below **Shape:** Leaf

Date	Mintage	VF20	XF40	MS60	MS63	MS65
2016	800	PF65 60.00	PF67 70.00			

KM# 2117 7.96 g., 0.9999 Silver, 0.2559 oz. ASW 27mm. **Subject:** Celebration of Love **Obv:** Bust right **Rev:** Pair of doves, five Swarovski crystals, five leaves in color

Date	Mintage	VF20	XF40	MS60	MS63	MS65
2016	15,000	PF65 45.00	PF67 55.00			

KM# 2118 15.87 g., 0.9999 Silver Selective gold plating, 0.5102 oz. ASW 34mm. **Subject:** Iconic Canada: Inukshuk **Obv:** Bust right, "P" mintmark **Rev:** Unworked stone sculpture

Date	Mintage	VF20	XF40	MS60	MS63	MS65
2016	6,000	PF65 50.00	PF67 60.00			

KM# 2119 15.87 g., 0.9999 Silver, 0.5102 oz. ASW 34mm. **Ruler:** Elizabeth II **Subject:** Welcome to the World **Obv:** Bust right **Rev:** Baby feet **Mint:** Royal Canadian Mint

Date	Mintage	F12	VF20	XF40	MS60	MS63
2016 Proof,	20,000	PF65 70.00	PF67 85.00			
reverse						

KM# 2120 7.80 g., 0.9999 Gold, 0.2508 oz. AGW 20mm. **Ruler:** Elizabeth II **Subject:** Effigies of Queen Elizabeth II (2003) **Obv:** Bust right by Susanna Blunt **Rev:** Two maple leaves **Mint:** Royal Canadian Mint

Date	Mintage	F12	VF20	XF40	MS60	MS63
2016 Proof,	1,000	PF65 475	PF67 500			
reverse						

KM# 2121 15.87 g., 0.9999 Silver, 0.5102 oz. ASW 34mm. **Ruler:** Elizabeth II **Subject:** Day of the Dinosaurs **Obv:** Bust right **Rev:** Terror of the Sky - Quetzalcoatlus, in color **Mint:** Royal Canadian Mint

Date	Mintage	F12	VF20	XF40	MS60	MS63
2016	10,000	PF65 35.00	PF67 45.00			

KM# 2122 15.87 g., 0.9999 Silver, 0.5102 oz. ASW 34mm. **Ruler:** Elizabeth II **Subject:** Day of the Dinosaurs **Obv:** Bust right **Rev:** The Spiked Lizard - Styracosaurus, in color **Mint:** Royal Canadian Mint

Date	Mintage	F12	VF20	XF40	MS60	MS63
2016	10,000	PF65 35.00	PF67 45.00			

KM# 2123 15.87 g., 0.9999 Silver, 0.5102 oz. ASW 34mm. **Ruler:** Elizabeth II **Subject:** Day of the Dinosaurs **Obv:** Bust right **Rev:** The Armoured Tank - Edmontonia, in color **Mint:** Royal Canadian Mint

Date	Mintage	F12	VF20	XF40	MS60	MS63
2016	10,000	PF65 35.00	PF67 45.00			

KM# 2124 15.87 g., 0.9999 Silver, 0.5102 oz. ASW 34mm. **Ruler:** Elizabeth II **Obv:** Bust right **Rev:** Reflections of Wildlife - Grizzly Bear **Mint:** Royal Canadian Mint

Date	Mintage	F12	VF20	XF40	MS60	MS63
2016	15,000	PF65 20.00	PF67 30.00			

KM# 2125 15.87 g., 0.9999 Silver, 0.5102 oz. ASW 34mm. **Ruler:** Elizabeth II **Obv:** Bust right **Rev:** Reflections of Wildlife - Otter **Mint:** Royal Canadian Mint

Date	Mintage	F12	VF20	XF40	MS60	MS63
2016	15,000	PF65 20.00	PF67 30.00			

KM# 2126 15.87 g., 0.9999 Silver, 0.5102 oz. ASW 34mm. **Ruler:** Elizabeth II **Obv:** Bust right **Rev:** Reflections of Wildlife - Arctic Fox **Mint:** Royal Canadian Mint

Date	Mintage	F12	VF20	XF40	MS60	MS63
2016	15,000	PF65 20.00	PF67 30.00			

KM# 2127 15.87 g., 0.9999 Silver, 0.5102 oz. ASW 34mm. **Ruler:** Elizabeth II **Subject:** Batman v Superman: Dawn of Justice **Obv:** Bust right **Rev:** Batman/Superman logos, in color, shattered glass background **Mint:** Royal Canadian Mint

Date	Mintage	F12	VF20	XF40	MS60	MS63
2016 Matte Proof	15,000	PF65 30.00	PF67 35.00			

KM# 2128 15.87 g., 0.9999 Silver, 0.5102 oz. ASW 34mm. **Ruler:** Elizabeth II **Subject:** Batman v Superman: Dawn of Justice **Obv:** Bust right **Rev:** Wonder Woman in color, Kryptonian writing **Mint:** Royal Canadian Mint

Date	Mintage	F12	VF20	XF40	MS60	MS63
2016 Matte Proof	15,000	PF65 30.00	PF67 35.00			

KM# 2129 15.87 g., 0.9999 Silver, 0.5102 oz. ASW 34mm. **Ruler:** Elizabeth II **Subject:** Batman v Superman: Dawn of Justice **Obv:** Bust right **Rev:** Batman in color, Kryptonian writing **Mint:** Royal Canadian Mint

Date	Mintage	F12	VF20	XF40	MS60	MS63
2016 Matte Proof	15,000	PF65 30.00	PF67 35.00			

KM# 2130 15.87 g., 0.9999 Silver, 0.5102 oz. ASW 34mm. **Ruler:** Elizabeth II **Subject:** Batman v Superman: Dawn of Justice **Obv:** Bust right **Rev:** Superman in color, Kryptonian writing **Mint:** Royal Canadian Mint

Date	Mintage	F12	VF20	XF40	MS60	MS63
2016 Matte Proof	15,000	PF65 30.00	PF67 35.00			

KM# 2139 15.87 g., 0.9999 Silver, 0.5102 oz. ASW 34mm. **Ruler:** Elizabeth II **Obv:** Bust right **Rev:** Cycle of maple leaf life **Mint:** Royal Canadian Mint

Date	Mintage	F12	VF20	XF40	MS60	MS63
2016 Specimen	30,000	PF65 25.00	PF67 30.00			
Proof						

KM# 2140 15.87 g., 0.9999 Silver, 0.5102 oz. ASW 34mm. **Ruler:** Elizabeth II **Subject:** Year of the Monkey **Obv:** Bust right **Rev:** Monkey in peach tree **Mint:** Royal Canadian Mint

Date	Mintage	F12	VF20	XF40	MS60	MS63
2016 Specimen	15,888	PF65 35.00	PF67 40.00			
Proof						

KM# 2141 15.87 g., 0.9999 Silver, 0.5102 oz. ASW 34mm. **Ruler:** Elizabeth II **Obv:** Bust right **Rev:** Winter Fun - Family on toboggan, in color **Mint:** Royal Canadian Mint

Date	Mintage	F12	VF20	XF40	MS60	MS63
2016	7,500	PF65 45.00	PF67 50.00			

KM# 2142 15.87 g., 0.9999 Silver, 0.5102 oz. ASW 34mm. **Ruler:** Elizabeth II **Subject:** Ducks of Canada **Obv:** Bust right **Rev:** Canvasback duck pair by nest, in color **Mint:** Royal Canadian Mint

Date	Mintage	F12	VF20	XF40	MS60	MS63
2016	10,000	PF65 60.00	PF67 70.00			

KM# 2143 15.87 g., 0.9999 Silver, 0.5102 oz. ASW 34mm. **Ruler:** Elizabeth II **Subject:** Star Trek Crew **Obv:** Bust right **Rev:** Capt. James T. Kirk and U.S.S. Enterprise, selective color **Mint:** Royal Canadian Mint

Date	Mintage	F12	VF20	XF40	MS60	MS63
2016	12,500	PF65 35.00	PF67 45.00			

KM# 2144 15.87 g., 0.9999 Silver, 0.5102 oz. ASW 34mm. **Ruler:** Elizabeth II **Subject:** Star Trek Crew **Obv:** Bust right **Rev:** Lt. Comm. Montgomery Scott and communicator, selective color **Mint:** Royal Canadian Mint

Date	Mintage	F12	VF20	XF40	MS60	MS63
2016	12,500		PF65 35.00	PF67 45.00		

KM# 2145 15.87 g., 0.9999 Silver, 0.5102 oz. ASW 34mm. **Ruler:** Elizabeth II **Subject:** Star Trek Crew **Obv:** Bust right **Rev:** Com. Officer Lt. Uhura and tricorder, selective color **Mint:** Royal Canadian Mint

Date	Mintage	F12	VF20	XF40	MS60	MS63
2016	12,500		PF65 35.00	PF67 45.00		

KM# 2146 15.87 g., 0.9999 Silver, 0.5102 oz. ASW 34mm. **Ruler:** Elizabeth II **Subject:** Star Trek Crew **Obv:** Bust right **Rev:** Lt. Comm. Spock and phaser, selective color **Mint:** Royal Canadian Mint

Date	Mintage	F12	VF20	XF40	MS60	MS63
2016	12,500		PF65 35.00	PF67 45.00		

15 DOLLARS

KM# 215 33.63 g., 0.925 Silver, 1.0001 oz. ASW 39mm. **Subject:** 1992 Olympics **Obv:** Crowned head right, date at left, denomination below **Rev:** Coaching track **Rev. Designer:** Stewart Sherwood

Date	Mintage	VF20	XF40	MS60	MS63	MS65
1992	—	PF63 32.00	PF65 37.00			

KM# 216 33.63 g., 0.925 Silver, 1.0001 oz. ASW **Subject:** 1992 Olympics **Obv:** Crowned head right, date at left, denomination below **Rev:** High jump, rings, speed skating **Rev. Designer:** David Craig

Date	Mintage	VF20	XF40	MS60	MS63	MS65
1992	—	PF63 32.00	PF65 37.00			

KM# 304 33.63 g., 0.925 Silver with gold insert, 1.0001 oz. ASW 40mm. **Subject:** Year of the Tiger **Obv:** Crowned head right **Rev:** Tiger within octagon at center, animal figures surround **Rev. Designer:** Harvey Chan

Date	Mintage	VF20	XF40	MS60	MS63	MS65
1998	—	PF63 375	PF65 400			

KM# 331 33.63 g., 0.925 Silver with gold insert, 1.0001 oz. ASW **Subject:** Year of the Rabbitt **Obv:** Crowned head right **Rev:** Rabbit within octagon at center, animal figures surround **Rev. Designer:** Harvey Chan

Date	Mintage	VF20	XF40	MS60	MS63	MS65
1999	77,791	PF63 100	PF65 120			

KM# 387 33.63 g., 0.925 Silver with gold insert, 1.0001 oz. ASW **Subject:** Year of the Dragon **Obv:** Crowned head right **Rev. Designer:** Harvey Chan

Date	Mintage	VF20	XF40	MS60	MS63	MS65
2000	88,634	PF63 150	PF65 170			

KM# 415 33.63 g., 0.925 Silver with gold insert, 1.0001 oz. ASW 40mm. **Subject:** Year of the Snake **Obv:** Crowned head right **Rev:** Snake within circle of lunar calendar signs **Rev. Designer:** Harvey Chain **Edge:** Reeded

Date	Mintage	VF20	XF40	MS60	MS63	MS65
2001	—	PF63 75.00	PF65 85.00			

KM# 463 33.63 g., 0.925 Silver with gold insert, 1.0001 oz. ASW **Subject:** Year of the Horse **Obv:** Crowned head right **Obv. Designer:** Dora dePédery-Hunt **Rev:** Horse in center with Chinese Lunar calendar around **Rev. Designer:** Harvey Chain

Date	Mintage	VF20	XF40	MS60	MS63	MS65
2002	59,395	75.00	**PF63** 75.00	**PF65** 85.00		

KM# 481 33.63 g., 0.925 Silver with gold insert, 1.0001 oz. ASW 40mm. **Subject:** Year of the Sheep **Obv:** Crowned head right **Rev:** Sheep in center with Chinese Lunar calendar around **Rev. Designer:** Harvey Chain

Date	Mintage	VF20	XF40	MS60	MS63	MS65
2003	53,714		**PF63** 75.00	**PF65** 85.00		

KM# 610 33.63 g., 0.925 Silver Gold octagon applique in center, 1.0001 oz. ASW **Subject:** Year of the Monkey **Obv:** Crowned head right **Rev:** Monkey in center with Chinese Lunar calendar around

Date	Mintage	VF20	XF40	MS60	MS63	MS65
2004	46,175			**PF65** 150		

KM# 560 33.63 g., 0.925 Silver with gold insert, 1.0001 oz. ASW **Subject:** Year of the Rooster **Obv:** Crowned head right **Rev:** Rooster in center with Chinese Lunar calendar around

Date	Mintage	VF20	XF40	MS60	MS63	MS65
2005	44,690			**PF65** 125		

KM# 587 33.63 g., 0.925 Silver with gold insert, 1.0001 oz. ASW **Subject:** Year of the Dog **Obv:** Crowned head left **Rev:** Dog in center with Chinese Lunar calendar around

Date	Mintage	VF20	XF40	MS60	MS63	MS65
2006	41,617		**PF63** 85.00	**PF65** 100		

KM# 732 33.63 g., 0.925 Silver with gold insert, 1.0001 oz. ASW 40mm. **Subject:** Year of the Pig **Rev:** Pig at center of lunar characters

Date	Mintage	VF20	XF40	MS60	MS63	MS65
2007	48,888		**PF63** 90.00	**PF65** 100		

KM# 801 33.63 g., 0.925 Silver with gold insert, 1.0001 oz. ASW 40mm. **Subject:** Year of the Rat **Rev:** Rat, gold octagonal insert at center

Date	Mintage	VF20	XF40	MS60	MS63	MS65
2008	48,888		**PF63** 80.00	**PF65** 90.00		

KM# 803 30.00 g., 0.925 Silver, 0.8922 oz. ASW 36.15mm. **Rev:** Queen Victoria's coinage portrait

Date	Mintage	VF20	XF40	MS60	MS63	MS65
2008	3,442	—	—	—	100	—

KM# 804 30.00 g., 0.925 Silver, 0.8922 oz. ASW 36.15mm. **Rev:** Edward VII coinage portrait **Rev. Designer:** G. W. DeSaulles

Date	Mintage	VF20	XF40	MS60	MS63	MS65
2008	6,261	—	—	—	100	—

KM# 805 20.00 g., 0.925 Silver, 0.5948 oz. ASW 36.15mm. **Rev:** George V coinage portrait

Date	Mintage	VF20	XF40	MS60	MS63	MS65
2008		—	—	—	100	—

KM# 806 31.56 g., 0.925 Silver, 0.9386 oz. ASW 49.8 x 28.6mm. **Rev:** Queen of Spades, multicolor playing card

Date	Mintage	VF20	XF40	MS60	MS63	MS65
2008	8,714		**PF63** 80.00	**PF65** 90.00		

KM# 807 31.56 g., 0.925 Silver, 0.9386 oz. ASW 28.6x49.8mm. **Rev:** Jack of Hearts, multicolor playing card

Date	Mintage	VF20	XF40	MS60	MS63	MS65
2008	11,362	PF63 75.00	PF65 85.00			

KM# 866 33.63 g., 0.925 Silver with gold insert, 1.0001 oz. ASW 40mm. **Subject:** Year of the Ox **Rev:** Ox, octagon gold insert

Date	Mintage	VF20	XF40	MS60	MS63	MS65
2009	48,888	PF63 80.00	PF65 90.00			

KM# 919 31.56 g., 0.925 Silver, 0.9386 oz. ASW 49.8 x 28.6mm. **Obv:** Bust right **Obv. Designer:** Susanna Blunt **Rev:** Ten of spades, multicolor **Shape:** rectangle

Date	Mintage	VF20	XF40	MS60	MS63	MS65
2009	5,921	PF63 140	PF65 150			

KM# 920 31.56 g., 0.925 Silver, 0.9386 oz. ASW 49.8 x 28.6mm. **Obv:** Bust right **Obv. Designer:** Susanna Blunt **Rev:** King of hearts, multicolor **Shape:** Rectangle

Date	Mintage	VF20	XF40	MS60	MS63	MS65
2009	5,798	PF63 110	PF65 120			

KM# 922 30.00 g., 0.925 Silver, 0.8922 oz. ASW 36.15mm. **Obv:** Bust right **Obv. Designer:** Susanna Blunt **Rev:** Paget portrait of George VI

Date	Mintage	VF20	XF40	MS60	MS63	MS65
2009 (ml) Prooflike	—	—	—	—	100	—

KM# 923 30.00 g., 0.925 Silver, 0.8922 oz. ASW 36.15mm. **Obv:** Bust right **Obv. Designer:** Susanna Blunt **Rev:** Gillick portrait of Queen Elizabeth II

Date	Mintage	VF20	XF40	MS60	MS63	MS65
2009 (ml) Prooflike	2,643	—	—	—	100	—

KM# 1038 31.39 g., 0.999 Silver, 1.0082 oz. ASW 38mm. **Subject:** Year of the tiger **Rev:** Tiger in forest **Shape:** Scalloped

Date	Mintage	VF20	XF40	MS60	MS63	MS65
2009	10,268	PF63 75.00	PF65 85.00			

KM# 980 34.00 g., 0.925 Silver, 1.0111 oz. ASW 40mm. **Rev:** Tiger in gold octagon insert, zodiac animals around

Date	Mintage	VF20	XF40	MS60	MS63	MS65
2010	48,888	PF63 90.00	PF65 100			

15 DOLLARS

KM# 1032 0.999 Silver, **Subject:** Year of the tiger **Rev:** Tiger walking tiger

Date	Mintage	VF20	XF40	MS60	MS63	MS65
2010	9,999	PF63 75.00	PF65 85.00			

KM# 1055 31.11 g., 0.999 Silver, 0.999 oz. ASW 38mm. **Rev:** Rabbit seated on hind legs, head turned left **Shape:** Scalloped

Date	Mintage	VF20	XF40	MS60	MS63	MS65
2011	19,888	PF63 75.00	PF65 85.00			

KM# 1091 25.11 g., 0.925 Silver, 0.7468 oz. ASW 36.15mm. **Rev:** Prince Charles bust **Rev. Designer:** Laurie McGaw

Date	Mintage	VF20	XF40	MS60	MS63	MS65
2011 Prooflike	10,000	—	—	—	110	—

KM# 1092 25.11 g., 0.925 Silver, 0.7468 oz. ASW 36.15mm. **Rev:** Prince William **Rev. Designer:** Laurie McGaw

Date	Mintage	VF20	XF40	MS60	MS63	MS65
2011 Prooflike	10,000	—	—	—	110	—

KM# 1093 25.18 g., 0.925 Silver, 0.7488 oz. ASW 36.15mm. **Rev:** Prince Harry bust 1/4 right **Rev. Designer:** Laurie McGaw

Date	Mintage	VF20	XF40	MS60	MS63	MS65
2011 Prooflike	10,000	—	—	—	110	—

KM# 1094 31.39 g., 0.999 Silver, 1.0082 oz. ASW 38mm. **Rev:** Rabbit bounding left **Rev. Designer:** Aries Cheung

Date	Mintage	VF20	XF40	MS60	MS63	MS65
2011	9,999	PF63 90.00	PF65 100			

KM# 1152 31.39 g., 0.9999 Silver, 1.0091 oz. ASW 38mm. **Obv:** Bust right **Rev:** Magpie, bird of happiness in flight at top, lotus flowers at bottom, maple leaf hologram at center

Date	Mintage	VF20	XF40	MS60	MS63	MS65
2011	—	PF63 90.00	PF65 100			

KM# 1183 31.11 g., 0.999 Silver, 0.999 oz. ASW 36.5mm. **Subject:** Year of the Dragon **Obv:** Bust right **Rev:** Dragon right

Date	Mintage	VF20	XF40	MS60	MS63	MS65
2012	—	**PF63** 65.00	**PF65** 75.00			

KM# 1186 31.11 g., 0.999 Silver, 0.999 oz. ASW 36.5mm. **Subject:** Year of the Dragon **Obv:** Bust right **Rev:** Dragon left **Shape:** Scalloped

Date	Mintage	VF20	XF40	MS60	MS63	MS65
2012	—	**PF63** 65.00	**PF65** 75.00			

KM# 1260 31.39 g., 0.999 Silver, 1.0082 oz. ASW 36.5mm. **Subject:** Good Fortune **Rev:** Deer and doe frolicking around central hologram

Date	Mintage	VF20	XF40	MS60	MS63	MS65
2012	—	**PF63** 65.00	**PF65** 75.00			

KM# 1358 31.39 g., 0.999 Silver, 1.0082 oz. ASW 36.5mm. **Subject:** Year of the Snake **Rev:** Snake vertically between two Chinese characters **Rev. Designer:** Aries Cheung

Date	Mintage	VF20	XF40	MS60	MS63	MS65
2013	28,888	**PF65** 100				

KM# 1359 26.70 g., 0.999 Silver, 0.8576 oz. ASW 38mm. **Subject:** Year of the Snake **Rev:** Snake under maple leaves **Rev. Designer:** Three Degrees Creative Group **Shape:** Scalloped

Date	Mintage	VF20	XF40	MS60	MS63	MS65
2013	28,888	**PF63** 65.00	**PF65** 75.00			

KM# 1439 31.39 g., 0.9999 Silver, 1.0091 oz. ASW 38mm. **Subject:** Maple of Peace **Obv:** Elephant right - Maple leaf and hologram at center **Rev. Designer:** Simon Ng

Date	Mintage	VF20	XF40	MS60	MS63	MS65
2013	Est. 8888	**PF63** 90.00	**PF65** 100			

KM# 1446 15.87 g., 0.999 Silver, 0.5097 oz. ASW 34mm. **Subject:** 75th Anniversary of Superman **Obv:** Superman in color flying forward

Date	Mintage	VF20	XF40	MS60	MS63	MS65
2013	15,000	**PF63** 60.00	**PF65** 70.00			

15 DOLLARS

KM# 1514 31.11 g., 0.9999 Silver, 0.9999 oz. ASW 38mm. **Subject:** Year of the Horse **Obv:** Bust right **Rev:** Horse prancing left **Rev. Designer:** Aries Cheung

Date	Mintage	VF20	XF40	MS60	MS63	MS65
2014	28,888	PF63 90.00	PF65 100			

KM# 1516 26.70 g., 0.999 (No Composition), 0.8576 oz. 38mm. **Subject:** Year of the Horse **Obv:** Bust right **Rev:** Horse forepart right **Rev. Designer:** Three Degrees Creative Group **Shape:** Scalloped

Date	Mintage	VF20	XF40	MS60	MS63	MS65
2014	2,888	PF63 90.00	PF65 100			

KM# 1656 31.11 g., 0.9999 Silver, 0.9999 oz. ASW 38mm. **Ruler:** Elizabeth II **Subject:** Year of the Horse **Obv:** Bust right **Rev:** Horse **Mint:** Royal Canadian Mint

Date	Mintage	F12	VF20	XF40	MS60	MS63
2014	—	PF63 90.00	PF65 100			

KM# 1657 23.17 g., 0.999 Silver, 0.7442 oz. ASW **Ruler:** Elizabeth II **Subject:** Exploring Canada - Voyageurs **Obv:** Bust right **Rev. Designer:** John Mantha **Mint:** Royal Canadian Mint

Date	Mintage	F12	VF20	XF40	MS60	MS63
2014	15,000	PF65 80.00				

KM# 1658 23.17 g., 0.999 Silver, 0.7442 oz. ASW 36.07mm. **Ruler:** Elizabeth II **Subject:** Exploring Canada - The Gold Rush **Obv:** Bust right **Rev. Designer:** John Mantha **Mint:** Royal Canadian Mint

Date	Mintage	F12	VF20	XF40	MS60	MS63
2014	15,000	PF65 80.00				

KM# 1659 23.17 g., 0.999 Silver, 0.7442 oz. ASW 36.07mm. **Ruler:** Elizabeth II **Subject:** Exploring Canada - Arctic Expedition **Obv:** Bust right **Rev. Designer:** John Mantha **Mint:** Royal Canadian Mint

Date	Mintage	F12	VF20	XF40	MS60	MS63
2014	15,000	PF65 80.00				

KM# 1660 23.17 g., 0.999 Silver, 0.7442 oz. ASW **Ruler:** Elizabeth II **Subject:** Exploring Canada - Vikings **Obv:** Bust right **Rev. Designer:** John Mantha **Mint:** Royal Canadian Mint

Date	Mintage	F12	VF20	XF40	MS60	MS63
2014	15,000	PF65 80.00				

KM# 1661 23.17 g., 0.999 Silver, 0.7442 oz. ASW 36.07mm. **Ruler:** Elizabeth II **Subject:** Exploring Canada - West Coast Exploration **Obv:** Bust right **Rev. Designer:** John Mantha **Mint:** Royal Canadian Mint

Date	Mintage	F12	VF20	XF40	MS60	MS63
2014	15,000	PF65 80.00				

KM# 1662 23.17 g., 0.999 Silver, 0.7442 oz. ASW 36.07mm. **Ruler:** Elizabeth II **Subject:** Exploring Canada - Wild River Exploration **Obv:** Bust right **Rev. Designer:** John Mantha **Mint:** Royal Canadian Mint

Date	Mintage	F12	VF20	XF40	MS60	MS63
2014	15,000	PF65 80.00				

KM# 1663 23.17 g., 0.999 Silver, 0.7442 oz. ASW 36.07mm. **Ruler:** Elizabeth II **Subject:** Exploring Canada - Pioneering Map makers **Obv:** Bust right **Mint:** Royal Canadian Mint

Date	Mintage	F12	VF20	XF40	MS60	MS63
2015	15,000	PF65 80.00				

KM# 1665 23.17 g., 0.999 Silver, 0.7442 oz. ASW 36.07mm. **Ruler:** Elizabeth II **Subject:** Exploring Canada - Scientific Exploration **Obv:** Bust right **Mint:** Royal Canadian Mint

Date	Mintage	F12	VF20	XF40	MS60	MS63
2014	15,000	PF65 80.00				

KM# 1667 31.39 g., 0.999 Silver, 1.0082 oz. ASW 38mm. **Ruler:** Elizabeth II **Subject:** Maple of Longevity **Obv:** Bust right **Rev:** Two cranes, chrysanthemums, tortoise, maple leaf in hologram **Mint:** Royal Canadian Mint

Date	Mintage	F12	VF20	XF40	MS60	MS63
2014	8,888	PF63 90.00	PF65 100			

KM# 1749 23.17 g., 0.999 Silver, 0.7442 oz. ASW 36.07mm. **Obv:** Bust right **Rev:** Superman flying upward

Date	Mintage	VF20	XF40	MS60	MS63	MS65
2014	10,000	PF65 80.00				

KM# 1664 23.17 g., 0.999 Silver, 0.7442 oz. ASW 36.07mm. **Ruler:** Elizabeth II **Subject:** Exploring Canada - Building the Canadian Pacific Railway **Obv:** Bust right **Rev. Designer:** John Mantha **Mint:** Royal Canadian Mint

Date	Mintage	F12	VF20	XF40	MS60	MS63
2015	15,000	PF65 80.00				

KM# 1666 23.17 g., 0.999 Silver, 0.7442 oz. ASW 36.07mm. **Ruler:** Elizabeth II **Subject:** Exploring Canada - Space Exploration **Obv:** Bust right **Rev. Designer:** John Mantha **Mint:** Royal Canadian Mint

Date	Mintage	F12	VF20	XF40	MS60	MS63
2015	15,000	PF65 80.00				

KM# 1814 31.39 g., 0.999 Silver, 1.0082 oz. ASW 38mm. **Ruler:** Elizabeth II **Subject:** Year of the Ram **Obv:** Bust right **Rev:** Stylized ram and sun

Rev. Designer: Aries Cheung **Mint:** Royal Canadian Mint

Date	Mintage	F12	VF20	XF40	MS60	MS63
2015	18,888		PF65 100			

KM# 1816 26.17 g., 0.9999 Silver, 0.8413 oz. ASW 38mm. **Obv:** Bust right **Rev:** Sheep head at right **Shape:** Scalloped

Date	Mintage	VF20	XF40	MS60	MS63	MS65
2015	18,888	PF65 100				

KM# 1859 23.17 g., 0.999 Silver, 0.7442 oz. ASW 36.07mm. **Subject:** Exploring Canada - River Exploration **Obv:** Bust right **Rev:** Three explorers at Hells Gate, date at left, denomination below

Date	Mintage	VF20	XF40	MS60	MS63	MS65
2015	15,000	PF65 80.00				

KM# 2001 23.17 g., 0.9999 Silver, 0.7449 oz. ASW 36.07mm. **Ruler:** Elizabeth II **Subject:** Franklin Carmichael painting **Obv:** Bust right **Rev:** Lone Pine detail from The Upper Ottawa (1924) **Mint:** Royal Canadian Mint

Date	Mintage	F12	VF20	XF40	MS60	MS63
2015	—	PF65 80.00				

KM# 2002 23.17 g., 0.9999 Silver, 0.7449 oz. ASW 36.07mm. **Ruler:** Elizabeth II **Subject:** Franklin Carmichael painting **Obv:** Bust right **Rev:** Lake detail from Cranberry Lake (1934) **Mint:** Royal Canadian Mint

Date	Mintage	F12	VF20	XF40	MS60	MS63
2015	—	PF65 80.00				

KM# 2003 23.17 g., 0.9999 Silver, 0.7449 oz. ASW 36.07mm. **Ruler:** Elizabeth II **Subject:** Franklin Carmichael painting **Obv:** Bust right **Rev:** Rolling Hills detail from Landscape (1925) **Mint:** Royal Canadian Mint

Date	Mintage	F12	VF20	XF40	MS60	MS63
2015	—	PF65 80.00				

15 DOLLARS

KM# 2004 31.39 g.,   0.9999 Silver, 1.0091 oz.
ASW 38mm. **Ruler:** Elizabeth II **Subject:** Maple of
Prosperity **Obv:** Bust right **Rev:** Carp trio leaping,
holographic maple leaf at left **Mint:** Royal Canadian
Mint

Date	Mintage	F12	VF20	XF40	MS60	MS63
2015	8,888		PF65 80.00			

KM# 2153 23.17 g., 0.9999 Silver, 0.7449 oz. ASW
36.07mm. **Subject:** Celebration of Spring: Cherry
Blossoms **Obv:** Bust right **Rev:** Kwanzan cherry
tree blooms and spray, selective color

Date	Mintage	VF20	XF40	MS60	MS63	MS65
2016	6,500		PF65 80.00	PF67 95.00		

KM# 2154 23.17 g., 0.9999 Silver, 0.7449 oz. ASW
36.07mm. **Subject:** National Heroes **Obv:** Bust
right **Rev:** Firefighter in color, burning house

Date	Mintage	VF20	XF40	MS60	MS63	MS65
2016	10,000		PF65 45.00	PF67 60.00		

KM# 2155 23.17 g., 0.9999 Silver, 0.7449 oz. ASW
36.07mm. **Subject:** National Heroes **Obv:** Bust
right **Rev:** Police officer in color, police car

Date	Mintage	VF20	XF40	MS60	MS63	MS65
2016	10,000		PF65 25.00	PF67 35.00		

KM# 2156 23.17 g.,   0.9999 Silver, 0.7449 oz.
ASW 36.07mm. **Subject:** National Heroes **Obv:**
Bust right **Rev:** Paramedics and patient in color,
ambulance

Date	Mintage	VF20	XF40	MS60	MS63	MS65
2016	10,000		PF65 25.00	PF67 35.00		

KM# 2157 23.17 g., 0.9999 Silver, 0.7449 oz. ASW
36.07mm. **Subject:** National Heroes **Obv:** Bust
right **Rev:** Infantry soldier in color, helicopter

Date	Mintage	VF20	XF40	MS60	MS63	MS65
2016	10,000		PF65 35.00	PF67 45.00		

KM# 2158 26.70 g.,   0.9999 Silver, 0.8583 oz.
ASW 38mm. **Subject:** Year of the Monkey **Obv:**
Bust right **Rev:** Monkey on tree branch facing right,
Chinese character **Shape:** Scalloped

Date	Mintage	VF20	XF40	MS60	MS63	MS65
2016	18,888		PF65 75.00	PF67 85.00		

KM# 2159 31.39 g., 0.9999 Silver, 1.0091 oz. ASW
38mm. **Ruler:** Elizabeth II **Subject:** Year of the
Monkey **Obv:** Bust right **Rev:** Monkey moving right
with fruit, Chinese character **Mint:** Royal Canadian
Mint

Date	Mintage	F12	VF20	XF40	MS60	MS63
2016	18,888		PF65 65.00	PF67 75.00		

20 DOLLARS

KM# 71 18.27 g.,   0.900 Gold, 0.5287 oz. AGW
27.05mm. **Subject:** Centennial **Obv:** Crowned
head right **Rev:** Crowned and supported arms
Edge: Reeded

Date	Mintage	VF20	XF40	MS60	MS63	MS65
1967 Specimen	334,288	—	—	—	900	—

KM# 145 33.63 g., 0.925 Silver, 1.0001 oz. ASW
40mm. **Subject:** 1988 Calgary Olympics **Obv:**
Young bust right, maple leaf below, date at right
Rev: Downhill skier, denomination below   **Rev.
Designer:** Ian Stewart **Edge:** Lettered

Date	Mintage	VF20	XF40	MS60	MS63	MS65
1985	—		PF63 35.00	PF65 40.00		
1985	Inc. above		PF65 200			

Note: Plain edge

KM# 146 33.63 g., 0.925 Silver, 1.0001 oz. ASW
40mm. **Subject:** 1988 Calgary Olympics **Obv:**
Young bust right, small maple leaf below, date at
right **Rev:** Speed skater, denomination below   **Rev.
Designer:** Friedrich Peter **Edge:** Lettered

Date	Mintage	VF20	XF40	MS60	MS63	MS65
1985	—		PF63 35.00	PF65 400		
1985	Inc. above		PF65 200			

Note: Plain edge

KM# 147 33.63 g., 0.925 Silver, 1.0001 oz. ASW
40mm.   **Subject:** 1988 Calgary Olympics **Obv:**

Young bust right, small maple leaf below, date at right **Rev:** Biathlon, denomination below **Rev. Designer:** John Mardon **Edge:** Lettered

Date	Mintage	VF20	XF40	MS60	MS63	MS65
1986	—	PF63 35.00	PF65 40.00			
1986	Inc. above	PF65 200				

Note: Plain edge

KM# 148 33.63 g., 0.925 Silver, 1.0001 oz. ASW 40mm. **Subject:** 1988 Calgary Olympics **Obv:** Young bust right, small maple leaf below, date at right **Rev:** Hockey, denomination below **Rev. Designer:** Ian Stewart **Edge:** Lettered

Date	Mintage	VF20	XF40	MS60	MS63	MS65
1986	—	PF63 35.00	PF65 40.00			
1986	Inc. above	PF65 200				

Note: Plain edge

KM# 150 33.63 g., 0.925 Silver, 1.0001 oz. ASW 40mm. **Subject:** Calgary 1988 - 15th Winter Olympic Games **Obv:** Young bust right, small maple leaf below, date at right **Rev:** Cross-country skier, denomination below **Rev. Designer:** Ian Stewart **Edge:** Lettered

Date	Mintage	VF20	XF40	MS60	MS63	MS65
1986	—	PF63 35.00	PF65 40.00			

KM# 151 33.63 g., 0.925 Silver, 1.0001 oz. ASW 40mm. **Subject:** 1988 Calgary Olympics **Obv:**

Young bust right, small maple leaf below, date at right **Rev:** Free-style skier, denomination below **Rev. Designer:** Walter Ott **Edge:** Lettered

Date	Mintage	VF20	XF40	MS60	MS63	MS65
1986	—	PF63 35.00	PF65 40.00			
1986	Inc. above	PF65 200				

Note: Plain edge

KM# 155 34.11 g., 0.925 Silver, 1.0143 oz. ASW 40mm. **Subject:** Calgary 1988 - 15th Winter Olympic Games **Obv:** Young bust right, small maple leaf below, date at right **Rev:** Figure skating pairs event, denomination below **Rev. Designer:** Raymond Taylor **Edge:** Lettered

Date	Mintage	VF20	XF40	MS60	MS63	MS65
1987	—	PF63 35.00	PF65 40.00			

KM# 156 34.11 g., 0.925 Silver, 1.0143 oz. ASW 40mm. **Subject:** 1988 Calgary Olympics **Obv:** Young bust right, small maple leaf below, date at right **Rev:** Curling, denomination below **Rev. Designer:** Ian Stewart **Edge:** Lettered

Date	Mintage	VF20	XF40	MS60	MS63	MS65
1987	—	PF63 35.00	PF65 40.00			

KM# 159 34.11 g., 0.925 Silver, 1.0143 oz. ASW 40mm. **Subject:** 1988 Calgary Olympics **Obv:** Young bust right, small maple leaf below, date at

right **Rev:** Ski jumper, denomination below **Rev. Designer:** Raymond Taylor **Edge:** Lettered

Date	Mintage	VF20	XF40	MS60	MS63	MS65
1987	—	PF63 35.00	PF65 40.00			

KM# 160 34.11 g., 0.925 Silver, 1.0143 oz. ASW 40mm. **Subject:** 1988 Calgary Olympics **Obv:** Young bust right, maple leaf below, date at right **Rev:** Bobsled, denomination below **Rev. Designer:** John Mardon **Edge:** Lettered

Date	Mintage	VF20	XF40	MS60	MS63	MS65
1987	—	PF63 35.00	PF65 40.00			

KM# 172 31.10 g., 0.925 Silver gold cameo insert, 0.925 oz. ASW 38mm. **Subject:** Aviation **Obv:** Crowned head right, date below **Rev:** Lancaster, Fauquier in cameo, denomination below **Rev. Designer:** Robert R. Carmichael

Date	Mintage	VF20	XF40	MS60	MS63	MS65
1990	—	PF63 120	PF65 140			

KM# 173 31.10 g., 0.925 Silver with Gold cameo insert., 0.925 oz. ASW 38mm. **Subject:** Aviation

Obv: Crowned head right, date below **Rev:** Anson and Harvard, Air Marshal Robert Leckie in cameo, denomination below **Rev. Designer:** Geoff Bennett

Date	Mintage	VF20	XF40	MS60	MS63	MS65
1990	—	PF63 42.00	PF65 47.00			

KM# 196 31.10 g., 0.925 Silver gold cameo insert, 0.925 oz. ASW 38mm. **Subject:** Aviation **Obv:** Crowned head right, date below **Rev:** Silver Dart, John A. D. McCurdy and F. W. "Casey" Baldwin in cameo, denomination below **Rev. Designer:** George Velinger

Date	Mintage	VF20	XF40	MS60	MS63	MS65
1991	—	PF63 42.00	PF65 47.00			

KM# 197 31.10 g., 0.925 Silver gold cameo insert, 0.925 oz. ASW 38mm. **Subject:** Aviation **Obv:** Crowned head right, date below **Rev:** de Haviland Beaver, Philip C. Garratt in cameo, denomination below **Rev. Designer:** Peter Massman

Date	Mintage	VF20	XF40	MS60	MS63	MS65
1991	—	PF63 42.00	PF65 47.00			

KM# 224 31.10 g., 0.925 Silver gold cameo insert, 0.925 oz. ASW 38mm. **Subject:** Aviation **Obv:** Crowned head right, date below **Rev:** Curtiss JN-4 Canick ("Jenny"), Sir Frank W. Baillie in cameo, denomination below **Rev. Designer:** George Velinger

Date	Mintage	VF20	XF40	MS60	MS63	MS65
1992	—	PF63 42.00	PF65 47.00			

20 DOLLARS

KM# 225 31.10 g., 0.925 Silver with Gold cameo insert., 0.925 oz. ASW 38mm. **Subject:** Aviation **Obv:** Crowned head right, date below **Rev:** de Haviland Gypsy Moth, Murton A. Seymour in cameo, denomination below **Rev. Designer:** John Mardon

Date	Mintage	VF20	XF40	MS60	MS63	MS65
1992	—	PF63 42.00	PF65 47.00			

KM# 236 31.10 g., 0.925 Silver with Gold cameo insert., 0.925 oz. ASW 38mm. **Subject:** Aviation **Obv:** Crowned head right, date below **Rev:** Fairchild 71C float plane, James A. Richardson, Sr. in cameo, denomination below **Rev. Designer:** Robert R. Carmichael

Date	Mintage	VF20	XF40	MS60	MS63	MS65
1993	—	PF63 42.00	PF65 47.00			

KM# 237 31.10 g., 0.925 Silver with Gold cameo insert., 0.925 oz. ASW 38mm. **Subject:** Aviation **Obv:** Crowned head right, date below **Rev:** Lockheed 14, Zebulon Lewis Leigh in cameo, denomination below **Rev. Designer:** Robert R. Carmichael

Date	Mintage	VF20	XF40	MS60	MS63	MS65
1993	—	PF63 42.00	PF65 47.00			

KM# 246 31.10 g., 0.925 Silver with Gold cameo insert., 0.925 oz. ASW 38mm. **Subject:** Aviation **Obv:** Crowned head right, date below **Rev:** Curtiss HS-2L seaplane, Stewart Graham in cameo, denomination below **Rev. Designer:** John Mardon

Date	Mintage	VF20	XF40	MS60	MS63	MS65
1994	—	PF63 42.00	PF65 47.00			

KM# 247 31.10 g., 0.925 Silver with Gold cameo insert., 0.925 oz. ASW 38mm. **Subject:** Aviation **Obv:** Crowned head right, date below **Rev:** Vickers Vedette, Wilfred T. Reid in cameo, denomination below **Rev. Designer:** Robert R. Carmichael

Date	Mintage	VF20	XF40	MS60	MS63	MS65
1994	—	PF63 42.00	PF65 47.00			

KM# 271 31.10 g., 0.925 Silver gold cameo insert, 0.925 oz. ASW 38mm. **Subject:** Aviation **Obv:** Crowned head right, date below **Rev:** C-FEA1 Fleet Cannuck, denomination below **Rev. Designer:** Robert Bradford

Date	Mintage	VF20	XF40	MS60	MS63	MS65
1995	17,438	PF63 42.00	PF65 47.00			

KM# 272 31.10 g., 0.925 Silver gold cameo insert, 0.925 oz. ASW 38mm. **Subject:** Aviation **Obv:** Crowned head right, date below **Rev:** DHC-1 Chipmunk, denomination below **Rev. Designer:** Robert Bradford

Date	Mintage	VF20	XF40	MS60	MS63	MS65
1995	17,722	**PF63** 42.00	**PF65** 47.00			

KM# 276 31.10 g., 0.925 Silver gold cameo insert, 0.925 oz. ASW 38mm. **Subject:** Aviation **Obv:** Crowned head right, date below **Rev:** CF-100 Cannuck, denomination below **Rev. Designer:** Jim Bruce

Date	Mintage	VF20	XF40	MS60	MS63	MS65
1996	18,508	**PF63** 42.00	**PF65** 47.00			

KM# 277 31.10 g., 0.925 Silver gold cameo insert, 0.925 oz. ASW 38mm. **Subject:** Aviation **Obv. Legend:** Crowned head right, date below **Obv. Legend:** CF-105 Arrow, denomination below **Rev. Designer:** Jim Bruce

Date	Mintage	VF20	XF40	MS60	MS63	MS65
1996	—	**PF63** 100	**PF65** 125			

KM# 297 31.10 g., 0.925 Silver gold cameo insert, 0.925 oz. ASW 38mm. **Subject:** Aviation **Obv:** Crowned head right, date below **Rev:** Canadair F-86 Sabre, denomination below **Rev. Designer:** Ross Buckland

Date	Mintage	VF20	XF40	MS60	MS63	MS65
1997	14,389	**PF63** 42.00	**PF65** 47.00			

KM# 298 31.10 g., 0.925 Silver with Gold cameo insert., 0.925 oz. ASW 38mm. **Subject:** Aviation **Obv:** Crowned head right, date below **Rev:** Canadair CT-114 Tutor, denomination below **Rev. Designer:** Ross Buckland

Date	Mintage	VF20	XF40	MS60	MS63	MS65
1997	15,669	**PF63** 42.00	**PF65** 47.00			

KM# 329 31.10 g., 0.925 Silver gold cameo insert, 0.925 oz. ASW 38mm. **Subject:** Aviation **Obv:** Crowned *head*, right, date below **Rev:** CP-107 Argus, denomination below **Rev. Inscription:** Peter Mossman

Date	Mintage	VF20	XF40	MS60	MS63	MS65
1998	Est. 50000	**PF63** 50.00	**PF65** 55.00			

KM# 330 31.10 g., 0.925 Silver gold cameo insert, 0.925 oz. ASW 38mm. **Subject:** Aviation **Obv:** Crowned head right, date below **Rev:** CP-215 Waterbomber, denomination below **Rev. Designer:** Peter Mossman

Date	Mintage	VF20	XF40	MS60	MS63	MS65
1998	Est. 50000	**PF63** 75.00	**PF65** 100			

KM# 339 31.10 g., 0.925 Silver gold cameo insert, 0.925 oz. ASW 38mm. **Subject:** Aviation **Obv:** Crowned head right, date below **Rev:** DHC-6 Twin Otter, denomination below **Rev. Designer:** Neil Aird

Date	Mintage	VF20	XF40	MS60	MS63	MS65
1999	Est. 50000	**PF63** 95.00	**PF65** 115			

KM# 340 31.10 g., 0.925 Silver gold cameo insert, 0.925 oz. ASW 38mm. **Subject:** Aviation **Obv:** Crowned head right, date below **Rev:** DHC-8 Dash 8, denomination below

Date	Mintage	VF20	XF40	MS60	MS63	MS65
1999	50,000	**PF63** 100	**PF65** 125			

KM# 395 0.925 Silver, 38mm. **Subject:** First Canadian locomotive **Obv:** Crowned head right, date below **Rev:** Locomotive below multicolored cameo, denomination below

Date	Mintage	VF20	XF40	MS60	MS63	MS65
2000	—	**PF63** 50.00	**PF65** 55.00			

KM# 396 0.925 Silver, 38mm. **Subject:** First Canadian self-propelled car **Obv:** Crowned head right, date below **Rev:** Car below multicolored cameo, denomination below

Date	Mintage	VF20	XF40	MS60	MS63	MS65
2000	—	**PF63** 50.00	**PF65** 55.00			

KM# 397 0.925 Silver, 38mm. **Subject:** Bluenose sailboat **Obv:** Crowned head right, date below **Rev:** Bluenose sailing left below multicolored cameo, denomination below

Date	Mintage	VF20	XF40	MS60	MS63	MS65
2000	—	**PF63** 145	**PF65** 165			

20 DOLLARS

KM# 411 31.10 g., 0.925 Silver, 0.925 oz. ASW 38mm. **Subject:** Transportation - Steam Locomotive **Obv:** Crowned head right **Obv. Designer:** Dora dePédery-Hunt **Rev:** First Canadian Steel Steam Locomotive and cameo hologram **Rev. Designer:** Don Curely **Edge:** Segmented reeding

Date	Mintage	VF20	XF40	MS60	MS63	MS65
2001	15,000	PF63 32.00		PF65 42.00		

KM# 427 31.10 g., 0.925 Silver, 0.925 oz. ASW 38mm. **Obv:** Crowned head right **Rev:** Sailship with hologram cameo **Series:** Transportation - The Marco Polo **Rev. Designer:** J. Franklin Wright **Edge:** Segmented reeding

Date	Mintage	VF20	XF40	MS60	MS63	MS65
2001	15,000	PF63 32.00		PF65 42.00		

KM# 428 31.10 g., 0.925 Silver, 0.925 oz. ASW 38mm. **Obv:** Crowned head right **Rev:** Russell touring car with hologram cameo **Series:** Transportation - Russell Touring Car **Rev. Designer:** John Mardon **Edge:** Segmented reeding

Date	Mintage	VF20	XF40	MS60	MS63	MS65
2001	15,000	PF63 32.00		PF65 42.00		

KM# 464 31.10 g., 0.925 Silver, 0.925 oz. ASW **Obv:** Crowned head right **Obv. Designer:** Dora dePédery-Hunt **Rev:** Gray-Dort Model 25-SM with cameo hologram **Rev. Designer:** John Mardon

Date	Mintage	VF20	XF40	MS60	MS63	MS65
2002	15,000	PF63 32.00		PF65 42.00		

KM# 465 31.10 g., 0.925 Silver, 0.925 oz. ASW **Obv:** Crowned head right **Obv. Designer:** Dora dePédery-Hunt **Rev:** Sailing ship William D. Lawrence **Rev. Designer:** Bonnie Ross

Date	Mintage	VF20	XF40	MS60	MS63	MS65
2002	15,000	PF63 32.00		PF65 42.00		

KM# 482 31.39 g., 0.9999 Silver, 1.0091 oz. ASW 38mm. **Obv:** Crowned head right **Obv. Designer:** Dora dePédery-Hunt **Rev:** Niagara Falls hologram **Rev. Designer:** Gary Corcoran

Date	Mintage	VF20	XF40	MS60	MS63	MS65
2003	29,967	PF63 62.00		PF65 72.00		

KM# 483 31.10 g., 0.925 Silver with selective gold plating, 0.925 oz. ASW **Subject:** The HMCS Bras d'or (FHE-400) **Obv:** Crowned head right **Obv. Designer:** Dora dePédery-Hunt **Rev:** Ship in water **Rev. Designer:** Donald Curley, Stan Witten

Date	Mintage	VF20	XF40	MS60	MS63	MS65
2003	15,000	PF63 32.00		PF65 42.00		

KM# 484 31.10 g., 0.925 Silver with selective gold plating, 0.925 oz. ASW **Subject:** Canadian National FA-1 diesel-electric locomotive **Obv:** Crowned head right **Obv. Designer:** Dora dePédery-Hunt **Rev. Designer:** John Mardon, William Woodruff

Date	Mintage	VF20	XF40	MS60	MS63	MS65
2003	15,000	PF63 32.00		PF65 42.00		

KM# 485 31.10 g., 0.925 Silver with selective gold plating, 0.925 oz. ASW **Obv:** Crowned head right **Obv. Designer:** Dora dePédery-Hunt **Rev:** The Bricklin SV-1 **Rev. Designer:** Brian Hughes, José Oslo

Date	Mintage	VF20	XF40	MS60	MS63	MS65
2003	15,000	PF63 32.00		PF65 42.00		

KM# 523 31.39 g., 0.999 Silver, 1.0082 oz. ASW 38mm. **Obv:** Crowned head right **Obv. Designer:** Dora dePédery-Hunt **Rev:** Canadian Rockies, multicolor

Date	Mintage	VF20	XF40	MS60	MS63	MS65
2003	29,967	PF63 42.00		PF65 47.00		

KM# 611 31.39 g., 0.9999 Silver, 1.0091 oz. ASW 38mm. **Obv:** Head right **Obv. Designer:** Susanna Blunt **Rev:** Iceberg, hologram

Date	Mintage	VF20	XF40	MS60	MS63	MS65
2004	24,879	PF63 37.00		PF65 42.00		

KM# 838 31.39 g., 0.9999 Silver partially gilt, 1.0091 oz. ASW 38mm. **Rev:** Hopewell Rocks, gilt

Date	Mintage	VF20	XF40	MS60	MS63	MS65
2004	16,918	PF63 35.00		PF65 45.00		

KM# 561 31.39 g., 0.9999 Silver, 1.0091 oz. ASW 38mm. **Obv:** Head right **Obv. Designer:** Susanna Blunt **Rev:** Three-masted sailing ship, hologram of the sea **Rev. Designer:** Bonnie Ross

Date	Mintage	VF20	XF40	MS60	MS63	MS65
2005	18,276	PF63 47.00		PF65 52.00		

KM# 562 31.39 g., 0.9999 Silver, 1.0091 oz. ASW 38mm. **Subject:** Northwest Territories Diamonds **Obv:** Head right **Obv. Designer:** Susanna Blunt **Rev:** Multicolor diamond hologram on landscape **Rev. Designer:** José Oslo **Edge:** Reeded

Date	Mintage	VF20	XF40	MS60	MS63	MS65
2005	35,000	PF63 42.00		PF65 47.00		

KM# 563 31.39 g., 0.9999 Silver, 1.0091 oz. ASW **Subject:** Mingan Archepelago **Obv:** Head right **Obv. Designer:** Susanna Blunt **Rev:** Cliffs with whale tail out of water **Rev. Designer:** Pierre Leduc

Date	Mintage	VF20	XF40	MS60	MS63	MS65
2005	—	PF63 37.00		PF65 42.00		

KM# 564 31.39 g., 0.9999 Silver, 1.0091 oz. ASW **Subject:** Rainforests of the Pacific Northwest **Obv:** Head right **Rev:** Open winged bird **Designer:** Susanna Blunt

Date	Mintage	VF20	XF40	MS60	MS63	MS65
2005	—	PF63 37.00		PF65 42.00		

KM# 565 31.39 g., 0.9999 Silver, 1.0091 oz. ASW 38mm. **Subject:** Toronto Island National Park **Obv:** Head right **Rev:** Toronto Island Lighthouse, Toronto skyline in background

Date	Mintage	VF20	XF40	MS60	MS63	MS65
2005	—	PF63 47.00		PF65 52.00		

KM# 588 31.39 g., 0.9999 Silver, 1.0091 oz. ASW **Subject:** Georgian Bay National Park **Obv:** Head right **Rev:** Canoe and small trees on island

Date	Mintage	VF20	XF40	MS60	MS63	MS65
2006	—	PF63 47.00		PF65 57.00		

KM# 589 31.10 g., 0.9999 Silver, 0.9998 oz. ASW 38mm. **Obv:** Head right **Rev:** Notre Dame Basilica, Montreal, as a hologram

Date	Mintage	VF20	XF40	MS60	MS63	MS65
2006	15,000	PF63 42.00		PF65 47.00		

KM# 663 31.39 g., 0.9999 Silver, 1.0091 oz. ASW 38mm. **Subject:** Nahanni National Park **Obv:** Head right **Rev:** Bear walking along stream, cliff in background

Date	Mintage	VF20	XF40	MS60	MS63	MS65
2006	—	PF63 52.00	PF65 57.00			

KM# 664 31.39 g., 0.9999 Silver, 1.0091 oz. ASW 38mm. **Subject:** Jasper National Park **Obv:** Head right **Rev:** Cowboy on horseback in majestic scene

Date	Mintage	VF20	XF40	MS60	MS63	MS65
2006	—	PF63 52.00	PF65 57.00			

KM# 665 31.10 g., 0.9999 Silver, 0.9998 oz. ASW 38mm. **Obv:** Head right **Rev:** Holographic rendering of CN Tower

Date	Mintage	VF20	XF40	MS60	MS63	MS65
2006	15,000	PF63 52.00	PF65 57.00			

KM# 666 31.10 g., 0.9999 Silver, 0.9998 oz. ASW **Obv:** Head right **Rev:** Holographic view of Pengrowth Saddledome in Calgary

Date	Mintage	VF20	XF40	MS60	MS63	MS65
2006	15,000	PF63 47.00	PF65 52.00			

KM# 667 31.39 g., 0.9999 Silver, 1.0091 oz. ASW **Subject:** Tall Ship **Obv:** Head right **Rev:** Ketch and holographic image of thunderstorm in sky

Date	Mintage	VF20	XF40	MS60	MS63	MS65
2006	10,299	PF63 55.00	PF65 60.00			

KM# 734 31.10 g., 0.999 Silver, 0.9989 oz. ASW 38mm. **Rev:** Holiday sleigh ride

Date	Mintage	VF20	XF40	MS60	MS63	MS65
2007	6,804	PF63 65.00	PF65 70.00			

KM# 735 31.10 g., 0.999 Silver, 0.9989 oz. ASW 38mm. **Rev:** Snowflake, aquamarine crystal

Date	Mintage	VF20	XF40	MS60	MS63	MS65
2007	4,989	PF65 175				

KM# 737 31.10 g., 0.999 Silver, 0.9989 oz. ASW 38mm. **Subject:** International Polar Year

Date	Mintage	VF20	XF40	MS60	MS63	MS65
2007	9,164	PF63 60.00	PF65 65.00			

KM# 737a 27.78 g., 0.925 Silver, 0.8262 oz. ASW 40mm. **Subject:** International Polar Year **Rev:** Blue plasma coating

Date	Mintage	VF20	XF40	MS60	MS63	MS65
2007	3,005	PF65 250				

KM# 738 31.39 g., 0.9999 Silver, 1.0091 oz. ASW 38mm. **Subject:** Tall ships **Rev:** Brigantine in harbor, hologram

Date	Mintage	VF20	XF40	MS60	MS63	MS65
2007	16,000	PF63 55.00	PF65 60.00			

KM# 839 31.39 g., 0.9999 Silver, 1.0091 oz. ASW **Rev:** Northern lights in hologram

Date	Mintage	VF20	XF40	MS60	MS63	MS65
2007	—	—	—	—	35.00	—

KM# 808 31.50 g., 0.925 Silver, 0.9368 oz. ASW 38mm. **Subject:** Agriculture trade **Rev:** Team of horses plowing

Date	Mintage	VF20	XF40	MS60	MS63	MS65
2008	5,802	PF63 65.00	PF65 70.00			

KM# 809 31.11 g., 0.999 Silver, 0.999 oz. ASW 38mm. **Rev:** Royal Hudson Steam locomotive

Date	Mintage	VF20	XF40	MS60	MS63	MS65
2008	8,345	PF63 65.00	PF65 70.00			

KM# 810 31.39 g., 0.999 Silver, 1.0082 oz. ASW 38mm. **Rev:** Green leaf and crystal raindrop **Rev. Designer:** Stanley Witten

Date	Mintage	VF20	XF40	MS60	MS63	MS65
2008	15,000	PF63 165	PF65 175			

KM# 811 31.11 g., 0.999 Silver, 0.999 oz. ASW **Rev:** Snowflake, amethyst crystal

Date	Mintage	VF20	XF40	MS60	MS63	MS65
2008	7,172	PF63 90.00	PF65 95.00			

20 DOLLARS

KM# 813 31.11 g., 0.999 Silver, 0.999 oz. ASW 38mm. **Rev:** Carolers around tree

Date	Mintage	VF20	XF40	MS60	MS63	MS65
2008	10,000	**PF63** 60.00	**PF65** 70.00			

KM# 872 31.11 g., 0.999 Silver, 0.999 oz. ASW 38mm. **Rev:** Snowflake, sapphire crystal

Date	Mintage	VF20	XF40	MS60	MS63	MS65
2008	7,765	**PF63** 90.00	**PF65** 95.00			

KM# 870 27.78 g., 0.925 Silver, 0.8262 oz. ASW 40mm. **Rev:** Calgary Flames goalie mask multicolor on goal net

Date	Mintage	VF20	XF40	MS60	MS63	MS65
2009	10,000	**PF63** 60.00	**PF65** 70.00			

KM# 871 27.78 g., 0.925 Silver, 0.8262 oz. ASW 40mm. **Rev:** Edmonton Oilers goalie mask, multicolor on goal net

Date	Mintage	VF20	XF40	MS60	MS63	MS65
2009	10,000	**PF63** 60.00	**PF65** 70.00			

KM# A872 27.78 g., 0.925 Silver, 0.8262 oz. ASW 40mm. **Rev:** Montreal Canadians goalie mask multicolor

Date	Mintage	VF20	XF40	MS60	MS63	MS65
2009	10,000	**PF63** 60.00	**PF65** 70.00			

KM# 873 27.78 g., 0.925 Silver, 0.8262 oz. ASW 40mm. **Rev:** Ottawa Senators goalie mask on goal net

Date	Mintage	VF20	XF40	MS60	MS63	MS65
2009	10,000	**PF63** 60.00	**PF65** 70.00			

KM# 874 27.78 g., 0.925 Silver, 0.8262 oz. ASW 40mm. **Rev:** Toronto Maple Leafs goalie mask, multicolor on goal net

Date	Mintage	VF20	XF40	MS60	MS63	MS65
2009	10,000	**PF63** 60.00	**PF65** 70.00			

KM# 875 27.78 g., 0.925 Silver, 0.8262 oz. ASW 40mm. **Rev:** Vancouver Canucks goalie mask, multicolor on goal net

Date	Mintage	VF20	XF40	MS60	MS63	MS65
2009	10,000	**PF63** 60.00	**PF65** 70.00			

KM# 876 31.50 g., 0.925 Silver, 0.9368 oz. ASW 40mm. **Rev:** Summer moon mask

Date	Mintage	VF20	XF40	MS60	MS63	MS65
2009	2,834	PF65 225				

KM# 891 31.39 g., 0.999 Silver, 1.0082 oz. ASW 38mm. **Subject:** Great Canadian Locomotives - Jubilee **Obv:** Bust right **Obv. Designer:** Susanna Blunt **Rev:** Jubilee locomotive side view **Obv. Legend:** Elizabeth II DG Regina **Rev. Legend:** Canada 20 Dollars **Edge Lettering:** Jubilee

Date	Mintage	VF20	XF40	MS60	MS63	MS65
2009	6,036	PF63 65.00	PF65 70.00			

KM# 892 31.39 g., 0.999 Silver, 1.0082 oz. ASW 38mm. **Subject:** Crystal raindrop **Obv:** Bust right **Rev:** Maple leaf and raindrop - fall colors **Rev. Designer:** Celia Godkin

Date	Mintage	VF20	XF40	MS60	MS63	MS65
2009	9,998	PF63 75.00	PF65 85.00			

KM# 893 31.39 g., 0.999 Silver, 1.0082 oz. ASW 38mm. **Subject:** Coal mining trade **Obv:** Bust right **Obv. Designer:** Susanna Blunt **Rev:** Miner pushing cart with coal **Obv. Legend:** Elizabeth II DG Regina **Rev. Designer:** John Marder **Rev. Legend:** Canada 20 Dollars

Date	Mintage	VF20	XF40	MS60	MS63	MS65
2009	10,000	PF63 65.00	PF65 75.00			

KM# 944 31.11 g., 0.999 Silver, 0.999 oz. ASW 38mm. **Rev:** Snowflake - light blue crystal

Date	Mintage	VF20	XF40	MS60	MS63	MS65
2009	7,477	PF63 95.00	PF65 100			

KM# 945 31.11 g., 0.999 Silver, 0.999 oz. ASW 38mm. **Rev:** Snowflake - light red crystal

Date	Mintage	VF20	XF40	MS60	MS63	MS65
2009	7,004	PF63 95.00	PF65 100			

KM# 987 31.39 g., 0.9999 Silver, 1.0091 oz. ASW 38mm. **Rev:** Lotus Water Lily in multicolor and crystal **Rev. Designer:** Cladio D'Angelo

Date	Mintage	VF20	XF40	MS60	MS63	MS65
2010	10,000	**PF63** 110	**PF65** 120			

KM# 1009 31.39 g., 0.999 Silver, 1.0082 oz. ASW **Subject:** 75th Anniversary of Canadian Bank Notes **Rev:** Female and farmer seated

Date	Mintage	VF20	XF40	MS60	MS63	MS65
2010	7,500	**PF63** 65.00	**PF65** 70.00			

KM# 1013 31.39 g., 0.999 Silver, 1.0082 oz. ASW 38mm. **Rev:** Maple leaf and crystal **Rev. Designer:** Celia Godkin

Date	Mintage	VF20	XF40	MS60	MS63	MS65
2010	10,000	**PF63** 90.00	**PF65** 100			

KM# 1018 31.39 g., 0.999 Silver, 1.0082 oz. ASW 38mm. **Rev:** Steam Locomotive Selkirk

Date	Mintage	VF20	XF40	MS60	MS63	MS65
2010	10,000	**PF65** 80.00				

KM# 1048 31.11 g., 0.9999 Silver, 0.9999 oz. ASW 38mm. **Rev:** Snowflake, blue crystals

Date	Mintage	VF20	XF40	MS60	MS63	MS65
2010	7,500	**PF63** 85.00	**PF65** 95.00			

KM# 1049 31.11 g., 0.9999 Silver, 0.9999 oz. ASW 38mm. **Rev:** Snowflake, tanzanite crystals

Date	Mintage	VF20	XF40	MS60	MS63	MS65
2010	7,500	**PF63** 85.00	**PF65** 95.00			

KM# 1066 31.99 g., 0.999 Silver, 1.0275 oz. ASW 38mm. **Rev:** Pinecone with ruby crystals **Rev. Designer:** Susan Taylor

Date	Mintage	VF20	XF40	MS60	MS63	MS65
2010	5,000	**PF63** 110	**PF65** 120			

KM# 1067 31.99 g., 0.999 Silver, 1.0275 oz. ASW 38mm. **Rev:** Pinecone with moonlight blue crystals **Rev. Designer:** Susan Taylor

Date	Mintage	VF20	XF40	MS60	MS63	MS65
2010	5,000	**PF63** 110	**PF65** 120			

KM# 1075 27.78 g., 0.925 Silver, 0.8262 oz. ASW 40mm. **Subject:** Winter Scene **Rev:** Horse pulling cut Christmas Tree **Rev. Designer:** Rene Clark

Date	Mintage	VF20	XF40	MS60	MS63	MS65
2011	8,000	**PF63** 60.00	**PF65** 70.00			

KM# 1111 31.39 g., 0.999 Silver, 1.0082 oz. ASW 40mm. **Subject:** Royal Wedding **Rev:** Portraits of Catherine and William facing each other, crystal insert

Date	Mintage	VF20	XF40	MS60	MS63	MS65
2011	—	**PF63** 70.00	**PF65** 80.00			

KM# 1134 31.39 g., 0.9999 Silver, 1.0091 oz. ASW 38mm. **Subject:** Canadian Pacific's D-10 Steam Locomotive **Obv:** Bust right **Rev:** Steam locomotive right **Edge:** Lettered

Date	Mintage	VF20	XF40	MS60	MS63	MS65
2011	10,000	**PF63** 70.00	**PF65** 80.00			

KM# 1135 31.39 g., 0.9999 Silver, 1.0091 oz. ASW 38mm. **Obv:** Bust right **Rev:** Tulip in color and Venetian glass lady bug

Date	Mintage	VF20	XF40	MS60	MS63	MS65
2011	5,000	**PF65** 1,000				

KM# 1145 31.39 g., 0.9999 Silver, 1.0091 oz. ASW 38mm. **Obv:** Bust right **Rev:** Wild rose in color, Swarovski crystals

Date	Mintage	VF20	XF40	MS60	MS63	MS65
2011	Est. 10000	**PF63** 125	**PF65** 135			

KM# 1147 31.39 g., 0.9999 Silver, 1.0091 oz. ASW 38mm. **Obv:** Bust right **Rev:** Maple leaves, seeds in color, Swarovski crystal drop

Date	Mintage	VF20	XF40	MS60	MS63	MS65
2011	—	**PF63** 100	**PF65** 110			

KM# 1181 31.39 g., 0.999 Silver, 1.0082 oz. ASW 38mm. **Obv:** Bust right **Rev:** Winnipeg Jets Logo, jet over maple leaf

Date	Mintage	VF20	XF40	MS60	MS63	MS65
2011	15,000	PF63 85.00		PF65 95.00		

KM# 1182 31.99 g., 0.9999 Silver, 1.0284 oz. ASW 38mm. **Obv:** Bust right **Rev:** Christmas tree with six crystals

Date	Mintage	VF20	XF40	MS60	MS63	MS65
2011	—	PF63 65.00		PF65 75.00		

KM# 1187 31.39 g., 0.999 Silver, 1.0082 oz. ASW 38mm. **Obv:** Bust right **Rev:** Snowflake with emerald crystals

Date	Mintage	VF20	XF40	MS60	MS63	MS65
2011	15,000	PF63 75.00		PF65 85.00		

KM# 1188 31.89 g., 0.999 Silver, 1.0243 oz. ASW 38mm. **Obv:** Bust right **Rev:** Snowflake with topaz crystals

Date	Mintage	VF20	XF40	MS60	MS63	MS65
2011	15,000	PF63 75.00		PF65 85.00		

KM# 1189 31.89 g., 0.999 Silver, 1.0243 oz. ASW 38mm. **Obv:** Bust right **Rev:** Three snowflakes with three Hyacinth red crystals

Date	Mintage	VF20	XF40	MS60	MS63	MS65
2011	15,000	PF63 75.00		PF65 85.00		

KM# 1190 31.89 g., 0.999 Silver, 1.0243 oz. ASW 38mm. **Obv:** Bust right **Rev:** Three snowflakes with three Montana blue crystals

Date	Mintage	VF20	XF40	MS60	MS63	MS65
2011	15,000	PF63 75.00		PF65 85.00		

KM# 1137 31.39 g., 0.999 Silver, 1.0082 oz. ASW 38mm. **Subject:** Elizabeth II, 60th Anniversary of reign **Obv:** Bust right **Rev:** Crowned bust right with Swarovski crystal insert **Edge:** Reeded

Date	Mintage	VF20	XF40	MS60	MS63	MS65
1952-2012	15,000	PF63 70.00		PF65 80.00		

KM# 1177 27.78 g., 0.925 Silver, 0.8262 oz. ASW 38mm. **Obv:** Bust right **Rev:** Youthful busts right of Elizabeth II and Prince Philip

Date	Mintage	VF20	XF40	MS60	MS63	MS65
1952-2012	—	PF63 75.00	PF65 85.00			

KM# 1178 27.78 g., 0.925 Silver, 0.8262 oz. ASW 38mm. **Obv:** Bust right **Rev:** Royal cypher, wreath below

Date	Mintage	VF20	XF40	MS60	MS63	MS65
1952-2012	—	PF63 75.00	PF65 85.00			

KM# 1238 30.75 g., 0.9999 Silver, 0.9885 oz. ASW 36mm. **Subject:** Elizabeth II, Diamond Jubilee **Obv:** Bust right **Rev:** Elizabeth II profile left, high releif **Rev. Designer:** Laurie McGaw

Date	Mintage	VF20	XF40	MS60	MS63	MS65
2012	7,500	PF63 65.00	PF65 75.00			

KM# 1239 Silver, **Subject:** Royal visit to Canada **Obv:** Young portrait right **Rev:** Elizabeth II with Mountie and horse

Date	Mintage	VF20	XF40	MS60	MS63	MS65
1952-2012	25,000	PF63 25.00	PF65 30.00			

KM# 1246 31.39 g., 0.999 Silver, 1.0082 oz. ASW 38mm. **Subject:** Coast Guard, 50th Anniversary

Date	Mintage	VF20	XF40	MS60	MS63	MS65
2012	7,500	PF63 90.00	PF65 100			

KM# 1250 31.39 g., 0.999 Silver, 1.0082 oz. ASW 38mm. **Subject:** F.H. Varley

Date	Mintage	VF20	XF40	MS60	MS63	MS65
2012	7,000	PF63 65.00	PF65 75.00			

KM# 1251 27.78 g., 0.925 Silver, 0.8262 oz. ASW 38mm. **Subject:** Arthur Lismer

Date	Mintage	VF20	XF40	MS60	MS63	MS65
2012	—	PF63 65.00	PF65 75.00			

KM# 1266 31.10 g., 0.999 Silver, 0.9989 oz. ASW 38mm. **Subject:** Aster and bee

Date	Mintage	VF20	XF40	MS60	MS63	MS65
2012	—	PF63 90.00	PF65 100			

KM# 1269 31.39 g., 0.999 Silver, 1.0082 oz. ASW 38mm. **Subject:** Sugar Maple Leaf **Rev:** Leaves in color, crystal

Date	Mintage	VF20	XF40	MS60	MS63	MS65
2012	—	PF65 130				

KM# 1270 31.39 g., 0.999 Silver, 1.0082 oz. ASW 38mm. **Rev:** Rhododendron

Date	Mintage	VF20	XF40	MS60	MS63	MS65
2012	—	PF65 125				

KM# 1280 31.11 g., 0.999 Silver, 0.999 oz. ASW 38mm. **Subject:** Bateman Moose

Date	Mintage	VF20	XF40	MS60	MS63	MS65
2012	—	PF65 135				

KM# 1283 15.55 g., 0.999 Gold, 0.4994 oz. AGW 25mm. **Subject:** Year of the Dragon

Date	Mintage	VF20	XF40	MS60	MS63	MS65
2012	—	PF65 900				

KM# 1333 31.11 g., 0.999 Silver, 0.999 oz. ASW 38mm. **Rev:** Snowstorm

Date	Mintage	VF20	XF40	MS60	MS63	MS65
2012	—	PF63 45.00	PF65 50.00			

KM# 1334 28.02 g., 0.999 Silver, 0.900 oz. ASW **Subject:** Christmas Play **Rev:** Three children as the Magi, crystal **Rev. Designer:** Jason Bouwman

Date	Mintage	VF20	XF40	MS60	MS63	MS65
2012	10,000	PF63 110	PF65 115			

KM# 1335 27.78 g., 0.925 Silver, 0.8262 oz. ASW 38mm. **Subject:** Franklin Carmichael **Rev:** Snowy Landscape

Date	Mintage	VF20	XF40	MS60	MS63	MS65
2012	—	PF63 70.00	PF65 75.00			

KM# 1347 31.39 g., 0.999 Silver, 1.0082 oz. ASW 38mm. **Rev:** Blue flag iris in color with three crystals **Rev. Designer:** Celia Godkin

Date	Mintage	VF20	XF40	MS60	MS63	MS65
2013	10,000	PF63 110	PF65 120			

KM# 1361 31.39 g., 0.999 Silver, 1.0082 oz. ASW 35mm. **Rev:** Purple cone flower, butterfly in color and high relief **Rev. Designer:** Maurice Gervais

Date	Mintage	VF20	XF40	MS60	MS63	MS65
2013	—	PF63 50.00	PF65 60.00			

KM# 1363 31.39 g., 0.9999 Silver, 1.0091 oz. ASW 38mm. **Subject:** Canadian Maple Canopy - Spring **Rev:** Forest Canopy in Spring, Colorized **Rev. Designer:** Emily Damstra

Date	Mintage	VF20	XF40	MS60	MS63	MS65
2013	Est. 7500	PF63 90.00	PF65 100			

KM# 1374 31.40 g., 0.999 Silver, 1.0084 oz. ASW 38mm. **Subject:** Baseball **Rev:** Baseball Batter **Rev. Designer:** Steve Hepburn

Date	Mintage	VF20	XF40	MS60	MS63	MS65
2013	Est. 7500	PF63 110	PF65 115			

KM# 1375 31.39 g., 0.999 Silver, 1.0082 oz. ASW 38mm. **Subject:** Baseball **Rev:** Baseball Fielder **Rev. Designer:** Steve Hepburn

Date	Mintage	VF20	XF40	MS60	MS63	MS65
2013	Est. 7500	PF63 110	PF65 115			

KM# 1376 31.39 g., 0.999 Silver, 1.0082 oz. ASW 38mm. **Subject:** Baseball **Rev:** Baseball Pitcher **Rev. Designer:** Steve Hepburn

Date	Mintage	VF20	XF40	MS60	MS63	MS65
2013	—	PF63 110	PF65 115			

KM# 1377 31.39 g., 0.999 Silver, 1.0082 oz. ASW 38mm. **Subject:** Baseball **Rev:** Baseball Runner **Rev. Designer:** Steve Hepburn

Date	Mintage	VF20	XF40	MS60	MS63	MS65
2013	Est. 7500	PF63 110	PF65 115			

KM# 1381 31.11 g., 0.999 Silver, 0.999 oz. ASW 38mm. **Subject:** Snow Flake With Crystal

Date	Mintage	VF20	XF40	MS60	MS63	MS65
2013	—	PF63 110	PF65 120			

KM# 1384 31.39 g., 0.999 Silver, 1.0082 oz. ASW 38mm. **Subject:** Frank Johnston - Painter **Rev:** Painting: Guardian of the Gorge **Rev. Designer:** F.H. Varley

Date	Mintage	VF20	XF40	MS60	MS63	MS65
2013	Est. 7000	PF63 80.00	PF65 90.00			

KM# 1385 31.39 g., 0.999 Silver, 1.0082 oz. ASW 38mm. **Subject:** Lauren S. Harris - Painter **Rev:** Painting: Toronto Street, Winter Morning **Rev. Designer:** F.H. Varley

Date	Mintage	VF20	XF40	MS60	MS63	MS65
2013	Est. 7000	PF63 80.00	PF65 90.00			

KM# 1397 31.39 g., 0.9999 Silver, 1.0091 oz. ASW 38mm. **Rev:** Beaver gnawing on tree **Rev. Designer:** Glen Loates

Date	Mintage	VF20	XF40	MS60	MS63	MS65
2013	8,500	PF63 90.00	PF65 100			

KM# 1404 28.20 g., 0.9999 Silver, 0.9066 oz. ASW 40mm. **Rev:** Arctic Fox and Northern lights in background **Rev. Designer:** Tivadar Bote

Date	Mintage	VF20	XF40	MS60	MS63	MS65
2013	—	PF63 75.00	PF65 85.00			

KM# 1436 28.02 g., 0.999 Silver, 0.900 oz. ASW 40mm. **Obv. Designer:** Celia Godkin **Rev:** Canadian Tiger Swallowtail Butterfly in color

Date	Mintage	VF20	XF40	MS60	MS63	MS65
2013	Est. 10000	PF63 90.00	PF65 100			

KM# 1440 31.39 g., 0.9999 Silver, 1.0091 oz. ASW 38mm. **Obv:** Eagle head left **Rev. Designer:** Claudio d'Angelo

Date	Mintage	VF20	XF40	MS60	MS63	MS65
2013	Est. 7500	PF63 90.00	PF65 100			

KM# 1447 31.39 g., 0.999 Silver, 1.0082 oz. ASW 38mm. **Rev:** Superman standing right, cape blowing **Rev. Designer:** Jim Lee, DC Comics

Date	Mintage	VF20	XF40	MS60	MS63	MS65
2013	Est. 10000	PF63 100	PF65 110			

KM# 1448 31.39 g., 0.999 Silver, 1.0082 oz. ASW 38mm. **Subject:** 75th Anniversary of Superman **Rev:** Superman flying forward, multi-color background hologram **Rev. Designer:** Jim Lee, DC Comics

Date	Mintage	VF20	XF40	MS60	MS63	MS65
2013	Est. 10000	PF63 120	PF65 130			

KM# 1449 31.39 g., 0.999 Silver, 1.0082 oz. ASW 38mm. **Subject:** 75th Anniversary of Superman **Rev:** 'S' shield logo in color

Date	Mintage	VF20	XF40	MS60	MS63	MS65
2013	Est. 10000	PF63 110	PF65 120			

KM# A1451 7.96 g., 0.9999 Silver, 0.2559 oz. ASW 38mm. **Rev:** Red maple leaf in center of many small maple leaves **Rev. Designer:** Jose Osio

Date	Mintage	VF20	XF40	MS60	MS63	MS65
2013	Est. 10000	PF63 100	PF65 115			

KM# 1459 31.39 g., 0.999 Silver, 1.0082 oz. ASW 38mm. **Rev:** Pronghorn Antelope with northern lights in the background **Rev. Designer:** Pierre Leduc

Date	Mintage	VF20	XF40	MS60	MS63	MS65
2013	Est. 8500	PF63 80.00	PF65 90.00			

KM# 1468 31.39 g., 0.9999 Silver, 1.0091 oz. ASW 38mm. **Subject:** Birth of Prince George **Rev:** Mint Mascot Moose and Beaver Mountie plush dolls in crib with sleeping baby **Rev. Designer:** Laurie McGaw

Date	Mintage	VF20	XF40	MS60	MS63	MS65
2013	7,500	PF63 70.00	PF65 80.00			

KM# 1469 31.39 g., 0.9999 Silver, 1.0091 oz. ASW 38mm. **Subject:** Autumn Bliss **Rev:** Color view of canoe, lake and trees **Rev. Designer:** Tony Bianco

Date	Mintage	VF20	XF40	MS60	MS63	MS65
2013	7,500	PF63 90.00	PF65 100			

KM# 1466 31.39 g., 0.9999 Silver, 1.0091 oz. ASW 38mm. **Subject:** Birth of Prince George **Rev:** Baby sleeping in crib **Rev. Designer:** Laurie McGaw

Date	Mintage	VF20	XF40	MS60	MS63	MS65
2013	7,500	PF63 70.00	PF65 80.00			

KM# 1470 31.39 g., 0.9999 Silver, 1.0091 oz. ASW 38mm. **Subject:** A.Y. Jackson, painter **Rev:** Detail of painting, Sant Tile de Caps

Date	Mintage	VF20	XF40	MS60	MS63	MS65
2013	7,000	PF63 90.00	PF65 100			

KM# 1467 31.39 g., 0.9999 Silver, 1.0091 oz. ASW 38mm. **Subject:** Birth of Prince George **Rev:** Parents hands holding baby's hand **Rev. Designer:** Laurie McGaw

Date	Mintage	VF20	XF40	MS60	MS63	MS65
2013	7,500	PF63 70.00	PF65 80.00			

KM# 1471 31.39 g., 0.9999 Silver, 1.0091 oz. ASW 38mm. **Subject:** J.E.H. MacDonald, painter **Rev:** Detail of painting, Sumacs

Date	Mintage	VF20	XF40	MS60	MS63	MS65
2013	7,000	PF63 90.00	PF65 100			

KM# 1474 31.39 g.,   0.999 Silver, 1.0082 oz. ASW 38mm. **Subject:** Dinosaurs of Canada **Rev:** Bathygnathus advancing left **Rev. Designer:** Julius Cstonyi

Date	Mintage	VF20	XF40	MS60	MS63	MS65
2013	8,500	PF63 80.00		PF65 90.00		

KM# 1479 31.39 g., 0.999 Silver, 1.0082 oz. ASW 38mm. **Rev:** Eagle in flight left

Date	Mintage	VF20	XF40	MS60	MS63	MS65
2013	—	PF63 80.00		PF65 90.00		

KM# 1484 31.11 g.,   0.999 Silver, 0.999 oz. ASW 38mm.   **Subject:** Louisbourg Settlement **Rev:** Colonial sea-side scene **Rev. Designer:** John Horton

Date	Mintage	VF20	XF40	MS60	MS63	MS65
2013	8,500	PF63 80.00		PF65 90.00		

KM# 1507   0.999 Silver, 38mm. **Subject:** Carlito Dalceggio, artist

Date	Mintage	VF20	XF40	MS60	MS63	MS65
2013	7,500	PF63 80.00		PF65 90.00		

KM# 1510 31.39 g., 0.9999 Silver, 1.0091 oz. ASW 38mm. **Rev:** Two eagles standing on rock **Rev. Designer:** Claudio d'Angelo

Date	Mintage	VF20	XF40	MS60	MS63	MS65
2013	7,500	PF63 75.00		PF65 80.00		

KM# 1513 31.39 g., 0.9999 Silver, 1.0091 oz. ASW 38mm. **Subject:** Northern Lights, the great Hare **Rev:** Hare seated watching hologram of Northern Lights **Rev. Designer:** Nathalie Bertin

Date	Mintage	VF20	XF40	MS60	MS63	MS65
2013	8,500	PF63 100		PF65 110		

KM# 1522 31.39 g., 0.999 Silver, 1.0082 oz. ASW 38mm. **Rev:** Maple forest canopy, two fall leaves in color **Rev. Designer:** Margaret Best

Date	Mintage	VF20	XF40	MS60	MS63	MS65
2013	7,500	PF63 90.00		PF65 100		

KM# 1526 31.39 g., 0.999 Silver, 1.0082 oz. ASW 38mm. **Rev:** Pointsettia, ornament, star and candy cane in color **Rev. Designer:** Maurice Gervais **Note:** Venitian glass used for coloring

Date	Mintage	VF20	XF40	MS60	MS63	MS65
2013	10,000	PF63 140		PF65 150		

KM# 1527 31.39 g., 0.999 Silver, 1.0082 oz. ASW 38mm. **Rev:** Snowflake, crystal at center **Rev. Designer:** Konrad Wachelko

Date	Mintage	VF20	XF40	MS60	MS63	MS65
2013	10,000	PF63 110	PF65 115			

KM# 1531 31.39 g., 0.999 Silver, 1.0082 oz. ASW 38mm. **Rev:** Holiday Wreath with five colored crystals **Rev. Designer:** Maurice Gervais

Date	Mintage	VF20	XF40	MS60	MS63	MS65
2013	10,000	PF65 175				

KM# 1532 31.39 g., 0.999 Silver, 1.0082 oz. ASW 38mm. **Rev:** Scutellosaurus advancing left **Rev. Designer:** Julius Csotonyi

Date	Mintage	VF20	XF40	MS60	MS63	MS65
2013	850	PF63 80.00	PF65 90.00			

KM# 1548 31.39 g., 0.999 Silver, 1.0082 oz. ASW 38mm. **Rev:** Stained glass window pattern in color

Date	Mintage	VF20	XF40	MS60	MS63	MS65
2013	—	PF63 65.00	PF65 75.00			

KM# 1553 31.39 g., 0.999 Silver, 1.0082 oz. ASW 38mm. **Subject:** Pond Hockey in color **Obv:** Bust right **Rev. Designer:** Richard D. Wolfe

Date	Mintage	VF20	XF40	MS60	MS63	MS65
2014	8,500	PF63 90.00	PF65 100			

KM# 1556 31.39 g., 0.9999 Silver, 1.0091 oz. ASW 38mm. **Obv:** Bust right **Rev:** Polar bear walking on rocks in color **Rev. Designer:** Glen Loates

Date	Mintage	VF20	XF40	MS60	MS63	MS65
2014	8,500	PF63 90.00	PF65 100			

KM# 1558 31.39 g., 0.999 Silver, 1.0082 oz. ASW 38mm. **Obv:** Bust right **Rev:** Canadian UN Peacekeeper with binoculars, blue beret **Rev. Designer:** Selvia Pecota

Date	Mintage	VF20	XF40	MS60	MS63	MS65
2014	8,500	PF65 115				

KM# 1570 31.39 g., 0.9999 Silver, 1.0091 oz. ASW 38mm. **Obv:** Bust right **Rev:** Caribou in color **Rev. Designer:** Trevor Tennant

Date	Mintage	VF20	XF40	MS60	MS63	MS65
2014	8,500	PF63 90.00	PF65 100			

KM# A1609 31.39 g., 0.999 Silver, 1.0082 oz. ASW 38mm. **Obv:** Bust right **Rev:** Bison pair crashing heads

Date	Mintage	VF20	XF40	MS60	MS63	MS65
2014	7,500	PF63 90.00	PF65 100			

KM# B1609 31.39 g., 0.999 Silver, 1.0082 oz. ASW 38mm. **Obv:** Bust right **Rev:** Bison family on plain

Date	Mintage	VF20	XF40	MS60	MS63	MS65
(2014)	7,500	PF63 90.00	PF65 100			

KM# 1565 31.39 g., 0.9999 Silver, 1.0091 oz. ASW 38mm. **Obv:** Bust right **Rev:** Lake Superior in blue color

Date	Mintage	VF20	XF40	MS60	MS63	MS65
2014	10,000	PF63 110	PF65 115			

KM# 1566 31.39 g., 0.999 Silver, 1.0082 oz. ASW 38mm. **Obv:** Bust right **Rev:** Lake Huron in color

Date	Mintage	VF20	XF40	MS60	MS63	MS65
2014	10,000	PF63 110	PF65 115			

KM# 1567 31.39 g., 0.999 Silver, 1.0082 oz. ASW 38mm. **Obv:** Bust right **Rev:** Lake Michigan in color

Date	Mintage	VF20	XF40	MS60	MS63	MS65
2014	10,000	PF63 110	PF65 115			

KM# 1568 31.39 g., 0.999 Silver, 1.0082 oz. ASW 38mm. **Obv:** Bust right **Rev:** Lake Erie in color

Date	Mintage	VF20	XF40	MS60	MS63	MS65
2014	10,000	PF63 110	PF65 115			

KM# 1609 31.39 g., 0.999 Silver, 1.0082 oz. ASW 38mm. **Obv:** Bust right **Rev:** Bison head facing **Rev. Designer:** Doug Comeau

Date	Mintage	VF20	XF40	MS60	MS63	MS65
2014	7,500	PF63 90.00	PF65 100			

KM# 1569 31.39 g., 0.999 Silver, 1.0082 oz. ASW 38mm. **Obv:** Bust right **Rev:** Lake Ontario in color

Date	Mintage	VF20	XF40	MS60	MS63	MS65
2014	10,000	PF63 110	PF65 115			

KM# 1610 31.39 g., 0.999 Silver, 1.0082 oz. ASW 38mm. **Obv:** Bust right **Rev:** Bison pair advancing left **Rev. Designer:** Trevor Tennant

Date	Mintage	VF20	XF40	MS60	MS63	MS65
2014	7,500	PF63 90.00	PF65 100			

20 DOLLARS

KM# 1614 31.11 g., 0.999 Silver, 0.999 oz. ASW 40mm. **Obv:** Bust right **Rev:** Wolverine with northern lights in background **Rev. Designer:** Tivadar Bote

Date	Mintage	VF20	XF40	MS60	MS63	MS65
2014	8,500	PF63 80.00	PF65 90.00			

KM# 1668 31.39 g., 0.999 Silver partially gilt, 1.0082 oz. ASW 38mm. **Ruler:** Elizabeth II **Obv:** Bust right **Rev:** Nanaboozhoo and the Thunderbird **Rev. Designer:** Cyrill Assinaboine **Mint:** Royal Canadian Mint

Date	Mintage	F12	VF20	XF40	MS60	MS63
2014	8,500	PF63 110	PF65 115			

KM# 1669 31.39 g., 0.9999 Silver, 1.0091 oz. ASW 38mm. **Ruler:** Elizabeth II **Obv:** Bust right **Rev:** Nanaboozhoo and Thunderbird nest **Rev. Designer:** Cyril Assiniboine **Mint:** Royal Canadian Mint

Date	Mintage	F12	VF20	XF40	MS60	MS63
2014	8,500	PF63 85.00	PF65 90.00			

KM# 1670 31.39 g., 0.999 Silver partially gilt, 1.0082 oz. ASW 40mm. **Ruler:** Elizabeth II **Subject:** Sacred Teachings - Love **Obv:** Bust right **Rev:** Figure with arms outstretched, Eagle with wings outstretched **Rev. Designer:** Nathalie Bertin **Mint:** Royal Canadian Mint

Date	Mintage	F12	VF20	XF40	MS60	MS63
2014	7,000	PF65 110				

KM# 1671 31.39 g., 0.999 Silver partially gilt, 1.0082 oz. ASW 40mm. **Ruler:** Elizabeth II **Subject:** Sacred teachings - Respect **Obv:** Bust right **Rev:** Figure lying on back of bison advancing right **Rev. Designer:** Nathalie Bertin **Mint:** Royal Canadian Mint

Date	Mintage	F12	VF20	XF40	MS60	MS63
2014	7,000	PF65 110				

KM# 1672 31.39 g., 0.999 Silver partially gilt, 1.0082 oz. ASW 40mm. **Ruler:** Elizabeth II **Subject:** Sacred teachings - Courage **Obv:** Bust right **Rev:** Bear and figure **Rev. Designer:** Nathalie Bertin **Mint:** Royal Canadian Mint

Date	Mintage	F12	VF20	XF40	MS60	MS63
2014	7,000	PF65 110				

KM# 1673 31.39 g., 0.999 Silver partially gilt, 1.0082 oz. ASW 40mm. **Ruler:** Elizabeth II **Subject:** Sacred teachings - Honesty **Obv:** Bust right **Rev:** Large figure holding bird in hand, against evergreen branch background **Rev. Designer:** Nathalie Bertin **Mint:** Royal Canadian Mint

Date	Mintage	F12	VF20	XF40	MS60	MS63
2014	7,000	PF65 110				

KM# 1674 31.39 g., 0.999 Silver partially gilt, 1.0082 oz. ASW 40mm. **Ruler:** Elizabeth II **Subject:** Sacred teachings - Widsom **Obv:** Bust right **Rev:** Beaver and figure **Rev. Designer:** Nathalie Bertin **Mint:** Royal Canadian Mint

Date	Mintage	F12	VF20	XF40	MS60	MS63
2014	7,000	PF65 110				

KM# 1675 31.39 g., 0.999 Silver partially gilt, 1.0082 oz. ASW 40mm. **Ruler:** Elizabeth II **Subject:** Sacred Teachings - Humility **Obv:** Bust right **Rev:** Wolf and figure against leaf background **Rev. Designer:** Nathalie Bertin **Mint:** Royal Canadian Mint

Date	Mintage	F12	VF20	XF40	MS60	MS63
2014	7,000	PF65 110				

KM# 1676 31.39 g., 0.999 Silver partially gilt, 1.0082 oz. ASW 40mm. **Ruler:** Elizabeth II **Subject:** Sacred Teaching - Truth **Obv:** Bust right **Rev:** Turtle with figures in each segment of shell **Rev. Designer:** Nathalie Bertin **Mint:** Royal Canadian Mint

Date	Mintage	F12	VF20	XF40	MS60	MS63
2014	7,000	PF65 110				

KM# 1677 31.39 g., 0.9999 Silver, 1.0091 oz. ASW
38mm. **Ruler:** Elizabeth II **Obv:** Bust right **Rev:**
Floral colored glass from Craigdarroch Castle **Mint:**
Royal Canadian Mint

Date	Mintage	F12	VF20	XF40	MS60	MS63
2014	7,500	PF63 125	PF65 130			

KM# 1678 31.39 g., 0.9999 Silver, 1.0091 oz. ASW
38mm. **Ruler:** Elizabeth II **Obv:** Bust right **Rev:**
River rapids in color **Rev. Designer:** Robert Ross
Mint: Royal Canadian Mint

Date	Mintage	F12	VF20	XF40	MS60	MS63
2014	7,500	PF63 90.00	PF65 100			

KM# 1680 31.39 g., 0.9999 Silver, 1.0091 oz. ASW
38mm. **Ruler:** Elizabeth II **Subject:** Royal Ontario
Museum, 100th Anniversary **Obv:** Bust right **Rev:**
Building façade, partially gilt **Mint:** Royal Canadian
Mint

Date	Mintage	F12	VF20	XF40	MS60	MS63
2014	8,500	PF63 110	PF65 115			

KM# 1681 31.11 g., 0.9999 Silver, 0.9999 oz. ASW
38mm. **Ruler:** Elizabeth II **Subject:** Royal visit,
75th Anniversary **Obv:** Bust right **Rev:** George VI
and Queen Mary on back of open platform railway
car **Mint:** Royal Canadian Mint

Date	Mintage	F12	VF20	XF40	MS60	MS63
2014 Antique patina	5,000	—	—	—	—	140

KM# 1682 31.11 g., 0.9999 Silver, 0.9999 oz. ASW
38mm. **Ruler:** Elizabeth II **Obv:** Bust right **Rev:**
Howling wolf and northern lights hologram **Rev.
Designer:** Nathalie Bertin **Mint:** Royal Canadian
Mint

Date	Mintage	F12	VF20	XF40	MS60	MS63
2014	8,500	PF63 105	PF65 110			

KM# 1683 31.39 g., 0.9999 Silver, 1.0091 oz. ASW
38mm. **Ruler:** Elizabeth II **Obv:** Bust right **Rev:**
Empress of India in color **Mint:** Royal Canadian
Mint

Date	Mintage	F12	VF20	XF40	MS60	MS63
2014	7,000	PF63 105	PF65 110			

KM# 1684 31.39 g., 0.9999 Silver, 1.0091 oz. ASW 38mm. **Ruler:** Elizabeth II **Obv:** Bust right **Rev:** Baby beaver in color **Rev. Designer:** Glen Loates **Mint:** Royal Canadian Mint

Date	Mintage	F12	VF20	XF40	MS60	MS63
2014	7,500	PF63 90.00	PF65 100			

KM# 1685 31.60 g., 0.9999 Silver, 1.0159 oz. ASW 40mm. **Ruler:** Elizabeth II **Subject:** Royal Winnipeg Ballet, 75th Anniversary **Obv:** Bust right **Rev:** Six Ballerinas in circle with tutus in color **Mint:** Royal Canadian Mint

Date	Mintage	F12	VF20	XF40	MS60	MS63
2014	7,500	PF63 90.00	PF65 100			

KM# 1686 31.39 g., 0.9999 Silver partially gilt, 1.0091 oz. ASW 38mm. **Ruler:** Elizabeth II **Obv:** Bust right **Rev:** Nanaboozhoo and eagle in background **Mint:** Royal Canadian Mint

Date	Mintage	F12	VF20	XF40	MS60	MS63
2014	8,500	PF63 110	PF65 115			

KM# 1687 31.39 g., 0.9999 Silver, 1.0091 oz. ASW 38mm. **Ruler:** Elizabeth II **Obv:** Bust right **Rev:** Nanaboozhoo in color **Mint:** Royal Canadian Mint

Date	Mintage	F12	VF20	XF40	MS60	MS63
2014	8,500	PF63 110	PF65 115			

KM# 1709 31.39 g., 0.999 Silver, 1.0082 oz. ASW 38mm. **Obv:** Bust right **Rev:** Royal Family - Elizabeth II, Charles, William, George

Date	Mintage	VF20	XF40	MS60	MS63	MS65
2014	10,000	PF65 80.00				

KM# 1732 31.39 g., 0.999 Silver, 1.0082 oz. ASW 38mm. **Subject:** Autumn Falls **Obv:** Bust right **Rev:** Waterfall and maple leaves **Rev. Designer:** Tony Bianco

Date	Mintage	VF20	XF40	MS60	MS63	MS65
2014	7,500	PF65 100				

KM# 1734 31.39 g., 0.999 Silver, 1.0082 oz. ASW 38mm. **Obv:** Bust right **Rev:** Chickadee on branch with red crystal berries **Rev. Designer:** Steve Hepburn

Date	Mintage	VF20	XF40	MS60	MS63	MS65
2014	7,500	PF65 115				

KM# 1735 31.39 g., 0.999 Silver, 1.0082 oz. ASW 38mm. **Obv:** Bust right **Rev:** Bald Eagle in flight right with fish in talons

Date	Mintage	VF20	XF40	MS60	MS63	MS65
2014	8,500	PF65 100				

20 DOLLARS

KM# 1736 31.39 g., 0.999 Silver partially gilt, 1.0082 oz. ASW 38mm. **Obv:** Bust right **Rev:** Bald Eagle gilt, in flight left with fish in talons

Date	Mintage	VF20	XF40	MS60	MS63	MS65
2014	8,500	PF65 115				

KM# 1737 31.39 g., 0.999 Silver, 1.0082 oz. ASW 38mm. **Obv:** Bust right **Rev:** Bald eagle in color, in flight right

Date	Mintage	VF20	XF40	MS60	MS63	MS65
2014	8,500	PF65 90.00				

KM# 1738 31.39 g., 0.999 Silver, 1.0082 oz. ASW 38mm. **Obv:** Bust right **Rev:** Totem Forest **Rev. Designer:** Emily Carr

Date	Mintage	VF20	XF40	MS60	MS63	MS65
2014	6,000	PF65 90.00				

KM# 1742 31.39 g., 0.999 Silver, 1.0082 oz. ASW 38mm. **Ruler:** Elizabeth II **Obv:** Bust right **Rev:** Stained glass window from Casa Loma **Mint:** Royal Canadian Mint

Date	Mintage	F12	VF20	XF40	MS60	MS63
2014	7,500	PF65 100				

KM# 1743 31.39 g., 0.999 Silver, 1.0082 oz. ASW 38mm. **Obv:** Bust right **Rev:** White tail deer - Doe and two fawns

Date	Mintage	VF20	XF40	MS60	MS63	MS65
2014	7,500	PF65 80.00				

KM# 1744 31.39 g., 0.999 Silver, 1.0082 oz. ASW 38mm. **Obv:** Bust right **Rev:** Two white tail deer bucks locking antlers

Date	Mintage	VF20	XF40	MS60	MS63	MS65
2014	7,500	PF65 80.00				

KM# 1745 31.39 g., 0.999 Silver, 1.0082 oz. ASW 38mm. **Obv:** Bust right **Rev:** White tail deer portrait

Date	Mintage	VF20	XF40	MS60	MS63	MS65
2014	7,500	PF65 80.00				

KM# 1746 31.39 g., 0.999 Silver, 1.0082 oz. ASW 38mm. **Obv:** Bust right **Rev:** Two white tail deer bounding left over fallen tree trunk

Date	Mintage	VF20	XF40	MS60	MS63	MS65
2014	7,500	PF65 100				

KM# 1750 31.39 g., 0.999 Silver, 1.0082 oz. ASW 38mm. **Obv:** Bust right **Rev:** Superman breaking thru ice

Date	Mintage	VF20	XF40	MS60	MS63	MS65
2014	10,000	PF65 80.00				

KM# 1753 31.39 g., 0.999 Silver, 1.0082 oz. ASW 38mm. **Obv:** Bust right **Rev:** Cougar advancing left **Rev. Designer:** Glen Loates

Date	Mintage	VF20	XF40	MS60	MS63	MS65
2014	—	PF65 80.00				

KM# 1754 31.39 g., 0.999 Silver, 1.0082 oz. ASW 38mm. **Obv:** Bust right **Rev:** Cougar advancing, partially gilt

Date	Mintage	VF20	XF40	MS60	MS63	MS65
2014	—	PF65 80.00				

KM# 1755 31.39 g., 0.999 Silver, 1.0082 oz. ASW 38mm. **Obv:** Bust right **Rev:** Cougar in tree, fall colors

Date	Mintage	VF20	XF40	MS60	MS63	MS65
2014	—	PF65 100				

KM# 1759 31.39 g., 0.999 Silver, 1.0082 oz. ASW 38mm. **Obv:** Bust right **Rev:** Maple leaf canopy, autumn allure

Date	Mintage	VF20	XF40	MS60	MS63	MS65
2014	7,500	**PF65** 100				

KM# 1760 31.39 g., 0.9999 Silver, 1.0091 oz. ASW 38mm. **Obv:** Bust right **Rev:** Maple leaf impressions, large green leaf in center

Date	Mintage	VF20	XF40	MS60	MS63	MS65
2014	7,500	**PF65** 100				

KM# 1763 31.39 g., 0.999 Silver, 1.0082 oz. ASW 38mm. **Obv:** Bust right **Rev:** Maple tree canopy, green leaves

Date	Mintage	VF20	XF40	MS60	MS63	MS65
2014	7,500	**PF65** 100				

KM# 1769 31.39 g., 0.999 Silver, 1.0082 oz. ASW 38mm. **Obv:** Bust right **Rev:** Xenoceratopis Foremostensis dinosaur **Rev. Designer:** Julius Csotonyi

Date	Mintage	VF20	XF40	MS60	MS63	MS65
2014	8,500	**PF65** 90.00				

KM# 1770.1 31.39 g., 0.9999 Silver, 1.0091 oz. ASW 38mm. **Obv:** Bust right **Rev:** Maple leaves, date above, denomination below

Date	Mintage	VF20	XF40	MS60	MS63	MS65
2014	3,000	**PF65** 90.00				

KM# 1770.2 31.39 g., 0.9999 Silver, 1.0091 oz. ASW 38mm. **Obv:** Bust right **Rev:** Maple leaves colored, date above, denomination below

Date	Mintage	VF20	XF40	MS60	MS63	MS65
2014	3,000	**PF65** 100				

KM# 1770.3 31.39 g., 0.9999 Silver, 1.0091 oz. ASW 38mm. **Obv:** Bust right **Rev:** Maple leaves Jade, date above, denomination below

Date	Mintage	VF20	XF40	MS60	MS63	MS65
2014	3,000	**PF65** 115				

KM# 1771 31.39 g., 0.999 Silver, 1.0082 oz. ASW 38mm. **Ruler:** Elizabeth II **Obv:** Bust right **Rev:** Red Trillum in color and crystal dew drops **Mint:** Royal Canadian Mint

Date	Mintage	F12	VF20	XF40	MS60	MS63
2014	10,000	**PF65** 120				

KM# 1776 31.39 g., 0.9999 Silver, 1.0091 oz. ASW 38mm. **Obv:** Bust right **Rev:** Water Lily & Venetian glass frog **Rev. Designer:** Maurice Gervais **Note:** Very high relief.

Date	Mintage	VF20	XF40	MS60	MS63	MS65
2014	12,500	PF65 150				

KM# 1780 31.39 g., 0.999 Silver, 1.0082 oz. ASW 38mm. **Ruler:** Elizabeth II **Subject:** Canadian Space Agency **Obv:** Bust right **Rev:** Space walk and Canada arm **Mint:** Royal Canadian Mint

Date	Mintage	F12	VF20	XF40	MS60	MS63
2014	10,000	PF65 120				

KM# 1781 31.39 g., 0.999 Silver, 1.0082 oz. ASW 38mm. **Ruler:** Elizabeth II **Subject:** Interconnections - Land **Obv:** Bust right **Rev:** Beaver hologram **Rev. Designer:** Andy Eveson **Mint:** Royal Canadian Mint

Date	Mintage	F12	VF20	XF40	MS60	MS63
2014	7,500	PF65 115				

KM# 1782 31.39 g., 0.999 Silver, 1.0082 oz. ASW 38mm. **Ruler:** Elizabeth II **Subject:** Interconnections - Air **Obv:** Bust right **Rev:** Thunderbird hologram **Rev. Designer:** Andy Eveson **Mint:** Royal Canadian Mint

Date	Mintage	F12	VF20	XF40	MS60	MS63
2014	7,500	PF65 115				

KM# 1783 31.39 g., 0.999 Silver, 1.0082 oz. ASW 38mm. **Ruler:** Elizabeth II **Subject:** Interconnections - Sea **Obv:** Bust right **Rev:** Orca hologram **Rev. Designer:** Andy Everson **Mint:** Royal Canadian Mint

Date	Mintage	F12	VF20	XF40	MS60	MS63
2014	7,500	PF65 115				

KM# 1788 31.39 g., 0.999 Silver, 1.0082 oz. ASW 38mm. **Ruler:** Elizabeth II **Subject:** Hockey Canada, 100th Anniversary **Obv:** Bust right **Rev:** Hockey player within red and black maple leaf **Mint:** Royal Canadian Mint

Date	Mintage	F12	VF20	XF40	MS60	MS63
2014	7,500	PF65 120				

KM# 1794 31.39 g., 0.999 Silver, 1.0082 oz. ASW 38mm. **Ruler:** Elizabeth II **Obv:** Bust right **Rev:** Snowman and house, tree in Venetian glass **Mint:** Royal Canadian Mint

Date	Mintage	F12	VF20	XF40	MS60	MS63
2014	10,000	PF65 150				

KM# 1796 31.83 g., 0.9999 Silver, 1.0233 oz. ASW 40mm. **Ruler:** Elizabeth II **Subject:** Butterflies of Canada **Obv:** Bust right **Rev:** Red spotted purple butterfly **Rev. Designer:** Gelia Godkin **Mint:** Royal Canadian Mint

Date	Mintage	F12	VF20	XF40	MS60	MS63
2014	10,000	PF65 100				

KM# 1925 31.39 g., 0.9999 Silver, 1.0091 oz. ASW 38mm. **Obv:** Bust right **Rev:** Layered maple leaves in color, one glow-in-the-dark leaf

Date	Mintage	VF20	XF40	MS60	MS63	MS65
2014	7,500	PF63 90.00	PF65 100			

KM# 1926 31.39 g., 0.9999 Silver, 1.0091 oz. ASW 38mm. **Obv:** Bust right **Rev:** Baby Atlantic puffin in color

Date	Mintage	VF20	XF40	MS60	MS63	MS65
2014	7,500	PF63 90.00	PF65 100			

KM# 1927 31.39 g., 0.9999 Silver, 1.0091 oz. ASW 38mm. **Subject:** Prehistoric Animals **Obv:** Bust right **Rev:** Woolly mammoth with frosted tusks

Date	Mintage	VF20	XF40	MS60	MS63	MS65
2014	7,500	PF63 80.00	PF65 90.00			

KM# 1928 7.96 g., 0.9999 Silver, 0.2559 oz. ASW 27mm. **Rev:** Bobcat leaping left

Date	Mintage	VF20	XF40	MS60	MS63	MS65
2014 Specimen Proof	225,000	PF65 18.00				

KM# 1929 7.96 g., 0.9999 Silver, 0.2559 oz. ASW 27mm. **Rev:** Boy leaping off dock

Date	Mintage	VF20	XF40	MS60	MS63	MS65
2014 Specimen Proof	200,000	PF65 18.00				

KM# 1930 7.96 g., 0.9999 Silver, 0.2559 oz. ASW 27mm. **Rev:** Goose in flight right

Date	Mintage	VF20	XF40	MS60	MS63	MS65
2014 Specimen Proof	225,000	PF65 18.00				

KM# 1931 7.96 g., 0.9999 Silver, 0.2559 oz. ASW
27mm. **Rev:** Snowman in snowball fight

Date	Mintage	VF20	XF40	MS60	MS63	MS65
2014 Specimen	200,000	PF65 20.00				
Proof						

KM# 1822 31.39 g., 0.999 Silver, 1.0082 oz. ASW
Obv: Bust right **Rev:** Family skating on ice pond

Date	Mintage	VF20	XF40	MS60	MS63	MS65
2015	7,500	PF65 75.00				

KM# 1823 31.39 g., 0.999 Silver, 1.0082 oz. ASW
38mm. **Ruler:** Elizabeth II **Obv:** Bust right **Rev:**
Albertosaurus **Rev. Designer:** Julius Csotonyi
Mint: Royal Canadian Mint

Date	Mintage	F12	VF20	XF40	MS60	MS63
2015	8,500	PF65 90.00				

KM# 1825 31.39 g., 0.999 Silver, 1.0082 oz. ASW
38mm. **Obv:** Bust right **Rev:** Beaver at work in
color **Rev. Designer:** John Mardon

Date	Mintage	VF20	XF40	MS60	MS63	MS65
2015	7,500	PF65 100				

KM# 1833 31.39 g., 0.999 Silver, 1.0082 oz. ASW
38mm. **Subject:** Baby Animals **Obv:** Bust right
Rev: Mother with young burrowing owl in color

Date	Mintage	VF20	XF40	MS60	MS63	MS65
2015	7,500	PF65 100				

KM# 1844 31.39 g., 0.9999 Silver, 1.0091 oz. ASW
Obv: Bust right **Rev:** UNESCO. Mt. Fuji and Rocky
Mountains

Date	Mintage	VF20	XF40	MS60	MS63	MS65
2015	7,500	PF65 75.00				

KM# 1860 31.39 g., 0.9999 Silver, 1.0091 oz.
ASW 38mm. **Subject:** 100th Anniversary - In
Flanders Field **Obv:** Crowned bust of George V
left **Obv. Legend:** GEORGIVS V DEI GRA: REX
ET IND:IMP:

Date	Mintage	VF20	XF40	MS60	MS63	MS65
2015	10,000	PF65 75.00				

20 DOLLARS

KM# 1861 31.39 g., 0.9999 Silver, 1.0091 oz. ASW 38mm. **Subject:** Second Battle of Ypres **Obv:** Crowned bust of George V left, gilt **Rev:** Soldiers firing from trench, gilt statue at bottom **Series:** First World War Battlefronts **Obv. Legend:** GEORGIVS V DEI GRA: REX ET IND:IMP:

Date	Mintage	VF20	XF40	MS60	MS63	MS65
2015	10,000	PF65 115				

KM# 1862 31.39 g., 0.9999 Silver, 1.0091 oz. ASW 38mm. **Subject:** 70th Anniversary - Italian Campaign **Obv:** Head of George VI left **Rev:** Tank and infantry **Obv. Legend:** GEORGIVS VI D: G: REX ET IND: IMP:

Date	Mintage	VF20	XF40	MS60	MS63	MS65
2015	10,000	PF65 75.00				

KM# 1863 31.39 g., 0.9999 Silver, 1.0091 oz. ASW 38mm. **Subject:** Edmund Fitzgerald **Obv:** Bust right **Rev:** Edmund Fitzgerald in storm in color within coastal map

Date	Mintage	VF20	XF40	MS60	MS63	MS65
2015	7,000	PF65 100				

KM# 1864 31.39 g., 0.9999 Silver, 1.0091 oz. ASW 38mm. **Subject:** Battle of Britain **Obv:** Head of George VI left **Rev:** Two planes in air battle **Obv. Legend:** GEORGIVS VI D: G: REX ET IND: IMP:

Date	Mintage	VF20	XF40	MS60	MS63	MS65
2015	10,000	PF65 75.00				

KM# A1865 31.39 g., 0.9999 Silver, 1.0091 oz. ASW 38mm. **Obv:** Bust right **Rev:** Grizzly Bear in river lunging for fish

Date	Mintage	VF20	XF40	MS60	MS63	MS65
2015	6,500	PF65 95.00				

KM# B1865 31.39 g., 0.9999 Silver, 1.0091 oz. ASW 38mm. **Obv:** Bust right **Rev:** Grizzly Bear pair in forest

Date	Mintage	VF20	XF40	MS60	MS63	MS65
2015	6,500	PF65 95.00				

KM# 1865 31.39 g., 0.9999 Silver, 1.0091 oz. ASW 38mm. **Obv:** Bust right **Rev:** Grizzly Bears and cub

Date	Mintage	VF20	XF40	MS60	MS63	MS65
2015	6,500	PF65 95.00				

KM# 1866 31.39 g., 0.9999 Silver, 1.0091 oz. ASW 38mm. **Subject:** Franklin's Lost Expedition **Obv:** Bust right **Rev:** Sailing ship in color with coastal map

Date	Mintage	VF20	XF40	MS60	MS63	MS65
2015	7,000	PF65 100				

KM# 1867 31.39 g., 0.9999 Silver, 1.0091 oz. ASW 38mm. **Subject:** Northern Lights - Raven **Obv:** Bust right **Rev:** Raven flying across Northern Lights in color·

Date	Mintage	VF20	XF40	MS60	MS63	MS65
2015	8,500	PF65 100				

KM# 1868 31.39 g., 0.9999 Silver, 1.0091 oz. ASW 38mm. **Subject:** Toronto 2015 Pan Am Parapan AM Games - Mokume gane blended metals **Obv:** Bust right **Rev:** Maple leaf and games design

Date	Mintage	VF20	XF40	MS60	MS63	MS65
2015	8,500	PF65 120				

KM# 1869 31.50 g., 0.9999 Silver, 1.0126 oz. ASW 43x42mm. **Subject:** The Canadian Maple Leaf **Obv:** Bust right **Rev:** Denomination, date below **Shape:** Leaf

Date	Mintage	VF20	XF40	MS60	MS63	MS65
2015	15,000	PF65 75.00				

KM# 1889 31.83 g., 0.999 Silver, 1.0223 oz. ASW 40mm. **Ruler:** Elizabeth II **Subject:** Butterflies of Canada **Obv:** Bust right **Rev:** Giant Sulphur butterfly in green **Mint:** Royal Canadian Mint

Date	Mintage	F12	VF20	XF40	MS60	MS63
2015	10,000	PF65 100				

KM# 1894 31.39 g., 0.9999 Silver, 1.0091 oz. ASW 38mm. **Subject:** Battlw of Neuve-Chapelle **Obv:** Crowned bust of George V left, gilt **Rev:** Soldiers firing artillery, gilt statue at bottom **Series:** First World War Battlefronts **Obv. Legend:** GEORGIVS V DEI GRA: REX ET IND:IMP:

Date	Mintage	VF20	XF40	MS60	MS63	MS65
2015	10,000	PF65 115				

KM# 1895 31.39 g., 0.9999 Silver, 1.0091 oz. ASW 38mm. **Obv:** Bust right **Rev:** Coast Shore Pine in color **Note:** Forests of Canada

Date	Mintage	VF20	XF40	MS60	MS63	MS65
2015	8,500	PF65 100				

KM# 1896 31.39 g., 0.9999 Silver, 1.0091 oz. ASW 38mm. **Obv:** Bust right **Rev:** Carolinian Tulip Tree in color **Note:** Forests of Canada

Date	Mintage	VF20	XF40	MS60	MS63	MS65
2015	8,500	PF65 100				

KM# 1897 31.39 g., 0.9999 Silver, 1.0091 oz. ASW 38mm. **Obv:** Bust right **Rev:** Boreal Balsam Poplar in color **Note:** Forests of Canada

Date	Mintage	VF20	XF40	MS60	MS63	MS65
2015	8,500	PF65 100				

KM# 1898 31.39 g., 0.9999 Silver, 1.0091 oz. ASW 38mm. **Obv:** Bust right **Rev:** Rainbow Trout **Note:** North American Sportfish

Date	Mintage	VF20	XF40	MS60	MS63	MS65
2015	8,500	PF65 100				

KM# 1899 31.39 g., 0.9999 Silver, 1.0091 oz. ASW 38mm. **Obv:** Bust right **Rev:** Northern Pike **Note:** North American Sportfish

Date	Mintage	VF20	XF40	MS60	MS63	MS65
2015	8,500	PF65 100				

KM# A1900 31.39 g., 0.9999 Silver, 1.0091 oz. ASW 38mm. **Obv:** Bust right **Rev:** Largemouth bass **Note:** North American Sportfish

Date	Mintage	VF20	XF40	MS60	MS63	MS65
2015	6,500	PF65 100				

KM# 1900 31.39 g., 0.9999 Silver, 1.0091 oz. ASW 38mm. **Obv:** Bust right **Rev:** Walleye **Note:** North American Sportfish

Date	Mintage	VF20	XF40	MS60	MS63	MS65
2015	8,500	PF65 100				

KM# 1901 31.39 g., 0.999 Silver, 1.0082 oz. ASW 38mm. **Ruler:** Elizabeth II **Obv:** Bust right **Rev:** Blackeyed Susan in color with crystal dew drops **Mint:** Royal Canadian Mint

Date	Mintage	F12	VF20	XF40	MS60	MS63
2015	10,000	PF65 120				

KM# 1903 31.39 g., 0.9999 Silver, 1.0091 oz. ASW 38mm. **Obv:** Bust right **Rev:** Columbian Yew Tree in color **Note:** Forests of Canada

Date	Mintage	VF20	XF40	MS60	MS63	MS65
2015	8,500	PF65 100				

KM# 1904 31.39 g., 0.9999 Silver, 1.0091 oz. ASW 38mm. **Obv:** Bust right **Rev:** Train riding through autumn colored forest **Note:** Autumn Express

Date	Mintage	VF20	XF40	MS60	MS63	MS65
2015	7,500	PF65 95.00				

KM# 1976 31.83 g., 0.999 Silver, 1.0233 oz. ASW 40mm. **Ruler:** Elizabeth II **Subject:** Looney Tunes **Obv:** Bust right **Rev:** Tweety Bird in color, Sylvester the Cat's paw **Mint:** Royal Canadian Mint

Date	Mintage	F12	VF20	XF40	MS60	MS63
2015	—	PF65 100				

KM# 1977 31.83 g., 0.9999 Silver, 1.0233 oz. ASW 40mm. **Ruler:** Elizabeth II **Subject:** Looney Tunes **Obv:** Bust right **Rev:** Sylvester the Cat in color, Tweety Bird cage **Mint:** Royal Canadian Mint

Date	Mintage	F12	VF20	XF40	MS60	MS63
2015	—					
			PF65 100			

KM# 1978 31.83 g., 0.9999 Silver, 1.0233 oz. ASW 40mm. **Ruler:** Elizabeth II **Subject:** Looney Tunes **Obv:** Bust right **Rev:** Daffy Duck in color, Elmer Fudd **Mint:** Royal Canadian Mint

Date	Mintage	F12	VF20	XF40	MS60	MS63
2015	—					
			PF65 100			

KM# 1979 31.83 g., 0.9999 Silver, 1.0233 oz. ASW 40mm. **Ruler:** Elizabeth II **Subject:** Looney Tunes **Obv:** Bust right **Rev:** Bugs Bunny in color, Elmer Fudd **Mint:** Royal Canadian Mint

Date	Mintage	F12	VF20	XF40	MS60	MS63
2015	—					
			PF65 100			

KM# 1980 31.39 g., 0.999 Silver, 1.0082 oz. ASW 38mm. **Subject:** 75th Anniversary of Bugs Bunny/ Looney Tunes: Merrie Melodies **Obv:** Bust right **Rev:** Bugs Bunny, Tasmanian Devil, Pepe Le Pew and black cat, Daffy Duck, Sylvester the Cat, Tweety Bird, with hidden design element

Date	Mintage	VF20	XF40	MS60	MS63	MS65
2015	12,500	PF65 115				

KM# 1981 7.96 g., 0.9999 Silver, 0.2559 oz. ASW 27mm. **Subject:** 75th Anniversary of Bugs Bunny/ Looney Tunes **Rev:** Bugs Bunny facing left with chin in hand

Date	Mintage	VF20	XF40	MS60	MS63	MS65
2015 Specimen	350,000	PF63 18.00	PF65 20.00	PF67		
Proof		25.00				

KM# 1996 7.96 g., 0.9999 Silver, 0.2559 oz. ASW 27mm. **Subject:** FIFA Women's World Cup Canada **Rev:** Player chasing ball left, stylized background

Date	Mintage	VF20	XF40	MS60	MS63	MS65
2015 Specimen	200,000	PF63 16.00	PF65 18.00	PF67		
Proof		22.00 •				

KM# 2005 31.83 g., 0.9999 Silver Selective gold plating, 1.0233 oz. ASW 40mm. **Ruler:** Elizabeth II **Subject:** Wedding **Obv:** Bust right **Rev:** Intertwined wedding bands on lasered silver hearts **Mint:** Royal Canadian Mint

Date	Mintage	F12	VF20	XF40	MS60	MS63
2015	10,000		PF65 100			

KM# 2006 31.39 g., 0.9999 Silver, 1.0091 oz. ASW 38mm. **Ruler:** Elizabeth II **Subject:** Majestic Animals **Obv:** Bust right **Rev:** Big-Horned sheep in color **Mint:** Royal Canadian Mint

Date	Mintage	F12	VF20	XF40	MS60	MS63
2015	6,500		PF65 100			

KM# 2007 31.39 g., 0.9999 Silver, 1.0091 oz. ASW 38mm. **Ruler:** Elizabeth II **Subject:** Majestic Animals **Obv:** Bust right **Rev:** Elk at center in color **Mint:** Royal Canadian Mint

Date	Mintage	F12	VF20	XF40	MS60	MS63
2015	6,500		PF65 100			

KM# 2008 31.39 g., 0.9999 Silver, 1.0091 oz. ASW 38mm. **Ruler:** Elizabeth II **Subject:** Majestic Animals **Obv:** Bust right **Rev:** Bull moose in color **Mint:** Royal Canadian Mint

Date	Mintage	F12	VF20	XF40	MS60	MS63
2015	7,500		PF65 100			

KM# 2009 31.39 g., 0.9999 Silver, 1.0091 oz. ASW 38mm. **Obv:** Bust right **Rev:** Broadleaf Arrowhead Flower & Venetian glass turtle

Date	Mintage	VF20	XF40	MS60	MS63	MS65
2015	12,500	PF65 150				

KM# 2010 31.39 g., 0.9999 Silver, 1.0091 oz. ASW 38mm. **Obv:** Bust right **Rev:** Maple leaf reflection

Date	Mintage	VF20	XF40	MS60	MS63	MS65
2015	8,500	PF65 100				

KM# 2011 31.39 g., 0.9999 Silver, 1.0091 oz. ASW 38mm. **Obv:** Bust right **Rev:** Mule deer pair in color

Date	Mintage	VF20	XF40	MS60	MS63	MS65
2015	6,500	PF65 100				

KM# 2012 31.39 g., 0.9999 Silver, 1.0091 oz. ASW 38mm. **Subject:** 200th Anniversary of Sir John Macdonald **Obv:** Bust right **Rev:** Macdonald portrait, original Canadian Parliament Buildings

Date	Mintage	VF20	XF40	MS60	MS63	MS65
2015	8,500	PF65 100				

KM# 2013 31.39 g., 0.9999 Silver, 1.0091 oz. ASW 38mm. **Subject:** Canadian Icons: Polar Bear **Obv:** Bust right **Rev:** Mother bear in jade, two cubs

Date	Mintage	VF20	XF40	MS60	MS63	MS65
2015	8,500	PF65 115				

KM# 2014 31.39 g., 0.9999 Silver, 1.0091 oz. ASW 38mm. **Obv:** Bust right **Rev:** Eastern Timber Wolf howling, in color

Date	Mintage	VF20	XF40	MS60	MS63	MS65
2015	7,500	PF65 100				

KM# 2015 26.51 g., 0.9999 Silver, 0.8522 oz. ASW 38mm. **Subject:** Master's Club: Canada Goose **Obv:** Bust right **Rev:** Flock of geese flying left **Shape:** Scalloped

Date	Mintage	VF20	XF40	MS60	MS63	MS65
2015	6,000	PF65 50.00	PF67 60.00			

KM# 2016 31.39 g., 0.9999 Silver, 1.0091 oz. ASW 38mm. **Subject:** Baby Animals **Obv:** Bust right **Rev:** Mother with young goat in color

Date	Mintage	VF20	XF40	MS60	MS63	MS65
2015	7,500	PF65 100				

KM# 2017 31.39 g., 0.9999 Silver, 1.0091 oz. ASW 38mm. **Subject:** Baby Animals **Obv:** Bust right **Rev:** Mother with young bear in color

Date	Mintage	VF20	XF40	MS60	MS63	MS65
2015	7,500	PF65 100				

KM# 2018 31.39 g., 0.9999 Silver, 1.0091 oz. ASW 38mm. **Subject:** Baby Animals **Obv:** Bust right **Rev:** Mother with young deer in color

Date	Mintage	VF20	XF40	MS60	MS63	MS65
2015	7,500	PF65 100				

KM# 2019 31.39 g., 0.9999 Silver, 1.0091 oz. ASW 38mm. **Obv:** Bust right **Rev:** Lone wolf above river valley, in color

Date	Mintage	VF20	XF40	MS60	MS63	MS65
2015	6,500	PF65 100				

KM# 2020 31.39 g., 0.9999 Silver, 1.0091 oz. ASW 38mm. **Subject:** A Historic Reign **Obv:** Bust right **Rev:** Crowns and emblems above maple branches, Vivat Regina banner, selective color

Date	Mintage	VF20	XF40	MS60	MS63	MS65
2015	10,000	PF65 100				

KM# 2021 31.39 g., 0.9999 Silver, 1.0091 oz. ASW 38mm. **Subject:** The Canadian Homefront: Canada's First WWI Submarine **Obv:** George V bust left **Rev:** CC class sub moving right, map of British Columbia

Date	Mintage	VF20	XF40	MS60	MS63	MS65
2015	7,500	PF65 100				

KM# 2022 31.39 g., 0.9999 Silver, 1.0091 oz. ASW 38mm. **Subject:** The Canadian Homefront: Transcontinental Railroad **Obv:** George V bust left **Rev:** Pacific steam locomotive with passenger cars

Date	Mintage	VF20	XF40	MS60	MS63	MS65
2015	7,500	PF65 100				

KM# 2023 31.39 g., 0.9999 Silver, 1.0091 oz. ASW 38mm. **Subject:** Sir George-Etienne Cartier **Obv:** Bust right **Rev:** Portrait in engraved frame, Province House, stylized maple leaves

Date	Mintage	VF20	XF40	MS60	MS63	MS65
2015	8,500				PF65	100

KM# 2024 31.39 g., 0.9999 Silver, 1.0091 oz. ASW 38mm. **Subject:** American Scimitar Sabre-Tooth Cat **Obv:** Bust right **Rev:** Roaring cat advancing right

Date	Mintage	VF20	XF40	MS60	MS63	MS65
2015	7,500				PF65	100

KM# 2025 31.39 g., 0.9999 Silver Selective gold plating, 1.0091 oz. ASW 38mm. **Subject:** Tom Thomson painting **Obv:** Bust right **Rev:** Reproduction of Spring Ice (1916)

Date	Mintage	VF20	XF40	MS60	MS63	MS65
2015	8,500				PF65	115

KM# 2026 31.39 g., 0.9999 Silver, 1.0091 oz. ASW 38mm. **Subject:** Weather Phenomenon **Obv:** Bust right **Rev:** Summer storm, lightning bolts enhanced by black light

Date	Mintage	VF20	XF40	MS60	MS63	MS65
2015	8,000				PF65	100

KM# 2027 31.39 g., 0.9999 Silver, 1.0091 oz. ASW 38mm. **Subject:** Weather Phenomenon **Obv:** Bust right **Rev:** Winter freeze, birds on enhanced icy branch, in color

Date	Mintage	VF20	XF40	MS60	MS63	MS65
2015	8,000				PF65	100

KM# 2029 31.39 g., 0.9999 Silver, 1.0091 oz. ASW 38mm. **Obv:** Bust right **Rev:** UNESCO. Wood Buffalo National Park and Sichuan Giant Panda Sanctuaries

Date	Mintage	VF20	XF40	MS60	MS63	MS65
2015	7,500				PF65	75.00

KM# 2030 7.96 g., 0.9999 Silver, 0.2559 oz. ASW 27mm. **Subject:** Superman **Rev:** Superman advancing right with fist raised

Date	Mintage	VF20	XF40	MS60	MS63	MS65
2015 Specimen	350,000	PF63 18.00		PF65 20.00		PF67
Proof		25.00				

KM# 2031 31.39 g., 0.9999 Silver, 1.0091 oz. ASW 38mm. **Subject:** Iconic Superman Comic Book Covers **Obv:** Bust right **Rev:** Action Comics #1 (2011), Superman running in color

Date	Mintage	VF20	XF40	MS60	MS63	MS65
2015	10,000				PF65	115

KM# 2032 31.39 g., 0.9999 Silver, 1.0091 oz. ASW 38mm. **Subject:** Iconic Superman Comic Book Covers **Obv:** Bust right **Rev:** Superman Unchained #2 (2013), Superman lifts tank in color

Date	Mintage	VF20	XF40	MS60	MS63	MS65
2015	10,000				PF65	115

KM# 2033 31.39 g., 0.9999 Silver, 1.0091 oz. ASW 38mm. **Subject:** Iconic Superman Comic Book Covers **Obv:** Bust right **Rev:** Superman #28 (2014), Superman heat vision in color

Date	Mintage	VF20	XF40	MS60	MS63	MS65
2015	10,000				PF65	115

KM# 2034 31.39 g., 0.9999 Silver, 1.0091 oz. ASW 38mm. **Subject:** Christmas **Obv:** Bust right **Rev:** Two rooftop reindeer, Swarovski crystals on harness and snowflakes

Date	Mintage	VF20	XF40	MS60	MS63	MS65
2015	7,500				PF65 60.00	PF67 75.00

KM# 2035 7.96 g., 0.9999 Silver, 0.2559 oz. ASW 27mm. **Subject:** Christmas **Rev:** Gingerbread man sliding with candy cane

Date	Mintage	VF20	XF40	MS60	MS63	MS65
2015 Specimen	200,000	PF63 16.00		PF65 18.00		PF67
Proof		22.00				

KM# A1905 31.83 g., 0.9999 Silver, 1.0233 oz. ASW 40mm. **Obv:** Bust right, denomination below **Rev:** Hiker atop Idaho Peak above Slocan Lake, Valhalla Ranges in distance, in color **Note:** Canadian Landscapes

Date	Mintage	VF20	XF40	MS60	MS63	MS65
2016	7,500				PF67	85.00

KM# 1905 31.39 g., 0.9999 Silver, 1.0091 oz. ASW 38mm. **Obv:** Bust right, denomination below **Rev:** The Rockies in color **Note:** Canadian Landscapes

Date	Mintage	VF20	XF40	MS60	MS63	MS65
2016	7,500				PF65	100

KM# A1906 31.83 g., 0.9999 Silver, 1.0233 oz. ASW 40mm. **Obv:** Bust right, denomination below **Rev:** Ski chalet amid winter landscape, in color **Note:** Canadian Landscapes

Date	Mintage	VF20	XF40	MS60	MS63	MS65
2016	7,500				PF67	85.00

KM# 1906 31.39 g., 0.9999 Silver, 1.0091 oz. ASW 38mm. **Obv:** Bust right, denomination below **Rev:** The Lake in color **Note:** Canadian Landscapes

Date	Mintage	VF20	XF40	MS60	MS63	MS65
2016	7,500				PF65	100

KM# 1911 31.39 g., 0.9999 Silver, 1.0091 oz. ASW 38mm. **Ruler:** Elizabeth II **Subject:** Majestic Animals **Obv:** Bust right **Rev:** Regal Red Tailed Hawk in color **Mint:** Royal Canadian Mint

Date	Mintage	F12	VF20	XF40	MS60	MS63
2016	6,500			PF65	100	

KM# 1912 31.39 g., 0.9999 Silver, 1.0091 oz. ASW 38mm. **Subject:** Diwali Festival of Lights **Obv:** Bust right,date above, denomination below **Rev:** Circular patterns

Date	Mintage	VF20	XF40	MS60	MS63	MS65
2016	8,500				PF65	95.00

KM# 1914 31.39 g., 0.9999 Silver, 1.0091 oz. ASW 38mm. **Ruler:** Elizabeth II **Subject:** Majestic Animals **Obv:** Bust right **Rev:** Baronial Bald Eagle in color **Mint:** Royal Canadian Mint

Date	Mintage	F12	VF20	XF40	MS60	MS63
2016	6,500			PF65	100	

KM# 2131 31.39 g., 0.9999 Silver, 1.0091 oz. ASW 38mm. **Subject:** DC Comics Originals **Obv:** Bust right **Rev:** The Trinity - Batman, Superman, Wonder Woman advancing forward in color, background comics panels

Date	Mintage	VF20	XF40	MS60	MS63	MS65
2016	10,000				PF67	80.00

KM# 2132 31.83 g., 0.9999 Silver, 1.0233 oz. ASW 40mm. **Ruler:** Elizabeth II **Subject:** DC Comics Originals **Obv:** Bust right **Rev:** Batman crouching at left in color, comics panel background **Mint:** Royal Canadian Mint

Date	Mintage	F12	VF20	XF40	MS60	MS63
2016	10,000			PF67	75.00	

KM# 2133 31.83 g., 0.9999 Silver, 1.0233 oz. ASW 40mm. **Ruler:** Elizabeth II **Subject:** DC Comics Originals **Obv:** Bust right **Rev:** Wonder Woman with arms crossed at right in color, comics panel background **Mint:** Royal Canadian Mint

Date	Mintage	F12	VF20	XF40	MS60	MS63
2016	10,000			PF67	95.00	

KM# 2134 31.83 g., 0.9999 Silver, 1.0233 oz. ASW 40mm. **Ruler:** Elizabeth II **Subject:** DC Comics Originals **Obv:** Bust right **Rev:** Superman with fists clenched at center in color, comics panel background **Mint:** Royal Canadian Mint

Date	Mintage	F12	VF20	XF40	MS60	MS63
2016	10,000			PF67	75.00	

KM# 2135 31.83 g., 0.9999 Silver, 1.0233 oz. ASW 40mm. **Subject:** Batman v Superman: Dawn of Justice **Obv:** Bust right **Rev:** The Trinity - Wonder Woman, Superman, Batman, names in Kryptonian writing, in color

Date	Mintage	VF20	XF40	MS60	MS63	MS65
2016	12,500	PF65 75.00		PF67 95.00		

KM# 2136 7.96 g., 0.9999 Silver, 0.2559 oz. ASW 27mm. **Subject:** Batman v Superman: Dawn of Justice **Obv:** Bust right **Rev:** Batman/Superman showdown

Date	Mintage	VF20	XF40	MS60	MS63	MS65
2016 Specimen Proof	300,000	PF65 25.00		PF67 30.00		

KM# 2147 31.39 g., 0.9999 Silver, 1.0091 oz. ASW 38mm. **Subject:** Star Trek **Obv:** Bust right **Rev:** U.S.S. Enterprise flying right past planet, in color

Date	Mintage	VF20	XF40	MS60	MS63	MS65
2016	11,500	PF65 75.00		PF67 85.00		

KM# 2148 31.39 g., 0.9999 Silver, 1.0091 oz. ASW 38mm. **Subject:** Iconic Star Trek Scenes **Obv:** Bust right **Rev:** The City on the Edge of Forever - Capt. Kirk and Spock in color

Date	Mintage	VF20	XF40	MS60	MS63	MS65
2016	11,500	PF65 75.00		PF67 85.00		

KM# 2149 31.39 g., 0.9999 Silver, 1.0091 oz. ASW 38mm. **Subject:** Iconic Star Trek Scenes **Obv:** Bust right **Rev:** Mirror Mirror - Spock and Dr. McCoy in color

Date	Mintage	VF20	XF40	MS60	MS63	MS65
2016	11,500	PF65 75.00		PF67 85.00		

KM# 2150 31.39 g., 0.9999 Silver, 1.0091 oz. ASW 38mm. **Subject:** Iconic Star Trek Scenes **Obv:** Bust right **Rev:** The Trouble With Tribbles - Capt. Kirk in color

Date	Mintage	VF20	XF40	MS60	MS63	MS65
2016	11,500	PF65 75.00		PF67 85.00		

KM# 2151 7.96 g., 0.9999 Silver, 0.2559 oz. ASW 27mm. **Subject:** Star Trek 50th Anniversary **Obv:** Bust right **Rev:** U.S.S. Enterprise in attack mode, stylized Delta Shield with "50" **Edge:** Reeded

Date	Mintage	VF20	XF40	MS60	MS63	MS65
2016 Specimen proof	300,000	PF65 22.00		PF67 28.00		

KM# 2160 31.39 g., 0.9999 Silver, 1.0091 oz. ASW 45x33mm. **Subject:** Traditional Ukrainian Pysanka **Obv:** Bust right **Rev:** Symbols representing Easter, in color **Shape:** Egg

Date	Mintage	VF20	XF40	MS60	MS63	MS65
2016	4,000			PF67 250		

KM# 2161 26.51 g., 0.9999 Silver, 0.8522 oz. ASW 38mm. **Ruler:** Elizabeth II **Obv:** Bust right **Rev:** Orca pod off Pacific coast **Shape:** Scalloped **Mint:** Royal Canadian Mint

Date	Mintage	F12	VF20	XF40	MS60	MS63
2016	6,000		PF65 55.00		PF67 75.00	

KM# 2162 31.39 g., 0.9999 Silver, 1.0091 oz. ASW 38mm. **Obv:** Bust right **Rev:** Bigleaf Maple leaves in color, raindrop-shaped Swarovski crystal

Date	Mintage	VF20	XF40	MS60	MS63	MS65
2016	4,500	PF65 95.00		PF67 115		

KM# 2163 31.39 g., 0.9999 Silver, 1.0091 oz. ASW 38mm. **Subject:** Weather Phenomenon **Obv:** Bust right **Rev:** Rainbow descending from stormy sky in color

Date	Mintage	VF20	XF40	MS60	MS63	MS65
2016	8,000	PF65 75.00		PF67 85.00		

KM# 2164 31.39 g., 0.9999 Silver, 1.0091 oz. ASW 38mm. **Obv:** Bust right **Rev:** Grizzy Bear male pair in confrontation

Date	Mintage	VF20	XF40	MS60	MS63	MS65
2016	6,500	PF65 75.00		PF67 95.00		

KM# 2165 31.39 g., 0.9999 Silver, 1.0091 oz. ASW 38mm. **Subject:** Maple Leaf Maze **Obv:** Bust right **Rev:** Leaf in color behind engraved maze with free-rolling brass ball

Date	Mintage	VF20	XF40	MS60	MS63	MS65
2016	8,000	PF65 65.00		PF67 75.00		

KM# 2166 31.39 g., 0.9999 Silver, 1.0091 oz. ASW 38mm. **Subject:** Landscape Illusion **Obv:** Bust right **Rev:** Mountain scene with salmon as waterfall, in color

Date	Mintage	VF20	XF40	MS60	MS63	MS65
2016	5,500	PF65 60.00		PF67 80.00		

KM# 2167 31.39 g., 0.9999 Silver, 1.0091 oz. ASW 38mm. **Subject:** Landscape Illusion **Obv:** Bust right **Rev:** Lakeside scene with butterfly as trees, in color

Date	Mintage	VF20	XF40	MS60	MS63	MS65
2016	5,500	PF65 75.00		PF67 95.00		

KM# 2168 31.39 g., 0.9999 Silver, 1.0091 oz. ASW 38mm. **Subject:** Landscape Illusion **Obv:** Bust right **Rev:** Alpine scene with goat as hillside snow, in color

Date	Mintage	VF20	XF40	MS60	MS63	MS65
2016	5,500	PF65 45.00		PF67 65.00		

KM# 2169 31.83 g., 0.9999 Silver, 1.0233 oz. ASW 40mm. **Ruler:** Elizabeth II **Subject:** Aircraft of First World War **Obv:** George V bust left **Rev:** Royal Aircraft Factory S.E.5a with aircraft and truck, selective color **Mint:** Royal Canadian Mint

Date	Mintage	F12	VF20	XF40	MS60	MS63
2016	7,500		PF65 65.00		PF67 75.00	

KM# 2170 31.83 g., 0.9999 Silver, 1.0233 oz. ASW 40mm. **Ruler:** Elizabeth II **Subject:** Aircraft of First World War **Obv:** George V bust left **Rev:** Sopwith Triplane pair above Messines Ridge, selective color **Mint:** Royal Canadian Mint

Date	Mintage	F12	VF20	XF40	MS60	MS63
2016	7,500		PF65 65.00		PF67 75.00	

KM# 2171 31.83 g., 0.9999 Silver, 1.0233 oz. ASW 40mm. **Ruler:** Elizabeth II **Subject:** Aircraft of First World War **Obv:** George V bust left **Rev:** Curtiss H-12 encounter with exploding Zeppelin, selective color **Mint:** Royal Canadian Mint

Date	Mintage	F12	VF20	XF40	MS60	MS63
2016	7,500		PF65 65.00		PF67 75.00	

KM# 2172 31.39 g., 0.9999 Silver, 1.0091 oz. ASW 38mm. **Subject:** Second World War Battlefront **Obv:** George VI bust left **Rev:** The Battle of Hong Kong - two Canadian soldiers in jungle scene

Date	Mintage	VF20	XF40	MS60	MS63	MS65
2016	10,000	PF65 80.00		PF67 100		

KM# 2173 31.39 g., 0.9999 Silver Winged figure of "Victory" in selective gold plating, 1.0091 oz. ASW 38mm. **Subject:** First World War Battlefront **Obv:** George V bust left **Rev:** The Somme Offensive - Canadian battilion charging enemy lines, ghostly soldier above

Date	Mintage	VF20	XF40	MS60	MS63	MS65
2016	10,000	PF65 90.00		PF67 110		

KM# 2174 31.39 g., 0.9999 Silver Winged figure of "Victory" in selective gold plating, 1.0091 oz. ASW 38mm. **Subject:** First World War Battlefront **Obv:** George V bust left **Rev:** The Battle of Beaumont-Hamel - Soldier with bayonet advancing right, soldiers in background

Date	Mintage	VF20	XF40	MS60	MS63	MS65
2016	10,000	PF65 90.00		PF67 110		

KM# 2175 31.39 g., 0.9999 Silver, 1.0091 oz. ASW 38mm. **Obv:** Bust right **Rev:** Photo-realistic rendering of Duke/Duchess of Cambridge, Prince George, Princess Charlotte, four engraved maple leaves

Date	Mintage	VF20	XF40	MS60	MS63	MS65
2016	10,000	PF65 75.00		PF67 85.00		

KM# 2176 31.83 g., 0.9999 Silver, 1.0233 oz. ASW 40mm. **Obv:** Bust right **Rev:** Big Fish - Arctic Char underwater, in color

Date	Mintage	VF20	XF40	MS60	MS63	MS65
2016	5,500		PF65 65.00		PF67 75.00	

KM# 2177 31.83 g., 0.9999 Silver, 1.0233 oz. ASW 40mm. **Obv:** Bust right **Rev:** Big Fish - Atlantic Salmon leaping, in color

Date	Mintage	VF20	XF40	MS60	MS63	MS65
2016	5,500		PF65 65.00		PF67 75.00	

KM# 2178 31.83 g., 0.9999 Silver, 1.0233 oz. ASW 40mm. **Obv:** Bust right **Rev:** Big Fish - Sockeye Salmon swimming right, in color

Date	Mintage	VF20	XF40	MS60	MS63	MS65
2016	5,500		PF65 65.00		PF67 75.00	

KM# 2179 31.39 g., 0.9999 Silver, 1.0091 oz. ASW 38mm. **Ruler:** Elizabeth II **Subject:** Majestic Animals **Obv:** Bust right **Rev:** Plains bison amid grass in color **Mint:** Royal Canadian Mint

Date	Mintage	F12	VF20	XF40	MS60	MS63
2016	6,500		PF65 75.00		PF67 85.00	

KM# 2180 31.39 g., 0.9999 Silver, 1.0091 oz. ASW 38mm. **Ruler:** Elizabeth II **Subject:** Majestic Animals **Obv:** Bust right **Rev:** Canadian lynx atop rocky outcrop in color **Mint:** Royal Canadian Mint

Date	Mintage	F12	VF20	XF40	MS60	MS63
2016	6,500		PF65 65.00		PF67 75.00	

KM# 2181 31.85 g., 0.9999 Silver, 1.0239 oz. ASW 60mm. **Subject:** Canadian Kaleidoscope **Obv:** Bust right, denomination below, wavy line pattern **Rev:** Repeating polar bear pattern in shades of translucent blue

Date	Mintage	VF20	XF40	MS60	MS63	MS65
2016	7,500		PF65 85.00		PF67 100	

KM# 2182 31.83 g., 0.9999 Silver, 1.0233 oz. ASW 40mm. **Obv:** Bust right **Rev:** Geometry in Art - stylized caribou pair crossing river, in color

Date	Mintage	VF20	XF40	MS60	MS63	MS65
2016	7,500		PF65 70.00		PF67 85.00	

KM# 2183 31.83 g., 0.9999 Silver, 1.0233 oz. ASW 40mm. **Obv:** Bust right **Rev:** Geometry in Art - stylized polar bear mother and cub swimming, in color

Date	Mintage	VF20	XF40	MS60	MS63	MS65
2016	7,500		PF65 70.00		PF67 85.00	

KM# 2184 31.83 g., 0.9999 Silver, 1.0233 oz. ASW 40mm. **Obv:** Bust right **Rev:** Geometry in Art - stylized beaver pair constructing dam, in color

Date	Mintage	VF20	XF40	MS60	MS63	MS65
2016	7,500		PF65 80.00		PF67 95.00	

KM# 2185 31.83 g., 0.9999 Silver, 1.0233 oz. ASW 40mm. **Obv:** Bust right **Rev:** Geometry in Art - stylized common loon pair, in color

Date	Mintage	VF20	XF40	MS60	MS63	MS65
2016	7,500		PF65 60.00		PF67 75.00	

KM# 2186 31.83 g., 0.9999 Silver, 1.0233 oz. ASW 40mm. **Obv:** Bust right **Rev:** Geometry in Art - stylized maple leaves on water, in color

Date	Mintage	VF20	XF40	MS60	MS63	MS65
2016	7,500		PF65 85.00		PF67 100	

KM# 2187 31.39 g., 0.9999 Silver, 1.0091 oz. ASW 38mm. **Obv:** Bust right **Rev:** Central maple-leaf shaped drusy stone, maple leaf background, Art Nouveau scrollwork

Date	Mintage	VF20	XF40	MS60	MS63	MS65
2016	4,000		PF67 150			

KM# 2188 31.39 g., 0.9999 Silver, 1.0091 oz. ASW 38mm. **Obv:** Bust right **Rev:** Four-leaf clover in color

Date	Mintage	VF20	XF40	MS60	MS63	MS65
2016	7,500		PF65 75.00		PF67 85.00	

KM# 2189 31.39 g., 0.9999 Silver, 1.0091 oz. ASW 38mm. **Obv:** Bust right **Rev:** Venetian glass snail perched on twig, background leaf in color

Date	Mintage	VF20	XF40	MS60	MS63	MS65
2016	12,500		PF65 85.00		PF67 95.00	

KM# 2190 31.39 g., 0.9999 Silver, 1.0091 oz. ASW 38mm. **Subject:** Mother Earth **Obv:** Bust right **Rev:** Center 3D water droplet cradling Earth in color, Canadian flora/fauna

Date	Mintage	VF20	XF40	MS60	MS63	MS65
2016	7,000		PF65 125		PF67 150	

KM# 2191 31.50 g., 0.9999 Silver, 1.0126 oz. ASW 42x43mm. **Subject:** The Canadian Maple Leaf **Obv:** Bust right **Rev:** Denomination, date below, in color **Shape:** Leaf

Date	Mintage	VF20	XF40	MS60	MS63	MS65
2016	15,000		PF65 120		PF67 140	

KM# 2192 31.39 g., 0.9999 Silver, 1.0091 oz. ASW 38mm. **Obv:** Bust right **Rev:** Autumn Tranquility - bridge over stream in woods, in color

Date	Mintage	VF20	XF40	MS60	MS63	MS65
2016	6,000		PF65 85.00		PF67 95.00	

KM# 2193 31.39 g., 0.9999 Silver, 1.0091 oz. ASW 38mm. **Subject:** Colorful Wings of a Butterfly **Obv:** Bust right **Rev:** Butterfly on sunflower, translucent agate wings

Date	Mintage	VF20	XF40	MS60	MS63	MS65
2016	6,000		PF65 95.00		PF67 125	

KM# 2194 31.39 g., 0.9999 Silver, 1.0091 oz. ASW 38mm. **Subject:** Colorful Birds of Canada **Obv:** Bust right **Rev:** Mountain Bluebird flying left in color, meadow nesting box

Date	Mintage	VF20	XF40	MS60	MS63	MS65
2016	6,500		PF65 75.00		PF67 85.00	

KM# 2195 31.39 g., 0.9999 Silver, 1.0091 oz. ASW 38mm. **Subject:** Colorful Birds of Canada **Obv:** Bust right **Rev:** American Goldfinch flying left in color, rural farm scene

Date	Mintage	VF20	XF40	MS60	MS63	MS65
2016	6,500		PF65 65.00		PF67 75.00	

KM# 2196 31.39 g., 0.9999 Silver, 1.0091 oz. ASW 38mm. **Subject:** Colorful Birds of Canada **Obv:** Bust right **Rev:** American Avocet flying left in color, wetlands

Date	Mintage	VF20	XF40	MS60	MS63	MS65
2016	6,500		PF65 65.00		PF67 75.00	

KM# 2197 31.39 g., 0.9999 Silver, 1.0091 oz. ASW 38mm. **Subject:** Colorful Birds of Canada **Obv:** Bust right **Rev:** Pileated Woodpecker flying left in color, forest

Date	Mintage	VF20	XF40	MS60	MS63	MS65
2016	6,500		PF65 65.00		PF67 75.00	

KM# 2198 31.39 g., 0.9999 Silver, 1.0091 oz. ASW 38mm. **Subject:** 40th Season of Toronto Blue Jays **Obv:** Bust right **Rev:** Player finishing hit between 40 seasons and team logo, background wave in red, white, and blue

Date	Mintage	VF20	XF40	MS60	MS63	MS65
2016	40,000		PF65 55.00		PF67 65.00	

KM# 2199 31.39 g., 0.9999 Silver, 1.0091 oz. ASW 38mm. **Obv:** Bust right **Rev:** Snowy Owl perched on wood in field, in color

Date	Mintage	VF20	XF40	MS60	MS63	MS65
2016	6,500		PF65 90.00		PF67 100	

KM# 2203 31.39 g., 0.9999 Silver, 1.0091 oz. ASW 38mm. **Subject:** Baby Animals **Obv:** Bust right **Rev:** Mother with young caribou in color

Date	Mintage	VF20	XF40	MS60	MS63	MS65
2016	5,500		PF65 65.00		PF67 75.00	

KM# 2204 31.39 g., 0.9999 Silver, 1.0091 oz. ASW 38mm. **Subject:** Baby Animals **Obv:** Bust right **Rev:** Mother with young loon in color

Date	Mintage	VF20	XF40	MS60	MS63	MS65
2016	5,500	**PF65** 65.00	**PF67** 75.00			

KM# 2205 31.39 g., 0.9999 Silver, 1.0091 oz. ASW 38mm. **Subject:** Baby Animals **Obv:** Bust right **Rev:** Mother with young raccoon in color

Date	Mintage	VF20	XF40	MS60	MS63	MS65
2016	5,500	**PF65** 65.00	**PF67** 75.00			

KM# 2206 31.39 g., 0.9999 Silver, 1.0091 oz. ASW 38mm. **Subject:** Baby Animals **Obv:** Bust right **Rev:** Mother with young woodchuck in color

Date	Mintage	VF20	XF40	MS60	MS63	MS65
2016	5,500	**PF65** 75.00	**PF67** 85.00			

KM# 2207 31.39 g., 0.9999 Silver, 1.0091 oz. ASW 38mm. **Subject:** Baby Animals **Obv:** Bust right **Rev:** Mother with young porcupine in color

Date	Mintage	VF20	XF40	MS60	MS63	MS65
2016	7,500	**PF65** 75.00	**PF67** 85.00			

KM# 2208 31.39 g., 0.9999 Silver, 1.0091 oz. ASW 38mm. **Subject:** The Canadian Homefront: British Commonwealth Air Training Plan **Obv:** George VI bust left **Rev:** Tiger Moth biplane over school, southern Ontario map

Date	Mintage	VF20	XF40	MS60	MS63	MS65
2016	7,500	**PF65** 55.00	**PF67** 65.00			

KM# 2209 31.39 g., 0.9999 Silver, 1.0091 oz. ASW 38mm. **Subject:** The Canadian Homefront: Patrol Against U-Boats **Obv:** George VI bust left **Rev:** Bangor-class minesweeper HMCS Drummondville, engraved map of eastern Canada

Date	Mintage	VF20	XF40	MS60	MS63	MS65
2016	7,500	**PF65** 55.00	**PF67** 65.00			

KM# 2210 7.96 g., 0.9999 Silver, 0.2559 oz. ASW 27mm. **Obv:** Bust right **Rev:** Roaring Tyrannosaurus rex advancing right

Date	Mintage	VF20	XF40	MS60	MS63	MS65
2016 Specimen	300,000	**PF65** 18.00	**PF67** 22.00			
Proof						

KM# 2211 31.39 g., 0.9999 Silver, 1.0091 oz. ASW 38mm. **Subject:** Her Majesty's 90th Birthday **Obv:** Bust right **Rev:** Royal cypher/St. Edward's Crown/Garter Sash in color, maple leaf brooch with glittering effect, scrollwork, Tudor roses

Date	Mintage	VF20	XF40	MS60	MS63	MS65
2016	7,000	**PF65** 45.00	**PF67** 55.00			

KM# 2212 31.39 g., 0.9999 Silver, 1.0091 oz. ASW 38mm. **Subject:** Nature's Adornment **Obv:** Bust right **Rev:** Canadian darner dragonfly with niobium wing embellishment, water and frosted lily pad background

Date	Mintage	VF20	XF40	MS60	MS63	MS65
2016	6,000	**PF65** 100	**PF67** 120			

KM# 2213 31.39 g., 0.9999 Silver, 1.0091 oz. ASW 38mm. **Subject:** Christmas **Obv:** Bust right **Rev:** Venetian glass angel amid winter scene, in color

Date	Mintage	VF20	XF40	MS60	MS63	MS65
2016	10,000	**PF65** 65.00	**PF67** 75.00			

25 DOLLARS

KM# 742 27.78 g., 0.925 Silver, 0.8262 oz. ASW 40mm. **Subject:** Vancouver Olympics **Rev:** Alpine skiing, hologram

Date	Mintage	VF20	XF40	MS60	MS63	MS65
2007	45,000	**PF63** 40.00	**PF65** 45.00			

KM# 743 27.78 g., 0.925 Silver, 0.8262 oz. ASW 40mm. **Subject:** Vancouver Olympics **Rev:** Athletics pride hologram

Date	Mintage	VF20	XF40	MS60	MS63	MS65
2007	45,000	**PF63** 55.00	**PF65** 60.00			

KM# 744 27.75 g., 0.925 Silver, 0.8253 oz. ASW 40mm. **Subject:** Vancouver Olympics **Rev:** Biathleon hologram

Date	Mintage	VF20	XF40	MS60	MS63	MS65
2007	54,000	**PF63** 40.00	**PF65** 45.00			

KM# 745 27.78 g., 0.925 Silver, 0.8262 oz. ASW 40mm. **Subject:** Vancouver Olympics **Rev:** Curling hologram

Date	Mintage	VF20	XF40	MS60	MS63	MS65
2007	—	PF63 40.00		PF65 45.00		

KM# 746 27.78 g., 0.925 Silver, 0.8262 oz. ASW 40mm. **Subject:** Vancouver Olympics **Rev:** Hockey, hologram

Date	Mintage	VF20	XF40	MS60	MS63	MS65
2007	45,000	PF63 40.00		PF65 45.00		

KM# 814 27.78 g., 0.925 Silver, 0.8262 oz. ASW 40mm. **Subject:** Vancouver Olympics **Rev:** Bobsleigh, hologram

Date	Mintage	VF20	XF40	MS60	MS63	MS65
2008	45,000	PF63 35.00		PF65 45.00		

KM# 815 27.78 g., 0.925 Silver, 0.8262 oz. ASW 40mm. **Subject:** Vancouver Olympics **Rev:** Figure skating, hologram

Date	Mintage	VF20	XF40	MS60	MS63	MS65
2008	45,000	PF63 35.00		PF65 45.00		

KM# 816 27.78 g., 0.925 Silver, 0.8262 oz. ASW 40mm. **Subject:** Vancouver Olympics **Rev:** Freestyle skating, hologram

Date	Mintage	VF20	XF40	MS60	MS63	MS65
2008	45,000	PF63 35.00		PF65 45.00		

KM# 817 27.78 g., 0.925 Silver, 0.8262 oz. ASW 40mm. **Subject:** Vancouver Olympics **Rev:** Snowboarding, hologram

Date	Mintage	VF20	XF40	MS60	MS63	MS65
2008	45,000	PF63 35.00		PF65 45.00		

25 DOLLARS

KM# 818 27.78 g., 0.925 Silver, 0.8262 oz. ASW
40mm. **Subject:** Vancouver Olympics **Rev:** Home
of the 2010 Olympics

Date	Mintage	VF20	XF40	MS60	MS63	MS65
2008	45,000	PF63 35.00		PF65 45.00		

KM# 903 27.78 g., 0.925 Silver, 0.8262 oz. ASW
40mm. **Subject:** 2010 Vancouver Olympics **Obv:**
Bust right **Obv. Designer:** Susanna Blunt **Rev:**
Cross Country Skiing and hologram at left

Date	Mintage	VF20	XF40	MS60	MS63	MS65
2009	45,000	PF63 40.00		PF65 45.00		

KM# 904 27.78 g., 0.925 Silver, 0.8262 oz. ASW
40mm. **Subject:** 2010 Vancouver Olympics **Obv:**
Bust right **Obv. Designer:** Susanna Blunt **Rev:**
Olympians holding torch, hologram at left

Date	Mintage	VF20	XF40	MS60	MS63	MS65
2009	45,000	PF63 40.00		PF65 45.00		

KM# 905 27.78 g., 0.925 Silver, 0.8262 oz. ASW
40mm. **Subject:** 2010 Vancouver Olympics **Obv:**
Bust right **Obv. Designer:** Susanna Blunt **Rev:**
Sled, hologram at left

Date	Mintage	VF20	XF40	MS60	MS63	MS65
2009	45,000	PF63 40.00		PF65 45.00		

KM# 906 27.78 g., 0.925 Silver, 0.8262 oz. ASW
40mm. **Subject:** 2010 Vancouver Olympics **Obv:**
Bust right **Obv. Designer:** Susanna Blunt **Rev:** Ski
Jumper, hologram at left

Date	Mintage	VF20	XF40	MS60	MS63	MS65
2009	45,000	PF63 40.00		PF65 45.00		

KM# 907 27.78 g., 0.925 Silver, 0.8262 oz. ASW
40mm. **Subject:** 2010 Vancouver Olympics **Obv:**
Bust right **Obv. Designer:** Susanna Blunt **Rev:**
Speed Skaters, hologram at left

Date	Mintage	VF20	XF40	MS60	MS63	MS65
2009	45,000	PF63 40.00		PF65 45.00		

KM# 1146 62.41 g., 0.9999 Silver selectively gilt,
2.0063 oz. ASW 60mm. **Obv:** Bust right **Rev:**
Toronto map and skyline, partially gilt **Edge:** Reeded

Date	Mintage	VF20	XF40	MS60	MS63	MS65
2011	Est. 7500	PF63 170		PF65 180		

KM# 1173 31.39 g., 0.9999 Silver, 1.0091 oz. ASW 38mm. **Obv:** Bust right **Rev:** Wayne Greskey skating right, father's portrait in circle at right, 99 in hologram at lower right

Date	Mintage	VF20	XF40	MS60	MS63	MS65
2011	—	PF63 75.00	PF65 85.00			

KM# 1330 31.11 g., 0.999 Silver, 0.999 oz. ASW 38mm. **Rev:** Grandmother Moon Mask **Rev. Designer:** Richard Cochrane

Date	Mintage	VF20	XF40	MS60	MS63	MS65
2012	—	PF63 70.00	PF65 75.00			

KM# 1398 31.39 g., 0.9999 Silver, 1.0091 oz. ASW 38mm. **Rev:** Beaver with two kits **Rev. Designer:** Pierre Le Duc

Date	Mintage	VF20	XF40	MS60	MS63	MS65
2013	Est. 8500	PF63 80.00	PF65 90.00			

KM# 1403 31.39 g., 0.999 Silver, 1.0082 oz. ASW 38mm. **Rev:** Polar Bear and two cubs **Rev. Designer:** Pierre Le Duc

Date	Mintage	VF20	XF40	MS60	MS63	MS65
2013	Est. 8500	PF63 80.00	PF65 90.00			

KM# 1405 7.77 g., 0.999 Gold, 0.2496 oz. AGW 20mm. **Rev:** Arctic Fox with Northern lights in the background **Rev. Designer:** Tivadar Bote

Date	Mintage	VF20	XF40	MS60	MS63	MS65
2013	Est. 1500	PF65 650				

KM# 1456 31.39 g., 0.999 Silver, 1.0082 oz. ASW 38mm. **Rev:** Caribou mother and calf **Rev. Designer:** Pierre Leduc

Date	Mintage	VF20	XF40	MS60	MS63	MS65
2013	Est. 8500	PF63 80.00	PF65 90.00			

KM# 1457 31.39 g., 0.999 Silver, 1.0082 oz. ASW 38mm. **Rev:** Wolf mother and two pups **Rev. Designer:** Pierre Leduc

Date	Mintage	VF20	XF40	MS60	MS63	MS65
2013	Est. 8500	PF63 80.00	PF65 90.00			

KM# 1458 7.77 g., 0.999 Gold, 0.2496 oz. AGW 20mm. **Rev:** Pronghorn Antelope with northern lights in background **Rev. Designer:** Tony Bianco

Date	Mintage	VF20	XF40	MS60	MS63	MS65
2013	Est. 1500	PF65 650				

KM# 1482 31.11 g., 0.999 Silver, 0.999 oz. ASW 38mm. **Subject:** Banknote Allegory **Rev:** Female seated **Rev. Designer:** Laurie McGaw

Date	Mintage	VF20	XF40	MS60	MS63	MS65
2013	8,500	PF63 80.00	PF65 90.00			

KM# 1483 7.80 g., 0.9999 Gold, 0.2508 oz. AGW 20mm. **Subject:** Banknote Allegory **Rev:** Seated female **Rev. Designer:** Laurie McGaw

Date	Mintage	VF20	XF40	MS60	MS63	MS65
2013	2,000	PF65 650				

KM# 1508 30.76 g., 0.9999 Silver, 0.9889 oz. ASW 36.15mm. **Subject:** Grandmother Moon Mask **Rev:** Mask carving **Rev. Designer:** Richard Cochrane

Date	Mintage	VF20	XF40	MS60	MS63	MS65
2013	6,000	PF63 140	PF65 150			

KM# 1541 31.39 g., 0.999 Silver, 1.0082 oz. ASW 38mm. **Subject:** Oh Canada **Rev:** Orca surfacing

Date	Mintage	VF20	XF40	MS60	MS63	MS65
2013	8,500	**PF63** 80.00	**PF65** 90.00			

KM# 1581 31.39 g., 0.9999 Silver, 1.0091 oz. ASW 38mm. **Obv:** Bust right **Rev:** Igloo

Date	Mintage	VF20	XF40	MS60	MS63	MS65
2014	8,500	**PF63** 65.00	**PF65** 75.00			

KM# 1608 7.97 g., 0.9999 Gold, 0.2562 oz. AGW 20mm. **Obv:** Bust right **Rev:** Wolverine with northern lights in background **Rev. Designer:** Tivadar Bote

Date	Mintage	VF20	XF40	MS60	MS63	MS65
2014	1,500	**PF65** 650				

KM# 1626 31.39 g., 0.999 Silver, 1.0082 oz. ASW 38mm. **Obv:** Bust right **Rev:** Downhill skiing **Rev. Designer:** Kendra Dixon

Date	Mintage	VF20	XF40	MS60	MS63	MS65
2014	8,500	**PF63** 80.00	**PF65** 90.00			

KM# 1688 7.80 g., 0.9999 Gold, 0.2508 oz. AGW 20mm. **Ruler:** Elizabeth II **Subject:** Sainthood **Obv:** Bust right **Rev:** Pope John Paul II elevating host **Rev. Designer:** Trevor Tennant **Mint:** Royal Canadian Mint

Date	Mintage	F12	VF20	XF40	MS60	MS63
2014	1,500	**PF63** 640	**PF65** 650			

KM# 1689 30.76 g., 0.9999 Silver, 0.9889 oz. ASW 36mm. **Ruler:** Elizabeth II **Subject:** Royal visit, 75th Anniversary **Obv:** Bust right **Rev:** George VI and Queen Mary in high relief left **Mint:** Royal Canadian Mint

Date	Mintage	F12	VF20	XF40	MS60	MS63
2014	6,000	**PF63** 140	**PF65** 150			

KM# 1690 30.76 g., 0.999 Silver, 0.988 oz. ASW 36.15mm. **Ruler:** Elizabeth II **Obv:** Bust right **Rev:** Matriarch Moon Mask **Rev. Designer:** Carol Young **Mint:** Royal Canadian Mint

Date	Mintage	F12	VF20	XF40	MS60	MS63
2014	6,000	**PF65** 50.00				

KM# 1691 31.39 g., 0.999 Silver, 1.0082 oz. ASW 38mm. **Ruler:** Elizabeth II **Subject:** Under the Maple tree **Obv:** Bust right **Rev. Designer:** Claudio D'Angelo **Mint:** Royal Canadian Mint

Date	Mintage	F12	VF20	XF40	MS60	MS63
2014	8,500	**PF65** 90.00				

KM# 1692 31.39 g., 0.9999 Silver, 1.0091 oz. ASW 38mm. **Ruler:** Elizabeth II **Obv:** Bust right **Rev:** Cowboy in the Rockies **Mint:** Royal Canadian Mint

Date	Mintage	F12	VF20	XF40	MS60	MS63
2014	8,500	PF65 90.00				

KM# 1693 31.39 g., 0.9999 Silver, 1.0091 oz. ASW 38mm. **Ruler:** Elizabeth II **Obv:** Bust right **Rev:** Arctic fox and northern lights **Mint:** Royal Canadian Mint

Date	Mintage	F12	VF20	XF40	MS60	MS63
2014	8,500	PF65 90.00				

KM# 1739 30.76 g., 0.999 Silver, 0.988 oz. ASW 36.15mm. **Ruler:** Elizabeth II **Obv:** Bust right **Rev:** Christmas ornament in color **Mint:** Royal Canadian Mint **Note:** Ultra high relief

Date	Mintage	F12	VF20	XF40	MS60	MS63
2014	6,000	PF65 130				

KM# 1758 30.76 g., 0.999 Silver, 0.988 oz. ASW 36.15mm. **Obv:** Bust right **Rev:** Canadian lynx head

Date	Mintage	VF20	XF40	MS60	MS63	MS65
2014	6,000	PF65 80.00				

KM# C1839 7.96 g., 0.9999 Silver, 0.2559 oz. ASW 27mm. **Obv:** Bust right **Rev:** Canadian flag in color, maple leaf border

Date	Mintage	VF20	XF40	MS60	MS63	MS65
2015	225,000	PF63 20.00		PF65 25.00		PF67
Specimen Proof	32.00					

KM# 1870.1 30.76 g., 0.9999 Silver, 0.9889 oz. ASW 36.07mm. **Ruler:** Elizabeth II **Obv:** Bust right **Rev:** Singing Moon Mask, denomination and date below **Mint:** Royal Canadian Mint

Date	Mintage	F12	VF20	XF40	MS60	MS63
2015	3,000	PF65 70.00				

KM# 1870.2 30.76 g., 0.9999 Silver, 0.9889 oz. ASW 36.07mm. **Ruler:** Elizabeth II **Obv:** Bust right **Rev:** Singing Moon Mask, denomination and date below, selective color **Mint:** Royal Canadian Mint

Date	Mintage	F12	VF20	XF40	MS60	MS63
2015	3,000	PF65 70.00				

KM# 1870.3 30.76 g., 0.9999 Silver, 0.9889 oz. ASW 36.07mm. **Ruler:** Elizabeth II **Obv:** Bust right **Rev:** Singing Moon Mask, denomination and date below, antique finish **Mint:** Royal Canadian Mint

Date	Mintage	F12	VF20	XF40	MS60	MS63
2015	3,000	PF65 70.00				

KM# 2036 30.76 g., 0.9999 Silver, 0.9889 oz. ASW 36.15mm. **Ruler:** Elizabeth II **Obv:** Bust right **Rev:** Christmas ornament in red with indented stylized petals **Mint:** Royal Canadian Mint **Note:** Ultra high relief

Date	Mintage	F12	VF20	XF40	MS60	MS63
2015	6,000	PF65 130				

KM# 2038 31.83 g., 0.9999 Silver, 1.0233 oz. ASW 40mm. **Ruler:** Elizabeth II **Obv:** Bust right **Rev:** Hunters tracking bear in color, stars glow in dark **Mint:** Royal Canadian Mint

Date	Mintage	F12	VF20	XF40	MS60	MS63
2015	7,500	PF65 100				

KM# 2039 31.83 g., 0.9999 Silver, 1.0233 oz. ASW 40mm. **Ruler:** Elizabeth II **Obv:** Bust right **Rev:** Hunters against sky in color, Big Dipper glows in dark **Mint:** Royal Canadian Mint

Date	Mintage	F12	VF20	XF40	MS60	MS63
2015	7,500	PF65 100				

KM# 2040 31.83 g., 0.9999 Silver, 1.0233 oz. ASW 40mm. **Ruler:** Elizabeth II **Obv:** Bust right **Rev:** Hunters approach cave in color, seven stars glow in dark **Mint:** Royal Canadian Mint

Date	Mintage	F12	VF20	XF40	MS60	MS63
2015	7,500	PF65 100				

KM# 2041 31.83 g., 0.9999 Silver, 1.0233 oz. ASW 40mm. **Ruler:** Elizabeth II **Obv:** Bust right **Rev:** Bear heads left in color, seven stars glow in dark **Mint:** Royal Canadian Mint

Date	Mintage	F12	VF20	XF40	MS60	MS63
2015	7,500	PF65 100				

KM# 2214 30.75 g., 0.9999 Silver, 0.9885 oz. ASW 36.07mm. **Ruler:** Elizabeth II **Subject:** 125th Anniversary of the Invention of Basketball **Obv:** Bust right **Rev:** Basketball in color on convex textured surface, two players and framing basketballs **Mint:** Royal Canadian Mint

Date	Mintage	F12	VF20	XF40	MS60	MS63
2016	8,500	PF65 85.00	PF67 95.00			

KM# 2215 31.39 g., 0.9999 Silver, 1.0091 oz. ASW 34mm. **Ruler:** Elizabeth II **Subject:** The Coat of Arms of Canada **Obv:** Bust right **Rev:** Crown above arms with supporters, denomination below **Mint:** Royal Canadian Mint

Date	Mintage	F12	VF20	XF40	MS60	MS63
2016		PF65 75.00	PF67 95.00			

KM# 2216 30.75 g., 0.9999 Silver, 0.9885 oz. ASW 36mm. **Ruler:** Elizabeth II **Subject:** Sculptural Art of Parliament **Obv:** Bust right **Rev:** Wild Green Man composed of leaves **Mint:** Royal Canadian Mint

Date	Mintage	F12	VF20	XF40	MS60	MS63
2016	4,000	PF65 65.00	PF67 85.00			

KM# 2217 30.75 g., 0.9999 Silver, 0.9885 oz. ASW 36mm. **Ruler:** Elizabeth II **Subject:** Sculptural Art of Parliament **Obv:** Bust right **Rev:** Grotesque Foliated Green Man disgorging foliage from mouth **Mint:** Royal Canadian Mint

Date	Mintage	F12	VF20	XF40	MS60	MS63
2016	4,000	PF65 65.00	PF67 85.00			

KM# 2218 30.75 g., 0.9999 Silver, 0.9885 oz. ASW 36mm. **Ruler:** Elizabeth II **Subject:** Sculptural Art of Parliament **Obv:** Bust right **Rev:** Grotesque Horned Green Man sticking out tongue **Mint:** Royal Canadian Mint

Date	Mintage	F12	VF20	XF40	MS60	MS63
2016	4,000	PF65 65.00	PF67 85.00			

KM# 2219 30.75 g., 0.9999 Silver, 0.9885 oz. ASW 36.07mm. **Ruler:** Elizabeth II **Subject:** 140th Anniversary of The Library of Parliament **Obv:** Convex bust right **Rev:** Concave domed library ceiling, Queen Victoria statue **Mint:** Royal Canadian Mint **Note:** Ultra high relief

Date	Mintage	F12	VF20	XF40	MS60	MS63
2016	6,000	PF65 135	PF67 150			

KM# 2220 7.96 g., 0.9999 Silver, 0.2559 oz. ASW 27mm. **Ruler:** Elizabeth II **Obv:** Bust right **Rev:** Winter Fun - Bear and beaver on sled, selective color **Mint:** Royal Canadian Mint

Date	Mintage	F12	VF20	XF40	MS60	MS63
2016 Specimen Proof	200,000	PF65 30.00	PF67 45.00			

KM# 2221 7.96 g., 0.9999 Silver, 0.2559 oz. ASW 27mm. **Ruler:** Elizabeth II **Obv:** Bust right **Rev:** Woodland Elf - elf in color seated on stump in woods making birdhouses **Mint:** Royal Canadian Mint

Date	Mintage	F12	VF20	XF40	MS60	MS63
2016 Specimen Proof	275,000	PF65 30.00	PF67 45.00			

KM# 2222 7.96 g., 0.9999 Silver, 0.2559 oz. ASW 27mm. **Ruler:** Elizabeth II **Obv:** Bust right **Rev:** True North - polar bear moving left, three maple leaves in color **Mint:** Royal Canadian Mint

Date	Mintage	F12	VF20	XF40	MS60	MS63
2016 Specimen Proof	250,000	PF65 25.00	PF67 40.00			

30 DOLLARS

KM# 590 31.50 g., 0.925 Silver, 0.9368 oz. ASW 38mm. **Subject:** Pacific Northwest Wood Carvings **Obv:** Head right **Rev:** Welcome figure totem pole

Date	Mintage	VF20	XF40	MS60	MS63	MS65
2006	9,904	PF63 65.00	PF65 75.00			

KM# 668 31.50 g., 0.925 Silver, 0.9368 oz. ASW **Subject:** Canadarm and Col. C. Hadfield **Obv:** Head right **Rev:** Hologram of Canadarm

Date	Mintage	VF20	XF40	MS60	MS63	MS65
2006	9,357	PF63 85.00	PF65 90.00			

KM# 669 31.50 g., 0.925 Silver, 0.9368 oz. ASW 38mm. **Subject:** National War Memorial **Obv:** Head right **Rev:** Statue of three soldiers

Date	Mintage	VF20	XF40	MS60	MS63	MS65
2006	8,876	PF63 80.00	PF65 85.00			

KM# 670 31.50 g., 0.925 Silver, 0.9368 oz. ASW 38mm. **Subject:** Beaumont Hamel, Newfoundland **Obv:** Head right **Rev:** Caribou statue on rock outcrop

Date	Mintage	VF20	XF40	MS60	MS63	MS65
2006	15,325	PF63 90.00	PF65 95.00			

KM# 671 31.50 g., 0.925 Silver, 0.9368 oz. ASW 38mm. **Obv:** Head right **Rev:** Dog Sled Team in color

Date	Mintage	VF20	XF40	MS60	MS63	MS65
2006	7,384	PF63 80.00	PF65 85.00			

KM# 739 31.50 g., 0.925 Silver, 0.9368 oz. ASW 40mm. **Rev:** Niagra Falls panoramic hologram

Date	Mintage	VF20	XF40	MS60	MS63	MS65
2007	7,384	PF63 75.00	PF65 85.00			

KM# 741 31.50 g., 0.925 Silver, 0.9368 oz. ASW 40mm. **Rev:** War Memorial, Vimy Ridge

Date	Mintage	VF20	XF40	MS60	MS63	MS65
2007	5,335	PF65 85.00				

KM# 819 31.50 g., 0.925 Silver, 0.9368 oz. ASW 40mm. **Subject:** IMAX **Rev:** Youth reaching out to shark on large screen

Date	Mintage	VF20	XF40	MS60	MS63	MS65
2008	3,861	PF63 65.00	PF65 75.00			

KM# 895 33.75 g., 0.925 Silver, 1.0037 oz. ASW 40mm. **Subject:** International year of astronomy **Obv:** Bust right **Obv. Designer:** Susanna Blunt **Rev:** Observatory with planets and colored sky **Obv. Legend:** Elizabeth II 30 Dollars DG Regina **Rev. Designer:** Colin Mayne **Rev. Legend:** Canada

Date	Mintage	VF20	XF40	MS60	MS63	MS65
2009	7,174	PF63 80.00	PF65 90.00			

KM# 1623 62.70 g., 0.999 Silver, 2.0138 oz. ASW 54mm. **Subject:** Canada thru the eyes of Tim Barnard **Obv:** Bust right **Rev:** Multitude of designs

Date	Mintage	VF20	XF40	MS60	MS63	MS65
2014	5,000	PF65 250				

30 DOLLARS

KM# 1723 62.67 g., 0.999 Silver, 2.0129 oz. ASW 54mm. **Subject:** Grand Trunk Railway **Obv:** Bust right **Rev:** Steam Train on Bridge **Rev. Designer:** Joel Kimmel

Date	Mintage	VF20	XF40	MS60	MS63	MS65
2014	5,000	PF65 200				

KM# 1765 62.67 g., 0.9999 Silver, 2.0147 oz. ASW 54mm. **Obv:** Bust right **Rev:** Four Aboriginies, Elk, Bear, Bison, Eagle and Wolf

Date	Mintage	VF20	XF40	MS60	MS63	MS65
2014	5,000	PF65 250				

KM# 1727 62.67 g., 0.999 Silver, 2.0129 oz. ASW 54mm. **Obv:** Bust right **Rev:** Machine gun training **Rev. Designer:** Silvia Pecota

Date	Mintage	VF20	XF40	MS60	MS63	MS65
2014	5,000	PF65 175				

KM# 1871 62.67 g., 0.9999 Silver, 2.0147 oz. ASW 54mm. **Subject:** Battle of the Atlantic **Obv:** Head of George VI left **Rev:** Battleships on Atlantic, denomination and date above **Obv. Legend:** GEORGIVS VI D : G : REX ET IND : IMP :

Date	Mintage	VF20	XF40	MS60	MS63	MS65
2015	5,000	PF65 175				

KM# 1872 62.67 g., 0.9999 Silver, 2.0147 oz. ASW 54mm. **Subject:** Moonlight Fireflies **Obv:** Bust right, date above, denomination below **Rev:** River scene with fireflies and canoe, full color **Note:** Both glow in the dark and background darkening elements

Date	Mintage	VF20	XF40	MS60	MS63	MS65
2015	4,000	PF65 200				

KM# 1982 62.67 g., 0.9999 Silver, 2.0147 oz. ASW 54mm. **Subject:** Looney Tunes: Classic Scenes **Rev:** The Barber of Seville, Bugs Bunny and Elmer Fudd, selective color

Date	Mintage	VF20	XF40	MS60	MS63	MS65
2015	5,000	PF65 175				

KM# 1983 62.67 g., 0.9999 Silver, 2.0147 oz. ASW 54mm. **Subject:** Looney Tunes: Classic Scenes **Rev:** Fast and Furry-ous, Wile E. Coyote and Road Runner, selective color

Date	Mintage	VF20	XF40	MS60	MS63	MS65
2015	5,000	PF65 175				

KM# 1984 62.67 g., 0.9999 Silver, 2.0147 oz. ASW 54mm. **Subject:** Looney Tunes: Classic Scenes **Rev:** Birds Anonymous, Sylvester the Cat and Tweety Bird, selective color

Date	Mintage	VF20	XF40	MS60	MS63	MS65
2015	5,000	PF65 175				

KM# 2137 62.67 g., 0.9999 Silver, 2.0147 oz. ASW 54mm. **Subject:** Batman v Superman: Dawn of Justice **Obv:** Bust right **Rev:** Superman, Wonder Woman, Batman closeups in color

Date	Mintage	VF20	XF40	MS60	MS63	MS65
2016	7,000	PF65 185	PF67 200			

KM# 2223 62.67 g., 0.9999 Silver, 2.0147 oz. ASW 54mm. **Subject:** Northern Lights **Obv:** Bust right, date above, denomination below **Rev:** Baffin Island wolf pair howling in frozen river valley, full color **Note:** Both glow in the dark and background darkening elements

Date	Mintage	VF20	XF40	MS60	MS63	MS65
2016	4,000	PF67 200				

KM# 2224 62.67 g., 0.9999 Silver, 2.0147 oz. ASW 54mm. **Subject:** Coral Reef **Obv:** Bust right, date above, denomination below **Rev:** Underwater scene of Pacific Northwest species, full color **Note:** Both glow in the dark and background darkening elements

Date	Mintage	VF20	XF40	MS60	MS63	MS65
2016	4,000	PF67 200				

KM# 2225 62.69 g., 0.9999 Silver, 2.0153 oz. ASW 50mm. **Subject:** Pop Art **Obv:** Bust right **Rev:** Abstract view of Canadian geese in flight

Date	Mintage	VF20	XF40	MS60	MS63	MS65
2016	3,000	PF65 85.00	PF67 115			

50 DOLLARS

KM# 566 12.00 g., 0.5833 Gold, 0.225 oz. AGW 27mm. **Subject:** End of World War II, 60th Anniversary **Obv:** Head right **Rev:** Large V and three portraits

Date	Mintage	VF20	XF40	MS60	MS63	MS65
2005 Specimen	4,000	PF65 375				

KM# 672 31.16 g., 0.9995 Palladium, 1.0013 oz. APW **Subject:** Constellation in Spring sky position **Rev:** Large Bear at top

Date	Mintage	VF20	XF40	MS60	MS63	MS65
2006	297	PF65 1,800				

KM# 673 31.16 g., 0.9995 Palladium, 1.0013 oz. APW **Subject:** Constellation in Summer sky position **Rev:** Large Bear at left

Date	Mintage	VF20	XF40	MS60	MS63	MS65
2006	296	PF65 1,800				

KM# 674 31.16 g.,   0.9995 Palladium, 1.0013 oz.
APW **Subject:** Constellation in Autumn sky position
Rev: Large Bear towards bottom

Date	Mintage	VF20	XF40	MS60	MS63	MS65
2006	296	PF65 1,850				

KM# 675 31.16 g.,   0.9995 Palladium, 1.0013 oz.
APW **Subject:** Constellation in Winter sky position
Rev: Large Bear towards right

Date	Mintage	VF20	XF40	MS60	MS63	MS65
2006	293	PF65 1,900				

KM# 709 155.50 g., 0.9999 Silver, 4.9989 oz. ASW
Subject: Queen's 60th Wedding Anniversary **Rev:**
Coat of Arms and Mascots of Elizabeth and Philip

Date	Mintage	VF20	XF40	MS60	MS63	MS65
2007	1,957	PF65 350				

KM# 783 156.77 g.,   0.999 Silver, 5.0352 oz.
ASW 65mm. **Subject:** Ottawa Mint Centennial
1908-2008 **Rev:** Mint building facade **Note:** Photo
reduced.

Date	Mintage	VF20	XF40	MS60	MS63	MS65
2008	2,078	PF65 400				

KM# 896 156.77 g.,   0.999 Silver, 5.0352 oz. ASW
65.25mm. **Subject:** 150 Anniversary of the start
of construction of the parliament buildings **Obv:**
Bust right **Obv. Designer:** Susanna Blunt **Rev:**
Incomplete west block, original architecture **Obv.
Legend:** Elizabeth II Canada DG Regina **Rev.
Legend:** 50 Dollars 1859-2009

Date	Mintage	VF20	XF40	MS60	MS63	MS65
2009	910	PF65 450				

KM# 1008 157.60 g., 0.999 Silver, 5.0619 oz. ASW
65.25mm. **Subject:** 75th Anniverare of Canadian
Bank Notes **Rev:** Female seated speaking into
microphone **Note:** Photo reduced.

Date	Mintage	VF20	XF40	MS60	MS63	MS65
2010	2,000	PF65 400				

50 DOLLARS

KM# 1243 157.60 g., 0.999 Silver, 5.0619 oz. ASW 65mm. **Subject:** Calgary Stampede

Date	Mintage	VF20	XF40	MS60	MS63	MS65
2012	1,500	PF65 400				

KM# 1284 31.11 g., 0.999 Gold, 0.999 oz. AGW 30mm. **Subject:** Year of the Dragon

Date	Mintage	VF20	XF40	MS60	MS63	MS65
2012	—	PF65 1,750				

KM# 1296 33.17 g., 1.000 Gold, 1.0664 oz. AGW 30mm. **Subject:** Diamond Jubilee **Obv:** Bust right **Obv. Designer:** Susana Blunt **Rev:** High relief bust left **Note:** Ultra high relief

Date	Mintage	VF20	XF40	MS60	MS63	MS65
2012	500	—	—	—	—	—

KM# 1399 155.55 g., 0.999 Silver, 4.996 oz. ASW 65mm. **Rev:** Beaver gnawing standing tree, two others with felled tree

Date	Mintage	VF20	XF40	MS60	MS63	MS65
2013	—	PF65 450				

KM# 1417 155.55 g., 0.9999 Silver, 5.0005 oz. ASW 65.25mm. **Obv:** Four Seasons: Spring/Fall Scene **Rev:** Winter/Summer/Large Tree

Date	Mintage	VF20	XF40	MS60	MS63	MS65
2013	—	PF65 250				

KM# 1429 157.60 g., 0.999 Silver, 5.0619 oz. ASW 65mm. **Subject:** War of 1812 - Naval Battle **Rev:** HMS Shannon and Chesapeake **Rev. Designer:** John Horton

Date	Mintage	VF20	XF40	MS60	MS63	MS65
2013	Est. 1500	PF65 500				

KM# 1433 157.60 g., 0.999 Silver, 5.0619 oz. ASW 62.25mm. **Subject:** Coronation Anniversary **Rev:** Elizabeth II in Coronation robes - Loman image in the Victoria & Albert Museum

Date	Mintage	VF20	XF40	MS60	MS63	MS65
2013	Est. 1500			PF65 525		

KM# 1557 157.60 g., 0.999 Silver, 5.0619 oz. ASW 65mm. **Obv:** Bust right **Rev:** Beaver swimming with birch branch in mouth **Rev. Designer:** Emily Damstra

Date	Mintage	VF20	XF40	MS60	MS63	MS65
2014	1,500			PF65 520		

KM# 1729 31.10 g., 0.9999 Gold, 0.9998 oz. AGW 30mm. **Obv:** Bust right **Rev:** Five Blessings with red highlights

Date	Mintage	VF20	XF40	MS60	MS63	MS65
2014	350			PF65 2,700		

KM# 1764 155.60 g., 0.999 Silver, 4.9976 oz. ASW **Obv:** Bust right **Rev:** 3 Maple leaves

Date	Mintage	VF20	XF40	MS60	MS63	MS65
2014	2,500			PF65 520		

KM# 1792 31.39 g., 0.999 Gold, 1.0082 oz. AGW 30mm. **Ruler:** Elizabeth II **Obv:** Bust right by Mary Gilick **Rev:** Two maple leaves **Mint:** Royal Canadian Mint

Date	Mintage	F12	VF20	XF40	MS60	MS63
2014	650		PF65 1,400			

KM# 1932 157.60 g., 0.9999 Silver, 5.0664 oz. ASW 65.25mm. **Subject:** Legend of the Spirit Bear **Rev:** White raven and bear, British Columbia

Date	Mintage	VF20	XF40	MS60	MS63	MS65
2014	1,500			PF65 400		

KM# 1933 15.87 g., 0.9999 Silver, 0.5102 oz. ASW 34mm. **Rev:** Snowy Owl, wings outstretched

Date	Mintage	VF20	XF40	MS60	MS63	MS65
2014 Matte Proof	90,000			PF63 45.00		

KM# 1934 15.87 g., 0.9999 Silver, 0.5102 oz. ASW 34mm. **Rev:** Polar bear leaping among ice floats

Date	Mintage	VF20	XF40	MS60	MS63	MS65
2014 Matte Proof	100,000			PF63 45.00		

KM# D1839 47.34 g., 0.9999 Silver, 1.5219 oz. ASW 49.8 x 28.8mm. **Obv:** Bust right **Rev:** Canadian flag in color, English/French anniversary legends **Shape:** Rectangle

Date	Mintage	VF20	XF40	MS60	MS63	MS65
2015	10,000		PF65 125	PF67 135		

KM# 1843 7.80 g., 0.9999 Gold, 0.2508 oz. AGW **Obv:** Bust right **Rev:** UNESCO. Mount Fuji and Canadian Rockies

Date	Mintage	VF20	XF40	MS60	MS63	MS65
2015	2,000			PF65 600		

KM# 2042 157.60 g., 0.9999 Silver, 5.0664 oz. ASW 65.25mm. **Subject:** 100th Anniversary of In Flanders Field **Obv:** George V bust left **Rev:** Two soldiers graveside, poem text backgrop, selective color

Date	Mintage	VF20	XF40	MS60	MS63	MS65
2015	1,500			PF65 520		

KM# 2043 15.87 g., 0.9999 Silver, 0.5102 oz. ASW 34mm. **Obv:** Bust right **Rev:** Beaver swimming left, visible above and below waterline

Date	Mintage	VF20	XF40	MS60	MS63	MS65
2015 Matte Proof	100,000		PF65 40.00	PF67 50.00		

KM# A2064 157.60 g., 0.9999 Silver, 5.0664 oz. ASW 65.26mm. **Ruler:** Elizabeth II **Subject:** Maple Leaf Forever **Obv:** Bust right **Rev:** Holographic maple leaf pair on holographic background **Mint:** Royal Canadian Mint

Date	Mintage	F12	VF20	XF40	MS60	MS63
2015	1,500		PF67 500			

KM# 2227 157.60 g., 0.9999 Silver, 5.0664 oz. ASW 65.25mm. **Subject:** Portrait of a Chief **Obv:** Bust right **Rev:** Portrait of Wanduta in traditional clothing with full headdress

Date	Mintage	VF20	XF40	MS60	MS63	MS65
2016	1,200		PF65 375	PF67 425		

KM# 2228 157.60 g., 0.9999 Silver, 5.0664 oz. ASW 65.25mm. **Subject:** Murano Maple Leaf **Obv:** Bust right **Rev:** Glass maple leaf at center, engraved ring of maple leaves

Date	Mintage	VF20	XF40	MS60	MS63	MS65
2016	2,000		PF65 350	PF67 400		

KM# 2229 15.87 g., 0.9999 Silver, 0.5102 oz. ASW 34mm. **Obv:** Bust right **Rev:** Hare bounding right in snow, wolf giving chase

Date	Mintage	VF20	XF40	MS60	MS63	MS65
2016 Matte Proof	90,000		PF65 45.00	PF67 55.00		

KM# 2230 157.60 g., 0.9999 Silver, 5.0664 oz. ASW 65.25mm. **Subject:** Mythical Realms of the Haida **Obv:** Bust right **Rev:** The Orca - Haida formline imagery, selective red/black

Date	Mintage	VF20	XF40	MS60	MS63	MS65
2016	1,500		PF65 425	PF67 450		

KM# 2231 157.60 g., 0.9999 Silver, 5.0664 oz. ASW 65.25mm. **Subject:** Mythical Realms of the Haida **Obv:** Bust right **Rev:** The Eagle - Haida formline imagery, selective red/black

Date	Mintage	VF20	XF40	MS60	MS63	MS65
2016	1,500		PF65 325	PF67 345		

KM# 2232 157.60 g., 0.9999 Silver, 5.0664 oz. ASW 65.25mm. **Subject:** Mythical Realms of the Haida **Obv:** Bust right **Rev:** The Bear - Haida formline imagery, selective red/black

Date	Mintage	VF20	XF40	MS60	MS63	MS65
2016	1,500	PF65 375		PF67 400		

75 DOLLARS

KM# 567 31.44 g., 0.4166 Gold, 0.4211 oz. AGW 36.07mm. **Subject:** Pope John Paul II **Obv:** Head right **Rev:** Pope giving blessing

Date	Mintage	VF20	XF40	MS60	MS63	MS65
2005	1,870	PF65 825				

KM# 747 12.00 g., 0.583 Gold, 0.2249 oz. AGW 27mm. **Subject:** Vancouver Olympics - Athletics Pride **Rev:** Athletics celebrating, holding flag aloft

Date	Mintage	VF20	XF40	MS60	MS63	MS65
2007	4,524	PF65 440				

KM# 748 12.00 g., 0.583 Gold, 0.2249 oz. AGW 27mm. **Obv:** Bust right **Obv. Designer:** Susanna Blunt **Rev:** Canada geese in flight left, multicolor

Date	Mintage	VF20	XF40	MS60	MS63	MS65
2007	4,418	PF65 440				

KM# 749 12.00 g., 0.583 Gold, 0.2249 oz. AGW 27mm. **Rev:** Mountie, multicolor

Date	Mintage	VF20	XF40	MS60	MS63	MS65
2007	6,687	PF65 440				

KM# 820 12.00 g., 0.583 Gold partially silver plated, 0.2249 oz. AGW 27mm. **Rev:** 2010 Olympic Inukshuk Stone man, partially silver plated

Date	Mintage	VF20	XF40	MS60	MS63	MS65
2008	—	PF65 420				

KM# 821 12.00 g., 0.583 Gold, 0.2249 oz. AGW 27mm. **Rev:** Four Host Nations mask emblems, colored **Rev. Designer:** Jody Broomfield

Date	Mintage	VF20	XF40	MS60	MS63	MS65
2008	8,000	PF65 440				

KM# 947 12.00 g., 0.583 Gold, 0.2249 oz. AGW 27mm. **Subject:** Vancouver Olympics **Rev:** Tent building at Olympic site, color

Date	Mintage	VF20	XF40	MS60	MS63	MS65
2008	8,000	PF63 430	PF65 440			

KM# 908 12.00 g., 0.583 Gold, 0.2249 oz. AGW 27mm. **Subject:** 2010 Vancouver Olympics **Obv:** Bust right **Obv. Designer:** Susana Blunt **Rev:** Multicolor moose

Date	Mintage	VF20	XF40	MS60	MS63	MS65
2009	4,075	PF65 440				

KM# 909 12.00 g., 0.583 Gold, 0.2249 oz. AGW 27mm. **Subject:** 2010 Vancouver Olympics **Obv:** Bust right **Obv. Designer:** Susanna Blunt **Rev:** Multicolor athletics and torch

Date	Mintage	VF20	XF40	MS60	MS63	MS65
2009	4,479	PF65 440				

KM# 910 12.00 g., 0.583 Gold, 0.2249 oz. AGW 27mm. **Subject:** 2010 Vancouver Olympics **Obv:** Bust right **Obv. Designer:** Susanna Blunt **Rev:** Wolf, multicolor

Date	Mintage	VF20	XF40	MS60	MS63	MS65
2009	4,161	PF65 440				

KM# 1002 12.00 g., 0.583 Gold, 0.2249 oz. AGW 27mm. **Rev:** Spring color maple leaves

Date	Mintage	VF20	XF40	MS60	MS63	MS65
2010	1,000	PF65 500				

KM# 1003 12.00 g., 0.583 Gold, 0.2249 oz. AGW 27mm. **Rev:** Summer color maple leaves

Date	Mintage	VF20	XF40	MS60	MS63	MS65
2010	1,000	PF65 500				

KM# 1004 12.00 g., 0.583 Gold, 0.2249 oz. AGW 27mm. **Rev:** Fall color maple leaves

Date	Mintage	VF20	XF40	MS60	MS63	MS65
2010	1,000	PF65 500				

KM# 1005 12.00 g., 0.583 Gold, 0.2249 oz. AGW 27mm. **Rev:** Winter color maple leaves

Date	Mintage	VF20	XF40	MS60	MS63	MS65
2010	1,000	PF65 500				

KM# 1378 7.77 g., 0.999 Gold, 0.2496 oz. AGW 20mm. **Subject:** Baseball **Rev:** Baseball Diamond and Crossed Bats **Rev. Designer:** Steve Hepburn

Date	Mintage	VF20	XF40	MS60	MS63	MS65
2013	—	PF65 900				

KM# 1379 7.77 g., 0.999 Gold, 0.2496 oz. AGW 20mm. **Subject:** Baseball **Rev:** Baseball **Rev. Designer:** Steve Hepburn

Date	Mintage	VF20	XF40	MS60	MS63	MS65
2013	Est. 3500	PF65 900				

KM# 1450 12.00 g., 0.583 Gold, 0.2249 oz. AGW 27mm. **Subject:** 75th Anniversary of Superman **Rev:** Superman in color, jumping on rooftop, logo name above **Rev. Designer:** Joe Schuster, DC Comics

Date	Mintage	VF20	XF40	MS60	MS63	MS65
2013	Est. 2000	PF65 750				

KM# 1997 7.80 g., 0.9999 Gold, 0.2508 oz. AGW 20mm. **Subject:** FIFA Women's World Cup **Rev:** Two players with ball, soccer ball background

Date	Mintage	VF20	XF40	MS60	MS63	MS65
2015	3,500	PF65 600				

KM# 1998 7.80 g., 0.9999 Gold, 0.2508 oz. AGW 20mm. **Subject:** FIFA Women's World Cup **Rev:** Stadium, soccer balls above and orcas leaping below

Date	Mintage	VF20	XF40	MS60	MS63	MS65
2015	3,500	PF65 600				

75 DOLLARS

KM# 1999 7.80 g., 0.9999 Gold, 0.2508 oz. AGW 20mm. **Subject:** FIFA Women's World Cup **Rev:** Trophy, maple leaf trio left and right

Date	Mintage	VF20	XF40	MS60	MS63	MS65
2015	3,500	PF65 600				

KM# 2044 7.80 g., 0.9999 Gold, 0.2508 oz. AGW 20mm. **Subject:** 75th Anniversary of National Treasure of Norway Rescue **Rev:** Maple leaf, background map showing flight path

Date	Mintage	VF20	XF40	MS60	MS63	MS65
2015	1,500	PF65 600				

100 DOLLARS

KM# 115 13.34 g., 0.583 Gold, 0.250 oz. AGW 27mm. **Subject:** 1976 Montreal Olympics **Obv:** Young bust right, maple leaf below, date at right, beaded borders **Rev:** Past and present Olympic figures, denomination at right **Rev. Designer:** Dora dePedery-Hunt

Date	Mintage	VF20	XF40	MS60	MS63	MS65
1976	650,000	—	—	—	375	—

KM# 116 16.97 g., 0.917 Gold, 0.5002 oz. AGW 25mm. **Subject:** 1976 Montreal Olympics **Obv:** Young bust right, maple leaf below, date at right, plain borders **Rev:** Past and present Olympic figures, denomination at right **Rev. Designer:** Dora dePedery-Hunt

Date	Mintage	VF20	XF40	MS60	MS63	MS65
1976	—	PF63 750				

KM# 119 16.97 g., 0.917 Gold, 0.5002 oz. AGW **Subject:** Queen's silver jubilee **Obv:** Young bust right **Rev:** Bouquet of provincial flowers, denomination below **Rev. Designer:** Raymond Lee

Date	Mintage	VF20	XF40	MS60	MS63	MS65
1952-1977	180,396	PF63 750				

KM# 122 16.97 g., 0.917 Gold, 0.5002 oz. AGW **Subject:** Canadian unification **Obv:** Young bust right, denomination at left, date upper right **Rev:** Geese (representing the provinces) in flight formation **Rev. Designer:** Roger Savage

Date	Mintage	VF20	XF40	MS60	MS63	MS65
1978	—	PF63 750				

KM# 126 16.97 g., 0.917 Gold, 0.5002 oz. AGW **Subject:** International Year of the Child **Obv:** Young bust right **Rev:** Children with hands joined divide denomination and date **Rev. Designer:** Carola Tietz

Date	Mintage	VF20	XF40	MS60	MS63	MS65
1979	—	PF63 750				

KM# 129 16.97 g., 0.917 Gold, 0.5002 oz. AGW **Subject:** Arctic Territories **Obv:** Young bust right, denomination at left, date above right **Rev:** Kayaker **Rev. Designer:** Arnaldo Marchetti

Date	Mintage	VF20	XF40	MS60	MS63	MS65
1980	—	PF63 750				

KM# 131 16.97 g., 0.917 Gold, 0.5002 oz. AGW **Subject:** National anthem **Obv:** Young bust right, denomination at left, date above right **Rev:** Music score on map **Rev. Designer:** Roger Savage

Date	Mintage	VF20	XF40	MS60	MS63	MS65
1981	102,000	PF63 750				

100 DOLLARS

KM# 137 16.97 g., 0.917 Gold, 0.5002 oz. AGW **Subject:** New Constitution **Obv:** Young bust right, denomination at left **Rev:** Open book, maple leaf on right page, date below **Rev. Designer:** Friedrich Peter

Date	Mintage	VF20	XF40	MS60	MS63	MS65
1982	121,708	PF63 750				

KM# 139 16.97 g., 0.917 Gold, 0.5002 oz. AGW **Subject:** 400th Anniversary of St. John's, Newfoundland **Obv:** Young bust right **Rev:** Anchor divides building and ship, denomination below, dates above **Rev. Designer:** John Jaciw

Date	Mintage	VF20	XF40	MS60	MS63	MS65
1583-1983	—	PF63 750				

KM# 142 16.97 g., 0.917 Gold, 0.5002 oz. AGW **Subject:** Jacques Cartier **Obv:** Young bust right **Rev:** Cartier head on right facing left, ship on left, date lower right, denomination above **Rev. Designer:** Carola Tietz

Date	Mintage	VF20	XF40	MS60	MS63	MS65
1534-1984	—	PF63 750				

KM# 144 16.97 g., 0.917 Gold, 0.5002 oz. AGW **Subject:** National Parks **Obv:** Young bust right **Rev:** Bighorn sheep, denomination divides dates below **Rev. Designer:** Hector Greville

Date	Mintage	VF20	XF40	MS60	MS63	MS65
1885-1985	—	PF63 750				

KM# 152 16.97 g., 0.917 Gold, 0.5002 oz. AGW **Subject:** Peace **Obv:** Young bust right **Rev:** Maple leaves and letters intertwined, date at right, denomination below **Rev. Designer:** Dora dePedery-Hunt

Date	Mintage	VF20	XF40	MS60	MS63	MS65
1986	—	PF63 750				

KM# 158 13.34 g., 0.583 Gold, 0.250 oz. AGW **Subject:** 1988 Calgary Olympics **Obv:** Young bust right, maple leaf below, date at right **Rev:** Torch and logo, denomination below **Rev. Designer:** Friedrich Peter **Edge Lettering:** In English and French

Date	Mintage	VF20	XF40	MS60	MS63	MS65
1987 Proof, plain edge	Inc. above	PF65 370				
1987 Proof, letter edge	142,750	PF65 370				

KM# 162 13.34 g., 0.583 Gold, 0.250 oz. AGW **Subject:** Bowhead Whales, balaera mysticetus **Rev:** Whales left, date below, within circle, denomination below **Rev. Designer:** Robert R. Carmichael

Date	Mintage	VF20	XF40	MS60	MS63	MS65
1988	—	PF65 375				

KM# 169 13.34 g., 0.583 Gold, 0.250 oz. AGW **Subject:** Sainte-Marie **Obv:** Young bust right **Rev:** Huron Indian, Missionary and Mission building, denomination below, dates above **Rev. Designer:** D. J. Craig

Date	Mintage	VF20	XF40	MS60	MS63	MS65
1639-1989	—	PF65 375				

KM# 171 13.34 g., 0.583 Gold, 0.250 oz. AGW **Subject:** International Literacy Year **Obv:** Crowned head right, date below **Rev:** Woman with children, denomination below **Rev. Designer:** John Mardon

Date	Mintage	VF20	XF40	MS60	MS63	MS65
1990	—					
	PF65 375					

KM# 180 13.34 g., 0.583 Gold, 0.250 oz. AGW **Subject:** S.S. Empress of India **Obv:** Crowned head right, date below **Rev:** Ship,"SS Empress", denomination below **Rev. Designer:** Karsten Smith

Date	Mintage	VF20	XF40	MS60	MS63	MS65
1991	—					
	PF65 375					

KM# 211 13.34 g., 0.583 Gold, 0.250 oz. AGW **Subject:** Montreal **Obv:** Crowned head right, date below **Rev:** Half figure in foreground with paper, buildings in back, denomination below **Rev. Designer:** Stewart Sherwood

Date	Mintage	VF20	XF40	MS60	MS63	MS65
1992	—					
	PF65 375					

KM# 245 13.34 g., 0.583 Gold, 0.250 oz. AGW **Subject:** Antique Automobiles **Obv:** Crowned head right, date below **Rev:** German Bene Victoria; Simmonds Steam Carriage; French Panhard-Levassor's Daimler; American Duryea; Canadian Featherston Haugh in center, denomination below **Rev. Designer:** John Mardon

Date	Mintage	VF20	XF40	MS60	MS63	MS65
1993	—					
	PF65 375					

KM# 249 13.34 g., 0.583 Gold, 0.250 oz. AGW **Subject:** World War II Home Front **Obv:** Crowned head right, date below **Rev:** Kneeling figure working on plane, denomination below **Rev. Designer:** Paraskeva Clark

Date	Mintage	VF20	XF40	MS60	MS63	MS65
1994	16,201					
	PF65 375					

KM# 260 13.34 g., 0.583 Gold, 0.250 oz. AGW **Subject:** Louisbourg **Obv:** Crowned head right, date below **Rev:** Ship and buildings, dates and denomination above **Rev. Designer:** Lewis Parker

Date	Mintage	VF20	XF40	MS60	MS63	MS65
1995	16,916					
	PF65 370					

KM# 273 13.34 g., 0.583 Gold, 0.250 oz. AGW **Subject:** Klondike Gold Rush Centennial **Obv:** Crowned head right, date below **Rev:** Scene of Kate Carmack panning for gold, dates above, denomination lower left **Rev. Designer:** John Mantha

Date	Mintage	VF20	XF40	MS60	MS63	MS65
1896-1996	17,973					
	PF65 370					

KM# 287 13.34 g., 0.583 Gold, 0.250 oz. AGW **Subject:** Alexander Graham Bell **Obv:** Crowned head right, date below **Rev:** A. G. Bell head right, globe and telephone, denomination upper right **Rev. Designer:** Donald H. Carley

Date	Mintage	VF20	XF40	MS60	MS63	MS65
1997	14,775					
	PF65 375					

100 DOLLARS

KM# 307 13.34 g., 0.583 Gold, 0.250 oz. AGW
Subject: Discovery of Insulin **Obv:** Crowned head
right, date below **Rev:** Nobel prize award figurine,
dates at left, denomination at right **Rev. Designer:**
Robert R. Carmichael

Date	Mintage	VF20	XF40	MS60	MS63	MS65
1998	11,220	PF65 375				

KM# 341 13.34 g., 0.583 Gold, 0.250 oz. AGW
Subject: 50th Anniversary Newfoundland Unity With
Canada **Obv:** Crowned head right, date below **Rev:**
Two designs at front, mountains in back, denomination
below **Rev. Designer:** Jackie Gale-Vaillancourt

Date	Mintage	VF20	XF40	MS60	MS63	MS65
1999	10,242	PF65 375				

KM# 402 13.34 g., 0.583 Gold, 0.250 oz. AGW
27mm. **Subject:** McClure's Arctic expedition
Obv: Crowned head right, date below **Rev:** Six
men pulling supply sled to an icebound ship,
denomination below **Rev. Designer:** John Mardon
Edge: Reeded

Date	Mintage	VF20	XF40	MS60	MS63	MS65
2000	—	PF65 375				

KM# 416 13.34 g., 0.583 Gold alloyed with 5.5579 g
of .999 Silver, .1787 oz ASW, 0.250 oz. AGW 27mm.
Subject: Library of Parliament **Obv:** Crowned head
right **Obv. Designer:** Dora dePedery-Hunt **Rev:**
Statue in domed building **Rev. Designer:** Robert R.
Carmichael **Edge:** Reeded

Date	Mintage	VF20	XF40	MS60	MS63	MS65
2001	—	PF65 375				

KM# 452 13.34 g., 0.583 Gold, 0.250 oz. AGW
27mm. **Subject:** Discovery of Oil in Alberta **Obv:**
Crowned head right **Rev:** Oil well with black oil spill
on ground **Rev. Designer:** John Marden **Edge:**
Reeded

Date	Mintage	VF20	XF40	MS60	MS63	MS65
2002	9,994	PF65 375				

KM# 486 13.34 g., 0.583 Gold, 0.250 oz. AGW
Subject: 100th Anniversary of the Discovery of
Marquis Wheat **Obv:** Head right

Date	Mintage	VF20	XF40	MS60	MS63	MS65
2003	9,993	PF65 375				

KM# 528 12.00 g., 0.583 Gold, 0.2249 oz. AGW
Subject: St. Lawrence Seaway, 50th Anniversary
Obv: Head right

Date	Mintage	VF20	XF40	MS60	MS63	MS65
2004	7,454	PF65 325				

KM# 593 12.00 g., 0.5833 Gold, 0.225 oz. AGW
Subject: 130th Anniversary, Supreme Court **Obv:**
Head right

Date	Mintage	VF20	XF40	MS60	MS63	MS65
2005	5,092	PF65 325				

KM# 591 12.00 g., 0.5833 Gold, 0.225 oz. AGW
Subject: 75th Anniversary, Hockey Classic between
Royal Military College and U.S. Military Academy
Obv: Head right

Date	Mintage	VF20	XF40	MS60	MS63	MS65
2006	5,439	PF65 325				

KM# 689 12.00 g., 0.5833 Gold, 0.225 oz. AGW
27mm. **Subject:** 140th Anniversary Dominion **Obv:**
Head right

Date	Mintage	VF20	XF40	MS60	MS63	MS65
2007	4,453	PF65 325				

KM# 823 12.00 g., 0.583 Gold, 0.2249 oz. AGW 27mm. **Rev:** Fraser River

Date	Mintage	VF20	XF40	MS60	MS63	MS65
2008	3,089	PF65 325				

KM# 898 12.00 g., 0.583 Gold, 0.2249 oz. AGW 27mm. **Subject:** 10th Anniversary of Nunavut **Obv:** Bust right **Obv. Designer:** Susanna Blunt **Rev:** Inuit dancer with 3 faces behind **Obv. Legend:** Elizabeth II DG Regina **Rev. Legend:** Canada 100 Dollars 1999-2009

Date	Mintage	VF20	XF40	MS60	MS63	MS65
2009	2,309	PF65 325				

KM# 997 12.00 g., 0.583 Gold, 0.2249 oz. AGW 27mm. **Rev:** Henry Hudson, Map of Hudson's Bay **Rev. Designer:** John Mantha

Date	Mintage	VF20	XF40	MS60	MS63	MS65
2010	Est. 5000	PF65 325				

KM# 1073 12.00 g., 0.583 Gold, 0.2249 oz. AGW 27mm. **Subject:** Canadian Railroads, 175th Anniversary **Rev:** Early steam locomotive

Date	Mintage	VF20	XF40	MS60	MS63	MS65
2011	3,000	PF65 325				

KM# 1389 12.00 g., 0.5833 Gold, 0.225 oz. AGW 27mm. **Subject:** Arctic Exploration - 100th Anniversary **Rev:** Map of the North Pole, Explorers **Rev. Designer:** Bonnie Ross

Date	Mintage	VF20	XF40	MS60	MS63	MS65
2013	2,500	PF65 600				

KM# 1441 31.60 g., 0.999 Silver, 1.0149 oz. ASW 40mm. **Rev:** Three bison advancing left **Rev. Designer:** Claudio d'Angelo

Date	Mintage	VF20	XF40	MS60	MS63	MS65
2013 Matte Proof	Est. 50000	PF63 100				

KM# 1582 12.00 g., 0.5833 Gold, 0.225 oz. AGW 27mm. **Subject:** 150th Anniversary - Charlottetown and Quebec Conferences of 1864 **Obv:** Bust right **Rev:** Building views, divided by ribbon, denomination and date below

Date	Mintage	VF20	XF40	MS60	MS63	MS65
2014	2,500	PF65 600				

KM# A1721 311.50 g., 0.9999 Silver, 10.0139 oz. ASW 76.2mm. **Obv:** Bust right **Rev:** WWI troops on ship's stern with last sight of land in distance

Date	Mintage	VF20	XF40	MS60	MS63	MS65
2014	1,000	PF67 725				

KM# 1751 12.00 g., 0.5833 Gold, 0.225 oz. AGW 27mm. **Obv:** Bust right **Rev:** Superman chest, black/red logo

Date	Mintage	VF20	XF40	MS60	MS63	MS65
2014	2,000	PF65 750				

100 DOLLARS

KM# 1761 311.50 g., 0.999 Silver, 10.0049 oz. ASW 76.25mm. **Obv:** Bust right **Rev:** Majestic Maple Leaves - Large maple leaf and maple tree branch **Rev. Designer:** Pierre Leduc

Date	Mintage	VF20	XF40	MS60	MS63	MS65
2014	2,000	PF65 900				

KM# 1935 31.60 g., 0.9999 Silver, 1.0159 oz. ASW 40mm. **Rev:** Bighorn Sheep pair

Date	Mintage	VF20	XF40	MS60	MS63	MS65
2014 Matte Proof	45,000	PF63 100				

KM# 1936 31.60 g., 0.9999 Silver, 1.0159 oz. ASW 40mm. **Rev:** Bald Eagle flying left, mountain background

Date	Mintage	VF20	XF40	MS60	MS63	MS65
2014 Matte Proof	50,000	PF63 100				

KM# 1845 12.00 g., 0.583 Gold, 0.2249 oz. AGW 27mm. **Obv:** Bust right **Rev:** Sir John A. McDonald and Canadian Pacific locomotive

Date	Mintage	VF20	XF40	MS60	MS63	MS65
2015	1,500	PF65 350				

KM# 1873 12.00 g., 0.9999 Gold, 0.3858 oz. AGW 27mm. **Obv:** Bust right, country name below **Rev:** Superman in color from 1940 Superman #4 comic book cover

Date	Mintage	VF20	XF40	MS60	MS63	MS65
2015	2,000	PF65 750				

KM# 1874 311.54 g., 0.9999 Silver, 10.0152 oz. ASW 76.25mm. **Subject:** 100th Anniversary - In Flanders Field **Obv:** Crowned bust of King George V left **Rev:** Officer writing amidst gravesites, text as backdrop, anniversary dates and denomination above **Obv. Legend:** GEORGIVS V DEI GRA : REX ET IND : IMP:

Date	Mintage	VF20	XF40	MS60	MS63	MS65
2015	500	PF65 950				

KM# 1985 12.00 g., 0.583 Gold, 0.2249 oz. AGW 27mm. **Subject:** Looney Tunes **Obv:** Bust right, country name below **Rev:** Bugs Bunny reaching out from Looney Tunes end credits, Wile E. Coyote, Tasmanian Devil, Daffy Duck, and Marvin the Martian

Date	Mintage	VF20	XF40	MS60	MS63	MS65
2015	2,000	PF65 750				

KM# 2045 311.50 g., 0.9999 Silver, 10.0139 oz. ASW 76.25mm. **Obv:** Bust right **Rev:** Albert Einstein portrait

Date	Mintage	VF20	XF40	MS60	MS63	MS65
2015	1,500	PF65 900				

KM# 2046 31.83 g., 0.9999 Silver, 1.0233 oz. ASW 40mm. **Ruler:** Elizabeth II **Obv:** Bust right **Rev:** Muskox trio advancing forward **Mint:** Royal Canadian Mint

Date	Mintage	F12	VF20	XF40	MS60	MS63
2015 Matte Proof	45,000	PF63 60.00		PF65 80.00		PF67 100

KM# 2047 31.83 g., 0.9999 Silver, 1.0233 oz. ASW 40mm. **Ruler:** Elizabeth II **Obv:** Bust right **Rev:** Canadian horse galloping left **Mint:** Royal Canadian Mint

Date	Mintage	F12	VF20	XF40	MS60	MS63
2015 Matte Proof	45,000	PF65 75.00		PF67 95.00		

KM# 2138 12.00 g., 0.583 Gold, 0.2249 oz. AGW 27mm. **Subject:** Batman v Superman: Dawn of Justice **Obv:** Bust right, country name below **Rev:** Superman/Batman back to back in color, frosted profile images

Date	Mintage	VF20	XF40	MS60	MS63	MS65
2016	3,000	PF65 425		PF67 585		

KM# 2236 31.83 g., 0.9999 Silver, 1.0233 oz. ASW 40mm. **Ruler:** Elizabeth II **Obv:** Bust right **Rev:** Orca pair swimming **Mint:** Royal Canadian Mint

Date	Mintage	F12	VF20	XF40	MS60	MS63
2016 Matte Proof	50,000	PF65 75.00	PF67 85.00			

KM# 2237 31.83 g., 0.9999 Silver, 1.0233 oz. ASW 40mm. **Ruler:** Elizabeth II **Obv:** Bust right **Rev:** Elk on rocky outcropping **Mint:** Royal Canadian Mint

Date	Mintage	F12	VF20	XF40	MS60	MS63
2016 Matte Proof	30,000	PF65 75.00	PF67 85.00			

KM# 2238 12.00 g., 0.583 Gold, 0.2249 oz. AGW 27mm. **Subject:** Centennial of Parliament Buildings Fire **Obv:** Bust right **Rev:** Fireman battling blaze, unharmed Library of Parliament at left

Date	Mintage	VF20	XF40	MS60	MS63	MS65
2016	1,500	PF65 400	PF67 450			

KM# 2239 31.83 g., 0.9999 Silver, 1.0233 oz. ASW 40mm. **Ruler:** Elizabeth II **Obv:** Bust right **Rev:** Cougar leaping left **Mint:** Royal Canadian Mint

Date	Mintage	F12	VF20	XF40	MS60	MS63
2016 Matte Proof	50,000	PF65 95.00	PF67 115			

125 DOLLARS

KM# 1696 500.00 g., 0.9999 Silver, 16.0738 oz. ASW 85mm. **Ruler:** Elizabeth II **Obv:** Bust right **Rev:** Wolf head howling **Rev. Designer:** Pierre LeDuc **Mint:** Royal Canadian Mint

Date	Mintage	F12	VF20	XF40	MS60	MS63
2014	1,000	PF65 1,100				

KM# 1824 500.00 g., 0.999 Silver, 16.0593 oz. ASW 85.35mm. **Obv:** Bust right **Rev:** Three horses galloping forwards, maple leaves **Rev. Designer:** Michael Grant

Date	Mintage	VF20	XF40	MS60	MS63	MS65
2015	1,000	PF65 1,100				

KM# 2048 500.00 g., 0.9999 Silver, 16.0738 oz. ASW 85mm. **Obv:** Bust right **Rev:** Growling Cougar in profile, mountains and trees in background

Date	Mintage	VF20	XF40	MS60	MS63	MS65
2015	1,000	PF65 1,100				

KM# 2049 500.00 g., 0.9999 Silver, 16.0738 oz. ASW 85mm. **Subject:** Conservation **Obv:** Bust right **Rev:** Whooping crane in flight

Date	Mintage	VF20	XF40	MS60	MS63	MS65
2015	500	PF65 1,100				

KM# 2052 500.00 g., 0.9999 Silver, 16.0738 oz. ASW 85mm. **Subject:** Conservation **Obv:** Bust right **Rev:** Narwhal pair swimming

Date	Mintage	VF20	XF40	MS60	MS63	MS65
2015	500	PF65 1,100				

KM# 2053 500.00 g., 0.9999 Silver, 16.0738 oz. ASW 85mm. **Subject:** Conservation **Obv:** Bust right **Rev:** Gray fox on branch

Date	Mintage	VF20	XF40	MS60	MS63	MS65
2015	500	PF65 1,100				

KM# 2240 500.00 g., 0.9999 Silver, 16.0738 oz. ASW 85mm. **Obv:** Bust right **Rev:** Roaring Grizzly Bear facing right, wilderness background

Date	Mintage	VF20	XF40	MS60	MS63	MS65
2016	600	PF65 750	PF67 850			

150 DOLLARS

KM# 388 13.61 g., 0.750 Gold, 0.3282 oz. AGW **Subject:** Year of the Dragon **Obv:** Crowned head right **Rev. Designer:** Harvey Chan

Date	Mintage	VF20	XF40	MS60	MS63	MS65
2000	—	PF63 625				

KM# 417 13.61 g., 0.750 Gold, 0.3282 oz. AGW 28mm. **Subject:** Year of the Snake **Obv:** Crowned head right **Obv. Designer:** Dora dePedery-Hunt **Rev:** Multicolor snake hologram **Edge:** Reeded

Date	Mintage	VF20	XF40	MS60	MS63	MS65
2001	—	PF65 625				

KM# 604 13.61 g., 0.750 Gold, 0.3282 oz. AGW **Obv:** Head right **Rev:** Stylized horse left

Date	Mintage	VF20	XF40	MS60	MS63	MS65
2002	6,843	PF65 625				

KM# 487 13.61 g., 0.750 Gold, 0.3282 oz. AGW 28mm. **Subject:** Year of the Ram **Obv:** Crowned head right **Rev:** Stylized ram left, hologram **Rev. Designer:** Harvey Chan

Date	Mintage	VF20	XF40	MS60	MS63	MS65
2003	3,927	PF65 625				

KM# 614 13.61 g., 0.750 Gold, 0.3282 oz. AGW **Obv:** Head right **Rev:** Year of the Monkey, hologram

Date	Mintage	VF20	XF40	MS60	MS63	MS65
2004	3,392	PF65 625				

KM# 568 13.61 g., 0.750 Gold, 0.3282 oz. AGW **Subject:** Year of the Rooster **Obv:** Head right **Rev:** Rooster left, hologram

Date	Mintage	VF20	XF40	MS60	MS63	MS65
2005	3,731	PF65 625				

KM# 592 13.61 g., 0.750 Gold, 0.3282 oz. AGW 28mm. **Subject:** Year of the Dog, hologram **Obv:** Head right **Rev:** Stylized dog left

Date	Mintage	VF20	XF40	MS60	MS63	MS65
2006	2,604	PF65 625				

KM# 733 11.84 g., 0.750 Gold, 0.2855 oz. AGW 28mm. **Subject:** Year of the Pig **Obv:** Head right **Rev:** Pig in center with Chinese lunar calendar around, hologram

Date	Mintage	VF20	XF40	MS60	MS63	MS65
2007	826	PF65 675				

KM# 802 11.84 g., 0.750 Gold, 0.2855 oz. AGW 28mm. **Subject:** Year of the Rat **Rev:** Rat, hologram

Date	Mintage	VF20	XF40	MS60	MS63	MS65
2008	582	PF65 675				

KM# 867 11.84 g., 0.750 Gold, 0.2855 oz. AGW 28mm. **Subject:** Year of the Ox **Rev:** Ox, hologram

Date	Mintage	VF20	XF40	MS60	MS63	MS65
2009	486	PF65 550				

KM# 899 10.40 g., 0.999 Gold, 0.334 oz. AGW 22.5mm. **Subject:** Blessings of wealth **Obv:** Bust right **Obv. Designer:** Susanna Blunt **Rev:** Three goldfish surround peony, clouds **Obv. Legend:** Elizabeth II, DG Regina, Fine Gold 99999 or PUR **Rev. Designer:** Harvey Chan **Rev. Legend:** Canada 150 Dollars (Chinese symbols of good fortune) **Edge:** Scalloped

Date	Mintage	VF20	XF40	MS60	MS63	MS65
2009	1,273	PF65 650				

KM# 979 11.84 g., 0.750 Gold, 0.2855 oz. AGW 28mm. **Subject:** Year of the Tiger **Rev:** Tiger in hologram

Date	Mintage	VF20	XF40	MS60	MS63	MS65
2010	1,507	PF65 550				

KM# 1030 10.40 g., 0.9999 Gold, 0.3343 oz. AGW **Subject:** Blessing of Wealth **Shape:** Scalloped

Date	Mintage	VF20	XF40	MS60	MS63	MS65
2010	1,388	PF65 650				

KM# 1031 13.61 g., 0.750 Gold, 0.3282 oz. AGW 28mm. **Subject:** Year of the Tiger **Rev:** Tiger walking

Date	Mintage	VF20	XF40	MS60	MS63	MS65
2010	2,500	PF65 600				

KM# 1053 13.61 g., 0.750 Gold, 0.3282 oz. AGW 28mm. **Subject:** Year of the rabbit **Rev:** Rabbit hologram

Date	Mintage	VF20	XF40	MS60	MS63	MS65
2011	—	PF65 600				

KM# 1184 13.61 g., 0.750 Gold, 0.3282 oz. AGW 28mm. **Subject:** Year of the Dragon **Obv:** Bust right **Rev:** Dragon left

Date	Mintage	VF20	XF40	MS60	MS63	MS65
2012	2,500	PF65 650				

KM# 1262 10.40 g., 0.999 Gold, 0.334 oz. AGW 22.5mm. **Subject:** Good Fortune Panda **Shape:** Scalloped

Date	Mintage	VF20	XF40	MS60	MS63	MS65
2012	—	PF65 650				

KM# 1362 11.84 g., 0.750 Gold, 0.2855 oz. AGW 28mm. **Subject:** Year of the Snake **Rev:** Snake vertical between two Chinese characters **Rev. Designer:** Aries Cheung

Date	Mintage	VF20	XF40	MS60	MS63	MS65
2013	2,500	PF65 700				

KM# 1418 15.59 g., Gold, 25mm. **Subject:** Baseball **Rev:** Base runner with hands raised **Rev. Designer:** Steve Hepburn

Date	Mintage	VF20	XF40	MS60	MS63	MS65
2013	Est. 3500	PF65 1,550				

KM# 1437 10.40 g., 0.999 Gold, 0.334 oz. AGW 22.5mm. **Subject:** Blessings of Peace **Rev:** Clouds, phoenix and feathers **Rev. Designer:** Aries Cheung **Shape:** Scalloped

Date	Mintage	VF20	XF40	MS60	MS63	MS65
2013	Est. 888	PF65 700				

KM# 1515 11.84 g., 0.750 Gold, 0.2855 oz. AGW 28mm. **Subject:** Year of the Horse **Obv:** Bust right

Rev: Horse prancing left **Rev. Designer:** Aries Cheung

Date	Mintage	VF20	XF40	MS60	MS63	MS65
2014	2,500	PF65 700				

KM# 1695 10.40 g., 0.999 Gold, 0.334 oz. AGW 22.5mm. **Ruler:** Elizabeth II **Obv:** Bust right **Rev:** Two egrets **Rev. Designer:** Charles Vinh **Mint:** Royal Canadian Mint

Date	Mintage	F12	VF20	XF40	MS60	MS63
2014	888	PF65 700				

KM# 1772 10.40 g., 0.999 Gold, 0.334 oz. AGW 22.5mm. **Ruler:** Elizabeth II **Subject:** Blessings of Longevity **Obv:** Bust right **Rev:** Two Cranes left **Shape:** Scallop **Mint:** Royal Canadian Mint

Date	Mintage	F12	VF20	XF40	MS60	MS63
2014	888	PF65 1,000				

KM# 2054 11.84 g., 0.750 Gold, 0.2855 oz. AGW 28mm. **Subject:** Year of the Ram **Obv:** Bust right **Rev:** Stylized ram and sun

Date	Mintage	VF20	XF40	MS60	MS63	MS65
2015	2,500	PF65 700				

KM# 2055 10.40 g., 0.999 Gold, 0.334 oz. AGW 22.5mm. **Ruler:** Elizabeth II **Subject:** Blessings of Prosperity **Obv:** Bust right **Rev:** Ox right **Shape:** Scalloped **Mint:** Royal Canadian Mint

Date	Mintage	F12	VF20	XF40	MS60	MS63
2015	888	PF65 1,000				

KM# 2244 10.40 g., 0.9999 Gold, 0.3343 oz. AGW 22.5mm. **Ruler:** Elizabeth II **Subject:** Blessings of Good Health **Obv:** Bust right **Rev:** Seated monkey facing left with foliage, fruit, Chinese character **Shape:** Scalloped **Mint:** Royal Canadian Mint

Date	Mintage	F12	VF20	XF40	MS60	MS63
2016	588	PF65 900	PF67 950			

KM# 2245 11.84 g., 0.750 Gold, 0.2855 oz. AGW 28mm. **Subject:** Year of the Monkey **Obv:** Bust right **Rev:** Monkey with Chinese characters and fruit

Date	Mintage	VF20	XF40	MS60	MS63	MS65
2016	2,500	PF65 500	PF67 550			

175 DOLLARS

KM# 217 16.97 g., 0.917 Gold, 0.5003 oz. AGW **Subject:** 1992 Olympics **Obv:** Crowned head right, date at left, denomination below **Rev:** Passing the torch **Rev. Designer:** Stewart Sherwood **Edge:** Lettered

Date	Mintage	VF20	XF40	MS60	MS63	MS65
1992	—	PF63 750				

200 DOLLARS

KM# 178 17.14 g., 0.9166 Gold, 0.505 oz. AGW 29mm. **Subject:** Canadian flag silver jubilee **Obv:** Crowned head right, date below **Rev:** People with flag, denomination above **Rev. Designer:** Stewart Sherwood

Date	Mintage	VF20	XF40	MS60	MS63	MS65
1990	—	PF63 775				

KM# 202 17.14 g., 0.9166 Gold, 0.505 oz. AGW 29mm. **Subject:** Hockey **Obv:** Crowned head right **Rev:** Hockey players, denomination above **Rev. Designer:** Stewart Sherwood

Date	Mintage	VF20	XF40	MS60	MS63	MS65
1991	10,215	PF63 775				

KM# 230 17.14 g., 0.9166 Gold, 0.505 oz. AGW 29mm. **Subject:** Niagara Falls **Obv:** Crowned head right **Rev:** Niagara Falls, denomination above **Rev. Designer:** John Mardon

Date	Mintage	VF20	XF40	MS60	MS63	MS65
1992	—	PF63 775				

KM# 244 17.14 g., 0.9166 Gold, 0.505 oz. AGW 29mm. **Subject:** Mounted police **Obv:** Crowned head right, date below **Rev:** Mountie with children, denomination above **Rev. Designer:** Stewart Sherwood

Date	Mintage	VF20	XF40	MS60	MS63	MS65
1993	10,807	PF63 775				

KM# 250 17.14 g., 0.9166 Gold, 0.505 oz. AGW 29mm. **Subject:** Interpretation of 1908 novel by Lucy Maud Montgomery, 1874-1942, Anne of Green Gables **Obv:** Crowned head right **Rev:** Figure sitting in window, denomination above **Rev. Designer:** Phoebe Gilman

Date	Mintage	VF20	XF40	MS60	MS63	MS65
1994	10,655	PF63 775				

KM# 265 17.14 g., 0.9166 Gold, 0.505 oz. AGW 29mm. **Subject:** Maple-syrup production **Obv:** Crowned head right, date below **Rev:** Maple syrup making, denomination at right **Rev. Designer:** J. D. Mantha

Date	Mintage	VF20	XF40	MS60	MS63	MS65
1995	—	PF63 775				

KM# 275 17.14 g., 0.9166 Gold, 0.505 oz. AGW 29mm. **Subject:** Transcontinental Canadian Railway **Obv:** Crowned head right, date below **Rev:** Train going through mountains, denomination below **Rev. Designer:** Suzanne Duranceau

Date	Mintage	VF20	XF40	MS60	MS63	MS65
1996	—	PF63 775				

KM# 288 17.14 g., 0.9166 Gold, 0.505 oz. AGW 29mm. **Subject:** Haida mask **Obv:** Crowned head right, date below **Rev:** Haida mask **Rev. Designer:** Robert Davidson

Date	Mintage	VF20	XF40	MS60	MS63	MS65
1997	11,610	PF63 775				

KM# 317 17.14 g., 0.9166 Gold, 0.505 oz. AGW 29mm. **Subject:** Legendary white buffalo **Obv:** Crowned head right, date below **Rev:** Buffalo **Rev. Designer:** Alex Janvler

Date	Mintage	VF20	XF40	MS60	MS63	MS65
1998	—	PF63 775				

KM# 358 17.14 g., 0.9166 Gold, 0.505 oz. AGW 29mm. **Subject:** Mikmaq butterfly **Obv:** Crowned head right **Rev:** Butterfly within design **Rev. Designer:** Alan Syliboy

Date	Mintage	VF20	XF40	MS60	MS63	MS65
1999	—	PF63 775				

KM# 403 17.14 g., 0.9166 Gold, 0.505 oz. AGW 29mm. **Subject:** Motherhood **Obv:** Crowned head right, date above, denomination at right **Rev:** Inuit mother with infant **Rev. Designer:** Germaine Arnaktauyak **Edge:** Reeded

Date	Mintage	VF20	XF40	MS60	MS63	MS65
2000	—	PF63 775				

KM# 418 17.14 g., 0.9166 Gold, 0.505 oz. AGW 29mm. **Subject:** Cornelius D. Krieghoff's "The Habitant farm" **Obv:** Queen's head right **Edge:** Reeded

Date	Mintage	VF20	XF40	MS60	MS63	MS65
2001	—	PF65 850				

KM# 466 17.14 g., 0.9166 Gold, 0.505 oz. AGW 29mm. **Subject:** Thomas Thompson "The Jack Pine" (1916-17) **Obv:** Crowned head right

Date	Mintage	VF20	XF40	MS60	MS63	MS65
2002	5,264	PF65 850				

KM# 488 17.14 g., 0.9166 Gold, 0.505 oz. AGW **Subject:** Fitzgerald's "Houses" (1929) **Obv:** Crowned head right **Rev:** House with trees

Date	Mintage	VF20	XF40	MS60	MS63	MS65
2003	4,118	PF65 850				

KM# 516 16.00 g., 0.9166 Gold, 0.4715 oz. AGW 29mm. **Subject:** Fragments **Obv:** Crowned head right **Rev:** Fragmented face **Edge:** Reeded

Date	Mintage	VF20	XF40	MS60	MS63	MS65
2004	3,917	PF65 875				

KM# 569 16.00 g., 0.9166 Gold, 0.4715 oz. AGW **Subject:** Fur traders **Obv:** Head right **Rev:** Men in canoe riding wave

Date	Mintage	VF20	XF40	MS60	MS63	MS65
2005	3,669	PF65 875				

KM# 594 16.00 g., 0.9166 Gold, 0.4715 oz. AGW **Subject:** Timber trade **Obv:** Head right **Rev:** Lumberjacks felling tree

Date	Mintage	VF20	XF40	MS60	MS63	MS65
2006	3,218	PF65 875				

KM# 691 16.00 g., 0.9166 Gold, 0.4715 oz. AGW 29mm. **Subject:** Fishing Trade **Obv:** Head right **Rev:** Two fishermen hauling in net

Date	Mintage	VF20	XF40	MS60	MS63	MS65
2007	2,137	PF65 900				

KM# 824 16.00 g., 0.917 Gold, 0.4717 oz. AGW 29mm. **Subject:** Commerce **Rev:** Horse-drawn plow

Date	Mintage	VF20	XF40	MS60	MS63	MS65
2008	1,951	PF65 900				

KM# 894 16.00 g., 0.916 Gold, 0.4712 oz. AGW 29mm. **Subject:** Coal mining trade **Obv:** Bust right **Obv. Designer:** Susanna Blunt **Rev:** Miner pushing cart with black coal **Obv. Legend:** Elizabeth II DG Regina **Rev. Legend:** Canada 200 Dollars

Date	Mintage	VF20	XF40	MS60	MS63	MS65
2009	2,241	PF65 900				

KM# 1000 16.00 g., 0.916 Gold, 0.4712 oz. AGW 29mm. **Subject:** Petroleum and Oil Trade **Rev:** Oil tank car and well head

Date	Mintage	VF20	XF40	MS60	MS63	MS65
2010	Est. 4000	PF65 900				

KM# 1060 16.00 g., 0.9167 Gold, 0.4716 oz. AGW 29mm. **Rev:** Olympic athletics with medal, flag and flowers

Date	Mintage	VF20	XF40	MS60	MS63	MS65
2010	—	PF65 900				

KM# 1074 16.00 g., 0.9167 Gold, 0.4716 oz. AGW 29mm. **Rev:** SS Beaver - Steamship **Rev. Designer:** John Mardon

Date	Mintage	VF20	XF40	MS60	MS63	MS65
2011	2,800	PF65 900				

KM# 1143 16.00 g., 0.9167 Gold, 0.4716 oz. AGW 27mm. **Subject:** Wedding, Prince William and Catherine Middleton **Obv:** Bust right **Rev:** Half-length figures facing, Swarovski crystal **Edge:** Reeded

Date	Mintage	VF20	XF40	MS60	MS63	MS65
2011	2,000	PF65 900				

KM# 1174 16.00 g., 0.916 Gold, 0.4712 oz. AGW 29mm. **Obv:** Bust right **Rev:** Wayne Greskey skating right, father's portrait in circle at right, 99 in color at lower right **Rev. Designer:** Glen Green

Date	Mintage	VF20	XF40	MS60	MS63	MS65
2011	999	PF65 900				

KM# 1219 16.00 g., 0.9167 Gold, 0.4716 oz. AGW 29mm. **Obv:** Bust right **Rev:** Prospector panning for gold in stream

Date	Mintage	VF20	XF40	MS60	MS63	MS65
2012	—	PF65 900				

KM# 1223 16.00 g., 0.9167 Gold, 0.4716 oz. AGW 29mm. **Obv:** Bust right **Rev:** Vikings and ship

Date	Mintage	VF20	XF40	MS60	MS63	MS65
2012	—	PF65 900				

KM# 1279 31.11 g., 0.999 Gold, 0.999 oz. AGW 30mm. **Subject:** Bateman Moose

Date	Mintage	VF20	XF40	MS60	MS63	MS65
2012	—	PF65 1,850				

KM# 1331 33.33 g., 0.999 Gold, 1.0705 oz. AGW 30mm. **Rev:** Grandmother Moon Mask **Rev. Designer:** Richard Cochrane

Date	Mintage	VF20	XF40	MS60	MS63	MS65
2012	500	PF65 3,000				

KM# 1390 15.43 g., 0.999 Gold, 0.4956 oz. AGW 29mm. **Subject:** Explorer Jacques Cartier **Rev. Designer:** Laurie McGaw

Date	Mintage	VF20	XF40	MS60	MS63	MS65
2013	Est. 2000	PF65 1,200				

KM# 1480 31.11 g., 0.999 Gold, 0.999 oz. AGW 30mm. **Rev:** Eagle in nest with two chicks **Rev. Designer:** Claudio d'Angelo

Date	Mintage	VF20	XF40	MS60	MS63	MS65
2013	350	PF63 2,750	PF65 3,000			

KM# 1500 33.33 g., 0.9999 Gold, 1.0715 oz. AGW 30mm. **Subject:** Grandmother Moon Mask **Rev:** Mask carving **Rev. Designer:** Richard Cochrane

Date	Mintage	VF20	XF40	MS60	MS63	MS65
2013	500	PF65 3,000				

KM# 1583 16.00 g., 0.9167 Gold, 0.4716 oz. AGW 29mm. **Obv:** Bust right **Rev:** Indian and Samuel de Champlain standing next to canoes

Date	Mintage	VF20	XF40	MS60	MS63	MS65
2014	2,000	PF65 900				

KM# C1609 31.16 g., 0.9999 Gold, 1.0017 oz. AGW 30mm. **Obv:** Bust right **Rev:** Bison family on plain

Date	Mintage	VF20	XF40	MS60	MS63	MS65
2014	350	PF65 2,700				

KM# 1616 31.11 g., 0.999 Gold, 0.999 oz. AGW 30mm. **Obv:** Bust right **Rev:** Howling wolf **Rev. Designer:** Pierre Leduc

Date	Mintage	VF20	XF40	MS60	MS63	MS65
2014	2,000	PF65 2,800				

KM# 1697 33.17 g., 0.999 Gold, 1.0654 oz. AGW 30mm. **Ruler:** Elizabeth II **Obv:** Bust right **Rev:** Matriarch Moon Mask **Rev. Designer:** Carol Young **Mint:** Royal Canadian Mint

Date	Mintage	F12	VF20	XF40	MS60	MS63
2014	500	PF65 3,000				

KM# 1698 33.17 g., 0.9999 Gold, 1.0663 oz. AGW 30mm. **Ruler:** Elizabeth II **Subject:** Royal Visit, 75th Anniversary **Obv:** Bust right **Rev:** George VI and Elizabeth busts left in high relief **Mint:** Royal Canadian Mint

Date	Mintage	F12	VF20	XF40	MS60	MS63
2014	500	PF65 3,000				

KM# 1710 31.16 g., 0.9999 Gold, 1.0017 oz. AGW 30mm. **Obv:** Bust right **Rev:** Royal Family - Elizabeth II, Charles, William, George

Date	Mintage	VF20	XF40	MS60	MS63	MS65
2014	350	PF65 2,800				

KM# 1741 62.69 g., 0.9999 Silver, 2.0153 oz. ASW 50mm. **Subject:** Forests of Canada **Obv:** Bust right **Rev:** Animals at watering hole, seen from above

Date	Mintage	VF20	XF40	MS60	MS63	MS65
2014	20,000	PF65 150				

KM# A1743 31.16 g., 0.9999 Gold, 1.0017 oz. AGW 30mm. **Obv:** Bust right, denomination below **Rev:** White tail deer - Doe and two fawns

Date	Mintage	VF20	XF40	MS60	MS63	MS65
2014	350	PF65 2,700				

KM# 1757 33.17 g., 1.000 Gold, 1.0664 oz. AGW 30mm. **Obv:** Bust right **Rev:** Canadian lynx head **Rev. Designer:** Pierre Leduc

Date	Mintage	VF20	XF40	MS60	MS63	MS65
2014	500	PF65 3,000				

KM# 1784 15.43 g., 0.999 Gold, 0.4956 oz. AGW 29mm. **Ruler:** Elizabeth II **Subject:** Interconnections - Land **Obv:** Bust right **Rev:** Beaver hologram **Rev. Designer:** Andy Everson **Mint:** Royal Canadian Mint

Date	Mintage	F12	VF20	XF40	MS60	MS63
2014	1,500	PF65 1,300				

KM# 1785 15.43 g., 0.999 Gold, 0.4956 oz. AGW 29mm. **Ruler:** Elizabeth II **Subject:** Interconnections - Air **Obv:** Bust right **Rev:** Thunderbird hologram **Rev. Designer:** Andy Everson **Mint:** Royal Canadian Mint

Date	Mintage	F12	VF20	XF40	MS60	MS63
2014	1,500	PF65 1,300				

KM# 1786 15.43 g., 0.999 Gold, 0.4956 oz. AGW 29mm. **Ruler:** Elizabeth II **Subject:** Interconnections - Sea **Obv:** Bust right **Rev:** Orca hologram **Rev. Designer:** Andy Everson **Mint:** Royal Canadian Mint

Date	Mintage	F12	VF20	XF40	MS60	MS63
2014	1,500	PF65 1,300				

KM# 1937 3.23 g., 0.9999 Gold, 0.1038 oz. AGW 20mm. **Subject:** Emily Carr paintings **Obv:** Bust right **Rev:** Detail from Zunoqua

Date	Mintage	VF20	XF40	MS60	MS63	MS65
2014 Proof, reverse	—	PF65 275				

KM# 1846 15.43 g., 0.9999 Gold, 0.496 oz. AGW **Obv:** Bust right **Rev:** Henry Hudson

Date	Mintage	VF20	XF40	MS60	MS63	MS65
2015	2,000	PF65 500				

KM# 1875 31.16 g., 0.9999 Gold, 1.0017 oz. AGW 30mm. **Subject:** Diwali Festival of Lights **Obv:** Bust right, denomination below **Rev:** Circular patterns

Date	Mintage	VF20	XF40	MS60	MS63	MS65
2015	275	PF65 2,700				

KM# 1876 33.17 g., 0.9999 Gold, 1.0663 oz. AGW 30mm. **Ruler:** Elizabeth II **Obv:** Bust right **Rev:** Red colored Singing Moon Mask **Mint:** Royal Canadian Mint

Date	Mintage	F12	VF20	XF40	MS60	MS63
2015	300	PF65 3,200				

KM# 1877 31.16 g., 0.9999 Gold, 1.0017 oz. AGW 30mm. **Obv:** Bust right **Rev:** Maple leaf with reflection and ripples in water

Date	Mintage	VF20	XF40	MS60	MS63	MS65
2015	350	PF65 2,800				

KM# 1878 63.07 g., 0.9999 Silver, 2.0275 oz. ASW 50mm. **Subject:** Coastal Waters of Canada **Obv:** Bust right **Rev:** Ocean life

Date	Mintage	VF20	XF40	MS60	MS63	MS65
2015 Matte Proof	25,000	PF63 250				

KM# A2048 31.16 g., 0.9999 Gold, 1.0017 oz. AGW 30mm. **Obv:** Bust right **Rev:** Growling Cougar in profile, graphic lines behind

Date	Mintage	VF20	XF40	MS60	MS63	MS65
2015	250	PF65 2,800				

KM# 2056 62.69 g., 0.9999 Silver, 2.0153 oz. ASW 50mm. **Subject:** Canada's Rugged Mountains **Obv:** Bust right **Rev:** Mountain life

Date	Mintage	VF20	XF40	MS60	MS63	MS65
2015 Matte Proof	25,000	PF65 250				

KM# 2057 31.16 g., 0.9999 Gold, 1.0017 oz. AGW 30mm. **Subject:** North American Sportfish **Obv:** Bust right **Rev:** Largemouth bass leaping right **Edge:** Reeded

Date	Mintage	VF20	XF40	MS60	MS63	MS65
2015	300	PF65 2,800				

KM# 2058 31.16 g., 0.9999 Gold, 1.0017 oz. AGW 30mm. **Obv:** Bust right **Rev:** Mother bear with two cubs **Edge:** Reeded

Date	Mintage	VF20	XF40	MS60	MS63	MS65
2015	275	PF65 2,800				

KM# 2059 31.16 g., 0.9999 Gold, 1.0017 oz. AGW 30mm. **Subject:** A Historic Reign **Obv:** Bust right **Rev:** Cyphers for Elizabeth II left and Victoria right, crown above, maple leaves below **Edge:** Reeded

Date	Mintage	VF20	XF40	MS60	MS63	MS65
2015	300	PF65 2,800				

KM# 2060 31.16 g., 0.9999 Gold, 1.0017 oz. AGW 30mm. **Subject:** Alluring Maple Leaves of Fall **Obv:** Bust right **Rev:** Maple leaves, selective multi color **Edge:** Reeded

Date	Mintage	VF20	XF40	MS60	MS63	MS65
2015	—	PF65 3,200				

KM# 2061 31.16 g., 0.9999 Gold, 1.0017 oz. AGW 30mm. **Subject:** Alluring Maple Leaves of Fall **Obv:** Bust right **Rev:** Maple leaves, selective red **Edge:** Reeded

Date	Mintage	VF20	XF40	MS60	MS63	MS65
2015	—	PF65 3,200				

KM# 2062 31.16 g., 0.9999 Gold, 1.0017 oz. AGW 30mm. **Subject:** Alluring Maple Leaves of Fall **Obv:** Bust right **Rev:** Maple leaves, selective green **Edge:** Reeded

Date	Mintage	VF20	XF40	MS60	MS63	MS65
2015	—	PF65 3,200				

200 DOLLARS

KM# 2063 31.16 g., 0.9999 Gold, 1.0017 oz. AGW 30mm. **Subject:** Tom Thomson painting **Obv:** Bust right **Rev:** Reproduction of Pine Island, Georgian Bay (1916) **Edge:** Reeded

Date	Mintage	VF20	XF40	MS60	MS63	MS65
2015	300	PF65 2,800				

KM# 1913 31.16 g., 0.9999 Gold, 1.0017 oz. AGW 30mm. **Subject:** Diwali Festival of Lights **Obv:** Bust right, date above, denomination below **Rev:** Floral burst pattern **Edge:** Reeded

Date	Mintage	VF20	XF40	MS60	MS63	MS65
2016	275	PF67 2,800				

KM# 2152 16.20 g., 0.9999 Gold, 0.5208 oz. AGW 28.68x17.5mm. **Subject:** Star Trek: Delta **Obv:** Bust right **Rev:** Elonged star symbol identifying Command crew

Date	Mintage	VF20	XF40	MS60	MS63	MS65
2016	1,500	PF65 1,100	PF67 1,200			

KM# 2248 15.43 g., 0.9999 Gold, 0.496 oz. AGW 29mm. **Subject:** Great Canadian Explorers **Obv:** Bust right **Rev:** Pierre Gaultier de La Verendrye, First Nations guide, Fort St. Charles in background

Date	Mintage	VF20	XF40	MS60	MS63	MS65
2016	1,000	PF65 950	PF67 1,000			

KM# 2249 31.16 g., 0.9999 Gold, 1.0017 oz. AGW 30mm. **Obv:** Bust right **Rev:** Roaring Grizzly Bear facing right, lines behind

Date	Mintage	VF20	XF40	MS60	MS63	MS65
2016	250	PF67 1,650				

KM# 2250 31.25 g., 0.9999 Gold, 1.0046 oz. AGW 39.6x38mm. **Subject:** Maple Leaf Silhouette **Obv:** Bust right **Rev:** 200 / DOLLARS / 2016 **Shape:** Leaf

Date	Mintage	VF20	XF40	MS60	MS63	MS65
2016	800	PF67 1,800				

KM# 2251 62.69 g., 0.9999 Silver, 2.0153 oz. ASW 50mm. **Subject:** Canada's Vast Prairies **Obv:** Bust right **Rev:** Prairie life

Date	Mintage	VF20	XF40	MS60	MS63	MS65
2016 Matte Proof	25,000	PF63 175	PF65 200			

KM# 2252 62.69 g., 0.9999 Silver, 2.0153 oz. ASW 50mm. **Subject:** Canada's Icy Arctic **Obv:** Bust right **Rev:** Arctic life

Date	Mintage	VF20	XF40	MS60	MS63	MS65
2016 Matte Proof	20,000	PF63 175	PF65 200			

KM# 2253 28.25 g., 0.9999 Gold, 0.9082 oz. AGW 30mm. **Obv:** Bust right above hole in scroll held up by two phoenixes **Rev:** Ying and Yang symbol above hole, tiger left, dragon right **Note:** Square holed

Date	Mintage	VF20	XF40	MS60	MS63	MS65
2016	588	PF67 2,000				

KM# 2254 31.16 g., 0.9999 Gold, 1.0017 oz. AGW 30mm. **Subject:** Tall Ships Legacy **Obv:** Bust right **Rev:** Bluenose - Starboard view, sailing left

Date	Mintage	VF20	XF40	MS60	MS63	MS65
2016	275	PF65 2,200	PF67 2,700			

KM# 2255 31.16 g., 0.9999 Gold, 1.0017 oz. AGW 30mm. **Subject:** Tall Ships Legacy **Obv:** Bust right **Rev:** Marco Polo - Three-quarter portside view, sailing left

Date	Mintage	VF20	XF40	MS60	MS63	MS65
2016	275	PF65 2,200	PF67 2,700			

KM# 2256 31.16 g., 0.9999 Gold, 1.0017 oz. AGW 30mm. **Subject:** Tall Ships Legacy **Obv:** Bust right **Rev:** The Amazon - Starboard view, sailing right

Date	Mintage	VF20	XF40	MS60	MS63	MS65
2016	275	PF65 2,200	PF67 2,700			

KM# 2257 31.16 g., 0.9999 Gold, 1.0017 oz. AGW 30mm. **Subject:** Tall Ships Legacy **Obv:** Bust right **Rev:** HMS Discovery - Stern view, sailing along coast

Date	Mintage	VF20	XF40	MS60	MS63	MS65
2016	275	PF65 2,200	PF67 2,700			

KM# 2258 31.60 g., 0.9999 Gold, 1.0159 oz. AGW 30mm. **Subject:** 150 Years of Passion: The Maple Leaf **Obv:** Bust right **Rev:** Maple wreath used on Canada's first coins, St. Edward's crown

Date	Mintage	VF20	XF40	MS60	MS63	MS65
2016	250	PF67 2,800				

250 DOLLARS

KM# 677 45.00 g., 0.5833 Gold, 0.8439 oz. AGW 40mm. **Rev:** Dog Sled Team

Date	Mintage	VF20	XF40	MS60	MS63	MS65
2006	953	PF65 1,625				

KM# 751 1000.00 g., 0.9999 Silver, 32.1475 oz. ASW 101.6mm. **Subject:** Vancouver Olympics, 2010 **Rev:** Early Canada motif **Note:** Illustration reduced.

Date	Mintage	VF20	XF40	MS60	MS63	MS65
2007	2,500	PF65 1,250				

KM# 833 1000.00 g., 0.999 Silver, 32.1186 oz. ASW 101.6mm. **Subject:** Vancouver Olympics 2010 **Rev:** Towards confederation **Note:** Illustration reduced.

Date	Mintage	VF20	XF40	MS60	MS63	MS65
2008	2,500	PF65 1,350				

KM# 913 1000.00 g., 0.9999 Silver, 32.1475 oz. ASW 101.5mm. **Obv:** Bust right **Obv. Designer:** Susanna Blunt **Rev:** Mask with fish - Surviving the flood **Note:** Illustration reduced.

Date	Mintage	VF20	XF40	MS60	MS63	MS65
2009	815	PF65 1,350				

KM# 981a 1000.00 g., 0.999 Silver, 32.1186 oz. ASW 101.6mm. **Rev:** Eagle head, blue enamel

Date	Mintage	VF20	XF40	MS60	MS63	MS65
2010	500	PF65 1,400				

KM# 949 1000.00 g., 0.999 Silver, 32.1186 oz. ASW 101.6mm. **Rev:** Modern Canada

Date	Mintage	VF20	XF40	MS60	MS63	MS65
2009	905	PF65 1,350				

KM# 1044 1000.00 g., 0.999 Silver, 32.1186 oz. ASW 101.6mm. **Subject:** Baniff, 125th Anniversary of resort founding **Rev:** Features of Baniff

Date	Mintage	VF20	XF40	MS60	MS63	MS65
2010	750	PF65 1,650				

KM# 1285 1000.00 g., 0.999 Silver, 32.1186 oz. ASW 101mm. **Subject:** Olympic views

Date	Mintage	VF20	XF40	MS60	MS63	MS65
2010	—	PF65 1,350				

KM# 981 1000.00 g., 0.999 Silver, 32.1186 oz. ASW 101.6mm. **Rev:** Eagle head

Date	Mintage	VF20	XF40	MS60	MS63
2010 Antique Patina	500	—	—	—	1,350
2010	500	PF65 1,400			

KM# 1150 1000.00 g., 0.9999 Silver, 32.1475 oz. ASW 100mm. **Rev:** Lacrosse

Date	Mintage	VF20	XF40	MS60	MS63	MS65
2011	—	PF65 1,350				

250 DOLLARS

KM# 1185 1000.00 g., 0.999 Silver, 32.1186 oz. ASW 101.6mm. **Subject:** Year of the Dragon **Obv:** Bust left **Rev:** Dragon left

Date	Mintage	VF20	XF40	MS60	MS63	MS65
2012	—	PF65 1,550				

KM# 1277 1000.00 g., 0.999 Silver, 32.1186 oz. ASW 101mm. **Subject:** Bateman Moose

Date	Mintage	VF20	XF40	MS60	MS63	MS65
2012	—	PF65 1,650				

KM# 1340 1000.00 g., 0.9999 Silver, 32.1475 oz. ASW 102mm. **Subject:** War of 1812, Battle of

Queenstown Heights **Rev:** Battle scene

Date	Mintage	VF20	XF40	MS60	MS63	MS65
2012	7,000	PF65 2,250				

KM# 1366 1000.00 g., 0.9999 Silver, 32.1475 oz. ASW **Subject:** Year of the Snake **Rev:** Snake under maple leaves   **Rev. Designer:** Three Degrees Creative Group

Date	Mintage	VF20	XF40	MS60	MS63	MS65
2013	Est. 888	PF65 2,250				

KM# 1369 1000.00 g., 0.999 Silver, 32.1186 oz. ASW **Subject:** End of 7 Years War **Rev:** Map of North America with Arms of France and Great Britain **Rev. Designer:** Luc Normandin

Date	Mintage	VF20	XF40	MS60	MS63	MS65
2013	Est. 500	PF65 2,250				

KM# 1371 1000.00 g., 0.999 Silver, 32.1186 oz. ASW 101mm. **Subject:** Arctic Coastline **Rev. Designer:** W. David Ward

Date	Mintage	VF20	XF40	MS60	MS63	MS65
2013	Est. 750	PF65 2,250				

KM# 1438 1000.00 g., 0.9999 Silver, 32.1475 oz. ASW 102.1mm. **Rev:** Two maple leaves - gilt **Rev. Designer:** Emily Damstra

Date	Mintage	VF20	XF40	MS60	MS63	MS65
2013	Est. 600	PF65 2,300				

KM# A1477 1000.00 g., 0.9999 Silver, 32.1475 oz. ASW 102.1mm. **Subject:** Battle of Lundy's Lane **Rev:** Battle between American and British troops

Date	Mintage	VF20	XF40	MS60	MS63	MS65
2013 Proof	400	—	—	—	—	2,250

KM# 1477 1000.00 g., 0.9999 Silver, 32.1475 oz. ASW 102.1mm. **Subject:** Battle of Chateauguay **Rev:** Henri Julien's painting of the battle

Date	Mintage	VF20	XF40	MS60	MS63	MS65
2013	500	PF65 2,250				

KM# 1502 1000.00 g., 0.9999 Silver, 32.1475 oz. ASW 102.1mm. **Rev:** Two caribou advancing left **Rev. Designer:** Trevor Tennant

Date	Mintage	VF20	XF40	MS60	MS63	MS65
2013	500	PF65 2,500				

KM# 1518 1000.00 g., 0.9999 Silver, 32.1475 oz. ASW 102.1mm. **Subject:** Year of the Horse **Obv:** Bust right **Rev:** Horse rearing up left **Rev. Designer:** Three Degrees Creative Group

Date	Mintage	VF20	XF40	MS60	MS63	MS65
2014	388	PF65 2,250				

KM# 1579 1000.00 g., 0.9999 Silver, 32.1475 oz. ASW 101mm. **Subject:** Year of the Horse **Obv:** Bust right

Date	Mintage	VF20	XF40	MS60	MS63	MS65
2014	—	PF65 1,350				

KM# 1605 1000.00 g., 0.9999 Silver, 32.1475 oz. ASW 101mm. **Obv:** Bust right **Rev:** Snowy owl, yellow eyes

Date	Mintage	VF20	XF40	MS60	MS63	MS65
2014	500		PF65 1,650			

KM# 1622 62.34 g., 0.999 Gold, 2.0023 oz. AGW 42mm. **Subject:** Canada thru the eyes of Tim Barnard **Obv:** Bust right **Rev:** Multitude of designs

Date	Mintage	VF20	XF40	MS60	MS63	MS65
2014	300		PF65 5,200			

KM# 1701 62.34 g., 0.9999 Gold, 2.0041 oz. AGW 42mm. **Obv:** Bust right **Rev:** Machine Gunner Training

Date	Mintage	VF20	XF40	MS60	MS63	MS65
2014	200		PF65 5,200			

KM# 1722 62.34 g., 0.999 Gold, 2.0023 oz. AGW 42mm. **Subject:** Grand Trunk Railway **Obv:** Bust right **Rev:** Steam Train on Bridge **Rev. Designer:** Joel Kimmel

Date	Mintage	VF20	XF40	MS60	MS63	MS65
2014	300		PF65 5,200			

KM# 1762 1000.00 g., 0.999 Silver, 32.1186 oz. ASW 102.1mm. **Obv:** Bust right **Rev:** 2 Maple leaves - one red and one green, rays in background

Date	Mintage	VF20	XF40	MS60	MS63	MS65
2014	600		PF65 2,300			

KM# 1817 1000.00 g., 0.999 Silver, 32.1186 oz. ASW 102mm. **Ruler:** Elizabeth II **Subject:** Year of the Ram **Obv:** Bust right **Rev:** Sheep head at right, red tree, gilt Chinese character **Mint:** Royal Canadian Mint

Date	Mintage	F12	VF20	XF40	MS60	MS63
2015	388	PF65 2,300				

KM# 1834 60.08 g., 0.9999 Gold, 1.9314 oz. AGW 38mm. **Obv:** Bust right **Rev:** Tulip in glass

Date	Mintage	VF20	XF40	MS60	MS63	MS65
2015	100	PF65 4,700				

KM# 1835 60.08 g., 0.9999 Gold, 1.9314 oz. AGW 38mm. **Obv:** Bust right **Rev:** Water lily in glass

Date	Mintage	VF20	XF40	MS60	MS63	MS65
2015	100	PF65 4,700				

KM# 1836 60.08 g., 0.9999 Gold, 1.9314 oz. AGW 38mm. **Obv:** Bust right **Rev:** Aster in glass

Date	Mintage	VF20	XF40	MS60	MS63	MS65
2015	100	PF65 4,700				

KM# 1837 60.08 g., 0.9999 Gold, 1.9314 oz. AGW 38mm. **Obv:** Bust right **Rev:** Purple Coneflower in glass

Date	Mintage	VF20	XF40	MS60	MS63	MS65
2015	100	PF65 4,700				

KM# 1986 1006.00 g., 0.9999 Silver, 32.3404 oz. ASW 102.1mm. **Ruler:** Elizabeth II **Obv:** Bust right **Rev:** Looney Tunes Ensamble Cast, selective color **Mint:** Royal Canadian Mint

Date	Mintage	F12	VF20	XF40	MS60	MS63
2015	750	PF63 2,300				

KM# 2051 1000.00 g., 0.9999 Silver, 32.1475 oz. ASW 102.1mm. **Ruler:** Elizabeth II **Subject:** In the Eyes of the Cougar **Obv:** Bust right **Rev:** Female cougar portrait, eye in color **Mint:** Royal Canadian Mint

Date	Mintage	F12	VF20	XF40	MS60	MS63
2015	500	PF65 2,300				

KM# 2064 1000.00 g., 0.9999 Silver, 32.1475 oz. ASW 102.1mm. **Ruler:** Elizabeth II **Subject:** Maple Leaf Forever **Obv:** Bust right **Rev:** Holographic maple leaf pair on engraved surface **Mint:** Royal Canadian Mint

Date	Mintage	F12	VF20	XF40	MS60	MS63
2015	500	PF65 3,200				

KM# 2246 1000.00 g., 0.9999 Silver, 32.1475 oz. ASW 120mm. **Ruler:** Elizabeth II **Subject:** Year of the Monkey **Obv:** Bust right **Rev:** Monkey on tree branch facing right, Chinese character in color **Shape:** Scalloped **Mint:** Royal Canadian Mint

Date	Mintage	F12	VF20	XF40	MS60	MS63
2016	588	PF67 2,250				

KM# 2259 1000.00 g., 0.9999 Silver Selective gold plating, 32.1475 oz. ASW 102.1mm. **Ruler:** Elizabeth II **Subject:** Maple Leaf Forever **Obv:** Bust right **Rev:** Maple leaf in color against engraved tree trunk, maple leaves background in color **Mint:** Royal Canadian Mint

Date	Mintage	F12	VF20	XF40	MS60	MS63
2016	500	PF67 2,200				

KM# 2260 1000.00 g., 0.9999 Silver Selective gold plating, 32.1475 oz. ASW 102mm. **Ruler:** Elizabeth II **Obv:** Bust right **Rev:** The Arms of Canada **Mint:** Royal Canadian Mint

Date	Mintage	F12	VF20	XF40	MS60	MS63
2016	500	PF67 2,200				

KM# 2262 1000.00 g., 0.9999 Silver, 32.1475 oz. ASW 102.1mm. **Ruler:** Elizabeth II **Subject:** In the Eyes of the Spirit Bear **Obv:** Bust right **Rev:** Bear head portrait, eye in color **Mint:** Royal Canadian Mint

Date	Mintage	F12	VF20	XF40	MS60	MS63
2016	500	PF67 2,200				

KM# 2264 62.34 g., 0.9999 Gold, 2.0041 oz. AGW 42mm. **Subject:** Kaleidoscope of Color **Obv:** Bust right **Rev:** Upward view of fall maple canopy in color

Date	Mintage	VF20	XF40	MS60	MS63	MS65
2016	150	PF67 4,800				

KM# 2265 60.08 g., 0.9999 Gold, 1.9314 oz. AGW 38mm. **Subject:** Her Majesty's 90th Birthday **Obv:** Bust right **Rev:** Large emerald, 29 Canadian diamonds, engraved ring of 90 circles

Date	Mintage	VF20	XF40	MS60	MS63	MS65
2016	125	PF67 5,500				

300 DOLLARS

KM# 501 60.00 g., 0.5833 Gold, 1.1252 oz. AGW 50mm. **Obv:** Triple cameo portraits of Queen Elizabeth II by Gillick, Machin and de Pedery-Hunt, each in 14K gold, rose in center **Rev:** Dates "1952-

2002" and denomination in legend, rose in center
Note: Housed in anodized gold-colored aluminum
box with cherrywood stained siding

Date	Mintage	VF20	XF40	MS60	MS63	MS65
1952-2002	999	PF65 2,150				

KM# 517 60.00 g., 0.5833 Gold, 1.1252 oz. AGW
50mm. **Obv:** Four coinage portraits of Elizabeth II
Rev: Canadian arms above value **Edge:** Plain

Date	Mintage	VF20	XF40	MS60	MS63	MS65
2004	998	PF65 2,150				

KM# 570.1 45.00 g., 0.5833 Gold, 0.8439 oz. AGW
40mm. **Subject:** Standard Time - 4 AM Pacific
Obv: Head right **Rev:** Roman numeral clock with
world inside

Date	Mintage	VF20	XF40	MS60	MS63	MS65
2005	200	PF65 1,650				

KM# 570.2 45.00 g., 0.583 Gold, 0.8435 oz. AGW
40mm. **Subject:** Standard Time - Mountian 5 AM
Obv: Head right **Rev:** Roman numeral clock with
world inside.

Date	Mintage	VF20	XF40	MS60	MS63	MS65
2005	200	PF65 1,650				

KM# 570.3 45.00 g., 0.583 Gold, 0.8435 oz. AGW
40mm. **Subject:** Standard Time - Central 6 PM
Obv: Head right **Rev:** Roman numeral clock with
world inside

Date	Mintage	VF20	XF40	MS60	MS63	MS65
2005	200	PF65 1,650				

KM# 570.4 45.00 g., 0.583 Gold, 0.8435 oz. AGW
40mm. **Subject:** Standard Time - Eastern 7 AM
Obv: Head right **Rev:** Roman numeral clock with
world inside

Date	Mintage	VF20	XF40	MS60	MS63	MS65
2005	200	PF65 1,650				

KM# 570.5 45.00 g., 0.583 Gold, 0.8435 oz. AGW
40mm. **Subject:** Standard Time - Atlantic 8 AM
Obv: Head right **Rev:** Roman numeral clock with
world inside

Date	Mintage	VF20	XF40	MS60	MS63	MS65
2005	200	PF65 1,650				

KM# 570.6 45.00 g., 0.583 Gold, 0.8435 oz. AGW
40mm. **Subject:** Standard Time - Newfoundland
8:30 **Obv:** Head right **Rev:** Roman numeral clock
with world inside

Date	Mintage	VF20	XF40	MS60	MS63	MS65
2005	200	PF65 1,650				

KM# 596 60.00 g., 0.5833 Gold, 1.1252 oz. AGW
50mm. **Subject:** Shinplaster **Obv:** Head right **Rev:**
Britannia bust, spear over shoulder

Date	Mintage	VF20	XF40	MS60	MS63	MS65
2005	994	PF65 2,150				

KM# 600 45.00 g., 0.5833 Gold, 0.8439 oz. AGW
40mm. **Subject:** Welcome Figure Totem Pole **Obv:**
Head right **Rev:** Men with totem pole

Date	Mintage	VF20	XF40	MS60	MS63	MS65
2005	948	PF65 1,650				

KM# 595 60.00 g., 0.5833 Gold, 1.1252 oz. AGW
50mm. **Subject:** Shinplaster **Obv:** Head right **Rev:**
Seated Britannia with shield

Date	Mintage	VF20	XF40	MS60	MS63	MS65
2006	940	PF65 2,150				

KM# 678 45.00 g., 0.5833 Gold, 0.8439 oz. AGW
40mm. **Rev:** Hologram of Canadarm, Col. C.
Hadfield in spacewalk

Date	Mintage	VF20	XF40	MS60	MS63	MS65
2006	581	PF65 1,650				

KM# 679 60.00 g., 0.5833 Gold, 1.1252 oz. AGW 50mm. **Subject:** Queen Elizabeth's 80th Birthday **Rev:** State Crown, colorized

Date	Mintage	VF20	XF40	MS60	MS63	MS65
2006	996	**PF65** 2,150				

KM# 680 60.00 g., 0.5833 Gold, 1.1252 oz. AGW 50mm. **Subject:** Crystal Snowflake

Date	Mintage	VF20	XF40	MS60	MS63	MS65
2006	998	**PF65** 2,150				

KM# 692 60.00 g., 0.5833 Gold, 1.1252 oz. AGW 50mm. **Subject:** Shinplaster **Rev:** 1923 25 cent bank note

Date	Mintage	VF20	XF40	MS60	MS63	MS65
2007	778	**PF65** 2,150				

KM# 740 45.00 g., 0.583 Gold, 0.8435 oz. AGW 40mm. **Rev:** Canadian Rockies panoramic hologram

Date	Mintage	VF20	XF40	MS60	MS63	MS65
2007	511	**PF65** 1,750				

KM# 752 60.00 g., 0.583 Gold, 1.1246 oz. AGW 50mm. **Subject:** Vancouver Olympics **Rev:** Olympic ideals, classic figures and torch

Date	Mintage	VF20	XF40	MS60	MS63	MS65
2007	953	**PF65** 2,150				

KM# 825 45.00 g., 0.583 Gold, 0.8435 oz. AGW 50mm. **Rev:** Alberta Coat of Arms

Date	Mintage	VF20	XF40	MS60	MS63	MS65
2008	344	**PF65** 1,750				

KM# 826 60.00 g., 0.583 Gold, 1.1246 oz. AGW 50mm. **Rev:** Newfoundland and Labrador Coat of Arms

Date	Mintage	VF20	XF40	MS60	MS63	MS65
2008	472	**PF65** 2,150				

KM# 827 45.00 g., 0.583 Gold, 0.8435 oz. AGW 40mm. **Subject:** Canadian achievements IMAX **Rev:** Kid in audience reaching out to shark on big screen

Date	Mintage	VF20	XF40	MS60	MS63	MS65
2008	—	**PF65** 1,650				

KM# 828 60.00 g., 0.583 Gold, 1.1246 oz. AGW 50mm. **Rev:** Four seasons moon mask in color, blue design in border

Date	Mintage	VF20	XF40	MS60	MS63	MS65
2008	544	**PF65** 3,800				

KM# 830 60.00 g., 0.583 Gold, 1.1246 oz. AGW 50mm. **Subject:** Vancouver Olympics **Rev:** Olympic competition, athletics and torch

Date	Mintage	VF20	XF40	MS60	MS63	MS65
2008	334	**PF65** 2,250				

300 DOLLARS

KM# 877 60.00 g., 0.583 Gold, 1.1246 oz. AGW 50mm. **Rev:** Summer moon mask, enameled

Date	Mintage	VF20	XF40	MS60	MS63	MS65
2009	—	PF65 2,250				

KM# 900 60.00 g., 0.583 Gold, 1.1246 oz. AGW 50mm. **Subject:** Yukon Coat of Arms **Obv:** Bust right **Obv. Designer:** Susanna Blunt **Rev:** Yukon Coat of Arms **Obv. Legend:** Elizabeth II DG Regina **Rev. Legend:** Canada 300 Dollars

Date	Mintage	VF20	XF40	MS60	MS63	MS65
2009	325	PF65 2,150				

KM# 911 60.00 g., 0.583 Gold, 1.1246 oz. AGW 50mm. **Subject:** 2010 Vancouver Olympics **Obv:** Bust right **Obv. Designer:** Susanna Blunt **Rev:** Athletics with torch - Olympic friendship

Date	Mintage	VF20	XF40	MS60	MS63	MS65
2009	880	PF65 2,150				

KM# 999 54.00 g., 0.583 Gold, 1.0122 oz. AGW 50mm. **Rev:** British Columbia Arms

Date	Mintage	VF20	XF40	MS60	MS63	MS65
2010	500	PF65 1,900				

KM# 1047 60.00 g., 0.583 Gold, 1.1246 oz. AGW 50mm. **Rev:** Snowflake, white crystals

Date	Mintage	VF20	XF40	MS60	MS63	MS65
2010	750	PF65 2,150				

KM# 1078 60.00 g., 0.583 Gold, 1.1246 oz. AGW
50mm. **Rev:** New Brunswick Coat of arms

Date	Mintage	VF20	XF40	MS60	MS63	MS65
2010	500	PF65 2,150				

KM# 1095 60.00 g., 0.9167 Gold, 1.7684 oz. AGW
50mm. **Rev:** Manitoba Coat of arms

Date	Mintage	VF20	XF40	MS60	MS63	MS65
2011	500	PF65 3,300				

KM# 1215 60.00 g., 0.917 Gold, 1.7689 oz. AGW
50mm. **Obv:** Bust right **Rev:** Arms of Nova Scotia

Date	Mintage	VF20	XF40	MS60	MS63	MS65
2011	—	PF65 3,300				

KM# 1195 45.00 g., 0.583 Gold, 0.8435 oz. AGW
40mm. **Subject:** Elizabeth II, Diamond Jubilee
Obv: Bust right **Rev:** Youthful bust with crown right,
insert crystal at right

Date	Mintage	VF20	XF40	MS60	MS63	MS65
1952-2012	—	PF65 1,600				

KM# 1224 60.00 g., 0.9167 Gold, 1.7684 oz. AGW
50mm. **Obv:** Bust right **Rev:** Shield of Quebec

Date	Mintage	VF20	XF40	MS60	MS63	MS65
2012	—	PF65 3,300				

KM# 1242 16.00 g., 0.916 Gold, 0.4712 oz. AGW
29mm. **Subject:** Calgary Stampede

Date	Mintage	VF20	XF40	MS60	MS63	MS65
2012	—	PF65 900				

KM# 1278 31.11 g., 0.999 Platinum, 0.9992 oz.
APW 30mm. **Subject:** Bateman Moose

Date	Mintage	VF20	XF40	MS60	MS63	MS65
2012	—	PF65 1,650				

KM# 1338 60.00 g., 0.917 Gold, 1.7689 oz. AGW 50mm. **Subject:** Nunavut Province **Rev:** Provincial Arms

Date	Mintage	VF20	XF40	MS60	MS63	MS65
2012	—	PF65 4,000				

KM# 1430 31.16 g., 0.9995 Platinum, 1.0013 oz. APW 30mm. **Subject:** War of 1812 - Naval Battle **Rev:** HMS Shannon and Chesapeake **Rev. Designer:** John Horton

Date	Mintage	VF20	XF40	MS60	MS63	MS65
2013	Est. 250	PF65 3,000				

KM# 1549 60.00 g., 0.9176 Gold, 1.7701 oz. AGW 50mm. **Subject:** Northwest Territories **Rev:** Provincial Arms

Date	Mintage	VF20	XF40	MS60	MS63	MS65
2013	—	PF65 4,000				

KM# 1571 60.00 g., 0.917 Gold, 1.7689 oz. AGW 50mm. **Obv:** Bust right **Rev:** Arms of Ontario

Date	Mintage	VF20	XF40	MS60	MS63	MS65
2013	3,300	PF65 4,000				

KM# 1592 60.00 g., 0.999 Gold, 1.9271 oz. AGW 50mm. **Obv:** Bust right **Rev:** Saskashawan coat of arms

Date	Mintage	VF20	XF40	MS60	MS63	MS65
2014	—	PF65 3,300				

KM# 1773 60.00 g., 0.583 Gold, 1.1246 oz. AGW 50mm. **Ruler:** Elizabeth II **Obv:** Bust right **Rev:** National Arms of Canada **Mint:** Royal Canadian Mint

Date	Mintage	F12	VF20	XF40	MS60	MS63
2014	500	PF65 2,700				

KM# 1939 31.16 g., 0.9995 Platinum, 1.0013 oz. APW 30mm. **Subject:** Maple Leaf Forever **Rev:** Single sugar maple leaf over concentric circles

Date	Mintage	VF20	XF40	MS60	MS63	MS65
2015	250	PF65 2,500				

KM# 2065 31.16 g., 0.9995 Platinum, 1.0013 oz. APW 30mm. **Subject:** North American Sportfish **Rev:** Rainbow trout

Date	Mintage	VF20	XF40	MS60	MS63	MS65
2015	200	PF65 3,000				

KM# 2066 31.16 g., 0.9995 Platinum, 1.0013 oz. APW 30mm. **Rev:** White-Tailed Deer Challenge, two bucks locking antlers

Date	Mintage	VF20	XF40	MS60	MS63	MS65
2015	200	PF65 3,000				

KM# 2067 31.16 g., 0.9995 Platinum Gold-plated, 1.0013 oz. APW 30mm. **Subject:** Maple Leaf Forever **Obv:** Bust right **Rev:** Single sugar maple leaf

Date	Mintage	VF20	XF40	MS60	MS63	MS65
2015	250	PF67 2,500				

KM# 2068 31.16 g., 0.9995 Platinum, 1.0013 oz. APW 30mm. **Obv:** Bust right **Rev:** Grizzly portrait facing left

Date	Mintage	VF20	XF40	MS60	MS63	MS65
2015	250	PF65 3,000				

KM# 2243 31.16 g., 0.9995 Platinum, 1.0013 oz. APW 30mm. **Obv:** Bust right **Rev:** Grizzy Bear male pair in confrontation

Date	Mintage	VF20	XF40	MS60	MS63	MS65
2016	200	PF67 2,750				

KM# 2266 31.16 g., 0.9995 Platinum Selective pink gold and yellow gold plating, 1.0013 oz. APW 30mm. **Subject:** Maple Leaf Forever **Obv:** Bust right **Rev:** Leaf trio - silver maple at center, red maple at left, sugar maple at right

Date	Mintage	VF20	XF40	MS60	MS63	MS65
2016 Proof, reverse	250	PF67 2,500				

350 DOLLARS

KM# 308 38.05 g., 0.9999 Gold, 1.2232 oz. AGW **Subject:** Flowers of Canada's Coat of Arms **Obv:** Crowned head right, date behind, denomination at bottom **Rev:** Flowers **Rev. Designer:** Pierre Leduc

Date	Mintage	VF20	XF40	MS60	MS63	MS65
1998	—	PF63 2,150				

KM# 370 38.05 g., 0.9999 Gold, 1.2232 oz. AGW **Rev:** Lady's slipper **Rev. Designer:** Henry Purdy

Date	Mintage	VF20	XF40	MS60	MS63	MS65
1999	1,990	PF63 2,150				

KM# 404 38.05 g., 0.9999 Gold, 1.2232 oz. AGW 34mm. **Obv:** Crowned head right **Rev:** Three Pacific Dogwood flowers **Rev. Designer:** Caren Heine **Edge:** Reeded

Date	Mintage	VF20	XF40	MS60	MS63	MS65
2000	1,506	PF63 2,150				

KM# 433 38.05 g., 0.9999 Gold, 1.2232 oz. AGW 34mm. **Subject:** The Mayflower Flower **Obv:** Crowned head right **Rev:** Two flowers **Rev. Designer:** Bonnie Ross **Edge:** Reeded

Date	Mintage	VF20	XF40	MS60	MS63	MS65
2001	1,988	PF65 2,250				

KM# 502 38.05 g., 0.9999 Gold, 1.2232 oz. AGW 34mm. **Subject:** The Wild Rose **Obv:** Crowned head right **Obv. Designer:** Dora de Pedery-Hunt **Rev:** Wild rose plant **Rev. Designer:** Dr. Andreas Kare Hellum

Date	Mintage	VF20	XF40	MS60	MS63	MS65
2002	2,001	PF65 2,250				

KM# 504 38.05 g., 0.9999 Gold, 1.2232 oz. AGW 34mm. **Subject:** The White Trillium **Obv:** Crowned head right **Obv. Designer:** Dora de Pedery-Hunt **Rev:** White Trillium

Date	Mintage	VF20	XF40	MS60	MS63	MS65
2003	1,865	PF65 2,250				

KM# 601 38.05 g., 0.9999 Gold, 1.2232 oz. AGW **Subject:** Western Red Lily **Obv:** Head right **Rev:** Western Red Lilies

Date	Mintage	VF20	XF40	MS60	MS63	MS65
2005	1,634	PF65 2,250				

KM# 626 38.05 g., 0.9999 Gold, 1.2232 oz. AGW 34mm. **Subject:** Iris Vericolor **Obv:** Crowned head right **Rev:** Iris

Date	Mintage	VF20	XF40	MS60	MS63	MS65
2006	1,995	PF65 2,250				

KM# 754 35.00 g., 0.9999 Gold, 1.1252 oz. AGW 34mm. **Rev:** Purple violet

Date	Mintage	VF20	XF40	MS60	MS63	MS65
2007	1,392	PF65 2,200				

KM# 832 35.00 g., 0.9999 Gold, 1.1252 oz. AGW 34mm. **Rev:** Purple saxifrage

Date	Mintage	VF20	XF40	MS60	MS63	MS65
2008	1,313	PF65 2,200				

KM# 901 35.00 g., 1.000 Gold, 1.1253 oz. AGW 34mm. **Subject:** Pitcher plant **Obv:** Bust right **Obv. Designer:** Susana Blunt **Rev:** Cluster of pitcher flowers **Obv. Legend:** Elizabeth II Canada DG Regina Fine Gold 350 Dollars or PUR 99999 **Rev. Legend:** Julie Wilson

Date	Mintage	VF20	XF40	MS60	MS63	MS65
2009	1,003	PF65 2,200				

KM# 1019 35.00 g., 0.999 Gold, 1.1242 oz. AGW 34mm. **Rev:** Praire Crocus **Rev. Designer:** Celia Godkin

Date	Mintage	VF20	XF40	MS60	MS63	MS65
2010	Est. 1400	PF65 2,200				

KM# 1136 35.00 g., 0.9999 Gold, 1.1252 oz. AGW 34mm. **Obv:** Bust right **Rev:** Mountain Avens in bloom **Edge:** Reeded

Date	Mintage	VF20	XF40	MS60	MS63	MS65
2011	1,300	PF65 2,200				

KM# 1327 35.00 g., 0.999 Gold, 1.1242 oz. AGW 34mm. **Subject:** War of 1812 - Sir Issac Brock **Rev:** Putti crowning funeral urn, design of 1816 Half-penny token

Date	Mintage	VF20	XF40	MS60	MS63	MS65
2012	1,000	PF65 2,800				

KM# 1499 35.00 g., 0.9999 Gold, 1.1252 oz. AGW 34mm. **Rev:** Polar Bear **Rev. Designer:** Glen Loates

Date	Mintage	VF20	XF40	MS60	MS63	MS65
2013	600	PF65 2,800				

KM# 1795 35.00 g., 0.999 Gold, 1.1242 oz. AGW 34mm. **Ruler:** Elizabeth II **Obv:** Bust right **Rev:** Moose advancing left **Rev. Designer:** Claudio D'Angelo **Mint:** Royal Canadian Mint

Date	Mintage	F12	VF20	XF40	MS60	MS63
2014	600	PF65 2,800				

KM# 2069 35.00 g., 0.9999 Gold, 1.1252 oz. AGW 34mm. **Ruler:** Elizabeth II **Obv:** Bust right **Rev:** Lone wolf perched above river valley **Mint:** Royal Canadian Mint

Date	Mintage	F12	VF20	XF40	MS60	MS63
2015	400	PF65 2,800				

KM# 2269 35.00 g., 0.9999 Gold, 1.1252 oz. AGW 34mm. **Ruler:** Elizabeth II **Obv:** Bust right **Rev:** Bear with head turned right, forested background **Mint:** Royal Canadian Mint

Date	Mintage	F12	VF20	XF40	MS60	MS63
2016	350	PF67 2,600				

500 DOLLARS

KM# 710 156.50 g., 0.9999 Gold, 5.0311 oz. AGW 60mm. **Subject:** Queen's 60th Wedding **Rev:** Coat of Arms and Mascots of Elizabeth and Philip

Date	Mintage	VF20	XF40	MS60	MS63	MS65
2007	198	—	—	—	9,150	—

KM# 782 155.76 g., 0.999 Gold, 5.0028 oz. AGW 60mm. **Subject:** Ottawa Mint Centennial 1908-2008 **Rev:** Mint building facade **Note:** Illustration reduced.

Date	Mintage	VF20	XF40	MS60	MS63	MS65
2008	248	—	—	—	9,150	—

KM# 897 156.05 g., 0.999 Gold, 5.0121 oz. AGW 60mm. **Subject:** 150th Anniversary of the start of construction of the Parliament Buildings **Obv:** Bust right **Rev:** Incomplete west block, original architecture **Rev. Legend:** 500 Dollars 1859-2009

Date	Mintage	VF20	XF40	MS60	MS63	MS65
2009	77	PF65 9,150				

KM# 1179 156.50 g., 0.9999 Gold, 5.0311 oz. AGW 60mm. **Obv:** Crowned bust of George V **Rev:** Arms of Canada, dual dates and denomination below **Edge:** Serially numbered

Date	Mintage	VF20	XF40	MS60	MS63	MS65
1912-2012	200	PF65 9,150				

KM# 1007 156.50 g., 0.999 Gold, 5.0266 oz. AGW 60mm. **Subject:** 75th Anniversary of Canadian Bank Notes **Rev:** Abundance seated under tree

Date	Mintage	VF20	XF40	MS60	MS63	MS65
2010	200	PF65 9,150				

KM# 1431 156.05 g., 0.999 Gold, 5.0121 oz. AGW 60mm. **Subject:** War of 1812 - Naval Battle **Rev:** HMS Shannon and Chesapeake **Rev. Designer:** John Horton

Date	Mintage	VF20	XF40	MS60	MS63	MS65
2013	Est. 200	PF65 12,000				

KM# 1495 156.00 g.,   0.9999 Gold, 5.015 oz. AGW 60.15mm. **Subject:** Aboriginal art **Rev:** Artic animals, aboriginal in canoe **Rev. Designer:** Raymond Weizineau

Date	Mintage	VF20	XF40	MS60	MS63	MS65
2013	1,000	PF65 12,000				

KM# 1538 5000.00 g.,   0.999 Silver, 160.5929 oz. ASW 180mm. **Rev:** Tsatsisnukomi **Rev. Designer:** Emily Carr

Date	Mintage	VF20	XF40	MS60	MS63	MS65
2013	100	PF65 10,500				

KM# 1707 500.00 g., 0.999 Gold, 16.0593 oz. AGW 85.35mm. **Obv:** Bust right **Rev:** Howling Wolf

Date	Mintage	VF20	XF40	MS60	MS63	MS65
2014	25	PF65 32,000				

KM# 1733 156.05 g., 0.999 Gold, 5.0121 oz. AGW 60mm. **Obv:** Bust right **Rev:** Legend of the Spirit Bear

Date	Mintage	VF20	XF40	MS60	MS63	MS65
2014	50	PF65 12,000				

KM# 1766 5000.00 g.,   0.999 Silver, 160.5929 oz. ASW 180mm. **Obv:** Bust right **Rev:** Four Aboriginies, Elk, Bear, Bison, Eagle and Wolf

Date	Mintage	VF20	XF40	MS60	MS63	MS65
2014	150	PF65 10,500				

KM# **1879** 5000.00 g., 0.9999 Silver, 160.7375 oz. ASW 180mm. **Subject:** The Dance Screen **Obv:** Bust right in circle, denomination above, date below **Rev:** Large native Dance Screen

Date	Mintage	VF20	XF40	MS60	MS63	MS65
2015	100	PF65 11,000				

KM# **2070** 156.05 g., 0.9999 Gold, 5.0166 oz. AGW 60.15mm. **Obv:** Bust right **Rev:** Sugar maple leaf, engraved bark background

Date	Mintage	VF20	XF40	MS60	MS63	MS65
2015	99	PF65 12,000				

KM# **2233** 156.05 g., 0.9999 Gold, 5.0166 oz. AGW 60.15mm. **Subject:** Mythical Realms of the Haida **Obv:** Bust right **Rev:** The Eagle - Haida formline imagery, selective red/black

Date	Mintage	VF20	XF40	MS60	MS63	MS65
2016	50	PF67 12,500				

KM# **2234** 156.05 g., 0.9999 Gold, 5.0166 oz. AGW 60.15mm. **Subject:** Mythical Realms of the Haida **Obv:** Bust right **Rev:** The Orca - Haida formline imagery, selective red/black

Date	Mintage	VF20	XF40	MS60	MS63	MS65
2016	50	PF67 12,500				

KM# **2235** 156.05 g., 0.9999 Gold, 5.0166 oz. AGW 60.15mm. **Subject:** Mythical Realms of the Haida **Obv:** Bust right **Rev:** The Bear - Haida formline imagery, selective red/black

Date	Mintage	VF20	XF40	MS60	MS63	MS65
2016	50	PF67 12,500				

KM# **2267** 156.05 g., 0.9999 Gold, 5.0166 oz. AGW 60.15mm. **Obv:** Bust right **Rev:** Three wind-blown sugar maple leaves

Date	Mintage	VF20	XF40	MS60	MS63	MS65
2016	99	PF67 11,500				

KM# **2270** 5000.00 g., 0.9999 Silver, 160.7375 oz. ASW 180mm. **Subject:** Charles Edenshaw: Argillite Chest **Obv:** Bust right in circle, denomination above, date below **Rev:** Haida art, lion's face with human features

Date	Mintage	VF20	XF40	MS60	MS63	MS65
2016	100	PF67 10,500				

1000 DOLLARS

KM# **1721** 311.50 g., 0.9999 Gold, 10.0139 oz. AGW 76.1mm. **Obv:** Bust right **Rev:** WWI troops on ship's stern with last sight of land in distance

Date	Mintage	VF20	XF40	MS60	MS63	MS65
2014	40	PF65 21,000				

1250 DOLLARS

KM# **2050** 500.00 g., 0.9999 Gold, 16.0738 oz. AGW 85mm. **Obv:** Bust right **Rev:** Growling Cougar in profile, mountains and trees in background

Date	Mintage	VF20	XF40	MS60	MS63	MS65
2015	25	PF67 35,000				

KM# **2242** 500.00 g., 0.9999 Gold, 16.0738 oz. AGW 85mm. **Obv:** Bust right **Rev:** Roaring Grizzly Bear facing right, wilderness background

Date	Mintage	VF20	XF40	MS60	MS63	MS65
2016	20	PF67 25,500				

2500 DOLLARS

KM# 681 1000.00 g., 0.9999 Gold, 32.1475 oz. AGW 101.6mm. **Subject:** Kilo **Rev:** Common Characters, Early Canada

Date	Mintage	VF20	XF40	MS60	MS63	MS65
2007	20	—	—	— 57,000	—

KM# 1288 1000.00 g., 0.999 Gold, 32.1186 oz. AGW 101mm. **Subject:** Old town view

Date	Mintage	VF20	XF40	MS60	MS63	MS65
2008	—	PF65 57,000				

KM# 902 1000.00 g., 0.999 Silver, 32.1186 oz. ASW 101.6mm. **Subject:** Modern Canada **Obv:** Bust right **Obv. Designer:** Susanna Blunt **Rev:** Canadian landscape with modern elements **Series:** History and Culture Collection **Obv. Legend:** Vancouver 2010, 2500 Dollars, Elizabeth II

Date	Mintage	VF20	XF40	MS60	MS63	MS65
2009	2,500	PF65 1,250				

KM# 902a 1000.00 g., 0.999 Gold, 32.1186 oz. AGW 101.6mm. **Subject:** Modern Canada **Obv:** Bust right **Obv. Designer:** Susana Blunt **Rev:** Canadian landscape with modern elements **Series:** History and Culture Collection **Obv. Legend:** Vancouver 2010, 2500 Dollars, Elizabeth II

Date	Mintage	VF20	XF40	MS60	MS63	MS65
2009	50	PF65 57,000				

KM# 912 1000.00 g., 0.9999 Gold, 32.1475 oz. AGW 101mm. **Obv:** Bust right **Obv. Designer:** Susanna Blunt **Rev:** Mask with fish - Surviving the flood

Date	Mintage	VF20	XF40	MS60	MS63	MS65
2009	40	PF65 58,000				

KM# 984 1000.00 g., 0.999 Gold, 32.1186 oz. AGW 101mm.

Date	Mintage	VF20	XF40	MS60	MS63	MS65
2010	20	PF65 60,000				

KM# 1045 1000.00 g., 0.9999 Gold, 32.1475 oz.
AGW 101mm. **Subject:** Baniff, 125th Anniversary
Rev: Highlights of Baniff

Date	Mintage	VF20	XF40	MS60	MS63	MS65
2010	—	PF65 60,000				

KM# 1286 1000.00 g., 0.999 Gold, 32.1186 oz.
AGW 101mm. **Subject:** Olympic views

Date	Mintage	VF20	XF40	MS60	MS63	MS65
2010	—	PF65 60,000				

KM# 1197 1000.00 g., 0.9999 Gold, 32.1475 oz.
AGW 101mm. **Obv:** Bust right **Rev:** Early lacrosse
game

Date	Mintage	VF20	XF40	MS60	MS63	MS65
2011	35	PF65 60,000				

KM# 1276 1000.00 g., 0.999 Gold, 32.1186 oz.
AGW 101mm. **Subject:** Bateman Moose

Date	Mintage	VF20	XF40	MS60	MS63	MS65
2012	—	PF65 58,000				

KM# 1339 1000.00 g., 0.9999 Gold, 32.1475 oz.
AGW 101mm. **Subject:** War of 1812, Battle of
Queenston Heights **Rev:** Battle scene

Date	Mintage	VF20	XF40	MS60	MS63	MS65
2012	20	PF65 69,000				

KM# 1364 1000.00 g., 0.9999 Gold, 32.1475 oz.
AGW 101.6mm. **Subject:** Year of the Snake **Rev:**
Snake under maple leaves **Rev. Designer:** Three
Degrees Creative Group

Date	Mintage	VF20	XF40	MS60	MS63	MS65
2013	Est. 25	PF65 69,000				

2500 DOLLARS

KM# 1370 1000.00 g., 0.999 Gold, 32.1186 oz. AGW 102mm. **Rev:** Map of North America and Arms of France and Great Britain. **Series:** End of 7 Years War - 250th Anniversary **Rev. Designer:** Luc Normandin

Date	Mintage	VF20	XF40	MS60	MS63	MS65
2013	Est. 20	PF65 69,000				

KM# 1372 1000.00 g., 0.999 Gold, 32.1186 oz. AGW 101.6mm. **Subject:** Arctic Coastline **Rev. Designer:** W. David Ward

Date	Mintage	VF20	XF40	MS60	MS63	MS65
2013	Est. 20	PF65 69,000				

KM# 1478 1000.00 g., 0.9999 Gold, 32.1475 oz. AGW 101mm. **Subject:** Battle of Chateauguay and Crysler's Farm

Date	Mintage	VF20	XF40	MS60	MS63	MS65
2013	20	PF65 69,000				

KM# 1501 1000.00 g., 0.9999 Gold, 32.1475 oz. AGW 101.6mm. **Rev:** Two caribou advancing left **Rev. Designer:** Trevor Tennant

Date	Mintage	VF20	XF40	MS60	MS63	MS65
2013	20	PF65 69,000				

KM# 1519 1000.00 g., 0.9999 Gold, 32.1475 oz. AGW 101.6mm. **Subject:** Year of the Horse **Obv:** Bust right **Rev:** Horse rearing up left **Rev. Designer:** Three Degrees Creative Group

Date	Mintage	VF20	XF40	MS60	MS63	MS65
2014	18	PF65 69,000				

KM# 1606 1000.00 g., 0.9999 Gold, 32.1475 oz. AGW 101mm. **Obv:** Bust right **Rev:** Snowy owl, colored eyes

Date	Mintage	VF20	XF40	MS60	MS63	MS65
2014	10	PF65 60,000				

KM# 1708 1000.00 g., 0.999 Gold, 32.1186 oz. AGW 101.6mm. **Obv:** Bust right **Rev:** War of 1812 - Battle of Lundy's Lane **Rev. Designer:** Bonnie Ross

Date	Mintage	VF20	XF40	MS60	MS63	MS65
2014	10	PF65 69,000				

KM# 1880 1000.00 g., 0.9999 Gold, 32.1475 oz. AGW 101.6mm. **Subject:** Maple Leaf Forever **Obv:** Bust right, date below **Rev:** Color hologram Maple Leaf

Date	Mintage	VF20	XF40	MS60	MS63	MS65
2015	10	PF65 69,000				

KM# 1987 1006.10 g., 0.9999 Gold, 32.3436 oz. AGW 101.6mm. **Obv:** Bust right **Rev:** Looney Tunes Ensamble Cast, selective color

Date	Mintage	VF20	XF40	MS60	MS63	MS65
2015	10	PF65 69,000				

KM# A2051 1000.00 g., 0.9999 Gold, 32.1475 oz. AGW 101.6mm. **Ruler:** Elizabeth II **Subject:** In the Eyes of the Cougar **Obv:** Bust right **Rev:** Female cougar portrait, eye in color **Mint:** Royal Canadian Mint

Date	Mintage	F12	VF20	XF40	MS60	MS63
2015	10	PF65 69,000				

KM# 2071 1000.00 g., 0.9999 Gold, 32.1475 oz. AGW 101.6mm. **Subject:** Year of the Ram **Obv:** Bust right **Rev:** Sheep head at right

Date	Mintage	VF20	XF40	MS60	MS63	MS65
2015	10	PF65 69,000				

KM# 2247 1000.00 g., 0.9999 Gold, 32.1475 oz. AGW 120mm. **Ruler:** Elizabeth II **Subject:** Year of the Monkey **Obv:** Bust right **Rev:** Monkey on tree branch facing right, Chinese character in color **Shape:** Scalloped **Mint:** Royal Canadian Mint

Date	Mintage	F12	VF20	XF40	MS60	MS63
2016	10	PF67 65,000				

KM# 2261 1000.00 g., 0.9999 Gold, 32.1475 oz. AGW 101.6mm. **Ruler:** Elizabeth II **Obv:** Bust right **Rev:** The Arms of Canada **Mint:** Royal Canadian Mint

Date	Mintage	F12	VF20	XF40	MS60	MS63
2016	10	PF67 60,000				

KM# 2263 1000.00 g., 0.9999 Gold, 32.1475 oz. AGW 101.6mm. **Ruler:** Elizabeth II **Subject:** In the Eyes of the Spirit Bear **Obv:** Bust right **Rev:** Bear head portrait, eye in color **Mint:** Royal Canadian Mint

Date	Mintage	F12	VF20	XF40	MS60	MS63
2016	10	PF67 60,000				

KM# 2268 1000.00 g., 0.9999 Gold, 32.1475 oz. AGW 101.6mm. **Ruler:** Elizabeth II **Subject:** Maple Leaf Forever **Obv:** Bust right **Rev:** Maple leaf in color against engraved tree trunk, maple leaves background in color **Mint:** Royal Canadian Mint

Date	Mintage	F12	VF20	XF40	MS60	MS63
2016	10	PF67 60,000				

SILVER BULLION COINAGE

DOLLAR

KM# 617 1.56 g., 0.9999 Silver, 0.050 oz. ASW 16mm. **Obv:** Crowned head right **Rev:** Holographic Maple leaf **Edge:** Reeded

Date	Mintage	VF20	XF40	MS60	MS63	MS65
2003	—	PF65 4.50				

KM# 621 1.56 g., 0.9999 Silver, 0.050 oz. ASW 17mm. **Obv:** Crowned head right **Rev:** Maple leaf **Edge:** Reeded

Date	Mintage	VF20	XF40	MS60	MS63	MS65
2004 Mint logo privy mark	13,859	PF63 3.50	PF65 4.50			

KM# 718 15.55 g., 0.999 Silver, 0.4994 oz. ASW 32mm. **Obv:** Bust right **Rev:** Grey Wolf standing with moon in background **Rev. Designer:** William Woodruff **Edge:** Reeded

Date	Mintage	VF20	XF40	MS60	MS63	MS65
2005	106,800	—	—	—	40.00	—
2006	—	—	—	—	40.00	—
2007	—	—	—	—	40.00	—

KM# 1489 1.000 Silver, **Rev:** Maple leaf tilted left **Note:** Thick planchet.

Date	Mintage	VF20	XF40	MS60	MS63	MS65
2010	—	PF63 65.00	PF65 75.00			

KM# 1406 1.55 g., 0.9999 Silver, 0.0498 oz. ASW 17mm. **Obv. Designer:** Arnold Machin **Rev:** Three Maple Leaves **Rev. Designer:** Arnold Nogy

Date	Mintage	VF20	XF40	MS60	MS63	MS65
2013	—	PF63 18.00	PF65 20.00			

KM# 1593 1.56 g., 0.9999 Silver Partially gilt, 0.050 oz. ASW 16mm. **Obv:** Bust right **Rev:** Two maple leaves, one gilt

Date	Mintage	VF20	XF40	MS60	MS63	MS65
2014	—	—	—	—	5.00	—

KM# 1805 1.63 g., 0.9999 Silver, 0.0524 oz. ASW 16mm. **Obv:** Bust right **Rev:** Maple Leaf

Date	Mintage	VF20	XF40	MS60	MS63	MS65
2015	9,999	PF65 15.00				

KM# 2090 1.63 g., 0.9999 Silver Pink gold plating, 0.0524 oz. ASW 16mm. **Subject:** A Historic Reign - Silver Fractional Set **Obv:** 1952 Effigy right **Rev:** Three maple leaves

Date	Mintage	VF20	XF40	MS60	MS63	MS65
2016 Proof, reverse	—	PF67 20.00				

2 DOLLARS

KM# 618 3.11 g.,   0.9999 Silver, 0.100 oz. ASW 20.1mm. **Obv:** Crowned head right **Rev:** Holographic Maple leaf **Edge:** Reeded

Date	Mintage	VF20	XF40	MS60	MS63	MS65
2003	—	PF65 7.50				

KM# 622 3.11 g., 0.9999 Silver, 0.100 oz. ASW 21mm. **Obv:** Crowned head right **Rev:** Maple leaf **Edge:** Reeded

Date	Mintage	VF20	XF40	MS60	MS63	MS65
2004 Mint logo privy mark	13,859	PF63 6.50	PF65 7.50			

KM# 571 3.11 g., 0.9999 Silver, 0.100 oz. ASW 21mm. **Obv:** Head right **Rev:** Lynx

Date	Mintage	VF20	XF40	MS60	MS63	MS65
2005	—	PF63 6.50	PF65 7.50			

KM# 1407 3.11 g., 0.999 Silver, 0.0999 oz. ASW **Obv. Designer:** Arnold Machin **Rev:** Three Maple Leaves **Rev. Designer:** Arnold Nogy

Date	Mintage	VF20	XF40	MS60	MS63	MS65
2013	—	PF63 25.00	PF65 30.00			

KM# 1594 3.11 g., 0.9999 Silver partially gilt, 0.100 oz. ASW 20.1mm. **Obv:** Bust right **Rev:** Two maple leaves, one gilt

Date	Mintage	VF20	XF40	MS60	MS63	MS65
2014	—	—	—	—	10.00	—

KM# 1806 3.23 g., 0.9999 Silver, 0.1038 oz. ASW 20mm. **Obv:** Bust right **Rev:** Maple Leaf

Date	Mintage	VF20	XF40	MS60	MS63	MS65
2015	9,999	PF65 30.00				

KM# 1884 3.11 g., 0.9999 Silver, 0.100 oz. ASW 21mm. **Obv:** Bust right, denomination below **Rev:** Eagle head right, date above

Date	Mintage	VF20	XF40	MS60	MS63	MS65
2015	7,500	PF65 20.00				

KM# 1907 3.11 g., 0.9999 Silver, 0.100 oz. ASW 21mm. **Obv:** Bust right, denomination below **Rev:** Wolf head right, date above

Date	Mintage	VF20	XF40	MS60	MS63	MS65
2016	7,500	PF65 20.00				

KM# 2091 3.23 g., 0.9999 Silver Pink gold plating, 0.1038 oz. ASW 20mm. **Subject:** A Historic Reign - Silver Fractional Set **Obv:** 1952 Effigy right **Rev:** Three maple leaves

Date	Mintage	VF20	XF40	MS60	MS63	MS65
(2016) Proof, reverse	2,016	PF67 25.00				

3 DOLLARS

KM# 619 7.78 g., 0.9999 Silver, 0.250 oz. ASW 26.9mm. **Obv:** Crowned head right **Rev:** Holographic Maple leaf **Edge:** Reeded

Date	Mintage	VF20	XF40	MS60	MS63	MS65
2003	—	PF65 15.00				

KM# 623 7.78 g., 0.9999 Silver, 0.250 oz. ASW 27mm. **Obv:** Crowned head right **Rev:** Maple leaf **Edge:** Reeded

Date	Mintage	VF20	XF40	MS60	MS63	MS65
2004 Mint logo privy mark	13,859	PF63 11.00	PF65 12.50			

KM# 1415 7.77 g., 0.999 Silver, 0.2496 oz. ASW 27mm. **Rev:** Fox

Date	Mintage	VF20	XF40	MS60	MS63	MS65
2004	—	PF63 30.00	PF65 35.00			

KM# 572 7.78 g., 0.9999 Silver, 0.250 oz. ASW 27mm. **Obv:** Head right **Rev:** Lynx

Date	Mintage	VF20	XF40	MS60	MS63	MS65
2005	—	PF63 11.00	PF65 12.50			

KM# 1408 7.78 g., 0.9999 Silver, 0.250 oz. ASW 27mm. **Obv. Designer:** Arnold Machin **Rev:** Three Maple Leaves **Rev. Designer:** Arnold Nogy

Date	Mintage	VF20	XF40	MS60	MS63	MS65
2012	—	PF63 35.00	PF65 40.00			

KM# 1595 7.77 g., 0.9999 Silver partially gilt, 0.2498 oz. ASW 27mm. **Obv:** Bust right **Rev:** Two maple leaves, one gilt

Date	Mintage	VF20	XF40	MS60	MS63	MS65
2014	—	—	—	—	15.00	—

KM# 1807 7.96 g., 0.9999 Silver, 0.2559 oz. ASW **Obv:** Bust right **Rev:** Maple Leaf

Date	Mintage	VF20	XF40	MS60	MS63	MS65
2015	9,999	PF65 75.00				

KM# 1885 7.77 g., 0.9999 Silver, 0.2498 oz. ASW 27mm. **Obv:** Bust right, denomination below **Rev:** Eagle head right, date above

Date	Mintage	VF20	XF40	MS60	MS63	MS65
2015	7,500	PF65 30.00				

KM# 1908 7.77 g., 0.9999 Silver, 0.2498 oz. ASW 27mm. **Obv:** Bust right, denomination below **Rev:** Wolf head right, date above

Date	Mintage	VF20	XF40	MS60	MS63	MS65
2016	7,500	PF65 30.00				

4 DOLLARS

KM# 620 15.55 g., 0.9999 Silver, 0.4999 oz. ASW 33.9mm. **Obv:** Crowned head right **Rev:** Holographic Maple leaf **Edge:** Reeded

Date	Mintage	VF20	XF40	MS60	MS63	MS65
2003	—	PF63 22.00	PF65 25.00			

KM# 624 15.55 g., 0.9999 Silver, 0.4999 oz. ASW 34mm. **Obv:** Crowned head right **Rev:** Maple leaf **Edge:** Reeded

Date	Mintage	VF20	XF40	MS60	MS63	MS65
2004 Mint logo privy mark Reverse Proof	13,859	PF65 22.50				

KM# 573 15.55 g., 0.9999 Silver, 0.4999 oz. ASW 34mm. **Obv:** Head right **Rev:** Lynx

Date	Mintage	VF20	XF40	MS60	MS63	MS65
2005	—	PF63 20.00	PF65 22.50			

KM# 1409 15.55 g., 0.9999 Silver, 0.4999 oz. ASW 33.9mm. **Obv. Designer:** Arnold Machin **Rev:**

Three maple leaves **Rev. Designer:** Arnold Nogy

Date	Mintage	VF20	XF40	MS60	MS63	MS65
2013	—	PF63 35.00	PF65 40.00			

KM# 1596 15.55 g., 0.9999 Silver partially gilt, 0.4999 oz. ASW 34mm. **Obv:** Bust right **Rev:** Two maple leaves, one gilt

Date	Mintage	VF20	XF40	MS60	MS63	MS65
2014	—	—	—	22.50	—

KM# 1808 15.87 g., 0.9999 Silver, 0.5102 oz. ASW 34mm. **Obv:** Bust right **Rev:** Maple Leaf

Date	Mintage	VF20	XF40	MS60	MS63	MS65
2015	9,999	PF65 100				

KM# 1886 15.55 g., 0.9999 Silver, 0.4999 oz. ASW 34mm. **Obv:** Bust right, denomination above **Rev:** Eagle head right, date above

Date	Mintage	VF20	XF40	MS60	MS63	MS65
2015	7,500	PF65 50.00				

KM# 1909 15.55 g., 0.9999 Silver, 0.4999 oz. ASW 34mm. **Obv:** Bust right, denomination above **Rev:** Wolf head right, date above

Date	Mintage	VF20	XF40	MS60	MS63	MS65
2016	7,500	PF65 50.00				

KM# 2092 7.96 g., 0.9999 Silver Pink gold plating, 0.2559 oz. ASW 27mm. **Subject:** A Historic Reign - Silver Fractional Set **Obv:** 1952 Effigy right **Rev:** Three maple leaves

Date	Mintage	VF20	XF40	MS60	MS63	MS65
2016 Proof, reverse	—	PF67 30.00				

KM# 2093 15.87 g., 0.9999 Silver Pink gold plating, 0.5102 oz. ASW 34mm. **Subject:** A Historic Reign - Silver Fractional Set **Obv:** 1952 Effigy right **Rev:** Three maple leaves

Date	Mintage	VF20	XF40	MS60	MS63	MS65
2016 Proof, reverse	—	PF67 35.00				

5 DOLLARS

KM# 163 31.10 g., 0.9999 Silver, 0.9998 oz. ASW **Obv:** Young bust right, denomination and date below **Obv. Designer:** Arnold Machin **Rev:** Maple leaf flanked by 9999

Date	Mintage	VF20	XF40	MS60	MS63	MS65
1988	1,155,931	—	—	—	35.00	37.00
1989	—	PF63 40.00				
1989	3,332,200	—	—	—	35.00	37.00

KM# 187 31.10 g., 0.9999 Silver, 0.9998 oz. ASW **Obv:** Crowned head right, date and denomination below **Obv. Designer:** Dora de Pedery-Hunt **Rev:** Maple leaf flanked by 9999

Date	Mintage	VF20	XF40	MS60	MS63	MS65
1990	1,708,800	—	—	—	35.00	37.00
1991	644,300	—	—	—	35.00	37.00
1992	343,800	—	—	—	35.00	37.00
1993	889,946	—	—	—	35.00	37.00
1994	1,133,900	—	—	—	35.00	37.00
1995	326,244	—	—	—	35.00	37.00
1996	250,445	—	—	—	42.50	45.00
1997	100,970	—	—	—	35.00	37.00
1998 90th Anniversary R.C.M. privy mark	13,025	—	—	—	35.00	37.00
1998 R.C.M.P. privy mark	25,000	—	—	—	35.00	37.00
1998 Tiger privy mark	25,000	—	—	—	35.00	37.00
1998 Titanic privy mark	26,000	—	—	—	85.00	90.00
1998	591,359	—	—	—	35.00	37.00
1999 Rabbit privy mark	25,000	—	—	—	35.00	37.00
1999	1,229,442	—	—	—	35.00	37.00
1999 Y2K privy mark	9,999	—	—	—	37.50	40.00
2000 Dragon privy mark	25,000	—	—	—	35.00	37.00
2000 Expo Hanover privy mark	—	—	—	—	45.00	48.00
2000	403,652	—	—	—	35.00	37.00
2001	398,563	—	—	—	35.00	37.00
2001 Reverse proof, Snake privy mark	25,000	PF63 35.00		PF65 45.00		
2002	576,196	—	—	—	35.00	37.00
2002 Reverse proof, Horse privy mark	25,000	PF63 35.00		PF65 45.00		
2003	—	—	—	—	35.00	37.00
2003 Reverse proof, sheep privy mark	25,000	PF63 35.00		PF65 45.00		

KM# 363 31.10 g., 0.9999 Silver, 0.9998 oz. ASW **Obv:** Crowned head right, date and denomination below **Rev:** Maple leaf flanked by 9999

Date	Mintage	XF40	MS60	MS63	MS65
1999/2000 Fireworks privy mark	298,775	—	—	35.00	37.00

KM# 436 31.10 g., 0.9999 Silver, 0.9999 oz. ASW 38mm. **Obv:** Crowned head right, date and denomination below **Rev:** Three maple leaves in autumn colors, 9999 flanks **Rev. Designer:** Debbie Adams **Edge:** Reeded

Date	Mintage	VF20	XF40	MS60	MS63	MS65
2001	49,709	PF63 30.00		PF65 40.00		

KM# 437 31.10 g., 0.9999 Silver, 0.9999 oz. ASW 38mm. **Obv:** Crowned head right, date and denomination below **Rev:** Radiant maple leaf hologram **Edge:** Reeded

Date	Mintage	XF40	MS60	MS63	MS65
2001 Good fortune privy mark	29,906	—	—	75.00	—

BULLION COINS

KM# 505 31.10 g.,   0.9999 Silver, 0.9999 oz. ASW 38mm. **Obv:** Crowned head right, date and denomination below **Rev:** Two maple leaves in spring color (green) **Edge:** Reeded

Date	Mintage	VF20	XF40	MS60	MS63	MS65
2002	29,509	—	—	—	37.50	—

KM# 521 31.10 g., 0.9999 Silver, 0.9999 oz. ASW **Obv:** Head right **Rev:** Maple leaf, summer colors **Rev. Designer:** Stan Witten

Date	Mintage	VF20	XF40	MS60	MS63	MS65
2003	29,416	—	—	—	37.50	—

KM# 508 31.10 g.,   0.9999 Silver, 0.9999 oz. ASW 38mm. **Obv:** Crowned head right, date and denomination below **Obv. Designer:** Dora de Pedery-Hunt **Rev:** Holographic Maple leaf flanked by 9999 **Edge:** Reeded

Date	Mintage	VF20	XF40	MS60	MS63	MS65
2003	—	PF63 35.00	PF65 37.50			

KM# 522 31.11 g., 0.9999 Silver, 0.9999 oz. ASW **Obv:** Head right **Rev:** Maple leaf, winter color **Rev. Designer:** Stan Witten

Date	Mintage	VF20	XF40	MS60	MS63	MS65
2004	26,763	—	—	—	35.00	—

KM# 607 31.12 g.,   0.9999 Silver, 1.0004 oz. ASW **Obv:** Head right **Rev:** Maple leaf, winter colors

Date	Mintage	VF20	XF40	MS60	MS63	MS65
2004	—	—	—	—	37.50	—

KM# 625 31.10 g., 0.9999 Silver, 0.9999 oz. ASW 38mm. **Obv:** Bust right **Obv. Designer:** Susanna Blunt **Rev:** Maple leaf **Edge:** Reeded

Date	Mintage	VF20	XF40	MS60	MS63	MS65
2004 Mint logo privy mark Specimen	13,859	PF65	37.50			
2004 Monkey privy mark Specimen	25,000	PF65	37.50			
2004 D-Day privy mark Specimen	11,698	PF65	37.50			
2004 Desjardins privy mark	15,000	—	—	—	37.50	
2004 Capricorn privy Mark Reverse proof	5,000	PF65	37.50			
2004 Aquarius privy mark Reverse proof	5,000	PF65	37.50			
2004 Pisces privy mark Reverse proof	5,000	PF65	37.50			
2004 Aries privy mark Reverse proof	5,000	PF65	37.50			
2004 Taurus privy mark Reverse proof	5,000	PF65	37.50			
2004 Gemini privy mark Reverse proof	5,000	PF65	37.50			
2004 Cancer privy mark Reverse proof	5,000	PF65	37.50			
2004 Leo privy mark Reverse proof	5,000	PF65	37.50			
2004 Virgo privy mark Reverse proof	5,000	PF65	37.50			
2004 Libra privy mark Reverse proof	5,000	PF65	37.50			
2004 Scorpio privy mark Reverse proof	5,000	PF65	37.50			
2004 Sagittarius privy mark Reverse proof	5,000	PF65	50.00			
2005	—	—	—	—	35.00	
2005 Tulip privy mark Reverse proof	3,500	PF65	50.00			
2005 Tank privy mark Reverse proof	7,000	PF65	60.00			
2005 USS Missouri privy mark Reverse proof	7,000	PF65	60.00			
2005 Rooster privy mark Reverse proof	15,000	PF65	50.00			
2006	—	—	—	—	35.00	
2006 Dog privy mark Reverse proof	—	PF65	50.00			
2007	—	—	—	—	35.00	
2007 F12 privy mark Reverse proof	—	PF65	130			
2007 Pig privy mark Reverse proof	—	PF65	50.00			
2008	—	—	—	—	35.00	
2008 F12 privy mark Reverse proof	—	PF65	130			

Date	Mintage	VF20	XF40	MS60	MS63
2008 Rat privy mark Reverse proof	—	PF65 50.00			
2009	—	—	—	—	35.00
2009 Brandenberg Gate privy mark Reverse proof	—	PF65 50.00			
2009 Tower Bridge privy mark Reverse proof	—	PF65 50.00			
2009 Ox Privy mark Reverse proof	—	PF65 50.00			
2010	—	—	—	—	35.00
2010 Fabulous 15 privy mark Reverse proof	—	PF65 50.00			
2011	—	—	—	—	35.00
2012	—	—	—	—	35.00
2012 Dragon privy mark Reverse proof	—	PF65 50.00			
2012 Titanic privy mark Reverse proof	—	PF65 50.00			
2012 Pisa privy mark	—	—	—	—	35.00
2012 Fabulous 15 privy mark Reverse proof	—	PF65 75.00			
2013	—	—	—	—	35.00
2014	20,000	—	—	—	35.00
2014 World Money Fair Berlin privy mark Reverse proof	7,500	PF65 50.00			

KM# 550 31.10 g., 0.9999 Silver, 0.9999 oz. ASW 38mm. **Obv:** Head right **Rev:** Big Leaf Maple and seed pod, color **Rev. Designer:** Stan Witten

Date	Mintage	VF20	XF40	MS60	MS63	MS65
2005	21,233	—	—	—	35.00	—

KM# 574 31.10 g., 0.9999 Silver, 0.9999 oz. ASW 38mm. **Obv:** Head right **Rev:** Lynx

Date	Mintage	VF20	XF40	MS60	MS63	MS65
2005	—	PF63 35.00	PF65 37.50			

KM# 924 31.11 g., 0.9999 Silver, 0.9999 oz. ASW **Rev:** Maple Leaf, laser engraved **Rev. Designer:** Joan Nguyen

Date	Mintage	VF20	XF40	MS60	MS63	MS65
2005	25,000	PF63 50.00	PF65 60.00			

KM# 660 31.10 g., 0.999 Silver, 0.999 oz. ASW **Obv:** Bust right **Obv. Designer:** Susanna Blunt **Rev:** Silver maple, colorized **Rev. Designer:** Stan Witten

Date	Mintage	VF20	XF40	MS60	MS63	MS65
2006	14,157	—	—	—	37.50	—

KM# 625a 31.11 g., 0.9999 Silver, 0.9999 oz. ASW 38mm. **Rev:** Maple leaf, gilt

Date	Mintage	VF20	XF40	MS60	MS63	MS65
2007	—	—	—	—	75.00	—
2008	—	—	—	—	75.00	—
2009	—	—	—	—	75.00	—
2009 Tower Bridge Privy Mark	—	—	—	—	75.00	—
2010	—	—	—	—	75.00	—

KM# 729 31.11 g., 0.999 Silver, 0.999 oz. ASW 38mm. **Obv:** Bust right **Rev:** Maple leaf orange multicolor

Date	Mintage	VF20	XF40	MS60	MS63	MS65
2007	—	PF63 40.00	PF65 45.00			

BULLION COINS

KM# 925 31.11 g., 0.999 Silver, 0.999 oz. ASW
Obv: Bust right **Obv. Designer:** Susanna Blunt
Rev: Sugar maple, colorized **Rev. Designer:** Stan
Witten

Date	Mintage	VF20	XF40	MS60	MS63	MS65
2007	11,495	—	—	—	37.50	—

KM# 928 31.39 g., 0.999 Silver, 1.0082 oz. ASW
38mm. **Rev:** Orange sugar maple leaf **Rev.
Designer:** Stan Witten

Date	Mintage	VF20	XF40	MS60	MS63	MS65
2007 Specimen	20,000	—	—	—	100	—

KM# 798 31.11 g., 0.999 Silver, 0.999 oz. ASW
38mm. **Subject:** Maple Leaf 20th Anniversary **Rev:**
Maple Leaf, selective gold plating

Date	Mintage	VF20	XF40	MS60	MS63	MS65
2008	10,000	**PF63** 65.00	**PF65** 75.00			

KM# 799 31.11 g., 0.999 Silver, 0.999 oz. ASW
38mm. **Subject:** Breast Cancer Awareness **Rev:**
Multicolor, green maple leaf and pink ribbon

Date	Mintage	VF20	XF40	MS60	MS63	MS65
2008	11,048	—	—	—	85.00	—

KM# 800 31.11 g., 0.999 Silver, 0.999 oz. ASW
38mm. **Subject:** Vancouver Olympics **Obv:** Bust
right **Obv. Designer:** Susanna Blunt **Rev:** Maple
leaf, Olympic logo at left, turtle

Date	Mintage	VF20	XF40	MS60	MS63	MS65
2008	—	—	—	—	37.50	—
2009	—	—	—	—	37.50	—
2010	—	—	—	—	37.50	—

KM# 800a 31.11 g., 0.9999 Silver partially gilt,
0.9999 oz. ASW 38mm. **Rev:** Maple leaf gilt,
Olympic logo at left

Date	Mintage	VF20	XF40	MS60	MS63	MS65
2008	—	—	—	—	50.00	—

KM# 1056 31.11 g., 0.9999 Silver, 0.9999 oz.
ASW 38mm. **Rev:** Maple leaf in brown color, card
diamond

Date	Mintage	VF20	XF40	MS60	MS63	MS65
2008	—	—	—	—	50.00	—

KM# 1057 31.11 g., 0.9999 Silver, 0.9999 oz. ASW 38mm. **Rev:** Maple Leaf in green color, card heart

Date	Mintage	VF20	XF40	MS60	MS63	MS65
2008	—	—	—	—	50.00	—

KM# 1058 31.11 g., 0.9999 Silver, 0.9999 oz. ASW 38mm. **Rev:** Maple leaf in green color, card club

Date	Mintage	VF20	XF40	MS60	MS63	MS65
2008	—	—	—	—	50.00	—

KM# 1059 31.11 g., 0.9999 Silver, 0.9999 oz. ASW 38mm. **Rev:** Maple Leaf in red color, card spade

Date	Mintage	VF20	XF40	MS60	MS63	MS65
2008	—	—	—	—	50.00	—

KM# 863 31.11 g., 0.9999 Silver, 0.9999 oz. ASW 38mm. **Subject:** Vancouver Olympics **Rev:**

Thunderbird Totem **Rev. Designer:** Rick Harry

Date	Mintage	VF20	XF40	MS60	MS63	MS65
2009	—	—	—	—	50.00	—

KM# 863a 31.11 g., 0.9999 Silver partially gilt, 0.9999 oz. ASW 38mm. **Rev:** Thunderbird, gilt

Date	Mintage	VF20	XF40	MS60	MS63	MS65
2009	—	—	—	—	60.00	—

KM# 1061 31.11 g., 0.9999 Silver, 0.9999 oz. ASW 38mm. **Rev:** Maple leaf in red color, support our troops yellow ribbon

Date	Mintage	VF20	XF40	MS60	MS63	MS65
2009	—	—	—	—	70.00	—

KM# 998 31.12 g., 0.999 Silver, 0.9995 oz. ASW 38mm. **Rev:** Olympic Hockey

Date	Mintage	VF20	XF40	MS60	MS63	MS65
2010	—	PF63 38.00	PF65 42.00			

KM# 998a 31.11 g., 0.9999 Silver partially gilt, 0.9999 oz. ASW 38mm. **Rev:** Hockey player, gilt maple leaves flanking

Date	Mintage	VF20	XF40	MS60	MS63	MS65
2010	—	—	—	—	50.00	—

KM# 1077 31.39 g., 0.999 Silver, 1.0082 oz. ASW 34mm. **Rev:** Maple leaf on 45 degree angle left **Note:** Piedfort.

Date	Mintage	VF20	XF40	MS60	MS63	MS65
2010	9,000	PF65 80.00				
Reverse Proof						

KM# 1289 31.11 g., 0.9999 Silver, 0.9999 oz. ASW 38mm. **Rev:** Maple leaf in green with crystal

Date	Mintage	VF20	XF40	MS60	MS63	MS65
2010	—	—	—	—	65.00	—

KM# 1290 31.11 g., 0.999 Silver, 0.999 oz. ASW 38mm. **Rev:** Maple leaf in red with crystal

Date	Mintage	VF20	XF40	MS60	MS63	MS65
2010	—	—	—	—	65.00	—

KM# 1291 31.11 g., 0.9999 Silver, 0.9999 oz. ASW 38mm. **Rev:** Maple leaf in dark green with crystal

Date	Mintage	VF20	XF40	MS60	MS63	MS65
2010	—	—	—	—	65.00	—

KM# 1292 31.11 g., 0.9999 Silver, 0.9999 oz. ASW 38mm. **Rev:** Maple leaf in color with crystal

Date	Mintage	VF20	XF40	MS60	MS63	MS65
2010	—	—	—	—	65.00	—

KM# 1052 31.11 g., 0.9999 Silver, 0.9999 oz. ASW 38mm. **Rev:** Wolf standing with moonlight in background

Date	Mintage	VF20	XF40	MS60	MS63	MS65
2011	1,000,000	—	—	—	42.00	—

KM# 1109 31.11 g., 0.999 Silver, 0.999 oz. ASW 38mm. **Rev:** Grizzly Bear walking right

Date	Mintage	VF20	XF40	MS60	MS63	MS65
2011	1,000,000	—	—	—	40.00	—

KM# 1164 31.11 g., 0.999 Silver, 0.999 oz. ASW 38mm. **Obv. Designer:** Susanna Blunt **Rev: Cougar Rev. Designer:** William Woodruff

Date	Mintage	VF20	XF40	MS60	MS63	MS65
2012	1,000,000	—	—	—	40.00	—

KM# 1241 31.14 g., 0.9999 Silver, 1.0009 oz. ASW 38mm. **Obv:** Bust right **Obv. Designer:** Susana Blunt **Rev:** Moose left **Rev. Designer:** William Woodruff **Edge:** Reeded

Date	Mintage	VF20	XF40	MS60	MS63	MS65
2012	1,000,000	—	—	—	42.00	—

KM# 1297 31.11 g., 0.999 Silver, 0.999 oz. ASW 38mm. **Obv:** Bust right **Rev:** Antelope

Date	Mintage	VF20	XF40	MS60	MS63	MS65
2013	—	—	—	—	42.00	—

KM# 1382 31.11 g., 0.999 Silver, 0.999 oz. ASW 38mm. **Subject:** Silver Maple Leaf - 25th Anniversary **Rev:** Maple leaf and gilt shadow of maple leaf **Rev. Designer:** Jean-Louis Sirois

Date	Mintage	VF20	XF40	MS60	MS63	MS65
2013	Est. 10000	PF63 100		PF65 110		

KM# 1410 31.11 g., 0.9999 Silver, 0.9999 oz. ASW 38mm. **Obv. Designer:** Arnold Machin **Rev:** Three maple leaves **Rev. Designer:** Arnold Nogy

Date	Mintage	VF20	XF40	MS60	MS63	MS65
2013	—	—	—	—	45.00	—

KM# 1434 31.11 g., 0.9999 Silver, 0.9999 oz. ASW 38mm. **Rev:** Wood bison advancing left

Date	Mintage	VF20	XF40	MS60	MS63	MS65
2013	—	—	—	—	40.00	—

KM# 1525 31.39 g., 0.999 Silver, 1.0082 oz. ASW 34mm. **Rev:** Maple leaves **Rev. Designer:** Jean-Louis Sirois **Note:** Thick planchet piedfort

Date	Mintage	VF20	XF40	MS60	MS63	MS65
2013	10,000	PF63 45.00		PF65 50.00		

KM# 1542 31.39 g., 0.9999 Silver, 1.0091 oz. ASW 38mm. **Rev:** Large 25 on maple leaf

Date	Mintage	VF20	XF40	MS60	MS63	MS65
2013	—	—	—	—	75.00	—

KM# 1597 31.10 g., 0.9999 Silver partially gilt, 0.9999 oz. ASW 38mm. **Obv:** Bust right **Rev:** Two maple leaves, one gilt

Date	Mintage	VF20	XF40	MS60	MS63	MS65
2014	—	—	—	—	40.00	—

KM# 1601 31.11 g., 0.9999 Silver, 0.9999 oz. ASW 38mm. **Obv:** Bust right, rays in field **Rev:** Maple leaf, rays in field

Date	Mintage	VF20	XF40	MS60	MS63	MS65
2014	—	—	—	—	50.00	—

KM# 1604 31.11 g., 0.9999 Silver, 0.9999 oz. ASW 38mm. **Obv:** Bust right **Rev:** Peregrine falcon in flight left

Date	Mintage	F12	VF20	XF40	MS60	MS63
2014 Matte fields	7,500	—	—	—	—	65.00
2014	10,000	PF63 45.00		PF65 50.00		

KM# 1719 31.39 g., 0.999 Silver, 1.0082 oz. ASW 38mm. **Ruler:** Elizabeth II **Obv:** Bust right **Rev:** Eagle in flight left with fish **Mint:** Royal Canadian Mint

Date	Mintage	F12	VF20	XF40	MS60	MS63
2014	7,500	—	—	—	—	65.00

KM# 1916 31.39 g., 0.9999 Silver, 1.0091 oz. ASW 38mm. **Rev:** Maple leaf with ANA Chicago lamp of knowledge privy mark

Date	Mintage	VF20	XF40	MS60	MS63	MS65
2014 Proof, reverse	7,500	PF63 75.00				

KM# 1809 31.39 g., 0.9999 Silver, 1.0091 oz. ASW 38mm. **Obv:** Bust right **Rev:** Maple leaf in red color

Date	Mintage	VF20	XF40	MS60	MS63	MS65
2015	9,999	PF65 125				

BULLION COINS

KM# 1887 31.10 g., 0.9999 Silver, 0.9999 oz. ASW 38mm. **Obv:** Bust right, denomination above **Rev:** Eagle head right, date above

Date	Mintage	VF20	XF40	MS60	MS63	MS65
2015	7,500	**PF65** 100				

KM# 1959 31.39 g., 0.9999 Silver, 1.0091 oz. ASW 38mm. **Rev:** Maple leaf with ANA Chicago violet privy mark

Date	Mintage	VF20	XF40	MS60	MS63	MS65
2015 Proof, reverse	5,000	**PF65** 75.00				

KM# 1910 31.10 g., 0.9999 Silver, 0.9999 oz. ASW 38mm. **Obv:** Bust right, denomination above **Rev:** Wolf head right, date above

Date	Mintage	VF20	XF40	MS60	MS63	MS65
2016	7,500	**PF65** 100				

KM# 2094 31.39 g., 0.9999 Silver Yellow and pink gold plating, 1.0091 oz. ASW 38mm. **Subject:** A Historic Reign - Silver Fractional Set **Obv:** 1952 Effigy right **Rev:** Three maple leaves **Edge Lettering:** LONGEST REIGNING SOVEREIGN / SOUVERAIN AU PLUS LONG REGNE

Date	Mintage	VF20	XF40	MS60	MS63	MS65
2016 Proof, reverse	—	**PF67** 45.00				

KM# 2112 31.39 g., 0.9999 Silver, 1.0091 oz. ASW 38mm. **Rev:** Maple leaf with ANA Anaheim poppy privy mark

Date	Mintage	VF20	XF40	MS60	MS63	MS65
2016 Proof, reverse	6,000	**PF65** 45.00	**PF67** 55.00			

10 DOLLARS

KM# 1158 31.11 g., 0.9999 Silver, 0.9999 oz. ASW 38mm. **Obv:** Bust right **Rev:** Branch with three maple leaves

Date	Mintage	VF20	XF40	MS60	MS63	MS65
2011	—	**PF63** 45.00	**PF65** 50.00			

KM# 1268 31.11 g., 0.999 Silver, 0.999 oz. ASW 38mm. **Subject:** Maple Leaf Forever

Date	Mintage	VF20	XF40	MS60	MS63	MS65
2012	—	**PF63** 40.00	**PF65** 50.00			

KM# 1473 15.87 g., 0.9999 Silver, 0.5102 oz. ASW 34mm. **Rev:** Two maple leaves **Rev. Designer:** Piere Ledec

Date	Mintage	VF20	XF40	MS60	MS63	MS65
2013	5,000	**PF63** 35.00	**PF65** 40.00			

KM# 1650 15.57 g., 0.9999 Silver, 0.5005 oz. ASW 34mm. **Ruler:** Elizabeth II **Obv:** Bust right **Rev:** Goose in water about to take flight **Mint:** Royal Canadian Mint

Date	Mintage	F12	VF20	XF40	MS60	MS63
2014	—	—	—	—	40.00	

KM# 1655 15.87 g., 0.9999 Silver, 0.5102 oz. ASW 34mm. **Ruler:** Elizabeth II **Obv:** Bust right **Rev:** Three silver maple leaves **Mint:** Royal Canadian Mint

Date	Mintage	F12	VF20	XF40	MS60	MS63
2014	50,000	—	—	—	40.00	

20 DOLLARS

KM# 1062 7.96 g., 0.9999 Silver, 0.2559 oz. ASW 27mm. **Rev:** Five Maple leaves at left

Date	Mintage	VF20	XF40	MS60	MS63	MS65
2011	200,000	—	—	—	25.00	—

KM# 1176 7.96 g., 0.9999 Silver, 0.2559 oz. ASW 27mm. **Obv:** Bust right **Rev:** Canoe and reflection **Rev. Designer:** Jason Bouwman **Edge:** Reeded

Date	Mintage	VF20	XF40	MS60	MS63	MS65
2011	200,000	—	—	—	30.00	—

KM# 1226 7.96 g., 0.9999 Silver, 0.2559 oz. ASW 27mm. **Obv:** Bust right **Rev:** Waterline view of polar bear swimming **Edge:** Reeded

Date	Mintage	VF20	XF40	MS60	MS63	MS65
2012	250,000	—	—	—	25.00	—

KM# 1237 7.96 g., 0.9999 Silver, 0.2559 oz. ASW 27mm. **Subject:** Commemorating the end of the Canadian Cent **Obv:** Bust right **Rev:** Maple leaves floating on water

Date	Mintage	VF20	XF40	MS60	MS63	MS65
2012	—	—	—	—	20.00	—

KM# 1337 7.96 g., 0.999 Silver, 0.2557 oz. ASW 27mm. **Rev:** Reindeer

Date	Mintage	VF20	XF40	MS60	MS63	MS65
2012	—	—	—	—	27.50	—

KM# 1350 15.50 g., 0.9999 Silver, 0.4983 oz. ASW 34mm. **Obv:** Bust right **Rev:** Elizabeth II bust at left wearing hat

Date	Mintage	VF20	XF40	MS60	MS63	MS65
2012	—	—	—	—	25.00	30.00

KM# 1365 7.96 g., 0.999 Silver, 0.2557 oz. ASW 27mm. **Subject:** Year of the Snake **Rev:** Snake in Tree

Date	Mintage	VF20	XF40	MS60	MS63	MS65
2013	Est. 128888	PF63 25.00	PF65 30.00			

KM# 1511 7.96 g., 0.999 Silver, 0.2557 oz. ASW 27mm. **Rev:** Wolf **Rev. Designer:** Glen Loates

Date	Mintage	VF20	XF40	MS60	MS63	MS65
2013	250,000	—	—	—	25.00	30.00

KM# 1512 7.70 g., 0.9999 Silver, 0.2475 oz. ASW 27mm. **Rev:** Iceberg and whale **Rev. Designer:** Emily Damstra

Date	Mintage	VF20	XF40	MS60	MS63	MS65
2013	225,000	—	—	—	25.00	30.00

KM# 1554 7.96 g., 0.999 Silver, 0.2557 oz. ASW 27mm. **Rev:** Santa **Rev. Designer:** Jesse Koreck

Date	Mintage	VF20	XF40	MS60	MS63	MS65
2013	225,000	—	—	—	20.00	25.00

KM# 1561 7.96 g., 0.999 Silver, 0.2557 oz. ASW **Obv:** Bust right **Rev:** Goose in flight right **Rev. Designer:** Trevor Tennant

Date	Mintage	VF20	XF40	MS60	MS63	MS65
2014	225,000	—	—	—	20.00	25.00

KM# 1562 7.96 g., 0.999 Silver, 0.2557 oz. ASW 27mm. **Obv:** Bust right **Rev:** Bobcat

Date	Mintage	VF20	XF40	MS60	MS63	MS65
2014	225,000	—	—	—	20.00	25.00

KM# 1563 7.96 g., 0.999 Silver, 0.2557 oz. ASW 27mm. **Obv:** Bust right **Rev:** Summertime

Date	Mintage	VF20	XF40	MS60	MS63	MS65
2014	225,000	—	—	—	20.00	25.00

KM# 1564 7.96 g., 0.999 Silver, 0.2557 oz. ASW 27mm. **Obv:** Bust right **Rev:** Holiday Candles

Date	Mintage	VF20	XF40	MS60	MS63	MS65
2014	225,000	—	—	—	20.00	25.00

KM# 1714 7.96 g., 0.9999 Silver, 0.2559 oz. ASW 27mm. **Obv:** Bust right **Rev:** Bobcat jumping forward

Date	Mintage	VF20	XF40	MS60	MS63	MS65
2014	—	—	—	—	25.00	30.00

KM# 1715 7.96 g., 0.9999 Silver, 0.2559 oz. ASW 27mm. **Obv:** Bust right **Rev:** Summertime - Boy jumping into lake

Date	Mintage	VF20	XF40	MS60	MS63	MS65
2014	—	—	—	—	25.00	30.00

KM# 1716 7.96 g., 0.9999 Silver, 0.2559 oz. ASW 27mm. **Obv:** Bust right **Rev:** Goose in flight

Date	Mintage	VF20	XF40	MS60	MS63	MS65
2014	—	—	—	—	25.00	—

KM# 1797 31.39 g., 0.9999 Silver, 1.0091 oz. ASW 38mm. **Obv:** Bust right **Rev:** Maple leaf cluster, glow in the dark **Rev. Designer:** Celia Godkin

Date	Mintage	VF20	XF40	MS60	MS63	MS65
2014	—		PF65 38.00			

25 DOLLARS

KM# 1838 7.96 g., 0.9999 Silver, 0.2559 oz. ASW 27mm. **Obv:** Bust right **Rev:** Canadian flag in color **Rev. Designer:** Julius Csotonyi

Date	Mintage	VF20	XF40	MS60	MS63	MS65
2015	—	—	—	—	—	25.00

50 DOLLARS

KM# 326 311.04 g., 0.9999 Silver, 9.999 oz. ASW **Subject:** 10th Anniversary Silver Maple Leaf **Obv:** Crowned head right **Rev:** Maple leaf flanked by 9999 **Edge:** 10th ANNIVERSARY 10e ANNIVERSAIRE

Date	Mintage	VF20	XF40	MS60	MS63	MS65
1998	—		PF63 375			

KM# 1509 157.60 g., 0.9999 Silver, 5.0664 oz. ASW 65mm. **Subject:** Maple Leaf Bullion, 25th Anniversary **Rev:** Three maple leaves **Rev. Designer:** Arnold Nogy

Date	Mintage	VF20	XF40	MS60	MS63	MS65
2013	2,500		PF65 500			

KM# 1550 155.56 g., 0.999 Silver partially gilt, 4.9964 oz. ASW 60mm. **Subject:** Silver Maple Leaf, 25th Anniversary

Date	Mintage	VF20	XF40	MS60	MS63	MS65
2013 Matte Proof	2,000		PF67 375			

KM# 1624 157.60 g., 0.999 Silver, 5.0619 oz. ASW 65.25mm. **Obv:** Bust right **Rev:** Three maple leaves **Rev. Designer:** Luc Normandin

Date	Mintage	VF20	XF40	MS60	MS63	MS65
2014	2,500		PF65 520			

KM# 1637 15.57 g., 0.9999 Silver, 0.5005 oz. ASW **Obv:** Bust right **Rev:** Grizzly bear in stream

Date	Mintage	VF20	XF40	MS60	MS63	MS65
2014	100,000	—	—	—	55.00	60.00

KM# 1717 15.87 g., 0.9999 Silver, 0.5102 oz. ASW 34mm. **Obv:** Bust right **Rev:** Snowy Owl in flight forward **Rev. Designer:** Trevor Tennant

Date	Mintage	VF20	XF40	MS60	MS63	MS65
2014	—	—	—	—	55.00	60.00

KM# 1718 15.87 g., 0.9999 Silver, 0.5102 oz. ASW 34mm. **Obv:** Bust right **Rev:** Polar Bear at stream

Date	Mintage	VF20	XF40	MS60	MS63	MS65
2014	—	—	—	—	55.00	60.00

100 DOLLARS

KM# 1555 31.60 g., 0.9999 Silver, 1.0159 oz. ASW 40mm. **Obv:** Bust right **Rev:** Bear eating salmon in river **Rev. Designer:** Claudio D'Angelo

Date	Mintage	VF20	XF40	MS60	MS63	MS65
2014	50,000	—	—	—	100	—

KM# 1620 31.60 g., 0.999 Silver, 1.0149 oz. ASW 40mm. **Obv:** Bust right **Rev:** Eagle in flight **Rev. Designer:** Claudio D'Angelo

Date	Mintage	VF20	XF40	MS60	MS63	MS65
2014 Matte Proof	50,000		PF63 115			

KM# 1621 31.60 g., 0.999 Silver, 1.0149 oz. ASW
40mm. **Obv:** Bust right **Rev:** Two big horn sheep
butting heads **Rev. Designer:** Claudio D'Angelo

Date	Mintage	VF20	XF40	MS60	MS63	MS65
2014 Matte Proof	45,000	PF63 115				

250 DOLLARS

KM# 676 1000.00 g., 0.9999 Silver, 32.1475 oz.
ASW **Subject:** Kilo

Date	Mintage	VF20	XF40	MS60	MS63	MS65
2006	—	—	—	—	1,350	—

KM# 1160 1000.00 g., 0.9999 Silver, 32.1475 oz.
ASW 101mm. **Obv:** Bust right **Obv. Designer:**
Susana Blunt **Rev:** Three maple leaves on branch
Rev. Designer: Debbie Adams

Date	Mintage	VF20	XF40	MS60	MS63	MS65
2011	999	PF65 2,000				

KM# 1272 1000.00 g., 0.999 Silver, 32.1186 oz.
ASW 101mm. **Subject:** Maple Leaf Forever

Date	Mintage	VF20	XF40	MS60	MS63	MS65
2012	—	PF65 1,450				

KM# 1472 1000.00 g., 0.999 Silver Partially gilt,
32.1186 oz. ASW 102.1mm. **Rev:** Two maple
leaves, gilt **Rev. Designer:** Emily Damstra

Date	Mintage	VF20	XF40	MS60	MS63	MS65
2013	600	PF65 2,300				

500 DOLLARS

KM# 1245 5000.00 g., 0.9999 Silver, 160.7375 oz.
ASW 180mm. **Subject:** Haida sculpture

Date	Mintage	VF20	XF40	MS60	MS63	MS65
2012	100	PF65 7,500				

GOLD BULLION COINAGE

50 CENTS

KM# 542 1.27 g., 0.999 Gold, 0.0408 oz. AGW 13.92mm. **Rev:** Voyagers with northern lights above **Rev. Designer:** Emanuel Hahn

Date	Mintage	VF20	XF40	MS60	MS63	MS65
2005	—			PF65	100	

KM# 717 1.24 g., 0.999 Gold, 0.0398 oz. AGW 13.9mm. **Rev:** Wolf

Date	Mintage	VF20	XF40	MS60	MS63	MS65
2006	—		PF63 90.00		PF65 100	

KM# 926 1.24 g., 0.999 Gold, 0.0398 oz. AGW 13.9mm. **Rev:** Cowboy and bronco rider

Date	Mintage	VF20	XF40	MS60	MS63	MS65
2006	—		PF63 90.00		PF65 100	

KM# 927 1.24 g., 0.999 Gold, 0.0398 oz. AGW 13.9mm. **Subject:** Gold Louis

Date	Mintage	VF20	XF40	MS60	MS63	MS65
2007	—		PF63 90.00		PF65 100	

KM# 777 1.24 g., 0.999 Gold, 0.0398 oz. AGW 13.9mm. **Subject:** DeHavilland beaver

Date	Mintage	VF20	XF40	MS60	MS63	MS65
2008	20,000		PF63 90.00		PF65 100	

KM# 888 1.27 g., 0.999 Gold, 0.0408 oz. AGW 13.92mm. **Subject:** Red maple **Obv:** Bust right **Obv. Designer:** Susanna Blunt **Rev:** Two maple leaves **Obv. Legend:** Elizabeth II 50 cents **Rev. Legend:** Canada, Fine gold 1/25 oz or PUR 9999

Date	Mintage	VF20	XF40	MS60	MS63	MS65
2009	150,000			PF63 75.00		PF65 90.00

KM# 985 1.24 g., 0.999 Gold, 0.0398 oz. AGW 13.92mm. **Subject:** RCMP **Obv:** Bust right **Rev:** Mountie on horseback **Rev. Designer:** Janet Griffin-Scott

Date	Mintage	VF20	XF40	MS60	MS63	MS65
2010	Est. 14000		PF63 90.00		PF65 100	

KM# 1085 1.27 g., 0.999 Gold, 0.0408 oz. AGW 13.92mm. **Rev:** Geese in flight left **Rev. Designer:** Emily Damstra

Date	Mintage	VF20	XF40	MS60	MS63	MS65
2011	10,000			PF63 80.00		PF65 90.00

KM# 1214 1.27 g., 1.000 Gold, 0.0408 oz. AGW 13.92mm. **Obv:** Bust right **Rev:** Three maple leaves, 2007-2012 above

Date	Mintage	VF20	XF40	MS60	MS63	MS65
2012	—			PF63 80.00		PF65 90.00

KM# 1218 1.27 g., 0.9999 Gold, 0.0408 oz. AGW 13.92mm. **Obv:** Bust right **Rev:** Schooner sailing left

Date	Mintage	VF20	XF40	MS60	MS63	MS65
2012	—			PF65 90.00		

KM# 1348 1.27 g., 0.9999 Gold, 0.0408 oz. AGW 13.92mm. **Rev:** Bald eagle head left **Rev. Designer:** Trevor Tennant

Date	Mintage	VF20	XF40	MS60	MS63	MS65
2013	10,000			PF63 120		PF65 130

KM# 1349 1.27 g., 0.9999 Gold, 0.0408 oz. AGW 13.92mm. **Subject:** Inuit Art by Joanassie Nowkawalk

Date	Mintage	VF20	XF40	MS60	MS63	MS65
2013	10,000			PF63 120		PF65 130

DOLLAR

KM# 238 1.56 g., 0.9999 Gold, 0.050 oz. AGW **Obv:** Crowned head right, denomination and date below **Rev:** Maple leaf flanked by 9999

Date	Mintage	XF40	MS60	MS63	MS65
1993	37,080	—	—	83.00	—
1994	78,860	—	—	83.00	—
1995	85,920	—	—	83.00	—
1996	56,520	—	—	83.00	—
1997	59,720	—	—	83.00	—
1998	44,260	—	—	83.00	—
1999 oval "20 YEARS ANS" privy mark	—	—	—	86.00	—
2000 oval "2000" privy mark	—	—	—	86.00	—
2001	—	—	—	86.00	—

KM# 365 1.56 g., 0.9999 Gold, 0.050 oz. AGW **Obv:** Crowned head right **Rev:** Maple leaf hologram

Date	Mintage	VF20	XF40	MS60	MS63	MS65
1999	500	—	—	—	115	—

KM# 438 1.58 g., 0.999 Gold, 0.0508 oz. AGW 14.1mm. **Subject:** Holographic Maple Leaves **Obv:** Crowned head right **Rev:** Three maple leaves multicolor hologram **Edge:** Reeded

Date	Mintage	VF20	XF40	MS60	MS63	MS65
2001	600	—	—	—	85.00	—

KM# 1416 1.55 g., 0.9999 Gold, 0.0498 oz. AGW 14mm. **Obv:** Bust right **Obv. Designer:** Susanna Blunt **Rev:** Maple Leaf

Date	Mintage	VF20	XF40	MS60	MS63	MS65
2009	—	PF63 115		PF65 125		

KM# 1490 1.000 Gold, **Rev:** Maple leaf tilted left **Note:** Thick planchet.

Date	Mintage	VF20	XF40	MS60	MS63	MS65
2010 Proof	—	—	—	—	—	—

KM# 1138 1.56 g., 0.9999 Gold, 0.0502 oz. AGW 14mm. **Obv:** Bust right **Rev:** Maple leaf

Date	Mintage	VF20	XF40	MS60	MS63	MS65
1911-2011	—	—	—	—	100	—

KM# 1213 1.58 g., 1.000 Gold, 0.0508 oz. AGW 14.1mm. **Obv:** Bust right **Rev:** Three maple leaves, 2007-2012 above

Date	Mintage	VF20	XF40	MS60	MS63	MS65
2012	—	PF63 100		PF65 110		

KM# 1411 1.55 g., 0.999 Gold, 0.0498 oz. AGW **Obv. Designer:** Susanna Blunt **Rev:** Two maple leaves **Rev. Designer:** Claudio D'Angelo

Date	Mintage	VF20	XF40	MS60	MS63	MS65
2013	—	PF63 115		PF65 125		

KM# 1506 1.58 g., 0.9999 Gold, 0.0508 oz. AGW 14.1mm. **Rev:** Two maple leaves **Rev. Designer:** Claudio d'Angelo

Date	Mintage	VF20	XF40	MS60	MS63	MS65
2013 Reverse proof	—	PF65 150				

KM# 1703 1.58 g., 0.9999 Gold, 0.0508 oz. AGW 14.1mm. **Obv:** Bust right **Rev:** 3 Sugar Maple Leaves **Rev. Designer:** Pierre Leduc

Date	Mintage	VF20	XF40	MS60	MS63	MS65
2014	600	PF65 175				

KM# 1789 1.24 g., 0.999 Gold, 0.0398 oz. AGW 14.1mm. **Ruler:** Elizabeth II **Obv:** Bust right by Mary Glick **Rev:** Two maple leaves **Mint:** Royal Canadian Mint

Date	Mintage	F12	VF20	XF40	MS60	MS63
2014	650	PF65 100				

KM# 1801 1.58 g., 0.9999 Gold, 0.0508 oz. AGW 14.1mm. **Obv:** Bust right **Rev:** Silver maple leaf drifting downward **Rev. Designer:** Lilyane Coulombe **Note:** Edge numbered.

Date	Mintage	VF20	XF40	MS60	MS63	MS65
2015	600	PF65 125				

KM# A2095 1.58 g., 0.9999 Gold, 0.0508 oz. AGW 14.1mm. **Ruler:** Elizabeth II **Subject:** A Historic Reign - Gold Fractional Set **Obv:** Bust right by Dora de Pedery-Hunt **Rev:** Maple leaf, crowned royal cypher at left **Mint:** Royal Canadian Mint

Date	Mintage	F12	VF20	XF40	MS60	MS63
2016 Proof, reverse	—	PF67 200				

KM# 2097 1.58 g., 0.9999 Gold Selective platinum plating on rim, 0.0508 oz. AGW 14.1mm. **Subject:** A Celebration of Canada - Gold Fractional Set **Obv:** Bust right **Rev:** Red maple leaf drifting onto leaf bed

Date	Mintage	VF20	XF40	MS60	MS63	MS65
2016 Proof, reverse	—	PF67 175				

2 DOLLARS

KM# 256 2.07 g., 0.9999 Gold, 0.0667 oz. AGW **Obv:** Crowned head right, denomination and date below **Rev:** Maple leaf flanked by 9999

Date	Mintage	VF20	XF40	MS60	MS63	MS65
1994	5,493	—	—	—	140	—

5 DOLLARS

KM# 135 3.12 g., 0.9999 Gold, 0.1003 oz. AGW **Obv:** Young bust right, date and denomination below **Obv. Designer:** Arnold Machin **Rev:** Maple leaf flanked by 9999

Date	Mintage	VF20	XF40	MS60	MS63	MS65
1982	246,000	—	—	—	152	—
1983	304,000	—	—	—	152	—
1984	262,000	—	—	—	152	—
1985	398,000	—	—	—	152	—
1986	529,516	—	—	—	152	—
1987	459,000	—	—	—	152	—
1988	506,500	—	—	—	152	—
1989	16,992	PF63 200				
1989	539,000	—	—	—	152	—

KM# 188 3.12 g., 0.9999 Gold, 0.1003 oz. AGW **Obv:** Elizabeth II effigy **Obv. Designer:** Dora dePedery-Hunt **Rev:** Maple leaf

Date	Mintage	XF40	MS60	MS63	MS65
1990	476,000	—	—	152	—
1991	322,000	—	—	152	—
1992	384,000	—	—	152	—
1993	248,630	—	—	152	—
1994	313,150	—	—	152	—
1995	294,890	—	—	152	—
1996	179,220	—	—	152	—
1997	188,540	—	—	152	—
1998	301,940	—	—	152	—
1999 oval "20 Years ANS" privy mark	—	—	—	157	—
2000 oval "2000" privy mark	—	—	—	157	—
2001	—	—	—	152	—

KM# 366 3.12 g., 0.9999 Gold, 0.1003 oz. AGW
Rev: Maple leaf hologram

Date	Mintage	VF20	XF40	MS60	MS63	MS65
1999	500	—	—	—	210	—

KM# 439 3.13 g., 0.9999 Gold, 0.1007 oz. AGW
16mm. **Subject:** Holographic Maple Leaves **Obv:**
Crowned head right **Rev:** Three maple leaves
multicolor hologram **Edge:** Reeded

Date	Mintage	VF20	XF40	MS60	MS63	MS65
2001	600	—	—	—	200	—

KM# 929 3.13 g., 0.999 Gold, 0.1005 oz. AGW
16mm. **Obv. Designer:** Susan Blunt **Rev:** Maple
leaf **Rev. Designer:** Walter Ott

Date	Mintage	VF20	XF40	MS60	MS63	MS65
2007	—		PF65	200		
2008	—		PF65	200		
2009	—		PF65	200		
2010	—		PF65	200		
2011	—		PF65	200		

KM# 1139 3.13 g., 0.999 Gold, 0.1005 oz. AGW
16mm. **Obv:** Bust right **Rev:** Maple leaf

Date	Mintage	VF20	XF40	MS60	MS63	MS65
1911-2011	—	—	—	—	225	—

KM# 1212 3.13 g., 1.000 Gold, 0.1006 oz. AGW
16mm. **Obv:** Bust right **Rev:** Three maple leaves,
2007-2012 above

Date	Mintage	VF20	XF40	MS60	MS63	MS65
2012	—		PF65	200		

KM# 1267 3.13 g., 0.999 Gold, 0.1005 oz. AGW
16mm. **Subject:** Maple Leaf Forever

Date	Mintage	VF20	XF40	MS60	MS63	MS65
2012	—		PF65	200		

KM# 1412 3.11 g., 0.9999 Gold, 0.100 oz. AGW
16mm. **Obv. Designer:** Susanna Blunt **Rev:** Two
maple leaves **Rev. Designer:** Claudia D'Angelo

Date	Mintage	VF20	XF40	MS60	MS63	MS65
2013	—		PF65	250		

KM# 1505 3.13 g., 0.9999 Gold, 0.1006 oz. AGW
16mm. **Rev:** Two maple leaves **Rev. Designer:**
Claudio d'Angelo

Date	Mintage	VF20	XF40	MS60	MS63	MS65
2013 Reverse Proof	—		PF65	225		

KM# 1598 3.11 g., 0.9999 Gold, 0.100 oz. AGW
16mm. **Obv:** Bust right **Rev:** Three maple leaves

Date	Mintage	VF20	XF40	MS60	MS63	MS65
2014	—		PF65	200		

KM# 1704 3.13 g., 0.9999 Gold, 0.1006 oz. AGW
16mm. **Obv:** Bust right **Rev:** 3 Sugar Maple
Leaves **Rev. Designer:** Pierre Leduc

Date	Mintage	VF20	XF40	MS60	MS63	MS65
2014	600		PF65	400		

KM# 1802 3.14 g., 0.9999 Gold, 0.1009 oz.
AGW 16mm. **Obv:** Bust right **Rev:** Silver maple
leaf drifting downward **Rev. Designer:** Lilyane
Coulombe **Note:** Edge numbered.

Date	Mintage	VF20	XF40	MS60	MS63	MS65
2015	600		PF65	250		

KM# 2095 3.14 g., 0.9999 Gold, 0.1009 oz. AGW
16mm. **Ruler:** Elizabeth II **Subject:** A Historic
Reign - Gold Fractional Set **Obv:** Bust right by
Arnold Machin **Rev:** Maple leaf, crowned royal
cypher at left **Mint:** Royal Canadian Mint

Date	Mintage	F12	VF20	XF40	MS60	MS63
2016 Proof, reverse	—		PF67	300		

KM# 2109 3.14 g., 0.9999 Gold Selective platinum
plating on rim, 0.1009 oz. AGW 16mm. **Subject:** A
Celebration of Canada - Gold Fractional Set **Obv:**
Bust right **Rev:** Red maple leaf drifting onto leaf bed

Date	Mintage	VF20	XF40	MS60	MS63	MS65
2016 Proof, reverse	—		PF67	275		

10 DOLLARS

KM# 136 7.79 g., 0.9999 Gold, 0.2503 oz. AGW
Obv: Young bust right, date and denomination
below **Obv. Designer:** Arnold Machin **Rev:** Maple
leaf flanked by 9999

Date	Mintage	VF20	XF40	MS60	MS63	MS65
1982	184,000	—	—	—	365	—
1983	308,800	—	—	—	365	—
1984	242,400	—	—	—	365	—
1985	620,000	—	—	—	365	—
1986	915,200	—	—	—	365	—
1987	376,000	—	—	—	365	—
1988	436,000	—	—	—	365	—
1989	—		PF63	500		
1989	328,800	—	—	—	365	—

KM# 189 7.79 g., 0.9999 Gold, 0.2503 oz. AGW
Obv: Crowned head right, date and denomination
below **Obv. Designer:** Dora dePedery-Hunt **Rev:**
Maple leaf flanked by 9999

Date	Mintage	XF40	MS60	MS63	MS65
1990	253,600	—	—	365	—
1991	166,400	—	—	365	—
1992	179,600	—	—	365	—
1993	158,452	—	—	365	—
1994	148,792	—	—	365	—
1995	127,596	—	—	365	—
1996	89,148	—	—	365	—
1997	98,104	—	—	365	—
1998	85,472	—	—	365	—
1999 oval "20 Years ANS" privy mark	—	—	—	380	—
2000 oval "2000" privy mark	—	—	—	380	—
2001	—	—	—	380	—

KM# 367 7.79 g., 0.9999 Gold, 0.2503 oz. AGW **Rev:** Maple leaf hologram

Date	Mintage	VF20	XF40	MS60	MS63	MS65
1999	—	—	—	—	485	—

KM# 440 7.80 g., 0.9999 Gold, 0.2507 oz. AGW 20mm. **Subject:** Holographic Maples Leaves **Obv:** Crowned head right **Rev:** Three maple leaves multicolor hologram **Edge:** Reeded

Date	Mintage	VF20	XF40	MS60	MS63	MS65
2001	15,000	—	—	—	475	—

KM# 1140 7.80 g., 0.9999 Gold, 0.2507 oz. AGW 20mm. **Obv:** Bust right **Rev:** Maple leaf

Date	Mintage	VF20	XF40	MS60	MS63	MS65
1911-2011	—	—	—	—	485	—

KM# 1312 6.22 g., 0.999 Gold, 0.1998 oz. AGW **Obv:** Bust right **Rev:** Maple leaf **Note:** Piedfort

Date	Mintage	VF20	XF40	MS60	MS63	MS65
2011	—	—	—	—	400	—

KM# 1211 7.80 g., 1.000 Gold, 0.2507 oz. AGW 20mm. **Obv:** Bust right **Rev:** Three maple leaves, 2007-2012 above

Date	Mintage	VF20	XF40	MS60	MS63	MS65
2012	—	PF65 475				

KM# 1275 7.77 g., 0.9999 Gold, 0.2498 oz. AGW 20mm. **Subject:** War of 1812

Date	Mintage	VF20	XF40	MS60	MS63	MS65
2012	—	PF65 500				

KM# 1413 7.77 g., 0.9999 Gold, 0.2498 oz. AGW 20mm. **Obv. Designer:** Susanna Blunt **Rev:** Two maple leaves **Rev. Designer:** Claudio D'Angelo

Date	Mintage	VF20	XF40	MS60	MS63	MS65
2013	—	PF65 500				

KM# 1504 7.77 g., 0.999 Gold, 0.2496 oz. AGW 20mm. **Rev:** Two maple leaves **Rev. Designer:** Claudio d'Angelo

Date	Mintage	VF20	XF40	MS60	MS63	MS65
2013 Reverse proof	600	PF65 400				

KM# 1599 7.77 g., 0.9999 Gold, 0.2498 oz. AGW 20mm. **Obv:** Bust right **Rev:** Three maple leaves

Date	Mintage	VF20	XF40	MS60	MS63	MS65
2014	—	PF65 475				

KM# 1705 7.80 g., 0.9999 Gold, 0.2508 oz. AGW 20mm. **Obv:** Bust right **Rev:** 3 Sugar Maple Leaves **Rev. Designer:** Pierre Leduc

Date	Mintage	VF20	XF40	MS60	MS63	MS65
2014	600	PF65 800				

KM# 1803 7.80 g., 0.9999 Gold, 0.2508 oz. AGW 20mm. **Obv:** Bust right **Rev:** Silver maple leaf drifting downward **Rev. Designer:** Lilyane Coulombe **Note:** Edge numbered.

Date	Mintage	VF20	XF40	MS60	MS63	MS65
2015	600	PF65 750				

KM# 2096 7.80 g., 0.9999 Gold, 0.2508 oz. AGW 20mm. **Ruler:** Elizabeth II **Subject:** A Historic Reign - Gold Fractional Set **Obv:** Bust right by Mary Gillick **Rev:** Maple leaf, crowned royal cypher at left **Mint:** Royal Canadian Mint

Date	Mintage	F12	VF20	XF40	MS60	MS63
2016 Proof, reverse	—	PF67 600				

KM# 2115 7.80 g., 0.9999 Gold Selective platinum plating on rim, 0.2508 oz. AGW 20mm. **Subject:** A Celebration of Canada - Gold Fractional Set **Obv:** Bust right **Rev:** Red maple leaf drifting onto leaf bed

Date	Mintage	VF20	XF40	MS60	MS63	MS65
2016 Proof, reverse	—	PF67 550				

20 DOLLARS

KM# 153 15.55 g., 0.9999 Gold, 0.4999 oz. AGW 32mm. **Obv:** Young bust right, date and denomination below **Obv. Designer:** Arnold Machin **Rev:** Maple leaf flanked by 9999

Date	Mintage	VF20	XF40	MS60	MS63	MS65
1986	529,200	—	—	—	710	—
1987	332,800	—	—	—	710	—
1988	538,400	—	—	—	710	—
1989	—	PF63 935				
1989	259,200	—	—	—	710	—

KM# 190 15.55 g., 0.9999 Gold, 0.4999 oz. AGW **Obv:** Crowned head right, date and denomination below **Obv. Designer:** Dora dePedery-Hunt **Rev:** Maple leaf flanked by 9999

Date	Mintage	XF40	MS60	MS63	MS65
1990	174,400	—	—	710	—

Date	Mintage	XF40	MS60	MS63	MS65
1991	96,200	—	—	710	—
1992	108,000	—	—	710	—
1993	99,492	—	—	710	—
1994	104,766	—	—	710	—
1995	103,162	—	—	710	—
1996	66,246	—	—	710	—
1997	63,354	—	—	710	—
1998	65,366	—	—	710	—
1999 oval "20 Years ANS" privy mark	—	—	—	740	—
2000 oval "2000" privy mark	—	—	—	740	—
2001	—	—	—	740	—

KM# 368 15.55 g., 0.9999 Gold, 0.4999 oz. AGW **Rev:** Maple leaf hologram

Date	Mintage	VF20	XF40	MS60	MS63	MS65
1999	500	—	—	—	935	—

KM# 441 15.58 g., 0.9999 Gold, 0.501 oz. AGW 25mm. **Subject:** Holographic Maples Leaves **Obv:** Crowned head right **Rev:** Three maple leaves multicolor hologram **Edge:** Reeded

Date	Mintage	VF20	XF40	MS60	MS63	MS65
2001	600	—	—	—	925	—

50 DOLLARS

KM# 125.1 31.10 g., 0.999 Gold, 0.999 oz. AGW **Obv:** Young bust right, denomination and date below **Rev:** Maple leaf flanked by .999

Date	Mintage	VF20	XF40	MS60	MS63	MS65
1979	1,000,000	—	—	—	1,375	—
1980	1,251,500	—	—	—	1,375	—
1981	863,000	—	—	—	1,375	—
1982	883,000	—	—	—	1,375	—

KM# 125.2 31.10 g., 0.9999 Gold, 0.9999 oz. AGW **Obv:** Young bust right, date and denomination below **Rev:** Maple leaf flanked by .9999

Date	Mintage	VF20	XF40	MS60	MS63	MS65
1983	843,000	—	—	—	1,375	—
1984	1,067,500	—	—	—	1,375	—
1985	1,908,000	—	—	—	1,375	—
1986	779,115	—	—	—	1,375	—
1987	978,000	—	—	—	1,375	—
1988	826,500	—	—	—	1,375	—
1989	17,781	PF63 1,900				
1989	856,000	—	—	—	1,375	—

KM# 191 31.10 g., 0.9999 Gold, 0.9999 oz. AGW **Obv:** Crowned head right, date and denomination below **Obv. Designer:** Dora dePedery-Hunt **Rev:** Maple leaf flanked by .9999

Date	Mintage	VF20	XF40	MS60	MS63	MS65
1990	815,000	—	—	—	1,375	—
1991	290,000	—	—	—	1,375	—
1992	368,900	—	—	—	1,375	—
1993	321,413	—	—	—	1,375	—
1994	180,357	—	—	—	1,375	—
1995	208,729	—	—	—	1,375	—
1996	143,682	—	—	—	1,375	—
1997	478,211	—	—	—	1,375	—
1998	593,704	—	—	—	1,375	—
1999 oval "20 Years ANS" privy mark	—	—	—	—	1,425	—
2000 oval "2000" privy mark	—	—	—	—	1,425	—
2000 oval fireworks privy mark	—	—	—	—	1,425	—
2001	—	—	—	—	1,425	—

KM# 305 31.10 g., 0.9999 Gold, 0.9999 oz. AGW **Obv:** Crowned head denomination below, within circle, dates below **Rev:** Mountie at gallop right, within circle **Rev. Designer:** Ago Aarand **Shape:** 10-sided

Date	Mintage	VF20	XF40	MS60	MS63	MS65
1997	12,913	—	—	—	1,850	—

KM# 369 31.10 g., 0.9999 Gold, 0.9999 oz. AGW **Obv:** Crowned head right, date and denomination below **Rev:** Maple leaf hologram flanked by 9999, with fireworks privy mark

Date	Mintage	VF20	XF40	MS60	MS63	MS65
2000	500	—	—	—	1,850	—

KM# 442 31.15 g., 0.9999 Gold, 1.0014 oz. AGW 30mm. **Subject:** Holographic Maples Leaves **Obv:** Crowned head right **Rev:** Three maple leaves multicolor hologram **Edge:** Reeded

Date	Mintage	VF20	XF40	MS60	MS63	MS65
2001	600	—	—	—	1,850	—

BULLION COINS

KM# 1042 31.11 g., 0.999 Gold, 0.999 oz. AGW 30mm. **Rev:** Vancouver logo and maple leaf **Edge:** Reeded

Date	Mintage	VF20	XF40	MS60	MS63	MS65
2008 P	—	—	—	—	1,850	—

KM# 1042a 31.11 g., 0.9999 Gold, 0.9999 oz. AGW 30mm. **Rev:** Maple leaf in red enamel, Olympic logo at left

Date	Mintage	VF20	XF40	MS60	MS63	MS65
2008	—	—	—	—	1,850	—

KM# 1037 31.11 g., 0.9999 Gold, 0.9999 oz. AGW 30mm. **Rev:** Thunderbird **Edge:** Reeded

Date	Mintage	VF20	XF40	MS60	MS63	MS65
2009	—	—	—	—	1,850	—

KM# 1037a 31.11 g., 0.9999 Gold, 0.9999 oz. AGW 30mm. **Rev:** Thunderbird, stars in red enamel highlights

Date	Mintage	VF20	XF40	MS60	MS63	MS65
2009	—	—	—	—	1,850	—

KM# 1029 31.11 g., 0.9999 Gold, 0.9999 oz. AGW 30mm. **Rev:** Hockey player flanked by maple leaves

Date	Mintage	VF20	XF40	MS60	MS63	MS65
2010	—	—	—	—	1,850	—

KM# 1029a 31.11 g., 0.9999 Gold, 0.9999 oz. AGW 30mm. **Rev:** Hockey player, red enameled maple leaves flanking

Date	Mintage	VF20	XF40	MS60	MS63	MS65
2010	—	—	—	—	1,850	—

KM# 1141 31.11 g., 0.9999 Gold, 0.9999 oz. AGW 30mm. **Obv:** Bust right **Rev:** Maple leaf

Date	Mintage	VF20	XF40	MS60	MS63	MS65
1911-2011	—	—	—	—	1,850	—

KM# 1210 31.11 g., 1.000 Gold, 1.000 oz. AGW 30mm. **Obv:** Bust right **Rev:** Three maple leaves, 2007-2012 above

Date	Mintage	VF20	XF40	MS60	MS63	MS65
2012	—	PF65		1,850		

KM# 1414 31.10 g., 0.9999 Gold, 0.9999 oz. AGW 30mm. **Obv. Designer:** Susanna Blunt **Rev:** Two Maple Leaves **Rev. Designer:** Claudio D'Angelo

Date	Mintage	VF20	XF40	MS60	MS63	MS65
2013	—	—	—	—	1,800	—

KM# 1488 31.11 g., 0.9999 Gold, 0.9999 oz. AGW 30mm. **Rev:** Maple Leaf, security feature added

Date	Mintage	VF20	XF40	MS60	MS63	MS65
2013	—	—	—	—	1,375	—
2014	—	—	—	—	1,375	—

KM# 1503 31.11 g., 0.9999 Gold, 0.9999 oz. AGW 30mm. **Rev:** Two maple leaves **Rev. Designer:** Claudio d'Angelo

Date	Mintage	VF20	XF40	MS60	MS63	MS65
2013 Reverse Proof	600	PF65 1,800				

KM# 1600 31.11 g., 0.9999 Gold, 0.9999 oz. AGW 30mm. **Obv:** Bust right **Rev:** Three maple leaves

Date	Mintage	VF20	XF40	MS60	MS63	MS65
2014	—	PF65 1,500				

KM# 1706 31.10 g., 0.9999 Gold, 0.9998 oz. AGW 30mm. **Obv:** Bust right **Rev:** 3 Sugar Maple Leaves **Rev. Designer:** Pierre Leduc

Date	Mintage	VF20	XF40	MS60	MS63	MS65
2014	600	PF65 1,600				

KM# 1804 31.16 g., 0.9999 Gold, 1.0017 oz. AGW 30mm. **Obv:** Bust right **Rev:** Silver maple leaf drifting downward **Rev. Designer:** Lilyane Coulombe **Note:** Edge numbered.

Date	Mintage	VF20	XF40	MS60	MS63	MS65
2015	600	PF65 1,400				

KM# A2096 31.16 g., 0.9999 Gold, 1.0017 oz. AGW 30mm. **Ruler:** Elizabeth II **Subject:** A Historic Reign - Gold Fractional Set **Obv:** 1952 effigy right **Rev:** Maple leaf with superimposed crowned royal cypher, selective purple color **Mint:** Royal Canadian Mint

Date	Mintage	F12	VF20	XF40	MS60	MS63
2016 Proof, reverse	—	PF67 1,800				

KM# 2226 31.16 g., 0.9999 Gold Selective platinum plating on rim and leaf, 1.0017 oz. AGW 30mm. **Subject:** A Celebration of Canada - Gold Fractional Set **Obv:** Bust right **Rev:** Red maple leaf drifting onto leaf bed

Date	Mintage	VF20	XF40	MS60	MS63	MS65
2016 Proof, reverse	—	PF67 1,750				

200 DOLLARS

KM# 750 31.11 g., 1.000 Gold, 1.000 oz. AGW 30mm. **Rev:** Three maple leaves

Date	Mintage	VF20	XF40	MS60	MS63	MS65
2007 Proof, T/E privy mark	500	PF65 1,850				

KM# 786 31.11 g., 1.000 Gold, 1.000 oz. AGW 30mm. **Obv:** Bust right on lathe-work background **Rev:** Two maple leaves on lathe-work background

Date	Mintage	VF20	XF40	MS60	MS63	MS65
2008	—	PF65 1,850				

KM# 1162 31.11 g., 1.000 Gold, 1.000 oz. AGW 30mm. **Rev:** Maple leaf with lathe backgound

Date	Mintage	VF20	XF40	MS60	MS63	MS65
2009	—	PF65 1,850				

KM# 1163 31.11 g., 0.999 Gold, 0.999 oz. AGW 30mm. **Subject:** Celebrating win **Rev:** Three athletics with hands raised

Date	Mintage	VF20	XF40	MS60	MS63	MS65
2010	—	PF65 1,850				

KM# 1165 31.11 g., 1.000 Gold, 1.000 oz. AGW 30mm. **Obv. Designer:** Susanna Blunt **Rev:** Mountie on horseback, lathe backgound **Rev. Designer:** Ago Aarand

Date	Mintage	VF20	XF40	MS60	MS63	MS65
2011	—	—	—	—	1,850	—

KM# 1487 31.11 g., 0.9999 Gold, 0.9999 oz. AGW 30mm. **Rev:** Three maple leaves, engine turned background

Date	Mintage	VF20	XF40	MS60	MS63	MS65
2012	—	PF65 1,800				

500 DOLLARS

KM# 1328 155.55 g., 0.9999 Gold, 5.0005 oz. AGW 55mm. **Rev:** Three Maple Leaves

Date	Mintage	VF20	XF40	MS60	MS63	MS65
2012	—	PF65 10,000				

1250 DOLLARS

KM# 1940 500.00 g., 0.9999 Gold, 16.0738 oz. AGW 85.35mm. **Rev:** Wolf in profile, forest background

Date	Mintage	VF20	XF40	MS60	MS63	MS65
2015	25	PF65 26,000				

2500 DOLLARS

KM# 1161 1000.00 g., 0.9999 Gold, 32.1475 oz. AGW 101mm. **Rev:** Three maple leaves on branch

Date	Mintage	VF20	XF40	MS60	MS63	MS65
2011	—	PF65 56,000				

KM# 1271 1000.00 g., 0.999 Gold, 32.1186 oz. AGW 101mm. **Subject:** Maple Leaf Forever

Date	Mintage	VF20	XF40	MS60	MS63	MS65
2012	—	PF65 56,000				

KM# 1486 1000.00 g., 0.9999 Gold, 32.1475 oz. AGW 101mm. **Rev:** Three maple leaves

Date	Mintage	VF20	XF40	MS60	MS63	MS65
2012	—	PF65 69,000				

100,000 DOLLARS

KM# 1209 10000.00 g., 1.000 Gold, 321.504 oz. AGW **Obv:** Bust right **Rev:** Bill Reid's sculpture: Spirit of Haida Gwaii **Note:** The sculpture is at the Canadian Embassy in Washington, D.C.

Date	Mintage	VF20	XF40	MS60	MS63	MS65
2011	—	PF65 565,000				

1,000,000 DOLLARS

KM# 755 100000.00 g., 0.9999 Gold, 3214.7508 oz. AGW **Obv:** Bust right **Rev:** Three maple leaves **Note:** Cast

Date	Mintage	VF20	XF40	MS60	MS63	MS65
2007	10	—	—	—	5,630,000	—

PLATINUM BULLION COINAGE

DOLLAR

KM# 239 1.56 g., 0.9995 Platinum, 0.050 oz. APW **Obv:** Crowned head right, date and denomination below **Rev:** Maple leaf flanked by 9995

Date	Mintage	VF20	XF40	MS60	MS63	MS65
1993	2,120	—	—	—	65.00	—
1994	4,260	—	—	—	65.00	—
1995	460	—	—	—	145	—
1996	1,640	—	—	—	65.00	—
1997	1,340	—	—	—	65.00	—
1998	2,000	—	—	—	65.00	—
1999	2,000	—	—	—	65.00	—

2 DOLLARS

KM# 257 2.07 g., 0.9995 Platinum, 0.0666 oz. APW **Obv:** Crowned head right, date and denomination below **Rev:** Maple leaf flanked by 9995

Date	Mintage	VF20	XF40	MS60	MS63	MS65
1994	1,470	—	—	—	225	—

5 DOLLARS

KM# 164 3.12 g., 0.9995 Platinum, 0.1003 oz. APW **Obv:** Young bust right, date and denomination below **Obv. Designer:** Arnold Machin **Rev:** Maple leaf flanked by 9995

Date	Mintage	VF20	XF40	MS60	MS63	MS65
1988	74,000	—	—	—	117	—
1989	11,999	PF63 235				
1989	18,000	—	—	—	117	—

KM# 192 3.12 g., 0.9995 Platinum, 0.1003 oz. APW **Obv. Designer:** dePedery-Hunt **Rev:** Maple leaf

Date	Mintage	VF20	XF40	MS60	MS63	MS65
1990	9,000	—	—	—	117	—
1991	13,000	—	—	—	117	—
1992	16,000	—	—	—	117	—
1993	14,020	—	—	—	117	—
1994	19,190	—	—	—	117	—
1995	8,940	—	—	—	117	—
1996	8,820	—	—	—	117	—
1997	7,050	—	—	—	117	—
1998	5,710	—	—	—	117	—
1999	2,000	—	—	—	117	—

10 DOLLARS

KM# 165 7.79 g., 0.9995 Platinum, 0.2502 oz. APW **Obv:** Young bust right, date and denomination below **Obv. Designer:** Machin **Rev:** Maple leaf flanked by 9995

Date	Mintage	VF20	XF40	MS60	MS63	MS65
1988	93,600	—	—	—	285	—
1989	1,999	PF63 540				
1989	3,200	—	—	—	285	—

KM# 193 7.79 g., 0.9995 Platinum, 0.2502 oz. APW **Obv. Designer:** dePedery-Hunt **Rev:** Maple leaf

Date	Mintage	VF20	XF40	MS60	MS63	MS65
1990	1,600	—	—	—	285	—
1991	7,200	—	—	—	285	—
1992	11,600	—	—	—	285	—
1993	8,048	—	—	—	285	—
1994	9,456	—	—	—	285	—
1995	6,524	—	—	—	285	—
1996	6,160	—	—	—	285	—
1997	4,552	—	—	—	285	—
1998	3,816	—	—	—	285	—
1999	2,000	—	—	—	285	—

20 DOLLARS

KM# 166 15.55 g., 0.9995 Platinum, 0.4998 oz. APW **Obv:** Young bust right, denomination and date below **Obv. Designer:** Machin **Rev:** Maple leaf flanked by 9995

Date	Mintage	VF20	XF40	MS60	MS63	MS65
1988	23,600	—	—	—	540	—
1989	1,999	PF63 985				
1989	4,800	—	—	—	540	—

KM# 194 15.55 g., 0.9995 Platinum, 0.4998 oz. APW
Obv. Designer: dePedery-Hunt **Rev:** Maple leaf

Date	Mintage	VF20	XF40	MS60	MS63	MS65
1990	2,600	—	—	—	540	—
1991	5,600	—	—	—	540	—
1992	12,800	—	—	—	540	—
1993	6,022	—	—	—	540	—
1994	6,710	—	—	—	540	—
1995	6,308	—	—	—	540	—
1996	5,490	—	—	—	540	—
1997	3,990	—	—	—	540	—
1998	5,486	—	—	—	540	—
1999	500	—	—	—	570	—

30 DOLLARS

KM# 174 3.11 g., 0.999 Platinum, 0.0999 oz.
APW **Obv:** Crowned head right **Rev:** Polar bear
swimming, denomination below **Rev. Designer:**
Robert Bateman

Date	Mintage	VF20	XF40	MS60	MS63	MS65
1990	—	PF63 200				

KM# 198 3.11 g., 0.999 Platinum, 0.0999 oz.
APW **Obv:** Crowned head right **Rev:** Snowy owl,
denomination below **Rev. Designer:** Glen Loates

Date	Mintage	VF20	XF40	MS60	MS63	MS65
1991	—	PF63 200				

KM# 226 3.11 g., 0.999 Platinum, 0.0999 oz. APW
Obv: Crowned head right **Rev:** Cougar head and
shoulders, denomination below **Rev. Designer:**
George McLean

Date	Mintage	VF20	XF40	MS60	MS63	MS65
1992	—	PF63 200				

KM# 240 3.11 g., 0.999 Platinum, 0.0999 oz.
APW **Obv:** Crowned head right **Rev:** Arctic fox,
denomination below **Rev. Designer:** Claude
D'Angelo

Date	Mintage	VF20	XF40	MS60	MS63	MS65
1993	—	PF63 200				

KM# 252 3.11 g., 0.999 Platinum, 0.0999 oz. APW
Obv: Crowned head right, date below **Rev:** Sea otter,
denomination below **Rev. Designer:** Ron S. Parker

Date	Mintage	VF20	XF40	MS60	MS63	MS65
1994	1,500	PF63 200				

KM# 266 3.11 g., 0.999 Platinum, 0.0999 oz.
APW **Obv:** Crowned head right, date below
Rev: Canadian lynx, denomination below **Rev.
Designer:** Michael Dumas

Date	Mintage	VF20	XF40	MS60	MS63	MS65
1995	—	PF63 200				

KM# 278 3.11 g., 0.999 Platinum, 0.0999 oz. APW
Obv: Crowned head right, date below **Rev:** Falcon
portrait, denomination below **Rev. Designer:**
Dwayne Harty

Date	Mintage	VF20	XF40	MS60	MS63	MS65
1996	—	PF63 200				

KM# 300 3.11 g., 0.9995 Platinum, 0.0999 oz. APW
Obv: Crowned head right, date below **Rev:** Bison
head, denomination below **Rev. Designer:** Chris
Bacon

Date	Mintage	VF20	XF40	MS60	MS63	MS65
1997	—	PF63 200				

KM# 322 3.11 g., 0.999 Platinum, 0.0999 oz. APW
Obv: Crowned head right, date below **Rev:** Grey
wolf **Rev. Designer:** Kerr Burnett

Date	Mintage	VF20	XF40	MS60	MS63	MS65
1998	—	PF63 200				

KM# 359 3.11 g., 0.9995 Platinum, 0.0999 oz. APW
Obv: Crowned head right, date below **Rev:** Musk
ox **Rev. Designer:** Mark Hobson

Date	Mintage	VF20	XF40	MS60	MS63	MS65
1999	1,500	PF63 200				

KM# 405 3.11 g., 0.9995 Platinum, 0.0999 oz. APW
16mm. **Obv:** Crowned head right, date below **Rev:**
Pronghorn antelope head, denomination below
Rev. Designer: Mark Hobson **Edge:** Reeded

Date	Mintage	VF20	XF40	MS60	MS63	MS65
2000	—	PF63 200				

BULLION COINS

KM# 429 3.11 g., 0.9995 Platinum, 0.0999 oz. APW 16mm. **Obv:** Crowned head right **Rev:** Harlequin duck's head **Rev. Designer:** Cosme Saffioti and Susan Taylor **Edge:** Reeded

Date	Mintage	VF20	XF40	MS60	MS63	MS65
2001	448	PF65 200				

KM# 1097 3.11 g., 0.9995 Platinum, 0.0999 oz. APW 16mm. **Rev:** Great Blue Heron

Date	Mintage	VF20	XF40	MS60	MS63	MS65
2002	344	PF65 200				

KM# 1101 3.11 g., 0.9995 Platinum, 0.0999 oz. APW 16mm. **Rev:** Atlantic Walrus

Date	Mintage	VF20	XF40	MS60	MS63	MS65
2003	365	PF65 250				

KM# 1105 3.11 g., 0.9995 Platinum, 0.0999 oz. APW 16mm. **Rev:** Grizzly Bear

Date	Mintage	VF20	XF40	MS60	MS63	MS65
2004	380	PF65 250				

50 DOLLARS

KM# 167 31.10 g., 0.9995 Platinum, 0.9995 oz. APW **Obv:** Young bust right, denomination and date below **Obv. Designer:** Machin **Rev:** Maple leaf flanked by 9995

Date	Mintage	VF20	XF40	MS60	MS63	MS65
1988	37,500	—	—	—	1,050	—
1989	—	PF63 1,850				
1989	10,000	—	—	—	1,050	—

KM# 195 31.10 g., 0.9995 Platinum, 0.9995 oz. APW **Obv. Designer:** dePedery-Hunt **Rev:** Maple leaf

Date	Mintage	VF20	XF40	MS60	MS63	MS65
1990	15,100	—	—	—	1,050	—
1991	31,900	—	—	—	1,050	—
1992	40,500	—	—	—	1,050	—
1993	17,666	—	—	—	1,050	—
1994	36,245	—	—	—	1,050	—
1995	25,829	—	—	—	1,050	—
1996	62,273	—	—	—	1,050	—
1997	25,480	—	—	—	1,050	—
1998	10,403	—	—	—	1,050	—
1999	1,300	—	—	—	1,100	—

75 DOLLARS

KM# 175 7.78 g., 0.999 Platinum, 0.2498 oz. APW **Obv:** Crowned head right **Rev:** Polar bear resting,

denomination below **Rev. Designer:** Robert Bateman

Date	Mintage	VF20	XF40	MS60	MS63	MS65
1990	—	PF63 500				

KM# 199 7.78 g., 0.999 Platinum, 0.2498 oz. APW **Obv:** Crowned head right **Rev:** Snowy owls perched on branch, denomination below **Rev. Designer:** Glen Loates

Date	Mintage	VF20	XF40	MS60	MS63	MS65
1991	—	PF63 500				

KM# 227 7.78 g., 0.999 Platinum, 0.2498 oz. APW **Obv:** Crowned head right **Rev:** Cougar prowling, denomination below **Rev. Designer:** George McLean

Date	Mintage	VF20	XF40	MS60	MS63	MS65
1992	—	PF63 500				

KM# 241 7.78 g., 0.999 Platinum, 0.2498 oz. APW **Obv:** Crowned head right **Rev:** Two Arctic foxes, denomination below **Rev. Designer:** Claude D'Angelo

Date	Mintage	VF20	XF40	MS60	MS63	MS65
1993	—	PF63 500				

KM# 253 7.78 g., 0.999 Platinum, 0.2498 oz. APW **Obv:** Crowned head right, date below **Rev:** Sea otter eating urchin, denomination below **Rev. Designer:** Ron S. Parker

Date	Mintage	VF20	XF40	MS60	MS63	MS65
1994	1,500	PF63 500				

KM# 267 7.78 g., 0.999 Platinum, 0.2498 oz. APW **Obv:** Crowned head right, date below **Rev:** Two

BULLION COINS

lynx kittens, denomination below **Rev. Designer:** Michael Dumas

Date	Mintage	VF20	XF40	MS60	MS63	MS65
1995	1,500	**PF63** 500				

KM# 279 7.78 g.,   0.999 Platinum, 0.2498 oz. APW **Obv:**   Crowned head right, date below **Rev:** Peregrine falcon, denomination below **Rev. Designer:** Dwayne Harty

Date	Mintage	VF20	XF40	MS60	MS63	MS65
1996	1,500	**PF63** 500				

KM# 301 7.78 g., 0.999 Platinum, 0.2498 oz. APW **Obv:** Crowned head right, date below **Rev:** Two bison calves, denomination below **Rev. Designer:** Chris Bacon

Date	Mintage	VF20	XF40	MS60	MS63	MS65
1997	1,500	**PF63** 500				

KM# 323 7.78 g., 0.999 Platinum, 0.2498 oz. APW **Obv:** Crowned head right, date below **Rev:** Gray wolf **Rev. Designer:** Kerr Burnett

Date	Mintage	VF20	XF40	MS60	MS63	MS65
1998	1,000	**PF63** 500				

KM# 360 7.78 g., 0.999 Platinum, 0.2498 oz. APW **Obv:** Crowned head right, date below **Rev:** Musk ox **Rev. Designer:** Mark Hobson

Date	Mintage	VF20	XF40	MS60	MS63	MS65
1999	—	**PF63** 500				

KM# 406 7.78 g., 0.999 Platinum, 0.2498 oz. APW 20mm. **Obv:** Crowned head right **Rev:** Standing pronghorn antelope, denomination below **Rev. Designer:** Mark Hobson **Edge:** Reeded

Date	Mintage	VF20	XF40	MS60	MS63	MS65
2000	—	**PF63** 500				

KM# 430 7.78 g., 0.9995 Platinum, 0.2499 oz. APW 20mm. **Obv:** Crowned head right **Rev:** Harlequin duck in flight **Rev. Designer:** Cosme Saffioti and Susan Taylor **Edge:** Reeded

Date	Mintage	VF20	XF40	MS60	MS63	MS65
2001	448	**PF65** 500				

KM# 1098 7.77 g., 0.9995 Platinum, 0.2497 oz. APW 20mm. **Rev:** Great Blue Heron

Date	Mintage	VF20	XF40	MS60	MS63	MS65
2002	344	**PF65** 525				

KM# 1102 7.77 g., 0.9995 Platinum, 0.2497 oz. APW 20mm. **Rev:** Atlantic Walrus

Date	Mintage	VF20	XF40	MS60	MS63	MS65
2003	365	**PF65** 550				

KM# 1106 7.77 g., 0.9995 Platinum, 0.2497 oz. APW 20mm. **Rev:** Grizzly Bear

Date	Mintage	VF20	XF40	MS60	MS63	MS65
2004	380	**PF65** 550				

150 DOLLARS

KM# 176 15.55 g.,   0.999 Platinum, 0.4995 oz. APW **Obv:** Crowned head right **Rev:** Polar bear walking, denomination below **Rev. Designer:** Robert Bateman

Date	Mintage	VF20	XF40	MS60	MS63	MS65
1990	—	**PF63** 975				

KM# 200 15.55 g., 0.999 Platinum, 0.4995 oz. APW **Obv:** Crowned head right **Rev:** Snowy owl flying, denomination below **Rev. Designer:** Glen Loates

Date	Mintage	VF20	XF40	MS60	MS63	MS65
1991	—	**PF63** 975				

KM# 228 15.55 g., 0.999 Platinum, 0.4995 oz. APW **Obv:** Crowned head right **Rev:** Cougar mother and cub, denomination below **Rev. Designer:** George McLean

Date	Mintage	VF20	XF40	MS60	MS63	MS65
1992	—	**PF63** 975				

KM# 242 15.55 g.,   0.999 Platinum, 0.4995 oz. APW **Obv:** Crowned head right **Rev:** Arctic fox by lake, denomination below **Rev. Designer:** Claude D'Angelo

Date	Mintage	VF20	XF40	MS60	MS63	MS65
1993	—	**PF63** 975				

KM# 254 15.55 g.,   0.999 Platinum, 0.4995 oz.
APW **Obv:** Crowned head right, date below **Rev:**
Sea otter mother carrying pup, denomination below
Rev. Designer: Ron S. Parker

Date	Mintage	VF20	XF40	MS60	MS63	MS65
1994	—	PF63 975				

KM# 268 15.55 g.,   0.999 Platinum, 0.4995 oz.
APW **Obv:** Crowned head right, date below **Rev:**
Prowling lynx, denomination below **Rev. Designer:**
Michael Dumas

Date	Mintage	VF20	XF40	MS60	MS63	MS65
1995	—	PF63 975				

KM# 280 15.55 g.,   0.999 Platinum, 0.4995 oz.
APW **Obv:** Crowned head right, date below **Rev:**
Peregrine falcon on branch, denomination below
Rev. Designer: Dwayne Harty

Date	Mintage	VF20	XF40	MS60	MS63	MS65
1996	100	PF63 975				

KM# 302 15.55 g., 0.999 Platinum, 0.4995 oz. APW
Obv: Crowned head right, date below **Rev:** Bison
bull, denomination below   **Rev. Designer:** Chris
Bacon

Date	Mintage	VF20	XF40	MS60	MS63	MS65
1997	—	PF63 975				

KM# 324 15.55 g.,   0.999 Platinum, 0.4995 oz.
APW **Obv:** Crowned head right, date below **Rev:**
Two gray wolf cubs, denomination below   **Rev.
Designer:** Kerr Burnett

Date	Mintage	VF20	XF40	MS60	MS63	MS65
1998	—	PF63 975				

KM# 361 15.55 g.,   0.999 Platinum, 0.4995 oz.
APW **Obv:** Crowned head right **Rev:** Musk ox,
denomination below **Rev. Designer:** Mark Hobson

Date	Mintage	VF20	XF40	MS60	MS63	MS65
1999	—	PF63 975				

KM# 407 15.55 g.,   0.999 Platinum, 0.4994 oz.
APW 25mm. **Obv:** Crowned head right **Rev:** Two
pronghorn antelope, denomination below   **Rev.
Designer:** Mark Hobson **Edge:** Reeded

Date	Mintage	VF20	XF40	MS60	MS63	MS65
2000	—	PF63 975				

KM# 431 15.55 g.,   0.9995 Platinum, 0.4997 oz.
APW 25mm. **Obv:** Crowned head right **Rev:** Two
harlequin ducks **Rev. Designer:** Cosme Saffioti
and Susan Taylor **Edge:** Reeded

Date	Mintage	VF20	XF40	MS60	MS63	MS65
2001	448	PF65 1,000				

KM# 1099 15.55 g.,   0.9995 Platinum, 0.4997 oz.
APW 25mm. **Rev:** Great Blue Heron

Date	Mintage	VF20	XF40	MS60	MS63	MS65
2002	344	PF65 1,000				

KM# 1103 15.55 g.,   0.9995 Platinum, 0.4997 oz.
APW 25mm. **Rev:** Atlantic Walrus

Date	Mintage	VF20	XF40	MS60	MS63	MS65
2003	365	PF65 1,000				

KM# 1107 15.55 g.,   0.9995 Platinum, 0.4997 oz.
APW 25mm. **Rev:** Grizzly Bear

Date	Mintage	VF20	XF40	MS60	MS63	MS65
2004	380	PF65 1,000				

BULLION COINS

300 DOLLARS

KM# 177 31.10 g., 0.999 Platinum, 0.999 oz. APW
Obv: Crowned head right **Rev:** Polar bear mother and cub, denomination below **Rev. Designer:** Robert Bateman

Date	Mintage	VF20	XF40	MS60	MS63	MS65
1990	—	PF63 1,850				

KM# 201 31.10 g., 0.999 Platinum, 0.999 oz. APW
Obv: Crowned head right **Rev:** Snowy owl with chicks, denomination below **Rev. Designer:** Glen Loates

Date	Mintage	VF20	XF40	MS60	MS63	MS65
1991	—	PF63 1,850				

KM# 229 31.10 g., 0.999 Platinum, 0.999 oz. APW
Obv: Crowned head right **Rev:** Cougar resting in tree, denomination below **Rev. Designer:** George McLean

Date	Mintage	VF20	XF40	MS60	MS63	MS65
1992	—	PF63 1,850				

KM# 243 31.10 g., 0.999 Platinum, 0.999 oz. APW
Obv: Crowned head right **Rev:** Mother fox and three kits, denomination below **Rev. Designer:** Claude D'Angelo

Date	Mintage	VF20	XF40	MS60	MS63	MS65
1993	—	PF63 1,850				

KM# 255 31.10 g., 0.999 Platinum, 0.999 oz. APW **Obv:** Crowned head right, date below **Rev:** Two otters swimming, denomination below **Rev. Designer:** Ron S. Parker

Date	Mintage	VF20	XF40	MS60	MS63	MS65
1994	—	PF63 1,850				

KM# 269 31.10 g., 0.999 Platinum, 0.999 oz. APW **Obv:** Crowned head right, date below **Rev:** Female lynx and three kittens, denomination below **Rev. Designer:** Michael Dumas

Date	Mintage	VF20	XF40	MS60	MS63	MS65
1995	1,500	PF63 1,850				

KM# 281 31.10 g., 0.999 Platinum, 0.999 oz. APW **Obv:** Crowned head right, date below **Rev:** Peregrine falcon feeding nestlings, denomination below **Rev. Designer:** Dwayne Harty

Date	Mintage	VF20	XF40	MS60	MS63	MS65
1996	1,500	PF63 1,850				

KM# 303 31.10 g., 0.999 Platinum, 0.999 oz. APW **Obv:** Crowned head right, date below **Rev:** Bison family, denomination below **Rev. Designer:** Chris Bacon

Date	Mintage	VF20	XF40	MS60	MS63	MS65
1997	1,500	PF63 1,850				

KM# 325 31.10 g., 0.999 Platinum, 0.999 oz. APW **Obv:** Crowned head right, date below **Rev:** Gray wolf and two cubs, denomination below **Rev. Designer:** Kerr Burnett

Date	Mintage	VF20	XF40	MS60	MS63	MS65
1998	—	PF63 1,850				

KM# 362 31.10 g., 0.999 Platinum, 0.999 oz. APW **Obv:** Crowned head right, date below **Rev:** Musk ox **Rev. Designer:** Mark Hobson

Date	Mintage	VF20	XF40	MS60	MS63	MS65
1999	—	PF63 1,850				

KM# 408 31.10 g., 0.999 Platinum, 0.999 oz. APW 30mm. **Obv:** Crowned head right, date below **Rev:** Four pronghorn antelope, denomination below **Rev. Designer:** Mark Hobson **Edge:** Reeded

Date	Mintage	VF20	XF40	MS60	MS63	MS65
2000	—	PF63 1,850				

KM# 432 31.10 g., 0.9995 Platinum, 0.9995 oz. APW 30mm. **Obv:** Crowned head right **Rev:** Two standing harlequin ducks **Rev. Designer:** Cosme Saffioti and Susan Taylor **Edge:** Reeded

Date	Mintage	VF20	XF40	MS60	MS63	MS65
2001	448	PF65 1,900				

KM# 1100 31.11 g., 0.9995 Platinum, 0.9995 oz. APW 30mm. **Rev:** Great Blue Heron

Date	Mintage	VF20	XF40	MS60	MS63	MS65
2002	344	PF65 1,950				

KM# 1104 31.11 g., 0.9995 Platinum, 0.9995 oz. APW 30mm. **Rev:** Atlantic Walrus

Date	Mintage	VF20	XF40	MS60	MS63	MS65
2003	365	PF65 1,950				

KM# 1108 31.11 g., 0.9995 Platinum, 0.9995 oz. APW 30mm. **Rev:** Grizzly Bear

Date	Mintage	VF20	XF40	MS60	MS63	MS65
2004	380	PF65 1,950				

KM# 753 31.11 g., 0.9999 Platinum, 0.9999 oz. APW **Rev:** Wooly mammoth

Date	Mintage	VF20	XF40	MS60	MS63	MS65
2007	400	PF65 3,000				

KM# 831 31.11 g., 0.999 Platinum, 0.999 oz. APW 30mm. **Rev:** Saber Tooth Scimitar cat

Date	Mintage	VF20	XF40	MS60	MS63	MS65
2008	200	PF65 3,200				

KM# 951 31.16 g., 0.999 Platinum, 1.0008 oz. APW 30mm. **Rev:** Steppe Bison

Date	Mintage	VF20	XF40	MS60	MS63	MS65
2009	200	PF65 3,200				

KM# 1159 31.11 g., 0.999 Platinum, 0.999 oz. APW 30mm. **Rev:** Ground Sloth

Date	Mintage	VF20	XF40	MS60	MS63	MS65
2010	200	PF65 1,900				

KM# 1175 31.11 g., 0.9995 Platinum, 0.9995 oz. APW 30mm. **Obv:** Bust right **Rev:** Cougar head left

Date	Mintage	VF20	XF40	MS60	MS63	MS65
2011	200	PF65 1,950				

KM# 1273 31.11 g., 0.999 Platinum, 0.999 oz. APW 30mm. **Subject:** Maple Leaf Forever

Date	Mintage	VF20	XF40	MS60	MS63	MS65
2012	—	PF65 1,950				

BULLION COINS

KM# 1386 31.11 g., 0.999 Platinum, 0.999 oz. APW 30mm. **Subject:** Maple Leaf - 25th Anniversary **Rev:** Maple Leaf - Gilt Shadow **Rev. Designer:** John Louis Sirois

Date	Mintage	VF20	XF40	MS60	MS63	MS65
2013	Est. 250		**PF65** 2,850			

KM# 1391 31.11 g., 0.999 Platinum, 0.9992 oz. APW 30mm. **Rev:** Two Bald Eagles at Nest

Date	Mintage	VF20	XF40	MS60	MS63	MS65
2013	—		**PF65** 2,250			

KM# 1544 31.11 g., 0.999 Platinum, 0.9992 oz. APW 30mm. **Rev:** Two bison

Date	Mintage	VF20	XF40	MS60	MS63	MS65
2013	—		**PF65** 2,250			

KM# 1552 31.16 g., 0.9995 Platinum, 1.0013 oz. APW 30mm. **Obv:** Bust right **Rev:** Two bison with heads butting **Rev. Designer:** Claudio D'Angelo

Date	Mintage	VF20	XF40	MS60	MS63	MS65
2014	200		**PF65** 2,850			

KM# 1560 31.16 g., 0.9995 Platinum, 1.0013 oz. APW 30mm. **Obv:** Bust right **Rev:** Bighorn Sheep **Rev. Designer:** Emily Damstra

Date	Mintage	VF20	XF40	MS60	MS63	MS65
2014	250		**PF65** 2,850			

KM# 1938 7.96 g., 0.9995 Platinum, 0.2558 oz. APW 27mm. **Subject:** Emily Carr paintings **Rev:** Detail from A Skidegrate Beaver Pole painting

Date	Mintage	VF20	XF40	MS60	MS63	MS65
2014 Proof, reverse	—		**PF63** 500			

CUSTOM PROOF-LIKE SETS (CPL)

KM#	Date	Mintage	Identification	Issue Price	Mkt Val
CPL1	1971 (7)	33,517	KM59.1 (2 pcs.), 60.1, 62b, 75.1, 77.1 ,79	6.50	5.00
CPL2	1971 (6)	38,198	KM59.1 (2 pcs.), 60.1, 62b, 75.1, 77.1	6.50	5.00
CPL3	1973 (6)	35,676	KM59.1 (2 pcs.), 60.1, 75.1, 77.1, 81.1 obv. 120 beads, 82	6.50	6.50
CPL4	1973 (7)	Inc. above	KM59.1 (2 pcs.), 60.1, 75.1, 77.1, 81.1 obv. 132 beads, 82	6.50	200
CPL5	1974 (5)	44,296	KM59.1 (2 pcs.), 60.1, 62b-75.1, 88	8.00	5.00
CPL6	1975 (6)	36,851	KM59.1 (2 pcs.), 60.1, 62b-75.1, 76.2, 77.1	8.00	5.00
CPL7	1976 (6)	28,162	KM59.1 (2 pcs.), 60.1, 62b-75.1, 76.2, 77.1	8.00	5.50
CPL8	1977 (6)	44,198	KM59.1 (2 pcs.), 60.1, 62b-75.2, 77.1, 117	8.15	7.50
CPL9	1978 (6)	41,000	KM59.1 (2 pcs.), 60.1, 62b-75.3, 77.1, 120.1	—	5.00
CPL10	1979 (6)	31,174	KM59.2 (2 pcs.), 60.2, 74, 75.3, 77.2, 120.1	10.75	5.00
CPL11	1980 (7)	41,447	KM60.2, 74, 75.3, 77.2, 120.1, 127 (2 pcs.)	10.75	6.00

MINT SETS

KM#	Date	Mintage	Identification	Issue Price	Mkt Val
MS1	1973 (4)	Inc. above	KM84, 85, 86.1, 87; Olympic Commemoratives, Series I	45.00	135
MS2	1974 (4)	Inc. above	KM89, 90, 93, 94; Olympic Commemoratives, Series II	48.00	135
MS3	1974 (4)	Inc. above	KM91-92, 95-96; Olympic Commemorative, Series III	48.00	135
MS4	1975 (4)	Inc. above	KM98, 99, 102, 103; Olympic Commemoratives, Series IV	48.00	135
MS5	1975 (4)	Inc. above	KM100, 101, 104, 105; Olympic Commemoratives, Series V	60.00	135
MS6	1976 (4)	Inc. above	KM107, 108, 111, 112; Olympic Commemoratives, Series VI	60.00	135
MS7	1976 (4)	Inc. above	KM109, 110, 113, 114; Olympic Commemoratives, Series VII	60.00	135
MS8	2001 (5)	600	KM438-442	1,996	2,950
MS9	2002 (7)	135,000	Double-dated 1952-2002, KM#444-449, 467 Elizabeth II Golden Jubilee	11.75	16.00
MS10	2002 (7)	—	KM#444-449, 467, Oh! Canada! 135th Birthday Gift set.	17.00	16.00
MS11	2002 (7)	—	KM#444-449, 467, Tiny Treasures Uncirculated Gift Set	17.00	16.00

BULLION COINS

KM#	Date	Mintage	Identification	Issue Price	Mkt Val
MS12	2003 (7)	135,000	KM#289, 182b, 183b, 184b, 290, 186, 270	12.00	16.00
MS13	2003 (7)	75,000	KM490-496	13.25	20.00
MS14	2003 (7)	—	KM289, 182-184, 290, 186, 270, Oh! Canada!	17.75	16.00
MS15	2003 (7)	—	KM289, 182-184, 290, 186, 270, Tiny Treasures Uncirculated Gift Set	17.75	16.00

OLYMPIC COMMEMORATIVES (OCP)

KM#	Date	Mintage	Identification	Issue Price	Mkt Val
OCP1	1973 (4)	Inc. above	KM84-87, Series I	78.50	135
OCP2	1974 (4)	Inc. above	KM89-90, 93-94, Series II	88.50	135
OCP3	1974 (4)	Inc. above	KM91-92, 95-96, Series III	88.50	135
OCP4	1975 (4)	Inc. above	KM98-99, 102-103, Series IV	88.50	135
OCP5	1975 (4)	Inc. above	KM100-101, 104-105, Series V	88.50	135
OCP6	1976 (4)	Inc. above	KM107-108, 111-112, Series VI	88.50	135
OCP7	1976 (4)	Inc. above	KM109-110, 113-114, Series VII	88.50	135

PROOF SETS

KM#	Date	Mintage	Identification	Issue Price	Mkt Val
PS1	1981 (7)	199,000	KM60.2, 74, 75.3, 77.2, 120.1, 127, 130	36.00	30.00
PS2	1982 (7)	180,908	KM60.2a, 74, 75.3, 77.2, 120.1, 132, 133	36.00	37.50
PS3	1983 (7)	166,779	KM60.2a, 74, 75.3, 77.2, 120.1, 132, 138	36.00	27.50
PS4	1984 (7)	161,602	KM60.2a, 74, 75.3, 77.2, 120.1, 132, 140	30.00	27.50
PS5	1985 (7)	157,037	KM60.2a, 74, 75.3, 77.2, 120.1, 132, 143	30.00	30.00
PS6	1986 (7)	175,745	KM60.2a, 74, 75.3, 77.2, 120.1, 132, 149	30.00	29.00
PS7	1987 (7)	179,004	KM60.2a, 74, 75.3, 77.2, 120.1, 132, 154	34.00	30.00
PS8	1988 (7)	175,259	KM60.2a, 74, 75.3, 77.2, 132, 157, 161	37.50	34.00
PS9	1989 (7)	170,928	KM60.2a, 74, 75.3, 77.2, 132, 157, 168	40.00	34.00
PS10	1989 (4)	6,823	KM125.2, 135-136, 153	1,190	2,900
PS11	1989 (4)	1,995	KM164-167	1,700	3,750
PS12	1989 (3)	2,550	KM125.2, 163, 167	1,530	3,500
PS13	1989 (3)	9,979	KM135, 163, 164	165	475
PS14	1990 (7)	158,068	KM170, 181, 182, 183, 184, 185, 186	41.00	42.50
PS15	1990 (4)	2,629	KM174-177	1,720	3,700
PS16	1991 (7)	14,629	KM179, 181, 182, 183, 184, 185, 186	—	80.00
PS17	1991 (4)	873	KM198-201	1,760	3,700
PS18	1992 (11)	84,397	KM203a, 212a-214a, 218, 220a-223a, 231a-234a	—	92.50
PS19	1992 (7)	147,061	KM204-210	42.75	65.00
PS20	1992 (4)	3,500	KM226-229	1,680	3,700
PS21	1993 (7)	143,065	KM181, 182, 183, 184, 185, 186, 235	42.75	40.00
PS22	1993 (4)	3,500	KM240-243	1,329	3,700
PS23	1994 (7)	47,303	KM181-186, 248	47.50	30.00
PS24	1994 (7)	99,121	KM181-186, 251	43.00	45.00
PS25	1994 (4)	1,500	KM252-255	915	3,700
PS26	1995 (7)	Inc. above	KM181-186, 259	37.45	52.00
PS27	1995 (7)	50,000	KM181-185, 258, 259	49.45	52.00
PS28	1995 (4)	Inc. above	KM261-264	42.00	95.00
PS29	1995 (4)	682	KM266-269	1,555	3,700
PS30	1995 (2)	Inc. above	KM261-262	22.00	48.00
PS31	1995 (2)	Inc. above	KM263-264	22.00	46.00
PS32	1996 (4)	423	KM278-281	1,555	3,700
PS33	1996 (7)	Inc. above	KM181, 182a, 183a, 184a, 185a, 186, 274	49.00	60.00
PS34	1996 (4)	Inc. above	KM283-286	44.45	80.00
PS35	1997 (7)	Inc. above	KM182a, 183a, 184a, 270c, 282, 289, 290	60.00	75.00
PS36	1997 (4)	Inc. above	KM292-295	44.45	68.00
PS37	1997 (4)	Inc. above	KM300-303	1,530	3,700
PS38	1998 (8)	Inc. above	KM182a, 183a, 184a, 186, 270b, 289, 290a, 306	59.45	80.00
PS39	1998 (5)	25,000	KM309-313	73.50	55.00
PS40	1998 (2)	61,000	KM316 w/China Y-727	72.50	40.00
PS41	1998 (4)	Inc. above	KM318-321	44.45	68.00
PS42	1998 (4)	1,000	KM322-325	1,552	3,700
PS43	1998 (5)	25,000	KM310-313, 332	73.50	68.00
PS44	1999 (7)	Inc. above	KM182a-184a, 186, 270c, 289, 290a,	59.45	55.00
PS45	1999 (4)	Inc. above	KM335-338	39.95	140
PS46	1999 (12)	Inc. above	KM342a-353a	99.45	115
PS47	1999 (4)	Inc. above	KM359-362	1,425	3,700
PS48	2000 (12)	—	KM373a-383a, 384.2a	101	110
PS49	2000 (4)	—	KM389-392	44.00	80.00
PS50	2000 (4)	600	KM405-408	1,416	3,700
PS51	2001 (4)	—	KM429, 430, 431, 432	—	3,600
PS52	2002 (8)	100,000	KM#443, 444a, 445, 446a-449a, 467 Elizabeth II Golden Jubilee	60.00	125
PS53	2002 (3)	—	KM#459-461 Canadian Folklore and Legends Collection	57.50	35.00
PS54	2002 (2)	—	KM#519, 520	750	1,125
PS55	2003 (8)	100,000	KM#182a, 183a, 184a, 186, 270d, 289, 290a, 450 100th Anniversary of the Cobalt Silver Strike	62.50	125

KM#	Date	Mintage	Identification	Issue Price	Mkt Val
PS56	2003 (6)	30,000	KM#468-473 50th Anniversary of the Coronation of Elizabeth II	75.00	100
PS57	2004 (8)	—	KM#490, 491a-494a, 495, 496a, 512	—	115
PS58	2004 (5)	25,000	KM#621-625	—	100

PROOF-LIKE DOLLARS

KM#	Date	Mintage	Identification	Issue Price	Mkt Val
D1.1	1951 (1)	—	KM46, Canoe	—	200
D1.2	1951 (1)	—	KM46, Arnprior	—	1,300
D2.1	1952 (1)	—	KM46, water lines	—	1,150
D2.2	1952 (1)	—	KM46, without water lines	—	200
D3	1953 (1)	1,200	KM54, Canoe w/ shoulder fold	—	500
D4	1954 (1)	5,300	KM54, Canoe	1.25	175
D5	1955 (1)	7,950	KM54, Canoe	1.25	125
D5a	1955 (1)	Inc. above	KM54, Arnprior	1.25	225
D6	1956 (1)	10,212	KM54, Canoe	1.25	95.00
D7	1957 (1)	16,241	KM54, Canoe	1.25	50.00
D8	1958 (1)	33,237	KM55, British Columbia	1.25	30.00
D9	1959 (1)	45,160	KM54, Canoe	1.25	24.00
D10	1960 (1)	82,728	KM54, Canoe	1.25	22.00
D11	1961 (1)	120,928	KM54, Canoe	1.25	22.00
D12	1962 (1)	248,901	KM54, Canoe	1.25	22.00
D13	1963 (1)	963,525	KM54, Canoe	1.25	22.00
D14	1964 (1)	2,862,441	KM58, Charlottetown	1.25	22.00
D15	1965 (1)	2,904,352	KM64.1, Canoe	—	22.00
D16	1966 (1)	672,514	KM64.1, Canoe	—	22.00
D17	1967 (1)	1,036,176	KM70, Confederation	—	22.00

PROOF-LIKE SETS (PL)

KM#	Date	Mintage	Identification	Issue Price	Mkt Val
PL1	1953 (6)	1,200	KM49 w/o shoulder fold, 50-54	2.20	2,000
PL3	1954 (6)	3,000	KM49-54	2.50	650
PL4	1954 (6)	Inc. above	KM49 w/o shoulder fold, 50-54	2.50	1,600
PL5	1955 (6)	6,300	KM49, 50a, 51-54	2.50	400
PL6	1955 (6)	Inc. above	KM49, 50a, 51-54, Arnprior	2.50	500
PL7	1956 (5)	6,500	KM49, 50a, 51-54	2.50	200
PL8	1957 (6)	11,862	KM49, 50a, 51-54	2.50	150
PL9	1958 (6)	18,259	KM49, 50a, 51-53, 55	2.50	125
PL10	1959 (6)	31,577	KM49, 50a, 51, 52, 54, 56	2.50	60.00
PL11	1960 (6)	64,097	KM49, 50a, 51, 52, 54, 56	3.00	45.00
PL12	1961 (6)	98,373	KM49, 50a, 51, 52, 54, 56	3.00	45.00
PL13	1962 (6)	200,950	KM49, 50a, 51, 52, 54, 56	3.00	40.00
PL14	1963 (6)	673,006	KM49, 51, 52, 54, 56, 57	3.00	35.00
PL15	1964 (5)	1,653,162	KM49, 51, 52, 56-58	3.00	35.00
PL16	1965 (4)	2,904,352	KM59.1-60.1, 61-63, 64.1	4.00	35.00

KM#	Date	Mintage	Identification	Issue Price	Mkt Val
PL17	1966 (5)	672,514	KM59.1-60.1, 61-63, 64.1	4.00	35.00
PL18	1967 (6)	961,887	KM65-70 (plio-film flat pack)	4.00	35.00
PL18A	1967 (6)	70,583	KM65-70 Specimen Quality and Silver Medal (red box)	12.00	55.00
PL18B	1967 (7)	337,688	KM65-71 Specimen Quality (black box)	40.00	850
PL19	1968 (6)	521,641	KM59.1-60.1, 62b, 72a, 75.1-76.1	4.00	2.25
PL20	1969 (4)	326,203	KM59.1-60.1, 62b, 75.1-77.1	4.00	3.00
PL21	1970 (4)	349,120	KM59.1-60.1, 62b, 75.1, 77.1, 78	4.00	3.50
PL22	1971 (4)	253,311	KM59.1-60.1, 62b, 75.1, 77.1, 79	4.00	3.00
PL23	1972 (3)	224,275	KM59.1-60.1, 62b-77.1	4.00	3.00
PL24	1973 (6)	243,695	KM59.1-60.1, 62b-75.1 obv. 120 beads, 77.1, 81.1, 82	4.00	4.00
PL25	1973 (3)	Inc. above	KM59.1-60.1, 62b-75.1 obv. 132 beads, 77.1, 81.2, 82	4.00	250
PL26	1974 (6)	213,589	KM59.1-60.1, 62b-75.1, 77.1, 88	5.00	3.00
PL27.1	1975 (4)	197,372	KM59.1, 60.1, 62b-75.1, 76.2, 77.1	5.00	3.50
PL27.2	1975 (6)	Inc. above	KM59.1, 60.1, 62b-75.1, 76.3, 77.1	5.00	5.00
PL28	1976 (4)	171,737	KM59.1, 60.1, 62b-75.1, 76.2, 77.1	5.15	3.00
PL29	1977 (4)	225,307	KM59.1, 60.1, 62b, 75.2, 77.1, 117.1	5.15	3.00
PL30	1978 (6)	260,000	KM59.1-60.1, 62b, 75.3, 77.1, 120.1	5.25	4.25
PL31	1979 (6)	187,624	KM59.2-60.2, 74, 75.3, 77.2, 120.1	6.25	4.25
PL32	1980 (6)	410,842	KM60.2, 74, 75.3, 77.2, 120.1, 127	6.50	4.50
PL33	1981 (5)	186,250	KM60.2, 74, 75.3, 77.2, 120.1, 123	5.00	4.00
PL34	1982 (5)	203,287	KM60.2, 74, 75.3, 77.2, 120.1, 123	6.00	4.00
PL36	1983 (6)	190,838	KM60.2a, 74, 75.3, 77.2, 120.1, 132	5.00	5.00
PL36.1	1983 (6)	Inc. above	KM60.2a, 74, 75.3, 77.2, 120.1, 132; set in folder packaged by British Royal Mint Coin Club	—	10.00
PL37	1984 (6)	181,249	KM60.2a, 74, 75.3, 77.2, 120.1, 132	5.25	5.00
PL38	1985 (6)	173,924	KM60.2a, 74, 75.3, 77.2, 120.1, 132	5.25	24.00

KM#	Date	Mintage	Identification	Issue Price	Mkt Val
PL39	1986 (6)	167,338	KM60.2a, 74, 75.3, 77.2, 120.1, 132	5.25	6.50
PL40	1987 (6)	212,136	KM60.2a, 74, 75.3, 77.2, 120.1, 132	5.25	7.00
PL41	1988 (6)	182,048	KM60.2a, 74, 75.3, 77.2, 132, 157	6.05	5.50
PL42	1989 (6)	173,622	KM60.2a, 74, 75.3, 77.2, 132, 157	6.60	8.00
PL43	1990 (6)	170,791	KM181-186	7.40	8.00
PL44	1991 (6)	147,814	KM181-186	7.40	25.00
PL45	1992 (6)	217,597	KM204-209	8.25	17.50
PL46	1993 (6)	171,680	KM181-186	8.25	5.00
PL47	1994 (6)	141,676	KM181-185, 258	8.50	5.50
PL48	1994 (6)	18,794	KM181-185, 258 (Oh Canada holder)	—	8.50
PL49	1995 (6)	143,892	KM181-186	6.95	5.50
PL50	1995 (6)	50,927	KM181-186 (Oh Canada holder)	14.65	8.50
PL51	1995 (6)	36,443	KM181-186 (Baby Gift holder)	—	9.00
PL52	1996 (4)	116,736	KM181-186	—	27.00
PL53	1996 (6)	29,747	KM181-186 (Baby Gift holder)	—	14.00
PL54	1996 (10)	Inc. above	KM181a-185a, 186	8.95	65.00
PL55	1996 (6)	Inc. above	KM181a-185a, 186 (Oh Canada holder)	14.65	12.00
PL56	1996 (6)	Inc. above	KM181a-185a, 186 (Baby Gift holder)	—	12.00
PL57	1997 (7)	Inc. above	KM182a-184a, 209, 270, 289-290	10.45	8.00
PL58	1997 (7)	Inc. above	KM182a-184a, 270, 289-291 (Oh Canada holder)	16.45	30.00
PL59	1997 (5)	Inc. above	KM182a-184a, 209, 270, 289-290 (Baby Gift holder)	18.50	25.00
PL60	1998 (7)	Inc. above	KM182-184, 186, 270, 289-290	10.45	25.00
PL61	1998 (7)	Inc. above	KM182-184, 186, 270, 289-290 (Oh Canada holder)	16.45	25.00
PL62	1998 (7)	Inc. above	KM182-184, 186, 270, 289-290 (Tiny Treasures holder)	16.45	25.00
PL63	1999 (12)	Inc. above	KM342-353	16.95	10.00
PL64	2000 (12)	—	KM373-384	16.95	10.00

SPECIMEN SETS (SS)

KM#	Date	Mintage	Identification	Issue Price	Mkt Val
SS1	1858 (4)	Inc. above	KM1-4, Reeded edge	—	12,000
SS2	1858 (4)	Inc. above	KM1-4, Plain edge	—	10,000
SS3	1858 (4)	Inc. above	KM1-4; Double Set	—	20,000
SS4	1858 (1)	Inc. above	KM1 (overdate), 2-4; Double Set	—	20,000
SS5	1870 (1)	100	KM2, 3, 5, 6 (reeded edges)	—	40,000
SS6	1870 (1)	Inc. above	KM2, 3, 5, 6; Double Set (plain edges)	—	80,000
SS7	1872 (4)	Inc. above	KM2, 3, 5, 6	—	12,500
SS8	1875 (2)	Inc. above	KM2 (Large date), 3, 5	—	100,000
SS9	1880 (2)	Inc. above	KM2, 3, 5 (Narrow 0)	—	55,000
SS10	1881 (5)	Inc. above	KM7, 2, 3, 5, 6	—	35,000
SS11	1892 (2)	Inc. above	KM3, 5	—	10,000
SS12	1902 (5)	100	KM8-12	—	60,000
SS13	1902 (3)	Inc. above	KM9 (Large H), 10, 11	—	40,000
SS14	1903 (3)	Inc. above	KM10, 12, 13	—	7,000
SS15	1908 (5)	1,000	KM8, 10-13	—	3,500
SS16	1911 (5)	1,000	KM15-19	—	5,500
SS17	1911/12 (7)	5	KM15-20, 26-27	—	75,000
SS18	1921 (5)	Inc. above	KM22a-25a, 28	—	225,000
SS19	1922 (2)	Inc. above	KM28, 29	—	2,500
SS20	1923 (2)	Inc. above	KM28, 29	—	5,000
SS21	1924 (2)	Inc. above	KM28, 29	—	4,000
SS22	1925 (2)	Inc. above	KM28, 29	—	7,000
SS23	1926 (2)	Inc. above	KM28, 29 (Near 6)	—	5,000
SS24	1927 (3)	Inc. above	KM24a, 28, 29	—	8,000
SS25	1928 (4)	Inc. above	KM23a, 24a, 28, 29	—	12,000
SS26	1929 (5)	Inc. above	KM23a,-25a, 28, 29	—	35,000
SS27	1930 (4)	Inc. above	KM23a, 24a. 28, 29	—	35,000
SS28	1931 (5)	Inc. above	KM23a-25a, 28, 29	—	60,000
SS29	1932 (5)	Inc. above	KM23a-25a, 28, 29	—	20,000
SS30	1934 (2)	Inc. above	KM23-25, 28, 29	—	50,000
SS31	1936 (5)	Inc. above	KM23a-25a, 28, 29	—	12,000
SS32	1936 (5)	Inc. above	KM23a(dot), 24a(dot), 25a, 28(dot), 29, 30	—	550,000
SS33	1937 (6)	1,025	KM32-37, Matte Finish	—	1,600
SS34	1937 (4)	Inc. above	KM32-35, Mirror Fields	—	1,200
SS35	1937 (6)	75	KM32-37, Mirror Fields	—	3,000
SS36	1938 (6)	Inc. above	KM32-37	—	40,000
SS-A36	1939 (5)	Inc. above	KM32-35, 38, Matte Finish	—	—
SS-B36	1939 (5)	Inc. above	KM32-35, 38, Mirror Fields	—	12,000
SS-C36	1942 (2)	Inc. above	KM32, 33	—	1,000
SS-D36	1943 (2)	Inc. above	KM32, 40	—	1,000
SS-A37	1944 (2)	Inc. above	KM32, 40a	—	1,000
SS37	1944 (5)	3	KM32, 34-37, 40a	—	20,000
SS-A38	1945 (2)	Inc. above	KM32, 40a	—	1,000

KM#	Date	Mintage	Identification	Issue Price	Mkt Val
SS38	1945 (5)	6	KM32, 34-37, 40a	—	12,500
SS39	1946 (5)	15	KM32, 34-37, 39a	—	9,000
SS40	1947 (6)	Inc. above	KM32, 34-36 (7 curved), 37 (7 pointed),	—	12,500
SS41	1947 (6)	Inc. above	KM32, 34-36 (7 curved), 37 (blunt 7), 39a	—	14,000
SS42	1947 (6)	Inc. above	KM32, 34-36 (7 curved right), 37, 39a	—	10,000
SS43	1948 (6)	30	KM41-46	—	10,000
SS44	1949 (4)	20	KM41-45, 47	—	8,000
SS44A	1949 (2)	Inc. above	KM47 (Proof)	—	2,600
SS45	1950 (4)	12	KM41-46	—	5,500
SS46	1950 (4)	Inc. above	KM41-45, 46 (Arnprior)	—	7,000
SS47	1951 (5)	12	KM41, 48, 42a, 43-46 (w/water lines)	—	6,500
SS48	1952 (5)	2,317	KM41, 42a, 43-46 (water lines)	—	6,500
SS48A	1952 (5)	Inc. above	KM41, 42a, 43-46 (w/o water lines)	—	6,500
SS49	1953 (6)	28	KM49 w/o straps, 50-54	—	6,500
SS50	1953 (6)	Inc. above	KM49 w/ straps, 50-54	—	6,500
SS51	1964 (5)	Inc. above	KM49, 51, 52, 56-58	—	2,400
SS52	1965 (4)	Inc. above	KM59.1-60.1, 61-63, 64.1	—	2,400
SS56	1971 (6)	66,860	KM59.1-60.1, 62b-75.1, 77.1, 79 (2 pcs.); Double Dollar Prestige Sets	12.00	14.50
SS57	1972 (5)	36,349	KM59.1,-60.1, 62b-75.1, 76.1 (2 pcs.)	12.00	18.00
SS58	1973 (6)	119,819	KM59.1-60.1, 75.1, 77.1, 81.1, 82, 83	12.00	16.00
SS59	1973 (6)	Inc. above	KM59.1-60.1, 75.1, 77.1, 81.2, 82, 83	—	1,600
SS60	1974 (5)	85,230	KM59.1-60.1, 62b-75.1, 77.1, 88, 88a	15.00	12.50
SS61	1975 (5)	97,263	KM59.1-60.1, 62b-75.1, 76.2, 77.1, 97	15.00	12.50
SS62	1976 (5)	87,744	KM59.1-60, 62b-75.1, 76.2, 77.1, 106	16.00	14.00
SS63	1977 (5)	142,577	KM59.1-60.1, 62b, 75.2, 77.1, 117.1, 118	16.50	14.50
SS64	1978 (6)	147,000	KM59.1-60.1, 62b, 75.3, 77.1, 120.1, 121	16.50	10.00
SS65	1979 (6)	155,698	KM59.2-60.2, 74, 75.3, 77.2, 120, 124	18.50	15.50
SS66	1980 (6)	162,875	KM60.2, 74-75.3, 77.2, 120, 127, 128	30.50	25.00
SS67	1981 (6)	71,300	KM60.2, 74, 75.3, 77.2, 120.1, 127; Regular Specimen Sets	10.00	5.50
SS68	1982 (10)	62,298	KM60.2a, 74, 75.3, 77.2, 120.1, 132	11.50	100
SS69	1983 (6)	60,329	KM60.2a, 74, 75.3, 77.2, 120.1, 132	12.75	9.00
SS70	1984 (2)	60,400	KM60.2a, 74, 75.3, 77.2, 120.1, 132	10.00	5.50
SS71	1985 (6)	61,553	KM60.2a, 74, 75.3, 77.2, 120.1, 132	10.00	23.50
SS72	1986 (6)	67,152	KM60.2a, 74, 75.3, 77.2, 120.1, 132	10.00	9.00
SS72A	1987 (6)	75,194	KM60.2a, 74, 75.3, 77.2, 120.1, 132	11.00	7.50
SS73	1988 (6)	70,205	KM60.2a, 74, 75.3, 77.2, 132, 157	12.30	7.50
SS74	1989 (6)	75,306	KM60.2a, 74, 75.3, 77.2, 132, 157	14.50	9.50
SS75	1990 (6)	76,611	KM181-186	15.50	8.50
SS76	1991 (6)	68,552	KM181-186	15.50	17.50
SS77	1992 (6)	78,328	KM204-209	16.25	17.50
SS78	1993 (6)	77,351	KM181-186; Regular Specimen Sets Resumed	16.25	13.00
SS79	1994 (6)	77,349	KM181-186	16.50	9.50
SS80	1995 (6)	Inc. above	KM181-186	13.95	9.50
SS82	1996 (4)	Inc. above	KM181a-185a, 186	18.95	35.00
SS83	1997 (7)	Inc. above	KM182a-184a, 270, 289-291	19.95	47.50
SS84	1998 (7)	Inc. above	KM182-184, 186, 270, 289, 290	19.95	18.00
SS85	1999 (7)	Inc. above	KM182-184, 186, 270, 289a, 290	19.95	20.00
SS90	2002 (7)	75,000	KM#444-449,462 Elizabeth II Golden Jubilee	30.00	65.00
SS91	2003 (3)	75,000	KM#(uncertain), 270, 289, 290	30.00	50.00

V.I.P. SPECIMEN SETS (VS)

KM#	Date	Mintage	Identification	Issue Price	Mkt Val
VS1	1969 (0)	4		—	2,000
VS2	1970 (0)	100	KM59.1-60.1, 74.1-75.1, 77.1, 78	—	525
VS3	1971 (0)	69	KM59.1-60.1, 74.1-75.1, 77.1, 79(2 pcs.)	—	525
VS4	1972 (0)	25	KM59.1-60.1, 74.1-75.1, 76.1, (2 pcs.), 77.1	—	650
VS5	1973 (0)	26	KM59.1-60.1, 75.1, 77.1, 81.1, 82, 83	—	650
VS6	1974 (0)	72	KM59.1-60.1, 74.1-75.1, 77.1, 88, 88a	—	525
VS7	1975 (0)	94	KM59.1-60.1, 74.1-75.1, 76.2, 77.1, 97	—	525
VS8	1976 (0)	Inc. above	KM59.1-60.1, 74.1-75.1, 76.2, 77.1, 106	—	525

SETS

NEW BRUNSWICK
PROVINCE
STERLING COINAGE

HALFPENNY TOKEN

KM# 1 Copper, **Obv:** Crowned head left **Rev:** Three masted ship **Obv. Legend:** VICTORIA DEI GRATIA REGINA **Rev. Legend:** NEW BRUNSWICK

Date	Mintage	VG8	F12	VF20	XF40	AU50	MS60	MS63	MS65
1843	480,000	4.00	7.50	15.00	45.00	200	300	400	—
1843	—	PF60 750							

KM# 3 Copper, **Obv:** Head left **Rev:** Three masted ship **Obv. Legend:** VICTORIA DEI GRATIA REGINA **Rev. Legend:** NEW BRUNSWICK

Date	Mintage	VG8	F12	VF20	XF40	AU50	MS60	MS63	MS65
1854	864,000	4.00	7.50	15.00	45.00	200	300	400	—

KM# 3a Bronze, **Obv:** Head left **Rev:** Three masted ship **Obv. Legend:** VICTORIA DEI GRATIA REGINA **Rev. Legend:** NEW BRUNSWICK

Date	Mintage	VG8	F12	VF20	XF40	AU50	MS60	MS63	MS65
1854	—	PF60 400							

1 PENNY TOKEN

KM# 2 Copper, **Obv:** Crowned head left **Rev:** Three masted ship **Obv. Legend:** VICTORIA DEI GRATIA REGINA **Rev. Legend:** NEW BRUNSWICK

Date	Mintage	VG8	F12	VF20	XF40	AU50	MS60	MS63	MS65
1843	480,000	5.00	9.50	23.00	65.00	175	250	350	—
1843	—	PF60 800							

KM# 4 Copper, **Obv:** Head left **Rev:** Three masted ship **Obv. Legend:** VICTORIA DEI GRATIA REGINA **Rev. Legend:** NEW BRUNSWICK

Date	Mintage	VG8	F12	VF20	XF40	AU50	MS60	MS63	MS65
1854	432,000	3.75	7.50	22.00	65.00	200	300	400	—

DECIMAL COINAGE

HALF CENT

KM# 5 Bronze, **Obv:** Laureate bust left **Rev:** Crown and date within beaded circle, wreath surrounds **Obv. Legend:** VICTORIA D:G: BRITT: REG: F:D:

Date	Mintage	VG8	F12	VF20	XF40	AU50	MS60	MS63	MS65
1861	222,800	125	175	225	350	500	650	1,500	—
1861	—	PF60 2,200							

CENT

KM# 6 Bronze, **Obv:** Laureate bust left **Rev:** Crown and date within beaded circle, wreath surrounds **Obv. Legend:** VICTORIA D:G: BRITT: REG: F:D: **Rev. Legend:** NEW BRUNSWICK

Date	Mintage	VG8	F12	VF20	XF40	AU50	MS60	MS63	MS65
1861	1,000,000	3.50	6.00	9.00	14.00	60.00	100	450	3,500
1861	—	PF60 450							
1864 short 6	1,000,000	3.50	6.00	9.00	20.00	75.00	125	550	5,500
1864 long 6	Inc. above	4.00	6.50	13.00	24.00	100	175	650	10,000

5 CENTS

KM# 7 1.16 g., 0.925 Silver, 0.0346 oz. ASW **Obv:** Laureate head left **Rev:** Denomination and date within wreath, crown above **Obv. Legend:** VICTORIA D: G: REG: / NEW BRUNSWICK

Date	Mintage	VG8	F12	VF20	XF40	AU50	MS60	MS63	MS65
1862	100,000	65.00	100	225	500	1,000	1,700	3,200	15,000
1862	—	PF60 3,500							
1864 small 6	100,000	65.00	100	225	1,000	1,500	2,200	4,900	19,000
1864 large 6	Inc. above	75.00	125	300	600	1,600	2,500	5,000	—

10 CENTS

KM# 8 2.32 g., 0.925 Silver, 0.0691 oz. ASW **Obv:** Laureate head left **Rev:** Denomination and date within wreath, crown above **Obv. Legend:** VICTORIA D: G: REG: / NEW BRUNSWICK

Date	Mintage	VG8	F12	VF20	XF40	AU50	MS60	MS63	MS65
1862	150,000	65.00	100	225	450	950	1,600	3,000	10,000
1862 recut 2	Inc. above	95.00	175	350	750	1,800	2,900	6,700	—
1862	—	PF60 2,850							
1864	100,000	65.00	100	225	450	1,600	2,700	6,300	—

20 CENTS

KM# 9 4.65 g., 0.925 Silver, 0.1382 oz. ASW **Obv:** Laureate head left **Rev:** Denomination and date within wreath, crown above **Obv. Legend:** VICTORIA D: G: REG: / NEW BRUNSWICK

Date	Mintage	VG8	F12	VF20	XF40	AU50	MS60	MS63	MS65
1862	150,000	29.00	50.00	100	225	625	1,050	4,400	12,000
1862	—	PF60 2,850							
1864	150,000	29.00	50.00	100	225	825	1,600	4,600	—

NEWFOUNDLAND
PROVINCE
CIRCULATION COINAGE

LARGE CENT

KM# 1 Bronze, **Obv:** Laureate bust left **Rev:** Crown and date within circle, florals surround **Obv. Legend:** VICTORIA D:G: BRITT: REG:F:D: **Rev. Legend:** NEWFOUNDLAND

Date	Mintage	VG8	F12	VF20	XF40	AU50	MS60	MS63	MS65
1865	240,000	3.50	5.50	12.00	30.00	100	175	900	4,000
1872H	200,000	2.50	4.00	7.00	17.00	60.00	125	250	750
1872 H	—	PF60 800							
1873	200,025	4.00	6.50	20.00	40.00	200	500	1,600	—
1873	—	PF60 3,000							
1876H	200,000	3.50	7.00	15.00	60.00	200	500	1,600	9,500
1876H Proof, reported not confirmed	—	—	—	—	—	—	—	—	—
1880 round 0, even date	400,000	3.00	3.50	7.00	20.00	80.00	200	500	3,500
1880 round and low 0	Inc. above	4.50	12.00	20.00	50.00	300	900	2,600	—
1880 oval 0	Inc. above	200	300	500	950	1,850	3,000	6,000	30,000
1880 oval 0 Proof	—	PF60 2,500							
1885	40,000	27.50	50.00	75.00	125	450	900	2,400	16,000
1885	—	PF60 2,500							
1888	50,000	30.00	55.00	80.00	175	650	1,350	4,800	—
1890	200,000	3.00	6.00	15.00	45.00	150	300	1,200	—
1894	200,000	3.00	5.00	10.00	25.00	125	300	1,200	—
1894	—	PF60 1,500							
1896	200,000	3.00	3.50	7.00	27.00	90.00	175	500	4,000
1896	—	PF60 1,500							

KM# 9 Bronze, **Obv:** Crowned bust right **Obv. Designer:** G.W. DeSaulles **Rev:** Crown and date within center circle, wreath surrounds, denomination above **Rev. Designer:** Horace Morehen

Date	Mintage	VG8	F12	VF20	XF40	AU50	MS60	MS63	MS65
1904H	100,000	10.00	18.00	30.00	75.00	175	400	1,300	—
1904 H	—	PF60 6,000							
1907	200,000	3.00	5.00	11.00	35.00	125	250	1,000	—
1909	200,000	3.00	5.00	9.00	27.50	65.00	125	250	—
1909	—	PF60 600							

KM# 16 Bronze, **Obv:** Crowned bust left **Obv. Designer:** E.B. MacKennal **Rev:** Crown and date within center circle, wreath surrounds, denomination above **Rev. Designer:** Horace Morehen

Date	Mintage	VG8	F12	VF20	XF40	AU50	MS60	MS63	MS65
1913	400,000	1.50	2.50	3.50	9.00	30.00	60.00	125	—
1917C	702,350	1.50	2.50	3.50	8.00	30.00	100	400	—
1917 C	—	PF60 950							
1919C	300,000	1.50	2.50	4.00	14.00	50.00	225	750	—
1919 C	—	PF60 2,500							
1920C	302,184	1.50	2.50	6.00	24.00	90.00	350	1,900	—
1929	300,000	1.50	2.50	3.50	7.00	30.00	85.00	175	—
1929 C	—	PF60 3,000							
1936	300,000	1.50	2.00	2.50	5.00	18.00	40.00	100	—

SMALL CENT

KM# 18 3.20 g., Bronze, 19mm. **Obv:** Crowned head left **Obv. Designer:** Percy Metcalfe **Rev:** Pitcher plant divides date, denomination below **Rev. Designer:** Walter J. Newman

Date	Mintage	VG8	F12	VF20	XF40	AU50	MS60	MS63	MS65
1938	500,000	0.45	0.95	1.25	3.50	9.00	24.00	70.00	—
1938	—	PF60 6,000							
1940	300,000	1.25	2.25	4.50	14.00	40.00	95.00	600	—
1940 Re-engraved date	Inc. above	45.00	60.00	85.00	150	300	650	2,400	—
1940	—	PF60 2,500							
1941C	827,662	0.45	0.70	0.95	2.50	9.00	29.00	200	—
1941C Re-engraved date	Inc. above	16.00	24.00	40.00	95.00	175	400	2,000	—
1942	1,996,889	0.45	0.70	0.95	2.50	13.50	40.00	250	—
1943C	1,239,732	0.45	0.70	0.95	2.50	9.00	22.50	100	—
1944C	1,328,776	1.50	2.50	9.00	35.00	100	300	2,000	—
1947C	313,772	1.25	1.75	4.00	19.00	45.00	100	350	—
1947 C	—	PF60 3,000							

5 CENTS

KM# 2 1.18 g., 0.925 Silver, 0.035 oz. ASW **Obv:** Laureate head left **Rev:** Denomination and date within ornamental circle **Obv. Legend:** VICTORIA D: G: REG: / NEWFOUNDLAND **Edge:** Reeded

Date	Mintage	VG8	F12	VF20	XF40	AU50	MS60	MS63	MS65
1865	80,000	35.00	50.00	150	300	800	1,800	3,000	9,000
1865	—	PF60 4,000							
1870	40,000	75.00	125	225	500	1,500	2,500	3,500	12,000
1870	—	PF60 4,000							
1872H	40,000	40.00	70.00	125	175	700	1,250	2,400	5,500
1873	44,260	150	200	450	1,100	4,500	6,000	—	—
1873H	Inc. above	950	1,400	2,000	3,700	9,500	16,000	22,000	—
1873	—	PF60 10,000							
1876H	20,000	125	200	350	650	1,000	1,350	2,750	8,000
1880	40,000	45.00	65.00	150	300	1,100	2,250	2,400	8,500
1880	—	PF60 5,000							
1881	40,000	45.00	65.00	150	300	1,100	1,900	2,500	9,000
1881	—	PF60 5,000							
1882H	60,000	30.00	45.00	90.00	200	650	1,800	3,000	6,000
1882 H	—	PF60 2,000							
1885	16,000	175	210	335	750	1,550	2,400	4,500	17,000
1885	—	PF60 7,500							
1888	40,000	50.00	75.00	225	350	1,600	4,000	8,000	—
1888	—	PF60 7,500							
1890	160,000	11.00	21.00	45.00	125	700	1,300	2,000	9,500
1890	—	PF60 5,000							
1894	160,000	10.00	19.00	30.00	100	500	1,100	2,500	11,000
1894	—	PF60 5,000							
1896	400,000	4.00	8.00	20.00	50.00	450	900	2,700	10,000
1896	—	PF60 5,000							

KM# 7 1.18 g., 0.925 Silver, 0.035 oz. ASW **Obv:** Crowned bust right **Rev:** Denomination and date within circle **Designer:** G.W. DeSaulles

Date	Mintage	VG8	F12	VF20	XF40	AU50	MS60	MS63	MS65
1903	100,000	5.00	11.00	29.00	70.00	175	450	1,700	—
1903	—	PF60 3,000							
1904H	100,000	4.00	7.00	19.00	45.00	90.00	225	450	—
1904 H	—	PF60 1,800							
1908	400,000	4.00	7.00	18.00	45.00	100	250	1,100	—

KM# 13 1.18 g., 0.925 Silver, 0.035 oz. ASW **Obv:** Crowned bust left **Obv. Designer:** E.B. MacKennal **Rev:** Denomination and date within circle **Rev. Designer:** G.W. DeSaulles

Date	Mintage	VG8	F12	VF20	XF40	AU50	MS60	MS63	MS65
1912	300,000	2.00	3.00	6.00	24.00	55.00	125	250	—
1912	—	PF60 2,400							
1917C	300,319	2.00	5.00	8.00	27.00	100	350	1,200	—
1917 C	—	PF60 2,400							
1919C	100,844	6.00	11.00	27.00	100	450	1,200	3,500	—
1919 C	—	PF60 2,400							
1929	300,000	2.00	3.00	4.00	14.00	65.00	175	400	—

KM# 19 1.18 g., 0.925 Silver, 0.035 oz. ASW **Obv:** Crowned head left **Obv. Designer:** Percy Metcalfe **Rev:** Denomination and date within circle **Rev. Designer:** G.W. DeSaulles

Date	Mintage	VG8	F12	VF20	XF40	AU50	MS60	MS63	MS65
1938	100,000	1.50	2.50	3.00	11.00	30.00	100	300	—
1938	—	PF60 1,600							
1940C	200,000	1.50	2.50	3.00	11.00	30.00	100	350	—
1940 C	—	PF60 3,200							
1941C	621,641	0.60	1.75	2.50	4.00	9.00	22.00	35.00	—
1942C	298,348	0.60	1.75	2.50	5.00	13.50	28.00	60.00	—
1943C	351,666	0.60	1.50	2.50	5.00	10.50	22.00	45.00	—

KM# 19a 1.17 g., 0.800 Silver, 0.030 oz. ASW 15.67mm. **Obv:** Crowned head left **Obv. Designer:** Percy Metcalfe **Rev:** Denomination and date within circle **Rev. Designer:** G.W. DeSaulles **Edge:** Reeded

Date	Mintage	VG8	F12	VF20	XF40	AU50	MS60	MS63	MS65
1944C	286,504	1.50	1.75	2.50	9.00	22.00	70.00	150	—
1945C	203,828	1.50	1.75	2.50	4.00	9.00	22.50	35.00	—
1946 C	2,041	PF60 3,000							
1946C Prooflike	—	—	—	—	—	—	—	4,000	—
1946 C	—	PF60 3,500							
1947C	38,400	3.00	5.00	8.00	30.00	45.00	100	250	—
1947C Prooflike	—	—	—	—	—	—	—	2,100	—

10 CENTS

KM# 3 2.36 g., 0.925 Silver, 0.0701 oz. ASW **Obv:** Laureate head left **Rev:** Denomination and date within ornamental circle **Obv. Legend:** VICTORIA D: G: REG: / NEWFOUNDLAND

Date	Mintage	VG8	F12	VF20	XF40	AU50	MS60	MS63	MS65
1865	80,000	27.00	45.00	75.00	250	650	1,100	2,250	8,000
1865 Proof, plain edge	—	PF60 5,500							
1870	30,000	175	250	450	750	1,250	2,500	5,000	13,000
1870	—	PF60 10,000							
1872H	40,000	22.00	35.00	80.00	200	500	800	1,700	4,500
1873 flat 3	23,614	55.00	70.00	250	650	2,000	4,000	5,000	—
1873 round 3	Inc. above	55.00	70.00	250	650	2,000	4,000	5,000	—
1873	—	PF60 12,000							
1876H	10,000	55.00	70.00	225	350	850	1,400	2,500	7,000
1880	10,000	55.00	100	250	400	800	1,800	3,000	12,000
1880	—	PF60 7,500							
1882H	20,000	40.00	55.00	150	700	1,150	2,800	4,000	—
1882 H	—	PF60 3,000							
1885	8,000	100	130	300	800	1,100	2,200	4,500	12,000
1885	—	PF60 8,000							
1888	30,000	45.00	70.00	200	700	2,000	4,000	5,000	—
1888	—	PF60 8,000							
1890	100,000	9.00	19.00	35.00	150	550	1,100	3,500	18,000
1890	—	PF60 5,000							
1894	100,000	8.50	12.00	25.00	125	550	1,200	3,000	10,000
1894	—	PF60 5,000							
1896	230,000	5.00	10.00	25.00	90.00	600	1,200	3,500	—
1896	—	PF60 5,000							

KM# 8 2.36 g., 0.925 Silver, 0.0701 oz. ASW **Obv:** Crowned bust right **Rev:** Denomination and date within circle **Designer:** G.W. DeSaulles

Date	Mintage	VG8	F12	VF20	XF40	AU50	MS60	MS63	MS65
1903	100,000	11.00	30.00	90.00	250	650	2,400	5,500	—
1903	—	PF60 3,750							
1904H	100,000	6.00	14.00	35.00	100	200	350	600	—
1904 H	—	PF60 2,250							

KM# 14 2.36 g., 0.925 Silver, 0.0701 oz. ASW **Obv:** Crowned bust left **Obv. Designer:** E.B. MacKennal **Rev. Designer:** G.W. DeSaulles

Date	Mintage	VG8	F12	VF20	XF40	AU50	MS60	MS63	MS65
1912	150,000	4.00	5.50	14.00	45.00	100	225	350	—
1917C	250,805	3.50	5.00	14.00	45.00	175	450	1,350	—
1919C	54,342	4.00	11.00	22.00	70.00	125	250	350	—

KM# 20 2.36 g., 0.925 Silver, 0.0701 oz. ASW **Obv:** Crowned head left **Obv. Designer:** Percy Metcalfe **Rev:** Denomination and date within circle **Rev. Designer:** G.W. DeSaulles

Date	Mintage	VG8	F12	VF20	XF40	AU50	MS60	MS63	MS65
1938	100,000	3.50	4.00	4.50	18.00	100	200	800	—
1938	—	PF60 3,200							
1940	100,000	3.00	3.50	4.50	14.00	45.00	100	400	—
1940	—	PF60 4,000							
1941C	483,630	1.20	3.00	3.50	7.00	18.00	50.00	125	—
1942C	293,736	1.20	3.00	3.50	7.00	22.00	70.00	200	—
1943C	104,706	1.20	3.00	3.50	9.00	30.00	250	800	—
1944C	151,471	1.20	3.50	11.00	27.00	65.00	350	1,300	—

KM# 20a 2.33 g., 0.800 Silver, 0.060 oz. ASW **Obv:** Crowned head left **Obv. Designer:** Percy Metcalfe **Rev. Designer:** G.W. DeSaulles

Date	Mintage	VG8	F12	VF20	XF40	AU50	MS60	MS63	MS65
1945C	175,833	1.10	2.50	3.00	7.00	22.00	100	400	—
1946 C	—	PF60 1,200							
1946C	38,400	3.50	4.50	9.00	30.00	60.00	125	300	—
1947C	61,988	3.00	3.50	7.00	20.00	45.00	100	350	—

20 CENTS

KM# 4 4.71 g., 0.925 Silver, 0.1402 oz. ASW 23.19mm. **Obv:** Laureate head left **Rev:** Denomination and date within ornamental circle

Date	Mintage	VG8	F12	VF20	XF40	AU50	MS60	MS63	MS65
1865	100,000	16.00	30.00	60.00	225	550	950	2,600	9,000
1865 Proof, plain edge	—	PF60 6,500							
1865 Proof, reeded edge	—	PF60 10,000							
1870	50,000	21.00	45.00	100	250	750	1,250	2,600	9,000

NEWFOUNDLAND

Date	Mintage	VG8	F12	VF20	XF40	AU50	MS60	MS63	MS65
1870 Proof, plain edge	—	PF60 6,500							
1870 Proof, reeded edge	—	PF60 6,500							
1872H	90,000	12.00	25.00	60.00	150	400	750	1,800	5,500
1873	45,797	21.00	65.00	175	550	2,700	5,500	8,000	—
1873	—	PF60 12,000							
1876H	50,000	25.00	50.00	80.00	300	800	1,350	2,700	7,500
1880	30,000	27.00	55.00	100	350	1,000	2,000	3,000	11,000
Note: No longer recognized as 1880/70 overdate									
1880	—	PF60 8,000							
1881	60,000	12.00	25.00	80.00	300	750	1,200	2,900	11,000
1881	—	PF60 8,000							
1882H	100,000	12.00	19.00	50.00	175	1,150	2,250	3,500	—
1882 H	—	PF60 3,500							
1885	40,000	20.00	30.00	80.00	300	1,350	2,900	4,500	—
1885	—	PF60 10,000							
1888	75,000	12.00	25.00	70.00	225	800	1,400	4,500	—
1888	—	PF60 10,000							
1890	100,000	10.00	15.00	45.00	225	800	1,400	3,500	22,000
1890	—	PF60 6,500							
1894	100,000	12.00	24.00	50.00	175	600	1,200	3,500	11,000
1894	—	PF60 6,500							
1896 small 96	125,000	9.00	12.00	35.00	150	750	1,400	4,000	—
1896 large 96	Inc. above	10.00	15.00	50.00	200	800	1,700	4,500	—
1896 large 96, Proof	—	PF60 6,500							
1899 hook 99	125,000	27.00	50.00	125	350	1,050	1,800	5,000	—
1899 large 99	Inc. above	8.00	12.00	30.00	125	600	1,400	4,000	—
1900	125,000	5.00	8.00	25.00	80.00	450	1,100	4,500	—
1900	—	PF60 6,500							

KM# 10 4.71 g., 0.925 Silver, 0.1402 oz. ASW **Obv:** Crowned bust right **Obv. Designer:** G.W. DeSaulles
Rev: Denomination and date within circle **Rev. Designer:** W.H.J. Blakemore

Date	Mintage	VG8	F12	VF20	XF40	AU50	MS60	MS63	MS65
1904H	75,000	13.00	35.00	65.00	300	900	2,700	7,000	—
1904 H	—	PF60 2,400							

KM# 15 4.71 g., 0.925 Silver, 0.1402 oz. ASW **Obv:** Crowned bust left **Obv. Designer:** E.B. MacKennal **Rev:** Denomination and date within circle **Rev. Designer:** W.H.J. Blakemore

Date	Mintage	VG8	F12	VF20	XF40	AU50	MS60	MS63	MS65
1912	350,000	5.50	8.00	18.00	65.00	175	300	750	—
1912	—	PF60 2,500							

25 CENTS

KM# 17 5.83 g., 0.925 Silver, 0.1734 oz. ASW **Obv:** Crowned bust left **Obv. Designer:** E.B. MacKennal **Rev:** Denomination and date within circle **Rev. Designer:** W.H.J. Blakemore

Date	Mintage	VG8	F12	VF20	XF40	AU50	MS60	MS63	MS65
1917C	464,779	7.00	8.00	10.00	18.00	50.00	200	400	—
1917 C	—	PF60 3,000							
1919C	163,939	7.00	8.00	15.00	35.00	125	450	2,000	—
1919 C	—	PF60 3,000							

50 CENTS

KM# 6 11.78 g., 0.925 Silver, 0.3504 oz. ASW 29.85mm. **Obv:** Laureate head left **Rev:** Denomination and date within ornamental circle **Obv. Legend:** VICTORIA DEI GRATIA REGINA NEWFOUNDLAND

Date	Mintage	VG8	F12	VF20	XF40	AU50	MS60	MS63	MS65
1870	50,000	26.00	50.00	150	600	1,800	3,500	8,500	—
1870 Proof, plain edge	—	PF60 25,000							
1870 Proof, reeded edge	—	PF60 25,000							
1872H	48,000	23.00	35.00	90.00	400	950	1,600	4,000	11,000
1873	37,675	40.00	75.00	200	650	2,700	9,500	13,000	—
1873	—	PF60 40,000							
1874	80,000	25.00	45.00	125	550	2,700	13,000	17,500	—
1874	—	PF60 40,000							
1876H	28,000	35.00	85.00	150	450	1,350	2,250	5,500	21,000
1880	24,000	45.00	95.00	250	900	3,000	6,500	16,000	—
1880	—	PF60 40,000							
1881	50,000	25.00	35.00	135	400	1,800	3,500	8,000	—
1881	—	PF60 40,000							
1882H	100,000	21.00	30.00	95.00	350	950	1,600	5,500	—
1882 H	—	PF60 8,000							
1885	40,000	30.00	60.00	175	650	1,700	2,800	7,500	—
1885	—	PF60 40,000							
1888	20,000	50.00	90.00	250	1,350	4,500	11,000	13,000	—
1888	—	PF60 40,000							
1894	40,000	12.00	28.00	75.00	300	1,350	4,000	8,000	—
1896	60,000	11.00	16.00	65.00	300	1,350	3,000	8,500	—
1896	—	PF60 25,000							
1898	76,607	10.00	13.00	60.00	200	1,050	3,500	6,500	—
1899 wide 9's	150,000	10.00	13.00	60.00	200	1,350	2,800	7,500	—
1899 narrow 9's	Inc. above	10.00	13.00	45.00	150	900	2,600	7,000	—
1900	150,000	8.50	13.00	45.00	175	800	2,600	5,500	—

KM# 11 11.78 g., 0.925 Silver, 0.3503 oz. ASW 30mm. **Obv:** Crowned bust right **Obv. Designer:** G.W. DeSaulles **Rev. Designer:** W.H.J. Blakemore

Date	Mintage	VG8	F12	VF20	XF40	AU50	MS60	MS63	MS65
1904H	140,000	14.00	16.00	20.00	60.00	175	350	1,000	—
1904 H	—	PF60 2,900							
1907	100,000	14.00	16.00	25.00	75.00	225	400	1,200	—
1908	160,000	14.00	16.00	20.00	60.00	125	300	800	—
1909	200,000	14.00	16.00	22.00	60.00	150	350	1,000	—

NEWFOUNDLAND

KM# 12 11.78 g., 0.925 Silver, 0.3503 oz. ASW 30mm. **Obv:** Crowned bust left **Obv. Designer:** E.B. MacKennal **Rev:** Denomination and date within circle **Rev. Designer:** W.H.J. Blakemore

Date	Mintage	VG8	F12	VF20	XF40	AU50	MS60	MS63	MS65
1911	200,000	13.50	15.00	18.00	45.00	100	300	775	—
1917C	375,560	13.00	14.00	16.00	40.00	80.00	175	500	—
1917 C	—	**PF60** 3,250							
1918C	294,824	13.00	14.00	16.00	40.00	80.00	175	500	—
1919C	306,267	13.00	14.00	16.00	42.00	100	300	1,200	—
1919 C	—	**PF60** 3,250							

2 DOLLARS

KM# 5 3.33 g., 0.917 Gold, 0.0981 oz. AGW **Obv:** Laureate head left **Rev:** Denomination and date within circle **Obv. Legend:** VICTORIA D: G: REG: / NEWFOUNDLAND

Date	Mintage	VG8	F12	VF20	XF40	AU50	MS60	MS63	MS65
1865	10,000	—	150	225	300	400	1,100	8,500	—
1865 plain edge, Specimen-63, 15,000.	Est. 10	—	—	—	—	—	—	—	—
1870	10,000	—	150	225	300	450	1,500	7,500	—
1870 reeded edge, Specimen-63 20,000.	—	—	—	—	—	—	—	—	—
1872	6,050	—	220	400	500	900	2,200	9,000	—
1872 Specimen-63 12,500.	Est. 10	—	—	—	—	—	—	—	—
1880	2,500	—	800	1,000	1,200	2,300	3,000	14,500	—
1880/70	—	—	—	—	—	—	—	—	—
Note: Specimen. Bowers and Merena Norweb sale 11-96, specimen 64 realized $70,400.									
1881	10,000	—	150	200	250	350	1,600	2,500	—
1881 Specimen; Rare	—	—	—	—	—	—	—	—	—
1882H	25,000	—	150	200	250	300	700	2,200	8,500
1882H Specimen 4,250.	—	—	—	—	—	—	—	—	—
1885	10,000	—	150	200	250	300	850	2,750	—
1885 Specimen	—	—	—	—	—	—	—	—	—
Note: Bowers and Merena Norweb sale 11-96, specimen 66 realized $44,000									
1888	25,000	—	150	175	200	250	600	2,000	—
1888 Specimen; Rare	—	—	—	—	—	—	—	—	—

NOVA SCOTIA
PROVINCE
STERLING COINAGE
HALFPENNY TOKEN

KM# 1 Copper, **Obv:** Laureate head left **Rev:** Thistle **Obv. Legend:** PROVINCE OF NOVA SCOTIA

Date	Mintage	VG8	F12	VF20	XF40	AU50	MS60	MS63	MS65
1823	400,000	4.00	6.00	13.00	60.00	150	275	—	—
1823 without hyphen	Inc. above	7.00	10.00	35.00	125	225	325	—	—
1824	118,636	7.00	12.00	27.00	65.00	250	450	—	—
1832	800,000	4.00	5.00	13.50	40.00	125	225	—	—

KM# 1a Copper, **Obv:** Laureate head left, draped collar **Rev:** Thistle **Obv. Legend:** PROVINCE OF NOVA SCOTIA

Date	Mintage	VG8	F12	VF20	XF40	AU50	MS60	MS63	MS65
1382 1382 (error)	—	1,900	3,000	4,000	6,000	—	—	—	—
1832 (imitation)	—	5.50	9.00	27.00	75.00	95.00	125	200	—
1832/1382	—	11.00	15.00	50.00	150	—	—	—	—

KM# 3 Copper, **Obv:** Head left **Rev:** Thistle **Obv. Legend:** PROVINCE OF NOVA SCOTIA

Date	Mintage	VG8	F12	VF20	XF40	AU50	MS60	MS63	MS65
1840 small 0	300,000	6.00	10.00	25.00	65.00	125	185	—	—
1840 large 0	Inc. above	6.00	10.00	40.00	125	185	250	—	—
1840 medium 0	Inc. above	5.50	9.00	25.00	65.00	125	185	—	—
1843	300,000	4.00	6.00	24.00	65.00	125	185	—	—

KM# 5 Copper,

Date	Mintage	VG8	F12	VF20	XF40	AU50	MS60	MS63	MS65
1856 without LCW	720,000	3.75	5.50	7.50	23.00	85.00	175	—	—
1856 without LCW, Proof	—	PF60 600							
1856 without LCW, inverted A for V in PROVINCE, Proof	—	PF60 600							

KM# 5a Bronze,

Date	Mintage	VG8	F12	VF20	XF40	AU50	MS60	MS63	MS65
1856 with LCW, Proof	—	PF60 600							

1 PENNY TOKEN

KM# 2 Copper, **Obv:** Laureate head left **Rev:** Thistle **Obv. Legend:** PROVINCE OF NOVA SCOTIA

Date	Mintage	VG8	F12	VF20	XF40	AU50	MS60	MS63	MS65
1824	217,776	6.00	10.00	26.00	85.00	240	400	—	—
1832	200,000	5.00	8.00	15.00	55.00	190	350	—	—

KM# 2a Copper, **Obv:** Laureate head left **Rev:** Thistle **Obv. Legend:** PROVINCE OF NOVA SCOTIA

Date	Mintage	VG8	F12	VF20	XF40	AU50	MS60	MS63	MS65
1832 (imitation)	—	5.00	7.50	22.50	85.00	—	—	—	—

KM# 4 Copper, 32mm. **Obv:** Head left **Rev:** Thistle **Obv. Legend:** PROVINCE OF NOVA SCOTIA

Date	Mintage	VG8	F12	VF20	XF40	AU50	MS60	MS63	MS65
1840	150,000	5.50	9.00	23.00	65.00	250	450	—	—
1843/0	150,000	95.00	150	250	—	—	—	—	—
1843	Inc. above	7.50	12.00	24.00	65.00	250	450	—	—

KM# 6 Copper, **Obv:** Crowned head left **Rev:** Plant **Obv. Legend:** VICTORIA D: G: BRITANNIA R: REG: F: D: **Rev. Legend:** PROVINCE OF NOVA SCOTIA

Date	Mintage	VG8	F12	VF20	XF40	AU50	MS60	MS63	MS65
1856 without LCW	360,000	7.50	10.00	13.00	35.00	150	300	—	—
1856 with LCW	Inc. above	5.50	8.00	12.00	35.00	200	350	—	—

KM# 6a Bronze, **Obv:** Crowned head left **Rev:** Plant **Obv. Legend:** VICTORIA D: G: BRITANNIA R: REG: F: D: **Rev. Legend:** PROVINCE OF NOVA SCOTIA

Date	Mintage	VG8	F12	VF20	XF40	AU50	MS60	MS63	MS65
1856	—	PF60 400							

DECIMAL COINAGE

HALF CENT

KM# 7 Bronze, **Obv:** Laureate bust left **Rev:** Crown and date within beaded circle, wreath of roses surrounds
Obv. Legend: VICTORIA D:G: BRITT: REG:F:D: **Rev. Legend:** NOVA SCOTIA

Date	Mintage	VG8	F12	VF20	XF40	AU50	MS60	MS63	MS65
1861	400,000	5.00	7.00	8.00	13.00	35.00	60.00	300	—
1864	400,000	5.00	7.00	8.00	13.00	30.00	55.00	250	—
1864	—	**PF60** 300							

CENT

KM# 8.1 5.50 g., Bronze, 25.53mm. **Obv:** Laureate bust left **Rev:** Crown and date within beaded circle,
wreath of roses surrounds **Obv. Legend:** VICTORIA D:G: BRITT: REG:F:D: **Rev. Legend:** NOVA SCOTIA
Note: Large rosebud, exists in 1861 only.

Date	Mintage	VG8	F12	VF20	XF40	AU50	MS60	MS63	MS65
1861	—	3.75	5.50	8.50	17.00	45.00	100	500	—

KM# 8.2 Bronze, **Obv:** Laureate bust left **Rev:** Crown and date within beaded circle, wreath of roses surrounds
Obv. Legend: VICTORIA D:G: BRITT: REG:F:D: **Rev. Legend:** NOVA SCOTIA **Note:** Prev. KM#8. Small
rosebud right of SCOTIA. The Royal Mint report records mintage of 1 million for 1862, which is considered
incorrect.

Date	Mintage	VG8	F12	VF20	XF40	AU50	MS60	MS63	MS65
1861	800,000	7.00	11.00	19.00	35.00	95.00	175	6,500	—
1862	Est. 1000000	50.00	75.00	150	300	650	1,300	—	—
1864	800,000	5.50	7.50	11.00	16.00	75.00	150	450	—

PRINCE EDWARD ISLAND

PROVINCE

CUT & COUNTERMARKED COINAGE

SHILLING

KM# 1 Silver, **Note:** Countermark on center plug of Spanish or Spanish Colonial 8 Reales.

Date	Mintage	VG8	F12	VF20	XF40	AU50	MS60	MS63	MS65
ND	1,000	9,000	15,000	19,000	—	—	—	—	—

5 SHILLING

KM# 3 Silver, **Note:** Countermark on holed Lima 8 Reales, KM#106.2.

Date	Mintage	VG8	F12	VF20	XF40	AU50	MS60	MS63	MS65
ND1809-11	1,000	9,000	15,000	19,000	—	—	—	—	—

KM# 2.1 Silver, **Note:** Countermark on holed Mexico City 8 Reales, KM#109.

Date	Mintage	VG8	F12	VF20	XF40	AU50	MS60	MS63	MS65
1791-1808	—	5,500	7,500	9,500	—	—	—	—	—

KM# 2.2 Silver, **Note:** Countermark on holed Mexico City 8 Reales, KM#110.

Date	Mintage	VG8	F12	VF20	XF40	AU50	MS60	MS63	MS65
ND1808-11	—	5,500	7,500	9,500	—	—	—	—	—

DECIMAL COINAGE

CENT

KM# 4 Bronze, **Obv:** Crowned head left within beaded circle **Rev:** Trees within beaded circle **Obv. Legend:** VICTORIA QUEEN **Rev. Legend:** PRINCE EDWARD ISLAND

Date	Mintage	VG8	F12	VF20	XF40	AU50	MS60	MS63	MS65
1871	2,000,000	2.50	4.00	6.50	20.00	50.00	100	185	—
1871	—	PF60 2,000							

MEXICO

The United States of Mexico, located immediately south of the United States has an area of 759,529 sq. mi. (1,967,183 sq. km.) and an estimated population of 100 million. Capital: Mexico City. The economy is based on agriculture, manufacturing and mining. Oil, cotton, silver, coffee, and shrimp are exported.

Mexico was the site of highly advanced Indian civilizations 1,500 years before conquistador Hernando Cortes conquered the wealthy Aztec empire of Montezuma, 1519-21, and founded a Spanish colony, which lasted for nearly 300 years. During the Spanish period, Mexico, then called New Spain, stretched from Guatemala to the present states of Wyoming and California, its present northern boundary having been established by the secession of Texas during 1836 and the war of 1846-48 with the United States.

Independence from Spain was declared by Father Miguel Hidalgo on Sept. 16, 1810, (Mexican Independence Day) and was achieved by General Agustin de Iturbide in1821. Iturbide became emperor in 1822 but was deposed when a republic was established a year later. For more than fifty years following the birth of the republic, the political scene of Mexico was characterized by turmoil, which saw two emperors (including the unfortunate Maximilian), several dictators and an average of one new government every nine months passing swiftly from obscurity to oblivion. The land, social, economic and labor reforms promulgated by the Reform Constitution of Feb. 5, 1917 established the basis for sustained economic development and participative democracy that have made Mexico one of the most politically stable countries of modern Latin America.

SPANISH COLONY

COB COINAGE

1/2 REAL

KM# 24 1.69 g., 0.931 Silver, 0.0506 oz. ASW **Ruler:** Philip V **Obv:** Legend around crowned PHILIPVS monogram **Rev:** Legend around cross, lions and castles **Mint:** Mexico City **Note:** Mint mark M, Mo. For this series completeness of date is a stronger determining factor of price than grade. The values listed below reflect a range for examples with an average amount of date visible.

Date	Mintage	G4	VG8	F12	VF20	XF40
ND(1701-28)	—	—	25.00	40.00	65.00	—
Date off flan						
1701 L	—	—	125	200	300	—
1702 L	—	—	125	200	300	—
1703 L	—	—	125	200	300	—
1704 L	—	—	125	200	300	—
1705 L	—	—	125	200	300	—
1706 J	—	—	125	200	300	—
1707 J	—	—	125	200	300	—
1708 J	—	—	125	200	285	—
1709 J	—	—	125	200	285	—
1710 J	—	—	125	200	285	—
1711 J	—	—	125	200	285	—
1712 J	—	—	125	200	285	—
1713 J	—	—	125	200	285	—
1714 J	—	—	125	200	285	—
1715 J	—	—	125	200	285	—
1716 J	—	—	125	200	285	—
1717 J	—	—	125	200	285	—
1718/7	—	—	—	—	—	—
1718 J	—	—	125	200	285	—
1719 J	—	—	125	200	285	—
1720 J	—	—	125	200	285	—
1721 J	—	—	125	200	285	—
1722 J	—	—	125	200	285	—
1723 J	—	—	125	200	285	—
1724 J	—	—	125	200	285	—
1724 D	—	—	125	200	285	—
1725 D	—	—	125	200	285	—
1726 D	—	—	125	200	285	—
1727 D	—	—	125	200	285	—
1728 D	—	—	125	200	285	—

KM# 25 1.69 g., 0.931 Silver, 0.0506 oz. ASW **Ruler:** Luis I **Obv:** Legend around crowned LVDOVICVS monogram **Rev:** Legend around cross, lions and castles **Note:** Mint mark M, Mo.

Date	Mintage	G4	VG8	F12	VF20	XF40
ND(1724-25)	—	—	125	200	250	—
Date off flan						
1724 D Rare	—	—	—	—	—	—
1725 D Rare	—	—	—	—	—	—

KM# 24a 1.69 g., 0.916 Silver, 0.0498 oz. ASW **Ruler:** Philip V **Obv:** Legend around crowned PHILIPVS monogram **Rev:** Legend around cross, lions and castles **Mint:** Mexico City **Note:** Mint mark M, Mo.

Date	Mintage	G4	VG8	F12	VF20	XF40
ND(1729-33)	—	—	25.00	40.00	65.00	—
Date off flan						
1729 R	—	—	90.00	120	150	—
1730 F Rare	—	—	—	—	—	—
1730 R	—	—	90.00	120	150	—
1731 F	—	—	90.00	120	150	—
1732/1 F	—	—	90.00	120	150	—
1732 F	—	—	90.00	120	150	—
1733/2 F	—	—	90.00	120	150	—
1733 F	—	—	90.00	120	150	—

REAL

KM# 30 3.38 g., 0.931 Silver, 0.1012 oz. ASW **Ruler:** Philip V **Obv:** Legend and date around crowned arms **Rev:** Lions and castles in angles of cross **Obv. Legend:** PHILIPVS V DEI G **Mint:** Mexico City **Note:** Mint mark M, Mo. For this series completeness of date is a stronger determining factor of price than grade. The values listed below reflect a range for examples with an average amount of date visible.

Date	Mintage	G4	VG8	F12	VF20	XF40
ND(1701-28)	—	—	35.00	55.00	75.00	—
Date off flan						
1701 L	—	—	165	275	400	—
1702 L	—	—	165	275	400	—
1703 L	—	—	165	275	400	—
1704 L	—	—	165	275	400	—
1705 L	—	—	165	275	400	—
1706 J	—	—	165	275	400	—
1707 J	—	—	165	275	400	—
1708 J	—	—	165	275	400	—
1709 J	—	—	165	275	400	—
1710 J	—	—	165	275	400	—
1711 J	—	—	165	275	400	—
1712 J	—	—	165	275	400	—
1713 J	—	—	165	275	400	—
1714 J	—	—	165	275	400	—
1715 J	—	—	150	275	400	—
1716 J	—	—	150	275	400	—
1717 J	—	—	150	275	400	—
1718 J	—	—	150	275	400	—
1719 J	—	—	150	275	400	—
1720/19 J	—	—	—	—	—	—
Rare						
1720 J	—	—	150	275	400	—
1721 J	—	—	150	275	400	—
1722 J	—	—	150	275	400	—
1723 J	—	—	150	275	400	—
1726 D	—	—	150	275	400	—
1727 D	—	—	150	275	400	—
1728 D	—	—	150	275	400	—

KM# A31 3.38 g., 0.931 Silver, 0.1013 oz. ASW **Ruler:** Luis I **Mint:** Mexico City **Note:** A significant portion of the legend must be visibile for proper attribution. Mint mark M, Mo.

Date	Mintage	G4	VG8	F12	VF20	XF40
1724 D Rare	—	—	—	—	—	—
1725 D Rare	—	—	—	—	—	—

KM# 30a 3.38 g., 0.916 Silver, 0.0995 oz. ASW **Ruler:** Philip V **Obv:** Legend and date around crowned arms **Rev:** Lions and castles in angles of cross **Obv. Legend:** PHILIPVS V DEI G **Mint:** Mexico City **Note:** Mint mark M, Mo.

Date	Mintage	G4	VG8	F12	VF20	XF40
ND(1729-32)	—	—	30.00	50.00	70.00	—
Date off flan						
1729 R	—	—	90.00	125	175	—
1730 R	—	—	90.00	125	175	—
1730 F	—	—	90.00	125	175	—
1730 G	—	—	90.00	125	175	—
1731 F	—	—	90.00	125	175	—
1732 F	—	—	90.00	125	175	—

2 REALES

KM# 35 6.77 g., 0.931 Silver, 0.2026 oz. ASW **Ruler:** Philip V **Obv:** Legend and date around crowned arms **Rev:** Lions and castles in angles of cross **Obv. Legend:** PHILIPVS V DEI G **Mint:** Mexico City **Note:** Mint mark M, Mo. For this series completeness of date is a stronger determining factor of price than grade. The values listed below reflect a range for examples with an average amount of date visible.

Date	Mintage	G4	VG8	F12	VF20	XF40
ND(1701-28)	—	—	45.00	65.00	90.00	—
Date off flan						
1701 L	—	—	175	300	450	—
1702 L	—	—	175	300	450	—
1703 L	—	—	175	300	450	—
1704 L	—	—	175	300	450	—

Date	Mintage	G4	VG8	F12	VF20	XF40
1705 L	—	—	175	300	450	—
1706 J	—	—	175	300	450	—
1707 J	—	—	175	300	450	—
1708 J	—	—	175	300	450	—
1710 J	—	—	175	300	450	—
1711 J	—	—	175	300	450	—
1712 J	—	—	175	300	450	—
1713 J	—	—	175	300	450	—
1714 J	—	—	185	325	475	—
1715 J	—	—	185	325	475	—
1716 J	—	—	185	325	475	—
1717 J	—	—	185	325	475	—
1718 J	—	—	185	325	475	—
1719 J	—	—	185	325	475	—
1720 J	—	—	185	325	475	—
1721 J	—	—	185	325	475	—
1722 J	—	—	185	325	475	—
1723 J	—	—	185	325	475	—
1724 J	—	—	185	325	475	—
1725 D Rare	—	—	—	—	—	—
1726 D	—	—	185	325	475	—
1727 D	—	—	185	325	475	—
1728 D	—	—	185	325	475	—

KM# 35a 6.77 g., 0.916 Silver, 0.1994 oz. ASW **Ruler:** Philip V **Obv:** Legend and date around crowned arms **Rev:** Lions and castles in angles of cross **Obv. Legend:** PHILIPVS V DEI G **Mint:** Mexico City **Note:** Mint mark M, Mo.

Date	Mintage	G4	VG8	F12	VF20	XF40
ND(1729-32)	—	—	40.00	60.00	90.00	—
Date off flan						
1729 R	—	—	125	175	225	—
1730 G/R Rare	—	—	—	—	—	—
1730 G Rare	—	—	—	—	—	—
1730 R	—	—	125	175	225	—
1731 F	—	—	125	175	225	—
1731/0 F	—	—	—	—	—	—
Requires Confirmation						
1732 F	—	—	125	175	225	—
1733 F Rare	—	—	—	—	—	—

4 REALES

KM# 40 13.54 g., 0.931 Silver, 0.4053 oz. ASW **Ruler:** Philip V **Obv:** Legend and date around crowned arms **Rev:** Lions and castles in angles of cross **Obv. Legend:** PHILIPVS V DEI G **Mint:** Mexico City **Note:** Mint mark M, Mo. For this series completeness of date is a stronger determining factor of price than grade. The values listed below reflect a range for examples with an average amount of date visible.

Date	Mintage	G4	VG8	F12	VF20	XF40
ND (1701-28)	—	—	50.00	75.00	100	—
Date off flan						
1701 L	—	—	225	475	800	—
1702 L	—	—	225	475	800	—
1703 L	—	—	225	475	800	—
1704 L	—	—	225	475	800	—
1705 L	—	—	225	475	800	—
1706 J	—	—	225	475	800	—
1707 J	—	—	225	475	800	—
1708 J	—	—	225	475	800	—
1709 J	—	—	225	475	800	—
1710 J	—	—	225	475	800	—
1711 J	—	—	200	425	700	—
1712 J	—	—	200	425	700	—
1713 J	—	—	200	425	700	—
1714 J	—	—	200	425	700	—
1715 J Rare	—	—	—	—	—	—
1716 J	—	—	250	600	1,000	—
1717 J	—	—	250	600	1,000	—
1718 J	—	—	250	600	1,000	—
1719 J	—	—	250	600	1,000	—
1720 J	—	—	250	600	1,000	—
1721 J	—	—	250	600	1,000	—
1722 J	—	—	250	600	1,000	—
1723 J	—	—	250	600	1,000	—
1726 D	—	—	250	600	1,000	—
1727 D	—	—	250	600	1,000	—
1728 D	—	—	250	600	1,000	—

KM# 42 13.54 g., 0.931 Silver, 0.4053 oz. ASW **Ruler:** Luis I **Obv:** Legend around crowned arms **Rev:** Lions and castles in angles of cross, legend around **Obv. Legend:** LVDOVICVS I DEI G **Mint:** Mexico City **Note:** A significant portion of the legend must be visible for proper attribution. Mint mark M, Mo.

Date	Mintage	G4	VG8	F12	VF20	XF40
1724 D Rare	—	—	—	—	—	—
1725 D Rare	—	—	—	—	—	—

KM# 40a 13.54 g., 0.916 Silver, 0.3988 oz. ASW **Ruler:** Philip V **Obv:** Legend and date around crowned arms **Rev:** Lions and castles in angles of cross **Obv. Legend:** PHILIPVS V DEI G **Mint:** Mexico City **Note:** Mint mark M, Mo.

Date	Mintage	G4	VG8	F12	VF20	XF40
ND(1729-33)	—	—	50.00	75.00	100	—
Date off flan						
1729 R	—	—	150	250	350	—
1730 R	—	—	150	250	350	—
1730 F/G	—	—	150	250	375	—
1730 G	—	—	150	250	350	—
1731/0 F	—	—	150	250	375	—
1731 F	—	—	150	250	350	—

Date	Mintage	G4	VG8	F12	VF20	XF40
1732/1 F	—	—	150	250	350	—
1732 F	—	—	150	250	350	—
1733/2 F Rare	—	—	—	—	—	—
1733 F Rare	—	—	—	—	—	—

KM# 41 13.54 g., 0.916 Silver, 0.3988 oz. ASW **Ruler:** Philip V **Obv:** Legend and date around crowned arms **Rev:** Lions and castles in angles of cross, legend around **Obv. Legend:** PHILIPVS V DEI G **Mint:** Mexico City **Note:** Klippe. Similar to KM#40a. Mint mark M, Mo.

Date	Mintage	G4	VG8	F12	VF20	XF40
1733 MF	—	—	450	600	750	—
1734 MF Rare	—	—	—	—	—	—
1734/3 MF	—	—	450	600	750	—

8 REALES

KM# 46 27.07 g., 0.931 Silver, 0.8103 oz. ASW **Ruler:** Charles II **Obv:** Legend and date around crowned arms **Rev:** Legend around cross, lions and castles **Obv. Legend:** CAROLVS II DEI G **Note:** Struck at Mexico City Mint, mint mark M, Mo.

Date	Mintage	G4	VG8	F12	VF20	XF40
ND(1667-1701) Date off flan	—	—	90.00	110	150	—
1667/6 Rare	—	—	—	—	—	—
1667 G	—	—	600	900	1,500	—
1668 G	—	—	600	900	1,500	—
1669 G	—	—	600	900	1,500	—
1670 G	—	—	600	900	1,500	—
1671 G	—	—	700	1,000	1,700	—
1672 G	—	—	700	1,000	1,700	—
1673 G	—	—	700	1,000	1,700	—
1674 G	—	—	600	900	1,500	—
1675 G	—	—	600	900	1,500	—
1676/5 G	—	—	400	600	900	—
1676 G	—	—	400	600	900	—
1677 G	—	—	400	600	900	—

Date	Mintage	G4	VG8	F12	VF20	XF40
1678 L	—	—	400	600	900	—
1679 L	—	—	400	600	900	—
1680 L	—	—	300	400	600	—
1681 L	—	—	600	400	600	—
1682 L Rare	—	—	—	—	—	—
1683 L Rare	—	—	—	—	—	—
1684 L	—	—	600	900	1,500	—
1685 L	—	—	600	900	1,500	—
1686 L Rare	—	—	—	—	—	—
1687 L	—	—	700	1,000	1,700	—
1688 L	—	—	700	1,000	1,700	—
1689 L	—	—	600	900	1,500	—
1690 L Rare	—	—	—	—	—	—
1691 L Rare	—	—	—	—	—	—
1692 L Rare	—	—	—	—	—	—
1693 L Rare	—	—	—	—	—	—
1694 L Rare	—	—	—	—	—	—
1695 L	—	—	600	900	1,500	—
1697 L Rare	—	—	—	—	—	—
1698 L Rare	—	—	—	—	—	—
1699 L	—	—	600	900	1,500	—
1700 L	—	—	700	1,000	1,700	—
1701 L Rare	—	—	—	—	—	—

Date	Mintage	G4	VG8	F12	VF20	XF40
1712 J	—	—	200	1,100	2,000	—
1713 J	—	—	200	1,100	2,000	—
1714 J	—	—	200	1,100	2,000	—
1715 J	—	—	200	1,200	2,250	—
1716 J	—	—	575	2,300	4,500	—
1717 J	—	—	575	2,300	4,500	—
1718/7 J	—	—	575	2,300	4,500	—
1718 J	—	—	525	2,000	4,000	—
1719 J	—	—	525	2,000	4,000	—
1720 J	—	—	525	2,000	4,000	—
1721 J	—	—	525	2,000	4,000	—
1722 J	—	—	525	2,000	4,000	—
1723 J	—	—	525	2,000	4,000	—
1724 D	—	—	525	2,000	4,000	—
1725 D	—	—	525	2,000	4,000	—
1726 D	—	—	525	2,000	4,000	—
1727 D	—	—	525	2,000	4,000	—
1728 D	—	—	600	2,400	5,000	—

KM# 49 27.07 g., 0.931 Silver, 0.8103 oz. ASW **Ruler:** Luis I **Obv:** Legend and date around crowned arms **Rev:** Lions and castles in angles of cross, legend around **Obv. Legend:** LVDOVICVS I DEI G **Rev. Legend:** INDIARVM * REX HISPANIARV ... **Mint:** Mexico City **Note:** A significant portion of the legend must be visible for proper attribution. Mint mark M, Mo.

Date	Mintage	G4	VG8	F12	VF20
ND(1724-25) Date off flan; Rare	—	—	—	—	—
1724 D Rare	—	—	—	—	—
1725 D Rare	—	—	—	—	—

KM# 47 27.07 g., 0.931 Silver, 0.8103 oz. ASW **Ruler:** Philip V **Obv:** Legend and date around crowned arms **Rev:** Lions and castles in angles of cross, legend around **Obv. Legend:** PHILIPVS V DEI G **Mint:** Mexico City **Note:** Mint mark M, Mo. For this series completeness of date is a stronger determining factor of price than grade. The values listed below reflect a range for examples with an average amount of date visible.

Date	Mintage	G4	VG8	F12	VF20	XF40
ND(1701-28) Date off flan	—	—	70.00	90.00	120	—
1701 L Rare	—	—	—	—	—	—
1702 L Rare	—	—	—	—	—	—
1703 L Rare	—	—	—	—	—	—
1704 L Rare	—	—	—	—	—	—
1705 L Rare	—	—	—	—	—	—
1706 J Rare	—	—	—	—	—	—
1707 J Rare	—	—	—	—	—	—
1708 J Rare	—	—	—	—	—	—
1709 J Rare	—	—	—	—	—	—
1710 J Rare	—	—	—	—	—	—
1711 J	—	—	200	1,100	2,000	—

KM# 47a 27.07 g., 0.916 Silver, 0.7972 oz. ASW **Ruler:** Philip V **Obv:** Legend and date around crowned arms **Rev:** Lions and castles in angles of cross, legend around **Obv. Legend:** PHILIPVS V DEI G **Mint:** Mexico City **Note:** Mint mark M, Mo.

Date	Mintage	G4	VG8	F12	VF20	XF40
ND(1729-33) Date off flan	—	—	70.00	100	125	—
1729 R	—	—	150	225	350	—
1730 G/R	—	—	150	225	350	—
1730 R	—	—	150	225	350	—
1730 G	—	—	150	225	350	—
1730 F Requires Confirmation	—	—	—	—	—	—
1731/0 F	—	—	150	225	350	—
1731/0 F/G Rare	—	—	—	—	—	—
1731 F	—	—	135	210	325	—
1732/1 F	—	—	135	210	325	—
1732 F	—	—	135	210	350	—
1733/2 F	—	—	200	300	400	—
1733 F	—	—	200	300	400	—

KM# 48 0.92 g., Silver, **Ruler:** Philip V **Obv:** Legend around crowned arms **Rev:** Lions and castles in angles of cross, legend around **Mint:** Mexico City **Note:** Klippe. Similar to KM#47a. Mint mark M, Mo.

Date	Mintage	G4	VG8	F12	VF20	XF40
ND(1733-34)	—	—	200	350	500	—
Date off flan						
1733 F	—	—	550	750	1,150	—
1733 MF	—	—	450	650	900	—
1734/3 MF	—	—	500	750	1,000	—
1734 MF	—	—	500	750	1,000	—

ESCUDO

KM# 50 3.38 g., 0.917 Gold, 0.0996 oz. AGW **Ruler:** Charles II **Obv:** Legend and date around crowned arms **Rev:** Lions and castles in angles of cross, legend around **Obv. Legend:** CAROLVS II DEI G **Mint:** Mexico City

Date	Mintage	VG8	F12	VF20	XF40
ND(1679-1701)	—	—	1,200	1,500	2,000
Date off flan					
1679 MXo L Rare	—	—	—	—	—
1690 MXo L	—	—	3,000	4,000	5,000
1695 MXo L	—	—	3,000	4,000	5,000
1697 MXo L	—	—	3,000	4,000	5,000
1698 MXo L	—	—	3,000	4,000	5,000
1699 MXo L	—	—	3,000	4,000	5,000
1700 MXo L	—	—	3,000	4,000	5,000
1701/0 MXo L Rare	—	—	—	—	—

KM# 51.1 3.38 g., 0.917 Gold, 0.0996 oz. AGW **Ruler:** Philip V **Obv:** Legend and date around crowned arms **Rev:** Lions and castles in angles of cross, legend around **Obv. Legend:** PHILIPVS V DEI G **Mint:** Mexico City

Date	Mintage	VG8	F12	VF20	XF40
ND(1702-13)	—	—	1,000	1,350	1,500
Date off flan					
1702 MXo L Rare	—	—	—	—	—
1703/2 MXo L Rare	—	—	—	—	—
1704 MXo L Rare	—	—	—	—	—
1707 MXo J Rare	—	—	—	—	—
1708 MXo J Rare	—	—	—	—	—
1709 MXo J Rare	—	—	—	—	—
1710 MXo J Rare	—	—	—	—	—
1711 MXo J	—	—	1,250	2,250	3,250
1712 MXo J	—	—	1,250	2,250	3,250
1713 MXo J	—	—	1,250	2,250	3,250

KM# 51.2 3.38 g., 0.917 Gold, 0.0996 oz. AGW **Ruler:** Philip V **Obv:** Legend and date around crowned arms **Rev:** Lions and castles in angles of cross, legend around **Obv. Legend:** PHILIPVS V DEI G **Mint:** Mexico City

Date	Mintage	F12	VF20	XF40	MS60
1712 Mo J	—	2,000	3,000	4,000	—
1714 Mo J	—	1,200	1,650	2,250	3,250
1714 Mo J J's 1's (J7J4J) Rare	—	—	—	—	—
1715 Mo J	—	2,000	3,000	4,000	—
1727 Mo J Rare	—	—	—	—	—
1728 Mo J Rare	—	—	—	—	—
1731 F Rare	—	—	—	—	—

Note: Die-struck counterfeits of 1731 F exist

2 ESCUDOS

KM# 52 6.77 g., 0.917 Gold, 0.1996 oz. AGW **Ruler:** Philip V **Obv:** Legend and date around crowned arms **Rev:** Legend around cross **Obv. Legend:** CAROLVS II DEI G **Mint:** Mexico City

Date	Mintage	VG8	F12	VF20	XF40
ND(1679-1701)	—	—	1,300	1,750	2,500
Date off flan					
1680 MXo L	—	—	4,000	5,000	6,000
1681 MXo L	—	—	4,000	5,000	6,000
1695 MXo L	—	—	4,000	5,000	6,000
1698 MXo L	—	—	4,000	5,000	6,000
1701 MXo L Rare	—	—	—	—	—

KM# 53.1 6.77 g., 0.917 Gold, 0.1996 oz. AGW **Ruler:** Philip V **Obv:** Legend and date around crowned arms **Rev:** Legend around cross **Obv. Legend:** PHILIPVS V DEI G **Mint:** Mexico City

Date	Mintage	VG8	F12	VF20	XF40
ND(1704-13)	—	—	1,250	1,500	2,000
Date off flan					
1704 MXo L Rare	—	—	—	—	—
1708 MXo J Rare	—	—	—	—	—
1710 MXo J Rare	—	—	—	—	—
1711 MXo J	—	—	2,500	3,500	4,500
1712 MXo J	—	—	2,500	3,500	4,500
1713 MXo J	—	—	2,500	3,500	4,500

KM# 53.2 6.77 g., 0.917 Gold, 0.1996 oz. AGW
Ruler: Philip V **Obv:** Legend and date around crowned arms **Rev:** Legend around cross **Obv. Legend:** PHILIPVS V DEI G **Mint:** Mexico City
Note: Struck counterfeits exist for 1731.

Date	Mintage	F12	VF20	XF40	MS60
ND(1714-31)	—	1,500	1,750	2,500	—
Date off flan					
1714 Mo J	—	—	2,500	3,500	5,250
1715 Mo J	—	—	3,000	4,000	6,000
1717 Mo J Rare	—	—	—	—	—
1722 Mo J Rare	—	—	—	—	—
1729 Mo R Rare	—	—	—	—	—
1731 Mo F Rare	—	—	—	—	—

KM# A54 6.77 g., 0.917 Gold, 0.1996 oz. AGW
Ruler: Luis I **Obv:** Legend and date around crowned arms **Rev:** Legend around cross **Obv. Legend:** LVDOVICVS I DEI G. **Mint:** Mexico City
Note: A significant portion of the legend must be visible for proper attribution.

Date	Mintage	VG8	F12	VF20	XF40	MS60
ND Mo D Rare	—	—	—	—	—	—

4 ESCUDOS

KM# 54 13.54 g., 0.917 Gold, 0.3992 oz. AGW
Ruler: Charles II **Obv:** Legend and date around crowned arms **Rev:** Legend around cross **Obv. Legend:** CAROLVS II DEI G **Mint:** Mexico City

Date	Mintage	VG8	F12	VF20	XF40
ND(1679-1701)	—	—	2,500	3,500	4,750
Date off flan					
1680 MXo L Rare	—	—	—	—	—
1681 MXo L	—	—	4,500	6,000	7,500
1683 MXo L	—	—	4,500	6,000	7,500
1693 MXo L	—	—	4,500	6,000	7,500
1694 MXo L	—	—	4,500	6,000	7,500

Date	Mintage	VG8	F12	VF20	XF40
1695 MXo L	—	—	4,500	6,000	7,500
1696 MXo L	—	—	4,500	6,000	7,500
1697 MXo L	—	—	4,500	6,000	7,500
1698 MXo L	—	—	4,500	6,000	7,500
1699/8/7 MXo L	—	—	4,500	6,000	7,500
1701 MXo L Rare	—	—	—	—	—

KM# 55.1 13.54 g., 0.917 Gold, 0.3992 oz. AGW
Ruler: Philip V **Obv:** Legend and date around crowned arms **Rev:** Legend around cross **Obv. Legend:** PHILIPVS V DEI G **Mint:** Mexico City

Date	Mintage	VG8	F12	VF20	XF40
ND(1705-13)	—	—	2,500	3,000	4,000
Date off flan					
1705 MXo J Rare	—	—	—	—	—
1706 MXo L Rare	—	—	—	—	—
1711 MXo J	—	—	3,500	4,750	6,000
1712 MXo J	—	—	3,500	4,750	6,000
1713 MXo J	—	—	3,500	4,750	6,000

KM# 55.2 13.54 g., 0.917 Gold, 0.3992 oz. AGW
Ruler: Philip V **Obv:** Legend and date around crowned arms **Rev:** Legend around cross **Obv. Legend:** PHILIPVS V DEI G **Mint:** Mexico City

Date	Mintage	F12	VF20	XF40	MS60
ND(1714-20)	—	2,500	3,500	4,500	—
Date off flan					
1714 Mo J	—	—	5,500	7,000	9,500
1715 Mo J	—	—	5,500	7,000	—
1720 Mo J Rare	—	—	—	—	—

8 ESCUDOS

KM# 57.1 27.07 g., 0.917 Gold, 0.7981 oz. AGW
Ruler: Philip V **Obv:** Legend and date around crowned arms **Rev:** Legend around cross **Obv. Legend:** PHILIPVS V DEI G **Mint:** Mexico City

Date	Mintage	F12	VF20	XF40	MS60
ND(1701-13)	—	2,500	3,500	4,500	—
Date off flan					
1701 MXo L Rare	—	—	—	—	—
1703 MXo L Rare	—	—	—	—	—
1706 MXo J Rare	—	—	—	—	—
1708 MXo J Rare	—	—	—	—	—
1709 MXo J Rare	—	—	—	—	—
1710 MXo J Rare	—	—	—	—	—
1711 MXo J	—	3,500	4,500	6,500	—
1712 MXo J	—	3,500	4,500	6,500	—
1713 MXo J	—	3,500	4,500	6,500	11,500

KM# 57.2 27.07 g., 0.917 Gold, 0.7981 oz. AGW
Ruler: Philip V **Obv:** Legend and date around
crowned arms **Rev:** Legend around cross **Obv.**
Legend: PHILIPVS V DEI G **Mint:** Mexico City

Date	Mintage	F12	VF20	XF40	MS60
ND(1714-32) Mo	—	2,750	3,750	5,000	—
Date off flan					
1714 Mo J	—	4,000	5,500	7,500	11,500
1714 Mo Date over GRAT on obverse	—	6,000	7,500	9,000	—
1715 Mo J	—	5,000	6,500	8,000	—
1717/6 Mo J Rare	—	—	—	—	—
1720/19 Mo J Rare	—	—	—	—	—
1723 Mo J Rare	—	—	—	—	—
1727/6 Mo D Rare	—	—	—	—	—
1728/7 Mo D Rare	—	—	—	—	—
1729 Mo R	—	5,000	6,500	8,000	—
1730 Mo R	—	5,000	6,500	8,000	—
1730 Mo F Rare	—	—	—	—	—
1731 Mo F Rare	—	—	—	—	—
1732 Mo F Rare	—	—	—	—	—

KM# 57.3 27.07 g., 0.917 Gold, 0.7981 oz. AGW
Ruler: Philip V **Obv:** Date around crowned arms
Rev: Legend and date around cross **Obv. Legend:**
PHILIPVS V DEI G **Mint:** Mexico City

Date	Mintage	VG8	F12	VF20	XF40
1714 Mo J Date on reverse	—	—	6,000	7,500	9,000

KM# 58 27.07 g., 0.917 Gold, 0.7981 oz. AGW
Ruler: Luis I **Obv:** Legend and date around
crowned arms **Rev:** Legend around cross **Obv.**
Legend: LVDOVICVS I DEI G **Mint:** Mexico City
Note: A significant portion of the legend must be
visible for proper attribution.

Date	Mintage	VG8	F12	VF20	XF40
ND(1724-25) Mo D Rare	—	—	—	—	—

ROYAL COINAGE

Struck on specially prepared round planchets using
well centered dies in excellent condition to prove the
quality of the minting to the Viceroy or even to the King.

1/2 REAL

KM# R24 1.69 g., 0.931 Silver, 0.0506 oz. ASW
Ruler: Philip V **Mint:** Mexico City **Note:** Normally
found holed. Mint
mark Mo.

Date	Mintage	G4	VG8	F12	VF20	XF40
1715Mo J	—	—	250	400	575	750
1719Mo J	—	—	250	400	575	750
1721Mo J	—	—	250	400	575	750
1722Mo J	—	—	250	400	575	750
1726Mo D	—	—	250	400	575	750
1727Mo D	—	—	250	400	575	750

KM# R25 1.69 g., 0.931 Silver, 0.0506 oz. ASW
Ruler: Luis I **Obv:** Legend around crowned
LVDOVICVS monogram **Rev:** Lions and castles in
angles of cross, legend around **Mint:** Mexico City
Note: Mint mark Mo.

Date	Mintage	G4	VG8	F12	VF20
1724Mo D Rare	—	—	—	—	—

KM# R24a 1.69 g., 0.917 Silver, 0.0499 oz. ASW
Ruler: Philip V **Mint:** Mexico City **Note:** Normally
found holed. Mint mark Mo.

Date	Mintage	G4	VG8	F12	VF20	XF40
1730Mo D	—	—	250	400	575	750

REAL

KM# R30 3.38 g., 0.931 Silver, 0.1013 oz. ASW
Ruler: Philip V **Obv. Legend:** PHILIPVS V DEI G
Mint: Mexico City **Note:** Mint mark Mo.

Date	Mintage	VG8	F12	VF20	XF40
1715Mo J Rare	—	—	—	—	—
1716Mo J Rare	—	—	—	—	—
1718Mo J Rare	—	—	—	—	—

2 REALES

KM# R35 6.77 g., 0.931 Silver, 0.2025 oz. ASW
Ruler: Philip V **Obv. Legend:** PHILIPVS V DEI G
Mint: Mexico City **Note:** Mint mark Mo.

Date	Mintage	VG8	F12	VF20	XF40
1715Mo J Rare	—	—	—	—	—

KM# R35a 6.77 g., 0.917 Silver, 0.1995 oz. ASW
Ruler: Philip V **Mint:** Mexico City **Note:** Mint mark
Mo.

Date	Mintage	VG8	F12	VF20	XF40
1730Mo R Rare	—	—	—	—	—

4 REALES

KM# R40 13.53 g., 0.931 Silver, 0.4051 oz. ASW
Ruler: Philip V **Obv. Legend:** PHILIPVS V DEI G
Mint: Mexico City **Note:** Mint mark Mo.

Date	Mintage	VG8	F12	VF20	XF40
1716Mo J Rare	—	—	—	—	—
1719Mo J Rare	—	—	—	—	—
1721Mo J Rare	—	—	—	—	—
1722Mo J Rare	—	—	—	—	—
1723Mo J Rare	—	—	—	—	—

8 REALES

KM# R47 27.07 g., 0.931 Silver, 0.8102 oz. ASW
Ruler: Philip V **Obv. Legend:** PHILIPVS V DEI G
Mint: Mexico City **Note:** Struck at Mexico City Mint,
mint mark Mo.

Date	Mintage	VG8	F12	VF20	XF40
1702Mo L Rare	—	—	—	—	—
1703Mo L Rare	—	—	—	—	—
1705Mo J Rare	—	—	—	—	—
1706Mo J Rare	—	—	—	—	—
1709Mo J Rare	—	—	—	—	—
1711Mo J Rare	—	—	—	—	—
1714Mo J Rare	—	—	—	—	—
1715Mo J Rare	—	—	—	—	—
1716Mo J Rare	—	—	—	—	—
1717Mo J Rare	—	—	—	—	—
1719Mo J Rare	—	—	—	—	—
1721Mo J Rare	—	—	—	—	—
1722Mo J Rare	—	—	—	—	—
1723Mo J Rare	—	—	—	—	—
1724Mo D Rare	—	—	—	—	—
1725Mo D Rare	—	—	—	—	—
1726/5Mo D Rare	—	—	—	—	—
1726Mo D Rare	—	—	—	—	—
1727Mo D Rare	—	—	—	—	—

KM# R49 27.07 g., 0.931 Silver, 0.8102 oz. ASW
Ruler: Luis I **Note:** Mint mark Mo.

Date	Mintage	G4	VG8	F12	VF20
1724 D Rare	—	—	—	—	—
1725 D Rare	—	—	—	—	—

KM# R47a 27.07 g., 0.917 Silver, 0.798 oz. ASW
Ruler: Philip V **Mint:** Mexico City **Note:** Mint mark
Mo.

Date	Mintage	G4	VG8	F12	VF20
1729Mo R Rare	—	—	—	—	—
1730Mo R/D Rare	—	—	—	—	—
1730Mo G Rare	—	—	—	—	—

ESCUDO

KM# R51.2 3.38 g., 0.917 Gold, 0.0998 oz. AGW
Ruler: Philip V **Mint:** Mexico City

Date	Mintage	G4	VG8	F12	VF20
1714Mo J Rare	—	—	—	—	—
1715Mo J Rare	—	—	—	—	—

2 ESCUDOS

KM# R53.1 6.77 g., 0.917 Gold, 0.1995 oz. AGW
Ruler: Philip V **Mint:** Mexico City

Date	Mintage	G4	VG8	F12	VF20
1711MXo J Rare	—	—	—	—	—
1712MXo J Rare	—	—	—	—	—

4 ESCUDOS

KM# R55.1 13.53 g., 0.917 Gold, 0.399 oz. AGW
Ruler: Philip V **Mint:** Mexico City **Note:** Mint mark
M, Mo.

Date	Mintage	G4	VG8	F12	VF20	XF40
1711 Rare	—	—	—	—	—	—

KM# R55.2 13.53 g., 0.917 Gold, 0.399 oz. AGW
Ruler: Philip V **Mint:** Mexico City **Note:** Mint mark
M, Mo.

Date	Mintage	G4	VG8	F12	VF20	XF40
1714 Rare	—	—	—	—	—	—

8 ESCUDOS

KM# R57.1 27.07 g., 0.917 Gold, 0.798 oz. AGW
Ruler: Philip V **Mint:** Mexico City

Date	Mintage	G4	VG8	F12	VF20
1702MXo L Rare	—	—	—	—	—
1711MXo J Rare	—	—	—	—	—
1712MXo J Rare	—	—	—	—	—
1713MXo J Rare	—	—	—	—	—

KM# R57.3 27.07 g., 0.917 Gold, 0.798 oz. AGW
Ruler: Philip V **Mint:** Mexico City

Date	Mintage	G4	VG8	F12	VF20
1714Mo J Rare	—	—	—	—	—
1715Mo J Rare	—	—	—	—	—
1717Mo J Rare	—	—	—	—	—
1718Mo J Rare	—	—	—	—	—
1723Mo J Rare	—	—	—	—	—

MILLED COINAGE

1/8 PILON (1/16 REAL)

KM# 59 Copper, **Ruler:** Ferdinand VII **Obv:** Crowned monogram **Rev:** Castles and lions in wreath **Mint:** Mexico City **Note:** Mint mark Mo.

Date	Mintage	VG8	F12	VF20	XF40	MS60
1814	—	12.00	25.00	55.00	145	—
1815	—	12.00	25.00	55.00	145	—

1/4 TLACO (1/8 REAL)

KM# 63 Copper, **Ruler:** Ferdinand VII **Obv:** Crowned monogram flanked by value and mint mark **Rev:** Arms without shield within wreath **Obv. Legend:** FERDIN. VII... **Mint:** Mexico City **Note:** Mint mark Mo.

Date	Mintage	VG8	F12	VF20	XF40	MS60
1814	—	14.00	30.00	60.00	180	—
1815	—	14.00	30.00	60.00	180	—
1816	—	14.00	30.00	60.00	180	—

1/4 REAL

KM# 62 0.85 g., 0.896 Silver, 0.0244 oz. ASW **Ruler:** Charles IV **Obv:** Crowned rampant lion, left **Rev:** Castle **Mint:** Mexico City **Note:** Mint mark Mo.

Date	Mintage	VG8	F12	VF20	XF40	MS60
1796	—	35.00	65.00	125	200	—
1797	—	35.00	65.00	125	200	—
1798	—	35.00	65.00	125	200	—
1799/8	—	35.00	65.00	125	200	—
1799	—	35.00	65.00	125	200	—
1800	—	35.00	65.00	125	200	—
1801/0	—	10.00	20.00	40.00	70.00	—
1801	—	10.00	20.00	40.00	70.00	—
1802	—	10.00	20.00	40.00	70.00	—
1803	—	10.00	20.00	40.00	70.00	—
1804	—	10.00	20.00	40.00	75.00	—
1805/4	—	12.50	25.00	55.00	85.00	—
1805	—	10.00	22.00	50.00	75.00	—
1806	—	10.00	22.00	50.00	80.00	—
1807/797	—	15.00	30.00	55.00	85.00	—
1807	—	12.50	25.00	50.00	80.00	—
1808	—	12.50	25.00	50.00	80.00	—
1809/8	—	12.50	25.00	50.00	80.00	—
1809	—	12.50	25.00	50.00	80.00	—
1810	—	12.50	25.00	50.00	75.00	—
1811	—	12.50	25.00	50.00	75.00	—
1812	—	12.50	25.00	50.00	75.00	—
1813	—	10.00	20.00	40.00	70.00	—
1815	—	12.50	22.00	50.00	75.00	—
1816	—	10.00	20.00	40.00	70.00	—

2/4 SENAL (1/4 REAL)

KM# 64 Copper, **Ruler:** Ferdinand VII **Obv:** Legend around crowned monogram flanked by mint mark and value **Rev:** Arms without shield within wreath **Obv. Legend:** FERDIN. VII... **Mint:** Mexico City **Note:** Mint mark Mo.

Date	Mintage	VG8	F12	VF20	XF40	MS60
1814	—	14.00	30.00	60.00	180	—
1815/4	—	18.00	36.00	70.00	200	—
1815	—	14.00	30.00	60.00	180	—
1816	—	14.00	30.00	60.00	180	—
1821	—	25.00	48.00	90.00	240	—

1/2 REAL

KM# 65 1.69 g., 0.917 Silver, 0.0499 oz. ASW **Ruler:** Philip V **Obv:** Crowned shield flanked by M F, rosettes and small cross **Rev:** Crowned globes flanked by crowned pillars with banner, date below **Obv. Legend:** PHILIP • V • D • G • HISPAN • ET IND • REX **Mint:** Mexico City **Note:** Mint mark M, Mo, MX.

Date	Mintage	VG8	F12	VF20	XF40	MS60
1732 Rare	—	—	—	—	—	—
Note: Heritage Rudman Collection ANA Sale 3048, 8-16, holed, scratched XF details realized $4,200						
1732 F	—	500	800	1,250	2,000	—
1733 MF (MX)	—	400	600	1,100	1,800	—
1733 F Rare						
Note: Heritage Rudman Collection ANA Sale 3048, 8-16, holed, cleaned Good details realized $2,200						
1733/2 MF	—	400	600	1,100	1,800	—
1733 MF	—	300	500	1,100	1,800	—
1734/3 MF	—	20.00	50.00	100	175	500
1734 MF	—	20.00	50.00	100	175	450
1735/4 MF	—	20.00	50.00	100	175	450
1735 MF	—	20.00	50.00	100	175	450
1736/5 MF	—	20.00	50.00	100	175	450
1736 F	—	2,500	—	—	—	—
1736 MF	—	20.00	50.00	100	175	450
1737/6 MF	—	20.00	50.00	100	175	—
1737 MF	—	20.00	50.00	100	175	350
1738/7 MF	—	20.00	50.00	100	175	—
1738 MF	—	20.00	50.00	100	175	350
1739 MF	—	20.00	50.00	100	175	350
1740/30 MF	—	20.00	50.00	100	175	350
1740 MF	—	20.00	50.00	100	175	375
1741 MF	—	20.00	50.00	100	175	300

KM# 66 1.69 g., 0.917 Silver, 0.0498 oz. ASW
Ruler: Philip V **Obv:** Crowned shield flanked by stars **Rev:** Crowned globes flanked by crowned pillars with banner, date below **Obv. Legend:** PHS • V • D • G • HISP • ET IND • R **Mint:** Mexico City **Note:** Mint mark M, Mo.

Date	Mintage	VG8	F12	VF20	XF40	MS60
1742 M	—	15.00	40.00	75.00	150	250
1743 M	—	15.00	40.00	75.00	150	250
1744/3 M	—	15.00	40.00	75.00	150	—
1744 M	—	15.00	40.00	75.00	150	250
1745 M Rare	—	—	—	—	—	—

Note: Legend variation: PHS. V. D. G. HISP. EST IND. R

Date	Mintage	VG8	F12	VF20	XF40	MS60
1745 M	—	15.00	40.00	75.00	150	350
1746/5 M	—	15.00	40.00	75.00	150	—
1746 M	—	15.00	40.00	75.00	150	250
1747 M	—	15.00	40.00	75.00	150	250

KM# 67.1 1.69 g., 0.917 Silver, 0.0498 oz. ASW
Ruler: Ferdinand VI **Obv:** Royal crown **Obv. Legend:** FRD • VI • D • G • HIPS • ET IND • R **Mint:** Mexico City **Note:** Mint mark M, Mo.

Date	Mintage	VG8	F12	VF20	XF40
1747/6 M	—	15.00	40.00	75.00	150
1747 M	—	15.00	40.00	75.00	150
1748/7 M	—	15.00	40.00	75.00	150
1748 M	—	15.00	40.00	75.00	150
1749 M	—	15.00	40.00	75.00	150
1750 M	—	15.00	40.00	75.00	150
1751 M	—	15.00	40.00	75.00	150
1752 M	—	15.00	40.00	75.00	150
1753 M	—	15.00	40.00	75.00	150
1754 M	—	15.00	40.00	75.00	150
1755/6 M	—	15.00	40.00	75.00	150
1755 M	—	15.00	40.00	75.00	150
1756/5 M	—	15.00	40.00	75.00	150
1756 M	—	15.00	40.00	75.00	150
1757/6 M	—	15.00	40.00	75.00	150
1757 M	—	15.00	40.00	75.00	150

KM# 67.2 1.69 g., 0.917 Silver, 0.0499 oz. ASW
Ruler: Ferdinand VI **Obv:** Different crown **Mint:** Mexico City **Note:** Mint mark M, Mo.

Date	Mintage	VG8	F12	VF20	XF40	MS60
1757 M	—	15.00	40.00	75.00	150	—
1758/7 M	—	15.00	40.00	75.00	150	—
1758 M	—	15.00	40.00	75.00	150	—
1759 M	—	15.00	40.00	75.00	150	—
1760/59 M	—	15.00	40.00	75.00	150	—
1760 M	—	15.00	40.00	75.00	150	—

KM# 68 1.69 g., 0.917 Silver, 0.0498 oz. ASW
Ruler: Charles III **Obv:** Crowned shield flanked by stars **Rev:** Crowned globes flanked by crowned pillars with banner, date below **Obv. Legend:** CAR • III • D • G • HISP • ET IND • R **Mint:** Mexico City **Note:** Mint mark M, Mo.

Date	Mintage	VG8	F12	VF20	XF40	MS60
1760/59 M	—	15.00	40.00	75.00	150	—

Date	Mintage	VG8	F12	VF20	XF40	MS60
1760 M	—	15.00	40.00	75.00	150	—
1761 M	—	15.00	40.00	75.00	150	—
1762 M	—	15.00	40.00	75.00	150	—
1763/2 M	—	15.00	40.00	75.00	150	—
1763 M	—	15.00	40.00	75.00	150	—
1764 M	—	15.00	40.00	75.00	150	—
1765/4 M	—	15.00	40.00	75.00	150	—
1765 M	—	15.00	40.00	75.00	150	—
1766 M	—	15.00	40.00	75.00	150	—
1767 M	—	15.00	40.00	75.00	150	—
1768/6 M	—	15.00	40.00	75.00	150	—
1768 M	—	15.00	40.00	75.00	150	—
1769 M	—	15.00	40.00	75.00	150	—
1770 M	—	15.00	40.00	75.00	150	—
1770 F	—	15.00	40.00	75.00	150	—
1771 F	—	15.00	40.00	75.00	150	—

KM# 69.1 1.69 g., 0.903 Silver, 0.0491 oz. ASW
Ruler: Charles III **Rev:** Inverted FM and mint mark **Obv. Legend:** CAROLUS • III • DEI • GRATIA **Mint:** Mexico City **Note:** Mint mark Mo.

Date	Mintage	VG8	F12	VF20	XF40	MS60
1772 Mo FM	—	12.00	35.00	60.00	125	—
1773 Mo FM	—	10.00	25.00	50.00	100	—

KM# 69.2 1.69 g., 0.903 Silver, 0.0491 oz. ASW
Ruler: Charles III **Obv:** Armored bust of Charles III, right **Rev:** Crown above shield flanked by pillars with banner, normal initials and mint mark **Obv. Legend:** CAROLUS • III • DEI • GRATIA **Mint:** Mexico City **Note:** Mint mark Mo.

Date	Mintage	VG8	F12	VF20	XF40
1772 Mo FF	—	15.00	40.00	70.00	135
1773 Mo FM	—	12.00	35.00	60.00	120
1773 Mo FM CAROLS (error)	—	75.00	150	250	400
1774 Mo FM	—	10.00	25.00	50.00	100
1775 Mo FM	—	10.00	25.00	50.00	100
1776 Mo FM	—	20.00	40.00	70.00	135
1777/6 Mo FM	—	10.00	25.00	50.00	100
1777 Mo FM	—	10.00	25.00	50.00	100
1778 Mo FF	—	10.00	25.00	50.00	100
1779 Mo FF	—	10.00	25.00	50.00	100
1780/79 Mo FF	—	10.00	25.00	50.00	100
1780 Mo FF	—	10.00	25.00	50.00	100
1781 Mo FF	—	10.00	25.00	50.00	100
1782/1 Mo FF	—	10.00	25.00	50.00	100
1782 Mo FF	—	10.00	25.00	50.00	100
1783 Mo FF	—	10.00	25.00	50.00	100
1783 Mo FM	—	10.00	25.00	50.00	100
1784 Mo FF	—	10.00	25.00	50.00	100
1784 Mo FM	—	10.00	25.00	50.00	100

KM# 69.2a 1.69 g., 0.896 Silver, 0.0487 oz. ASW
Ruler: Charles III **Rev:** Normal initials and mint mark **Note:** Mint mark M, Mo.

Date	Mintage	VG8	F12	VF20	XF40	MS60
1785/4 FM	—	10.00	25.00	50.00	100	—
1785 FM	—	10.00	25.00	50.00	100	—
1786 FM	—	10.00	25.00	50.00	100	—
1787 FM	—	10.00	25.00	50.00	100	—
1788 FM	—	10.00	25.00	50.00	100	—
1789 FM	—	12.00	35.00	60.00	110	—

KM# 70 1.69 g., 0.896 Silver, 0.0487 oz. ASW
Ruler: Charles IV **Obv:** Armored bust of Charles IV, right **Rev:** Crown above shield flanked by pillars with banner **Obv. Legend:** CAROLUS · IV ·... **Mint:** Mexico City **Note:** Mint mark M, Mo.

Date	Mintage	VG8	F12	VF20	XF40	MS60
1789 FM	—	12.00	35.00	60.00	110	—
1790 FM	—	12.00	35.00	60.00	110	—

KM# 71 1.69 g., 0.896 Silver, 0.0487 oz. ASW
Ruler: Charles IV **Obv:** Armored bust of Charles IIII, right **Rev:** Crown above shield flanked by pillars with banner **Obv. Legend:** CAROLUS · IIII ·... **Mint:** Mexico City **Note:** Mint mark M, Mo.

Date	Mintage	VG8	F12	VF20	XF40	MS60
1790 FM	—	12.00	35.00	60.00	110	—

KM# 72 1.69 g., 0.903 Silver, 0.0491 oz. ASW
Ruler: Charles IV **Obv:** Armored bust of Charles IIII, right **Rev:** Crowned shield flanked by pillars with banner **Obv. Legend:** CAROLUS · IIII · ... **Rev. Legend:** IND · R · ... **Mint:** Mexico City **Note:** Mint mark Mo.

Date	Mintage	VG8	F12	VF20	XF40
1792 FM	—	10.00	20.00	55.00	95.00
1793 FM	—	10.00	20.00	55.00	95.00
1794/3 FM	—	10.00	20.00	55.00	95.00
1794 FM	—	10.00	20.00	55.00	95.00
1795 FM	—	10.00	20.00	55.00	95.00
1796 FM	—	10.00	20.00	55.00	95.00
1797 FM	—	10.00	20.00	55.00	95.00
1798/7 FM	—	10.00	20.00	55.00	95.00
1798 FM	—	10.00	20.00	55.00	95.00
1799 FM	—	10.00	20.00	55.00	95.00
1800/799 FM	—	10.00	20.00	55.00	95.00
1800 FM	—	10.00	20.00	55.00	95.00
1801 FM	—	9.00	18.00	45.00	95.00
1801 FT	—	5.00	12.00	35.00	70.00
1802 FT	—	5.00	12.00	35.00	70.00
1803 FT	—	7.00	14.00	37.50	75.00
1804 TH	—	5.00	12.00	35.00	70.00
1805 TH	—	5.00	12.00	35.00	70.00
1806 TH	—	5.00	12.00	35.00	70.00
1807/6 TH	—	7.00	14.00	37.50	75.00
1807 TH	—	5.00	12.00	35.00	70.00
1808/7 TH	—	7.00	14.00	37.50	75.00
1808 TH	—	5.00	12.00	35.00	70.00

KM# 73 1.69 g., 0.8958 Silver, 0.0487 oz. ASW
Ruler: Ferdinand VII **Obv:** Armored laureate bust right **Rev:** Crowned shield flanked by pillars **Obv. Legend:** FERDIN · VII... **Rev. Legend:** IND · R... **Mint:** Mexico City **Note:** Mint mark Mo.

Date	Mintage	VG8	F12	VF20	XF40
1808 TH	—	4.00	9.00	22.50	40.00
1809 TH	—	4.00	9.00	22.50	40.00
1810 TH	—	6.00	11.00	25.00	50.00
1810 HJ	—	4.00	9.00	22.50	40.00
1811 HJ	—	4.00	9.00	22.50	40.00
1812/1 HJ	—	8.00	17.00	38.50	85.00
1812 HJ	—	4.00	9.00	22.50	40.00
1812 JJ	—	13.00	27.50	49.50	105
1813/2 JJ	—	13.00	27.50	49.50	105
1813 TH	—	4.00	9.00	22.50	40.00
1813 JJ	—	7.00	13.00	27.50	80.00
1813 HJ	—	8.00	17.00	38.50	95.00
1814/3 JJ	—	8.00	17.00	38.50	95.00
1814 JJ	—	6.00	11.00	25.00	50.00

KM# 74 1.69 g., 0.903 Silver, 0.0491 oz. ASW
Ruler: Ferdinand VII **Obv:** Draped laureate bust right **Rev:** Crowned shield flanked by pillars **Obv. Legend:** FERDIN · VII... **Rev. Legend:** IND · R... **Mint:** Mexico City **Note:** Mint mark Mo.

Date	Mintage	VG8	F12	VF20	XF40
1815 JJ	—	4.00	9.00	22.50	45.00
1816 JJ	—	4.00	9.00	22.50	45.00
1817/6 JJ	—	13.00	27.50	55.00	125
1817 JJ	—	4.00	9.00	30.75	50.00
1818/7 JJ	—	4.00	9.00	27.50	55.00
1818 JJ	—	4.00	9.00	27.50	55.00
1819/8 JJ	—	7.00	13.00	38.50	95.00
1819 JJ	—	4.00	9.00	22.50	45.00
1820 JJ	—	4.00	9.00	27.50	55.00
1821 JJ	—	4.00	9.00	22.50	45.00

REAL

KM# 75.1 3.38 g., 0.917 Silver, 0.0998 oz. ASW
Ruler: Philip V **Obv:** Crowned shield flanked by MF I ** **Rev:** Crowned globes flanked by crowned pillars with banner, date below **Obv. Legend:** PHILIP · V · D · G · HISPAN · ET IND · REX **Mint:** Mexico City **Note:** Mint mark M, Mo, (MX).

Date	Mintage	VG8	F12	VF20	XF40	MS60
1732 Rare	—	—	—	—	—	—

Note: Heritage Rudman Collection ANA Sale 3048, 8-16, saltwater damaged XF details realized $5,000

Date	Mintage	VG8	F12	VF20	XF40	MS60
1732 F Rare	—	—	—	—	—	—

Note: Heritage Rudman Collection ANA Sale 3048, 8-16, saltwater damaged VG details realized $1,600

Date	Mintage	VG8	F12	VF20	XF40	MS60
1733 F (MX) Rare	—	—	—	—	—	—

Note: Heritage Rudman Collection ANA Sale 3048, 8-16, plugged XF details realized $1,250

Date	Mintage	VG8	F12	VF20	XF40	MS60
1733/2 MF/F	—	500	750	1,000	—	—
1733 MF (MX)	—	150	350	500	950	2,250
1733 F Rare	—	—	—	—	—	—
1733 MF	—	100	200	300	500	—
1734/3 MF	—	35.00	60.00	125	200	—
1734 MF	—	35.00	60.00	125	175	—
1735 MF	—	35.00	60.00	125	175	750
1735/3 MF	—	35.00	60.00	125	200	—
1736 MF	—	35.00	60.00	125	175	—
1737 MF	—	35.00	60.00	125	175	—
1738 MF	—	35.00	60.00	125	175	—
1739 MF	—	35.00	60.00	125	175	—
1740 MF	—	35.00	60.00	125	175	750
1740/39 MF	—	45.00	75.00	150	—	—
1741 MF	—	35.00	60.00	125	175	350

KM# 75.2 3.38 g., 0.917 Silver, 0.0998 oz. ASW **Ruler:** Philip V **Obv. Legend:** PHS • V • D • G • HISP • ET • IND • R **Note:** Mint mark M, Mo.

Date	Mintage	VG8	F12	VF20	XF40	MS60
1742 M	—	35.00	60.00	110	165	300
1743 M	—	35.00	60.00	110	165	350
1744/3 M	—	35.00	60.00	110	165	350
1744 M	—	35.00	60.00	110	185	500
1745 M	—	35.00	60.00	110	165	300
1746/5 M	—	35.00	60.00	110	175	375
1746 M	—	35.00	60.00	110	165	285
1747 M	—	35.00	60.00	110	165	285

KM# 76.1 3.38 g., 0.917 Silver, 0.0996 oz. ASW **Ruler:** Ferdinand VI **Obv:** Crowned shield flanked by R I **Rev:** Crowned globes flanked by crowned pillars with banner, date below **Obv. Legend:** FRD • VI • D • G • HISP • ET IND • R **Mint:** Mexico City **Note:** Mint mark M, Mo.

Date	Mintage	VG8	F12	VF20	XF40	MS60
1747 M	—	30.00	50.00	100	150	—
1748/7 M	—	30.00	50.00	100	150	—
1748 M	—	30.00	50.00	100	150	—
1749 M	—	30.00	50.00	100	150	—
1750/40 M	—	30.00	50.00	100	150	—
1750 M	—	30.00	50.00	100	150	—
1751 M	—	30.00	50.00	100	150	—
1752 M	—	30.00	50.00	100	150	—
1753 M	—	30.00	50.00	100	150	—
1754 M	—	30.00	50.00	100	150	—
1755/4 M	—	30.00	50.00	100	150	—
1755 M	—	30.00	50.00	100	150	—
1756 M	—	30.00	50.00	100	150	—
1757 M	—	30.00	50.00	100	150	—
1758/5 M	—	30.00	50.00	100	150	—
1758 M	—	30.00	50.00	100	150	—

KM# 76.2 3.38 g., 0.917 Silver, 0.0998 oz. ASW **Ruler:** Ferdinand VI **Obv:** Royal and Imperial crowns **Note:** Mint mark M, Mo.

Date	Mintage	VG8	F12	VF20	XF40	MS60
1757 M	—	30.00	50.00	100	150	—
1758/7 M	—	30.00	50.00	100	150	—
1758 M	—	30.00	50.00	100	150	—
1759 M	—	30.00	50.00	100	150	—
1760 M	—	30.00	50.00	100	150	—

KM# 77 3.38 g., 0.917 Silver, 0.0996 oz. ASW **Ruler:** Charles III **Obv:** Crowned shield flanked by R I **Rev:** Crowned globes flanked by crowned pillars with banner, date below **Obv. Legend:** CAR • III • D • G • HISP • ET IND • R **Mint:** Mexico City **Note:** Mint mark M, Mo.

Date	Mintage	VG8	F12	VF20	XF40	MS60
1760 M	—	30.00	50.00	100	150	—
1761/0 M	—	30.00	50.00	100	150	—
1761 M	—	30.00	50.00	100	150	—
1762 M	—	30.00	50.00	100	150	—
1763/2 M	—	30.00	50.00	100	150	—
1763 M	—	30.00	50.00	100	150	—
1764 M	—	30.00	50.00	100	150	—
1765 M	—	30.00	50.00	100	150	—
1766 M	—	30.00	50.00	100	150	—
1767 M	—	30.00	50.00	100	150	—
1768 M	—	30.00	50.00	100	150	—
1769 M	—	30.00	50.00	100	150	—
1769/70 M	—	30.00	50.00	100	150	—
1770 M	—	30.00	50.00	100	150	—
1770 F	—	30.00	50.00	100	200	—
1771 F	—	30.00	50.00	100	200	—

KM# 78.1 3.38 g., 0.903 Silver, 0.0982 oz. ASW **Ruler:** Charles III **Rev:** Inverted FM and mint mark **Obv. Legend:** CAROLUS • III • DEI • GRATIA **Note:** Mint mark M, Mo.

Date	Mintage	VG8	F12	VF20	XF40	MS60
1772 FM	—	25.00	40.00	80.00	125	—
1773 FM	—	25.00	40.00	80.00	125	—

KM# 78.2 3.38 g., 0.903 Silver, 0.0981 oz. ASW **Ruler:** Charles III **Obv:** Armored bust of Charles III, right **Obv. Legend:** CAROLUS • III • DEI • GRATIA **Rev. Legend:** Crowned shield flanked by pillars with banner, normal initials and mint mark **Mint:** Mexico City **Note:** Mint mark M, Mo.

Date	Mintage	VG8	F12	VF20	XF40	MS60
1774 FM	—	20.00	35.00	65.00	100	—
1775/4 FM	—	20.00	35.00	65.00	100	—
1775 FM	—	20.00	35.00	65.00	100	—
1776 FM	—	20.00	35.00	65.00	100	—
1777 FM	—	20.00	35.00	65.00	100	—
1778 FF/M	—	20.00	35.00	65.00	100	—
1778 FF	—	20.00	35.00	65.00	100	—
1779 FF	—	20.00	35.00	65.00	100	—
1780 FF	—	20.00	35.00	65.00	100	—
1780 F F/M	—	20.00	35.00	65.00	100	—
1781 FF	—	20.00	35.00	65.00	100	—
1782 FF	—	20.00	35.00	65.00	100	—
1783 FF	—	20.00	35.00	65.00	100	—
1784 FF	—	20.00	35.00	65.00	100	—

KM# 78.2a 3.38 g., 0.896 Silver, 0.0975 oz. ASW
Ruler: Charles III **Rev:** Normal initials and mint mark **Note:** Mint mark M, Mo.

Date	Mintage	VG8	F12	VF20	XF40	MS60
1785 FF	—	20.00	35.00	65.00	100	—
1785 FM	—	20.00	35.00	65.00	100	—
1786 FM	—	20.00	35.00	65.00	100	—
1787 FF	—	20.00	35.00	65.00	125	—
1787 FM	—	20.00	35.00	65.00	100	—
1788 FF	—	50.00	100	200	—	—
1788 FM	—	20.00	35.00	65.00	100	—
1789 FM	—	20.00	35.00	65.00	100	—

KM# 79 3.38 g., 0.903 Silver, 0.0981 oz. ASW
Ruler: Charles IV **Obv:** Armored bust of Charles III, right **Rev:** Crown above shield flanked by pillars with banner **Obv. Legend:** CAROLUS • IV • ... **Mint:** Mexico City **Note:** Mint mark M, Mo.

Date	Mintage	VG8	F12	VF20	XF40	MS60
1789 FM	—	20.00	35.00	65.00	150	—
1790 FM	—	20.00	35.00	65.00	150	—

KM# 80 3.38 g., 0.903 Silver, 0.0981 oz. ASW
Ruler: Charles IV **Obv:** Armored bust of Charles IIII, right **Rev:** Crowned shield flanked by pillars with banner **Obv. Legend:** CAROLUS • IIII • ... **Mint:** Mexico City **Note:** Mint mark M, Mo.

Date	Mintage	VG8	F12	VF20	XF40	MS60
1790 FM	—	20.00	35.00	70.00	165	—

KM# 81 3.38 g., 0.896 Silver, 0.0975 oz. ASW
Ruler: Charles IV **Obv:** Armored bust of Charles IIII, right **Rev:** Crowned shield flanked by pillars with banner **Obv. Legend:** CAROLUS • IIII • ... **Rev. Legend:** IND • REX ... **Mint:** Mexico City **Note:** Mint mark Mo.

Date	Mintage	VG8	F12	VF20	XF40	MS60
1792 FM	—	15.00	30.00	60.00	90.00	—
1793 FM	—	15.00	30.00	60.00	150	—
1794 FM	—	25.00	50.00	100	250	—
1795 FM	—	15.00	30.00	60.00	150	—
1796 FM	—	15.00	30.00	60.00	90.00	—
1797/6 FM	—	15.00	30.00	60.00	90.00	—
1797 FM	—	15.00	30.00	60.00	90.00	—
1798/7 FM	—	15.00	30.00	60.00	90.00	—
1798 FM	—	15.00	30.00	60.00	90.00	—
1799 FM	—	15.00	30.00	60.00	90.00	—

Date	Mintage	VG8	F12	VF20	XF40	MS60
1800 FM	—	15.00	30.00	60.00	90.00	—
1801 FT/M	—	7.00	12.00	37.50	75.00	—
1801 FM	—	10.00	18.00	40.75	75.00	—
1801 FT	—	7.00	12.00	37.50	75.00	—
1802 FM	—	7.00	12.00	37.50	75.00	—
1802 FT	—	7.00	12.00	37.50	75.00	—
1802/1 FT	—	7.00	12.00	37.50	75.00	—
1802 FT/M	—	7.00	12.00	37.50	75.00	—
1803 FT	—	7.00	12.00	37.50	75.00	—
1804 TH	—	7.00	12.00	37.50	75.00	—
1805 TH	—	7.00	12.00	37.50	75.00	—
1806 TH	—	7.00	12.00	37.50	75.00	—
1807/6 TH	—	7.00	12.00	37.50	75.00	—
1807 TH	—	7.00	12.00	37.50	75.00	—
1808/7 TH	—	7.00	12.00	37.50	75.00	—
1808 FM	—	7.00	12.00	37.50	75.00	—

KM# 82 3.38 g., 0.903 Silver, 0.0981 oz. ASW
Ruler: Ferdinand VII **Obv:** Armored laureate bust right **Rev:** Crowned shield flanked by pillars **Obv. Legend:** FERDIN • VII... **Rev. Legend:** IND • REX... **Mint:** Mexico City **Note:** Mint mark Mo.

Date	Mintage	VG8	F12	VF20	XF40	MS60
1809 TH	—	10.00	18.00	32.00	95.00	—
1810/09 TH	—	10.00	18.00	32.00	95.00	—
1810 TH	—	10.00	18.00	32.00	95.00	—
1811 TH	—	27.50	38.50	65.00	250	—
1811 HJ	—	10.00	18.00	32.00	95.00	—
1812 HJ	—	6.00	12.00	32.00	85.00	—
1812 JJ	—	12.00	22.50	45.00	135	—
1813 HJ	—	12.00	22.50	45.00	135	—
1813 JJ	—	55.00	110	165	250	—
1814 HJ	—	17.00	33.00	165	155	—
1814 JJ	—	55.00	110	195	300	—

KM# 83 3.38 g., 0.903 Silver, 0.0981 oz. ASW
Ruler: Ferdinand VII **Obv:** Draped laureate bust right **Rev:** Crowned shield flanked by pillars **Obv. Legend:** FERDIN.VII... **Rev. Legend:** IND.REX... **Mint:** Mexico City **Note:** Mint mark Mo.

Date	Mintage	VG8	F12	VF20	XF40	MS60
1814 JJ	—	27.50	55.00	110	350	—
1815 HJ	—	17.00	33.00	65.00	150	—
1815 JJ	—	12.00	22.50	45.00	125	—
1816 JJ	—	6.00	12.00	27.50	75.00	—
1817 JJ	—	6.00	12.00	27.50	75.00	—
1818 JJ	—	33.00	65.00	140	500	—
1819 JJ	—	6.00	12.00	27.50	75.00	—
1820 JJ	—	6.00	12.00	27.50	75.00	—
1821/0 JJ	—	10.00	18.00	33.00	115	—
1821 JJ	—	6.00	12.00	27.50	55.00	—

2 REALES

KM# 84 6.77 g., 0.917 Silver, 0.1995 oz. ASW
Ruler: Philip V **Obv:** Crowned shield flanked by M
F 2 **Rev:** Crowned globes flanked by crowned pillars
with banner, date below **Obv. Legend:** PHILIP • V
• D • G • HISPAN • ET IND • REX **Rev. Legend:**
VTRAQUE VNUM **Mint:** Mexico City **Note:** Mint
mark M, Mo, (MX).

Date	Mintage	VG8	F12	VF20	XF40	MS60
1732 Rare	—	—	—	—	—	—

Note: Heritage Rudman Collection ANA Sale
3048, 8-16, damaged Fine details realized
$3,400

| 1732 F Rare | — | — | — | — | — | — |

Note: Heritage Rudman Collection ANA Sale
3048, 8-16, VF realized $7,750

| 1733 F Rare | — | — | — | — | — | — |

Note: Heritage Rudman Collection ANA Sale
3048, 8-16, VF35 realized $3,400

| 1733 MF (MX) Rare | — | — | — | — | — | — |

Note: Heritage Rudman Collection ANA Sale
3048, 8-16, tooled Fine details realized
$6,000

Date	Mintage	VG8	F12	VF20	XF40	MS60
1733 MF	—	600	900	1,500	2,500	—
1734/3 MF	— 45.00	75.00	150	300	2,500	
1734/3 MF/F	—	175	300	500	—	—
1734 MF	— 45.00	75.00	135	200	—	
1735/3 MF	— 45.00	75.00	135	200	—	
1735/4/3 MF	—	100	150	350	600	—
1735/4 MF	— 45.00	75.00	135	200	—	
1735 MF	— 45.00	75.00	135	200	—	
1736/3 MF	— 45.00	75.00	135	200	—	
1736/4 MF	— 45.00	75.00	135	200	—	
1736/5 MF	— 45.00	75.00	135	200	—	
1736 MF	— 45.00	75.00	135	200	—	
1737/3 MF	— 45.00	75.00	135	200	—	
1737 MF	— 45.00	75.00	135	200	—	
1738/7 MF	— 45.00	75.00	150	300	500	
1738 MF	— 45.00	75.00	135	250	450	
1739 MF	— 45.00	75.00	150	300	550	
1740/30 MF	— 45.00	75.00	150	350	750	
1740 MF	— 45.00	75.00	135	200	—	
1741 MF	— 45.00	75.00	135	200	—	
1741/31 MF	— 45.00	75.00	135	250	450	

KM# 85 6.77 g., 0.917 Silver, 0.1996 oz. ASW
Ruler: Philip V **Obv:** Crowned shield flanked by R
2 **Rev:** Crowned globes flanked by crowned pillars
with banner, date below **Obv. Legend:** PHS • V • D

• G • HISP • ET IND • R * **Rev. Legend:** VTRA QUE
VNUM **Mint:** Mexico City **Note:** Mint mark M, Mo.

Date	Mintage	F12	VF20	XF40	MS60	MS63
1742 M	— 75.00	145	275	500	—	
1743/2 M	—	125	250	—	—	—
1743 M	— 75.00	150	350	—	—	
1744/3 M	—	125	250	—	—	—
1744 M	— 75.00	150	350	650	—	
1745/4 M	—	125	250	—	—	—
1745 M	— 75.00	150	350	750	1,250	
1745 M HIP	—	125	200	350	—	—
1746/5 M	—	125	250	—	—	—
1746 M	— 75.00	150	350	650	—	
1747 M	— 75.00	150	350	—	—	
1750 M Rare	—	—	—	—	—	—

Note: Posthumous mule.

KM# 86.1 6.77 g., 0.917 Silver, 0.1995 oz. ASW
Ruler: Ferdinand VI **Obv:** Crowned shield flanked
by R 2 **Rev:** Crowned globes flanked by crowned
pillars with banner, date below **Obv. Legend:** FRD
• VI • D • G • HISP • ET IND • R **Rev. Legend:**
VTRA QUE VNUM **Mint:** Mexico City **Note:** Mint
mark M, Mo.

Date	Mintage	VG8	F12	VF20	XF40	MS60
1747 M	—	35.00	60.00	115	185	—
1748/7 M	—	35.00	60.00	115	185	—
1748 M	—	35.00	60.00	115	185	—
1749 M	—	35.00	60.00	115	185	—
1750 M	—	35.00	60.00	115	185	—
1751/41 M	—	35.00	60.00	115	185	—
1751 M	—	35.00	60.00	115	185	—
1752 M	—	35.00	60.00	115	185	—
1753/2 M	—	35.00	60.00	115	185	—
1753 M	—	35.00	60.00	115	185	—
1754 M	—	35.00	60.00	115	185	—
1755/4 M	—	35.00	60.00	115	185	—
1755 M	—	35.00	60.00	115	185	—
1756/55 M	—	35.00	60.00	115	185	—
1756 M	—	35.00	60.00	115	185	—
1757/6 M	—	35.00	60.00	115	185	—
1757 M	—	35.00	60.00	115	185	—

KM# 86.2 6.77 g., 0.917 Silver, 0.1995 oz. ASW
Ruler: Ferdinand VI **Obv:** Royal and Imperial
crowns **Note:** Mint mark M, Mo.

Date	Mintage	VG8	F12	VF20	XF40	MS60
1757 M	—	35.00	60.00	115	185	—
1758 M	—	35.00	60.00	115	185	—
1759/8 M	—	35.00	60.00	115	185	—
1759 M	—	35.00	60.00	115	185	—
1760 M	—	35.00	60.00	115	185	—

KM# 87 6.77 g., 0.917 Silver, 0.1996 oz. ASW
Ruler: Charles III **Obv:** Crowned shield flanked
by R 2 **Rev:** Crowned globes flanked by crowned
pillars with banner, date below **Obv. Legend:** CAR
• III • D • G • HISP • ET IND • R **Rev. Legend:**
VTRA QUE VNUM **Mint:** Mexico City **Note:** Mint
mark M, Mo.

Date	Mintage	VG8	F12	VF20	XF40
1760 M	—	35.00	60.00	115	185
1761 M	—	35.00	60.00	115	185
1762/1 M	—	35.00	60.00	115	185
1762 M	—	35.00	60.00	115	185
1763/2 M	—	35.00	60.00	115	185
1763 M	—	35.00	60.00	115	185
1764 M	—	35.00	60.00	115	185
1765 M	—	35.00	60.00	115	185
1766 M	—	35.00	60.00	115	185
1767 M	—	35.00	60.00	115	185
1768/6 M	—	35.00	60.00	115	185
1768 M	—	35.00	60.00	115	185
1769 M	—	35.00	60.00	115	185
1770 M	—	350	550	—	—
1770 F Rare	—	—	—	—	—
1771 F	—	35.00	60.00	115	185

KM# 88.1 6.77 g., 0.903 Silver, 0.1965 oz. ASW
Ruler: Charles III **Obv:** Armored bust of Charles
III, right **Rev:** Inverted FM and mint mark **Obv.
Legend:** CAROLUS • III • DEI • GRATIA **Note:** Mint
mark M, Mo.

Date	Mintage	VG8	F12	VF20	XF40	MS60
1772 FM	—	30.00	50.00	100	150	—
1773 FM	—	30.00	50.00	100	150	—

KM# 88.2 6.77 g., 0.903 Silver, 0.1965 oz. ASW
Ruler: Charles III **Obv:** Armored bust of Charles
III, right **Rev:** Crowned shield flanked by pillars with
banner, normal initials and mint mark **Obv. Legend:**
CAROLUS • III • DEI • GRATIA **Rev. Legend:**
• HISPAN • ET IND • REX • ... **Mint:** Mexico City
Note: Mint mark M, Mo.

Date	Mintage	VG8	F12	VF20	XF40
1773 FM	—	25.00	40.00	80.00	135
1774 FM	—	25.00	40.00	80.00	135
1775 FM	—	25.00	40.00	80.00	135
1776 FM	—	25.00	40.00	80.00	135
1777 FM	—	25.00	40.00	80.00	135
1778/7 FF	—	25.00	40.00	80.00	135
1778 FF	—	25.00	40.00	80.00	135
1778 F F/M	—	25.00	40.00	80.00	135

Date	Mintage	VG8	F12	VF20	XF40
1779/8 FF	—	25.00	40.00	80.00	135
1779 FF	—	25.00	40.00	80.00	135
1780 FF	—	25.00	40.00	80.00	135
1781 FF	—	25.00	40.00	80.00	135
1782/1 FF	—	25.00	40.00	80.00	135
1782 FF	—	25.00	40.00	80.00	135
1783 FF	—	25.00	40.00	80.00	135
1784 FF	—	25.00	40.00	80.00	135
1784 FF DEI GRTIA (error)	—	100	150	250	600
1784 FM	—	70.00	120	225	575

KM# 88.2a 6.77 g., 0.896 Silver, 0.1949 oz. ASW
Ruler: Charles III **Obv:** Armored bust of Charles
III, right **Rev:** Crowned shield flanked by pillars with
banner **Mint:** Mexico City **Note:** Mint mark Mo.

Date	Mintage	VG8	F12	VF20	XF40
1785 Mo FM	—	25.00	40.00	80.00	135
1786 Mo FF	—	200	350	550	950
1786 Mo FM	—	25.00	40.00	80.00	135
1787 Mo FM	—	25.00	40.00	80.00	135
1788/98 Mo FM	—	25.00	40.00	80.00	135
1788 Mo FM	—	25.00	40.00	80.00	135
1789 Mo FM	—	25.00	40.00	80.00	150

KM# 89 6.77 g., 0.903 Silver, 0.1965 oz. ASW
Ruler: Charles IV **Obv:** Armored bust of Charles
IV, right **Rev:** Crowned shield flanked by pillars
with banner **Obv. Legend:** CAROLUS • IV • DEI •
GRATIA • **Rev. Legend:** • HISPAN • ET IND • REX •
... **Mint:** Mexico City **Note:** Mint mark M, Mo.

Date	Mintage	VG8	F12	VF20	XF40	MS60
1789 FM	—	25.00	40.00	75.00	200	—
1790 FM	—	25.00	40.00	75.00	200	—

KM# 90 6.77 g., 0.903 Silver, 0.1965 oz. ASW
Ruler: Charles IV **Obv:** Armored bust of Charles
IIII, right **Rev:** Crowned shield flanked by pillars
with banner **Obv. Legend:** CAROLUS • IIII • DEI •
GRATIA • **Rev. Legend:** • HISPAN • ET IND REX •
... **Mint:** Mexico City **Note:** Mint mark M, Mo.

Date	Mintage	VG8	F12	VF20	XF40	MS60
1790 FM	—	25.00	40.00	80.00	200	—

KM# 91 6.77 g., 0.896 Silver, 0.1949 oz. ASW
Ruler: Charles IV **Obv:** Armored bust of Charles IIII, right **Rev:** Crowned shield flanked by pillars with banner **Obv. Legend:** CAROLUS • IIII • DEI • GRATIA • **Rev. Legend:** • HISPAN • ET IND REX • ... **Mint:** Mexico City **Note:** Mint mark Mo.

Date	Mintage	VG8	F12	VF20	XF40	MS60
1792 FM	—	20.00	35.00	60.00	200	—
1793 FM	—	20.00	35.00	60.00	200	—
1794/3 FM	—	50.00	100	200	450	—
1794 FM	—	40.00	75.00	150	400	—
1795 FM	—	20.00	35.00	70.00	120	—
1796 FM	—	20.00	35.00	70.00	120	—
1797 FM	—	20.00	35.00	70.00	120	—
1798 FM	—	20.00	35.00	70.00	120	—
1799/8 FM	—	20.00	35.00	70.00	120	—
1799 FM	—	20.00	35.00	70.00	120	—
1800 FM	—	20.00	35.00	70.00	120	—
1801 FT/M	—	10.00	20.00	50.00	100	—
1801 FT	—	10.00	20.00	50.00	100	—
1801 FM	—	27.00	50.00	100	300	—
1802 FT	—	10.00	20.00	50.00	100	—
1803 FT	—	10.00	20.00	50.00	100	—
1804/3 TH	—	10.00	20.00	50.00	100	—
1804 TH	—	10.00	20.00	50.00	100	—
1805 TH	—	10.00	20.00	50.00	100	—
1806/5 TH	—	10.00	20.00	55.00	110	—
1806 TH	—	10.00	20.00	50.00	100	—
1807/5 TH	—	10.00	20.00	55.00	110	—
1807/6 TH	—	20.00	38.00	80.00	240	—
1807 TH	—	10.00	20.00	50.00	100	—
1808/7 TH	—	10.00	20.00	55.00	110	—
1808 TH	—	10.00	20.00	50.00	100	—

KM# 92 6.77 g., 0.903 Silver, 0.1965 oz. ASW
Ruler: Ferdinand VII **Obv:** Armored laureate bust right **Rev:** Crowned shield flanked by pillars **Obv. Legend:** FERDIN • VII... **Rev. Legend:** IND • REX... **Mint:** Mexico City **Note:** Mint mark Mo.

Date	Mintage	VG8	F12	VF20	XF40
1809 TH	—	15.00	30.00	75.00	200
181/00 TH	—	15.00	30.00	75.00	200
1810 TH	—	15.00	30.00	75.00	200
181/00 HJ/TH	—	15.00	30.00	75.00	200
181/00 HJ	—	15.00	30.00	75.00	200
1810 HJ	—	15.00	30.00	75.00	200
1811 TH	—	150	250	350	750
1811/0 HJ/TH	—	40.00	80.00	150	300
1811 HJ/TH	—	40.00	80.00	150	300
1811 HJ	—	15.00	30.00	75.00	200

KM# 93 6.77 g., 0.903 Silver, 0.1965 oz. ASW
Ruler: Ferdinand VII **Obv:** Draped laureate bust right **Rev:** Crowned shield flanked by pillars **Obv. Legend:** FERDIN • VII... **Rev. Legend:** IND • REX... **Mint:** Mexico City **Note:** Mint mark Mo.

Date	Mintage	VG8	F12	VF20	XF40
1812 TH	—	60.00	125	250	550
1812 HJ	—	40.00	100	200	500
1812 JJ	—	10.00	20.00	60.00	200
1813 TH	—	15.00	30.00	100	400
1813 JJ	—	20.00	60.00	125	350
1813 HJ	—	40.00	100	200	500
1814/2 JJ	—	15.00	30.00	100	400
1814/3 JJ	—	15.00	30.00	100	400
1814 JJ	—	15.00	30.00	100	400
1815 JJ	—	7.00	15.00	30.00	85.00
1816 JJ	—	7.00	15.00	30.00	85.00
1817 JJ	—	7.00	15.00	30.00	85.00
1818 JJ	—	7.00	15.00	30.00	85.00
1819/8 JJ	—	7.00	15.00	30.00	85.00
1819 JJ	—	7.00	15.00	30.00	85.00
1820 JJ	—	175	—	—	—
1821/0 JJ	—	8.00	16.00	32.00	90.00
1821 JJ	—	7.00	15.00	30.00	85.00

4 REALES

KM# 94 13.53 g., 0.917 Silver, 0.399 oz. ASW
Ruler: Philip V **Obv:** Crowned shield flanked by F 4 **Rev:** Crowned globes flanked by crowned pillars with banner, date below **Obv. Legend:** PHILLIP • V • D • G • HISPAN • ET IND • REX **Rev. Legend:** VTRAQUE VNUM **Mint:** Mexico City **Note:** Mint mark M, Mo, MX.

Date	Mintage	VG8	F12	VF20	XF40	MS60
1732 Rare	—	—	—	—	—	—
Note: Heritage Rudman Collection ANA Sale 3048, 8-16, AU58 realized $23,000						
1732 F Rare	—	—	—	—	—	—
Note: Heritage Rudman Collection ANA Sale 3048, 8-16, AU58 realized $30,000						
1733 F (MX) Unique	—	—	—	—	—	—
Note: Heritage Rudman Collection ANA Sale 3048, 8-16, VF30 realized $11,000						
1733/2 F	—	2,000	3,500	5,500	—	—
1733/2 MF	—	600	1,000	1,650	3,000	—
1733 MF	—	1,100	1,750	2,750	5,000	—

Date	Mintage	VG8	F12	VF20	XF40	MS60
1733 MF	—	—	—	—	—	—
(MX)						
1733 MX/XM	—	—	—	—	—	—
Rare						

Note: Heritage Rudman Collection ANA Sale
3048, 8-16, MS62 realized $24,000

Date	Mintage	VG8	F12	VF20	XF40	MS60
1734/3 MF	—	150	300	600	1,200	—
1734 MF	—	150	250	500	1,000	—
1735/4 MF	—	125	200	350	650	—
1735 MF	—	125	200	350	650	—
1736 MF	—	125	200	375	700	—
1736/5 MF	—	125	200	350	650	—
1736/33 MF	—	125	200	350	650	—
1737 MF	—	125	200	350	650	—
1737/6 MF	—	125	200	350	650	—
1737/3 MF	—	150	250	500	1,000	—
1738/7 MF	—	125	200	350	650	—
1738 MF	—	125	200	350	650	—
1739 MF	—	125	200	350	650	1,800
1740/30 MF	—	125	200	375	700	2,000
1740 MF	—	125	200	350	650	—
1741 MF	—	125	200	375	700	2,000
1742/1 MF	—	125	200	350	650	—
1742/32 MF	—	125	200	350	650	—
1742 MF	—	110	185	350	650	1,800
1743 MF	—	110	185	300	600	—
1744/3 MF	—	125	200	350	650	—
1744 MF	—	110	185	300	600	2,000
1745 MF	—	110	185	300	600	—
1746 MF	—	110	185	300	600	—
1747 MF	—	150	275	400	650	—

KM# 95 13.54 g., 0.917 Silver, 0.3992 oz. ASW
Ruler: Ferdinand VI **Obv:** Crowned shield flanked
by M F 4 **Rev:** Crowned globes flanked by crowned
pillars with banner, date below **Obv. Legend:**
FERDND • VI • D • G • HISPAN • ET IND • REX
Rev. Legend: ...QUE VNUM **Mint:** Mexico City
Note: Struck at Mexico City Mint, mint mark M, Mo.

Date	Mintage	VG8	F12	VF20	XF40
1747 MF	—	125	175	300	550
1748/7 MF	—	125	175	300	550
1748 MF	—	125	175	250	500
1749 MF	—	150	225	350	650
1750/40 MF	—	125	175	250	500
1751/41 MF	—	125	175	250	500
1751 MF	—	125	175	250	500
1752 MF	—	125	175	250	500
1753 MF	—	125	175	300	550
1754 MF	—	250	375	500	850
1755 MM	—	125	175	250	500
1756 MM	—	125	175	300	550
1757 MM	—	125	175	300	550
1758 MM	—	125	175	250	500
1759 MM	—	125	175	250	500
1760/59 MM	—	125	175	350	600
1760 MM	—	125	175	350	600

KM# 96 13.54 g., 0.917 Silver, 0.3992 oz. ASW
Ruler: Charles III **Obv:** Crowned shield flanked
by F M 4 **Rev:** Crowned globes flanked by crowned
pillars with banner, date below **Obv. Legend:**
CAROLVS • III • D • G • HISPAN • ET IND • REX
Rev. Legend: ...AQUE VNUM **Mint:** Mexico City
Note: Mint mark M, Mo.

Date	Mintage	VG8	F12	VF20	XF40
1760 MM	—	125	175	250	900
1761 MM	—	125	175	250	900
1761 MM Cross	—	125	175	250	900
between H and I					
1762 MM	—	125	175	250	500
1763/1 MM	—	125	175	300	600
1763 MM	—	125	175	300	600
1764 MM	—	400	600	1,000	2,000
1764 MF	—	350	500	1,000	2,000
1765 MF	—	350	500	1,000	2,000
1766 MF	—	250	350	550	1,250
1767 MF	—	125	175	300	600
1768 MF	—	125	175	250	500
1769 MF	—	125	175	250	500
1770 MF	—	125	175	250	500
1771 MF	—	125	200	325	700

KM# 97.1 13.53 g., 0.903 Silver, 0.3929 oz. ASW
Ruler: Charles III **Obv:** Armored bust of Charles
III, right **Rev:** Crowned shield flanked by pillars with
banner, inverted FM and mint mark **Obv. Legend:**
CAROLUS • III • DEI • GRATIA • **Rev. Legend:** •
HISPAN • ET IND REX • ... **Mint:** Mexico City **Note:**
Mint mark M, Mo.

Date	Mintage	VG8	F12	VF20	XF40	MS60
1772 FM	—	100	125	250	500	—
1773 FM	—	100	175	300	650	—

KM# 97.2 13.54 g., 0.903 Silver, 0.3931 oz. ASW
Ruler: Charles III **Obv:** Armored bust of Charles
III, right **Rev:** Crowned shield flanked by pillars with
banner, normal initials and mint mark **Obv. Legend:**
CAROLUS • III • DEI • GRATIA • **Rev. Legend:** •
HISPAN • ET IND REX • ... **Mint:** Mexico City **Note:**
Mint mark M, Mo.

Date	Mintage	VG8	F12	VF20	XF40	MS60
1774 FM	— 70.00	100	200	500	—
1775 FM	— 70.00	100	200	500	—
1776 FM	— 70.00	100	200	500	—
1777 FM	— 70.00	100	200	500	—
1778 FF	— 70.00	100	200	500	—

Date	Mintage	VG8	F12	VF20	XF40	MS60
1779 FF	—	70.00	100	200	500	—
1780 FF	—	70.00	100	200	500	—
1781 FF	—	70.00	100	200	500	—
1782 FF	—	70.00	100	200	500	—
1783 FF	—	70.00	100	200	500	—
1784 FF	—	70.00	100	200	500	—
1784 FM	—	100	200	350	600	—

KM# 97.2a 13.53 g., 0.896 Silver, 0.3899 oz. ASW
Ruler: Charles III **Obv:** Armored bust of Charles
III, right **Rev:** Crowned shield flanked by pillars with
banner, normal initials and mint mark **Obv. Legend:**
CAROLUS • III • DEI • GRATIA • **Rev. Legend:** •
HISPAN • ET IND REX • ... **Note:** Mint mark M, Mo.

Date	Mintage	VG8	F12	VF20	XF40	MS60
1785 FM	—	100	200	350	600	—
1786 FM	—	70.00	100	200	500	—
1787 FM	—	70.00	100	200	500	—
1788 FM	—	70.00	100	200	500	—
1789 FM	—	70.00	100	200	500	—

KM# 98 13.54 g., 0.903 Silver, 0.3931 oz. ASW
Ruler: Charles IV **Obv:** Armored bust of Charles
III, right **Rev:** Crowned shield flanked by pillars
with banner **Obv. Legend:** CAROLUS • IV • DEI •
GRATIA • **Rev. Legend:** • HISPAN • ET IND REX •
... **Mint:** Mexico City **Note:** Mint mark M, Mo, using
old bust punch.

Date	Mintage	VG8	F12	VF20	XF40	MS60
1789 FM	—	75.00	125	250	550	—
1790 FM	—	70.00	100	200	500	—

KM# 99 13.54 g., 0.903 Silver, 0.3931 oz. ASW
Ruler: Charles IV **Obv:** Armored bust of Charles

III, right **Rev:** Crowned shield flanked by pillars
with banner **Obv. Legend:** CAROLUS • IIII • DEI •
GRATIA • **Rev. Legend:** • HISPAN • ET IND • REX •
... **Mint:** Mexico City **Note:** Mint mark M, Mo, using
old bust punch.

Date	Mintage	VG8	F12	VF20	XF40	MS60
1790 FM	—	75.00	125	250	550	—

KM# 100 13.53 g., 0.896 Silver, 0.3899 oz. ASW
Ruler: Charles IV 26.5mm. **Obv:** Armored bust of
Charles IIII, right **Rev:** Crowned shield flanked by
pillars with banner **Obv. Legend:** CAROLUS • IIII •
DEI • GRATIA • **Rev. Legend:** • HISPAN • ET IND
• REX • ... **Mint:** Mexico City **Note:** Mint mark Mo.

Date	Mintage	VG8	F12	VF20	XF40	MS60
1792 FM	—	65.00	95.00	165	450	—
1793 FM	—	85.00	140	220	550	—
1794/3 FM	—	65.00	95.00	165	450	—
1794 FM	—	65.00	95.00	165	450	—
1795 FM	—	65.00	95.00	165	450	—
1796 FM	—	165	275	450	875	—
1797 FM	—	75.00	130	220	550	—
1798/7 FM	—	65.00	95.00	165	450	—
1798 FM	—	65.00	95.00	165	450	—
1799 FM	—	65.00	95.00	165	450	—
1800 FM	—	65.00	95.00	165	450	—
1801 FM	—	38.50	70.00	165	475	—
1801 FT	—	65.00	130	220	575	—
1802 FT	—	220	325	550	1,100	—
1803 FT	—	85.00	150	250	625	—
1803 FM	—	220	325	550	1,100	—
1804 TH	—	44.00	85.00	195	525	—
1805 TH	—	38.50	70.00	165	475	—
1806 TH	—	38.50	70.00	165	475	—
1807 TH	—	38.50	70.00	165	475	—
1808/7 TH	—	44.00	85.00	195	525	—
1808 TH	—	44.00	85.00	195	525	—

KM# 101 13.54 g., 0.903 Silver, 0.3931 oz. ASW
Ruler: Ferdinand VII **Obv:** Armored laureate bust
right **Rev:** Crowned shield flanked by pillars **Obv.
Legend:** FERDIN • VII... **Rev. Legend:** IND • REX...
Mint: Mexico City **Note:** Mint mark Mo.

Date	Mintage	VG8	F12	VF20	XF40	MS60
1809 HJ	—	75.00	135	250	775	—
1810 HJ	—	75.00	135	250	775	—

Date	Mintage	VG8	F12	VF20	XF40	MS60
1811 HJ	—	75.00	135	250	775	—
1812 HJ	—	400	650	900	1,850	—

KM# 102 13.54 g., 0.903 Silver, 0.3931 oz. ASW **Ruler:** Ferdinand VII **Obv:** Draped laureate bust right **Rev:** Crowned shield flanked by pillars **Obv. Legend:** FERDIN • VII... **Rev. Legend:** IND • REX... **Mint:** Mexico City **Note:** Mint mark Mo.

Date	Mintage	VG8	F12	VF20	XF40	MS60
1816 JJ	—	150	200	325	800	—
1817 JJ	—	250	400	500	1,000	—
1818/7 JJ	—	250	400	500	1,000	—
1819 JJ	—	175	250	325	800	—
1820 JJ	—	175	250	325	800	—
1821 JJ	—	75.00	135	250	700	—

8 REALES

KM# 103 27.07 g., 0.917 Silver, 0.798 oz. ASW **Ruler:** Philip V **Obv:** Crowned shield flanked by M F 8 **Rev:** Crowned globes flanked by crowned pillars with banner, date below **Obv. Legend:** PHILIP • V • D • G • HISPAN • ET IND • REX **Rev. Legend:** ...VNUM **Mint:** Mexico City **Note:** Mint mark M, Mo, MX.

Date	Mintage	VG8	F12	VF20	XF40	MS60
1732 F	—	2,750	4,750	9,500	20,000	90,000

Note: Heritage Rudman Collection ANA Sale 3048, 8-16, MS63 realized $130,000.

Date	Mintage	VG8	F12	VF20	XF40	MS60
1733/2 F (MX)	—	2,250	3,500	7,500	14,000	—

Note: Hertiage Rudman Collection ANA Sale 3048, 8-16, MS63 realized $28,000.

Date	Mintage	VG8	F12	VF20	XF40	MS60
1733 F	—	2,000	3,000	6,500	12,000	—

Note: Heritage Rudman Collection ANA Sale 3048, 8-16, MS62 realized $20,000.

Date	Mintage	VG8	F12	VF20	XF40	MS60
1733 MF Large crown; Rare	—	—	—	—	—	—

Note: Heritage Rudman Collection ANA Sale 3048, 8-16, MS62 realized 24,000.

Date	Mintage	VG8	F12	VF20	XF40	MS60
1733 F (MX) Rare	—	—	—	—	—	—

Note: Heritage Rudman Collection ANA Sale 3048, 8-16, XF realized $13,000. Bonhams Patterson sale 7-96 VF 1733 F (MX) realized $11,710.

Date	Mintage	VG8	F12	VF20	XF40	MS60
1733 MF (MX) Rare	—	—	—	—	—	—

Note: Heritage Rudman Collection ANA Sale 3048, 8-16, AU58 realized $22,000.

Date	Mintage	VG8	F12	VF20	XF40	MS60
1733 MF Small crown	—	650	1,250	2,250	4,250	8,500

Note: Heritage Rudman Collection ANA Sale 3048, 8-16, MS64 realized $19,000.

Date	Mintage	VG8	F12	VF20	XF40	MS60
1734/3 MF	—	125	175	275	700	—
1734 MF	—	125	175	250	600	2,500
1735 MF	—	125	175	250	550	1,750
1736/5 MF	—	125	175	275	700	—
1736 MF Small planchet	—	125	175	250	550	—
1736 MF	—	125	175	250	550	—
1737 MF	—	100	150	250	475	1,650
1738/6 MF	—	100	150	250	475	—
1738/7 MF	—	100	150	250	475	—
1738 MF	—	100	150	250	475	1,650
1739/6 MF 9 over inverted 6	—	125	200	325	875	—
1739 MF	—	100	150	250	475	1,650
1739/7 MF	—	125	175	250	550	—
1740/30 MF	—	100	150	275	600	—
1740/39 MF	—	100	150	275	550	—
1740 MF	—	100	150	250	475	1,650
1741/31 MF	—	100	150	275	550	—
1741 MF	—	100	150	250	475	1,650
1742/32 MF	—	100	150	275	600	—
1742/1 MF	—	100	150	250	475	—
1742 MF	—	100	150	250	475	1,350
1743/2 MF	—	100	150	275	700	—
1743 MF	—	100	150	250	475	1,250
1744/34 MF	—	100	150	275	650	—
1744/3 MF	—	100	150	250	475	—
1744 MF	—	100	150	250	475	1,350
1745/4 MF	—	150	350	550	—	—
1745 MF	—	100	150	250	475	1,350
1746/5 MF	—	100	150	275	700	—
1746 MF	—	100	150	250	475	—
1747 MF	—	100	150	250	475	1,350

KM# 104.1 27.07 g., 0.917 Silver, 0.798 oz. ASW **Ruler:** Ferdinand VI **Obv:** Crowned shield flaned by M F 8 **Rev:** Crowned globes flanked by crowned pillars with banner, date below **Obv. Legend:** FERDND • VI • D • G • HISPAN • ET IND • REX **Rev. Legend:** ...VNUM M **Mint:** Mexico City **Note:** Mint mark M, Mo.

Date	Mintage	VG8	F12	VF20	XF40	MS60
1747 MF	—	100	140	200	350	—
1748/7 MF	—	100	140	200	550	—
1748 MF	—	100	140	200	350	—
1749 MF	—	100	140	200	350	—
1749/8 MF	—	100	140	200	350	—
1750 MF	—	100	140	200	350	—
1751/0 MF	—	100	140	200	350	—
1751 MF	—	100	140	200	350	—
1752/1 MF	—	100	140	200	350	—
1752 MF	—	100	140	200	350	—
1753/2 MF	—	100	140	200	350	—
1753 MF	—	100	140	200	350	—
1754/3 MF	—	100	140	200	400	—
1754 MF	—	100	140	200	350	—
1754 MM/MF	—	300	700	1,500	4,200	—
1754 MM	—	300	700	1,500	4,200	—

KM# 104.2 27.07 g., 0.917 Silver, 0.798 oz. ASW **Ruler:** Ferdinand VI **Obv:** Crowned shield flanked by M M 8 **Rev:** Imperial crown on left pillar **Obv. Legend:** FERDND • VI • D • G • HISPAN • ET IND • REX **Rev. Legend:** ...VNUM M **Mint:** Mexico City **Note:** Mint mark M, Mo.

Date	Mintage	VG8	F12	VF20	XF40	MS60
1754 MM	—	100	140	200	450	—
1754 MM/MF	—	100	140	250	600	—
1754 MF	—	150	285	550	1,150	—
1755/4 MM	—	100	140	200	400	—
1755 MM	—	100	140	200	350	—
1756/5 MM	—	100	140	200	350	—
1756 MM	—	100	140	200	350	—
1757/6 MM	—	100	140	200	350	—
1757 MM	—	100	140	200	400	—
1758 MM	—	100	140	200	350	—
1759 MM	—	100	140	200	350	—
1760/59 MM	—	100	140	200	350	—
1760 MM	—	100	140	200	350	—

KM# 105 27.07 g., 0.917 Silver, 0.798 oz. ASW **Ruler:** Charles III **Obv:** Crowned shield flanked by M M 8 **Rev:** Crowned globes flanked by crowned pillars with banner, date below **Obv. Legend:** CAROLUS • III • D • G • HISPAN • ET IND • REX

Rev. Legend: ...E VNUM M **Mint:** Mexico City **Note:** Mint mark M, Mo.

Date	Mintage	VG8	F12	VF20	XF40	MS60
1760/59 MM	—	450	700	—	—	—
	Note: CAROLUS. III/Ferdin. Vi					
1760 MM	—	100	140	200	400	—
	Note: CAROLUS. III/FERDIN. VI. recut die					
1760 MM	—	100	140	200	350	—
1761/50 MM	—	100	140	200	400	—
	Note: Tip of cross between I and S in legend					
1761/51 MM	—	100	140	200	400	—
	Note: Tip of cross between I and S in legend					
1761/0 MM	—	100	140	200	400	—
	Note: Tip of cross between H and I in legend					
1761 MM	—	100	140	200	325	—
	Note: Cross under I in legend					
1761 MM	—	100	140	200	325	—
	Note: Tip of cross between H and I in legend					
1761 MM	—	100	140	200	400	—
	Note: Tip of cross between I and S in legend					
1762/1 MM	—	100	140	200	550	—
	Note: Tip of cross between H and I in legend					
1762/1 MM	—	100	140	200	550	—
1762 MM	—	100	140	200	325	—
	Note: Tip of cross between H and I in legend					
1762 MM	—	100	140	200	300	—
	Note: Tip of cross between I and S in legend					
1762 MF	—	500	750	1,250	2,750	—
1763/2 MM	—	300	450	750	1,600	—
1763 MM	—	450	650	1,150	2,700	—
1763/1 MF	—	100	140	200	300	—
1763/2 MF	—	100	140	200	300	—
1763 MF	—	100	140	200	300	—
1764 MF	—	100	140	200	325	—
	Note: CAR/CRA					
1764 MF	—	100	140	200	300	—
1765 MF	—	100	140	200	300	—
1766/5 MF	—	100	150	200	700	—
1766 MF	—	100	140	200	300	—
1767/6 MF	—	100	140	200	300	—
1767 MF	—	100	140	200	300	—
1768/7 MF	—	100	165	250	725	—
1768 MF	—	100	140	200	300	—
1769 MF	—	100	140	200	300	—
1770/60 MF	—	100	185	300	775	—
1770 MF	—	100	140	200	300	—
1770/60 FM	—	100	185	300	775	—
1770/69 FM	—	100	185	300	775	—
1770 FM/F	—	100	140	200	300	—
1770 FM	—	100	140	200	300	—
1771/0 FM	—	100	140	200	300	—
1771 FM	—	100	140	200	300	—

KM# 106.1 27.07 g., 0.903 Silver, 0.7858 oz. ASW **Ruler:** Charles III **Obv:** Armored bust of Charles III, right **Rev:** Crowned shield flanked by pillars with banner, Assayer initials and mint mark inverted from remainder of legend **Obv. Legend:** CAROLUS • III • DEI • GRATIA • **Rev. Legend:** • HISPAN • ET IND • REX • ... **Mint:** Mexico City **Note:** Mint mark M, Mo. Mintmark and assayer initials bottom facing rim.

Date	Mintage	VG8	F12	VF20	XF40	MS60
1772 FM	—	100	150	225	425	—
1772 MF	—	150	350	750	1,500	—
1773 FM	—	75.00	100	160	290	—

KM# 106.2 27.07 g., 0.903 Silver, 0.7858 oz. ASW **Ruler:** Charles III **Obv:** Armored bust of Charles III, right **Rev:** Crowned shield flanked by pillars with banner, normal initials and mint mark **Obv. Legend:** CAROLUS • III • DEI • GRATIA • **Rev. Legend:** • HISPAN • ET IND • REX • ... **Note:** Mint mark M, Mo.

Date	Mintage	VG8	F12	VF20	XF40	MS60
1773 FM	—	75.00	100	150	270	—
1774 FM	—	75.00	100	150	270	—
1775 FM	—	75.00	100	150	270	—
1776 FM	—	100	150	225	425	—
1776 FF	—	75.00	100	150	270	—
1777/6 FM	—	75.00	100	150	270	—
1777 FM	—	75.00	100	150	270	—
1777 FF	—	75.00	100	150	270	—
1778 FM	—	—	—	—	—	—

Note: Superior Casterline sale 5-89 VF realized $17,600

Date	Mintage	VG8	F12	VF20	XF40	MS60
1778/7 FF	—	75.00	100	150	270	—
1778 FF	—	75.00	100	150	270	—
1779 FF	—	75.00	100	150	270	—
1780 FF	—	75.00	100	150	270	—
1781 FF	—	75.00	100	150	270	—
1782 FF	—	75.00	100	150	270	—
1783 FF	—	75.00	100	150	270	—
1783 FM	—	4,000	6,000	9,000	—	—
1784 FF	—	150	300	600	1,500	—
1784 FM	—	75.00	100	150	270	—

KM# 106.2a 27.07 g., 0.896 Silver, 0.7797 oz. ASW **Ruler:** Charles III **Obv:** Armored bust of Charles

III, right **Rev:** Crowned shield flanked by pillars with banner, normal initials and mint mark **Obv. Legend:** CAROLUS • III • DEI • GRATIA • **Rev. Legend:** • HISPAN • ET IND • REX • ... **Note:** Mint mark M, Mo.

Date	Mintage	VG8	F12	VF20	XF40	MS60
1785 FM	—	75.00	100	140	200	—
1786/5 FM	—	75.00	100	200	400	—
1786 FM	—	75.00	100	140	200	—
1787/6 FM	—	100	250	450	1,200	—
1787 FM	—	75.00	100	140	200	—
1788 FM	—	75.00	100	140	200	—
1789 FM	—	75.00	100	150	225	—

KM# 107 27.07 g., 0.903 Silver, 0.7858 oz. ASW **Ruler:** Charles IV **Obv:** Armored bust of Charles III, right **Rev:** Crowned shield flanked by pillars with banner **Obv. Legend:** CAROLUS • IV • DEI • GRATIA • **Rev. Legend:** • HISPAN • ET IND • REX • ... **Mint:** Mexico City **Note:** Mint mark M, Mo, using old bust punch.

Date	Mintage	VG8	F12	VF20	XF40	MS60
1789 FM	—	75.00	100	160	300	—
1790 FM	—	75.00	100	150	270	—

KM# 108 27.07 g., 0.903 Silver, 0.7858 oz. ASW **Ruler:** Charles IV **Obv:** Armored bust of Charles III, right **Rev:** Crowned shield flanked by pillars with banner **Obv. Legend:** CAROLUS • IIII • DEI • GRATIA • **Rev. Legend:** • HISPAN • ET IND • REX • ... **Mint:** Mexico City **Note:** Mint mark M, Mo, using old portait punch.

Date	Mintage	VG8	F12	VF20	XF40	MS60
1790 FM	—	75.00	100	150	270	—

KM# 109 27.07 g., 0.896 Silver, 0.7797 oz. ASW
Ruler: Charles IV **Obv:** Armored bust of Charles
IIII, right **Rev:** Crowned shield flanked by pillars with
banner **Obv. Inscription:** CAROLUS • IIII • DEI •
GRATIA • **Rev. Legend:** • HISPAN • ET IND • REX •
... **Mint:** Mexico City **Note:** Mint mark Mo.

Date	Mintage	VG8	F12	VF20	XF40
1791 FM	—	60.00	90.00	135	210
1792 FM	—	60.00	90.00	135	210
1793 FM	—	60.00	90.00	135	210
1794 FM	—	60.00	90.00	135	210
1795/4 FM	—	60.00	90.00	135	210
1795 FM	—	60.00	90.00	135	210
1796 FM	—	60.00	90.00	135	210
1797 FM	—	60.00	90.00	135	210
1798 FM	—	60.00	90.00	135	210
1799 FM	—	60.00	90.00	135	210
1800/700 FM	—	60.00	90.00	135	210
1800 FM	—	60.00	90.00	135	210
1801/0 FT/FM	—	60.00	90.00	135	210
1801/791 FM	—	45.00	80.00	130	400
1801/0 FM	—	45.00	80.00	130	400
1801 FM	—	27.50	55.00	135	400
1801 FT/M	—	45.00	80.00	150	425
1801 FT	—	27.50	45.00	65.00	170
1802/1 FT	—	45.00	80.00	150	425
1802 FT	—	27.50	45.00	65.00	170
1802 FT/M	—	27.50	45.00	65.00	170
1803 FT	—	27.50	45.00	65.00	180
1803 FT/M	—	27.50	45.00	65.00	170
1803 TH	—	100	200	325	725
1804/3 TH	—	45.00	80.00	150	425
1804 TH	—	27.50	45.00	65.00	170
Note: CARLUS (error)					
1805/4 TH	—	55.00	110	175	450
1805 TH	—	27.50	45.00	65.00	170
Note: Narrow date					
1805 TH	—	27.50	45.00	65.00	170
Note: Wide date					
1806 TH	—	27.50	45.00	65.00	170
1807/6 TH	—	200	325	475	1,100
1807 TH	—	27.50	45.00	65.00	170
1808/7 TH	—	27.50	45.00	65.00	170
1808 TH	—	27.50	45.00	65.00	170

KM# 110 27.07 g., 0.896 Silver, 0.7797 oz. ASW
Ruler: Ferdinand VII **Obv:** Armored laureate bust
right **Rev:** Crowned shield flanked by pillars **Obv.
Legend:** FERDIN • VII... **Rev. Legend:** IND • REX...
Mint: Mexico City **Note:** Mint mark Mo.

Date	Mintage	VG8	F12	VF20	XF40
1808 TH	—	33.00	55.00	100	240
1809/8 TH	—	33.00	55.00	100	240
1809 TH	—	27.50	47.50	70.00	200
1809 HJ	—	33.00	55.00	100	240
1809 HJ/TH	—	27.50	47.50	70.00	200
1810/09 HJ	—	33.00	55.00	100	240
1810 TH	—	100	200	400	950
1810 HJ/TH	—	33.00	55.00	100	240
1810 HJ	—	33.00	55.00	100	240
1811/0 HJ	—	27.50	47.50	70.00	200
1811 HJ	—	27.50	47.50	70.00	200
1811 HJ/TH	—	27.50	45.00	65.00	170

KM# 111 27.07 g., 0.903 Silver, 0.7859 oz. ASW
Ruler: Ferdinand VII **Obv:** Draped laureate bust
right **Rev:** Crowned shield flanked by pillars **Obv.
Legend:** FERDIN • VII... **Rev. Legend:** IND • REX...
Mint: Mexico City **Note:** Mint mark Mo.

Date	Mintage	VG8	F12	VF20	XF40	MS60
1811 HJ	—	27.50	55.00	80.00	210	—
1812 HJ	—	65.00	100	170	425	—
1812 JJ/HJ	—	27.50	45.00	65.00	170	—
1812 JJ	—	27.50	45.00	65.00	170	—
1813 HJ	—	65.00	100	170	425	—
1813 JJ	—	27.50	45.00	65.00	170	—
1814/3 HJ	—	1,550	3,300	6,600	—	—
1814/3 JJ	—	27.50	45.00	65.00	170	—
1814 JJ	—	27.50	45.00	65.00	170	—

Date	Mintage	VG8	F12	VF20	XF40	MS60
1815/4 JJ	—	27.50	45.00	65.00	170	—
1815 JJ	—	27.50	45.00	65.00	170	—
1816/5 JJ	—	27.50	45.00	65.00	150	—
1816 JJ	—	27.50	45.00	65.00	150	—
1817 JJ	—	27.50	45.00	65.00	150	—
1818 JJ	—	27.50	45.00	65.00	150	—
1819 JJ	—	27.50	45.00	65.00	150	—
1820 JJ	—	27.50	45.00	65.00	150	—
1821 JJ	—	27.50	45.00	65.00	150	—

1/2 ESCUDO

KM# 112 1.69 g., 0.875 Gold, 0.0476 oz. AGW
Ruler: Ferdinand VII **Obv:** Laureate head right
Rev: Crowned oval shield **Obv. Legend:** FERD •
VII • D • G • HISP • ET IND **Mint:** Mexico City **Note:**
Mint mark Mo.

Date	Mintage	VG8	F12	VF20	XF40	MS60
1814 JJ	—	100	150	225	375	550
1815/4 JJ	—	150	200	250	400	875
1815 JJ	—	150	200	250	400	—
1816 JJ	—	100	150	225	375	550
1817 JJ	—	150	200	250	400	—
1818 JJ	—	150	200	250	400	—
1819 JJ	—	150	200	250	400	—
1820 JJ	—	200	300	400	550	—

ESCUDO

KM# 113 3.38 g., 0.917 Gold, 0.0998 oz. AGW
Ruler: Philip V **Obv:** Armored bust right **Rev:**
Crowned shield flanked by M F I **Obv. Legend:**
PHILIP • V • D • G • HISPAN • ET IND • REX **Mint:**
Mexico City

Date	Mintage	VG8	F12	VF20	XF40
1732 F	—	1,000	2,000	3,000	4,000
1733/2 F	—	1,000	2,000	3,000	4,000
1734/3 MF	—	200	300	400	850
1735/4 MF	—	200	300	400	850
1735 MF	—	200	300	400	850
1736/5 MF	—	200	300	400	850
1736 MF	—	200	300	400	850
1737 MF	—	200	300	600	1,200
1738/7 MF	—	200	300	600	1,200
1738 MF	—	200	300	600	1,200
1739 MF	—	200	300	600	1,200
1740/30 MF	—	200	300	600	1,200
1741 MF	—	200	300	600	1,200
1742 MF	—	200	300	600	1,200
1743/2 MF	—	200	300	450	800
1743 MF	—	200	300	400	700
1744/3 MF	—	200	300	400	700
1744 MF	—	200	300	400	700
1745 MF	—	200	300	400	700
1746/5 MF	—	200	300	400	700
1747 MF Rare	—	—	—	—	—

KM# 114 3.38 g., 0.917 Gold, 0.0998 oz. AGW
Ruler: Ferdinand VI **Obv:** Armored bust right **Rev:**
Crowned shield flanked by M F I **Obv. Legend:**
FERD • VI • D • G • HISPAN • ET IND • REX **Mint:**
Mexico City **Note:** Mint mark M, Mo.

Date	Mintage	VG8	F12	VF20	XF40	MS60
1747 MF	—	1,650	3,000	5,000	7,500	—

KM# 115.1 3.38 g., 0.917 Gold, 0.0998 oz. AGW
Ruler: Ferdinand VI **Obv:** Short armored bust right
Rev: Crowned shield **Obv. Legend:** FERD • VI •
D • G • HISPAN • ET IND • REX **Mint:** Mexico City
Note: Mint mark M, Mo.

Date	Mintage	VG8	F12	VF20	XF40	MS60
1748 MF	—	250	350	550	950	—
1749 MF	—	300	450	700	1,150	—
1750 MF	—	200	300	400	800	—
1751 MF	—	200	300	400	800	—

KM# 115.2 3.38 g., 0.917 Gold, 0.0998 oz. AGW
Ruler: Ferdinand VI **Obv:** Short armored bust
right **Rev:** Without 1 S flanking crowned shield **Obv.**
Legend: FERD • VI • D • G • HISPAN • ET IND •
REX **Mint:** Mexico City

Date	Mintage	VG8	F12	VF20	XF40	MS60
1752 MF	—	200	300	375	750	—
1753/2 MF	—	200	300	400	800	—
1753 MF	—	200	300	400	800	—
1754 MF	—	200	300	400	800	—
1755 MM	—	200	300	400	800	—
1756 MM	—	200	300	400	800	—

KM# A116 3.38 g., 0.917 Gold, 0.0998 oz. AGW
Ruler: Ferdinand VI **Obv:** Armored bust right **Rev:**
Crowned shield **Obv. Legend:** FERDIND • VI • D
• G • HISPAN • ETIND • REX • **Rev. Legend:** M •
NOMINA MAGNA SEQUOR • M **Mint:** Mexico City

Date	Mintage	VG8	F12	VF20	XF40	MS60
1757 MM	—	200	300	400	800	—
1759 MM	—	200	300	400	800	—

KM# 116 3.38 g., 0.917 Gold, 0.0998 oz. AGW
Ruler: Charles III **Obv:** Armored bust right **Rev:**
Crowned shield **Obv. Legend:** CAROLVS • III • D
• G • HISPAN • ET IND • REX **Rev. Legend:** M •
NOMINA MAGNA SEQUOR • M • **Mint:** Mexico City
Note: Mint mark M, Mo.

Date	Mintage	VG8	F12	VF20	XF40	MS60
1760 MM	—	400	800	1,500	2,500	—
1761/0 MM	—	400	800	1,500	2,500	—
1761 MM	—	400	800	1,500	2,500	—

KM# 117 3.38 g., 0.917 Gold, 0.0998 oz. AGW
Ruler: Charles III **Obv:** Large armored bust right
Rev: Crowned shield **Obv. Legend:** CAR • III • D •
G • HISP • ET IND • R **Rev. Legend:** IN • UTROQ •
FELIX • **Mint:** Mexico City **Note:** Mint mark M, Mo.

Date	Mintage	VG8	F12	VF20	XF40	MS60
1762 MM	—	250	375	600	1,000	—
1763 MM	—	275	425	700	1,100	—
1764 MM	—	250	375	600	1,000	—
1765 MF	—	250	375	600	1,000	—
1766 MF	—	250	375	600	1,000	—
1767 MF	—	250	375	600	1,000	—
1768 MF	—	250	375	600	1,000	—
1769 MF	—	250	375	600	1,000	—
1770 MF	—	250	375	600	1,000	—
1771 MF	—	250	375	600	1,000	—

KM# 118.1 3.38 g., 0.901 Gold, 0.098 oz. AGW
Ruler: Charles III **Obv:** Large armored bust right
Rev: Crowned shield flanked by 1 S within order
chain **Obv. Legend:** CAROL • III • D • G • HISPAN
• ET IND • R **Rev. Legend:** FELIX • A • D • ... **Mint:**
Mexico City **Note:** Mint mark M, Mo.

Date	Mintage	VG8	F12	VF20	XF40	MS60
1772 MF	—	175	250	350	475	—
1772 FM	—	175	250	275	475	—
1773 FM	—	175	250	275	475	—

KM# 118.2 3.38 g., 0.901 Gold, 0.098 oz. AGW
Ruler: Charles III **Obv:** Large armored bust right
Rev: crowned shield in order chain, initials and mint
mark inverted **Obv. Legend:** CAROL • III • D • G •
HISPAN • ET IND • R **Rev. Legend:** FELIX • A • D •
... **Mint:** Mexico City **Note:** Mint mark M, Mo.

Date	Mintage	VG8	F12	VF20	XF40
1773 FM	—	175	250	350	475
1774 FM	—	175	250	350	475
1775 FM	—	175	250	350	475
1776 FM	—	225	300	400	575
1777 FM	—	175	250	350	475
1778 FF	—	175	250	350	475
1779 FF	—	175	250	350	475
1780 FF	—	175	250	350	475
1781 FF	—	175	250	350	475
1782 FF	—	175	250	350	475
1783/2 FF	—	175	250	350	475
1783 FF	—	175	250	350	475
1784/3 FF	—	175	250	350	475
1784/3 FM/F	—	175	250	350	475

KM# 118.2a 3.38 g., 0.875 Gold, 0.0951 oz. AGW
Ruler: Charles III **Obv:** Large armored bust right
Rev: Crowned shield in order chain, initials and mint
mark inverted **Obv. Legend:** CAROL • III • D • G •
HISPAN • ET IND • R • **Rev. Legend:** FELIX • A • D •
... **Mint:** Mexico City **Note:** Mint mark M, Mo.

Date	Mintage	VG8	F12	VF20	XF40	MS60
1785 FM	—	175	250	350	475	—
1786 FM	—	175	250	350	475	—
1787 FM	—	175	250	350	475	—
1788 FM	—	175	250	350	475	—

KM# 118.1a 3.38 g., 0.875 Gold, 0.0952 oz. AGW
Ruler: Charles III **Obv:** Large armored bust right
Rev: Crowned shield in order chain, initial letters
and mint mark upright **Obv. Legend:** CAROL • III •
D • G • HISPAN • ET IND • R **Rev. Legend:** FELIX •
A • D • ... **Mint:** Mexico City **Note:** Mint mark M, Mo.

Date	Mintage	VG8	F12	VF20	XF40	MS60
1788 FM	—	175	250	350	475	—

KM# 119 3.38 g., 0.875 Gold, 0.0952 oz. AGW
Ruler: Charles IV **Obv:** Armored bust of Charles
III, right **Rev:** Crowned shield in order chain, initial
letters and mint mark upright **Obv. Legend:** CAROL
• IV • D • G • ... **Rev. Legend:** FELIX • A • D • ...
Mint: Mexico City **Note:** Mint mark M, Mo, using old
portrait punch.

Date	Mintage	VG8	F12	VF20	XF40	MS60
1789 FM	—	300	550	1,000	2,000	—
1790 FM	—	300	550	1,000	2,000	—

KM# 120 3.38 g., 0.875 Gold, 0.0952 oz. AGW
Ruler: Charles IV **Obv:** Armored bust right **Rev:**

Crowned shield in order chain, initial letters and mint mark upright **Obv. Legend:** CAROL • IIII • D • G • ... **Rev. Legend:** FELIX • A • D • ... **Mint:** Mexico City **Note:** Mint mark Mo.

Date	Mintage	VG8	F12	VF20	XF40	MS60
1792 MF	—	150	225	300	375	—
1793 FM	—	150	225	300	375	—
1794 FM	—	150	225	300	375	—
1795 FM	—	150	225	300	375	—
1796 FM	—	150	225	300	375	—
1797 FM	—	150	225	300	375	—
1798 FM	—	150	225	300	375	—
1799 FM	—	150	225	300	375	—
1800 FM	—	150	225	300	375	—
1801 FM	—	155	185	265	375	—
1801 FT	—	155	185	265	375	700
1802 FT	—	155	185	265	375	—
1803 FT	—	155	185	265	375	—
1804/3 TH	—	155	185	265	375	800
1804 TH	—	155	185	265	375	800
1805 TH	—	155	185	265	375	—
1806/5 TH	—	155	185	265	375	—
1806 TH	—	155	185	265	375	—
1807 TH	—	155	185	265	375	—
1808 TH	—	155	185	265	375	—

KM# 121 3.38 g., 0.875 Gold, 0.0952 oz. AGW **Ruler:** Ferdinand VII **Obv:** Armored bust right **Rev:** Crowned shield divides designed wreath **Obv. Legend:** FERDIN • VII... **Rev. Legend:** FELIX • A • D, initial letters and mint mark upright **Mint:** Mexico City **Note:** Mint mark Mo.

Date	Mintage	VG8	F12	VF20	XF40	MS60
1809 HJ/ TH	—	150	180	235	400	750
1809 HJ	—	150	180	235	400	750
1811/0 HJ	—	150	180	235	400	—
1812 HJ	—	165	250	300	500	—

KM# 122 3.38 g., 0.875 Gold, 0.0952 oz. AGW **Ruler:** Ferdinand VII **Obv:** Laureate head right **Rev:** Crowned shield divides designed wreath, initial letters and mint mark upright **Obv. Legend:** FERDIN • VII • D • G... **Rev. Legend:** FELIX • A • D... **Mint:** Mexico City **Note:** Mint mark Mo.

Date	Mintage	VG8	F12	VF20	XF40	MS60
1814 HJ	—	165	250	300	500	900
1815 HJ	—	165	250	300	500	900
1815 JJ	—	165	250	300	500	900
1816 JJ	—	180	275	325	550	950
1817 JJ	—	165	250	300	500	900
1818 JJ	—	165	250	300	500	900
1819 JJ	—	165	250	300	500	900
1820 JJ	—	165	250	300	500	900

2 ESCUDOS

KM# 124 6.77 g., 0.917 Gold, 0.1995 oz. AGW **Ruler:** Philip V **Obv:** Armored bust right **Rev:** Crowned shield flanked by M F 2 **Obv. Legend:** PHILIP • V • D • G • HISPAN • ET IND • REX **Rev. Legend:** INITIUM SAPIENTIAE TIMOR DOMINI **Mint:** Mexico City

Date	Mintage	VG8	F12	VF20	XF40	MS60
1732 F	—	1,000	1,500	2,000	3,000	—
1733 F	—	750	1,000	1,500	2,500	—
1734/3 MF	—	400	500	900	1,400	—
1735 MF	—	400	500	900	1,400	—
1736/5 MF	—	400	500	900	1,400	—
1736 MF	—	400	500	900	1,400	—
1737 MF	—	400	500	900	1,400	—
1738/7 MF	—	400	500	900	1,400	—
1739 MF	—	400	500	900	1,400	—
1740/30 MF	—	400	500	900	1,400	—
1741 MF	—	400	500	900	1,400	—
1742 MF	—	400	500	900	1,400	—
1743 MF	—	400	500	900	1,400	—
1744/2 MF	—	400	500	900	1,400	—
1744 MF	—	400	500	900	1,400	—
1745 MF	—	400	500	900	1,400	—
1746/5 MF	—	400	500	900	1,400	—
1747 MF	—	400	500	900	1,400	—

KM# 125 6.77 g., 0.917 Gold, 0.1995 oz. AGW **Ruler:** Ferdinand VI **Obv:** Large armored bust right **Rev:** Crowned shield flanked by M F 2 **Obv. Legend:** FERD • VI • D • G • ... **Rev. Legend:** INITIUM... **Mint:** Mexico City

Date	Mintage	VG8	F12	VF20	XF40	MS60
1747 MF	—	3,000	5,500	9,000	15,000	—

KM# 126.1 6.77 g., 0.917 Gold, 0.1995 oz. AGW **Ruler:** Ferdinand VI **Obv:** Head right **Rev:** Crowned shield **Obv. Legend:** FERD • VI • D • G • ... **Rev. Legend:** NOMINA MAGNA SEQUOR **Mint:** Mexico City **Note:** Mint mark M, Mo.

Date	Mintage	VG8	F12	VF20	XF40	MS60
1748 MF	—	450	750	1,500	3,000	—
1749/8 MF	—	450	750	1,500	3,000	—
1750 MF	—	400	700	1,400	2,850	—
1751 MF	—	400	700	1,400	2,850	—

KM# 126.2 6.77 g., 0.917 Gold, 0.1995 oz. AGW
Ruler: Ferdinand VI **Obv:** Head right **Rev:** Without
2 S by crowned shield **Obv. Legend:** FERD • VI • D
• G • ... **Rev. Legend:** NOMINA MAGNA SEQUOR
Mint: Mexico City **Note:** Mint mark M, Mo.

Date	Mintage	VG8	F12	VF20	XF40	MS60
1752 MF	—	400	700	1,400	2,850	—
1753 MF	—	400	700	1,400	2,850	—
1754 MF	—	600	850	1,750	3,500	—
1755 MM	—	400	700	1,400	2,850	—
1756 MM	—	600	850	1,750	3,500	—

KM# 127 6.77 g., 0.917 Gold, 0.1995 oz. AGW
Ruler: Ferdinand VI **Obv:** Armored bust right
Rev: Without 2 S by crowned shield **Obv. Legend:**
FERDIND • VI • D • G • ... **Rev. Legend:** NOMINA
MAGNA SEQUOR **Mint:** Mexico City **Note:** Mint
mark M, Mo.

Date	Mintage	VG8	F12	VF20	XF40	MS60
1757 MM	—	450	750	1,500	3,000	—
1759 MM	—	450	750	1,500	3,000	—

KM# 128 6.77 g., 0.917 Gold, 0.1995 oz. AGW
Ruler: Charles III **Obv:** Armored bust right **Rev:**
Without 2 S by crowned shield **Obv. Legend:**
CAROLVS • III • D • G • ... **Rev. Legend:** NOMINA
MAGNA SEQUOR **Mint:** Mexico City **Note:** Mint
mark M, Mo.

Date	Mintage	VG8	F12	VF20	XF40	MS60
1760 MM	—	550	1,000	2,000	4,000	—
1761 MM	—	550	1,000	2,000	4,000	—

KM# 129 6.77 g., 0.917 Gold, 0.1995 oz. AGW
Ruler: Charles III **Obv:** Large armored bust right
Rev: Without 2 S by crowned shield **Obv. Legend:**
CAROLUS • III • D • G • ... **Rev. Legend:** IN •
UTROQ • FELIX • AUSPICE • DEO **Mint:** Mexico
City **Note:** Mint mark M, Mo.

Date	Mintage	VG8	F12	VF20	XF40	MS60
1762 MF	—	500	900	1,850	3,750	—
1763 MF	—	500	900	1,850	3,750	—
1764/3 MF	—	500	900	1,850	3,750	—
1765 MF	—	500	900	1,850	3,750	—
1766 MF	—	500	900	1,850	3,750	—
1767 MF	—	500	900	1,850	3,750	—
1768 MF	—	500	900	1,850	3,750	—
1769 MF	—	500	900	1,850	3,750	—
1770 MF	—	500	900	1,850	3,750	—
1771 MF	—	500	900	1,850	3,750	—

KM# 130.1 6.77 g., 0.901 Gold, 0.196 oz. AGW
Ruler: Charles III **Obv:** Older, armored bust right
Rev: Crowned shield in order chain, initials and mint
mark upright **Obv. Legend:** CAROLUS • III • D • G
• ... **Rev. Legend:** IN • UTROQ • FELIX • AUSPICE
• DEO **Mint:** Mexico City **Note:** Mint mark M, Mo.

Date	Mintage	VG8	F12	VF20	XF40	MS60
1772 FM	—	300	400	550	1,000	—
1773 FM	—	300	400	550	1,000	—

KM# 130.2 6.77 g., 0.901 Gold, 0.196 oz. AGW
Ruler: Charles III **Obv:** Older, armored bust right
Rev: Crowned shield in order chain, initials and mint
mark inverted **Obv. Legend:** CAROLUS • III • D • G
• ... **Rev. Legend:** IN • UTROQ • FELIX • AUSPICE
• DEO **Mint:** Mexico City **Note:** Mint mark M, Mo.

Date	Mintage	VG8	F12	VF20	XF40	MS60
1773 FM	—	300	400	550	1,000	—
1774 FM	—	300	400	550	1,000	—
1775 FM	—	300	400	550	1,000	—
1776 FM	—	350	500	675	1,000	—
1777 FM	—	300	400	500	900	—
1778 FF	—	300	400	500	900	—
1779 FF	—	300	400	500	900	—
1780 FF	—	300	400	500	900	—
1781 FM/M	—	300	400	500	900	—
1781 FF	—	300	400	500	900	—
1782 FF	—	300	400	500	900	—
1783 FF	—	300	400	500	900	—
1784 FF	—	300	400	500	900	—
1784 FM/F	—	300	400	500	900	—

KM# 130.2a 6.77 g., 0.875 Gold, 0.1904 oz. AGW
Ruler: Charles III **Obv:** Older, armored bust right
Rev: Crowned shield in order chain, initials and mint
mark inverted **Obv. Legend:** CAROLUS • III • D • G
• ... **Rev. Legend:** IN • UTROQ • FELIX • AUSPICE
• DEO **Mint:** Mexico City **Note:** Mint mark M, Mo.

Date	Mintage	VG8	F12	VF20	XF40	MS60
1785 FM	—	300	400	500	900	—
1786 FM	—	300	400	500	900	—
1787 FM	—	300	400	500	900	—
1788 FM	—	300	400	500	900	—

KM# 130.1a 6.77 g., 0.875 Gold, 0.1904 oz. AGW
Ruler: Charles III **Obv:** Older, armored bust right
Rev: Crowned shield in order chain, initials and mint
mark upright **Obv. Legend:** CAROLUS • III • D • G
• ... **Rev. Legend:** IN • UTROQ • FELIX • AUSPICE
• DEO **Mint:** Mexico City **Note:** Mint mark M, Mo.

Date	Mintage	VG8	F12	VF20	XF40	MS60
1788 FM	—	300	400	500	900	—

KM# 131 6.77 g., 0.875 Gold, 0.1904 oz. AGW **Ruler:** Charles IV **Obv:** Armored bust of Charles III, right **Rev:** Crowned shield in order chain, initials and mint mark upright **Obv. Legend:** CAROL • IV • D • G • ... **Rev. Legend:** IN • UTROQ • FELIX • AUSPICE • DEO **Mint:** Mexico City **Note:** Mint mark M, Mo, using old portrait punch.

Date	Mintage	VG8	F12	VF20	XF40	MS60
1789 FM	—	650	1,200	2,000	3,500	—
1790 FM	—	650	1,200	2,000	3,500	—

KM# 132 6.77 g., 0.875 Gold, 0.1904 oz. AGW **Ruler:** Charles IV **Obv:** Armored bust of Charles IIII, right **Rev:** Crowned shield flanked by 2 S in order chain **Obv. Legend:** CAROL • IIII • D • G • ... **Rev. Legend:** IN • UTROQ • FELIX • AUSPICE • DEO; initials and mint mark upright **Mint:** Mexico City **Note:** Mint mark Mo.

Date	Mintage	VG8	F12	VF20	XF40	MS60
1791 FM	—	300	400	600	950	—
Mo over inverted Mo						
1792 FM	—	250	350	450	575	—
1793 FM	—	250	350	450	575	—
1794 FM	—	250	350	450	575	—
1795 FM	—	250	350	450	575	—
1796 FM	—	250	350	450	575	—
1797 FM	—	250	350	450	575	—
1798 FM	—	250	350	450	575	—
1799 FM	—	250	350	450	575	—
1800 FM	—	250	350	450	575	—
1801 FT	—	300	350	425	600	—
1802 FT	—	300	350	425	600	1,000
1803 FT	—	300	350	425	600	—
1804 TH	—	300	350	425	600	—
1805 TH	—	300	350	425	600	—
1806/5 TH	—	300	350	425	600	—
1807 TH	—	300	350	425	600	—
1808 TH	—	300	350	425	600	1,500

KM# 134 6.77 g., 0.875 Gold, 0.1904 oz. AGW **Ruler:** Ferdinand VII **Obv:** Laureate head right **Rev:** Crowned shield divides designed wreath, initials and mint mark upright **Obv. Legend:** FERDIN • VII • D • G... **Rev. Legend:** IN • UTROQ • FELIX • AUSPICE • DEO **Mint:** Mexico City **Note:** Mint mark Mo.

Date	Mintage	VG8	F12	VF20	XF40	MS60
1814 Mo HJ	—	300	450	750	1,250	—
1815 JJ	—	300	450	750	1,250	—
1816 JJ	—	300	450	750	1,250	—
1817 JJ	—	300	450	750	1,250	—
1818 JJ	—	300	450	750	1,250	3,750
1819 JJ	—	300	450	750	1,250	—
1820 JJ	—	300	450	750	1,250	—
1821 JJ	—	300	450	750	1,250	—

4 ESCUDOS

KM# 135 13.53 g., 0.917 Gold, 0.399 oz. AGW **Ruler:** Philip V **Obv:** Armored bust right **Rev:** Crowned shield flanked by F 4 **Obv. Legend:** PHILIP • V • D • G • HISPAN • ET IND • REX **Rev. Legend:** INITIUM SAPIENTIAE TIMOR DOMINI **Mint:** Mexico City

Date	Mintage	VG8	F12	VF20	XF40	MS60
1732 Rare	—	—	—	—	—	—
1732 F Rare	—	—	—	—	—	—
1733 F Rare	—	—	—	—	—	—
1734/3 F	—	1,200	1,800	3,350	5,500	—
1734 MF	—	1,000	1,600	3,000	5,200	—
1735 MF	—	1,000	1,600	3,000	5,400	—
1736 MF	—	1,000	1,600	3,000	5,400	—
1737 MF	—	900	1,500	2,800	4,800	—
1738/7 MF	—	900	1,500	2,800	4,800	—
1738 MF	—	900	1,500	2,800	4,800	—
1739 MF	—	900	1,500	2,800	4,800	—
1740/30 MF	—	900	1,500	2,800	4,800	—
1740 MF	—	900	1,500	2,800	4,800	—
1741 MF	—	900	1,500	2,800	4,800	—
1742/32 MF	—	900	1,500	2,800	4,800	—
1743 MF	—	900	1,500	2,800	4,800	—
1744 MD	—	900	1,500	2,800	4,800	—
1745 MF	—	900	1,500	2,800	4,800	—
1746 MF	—	900	1,500	2,800	4,800	—
1747 MF	—	900	1,500	2,800	4,800	—
1746/5 MF	—	900	1,500	2,800	4,800	—

KM# 136 13.53 g., 0.917 Gold, 0.399 oz. AGW **Ruler:** Ferdinand VI **Obv:** Large, armored bust right **Rev:** Crowned shield flanked by F 4 **Obv. Legend:** FERDND • VI • D • G • ... **Rev. Legend:** INITIUM SAPIENTIAE TIMOR DOMINI **Mint:** Mexico City **Note:** Mint mark M, Mo.

Date	Mintage	VG8	F12	VF20	XF40	MS60
1747 MF	—	7,500	13,500	20,000	30,000	—

KM# 137 13.53 g., 0.917 Gold, 0.399 oz. AGW
Ruler: Ferdinand VI **Obv:** Armored bust right
Rev: Crowned shield flanked by 4 S **Obv. Legend:**
FERDND • VI • D • G • ... **Rev. Legend:** NOMINA
MAGNA SEQUOR **Mint:** Mexico City **Note:** Mint
mark M, Mo.

Date	Mintage	VG8	F12	VF20	XF40	MS60
1748 MF	—	1,500	3,000	5,000	8,000	—
1749 MF	—	1,500	3,000	5,000	8,000	—
1750/48 MF	—	1,500	3,000	5,000	8,000	—
1750 MF	—	1,500	3,000	5,000	8,000	—
1751 MF	—	1,500	3,000	5,000	8,000	—

KM# 138 13.53 g., 0.917 Gold, 0.399 oz. AGW
Ruler: Ferdinand VI **Obv:** Small, armored bust
right **Rev:** Crowned shield, without value **Obv.
Legend:** FERDND • VI • D • G • ... **Rev. Legend:**
NOMINA MAGNA... **Mint:** Mexico City **Note:** Mint
mark M, Mo.

Date	Mintage	VG8	F12	VF20	XF40	MS60
1752 MF	—	1,000	2,000	3,500	6,000	—
1753 MF	—	1,000	2,000	3,500	6,000	—
1754 MF	—	1,000	2,000	3,500	6,000	—
1755 MM	—	1,000	2,000	3,500	6,000	—
1756 MM	—	1,000	2,000	3,500	6,000	—

KM# 139 13.53 g., 0.917 Gold, 0.399 oz. AGW
Ruler: Ferdinand VI **Obv:** Armored bust right
Rev: Crowned shield, without value **Obv. Legend:**
FERDND • VI • D • G • ... **Rev. Legend:** NOMINA
MAGNA... **Mint:** Mexico City **Note:** Mint mark M,
Mo.

Date	Mintage	VG8	F12	VF20	XF40	MS60
1757 MM	—	1,250	2,500	4,000	6,500	—
1759 MM	—	1,250	2,500	4,000	6,500	—

KM# 140 13.53 g., 0.917 Gold, 0.399 oz. AGW
Ruler: Charles III **Obv:** Armored bust right **Rev:**
Crowned shield, without value **Obv. Legend:**
CAROLVS • III • D • G • ... **Rev. Legend:** NOMINA
MAGNA SEQUOR **Mint:** Mexico City **Note:** Mint
mark M, Mo.

Date	Mintage	VG8	F12	VF20	XF40	MS60
1760 MM	—	3,500	6,500	10,000	20,000	—
1761 MM	—	3,500	6,500	10,000	20,000	—

KM# 141 13.53 g., 0.917 Gold, 0.399 oz. AGW
Ruler: Charles III **Obv:** Large, armored bust right
Rev: Crowned shield in order chain, without value
Obv. Legend: CAROLUS • III • D • G • ... **Rev.
Legend:** IN • UTROQ • FELIX • AUSPICE • DEO
Mint: Mexico City **Note:** Mint mark M, Mo.

Date	Mintage	VG8	F12	VF20	XF40	MS60
1762 MF	—	2,500	4,500	7,500	15,000	—
1763 MF	—	2,500	4,500	7,500	15,000	—
1764 MF	—	2,500	4,500	7,500	15,000	—
1765 MF	—	2,500	4,500	7,500	15,000	—
1766/5 MF	—	2,500	4,500	7,500	15,000	—
1767 MF	—	2,500	4,500	7,500	15,000	—
1768 MF	—	2,500	4,500	7,500	15,000	—
1769 MF	—	2,500	4,500	7,500	15,000	—
1770 MF	—	2,500	4,500	7,500	15,000	—
1771 MF	—	2,500	4,500	7,500	15,000	—

KM# 142.1 13.53 g., 0.901 Gold, 0.392 oz. AGW
Ruler: Charles III **Obv:** Large, armored bust right
Rev: Crowned shield in order chain, initials and mint
mark upright **Obv. Legend:** CAROL • III • D • G •
... **Rev. Legend:** IN • UTROQ • FELIX • AUSPICE
• DEO **Mint:** Mexico City **Note:** Mint mark M, Mo.

Date	Mintage	VG8	F12	VF20	XF40	MS60
1772 FM	—	600	975	1,500	3,000	—
1773 FM	—	600	975	1,500	3,000	—

KM# 142.2 13.53 g., 0.901 Gold, 0.392 oz. AGW **Ruler:** Charles III **Obv:** Large, armored bust right **Rev:** Crowned shield flanked by 4 S in order chain, initials and mint mark inverted **Obv. Legend:** CAROL • III • D • G • ... **Rev. Legend:** IN • UTROQ • FELIX • AUSPICE • DEO **Mint:** Mexico City **Note:** Mint mark M, Mo.

Date	Mintage	VG8	F12	VF20	XF40	MS60
1773 FM	—	525	725	1,100	2,200	—
1774 FM	—	525	725	1,100	2,200	—
1775 FM	—	525	725	1,100	2,200	—
1776 FM	—	525	725	1,100	2,200	—
1777 FM	—	525	725	1,100	2,200	—
1778 FF	—	525	725	1,100	2,200	—
1779 FF	—	525	725	1,100	2,200	—
1780 FF	—	525	725	1,100	2,200	—
1781 FF	—	525	725	1,100	2,200	—
1782 FF	—	525	725	1,100	2,200	—
1783 FF	—	525	725	1,100	2,200	—
1784 FF	—	525	725	1,100	2,200	—
1784/3 FM/F	—	525	725	1,100	2,200	—

KM# 142.2a 13.53 g., 0.875 Gold, 0.3807 oz. AGW **Ruler:** Charles III **Obv:** Large, armored bust right **Rev:** Crowned shield in order chain, initials and mint mark inverted **Obv. Legend:** CAROL • III • D • G • ... **Rev. Legend:** IN • UTROQ • FELIX • AUSPICE • DEO **Mint:** Mexico City **Note:** Mint mark M, Mo.

Date	Mintage	VG8	F12	VF20	XF40	MS60
1785 FM	—	525	725	1,100	2,200	—
1786 FM/F	—	525	725	1,100	2,200	—
1786 FM	—	525	725	1,100	2,200	—
1787 FM	—	525	725	1,100	2,200	—
1788 FM	—	525	725	1,100	2,200	—

KM# 142.1a 13.53 g., 0.875 Gold, 0.3807 oz. AGW **Ruler:** Charles III **Obv:** Large, armored bust right **Rev:** Crowned shield in order chain, initials and mint mark upright **Obv. Legend:** CAROL • III • D • G • ... **Rev. Legend:** IN • UTROQ • FELIX • AUSPICE • DEO **Mint:** Mexico City **Note:** Mint mark M, Mo.

Date	Mintage	VG8	F12	VF20	XF40	MS60
1788 FM	—	600	975	1,500	3,000	—

KM# 143.1 13.53 g., 0.875 Gold, 0.3807 oz. AGW **Ruler:** Charles IV **Obv:** Armored bust of Charles III, right **Rev:** Crowned shield in order chain, initials and mint mark upright **Obv. Legend:** CAROL • IV • D • G • ... **Rev. Legend:** IN • UTROQ • FELIX • AUSPICE • DEO **Mint:** Mexico City **Note:** Mint mark M, Mo, using old portrait punch.

Date	Mintage	VG8	F12	VF20	XF40	MS60
1789 FM	—	550	750	1,100	2,150	—
1790 FM	—	550	750	1,100	2,150	—

KM# 143.2 13.53 g., 0.875 Gold, 0.3807 oz. AGW **Ruler:** Charles IV **Obv:** Armored bust of Charles III, right **Rev:** Crowned shield in order chain, initials and mint mark upright **Obv. Legend:** CAROL • IIII • D • G • ... **Rev. Legend:** IN • UTROQ • FELIX • AUSPICE • DEO **Mint:** Mexico City **Note:** Mint mark M, Mo, using old portrait punch.

Date	Mintage	VG8	F12	VF20	XF40	MS60
1790 FM	—	600	1,000	1,800	3,000	—

KM# 144 13.53 g., 0.875 Gold, 0.3807 oz. AGW **Ruler:** Charles IV **Obv:** Armored bust of Charles IIII, right **Rev:** Crowned shield flanked by 4 S in order chain **Obv. Legend:** CAROL • IIII • D • G • ... **Rev. Legend:** IN • UTROQ • FELIX • AUSPICE • DEO; initials and mint mark upright **Mint:** Mexico City **Note:** Mint mark Mo.

Date	Mintage	VG8	F12	VF20	XF40	MS60
1792 FM	—	525	600	750	1,500	—
1793 FM	—	525	600	750	1,500	—
1794/3 FM	—	525	600	750	1,500	—
1795 FM	—	525	600	750	1,500	—
1796 FM	—	525	600	750	1,500	—
1797 FM	—	525	600	750	1,500	—
1798/7 FM	—	525	600	750	1,500	—
1798 FM	—	525	600	750	1,500	—
1799 FM	—	525	600	750	1,500	—
1800 FM	—	525	600	750	1,500	—
1801 FM	—	600	650	800	1,500	—
1801 FT	—	600	650	800	1,500	—
1802 FT	—	600	700	800	1,650	—
1803 FT	—	600	650	800	1,500	—
1803/2	—	600	750	900	1,500	—
1804/3 TH	—	600	650	800	1,500	—
1804 TH	—	600	650	800	1,500	—
1805 TH	—	600	650	800	1,500	—
1806/5 TH	—	600	650	800	1,500	—
1807 TH	—	600	700	900	1,650	—
1808/0 TH	—	600	650	800	1,500	—
1808 TH	—	600	650	800	1,500	—

KM# 145 13.53 g., 0.875 Gold, 0.3807 oz. AGW **Ruler:** Ferdinand VII **Obv:** Armored bust right **Rev:** Crowned shield divides designed wreath, initials and mint mark upright **Obv. Legend:** FERDIN • VII D • G... **Rev. Legend:** IN • UTROQ • FELIX • AUSPICE • DEO **Mint:** Mexico City **Note:** Mint mark Mo.

Date	Mintage	VG8	F12	VF20	XF40	MS60
1810 HJ	—	650	750	1,150	2,500	—
1811 HJ	—	650	750	1,150	2,500	—
1812 HJ	—	650	750	1,150	2,500	—

KM# 146 13.53 g., 0.875 Gold, 0.3807 oz. AGW
Ruler: Ferdinand VII **Obv:** Laureate head right
Rev: Crowned shield divides designed wreath **Obv.
Legend:** FERDIN • VII D • G... **Rev. Legend:** IN •
UTROQ • FELIX • AUSPICE • DEO; initials and mint
mark upright **Mint:** Mexico City **Note:** Mint mark Mo.

Date	Mintage	VG8	F12	VF20	XF40	MS60
1814 HJ	—	675	800	1,250	2,700	—
1815 HJ	—	675	800	1,250	2,700	—
1815 JJ	—	675	800	1,250	2,700	—
1816 JJ	—	675	800	1,250	2,700	—
1817 JJ	—	675	800	1,250	2,700	—
1818 JJ	—	675	800	1,250	2,700	—
1819 JJ	—	675	800	1,250	2,700	—
1820 JJ	—	675	800	1,250	2,700	—

8 ESCUDOS

KM# 148 27.07 g., 0.917 Gold, 0.798 oz. AGW
Ruler: Philip V **Obv:** Large, armored bust right
Rev: Crowned shield flanked by M F 8 in order
chain **Obv. Legend:** PHILIP • V • D • G • HISPAN •
ET IND • REX **Rev. Legend:** INITIUM SAPIENTIAE
TIMOR DOMINI **Mint:** Mexico City **Note:** Mint mark
M, Mo.

Date	Mintage	VG8	F12	VF20	XF40	MS60
1732 Rare	—	—	—	—	—	—
1732 F Rare	—	—	—	—	—	—
1733 F Rare	—	—	—	—	—	—

Note: Heritage World Coin Auctions #3004,
1-09, MS64 realized $54,625

1734 MF	—	1,500	2,000	3,300	5,800	—
1734 MF/F	—	1,500	2,000	3,300	5,800	—
1735 MF	—	1,500	1,800	3,000	5,400	—
1736 MF	—	1,500	1,800	3,000	5,400	—
1737 MF	—	1,500	1,800	3,000	5,400	—
1738/7 MF	—	1,500	1,800	3,000	5,400	—
1738 MF	—	1,500	1,800	3,000	5,400	—
1739 MF	—	1,500	1,800	3,000	5,400	—
1740 MF	—	1,500	1,800	3,000	5,400	—

Date	Mintage	VG8	F12	VF20	XF40	MS60
1740/30 MF	—	1,500	1,800	3,000	5,400	—
1741 MF	—	1,500	1,800	3,000	5,400	—
1742 MF	—	1,500	1,800	3,000	5,400	—
1743 MF	—	1,500	1,800	3,000	5,400	—
1744 MF	—	1,500	1,800	3,000	5,400	—
1744/3 MF	—	1,500	1,800	3,000	5,400	—
1745 MF	—	1,500	1,800	3,000	5,400	—
1745/4 MF	—	1,500	1,800	3,000	5,400	—
1746 MF	—	1,500	1,800	3,000	5,400	—
1746/5 MF	—	1,500	1,800	3,000	5,400	—
1747 MF	—	1,500	2,100	3,500	6,500	12,500

KM# 149 27.07 g., 0.917 Gold, 0.798 oz. AGW
Ruler: Ferdinand VI **Obv:** Large, armored bust
right **Rev:** Crowned shield flanked by M F 8 in order
chain **Obv. Legend:** FERDND • VI • D • G • ... **Rev.
Legend:** INITIUM SAPIENTIAE TIMOR DOMINI
Mint: Mexico City **Note:** Mint mark M, Mo.

Date	Mintage	VG8	F12	VF20	XF40	MS60
1747 MF	—	7,500	12,500	16,500	27,500	55,000

KM# 150 27.07 g., 0.917 Gold, 0.798 oz. AGW
Ruler: Ferdinand VI **Obv:** Small, armored bust
right **Rev:** Crowned shield flanked by 8 S in order
chain **Obv. Legend:** FERDND • VI • D • G • ... **Rev.
Legend:** NOMINA MAGNA SEQUOR **Mint:** Mexico
City **Note:** Mint mark M, Mo.

Date	Mintage	VG8	F12	VF20	XF40	MS60
1748 MF	—	1,500	2,400	4,200	7,200	—
1749/8 MF	—	1,500	2,400	4,200	7,200	—
1749 MF	—	1,500	2,400	4,200	7,200	—
1750 MF	—	1,500	2,400	4,200	7,200	—
1751/0 MF	—	1,800	2,400	4,200	7,200	—
1751 MF	—	1,500	2,400	4,200	7,200	—

KM# 151 27.07 g., 0.917 Gold, 0.798 oz. AGW
Ruler: Ferdinand VI **Obv:** Armored bust right
Rev: Crowned shield in order chain **Obv. Legend:**
FERDND • VI • D • G • ... **Rev. Legend:** NOMINA
MAGNA SEQUOR **Mint:** Mexico City **Note:** Mint
mark M, Mo.

Date	Mintage	VG8	F12	VF20	XF40	MS60
1752 MF	—	1,500	2,400	4,200	7,200	—
1753 MF	—	1,500	2,400	4,200	7,200	—
1754 MF	—	1,500	2,400	4,200	7,200	—
1755 MM	—	1,500	2,400	4,200	7,200	—
1756 MM	—	1,500	2,400	4,200	7,200	—

KM# 152 27.07 g., 0.917 Gold, 0.798 oz. AGW
Ruler: Ferdinand VI **Obv:** Armored bust right
Rev: Crowned shield in order chain **Obv. Legend:**
FERDND • VI • D • G • ... **Rev. Legend:** NOMINA
MAGNA SEQUOR **Mint:** Mexico City **Note:** Mint
mark M, Mo.

Date	Mintage	VG8	F12	VF20	XF40	MS60
1757 MM	—	1,500	2,400	4,200	7,200	—
1758 MM	—	1,500	2,400	4,200	7,200	—
1759 MM	—	1,500	2,400	4,200	7,200	—

KM# 153 27.07 g., 0.917 Gold, 0.798 oz. AGW
Ruler: Charles III **Obv:** Armored bust right **Rev:**
Crowned shield in order chain **Obv. Legend:**
CAROLVS • III • D • G • ... **Rev. Legend:** NOMINA
MAGNA SEQUOR **Mint:** Mexico City **Note:** Mint
mark M, Mo.

Date	Mintage	VG8	F12	VF20	XF40	MS60
1760 MM	—	2,100	3,600	6,000	11,000	—
1761/0 MM	—	2,400	4,200	6,600	12,000	—
1761 MM	—	2,400	4,200	6,600	12,000	—

KM# 154 27.07 g., 0.917 Gold, 0.798 oz. AGW
Ruler: Charles III **Obv:** Armored bust right **Rev:**
Crowned shield in order chain **Obv. Legend:**
CAROLVS • III • D • G • ... **Rev. Legend:** NOMINA
MAGNA SEQUOR **Mint:** Mexico City **Note:** Mint
mark M, Mo.

Date	Mintage	VG8	F12	VF20	XF40	MS60
1761 MM	—	2,100	3,600	6,300	11,500	—

KM# 155 27.07 g., 0.917 Gold, 0.798 oz. AGW
Ruler: Charles III **Obv:** Large, armored bust right
Rev: Crowned shield in order chain **Obv. Legend:**
CAROLUS • III • D • G • ... **Rev. Legend:** IN •
UTROQ • FELIX • AUSPICE • DEO • **Mint:** Mexico
City **Note:** Mint mark M, Mo.

Date	Mintage	VG8	F12	VF20	XF40	MS60
1762 MM	—	2,000	3,450	5,600	9,000	—
1763 MM	—	2,000	3,450	5,600	9,000	—
1764 MF	—	2,200	3,750	6,200	9,500	—
1764/2 MF	—	2,200	3,750	6,200	9,500	—
1764 MM	—	2,200	3,750	6,200	9,500	—
1765/4 MF	—	2,200	3,750	6,200	9,500	—
1765/4 MM	—	2,200	3,750	6,200	9,500	—
1765 MF	—	2,200	3,750	6,200	9,500	—
1765 MM	—	1,900	3,150	5,000	9,000	—
1766 MF	—	1,900	3,150	5,000	9,000	—
1767/6 MF	—	1,900	3,150	5,000	9,000	—
1767 MF	—	1,900	3,150	5,000	9,000	—
1768/7 MF	—	1,900	3,150	5,000	9,000	—
1768 MF	—	1,900	3,150	5,000	9,000	—
1769 MF	—	1,900	3,150	5,000	9,000	—
1770 MF	—	1,900	3,150	5,000	9,000	—
1771 MF	—	2,200	3,750	6,200	9,500	—

KM# 156.1 27.07 g., 0.901 Gold, 0.7841 oz. AGW
Ruler: Charles III **Obv:** Large, armored bust right
Rev: Crowned shield flanked by 8 S in order chain,
initials and mint mark upright **Obv. Legend:** CAROL
• III • D • G • ... **Rev. Legend:** ... AUSPICE • DEO •
Mint: Mexico City **Note:** Mint mark M, Mo.

Date	Mintage	VG8	F12	VF20	XF40	MS60
1772 FM	—	1,100	1,500	1,950	2,800	—
1773 FM	—	1,100	1,500	1,950	2,800	—

KM# 156.2 27.07 g., 0.901 Gold, 0.7841 oz. AGW
Ruler: Charles III **Obv:** Large, armored bust
right **Rev:** Crowned shield flanked by 8 S in order
chain, initials and mint mark inverted **Obv. Legend:**
CAROL • III • D • G • ... **Rev. Legend:** ... AUSPICE
• DEO • **Mint:** Mexico City **Note:** Mint mark M, Mo.

Date	Mintage	VG8	F12	VF20	XF40	MS60
1773 FM	—	1,100	1,350	1,800	2,400	—
1774 FM	—	1,100	1,350	1,800	2,400	—
1775 FM	—	1,100	1,350	1,800	2,400	—
1776 FM	—	1,500	1,850	2,250	3,000	—
1777/6 FM	—	1,100	1,350	1,500	2,250	—
1777 FM	—	1,100	1,350	1,500	2,250	—
1778 FF	—	1,100	1,350	1,500	2,250	—
1779 FF	—	1,100	1,350	1,500	2,250	—
1780 FF	—	1,100	1,350	1,500	2,250	—
1781 FF	—	1,100	1,350	1,500	2,250	—
1782 FF	—	1,100	1,350	1,500	2,250	—
1783 FF	—	1,100	1,350	1,500	2,250	—
1784 FF	—	1,100	1,350	1,500	2,250	—
1784 FM/F	—	1,100	1,350	1,500	2,250	—
1784 FM	—	1,100	1,350	1,500	2,250	—
1785 FM	—	1,100	1,350	1,500	2,250	—

KM# 156.2a 27.07 g., 0.875 Gold, 0.7615 oz.
AGW **Ruler:** Charles III **Obv:** Large, armored bust
right **Rev:** Crowned shield flanked by 8 S in order
chain, initials and mint mark inverted **Obv. Legend:**
CAROL • III • D • G • ... **Rev. Legend:** ... AUSPICE
• DEO • **Mint:** Mexico City **Note:** Mint mark M, Mo.

Date	Mintage	VG8	F12	VF20	XF40	MS60
1786 FM	—	1,100	1,350	1,800	2,400	—
1787 FM	—	1,100	1,350	1,800	2,400	—
1788 FM	—	1,100	1,350	1,800	2,400	—

KM# 156.1a 27.07 g., 0.875 Gold, 0.7615 oz. AGW
Ruler: Charles III **Obv:** Large, armored bust right
Rev: Crowned shield flanked by 8 S in order chain,
initials and mint mark upright **Obv. Legend:** CAROL
• III • D • G • ... **Rev. Legend:** ... AUSPICE • DEO •
Mint: Mexico City **Note:** Mint mark M, Mo.

Date	Mintage	VG8	F12	VF20	XF40	MS60
1788 FM	—	1,100	1,300	1,500	2,400	—

KM# 157 27.07 g., 0.875 Gold, 0.7615 oz. AGW
Ruler: Charles IV **Obv:** Armored bust of Charles
III, right **Rev:** Crowned shield flanked by 8 S in order
chain **Obv. Legend:** CAROL • IV • D • G • ... **Rev.
Legend:** IN • UTROQ • ... **Mint:** Mexico City **Note:**
Mint mark M, Mo, using old portrait punch.

Date	Mintage	VG8	F12	VF20	XF40	MS60
1789 FM	—	1,100	1,500	2,000	2,750	—
1790 FM	—	1,100	1,500	2,000	2,750	—

KM# 158 27.07 g., 0.875 Gold, 0.7615 oz. AGW
Ruler: Charles IV Obv: Armored bust of Charles
III, right Rev: Crowned shield flanked by 8 S in order
chain Obv. Legend: CAROL • IIII • D • G • ... Rev.
Legend: IN • UTROQ • ... Mint: Mexico City Note:
Mint mark M, Mo, using old portrait punch.

Date	Mintage	VG8	F12	VF20	XF40	MS60
1790 FM	—	1,100	1,500	2,000	2,750	—

KM# 159 27.07 g., 0.875 Gold, 0.7615 oz. AGW
Ruler: Charles IV Obv: Armored bust right Rev:
Crowned shield flanked by 8 S in order chain Obv.
Legend: CAROL • IIII • D • G • ... Rev. Legend: IN •
UTROQ • ... Mint: Mexico City Note: Mint mark Mo.

Date	Mintage	VG8	F12	VF20	XF40	MS60
1791 FM	—	1,100	1,250	1,500	2,000	—
1792 FM	—	1,100	1,250	1,500	2,000	—
1793 FM	—	1,100	1,250	1,500	2,000	—
1794 FM	—	1,100	1,250	1,500	2,000	—
1795 FM	—	1,100	1,250	1,500	2,000	—
1796/5 FM	—	1,100	1,250	1,500	2,000	—
1796 FM	—	1,100	1,250	1,500	2,000	—
1797 FM	—	1,100	1,250	1,500	2,000	—
EPLIX						
1797 FM	—	1,100	1,250	1,500	2,000	—
1798 FM	—	1,100	1,250	1,500	2,000	—
1799 FM	—	1,100	1,250	1,500	2,000	—
1800 FM	—	1,100	1,250	1,500	2,000	—
1801/0 FT	—	1,100	1,250	1,375	1,950	—
1801 FM	—	1,100	1,250	1,350	1,700	—
1801 FT	—	1,100	1,250	1,350	1,700	—
1802 FT	—	1,100	1,250	1,350	1,700	—
1803 FT	—	1,100	1,250	1,350	1,700	—
1804/3 TH	—	1,100	1,250	1,375	1,950	—
1804 TH	—	1,100	1,250	1,350	1,700	5,300
1805 TH	—	1,100	1,250	1,350	1,700	—
1806 TH	—	1,100	1,250	1,350	1,700	5,300

Date	Mintage	VG8	F12	VF20	XF40	MS60
1807 TH	—	1,100	1,250	1,375	1,950	—
Mo over						
inverted Mo						
1807/6 TH	—	1,100	1,250	1,375	1,950	—
1808/7 TH	—	1,100	1,250	1,350	2,100	—
1807 TH	—	1,100	1,250	1,350	1,700	—
1808 TH	—	1,100	1,250	1,450	2,100	—

KM# 160 27.07 g., 0.875 Gold, 0.7615 oz. AGW
Ruler: Ferdinand VII Obv: Armored bust right
Rev: Crowned shield divides designed wreath Obv.
Legend: FERDIN • VII • D • G... Rev. Legend: IN
UTROQ • FELIX Mint: Mexico City Note: Mint mark
Mo.

Date	Mintage	VG8	F12	VF20	XF40	MS60
1808 TH	—	1,225	1,250	1,400	2,250	—
1809 HJ	—	1,225	1,250	1,400	2,250	—
1810 HJ	—	1,225	1,250	1,400	2,250	—
1811/0 HJ	—	1,225	1,250	1,400	2,250	—
1811 HJ	—	1,225	1,250	1,400	2,250	—
H/T						
1811 HJ	—	1,225	1,250	1,400	2,250	—
1811 JJ	—	1,225	1,250	1,400	2,250	—
1812 JJ	—	1,225	1,250	1,400	2,250	—

KM# 161 27.07 g., 0.875 Gold, 0.7615 oz. AGW
Ruler: Ferdinand VII Obv: Laureate head right
Rev: Crowned shield divides designed wreath Obv.
Legend: FERDIN • VII • D • G... Rev. Legend: IN
UTROQ • FELIX Mint: Mexico City Note: Mint mark
Mo.

Date	Mintage	VG8	F12	VF20	XF40	MS60
1814 JJ	—	1,225	1,275	1,400	2,000	—
1815/4 JJ	—	1,225	1,275	1,400	2,150	—
1815/4 HJ	—	1,225	1,275	1,400	2,150	—
1815 JJ	—	1,225	1,275	1,400	2,000	—
1815 HJ	—	1,225	1,275	1,400	2,000	—
1816 JJ	—	1,225	1,275	1,400	2,000	—
1817 JJ	—	1,225	1,275	1,400	2,150	—
1818/7 JJ	—	1,225	1,275	1,400	2,100	—
1818 JJ	—	1,225	1,275	1,400	2,100	—
1819 JJ	—	1,225	1,275	1,400	2,100	—
1820 JJ	—	1,225	1,275	1,400	2,100	—
1821 JJ	—	1,225	1,275	1,400	2,250	—

PROCLAMATION MEDALLIC COINAGE

1/2 REAL

KM# Q22 1.60 g., Silver, **Issuer:** Mexico City **Obv:** Crowned shield flanked by crowned pillars with banner **Rev:** Legend, date within wreath **Obv. Legend:** A CARLOS IV REY DE ESPANA Y DE LAS YNDIAS **Rev. Legend:** PROCLAMADO EN MEXICO ANO DE 1789

Date	Mintage	F12	VF20	XF40	MS60	MS63
1789	—	40.00	70.00	120	—	—

KM# Q22a Bronze, **Issuer:** Mexico City **Obv:** Crowned shield flanked by crowned pillars with banner **Rev:** Legend, date within wreath **Obv. Legend:** A CARLOS IV REY DE ESPANA Y DE LAS YNDIAS **Rev. Legend:** PROCLAMADO EN MEXICO ANO DE 1789

Date	Mintage	F12	VF20	XF40	MS60	MS63
1789	—	45.00	90.00	150	—	—

KM# Q23 Silver, **Issuer:** Mexico City **Obv:** Crowned arms in double-lined circle **Obv. Legend:** A CARLOS IV REY DE ESPANA Y DE LAS YNDIAS **Rev. Legend:** PROCLAMADO EN MEXICO ANO DE 1789

Date	Mintage	F12	VF20	XF40	MS60	MS63
1789	—	40.00	70.00	120	—	—

KM# Q23a Bronze, **Issuer:** Mexico City **Obv:** Crowned arms in double-lined circle **Obv. Legend:** A CARLOS IV REY DE ESPANA Y DE LAS YNDIAS **Rev. Legend:** PROCLAMADO EN MEXICO ANO DE 1789

Date	Mintage	F12	VF20	XF40	MS60	MS63
1789	—	45.00	90.00	150	—	—

REAL

KM# Q24 Silver, **Issuer:** Mexico City **Obv:** Crowned shield flanked by crowned pillars with banner **Rev:** Legend, date, value within wreath **Obv. Legend:** A CARLOS IV REY DE ESPANA Y DE LAS YNDIAS **Rev. Legend:** PROCLAMADO EN MEXICO ANO DE 1789

Date	Mintage	F12	VF20	XF40	MS60	MS63
1789	—	40.00	70.00	120	—	—

KM# Q24a Bronze, **Issuer:** Mexico City **Obv:** Crowned shield flanked by crowned pillars with banner **Rev:** Legend, date, value within wreath **Obv. Legend:** A CARLOS IV REY DE ESPANA Y DE LAS YNDIAS **Rev. Legend:** PROCLAMADO EN MEXICO ANO DE 1789

Date	Mintage	F12	VF20	XF40	MS60	MS63
1789	—	45.00	90.00	150	—	—

KM# QA24 Silver, **Issuer:** Mexico City **Obv:** Crowned arms in double-lined circle **Obv. Legend:** A CARLOS IV REY DE ESPANA Y DE LAS YNDIAS **Rev. Legend:** PROCLAMADO EN MEXICO ANO DE 1789

Date	Mintage	F12	VF20	XF40	MS60	MS63
1789	—	40.00	70.00	120	—	—

KM# QA24a Copper, **Issuer:** Mexico City **Obv:** Crowned arms in double-lined circle **Obv. Legend:** A CARLOS IV REY DE ESPANA Y DE LAS YNDIAS **Rev. Legend:** PROCLAMADO EN MEXICO ANO DE 1789

Date	Mintage	F12	VF20	XF40	MS60	MS63
1789	—	45.00	90.00	150	—	—

KM# Q8 Silver, **Issuer:** Chiapa **Obv:** Crowned shield flanked by pillars **Rev:** Legend within wreath **Obv. Legend:** FERNANDO. VII. REY DE ESPAÑA. Y DE SUS IND. **Rev. Legend:** PROCLA/MADO ENCUID•R•DE/ CHIAPA•/•A1808•

Date	Mintage	F12	VF20	XF40	MS60	MS63
1808	—	25.00	40.00	70.00	125	—

2 REALES

KM# Q25 6.70 g., Silver, **Issuer:** Mexico City **Obv:** Crowned shield flanked by crowned pillars with banner **Rev:** Legend, date, value within wreath **Obv. Legend:** A CARLOS IV REY DE ESPANA Y DE LAS YNDIAS **Rev. Legend:** PROCLAMADO EN MEXICO ANO DE 1789

Date	Mintage	F12	VF20	XF40	MS60	MS63
1789	—	70.00	125	225	—	—

KM# Q25a 6.70 g., Bronze, **Issuer:** Mexico City **Obv:** Crowned shield flanked by crowned pillars with banner **Rev:** Legend, date, value within wreath **Obv. Legend:** A CARLOS IV REY DE ESPANA Y DE LAS YNDIAS **Rev. Legend:** PROCLAMADO EN MEXICO ANO DE 1789

Date	Mintage	F12	VF20	XF40	MS60	MS63
1789	—	60.00	115	180	—	—

KM# Q10 Silver, **Issuer:** Chiapa **Obv:** Crowned shield flanked by pillars **Rev:** Legend, date within wreath **Obv. Legend:** FERNANDO VII REY DE ESPANA Y DE SUS INDIAS

Date	Mintage	F12	VF20	XF40	MS60	MS63
1808	—	45.00	70.00	100	175	—

KM# Q64 Silver, **Issuer:** Queretaro **Obv:** Crowned shield flanked by pillars **Rev:** Legend, date within wreath **Obv. Legend:** FERNANDO VII REY DE ESPANA

Date	Mintage	F12	VF20	XF40	MS60	MS63
1808	—	25.00	45.00	90.00	150	—

4 REALES

KM# Q27 13.60 g., Silver, **Issuer:** Mexico City **Obv:** Crowned shield flanked by crowned pillars with banner **Rev:** Legend date, value within wreath **Obv. Legend:** A CARLOS IV REY DE ESPANA Y DE LAS YNDIAS **Rev. Legend:** PROCLAMADO EN MEXICO ANO DE 1789

Date	Mintage	F12	VF20	XF40	MS60	MS63
1789	—	200	375	675	1,150	

KM# Q27a 13.60 g., Bronze, **Issuer:** Mexico City **Obv:** Crowned shield flanked by crowned pillars with banner **Rev:** Legend, date, value within wreath **Obv. Legend:** A CARLOS IV REY DE ESPANA Y DE LAS YNDIAS **Rev. Legend:** PROCLAMADO EN MEXICO ANO DE 1789

Date	Mintage	F12	VF20	XF40	MS60	MS63
1789	—	140	250	450	—	—

KM# QA66 Silver, **Issuer:** Queretaro **Obv:** Crowned shield flanked by pillars **Rev:** Legend, date within wreath **Obv. Legend:** FERNANDO VII REY DE ESPANA

Date	Mintage	F12	VF20	XF40	MS60	MS63
1808	—	100	160	295	475	—

8 REALES

KM# Q28 27.00 g., Silver, **Issuer:** Mexico City **Obv:** Crowned shield flanked by crowned pillars with banner **Rev:** Legend, date, value within wreath **Obv. Legend:** A CARLOS IV REY DE ESPANA Y DE LAS YNDIAS **Rev. Legend:** PROCLAMADO EN MEXICO ANO DE 1789

Date	Mintage	F12	VF20	XF40	MS60	MS63
1789	—	400	700	1,200	2,000	—

KM# Q28a 27.00 g., Bronze, **Issuer:** Mexico City **Obv:** Crowned shield flanked by crowned pillars with banner **Rev:** Legend, date, value within wreath **Obv. Legend:** A CARLOS IV REY DE ESPANA Y DE LAS YNDIAS **Rev. Legend:** PROCLAMADO EN MEXICO ANO DE 1789

Date	Mintage	F12	VF20	XF40	MS60	MS63
1789	—	140	250	450	—	—

KM# Q68 Silver, **Issuer:** Queretaro **Obv:** Crowned shield flanked by pillars **Rev:** Legend, date within wreath **Obv. Legend:** FERNANDO VII REY DE ESPANA

Date	Mintage	F12	VF20	XF40	MS60	MS63
1808	—	220	425	575	950	—

WAR OF INDEPENDENCE

CHIHUAHUA

The Chihuahua Mint was established by a decree of October 8, 1810 as a temporary mint. Their first coins were cast 8 Reales using Mexico City coins as patterns and obliterating/changing the mint mark and moneyer initials. Two c/m were placed on the obverse - on the left, a T designating receipt by the Royal Trea-

WAR OF INDEPENDENCE

surer, crowned pillars of Hercules on the right with pomegranate beneath, the comptrollers symbol.

In 1814, standard dies were made available, thus machine struck 8 Reales were produced until 1822. Only the one denomination was made at Chihuahua.

Mint mark: CA.

ROYALIST COINAGE

8 REALES

KM# 123 Cast Silver, **Ruler:** Ferdinand VII **Obv:** Armored bust right **Rev:** Crowned shield flanked by pillars **Obv. Legend:** FERDIN• VII • DEI • GRATIA **Mint:** Chihuahua **Countermark:** T at left, pillars at right, pomegranate below

CM Date	Host Date	G4	VG8	F12	VF20	XF40
CA RP	1810 Rare	—	—	—	—	—
CA RP	1811	45.00	70.00	120	200	—
CA RP	1812	40.00	65.00	90.00	175	—
CA RP	1813	35.00	50.00	70.00	120	—

KM# 111.1 27.07 g., 0.903 Silver, 0.7859 oz. ASW **Ruler:** Ferdinand VII **Obv:** Draped bust right **Rev:** Crowned shield flanked by pillars **Obv. Legend:** FERDIN • VII • DEI • GRATIA

Date	Mintage	VG8	F12	VF20	XF40	MS60
1815 RP	—	220	300	525	750	—
1816 RP	—	90.00	140	225	425	—
1817 RP	—	110	165	280	425	—
1818 RP	—	110	165	280	425	—
1819/8 RP	—	140	195	375	525	—
1819 RP	—	140	195	375	525	—
1820 RP	—	220	300	525	750	—
1821 RP	—	220	300	525	750	—
1822 RP	—	450	650	1,200	1,650	—

Note: KM#111.1 is normally found struck over earlier cast 8 Reales, KM#123 and Monclova (MVA) 1812 cast countermark 8 Reales, KM#202 and Zacatecas 8 Reales, KM#190

DURANGO

The Durango mint was authorized as a temporary mint on the same day as the Chihuahua Mint, October 8, 1810. The mint opened in 1811 and made coins of 6 denominations between 1811 and 1822.

Mint mark: D.

ROYALIST COINAGE

1/8 REAL

KM# 60 Copper, **Ruler:** Ferdinand VII **Obv:** Crowned monogram **Rev:** EN DURANGO, value, date **Mint:** Durango

Date	Mintage	VG8	F12	VF20	XF40	MS60
1812 D	—	40.00	75.00	125	250	—
1813 D	—	65.00	135	185	375	—
1814 D Rare	—	—	—	—	—	—

KM# 61 Copper, **Ruler:** Ferdinand VII **Obv:** Crowned monogram **Rev:** Value within spray, date below **Rev. Legend:** ENDURANGO. **Mint:** Durango

Date	Mintage	VG8	F12	VF20	XF40	MS60
1814 D	—	18.00	32.50	55.00	95.00	—
1815 D	—	18.00	35.00	60.00	100	—
1816 D	—	18.00	35.00	60.00	100	—
1817 D	—	15.00	30.00	50.00	95.00	—
1818 D	—	15.00	30.00	50.00	95.00	—
1818 D	—	45.00	80.00	125	225	—

Note: OCTAVO DD REAL, error

1/2 REAL

KM# 74.1 1.69 g., 0.903 Silver, 0.0491 oz. ASW **Ruler:** Ferdinand VII **Obv:** Draped laureate bust right **Rev:** Crowned shield flanked by pillars **Mint:** Durango

Date	Mintage	VG8	F12	VF20	XF40	MS60
1813 D RM	—	275	500	825	2,050	—
1814 D MZ	—	275	500	825	2,050	—
1816 D MZ	—	275	500	825	2,050	—

REAL

KM# 83.1 3.38 g., 0.903 Silver, 0.0981 oz. ASW **Ruler:** Ferdinand VII **Obv:** Draped laureate bust right **Rev:** Crowned shield flanked by pillars **Obv. Legend:** FERDIN • VII... **Rev. Legend:** IND • REX... **Mint:** Durango

Date	Mintage	VG8	F12	VF20	XF40	MS60
1813 D RM	—	275	500	725	1,800	—
1814 D MZ	—	275	500	725	1,800	—
1815 D MZ	—	275	500	725	1,800	—

2 REALES

KM# 92.2 6.77 g., 0.903 Silver, 0.1965 oz. ASW **Ruler:** Ferdinand VII **Obv:** Armored bust right **Rev:** Crowned shield flanked by pillars **Rev. Legend:** MON PROV DE DURANGO... **Mint:** Durango

Date	Mintage	VG8	F12	VF20	XF40	MS60
1811 D RM	—	700	800	1,550	3,200	—

KM# 92.3 6.77 g., 0.903 Silver, 0.1965 oz. ASW **Ruler:** Ferdinand VII **Obv:** Armored bust right **Rev:** Crowned shield flanked by pillars **Rev. Legend:** HISPAN ET IND REX...

Date	Mintage	VG8	F12	VF20	XF40	MS60
1812 RM	—	425	650	1,250	2,750	—

KM# 93.1 6.77 g., 0.903 Silver, 0.1965 oz. ASW
Ruler: Ferdinand VII **Obv:** Draped laureate bust
right **Rev:** Crowned shield flanked by pillars **Obv.**
Legend: FERDIN • VII... **Rev. Legend:** IND • REX...
Mint: Durango

Date	Mintage	VG8	F12	VF20	XF40	MS60
1812 D RM	—	375	600	1,150	2,550	—
1813 D RM	—	475	925	1,550	4,250	—
1813 D MZ	—	475	925	1,550	4,250	—
1814 D MZ	—	475	925	1,550	4,250	—
1815 D MZ	—	475	925	1,550	4,250	—
1816 D MZ	—	475	925	1,550	4,250	—
1817 D MZ	—	475	925	1,550	4,250	—

4 REALES

KM# 102.1 13.54 g., 0.903 Silver, 0.3931 oz. ASW
Ruler: Ferdinand VII **Obv:** Draped laureate bust
right **Rev:** Crowned shield flanked by pillars **Obv.**
Legend: FERDIN • VII... **Rev. Legend:** IND • REX...
Mint: Durango

Date	Mintage	VG8	F12	VF20	XF40	MS60
1814 D MZ	—	850	1,550	2,550	6,900	—
1816 D MZ	—	700	1,400	2,150	6,200	—
1817 D MZ	—	700	1,400	2,150	6,200	—

8 REALES

KM# 110.1 27.07 g., 0.903 Silver, 0.7859 oz. ASW
Ruler: Ferdinand VII **Obv:** Armored bust right **Rev:**
Crowned shield flanked by pillars **Obv. Legend:**
FERD • VII... **Rev. Legend:** DURANGO • 8R R •
M... **Mint:** Durango

Date	Mintage	VG8	F12	VF20	XF40	MS60
1811 D RM	—	2,800	5,500	9,000	—	—
1812 D RM	—	450	825	1,250	4,400	—
1814 D MZ	—	450	825	1,250	4,400	—

KM# 111.2 27.07 g., 0.903 Silver, 0.7859 oz. ASW
Ruler: Ferdinand VII **Obv:** Draped laureate bust
right **Rev:** Crowned shield flanked by pillars **Obv.**
Legend: FERDIN • VII... **Rev. Legend:** IND • REX...
Mint: Durango

Date	Mintage	VG8	F12	VF20	XF40
1812 D RM	—	175	245	375	1,150
1813 D RM	—	210	280	450	1,250
1813 D MZ	—	175	245	375	1,100
1814/2 D MZ	—	210	280	425	1,100
1814 D MZ	—	210	280	425	1,100
1815 D MZ	—	105	175	325	875
1816 D MZ	—	70.00	105	175	500
1817 D MZ	—	42.00	70.00	125	375
1818 D MZ	—	70.00	105	175	525
1818 D RM	—	70.00	105	175	500
1818 D CG/RM	—	140	175	210	525
1818 D CG	—	70.00	105	175	500
1819 D CG/RM	—	70.00	140	210	450
1819 D CG	—	42.00	85.00	140	375
1820 D CG	—	42.00	85.00	140	375
1821 D CG	—	42.00	55.00	110	325
1822 D CG	—	42.00	70.00	125	375

Note: Occasionally these are found struck over
cast Chihuahua 8 reales and are very rare
in general, specimens dated prior to 1816
are rather crudely struck

GUADALAJARA

The Guadalajara Mint made its first coins in 1812 and
the mint operated until April 30, 1815. It was to reopen in 1818
and continue operations until 1822. It was the only Royalist
mint to strike gold coins, both 4 and 8 Escudos. In addition to
these it struck the standard 5 denominations in silver.
Mint mark: GA.

ROYALIST COINAGE

1/2 REAL

KM# 74.2 1.69 g., 0.903 Silver, 0.0491 oz. ASW
Ruler: Ferdinand VII **Obv:** Draped laureate bust

right **Rev:** Crowned shield flanked by pillars **Obv.**
Legend: FERDIN • VII... **Rev. Legend:** IND... **Mint:**
Guadalajara

Date	Mintage	VG8	F12	VF20	XF40
1812 GA MR Rare	—	—	—	—	—
1814 GA MR	—	60.00	145	290	425
1815 GA MR	—	290	500	725	1,450

REAL

KM# 83.2 3.38 g., 0.903 Silver, 0.0981 oz. ASW
Ruler: Ferdinand VII **Obv:** Draped laureate bust
right **Rev:** Crowned shield flanked by pillars **Obv.**
Legend: FERDIN • VII... **Rev. Legend:** IND • REX...
Mint: Guadalajara

Date	Mintage	VG8	F12	VF20	XF40	MS60
1813 GA MR	—	425	725	1,150	—	—
1814 GA MR	—	215	290	500	925	—
1815 GA MR	—	425	725	1,150	—	—

2 REALES

KM# 93.2 6.77 g., 0.903 Silver, 0.1965 oz. ASW
Ruler: Ferdinand VII **Obv:** Draped laureate bust
right **Rev:** Crowned shield flanked by pillars **Obv.**
Legend: FERDIN • VII... **Rev. Legend:** IND • REX...
Mint: Guadalajara

Date	Mintage	VG8	F12	VF20	XF40
1812 GA MR	—	350	600	950	3,000
1814/2 GA MR	—	90.00	150	300	775
1814 GA MR	—	90.00	150	300	775
1815/4 GA MR	—	500	875	1,300	4,300
1815 GA MR	—	475	850	1,200	4,200
1821 GA FS	—	240	300	425	1,150

4 REALES

KM# 102.2 13.54 g., 0.903 Silver, 0.3931 oz. ASW
Ruler: Ferdinand VII **Obv:** Draped laureate bust

right **Rev:** Crowned shield flanked by pillars **Obv.**
Legend: FERDIN • VII... **Rev. Legend:** IND • REX...
Mint: Guadalajara

Date	Mintage	VG8	F12	VF20	XF40
1814 GA MR	—	65.00	105	245	425
1815 GA MR	—	130	245	500	825

KM# 102.3 13.54 g., 0.903 Silver, 0.3931 oz. ASW
Ruler: Ferdinand VII **Obv:** Draped laureate bust
right **Rev:** Crowned shield flanked by pillars **Obv.**
Legend: FERDIN • VII... **Rev. Legend:** IND • REX...
Mint: Guadalajara

Date	Mintage	VG8	F12	VF20	XF40
1814 GA MR	—	85.00	165	325	650

KM# 102.4 13.54 g., 0.903 Silver, 0.3931 oz. ASW
Ruler: Ferdinand VII **Obv:** Draped laureate bust
right **Rev:** Crowned shield flanked by pillars **Obv.**
Legend: FERDIN • VII... **Rev. Legend:** IND • REX...
Mint: Guadalajara

Date	Mintage	VG8	F12	VF20	XF40
1814 GA MR	—	100	195	425	750

8 REALES

KM# 111.3 27.07 g., 0.903 Silver, 0.7859 oz. ASW
Ruler: Ferdinand VII **Obv:** Draped laureate bust
right **Rev:** Crowned shield flanked by pillars **Obv.**
Legend: FERDIN • VII... **Rev. Legend:** IND • REX...
Mint: Guadalajara

Date	Mintage	VG8	F12	VF20	XF40
1812 GA MR	—	2,700	4,500	6,500	9,500
1813/2 GA MR	—	110	180	270	725

Date	Mintage	VG8	F12	VF20	XF40
1813 GA MR	—	110	180	270	725
1814 GA MR	—	36.00	65.00	110	325

Note: Several bust varieties exist for the 1814 issue

Date	Mintage	VG8	F12	VF20	XF40
1815 GA MR	—	230	300	550	1,150
1818 GA FS	—	55.00	90.00	140	350
1821/18 GA FS	—	55.00	90.00	140	350
1821 GA FS	—	45.00	65.00	110	300
1821/2 GA FS	—	55.00	90.00	140	350
1822/1 GA FS	—	55.00	90.00	140	350
1822 GA FS	—	45.00	80.00	115	300

Note: Die varieties exist. Early dates are also encountered struck over other types

4 ESCUDOS

KM# 147 13.54 g., 0.875 Gold, 0.3809 oz. AGW **Ruler:** Ferdinand VII **Obv:** Uniformed bust right **Rev:** Crowned shield divides designed wreath **Mint:** Guadalajara

Date	Mintage	VG8	F12	VF20	XF40
1812 GA MR Rare	—	—	—	—	—

8 ESCUDOS

KM# 162 27.07 g., 0.875 Gold, 0.7615 oz. AGW **Ruler:** Ferdinand VII **Obv:** Large uniformed bust right **Rev:** Crowned shield divides designed wreath **Obv. Legend:** FERDIN • VII • D • G... **Rev. Legend:** UTROQ • FELIX... **Mint:** Guadalajara

Date	Mintage	VG8	F12	VF20	XF40	MS60
1812 GA MR Rare	—	—	—	—	—	—
1813 GA MR	—	6,000	9,000	15,000	25,000	—

Note: Heritage Long Beach sale 5-08, Choice AU realized $37,500. American Numismatic Rarities Eliasberg sale 4-05, VF-30 realized $23,000.

KM# 163 27.07 g., 0.875 Gold, 0.7615 oz. AGW **Ruler:** Ferdinand VII **Obv:** Small uniformed bust right **Rev:** Crowned shield divides designed wreath

Obv. Legend: FERDIN • VII... **Rev. Legend:** UTROQ • FELIX... **Mint:** Guadalajara

Date	Mintage	VG8	F12	VF20	XF40
1813 GA MR	— 10,000	16,000	30,000	45,000	

Note: Spink America Gerber sale 6-96 VF or better realized $46,200

KM# 161.1 27.07 g., 0.875 Gold, 0.7615 oz. AGW **Ruler:** Ferdinand VII **Obv:** Laureate head right **Rev:** Crowned shield divides designed wreath **Obv. Legend:** FERDIN • VII • D • G... **Rev. Legend:** UTROQ • FELIX... **Mint:** Guadalajara

Date	Mintage	VG8	F12	VF20	XF40
1821 GA FS	—	2,000	4,000	10,000	17,000

Note: American Numismatic Rarities Eliasberg sale 4-05, AU-55 realized $20,700.

KM# 164 27.07 g., 0.875 Gold, 0.7615 oz. AGW **Ruler:** Ferdinand VII **Obv:** Draped laureate bust right **Rev:** Crowned shield flanked by pillars **Mint:** Guadalajara

Date	Mintage	VG8	F12	VF20	XF40
1821 GA FS	—	5,500	8,000	14,500	23,500

GUANAJUATO

The Guanajuato Mint was authorized December 24, 1812 and started production shortly thereafter; closing for unknown reasons on May 15, 1813. The mint was reopened in April, 1821 by the insurgents, who struck coins of the old royal Spanish design to pay their army, even after independence, well into 1822.

Only the 2 and 8 Reales coins were made.
Mint mark: Go.

ROYALIST COINAGE

2 REALES

KM# 93.3 6.77 g., 0.903 Silver, 0.1965 oz. ASW **Ruler:** Ferdinand VII **Obv:** Draped laureate bust right **Rev:** Crowned shield flanked bu pillars **Obv. Legend:** FERDIN • VII... **Rev. Legend:** IND • REX... **Mint:** Guanajuato

Date	Mintage	VG8	F12	VF20	XF40	MS60
1821 Go JM	—	50.00	95.00	145	265	—
1822 Go JM	—	43.25	70.00	110	210	—

8 REALES

KM# 111.4 27.07 g., 0.903 Silver, 0.7859 oz. ASW
Ruler: Ferdinand VII **Obv:** Draped laureate bust
right **Rev:** Crowned shield flanked by pillars **Obv.
Legend:** FERDIN • VII... **Rev. Legend:** IND • REX...
Mint: Guanajuato

Date	Mintage	VG8	F12	VF20	XF40	MS60
1812 Go JJ	—	3,700	6,500	—	—	—
1813 Go JJ	—	180	250	400	875	—
1821 Go JM	—	36.00	70.00	110	290	—
1822 Go JM	—	30.00	50.00	85.00	265	—

NUEVA VISCAYA

(Later became Durango State)

This 8 Reales, intended for the province of Nueva
Viscaya, was minted in the newly-opened Durango Mint
during February and March of 1811, before the regular
coinage of Durango was started.

ROYALIST COINAGE

8 REALES

KM# 181 27.07 g., 0.903 Silver, 0.7859 oz. ASW
Ruler: Ferdinand VII **Obv:** Crowned shield within
sprays **Rev:** Crowned shield flanked by pillars **Obv.
Legend:** MON • PROV • DE NUEV • VIZCAYA

Date	Mintage	G4	VG8	F12	VF20	XF40
1811 RM	—	1,250	2,800	3,550	6,900	—

Note: Several varieties exist.

OAXACA

The city of Oaxaca was in the midst of a coin shortage
when it became apparent the city would be taken by the
Insurgents. Royalist forces under Lt. Gen. Saravia had coins
made. They were cast in a blacksmith shop. 1/2, 1, and 8
Reales were made only briefly in 1812 before the Royalists
surrendered the city.

ROYALIST COINAGE

1/2 REAL

KM# 166 0.903 Silver, **Ruler:** Ferdinand VII **Obv:**
Cross separating castle, lion, Fo, 7o **Rev:** Legend
around shield **Rev. Legend:** PROV • D • OAXACA

Date	Mintage	G4	VG8	F12	VF20	XF40
1812	—	1,250	1,900	3,150	4,400	—

REAL

KM# 167 0.903 Silver, **Ruler:** Ferdinand VII **Obv:**
Cross separating castle, lion, Fo, 7o **Rev:** Legend
around shield **Rev. Legend:** PROV • D • OAXACA

Date	Mintage	G4	VG8	F12	VF20	XF40
1812	—	450	825	1,500	3,150	—

8 REALES

KM# 168 0.903 Silver, **Obv:** Cross separating
castle, lion, Fo, 7o **Rev:** Shield, authorization mark
above **Obv. Legend:** OAXACA 1812... **Note:** These
issues usually display a second mark 'O' between
the crowned pillars on the obverse. Varieties of
large and small lion in shield also exist.

Date	Mintage	G4	VG8	F12	VF20	XF40
1812 A	—	1,500	2,100	3,500	5,700	—
1812 B	—	1,500	2,100	3,500	5,700	—
1812 C	—	1,500	2,100	3,500	5,700	—
1812 D	—	1,500	2,100	3,500	5,700	—
1812 K	—	1,500	2,100	3,500	5,700	—
1812 L	—	1,500	2,100	3,500	5,700	—
1812 Mo	—	1,500	2,100	3,500	5,700	—
1812 N	—	1,500	2,100	3,500	5,700	—
1812 O	—	1,500	2,100	3,500	5,700	—
1812 R	—	1,500	2,100	3,500	5,700	—
1812 V	—	1,500	2,100	3,500	5,700	—
1812 Z	—	1,500	2,100	3,500	5,700	—

REAL DEL CATORCE

(City in San Luis Potosi)
Real del Catorce is an important mining center in the Province of San Luis Potosi. In 1811 an 8 Reales coin was issued under very primitive conditions while the city was still in Royalist hands. Few survive.

ROYALIST COINAGE

8 REALES

KM# 169 0.903 Silver, **Ruler:** Ferdinand VII **Obv. Legend:** EL R • D • CATORC • POR FERNA • VII **Rev. Legend:** MONEDA • PROVISIONAL • VALE • 8R

Date	Mintage	VG8	F12	VF20	XF40
1811	—	8,400	18,000	42,000	78,000

Note: Spink America Gerber Sale 6-96 VF or XF realized $63,800

SAN FERNANDO DE BEXAR

TOKEN COINAGE

1/2 REAL (JOLA)

KM# Tn1 Copper, **Ruler:** Ferdinand VII **Note:** Prev. KM#170.

Date	Mintage	G4	VG8	F12	VF20	XF40
1818	8,000	—	—	—	28,000	37,000

KM# Tn2 Copper, **Ruler:** Ferdinand VII **Note:** Prev. KM#171.

Date	Mintage	G4	VG8	F12	VF20	XF40
1818	Inc. above	—	—	—	25,000	35,000

SAN LUIS POTOSI

ROYALIST COINAGE

1/4 REAL

KM# A172 Copper, **Ruler:** Ferdinand VII

Date	Mintage	G4	VG8	F12	VF20	XF40
1814	—	125	190	325	500	—

KM# A172a Silver, **Ruler:** Ferdinand VII

Date	Mintage	G4	VG8	F12	VF20	XF40
1814 Rare	—	—	—	—	—	—

SOMBRERETE

(Under Royalist Vargas)
The Sombrerete Mint opened on October 8, 1810 in an area that boasted some of the richest mines in Mexico. The mint operated only until July 16, 1811, only to reopen in 1812 and finally close for good at the end of the year. Mines Administrator Fernando Vargas, was also in charge of the coining, all coins bear his name.

ROYALIST COINAGE

1/2 REAL

KM# 172 0.903 Silver, **Ruler:** Ferdinand VII **Obv:** Legend around crowned globes **Rev:** Legend above lys in oval, sprays, date below **Obv. Legend:** FERDIN • VII • SOMBRERETE... **Rev. Legend:** VARGAS

Date	Mintage	G4	VG8	F12	VF20	XF40
1811	—	55.00	85.00	180	325	—
1812	—	60.00	110	210	350	—

REAL

KM# 173 0.903 Silver, **Ruler:** Ferdinand VII **Obv:** Legend around crowned globes **Rev:** Legend above lys in oval with denomination flanking, sprays, date below **Obv. Legend:** FERDIN • VII • SOMBRERETE... **Rev. Legend:** VARGAS

Date	Mintage	G4	VG8	F12	VF20	XF40
1811	—	55.00	85.00	180	325	—

Note: For 1811, denomination reads as '1R' or 'R1'

Date	Mintage	G4	VG8	F12	VF20	XF40
1812	—	60.00	110	210	350	—

2 REALES

KM# 174 0.903 Silver, **Ruler:** Ferdinand VII **Obv:** Royal arms **Rev:** 1811, S between crowned pillars **Obv. Legend:** R • CAXA • DE • SOMBRERETE **Countermark:** VARGAS

CM Date	Host Date	G4	VG8	F12	VF20	XF40
SE	1811	120	300	550	900	—

4 REALES

KM# 175 0.903 Silver, **Ruler:** Ferdinand VII **Obv:** Crowned Royal arms **Rev:** Large legend **Obv. Legend:** R • CAXA • DE • SOMBRERETE **Rev. Legend:** VARGAS / 1812 **Note:** Prev. KM#172.

Date	Mintage	G4	VG8	F12	VF20	XF40
1812	—	60.00	120	240	600	—

8 REALES

KM# 176 0.903 Silver, **Ruler:** Ferdinand VII **Obv:** Royal arms **Rev:** Several countermarks between crowned pillars **Obv. Legend:** R • CAXA • DE SOMBRERETE **Countermark:** VARGAS, date, S

CM Date	Host Date	G4	VG8	F12	VF20	XF40
	1810	1,200	2,100	3,300	5,400	10,500
	1811	270	400	550	725	—

KM# 177 0.903 Silver, **Ruler:** Ferdinand VII **Obv:** Crowned Royal arms **Obv. Legend:** R • CAXA • DE SOMBRETE **Rev. Legend:** VARGAS / date /3, S between crowned pillars

Date	Mintage	G4	VG8	F12	VF20	XF40
1811	—	170	240	475	950	—
1812	—	150	220	450	925	—

VALLADOLID MICHOACAN

ROYALIST COINAGE

8 REALES

KM# 178 0.903 Silver, **Ruler:** Ferdinand VII **Obv:** Royal arms in wreath, value at sides **Rev. Legend:** PROVISIONAL / DE VALLADOLID / 1813

Date	Mintage	G4	VG8	F12	VF20	XF40
1813 Rare	—	—	—	—	—	—

KM# 179 0.903 Silver, **Ruler:** Ferdinand VII **Obv:** Draped laureate bust right **Rev:** Crowned shield flanked by pillars, P. D. V. in legend **Obv. Legend:** FERDIN • VII •... **Rev. Legend:** REX • P • D • V...

Date	Mintage	G4	VG8	F12	VF20	XF40
1813 Rare	—	—	—	—	—	—

Note: Spink America Gerber sale 6-96 good realized $23,100

ZACATECAS

The city of Zacatecas, in a rich mining region has provided silver for the world since mid-1500. On November 14, 1810 a mint began production for the Royalist cause. Zacatecas was the most prolific during the War of Independence. Four of the 5 standard silver denominations were made here, 4 Reales were not. The first, a local type showing mountains of silver on the coins were made only in 1810 and 1811. Some 1811 coins were made by the Insurgents who took the city on April 15, 1811, later retaken by the Royalists on May 21, 1811. Zacatecas struck the standard Ferdinand VII bust type until 1822.

Mint marks: Z, ZS, Zs

ROYALIST COINAGE

1/2 REAL

KM# 180 0.903 Silver, **Ruler:** Ferdinand VII **Obv:** Crowned shield flanked by pillars **Rev:** Mountain within beaded circle **Obv. Legend:** FERDIN • VII... **Mint:** Zacatecas **Note:** Mint marks: Z, ZS, Zs.

Date	Mintage	G4	VG8	F12	VF20	XF40
1810	—	90.00	150	240	475	—
1811	—	36.00	60.00	110	240	—

Note: Date aligned with legend

KM# 181 0.903 Silver, **Ruler:** Ferdinand VII **Obv:** Crowned shield flanked by pillars **Rev:** Mountain within beaded circle **Rev. Legend:** MONEDA PROVISIONAL DE ZACATECAS **Mint:** Zacatecas **Note:** Mint marks: Z, ZS, Zs.

Date	Mintage	G4	VG8	F12	VF20	XF40
1811	—	36.00	60.00	110	240	—

KM# 182 0.903 Silver, **Ruler:** Ferdinand VII **Obv:** Provincial bust right **Rev:** Crowned shield flanked by pillars **Obv. Legend:** FERDIN • VII **Rev. Legend:** MONEDA PROVISIONAL DE ZACATECAS **Mint:** Zacatecas **Note:** Mint marks: Z, ZS, Zs.

Date	Mintage	G4	VG8	F12	VF20	XF40
1811	—	36.00	48.00	80.00	170	—
1812	—	30.00	42.00	70.00	150	—

KM# 73.1 1.69 g., 0.903 Silver, 0.0491 oz. ASW **Ruler:** Ferdinand VII **Obv:** Armored laureate bust right **Rev:** Crowned shield flanked by pillars **Obv. Legend:** FERDIN • VII... **Rev. Legend:** IND... **Mint:** Zacatecas **Note:** Mint marks: Z, ZS, Zs.

Date	Mintage	G4	VG8	F12	VF20	XF40
1813 AG	—	25.00	48.00	70.00	130	—
1813 FP	—	30.00	55.00	100	220	—
1814 AG	—	18.00	36.00	70.00	130	—
1815 AG	—	15.00	30.00	48.00	85.00	—
1816 AG	—	12.00	18.00	30.00	65.00	—
1817 AG	—	12.00	18.00	30.00	65.00	—
1818 AG	—	12.00	18.00	30.00	65.00	—
1819 AG	—	12.00	18.00	30.00	65.00	—

KM# 74.3 1.69 g., 0.903 Silver, 0.0491 oz. ASW **Ruler:** Ferdinand VII **Obv:** Draped laureate bust right **Rev:** Crowned shield flanked by pillars **Obv. Legend:** FERDIN • VII... **Rev. Legend:** IND... **Mint:** Zacatecas **Note:** Mint marks: Z, ZS, Zs.

Date	Mintage	VG8	F12	VF20	XF40	MS60
1819 AG	—	10.00	14.00	30.00	60.00	—
1820 AG	—	10.00	14.00	30.00	60.00	—
1820 RG	—	6.00	12.00	25.00	55.00	—
1821 AG	—	180	300	550	1,000	—
1821 RG	—	6.00	12.00	25.00	55.00	—

REAL

KM# 183 0.903 Silver, **Ruler:** Ferdinand VII **Obv:** Crowned shield flanked by pillars **Rev:** Mountain within beaded circle **Mint:** Zacatecas **Note:** Mint marks: Z, ZS, Zs.

Date	Mintage	G4	VG8	F12	VF20	XF40
1810	—	120	180	350	600	—
1811	—	25.00	48.00	90.00	180	—

Note: Date aligned with legend

KM# 184 0.903 Silver, **Ruler:** Ferdinand VII **Obv:** Crowned shield flanked by pillars **Rev:** Mountain within beaded circle **Rev. Legend:** MONEDA PROVISIONAL DE ZACATECAS **Mint:** Zacatecas **Note:** Mint marks: Z, ZS, Zs.

Date	Mintage	G4	VG8	F12	VF20	XF40
1811	—	18.00	36.00	70.00	160	—

KM# 185 0.903 Silver, **Ruler:** Ferdinand VII **Obv:** Provincial bust right **Rev:** Crowned shield flanked by pillars **Obv. Legend:** FERDIN • VII... **Rev. Legend:** MONEDA PROVISIONAL DE ZACATECAS **Mint:** Zacatecas **Note:** Mint marks: Z, ZS, Zs.

Date	Mintage	G4	VG8	F12	VF20	XF40
1811	—	60.00	100	155	265	—
1812	—	48.00	85.00	130	235	—

KM# 82.1 3.38 g., 0.903 Silver, 0.0981 oz. ASW **Ruler:** Ferdinand VII **Obv:** Armored laureate bust right **Rev:** Crowned shield flanked by pillars **Obv. Legend:** FERDIN • VII... **Rev. Legend:** IND • REX... **Mint:** Zacatecas **Note:** Mint marks: Z, ZS, Zs.

Date	Mintage	G4	VG8	F12	VF20	XF40
1813 FP	—	60.00	120	180	300	—
1814 FP	—	25.00	42.00	60.00	100	—
1814 AG	—	25.00	42.00	60.00	100	—
1815 AG	—	25.00	42.00	60.00	100	—
1816 AG	—	14.00	25.00	36.00	80.00	—
1817 AG	—	10.00	15.00	25.00	55.00	—
1818 AG	—	10.00	15.00	25.00	55.00	—
1819 AG	—	7.00	13.00	22.50	42.00	—

KM# 83.3 3.38 g., 0.903 Silver, 0.0981 oz. ASW **Ruler:** Ferdinand VII **Obv:** Draped laureate bust right **Rev:** Crowned shield flanked by pillars **Obv. Legend:** FERDIN • VII... **Rev. Legend:** REX • Z... **Mint:** Zacatecas **Note:** Mint marks: Z, ZS, Zs.

Date	Mintage	VG8	F12	VF20	XF40	MS60
1820 AG	—	7.00	14.00	25.00	70.00	—
1820 RG	—	7.00	14.00	25.00	70.00	—
1821 AG	—	22.50	36.00	55.00	110	—
1821 AZ	—	14.00	25.00	48.00	100	—
1821 RG	—	8.00	15.00	30.00	80.00	—
1822 AZ	—	8.00	15.00	30.00	80.00	—
1822 RG	—	22.50	36.00	55.00	110	—

2 REALES

KM# 186 0.903 Silver, **Ruler:** Ferdinand VII **Obv:** Crowned shield flanked by pillars **Rev:** Mountain within beaded circle **Obv. Legend:** FERDIN • VII... **Rev. Legend:** MONEDA • PROVISION... **Mint:** Zacatecas **Note:** Mint marks: Z, ZS, Zs.

Date	Mintage	G4	VG8	F12	VF20	XF40
1810 Rare	—	—	—	—	—	—
1811	—	36.00	60.00	100	175	—

Note: Date aligned with legend

KM# 187 0.903 Silver, **Ruler:** Ferdinand VII **Obv:** Crowned shield flanked by pillars **Rev:** Mountain above L. V. O within beaded circle **Rev. Legend:**

MONEDA PROVISIONAL DE ZACATECAS **Mint:** Zacatecas **Note:** Mint marks: Z, ZS, Zs.

Date	Mintage	G4	VG8	F12	VF20	XF40
1811	—	22.50	43.25	85.00	145	—

KM# 188 0.903 Silver, **Ruler:** Ferdinand VII **Obv:** Armored bust right **Rev:** Crowned shield flanked by pillars **Obv. Legend:** FERDIN • VII... **Rev. Legend:** MONEDA PROVISIONAL DE ZACATECAS **Mint:** Zacatecas **Note:** Mint marks: Z, ZS, Zs.

Date	Mintage	G4	VG8	F12	VF20	XF40
1811	—	46.25	85.00	180	300	—
1812	—	39.50	80.00	170	265	—

KM# 92.1 6.77 g., 0.903 Silver, 0.1965 oz. ASW **Ruler:** Ferdinand VII **Obv:** Large armored bust right **Rev:** Crowned shield flanked by pillars **Obv. Legend:** FERDIN • VII **Rev. Inscription:** MONEDA • PROVISION... **Mint:** Zacatecas **Note:** Mint marks: Z, ZS, Zs.

Date	Mintage	G4	VG8	F12	VF20	XF40
1813 FP	—	42.00	60.00	90.00	150	—
1814 FP	—	42.00	60.00	90.00	150	—
1814 AG	—	42.00	60.00	90.00	150	—
1815 AG	—	9.00	18.00	36.00	65.00	—
1816 AG	—	9.00	18.00	36.00	65.00	—
1817 AG	—	9.00	18.00	36.00	65.00	—
1818 AG	—	9.00	18.00	36.00	65.00	—

KM# 93.4 6.77 g., 0.903 Silver, 0.1965 oz. ASW **Ruler:** Ferdinand VII **Obv:** Draped laureate bust right **Rev:** Crowned shield flanked by pillars **Obv. Legend:** FERDIN • VII **Rev. Legend:** IND • REX... **Mint:** Zacatecas **Note:** Mint marks: Z, ZS, Zs.

Date	Mintage	VG8	F12	VF20	XF40
1818 AG	—	9.00	18.00	36.00	65.00
1819 AG	—	12.00	25.00	48.00	100

Date	Mintage	VG8	F12	VF20	XF40
1819 AG	—	12.00	25.00	48.00	100
Note: Reversed 'S' in HISPAN					
1820 AG	—	12.00	25.00	48.00	100
1820 RG	—	12.00	25.00	48.00	100
1821 AG	—	12.00	25.00	48.00	100
1821 AZ/RG	—	12.00	25.00	48.00	100
1821 AZ	—	12.00	25.00	48.00	100
1821 RG	—	12.00	25.00	48.00	100
1822 AG	—	12.00	25.00	48.00	100
1822 RG	—	12.00	25.00	48.00	100

KM# A92 6.77 g., 0.903 Silver, 0.1965 oz. ASW **Ruler:** Ferdinand VII **Obv:** Small armored bust right **Rev:** Crowned shield flanked by pillars **Obv. Legend:** FERDIN • VII **Rev. Legend:** IND • REX... **Mint:** Zacatecas **Note:** Mint marks: Z, ZS, Zs.

Date	Mintage	G4	VG8	F12	VF20	XF40
1819 AG	—	55.00	120	240	475	—

8 REALES

KM# 189 0.903 Silver, **Ruler:** Ferdinand VII **Obv:** Crowned shield flanked by pillars **Rev:** Mountain above L.V.O. within beaded circle **Rev. Legend:** MONEDA.PROVISION... **Mint:** Zacatecas **Note:** Mint Zacatecas.

Date	Mintage	G4	VG8	F12	VF20	XF40
1810	—	350	600	900	1,500	—
1811	—	120	180	270	425	—

Note: Date aligned with legend. Also exists with incomplete date

KM# 190 0.903 Silver, **Ruler:** Ferdinand VII **Obv:** Crowned shield flanked by pillars **Rev:** Mountain above L. V. O within beaded circle **Obv. Legend:** FERDIN • VII • DEI... **Rev. Legend:** MONEDA PROVISIONAL DE ZACATECAS **Mint:** Zacatecas

Date	Mintage	G4	VG8	F12	VF20	XF40
1811	—	80.00	120	160	425	775
Note: Date aligned with legend						
1811 Error	—	—	—	—	3,600	6,000
FERDIN • VI						

KM# 191 0.903 Silver, **Ruler:** Ferdinand VII **Obv:** Armored bust right **Rev:** Crowned shield flanked by pillars **Obv. Legend:** FERDIN • VII • 8 •R • DEI... **Rev. Legend:** MONEDA PROVISIONAL DE ZACATECAS **Mint:** Zacatecas

Date	Mintage	G4	VG8	F12	VF20	XF40
1811	—	55.00	90.00	175	325	—
1812	—	60.00	100	190	350	—

KM# 192 0.903 Silver, **Ruler:** Ferdinand VII **Obv:** Draped laureate bust right **Rev:** Crowned shield flanked by pillars **Obv. Legend:** FERDIN • VII • DEI... **Rev. Legend:** MONEDA PROVISIONAL DE ZACATECAS **Mint:** Zacatecas

Date	Mintage	G4	VG8	F12	VF20	XF40
1812	—	90.00	180	325	550	—

KM# 111.5 27.07 g., 0.903 Silver, 0.7859 oz.
ASW **Ruler:** Ferdinand VII **Obv:** Draped laureate
bust right **Rev:** Crowned shield flanked by pillars
Obv. Legend: FERDIN • VII • DEI • GRATIA **Rev.
Legend:** HISPAN • ET IND • REX **Mint:** Zacatecas
Note: Mint mark: Zs. Several bust types exist for
the 1821 issues.

Date	Mintage	VG8	F12	VF20	XF40	MS60
1813 FP	—	90.00	150	210	325	—
1814 FP	—	180	300	425	550	—
1814 AG	—	120	180	240	350	—
1814 AG	—	150	210	270	400	—
Note: D over horizontal D in IND						
1814 AG/FP	—	120	180	240	350	—
1815 AG	—	60.00	120	180	300	—
1816 AG	—	42.00	60.00	80.00	150	—
1817 AG	—	42.00	60.00	80.00	150	—
1818 AG	—	36.00	48.00	60.00	120	—
1819 AG	—	36.00	48.00	60.00	120	—
1819 AG	—	120	240	350	475	—
'GRATIA' error						
1820 AG	—	120	240	350	475	—
18/11 error						
1820 AG	—	36.00	48.00	60.00	120	600
1820 RG	—	36.00	48.00	60.00	120	—
1821/81 RG	—	90.00	180	270	350	—
1821 RG	—	18.00	30.00	42.00	80.00	—
1821 AZ/RG	—	60.00	120	180	240	—
1821 AZ	—	60.00	120	180	240	—
1822 RG	—	48.00	70.00	120	210	775

KM# 111.6 27.07 g., 0.903 Silver, 0.7859 oz.
ASW **Ruler:** Ferdinand VII **Obv:** Draped laureate

bust right **Rev:** Crowned shield flanked by pillars
Obv. Legend: FERDIN • VII • DEI • GRATIA **Rev.
Legend:** HISAV • ET IND • REX **Mint:** Zacatecas

Date	Mintage	VG8	F12	VF20	XF40	MS60
1821 Zs	—	190	375	650	900	—

LCM -
LA COMANDANCIA MILITAR
Crown and Flag
This countermark exists in 15 various sizes.

ROYALIST COUNTERMARKED COINAGE

2 REALES

KM# 193.1 0.903 Silver, **Countermark:** LCM
Note: Countermark on Mexico KM#92.

CM Date	Host Date	G4	VG8	F12	VF20	XF40
ND TH	1809	100	200	300	550	—

KM# 193.2 0.903 Silver, **Countermark:** LCM
Note: Countermark on Mexico KM#186.

CM Date	Host Date	G4	VG8	F12	VF20	XF40
ND	1811	100	200	300	550	—

8 REALES

KM# 194.1 Cast Silver, **Countermark:** LCM **Note:**
Countermark on Chihuahua KM#123.

CM Date	Host Date	G4	VG8	F12	VF20	XF40
ND RP	1811	120	240	350	600	—
ND RP	1812	120	240	350	600	—

KM# 194.2 0.903 Silver, **Countermark:** LCM
Note: Countermark on Chihuahua KM#111.1 struck over KM#123.

CM Date	Host Date	G4	VG8	F12	VF20	XF40
ND	1815 RP	240	325	475	725	—
ND	1817 RP	150	210	270	425	—
ND	1820 RP	150	210	270	425	—
ND	1821 RP	150	210	270	425	—

KM# 194.3 0.903 Silver, **Countermark:** LCM
Note: Countermark on Durango KM#111.2.

CM Date	Host Date	G4	VG8	F12	VF20	XF40
ND	1812 RM	85.00	150	240	350	—
ND	1821 CG	85.00	150	240	350	—

KM# 194.4 0.903 Silver, **Countermark:** LCM
Note: Countermark on Guadalajara KM#111.3.

CM Date	Host Date	G4	VG8	F12	VF20	XF40
ND MR	1813	180	270	350	600	—

KM# 194.5 0.903 Silver, **Countermark:** LCM
Note: Countermark on Guanajuato KM#111.4.

CM Date	Host Date	G4	VG8	F12	VF20	XF40
ND JJ	1813	270	425	575	850	—

KM# 194.6 0.903 Silver, **Countermark:** LCM
Note: Countermark on Nueva Viscaya KM#165.

CM Date	Host Date	G4	VG8	F12	VF20	XF40
ND RM	1811 Rare	—	—	—	—	—

KM# 194.7 0.903 Silver, **Countermark:** LCM
Note: Countermark on Mexico KM#111.

CM Date	Host Date	G4	VG8	F12	VF20	XF40
ND HJ	1811	150	270	425	775	—
ND JJ	1812	130	160	240	425	—

CM Date	Host Date	G4	VG8	F12	VF20	XF40
ND JJ	1817	60.00	80.00	100	210	—
ND JJ	1818	60.00	80.00	100	210	—
ND JJ	1820	—	—	—	—	—

KM# 194.8 0.903 Silver, **Countermark:** LCM
Note: Countermark on Sombrerete KM#176.

CM Date	Host Date	G4	VG8	F12	VF20	XF40
ND	1811 Rare	—	—	—	—	—
ND	1812 Rare	—	—	—	—	—

KM# 194.9 0.903 Silver, **Countermark:** LCM
Note: Countermark on Zacatecas KM#190.

CM Date	Host Date	G4	VG8	F12	VF20	XF40
ND	1811	270	425	600	—	—

KM# 194.10 0.903 Silver, **Countermark:** LCM
Note: Countermark on Zacatecas KM#111.5.

CM Date	Host Date	G4	VG8	F12	VF20	XF40
ND FP	1813	—	—	—	—	—
ND AG	1814	—	—	—	—	—
ND RG	1822	—	—	—	—	—

LCV - LAS CAJAS DE VERACRUZ

The Royal Treasury of the City of Veracruz

7 REALES

KM# 195 Silver,   **Countermark:** LCV **Note:** Countermark and 7 on underweight 8 Reales.

CM Date	Host Date	G4	VG8	F12	VF20	XF40
ND	ND Rare	—	—	—	—	—

Note: Most examples are counterfeit

7-1/4 REALES

KM# 196 Silver,   **Countermark:** LCV **Note:** Countermark and 7-1/4 on underweight 8 Reales.

CM Date	Host Date	G4	VG8	F12	VF20	XF40
ND	ND Rare	—	—	—	—	—

Note: Most examples are counterfeit

7-1/2 REALES

KM# 197 Silver,   **Countermark:** LCV **Note:** Countermark and 7-1/2 on underweight 8 Reales.

CM Date	Host Date	G4	VG8	F12	VF20	XF40
ND	ND Rare	—	—	—	—	—

Note: Most examples are counterfeit

7-3/4 REALES

KM# 198 Silver,   **Countermark:** LCV **Note:** Countermark and 7-3/4 on underweight 8 Reales.

CM Date	Host Date	G4	VG8	F12	VF20	XF40
ND	ND	350	450	550	850	—

Note: Many examples are counterfeit

8 REALES

KM# A198 Cast Silver, **Countermark:** LCV **Note:** Countermark on Chihuahua KM#123.

CM Date	Host Date	G4	VG8	F12	VF20	XF40
ND RP	1811	180	300	475	725	—

KM# 199 Silver,   **Countermark:** LCV **Note:** Countermark on Zacatecas KM#191.

CM Date	Host Date	G4	VG8	F12	VF20	XF40
ND	1811	210	270	325	450	—
ND	1812	210	270	325	450	—

MS (MONOGRAM) - MANUEL SALCEDO

KM# 200 Silver,   **Countermark:** MS monogram **Note:** Countermark on Mexico KM#110.

CM Date	Host Date	G4	VG8	F12	VF20	XF40
ND TH	1809	180	300	475	725	—
ND HJ	1810	180	300	475	725	—
ND HJ	1811	180	300	475	725	—

MVA - MONCLOVA

KM# 202.3 Silver,   **Countermark:** MVA/1812 **Note:** Countermark on cast Mexico KM#110.

CM Date	Host Date	G4	VG8	F12	VF20	XF40
1812 HJ	1809	120	180	300	450	—
1812 TH	1809	120	180	300	450	—
1812 HJ	1810	120	180	300	450	—

KM# 201 Silver, **Countermark:** MVA/1811 **Note:** Countermark on Chihuahua KM#111.1; struck over cast Mexico KM#110.

CM Date	Host Date	G4	VG8	F12	VF20	XF40
ND	1809	300	550	850	1,200	—
ND	1816 RP	300	550	850	1,200	—
ND	1821 RP	300	550	850	1,200	—

KM# 202.1 Silver, **Countermark:** MVA/1812 **Note:** Countermark on Chihuahua KM#111.1; struck over cast Mexico KM#109.

CM Date	Host Date	G4	VG8	F12	VF20	XF40
1812	1810	150	210	300	450	—

KM# 202.2 Silver, **Countermark:** MVA/1812 **Note:** Countermark on cast Mexico KM#109.

CM Date	Host Date	G4	VG8	F12	VF20	XF40
1812 FM	1798	120	180	300	450	—
1812 FT	1802	120	180	300	450	—

KM# 202.5 Silver, **Countermark:** MVA/1812 **Note:** Countermark on Zacatecas KM#189.

CM Date	Host Date	G4	VG8	F12	VF20	XF40
1812	1813	350	425	550	850	—

AMERICAN CONGRESS

INSURGENT COINAGE

REAL

KM# 216 0.903 Silver, **Obv:** Eagle on cactus **Rev:** F. 7 on spread mantle **Obv. Legend:** CONGRESO AMERICANO **Rev. Legend:** DEPOSIT D.L. AUCTORI J **Mint:** Mexico City

Date	Mintage	G4	VG8	F12	VF20	XF40
ND(1813)	—	42.00	90.00	150	270	—

KM# 217 0.903 Silver, **Obv:** Eagle on cactus **Rev:** F. 7 on spread mantle **Obv. Legend:** CONGR. AMER. **Rev. Legend:** DEPOS. D. L. AUT. D. **Mint:** Mexico City

Date	Mintage	G4	VG8	F12	VF20	XF40
ND(1813)	—	42.00	90.00	150	270	—

NATIONAL CONGRESS

INSURGENT COINAGE

1/2 REAL

KM# 209 Struck Copper, **Obv:** Eagle on bridge **Rev:** Value, bow quiver, etc **Obv. Legend:** VICE FERD. VII DEI GRATIA ET **Rev. Legend:** S. P. CONG. NAT. IND.

Date	Mintage	G4	VG8	F12	VF20	XF40
1811	—	55.00	100	180	300	—
1812	—	33.00	70.00	120	210	—
1813	—	33.00	70.00	120	210	—
1814	—	55.00	100	180	300	—

KM# 210 0.903 Silver, **Obv:** Eagle on bridge **Rev:** Value, bow quiver, etc **Obv. Legend:** VICE FERD. VII DEI GRATIA ET **Rev. Legend:** S. P. CONG. NAT. IND.

Date	Mintage	G4	VG8	F12	VF20	XF40
1812	—	33.00	70.00	120	210	—
1813	—	55.00	110	210	325	—

Note: 1812 exists with the date reading inwards and outwards

REAL

KM# 211 0.903 Silver, **Obv:** Eagle on bridge **Rev:** Value, bow quiver, etc **Obv. Legend:** VICE FERD. VII DEI GRATIA ET **Rev. Legend:** S. P. CONG. NAT. IND.

Date	Mintage	G4	VG8	F12	VF20	XF40
1812	—	27.50	55.00	95.00	180	—
1813	—	27.50	55.00	95.00	180	—

Note: 1812 exists with the date reading either inward or outward

2 REALES

KM# 212 Struck Copper, **Obv:** Eagle on bridge **Rev:** Value, bow quiver, etc **Obv. Legend:** VICE FERD. VII DEI GRATIA ET **Rev. Legend:** S. P. CONG. NAT. IND.

Date	Mintage	G4	VG8	F12	VF20	XF40
1812	—	120	180	270	425	—
1813	—	27.50	60.00	90.00	180	—
1814	—	39.00	90.00	130	220	—

KM# A213 Struck Silver, **Obv:** Eagle on bridge **Rev:** Value, bow, quiver, etc **Obv. Legend:** VICE FERD. VII DEI GRATIA ET **Rev. Legend:** S. P. CONG. NAT. IND.

Date	Mintage	G4	VG8	F12	VF20	XF40
1813	—	1,050	1,950	3,300	5,500	—

KM# 213 0.903 Silver, **Obv:** Eagle on bridge in shield, denomination at sides **Rev:** Canon, quiver, arm, etc **Obv. Legend:** VICE FERD. VII DEI GRATIA ET

Date	Mintage	G4	VG8	F12	VF20	XF40
1813	—	95.00	200	350	500	—

Note: These dies were believed to be intended for the striking of 2 Escudos

4 REALES

KM# 215 0.903 Silver, **Obv:** Eagle on bridge **Rev:** Value, bow, quiver, etc **Obv. Legend:** VICE FERD. VII DEI GRATIA ET **Rev. Legend:** S. P. CONG. NAT. IND. **Mint:** Mexico City

Date	Mintage	G4	VG8	F12	VF20	XF40
1813	—	650	1,300	2,700	5,200	—

8 REALES

KM# 215.1 0.903 Silver, **Obv:** Small crowned eagle **Rev:** Value, bow, quiver, etc **Obv. Legend:** VICE FERD. VII DEI GRATIA ET **Rev. Legend:** S. P. CONG. NAT. IND. **Mint:** Mexico City

Date	Mintage	G4	VG8	F12	VF20	XF40
1812Mo	—	650	1,250	2,600	4,950	—

KM# 215.2 0.903 Silver, **Obv:** Large crowned eagle **Rev:** Value, bow, quiver, etc **Obv. Legend:** VICE FERD. VII DEI GRATIA ET **Rev. Legend:** S. P. CONG. NAT. IND. **Mint:** Mexico City

Date	Mintage	G4	VG8	F12	VF20	XF40
1813Mo	—	650	1,250	2,600	4,950	—

WAR OF INDEPENDENCE

SUPREME NATIONAL CONGRESS OF AMERICA

INSURGENT COINAGE

PDV - Provisional de Valladolid
VTIL - Util = useful
(Refer to Multiple countermarks)

1/2 REAL

KM# 203 Struck Copper, **Obv:** Eagle on bridge **Rev:** Value, bow, quiver, etc **Obv. Legend:** FERDIN. VII DEI GRATIA **Rev. Legend:** S. P. CONG. NAT. IND. GUV.T.

Date	Mintage	G4	VG8	F12	VF20	XF40
1811	—	34.50	55.00	80.00	150	—
1812	—	34.50	55.00	80.00	150	—
1813	—	34.50	55.00	80.00	150	—
1814	—	34.50	55.00	80.00	150	—

REAL

KM# 204 Struck Copper, **Obv:** Eagle on bridge **Rev:** Value, bow, quiver, etc **Obv. Legend:** FERDIN. VII DEI GRATIA **Rev. Legend:** S. P. CONG. NAT. IND. GUV.T.

Date	Mintage	G4	VG8	F12	VF20	XF40
1811	—	55.00	95.00	155	250	—

2 REALES

KM# 205 Struck Copper, **Obv:** Eagle on bridge **Rev:** Value, bow, quiver, etc **Obv. Legend:** FERDIN. VII DEI GRATIA

Date	Mintage	G4	VG8	F12	VF20	XF40
1812	—	280	400	600	950	—

8 REALES

KM# 206 Cast Silver, **Obv:** Eagle on bridge **Rev:** Value, bow, quiver, etc **Obv. Legend:** FERDIN. VII DEI GRATIA

Date	Mintage	G4	VG8	F12	VF20	XF40
1811	—	190	325	450	700	—
1812	—	190	325	475	700	—

KM# 207 Struck Silver, **Obv:** Eagle on bridge **Rev:** Value, bow, quiver, etc **Obv. Legend:** FERDIN. VII DEI GRATIA

Date	Mintage	G4	VG8	F12	VF20	XF40
1811	—	—	—	—	—	—

Note: Ira & Larry Goldberg Millennia Sale 5-08, QU-55 realized $55,000.

1812	—	625	1,250	1,900	3,150	—

KM# 208 Struck Copper, **Obv:** Eagle on bridge **Rev:** Bow, sword and quiver **Obv. Legend:** FERDIN. VII... **Rev. Legend:** PROVICIONAL POR LA SUPREMA JUNTA DE AMERICA

Date	Mintage	G4	VG8	F12	VF20	XF40
1811	—	125	190	280	600	—
1812	—	125	190	280	600	—

NUEVA GALICIA

(Later became Jalisco State)

In early colonial times, Nueva Galicia was an extensive province which substantially combined later provinces of Zacatecas and Jalisco. These are states of Mexico today although the name was revived during the War of Independence. The only issue was 2 Reales of rather enigmatic origin. No decrees or other authorization to strike this coin has yet been located or reported.

INSURGENT COINAGE

2 REALES

KM# 218 0.903 Silver, **Obv:** N. G. in center, date **Rev:** 2R in center **Obv. Legend:** PROVYCIONAL... **Rev. Legend:** ... A. JUNIANA...

Date	Mintage	G4	VG8	F12	VF20	XF40
1813	—	1,250	3,150	5,600	—	—

Note: Excellent struck counterfeits exist

OAXACA

INSURGENT COINAGE

Oaxaca was the hub of Insurgent activity in the south where coinage started in July 1811 and continued until October 1814. The Oaxaca issues represent episodic strikings, usually under dire circumstances by various individuals. Coins were commonly made of copper due to urgency and were intended to be redeemed at face value in gold or silver once silver was available to the Insurgents. Some were later made in silver, but most appear to be of more recent origin, to satisfy collectors.

1/2 REAL

KM# 219 Struck Copper, **Obv:** Bow, arrow, SUD **Rev:** Morelos monogram Mo, date

Date	Mintage	G4	VG8	F12	VF20	XF40
1811	—	6.75	11.50	20.00	35.00	—
1812	—	6.75	11.50	20.00	35.00	—
1813	—	5.50	9.00	17.50	30.00	—
1814	—	9.00	16.50	25.00	40.00	—

Note: Uniface strikes exist of #219

KM# 220.1 Struck Silver, **Obv:** Bow, arrow, SUD **Rev:** Morelos monogram Mo, date

Date	Mintage	G4	VG8	F12	VF20	XF40
1811	—	—	—	—	—	—
1812	—	—	—	—	—	—
1813	—	—	—	—	—	—

KM# 220.2 Struck Silver, **Obv:** Bow, arrow, SUD **Rev:** Morelos monogram Mo, date

Date	Mintage	G4	VG8	F12	VF20	XF40
1811	—	—	—	—	—	—
1812	—	—	—	—	—	—
1813	—	33.00	65.00	130	200	—

Note: Use caution as silver specimens appear questionable and may be considered spurious

KM# 221 Struck Silver, **Obv:** Bow, arrow **Rev:** Lion **Obv. Legend:** PROVICIONAL DE OAXACA **Rev. Legend:** AMERICA MORELOS

Date	Mintage	G4	VG8	F12	VF20	XF40
1812	—	46.25	80.00	130	200	—
1813	—	46.25	80.00	130	200	—

KM# 221a Struck Copper, **Obv:** Bow, arrow **Rev:** Lion **Obv. Legend:** PROVICIONAL DE OAXACA **Rev. Legend:** AMERICA MORELOS

Date	Mintage	G4	VG8	F12	VF20	XF40
1812	—	36.25	55.00	90.00	130	—
1813	—	27.50	46.25	80.00	115	—

KM# A222 Struck Copper, **Obv:** Similar to KM#220 **Rev:** Similar to KM#221 but with 1/2 at left of lion **Rev. Legend:** AMERICA MORELOS

Date	Mintage	G4	VG8	F12	VF20	XF40
1813	—	36.25	55.00	90.00	130	—

KM# 243 Struck Copper, **Obv:** Bow, T.C., SUD **Rev:** Morelos monogram, value, date

Date	Mintage	G4	VG8	F12	VF20	XF40
1813	—	49.50	90.00	170	265	—

REAL

KM# 222 Struck Copper, **Obv:** Bow, arrow, SUD **Rev:** Morelos monogram, 1 R., date

Date	Mintage	G4	VG8	F12	VF20	XF40
1811	—	6.00	12.00	25.00	50.00	—
1812	—	5.00	10.00	18.00	39.50	—
1813	—	5.00	10.00	18.00	39.50	—

KM# 222a Struck Silver, **Obv:** Bow, arrow, SUD **Rev:** Morelos monogram, 1 R., date

Date	Mintage	G4	VG8	F12	VF20	XF40
1812	—	—	—	—	—	—
1813	—	—	—	—	—	—

KM# 223 Cast Silver, **Obv:** Bow, arrow, SUD with floral ornaments **Rev:** Morelos monogram, 1 R., date

Date	Mintage	G4	VG8	F12	VF20	XF40
1812	—	—	—	—	—	—
1813	—	36.25	80.00	150	210	—

Note: Use caution as many silver specimens appear questionable and may be considered spurious

KM# 224 Struck Copper, **Obv:** Bow, arrow/SUD **Rev:** Lion **Rev. Legend:** AMERICA MORELOS

Date	Mintage	G4	VG8	F12	VF20	XF40
1813	—	36.25	55.00	100	145	—

KM# 225 Silver, **Obv:** Bow, arrow/SUD **Rev:** Lion **Rev. Legend:** AMERICA MORELOS

Date	Mintage	G4	VG8	F12	VF20	XF40
1813 Rare	—	—	—	—	—	—

KM# 244 Struck Copper, Obv: Bow, T.C., SUD
Rev: Morelos monogram, value, date

Date	Mintage	G4	VG8	F12	VF20	XF40
1813	—	18.00	33.00	65.00	110	—

2 REALES

KM# 226.1 Struck Copper, Obv: Bow, arrow/SUD
Rev: Morelos monogram, .2.R., date

Date	Mintage	G4	VG8	F12	VF20
1811	—	17.00	33.00	70.00	130
1811 inverted 2	—	20.00	39.50	80.00	155
1812	—	3.00	5.00	8.00	16.00
1813	—	4.00	7.00	11.00	20.00
1814	—	18.00	37.00	85.00	155

KM# 226.1a Struck Silver, Obv: Bow, arrow/SUD
Rev: Morelos monogram, .2.R., date

Date	Mintage	G4	VG8	F12	VF20	XF40
1812	—	215	350	600	900	—

KM# 229 Cast Silver, Obv: Bow, arrow, SUD
Rev: Morelos monogram, value, date in center with
ornamentation around

Date	Mintage	G4	VG8	F12	VF20	XF40
1812 Filled in D in SUD	—	80.00	130	200	300	—

> Note: Use caution as many silver specimens appear questionable and may be considered spurious

1812	—	80.00	130	200	300	—

KM# 227 Struck Silver, Obv: Bow, arrow **Rev:** Morelos
monogram, value, date **Obv. Legend:** SUD-OXA

Date	Mintage	G4	VG8	F12	VF20	XF40
1813	—	80.00	130	265	400	—
1814	—	80.00	130	265	400	—

KM# 245 Struck Copper, Obv: Bow, T.C., SUD
Rev: Morelos monogram, value, date

Date	Mintage	G4	VG8	F12	VF20	XF40
1813	—	12.00	30.00	46.25	65.00	—

KM# 226.2 Struck Silver, Obv: Three large stars
added **Rev:** Morelos monogram, .2.R., date

Date	Mintage	G4	VG8	F12	VF20	XF40
1814	—	13.00	27.50	55.00	80.00	—

KM# 228 Struck Silver, Obv: Bow, arrow **Rev:**
Morelos monogram, value, date **Obv. Legend:**
SUD. OAXACA

Date	Mintage	G4	VG8	F12	VF20	XF40
1814	—	80.00	130	265	425	—

KM# 246 Struck Copper, Obv: Bow, T.C., SUD
Rev: Morelos monogram, value, date

Date	Mintage	G4	VG8	F12	VF20	XF40
1814	—	33.00	70.00	145	250	—

8 REALES

KM# 234 Copper, Obv: Bow, arrow, SUD in floral
ornamentation **Rev:** Morelos monogram, .8.R., date
surrounded by ornate flowery fields

Date	Mintage	G4	VG8	F12	VF20	XF40
1811	—	115	190	225	350	—
1812	—	10.00	15.00	25.00	50.00	—
1813	—	10.00	15.00	25.00	50.00	—
1814	—	19.00	27.50	47.00	95.00	—

KM# 234a Struck Silver, Obv: Bow, arrow, SUD
in floral ornamentation **Rev:** Morelos monogram,
.8.R., date surrounded by ornate flowery fields

Date	Mintage	G4	VG8	F12	VF20	XF40
1811	—	—	—	3,150	5,000	—
1812	—	—	—	1,500	2,500	—

KM# 235 Cast Silver, **Obv:** Bow, arrow, SUD in floral ornamentation **Rev:** Morelos monogram, value, date surrounded by ornate flowery fields

Date	Mintage	G4	VG8	F12	VF20	XF40
1811	—	—	—	—	—	—
1812	—	115	190	300	525	—
1813	—	90.00	150	265	450	—
1814	—	—	—	—	—	—

Note: Most silver specimens available in today's market are considered spurious

KM# 233.1 Copper, **Obv:** Bow, arrow, SUD **Rev:** Morelos monogram, 8.R., date, plain fields

Date	Mintage	G4	VG8	F12	VF20	XF40
1812	—	27.50	55.00	115	170	—

KM# 233.1a Struck Silver, **Obv:** Bow, arrow, SUD **Rev:** Morelos monogram, 8.R., date, plain fields

Date	Mintage	G4	VG8	F12	VF20	XF40
1812	—	150	225	375	700	—

KM# 233.2 Copper, **Obv:** Bow, arrow, SUD **Rev:** Morelos monogram, 8 R, date, plain fields

Date	Mintage	G4	VG8	F12	VF20	XF40
1812	—	15.00	20.00	31.25	37.50	—
1813	—	15.00	20.00	31.25	37.50	—
1814	—	25.00	31.25	37.50	50.00	—

Note: Similar to KM#233.4 but lines below bow slant left

KM# 233.5a Silver, **Obv:** 8 dots below bow, SUD, plain fields **Rev:** Morelos monogram, 8.R., date

Date	Mintage	G4	VG8	F12	VF20	XF40
1812	—	—	—	1,500	2,500	—

KM# 236 0.903 Struck Silver, **Obv:** M monogram **Rev:** Lion shield with or without bow above **Obv. Legend:** PROV • D • OAXACA

Date	Mintage	G4	VG8	F12	VF20	XF40
1812 Rare	—	—	—	—	—	—

KM# 242 Copper, **Obv:** Legend around bow, arrow/ SUD **Obv. Legend:** MONEDA PROVI • CIONAL PS • ES • **Rev. Legend:** FABRICADO EN HUAUTLA

Date	Mintage	G4	VG8	F12	VF20	XF40
1812	—	1,250	1,900	2,500	—	—

KM# 233.2a Silver, **Obv:** bow, arrow, SUD **Rev:** Morelos monogram, 8R, date, plain fields

Date	Mintage	G4	VG8	F12	VF20	XF40
1813	—	—	—	1,500	2,500	—

KM# 233.3 Struck Copper, **Obv:** Bow, arrow, SUD, with left slant lines below bow **Rev:** Morelos monogram, 8.R., date, plain fields

Date	Mintage	G4	VG8	F12	VF20	XF40
1813	—	19.00	34.50	55.00	95.00	—

KM# 233.4 Struck Copper, **Obv:** Bow, arrow, SUD, with right slant lines below bow **Rev:** Morelos monogram, 8.R., date, plain fields

Date	Mintage	G4	VG8	F12	VF20	XF40
1813	—	19.00	34.50	55.00	95.00	—

KM# 237 0.925 Silver, **Obv:** M monogram, without legend **Rev:** Lion shield with or without bow above

Date	Mintage	G4	VG8	F12	VF20	XF40
1813 Rare	—	—	—	—	—	—

KM# 238 0.903 Struck Silver, **Obv:** Bow/M/SUD **Rev:** PROV. DE. ... arms

Date	Mintage	G4	VG8	F12	VF20	XF40
1813 Rare	—	—	—	—	—	—

KM# 248 Struck Copper, **Obv:** Bow, T.C., SUD **Rev:** Morelos monogram, value, date

Date	Mintage	G4	VG8	F12	VF20	XF40
1813	—	18.00	37.50	75.00	145	—

KM# 249 Cast Silver, **Obv:** Bow, T.C., SUD **Rev:** Morelos monogram, value, date

Date	Mintage	G4	VG8	F12	VF20	XF40
1813	—	—	—	—	—	—

Note: Use caution as many silver specimens appear questionable and may be considered spurious

KM# 239 Cast Silver, **Obv:** Bow, arrow **Rev:** Morelos monogram **Obv. Legend:** SUD-OXA

Date	Mintage	G4	VG8	F12	VF20	XF40
1814 Rare	—	—	—	—	—	—

KM# 240 Copper, **Obv:** Bow, arrow **Rev:** Morelos monogram, 8.R., date **Obv. Legend:** SUD-OXA

Date	Mintage	G4	VG8	F12	VF20	XF40
1814	—	55.00	105	225	375	—

KM# 241 Copper, **Obv:** Bow, arrow **Rev:** Morelos monogram, 8.R., date **Obv. Legend:** SUD-OAXACA

Date	Mintage	G4	VG8	F12	VF20	XF40
1814	—	125	250	450	700	—

PUEBLA

INSURGENT COINAGE

1/2 REAL

KM# 250 Copper, **Obv:** Osorno monogram, ZACATLAN, date **Rev:** Crossed arrows, wreath, value

Date	Mintage	G4	VG8	F12	VF20	XF40
1813 Rare	—	—	—	—	—	—

REAL

KM# 251 Copper, **Obv:** Osorno monogram, ZACATLAN, date **Rev:** Crossed arrows, wreath, value

Date	Mintage	G4	VG8	F12	VF20	XF40
1813	—	140	210	300	625	—

2 REALES

KM# 252 Copper, **Obv:** Osorno monogram, ZACATLAN, date **Rev:** Crossed arrows, wreath, value

Date	Mintage	G4	VG8	F12	VF20	XF40
1813	—	170	240	375	700	—

VERACRUZ

In Zongolica, in the province of Veracruz, 2 priests and a lawyer decided to raise an army to fight for independence. Due to isolation from other Insurgent forces, they decided to make their own coins. Records show that they intended to mint coins of 1/2, 1, 2, 4, and 8 Reales, but specimens are extant of only the three higher denominations.

INSURGENT COINAGE

2 REALES

KM# 253 0.903 Silver, **Obv:** Bow and arrow **Rev:** Value, crossed palm branch, sword, date **Obv. Legend:** VIVA FERNANDO VII Y AMERICA **Rev. Legend:** ZONGOLICA

Date	Mintage	G4	VG8	F12	VF20	XF40
1812	—	120	240	425	775	—

8 REALES

KM# 255 0.903 Silver, **Obv:** Bow and arrow **Rev:** Value, crossed palm branch, sword, date **Obv. Legend:** VIVA FERNANDO VII Y AMERICA **Rev. Legend:** ZONGOLICA **Note:** Similar to 2 Reales, KM#253.

Date	Mintage	G4	VG8	F12	VF20	XF40
1812 Rare	—	—	—	—	—	—

Note: Spink America Gerber sale 6-96 VF to XF realized $57,200

INSURGENT COUNTERMARKED COINAGE

CONGRESS OF CHILPANZINGO

Type A: Hand holding bow and arrow between quiver with arrows, sword and bow.

Type B: Crowned eagle on bridge.
Congress of Chilpanzingo

1/2 REAL

KM# 256.1 Silver, **Countermark:** Type A hand holding bow and arrow between quiver with arrows, sword and bow **Note:** Countermark on cast Mexico City KM#72.

CM Date	Host Date	G4	VG8	F12	VF20	XF40
ND	1812	50.00	85.00	110	170	—

KM# 256.2 Silver, **Countermark:** Type A hand holding bow and arrow between quiver with arrows, sword and bow **Note:** Countermark on Zacatecas KM#181.

CM Date	Host Date	G4	VG8	F12	VF20	XF40
ND	1811	60.00	90.00	120	180	—

REAL

KM# A257 Cast Silver, **Countermark:** Type A hand holding bow and arrow between quiver with arrows, sword and bow **Note:** Countermark on cast Mexico City KM#81.

CM Date	Host Date	G4	VG8	F12	VF20	XF40
ND	1803	22.50	36.00	60.00	100	—

2 REALES

KM# 257.1 Silver, **Mint:** (no Mint Information) **Countermark:** Type B crowned eagle on bridge **Note:** Countermark on 1/4 cut of 8 Reales.

CM Date	Host Date	G4	VG8	F12	VF20	XF40
	Unique	—	—	—	—	—

KM# 257.2 Silver,   **Countermark:** Type B crowned eagle on bridge **Note:** Countermark on Zacatecas KM#186.

CM Date	Host Date	G4	VG8	F12	VF20	XF40
ND	1811 Unique	—	—	—	—	—

8 REALES

KM# 258.1 Silver,   **Countermark:** Type A hand holding bow and arrow between quiver with arrows, sword and bow **Note:** Countermark on cast Mexico City KM#109.

CM Date	Host Date	G4	VG8	F12	VF20	XF40
ND	1805	55.00	80.00	100	180	—

Note: A countermark appears on coins dated 1805 TH

KM# 258.2 Silver,   **Countermark:** Type A hand holding bow and arrow between quiver with arrows, sword and bow **Note:** Countermark on cast Mexico City KM#110.

CM Date	Host Date	G4	VG8	F12	VF20	XF40
ND HJ	1810	60.00	90.00	120	210	—

KM# 258.3 Silver,   **Countermark:** Type A hand holding bow and arrow between quiver with arrows, sword and bow **Note:** Countermark on cast Mexico City KM#111.

CM Date	Host Date	G4	VG8	F12	VF20	XF40
ND HJ	1812	120	150	210	325	—
ND HJ	1811	55.00	80.00	100	180	

KM# 259.1 Silver, **Countermark:** Type B crowned eagle on bridge **Note:** Countermark on Chihuahua KM#111.1.

CM Date	Host Date	G4	VG8	F12	VF20	XF40
ND RP	1816	240	300	350	475	—

KM# 259.2 Silver, **Countermark:** Type B crowned eagle on bridge **Note:** Countermark on cast Mexico City KM#111.

CM Date	Host Date	G4	VG8	F12	VF20	XF40
ND HJ	1811	155	180	210	300	—

KM# 259.3 Silver, **Countermark:** Type B crowned eagle on bridge **Note:** Countermark on Valladolid KM#178.

CM Date	Host Date	G4	VG8	F12	VF20	XF40
ND	1813	1,250	2,500	3,750	6,300	—

KM# 259.4 Silver, **Countermark:** Type B crowned eagle on bridge **Note:** Countermark on Zacatecas KM#190.

CM Date	Host Date	G4	VG8	F12	VF20	XF40
ND	1810	500	625	750	975	—

DON JOSE MARIA DE LINARES

KM# 263.1 Silver,   **Countermark:** LINA/RES* **Note:** Countermark on Mexico City KM#110.

CM Date	Host Date	G4	VG8	F12	VF20	XF40
ND TH	1808	325	375	475	700	—

KM# 263.2 Silver,   **Countermark:** LINA/RES * **Note:** Countermark on Zacatecas KM#190.

CM Date	Host Date	G4	VG8	F12	VF20	XF40
ND	1811	375	475	575	825	—

KM# 263.3 Silver,   **Countermark:** LINA/RES*
Note: Countermark on Zacatecas KM#191.

CM Date	Host Date	G4	VG8	F12	VF20	XF40
ND	1812	325	375	475	700	—

KM# 263.4 Silver, **Issuer:** Don Jose Maria De
Linares **Note:** Countermark on Zacatecas KM#190.

CM Date	Host Date	F12	VF20	XF40	MS60	MS63
ND	1811	—	—	—	—	—

KM# 263.5 Silver, **Issuer:** Don Jose Maria De
Linares **Note:** Countermark on Zacatecas KM#192.

CM Date	Host Date	F12	VF20	XF40	MS60	MS63
ND	1812	—	—	—	—	—

GENERAL VICENTE GUERRERO

1/2 REAL

KM# 276 Silver,   **Countermark:** Eagle **Note:**
Countermark on Mexico City KM#72.

CM Date	Host Date	G4	VG8	F12	VF20	XF40
ND	ND	48.00	70.00	95.00	210	—

REAL

KM# 277 Silver,   **Countermark:** Eagle **Note:**
Countermark on Mexico City KM#78.

CM Date	Host Date	G4	VG8	F12	VF20	XF40
ND FM	1772	43.75	65.00	95.00	205	—

2 REALES

KM# 278.1 Silver,   **Countermark:** Eagle **Note:**
Countermark on Mexico City KM#88.

CM Date	Host Date	G4	VG8	F12	VF20	XF40
ND FM	1784	40.00	60.00	100	225	—
ND	1798	40.00	60.00	100	225	—

KM# 278.2 Silver,   **Countermark:** Eagle **Note:**
Countermark on Mexico City KM#91.

CM Date	Host Date	G4	VG8	F12	VF20	XF40
ND PJ	1807	36.00	60.00	95.00	240	—

8 REALES

KM# 279 Silver,   **Countermark:** Eagle **Note:**
Countermark on Zacatecas KM#191.

CM Date	Host Date	G4	VG8	F12	VF20	XF40
ND	1811	120	180	240	425	—

ENSAIE

KM# 260.3 Silver,   **Countermark:** Eagle over
ENSAIE, crude sling below **Note:** Countermark on
Zacatecas KM#190.

CM Date	Host Date	G4	VG8	F12	VF20	XF40
ND	1810	—	—	—	—	—
ND	1811	120	180	240	400	—

KM# 260.4 Silver,   **Countermark:** Eagle over
ENSAIE, crude sling below **Note:** Countermark on
Zacatecas KM#191.

CM Date	Host Date	G4	VG8	F12	VF20	XF40
ND	1810	600	850	1,100	1,500	—
ND	1811	300	350	450	650	—
ND	1812	240	300	350	550	—

KM# 260.1 Silver, **Countermark:** Eagle over ENSAIE, crude sling below **Note:** Countermark on Mexico City KM#110.

CM Date	Host Date	G4	VG8	F12	VF20	XF40
ND HJ	1811	180	240	325	450	—

KM# 260.2 Silver, **Countermark:** Eagle over ENSAIE, crude sling below **Note:** Countermark on Zacatecas KM#189.

CM Date	Host Date	G4	VG8	F12	VF20	XF40
ND	1811	240	475	725	1,000	—

JOSE MARIA LICEAGA

J.M.L. with banner on cross, crossed olive branches.

(J.M.L./V., D.s, S.M., S.Y.S.L., Ve, A.P., s.r.a., Sea, P.G., S., S.M., El)

1/2 REAL

KM# A260 Silver, **Countermark:** JML/SM with banner on cross, crossed olive branches **Note:** Countermark on cast Mexico City 1/2 Real.

CM Date	Host Date	G4	VG8	F12	VF20	XF40
ND	ND	125	190	250	375	—

2 REALES

KM# 261.1 Silver, **Countermark:** J.M.L./Ve with banner on cross, crossed olive branches **Note:** Countermark on 1/4 cut of 8 Reales.

CM Date	Host Date	G4	VG8	F12	VF20	XF40
ND	ND	210	270	400	—	—

KM# 261.2 Silver, **Countermark:** J.M.L./V with banner on cross, crossed olive branchs **Note:** Countermark on Zacatecas KM#186.

CM Date	Host Date	G4	VG8	F12	VF20	XF40
ND	1811	250	280	325	400	—

KM# 261.3 Silver, **Countermark:** J.M.L./DS with banner on cross, crossed olive branches **Note:** Countermark on Zacatecas KM#186.

CM Date	Host Date	G4	VG8	F12	VF20	XF40
ND	1811	250	295	350	450	—

KM# 261.4 Silver, **Countermark:** J.M.L./S.M. with banner on cross, crossed olive branches **Note:** Countermark on Zacatecas KM#186.

CM Date	Host Date	G4	VG8	F12	VF20	XF40
ND	1811	250	295	350	450	—

KM# 261.5 Silver, **Countermark:** J.M.L./S.Y. with banner on cross, crossed olive branches **Note:** Countermark on Zacatecas KM#186.

CM Date	Host Date	G4	VG8	F12	VF20	XF40
ND	1811	250	295	350	450	—

KM# 261.6 Silver, **Countermark:** J.M.L./V. with banner on cross, crossed olive branches **Note:** Countermark on Zacatecas KM#187.

CM Date	Host Date	G4	VG8	F12	VF20	XF40
ND	1811	250	280	325	400	—

KM# 261.7 Silver, **Countermark:** J.M.L./DS with banner on cross, crossed olive branches **Note:** Countermark on Zacatecas KM#187.

CM Date	Host Date	G4	VG8	F12	VF20	XF40
ND	1811	250	295	350	450	—

KM# 261.8 Silver, **Countermark:** J.M.L./S.M. with banner on cross, crossed olive branches **Note:** Countermark on Zacatecas KM#187.

CM Date	Host Date	G4	VG8	F12	VF20	XF40
ND	1811	240	280	325	425	—

KM# 261.9 Silver, **Countermark:** J.M.L./S.Y. with banner on cross, crossed olive branches **Note:** Countermark on Zacatecas KM#187.

CM Date	Host Date	G4	VG8	F12	VF20	XF40
ND	1811	240	280	325	425	—

8 REALES

KM# 262.1 Silver, **Countermark:** J.M.L./D.S. with banner on cross, crossed olive branches **Note:** Countermark on Zacatecas KM#190.

CM Date	Host Date	G4	VG8	F12	VF20	XF40
ND	1811	325	400	525	775	—

KM# 262.2 Silver,   **Countermark:** J.M.L./E with banner on cross, crossed olive branches **Note:** Countermark on Zacatecas KM#190.

CM Date	Host Date	G4	VG8	F12	VF20	XF40
ND	1811	280	375	500	750	—

KM# 262.3 Silver,   **Countermark:** J.M.L./P.G. with banner on cross, crossed olive branches **Note:** Countermark on Durango KM#111.2.

CM Date	Host Date	G4	VG8	F12	VF20	XF40
ND RM	1813	250	350	475	725	—

KM# 262.4 Silver,   **Countermark:** J.M.L./S.F. with banner on cross, crossed olive branches **Note:** Countermark on Zacatecas KM#190.

CM Date	Host Date	G4	VG8	F12	VF20	XF40
ND	1811	250	350	475	725	—

KM# 262.5 Silver,   **Countermark:** J.M.L./S.M. with banner on cross, crossed olive branches **Note:** Countermark on Zacatecas KM#190.

CM Date	Host Date	G4	VG8	F12	VF20	XF40
ND	1811	250	350	475	700	—

KM# 262.6 Silver,   **Countermark:** J.M.L./V.E. with banner on cross, cross olive branches **Note:** Countermark on Zacatecas KM#190.

CM Date	Host Date	G4	VG8	F12	VF20	XF40
ND	1811	250	350	475	700	—

KM# 262.7 Silver,   **Countermark:** J.M.L./D.S. **Note:** Countermark on Zacatecas KM#190.

CM Date	Host Date	G4	VG8	F12	VF20	XF40
ND	1811	—	—	—	—	—

KM# 262.8 Silver,   **Note:** Countermark on Zacatecas KM#190.

Date	Mintage	G4	VG8	F12	VF20	XF40
1811	—	—	—	—	—	—

KM# 262.9 Silver, **Countermark:** J.M.L./S.F. **Note:** Countermark on Zacatecas KM#190.

CM Date	Host Date	G4	VG8	F12	VF20	XF40
ND	1811	—	—	—	—	—

KM# 262.10 Silver,   **Countermark:** J.M.L./S.M. **Note:** Countermark on Zacatecas KM#190.

CM Date	Host Date	G4	VG8	F12	VF20	XF40
ND	1811	—	—	—	—	—

KM# 262.11 Silver,   **Countermark:** J.M.L./V.E. **Note:** Countermark on Zacatecas KM#190.

CM Date	Host Date	G4	VG8	F12	VF20	XF40
ND	1811	—	—	—	—	—

KM# 262.12 Silver,   **Mint:** (no Mint Information) **Countermark:** J.M.L. / P.G. **Note:** Countermark on Guanajuato 8 Reales, KM#111.4.

CM Date	Host Date	G4	VG8	F12	VF20	XF40
ND	1813	190	325	575	—	—

LABOR VINCIT SEMPER

Some authorities believe L.V.S. is for La Villa de Sombrerete.

KM# 264.1 Cast Silver,   **Countermark:** L.V.S. **Note:** Countermark on Chihuahua KM#123.

CM Date	Host Date	G4	VG8	F12	VF20	XF40
ND RP	1811	350	450	575	750	—
ND RP	1812	250	325	375	500	—

KM# 264.2 Silver, **Countermark:** L.V.S. **Note:** Countermark on Chihuahua KM#111.1 overstruck on KM#123.

CM Date	Host Date	G4	VG8	F12	VF20	XF40
ND RP	1816	325	375	400	525	—
ND RP	1817	325	375	400	525	—
ND RP	1818	325	375	400	525	—
ND RP	1819	500	575	625	875	—
ND RP	1820	575	625	700	450	—

KM# 264.3 Silver, **Countermark:** L.V.S. **Note:** Countermark on Guadalajara KM#111.3.

CM Date	Host Date	G4	VG8	F12	VF20	XF40
ND	1817	230	275	325	450	—

KM# 264.4 Silver, **Countermark:** L.V.S. **Note:** Countermark on Nueva Vizcaya KM#165.

CM Date	Host Date	G4	VG8	F12	VF20	XF40
ND RM	1811	1,250	3,450	5,800	9,100	—

KM# 264.5 Silver, **Countermark:** L.V.S. **Note:** Countermark on Sombrerete KM#177.

CM Date	Host Date	G4	VG8	F12	VF20	XF40
ND	1811	375	450	575	825	—
ND	1812	375	450	575	825	—

KM# 264.6 Silver, **Countermark:** L.V.S. **Note:** Countermark on Zacatecas KM#190.

CM Date	Host Date	G4	VG8	F12	VF20	XF40
ND	1811	450	500	575	825	—

KM# 264.7 Silver, **Countermark:** L.V.S. **Note:** Countermark on Zacatecas KM#192.

CM Date	Host Date	G4	VG8	F12	VF20	XF40
ND	1813	450	500	575	825	—

KM# 264.8 Cast Silver, **Issuer:** Labor Vincit Semper **Note:** Countermark on Zacatecas KM#190.

CM Date	Host Date	F12	VF20	XF40	MS60	MS63
ND	1811	—	—	—	—	—

MORELOS
Morelos monogram

Type A: Stars above and below monogram in circle.

Type B: Dots above and below monogram in oval.

Type C: Monogram in rectangle.
Note: Many specimens of Type C available in today's market are considered spurious.

2 REALES

KM# A265 Copper, **Countermark:** Type A stars above and below monogram in circle **Note:** Countermark on Oaxaca Sud, KM#226.1.

CM Date	Host Date	G4	VG8	F12	VF20	XF40
ND	1812	—	—	—	—	—

8 REALES

KM# 265.1 Silver, **Countermark:** Type A star above and below monogram in circle **Note:** Countermark on Mexico City KM#109.

CM Date	Host Date	G4	VG8	F12	VF20	XF40
ND FM	1797	55.00	65.00	75.00	120	—
ND FM	1798	55.00	65.00	75.00	120	—
ND FM	1800	55.00	65.00	75.00	120	—
ND TH	1807	55.00	65.00	75.00	120	—

WAR OF INDEPENDENCE

KM# 265.2 Silver, **Countermark:** Type A stars above and below monogram in circle **Note:** Countermark on Mexico City KM#110.

CM Date	Host Date	G4	VG8	F12	VF20	XF40
ND TH	1809	70.00	95.00	150	250	—
ND HJ	1811	70.00	95.00	150	250	—

KM# 265.3 Silver, **Countermark:** Type A stars above and below monogram in circle **Note:** Countermark on Mexico City KM#111.

CM Date	Host Date	G4	VG8	F12	VF20	XF40
ND JJ	1812	65.00	75.00	95.00	155	—

KM# 265.4 Copper, **Countermark:** Type A stars above and below monogram in circle **Note:** Countermark on Oaxaca Sud KM#233.2.

CM Date	Host Date	G4	VG8	F12	VF20	XF40
ND	1812	25.00	35.75	48.75	80.00	—
ND	1813	25.00	35.75	48.75	80.00	—
ND	1814	25.00	35.75	48.75	80.00	—

KM# 265.5 Cast Silver, **Countermark:** Type A stars and below monogram in circle **Note:** Countermark on Supreme National Congress KM#206.

CM Date	Host Date	G4	VG8	F12	VF20	XF40
ND	1811	250	325	475	750	—

KM# 265.6 Silver, **Countermark:** Type A stars above and below monogram in circle **Note:** Countermark on Zacatecas KM#190.

CM Date	Host Date	G4	VG8	F12	VF20	XF40
ND	1811	450	750	1,100	—	—

KM# 265.7 Silver, **Countermark:** Type A stars above and below monogram in circle **Note:** Countermark on Zacatecas KM#191.

CM Date	Host Date	G4	VG8	F12	VF20	XF40
ND	1811	240	300	450	725	—

KM# 265.8 Silver, **Issuer:** Morelos **Note:** Countermark on Zacatecas KM#190.

CM Date	Host Date	F12	VF20	XF40	MS60	MS63
ND	1811	—	—	—	—	—

KM# 266.1 Silver, **Countermark:** Type B dots above and below monogram in oval **Note:** Countermark on Guatamala 8 Reales, C#67.

CM Date	Host Date	G4	VG8	F12	VF20	XF40
ND M	1810 Rare	—	—	—	—	—

KM# 266.2 Silver, **Countermark:** Type B dots above and below monogram in oval **Note:** Countermark on Mexico City KM#110.

CM Date	Host Date	G4	VG8	F12	VF20	XF40
ND TH	1809	55.00	70.00	80.00	125	—

KM# A267 Silver, **Note:** Countermark Type C on Zacatecas KM#190.

CM Date	Host Date	G4	VG8	F12	VF20	XF40
ND	1811	375	450	575	950	—

KM# 267.1 Silver, **Countermark:** Type C monogram in rectangle **Note:** Countermark on Zacatecas KM#189. Many specimens of Type C available in today's market are considered spurious.

CM Date	Host Date	G4	VG8	F12	VF20	XF40
ND	1811	375	450	575	950	—

WAR OF INDEPENDENCE

KM# 267.2 Silver,   **Countermark:** Type C: monogram in rectangle **Note:** Countermark Type C on Zacatecas KM#190. Many specimens of Type C available in today's market are considered spurious.

CM Date	Host Date	G4	VG8	F12	VF20	XF40
ND	1811	375	450	575	950	—

SUPREME NATIONAL CONGRESS AND THE ARMY OF THE NORTH

Issued by the Supreme National Congress and the Army of the North.

Countermark:
Eagle on cactus; star to left; NORTE below.

1/2 REAL

KM# 268 Silver,   **Countermark:** Eagle on cactus; star to left; NORTE below **Note:** Countermark on Zacatecas KM#180.

CM Date	Host Date	G4	VG8	F12	VF20	XF40
ND	1811	275	325	425	550	—

2 REALES

KM# A269 Silver,   **Countermark:** Eagle on cactus; star to left; NORTE below **Note:** Countermark on Zacatecas KM#188.

CM Date	Host Date	G4	VG8	F12	VF20	XF40
ND	1812	—	—	—	—	—

KM# 269 Silver,   **Countermark:** Eagle on cactus; star to left; NORTE below **Note:** Countermark on Zacatecas KM#187.

CM Date	Host Date	G4	VG8	F12	VF20	XF40
ND	1811	250	300	350	500	—

4 REALES

KM# B269 Silver,   **Countermark:** Eagle on cactus; star to left; NORTE below **Note:** Countermark on Sombrerete KM#175.

CM Date	Host Date	G4	VG8	F12	VF20	XF40
ND	1812	110	165	220	325	—

8 REALES

KM# 270.1 Silver,   **Countermark:** Eagle on cactus; star to left; NORTE below **Note:** Countermark on Chihuahua KM#111.1.

CM Date	Host Date	G4	VG8	F12	VF20	XF40
ND RP	1813	275	375	500	600	—

KM# 270.2 Silver,   **Countermark:** Eagle on cactus; star to left; NORTE below **Note:** Countermark on Guanajuato KM#111.4.

CM Date	Host Date	G4	VG8	F12	VF20	XF40
ND JM	1813	450	625	800	975	—

KM# 270.3 Silver,   **Countermark:** Eagle on cactus; star to left; NORTE below **Note:** Countermark on Zacatecas KM#190.

CM Date	Host Date	G4	VG8	F12	VF20	XF40
ND	1811	350	450	575	775	—

KM# 270.4 Silver,   **Countermark:** Eagle on cactus; star to left; NORTE below **Note:** Countermark on Zacatecas KM#191.

CM Date	Host Date	G4	VG8	F12	VF20	XF40
ND	1811	220	325	450	600	—
ND	1811	220	325	450	600	—
ND	1812	220	325	450	600	—

KM# 270.5 Silver,   **Countermark:** Eagle on cactus; star to left; NORTE below **Note:** Countermark on Zacatecas KM#190.

CM Date	Host Date	G4	VG8	F12	VF20	XF40
ND	1811	—	—	—	—	—

WAR OF INDEPENDENCE

KM# 270.6 Silver,   **Mint:** (no Mint Information)
Countermark: Eagle on cactus; star to left; NORTE below. **Note:** Countermark on Sombrerete KM# 177.

CM Date	Host Date	G4	VG8	F12	VF20	XF40
ND	1812	1,250	1,600	2,000	—	—

JOSE FRANCISCO OSORNO

Countermark: Osorno monogram.
(Jose Francisco Osorno)

1/2 REAL

KM# 271.1 Silver,   **Countermark:** Osorno monogram **Note:** Countermark on Mexico City KM#72.

CM Date	Host Date	G4	VG8	F12	VF20	XF40
ND FM	1798	80.00	120	180	270	—
ND FT	1802	80.00	120	180	270	—
ND	1806	80.00	120	180	270	—

KM# 271.2 Silver,   **Countermark:** Osorno monogram **Note:** Countermark on Mexico City KM#73.

CM Date	Host Date	G4	VG8	F12	VF20	XF40
ND TH	1809	80.00	120	180	270	—

REAL

KM# 272.1 Silver,   **Countermark:** Osorno monogram **Note:** Countermark on Mexico City KM#81.

CM Date	Host Date	G4	VG8	F12	VF20	XF40
ND FT	1803	80.00	120	180	300	—

KM# 272.2 Silver,   **Countermark:** Osorno monogram **Note:** Countermark on Potosi KM#70.

CM Date	Host Date	G4	VG8	F12	VF20	XF40
ND	ND	90.00	140	210	325	—

KM# 272.3 Silver,   **Countermark:** Osorno monogram **Note:** Countermark on Guatemala KM#54.

CM Date	Host Date	G4	VG8	F12	VF20	XF40
ND	1804	90.00	140	210	325	—

2 REALES

KM# A272.1 Silver,   **Countermark:** Osorno monogram **Note:** Countermark on Mexico City KM#88.2.

CM Date	Host Date	G4	VG8	F12	VF20	XF40
ND FM	1788	90.00	150	210	325	—

KM# A272.2 Silver,   **Countermark:** Osorno monogram **Note:** Countermark on Mexico City KM#91.

CM Date	Host Date	G4	VG8	F12	VF20	XF40
ND TH	1808	90.00	150	210	325	—

KM# A272.3 Silver,   **Countermark:** Osorno monogram **Note:** Countermark on Mexico City KM#92.

CM Date	Host Date	G4	VG8	F12	VF20	XF40
ND TH	1809	90.00	150	210	325	—

KM# A272.4 Silver,   **Countermark:** Osorno monogram **Note:** Countermark on Zacatlian KM#252.

CM Date	Host Date	G4	VG8	F12	VF20	XF40
ND	1813	180	240	425	600	—

4 REALES

KM# 273.1 Silver,   **Countermark:** Osorno monogram **Note:** Countermark on Mexico City KM#97.2.

CM Date	Host Date	G4	VG8	F12	VF20	XF40
ND FF	1782	100	180	240	350	—

KM# 273.2 Silver, **Countermark:** Osorno monogram **Note:** Countermark on Mexico City KM#100.

CM Date	Host Date	G4	VG8	F12	VF20	XF40
ND FM	1799	100	180	240	350	—

8 REALES

KM# 274.1 Silver, **Countermark:** Osorno monogram **Note:** Countermark on Lima 8 Reales, C#101.

CM Date	Host Date	G4	VG8	F12	VF20	XF40
ND JP	1811	240	270	300	425	—

KM# 274.2 Silver, **Countermark:** Osorno monogram **Note:** Countermark on Mexico City KM#110.

CM Date	Host Date	G4	VG8	F12	VF20	XF40
ND TH	1809	150	180	270	450	—
ND HJ	1810	150	180	270	450	—
ND HJ	1811	150	180	270	450	—

JULIAN VILLAGRAN

(Julian Villagran)

2 REALES

KM# 298 Cast Silver, **Countermark:** VILLA/GRAN **Note:** Countermark on cast Mexico City KM#91.

CM Date	Host Date	G4	VG8	F12	VF20	XF40
ND FM	1799	180	240	300	425	—
ND FT	1802	180	240	300	425	—

8 REALES

KM# 275 Cast Silver, **Countermark:** VILLA/GRAN **Note:** Countermark on cast Mexico City KM#109.

CM Date	Host Date	G4	VG8	F12	VF20	XF40
ND FM	1796	240	300	425	600	—
ND TH	1806	240	300	425	600	—

ZMY

UNKNOWN, PRESUMED INSURGENT

KM# 286 Silver, **Countermark:** ZMY **Note:** Countermark on Zacatecas KM#191.

CM Date	Host Date	G4	VG8	F12	VF20	XF40
ND	1812	120	180	240	425	—

C.M.S. AND S.C.M.

MULTIPLE COUNTERMARKS

Many combinations of Royalist and Insurgent countermarks are usually found on the cast copies produced by Chihuahua and Mexico City and on the other crude provisional issues of this period. Struck Mexico City coins were used to make molds for casting necessity issues and countermarked afterwards to show issuing authority. Some were marked again by either both or separate opposing friendly forces to authorize circulation in their areas of occupation. Some countermarks are only obtainable with companion markings.

2 REALES

KM# 289 Silver,   **Countermark:** C.M.S. (Comandancia Militar Suriana) and eagle with S.C.M. (Soberano Congreso Mexicano) **Note:** Countermark on Mexico City KM#91.

CM Date	Host Date	G4	VG8	F12	VF20	XF40
ND	ND	—	—	—	—	—

MILITAR DEL SUR AND SOBERANO CONGRESO MEXICANO

2 REALES

KM# 295 Silver,   **Countermark:** M.d.S. and eagle with S.C.M **Note:** Countermark on Mexico City KM#91.

CM Date	Host Date	G4	VG8	F12	VF20	XF40
ND	ND	180	300	550	—	—

JOSE FRANCISCO OSORNO AND JULIAN VILLAGRAN

2 REALES

KM# 296 Silver, **Countermark:** Osorno monogram and VILLA/GRAN **Note:** Countermark on cast Mexico City KM#110.

CM Date	Host Date	G4	VG8	F12	VF20	XF40
ND TH	1809	—	—	—	—	—

JOSE MARIA LICEAGA AND VTIL

2 REALES

KM# A286 Silver, **Countermark:** J.M.L./D.S. AND VTIL **Note:** Countermark on Zacatecas KM#186.

CM Date	Host Date	G4	VG8	F12	VF20	XF40
ND	1811	90.00	150	210	325	—

KM# B286 Silver, **Countermark:** J.M.L./V.E. and VTIL **Note:** Countermark on Zacatecas KM#186.

CM Date	Host Date	G4	VG8	F12	VF20	XF40
ND	1810	90.00	150	210	325	—
ND	1811	90.00	150	210	325	—

CHILPANZINGO AND MORELOS

8 REALES

KM# 285.2 Silver,   **Countermark:** Chilpanzingo Type A and Morelos monogram Type A **Note:** Countermark on cast Mexico City KM#110.

CM Date	Host Date	G4	VG8	F12	VF20	XF40
ND HJ	1810	42.00	55.00	70.00	180	—
ND HJ	1811	42.00	55.00	70.00	180	—

CHILPANZINGO AND MORELOS AND LVS

8 REALES

KM# C286 Silver,   **Countermark:** Chilpanzingo Type A, Morelos Type A and LVS monogram on cast Mexico City KM#110

CM Date	Host Date	G4	VG8	F12	VF20	XF40
ND HJ	1809	60.00	90.00	150	400	—

S.J.N.G. AND VTIL

8 REALES

KM# A298 Silver, **Countermark:** S.J.N.G and VTIL on Zacatecas KM#191

CM Date	Host Date	G4	VG8	F12	VF20	XF40
ND	ND	42.00	60.00	90.00	240	—

CHILPANZINGO AND LVS

8 REALES

KM# 281 Silver, **Countermark:** Chilpanzingo Type A and script LVS **Note:** Countermark on cast Mexico City KM#110.

CM Date	Host Date	G4	VG8	F12	VF20	XF40
ND HJ	1809	55.00	80.00	160	350	—

LA COMANDANCIA MILITAR AND MORELOS

8 REALES

KM# 282 Silver, **Countermark:** L.C.M and Morelos monogram Type A **Note:** Countermark on cast Mexico City KM#109.

CM Date	Host Date	G4	VG8	F12	VF20	XF40
ND FM	1792	—	—	—	—	—

MORELOS AND MORELOS

8 REALES

KM# 283 Silver, **Countermark:** Morelos Type A and C **Note:** Countermark on cast Mexico City KM#109.

CM Date	Host Date	G4	VG8	F12	VF20	XF40
ND TH	1806	—	—	—	—	—

CHILPANZINGO AND SUPREMA JUNTA NACIONAL GUBERNATIVA

8 REALES

KM# 288.2 Silver, **Countermark:** Chilpanzingo Type B **Note:** Countermark on Zacatecas KM#190. Prev. KM#288.

CM Date	Host Date	G4	VG8	F12	VF20	XF40
ND	1811	—	—	—	—	—

ENSAIE AND VTIL

8 REALES

KM# 290.2 Silver, **Countermark:** ENSAIE and VTIL **Note:** Countermark on Zacatecas KM#190. Prev. KM#290.

CM Date	Host Date	G4	VG8	F12	VF20	XF40
ND	1811	125	220	350	475	—

JOSE MARIA LICEAGA AND VTIL

8 REALES

KM# 291 Silver,   **Countermark:** J.M.L./D.S. and VTIL **Note:** Countermark on Mexico City KM#110.

CM Date	Host Date	G4	VG8	F12	VF20	XF40
ND HJ	1810	105	190	325	575	—

CHILPANZINGO AND ENSAIE

8 REALES

KM# A297 Silver,   **Countermark:** Chilpanzingo Type A and ENSAIE **Note:** Countermark on Zacatecas KM#189.

CM Date	Host Date	G4	VG8	F12	VF20	XF40
ND	ND	210	300	425	—	—

CHILPANZINGO AND LVA

8 REALES

KM# 297 Silver,   **Countermark:** Chilpanzingo Type A and LVA **Note:** Countermark on Mexico City KM#109.

CM Date	Host Date	G4	VG8	F12	VF20	XF40
ND TH	1805	55.00	90.00	175	350	—

CHILPANZINGO AND CROWN AND FLAG

8 REALES

KM# 280.1 Silver,   **Countermark:** Chilpanzingo Type B and Crown and flag **Note:** Countermark on Zacatecas KM#189.

CM Date	Host Date	G4	VG8	F12	VF20	XF40
ND	1811	—	—	—	—	—

KM# 280.2 Silver,   **Countermark:** Chilpanzingo Type B and crown and flag **Note:** Countermark on Zacatecas KM#190.

CM Date	Host Date	G4	VG8	F12	VF20	XF40
ND	1811	—	—	—	—	—

CHILPANZINGO AND MORELOS

8 REALES

KM# 284 Silver,   **Countermark:** Chilpanzingo Type A and Morelos monogram Type A **Note:** Countermark on cast Mexico City KM#109.

CM Date	Host Date	G4	VG8	F12	VF20	XF40
ND TH	1806	43.75	65.00	125	280	—
ND TH	1807	43.75	65.00	125	280	—

KM# 285.1 Silver,   **Countermark:** Chilpanzingo Type A and Morelos monogram Type A **Note:** Countermark on struck Mexico City KM#110.

CM Date	Host Date	G4	VG8	F12	VF20	XF40
ND TH	1809	55.00	80.00	170	375	—

KM# 285.3 Silver,   **Countermark:** Chilpanzingo Type A and Morelos monogram Type A **Note:** Countermark on cast Mexico City KM#111.

CM Date	Host Date	G4	VG8	F12	VF20	XF40
ND HJ	1811	95.00	150	220	450	—

CHILPANZINGO AND SUPREMA JUNTA NACIONAL GUBERNATIVA

8 REALES

KM# 288.1 Silver,   **Countermark:** Chilpanzingo Type B and S.J.N.G **Note:** Countermark on Zacatecas KM#189.

CM Date	Host Date	G4	VG8	F12	VF20	XF40
ND	1811	—	—	—	—	—

ENSAIE AND JOSE MARIA LICEAGA

8 REALES

KM# A290 Silver,   **Countermark:** ENSAIE and J.M.L. **Note:** Countermark on Zacatecas KM#190.

CM Date	Host Date	G4	VG8	F12	VF20	XF40
ND	1811	125	220	350	600	—

ENSAIE AND VTIL

8 REALES

KM# 290.1 Silver,   **Countermark:** ENSAIE and VTIL **Note:** Countermark on Zacatecas KM#189.

CM Date	Host Date	G4	VG8	F12	VF20	XF40
ND	1811	125	220	350	600	—

L.V.A. AND MORELOS

8 REALES

KM# 294 Silver,   **Countermark:** Script LVA and Morelos monogram Type A **Note:** Countermark on cast Mexico City KM#110.

CM Date	Host Date	G4	VG8	F12	VF20	XF40
ND HJ	ND	55.00	95.00	170	375	—

CHILPANZINGO - PROVISIONAL DE VALLADOLID

8 REALES

KM# 287 Silver, **Countermark:** Chilpanzingo Type B and P.D.V **Note:** Countermark on Valladolid KM#178.

CM Date	Host Date	G4	VG8	F12	VF20	XF40
ND	1813	—	—	—	—	—

LOCAL COINAGE

SPANISH COLONY
AHUALULCO

1/8 REAL (OCTAVO)

KM# L2 Copper, **Obv:** Script AHO, 1/8 below **Note:** Uniface.

Date	Mintage	G4	VG8	F12	VF20	XF40
ND		—	12.00	20.00	40.00	70.00	—

KM# L1 Copper, **Obv:** AHUALULCO and 1813 around 1/8 in circle **Note:** Uniface.

Date	Mintage	G4	VG8	F12	VF20	XF40
1813		—	18.00	30.00	52.00	90.00	—

AMECA

1/8 REAL (OCTAVO)

KM# L10 Copper, **Obv:** F 1/8 Z within wavy circle **Note:** Octagonal planchet.

Date	Mintage	G4	VG8	F12	VF20	XF40
ND		—	20.00	30.00	52.00	90.00	—

KM# L8 Copper, **Obv:** AME/CA 1811 in circle **Note:** Uniface.

Date	Mintage	G4	VG8	F12	VF20	XF40
1811		—	18.00	30.00	52.00	85.00	—

KM# L9 Copper, **Obv:** AME/CA 1811 in circle **Note:** Octagonal planchet.

Date	Mintage	G4	VG8	F12	VF20	XF40
1811		—	20.00	35.00	60.00	100	—

KM# L7 Copper, **Obv:** QTG monogram in toothed circle **Obv. Legend:** TLACO DE AMECA

Date	Mintage	G4	VG8	F12	VF20	XF40
ND-1812		—	12.00	20.00	40.00	68.00	—

KM# L6 Copper, **Obv:** Church flanked by trees **Note:** Uniface.

Date	Mintage	G4	VG8	F12	VF20	XF40
1824		—	12.00	20.00	40.00	68.00	—

KM# L11 Copper, **Obv:** T.Z. AMECA 1833 around value **Note:** Octagonal planchet.

Date	Mintage	G4	VG8	F12	VF20	XF40
1833		—	12.00	18.00	37.00	65.00	—

KM# L12 Copper, **Obv:** V.F AMECA 1858 below value **Note:** Octagonal planchet.

Date	Mintage	G4	VG8	F12	VF20	XF40
1858		—	15.00	20.00	40.00	68.00	—

AMESCUA

1/8 REAL (OCTAVO)

KM# L15 Copper, **Obv:** Mexican eagle

Date	Mintage	G4	VG8	F12	VF20	XF40
1828		—	12.00	18.00	40.00	68.00	—

KM# L16 Copper, **Obv:** Darte below eagle

Date	Mintage	G4	VG8	F12	VF20	XF40
1838		—	16.00	25.00	46.00	80.00	—

ATENCINCO

1/8 REAL (OCTAVO)

KM# L19 Copper, **Obv:** ATENCINCO in outer border, 8-leaved rosette above branch in center

Date	Mintage	G4	VG8	F12	VF20	XF40
ND		—	16.00	25.00	46.00	80.00	—

ATOTONILCO

1/8 REAL (OCTAVO)

KM# L22 Copper, **Obv:** ATOTONILCO ANO DE 1808 in outer border, L. S. S. / JUSU/ESES in circle

Date	Mintage	G4	VG8	F12	VF20	XF40
1808	—	30.00	45.00	75.00	120	—

KM# L24 Copper, **Obv:** Legend in outer border, 1826 in center **Rev:** Legend in center, stars in outer border **Obv. Legend:** VILL ATOTONILCO **Rev. Legend:** 8-Jan

Date	Mintage	G4	VG8	F12	VF20	XF40
1826	—	18.00	30.00	52.00	85.00	—

1/4 REAL (OCTAVO)

KM# L23 Copper, **Obv:** Legend in outer border, 1821 in center **Rev:** Legend around outer border **Obv. Legend:** ATOTONILCO ANO DE **Rev. Legend:** V.F.7.q.D.C...

Date	Mintage	G4	VG8	F12	VF20	XF40
1821	—	18.00	30.00	52.00	85.00	—

CAMPECHE

CENTAVO

KM# L27 Brass,

Date	Mintage	G4	VG8	F12	VF20	XF40
1861	—	8.00	12.00	30.00	55.00	—

CATORCE

1/4 REAL

KM# L30 Copper, **Obv:** Legend around border, 1/4 below flower and raised rectangle **Rev:** Legend around border, eagle on cactus **Obv. Legend:** FONDOS PUBLICOS **Rev. Legend:** DE CATORCE 1822

Date	Mintage	G4	VG8	F12	VF20	XF40
1822	—	14.00	22.00	46.00	80.00	—

CELAYA

1/8 REAL (OCTAVO)

KM# L33 Copper, **Rev:** Branches below legend, flower above **Obv. Legend:** EN/CELAYA/DE/1803 **Rev. Legend:** LUIS/VASQUE S

Date	Mintage	G4	VG8	F12	VF20	XF40
1803	—	30.00	45.00	75.00	120	—

KM# L34 Copper, **Rev:** Branches below legend, flower above **Obv. Legend:** VIDERI/QUE/CELALLA/1808 **Rev. Legend:** LUIS/VASQUE S **Note:** Uniface.

Date	Mintage	G4	VG8	F12	VF20	XF40
1808	—	30.00	45.00	75.00	120	—

KM# L35 Copper, **Rev:** Branches below legend, flower above **Obv. Legend:** VISCARA/CELAYA/1814 with ornament above **Rev. Legend:** LUIS/VASQUE S **Note:** Uniface.

Date	Mintage	G4	VG8	F12	VF20	XF40
1814	—	20.00	30.00	52.00	90.00	—

CHILCHOTA

1/8 REAL (OCTAVO)

KM# L38 Copper, **Obv:** Head to right, date below legend **Rev:** Wreath in center **Obv. Legend:** CHILCHOTA UN OCTAVO **Rev. Legend:** RESPONSAVILIDAD DE MURGVIA

Date	Mintage	G4	VG8	F12	VF20	XF40
1858	—	18.00	30.00	52.00	90.00	—

COLIMA

1/8 REAL (OCTAVO)

KM# L41 Copper, **Obv:** Legend around border as continuos legend **Rev:** Blank **Obv. Legend:** VILLA DE COLIMA

Date	Mintage	G4	VG8	F12	VF20	XF40
1813	—	15.00	20.00	40.00	75.00	—

KM# L42 Copper, **Obv:** Legend and date in three lines **Rev:** Blank **Obv. Legend:** VILLA DE COLIMA

Date	Mintage	G4	VG8	F12	VF20	XF40
1814	—	15.00	20.00	40.00	70.00	—

KM# L44 Copper, **Obv:** Legend and date in three lines **Rev:** Date **Obv. Legend:** OCT. DE COLI

Date	Mintage	G4	VG8	F12	VF20	XF40
1819	—	18.00	28.00	47.00	80.00	—

KM# L46 Copper, **Obv:** Legend around border, date in center circle **Rev:** Legend within wreath, pellet in center **Obv. Legend:** OCTO DE COLIMA **Rev. Legend:** OCTAVO

Date	Mintage	G4	VG8	F12	VF20	XF40
1824	—	16.00	20.00	40.00	75.00	—

KM# L47 Copper, **Obv:** Legend in three lines **Rev:** Legend within wreath, pellet in center **Obv. Legend:** OCTO DE COLA **Rev. Legend:** OCTAVO

Date	Mintage	G4	VG8	F12	VF20	XF40
1824	—	16.00	20.00	40.00	75.00	—
1828	—	16.00	20.00	40.00	75.00	—

KM# L48 Copper, **Obv:** Legend in three lines **Rev:** Legend in three lines **Obv. Legend:** OCTO DE COLIMA **Rev. Legend:** ANO DE 1830

Date	Mintage	G4	VG8	F12	VF20	XF40
1830	—	16.00	20.00	40.00	75.00	—

1/4 REAL (QUARTO)

KM# L43 Copper, **Obv:** Legend in three lines in wreath **Rev:** Colima monogram in wreath **Obv. Legend:** QUART COLIMA 1816

Date	Mintage	G4	VG8	F12	VF20	XF40
1816	—	12.00	20.00	38.00	70.00	—

KM# L45 Copper, **Obv:** Legend around border, date in center circle **Rev:** Colima monogram in wreath **Obv. Legend:** QUARTo DE COLIMA

Date	Mintage	G4	VG8	F12	VF20	XF40
1824	—	15.00	22.00	40.00	75.00	—

COTIJA

KM# L51 Copper, **Obv:** Seated Liberty with staff and liberty cap **Rev:** Value and date in wreath **Obv. Legend:** DE. D. JOSE NUNES **Rev. Legend:** COMMERCIO. D. COTIJA

Date	Mintage	G4	VG8	F12	VF20	XF40
ND	—	15.00	22.50	40.00	75.00	—

CUIDO

1/8 REAL (OCTAVO)

KM# L52 Copper, **Note:** Uniface. "CUIDO" above "1/8" in spray.

Date	Mintage	G4	VG8	F12	VF20	XF40
ND	—	15.00	25.00	45.00	75.00	—

GUADALAJARA

1/8 REAL (OCTAVO)

KM# L57 Copper, **Obv:** Eagle with wings spread **Obv. Legend:** GUADALAXARA **Note:** Uniface.

Date	Mintage	G4	VG8	F12	VF20	XF40
ND	—	33.00	45.00	75.00	125	—

LAGOS

1/4 REAL

KM# L59 Bronze, **Obv:** 2 globes with crown above, wreath and 1/4 below **Rev:** Coat of arms of Lagos

Date	Mintage	G4	VG8	F12	VF20	XF40
ND	—	70.00	90.00	160	250	—

KM# L59a Silver, **Obv:** 2 globes with crown above, wreath and 1/4 below **Rev:** Coat of arms of Lagos

Date	Mintage	G4	VG8	F12	VF20	XF40
ND	—	180	240	360	625	—

MERIDA

1/2 GRANO

KM# L60 Lead, **Obv:** First part of legend in center, second part of legend around border, 1859 below **Obv. Legend:** PART/DE LA SO/CIED • MERIDADE YUCATAN **Rev. Legend:** 1/2/GRANO/DE PESO/FUERTE

Date	Mintage	G4	VG8	F12	VF20	XF40
1859	—	12.00	20.00	50.00	85.00	—

PAZCUARO

1/8 REAL (OCTAVO)

KM# L63 Copper, **Obv:** Town at base of mountains, lake in foreground, value 1/8 above **Rev:** Woman walking right, carrying bag, fish net and fish

Date	Mintage	G4	VG8	F12	VF20	XF40
ND	—	13.00	20.00	38.00	62.00	—

Note: Also in brass and cast in bronze; minor die varieties have been observed

KM# L64 Copper, **Obv:** 1/8 PAZCUARO **Rev:** Crude rendering of Woman walking right, carrying bag, fish net and fish.

Date	Mintage	G4	VG8	F12	VF20	XF40
ND	—	15.00	20.00	40.00	75.00	—

PROGRESO

1/8 REAL (OCTAVO)

KM# L66 Copper, **Obv:** Radiant star above open book **Rev:** Value 1/8 in double wreath

Date	Mintage	G4	VG8	F12	VF20	XF40
1858	—	18.00	28.00	52.00	90.00	—

CENTAVO

KM# L67 Lead, **Obv:** Legend and 1873 in center **Rev:** Flank in oval band **Obv. Legend:** MUNICIPALIDAD DE PROGRESO UN CENT

Date	Mintage	G4	VG8	F12	VF20	XF40
1873	—	15.00	25.00	45.00	80.00	—

QUITUPAN

1/8 REAL (OCTAVO)

KM# L69 Copper, **Obv:** Bow and two arrows in center **Rev:** 1/8 in center, mongram countermark

Obv. Legend: QUITUPAN ... 1854 **Rev. Legend:** YGNACIO BUENROSTRO

Date	Mintage	G4	VG8	F12	VF20	XF40
1854	—	18.00	28.00	49.00	85.00	—

TACAMBARO

1/8 REAL (OCTAVO)

KM# L72 Copper, **Obv:** Winged caduceus in sprays **Rev:** Value 1/8 in sprays

Date	Mintage	G4	VG8	F12	VF20	XF40
ND	—	15.00	25.00	45.00	80.00	—

TARETAN

1/8 REAL (OCTAVO)

KM# L75 Copper, **Obv:** Head of man right **Rev:** Tree

Date	Mintage	G4	VG8	F12	VF20	XF40
1858	—	18.00	30.00	55.00	100	—

TLAZASALCA

1/8 REAL (OCTAVO)

KM# L78 Copper, **Obv:** Two mountains, date below **Rev:** Value 1/8 in wreath

Date	Mintage	G4	VG8	F12	VF20	XF40
1853	—	20.00	30.00	52.00	90.00	—

XALOSTOTITLAN

KM# L54 Copper, **Obv:** Crown in center **Rev:** 4 in center **Obv. Legend:** ILVSTRE AYVNTAMIENTO **Rev. Legend:** DE XALOS.TOTITAN. 1820

Date	Mintage	G4	VG8	F12	VF20	XF40
1820	—	28.00	45.00	75.00	125	—

ZAMORA

1/8 REAL (OCTAVO)

KM# L80 Copper,

Date	Mintage	G4	VG8	F12	VF20	XF40
1842	—	7.00	15.00	38.00	65.00	—
1848	—	7.00	15.00	38.00	65.00	—
1854	—	7.00	15.00	38.00	65.00	—
1858	—	7.00	15.00	38.00	65.00	—

KM# L81 Copper or Bronze, **Obv:** Eagle on cactus above sprays **Rev:** Liberty cap, bow and arrows above sprays. With or without various countermarks

Date	Mintage	G4	VG8	F12	VF20	XF40
1852	—	7.00	15.00	38.00	65.00	—
1853	—	7.00	15.00	38.00	65.00	—
1854	—	7.00	15.00	38.00	65.00	—
1856	—	7.00	15.00	38.00	65.00	—
1857	—	7.00	15.00	38.00	65.00	—
1858	—	7.00	15.00	38.00	65.00	—

Note: These pieces are also found with various countermarks; "Za" in a dentilated circle is the most common; "1/8" in a circular countermark is also encountered

ZAPOTLAN

1/8 REAL (OCTAVO)

KM# L84 Copper, **Obv. Legend:** ZAPO/TLAN/1813

Date	Mintage	G4	VG8	F12	VF20	XF40
1813	—	20.00	35.00	60.00	100	—

EMPIRE OF ITURBIDE
MILLED COINAGE

1/8 REAL

KM# 299 Copper, **Ruler:** Augustin I Iturbide **Obv:** Crowned shield within sprays **Rev:** Inscription, date **Rev. Inscription:** DE LA PROVINCIA DE NUEVA VISCAYA **Mint:** Durango

Date	Mintage	G4	VG8	F12	VF20	XF40
1821D	—	22.50	50.00	85.00	150	—
1822D	—	7.50	13.50	28.50	60.00	—
1823D	—	9.00	13.50	26.50	55.00	—

1/4 REAL

KM# 300 Copper, **Ruler:** Augustin I Iturbide **Obv:** Crowned shield within sprays **Rev:** Inscription, date **Rev. Inscription:** DE LA PROVINCIA DE NUEVA VISCAYA **Mint:** Durango

Date	Mintage	G4	VG8	F12	VF20	XF40
1822D	—	160	275	400	550	—

1/2 REAL

KM# 301 0.903 Silver, **Ruler:** Augustin I Iturbide **Obv:** Head right **Rev:** Crowned eagle **Obv.**

Legend: AUGUSTINUS DEI... **Rev. Legend:** I • M • E • X • I... **Mint:** Mexico City

Date	Mintage	F12	VF20	XF40	MS60	MS63
1822Mo JM	—	22.50	55.00	110	375	700
1823Mo JM	—	17.00	42.00	85.00	325	—

REAL

KM# 302 0.903 Silver, **Ruler:** Augustin I Iturbide **Obv:** Head right **Rev:** Crowned eagle **Obv. Legend:** AUGUSTINUS DEI... **Rev. Legend:** MEX • I • IMPERATOR... **Mint:** Mexico City

Date	Mintage	VG8	F12	VF20	XF40	MS60
1822 Mo JM	—	100	175	350	550	1,150

2 REALES

KM# 303 6.77 g., 0.903 Silver, 0.1965 oz. ASW **Ruler:** Augustin I Iturbide **Obv:** Head right **Rev:** Crowned eagle **Obv. Legend:** AUGUSTINUS DEI... **Rev. Legend:** MEX • I • IMPERATOR... **Mint:** Mexico City

Date	Mintage	F12	VF20	XF40	MS60	MS63
1822Mo JM	—	60.00	120	350	1,000	—
1823Mo JM	—	40.00	80.00	250	850	1,600

8 REALES

KM# 304 27.07 g., 0.903 Silver, 0.7858 oz. ASW **Ruler:** Augustin I Iturbide **Obv:** Head right **Rev:** Crowned eagle **Obv. Legend:** AUGUST.... **Rev. Legend:** ...MEX • I • IMPERATOR... **Mint:** Mexico City

Date	Mintage	F12	VF20	XF40	MS60
1822Mo JM	—	75.00	150	375	1,300
1822Mo JM Proof, 3 known	—	—	—	—	—

Note: Ponterio & Associates Sale #86, 04-97, choice AU Proof realized $12,650

KM# 305 0.903 Silver, **Ruler:** Augustin I Iturbide **Obv:** Bust similar to 8 Escudos, KM#131 **Rev:** Crowned eagle **Mint:** Mexico City

Date	Mintage	F12	VF20	XF40	MS60
1822Mo JM Rare	—	—	—	—	—

KM# 306.1 0.903 Silver, **Ruler:** Augustin I Iturbide **Obv:** Head right **Rev:** Crowned eagle, 8 R.J.M. at upper left of eagle **Obv. Legend:** AUGUST... **Rev. Legend:** MEX • I • IMPERATOR... **Mint:** Mexico City **Note:** Type I.

Date	Mintage	F12	VF20	XF40	MS60	MS63
1822Mo JM	—	100	200	475	1,800	—

KM# 306.2 0.903 Silver, **Ruler:** Augustin I Iturbide **Obv:** Head right **Rev:** Cross on crown **Mint:** Mexico City **Note:** Type I.

Date	Mintage	F12	VF20	XF40	MS60	MS63
1822Mo JM	—	650	1,100	—	—	—

KM# 307 0.903 Silver, **Ruler:** Augustin I Iturbide **Obv:** Head right **Rev:** Crowned eagle **Mint:** Mexico City **Note:** Type II.

Date	Mintage	F12	VF20	XF40	MS60	MS63
1822Mo JM	—	150	350	850	3,750	—

KM# 308 0.903 Silver, **Ruler:** Augustin I Iturbide **Obv:** Head right, continuous legend with long smooth truncation **Rev:** Crowned eagle **Obv. Legend:** AUGUSTINUS DEI... **Mint:** Mexico City **Note:** Type III.

Date	Mintage	F12	VF20	XF40	MS60	MS63
1822Mo JM	—	175	500	1,150	3,750	—

Note: Variety with long, straight truncation is valued at $5,000 in uncirculated condition

KM# 309 0.903 Silver, **Ruler:** Augustin I Iturbide **Obv:** Head right **Rev:** Crowned eagle **Obv. Legend:** AUGUSTINUS DEI... **Rev. Legend:** MEX • I • IMPERATOR... **Mint:** Mexico City **Note:** Type IV.

Date	Mintage	F12	VF20	XF40	MS60	MS63
1822Mo JM	—	50.00	120	300	1,300	—

KM# 310 0.903 Silver, **Ruler:** Augustin I Iturbide **Obv:** Head right, continuous legend with short irregular truncation **Rev:** Crowned eagle, 8 R • J • M • below eagle **Obv. Legend:** AUGUSTINUS DEI... **Rev. Legend:** MEX • I • IMPERATOR... **Mint:** Mexico City **Note:** Type V.

Date	Mintage	F12	VF20	XF40	MS60	MS63
1822Mo JM	—	50.00	120	300	1,500	—
1823Mo JM	—	50.00	120	300	1,500	—

KM# 311 0.903 Silver, **Ruler:** Augustin I Iturbide **Obv:** Head right, long truncation **Rev:** Crowned eagle **Mint:** Mexico City **Note:** Type VI.

Date	Mintage	F12	VF20	XF40	MS60	MS63
1822Mo JM Rare	—	—	—	—	—	—

4 SCUDOS

KM# 312 13.53 g., 0.875 Gold, 0.3807 oz. AGW **Ruler:** Augustin I Iturbide **Obv:** Head right **Rev:** Crowned eagle within ornate shield **Obv. Legend:** AUGUSTINUS DEI... **Rev. Legend:** CONSTITUT • 4 • S • I • M... **Mint:** Mexico City

Date	Mintage	F12	VF20	XF40	MS60	MS63
1823Mo JM	—	1,350	2,750	6,250	12,000	—

8 SCUDOS

KM# 313.1 27.07 g., 0.875 Gold, 0.7615 oz. AGW
Ruler: Augustin I Iturbide **Obv:** Head right **Rev:**
Crowned eagle **Obv. Legend:** AUGUSTINUS • DEI
• PROVIDENTIA **Rev. Legend:** CONSTITUT • 8 • S
• I • M... **Mint:** Mexico City

Date	Mintage	F12	VF20	XF40	MS60	MS63
1822Mo JM	—	1,500	3,500	6,500	12,000	15,000

Note: American Numismatic Rarities Eliasberg
sale 4-05, MS-62 realized $20,700.
Superior Casterline sale 5-89 choice AU
realized $11,000

KM# 313.2 0.875 Gold, **Ruler:** Augustin I
Iturbide **Obv:** Head right, error in legend **Rev:**
Crowned eagle **Obv. Legend:** AUGUSTINUS •
DEI... **Rev. Legend:** CONSTITUT • 8 • S • I • M...
Mint: Mexico City

Date	Mintage	F12	VF20	XF40	MS60	MS63
1822Mo JM	—	1,350	3,650	6,750	12,500	16,000

KM# 314 0.875 Gold, **Ruler:** Augustin I Iturbide
Obv: Head right **Rev:** Crowned eagle within
ornate shield **Obv. Legend:** AUGUSTINUS DEI...
Rev. Legend: CONSTITUT • 8 • S • I • M... **Mint:**
Mexico City

Date	Mintage	F12	VF20	XF40	MS60	MS63
1823Mo JM	—	1,300	2,700	6,000	11,000	—

REPUBLIC
FIRST

MINT MARKS
A, AS - Alamos
CE - Real de Catorce
CA,CH - Chihuahua
C, Cn, Gn(error) - Culiacan
D, Do - Durango
EoMo - Estado de Mexico
Ga - Guadalajara
GC - Guadalupe y Calvo
G, Go - Guanajuato
H, Ho - Hermosillo
M, Mo - Mexico City
O, OA - Oaxaca
SLP, PI, P, I/P - San Luis Potosi
Z, Zs – Zacatecas

ASSAYERS' INITIALS

ALAMOS MINT

PG	1862-68	Pascual Gaxiola
DL, L	1866-79	Domingo Larraguibel
AM	1872-74	Antonio Moreno
ML, L	1878-95	Manuel Larraguibel

REAL DE CATORCE MINT

ML	1863	Mariano Cristobal Ramirez

CHIHUAHUA MINT

MR	1831-34	Mariano Cristobal Ramirez
AM	1833-39	Jose Antonio Mucharraz
MJ	1832	Jose Mariano Jimenez
RG	1839-56	Rodrigo Garcia
JC	1856-65	Joaquin Campa
BA	1858	Bruno Arriada
FP	1866	Francisco Potts
JC	1866-1868	Jose Maria Gomez del Campo
MM, M	1868-95	Manuel Merino
AV	1873-80	Antonio Valero
EA	1877	Eduardo Avila
JM	1877	Jacobo Mucharraz
GR	1877	Guadalupe Rocha
MG	1880-82	Manuel Gameros

CULIACAN MINT

CE	1846-70	Clemente Espinosa de los Monteros
C	1870	???
PV	1860-61	Pablo Viruega
MP, P	1871-76	Manuel Onofre Parodi
GP	1876	Celso Gaxiola & Manuel Onofre Parodi
CG, G	1876-78	Celso Gaxiola
JD, D	1878-82	Juan Dominguez
AM, M	1882-1899	Antonio Moreno
F	1870	Fernando Ferrari
JQ, Q	1899-1903	Jesus S. Quiroz

DURANGO MINT

RL	1825-1832	???
RM	1830-48	Ramon Mascarenas
OMC	1840	Octavio Martinez de Castro
CM	1848-76	Clemente Moron
JMR	1849-52	Jose Maria Ramirez
CP, P	1853-64, 1867-73	Carlos Leon de la Pena
LT	1864-65	???
JMP, P	1877	Carlos Miguel de la Palma
PE, E	1878	Pedro Espejo
TB, B	1878-80	Trinidad Barrera
JP	1880-94	J. Miguel Palma
MC, C,	1882-90	Manuel M. Canseco or Melchor Calderon

| JB | 1885 | Jocobo Blanco |
| ND, D | 1892-95 | Norberto Dominguez |

ESTADO DE MEXICO MINT

| L | 1828-30 | Luis Valazquez de la Cadena |
| F | 1828-30 | Francisco Parodi |

GUADALAJARA MINT

FS	1818-35	Francisco Suarez
JM	1830-32	???
JG	1836-39, 1842-67	Juan de Dios Guzman
MC	1839-46	Manuel Cueras
JM	1867-69	Jesus P. Manzano
IC, C	1869-77	Ignacio Canizo y Soto
MC	1874-75	Manuel Contreras
JA, A	1877-81	Julio Arancivia
FS, S	1880-82	Fernando Sayago
TB, B	1883-84	Trinidad Barrera
AH, H	1884-85	Antonio Hernandez y Prado
JS, S	1885-95	Jose S. Schiafino

GUADALUPE Y CALVO MINT

| MP | 1844-52 | Manuel Onofre Parodi |

GUANAJUATO MINT

JJ	1825-26	Jose Mariano Jimenez
MJ, MR, JM, PG, PJ, PF		???
PM	1841-48, 1853-61	Patrick Murphy
YF	1862-68	Yldefonso Flores
YE	1862-63	Ynocencio Espinoza
FR	1870-78	Faustino Ramirez
SB, RR		???
RS	1891-1900	Rosendo Sandoval

HERMOSILLO MINT

PP	1835-36	Pedro Peimbert
FM	1871-76	Florencio Monteverde
MP	1866	Manuel Onofre Parodi
PR	1866-75	Pablo Rubio
R	1874-75	Pablo Rubio
GR	1877	Guadalupe Rocha
AF, F	1876-77	Alejandro Fourcade
JA, A	1877-83	Jesus Acosta
FM, M	1883-86	Fernando Mendez
FG, G	1886-95	Fausto Gaxiola

MEXICO CITY MINT

Because of the great number of assayers for this mint (Mexico City is a much larger mint than any of the others) there is much confusion as to which initial stands for which assayer at any one time. Therefore we feel that it would be of no value to list the assayers.

OAXACA MINT

AE	1859-91	Agustin Endner
E	1889-90	Agustin Endner
FR	1861-64	Francisco de la Rosa
EN	1890	Eduardo Navarro Luna
N	1890	Eduardo Navarro Luna

POTOSI MINT

JS	1827-42	Juan Sanabria
AM	1838, 1843-49	Jose Antonio Mucharraz
PS	1842-43, 1848-49, 1857-61, 1867-70	Pompaso Sanabria
S	1869-70	Pomposo Sanabria
MC	1849-59	Mariano Catano
RO	1859-65	Romualdo Obregon
MH, H	1870-85	Manuel Herrera Razo
O	1870-73	Juan R. Ochoa
CA, G	1867-70	Carlos Aguirre Gomez
BE, E	1879-81	Blas Escontria
LC, C	1885-86	Luis Cuevas
MR, R	1886-93	Mariano Reyes

ZACATECAS MINT

A	1825-29	Adalco
Z	1825-26	Mariano Zaldivar
V	1824-31	Jose Mariano Vela
O	1829-67	Manuel Ochoa
M	1831-67	Manuel Miner
VL	1860-66	Vicente Larranaga
JS	1867-68, 1876-86	J.S. de Santa Ana
YH	1868-74	Ygnacio Hierro
JA	1874-76	Juan H. Acuna
FZ	18861905	Francisco de P. Zarate

DIE VARIETIES

Similar basic designs were utilized by all the Mexican mints, but many variations are noticeable, particularly in the eagle, cactus and sprays.

1835 Durango, 8 Escudos
Illustration enlarged.
A large winged eagle was portrayed on the earlier coinage of the new republic.

1849 Mexico City, 8 Escudos
Illustration enlarged.
The later eagle featured undersized wings.

1844 Durango, 8 Escudos
Illustration enlarged.

The early renditions of the hand held Liberty cap over open book were massive in the gold escudo series.

1864 Durango, 8 Escudos
Illustration enlarged.
A finer, more petite style was adopted later on in the gold escudo series.

PROFILE EAGLE COINAGE

The first coins of the Republic were of the distinctive Profile Eagle style, sometimes called the "Hooked Eagle." They were struck in the Mexico City in 1823 in denominations of eight reales and eight escudos. In 1824, they were produced at the Durango and Guanajuato mints in addition to Mexico City. Denominations included the one half, one, two and eight reales. No gold escudos of this design were struck in 1824. In 1825, only the eight reales were struck briefly at the Guanajuato mint.

Note: For a more extensive examination of Profile Eagle Coinage, please refer to Hookneck - El Aguila de Perfil by Clyde Hubbard and David O Harrow.

1/2 REAL

KM# 369 1.69 g., 0.903 Silver, 0.0491 oz. ASW **Obv:** Full breast Profile eagle **Rev:** Cap and rays **Mint:** Mexico City **Note:** Die varieties exist.

Date	Mintage	F12	VF20	XF40	MS60	MS63
1824Mo JM	—	45.00	75.00	175	750	—

REAL

KM# 371.1 3.38 g., 0.903 Silver, 0.0981 oz. ASW **Obv:** Thin Profile eagle **Rev:** Superscript S reversed **Mint:** Durango

Date	Mintage	F12	VF20	XF40	MS60	MS63
1824Do RL	—	5,500	9,500	13,000	—	—

KM# 371.2 3.38 g., 0.903 Silver, 0.0981 oz. ASW **Obv:** Thin Profile eagle **Rev:** Superscript S normal **Mint:** Durango

Date	Mintage	F12	VF20	XF40	MS60	MS63
1824Do RL 3 known	—	—	—	—	—	—

2 REALES

Mint mark: Do

KM# 373.1 6.76 g., 0.903 Silver, 0.1963 oz. ASW **Obv:** Profile eagle, snake in beak **Rev:** Radiant cap **Obv. Legend:** REPUBLICA • MEXICANA **Mint:** Durango **Note:** Die varieties exist.

Date	Mintage	F12	VF20	XF40	MS60	MS63
1824Do RL	—	60.00	135	850	2,200	—

KM# 373.2 6.76 g., 0.903 Silver, 0.1963 oz. ASW **Obv:** Profile eagle, snake in beak **Rev:** Radiant cap **Obv. Legend:** Thin profile **Rev. Legend:** Type 1, dot before 2R in legend **Mint:** Durango

Date	Mintage	F12	VF20	XF40	MS60	MS63
1824D RL	—	120	250	1,000	3,000	—

KM# 373.3 6.76 g., 0.903 Silver, 0.1963 oz. ASW **Obv:** Profile eagle, snake in beak **Rev:** Radiant cap **Obv. Legend:** Thin profile **Rev. Legend:** Type II, no dot before 2R in legend **Mint:** Durango

Date	Mintage	F12	VF20	XF40	MS60	MS63
1824D RL	—	120	250	1,000	3,000	—

KM# 373.4 6.76 g., 0.903 Silver, 0.1963 oz. ASW **Obv:** Profile eagle, snake in beak **Rev:** Radiant cap **Obv. Legend:** REPUBLICA • MEXICANA **Mint:** Mexico City **Note:** Varieties exist.

Date	Mintage	F12	VF20	XF40	MS60	MS63
1824Mo JM	—	40.00	90.00	450	2,000	—

Note: No coins are known with visible feather details on the eagle's breast

8 REALES

KM# **A376.1** 27.07 g., 0.903 Silver, 0.7859 oz. ASW **Obv:** Full breast profile eagle, snake in beak **Rev:** Radiant cap **Obv. Legend:** REPUBLICA MEXICANA. **Mint:** Guanajuato

Date	Mintage	F12	VF20	XF40	MS60	MS63
1824Go JM	—	250	400	1,100	3,500	—
1825/4Go JJ	—	600	1,200	2,750	7,000	—
1825Go JJ	—	500	750	1,400	5,500	—

KM# **A376.2** 27.07 g., 0.903 Silver, 0.7859 oz. ASW **Obv:** Full breast profile eagle, snake in beak **Rev:** Radiant cap **Obv. Legend:** REPUBLICA MEXICANA **Edge:** Standard or Republic **Mint:** Mexico City

Date	Mintage	F12	VF20	XF40	MS60	MS63
1823Mo JM	—	150	300	800	4,500	—
1824Mo JM	—	125	250	700	4,000	—

KM# **A376.3** 27.07 g., 0.903 Silver, 0.7859 oz. ASW **Obv:** Full breast profile eagle, snake in beak **Rev:** Radiant cap **Edge:** Colonial or circle and rectangle **Mint:** Mexico City

Date	Mintage	F12	VF20	XF40	MS60
1823Mo JM Rare	—	—	—	—	—

The Round-Topped Three

KM# **A376.4** 27.07 g., 0.903 Silver, 0.7859 oz. ASW **Obv:** Full breast profile eagle, snake in beak **Rev:** Radiant cap, round topped three **Edge:** Standard or Republic **Mint:** Mexico City

Date	Mintage	F12	VF20	XF40	MS60	MS63
1823Mo JM	—	2,000	4,000	6,000	8,000	—

Note: Many die varieties exist; Illustrations of one of the die differences is the size of the snake loop at the eagle's beak; This difference is not apparent except on the 1824 Mo 8 Reales

KM# **A376.5** 27.07 g., 0.903 Silver, 0.7859 oz. ASW **Obv:** Full breast profile eagle, snake in beak, REPULICA (error) **Rev:** Radiant cap **Mint:** Mexico City

Date	Mintage	F12	VF20	XF40	MS60	MS63
1824Mo JM	—	6,000	9,000	11,000	—	—

Note: Legible Libertads on the cap are not as prevalent on the Mexico City 8 Reales as on the Durango 8 Reales; They are much more numerous than on the Guanajuato 8 Reales

Typical Submissive
Snake Obverse

Typical Folded
Snake Obverse

NOTE: Legible Libertads on the Cap are common on Durango eight reales.

Med. Libertad **Small Libertad** **Large Libertad**
Cap Reverse **Cap Reverse** **Cap Reverse**

NOTE: The three styles of obverses and the three styles of reverses were combined to make six distinct varieties of coins.

KM# 376.1 27.07 g., 0.903 Silver, 0.7859 oz. ASW **Obv:** Thin profile eagle, defiant snake **Rev:** Radiant cap, medium Libertad **Mint:** Durango

Date	Mintage	F12	VF20	XF40	MS60	MS63
1824Do RL	—	500	1,200	5,400	10,500	—

Note: Five die varieties are known, all are rare. Ira & Larry Goldberg Millennia Sale 5-08, MS-64 realized $25,000.

KM# 376.2 27.07 g., 0.903 Silver, 0.7859 oz. ASW **Obv:** Thin profile eagle, defiant snake **Rev:** Radiant cap, small Libertad **Obv. Legend:** REPUBLICA MEXICANA **Mint:** Durango

Date	Mintage	F12	VF20	XF40	MS60	MS63
1824Do RL	—	300	500	1,900	5,300	—

Note: Eleven die varieties are known, some are rare

KM# 376.3 27.07 g., 0.903 Silver, 0.7859 oz. ASW **Obv:** Thin profile eagle, submissive snake **Rev:** Radiant cap, small Libertad **Obv. Legend:** REPUBLICA • MEXICANA **Mint:** Durango

Date	Mintage	F12	VF20	XF40	MS60	MS63
1824Do RL	—	200	400	1,500	4,150	—

Note: Seven die varieties are known, some are rare

KM# 376.4 27.07 g., 0.903 Silver, 0.7859 oz. ASW **Obv:** Thin profile eagle, submissive snake **Rev:** Radiant cap, large Libertad **Mint:** Durango

Date	Mintage	F12	VF20	XF40	MS60	MS63
1824Do RL	—	200	400	1,500	4,150	—

Note: Twelve die varieties known, some are rare

KM# 376.5 27.07 g., 0.903 Silver, 0.7859 oz. ASW **Obv:** Thin profile eagle, folded snake **Rev:** Radiant cap, small Libertad **Mint:** Durango

Date	Mintage	F12	VF20	XF40	MS60	MS63
1824Do RL	—	200	400	1,450	3,750	—

Note: Only one die variety is known

KM# 376.6 27.07 g., 0.903 Silver, 0.7859 oz. ASW **Obv:** Thin profile eagle, folded snake **Rev:** Radiant cap, large Libertad **Mint:** Durango

Date	Mintage	F12	VF20	XF40	MS60	MS63
1824Do RL	—	200	450	1,800	4,500	—

Note: Eleven die varieties known, some are rare

8 ESCUDOS

Type I Obverse/Reverse

NOTE: The cap on the reverse of the curved tail Type I points to the "A" of LIBERTAD.

KM# 382.1 27.07 g., 0.875 Gold, 0.7615 oz. AGW **Obv:** Profile eagle, snake's tail curved **Rev:** Open book, hand holding stick with cap, cap points to "A" of LIBERTAD **Obv. Legend:** REPUBLICA MEXICANA **Rev. Legend:** LIBERTAD EN... **Mint:** Mexico City

Date	Mintage	F12	VF20	XF40	MS60
1823Mo JM	—	7,000	10,000	20,000	35,000

Note: American Numismatic Rarities Eliasberg sale 4-05, MS-61 realized $55,200.

KM# 382.2 27.07 g., 0.875 Gold, 0.7615 oz. AGW **Obv:** Profile eagle, snake's tail looped **Rev:** Open book, hand holding stick with cap, cap points to "T" of LIBERTAD **Obv. Legend:** REPUBLICA MEXICANA **Rev. Legend:** LIBERTAD EN... **Mint:** Mexico City

Date	Mintage	F12	VF20	XF40	MS60
1823Mo JM	—	6,000	9,000	18,000	35,000

Note: The quality of the strikes of Type I coins is almost always superior to that of the Type II; Details of the eagle feathers, cactus and lettering on the open book are better on most Type I coins but the Type II coins are scarcer; Type I coins outnumber Type II coins by about two to one

STATE COINAGE

1/16 REAL (MEDIO OCTAVO)

KM# 316 4.75 g., Copper, 21mm. **Obv:** Bow, quiver and flag **Rev:** Seated figure, left, cap on pole **Obv. Legend:** DEPARTAMENTO DE JALISCO **Edge:** Oblique reeding **Mint:** Guadalajara

Date	Mintage	G4	VG8	F12	VF20	XF40
1860	—	5.00	12.00	28.00	85.00	—

KM# 317 4.75 g., Copper, 21mm. **Obv. Legend:** ESTADO LIBRE DE JALISCO **Edge:** Oblique reeding **Mint:** Guadalajara

Date	Mintage	G4	VG8	F12	VF20	XF40
1861	—	4.00	9.00	20.00	50.00	—

1/8 REAL (OCTAVO REAL)

KM# 320 Copper, **Obv:** Facing eagle, snake in beak, value at lower left **Rev:** Radiant Libertad above date within wreath **Rev. Legend:** LIBERTAD **Edge:** Oblique reeding **Mint:** Durango **Note:** Size varies 17-18mm. Weight varies 2.5-4 g. These pieces were frequently struck over 1/8 Real, dated 1821-23 of Nueva Vizcaya. All known examples struck over these coins are believed to be contemporary counterfeits.

Date	Mintage	G4	VG8	F12	VF20	XF40
1824D	—	8.00	19.00	55.00	130	—
1828D	—	225	375	600	1,500	—

KM# 338 4.00 g., Brass, 21mm. **Obv:** Monument **Rev:** Floating angel holding radiant cap **Obv. Legend:** ESTo LIBe FEDo DE ZACATECAS **Edge:** Oblique reeding **Mint:** Zacatecas

Date	Mintage	G4	VG8	F12	VF20
1825	—	5.00	8.00	18.00	40.00
1827	—	5.00	8.00	18.00	40.00
1827	—	18.00	30.00	60.00	150
Note: Inverted A for V in OCTAVO					
1827	—	22.50	37.50	75.00	180
Note: OCTAVA (error)					
1827 Inverted 1	—	18.00	30.00	60.00	150
1829 Rare	—	—	—	—	—
1830	—	4.00	8.00	12.00	30.00
1831	—	7.00	10.00	20.00	42.00
1832	—	4.00	8.00	12.00	30.00
1833	—	4.00	8.00	12.00	30.00
1835	—	5.00	9.00	15.00	38.00
1846	—	5.00	9.00	15.00	38.00
1851	—	55.00	110	175	325
1852	—	5.00	9.00	15.00	38.00
1858	—	4.00	8.00	12.00	30.00
1859	—	4.00	8.00	12.00	30.00
1862	—	4.00	8.00	12.00	30.00
1863 Reversed 6 in date	—	4.00	8.00	12.00	30.00

KM# 321 3.30 g., Copper, **Obv:** Child holding bow, right, small tree **Rev:** Radiant cap **Rev. Legend:** OCTo. DE. R. DE DO **Edge:** Oblique reeding **Mint:** Durango **Note:** Size varies 18-19mm.

Date	Mintage	G4	VG8	F12	VF20	XF40
1828D	—	11.00	27.50	60.00	175	—

KM# 329 4.80 g., Copper, 21mm. **Obv:** Bow, quiver and flag **Rev:** Seated figure, left, cap on pole

Obv. Legend: ESTADO LIBRE DE JALISCO **Edge:** Oblique reeding **Mint:** Guadalajara

Date	Mintage	G4	VG8	F12	VF20	XF40
1828	—	5.00	8.00	12.00	35.00	—
1831	—	95.00	150	280	425	—
1832/28	—	7.00	10.00	17.00	42.00	—
1832	—	7.00	9.00	15.00	38.00	—
1833	—	5.00	8.00	14.00	35.00	—
1834	—	55.00	120	225	350	—

KM# 335 Copper, **Obv. Legend:** ESTADO DE OCCIDENTE **Edge:** Oblique reeding **Mint:** Alamos **Note:** Size varies: 17-18mm, weight varies: 2-3 g. The C before date on reverse may be a mint mark standing for Concepcion de Alamos.

Date	Mintage	G4	VG8	F12	VF20
1828 Reverse S	—	55.00	100	180	—
1829	—	45.00	90.00	165	—

KM# 326 3.50 g., Copper, 21mm. **Obv:** Seated figure **Rev:** Cap within center wreath of stylized rays, date below **Obv. Legend:** ESTADO LIBRE DE GUANAJUATO **Edge:** Ornamented with incuse dots **Mint:** Guanajuato

Date	Mintage	G4	VG8	F12	VF20	XF40
1829	—	5.00	8.00	15.00	40.00	—
1829	—	6.00	10.00	20.00	42.00	—
Note: Error with GUANJUATO						
1830	—	12.00	20.00	50.00	100	—

KM# 336 Copper, 21mm. **Obv:** Value above divides wreath, open book within **Rev:** Seated figure **Obv. Legend:** ESTADO LIBRE DE SAN LUIS POTOSI **Edge:** Oblique reeding **Mint:** San Luis Potosi **Note:** Weight varies (1829-31) 4.5-5.5 g; (1859) 4-4.5 g.

Date	Mintage	G4	VG8	F12	VF20	XF40
1829	—	9.00	17.00	40.00	95.00	—
1830	—	13.00	22.50	45.00	110	—
1831	—	9.00	14.00	28.00	70.00	—
1859	—	8.00	12.00	25.00	70.00	—
1865/1	—	—	—	—	—	—
Note: Requires Confirmation						

KM# 318 3.54 g., Copper, 20mm. **Obv. Legend:** ESTADO SOBERANO DE CHIHUAHUA **Edge:** Plain **Mint:** Chihuahua

Date	Mintage	G4	VG8	F12	VF20	XF40
1833	—	525	1,150	—	—	—
1834	—	525	1,150	—	—	—
1835/3	—	525	1,150	—	—	—

KM# 322 3.50 g., Copper, 20mm. **Obv:** Profile eagle, snake in beak **Rev:** Value and date within circle and wreath **Obv. Legend:** ESTADO DE DURANGO **Mint:** Durango

Date	Mintage	G4	VG8	F12	VF20	XF40
1833	—	525	—	—	—	—

KM# 339 4.00 g., Copper, 21mm. **Obv:** Monument **Rev:** Floating angel holding radiant cap **Obv. Legend:** DEPARTAMENTO DE ZACATECAS **Edge:** Oblique reeding **Mint:** Zacatecas

Date	Mintage	G4	VG8	F12	VF20	XF40
1836	—	8.00	13.00	27.50	60.00	—
1845	—	11.00	19.00	35.00	75.00	—
1846	—	13.00	15.00	30.00	70.00	—

KM# 323 3.50 g., Copper, **Obv:** Facing eagle, snake in beak **Rev:** Value and date within circle and wreath **Obv. Legend:** REPUBLICA MEXICANA **Mint:** Durango **Note:** Size varies: 19-23mm.

Date	Mintage	G4	VG8	F12	VF20	XF40
1842/33	—	19.00	35.00	65.00	175	—
1842	—	13.00	22.50	50.00	150	—

KM# 324 Copper, 19mm. **Obv:** Facing eagle, snake in beak **Rev:** Value within circle **Obv. Legend:** REPUBLICA MEXICANA **Rev. Legend:** DEPARTAMENTO DE DURANGO **Edge:** Ornamented with arc and dot pattern **Mint:** Durango **Note:** Weight varies: 3.5-3.8 g.

Date	Mintage	G4	VG8	F12	VF20	XF40
1845	—	35.00	85.00	175	375	—
1846 Rare	—	—	—	—	—	—
1847	—	5.00	11.00	27.50	55.00	—

KM# 325 Copper, 19mm. **Obv:** Facing eagle, snake in beak **Rev:** Value within circle **Obv. Legend:** REPUBLICA MEXICANA **Rev. Legend:** ESTADO DE DURANGO **Edge:** Ornamented with arc and dot pattern **Mint:** Durango **Note:** Weight varies: 3.5-3.8 g.

Date	Mintage	G4	VG8	F12	VF20	XF40
1851	—	5.00	12.00	20.00	50.00	—

Date	Mintage	G4	VG8	F12	VF20	XF40
1852/1	—	5.00	10.00	20.00	50.00	—
1852	—	5.00	8.00	12.00	45.00	—
1854	—	11.00	20.00	45.00	95.00	—

KM# 319 3.54 g., Copper, 20mm. **Obv:** Standing figure facing holding bow and arrow **Rev:** Date and value within wreath **Obv. Legend:** ESTADO DE CHIHUAHUA **Edge:** Plain **Mint:** Chihuahua

Date	Mintage	G4	VG8	F12	VF20	XF40
1855	—	8.00	13.00	37.50	115	—

KM# 327 7.20 g., Brass, 29mm. **Obv:** Facing eagle, snake in beak **Rev:** Oval arms within sprays below radiant cap **Obv. Legend:** ESTADO LIBRE DE GUANAJUATO **Edge:** Plain **Mint:** Guanajuato

Date	Mintage	G4	VG8	F12	VF20	XF40
1856	—	11.00	18.00	30.00	115	—

KM# 328 Brass, 25mm. **Obv:** Facing eagle, snake in beak **Rev:** Oval arms within sprays below radiant cap **Obv. Legend:** ESTADO LIBRE DE GUANAJUATO **Edge:** Plain **Mint:** Guanajuato **Note:** Weight varies: 7.1-7.2 g.

Date	Mintage	G4	VG8	F12	VF20	XF40
1856	—	6.00	11.00	20.00	55.00	—
1857	—	5.00	9.00	15.00	45.00	—

KM# 330 9.50 g., Copper, 28mm. **Rev:** Seated figure, left, cap on pole **Obv. Legend:** ESTADO LIBRE DE JALISCO **Edge:** Oblique reeding **Mint:** Guadalajara

Date	Mintage	G4	VG8	F12	VF20	XF40
1856	—	5.00	9.00	14.00	28.00	—
1857	—	5.00	9.00	14.00	28.00	—
1858	—	5.00	9.00	14.00	28.00	—

Date	Mintage	G4	VG8	F12	VF20	XF40
1861	—	115	205	300	450	—
1862/1	—	6.00	11.00	15.00	35.00	—
1862	—	6.00	11.00	15.00	35.00	—

KM# 328a Copper, 25mm. **Obv:** Facing eagle, snake in beak **Rev:** Oval arms within sprays below radiant cap **Obv. Legend:** ESTADO LIBRE DE GUANAJUATO **Edge:** Plain **Mint:** Guanajuato **Note:** Weight varies: 7.1-7.2 g.

Date	Mintage	G4	VG8	F12	VF20	XF40
1857	—	11.00	25.00	48.00	85.00	—

KM# 331 9.50 g., Copper, 28mm. **Obv:** Bow, quiver and flag **Obv. Legend:** DEPARTAMENTO DE JALISCO **Edge:** Oblique reeding **Mint:** Guadalajara

Date	Mintage	G4	VG8	F12	VF20	XF40
1858	—	6.00	11.00	20.00	42.00	—
1859	—	5.00	9.00	12.00	30.00	—
1860/59	—	5.00	9.00	14.00	35.00	—
1860	—	5.00	9.00	14.00	35.00	—
1862	—	6.00	12.00	27.50	55.00	—

KM# 337 6.70 g., Copper, 28mm. **Obv. Legend:** ESTO LIBE Y SOBO DE SONORA **Edge:** Reeded **Mint:** Hermosillo

Date	Mintage	G4	VG8	F12	VF20	XF40
1859 Rare	—	—	—	—	—	—

1/4 REAL (UN QUARTO/UNA QUARTILLA)

KM# 366 8.00 g., Brass, **Obv:** Monument **Rev:** Floating angel with radiant cap on tip of arrow **Obv. Legend:** ESTO LIBE FEDO DE ZACATECAS **Edge:** Oblique reeding **Mint:** Zacatecas **Note:** Size varies: 28-29mm.

Date	Mintage	G4	VG8	F12	VF20	XF40
1824 Rare	—	—	—	—	—	—
1825	—	4.00	8.00	15.00	30.00	—
1826	—	115	195	325	500	—
1827/17	—	4.00	8.00	14.00	30.00	—
1829	—	4.00	8.00	14.00	30.00	—
1830	—	4.00	8.00	13.00	30.00	—
1831	—	60.00	130	210	325	—
1832	—	4.00	8.00	14.00	30.00	—
1833	—	4.00	8.00	14.00	30.00	—
1834 Rare	—	—	—	—	—	—
1835	—	4.00	8.00	14.00	30.00	—
1846	—	4.00	8.00	13.00	30.00	—

Date	Mintage	G4	VG8	F12	VF20	XF40
1847	—	4.00	8.00	13.00	30.00	—
1852	—	4.00	8.00	13.00	30.00	—
1853	—	4.00	8.00	13.00	30.00	—
1855	—	7.00	16.00	40.00	100	—
1858	—	4.00	8.00	13.00	30.00	—
1859	—	4.00	8.00	13.00	30.00	—
1860	—	115	190	300	475	—
1862/57	—	4.00	8.00	13.00	30.00	—
1862/59/7	—	12.00	27.50	55.00	115	—
1862	—	4.00	8.00	12.00	30.00	—
1863/2	—	4.00	8.00	12.00	30.00	—
1863	—	4.00	8.00	12.00	30.00	—
1864	—	6.00	15.00	37.50	90.00	—

KM# 351 7.00 g., Copper, 27mm. **Obv:** Seated figure with head right **Rev:** Cap within radiant wreath **Obv. Legend:** ESTADO LIBRE DE GUANAJUATO **Edge:** Ornamented with incuse dots **Mint:** Guanajuato

Date	Mintage	G4	VG8	F12	VF20	XF40
1828	—	6.00	12.00	27.50	60.00	—
1828	—	6.00	14.00	30.00	65.00	—

Note: Error with GUANJUATO

| 1829 | — | 8.00 | 18.00 | 35.00 | 70.00 | — |

KM# 353 9.35 g., Copper, 28mm. **Obv:** Oblique reeding **Rev:** Seated figure, left, cap on pole **Obv. Legend:** ESTADO LIBRE DE JALISCO **Mint:** Guadalajara

Date	Mintage	G4	VG8	F12	VF20	XF40
1828	—	6.00	11.00	22.50	55.00	—
1829/8	—	5.00	9.00	20.00	50.00	—
1829	—	5.00	9.00	20.00	50.00	—
1830/20	—	5.00	8.00	15.00	42.00	—
1830/29	—	5.00	8.00	15.00	42.00	—
1830	—	5.00	8.00	15.00	42.00	—
1831 Rare	—	—	—	—	—	—
1832/20	—	5.00	8.00	15.00	42.00	—
1832/28	—	5.00	8.00	15.00	42.00	—
1832	—	4.00	8.00	14.00	40.00	—
1833/2	—	5.00	8.00	14.00	40.00	—
1834	—	4.00	8.00	14.00	40.00	—
1835/3	—	5.00	8.00	14.00	40.00	—
1835	—	4.00	8.00	14.00	40.00	—
1836 Rare	—	—	—	—	—	—

KM# 359 Copper, **Obv:** Value above divides wreath, open book within **Rev:** Seated figure with cap on tip of arrow **Obv. Legend:** ESTADO LIBRE DE SAN LUIS POTOSI **Rev. Legend:** MEXICO LIBRE **Edge:** Oblique reeding **Mint:** San Luis Potosi **Note:** Size varies: 25-31mm, weight varies: (1828-32) 9-10 g.; (1859-60) 8-9 g.

Date	Mintage	G4	VG8	F12	VF20
1828	—	3.00	6.00	14.00	28.00
1829	—	5.00	8.00	14.00	30.00
1830	—	3.00	6.00	12.00	25.00
1832	—	6.00	9.00	15.00	35.00
1859 Large LIBRE	—	4.00	6.00	12.00	28.00
1859 Small LIBRE	—	4.00	6.00	12.00	28.00
1860	—	4.00	6.00	12.00	28.00

KM# 364 Copper, **Obv:** Arrow divides quivers **Rev:** Stylized radiant cap **Obv. Legend:** EST. D. SONORA UNA CUART **Edge:** Oblique reeding **Mint:** Hermosillo **Note:** Size varies: 21-22mm. Weight varies: 2.3-5.5 g.

Date	Mintage	G4	VG8	F12	VF20
1831 L.S. Rare	—	—	—	—	—
1832 L.S.	—	4.00	8.00	22.50	75.00
1833/2 L.S.	—	3.00	6.00	20.00	55.00
1833 L.S.	—	3.00	6.00	20.00	55.00
1834 L.S.	—	3.00	6.00	20.00	55.00
1835/3 L.S.	—	4.00	8.00	22.50	60.00
1835 L.S.	—	3.00	6.00	20.00	55.00
1836 L.S.	—	3.00	6.00	20.00	55.00

KM# 340 Copper, 27mm. **Obv:** Child facing, holding bow and arrow **Rev:** Value and date within palm wreath **Obv. Legend:** ESTADO SOBERANO DE CHIHUAHUA **Edge:** Herringbone pattern **Mint:** Chihuahua

Date	Mintage	G4	VG8	F12	VF20
1833	—	11.00	25.00	55.00	130
1834	—	10.00	20.00	42.00	85.00
1835	—	8.00	15.00	33.00	75.00
1835 Plain edge	—	8.00	12.00	20.00	75.00

KM# 354 9.35 g., Copper, 28mm. **Obv. Legend:** DEPARTAMENTO DE JALISCO **Edge:** Oblique reeding **Mint:** Guadalajara

Date	Mintage	G4	VG8	F12	VF20	XF40
1836	—	180	300	525	—	—

KM# 367 8.00 g., Brass, **Obv:** Monument **Rev:** Floating angel with radiant cap on tip of arrow **Obv. Legend:** DEPARTAMENTO DE ZACATECAS **Edge:** Oblique reeding **Mint:** Zacatecas **Note:** Size varies: 28-29mm.

Date	Mintage	G4	VG8	F12	VF20	XF40
1836	—	6.00	13.00	20.00	38.00	—
1845 Rare	—	—	—	—	—	—
1846	—	5.00	10.00	14.00	30.00	—

KM# 345 7.00 g., Copper, 27mm. **Obv:** Facing eagle, snake in beak **Rev:** Value and date within circle, DURANGO above in wreath **Obv. Legend:** REPUBLICA MEXICANA **Mint:** Durango

Date	Mintage	G4	VG8	F12	VF20	XF40
1845 Rare	—	—	—	—	—	—

KM# 341 7.08 g., Copper, 27mm. **Obv:** Stylized figure facing, holding bow and arrow **Rev:** Value and date within designed wreath **Obv. Legend:** ESTADO LIBRE DE CHIHUAHUA **Edge:** Plain **Mint:** Chihuahua

Date	Mintage	G4	VG8	F12	VF20	XF40
1846	—	5.00	9.00	20.00	55.00	—
Note: With fraction bar						
1846	—	8.00	13.00	22.50	70.00	—
Note: Without fraction bar						

KM# 363 Copper, 27mm. **Obv:** Head left within wreath **Rev:** Value and date within wreath **Obv. Legend:** ESTADO LIBRE Y SOBERANO DE SINALOA **Edge:** Reeded **Mint:** Culiacan

Date	Mintage	G4	VG8	F12	VF20
1847	—	5.00	8.00	18.00	35.00
1848	—	5.00	8.00	17.00	35.00
1859	—	5.00	7.00	11.00	25.00
1861	—	2.75	5.00	6.00	15.00
1862	—	2.75	5.00	6.00	17.00
1863	—	4.00	6.00	8.00	17.00
1864/3	—	4.00	6.00	8.00	18.00
1864	—	2.75	5.00	7.00	15.00
1865	—	5.00	8.00	13.00	28.00
1866/5	7,401,000	4.00	5.00	8.00	18.00
1866	Inc. above	2.75	5.00	6.00	15.00

KM# 363a 7.00 g., Brass, 27mm. **Obv:** Head left within wreath **Rev:** Value and date within wreath **Obv. Legend:** ESTADO LIBRE Y SOBERANO DE SINALOA **Edge:** Reeded **Mint:** Culiacan

Date	Mintage	G4	VG8	F12	VF20	XF40
1847	—	8.00	15.00	27.50	60.00	—

KM# 342 7.08 g., Copper, 27mm. **Obv:** Stylized figure facing, holding bow and arrow **Rev:** Value and date within designed wreath **Obv. Legend:** ESTADO DE CHIHUAHUA **Edge:** Plain **Mint:** Chihuahua

Date	Mintage	G4	VG8	F12	VF20	XF40
1855	—	4.00	9.00	20.00	60.00	—
1856	—	4.00	9.00	20.00	60.00	—

KM# 343 7.08 g., Copper, 27mm. **Obv:** Stylized figure facing, holding bow and arrow **Rev:** Value and date within designed wreath **Obv. Legend:** DEPARTAMENTO DE CHIHUAHUA **Edge:** Plain **Mint:** Chihuahua

Date	Mintage	G4	VG8	F12	VF20
1855	—	5.00	9.00	20.00	55.00
1855 DE (reversed D)	—	7.00	13.00	28.00	60.00

KM# 352 14.00 g., Copper, 32mm. **Obv:** Facing eagle, snake in beak **Rev:** Oval arms within sprays below radiant cap **Obv. Legend:** EST. LIB. DE GUANAXUATO **Rev. Legend:** OMNIA VINCIT LABOR **Edge:** Plain **Mint:** Guanajuato

Date	Mintage	G4	VG8	F12	VF20	XF40
1856	—	11.00	27.50	55.00	110	—
1857	—	10.00	20.00	42.00	75.00	—

KM# 352a 14.00 g., Brass, 32mm. **Obv:** Facing eagle, snake in beak **Rev:** Oval arms within sprays below radiant cap **Obv. Legend:** EST. LIB. DE GUANAXUATO **Rev. Legend:** OMNIA VINCIT LABOR **Edge:** Plain **Mint:** Guanajuato

Date	Mintage	G4	VG8	F12	VF20	XF40
1856	—	5.00	10.00	20.00	45.00	—
1857	—	5.00	10.00	20.00	45.00	—

KM# 346 7.50 g., Copper, 27mm. **Obv:** Facing eagle, snake in beak **Rev:** Date, value **Obv. Legend:** REPUBLICA MEXICANA **Rev. Legend:** DURANGO **Edge:** Ornamented with arc and dot pattern **Mint:** Durango

Date	Mintage	G4	VG8	F12	VF20	XF40
1858 Rare	—	—	—	—	—	—

KM# 347 7.50 g., Copper, 27mm. **Obv:** Facing eagle, snake in beak **Rev:** Radiant cap above value and date within stylized sprays **Obv. Legend:** ESTADO DE DURANGO **Rev. Legend:** CONSTITUCION **Edge:** Ornamented with arc and dot pattern **Mint:** Durango **Note:** Brass examples have been reported, but not confirmed.

Date	Mintage	G4	VG8	F12	VF20	XF40
1858	—	6.00	13.00	33.00	75.00	—

KM# 355 19.00 g., Copper, 32mm. **Obv:** Bow, quiver and flag **Rev:** Seated figure, left, cap on pole **Obv. Legend:** ESTADO LIBRE DE JALISCO **Edge:** Oblique reeding **Mint:** Guadalajara

Date	Mintage	G4	VG8	F12	VF20	XF40
1858	—	5.00	9.00	17.00	37.00	—
1861	—	6.00	12.00	25.00	50.00	—
1862	—	5.00	9.00	17.00	37.00	—

KM# 356 19.00 g., Copper, 32mm. **Obv:** Bow, quiver and flag **Rev:** Seated figure, left, cap on pole **Obv. Legend:** DEPARTAMENTO DE JALISCO **Edge:** Oblique reeding **Mint:** Guadalajara

Date	Mintage	G4	VG8	F12	VF20	XF40
1858	—	5.00	9.00	14.00	30.00	—
1859/8	—	5.00	9.00	14.00	30.00	—
1859	—	5.00	9.00	14.00	30.00	—
1860	—	5.00	9.00	14.00	30.00	—

KM# 365 14.30 g., Copper, 32mm. **Obv:** Facing eagle, snake in beak **Rev:** Seated figure, left, cap on pole **Obv. Legend:** ESTO. LIBE. Y SOBO. DE SONORA **Edge:** Reeded **Mint:** Hermosillo

Date	Mintage	G4	VG8	F12	VF20	XF40
1859	—	5.00	12.00	18.00	45.00	—
1861/59	—	6.00	15.00	25.00	55.00	—
1861	—	5.00	12.00	18.00	45.00	—
1862	—	5.00	12.00	18.00	45.00	—
1863/2	—	12.00	27.50	55.00	130	—

KM# 344 Copper, 28mm. **Obv:** Seated figure, right **Rev:** Value and date within wreath **Obv. Legend:** E. CHIHA LIBERTAD **Edge:** Plain **Mint:** Chihuahua **Note:** Weight varies 11-11.5 g.

Date	Mintage	G4	VG8	F12	VF20	XF40
1860	—	3.00	6.00	17.00	37.00	—
1861	—	3.00	6.00	17.00	37.00	—
1865/1	—	4.00	8.00	20.00	45.00	—
1865	—	9.00	20.00	42.00	100	—
1866/5	—	8.00	14.00	40.00	90.00	—
1866	—	3.00	6.00	17.00	37.00	—
Note: Coin rotation						
1866	—	3.00	6.00	17.00	37.00	—
Note: Medal rotation						

KM# 348 Copper, 27mm. **Obv:** Facing eagle, snake in beak **Rev:** Value and date within circular legend and wreath **Obv. Legend:** DEPARTAMENTO DE DURANGO **Rev. Legend:** LIBERTAD EN EL ORDEN **Edge:** Ornamented with arc and dot pattern **Mint:** Durango **Note:** Weight varies: 7-7.5 g.

Date	Mintage	G4	VG8	F12	VF20	XF40
1860	—	4.00	11.00	25.00	65.00	—
1866	—	5.00	12.00	27.50	70.00	—

KM# 360 Copper, **Obv:** Value above divides wreath, open book within **Rev:** Seated figure with cap on tip of arrow **Obv. Legend:** ESTADO LIBRE DE SAN LUIS POTOSI **Rev. Legend:** REPUBLICA MEXICANA **Edge:** Oblique reeding **Mint:** San Luis Potosi **Note:** Size varies: 25-31mm.

Date	Mintage	G4	VG8	F12	VF20	XF40
1862	1,367	4.00	6.00	12.00	25.00	—
1862 LIBR	Inc. above	6.00	9.00	14.00	28.00	—

KM# 349 7.00 g., Copper, **Obv:** Facing eagle, snake in beak **Rev:** Value and date above sprays **Obv. Legend:** ESTADO DE DURANGO **Rev. Legend:** INDEPENDENCIA Y LIBERTAD **Edge:** Ornamented with arc and dot pattern **Mint:** Durango **Note:** Size varies: 26-27mm.

Date	Mintage	G4	VG8	F12	VF20	XF40
1866	—	6.00	14.00	38.00	85.00	—

KM# 361 Copper, **Rev:** Radiant cap and value within wrath, date below **Obv. Legend:** ESTADO LIBRE Y SOBERANO DE S.L. POTOSI **Rev. Legend:** LIBERTAD Y REFORMA **Edge:** Reeded or plain **Mint:** San Luis Potosi **Note:** Size varies: 27-28mm. Weight varies: 9-10 g.

Date	Mintage	G4	VG8	F12	VF20	XF40
1867	3,177,000	4.00	6.00	11.00	25.00	—
1867 AFG	Inc. above	4.00	6.00	11.00	25.00	—
Note: AFG are the coin designer/engraver initials						

KM# 362 Copper, **Obv. Legend:** ESTADO LIBRE Y SOBERANO DE S.L. POTOSI **Rev. Legend:** LIBERTAD Y REFORMA **Edge:** Plain **Mint:** San Luis Potosi

Date	Mintage	G4	VG8	F12	VF20	XF40
1867	Inc. above	4.00	6.00	11.00	25.00	—
1867 AFG	Inc. above	4.00	6.00	11.00	25.00	—
Note: AFG are the coin designer/engraver initials						

KM# 350 7.50 g., Copper, 27mm. **Obv:** Facing eagle, snake in beak **Rev:** Date and circular legend, value within **Obv. Legend:** ESTADO DE DURANGO **Rev. Legend:** SUFRAGIO LIBRE **Edge:** Ornamented with arc and dot pattern **Mint:** Durango **Note:** Brass examples have been reported, but not confirmed.

Date	Mintage	G4	VG8	F12	VF20	XF40
1872	—	3.00	6.00	14.00	30.00	—

FEDERAL COINAGE

1/16 REAL (MEDIO OCTAVO)

KM# 315 1.75 g., Copper, 17mm. **Obv. Legend:** REPUBLICA MEXICANA **Edge:** Ornamented with small incuse rectangles **Mint:** Mexico City

Date	Mintage	VG8	F12	VF20	XF40	MS60
1831	—	10.00	20.00	50.00	100	—
1832/1	—	12.00	22.00	55.00	125	—
1832	—	10.00	20.00	50.00	100	—
1833	—	10.00	20.00	50.00	100	—

KM# 315a 1.75 g., Brass, 17mm. **Obv. Legend:** REPUBLICA MEXICANA **Edge:** Ornamented with small incuse rectangles **Mint:** Mexico City

Date	Mintage	VG8	F12	VF20	XF40	MS60
1832	—	13.50	22.50	65.00	175	650
1833	—	10.00	17.50	50.00	150	—
1835	—	400	800	1,250	2,500	—

1/8 REAL (OCTAVO REAL)

KM# 332 7.00 g., Copper, 27mm. **Obv. Legend:** REPUBLICA MEXICANA **Edge:** Ornamented with small incuse rectangles **Mint:** Mexico City

Date	Mintage	VG8	F12	VF20	XF40	MS60
1829	—	450	900	1,500	2,500	—

KM# 333 3.50 g., Copper, 21mm. **Obv:** Facing eagle, snake in beak **Rev:** Value and date within wreath **Obv. Legend:** REPUBLICA MEXICANA **Edge:** Ornamented with small incuse rectangles **Mint:** Mexico City

Date	Mintage	G4	VG8	F12	VF20	XF40
1829	—	7.50	12.00	25.00	55.00	—
1830	—	1.00	2.00	6.00	20.00	—
1831	—	1.50	3.50	7.00	25.00	—
1832	—	1.50	3.50	7.00	25.00	—
1833/2	—	1.50	3.50	7.00	25.00	—
1833	—	1.50	2.75	6.00	20.00	—
1834	—	1.50	2.75	6.00	20.00	—
1835	—	1.50	2.75	6.00	20.00	—
1835/4	—	1.75	3.50	7.00	25.00	—

KM# 334 14.00 g., Copper, **Obv:** Seated figure, right **Rev:** Value and date within wreath **Obv. Legend:** LIBERTAD **Edge:** Lettered (1841-42); Plain (1850-61) **Edge Lettering:** REPUBLICA MEXICANA **Mint:** Mexico City **Note:** Size varies: 29-30mm.

Date	Mintage	G4	VG8	F12	VF20	XF40
1841	—	6.00	15.00	30.00	75.00	—
1842	—	2.50	5.00	10.00	30.00	—

Date	Mintage	G4	VG8	F12	VF20	XF40
1850	—	12.50	20.00	30.00	80.00	175
1861	—	5.00	12.00	25.00	70.00	—

1/4 REAL (UN QUARTO/UNA QUARTILLA)

KM# 357 14.00 g., Copper, 33mm. **Obv:** Facing eagle, snake in beak **Rev:** Value and date within wreath **Obv. Legend:** REPUBLICA MEXICANA **Edge:** Ornamented with small incuse rectangles **Mint:** Mexico City

Date	Mintage	VG8	F12	VF20	XF40	MS60
1829	—	12.00	36.00	90.00	275	—

KM# 358 7.00 g., Copper, 27mm. **Obv:** Facing eagle, snake in beak **Rev:** Value and date within wreath **Obv. Legend:** REPUBLICA MEXICANA **Edge:** Ornamented with small incuse rectangles **Mint:** Mexico City **Note:** Reduced size.

Date	Mintage	VG8	F12	VF20	XF40	MS60
1829	—	12.00	25.00	50.00	180	—
1830	—	1.50	2.75	5.00	12.00	—
1831	—	1.50	2.75	5.00	12.00	—
1832	—	5.50	10.00	20.00	42.00	—
1833	—	1.50	2.75	5.00	12.00	—
1834/3	—	1.75	3.00	6.00	14.00	—
1834	—	1.50	2.75	5.00	12.00	—
1835	—	1.50	2.75	5.00	12.00	—
1836/5	—	1.75	3.00	6.00	14.00	—
1836	—	1.50	2.75	5.00	12.00	—
1837	—	6.50	13.50	22.50	55.00	—

KM# 358a.1 7.00 g., Brass, 27mm. **Obv. Legend:** REPUBLICA MEXICANA **Edge:** Ornamented with small incuse rectangles **Mint:** Mexico City **Note:** Reduced size.

CM Date	Host Date	VG8	F12	VF20	XF40	MS60
	1831	8.00	14.00	28.00	60.00	—

KM# 358a.2 7.00 g., Brass, 27mm. **Obv. Legend:** REPUBLICA MEXICANA **Edge:** Ornamented with small incuse rectangles **Mint:** Mexico City **Note:** Without countermark.

Date	Mintage	VG8	F12	VF20	XF40	MS60
1831	—	—	—	—	—	—

KM# 368 0.85 g., 0.903 Silver, 0.0245 oz. ASW
Obv: Head left **Rev:** Value **Mint:** Chihuahua **Note:**
Mint mark CA.

Date	Mintage	VG8	F12	VF20	XF40	MS60
1843 CA RG	— 75.00	125	300	550	2,000

KM# 368.1 0.85 g., 0.903 Silver, 0.0245 oz. ASW
Mint: Culiacan **Note:** Mint mark C.

Date	Mintage	VG8	F12	VF20	XF40	MS60
1855 C LR	— 50.00	100	225	525	1,500

KM# 368.2 0.85 g., 0.903 Silver, 0.0245 oz. ASW
Mint: Durango **Note:** Struck at Durango Mint, mint
mark Do.

Date	Mintage	VG8	F12	VF20	XF40	MS60
1842 Do LR	— 12.00	20.00	40.00	140	600
1843 Do	— 20.00	40.00	125	300	1,000

KM# 368.3 0.85 g., 0.903 Silver, 0.0245 oz. ASW
Mint: Guadalajara **Note:** Mint mark Ga.

Date	Mintage	VG8	F12	VF20	XF40	MS60
1842 Ga JG	—	3.00	7.00	10.00	25.00	100
1843 Ga JG	— 15.00	50.00	200	300	—
1843 Ga MC	—	5.00	15.00	25.00	35.00	100
1844 Ga MC	—	5.00	15.00	25.00	35.00	100
1844 Ga LR	—	3.00	6.00	12.00	30.00	100
1845 Ga LR	— 10.00	25.00	60.00	125	—
1846 Ga LR	— 20.00	50.00	100	250	—
1847 Ga LR	—	7.00	12.00	25.00	50.00	160
1848 Ga LR Rare	—	—	200	600	1,000	—
1850 Ga LR Rare	—	100	200	350	600	—
1851 Ga LR	— 15.00	50.00	200	350	—
1852 Ga LR	— 60.00	120	200	300	—
1854/3 Ga LR	— 60.00	120	160	300	—
1854 Ga LR	— 20.00	50.00	100	250	—
1855 Ga LR	— 20.00	50.00	100	250	—
1857 Ga LR	— 30.00	60.00	150	400	—
1862 Ga LR	— 20.00	50.00	100	250	—

KM# 368.4 0.85 g., 0.903 Silver, 0.0245 oz. ASW
Mint: Guadalupe y Calvo **Note:** Mint mark GC.

Date	Mintage	VG8	F12	VF20	XF40	MS60
1844 GC LR	— 50.00	75.00	200	500	2,000

KM# 368.5 0.85 g., 0.903 Silver, 0.0245 oz. ASW
Mint: Guanajuato **Note:** Mint mark Go.

Date	Mintage	VG8	F12	VF20	XF40	MS60
1842 Go PM	—	5.00	15.00	35.00	90.00	300
1842 Go LR	—	2.00	4.00	8.00	18.00	90.00
1843/2 Go LR	—	4.00	6.00	10.00	25.00	300
1843 Go LR	—	4.00	15.00	40.00	60.00	125
1844 Go LR	— 10.00	25.00	100	200	700
1845 Go LR	—	8.00	17.00	30.00	60.00	275
1846 Go LR	—	6.00	15.00	30.00	60.00	—
1847 Go LR	—	4.00	15.00	40.00	60.00	125
1848/7 Go LR	—	2.00	4.00	10.00	20.00	90.00
1848 Go LR	—	4.00	15.00	40.00	60.00	125
1849/7 Go LR	—	8.00	10.00	20.00	40.00	—
1849 Go LR	—	4.00	8.00	20.00	50.00	—
1850 Go LR	—	2.00	4.00	8.00	15.00	100
1851/0 Go LR R in REPUBLICA backward	—	—	60.00	100	—	—
1851 Go LR	—	4.00	10.00	30.00	80.00	—
1852 Go LR	—	2.00	4.00	25.00	40.00	250
1853 Go LR	—	5.00	15.00	35.00	90.00	—
1856/4 Go LR	— 50.00	125	300	500	—

Date	Mintage	VG8	F12	VF20	XF40	MS60
1856 Go LR	—	5.00	15.00	30.00	75.00	—
1862/1 Go LR	—	3.00	5.00	10.00	25.00	100
1862 Go LR	—	2.00	4.00	10.00	20.00	100
1863 Go	— 50.00	125	300	500	—

KM# 368.6 0.85 g., 0.903 Silver, 0.0245 oz. ASW
Mint: Mexico City **Note:** Mint mark Mo.

Date	Mintage	VG8	F12	VF20	XF40	MS60
1842 Mo LR	—	2.00	4.00	8.00	18.00	100
1843 Mo LR	—	2.00	4.00	8.00	18.00	100
1844/3 Mo LR	— 75.00	125	200	400	1,200
1845 Mo LR	—	6.00	15.00	25.00	60.00	250
1846 Mo LR	— 10.00	15.00	30.00	60.00	—
1850 Mo LR	—	100	200	350	700	2,000
1858 Mo LR	—	4.00	8.00	15.00	36.00	150
1859 Mo LR	—	4.00	6.00	10.00	25.00	100
1860 Mo LR	—	4.00	6.00	10.00	25.00	100
1861 Mo LR	—	4.00	6.00	10.00	25.00	100
1862 Mo LR	—	4.00	6.00	10.00	25.00	100
1863/53 Mo LR	—	4.00	6.00	10.00	25.00	100
1863 Mo LR	—	4.00	6.00	10.00	25.00	100

KM# 368.7 0.85 g., 0.903 Silver, 0.0245 oz. ASW
Mint: San Luis Potosi **Note:** Mint mark SLP, PI, P,
I/P.

Date	Mintage	VG8	F12	VF20	XF40	MS60
1842 S.L.Pi	—	2.00	5.00	10.00	40.00	160
1843/2 S.L.Pi	—	4.00	10.00	25.00	50.00	—
1843 S.L.Pi	—	2.00	4.00	8.00	25.00	—
1844 S.L.Pi	—	2.00	10.00	25.00	50.00	—
1845/3 S.L.Pi	—	4.00	10.00	25.00	50.00	—
1845/4 S.L.Pi	—	4.00	10.00	25.00	50.00	—
1845 S.L.Pi	—	2.00	10.00	25.00	50.00	—
1847/5 S.L.Pi	—	4.00	9.00	20.00	48.00	160
1847 S.L.Pi	—	3.00	6.00	12.00	40.00	160
1851/47 S.L.Pi	— 30.00	80.00	200	300	1,100
1854 S.L.Pi	— 75.00	125	275	475	—
1856 S.L.Pi	— 10.00	25.00	60.00	120	—
1857 S.L.Pi	— 30.00	60.00	200	350	1,400
1862/57 S.L.Pi	— 10.00	20.00	40.00	100	—
1863 S.L.Pi Rare	—	—	—	—	—	—

KM# 368.8 0.85 g., 0.903 Silver, 0.0245 oz. ASW
Mint: Zacatecas **Note:** Mint mark Zs.

Date	Mintage	VG8	F12	VF20	XF40	MS60
1842/1 Zs LR	—	4.00	8.00	15.00	36.00	250
1842 Zs LR	—	4.00	8.00	15.00	36.00	250

1/2 REAL

KM# 370 1.69 g., 0.903 Silver, 0.0491 oz. ASW
Obv: Hooked-neck eagle **Mint:** Alamos

Date	Mintage	F12	VF20	XF40	MS60
1862A PG Rare	—	—	—	—	—

KM# 370.1 1.69 g., 0.903 Silver, 0.0491 oz. ASW
Obv: Facing eagle **Mint:** Chihuahua

Date	Mintage	VF20	XF40	MS60	MS63
1844Ca RG	— 75.00	125	195	325	—
1845Ca RG	— 75.00	125	165	300	—

KM# 370.2 1.69 g., 0.903 Silver, 0.0491 oz. ASW
Obv: Facing eagle, snake in beak **Rev:** Radiant
cap **Obv. Legend:** REPUBLICA MEXICANA **Mint:**

Culiacan **Note:** Mint mark C.

Date	Mintage	F12	VF20	XF40	MS60	MS63
1846 CE	—	30.00	50.00	85.00	165	—
1848/7 CE	—	15.00	25.00	49.50	100	—
1849/8 CE	—	15.00	25.00	49.50	100	—
1849 CE	—	—	—	—	—	—
1852 CE	—	12.50	20.00	44.00	90.00	—
1853/1 CE	—	12.50	20.00	44.00	90.00	—
1854 CE	—	20.00	35.00	55.00	110	—
1856 CE	—	12.50	20.00	44.00	90.00	—
1857/6 CE	—	20.00	35.00	55.00	110	—
1857 CE	—	15.00	25.00	49.50	100	—
1858 CE Error 1 for 1/2	—	12.50	20.00	44.00	90.00	—
1860/59 PV	—	20.00	35.00	55.00	110	—
1860 PV	—	12.50	20.00	44.00	90.00	—
1861 PV	—	12.50	20.00	44.00	90.00	—
1863 CE Error 1 for 1/2	—	15.00	25.00	49.50	100	—
1867 CE	—	12.50	20.00	44.00	90.00	—
1870 1/5 CE Error 1 for 1/2	—	12.50	20.00	44.00	90.00	—

KM# 370.3 1.69 g., 0.903 Silver, 0.0491 oz. ASW **Obv:** Facing eagle, snake in beak **Mint:** Durango **Note:** Mint mark D, Do.

Date	Mintage	F12	VF20	XF40	MS60
1832 RM	—	125	225	375	650
1832 RM/L	—	—	—	—	—
1833/2 RM/L	—	75.00	100	165	250
1833/1 RM/L	—	12.50	20.00	44.00	90.00
1833 RM	—	25.00	40.00	85.00	165
1834/1 RM	—	25.00	40.00	85.00	165
1834 RM	—	12.50	20.00	44.00	90.00
1837/1 RM	—	12.50	30.00	65.00	220
1837/4 RM	—	12.50	30.00	65.00	220
1837/6 RM	—	12.50	30.00	65.00	220
1841/33 RM	—	15.00	30.00	65.00	275
1842/32 RM	—	12.50	20.00	44.00	90.00
1842 RM	—	12.50	20.00	44.00	90.00
1842 RM 8R Error	—	12.50	20.00	44.00	90.00
1842 1/2 RM 8R Error	—	12.50	20.00	44.00	90.00
1843/33 RM	—	15.00	25.00	55.00	110
1843 RM	—	15.00	25.00	55.00	110
1845/31 RM	—	12.50	20.00	44.00	90.00
1845/34 RM	—	12.50	20.00	44.00	90.00
1845/35 RM	—	12.50	20.00	44.00	90.00
1845 RM	—	15.00	25.00	55.00	110
1846 RM	—	30.00	50.00	90.00	220
1848/5 RM	—	35.00	55.00	120	275
1848/36 RM	—	25.00	40.00	85.00	220
1849 JMR	—	25.00	40.00	85.00	220
1850 RM Rare	—	—	—	—	—
1850 JMR	—	25.00	40.00	85.00	220
1851 JMR	—	20.00	35.00	55.00	110
1852/1 JMR	—	65.00	125	275	650
1852 JMR	—	30.00	50.00	90.00	220
1853 CP	—	12.50	20.00	44.00	90.00
1854 CP	—	150	250	450	
1855 CP	—	25.00	40.00	65.00	165
1856/5 CP	—	20.00	35.00	55.00	110
1857 CP	—	20.00	35.00	55.00	110
1858/7 CP	—	20.00	35.00	55.00	110

Date	Mintage	F12	VF20	XF40	MS60
1859 CP	—	20.00	35.00	55.00	110
1860/59 CP	—	40.00	65.00	150	325
1861 CP	—	125	250	450	775
1862 CP	—	25.00	40.00	65.00	140
1864 LT	—	100	300	550	1,100
1869 CP	—	40.00	65.00	140	300

KM# 370.4 1.69 g., 0.903 Silver, 0.0491 oz. ASW **Obv:** Facing eagle, snake in beak **Mint:** Estado de Mexico

Date	Mintage	F12	VF20	XF40	MS60	MS63
1829EoMo LF	—	175	300	550	1,650	—

KM# 370.5 1.69 g., 0.903 Silver, 0.0491 oz. ASW **Obv:** Facing eagle, snake in beak **Mint:** Guadalajara

Date	Mintage	F12	VF20	XF40	MS60	MS63
1825Ga FS	—	25.00	40.00	85.00	220	—
1826Ga FS	—	10.00	15.00	38.50	90.00	—
1828/7Ga FS	—	12.50	20.00	40.00	90.00	—
1829Ga FS	—	7.50	15.00	33.00	75.00	—
1830/29Ga FS	—	40.00	60.00	110	220	—
1831Ga LP	—	350	—	—	—	—
1832Ga FS	—	100	200	450	—	—
1834/3Ga FS	—	65.00	100	195	275	—
1834Ga FS	—	100	200	450	—	—
1835/4/3Ga FS/LP	—	15.00	25.00	45.00	100	—
1837/6Ga JG	—	100	200	450	850	1,500
1838/7Ga JG	—	75.00	150	300	—	—
1839/8Ga JG/FS	—	35.00	75.00	165	275	—
1839Ga MC	—	10.00	20.00	38.50	90.00	—
1840/39Ga MC/JG	—	—	—	—	—	—
1840Ga MC	—	15.00	25.00	45.00	100	—
1841Ga MC	—	20.00	35.00	55.00	110	—
1842/1Ga JG	—	15.00	25.00	45.00	100	—
1842Ga JG	—	10.00	20.00	38.50	90.00	—
1843/2Ga JG	—	15.00	30.00	55.00	110	—
1843Ga JG	—	10.00	20.00	38.50	90.00	—
1843Ga MC/JG	—	10.00	20.00	38.50	90.00	—
1843Ga MC	—	10.00	20.00	38.50	90.00	—
1844Ga MC	—	10.00	20.00	38.50	90.00	—
1845Ga MC	—	10.00	20.00	38.50	90.00	—
1845Ga JG	—	10.00	20.00	38.50	90.00	—
1846Ga MC	—	10.00	20.00	38.50	90.00	—
1846Ga JG	—	10.00	20.00	38.50	90.00	—
1847Ga JG	—	10.00	20.00	38.50	90.00	—
1848/7Ga JG	—	10.00	20.00	38.50	90.00	—
1849Ga JG	—	10.00	20.00	38.50	90.00	—
1850/49Ga JG	—	—	—	—	—	—
1850Ga JG	—	10.00	20.00	38.50	90.00	—
1851/0Ga JG	—	10.00	20.00	38.50	90.00	—
1852Ga JG	—	10.00	20.00	38.50	90.00	—
1853Ga JG	—	10.00	20.00	38.50	90.00	—
1854Ga JG	—	10.00	20.00	38.50	90.00	—
1855/4Ga JG	—	10.00	20.00	38.50	90.00	—
1855Ga JG	—	10.00	20.00	38.50	90.00	—
1856Ga JG	—	10.00	20.00	38.50	90.00	—
1857Ga JG	—	10.00	20.00	38.50	90.00	—
1858/7Ga JG	—	10.00	20.00	38.50	90.00	—
1858Ga JG	—	10.00	20.00	38.50	90.00	—
1859/7Ga JG	—	10.00	20.00	38.50	90.00	—
1860/59Ga JG	—	10.00	20.00	38.50	90.00	—
1861Ga JG	—	5.00	12.50	27.50	65.00	—
1862/1Ga JG	—	15.00	25.00	45.00	100	—

KM# 370.6 1.69 g., 0.903 Silver, 0.0491 oz. ASW
Obv: Facing eagle, snake in beak **Mint:** Guadalupe y Calvo

Date	Mintage	F12	VF20	XF40	MS60	MS63
1844GC MP	—	50.00	100	165	425	—
1845GC MP	—	25.00	50.00	110	240	—
1846GC MP	—	25.00	50.00	110	240	—
1847GC MP	—	25.00	50.00	110	350	—
1848GC MP	—	20.00	40.00	85.00	180	—
1849GC MP	—	25.00	50.00	110	240	—
1850GC MP	—	30.00	60.00	140	300	—
1851GC MP	—	25.00	50.00	110	240	—

KM# 370.7 1.69 g., 0.903 Silver, 0.0491 oz. ASW **Obv:** Facing eagle, snake in beak **Mint:** Guanajuato **Note:** Varieties exist.

Date	Mintage	F12	VF20	XF40	MS60
1826Go MJ	—	125	250	450	1,100
1827/6Go MJ	—	7.50	15.00	33.00	85.00
1828/7Go MJ	—	7.50	15.00	33.00	85.00
1828Go MJ	—	—	—	—	—
Note: Denomination 2/1					
1828Go JG	—	—	—	—	—
1828Go MR	—	50.00	100	165	275
1829/8Go MJ	—	5.00	10.00	27.50	55.00
1829Go MJ	—	5.00	10.00	27.50	55.00
Note: Reversed N in MEXICANA					
1830Go MJ	—	5.00	10.00	27.50	55.00
1831/29Go MJ	—	15.00	30.00	65.00	165
1831Go MJ	—	10.00	20.00	44.00	90.00
1832/1Go MJ	—	7.50	15.00	33.00	85.00
1832Go MJ	—	7.50	15.00	33.00	85.00
1833Go MJ	—	10.00	20.00	44.00	90.00
Round top 3					
1833Go MJ Flat top 3	—	10.00	20.00	44.00	90.00
1834Go PJ	—	5.00	10.00	27.50	55.00
1835Go PJ	—	5.00	10.00	27.50	55.00
1836/5Go PJ	—	7.50	15.00	33.00	85.00
1836Go PJ	—	5.00	10.00	27.50	55.00
1837Go PJ	—	5.00	10.00	27.50	55.00
1838/7Go PJ	—	5.00	10.00	27.50	55.00
1839Go PJ	—	5.00	10.00	27.50	55.00
1839Go PJ	—	5.00	10.00	27.50	55.00
Note: Error: REPUBLIGA					
1840/39Go PJ	—	7.50	10.00	27.50	85.00
1840Go PJ Straight J	—	5.00	10.00	27.50	55.00
1840Go PJ Curved J	—	5.00	10.00	27.50	55.00
1841/31Go PJ	—	5.00	10.00	27.50	55.00
1841Go PJ	—	5.00	10.00	27.50	55.00
1842/1Go PJ	—	5.00	10.00	27.50	55.00
1842/1Go PM	—	5.00	10.00	27.50	55.00
1842Go PM/J	—	5.00	10.00	27.50	55.00
1842Go PJ	—	5.00	10.00	27.50	55.00
1842Go PM	—	5.00	10.00	27.50	55.00
1843/33Go PM 1/2 over 8	—	5.00	10.00	27.50	55.00
1843Go PM	—	5.00	10.00	27.50	55.00
Note: Convex wings					
1843Go PM	—	5.00	10.00	27.50	55.00
Note: Concave wings					
1844/3Go PM	—	5.00	10.00	27.50	55.00
1844Go PM	—	10.00	20.00	45.00	100
1845/4Go PM	—	5.00	10.00	27.50	55.00
1845Go PM	—	5.00	10.00	27.50	55.00
1846/4Go PM	—	5.00	10.00	27.50	55.00
1846/5Go PM	—	5.00	10.00	27.50	55.00
1846Go PM	—	5.00	10.00	27.50	55.00

Date	Mintage	F12	VF20	XF40	MS60
1847/6Go PM	—	7.50	15.00	33.00	65.00
1847Go PM	—	7.50	15.00	33.00	65.00
1848/35Go PM	—	5.00	10.00	27.50	55.00
1848Go PM	—	5.00	10.00	27.50	55.00
1848Go PF/M	—	5.00	10.00	27.50	55.00
1849/39Go PF	—	5.00	10.00	27.50	55.00
1849Go PF	—	5.00	10.00	27.50	55.00
1849Go PF	—	5.00	10.00	27.50	55.00
Note: Error: MEXCANA					
1850Go PF	—	5.00	10.00	27.50	55.00
1851Go PF	—	5.00	10.00	27.50	55.00
1852/1Go PF	—	5.00	10.00	27.50	55.00
1852Go PF	—	2.50	7.50	20.00	45.00
1853Go PF/R	—	5.00	10.00	27.50	55.00
1853Go PF/R	—	5.00	10.00	27.50	55.00
1854Go PF	—	5.00	10.00	27.50	55.00
1855Go PF	—	5.00	10.00	27.50	55.00
1856/4Go PF	—	5.00	10.00	27.50	55.00
1856/5Go PF	—	5.00	10.00	27.50	55.00
1856Go PF	—	5.00	10.00	27.50	55.00
1857/6Go PF	—	5.00	10.00	27.50	55.00
1857Go PF	—	5.00	10.00	27.50	55.00
1858/7Go PF	—	7.50	15.00	33.00	65.00
1858Go PF	—	5.00	10.00	27.50	55.00
1859Go PF	—	5.00	10.00	27.50	55.00
1860Go PF Small 1/2	—	5.00	10.00	27.50	55.00
1860Go PF Large 1/2	—	5.00	10.00	27.50	55.00
1860/59Go PF	—	5.00	10.00	27.50	55.00
1861Go PF Small 1/2	—	5.00	10.00	27.50	55.00
1861Go PF Large 1/2	—	5.00	10.00	27.50	55.00
1862/1Go YE	—	5.00	10.00	27.50	55.00
1862Go YE	—	2.50	7.50	20.00	45.00
1862Go YF	—	5.00	10.00	27.50	55.00
1867Go YF	—	2.50	7.50	20.00	45.00
1868Go YF	—	2.50	7.50	20.00	45.00

KM# 370.8 1.69 g., 0.903 Silver, 0.0491 oz. ASW **Obv:** Facing eagle, snake in beak **Mint:** Hermosillo

Date	Mintage	F12	VF20	XF40	MS60
1839Ho PP Unique	—	—	—	—	—
1862Ho FM	—	500	650	1,100	—
1867Ho PR/ FM Inverted 6, and 7/1	—	100	175	275	600

KM# 370.9 1.69 g., 0.903 Silver, 0.0491 oz. ASW **Obv:** Facing eagle, snake in beak **Mint:** Mexico City

Date	Mintage	F12	VF20	XF40	MS60
1825Mo JM Short top 5	—	10.00	20.00	44.00	90.00
1825Mo JM Long top 5	—	10.00	20.00	44.00	90.00
1826/5Mo JM	—	10.00	20.00	44.00	90.00
1826Mo JM	—	5.00	10.00	22.50	65.00
1827/6Mo JM	—	5.00	10.00	22.50	65.00
1827Mo JM	—	5.00	10.00	22.50	65.00
1828/7Mo JM	—	7.50	15.00	27.50	95.00
1828Mo JM	—	10.00	20.00	45.00	100
1829Mo JM	—	7.50	15.00	27.50	85.00

Date	Mintage	F12	VF20	XF40	MS60
1830Mo JM	—	5.00	10.00	22.50	65.00
1831Mo JM	—	5.00	10.00	22.50	65.00
1832Mo JM	—	7.50	12.50	30.00	65.00
1833Mo MJ	—	7.50	12.50	30.00	65.00
1834Mo ML	—	5.00	10.00	22.50	65.00
1835Mo ML	—	5.00	10.00	22.50	65.00
1836/5Mo ML/MF	—	7.50	15.00	27.50	70.00
1836Mo ML	—	7.50	15.00	27.50	70.00
1838Mo ML	—	5.00	10.00	22.50	65.00
1839/8Mo ML	—	5.00	10.00	27.50	70.00
1839Mo ML	—	5.00	10.00	22.50	55.00
1840Mo ML	—	5.00	10.00	22.50	55.00
1841Mo ML	—	5.00	10.00	22.50	55.00
1842Mo ML	—	15.00	35.00	90.00	220
1842Mo MM	—	5.00	10.00	22.50	55.00
1843Mo MM	—	10.00	20.00	44.00	90.00
1844Mo MF	—	5.00	10.00	22.50	55.00
1845/4Mo MF	—	5.00	10.00	27.50	65.00
1845Mo MF	—	5.00	10.00	22.50	55.00
1846Mo MF	—	5.00	10.00	22.50	55.00
1847Mo RC	—	10.00	20.00	44.00	90.00
1847Mo RC R/M	—	10.00	20.00	44.00	90.00
1848/7Mo GC/RC	—	5.00	10.00	22.50	55.00
1849Mo GC	—	5.00	10.00	22.50	55.00
1850Mo GC	—	5.00	10.00	22.50	55.00
1851Mo GC	—	5.00	10.00	22.50	55.00
1852Mo GC	—	5.00	10.00	22.50	55.00
1853Mo GC	—	5.00	10.00	22.50	55.00
1854Mo GC	—	5.00	10.00	22.50	55.00
1855Mo GC	—	5.00	10.00	22.50	55.00
1855Mo GF/GC	—	7.50	12.50	27.50	70.00
1856/5Mo GF	—	7.50	12.50	27.50	70.00
1857Mo GF	—	5.00	10.00	22.50	55.00
1858Mo FH	—	3.00	5.00	15.00	45.00
1858Mo FH F/G	—	5.00	10.00	22.50	55.00
1858/9Mo FH	—	5.00	10.00	22.50	55.00
1859Mo FH/GC	—	5.00	10.00	22.50	55.00
1859Mo FH	—	3.00	6.00	18.00	55.00
1860Mo FH/GC	—	5.00	10.00	22.50	55.00
1860Mo FH	—	3.00	6.00	18.00	55.00
1860Mo TH	—	25.00	50.00	110	220
1860/59Mo FH	—	7.50	12.50	27.50	70.00
1861Mo CH	—	3.00	6.00	18.00	50.00
1862/52Mo CH	—	5.00	10.00	22.50	55.00
1862Mo CH	—	3.00	6.00	18.00	50.00
1863/55Mo TH/GC	—	5.00	10.00	22.50	55.00
1863Mo CH/GC	—	5.00	10.00	22.50	55.00
1863Mo CH	—	3.00	6.00	18.00	50.00

KM# 370.10 1.69 g., 0.903 Silver, 0.0491 oz. ASW **Obv:** Facing eagle, snake in beak **Mint:** San Luis Potosi

Date	Mintage	F12	VF20	XF40	MS60
1831Pi JS	—	7.50	12.50	27.50	70.00
1841/36Pi JS	—	100	200	450	—
1842/1Pi PS	—	20.00	40.00	85.00	140
1842/1Pi PS P/J	—	100	200	450	—
1842Pi PS/PJ	—	50.00	75.00	140	275
1842 PS	—	60.00	80.00	165	325
1842Pi JS	—	20.00	40.00	85.00	140
1843/2Pi PS	—	17.50	25.00	44.00	90.00
1843Pi PS	—	15.00	25.00	38.50	75.00

Date	Mintage	F12	VF20	XF40	MS60
1843Pi AM	—	10.00	15.00	27.50	65.00
1844Pi AM	—	10.00	15.00	33.00	70.00
1845Pi AM	—	250	375	550	1,650
1846/5Pi AM	—	40.00	75.00	140	220
1847/6Pi AM	—	15.00	25.00	44.00	90.00
1848Pi AM	—	15.00	25.00	44.00	90.00
1849Pi MC/AM	—	15.00	25.00	44.00	90.00
1849Pi MC	—	12.50	20.00	38.50	75.00
1850/49Pi MC	—	—	—	—	—
1850Pi MC	—	10.00	15.00	27.50	65.00
1850P MC	—	—	—	—	—
1851Pi MC	—	10.00	15.00	27.50	65.00
1852Pi MC	—	10.00	20.00	35.00	70.00
1853Pi MC	—	7.50	12.50	22.50	65.00
1854Pi MC	—	7.50	12.50	22.50	65.00
1855Pi MC	—	15.00	20.00	38.50	75.00
1856Pi MC	—	15.00	25.00	55.00	110
1856PI (no I)	—	—	—	—	—
1857Pi MC	—	7.50	12.50	22.50	65.00
1857Pi PS	—	250	500	1,000	—
1858Pi MC	—	12.50	20.00	38.50	75.00
1858Pi PS	—	12.50	20.00	38.50	75.00
1859Pi MC Rare	—	—	—	—	—
1860/59Pi PS	—	125	200	650	—
1861Pi RO	—	10.00	15.00	33.00	65.00
1862/1Pi RO	—	15.00	25.00	55.00	140
1862Pi RO	—	15.00	25.00	55.00	140
1863/2Pi RO	—	15.00	25.00	50.00	110

KM# 370.11 1.69 g., 0.903 Silver, 0.0491 oz. ASW **Obv:** Facing eagle, snake in beak **Mint:** Zacatecas **Note:** Mint mark Z, Zs.

Date	Mintage	F12	VF20	XF40	MS60
1826 AZ	—	5.00	10.00	22.50	65.00
1826 AO	—	5.00	10.00	22.50	65.00
1827 AO	—	5.00	10.00	22.50	65.00
1828/7 AO	—	5.00	10.00	22.50	65.00
1829 AO	—	5.00	10.00	22.50	65.00
1830 OV	—	5.00	10.00	22.50	65.00
1831 OV	—	25.00	50.00	85.00	165
1831 OM	—	5.00	10.00	22.50	65.00
1832 OM	—	5.00	10.00	22.50	65.00
1833 OM	—	5.00	10.00	22.50	65.00
1834 OM	—	5.00	10.00	22.50	65.00
1835/4 OM	—	5.00	10.00	22.50	65.00
1835 OM	—	5.00	10.00	22.50	65.00
1836 OM	—	5.00	10.00	22.50	65.00
1837 OM	—	10.00	20.00	44.00	90.00
1838 OM	—	5.00	10.00	22.50	65.00
1839 OM	—	7.50	15.00	35.00	70.00
1840 OM	—	10.00	25.00	50.00	100
1841 OM	—	10.00	25.00	50.00	100
1842/1 OM	—	5.00	10.00	22.50	65.00
1842 OM	—	5.00	10.00	22.50	65.00
1843 OM	—	40.00	75.00	125	275
1844 OM	—	5.00	10.00	22.50	65.00
1845 OM	—	5.00	10.00	22.50	65.00
1846 OM	—	7.50	15.00	35.00	70.00
1847 OM	—	5.00	10.00	22.50	55.00
1848 OM	—	5.00	10.00	22.50	55.00
1849 OM	—	5.00	10.00	22.50	55.00
1850 OM	—	5.00	10.00	22.50	55.00
1851 OM	—	5.00	10.00	22.50	55.00

Date	Mintage	F12	VF20	XF40	MS60
1852 OM	—	5.00	10.00	22.50	55.00
1853 OM	—	5.00	10.00	22.50	55.00
1854/3 OM	—	5.00	10.00	22.50	55.00
1854 OM	—	5.00	10.00	22.50	55.00
1855/3 OM	—	7.50	15.00	35.00	70.00
1855 OM	—	5.00	10.00	22.50	55.00
1856 OM	—	5.00	10.00	22.50	55.00
1857 MO	—	5.00	10.00	22.50	55.00
1858 MO	—	5.00	10.00	22.50	55.00
1859 MO	—	6.00	8.50	19.00	38.50
1859 VL	—	6.00	8.50	20.00	45.00
1860/50 VL Inverted A for V	—	5.00	10.00	22.50	55.00
1860/59 VL Inverted A for V	—	5.00	10.00	22.50	55.00
1860 MO	—	5.00	10.00	22.50	55.00
1860 VL	—	5.00	10.00	22.50	55.00
1861/0 VL Inverted A for V	—	7.50	15.00	35.00	70.00
1861 VL Inverted A for V	—	5.00	10.00	22.50	55.00
1862 VL Inverted A for V	—	5.00	10.00	22.50	55.00
1863/1 VL Inverted A for V	—	7.50	15.00	35.00	70.00
1863 VL Inverted A for V	—	5.00	10.00	22.50	55.00
1869 YH	—	5.00	10.00	22.50	55.00

REAL

KM# 372 3.38 g., 0.903 Silver, 0.0981 oz. ASW
Obv: Facing eagle, snake in beak **Mint:** Chihuahua

Date	Mintage	F12	VF20	XF40	MS60	MS63
1844Ca RG	—	600	1,200	1,800	3,300	—
1845Ca RG	—	600	1,200	1,800	3,300	—
1855Ca RG	—	120	180	270	575	—

KM# 372.1 3.38 g., 0.903 Silver, 0.0981 oz. ASW
Obv: Facing eagle, snake in beak **Mint:** Culiacan

Date	Mintage	F12	VF20	XF40	MS60
1846C CE	—	14.00	27.50	45.00	120
1848C CE	—	14.00	27.50	45.00	120
1850C CE	—	14.00	27.50	45.00	120
1851/0C CE	—	14.00	27.50	45.00	120
1852/1C CE	—	8.00	17.00	35.00	110
1853/2C CE	—	8.00	17.00	35.00	110
1854C CE	—	8.00	17.00	35.00	110
1856C CE	—	44.00	70.00	110	250
1857/4C CE	—	11.00	22.50	40.00	110
1857/6C CE	—	11.00	22.50	40.00	110
1858C CE	—	6.00	10.00	20.00	110
1859C CE	—	—	—	—	—
1860/9C PV/N	—	7.00	12.00	22.00	130
1860C PV	—	6.00	10.00	20.00	110
1861C PV	—	6.00	10.00	20.00	110
1863C CE	—	—	—	1,800	2,500
Note: 3 known					
1869C CE	—	6.00	10.00	20.00	110

KM# 372.2 3.38 g., 0.903 Silver, 0.0981 oz. ASW
Obv: Facing eagle, snake in beak **Mint:** Durango

Date	Mintage	F12	VF20	XF40	MS60
1832/1Do RM	—	6.00	11.00	22.50	100
1832Do RM/RL	—	11.00	17.00	35.00	110
1832Do RM	—	6.00	11.00	22.50	110
1834/24Do RM/RL	—	17.00	27.50	55.00	165
1834/3Do RM/RL	—	17.00	27.50	55.00	165
1834Do RM	—	11.00	22.50	45.00	120
1836/4Do RM	—	6.00	10.00	20.00	110
1836Do RM	—	6.00	10.00	20.00	110
1837Do RM 3/2	—	14.00	22.50	45.00	120
1837Do RM	—	14.00	22.50	45.00	120
1841Do RM	—	8.00	17.00	35.00	110
1842/32Do RM	—	11.00	22.50	45.00	120
1842Do RM	—	8.00	17.00	35.00	110
1843/37Do RM	—	11.00	22.50	45.00	120
1843Do RM	—	6.00	10.00	20.00	110
1844/34Do RM	—	17.00	27.50	50.00	140
1845Do RM	—	6.00	10.00	20.00	110
1846Do RM	—	8.00	17.00	35.00	110
1847Do RM	—	11.00	17.00	38.50	110
1848/31Do RM	—	11.00	17.00	40.00	110
1848/33Do RM	—	11.00	17.00	40.00	110
1848/5Do RM	—	11.00	17.00	40.00	110
1848Do RM	—	8.00	14.00	22.50	110
1849/8Do CM	—	11.00	17.00	35.00	110
1850Do JMR	—	22.50	42.00	85.00	195
1851Do JMR	—	22.50	44.00	85.00	195
1852Do JMR	—	22.50	44.00	85.00	195
1853Do CP	—	14.00	22.50	40.00	110
1854/1Do CP	—	11.00	17.00	27.50	110
1854Do CP	—	8.00	14.00	22.50	110
1855Do CP	—	11.00	17.00	27.50	110
1856Do CP	—	14.00	22.50	40.00	110
1857Do CP	—	14.00	22.50	40.00	110
1858Do CP	—	14.00	22.50	40.00	110
1859Do CP	—	8.00	14.00	25.00	110
1860/59Do CP	—	11.00	17.00	28.00	110
1861Do CP	—	17.00	27.50	45.00	120
1862/1Do CP	—	250	325	500	1,400
1864Do LT	—	17.00	27.50	45.00	120

KM# 372.3 3.38 g., 0.903 Silver, 0.0981 oz. ASW
Obv: Facing eagle, snake in beak **Mint:** Estado de Mexico

Date	Mintage	F12	VF20	XF40	MS60
1828EoMo LF	—	240	350	550	1,900

KM# 372.4 3.38 g., 0.903 Silver, 0.0981 oz. ASW **Obv:** Facing eagle, snake in beak **Mint:** Guadalajara

Date	Mintage	F12	VF20	XF40	MS60
1826Ga FS	—	17.00	33.00	55.00	140
1828/7Ga FS	—	17.00	33.00	55.00	140
1829/8/7Ga FS	—	—	—	—	—
1829Ga FS	—	17.00	33.00	55.00	140
1830Ga FS	—	275	475	650	—
1831Ga LP	—	17.00	33.00	55.00	140
1831Ga LP/FS	—	325	500	650	—
1832Ga FS	—	275	375	550	—
1833/2Ga G FS	—	110	165	300	600
1833Ga FS	—	85.00	140	250	550
1834/3Ga FS	—	85.00	140	250	550
1835Ga FS	—	—	—	—	—
1837/6Ga JG/FS	—	14.00	22.50	40.00	110
1838/7Ga JG/FS	—	110	220	450	—
1839Ga JG	—	275	375	550	—
1840Ga JG	—	14.00	22.50	40.00	110
1840Ga MC	—	8.00	14.00	27.50	75.00
1841Ga MC	—	55.00	85.00	140	275
1842/0Ga JG/MC	—	11.00	17.00	35.00	110
1842Ga JG	—	8.00	14.00	25.00	110
1843Ga JG	—	165	220	325	825
1843Ga MC	—	6.00	10.00	20.00	110
1844Ga MC	—	8.00	14.00	22.50	110
1845Ga MC	—	11.00	17.00	28.00	110
1845Ga JG	—	6.00	10.00	22.50	110
1846Ga JG	—	14.00	22.50	40.00	110
1847/6Ga JG	—	11.00	17.00	28.00	110
1847Ga JG	—	11.00	17.00	28.00	110
1848Ga JG	—	450	600	775	—

Date	Mintage	F12	VF20	XF40	MS60
1849Ga JG	—	8.00	14.00	25.00	110
1850Ga JG	—	195	300	450	—
1851Ga JG	—	11.00	17.00	28.00	110
1852Ga JG	—	11.00	17.00	28.00	110
1853/2Ga JG	—	11.00	17.00	28.00	110
1854Ga JG	—	11.00	17.00	28.00	110
1855Ga JG	—	17.00	27.50	45.00	110
1856Ga JG	—	8.00	14.00	25.00	110
1857/6Ga JG	—	14.00	22.50	40.00	110
1858/7Ga JG	—	17.00	27.50	45.00	120
1859/8Ga JG	—	27.50	55.00	85.00	165
1860/59Ga JG	—	33.00	65.00	100	250
1861/0Ga JG	—	22.50	32.00	55.00	140
1861Ga JG	—	27.50	55.00	110	275
1862Ga JG	—	8.00	14.00	22.50	110

KM# 372.5 3.38 g., 0.903 Silver, 0.0981 oz. ASW
Obv: Facing eagle, snake in beak **Rev:** Radiant cap **Obv. Legend:** REPUBLICA MEXICANA **Mint:** Guadalupe y Calvo

Date	Mintage	F12	VF20	XF40	MS60
1844GC MP	—	40.00	60.00	110	325
1845GC MP	—	40.00	60.00	110	325
1846GC MP	—	40.00	60.00	110	325
1847GC MP	—	40.00	60.00	110	325
1848GC MP	—	40.00	60.00	110	325
1849/7GC MP	—	40.00	60.00	110	325
1849/8GC MP	—	40.00	60.00	110	325
1849GC MP	—	40.00	60.00	110	325
1850GC MP	—	40.00	60.00	110	325
1851GC MP	—	40.00	60.00	110	325

KM# 372.6 3.38 g., 0.903 Silver, 0.0981 oz. ASW
Obv: Facing eagle, snake in beak **Mint:** Guanajuato

Date	Mintage	F12	VF20	XF40	MS60
1826/5Go JJ	—	6.00	8.00	18.00	95.00
1826Go MJ	—	4.00	7.00	18.00	95.00
1827Go MJ	—	4.00	7.00	17.00	70.00
1827Go JM	—	11.00	17.00	27.50	85.00
1828/7Go MR	—	4.00	7.00	18.00	95.00
1828Go MJ	—	4.00	7.00	18.00	95.00
Note: Straight J, small 8					
1828Go MJ	—	4.00	7.00	18.00	95.00
Note: Full J, large 8					
1828/6G MR/JJ	—	4.00	7.00	18.00	95.00
1828G MR/JJ	—	4.00	7.00	18.00	95.00
1828Go MR	—	4.00	7.00	18.00	95.00
1829/8Go MG Small eagle	—	4.00	7.00	18.00	95.00
1829Go MJ Small eagle	—	4.00	7.00	18.00	95.00
1829Go MJ Large eagle	—	4.00	7.00	18.00	95.00
1830Go MJ Small initials	—	4.00	7.00	18.00	95.00
1830Go MJ Medium initials	—	4.00	7.00	18.00	95.00
1830Go MJ Large initials	—	4.00	7.00	18.00	95.00

Date	Mintage	F12	VF20	XF40	MS60
1830Go MJ	—	4.00	7.00	18.00	95.00
Note: Reversed N in MEXICANA					
1830 MJ 3/2	—	4.00	7.00	18.00	95.00
1831/0Go MJ	—	4.00	7.00	18.00	95.00
Note: Reversed N in MEXICANA					
1831Go MJ	—	4.00	7.00	18.00	95.00
1832/1Go MJ	—	17.00	33.00	55.00	140
1832Go MJ	—	17.00	33.00	55.00	140
1833Go MJ Top of 3 round	—	4.00	7.00	18.00	95.00
1833Go MJ Top of 3 flat	—	4.00	7.00	18.00	95.00
1834Go PJ	—	4.00	7.00	18.00	95.00
1835Go PJ	—	8.00	14.00	22.50	95.00
1836Go PJ	—	4.00	7.00	18.00	95.00
1837Go PJ	—	17.00	33.00	55.00	140
1838/7Go PJ	—	11.00	22.50	38.50	95.00
1839Go PJ	—	4.00	7.00	18.00	95.00
1840/39Go PJ	—	4.00	7.00	18.00	95.00
1840Go PJ	—	4.00	7.00	18.00	95.00
1841/31Go PJ	—	11.00	22.50	38.50	95.00
1841Go PJ	—	4.00	7.00	18.00	95.00
1842Go PJ	—	4.00	7.00	18.00	95.00
1842Go PM	—	4.00	7.00	18.00	95.00
1843Go PM Convex wings	—	4.00	7.00	18.00	95.00
1843Go PM Concave wings	—	4.00	7.00	18.00	95.00
1844Go PM	—	4.00	7.00	18.00	95.00
1845/4Go PM	—	4.00	7.00	18.00	95.00
1845Go PM	—	4.00	7.00	18.00	95.00
1846/5Go PM	—	8.00	14.00	22.50	95.00
1846Go PM	—	4.00	7.00	18.00	95.00
1847/6Go PM	—	4.00	7.00	18.00	95.00
1847Go PM	—	4.00	7.00	18.00	95.00
1848Go PM	—	4.00	7.00	18.00	95.00
1849Go PF	—	11.00	22.50	38.50	95.00
1850Go PF	—	4.00	7.00	18.00	95.00
1851Go PF	—	11.00	22.50	40.00	110
1853/2Go PF	—	8.00	14.00	22.50	85.00
1853Go PF	—	4.00	7.00	17.00	85.00
1853Go PF/M 5/4	—	8.00	14.00	22.50	85.00
1854/3Go PF	—	4.00	7.00	17.00	85.00
1854Go PF Large eagle	—	4.00	7.00	17.00	85.00
1854Go PF Small eagle	—	4.00	7.00	17.00	85.00
1855/3Go PF	—	4.00	7.00	17.00	85.00
1855/4Go PF	—	4.00	7.00	17.00	85.00
1855Go PF	—	4.00	7.00	17.00	85.00
1856/5Go PF	—	4.00	7.00	17.00	85.00
1856Go PF	—	4.00	7.00	18.00	85.00
1857/6Go PF	—	4.00	7.00	18.00	85.00
1857Go PF	—	4.00	7.00	17.00	85.00
1858Go PF	—	4.00	7.00	17.00	85.00
1859Go PF	—	4.00	7.00	17.00	85.00
1860/50Go PF	—	4.00	7.00	17.00	85.00
1860Go PF	—	4.00	7.00	17.00	85.00
1861Go PF	—	4.00	7.00	17.00	85.00
1862Go YE	—	4.00	7.00	17.00	85.00
1862/1Go YF	—	8.00	14.00	22.50	85.00
1862Go YF	—	4.00	7.00	17.00	85.00
1867Go YF	—	4.00	7.00	17.00	85.00
1868/7Go YF	—	4.00	7.00	17.00	85.00

KM# 372.7 3.38 g., 0.903 Silver, 0.0981 oz. ASW
Obv: Facing eagle, snake in beak **Mint:** Hermosillo

Date	Mintage	F12	VF20	XF40	MS60	MS63
1867Ho PR	—	46.25	90.00	145	300	—
Note: Small 7/1						
1867Ho PR	—	46.25	90.00	145	300	—
Note: Large 7/ small 7						
1868Ho PR	—	46.25	90.00	145	300	—

KM# 372.8 3.38 g., 0.903 Silver, 0.0981 oz. ASW
Obv: Facing eagle, snake in beak **Mint:** Mexico City

Date	Mintage	F12	VF20	XF40	MS60
1825Mo JM	—	11.00	22.50	45.00	140
1826Mo JM	—	8.00	17.00	35.00	125
1827/6Mo JM	—	8.00	17.00	32.00	400
1827Mo JM	—	6.00	12.00	25.00	400
1828Mo JM	—	8.00	17.00	35.00	120
1830/29Mo JM	—	6.00	11.00	22.50	120
1830Mo JM	—	6.00	14.00	27.50	120
1831Mo JM	—	110	220	325	875
1832Mo JM	—	6.00	11.00	22.50	120
1833/2Mo MJ	—	6.00	11.00	22.50	120
1850Mo GC	—	6.00	11.00	22.50	120
1852Mo GC	—	300	475	625	—
1854Mo GC	—	11.00	22.50	45.00	120
1855Mo GF	—	6.00	11.00	22.50	100
1856Mo GF	—	110	220	450	1,100
1857Mo GF	—	6.00	11.00	22.50	100
1858Mo FH	—	6.00	11.00	22.50	100
1859Mo FH	—	6.00	11.00	22.50	100
1861Mo CH	—	6.00	11.00	22.50	100
1862Mo CH	—	6.00	11.00	22.50	100
1863/2Mo CH	—	8.00	14.00	27.50	100

KM# 372.9 3.38 g., 0.903 Silver, 0.0981 oz. ASW
Obv: Facing eagle, snake in beak **Mint:** San Luis Potosi

Date	Mintage	F12	VF20	XF40	MS60
1831Pi JS	—	6.00	11.00	22.50	140
1837Pi JS	—	650	825	1,100	—
1838/7Pi JS	—	275	325	425	—
1838Pi JS	—	22.50	38.50	65.00	140
1840/39Pi JS	—	8.00	17.00	35.00	140
1840Pi JS	—	8.00	17.00	35.00	140
1841Pi JS	—	8.00	17.00	35.00	140
1842Pi JS	—	17.00	33.00	60.00	165
1842Pi PS	—	6.00	11.00	22.50	140
1843Pi PS	—	14.00	22.50	38.50	140
1843Pi AM	—	44.00	65.00	90.00	165
1844Pi AM	—	45.00	65.00	95.00	175
1845Pi AM	—	8.00	17.00	35.00	140
1846/5Pi AM	—	8.00	17.00	35.00	140
1847/6Pi AM	—	8.00	17.00	35.00	140
1847Pi AM	—	8.00	17.00	35.00	140
1848/7Pi AM	—	8.00	17.00	35.00	140
1849Pi PS	—	8.00	17.00	35.00	140
1849/8Pi SP	—	65.00	110	165	—
1849Pi SP	—	17.00	27.50	45.00	140
1850Pi MC	—	6.00	11.00	22.50	140
1851/0Pi MC	—	8.00	17.00	35.00	140
1851Pi MC	—	8.00	17.00	35.00	140
1852/1/0Pi MC	—	11.00	22.50	38.50	140
1852Pi MC	—	8.00	17.00	35.00	140
1853/1Pi MC	—	14.00	22.50	38.50	140
1853Pi MC	—	11.00	22.50	38.50	140
1854/2Pi MO	—	33.00	65.00	110	—
1854/3Pi MC	—	22.50	44.00	65.00	165
1855Pi MC	—	17.00	27.50	50.00	140
1855/4Pi MC	—	22.50	44.00	65.00	165
1856Pi MC	—	17.00	27.50	50.00	140
1857Pi PS	—	22.50	38.50	60.00	150

Date	Mintage	F12	VF20	XF40	MS60
1857Pi MC	—	22.50	44.00	65.00	165
1858Pi MC	—	14.00	22.50	38.50	140
1859Pi PS	—	11.00	17.00	35.00	140
1860/59Pi PS	—	11.00	17.00	35.00	140
1861Pi PS	—	8.00	14.00	22.50	140
1861Pi RO	—	14.00	22.50	38.50	140
1862/1Pi RO	—	14.00	22.50	38.50	100
1862Pi RO	—	8.00	14.00	22.50	140

KM# 372.10 3.38 g., 0.903 Silver, 0.0981 oz. ASW
Obv: Facing eagle, snake in beak **Mint:** Zacatecas

Date	Mintage	F12	VF20	XF40	MS60
1826Zs AZ	—	6.00	14.00	38.50	130
1826Zs AO	—	6.00	14.00	38.50	130
1827Zs AO	—	6.00	14.00	38.50	130
1828/7Zs AO	—	6.00	14.00	38.50	130
1828Zs AO	—	6.00	14.00	38.50	130
1828Zs AO	—	6.00	14.00	38.50	130
Inverted V for A					
1829Zs AO	—	6.00	14.00	38.50	130
1830Zs ZsOV	—	6.00	14.00	38.50	130
1830Zs ZOV	—	6.00	14.00	38.50	130
1831Zs OV	—	6.00	14.00	38.50	130
1831Zs OM	—	6.00	14.00	35.00	130
1832Zs OM	—	6.00	14.00	35.00	130
1833/2Zs OM	—	6.00	14.00	35.00	130
1833/2Zs OM/V	—	6.00	14.00	35.00	130
1833Zs OM	—	6.00	14.00	35.00	130
1834/3Zs OM	—	6.00	14.00	35.00	130
1834Zs OM	—	6.00	14.00	35.00	130
1835/4Zs OM	—	22.50	38.50	65.00	165
1835Zs OM	—	4.00	9.00	22.50	70.00
1836/5Zs OM	—	4.00	9.00	22.50	95.00
1836Zs OM	—	4.00	9.00	22.50	95.00
1837Zs OM	—	4.00	9.00	22.50	95.00
1838Zs OM	—	4.00	9.00	22.50	95.00
1839Zs OM	—	4.00	9.00	22.50	95.00
1840Zs OM	—	4.00	9.00	22.50	95.00
1841Zs OM	—	22.50	44.00	65.00	165
1842/1Zs OM	—	4.00	9.00	22.50	95.00
1842Zs OM	—	4.00	9.00	22.50	95.00
1843Zs OM	—	4.00	9.00	22.50	95.00
1844Zs OM	—	4.00	9.00	22.50	95.00
1845/4Zs OM	—	6.00	14.00	35.00	110
1845Zs OM	—	4.00	9.00	22.50	95.00
1846Zs OM	—	4.00	9.00	22.50	95.00
Note: Old font and obverse					
1846Zs OM	—	4.00	9.00	22.50	95.00
Note: New font and obverse					
1847Zs OM	—	4.00	9.00	22.50	95.00
1848Zs OM	—	4.00	9.00	22.50	95.00
1849Zs OM	—	11.00	27.50	55.00	140
1850Zs OM	—	4.00	7.00	18.00	95.00
1851Zs OM	—	4.00	7.00	18.00	95.00
1852Zs OM	—	4.00	7.00	18.00	95.00
1853Zs OM	—	4.00	7.00	18.00	95.00
1854/2Zs OM	—	4.00	7.00	18.00	95.00
1854/3Zs OM	—	4.00	7.00	18.00	95.00
1854Zs OM	—	4.00	7.00	18.00	95.00
1855/4Zs OM	—	4.00	7.00	18.00	95.00
1855Zs OM	—	4.00	7.00	18.00	95.00
1855Zs MO	—	4.00	7.00	18.00	95.00
1856Zs MO	—	4.00	7.00	18.00	95.00
1856Zs MO/OM	—	4.00	7.00	18.00	95.00
1857Zs MO	—	4.00	7.00	18.00	95.00
1858Zs MO	—	4.00	7.00	18.00	95.00
1859Zs MO	—	4.00	7.00	17.00	85.00
1860 MO	—	275	—	—	—
1860Zs VL	—	4.00	7.00	17.00	85.00

Date	Mintage	F12	VF20	XF40	MS60
1860Zs VL	—	4.00	7.00	17.00	85.00
Inverted A for V					
1861Zs VL	—	4.00	7.00	17.00	85.00
1861Zs VL	—	4.00	7.00	17.00	85.00
Inverted A for V					
1862Zs VL	—	6.00	14.00	33.00	110
1868Zs JS	—	27.50	49.50	100	195
1869Zs YH	—	4.00	9.00	22.50	85.00

2 REALES

KM# 374 6.76 g., 0.903 Silver, 0.1963 oz. ASW
Obv: Facing eagle, snake in beak **Edge:** Reeded
Mint: Alamos

Date	Mintage	F12	VF20	XF40	MS60	MS63
1872A AM	15,000	70.00	145	290	700	—

KM# 374.1 6.76 g., 0.903 Silver, 0.1963 oz. ASW
Obv: Facing eagle, snake in beak **Edge:** Reeded
Mint: Real de Catorce

Date	Mintage	F12	VF20	XF40	MS60	MS63
1863Ce ML	—	145	230	375	800	—

KM# 374.2 6.76 g., 0.903 Silver, 0.1963 oz. ASW
Obv: Facing eagle, snake in beak **Edge:** Reeded
Mint: Chihuahua

Date	Mintage	F12	VF20	XF40	MS60
1832Ca MR	—	34.50	70.00	115	230
1833Ca MR	—	34.50	70.00	145	575
1834Ca MR	—	40.25	85.00	145	575
1834Ca AM	—	40.25	85.00	145	575
1835Ca AM	—	40.25	85.00	145	575
1836Ca AM	—	22.50	46.00	90.00	230
1844Ca AM Rare	—	—	—	—	—
1844Ca RG	—	—	—	—	—
Unique					
1845Ca RG	—	22.50	46.00	90.00	230
1855Ca RG	—	22.50	46.00	90.00	230

KM# 374.3 6.76 g., 0.903 Silver, 0.1963 oz. ASW
Obv: Facing eagle, snake in beak **Edge:** Reeded
Mint: Culiacan

Date	Mintage	F12	VF20	XF40	MS60
1846/1146C CE	—	30.00	60.00	115	260
1847C CE	—	14.00	22.50	46.00	230
1848C CE	—	14.00	22.50	46.00	230
1850C CE	—	30.00	60.00	85.00	230
1851C CE	—	14.00	22.50	46.00	230
1852/1C CE	—	14.00	22.50	46.00	230
1853/2C CE	—	14.00	22.50	46.00	230
1854C CE	—	17.00	34.50	60.00	230
1856C CE	—	22.50	40.25	80.00	230
1857C CE	—	14.00	22.50	46.00	230
1860C PV	—	14.00	22.50	46.00	230
1861C PV	—	14.00	22.50	46.00	230
1869C CE	—	14.00	22.50	46.00	230

KM# 374.4 6.76 g., 0.903 Silver, 0.1963 oz. ASW
Obv: Facing eagle, snake in beak **Edge:** Reeded
Mint: Durango

Date	Mintage	F12	VF20	XF40	MS60
1826Do RL	—	22.50	46.00	70.00	230
1832Do RM	—	22.50	46.00	70.00	230
Note: Style of pre-1832					
1832Do RM	—	22.50	46.00	70.00	230
Note: Style of post-1832					
1834/2Do RM	—	22.50	46.00	70.00	230
1834/3Do RM	—	22.50	46.00	70.00	230
1835/4Do RM/RL	—	230	350	575	—
1841/31Do RM	—	60.00	85.00	145	290
1841Do RM	—	60.00	85.00	145	290
1842/32Do RM	—	14.00	22.50	46.00	230
1843Do RM/RL	—	14.00	22.50	46.00	230
1844Do RM	—	40.25	60.00	90.00	230
1845/34Do RM/RL	—	14.00	22.50	46.00	230
1846/36Do RM	—	115	175	230	400
1848/36Do RM	—	14.00	22.50	46.00	230
1848/37Do RM	—	14.00	22.50	46.00	230
1848/7Do RM	—	14.00	22.50	46.00	230
1848Do RM	—	14.00	22.50	46.00	230
1849Do CM/RM	—	14.00	22.50	46.00	230
1849Do CM	—	14.00	22.50	46.00	230
1851Do JMR/RL	—	14.00	22.50	46.00	230
1852Do JMR	—	14.00	22.50	46.00	230
1854Do CP/CR	—	34.50	60.00	90.00	230
1855Do CP	—	290	400	575	—
1856Do CP	—	115	175	290	575
1858Do CP	—	14.00	22.50	46.00	230
1859/8Do CP	—	14.00	22.50	46.00	230
1861Do CP	—	14.00	22.50	46.00	230

KM# 374.5 6.76 g., 0.903 Silver, 0.1963 oz. ASW
Obv: Facing eagle, snake in beak **Edge:** Reeded
Mint: Estado de Mexico

Date	Mintage	F12	VF20	XF40	MS60
1828EoMo LF	—	375	600	1,050	2,900

KM# 374.6 6.76 g., 0.903 Silver, 0.1963 oz. ASW
Obv: Facing eagle, snake in beak **Edge:** Reeded
Mint: Guadalajara

Date	Mintage	F12	VF20	XF40	MS60
1825Ga FS	—	22.50	46.00	90.00	230
1826Ga FS	—	22.50	46.00	90.00	230
1828/7Ga FS	—	115	175	260	450
1829Ga FS Rare	—	—	—	—	—
1832/0Ga FS/LP	—	115	175	260	400
1832Ga FS	—	14.00	22.50	46.00	230
1833/2Ga FS/LP	—	14.00	22.50	46.00	230
1834/27Ga FS	—	—	—	—	—
Rare					
1834Ga FS	—	14.00	22.50	46.00	230
1835Ga FS	—	2,400	—	—	—
1837Ga JG	—	14.00	22.50	46.00	230
1838Ga JG	—	14.00	22.50	46.00	230
1840/30Ga MC	—	14.00	22.50	46.00	230
1841Ga MC	—	34.50	60.00	230	575

Date	Mintage	F12	VF20	XF40	MS60
1842/32Ga JG/ MC	—	40.25	60.00	115	230
1842Ga JG	—	22.50	46.00	90.00	230
1843Ga JG	—	14.00	22.50	46.00	230
1843Ga MC/JG	—	14.00	22.50	46.00	230
1844Ga MC	—	14.00	22.50	46.00	230
1845/3Ga MC/JG	—	14.00	22.50	46.00	230
1845/4Ga MC/JG	—	14.00	22.50	46.00	230
1845Ga JG	—	14.00	22.50	46.00	230
1846Ga JG	—	14.00	22.50	46.00	230
1847/6Ga JG	—	30.00	46.00	90.00	230
1848/7Ga JG	—	14.00	22.50	46.00	230
1849Ga JG	—	14.00	22.50	46.00	230
1850/40Ga JG	—	14.00	22.50	46.00	230
1851Ga JG	—	290	400	575	—
1852Ga JG	—	275	550	—	—
1853/1Ga JG	—	14.00	22.50	46.00	230
1854/3Ga JG	—	290	400	575	—
1855Ga JG	—	40.25	60.00	90.00	230
1856Ga JG	—	14.00	22.50	46.00	230
1857Ga JG	—	290	400	575	—
1859/8Ga JG	—	14.00	22.50	46.00	230
1859Ga JG	—	14.00	22.50	46.00	230
1862/1Ga JG	—	14.00	22.50	46.00	230

KM# 374.7 6.76 g., 0.903 Silver, 0.1963 oz. ASW
Obv: Facing eagle, snake in beak **Edge:** Reeded
Mint: Guadalupe y Calvo

Date	Mintage	F12	VF20	XF40	MS60
1844GC MP	—	46.00	70.00	145	325
1845GC MP	—	46.00	70.00	145	325
1846GC MP	—	60.00	115	175	350
1847GC MP	—	40.25	60.00	115	290
1848GC MP	—	60.00	115	175	350
1849GC MP	—	60.00	115	175	350
1850GC MP	—	145	290	—	—
1851/0GC MP	—	60.00	115	175	350
1851GC MP	—	60.00	115	175	350

KM# 374.8 6.76 g., 0.903 Silver, 0.1963 oz. ASW
Obv: Facing eagle, snake in beak **Edge:** Reeded
Mint: Guanajuato **Note:** Varieties exist.

Date	Mintage	F12	VF20	XF40	MS60
1825Go JJ	—	9.00	17.00	35.00	175
1826/5Go JJ	—	9.00	17.00	35.00	175
1826Go JJ	—	9.00	12.00	30.00	175
1826Go MJ	—	9.00	12.00	30.00	175
1827/6Go MJ	—	9.00	12.00	30.00	175
1827Go MJ	—	9.00	12.00	30.00	175
1828/7Go MR	—	9.00	17.00	34.50	175
1828Go MJ	—	9.00	12.00	22.50	175
1828Go JM	—	9.00	12.00	22.50	175
1829Go MJ	—	9.00	12.00	22.50	175
1831Go MJ	—	9.00	12.00	22.50	175
1832Go MJ	—	9.00	12.00	22.50	175
1833Go MJ	—	9.00	12.00	22.50	175
1834Go PJ	—	9.00	12.00	22.50	175
1835/4Go PJ	—	9.00	17.00	35.00	175
1835Go PJ	—	9.00	12.00	22.50	175
1836Go PJ	—	9.00	12.00	22.50	175
1837/6Go PJ	—	9.00	12.00	22.50	175
1837Go PJ	—	9.00	12.00	22.50	175
1838/7Go PJ	—	9.00	12.00	22.50	175
1838Go PJ	—	9.00	12.00	22.50	175
1839/8Go PJ	—	9.00	17.00	35.00	175
1839Go PJ	—	9.00	12.00	22.50	175
1840Go PJ	—	9.00	12.00	22.50	175
1841Go PJ	—	9.00	12.00	22.50	175
1842Go PJ	—	9.00	12.00	22.50	175

Date	Mintage	F12	VF20	XF40	MS60
1842Go PM/PJ	—	9.00	12.00	22.50	175
1842Go PM	—	9.00	12.00	22.50	175
1843/2Go PM	—	9.00	12.00	22.50	175
Note: Concave wings, thin rays, small letters					
1843Go PM	—	9.00	12.00	22.50	175
Note: Convex wings, thick rays, large letters					
1844Go PM	—	9.00	12.00	22.50	175
1845/4Go PM	—	9.00	12.00	22.50	175
1845Go PM	—	9.00	12.00	22.50	175
1846/5Go PM	—	12.00	17.00	40.00	175
1846Go PM	—	9.00	12.00	22.50	175
1847Go PM	—	9.00	12.00	22.50	175
1848/7Go PM	—	9.00	17.00	35.00	175
1848Go PM	—	9.00	17.00	34.50	175
1848Go PF	—	115	175	290	575
1849/8Go PF/PM	—	9.00	12.00	22.50	175
1849Go PF	—	9.00	12.00	22.50	175
1850/40Go PF	—	9.00	12.00	22.50	175
1850Go PF	—	9.00	12.00	22.50	175
1851Go PF	—	9.00	12.00	22.50	175
1852/1Go PF	—	9.00	12.00	22.50	175
1852Go PF	—	9.00	12.00	22.50	175
1853Go PF	—	9.00	12.00	22.50	175
1854/3Go PF	—	9.00	12.00	22.50	175
1854Go PF	—	9.00	12.00	22.50	175
Note: Old font and obverse					
1854Go PF	—	9.00	12.00	22.50	175
Note: New font and obverse					
1855Go PF	—	9.00	12.00	22.50	175
1855Go PF	—	9.00	12.00	22.50	175
Note: Star in G of mint mark					
1856/5Go PF	—	12.00	17.00	40.00	175
1856Go PF	—	12.00	17.00	30.00	175
1857/6Go PF	—	9.00	12.00	22.50	175
1857Go PF	—	9.00	12.00	22.50	175
1858/7Go PF	—	9.00	12.00	22.50	175
1858Go PF	—	9.00	12.00	22.50	175
1859/7Go PF	—	9.00	12.00	22.50	175
1859Go PF	—	9.00	12.00	22.50	175
1860/7Go PF	—	9.00	12.00	22.50	175
1860/50Go PF	—	9.00	12.00	22.50	175
1860/59Go PF	—	9.00	12.00	22.50	175
1860Go PF	—	9.00	12.00	22.50	175
1861/51Go PF	—	9.00	12.00	22.50	175
1861/57Go PF	—	9.00	12.00	22.50	175
1861/0Go PF	—	9.00	12.00	22.50	175
1861Go PF	—	9.00	12.00	22.50	175
1862/1Go YE	—	9.00	12.00	22.50	145
1862Go YE	—	9.00	12.00	22.50	145
1862/57Go YE	—	9.00	12.00	22.50	145
1862Go YE/PF	—	9.00	12.00	22.50	145
1862/57Go YF/E	—	9.00	12.00	22.50	145
1862/57Go YF	—	9.00	12.00	22.50	145
1862Go YF	—	9.00	12.00	22.50	145
1863/52Go YF/PE	—	9.00	12.00	22.50	145
1863/52Go YF	—	9.00	12.00	22.50	145
1863Go YF	—	9.00	12.00	22.50	145
1867/57Go YF	—	9.00	12.00	22.50	145
1868/57Go YF	—	12.00	17.00	30.00	145

KM# 374.9 6.76 g., 0.903 Silver, 0.1963 oz. ASW
Obv: Facing eagle, snake in beak **Edge:** Reeded
Mint: Hermosillo

Date	Mintage	F12	VF20	XF40	MS60
1861Ho FM	—	230	350	450	750
1862/52Ho FM/C. CE	—	290	400	625	—
1867/1Ho PR/FM	—	85.00	175	290	575

KM# 374.10 6.76 g., 0.903 Silver, 0.1963 oz. ASW
Obv: Facing eagle, snake in beak **Rev:** Radiant
cap **Obv. Legend:** REPUBLICA MEXICANA. **Edge:**
Reeded **Mint:** Mexico City **Note:** Varieties exist.

Date	Mintage	F12	VF20	XF40	MS60
1825Mo JM	—	12.00	17.00	35.00	200
1826Mo JM	—	12.00	17.00	35.00	200
1827Mo JM	—	12.00	17.00	35.00	200
1828Mo JM	—	12.00	17.00	35.00	200
1829/8Mo JM	—	12.00	17.00	35.00	200
1829Mo JM	—	12.00	17.00	35.00	200
1830Mo JM	—	46.00	70.00	145	290
1831Mo JM	—	12.00	17.00	35.00	200
1832Mo JM	—	115	230	450	—
1833/2Mo MJ/JM	—	12.00	17.00	35.00	200
1834Mo ML	—	60.00	115	230	450
1836Mo MF	—	12.00	17.00	35.00	200
1837Mo ML	—	12.00	17.00	34.50	200
1840/7Mo ML	—	175	260	400	—
1840Mo ML	—	175	260	400	—
1841Mo ML	—	17.00	46.00	115	290
1842 ML Rare	—	—	—	—	—
1847Mo RC Narrow date	—	12.00	17.00	35.00	200
1847Mo RC Wide date	—	12.00	17.00	35.00	200
1848Mo GC	—	12.00	17.00	35.00	200
1849Mo GC	—	12.00	17.00	35.00	200
1850Mo GC	—	12.00	17.00	35.00	200
1851Mo GC	—	46.00	70.00	145	290
1852Mo GC	—	12.00	17.00	35.00	200
1853Mo GC	—	12.00	17.00	35.00	200
1854/44Mo GC	—	12.00	17.00	35.00	200
1855Mo GC	—	12.00	17.00	35.00	200
1855Mo GF/GC	—	12.00	17.00	35.00	200
1855Mo GF	—	12.00	17.00	35.00	200
1856/5Mo GF/GC	—	12.00	17.00	35.00	200
1857Mo GF	—	12.00	17.00	35.00	200
1858Mo FH	—	9.00	14.00	30.00	175
1858Mo FH/GF	—	9.00	14.00	30.00	175
1859Mo FH	—	9.00	14.00	30.00	175
1860Mo FH	—	9.00	14.00	30.00	175
1860Mo TH	—	9.00	14.00	30.00	175
1861Mo CH	—	9.00	14.00	30.00	175
1862Mo CH	—	9.00	14.00	30.00	175
1863Mo CH	—	9.00	14.00	30.00	175
1863Mo TH	—	9.00	14.00	30.00	175
1867Mo CH	—	9.00	14.00	30.00	175
1868Mo CH	—	12.00	17.00	35.00	175
1868Mo PH	—	9.00	14.00	30.00	175

KM# 374.11 6.76 g., 0.903 Silver, 0.1963 oz. ASW
Obv: Facing eagle, snake in beak **Edge:** Reeded
Mint: San Luis Potosi

Date	Mintage	F12	VF20	XF40	MS60
1829Pi JS	—	12.00	17.00	35.00	230
1830/20Pi JS	—	22.50	34.50	70.00	230
1837Pi JS	—	12.00	17.00	35.00	230
1841Pi JS	—	12.00	17.00	35.00	230
1842/1Pi JS	—	12.00	17.00	35.00	230
1842Pi JS	—	12.00	17.00	35.00	230
1842Pi PS	—	22.50	40.25	70.00	230
1843Pi PS	—	14.00	22.50	46.00	230
1843Pi AM	—	12.00	17.00	35.00	230
1844Pi AM	—	12.00	17.00	35.00	230
1845Pi AM	—	12.00	17.00	35.00	230
1846Pi AM	—	12.00	17.00	35.00	230
1849Pi MC	—	12.00	17.00	35.00	230
1850Pi MC	—	12.00	17.00	35.00	230
1856Pi MC	—	46.00	70.00	145	290
1857Pi MC	—	—	—	—	—
1858Pi MC	—	14.00	22.50	46.00	230
1859Pi MC	—	60.00	80.00	115	230
1861Pi PS	—	12.00	17.00	35.00	230
1862Pi RO	—	14.00	22.50	46.00	230
1863Pi RO	—	115	290	400	575
1868Pi PS	—	12.00	17.00	35.00	230
1869/8Pi PS	—	12.00	17.00	35.00	230
1869Pi PS	—	12.00	17.00	35.00	230

KM# 374.12 6.76 g., 0.903 Silver, 0.1963 oz. ASW
Obv: Facing eagle, snake in beak **Edge:** Reeded
Mint: Zacatecas **Note:** Varieties exist.

Date	Mintage	F12	VF20	XF40	MS60
1825Zs AZ	—	12.00	17.00	35.00	175
1826Zs AV	—	9.00	12.00	30.00	175
Note: A is inverted V					
1826Zs AZ	—	9.00	12.00	30.00	175
Note: A is inverted V					
1826Zs AO	—	12.00	17.00	35.00	175
1827Zs AO	—	7.00	9.00	14.00	175
Note: A is inverted V					
1827Zs AO	—	7.00	9.00	14.00	175
1828/7Zs AO	—	17.00	35.00	70.00	200
1828Zs AO	—	9.00	12.00	30.00	115
1828Zs AO	—	9.00	12.00	30.00	175
Note: A is inverted V					
1829Zs AO	—	9.00	12.00	30.00	175
1829Zs OV	—	9.00	12.00	30.00	175
1830Zs OV	—	9.00	12.00	30.00	175
1831Zs OV	—	9.00	12.00	30.00	175
1831Zs OM/OV	—	9.00	12.00	30.00	175
1831Zs OM	—	9.00	12.00	30.00	175
1832/1Zs OM	—	17.00	35.00	70.00	175
1832Zs OM	—	9.00	12.00	30.00	175
1833/27Zs OM	—	9.00	12.00	30.00	175
1833/2Zs OM	—	9.00	12.00	30.00	175
1833Zs OM	—	9.00	12.00	30.00	175
1834Zs OM	—	46.00	70.00	145	230
1835Zs OM	—	9.00	12.00	30.00	175
1836Zs OM	—	9.00	12.00	30.00	175
1837Zs OM	—	9.00	12.00	30.00	175
1838Zs OM	—	17.00	35.00	70.00	175
1839Zs OM	—	9.00	12.00	22.50	175
1840Zs OM	—	9.00	12.00	22.50	175
1841/0Zs OM	—	9.00	12.00	22.50	175
1841Zs OM	—	9.00	12.00	22.50	175
1842Zs OM Narrow date	—	9.00	12.00	22.50	175
1842Zs OM Wide date	—	9.00	12.00	22.50	175
1843Zs OM	—	9.00	12.00	22.50	175
1844Zs OM	—	9.00	12.00	22.50	175
1845Zs OM	—	9.00	12.00	22.50	175
Note: Small letters with leaves					
1845Zs OM	—	9.00	12.00	22.50	175
Note: Large letters with leaves					
1846Zs OM	—	9.00	12.00	22.50	175
1847Zs OM	—	9.00	12.00	22.50	175
1848Zs OM	—	9.00	12.00	22.50	175
1849Zs OM	—	9.00	12.00	22.50	175
1850Zs OM	—	9.00	12.00	22.50	175

Date	Mintage	F12	VF20	XF40	MS60
1851Zs OM	—	9.00	12.00	22.50	175
1852Zs OM	—	9.00	12.00	22.50	175
1853Zs OM	—	9.00	12.00	22.50	175
1854/3Zs OM	—	9.00	12.00	22.50	175
1854Zs OM	—	9.00	12.00	22.50	175
1855/4Zs OM	—	9.00	12.00	22.50	175
1855Zs OM	—	9.00	12.00	22.50	175
1855Zs MO	—	9.00	12.00	22.50	175
1856/5Zs MO	—	9.00	12.00	22.50	175
1856Zs MO	—	9.00	12.00	22.50	175
1857Zs MO	—	9.00	12.00	22.50	175
1858Zs MO	—	9.00	12.00	22.50	175
1859Zs MO	—	9.00	12.00	22.50	175
1860/59Zs MO	—	9.00	12.00	22.50	175
1860Zs MO	—	9.00	12.00	22.50	115
1860Zs VL	—	9.00	12.00	22.50	175
1861Zs VL	—	9.00	12.00	22.50	175
1862Zs VL	—	9.00	12.00	22.50	115
1863Zs MO	—	14.00	22.50	46.00	175
1863Zs VL	—	9.00	12.00	22.50	175
1864Zs MO	—	9.00	12.00	22.50	175
1864Zs VL	—	9.00	12.00	22.50	175
1865Zs MO	—	9.00	12.00	22.50	175
1867Zs JS	—	9.00	12.00	22.50	175
1868Zs JS	—	12.00	17.00	40.00	175
1868Zs YH	—	9.00	12.00	22.50	175
1869Zs YH	—	9.00	12.00	22.50	175
1870Zs YH	—	9.00	12.00	22.50	175

4 REALES

KM# 375 13.54 g., 0.903 Silver, 0.3931 oz. ASW **Obv:** Facing eagle, snake in beak **Rev:** Radiant cap **Obv. Legend:** REPUBLICA MEXICANA. **Mint:** Real de Catorce

Date	Mintage	F12	VF20	XF40	MS60	MS63
1863Ce ML Large C	—	250	625	1,050	—	—
1863Ce ML Small C	—	280	825	1,900	—	—

KM# 375.1 13.54 g., 0.903 Silver, 0.3931 oz. ASW **Obv:** Facing eagle, snake in beak **Mint:** Culiacan

Date	Mintage	F12	VF20	XF40	MS60
1846C CE	—	500	700	1,200	—
1850C CE	—	95.00	155	325	—
1852C CE	—	250	375	625	—
1857C CE Rare	—	—	—	—	—
1858C CE	—	125	250	450	—
1860C PV	—	32.00	65.00	155	—

KM# 375.2 13.54 g., 0.903 Silver, 0.3931 oz. ASW **Obv:** Facing eagle, snake in beak **Mint:** Guadalajara

Date	Mintage	F12	VF20	XF40	MS60
1843Ga MC	—	25.00	50.00	100	—
1844/3Ga MC	—	37.50	75.00	155	—
1844Ga MC	—	25.00	50.00	100	—
1845Ga MC	—	25.00	50.00	100	—
1845Ga JG	—	25.00	50.00	100	—
1846Ga JG	—	25.00	50.00	100	—
1847Ga JG	—	50.00	100	190	—
1848/7Ga JG	—	50.00	100	190	—
1849Ga JG	—	50.00	100	190	—
1850Ga JG	—	80.00	155	325	—
1852Ga JG Rare	—	—	—	—	—
1854Ga JG Rare	—	—	—	—	—
1855Ga JG	—	125	250	500	—
1856Ga JG Rare	—	—	—	—	—
1857/6Ga JG	—	80.00	155	325	—
1858Ga JG	—	155	325	575	—
1859/8Ga JG	—	155	325	575	—
1860Ga JG	—	1,050	1,800	—	—
1863/2Ga JG	—	190	375	1,550	—
1863Ga JG	—	190	375	1,550	—

KM# 375.3 13.54 g., 0.903 Silver, 0.3931 oz. ASW **Obv:** Facing eagle, snake in beak **Mint:** Guadalupe y Calvo

Date	Mintage	F12	VF20	XF40	MS60	MS63
1844GC MP	—	3,750	6,300	—	—	—
1845GC MP	—	8,100	10,000	—	—	—
1846GC MP	—	2,150	3,500	—	—	—
1847GC MP	—	1,900	3,150	—	—	—
1849GC MP	—	3,750	5,000	—	—	—
1850GC MP	—	1,900	3,150	—	—	—

KM# 375.4 13.54 g., 0.903 Silver, 0.3931 oz. ASW **Obv:** Facing eagle, snake in beak **Rev:** Radiant cap **Obv. Legend:** REPUBLICA MEXICANA **Mint:** Guanajuato **Note:** Varieties exist. Some 1862 dates appear to be 1869 because of weak dies.

Date	Mintage	F12	VF20	XF40	MS60
1835Go PJ	—	16.00	32.00	75.00	—
1836/5Go PJ	—	19.00	37.50	95.00	—
1836Go PJ	—	19.00	37.50	95.00	—
1837Go PJ	—	16.00	32.00	75.00	—
1838/7Go PJ	—	19.00	37.50	95.00	—
1838Go PJ	—	16.00	37.50	95.00	—

Date	Mintage	F12	VF20	XF40	MS60
1839Go PJ	—	16.00	32.00	75.00	—
1840/30Go PJ	—	25.00	65.00	125	—
1840 PJ	—	25.00	65.00	125	—
1841/30 PJ	—	250	400	750	—
1841/31Go PJ	—	190	325	575	—
1842Go PJ Rare	—	—	—	—	—
1842Go PM	—	19.00	37.50	95.00	—
1843/2Go PM	—	16.00	32.00	75.00	—
Note: Eagle with convex wings, thick rays					
1843Go PM	—	16.00	32.00	75.00	—
Note: Eagle with concave wings, thin rays					
1844/3Go PM	—	19.00	37.50	95.00	—
1844Go PM	—	25.00	65.00	125	—
1845/4Go PM	—	25.00	65.00	125	—
1845Go PM	—	25.00	65.00	125	—
1846/5Go PM	—	19.00	37.50	95.00	—
1846Go PM	—	19.00	37.50	95.00	—
1847/6Go PM	—	19.00	37.50	95.00	—
1847Go PM	—	19.00	37.50	95.00	—
1848/7Go PM	—	25.00	65.00	125	—
1848Go PM	—	25.00	65.00	125	—
1849Go PF	—	25.00	65.00	125	—
1850Go PF	—	16.00	32.00	75.00	—
1851Go PF	—	16.00	32.00	75.00	—
1852Go PF	—	19.00	37.50	95.00	—
1852Go PF 5/4	—	25.00	65.00	125	—
1853Go PF	—	19.00	37.50	95.00	—
1854Go PF	—	19.00	37.50	95.00	—
Note: Large eagle					
1854Go PF	—	19.00	37.50	95.00	—
Note: Small eagle					
1855/4Go PF	—	19.00	37.50	95.00	—
1855Go PF	—	16.00	32.00	75.00	—
1856Go PF	—	16.00	32.00	75.00	—
1857Go PF	—	25.00	65.00	125	—
1858Go PF	—	25.00	65.00	125	—
1859Go PF	—	25.00	65.00	125	—
1860/59Go PF	—	19.00	37.50	95.00	—
1860Go PF	—	19.00	37.50	95.00	—
1861/51Go PF	—	19.00	37.50	95.00	—
1861Go PF	—	25.00	65.00	125	—
1862/1Go YE	—	19.00	37.50	95.00	—
1862/1Go YF	—	19.00	37.50	95.00	—
1862Go YE/PF	—	19.00	37.50	95.00	—
1862Go YE	—	19.00	37.50	95.00	—
1862Go YF	—	19.00	37.50	95.00	—
1863/53Go YF	—	19.00	37.50	95.00	—
1863Go YF/PF	—	19.00	37.50	95.00	—
186/53Go YF	—	19.00	37.50	95.00	—
1863Go YF	—	19.00	37.50	95.00	—
1867/57Go YF/PF	—	19.00	37.50	95.00	—
1868/58Go YF/PF	—	19.00	37.50	95.00	—
1870Go FR	—	19.00	37.50	95.00	—

KM# 375.5 13.54 g., 0.903 Silver, 0.3931 oz. ASW
Obv: Facing eagle, snake in beak **Mint:** Hermosillo

Date	Mintage	F12	VF20	XF40	MS60	MS63
1861Ho FM	—	250	450	625	—	—
1867/1Ho PR/FM	—	190	350	500	—	—

KM# 375.6 13.54 g., 0.903 Silver, 0.3931 oz. ASW
Obv: Facing eagle, snake in beak **Mint:** Mexico City

Date	Mintage	F12	VF20	XF40	MS60
1827/6Mo JM	—	250	500	1,000	—
1850Mo GC Rare	—	—	—	—	—
1852Mo GC Rare	—	—	—	—	—
1854Mo GC Rare	—	—	—	—	—
1855Mo GF/GC	—	65.00	125	250	—
1855Mo GF	—	125	250	450	—
1856Mo GF/GC	—	65.00	155	500	—
1856Mo GF Rare	—	—	—	—	—
1859Mo FH	—	25.00	65.00	190	—
1861Mo CH	—	19.00	45.00	155	—
1862Mo CH	—	25.00	65.00	190	—
1863/2Mo CH	—	25.00	65.00	190	—
1863Mo CH	—	95.00	190	375	—
1867Mo CH	—	25.00	65.00	190	—
1868Mo CH/PH	—	37.50	95.00	190	—
1868Mo CH	—	25.00	65.00	190	—
1868Mo PH	—	37.50	95.00	250	—

KM# 375.7 13.54 g., 0.903 Silver, 0.3931 oz. ASW
Obv: Facing eagle, snake in beak **Rev:** Radiant cap **Obv. Legend:** REPUBLICA MEXICANA. **Mint:** Oaxaca

Date	Mintage	F12	VF20	XF40	MS60	MS63
1861O FR	—	280	575	950	—	—
Note: Ornamental edge						
1861O FR	—	375	700	1,050	—	—
Note: Herringbone edge						
1861O FR	—	250	500	875	—	—
Note: Obliquely reeded edge						

KM# 375.8 13.54 g., 0.903 Silver, 0.3931 oz. ASW
Obv: Facing eagle, snake in beak **Mint:** San Luis Potosi

Date	Mintage	F12	VF20	XF40	MS60
1837Pi JS	—	250	450	—	—
1838Pi JS	—	190	325	500	—
1842Pi PS	—	65.00	125	250	—
1843/2Pi PS	—	65.00	125	250	—
1843/2Pi PS	—	65.00	125	250	—
Note: 3 cut from 8 punch					
1843Pi AM	—	37.50	95.00	190	—
1843Pi PS	—	65.00	125	250	—
1844Pi AM	—	37.50	95.00	190	—
1845/4Pi AM	—	25.00	65.00	125	—

FIRST REPUBLIC

Date	Mintage	F12	VF20	XF40	MS60
1845Pi AM	—	25.00	65.00	125	—
1846Pi AM	—	25.00	65.00	125	—
1847Pi AM	—	95.00	190	325	—
1848Pi AM Rare	—	—	—	—	—
1849Pi MC/AM	—	25.00	65.00	125	—
1849Pi MC	—	25.00	65.00	125	—
1849Pi PS	—	25.00	65.00	125	—
1850Pi MC	—	25.00	65.00	125	—
1851Pi MC	—	25.00	65.00	125	—
1852Pi MC	—	25.00	65.00	125	—
1853Pi MC	—	25.00	65.00	125	—
1854Pi MC	—	125	250	500	—
1855Pi MC	—	220	375	950	—
1856Pi MC	—	325	500	875	—
1857Pi MC Rare	—	—	—	—	—
1857Pi PS Rare	—	—	—	—	—
1858Pi MC	—	125	250	500	—
1859Pi MC	—	2,500	3,750	—	—
1860Pi PS	—	375	575	875	—
1861Pi PS	—	190	375	750	—
1861/0Pi PS	—	375	750	—	—
1861Pi RO/PS	—	37.50	95.00	190	—
1861Pi RO	—	65.00	125	250	—
1862Pi RO	—	37.50	95.00	190	—
1863Pi RO	—	37.50	95.00	190	—
1864Pi RO	—	3,150	4,400	—	—
1868Pi PS	—	37.50	95.00	190	—
1869/8Pi PS	—	37.50	95.00	190	—
1869Pi PS	—	37.50	95.00	190	—

KM# 375.9 13.54 g., 0.903 Silver, 0.3931 oz. ASW
Obv: Facing eagle, snake in beak **Mint:** Zacatecas

Date	Mintage	F12	VF20	XF40	MS60
1830Zs OM	—	25.00	65.00	125	—
1831Zs OM	—	19.00	37.50	95.00	—
1832/1Zs OM	—	25.00	65.00	125	—
1832Zs OM	—	25.00	65.00	125	—
1833/2Zs OM	—	25.00	65.00	125	—
1833/27Zs OM	—	19.00	37.50	95.00	—
1833Zs OM	—	19.00	37.50	95.00	—
1834/3Zs OM	—	25.00	65.00	125	—
1834Zs OM	—	19.00	37.50	95.00	—
1835Zs OM	—	19.00	37.50	95.00	—
1836Zs OM	—	19.00	37.50	95.00	—
1837/5Zs OM	—	25.00	65.00	125	—
1837/6Zs OM	—	25.00	65.00	125	—
1837Zs OM	—	25.00	65.00	125	—
1838/7Zs OM	—	19.00	37.50	95.00	—
1839Zs OM	—	325	475	625	—
1840Zs OM	—	625	1,650	—	—
1841Zs OM	—	19.00	37.50	95.00	—
1842Zs OM Small letters	—	19.00	50.00	105	—
1842Zs OM Large letters	—	19.00	37.50	95.00	—
1843Zs OM	—	19.00	37.50	95.00	—
1844Zs OM	—	25.00	65.00	125	—
1845Zs OM	—	25.00	65.00	125	—
1846/5Zs OM	—	32.00	75.00	155	—
1846Zs OM	—	25.00	65.00	125	—
1847Zs OM	—	19.00	37.50	95.00	—
1848/6Zs OM	—	65.00	95.00	155	—
1848Zs OM	—	25.00	65.00	125	—
1849Zs OM	—	25.00	65.00	125	—
1850Zs OM	—	25.00	65.00	125	—
1851Zs OM	—	19.00	37.50	95.00	—
1852Zs OM	—	19.00	37.50	95.00	—
1853Zs OM	—	25.00	65.00	125	—
1854/3Zs OM	—	37.50	95.00	190	—
1855/4Zs OM	—	25.00	65.00	125	—

Date	Mintage	F12	VF20	XF40	MS60
1855Zs OM	—	19.00	37.50	95.00	—
1856Zs OM	—	19.00	37.50	95.00	—
1856Zs MO	—	25.00	65.00	125	—
1857/5Zs MO	—	25.00	65.00	125	—
1857Zs O/M	—	25.00	65.00	125	—
1857Zs MO	—	19.00	37.50	95.00	—
1858Zs MO	—	25.00	65.00	125	—
1859Zs MO	—	19.00	37.50	95.00	—
1860/59Zs MO	—	25.00	65.00	125	—
1860Zs MO	—	19.00	37.50	95.00	—
1860Zs VL	—	25.00	65.00	125	—
1861/0Zs VL	—	25.00	65.00	125	—
1861Zs VL	—	19.00	37.50	95.00	—
1861Zs VL 6/5	—	25.00	65.00	125	—
1862/1Zs VL	—	25.00	65.00	125	—
1862Zs VL	—	25.00	65.00	125	—
1863Zs VL	—	25.00	65.00	125	—
1863Zs MO	—	25.00	65.00	125	—
1864Zs VL	—	19.00	37.50	95.00	—
1868Zs JS	—	25.00	65.00	125	—
1868Zs YH	—	19.00	37.50	95.00	—
1869Zs YH	—	19.00	37.50	95.00	—
1870Zs YH	—	19.00	37.50	95.00	—

8 REALES

KM# 377 27.07 g., 0.903 Silver, 0.7859 oz. ASW
Obv: Facing eagle, snake in beak **Rev:** Radiant cap **Obv. Legend:** REPUBLICA MEXICANA. **Mint:** Alamos **Note:** Mint mark A, As. Varieties exist.

Date	Mintage	F12	VF20	XF40	MS60
1864 PG	—	825	1,400	2,600	—
1865/4 PG Rare	—	—	—	—	—
1865 PG	—	550	825	1,300	—
1866/5 PG Rare	—	—	—	—	—
1866 PG	—	1,400	2,500	—	—
1866 DL Rare	—	—	—	—	—
1867 DL	—	1,250	2,350	—	—
1868 DL	—	65.00	110	210	650
1869/8 DL	—	65.00	110	210	—
1869 DL	—	65.00	100	170	650
1870 DL	—	45.00	75.00	170	650
1871 DL	—	32.00	50.00	110	450
1872 AM/DL	—	38.50	65.00	145	650
1872 AM	—	38.50	65.00	145	550
1873 AM	509,000	30.00	42.00	80.00	350
1874/3As DL	—	38.50	65.00	145	550
1874 DL	—	30.00	42.00	80.00	350
1875A DL 7/7	—	55.00	100	170	650
1875A DL	—	30.00	38.50	80.00	350
1875As DL	—	45.00	75.00	155	550
1876 DL	—	30.00	42.00	80.00	350
1877 DL	515,000	42.00	38.50	80.00	350
1878 DL	513,000	30.00	42.00	80.00	350

Date	Mintage	F12	VF20	XF40	MS60
1879 DL	—	32.00	50.00	110	400
1879 ML	—	45.00	75.00	175	750
1880 ML	—	27.50	30.00	50.00	325
1881 ML	966,000	27.50	30.00	50.00	325
1882 ML	480,000	27.50	32.00	50.00	325
1883 ML	464,000	27.50	32.00	50.00	325
1884 ML	—	27.50	32.00	50.00	325
1885 ML	280,000	27.50	32.00	50.00	325
1886 ML	857,000	27.50	30.00	45.00	270
1886/0As/Cn ML/JD	Inc. above	30.00	35.00	60.00	350
1887 ML	650,000	27.50	30.00	50.00	270
1888/7 ML	508,000	45.00	75.00	145	850
1888 ML	Inc. above	27.50	30.00	45.50	270
1889 ML	427,000	27.50	30.00	50.00	270
1890 ML	450,000	27.50	30.00	45.00	270
1891 ML	533,000	27.50	30.00	45.00	270
1892/0 ML	—	32.00	45.00	90.00	350
1892 ML	465,000	27.50	30.00	45.00	270
1893 ML	734,000	27.50	30.00	42.00	230
1894 ML	725,000	27.50	30.00	42.00	230
1895 ML	477,000	27.50	30.00	42.50	230

KM# 377.1 27.07 g., 0.903 Silver, 0.7859 oz. ASW
Obv: Facing eagle, snake in beak **Rev:** Radiant
cap **Obv. Legend:** REPUBLICA MEXICANA. **Mint:**
Real de Catorce

Date	Mintage	F12	VF20	XF40	MS60	MS63
1863Ce ME	—	575	975	2,200	7,500	—
1863Ce /PI ML/MC	—	575	1,050	2,450	8,000	—

KM# 377.2 27.07 g., 0.903 Silver, 0.7859 oz. ASW
Obv: Facing eagle, snake in beak **Rev:** Radiant
cap **Obv. Legend:** REPUBLICA MEXICANA. **Mint:**
Chihuahua **Note:** Varieties exist.

Date	Mintage	F12	VF20	XF40	MS60
1831Ca MR	—	1,100	1,950	2,950	6,500
1832Ca MR	—	140	220	400	1,200
1833Ca MR	—	275	600	1,300	—
1834Ca MR	—	325	650	1,500	—
1834Ca AM	—	375	550	900	—
1835Ca AM	—	165	275	625	1,800

Date	Mintage	F12	VF20	XF40	MS60
1836Ca AM	—	110	220	400	1,200
1837Ca AM	—	600	1,250	—	—
1838Ca AM	—	110	220	400	1,200
1839Ca RG	—	825	1,400	3,250	—
1840Ca RG	—	325	550	1,050	3,000
Note: 1 dot after date					
1840Ca RG	—	325	550	1,050	3,000
Note: 3 dots after date					
1841Ca RG	—	65.00	120	210	650
1842Ca RG	—	38.00	55.00	110	350
1843Ca RG	—	55.00	100	175	550
1844/1Ca RG	—	50.00	90.00	145	450
1844Ca RG	—	38.00	55.00	110	350
1845Ca RG	—	38.00	55.00	110	350
1846Ca RG	—	44.00	75.00	145	550
1847Ca RG	—	55.00	100	175	550
1848Ca RG	—	50.00	90.00	175	550
1849Ca RG	—	44.00	75.00	145	450
1850/40Ca RG	—	55.00	100	175	550
1850Ca RG	—	44.00	75.00	145	450
1851/41Ca RG	—	120	230	400	1,050
1851Ca RG	—	175	285	525	1,550
1852/42Ca RG	—	175	285	525	1,550
1852Ca RG	—	175	285	525	1,550
1853/43Ca RG	—	175	285	525	1,550
1853Ca RG	—	175	285	450	1,450
1854/44Ca RG	—	120	230	400	1,050
1854Ca RG	—	65.00	120	210	650
1855/45Ca RG	—	120	230	450	1,350
1855Ca RG	—	65.00	120	210	650
1856/45Ca RG	—	325	500	975	2,500
1856/5Ca RG	—	450	775	1,950	7,000
1857Ca JC/ RG	—	55.00	100	175	550
1857Ca JC	—	65.00	120	210	550
1858Ca JC	—	50.00	90.00	175	550
1858Ca BA	—	2,200	3,850	—	—
1859Ca JC	—	55.00	100	175	550
1860Ca JC	—	33.00	55.00	130	400
1861Ca JC	—	30.00	40.00	85.00	300
1862Ca JC	—	30.00	40.00	85.00	300
1863Ca JC	—	33.00	50.00	110	350
1864Ca JC	—	33.00	50.00	110	350
1865Ca JC	—	120	230	450	1,250
1865Ca FP	—	1,400	2,350	4,250	—
1866Ca JC	—	825	1,250	2,950	—
1866Ca FP	—	1,100	2,200	4,250	10,000
1866Ca JG	—	925	1,800	3,600	8,500
1867Ca JG	—	110	220	450	1,200
1868Ca JG	—	85.00	165	325	800
1868Ca MM	—	70.00	140	260	700
1869Ca MM	—	33.00	50.00	100	325
1870Ca MM	—	33.00	50.00	100	325
1871/0Ca MM	—	30.00	40.00	85.00	300
1871Ca MM	—	30.00	40.00	85.00	300
1871Ca MM	—	33.00	50.00	100	325
Note: Known with first M over inverted M and second M over inverted M					
1873/5Ca MM	—	33.00	50.00	100	325
1873Ca MM	—	33.00	50.00	100	325
1873Ca MM/T	—	30.00	40.00	85.00	300
1874Ca MM	—	27.00	30.00	50.00	260
1875Ca MM	—	27.00	30.00	50.00	260

Date	Mintage	F12	VF20	XF40	MS60
1876Ca MM	—	27.00	30.00	50.00	260
1877Ca EA E/G	—	33.00	55.00	125	450
1877Ca EA	472,000	33.00	55.00	125	450
1877Ca GR	Inc. above	38.00	60.00	100	350
1877Ca JM	Inc. above	27.00	30.00	50.00	260
1877Ca AV	Inc. above	120	230	450	1,550
1878Ca AV	439,000	27.00	30.00	45.00	220
1879Ca AV	—	27.00	30.00	45.00	220
1880Ca AV	—	220	375	775	2,500
1880Ca PM	—	550	875	1,650	5,000
1880Ca MG	—	27.00	30.00	45.00	260
Note: Normal initials					
1880Ca MG	—	27.00	30.00	45.00	260
Note: Tall initials					
1880Ca MM	—	27.00	30.00	45.00	260
1881Ca MG	1,085,000	27.00	30.00	42.00	220
1882Ca MG	779,000	27.00	30.00	42.00	220
1882Ca MM	Inc. above	27.00	30.00	42.00	220
1882Ca MM	Inc. above	33.00	60.00	145	400
Note: Second M over sideways M					
1883Ca MM	818,000	—	—	—	—
Note: Sideways M					
1883/2Ca MM/G	—	27.00	30.00	50.00	230
1883Ca MM	Inc. above	27.00	30.00	42.00	220
1884/3Ca MM	—	27.00	30.00	50.00	220
1884Ca MM	—	27.00	30.00	42.00	220
1885/4Ca MM	1,345,000	30.00	40.00	85.00	300
1885/6Ca MM	Inc. above	30.00	40.00	85.00	300
1885Ca MM	Inc. above	27.00	30.00	42.00	220
1886Ca MM	2,483,000	27.00	30.00	42.00	220
1887Ca MM	2,625,000	27.00	30.00	42.00	220
1888/7Ca MM	2,434,000	30.00	45.00	100	325
1888Ca MM	Inc. above	27.00	30.00	42.00	220
1889Ca MM	2,681,000	27.00	30.00	42.00	220
1890/89Ca MM	—	30.00	40.00	85.00	300
1890Ca MM	2,137,000	27.00	30.00	42.00	220
1891/0Ca MM	2,268,000	30.00	40.00	85.00	300
1891Ca MM	Inc. above	27.00	30.00	42.00	230
1892Ca MM	2,527,000	27.00	30.00	42.00	220
1893Ca MM	2,632,000	27.00	30.00	42.00	220
1894Ca MM	2,642,000	27.00	30.00	42.00	220
1895Ca MM	1,112,000	27.00	30.00	42.00	220

KM# 377.3 27.07 g., 0.903 Silver, 0.7859 oz. ASW **Obv:** Facing eagle, snake in beak **Rev:** Radiant cap **Obv. Legend:** REPUBLICA MEXICANA **Mint:** Culiacan **Note:** Mint mark C, Cn. Varieties exist.

Date	Mintage	F12	VF20	XF40	MS60	MS63
1846 CE	—	165	325	1,050	3,000	—
1846 CE	—	195	425	1,150	3,300	—
Note: Dot after G						
1846 CE	—	140	290	975	2,900	—
Note: No dot after G						

Date	Mintage	F12	VF20	XF40	MS60	MS63
1847 CE	—	450	775	1,950	—	—
1848 CE	—	140	275	575	2,000	—
1849 CE C/G	—	85.00	140	260	800	—
1849 CE	—	85.00	140	260	800	—
1850 CE	—	85.00	140	260	800	—
1851 CE	—	140	275	575	2,000	—
1852/1 CE	—	110	165	325	1,000	—
1852 CE	—	110	220	400	1,200	—
1853/0 CE	—	220	375	900	2,600	—
1853/2/0 CE	—	220	450	975	2,800	—
1853 CE	—	110	195	400	1,200	—
Note: Thick rays						
1853 CE	—	220	375	850	—	—
Note: Error: MEXIGANA						
1854 CE	—	825	1,400	—	—	—
1854 CE	—	195	375	975	2,400	—
Note: Large eagle and hat						
1855/6 CE	—	55.00	75.00	145	450	—
1855 CE	—	38.00	55.00	110	350	—
1856 CE	—	65.00	120	240	750	—
1857 CE	—	33.00	50.00	110	350	—
1858 CE	—	44.00	55.00	110	350	—
1859 CE	—	33.00	50.00	110	350	—
1860/9 PV/CV	—	65.00	90.00	145	450	—
1860/9 PV/E	—	65.00	90.00	145	450	—
1860 CE	—	38.50	55.00	110	350	—
1860/9 PV	—	55.00	75.00	130	400	—
1860 PV	—	55.00	75.00	130	400	—
1861/0 CE	—	65.00	100	170	550	—
1861 PV/CE	—	95.00	150	275	750	—
1861 CE	—	33.00	50.00	90.00	350	—
1862 CE	—	33.00	50.00	90.00	350	—
1863/2 CE	—	44.00	65.00	110	450	—
1863 CE	—	33.00	45.00	90.00	350	—
1864 CE	—	44.00	75.00	145	650	—
1865 CE	—	150	230	425	1,350	—
1866 CE	—	450	825	1,650	4,500	—
1867 CE	—	150	230	450	1,450	—
1868/7 CE	—	44.00	55.00	110	350	—
1868/8	—	65.00	120	210	650	—
1868 CE	—	44.00	55.00	110	350	—
1869 CE	—	44.00	55.00	110	400	—
1870 CE	—	65.00	120	210	750	—
1873 MP	—	65.00	120	210	650	—
1874/3 MP	—	44.00	55.00	110	350	—
1874C MP	—	33.00	44.00	70.00	290	—
1874CN MP	—	150	230	400	1,250	—
1875 MP	—	27.50	30.00	42.00	230	—
1876 GP	—	27.50	30.00	50.00	240	—
1876 CG	—	27.50	30.00	42.00	230	—
1877 CG	339,000	27.50	30.00	42.00	230	—
1877Gn CG Error	—	85.00	150	275	850	—
1877 JA	Inc. above	50.00	95.00	175	550	—
1878/7 CG	483,000	50.00	95.00	175	550	—
1878 CG	Inc. above	30.00	40.00	60.00	290	—
1878 JD/CG	—	38.00	50.00	80.00	350	—
1878 JD	Inc. above	30.00	35.00	50.00	290	—
1878 JD	Inc. above	33.00	44.00	65.00	350	—
Note: D over retrograde D						
1879 JD	—	27.50	30.00	50.00	300	—
1880/70 JD	—	30.00	35.00	50.00	240	—
1880 JD	—	27.50	30.00	42.00	280	—
1881/0 JD	1,032,000	30.00	33.00	50.00	240	—

Date	Mintage	F12	VF20	XF40	MS60	MS63
1881C JD	Inc. above	27.50	30.00	42.00	230	—
1881Cn JD	Inc. above	55.00	75.00	130	350	—
1882 JD	397,000	27.50	30.00	42.00	230	—
1882 AM	Inc. above	27.50	30.00	42.00	230	—
1883 AM	333,000	27.50	30.00	42.00	290	—
1884 AM	—	27.50	30.00	42.00	230	—
1885/6 AM	227,000	33.00	44.00	70.00	290	—
1885C AM	Inc. above	49.50	90.00	210	750	—
1885Cn AM	Inc. above	27.50	30.00	42.00	230	—
1885Gn AM Error	Inc. above	38.50	65.00	145	600	—
1886 AM	571,000	27.50	30.00	42.00	230	—
1887 AM	732,000	27.50	30.00	42.00	230	—
1888 AM	768,000	27.50	30.00	42.00	230	—
1889 AM	1,075,000	27.50	30.00	42.00	230	520
1890 AM	874,000	27.50	30.00	42.00	220	—
1891 AM	777,000	27.50	30.00	42.00	220	—
1892 AM	681,000	27.50	30.00	42.00	220	—
1893 AM	1,144,000	27.50	30.00	42.00	220	—
1894 AM	2,118,000	27.50	30.00	42.00	220	—
1895 AM	1,834,000	27.50	30.00	42.00	220	—
1896 AM	2,134,000	27.50	30.00	42.00	220	—
1897 AM	1,580,000	27.50	30.00	42.00	220	—

KM# 377.4 27.07 g., 0.903 Silver, 0.7859 oz. ASW **Obv:** Facing eagle, snake in beak **Mint:** Durango **Note:** Varieties exist.

Date	Mintage	F12	VF20	XF40	MS60
1825Do RL	—	44.00	85.00	210	800
1826Do RL	—	55.00	105	275	1,000
1827/6Do RL	—	49.50	75.00	125	450
1827/8Do RL	—	175	325	650	—
1827Do RL	—	44.00	65.00	130	450
1828/7Do RL	—	49.50	75.00	130	450
1828Do RL	—	38.50	65.00	115	400
1829Do RL	—	38.50	65.00	115	400
1830Do RM	—	38.50	65.00	130	450
Note: B on eagle's claw					
1831Do RM	—	33.00	45.00	90.00	350
Note: B on eagle's claw					
1832Do RM	—	49.50	75.00	170	650
Note: Mexican dies, B on eagle's claw					
1832/1Do RM/RL	—	38.50	50.00	110	375
Note: French dies, REPUB MEX spaced					

Date	Mintage	F12	VF20	XF40	MS60
1833/2Do RM/RL	—	33.00	50.00	110	375
1833Do RM	—	30.00	45.00	90.00	350
1834/3/2Do RM/RL	—	32.00	50.00	110	375
1834Do RM	—	30.00	38.50	80.00	350
1835/4Do RM/RL	—	33.00	50.00	100	350
1835Do RM	—	33.00	50.00	100	350
Note: Mexican dies, REPUBMEX not spaced					
1836/1Do RM	—	33.00	50.00	100	350
1836/4Do RM	—	33.00	50.00	100	350
1836/5/4Do RM/RL	—	95.00	175	350	1,050
1836Do RM	—	33.00	44.00	85.00	350
1836Do RM	—	33.00	44.00	85.00	350
Note: M on snake					
1837/1Do RM	—	33.00	44.00	85.00	350
1837Do RM	—	33.00	44.00	85.00	350
1838/1Do RM	—	33.00	45.00	90.00	375
1838/7Do RM	—	33.00	45.00	90.00	375
1838Do RM	—	33.00	44.00	85.00	350
1839/1Do RM/RL	—	33.00	44.00	85.00	350
1839/1Do RM	—	33.00	44.00	85.00	350
1839Do RM	—	33.00	44.00	85.00	350
1840/38/31Do RM	—	33.00	44.00	85.00	350
1840/39Do RM	—	33.00	44.00	85.00	350
1840Do RM	—	33.00	44.00	85.00	350
1841/31Do RM	—	85.00	150	375	950
1841/39Do RM/L	—	38.50	65.00	125	450
1841/39Do RM	—	38.50	65.00	125	450
1842/31Do RM	—	150	285	525	1,550
Note: B below cactus					
1842/31Do RM	—	55.00	100	175	550
1842/32Do RM	—	55.00	100	175	550
1842Do RM	—	33.00	44.00	85.00	350
Note: Eagle of 1832-41					
1842Do RM	—	33.00	44.00	85.00	350
Note: Pre-1832 eagle resumed					
1842Do RM	—	55.00	100	175	550
1843/33Do RM	—	65.00	110	210	550
1843Do RM	—	65.00	110	210	550
1844/34Do RM	—	120	230	400	1,050
1844/35Do RM	—	120	230	400	1,050
1844/43Do RM	—	75.00	145	300	900
1845/31Do RM	—	120	230	400	1,050
1845/34Do RM	—	49.50	95.00	175	550
1845/35Do RM	—	49.50	95.00	175	550
1845Do RM	—	33.00	44.00	85.00	350
1846/31Do RM	—	33.00	44.00	85.00	350
1846/36Do RM	—	33.00	44.00	85.00	350
1846Do RM	—	33.00	44.00	85.00	350
1847Do RM	—	38.50	65.00	115	400
1848/7Do RM	—	150	285	525	1,550
1848/7Do CM/RM	—	120	230	450	1,450
1848Do CM/RM	—	120	230	450	1,450
1848Do RM	—	120	230	400	1,250
1848Do CM	—	65.00	120	275	850
1849/39Do CM	—	120	230	450	1,450
1849Do CM	—	85.00	150	350	1,150
1849Do JMR/CM Oval 0	—	230	450	575	1,650
1849Do JMR Oval 0	—	230	350	575	1,650

Date	Mintage	F12	VF20	XF40	MS60
1849Do JMR	—	230	450	775	2,000
Round 0					
1850Do JMR	—	120	175	350	1,050
1851/0Do JMR	—	85.00	150	300	1,000
1851Do JMR	—	120	175	350	1,050
1852Do CP/ JMR	—	500	900	1,950	—
1852Do CP	—	825	1,350	2,950	—
1852Do JMR	—	205	285	500	1,350
1853Do CP/ JMR	—	150	270	450	1,250
1853Do CP	—	230	375	775	2,400
1854Do CP	—	38.50	50.00	100	650
1855Do CP	—	65.00	120	240	750
Note: Eagle type of 1854					
1855Do CP	—	65.00	120	240	750
Note: Eagle type of 1856					
1856Do CP	—	65.00	120	240	750
1857Do CP	—	49.50	85.00	175	550
1858/7Do CP	—	38.50	50.00	105	375
1858Do CP	—	33.00	45.00	90.00	375
1859Do CP	—	33.00	45.00	90.00	375
1860/59Do CP	—	44.00	65.00	145	450
1860Do CP	—	33.00	45.00	90.00	375
1861/0Do CP	—	33.00	45.00	90.00	375
1861Do CP	—	33.00	44.00	80.00	290
1862/1Do CP	—	38.50	50.00	90.00	290
1862Do CP	—	33.00	45.00	90.00	400
1863/1Do CP	—	44.00	75.00	130	450
1863/2Do CP	—	38.50	65.00	110	400
1863/53Do CP	—	44.00	75.00	130	450
1863Do CP	—	38.50	65.00	110	400
1864Do CP	—	120	175	350	1,050
1864Do LT	—	38.50	55.00	115	400
1864Do LT/T	—	38.50	55.00	115	400
1864Do LT/CP	—	65.00	120	240	750
1865Do LT	—	—	—	—	—
Rare					
1866/4Do CM	—	3,050	6,100	—	—
1866Do CM	—	1,950	3,600	7,200	17,000
1867Do CM	—	3,850	—	—	—
1867/6Do CP	—	220	450	775	2,400
1867Do CP	—	195	325	650	2,000
1867Do CP/CM	—	140	275	525	1,800
1867Do CP/LT	—	220	450	850	2,500
1868Do CP	—	38.50	55.00	115	400
1869Do CP	—	33.00	44.00	80.00	300
1870/69Do CP	—	33.00	44.00	80.00	290
1870/9Do CP	—	33.00	44.00	80.00	290
1870Do CP	—	33.00	44.00	80.00	290
1873Do CP	—	150	260	425	1,250
1873Do CM	—	44.00	65.00	145	450
1874/3Do CM	—	27.50	30.00	45.00	290
1874Do CM	—	27.50	30.00	45.00	290
1874Do JH	—	1,250	1,950	3,600	—
1875Do CM	—	27.50	30.00	45.00	290
1875Do JH	—	100	175	350	950
1876Do CM	—	27.50	30.00	45.00	290
1877Do CM	431,000	1,600	2,750	—	—
1877Do CP	Inc. above	27.50	30.00	45.00	290
1877Do JMP	Inc. above	825	1,400	2,600	—
1878Do PE	409,000	30.00	40.00	65.00	290
1878Do TB	Inc. above	27.50	30.00	45.00	290
1879Do TB	—	27.50	30.00	45.00	290
1880/70Do TB	—	75.00	120	240	750
1880/70Do TB/JP	—	175	285	500	1,350
1880/70Do JP	—	30.00	40.00	65.00	290

Date	Mintage	F12	VF20	XF40	MS60
1880Do TB	—	175	285	500	1,350
1880Do JP	—	27.50	30.00	45.00	290
1881Do JP	928,000	27.50	30.00	45.00	290
1882Do JP	414,000	27.50	30.00	45.00	290
1882Do MC/JP	Inc. above	44.00	75.00	145	450
1882Do MC	Inc. above	38.50	65.00	110	350
1883/73Do MC	452,000	30.00	40.00	65.00	290
1883Do MC	Inc. above	27.50	30.00	45.00	290
1884/3Do MC	—	30.00	40.00	65.00	290
1884Do MC	—	27.50	30.00	45.00	290
1885Do MC M/J	—	30.00	40.00	65.00	290
1885Do JB	Inc. above	38.50	48.00	80.00	300
1885Do MC	547,000	27.50	30.00	42.00	290
1886/5Do MC	—	30.00	40.00	65.00	240
1886/3Do MC	955,000	30.00	40.00	65.00	240
1886Do MC	Inc. above	27.50	30.00	42.00	220
1887Do MC	1,004,000	27.50	30.00	42.00	220
1888/7Do MC	—	85.00	150	350	950
1888Do MC	996,000	27.50	30.00	42.00	220
1889Do MC	874,000	27.50	30.00	42.00	220
1890Do MC	1,119,000	27.50	30.00	42.00	220
1890Do JP	Inc. above	27.50	30.00	42.00	220
1891Do JP	1,487,000	27.50	30.00	42.00	220
1892Do JP	1,597,000	27.50	30.00	42.00	220
1892Do ND	Inc. above	38.50	65.00	145	450
1893Do ND	1,617,000	27.50	30.00	42.00	220
1894Do ND	1,537,000	27.50	30.00	42.00	220
1895/3Do ND	761,000	30.00	40.00	65.00	240
1895Do ND	Inc. above	27.50	30.00	42.00	220
1895Do ND/P	—	30.00	40.00	65.00	240

KM# 377.5 27.07 g., 0.903 Silver, 0.7859 oz. ASW
Obv: Facing eagle, snake in beak **Rev:** Radiant cap **Mint:** Estado de Mexico

Date	Mintage	F12	VF20	XF40	MS60
1828EoMo LF/LP	—	375	925	2,850	—
1828EoMo LF	—	375	925	2,850	9,600
1829EoMo LF	—	325	825	2,400	7,700
1830/20EoMo LF	—	1,400	3,050	5,900	—
1830EoMo LF	—	1,100	2,200	4,250	10,500

KM# 377.6 27.07 g., 0.903 Silver, 0.7859 oz. ASW
Obv: Facing eagle, snake in beak **Rev:** Radiant
cap **Obv. Legend:** REPUBLICA MEXICANA. **Mint:**
Guadalajara **Note:** Varieties exist.

Date	Mintage	F12	VF20	XF40	MS60
1825Ga FS	—	165	300	625	2,000
1826/5Ga FS	—	140	275	575	2,000
1826Ga FS	—	140	275	575	2,000
1827/87Ga FS	—	140	275	575	2,000
1827Ga FS	—	140	275	575	2,000
1287Ga FS Error	—	9,400	10,500	—	—
1828Ga FS	—	220	425	725	2,400
1829/8Ga FS	—	220	425	725	2,400
1829Ga FS	—	195	350	625	1,900
1830/29Ga FS	—	110	195	400	1,200
1830Ga FS	—	110	195	400	1,200
1830Ga LP/FS	—	875	1,600	—	—

Note: The 1830 LP/FS is currently only known
with a Philippine countermark

Date	Mintage	F12	VF20	XF40	MS60
1831Ga LP	—	220	450	775	2,400
1831Ga FS/LP	—	325	550	975	3,000
1831Ga FS	—	140	300	525	—
1832/1Ga FS	—	65.00	120	240	650
1832/1Ga FS/LP	—	65.00	120	240	650
1832Ga FS/LP	—	95.00	175	375	1,150
1832Ga FS	—	38.50	65.00	145	500
1833/2/1Ga FS/LP	—	60.00	95.00	175	550
1833/2Ga FS	—	38.50	65.00	145	500
1834/2Ga FS	—	75.00	150	275	750
1834/3Ga FS	—	75.00	150	275	750
1834/0Ga FS	—	65.00	120	210	650
1834Ga FS	—	65.00	120	210	650
1835Ga FS	—	38.50	65.00	145	500
1836/5Ga FS	—	205	375	—	—
1836/1Ga JG/FS	—	55.00	100	175	550
1836Ga FS	—	325	500	975	—
1836Ga JG/FS	—	38.50	65.00	145	500
1836Ga JG	—	38.50	65.00	145	500
1837/6Ga JG/FS	—	65.00	120	240	650
1837/6Ga JG	—	60.00	110	220	600
1837Ga JG	—	55.00	100	175	550
1838/7Ga JG	—	120	205	400	1,150
1838Ga JG	—	120	175	375	1,050
1839Ga MC	—	120	230	450	1,250
1839Ga MC/JG	—	120	230	400	1,150
1839Ga JG	—	75.00	150	275	750
1840/30Ga MC	—	65.00	95.00	210	600
1840Ga MC	—	44.00	75.00	175	550
1841Ga MC	—	44.00	75.00	175	550

Date	Mintage	F12	VF20	XF40	MS60
1842/1Ga JG/MG	—	120	175	350	950
1842/1Ga JG/MC	—	120	175	350	950
1842Ga JG	—	38.50	65.00	145	500
1842Ga JG/MG	—	38.50	65.00	145	500
1843/2Ga MC/JG	—	38.50	65.00	145	500
1843Ga MC/JG	—	38.50	65.00	145	500
1843Ga JG	—	450	650	1,150	3,600
1843Ga MC	—	65.00	120	210	650
1844Ga MC	—	65.00	120	210	650
1845Ga MC	—	95.00	175	400	1,450
1845Ga JG	—	550	925	1,650	3,700
1846Ga JG	—	55.00	100	210	650
1847Ga JG	—	120	175	300	850
1848/7Ga JG	—	70.00	105	175	550
1848Ga JG	—	65.00	95.00	145	500
1849Ga JG	—	110	150	240	700
1849/39Ga JG	—	275	550	—	—
1850Ga JG	—	65.00	120	210	650
1851Ga JG	—	140	220	450	1,300
1852Ga JG	—	110	165	325	900
1853/2Ga JG	—	140	195	325	950
1853Ga JG	—	110	150	240	650
1854/3Ga JG	—	85.00	110	175	550
1854Ga JG	—	65.00	95.00	155	500
1855/4Ga JG	—	65.00	120	210	600
1855Ga JG	—	38.50	65.00	145	500
1856/4Ga JG	—	75.00	150	240	650
1856/5Ga 56	—	75.00	150	240	650
1856Ga JG	—	65.00	120	210	600
1857Ga JG	—	65.00	120	300	950
1858Ga JG	—	120	175	400	1,050
1859/7Ga JG	—	38.50	65.00	155	500
1859/8Ga JG	—	38.50	65.00	145	450
1859Ga JG	—	33.00	55.00	115	400
1860Ga JG	—	375	825	1,550	4,500
Without dot					
1860Ga JG	—	2,200	3,600	5,900	—

Note: Dot in loop of snake's tail, base alloy

Date	Mintage	F12	VF20	XF40	MS60
1861Ga JG	—	2,400	6,300	—	—
1862Ga JG	—	925	1,500	3,600	9,000
1863/52Ga JG	—	—	—	—	—
1863/59Ga JG	—	60.00	65.00	125	325
1863/2Ga JG	—	44.00	65.00	130	400
1863/4Ga JG	—	55.00	95.00	210	550
1863Ga JG	—	38.50	60.00	110	350
1863Ga FV Rare	—	—	—	—	—
1867Ga JM Rare	—	—	—	—	—
1868/7Ga JM	—	65.00	95.00	175	450
1868Ga JM	—	65.00	95.00	175	450
1869Ga JM	—	65.00	95.00	175	450
1869Ga IC	—	95.00	150	275	800
1870/60Ga IC	—	75.00	110	210	600
1870Ga IC	—	75.00	110	210	600
1873Ga IC	—	27.50	40.00	80.00	300
1874Ga IC	—	27.50	30.00	42.00	220
1874Ga MC	—	38.50	65.00	145	450
1875Ga IC	—	30.00	45.00	90.00	300
1875Ga MC	—	27.50	30.00	42.00	290
1876Ga IC	559,000	30.00	44.00	80.00	290
1876Ga MC	Inc. above	150	200	350	800
1877Ga IC	928,000	27.50	30.00	45.00	290
1877/6Ga JA	—	27.50	30.00	45.00	290
1877Ga JA	Inc. above	27.50	30.00	45.00	290
1878Ga JA	764,000	27.50	30.00	45.00	290
1879Ga JA	—	27.50	30.00	45.00	290
1880/70Ga FS	—	30.00	40.00	80.00	300

Date	Mintage	F12	VF20	XF40	MS60
1880Ga JA	—	27.50	30.00	45.00	290
1880Ga FS	—	27.50	30.00	45.00	290
1881Ga FS	1,300,000	27.50	30.00	45.00	290
1882/1Ga FS	537,000	30.00	40.00	80.00	300
1882Ga FS	Inc. above	27.50	30.00	45.00	290
1882Ga TB/FS	Inc. above	65.00	120	240	650
1882Ga TB	Inc. above	65.00	120	240	650
1883Ga TB	561,000	30.00	38.50	65.00	300
1884Ga TB	—	27.50	30.00	42.00	290
1884Ga AH	—	27.50	30.00	42.00	290
1885Ga AH	443,000	27.50	30.00	42.00	290
1885Ga JS	Inc. above	27.50	30.00	145	450
1886Ga JS/H	—	27.50	30.00	42.00	290
1886Ga JS	1,038,999	27.50	30.00	42.00	290
1887Ga JS	878,000	27.50	30.00	42.00	290
1888Ga JS	1,159,000	27.50	30.00	42.00	290
1889Ga JS	1,583,000	27.50	30.00	42.00	290
1890Ga JS	1,658,000	27.50	30.00	42.00	260
1891Ga JS	1,507,000	27.50	30.00	42.00	260
1892/1Ga JS	1,627,000	30.00	40.00	80.00	290
1892Ga JS	Inc. above	27.50	30.00	42.00	260
1893Ga JS	1,952,000	27.50	30.00	42.00	260
1894Ga JS	2,045,999	27.50	30.00	42.00	260
1895/3Ga JS	—	27.50	33.00	60.00	270
1895Ga JS	1,146,000	27.50	30.00	42.00	260

KM# 377.7 27.07 g., 0.903 Silver, 0.7859 oz. ASW **Obv:** Facing eagle, snake in beak **Rev:** Radiant cap **Obv. Legend:** REPUBLICA MEXICANA. **Mint:** Guadalupe y Calvo

Date	Mintage	F12	VF20	XF40	MS60	MS63
1844GC MP	—	425	600	1,450	3,850	—
1844GC MP	—	500	725	1,700	4,300	—
Note: Error, reversed S in Ds, Gs						
1845GC MP	—	155	240	450	1,350	—
Note: Eagle's tail square						
1845GC MP	—	215	425	950	2,300	—
Note: Eagle's tail round						
1846GC MP	—	215	425	1,050	3,200	—
Note: Eagle's tail square						
1846GC MP	—	155	240	500	1,450	—
Note: Eagle's tail round						

Date	Mintage	F12	VF20	XF40	MS60	MS63
1847GC MP	—	180	300	575	1,500	—
1848GC MP	—	215	350	725	1,750	—
1849GC MP	—	215	350	750	1,900	—
1850GC MP	—	215	350	825	2,100	—
1851GC MP	—	350	600	1,300	3,050	—
1852GC MP	—	425	725	1,800	4,800	—

KM# 377.8 27.07 g., 0.903 Silver, 0.7859 oz. ASW **Obv:** Facing eagle, snake in beak **Rev:** Radiant cap **Obv. Legend:** REPUBLICA MEXICANA. **Mint:** Guanajuato **Note:** Varieties exist.

Date	Mintage	F12	VF20	XF40	MS60
1825Go JJ	—	55.00	90.00	210	650
1825G JJ	—	1,400	1,800	—	—
Note: Error mint mark G					
1826Go JJ	—	55.00	100	240	750
Note: Straight J's					
1826Go JJ	—	44.00	75.00	175	550
Note: Full J's					
1826Go MJ	—	275	500	1,100	—
1827Go MJ	—	55.00	95.00	175	550
1827Go MJ/JJ	—	—	—	—	—
1827Go MR	—	120	230	450	1,250
1828Go MJ	—	—	—	—	—
Note: Error mint mark Goo					
1828Go MJ	—	44.00	75.00	175	550
1828/7Go MR	—	165	325	775	2,400
1828Go MR	—	165	325	775	2,400
1829Go MJ	—	33.00	49.50	85.00	375
1830Go MJ	—	33.00	44.00	85.00	375
Note: Oblong beading and narrow J					
1830Go MJ	—	33.00	44.00	85.00	375
Note: Regular beading and wide J					
1831Go MJ	—	27.50	33.00	65.00	350
Note: Colon after date					
1831Go MJ	—	27.50	33.00	65.00	350
Note: 2 stars after date					
1832Go MJ	—	27.50	33.00	65.00	300
1832Go MJ	—	33.00	50.00	100	400
Note: 1 of date over inverted 1					
1833Go MJ/1	—	33.00	50.00	100	400
1833Go MJ	—	27.50	33.00	65.00	350
1833Go JM	—	450	825	1,650	5,000
1834Go PJ	—	27.50	33.00	65.00	350
1835Go PJ	—	27.50	33.00	65.00	350
Note: Star on cap					
1835Go PJ	—	27.50	33.00	65.00	350
Note: Dot on cap					
1836Go PJ	—	27.50	33.00	65.00	350
1837Go PJ	—	27.50	33.00	65.00	350
1838Go PJ	—	27.50	33.00	65.00	350
1839Go PJ/JJ	—	27.50	33.00	65.00	350
1839Go PJ	—	27.50	33.00	65.00	350
1840/30Go PJ	—	33.00	44.00	80.00	350
1840Go PJ	—	27.50	33.00	60.00	290
1841/31Go PJ	—	27.50	33.00	60.00	290

Date	Mintage	F12	VF20	XF40	MS60
1841Go PJ	—	27.50	33.00	60.00	290
1842/1Go PM	—	33.00	44.00	80.00	290
1842/31Go PM/PJ	—	38.50	50.00	90.00	350
1842/1Go PJ	—	33.00	44.00	80.00	290
1842Go PJ	—	33.00	44.00	80.00	290
1842Go PM/PJ	—	27.50	33.00	60.00	290
1842Go PM	—	27.50	33.00	60.00	290
1843Go PM	—	27.50	33.00	60.00	290
Note: Dot after date					
1843Go PM	—	27.50	33.00	60.00	290
Note: Triangle of dots after date					
1844Go PM	—	27.50	33.00	60.00	290
1845Go PM	—	27.50	33.00	60.00	290
1846/5Go PM	—	33.00	44.00	80.00	350
Note: Eagle type of 1845					
1846Go PM	—	33.00	44.00	80.00	350
Note: Eagle type of 1845					
1846Go PM	—	30.00	40.00	65.00	300
Note: Eagle type of 1847					
1847Go PM Narrow date	—	27.50	33.00	60.00	290
1847Go PM Wide date	—	27.50	33.00	60.00	290
1848/7Go PM	—	27.50	50.00	100	350
1848Go PM	—	33.00	50.00	100	350
1848Go PF	—	27.50	33.00	60.00	290
1849Go PF	—	27.50	33.00	60.00	290
1850Go PF	—	27.50	33.00	60.00	290
1851/0Go PF	—	33.00	44.00	80.00	350
1851Go PF	—	27.50	33.00	60.00	290
1852/1Go PF	—	33.00	44.00	80.00	350
1852Go PF	—	27.50	33.00	60.00	290
1853/2Go PF	—	33.00	44.00	80.00	350
1853Go PF	—	27.50	33.00	60.00	290
1854Go PF	—	27.50	33.00	60.00	290
1855Go PF Large letters	—	27.50	33.00	60.00	290
1855Go PF Small letters	—	27.50	33.00	60.00	290
1856/5Go PF	—	33.00	44.00	80.00	350
1856Go PF	—	27.50	33.00	60.00	290
1857/5Go PF	—	33.00	44.00	80.00	350
1857/6Go PF	—	33.00	50.00	105	450
1857Go PF	—	27.50	30.00	42.00	220
1858Go PI Narrow date	—	27.50	33.00	60.00	290
1858Go PF Wide date	—	27.50	33.00	60.00	290
1859Go PF	—	27.50	33.00	60.00	290
1859/8Go PF	—	33.00	44.00	80.00	350
1859Go PF	—	27.50	33.00	60.00	290
1860/50Go PF	—	33.00	44.00	80.00	350
1860/59Go PF	—	27.50	30.00	45.00	230
1860Go PF	—	27.50	30.00	42.00	220
1861/51Go PF	—	27.50	33.00	50.00	240
Note: Narrow and wide dates exist					
1861/0Go PF	—	27.50	30.00	42.00	220
1861Go PF	—	27.50	30.00	42.00	220
186/52Go YE	—	30.00	33.00	50.00	240
1862Go YE/PF	—	27.50	30.00	42.00	220
186/52Go YF	—	30.00	33.00	50.00	240
1862Go YE	—	27.50	30.00	42.00	220
1862Go YF	—	27.50	30.00	42.00	220
1862Go YF/PF	—	27.50	30.00	42.00	220
1863/53Go YF	—	27.50	30.00	45.00	220
1863/54Go YF	—	30.00	33.00	50.00	240
1863Go YE Rare	—	—	—	—	—
1863Go YF	—	27.50	30.00	42.00	220
1867/57Go YF	—	30.00	33.00	50.00	240
1867Go YF	—	27.50	30.00	42.00	220
1868/58Go YF	—	30.00	33.00	50.00	240
1868/7Go YF	—	30.00	33.00	50.00	240
1868Go YF	—	27.50	30.00	42.00	220
1870/60Go FR	—	33.00	44.00	80.00	350
1870Go YF	—	2,000	3,300	6,500	15,000
1870Go FR/YF	—	33.00	50.00	105	450
1870Go FR	—	27.50	30.00	42.00	220
1873Go FR	—	27.50	30.00	42.00	220
1874/3Go FR	—	30.00	33.00	50.00	230
1874Go FR	—	30.00	40.00	60.00	240
1875/3Go FR	—	30.00	33.00	50.00	230
1875/6Go FR	—	30.00	33.00	50.00	230
1875Go FR	—	27.50	30.00	42.00	220
Note: Small circle with dot on eagle					
1876/5Go FR	—	30.00	33.00	50.00	230
1876Go FR	—	27.50	30.00	42.00	220
1877Go FR Narrow date	—	27.50	30.00	42.00	220
1877Go FR Wide date	2,477,000	27.50	30.00	42.00	220
1878/7Go FR	2,273,000	30.00	33.00	50.00	220
1878/7Go SM S/F	—	30.00	33.00	50.00	220
1878/7Go SM	—	30.00	33.00	50.00	220
1878Go FR	Inc. above	27.50	30.00	42.00	220
1878Go SM S/F	—	30.25	33.00	45.00	220
1878Go SM	—	27.50	30.00	42.00	220
1879/7Go SM	—	30.00	33.00	50.00	220
1879/8Go SM	—	30.00	33.00	50.00	220
1879/8Go SM/ FR	—	30.00	33.00	50.00	220
1879Go SM	—	27.50	30.00	42.00	220
1879Go SM/FR	—	30.00	33.00	50.00	220
1880/70Go SB	—	30.00	33.00	50.00	220
1880Go SB/SM	—	27.50	30.00	42.00	220
1880Go SB	—	27.50	30.00	42.00	220
1881/71Go SB	3,974,000	30.00	33.00	50.00	220
1881/0Go SB	Inc. above	30.00	33.00	50.00	220
1881Go SB	Inc. above	27.50	30.00	42.00	220
1882Go SB	2,015,000	27.50	30.00	42.00	220
1883Go SB	2,100,000	49.50	95.00	175	550
1883Go BR	Inc. above	27.50	30.00	42.00	220
1883Go BR/SR	—	27.50	30.00	42.00	220
1883Go BR/SB	Inc. above	27.50	30.00	42.00	220
1884/73Go BR	—	33.00	44.00	65.00	240
1884/74Go BR	—	33.00	44.00	65.00	240
1884/3Go BR	—	33.00	44.00	90.00	350
1884Go BR	—	27.50	30.00	42.00	220
1884/74Go RR	—	65.00	120	240	750
1884Go RR	—	38.50	65.00	145	550
1885/75Go RR/BR	—	30.00	33.00	400	220
1885/75Go RR	2,363,000	30.00	33.00	50.00	220
1885Go RR	Inc. above	27.50	30.00	42.00	220
1886/75Go RR/BR	—	30.00	33.00	45.00	220
1886/75Go RR	4,127,000	30.00	33.00	45.00	220
1886/76Go RR/BR	—	27.50	30.00	42.00	220
1886/76Go RR	Inc. above	27.50	30.00	42.00	220
1886/5Go RR/ BR	Inc. above	27.50	30.00	42.00	220
1886Go RR	Inc. above	27.50	30.00	42.00	220
1887Go RR	4,205,000	27.50	30.00	42.00	220
1888Go RR	3,985,000	27.50	30.00	42.00	220
1889Go RR	3,646,000	27.50	30.00	42.00	220
1890Go RR	3,615,000	27.50	30.00	42.00	220

Date	Mintage	F12	VF20	XF40	MS60
1891Go RS/R	—	27.50	30.00	42.00	220
1891Go RS	3,197,000	27.50	30.00	42.00	220
1892/0Go/A RS	—	27.50	30.00	42.00	220
1892/0Go RS	—	27.50	30.00	42.00	220
1892Go RS	3,672,000	27.50	30.00	42.00	220
1892Go/A RS	—	27.50	30.00	42.00	220
1893Go RS	3,854,000	27.50	30.00	42.00	220
1894Go RS	4,127,000	27.50	30.00	42.00	220
1895/1Go RS	3,768,000	30.00	33.00	42.00	220
1895/3Go RS	Inc. above	30.00	33.00	45.00	220
1895Go RS	Inc. above	27.50	30.00	42.00	220
1896/1Go/As RS/ML	5,229,000	30.00	33.00	45.00	220
1896/1Go RS	Inc. above	27.50	30.00	42.00	220
1896Go/Ga RS	Inc. above	—	—	—	—
1896Go RS	Inc. above	27.50	30.00	40.00	220
1897Go RS	4,344,000	27.50	30.00	42.00	220

KM# 377.9 27.07 g., 0.903 Silver, 0.7859 oz. ASW
Obv: Facing eagle, snake in beak **Rev:** Radiant cap **Mint:** Hermosillo **Note:** Varieties exist.

Date	Mintage	F12	VF20	XF40	MS60
1835Ho PP Rare	—	—	—	—	—
1836Ho PP Rare	—	—	—	—	—
1839Ho PR Unique	—	—	—	—	—
1861Ho FM	—	4,950	8,300	—	—
Note: Reeded edge					
1862Ho FM Rare	—	—	—	—	—
Note: Plain edge, snakes tail left, long ray over *8R					
1862Ho FM	—	1,700	2,950	—	—
Note: Plain edge, snake's tail left					
1862Ho FM	—	1,800	3,050	—	—
Note: Reeded edge, snakes tail right					
1863Ho FM	—	165	325	1,050	—
1864Ho FM	—	925	1,800	3,600	—
1864Ho PR/FM	—	1,300	2,400	—	—
1864Ho PR	—	725	1,400	2,800	6,700
1865Ho FM	—	275	550	1,250	3,700
1866Ho FM	—	1,250	2,350	4,550	11,000
1866Ho MP	—	1,050	1,950	3,900	9,300
1867Ho PR	—	110	195	350	1,000
1868Ho PR	—	33.00	50.00	100	400
1869Ho PR	—	55.00	75.00	175	550
1870Ho PR	—	120	205	375	1,150
1871/0Ho PR	—	65.00	95.00	175	550
1871Ho PR	—	44.00	65.00	130	450
1872/1Ho PR	—	49.50	75.00	130	450
1872Ho PR	—	44.00	65.00	110	400

Date	Mintage	F12	VF20	XF40	MS60
1873Ho PR	351,000	44.00	65.00	125	350
1874Ho PR	—	30.00	35.00	65.00	290
1875Ho PR	—	30.00	35.00	65.00	290
1876Ho AF	—	30.00	35.00	65.00	290
1877Ho AF	410,000	33.00	44.00	80.00	350
1877Ho GR	Inc. above	120	175	300	850
1877Ho JA	Inc. above	38.50	65.00	125	400
1878Ho JA	451,000	30.00	35.00	65.00	280
1879Ho JA	—	30.00	35.00	65.00	280
1880Ho JA	—	30.00	35.00	65.00	280
1881Ho JA	586,000	30.00	35.00	65.00	280
1882Ho JA	240,000	38.50	55.00	100	290
Note: O above H					
1882Ho JA	Inc. above	38.50	55.00	100	290
Note: O after H					
1883/2Ho JA	204,000	230	400	675	2,050
1883/2Ho FM/JA	Inc. above	38.50	55.00	110	350
1883Ho FM/JA	—	40.00	60.00	125	375
1883Ho FM	Inc. above	33.00	44.00	90.00	290
1883Ho JA	Inc. above	325	500	1,050	3,050
1884/3Ho FM	—	33.00	40.00	80.00	290
1884Ho FM	—	30.00	35.00	65.00	280
1885Ho FM	132,000	30.00	35.00	65.00	280
1886Ho FM	225,000	33.00	44.00	70.00	290
1886Ho FG	Inc. above	33.00	44.00	70.00	290
1887/6Ho FG	—	33.00	50.00	100	350
1887Ho FG	150,000	33.00	50.00	100	350
1888Ho FG	364,000	27.50	33.00	50.00	260
1889Ho FG	490,000	27.50	33.00	50.00	260
1890Ho FG	565,000	27.50	33.00	50.00	260
1891Ho FG	738,000	27.50	33.00	50.00	260
1892Ho FG	643,000	27.50	33.00	50.00	260
1893Ho FG	518,000	27.50	33.00	50.00	260
1894Ho FG	504,000	27.50	33.00	50.00	260
1895Ho FG	320,000	27.50	33.00	50.00	260

KM# 377.10 27.07 g., 0.903 Silver, 0.7859 oz. ASW
Obv: Facing eagle, snake in beak **Rev:** Radiant cap **Obv. Legend:** REPUBLICA MEXICANA. **Mint:** Mexico City **Note:** Varieties exist. 1874 CP is a die struck counterfeit.

Date	Mintage	F12	VF20	XF40	MS60
1824Mo JM Round tail	—	95.00	150	350	1,050
1824Mo JM Square tail	—	95.00	150	350	1,050
1825Mo JM	—	38.50	55.00	110	450
1826/5Mo JM	—	38.50	55.00	110	450
1826Mo JM	—	33.00	44.00	85.00	375

Date	Mintage	F12	VF20	XF40	MS60
1827Mo JM	—	38.50	50.00	90.00	400
Note: Medal alignment					
1827Mo JM	—	38.50	50.00	90.00	400
Note: Coin alignment					
1828Mo JM	—	44.00	75.00	145	550
1829Mo JM	—	33.00	45.00	130	475
1830/20Mo JM	—	49.50	85.00	210	650
1830Mo JM	—	44.00	65.00	130	475
1831Mo JM	—	44.00	65.00	145	525
1832/1Mo JM	—	38.50	55.00	100	400
1832Mo JM	—	33.00	44.00	85.00	375
1833Mo MJ	—	38.50	55.00	115	450
1833Mo ML	—	500	725	1,250	4,000
1834/3Mo ML	—	38.50	50.00	90.00	400
1834Mo ML	—	33.00	44.00	85.00	375
1835Mo ML Narrow date	—	33.00	44.00	85.00	375
1835Mo ML Wide date	—	33.00	44.00	85.00	375
1836Mo ML	—	65.00	120	210	700
1836Mo ML/MF	—	65.00	120	210	700
1836Mo MF	—	44.00	65.00	130	475
1836Mo MF/ML	—	49.50	75.00	145	525
1837/6Mo ML	—	44.00	65.00	115	450
1837/6Mo MM	—	44.00	65.00	115	450
1837/6Mo MM/ ML	—	44.00	65.00	115	450
1837/6Mo MM/ MF	—	44.00	65.00	115	450
1837Mo ML	—	44.00	65.00	115	450
1837Mo MM	—	95.00	150	240	700
1838Mo MM	—	44.00	65.00	115	450
1838Mo ML	—	33.00	50.00	90.00	400
1838Mo ML/ MM	—	33.00	50.00	90.00	400
1839Mo ML Narow date	—	30.00	40.00	80.00	375
1839Mo ML Wide date	—	30.00	40.00	80.00	375
1840Mo ML	—	30.00	40.00	80.00	375
1841Mo ML	—	30.00	38.50	70.00	350
1842Mo ML	—	30.00	38.50	70.00	350
1842Mo MM	—	30.00	38.50	70.00	350
1843Mo MM	—	30.00	38.50	70.00	350
1844Mo MF/ MM	—	—	—	—	—
1844Mo MF	—	30.00	38.50	70.00	350
1845/4Mo MF	—	30.00	38.50	70.00	350
1845Mo MF	—	30.00	38.50	70.00	350
1846/5Mo MF	—	30.00	40.00	80.00	375
1846Mo MF	—	30.00	38.50	80.00	375
1847/6Mo MF	—	2,200	3,900	—	—
1847Mo MF	—	1,650	3,050	6,500	15,000
1847Mo RC	—	33.00	44.00	85.00	375
1847Mo RC/ MF	—	30.00	38.50	70.00	350
1848Mo GC	—	30.00	38.50	70.00	350
1849/8Mo GC	—	33.00	50.00	90.00	400
1849Mo GC	—	30.00	38.50	70.00	350
1850/40Mo GC	—	38.50	65.00	145	525
1850/49Mo GC	—	38.50	65.00	145	525
1850Mo GC	—	33.00	55.00	110	450
1851Mo GC	—	33.00	55.00	90.00	400
1852Mo GC	—	33.00	55.00	110	450
1853Mo GC	—	30.00	40.00	80.00	350
1854Mo GC	—	27.50	30.00	50.00	290
1855Mo GC	—	33.00	50.00	100	400
1855Mo GF	—	27.50	30.00	50.00	290
1855Mo GF/ GC	—	27.50	30.00	50.00	290
1856/4Mo GF	—	30.00	38.50	70.00	325
1856/5Mo GF	—	30.00	38.50	70.00	325
1856Mo GF	—	27.50	30.00	50.00	290
1857Mo GF	—	27.50	30.00	50.00	290
1858Mo FH Narrow date	—	27.50	30.00	50.00	290
1858/7Mo FH/ GF	—	27.50	30.00	50.00	290
1858Mo FH Wide date	—	27.50	30.00	50.00	290
1859Mo FH	—	27.50	30.00	50.00	290
1859/8Mo FH	—	38.50	65.00	145	525
1860/59Mo FH	—	30.00	33.00	50.00	290
1860Mo FH	—	27.50	30.00	50.00	290
1860Mo TH	—	27.50	30.00	65.00	325
1861Mo TH	—	27.50	30.00	65.00	325
1861Mo CH	—	27.50	30.00	42.00	220
1862Mo CH	—	27.50	30.00	42.00	220
1863Mo CH	—	27.50	30.00	42.00	220
1863Mo CH/ TH	—	27.50	30.00	42.00	220
1863Mo TH	—	27.50	30.00	42.00	220
1867Mo CH	—	27.50	30.00	42.00	220
1867Mo CH/ TH	—	33.00	60.00	105	400
1868Mo CH	—	27.50	30.00	42.00	220
1868Mo PH	—	27.50	30.00	42.00	220
1868Mo CH/ PH	—	27.50	30.00	42.00	220
1868Mo PH Narrow date	—	27.50	30.00	42.00	220
1868Mo PH Wide date	—	27.50	30.00	42.00	220
1869Mo CH	—	27.50	30.00	42.00	220
1873Mo MH	—	27.50	30.00	42.00	220
1873Mo MH/ HH	—	27.50	30.00	45.00	230
1874/69Mo MH	—	33.00	60.00	105	400
1874Mo MH	—	27.50	30.00	45.00	230
1874Mo BH/ MH	—	27.50	30.00	45.00	230
1874Mo BH	—	27.50	30.00	45.00	230
1875Mo BH	—	27.50	30.00	42.00	220
1876/4Mo BH	—	27.50	30.00	45.00	230
1876/5Mo BH	—	27.50	30.00	45.00	230
1876Mo BH	—	27.50	30.00	42.00	220
1877Mo MH	898,000	27.50	30.00	42.00	220
1877Mo MH/ BH	Inc. above	27.50	30.00	45.00	230
1878Mo MH	2,154,000	27.50	30.00	42.00	220
1879/8Mo MH	—	27.50	30.00	42.00	230
1879Mo MH	—	27.50	30.00	42.00	220
1880/79Mo MH	—	30.00	33.00	50.00	240
1880Mo MH	—	27.50	30.00	42.00	220
1881Mo MH	5,712,000	27.50	30.00	42.00	220
1882/1Mo MH	2,746,000	27.50	30.00	42.00	220
1882Mo MH	Inc. above	27.50	30.00	42.00	220
1883/2Mo MH	2,726,000	27.50	30.00	45.00	230
1883Mo MH Narrow date	Inc. above	27.50	30.00	42.00	220
1883Mo MH Wide date	—	27.50	30.00	42.00	220
1884/3Mo MH	—	30.00	33.00	50.00	240
1884Mo MH	—	27.50	30.00	42.00	220
1885Mo MH	3,649,000	27.50	30.00	42.00	220
1886Mo MH	7,558,000	27.50	30.00	42.00	220
1887Mo MH	7,681,000	27.50	30.00	42.00	220

Date	Mintage	F12	VF20	XF40	MS60
1888Mo MH Narrow date	7,179,000	27.50	30.00	42.00	220
1888Mo MH Wide date	—	27.50	30.00	42.00	220
1889Mo MH	7,332,000	27.50	30.00	42.00	220
1890Mo MH Narrow date	7,412,000	27.50	30.00	42.00	220
1890Mo AM Wide date	—	27.50	30.00	42.00	220
1890Mo AM	Inc. above	27.50	30.00	42.00	220
1891Mo AM	8,076,000	27.50	30.00	42.00	220
1892Mo AM	9,392,000	27.50	30.00	42.00	220
1893Mo AM	10,773,000	27.50	30.00	42.00	220
1894Mo AM	12,394,000	27.50	30.00	42.00	220
1895Mo AM	10,474,000	27.50	30.00	42.00	220
1895Mo AB	Inc. above	27.50	30.00	42.00	220
1896Mo AB	9,327,000	27.50	30.00	42.00	220
1896Mo AM	Inc. above	27.50	30.00	42.00	220
1897Mo AM	8,621,000	27.50	30.00	42.00	220

Date	Mintage	F12	VF20	XF40	MS60
1875 AE	Inc. above	32.00	44.00	65.00	300
1876 AE	140,000	33.00	50.00	85.00	450
1877 AE	139,000	33.00	45.00	80.00	450
1878 AE	125,000	33.00	45.00	80.00	450
1879 AE	153,000	33.00	45.00	80.00	450
1880 AE	143,000	32.00	44.00	70.00	350
1881 AE	134,000	33.00	50.00	90.00	350
1882 AE	100,000	33.00	50.00	90.00	350
1883 AE	122,000	32.00	44.00	70.00	350
1884 AE	142,000	32.00	45.00	80.00	350
1885 AE	158,000	30.00	40.00	65.00	300
1886 AE	120,000	32.00	44.00	70.00	350
1827/6 AE	115,000	38.50	65.00	115	450
1887 AE	Inc. above	30.00	40.00	65.00	300
1888 AE	145,000	30.00	40.00	65.00	300
1889 AE	150,000	33.00	45.00	90.00	400
1890 AE	181,000	33.00	50.00	90.00	400
1891 EN	160,000	30.00	40.00	65.00	300
1892 EN	120,000	30.00	40.00	65.00	300
1893 EN	66,000	60.00	95.00	165	650

KM# 377.11 27.07 g., 0.903 Silver, 0.7859 oz. ASW **Obv:** Facing eagle, snake in beak **Rev:** Radiant cap **Mint:** Oaxaca **Note:** Mint mark O, Oa. Varieties exist.

Date	Mintage	F12	VF20	XF40	MS60
1858O AE	—	2,750	4,500	—	—
1858Oa AE Unique	—	—	—	—	—
1859 AE	—	550	1,000	2,300	—
Note: A in O of mint mark					
1860 AE	—	220	500	1,050	—
Note: A in O of mint mark					
1861O FR	—	140	275	725	2,700
1861Oa FR	—	165	375	975	—
1862O FR	—	55.00	100	275	800
1862Oa FR	—	85.00	150	350	950
1863O FR	—	45.00	75.00	145	550
1863O AE	—	45.00	75.00	145	550
1863Oa AE	—	120	175	350	950
Note: A in O of mint mark					
1863Oa AE	—	1,100	1,950	3,600	—
Note: A above O in mint mark					
1864 FR	—	38.50	65.00	110	450
1865 AE	—	2,050	3,300	—	—
1867 AE	—	55.00	100	210	850
1868 AE	—	55.00	100	210	850
1869 AE	—	45.00	75.00	145	550
1873 AE	—	220	325	725	2,700
1874 AE	142,000	32.00	45.00	80.00	450
1875/4 AE	131,000	38.50	65.00	110	450

KM# 377.12 27.07 g., 0.903 Silver, 0.7859 oz. ASW **Obv:** Facing eagle, snake in beak **Rev:** Radiant cap **Obv. Legend:** REPUBLICA MEXICANA **Mint:** San Luis Potosi **Note:** Varieties exist.

Date	Mintage	F12	VF20	XF40	MS60
1827Pi JS	—	4,200	—	—	—
Note: Heritage World Coin Auction #3004, 1-09, MS63 realized $63,250					
1827Pi SA	—	6,600	9,900	—	—
1828/7Pi JS	—	300	475	850	2,700
1828Pi JS	—	250	425	725	2,400
1829Pi JS	—	50.00	85.00	175	550
1830Pi JS	—	42.00	65.00	145	450
Note: Varities with low cap or centered cap					
1831/0Pi JS	—	50.00	95.00	275	750
1831Pi JS	—	38.00	50.00	110	450
1832/22Pi JS	—	38.00	50.00	100	375
18/032Pi JS	—	55.00	100	240	650
1832Pi JS	—	38.00	50.00	100	375
1833/2Pi JS	—	42.00	60.00	115	550
1833Pi JS Narrow date	—	33.00	44.00	80.00	350
Note: Planchet diameter 37.5 mm					
1833Pi JS Wide date	—	33.00	44.00	80.00	350
Note: Planchet diameter 38.5 mm					
1834/3Pi JS	—	50.00	85.00	175	650
1834Pi JS	—	30.00	40.00	80.00	350
Note: Varieties with low cap or centered cap					

Date	Mintage	F12	VF20	XF40	MS60
1835/4Pi JS	—	75.00	150	350	1,050
1835Pi JS	—	33.00	45.00	100	400
Note: Denomination as 8R					
1835Pi JS	—	30.00	40.00	80.00	350
Note: Denomination as 8Rs					
1836Pi JS	—	32.00	44.00	85.00	350
1837Pi JS	—	42.00	65.00	125	450
1838Pi JS	—	33.00	44.00	85.00	350
1839Pi JS	—	33.00	55.00	105	350
Note: Varieties with small low cap or large high cap					
1840Pi JS	—	33.00	44.00	90.00	350
184/31Pi JS	—	38.00	55.00	125	450
1841Pi JS	—	38.00	55.00	125	450
1841iP JS Error	—	230	400	725	—
1842/1Pi JS	—	55.00	85.00	175	650
1842/1Pi JS/PS	—	48.00	70.00	130	450
1842Pi JS	—	42.00	65.00	115	400
Note: Eagle type of 1843					
1842Pi PS	—	44.00	65.00	115	400
1842Pi PS/JS	—	44.00	65.00	115	400
Note: Eagle type of 1841					
1843/2Pi PS Round-top 3	—	65.00	95.00	210	650
1843Pi PS Flat-top 3	—	75.00	120	275	1,000
1843Pi AM Round-top 3	—	32.00	44.00	85.00	350
1843Pi AM Flat-top 3	—	32.00	44.00	85.00	350
1844Pi AM	—	32.00	44.00	85.00	350
1845/4Pi AM	—	48.00	70.00	170	550
1845Pi AM	—	38.00	65.00	145	500
1846/5Pi AM	—	55.00	85.00	175	650
1846Pi AM	—	30.00	40.00	80.00	350
1847Pi AM	—	42.00	65.00	125	400
1848/7Pi AM	—	44.00	75.00	145	450
1848Pi AM	—	42.00	65.00	125	400
1849/8Pi PS/AM	—	1,050	1,950	—	—
1849Pi PS	—	1,050	1,950	—	—
1849Pi MC/PS	—	75.00	150	350	1,050
1849Pi AM	—	2,050	3,600	6,500	—
1849Pi MC	—	75.00	150	350	1,050
1850Pi MC	—	55.00	100	210	650
185/41Pi MC	—	95.00	175	375	1,150
1851Pi MC	—	95.00	175	375	1,150
1852Pi MC	—	95.00	150	275	850
1853Pi MC	—	175	325	525	1,750
1854Pi MC	—	120	175	350	1,050
1855Pi MC	—	120	175	350	1,050
1856Pi MC	—	85.00	120	275	850
1857Pi MC	—	450	775	1,650	—
1857Pi PS/MC	—	165	275	575	2,000
1857Pi PS	—	140	220	450	1,300
1858Pi MC/PS	—	275	450	850	2,400
1858Pi MC	—	275	450	850	2,400
1858Pi PS	—	725	1,250	2,300	—
1859/8Pi MC/PS	—	4,000	6,300	—	—
1859Pi MC/PS	—	1,000	1,950	—	—
1859Pi MC	—	2,200	3,850	6,500	—
1859Pi PS/MC	—	875	1,650	3,250	—
1860Pi FC Rare	—	—	—	—	—
1860Pi FE Rare	—	—	—	—	—
1860Pi MC	—	1,950	3,050	7,800	—

Date	Mintage	F12	VF20	XF40	MS60
1860Pi PS/FE	—	550	1,100	—	—
1860Pi RO Rare	—	—	—	—	—
Note: Spink America Gerber sale 6-96 cleaned VF or better realized $33,000					
1860Pi PS	—	450	650	1,150	3,500
1861Pi PS	—	44.00	75.00	130	400
1861Pi RO	—	38.00	50.00	90.00	300
1862/1Pi RO	—	33.00	40.00	80.00	300
1862Pi RO	—	30.00	35.00	70.00	280
Note: Round O/M					
1862Pi RO	—	30.00	35.00	70.00	280
Note: Oval O in RO					
1862Pi RO	—	32.00	44.00	80.00	300
Note: Round O in RO, 6 is an inverted 9					
1863/2Pi RO	—	38.00	50.00	100	350
1863Pi RO/MO/FC	—	33.00	44.00	80.00	350
1863/5Pi RO	—	33.00	38.00	70.00	350
1863Pi RO	—	30.00	33.00	65.00	300
1863	—	38.00	50.00	90.00	300
Note: 6 over inverted 6					
1863Pi FC	—	3,050	5,200	—	—
1864Pi RO Rare	—	—	—	—	—
1867Pi CA	—	325	550	—	—
1867Pi LR	—	275	450	850	—
1867Pi PS/CA	—	925	—	—	—
1867Pi PS	—	44.00	75.00	175	600
1868/7Pi PS	—	44.00	75.00	175	550
1868Pi PS	—	32.00	44.00	80.00	300
1869/8Pi PS	—	32.00	38.00	70.00	300
1869Pi PS	—	30.00	35.00	70.00	300
1870/69Pi PS	—	825	1,600	4,550	—
1870Pi PS	—	725	1,400	3,250	—
1873Pi MH	—	30.00	38.50	70.00	350
1874/3Pi MH	—	38.00	65.00	170	550
1874Pi MH	—	27.00	30.00	42.00	280
1875Pi MH	—	27.00	30.00	42.00	260
1876/5Pi MH	—	30.00	38.50	70.00	350
1876Pi MH	—	27.00	30.00	42.00	260
1877/6Pi MH	—	195	375	725	—
1877Pi MH	1,018,000	27.00	30.00	42.00	280
1878Pi MH	1,046,000	30.00	45.00	145	500
1879/8Pi MH	—	30.00	35.00	50.00	290
1879Pi MH	—	27.00	30.00	42.00	260
1879Pi BE	—	38.50	65.00	110	350
1879Pi MR	—	44.00	65.00	145	450
1880Pi MR	—	285	425	1,000	—
1880/70Pi MH/R	—	27.00	30.00	42.00	260
1880Pi MH/R	—	27.00	30.00	42.00	260
1880Pi MH	—	27.00	30.00	42.00	260
1881/71Pi MH/R	—	27.00	30.00	42.00	260
1881Pi MH/R	—	27.00	30.00	42.00	260
1881Pi MH	2,100,000	27.00	30.00	42.00	260
1882/1Pi MH	1,602,000	30.00	35.00	50.00	290
1882Pi MH	Inc. above	27.00	30.00	42.00	260
1883/2Pi MH	—	30.00	35.00	50.00	290
1883Pi MH	1,545,000	27.00	30.00	42.00	260
1884/3Pi MH	—	30.00	35.00	50.00	290
1884Pi MH/MM	—	27.00	30.00	42.00	230
1884Pi MH	—	27.00	30.00	42.00	220
1885/4Pi MH	1,736,000	30.00	35.00	50.00	290
1885/8Pi MH	Inc. above	30.00	35.00	50.00	290
1885Pi MH	Inc. above	27.00	30.00	42.00	220
1885Pi LC	Inc. above	27.00	32.00	45.00	260
1886Pi LC	3,347,000	27.00	30.00	42.00	220

Date	Mintage	F12	VF20	XF40	MS60
1886Pi MR	Inc. above	27.00	30.00	42.00	220
1887Pi MR	2,922,000	27.00	30.00	42.00	220
1888/7Pi MR	—	30.00	35.00	50.00	290
1888Pi MR	2,438,000	27.00	30.00	42.00	220
1889Pi MR	2,103,000	27.00	30.00	42.00	220
1890Pi MR	1,562,000	27.00	30.00	42.00	220
1891Pi MR	1,184,000	27.00	30.00	42.00	220
1892Pi MR	1,336,000	27.00	30.00	42.00	220
1893Pi MR	530,000	27.00	30.00	42.00	220

KM# 377.13 27.07 g., 0.903 Silver, 0.7859 oz. ASW **Obv:** Facing eagle, snake in beak **Rev:** Radiant cap **Obv. Legend:** REPUBLICA MEXICANA. **Mint:** Zacatecas **Note:** Varieties exist.

Date	Mintage	F12	VF20	XF40	MS60
1825Zs AZ	—	38.00	50.00	100	400
1826/5Zs AZ	—	38.00	60.00	125	450
1826Zs AZ	—	110	220	525	1,600
1826Zs AV	—	195	375	775	3,000
1826/5Zs AO/AZ	—	325	650	1,300	4,000
1826Zs AO	—	220	375	975	4,000
1827Zs AO/AZ	—	49.50	65.00	175	550
1827Zs AO	—	38.00	60.00	125	450
1828Zs AO	—	30.00	35.00	70.00	375
Note: Wide and narrow date varieties exist					
1829Zs AO	—	30.00	35.00	70.00	375
1829Zs OV	—	65.00	110	210	650
1830Zs OM	—	—	—	—	—
1830Zs OV	—	30.00	35.00	70.00	375
1831Zs OV	—	38.00	65.00	130	450
1831Zs OM	—	30.00	40.00	85.00	375
1832/1Zs OM	—	33.00	38.00	70.00	375
1832Zs OM	—	30.00	35.00	65.00	350
1833/2Zs OM	—	33.00	44.00	70.00	375
1833Zs OM/MM	—	30.00	38.00	65.00	350
1833Zs OM	—	30.00	35.00	60.00	350
1834Zs OM	—	30.00	35.00	60.00	350
Note: Known with large, medium and small "34" in date					
1835Zs OM	—	30.00	35.00	65.00	350
1836/4Zs OM	—	33.00	44.00	80.00	375
1836/5Zs OM	—	33.00	44.00	80.00	375
1836Zs OM	—	30.00	35.00	60.00	350
1837Zs OM	—	30.00	35.00	60.00	350
1838/7Zs OM	—	33.00	44.00	70.00	375
1838Zs OM	—	30.00	35.00	60.00	350
1839Zs OM	—	30.00	35.00	60.00	350
1840Zs OM	—	30.00	35.00	60.00	350
1841Zs OM	—	30.00	35.00	60.00	350
1842Zs OM	—	30.00	35.00	60.00	350
Note: Eagle type of 1841					
1842Zs OM	—	30.00	35.00	60.00	350
Note: Eagle type of 1843					
1843Zs OM	—	30.00	35.00	60.00	350
1844Zs OM	—	30.00	35.00	60.00	350

Date	Mintage	F12	VF20	XF40	MS60
1845Zs OM	—	30.00	35.00	60.00	350
1846Zs OM	—	30.00	35.00	60.00	350
1847Zs OM	—	30.00	35.00	60.00	350
1848/7Zs OM	—	33.00	44.00	70.00	375
1848Zs OM	—	30.00	35.00	60.00	350
1849Zs OM	—	30.00	35.00	60.00	350
1850Zs OM	—	30.00	35.00	60.00	350
1851Zs OM	—	30.00	35.00	60.00	350
1852Zs OM	—	30.00	35.00	60.00	350
1853Zs OM	—	44.00	60.00	110	450
1854/3Zs OM	—	33.00	44.00	90.00	400
1854Zs OM	—	30.00	38.00	70.00	375
1855Zs OM	—	33.00	44.00	90.00	400
1855Zs MO	—	44.00	75.00	130	450
1856/5Zs MO	—	33.00	44.00	70.00	375
1856Zs MO	—	30.00	35.00	60.00	350
1857/5Zs MO	—	33.00	38.00	70.00	375
1857Zs MO	—	30.00	35.00	60.00	350
1858/7Zs MO	—	30.00	35.00	60.00	350
1858Zs MO	—	30.00	35.00	60.00	350
1859/8Zs MO	—	30.00	35.00	60.00	350
1859Zs MO	—	30.00	35.00	60.00	350
1859Zs VL/MO	—	38.00	65.00	110	400
1859Zs VL	—	33.00	55.00	90.00	375
1860/50Zs MO	—	27.00	30.00	42.00	220
1860/59Zs MO	—	27.00	30.00	42.00	220
1860Zs MO	—	27.00	30.00	42.00	220
1860Zs VL/MO	—	27.00	30.00	42.00	220
1860Zs VL	—	27.00	30.00	42.00	220
1861/0Zs VL/MO	—	27.00	30.00	42.00	220
1861Zs VL	—	27.00	30.00	42.00	220
1861/0Zs VL	—	27.00	30.00	42.00	220
1862/1Zs VL	—	27.00	30.00	60.00	260
1862Zs VL	—	27.00	30.00	42.00	220
1863Zs VL	—	27.00	30.00	42.00	220
1863Zs MO	—	27.00	30.00	42.00	220
1864/3Zs VL	—	27.00	32.00	60.00	260
1864Zs VL	—	27.00	30.00	42.00	220
1864Zs MO	—	28.00	35.00	60.00	260
1865/4Zs MO	—	220	500	1,050	3,100
1865Zs MO	—	165	325	775	2,500
1866Zs VL	—	—	—	—	—
Note: Contemporary counterfeit					
1867Zs JS Rare	—	—	—	—	—
1868Zs JS	—	27.00	30.00	42.00	220
1868Zs YH	—	27.00	30.00	42.00	220
1869Zs YH	—	27.00	30.00	42.00	220
1870Zs YH Rare	—	—	—	—	—
1873Zs YH	—	27.00	30.00	42.00	220
1874Zs YH	—	27.00	30.00	42.00	220
1874Zs JA/YA	—	27.00	30.00	42.00	220
1874Zs JA	—	27.00	30.00	42.00	220
1875Zs JA	—	27.00	30.00	42.00	220
1876Zs JA	—	27.00	30.00	42.00	220
1876Zs JS	—	27.00	30.00	42.00	220
1877Zs JS	2,700,000	27.00	30.00	42.00	220
1878Zs JS	2,310,000	27.00	30.00	42.00	220
1879/8Zs JS	—	30.00	35.00	60.00	260
1879Zs JS	—	27.00	30.00	42.00	220
1880Zs JS	—	27.00	30.00	42.00	220
1881Zs JS	5,592,000	27.00	30.00	42.00	220
1882/1Zs JS	2,485,000	30.00	35.00	60.00	260
1882Zs JS Straight J	Inc. above	27.00	30.00	42.00	220
1882Zs JS Full J	Inc. above	27.00	30.00	42.00	220
1883/2Zs JS	2,563,000	30.00	32.00	60.00	260

Date	Mintage	F12	VF20	XF40	MS60
1883Zs JS	Inc. above	27.00	30.00	42.00	220
1884Zs JS	—	27.00	30.00	42.00	220
1885Zs JS	2,252,000	27.00	30.00	42.00	220
1886/5Zs JS	5,303,000	30.00	35.00	60.00	260
1886/8Zs JS	Inc. above	30.00	35.00	60.00	260
1886Zs JS	Inc. above	27.00	30.00	42.00	220
1886Zs FZ	Inc. above	27.00	30.00	42.00	220
1887Zs FZ	4,733,000	27.00	30.00	42.00	220
1887Z FZ	Inc. above	33.00	44.00	80.00	260
1888/7Zs FZ	5,132,000	27.00	30.00	45.00	230
1888Zs FZ	Inc. above	27.00	30.00	42.00	220
1889Zs FZ	4,344,000	27.00	30.00	42.00	220
1890Zs FZ	3,887,000	27.00	30.00	42.00	220
1891Zs FZ	4,114,000	27.00	30.00	42.00	220
1892/1Zs FZ	4,238,000	27.00	30.00	45.00	230
1892Zs FZ Narrow date	Inc. above	27.00	30.00	42.00	220
1892Zs FZ Wide date	—	27.00	30.00	42.00	220
1893Zs FZ	3,872,000	27.00	30.00	42.00	220
1894Zs FZ	3,081,000	27.00	30.00	42.00	220
1895Zs FZ	4,718,000	27.00	30.00	42.00	220
1896Zs FZ	4,226,000	27.00	30.00	42.00	220
1897Zs FZ	4,877,000	27.00	30.00	42.00	220

1/2 ESCUDO

KM# 378 1.69 g., 0.875 Gold, 0.0475 oz. AGW **Obv:** Facing eagle, snake in beak **Rev:** Hand holding cap on stick, open book **Obv. Legend:** REPUBLICA MEXICANA **Rev. Legend:** LIBERTAD... **Mint:** Culiacan

Date	Mintage	VG8	F12	VF20	XF40	MS60
1848 C CE	—	85.00	95.00	125	215	375
1853 C CE	—	85.00	95.00	125	215	—
1854 C CE Revised eagle	—	85.00	95.00	125	215	—

Note: Dates 1854-1870 of this type display the revised eagle

1856 C CE	—	95.00	155	215	325	—
1857 C CE	—	85.00	95.00	125	215	300
1859 C CE	—	85.00	95.00	125	215	—
1860 C CE	—	85.00	95.00	125	215	300
1862 C CE	—	85.00	95.00	125	185	—
1863 C CE	—	85.00	95.00	125	185	375
1866 C CE	—	85.00	95.00	125	185	—
1867 C CE	—	85.00	95.00	125	185	325
1870 C CE	—	125	215	350	575	1,850

KM# 378.1 1.69 g., 0.875 Gold, 0.0475 oz. AGW **Obv:** Facing eagle, snake in beak **Rev:** Hand holding cap on stick, open book **Mint:** Durango

Date	Mintage	VG8	F12	VF20	XF40	MS60
1833 Do RM/RL	—	85.00	95.00	125	215	—
1834/1 Do RM	—	85.00	95.00	125	215	900
1834/3 Do RM	—	85.00	95.00	125	215	—
1835/2 Do RM	—	85.00	95.00	125	215	—
1835/3 Do RM	—	85.00	95.00	125	215	—
1835/4 Do RM	—	85.00	95.00	125	215	—
1836/5/4 Do RM/L	—	90.00	105	155	245	575
1836/4 Do RM	—	85.00	95.00	125	215	—
1837 Do RM	—	85.00	95.00	125	215	—

Date	Mintage	VG8	F12	VF20	XF40	MS60
1838 Do RM	—	90.00	105	155	245	—
1843 Do RM	—	90.00	105	155	245	—
1844/33 Do RM	—	90.00	105	155	245	—
1844/33 Do R/RL	—	115	185	350	575	—
1845 Do CM	—	90.00	105	155	245	—
1846 Do RM	—	90.00	105	155	245	—
1848 Do RM	—	90.00	105	155	245	—
1850/33 Do JMR	—	90.00	105	155	245	600
1851 Do JMR	—	90.00	105	155	275	—
1852 Do JMR	—	90.00	105	155	245	—
1853/33 Do CP	—	125	215	375	625	—
1853 Do CP	—	95.00	120	215	325	675
1854 Do CP	—	85.00	95.00	125	215	—
1855 Do CP	—	85.00	95.00	125	215	—
1859 Do CP	—	85.00	95.00	125	215	—
1861 Do CP	—	85.00	95.00	125	215	—
1862 Do CP	—	85.00	95.00	125	215	—
1864 Do LT	—	125	185	325	500	—

KM# 378.2 1.69 g., 0.875 Gold, 0.0475 oz. AGW **Obv:** Facing eagle, snake in beak **Rev:** Hand holding cap on stick, open book **Obv. Legend:** REPUBLICA MEXICANA **Rev. Legend:** LIBERTAD... **Mint:** Guadalajara

Date	Mintage	VG8	F12	VF20	XF40	MS60
1825 Ga FS	—	90.00	105	155	245	600
1829 Ga FS	—	90.00	105	155	245	—
1831 Ga FS	—	90.00	105	155	245	—
1834 Ga FS	—	100	125	200	450	2,500
1835 Ga FS	—	90.00	105	155	245	—
1837 Ga JG	—	90.00	105	155	245	—
1838 Ga JG	—	90.00	105	155	245	—
1839 Ga JG	—	—	—	—	—	—
1840 Ga MC Unique	—	—	—	—	—	—

Note: Ponterio & Associates Sale 157, 1-11, AU realized $12,000

1842 Ga JG	—	—	—	—	—	—
1847 Ga JG	—	90.00	105	155	245	—
1850 Ga JG	—	90.00	115	185	300	—
1852 Ga JG	—	85.00	115	125	215	—
1859 Ga JG	—	90.00	105	155	245	—
1861 Ga JG	—	85.00	100	125	215	600

KM# 378.3 1.69 g., 0.875 Gold, 0.0475 oz. AGW **Obv:** Facing eagle, snake in beak **Rev:** Hand holding cap on stick, open book **Obv. Legend:** REPUBLICA MEXICANA. **Rev. Legend:** LIBERTAD... **Mint:** Guadalupe y Calvo

Date	Mintage	VG8	F12	VF20	XF40	MS60
1846 GC MP	—	95.00	125	155	245	—
1847 GC MP	—	95.00	125	155	245	600
1848/7 GC MP	—	95.00	125	155	275	800
1850 GC MP	—	95.00	125	155	245	—

Date	Mintage	VG8	F12	VF20	XF40	MS60
1851 GC MP	—	95.00	125	155	245	—
Revised eagle						

KM# 378.4 1.69 g., 0.875 Gold, 0.0475 oz. AGW
Obv: Facing eagle, snake in beak **Rev:** Hand holding cap on stick, open book **Mint:** Guanajuato

Date	Mintage	VG8	F12	VF20	XF40	MS60
1845 Go PM	—	75.00	90.00	115	185	—
1849 Go PF	—	75.00	95.00	145	245	775
1851/41 Go PF	—	75.00	90.00	115	185	—
1851 Go PF	—	75.00	90.00	115	185	—
1852 Go PF	—	75.00	90.00	115	185	—
1852 Go PF/FF	—	—	—	—	—	—
1853 Go PF	—	75.00	90.00	115	185	—
1855 Go PF	—	75.00	95.00	130	215	—
1857 Go PF	—	75.00	90.00	115	185	—
1858/7 Go PF	—	75.00	90.00	115	185	—
1859 Go PF	—	75.00	90.00	115	185	450
1860 Go PF	—	75.00	90.00	115	185	—
1861 Go PF	—	75.00	90.00	115	185	—
1862/1 Go YE	—	75.00	90.00	150	220	—
1863 Go PF	—	75.00	95.00	130	215	—
1863 Go YF	—	75.00	90.00	115	185	—

KM# 378.5 1.69 g., 0.875 Gold, 0.0475 oz. AGW **Obv:** Facing eagle, snake in beak **Rev:** Hand holding cap on stick, open book **Obv. Legend:** REPUBLICA MEXICANA. **Rev. Legend:** LIBERTAD... **Mint:** Mexico City

Date	Mintage	VG8	F12	VF20	XF40	MS60
1825/1 Mo JM	—	90.00	120	180	270	—
1825/4 Mo JM	—	90.00	120	180	270	—
1825 Mo JM	—	75.00	90.00	125	210	450
1827/6 Mo JM	—	75.00	90.00	125	210	—
1827 Mo JM	—	75.00	90.00	125	210	450
1829 Mo JM	—	75.00	90.00	125	210	—
1831/0 Mo JM	—	75.00	90.00	125	210	—
1831 Mo JM	—	75.00	85.00	110	180	—
1832 Mo	—	75.00	85.00	110	180	—
1833 Mo MJ	—	75.00	90.00	140	240	575
Note: Olive and oak branches reversed						
1834 Mo ML	—	75.00	85.00	120	210	500
1835 Mo ML	—	75.00	85.00	125	210	500
1838 Mo ML	—	70.00	90.00	140	240	—
1839 Mo ML	—	75.00	85.00	140	240	—
1840 Mo ML	—	75.00	85.00	110	180	—
1841 Mo ML	—	75.00	85.00	110	180	—
1842 Mo ML	—	75.00	85.00	125	210	—
1842 Mo MM	—	75.00	85.00	125	210	—
1843 Mo MM	—	75.00	85.00	110	180	400
1844 Mo MF	—	75.00	85.00	110	180	325
1845 Mo MF	—	75.00	85.00	110	180	350
1846/5 Mo MF	—	75.00	85.00	110	180	—
1846 Mo MF	—	75.00	85.00	110	180	—
1848 Mo GC	—	75.00	90.00	140	240	575
1850 Mo GC	—	75.00	85.00	110	180	—
1851 Mo GC	—	75.00	85.00	110	180	—
1852 Mo GC	—	75.00	85.00	110	180	350
1853 Mo GC	—	80.00	100	150	270	800
1854 Mo GC	—	75.00	85.00	110	180	600

Date	Mintage	VG8	F12	VF20	XF40	MS60
1855 Mo GF	—	75.00	85.00	120	210	450
1856/4 Mo GF	—	75.00	85.00	110	180	350
1857 Mo GF	—	75.00	85.00	110	180	—
1858/7 Mo FH/GF	—	75.00	90.00	120	210	—
1858 Mo FH	—	75.00	85.00	110	180	—
1859 Mo FH	—	75.00	85.00	110	180	—
1860/59 Mo FH	—	75.00	85.00	110	180	325
1861 Mo CH/FH	—	75.00	85.00	125	210	—
1862 Mo CH	—	75.00	85.00	110	180	270
1863/57 Mo CH/GF	—	75.00	85.00	110	180	325
1868/58 Mo PH	—	75.00	85.00	125	210	—
1869/59 Mo CH	—	75.00	85.00	125	210	—

KM# 378.6 1.69 g., 0.875 Gold, 0.0475 oz. AGW **Obv:** Facing eagle, snake in beak **Rev:** Hand holding cap on stick, open book **Obv. Legend:** REPUBLICA MEXICANA. **Rev. Legend:** LIBERTAD... **Mint:** Zacatecas

Date	Mintage	VG8	F12	VF20	XF40	MS60
1860 Zs VL	—	85.00	95.00	125	215	350
1862/1 Zs VL	—	85.00	95.00	125	215	350
1862 Zs VL	—	75.00	90.00	115	185	325

ESCUDO

KM# 379 3.38 g., 0.875 Gold, 0.0951 oz. AGW **Obv:** Facing eagle, snake in beak **Rev:** Hand holding cap on stick, open book **Mint:** Culiacan

Date	Mintage	VG8	F12	VF20	XF40	MS60
1846 C CE	—	170	190	290	475	—
1847 C CE	—	150	160	200	260	—
1848 C CE	—	150	160	200	260	850
1849/8 C CE	—	155	190	230	325	—
1850 C CE	—	150	160	200	260	—
1851 C CE	—	155	190	230	325	—
1853/1 C CE	—	155	190	230	325	—
1854 C CE	—	150	160	200	260	—
1856/5/4 C CE	—	155	190	230	325	—
1856 C CE	—	150	160	200	260	—
1857/1 C CE	—	155	190	230	325	—
1857 C CE	—	150	160	200	260	—
1861 C PV	—	150	160	200	260	—
1862 C CE	—	150	160	200	260	—
1863 C CE	—	150	160	200	260	—
1866 C CE	—	150	160	200	260	—
1870 C CE	—	150	160	200	260	—

KM# 379.1 3.38 g., 0.875 Gold, 0.0951 oz. AGW **Obv:** Facing eagle, snake in beak **Rev:** Hand holding cap on stick, open book **Obv. Legend:** REPUBLICA MEXICANA. **Rev. Legend:** LIBERTAD... **Mint:** Durango

Date	Mintage	VG8	F12	VF20	XF40
1832 Do R.L.	—	—	—	—	—
1833/2 Do RM/R.L.	—	170	220	290	400
1834 Do RM	—	155	190	230	350
1835 Do RM	—	—	—	—	—
1836 Do RM/RL	—	155	190	230	350
1838 Do RM	—	155	190	230	350
1846/38 Do RM	—	170	220	290	400
1850 Do JMR	—	170	220	260	375
1851/31 Do JMR	—	170	220	290	400
1851 Do JMR	—	170	220	260	375
1853 Do CP	—	170	220	260	375
1854/34 Do CP	—	170	220	260	375
1854/44 Do CP/RP	—	170	220	260	375
1855 Do CP	—	170	220	260	375
1859 Do CP	—	170	220	260	375
1861 Do CP	—	170	220	260	375
1864 Do LT/CP Rare	—	—	—	—	—

KM# 379.2 3.38 g., 0.875 Gold, 0.0951 oz. AGW **Obv:** Facing eagle, snake in beak **Rev:** Hand holding cap on stick, open book **Obv. Legend:** REPUBLICA MEXICANA. **Mint:** Guadalajara

Date	Mintage	VG8	F12	VF20	XF40	MS60
1825 Ga FS	—	155	180	200	290	—
1826 Ga FS	—	155	180	200	290	—
1829 Ga FS	—	—	—	—	—	—
1831 Ga FS	—	155	180	200	290	—
1834 Ga FS	—	155	180	200	290	—
1835 Ga JG	—	155	180	200	290	—
1842 Ga JG/MC	—	155	180	200	290	—
1843 Ga MC	—	155	180	200	290	—
1847 Ga JG	—	155	180	200	290	—
1848/7 Ga JG	—	155	180	200	290	—
1849 Ga JG	—	155	180	200	290	—
1850/40 Ga JG	—	160	220	325	450	—
1850 Ga JG	—	155	180	200	290	—
1852/1 Ga JG	—	155	180	200	290	1,150
1856 Ga JG	—	155	180	200	290	—
1857 Ga JG	—	155	180	200	290	—
1859/7 Ga JG	—	155	180	200	290	—
1860/59 Ga JG	—	160	190	260	375	—
1860 Ga	—	155	180	200	290	—

KM# 379.3 3.38 g., 0.875 Gold, 0.0951 oz. AGW **Obv:** Facing eagle, snake in beak **Rev:** Hand holding cap on stick, open book **Obv. Legend:** REPUBLICA MEXICANA. **Mint:** Guadalupe y Calvo

Date	Mintage	VG8	F12	VF20	XF40	MS60
1844 GC MP	—	170	190	260	350	—
1845 GC MP	—	170	190	260	350	—
1846 GC MP	—	170	190	260	350	—
1847 GC MP	—	170	190	260	350	—
1848 GC MP	—	170	190	260	350	—
1849 GC MP	—	170	190	260	350	—
1850 GC MP	—	200	250	350	650	2,400
1851 GC MP Revised eagle	—	170	190	260	350	—

KM# 379.4 3.38 g., 0.875 Gold, 0.0951 oz. AGW **Obv:** Facing eagle, snake in beak **Rev:** Hand holding cap on stick, open book **Mint:** Guanajuato

Date	Mintage	VG8	F12	VF20	XF40	MS60
1845 Go PM	—	155	165	200	290	—
1849 Go PF	—	155	165	200	290	—
1851 Go PF	—	155	165	200	290	—
1853 Go PF	—	155	165	200	290	—
1860 Go PF	—	170	220	290	400	—
1862 Go YE	—	155	165	200	290	725

KM# 379.5 3.38 g., 0.875 Gold, 0.0951 oz. AGW **Obv:** Facing eagle, snake in beak **Rev:** Hand holding cap on stick, open book **Obv. Legend:** REPUBLICA MEXICANA. **Mint:** Mexico City

Date	Mintage	VG8	F12	VF20	XF40	MS60
1825 Mo JM/FM	—	150	155	170	230	475
1825 Mo JM	—	150	155	170	230	—
1827/6 Mo JM	—	150	155	170	230	—
1827 Mo JM	—	150	155	170	230	—
1830/29 Mo JM	—	150	155	170	230	—
1831 Mo JM	—	150	160	200	260	650
1832 Mo JM	—	150	160	200	260	—
1833 Mo MJ	—	150	155	170	230	—
1834 Mo ML	—	150	160	200	260	—
1841 Mo ML	—	150	160	200	260	—
1843 Mo MM	—	150	160	200	260	1,050
1845 Mo MF	—	150	155	170	230	—
1846/5 Mo MF	—	150	155	170	230	—
1848 Mo GC	—	150	160	200	260	—
1850 Mo GC	—	150	160	200	260	—
1856/4 Mo GF	—	150	155	170	230	—
1856/5 Mo GF	—	150	155	170	230	—
1856 Mo GF	—	150	155	170	230	—
1858 Mo FH	—	150	160	200	260	—

Date	Mintage	VG8	F12	VF20	XF40	MS60
1859 Mo FH	—	150	160	200	260	900
1860 Mo TH	—	150	160	200	260	—
1861 Mo CH	—	150	160	200	260	1,200
1862 Mo CH	—	150	160	200	260	—
1863 Mo TH	—	150	155	170	230	475
1869 Mo CH	—	150	160	200	260	775

KM# 379.6 3.38 g., 0.875 Gold, 0.0951 oz. AGW **Obv:** Facing eagle, snake in beak **Rev:** Hand holding cap on stick, open book **Mint:** Zacatecas **Note:** Struck at Zacatecas Mint, mint mark Zs.

Date	Mintage	VG8	F12	VF20	XF40	MS60
1853 Zs OM	—	200	220	290	400	—
1860/59 Zs VL V is inverted A	—	170	190	290	475	—
1860 Zs VL	—	170	190	230	290	—
1862 Zs VL	—	170	190	230	290	—

2 ESCUDOS

KM# 380 6.77 g., 0.875 Gold, 0.1905 oz. AGW **Obv:** Facing eagle, snake in beak **Rev:** Hand holding cap on stick, open book **Obv. Legend:** REPUBLICA MEXICANA. **Mint:** Culiacan

Date	Mintage	VG8	F12	VF20	XF40	MS60
1846 C CE	—	325	350	400	525	—
1847 C CE	—	325	350	400	525	—
1848 C CE	—	325	350	400	525	—
1852 C CE	—	325	350	400	525	—
1854 C CE	—	325	350	425	575	—
1856/4 C CE	—	325	350	425	575	—
1857 C CE	—	325	350	400	525	—

KM# 380.1 6.77 g., 0.875 Gold, 0.1905 oz. AGW **Obv:** Facing eagle, snake in beak **Rev:** Hand holding cap on stick, open book **Obv. Legend:** REPUBLICA MEXICANA. **Rev. Legend:** LIBERTAD... **Mint:** Durango

Date	Mintage	VG8	F12	VF20	XF40
1833 Do RM	—	550	700	975	1,600
1837/4 Do RM	—	—	—	—	—
1837 Do RM	—	—	—	—	—
1844 Do RM	—	500	625	850	1,350

KM# 380.2 6.77 g., 0.875 Gold, 0.1905 oz. AGW **Obv:** Facing eagle, snake in beak **Rev:** Hand holding cap on stick, open book **Obv. Legend:** REPUBLICA MEXICANA. **Rev. Legend:** LIBERTAD... **Mint:** Estado de Mexico

Date	Mintage	VG8	F12	VF20	XF40
1828 EoMo LF	—	1,000	1,350	2,200	3,700

KM# 380.3 6.77 g., 0.875 Gold, 0.1905 oz. AGW **Obv:** Facing eagle, snake in beak **Rev:** Hand holding cap on stick, open book **Obv. Legend:** REPUBLICA MEXICANA. **Rev. Legend:** LIBERTAD... **Mint:** Guadalajara

Date	Mintage	VG8	F12	VF20	XF40	MS60
1835 Ga FS	—	325	350	400	525	—
1836/5 Ga JG	—	350	400	600	725	—
1839/5 Ga JG	—	—	—	—	—	—
1839 Ga JG	—	325	325	375	475	—
1840 Ga MC	—	325	325	375	475	—
1841 Ga MC	—	325	350	425	600	—
1847/6 Ga JG	—	325	350	400	475	—
1848/7 Ga JG	—	325	350	400	475	—
1850/40 Ga JG	—	325	325	375	475	—
1851 Ga JG	—	325	325	375	475	—
1852 Ga JG	—	325	350	400	525	—
1853 Ga JG	—	325	325	375	475	—
1854/2 Ga JG	—	—	—	—	—	—
1858 Ga JG	—	325	325	375	475	—
1859/8 Ga JG	—	325	350	400	475	—
1859 Ga JG	—	325	350	400	475	—
1860/50 Ga JG	—	325	350	400	475	—
1860 Ga JG	—	325	350	400	475	950
1861/59 Ga JG	—	325	325	375	475	—
1861/0 Ga JG	—	325	325	375	475	—
1863/2 Ga JG	—	325	350	400	475	975
1863/1 Ga JG	—	325	325	375	475	—
1870 Ga IC	—	325	325	375	475	—

KM# 380.4 6.77 g., 0.875 Gold, 0.1905 oz. AGW **Obv:** Facing eagle, snake in beak **Rev:** Hand holding cap on stick, open book **Mint:** Guadalupe y Calvo

Date	Mintage	VG8	F12	VF20	XF40
1844 GC MP	—	450	700	1,300	2,500
1845 GC MP	—	1,050	1,650	2,500	3,700
1846 GC MP	—	1,050	1,650	2,500	3,700
1847 GC MP	—	750	1,350	2,500	3,700
1848 GC MP	—	350	400	575	825
1849 GC MP	—	1,050	1,650	—	—
1850 GC MP	—	450	700	1,300	2,500

KM# 380.5 6.77 g., 0.875 Gold, 0.1905 oz. AGW **Obv:** Facing eagle, snake in beak **Rev:** Hand holding cap on stick, open book **Mint:** Guanajuato

Date	Mintage	VG8	F12	VF20	XF40
1845 Go PM	—	325	350	425	600
1849 Go PF	—	325	350	425	600
1853 Go PF	—	350	500	900	1,350
1856 Go PF	—	—	—	—	—
1859 Go PF	—	350	500	900	1,350
1860/59 Go PF	—	—	—	—	—
1860 Go PF	—	325	350	425	600
1862 Go YE	—	325	350	425	600

KM# 380.6 6.77 g., 0.875 Gold, 0.1905 oz. AGW **Obv:** Facing eagle, snake in beak **Rev:** Hand holding cap on stick, open book **Mint:** Hermosillo

Date	Mintage	VG8	F12	VF20	XF40	MS60
1861 Ho FM	—	750	1,350	1,950	2,800	—

KM# 380.7 6.77 g., 0.875 Gold, 0.1905 oz. AGW **Obv:** Facing eagle, snake in beak **Rev:** Hand holding cap on stick, open book **Obv. Legend:** REPUBLICA MEXICANA **Rev. Legend:** LIBERTAD... **Mint:** Mexico City

Date	Mintage	VG8	F12	VF20	XF40	MS60
1825 Mo JM	—	315	325	375	475	—
1827/6 Mo JM	—	315	325	375	475	—
1827 Mo JM	—	315	325	375	475	—
1830/29 Mo JM	—	315	325	375	475	—
1831 Mo JM	—	315	325	375	475	—
1833 Mo ML	—	315	325	375	475	—
1841 Mo ML	—	315	325	375	475	—
1844 Mo MF	—	315	325	375	475	—
1845 Mo MF	—	315	325	375	475	—
1846 Mo MF	—	315	400	600	850	—
1848 Mo GC	—	315	325	375	475	—
1850 Mo GC	—	315	325	375	475	—
1856/5 Mo GF	—	315	325	375	475	—
1856 Mo GF	—	315	325	375	475	—
1858 Mo FH	—	315	325	375	475	—
1859 Mo FH	—	315	325	375	475	—
1861 Mo TH	—	315	325	375	475	—
1861 Mo CH	—	315	325	375	475	—
1862 Mo CH	—	315	325	375	475	—
1863 Mo TH	—	315	325	375	475	950
1868 Mo PH	—	315	325	375	475	—
1869 Mo CH	—	315	325	375	475	—

KM# 380.8 6.77 g., 0.875 Gold, 0.1905 oz. AGW **Obv:** Facing eagle, snake in beak **Rev:** Hand holding cap on stick, open book **Obv. Legend:** REPUBLICA MEXICANA. **Rev. Legend:** LA LIBERTAD... **Mint:** Zacatecas

Date	Mintage	VG8	F12	VF20	XF40	MS60
1860 Zs VL	—	350	500	850	1,600	—
1862 Zs VL	—	475	750	1,100	1,600	—
1864 Zs MO	—	350	500	850	1,600	—

4 ESCUDOS

KM# 381 13.54 g., 0.875 Gold, 0.3809 oz. AGW **Obv:** Facing eagle, snake in beak **Rev:** Hand holding cap on stick, open book **Obv. Legend:** REPUBLICA MEXICANA. **Rev. Legend:** LA LIBERTAD... **Mint:** Culiacan

Date	Mintage	VG8	F12	VF20	XF40	MS60
1846 C CE	—	1,650	2,350	—	—	—
1847 C CE	—	750	1,050	1,250	2,050	—
1848 C CE	—	900	1,300	1,700	2,650	—

KM# 381.1 13.54 g., 0.875 Gold, 0.3809 oz. AGW **Obv:** Facing eagle, snake in beak **Rev:** Hand holding cap on stick, open book **Obv. Legend:** REPUBLICA MEXICANA. **Rev. Legend:** LA LIBERTAD.... **Mint:** Durango

Date	Mintage	VG8	F12	VF20	XF40
1832 Do RM/LR Rare	—	—	—	—	—
1832 Do RM	—	900	1,300	1,700	2,650
1833 Do RM/RL Rare	—	—	—	—	—
1852 Do JMR Rare	—	—	—	—	—

KM# 381.2 13.54 g., 0.875 Gold, 0.3809 oz. AGW **Obv:** Facing eagle, snake in beak **Rev:** Hand holding cap on stick, open book **Obv. Legend:** REPUBLICA MEXICANA. **Rev. Legend:** LA LIBERTAD... **Mint:** Guadalajara

Date	Mintage	VG8	F12	VF20	XF40
1844 Ga MC	—	875	1,200	1,450	2,150
1844 Ga JG	—	750	1,050	1,250	1,850

FIRST REPUBLIC

KM# 381.3 13.54 g., 0.875 Gold, 0.3809 oz. AGW
Obv: Facing eagle, snake in beak **Rev:** Hand holding cap on stick, open book **Obv. Legend:** REPUBLICA MEXICANA **Rev. Legend:** LA LIBERTAD... **Mint:** Guadalupe y Calvo

Date	Mintage	VG8	F12	VF20	XF40
1844 GC MP	—	750	1,050	1,250	1,850
1845 GC MP	—	700	875	1,100	1,450
1846 GC MP	—	750	1,050	1,250	1,850
1848 GC MP	—	750	1,050	1,250	1,850
1850 GC MP	—	825	1,100	1,450	2,150

KM# 381.4 13.54 g., 0.875 Gold, 0.3809 oz. AGW
Obv: Facing eagle, snake in beak **Rev:** Hand holding cap on stick, open book **Obv. Legend:** REPUBLICA MEXICANA. **Rev. Legend:** LA LIBERTAD... **Mint:** Guanajuato

Date	Mintage	VG8	F12	VF20	XF40	MS60
1829/8 Go MJ	—	625	700	800	1,250	—
1829 Go JM	—	625	700	800	1,250	—
1829 Go MJ	—	625	700	800	1,250	—
1831 Go MJ	—	625	700	800	1,250	—
1832 Go MJ	—	625	700	800	1,250	—
1833 Go MJ	—	625	725	850	1,350	—
1834 Go PJ	—	650	900	1,050	1,450	—
1835 Go PJ	—	650	900	1,050	1,450	—
1836 Go PJ	—	625	725	850	1,350	—
1837 Go PJ	—	625	725	850	1,350	3,500
1838 Go PJ	—	625	725	850	1,350	—
1839 Go PJ	—	650	900	1,050	1,450	—
1840 Go PJ	—	625	725	900	1,450	—
1841 Go PJ	—	650	900	1,050	1,450	—
1845 Go PM	—	625	725	850	1,350	—
1847/5 Go YE	—	650	900	1,050	1,450	—
1847 Go PM	—	650	900	1,050	1,450	—
1849 Go PF	—	650	900	1,050	1,450	—
1851 Go PF	—	650	900	1,050	1,450	—
1852 Go PF	—	625	725	850	1,350	—
1855 Go PF	—	625	725	850	1,350	—
1857/5 Go PF	—	625	725	850	1,350	—
1858/7 Go PF	—	625	725	850	1,350	—
1858 Go PF	—	625	725	850	1,350	—
1859/7 Go PF	—	650	900	1,050	1,450	—
1860 Go PF	—	650	950	1,150	1,700	—
1862 Go YE	—	625	725	850	1,350	—
1863 Go YF	—	625	725	850	1,350	—

KM# 381.5 13.54 g., 0.875 Gold, 0.3809 oz. AGW
Obv: Facing eagle, snake in beak **Rev:** Hand holding cap on stick, open book **Mint:** Hermosillo

Date	Mintage	VG8	F12	VF20	XF40	MS60
1861 Ho FM	—	1,400	2,000	3,250	5,000	—

KM# 381.6 13.54 g., 0.875 Gold, 0.3809 oz. AGW
Obv: Facing eagle, snake in beak **Rev:** Hand holding cap on stick, open book **Obv. Legend:** REPUBLICA MEXICANA. **Rev. Legend:** LA LIBERTAD... **Mint:** Mexico City

Date	Mintage	VG8	F12	VF20	XF40	MS60
1825 Mo JM	—	625	725	875	1,400	—
1827/6 Mo JM	—	625	725	850	1,350	—
1829 Mo JM	—	625	775	1,050	1,450	—
1831 Mo JM	—	625	775	1,050	1,450	—
1832 Mo JM	—	650	950	1,150	1,700	—
1844 Mo MF	—	625	775	1,050	1,450	—
1850 Mo GC	—	625	775	1,050	1,450	—
1856 Mo GF	—	625	725	850	1,350	—
1857/6 Mo GF	—	625	725	850	1,350	—
1857 Mo GF	—	625	725	850	1,350	—
1858 Mo FH	—	625	775	1,050	1,450	—
1859/8 Mo FH	—	625	775	1,050	1,450	—
1861 Mo CH	—	750	1,300	1,650	2,300	—
1863 Mo CH	—	625	775	1,050	1,450	2,500
1868 Mo PH	—	625	725	850	1,350	—
1869 Mo CH	—	625	725	850	1,350	1,950

KM# 381.7 13.54 g., 0.875 Gold, 0.3809 oz. AGW
Obv: Facing eagle, snake in beak **Rev:** Hand holding cap on stick, open book **Obv. Legend:** REPUBLICA MEXICANA. **Rev. Legend:** LA LIBERTAD EN LA LEY... **Mint:** Oaxaca **Note:** Mint mark O, Oa.

Date	Mintage	VG8	F12	VF20	XF40	MS60
1861 O FR	—	2,000	3,250	5,000	9,000	—

KM# 381.8 13.54 g., 0.875 Gold, 0.3809 oz. AGW
Obv: Facing eagle, snake in beak **Rev:** Hand

holding cap on stick, open book **Obv. Legend:** REPUBLICA MEXICANA. **Rev. Legend:** LA LIBERTAD... **Mint:** Zacatecas

Date	Mintage	VG8	F12	VF20	XF40
1860 Zs VL Rare	—	—	—	—	—
1862 Zs VL	—	1,000	1,650	2,850	4,800

Note: American Numismatic Rarities Eliasberg sale 4-05, MS-64 realized $18,400.

8 ESCUDOS

KM# 383 27.07 g., 0.875 Gold, 0.7615 oz. AGW **Obv:** Facing eagle, snake in beak **Rev:** Hand holding cap on stick, open book **Obv. Legend:** REPUBLICA MEXICANA **Rev. Legend:** LA LIBERTAD... **Mint:** Alamos

Date	Mintage	F12	VF20	XF40	MS60
1864A PG	—	1,400	2,050	3,000	—
1866A DL	—	—	—	9,000	—
1868/7A DL	—	2,500	4,400	6,600	—
1869A DL	—	—	5,000	7,200	—
1870A DL	—	—	3,150	6,000	—
1872A AM Rare	—	—	—	—	—

KM# 383.1 27.07 g., 0.875 Gold, 0.7615 oz. AGW **Obv:** Facing eagle, snake in beak **Rev:** Hand holding cap on stick, open book **Obv. Legend:** REPUBLICA MEXICANA **Rev. Legend:** LA LIBERTAD.... **Mint:** Chihuahua

Date	Mintage	F12	VF20	XF40	MS60
1841Ca RG	—	1,300	1,600	1,950	2,700
1842Ca RG	—	1,250	1,400	1,650	2,350
1843Ca RG	—	1,250	1,400	1,650	2,350
1844Ca RG	—	1,250	1,400	1,650	2,350
1845Ca RG	—	1,250	1,400	1,650	2,350
1846Ca RG	—	1,450	2,300	2,300	3,000
1847Ca RG	—	1,950	4,150	—	—
1848Ca RG	—	1,250	1,400	1,650	2,350
1849Ca RG	—	1,250	1,400	1,650	2,350
1850/40Ca RG	—	1,250	1,400	1,650	2,350
1851/41Ca RG	—	1,250	1,400	1,650	2,350

Date	Mintage	F12	VF20	XF40	MS60
1852/42Ca RG	—	1,250	1,400	1,650	2,350
1853/43Ca RG	—	1,250	1,400	1,650	2,350
1854/44Ca RG	—	1,250	1,400	1,650	2,350
1855/43Ca RG	—	1,250	1,400	1,650	2,350
1856/46Ca RG	—	1,250	1,450	1,950	2,700
1857Ca JC/RG	—	1,250	1,300	1,400	2,050
1858Ca JC	—	1,250	1,300	1,400	2,050
1858Ca BA/RG	—	1,250	1,300	1,400	2,050
1859Ca JC/RG	—	1,250	1,300	1,400	2,050
1860Ca JC/RG	—	1,250	1,400	1,650	2,350
1861Ca JC	—	1,250	1,300	1,400	2,050
1862Ca JC	—	1,250	1,300	1,400	2,050
1863Ca JC	—	1,400	1,950	2,600	3,350
1864Ca JC	—	1,300	1,600	1,950	2,700
1865Ca JC	—	1,600	2,700	3,550	4,950
1866Ca JC	—	1,250	1,400	1,650	2,350
1866Ca FP	—	1,450	2,300	2,900	3,650
1866Ca JG	—	1,250	1,400	1,650	2,350
1867Ca JG	—	1,250	1,300	1,400	2,050
1868Ca JG	—	1,250	1,300	1,400	2,050
Concave wings					
1869Ca MM	—	1,250	1,300	1,400	2,050
Regular eagle					
1870/60Ca MM	—	1,250	1,300	1,400	2,050
1871/61Ca MM	—	1,250	1,300	1,400	2,050

KM# 383.2 27.07 g., 0.875 Gold, 0.7615 oz. AGW **Obv:** Facing eagle, snake in beak **Rev:** Hand holding cap on stick, open book **Obv. Legend:** REPUBLICA MEXICANA. **Rev. Legend:** LA LIBERTAD... **Mint:** Culiacan

Date	Mintage	F12	VF20	XF40	MS60
1846C CE	—	1,250	1,400	1,650	2,700
1847C CE	—	1,250	1,300	1,400	2,050
1848C CE	—	1,250	1,400	1,650	2,700
1849C CE	—	1,250	1,300	1,400	2,050
1850C CE	—	1,250	1,300	1,400	2,050
1851C CE	—	1,250	1,300	1,400	2,050
1852C CE	—	1,250	1,300	1,400	2,050
1853/1C CE	—	1,250	1,300	1,350	1,950
1854C CE	—	1,250	1,300	1,350	1,950
1855/4C CE	—	1,250	1,250	1,650	2,700
1855C CE	—	1,250	1,300	1,400	2,050
1856C CE	—	1,250	1,300	1,350	1,950
1857C CE	—	1,250	1,300	1,350	1,950
1857C CE	—	—	—	—	—
Note: Without periods after Cs					
1858C CE	—	1,250	1,300	1,350	1,950
1859C CE	—	1,250	1,300	1,350	1,950
1860/58C CE	—	1,250	1,300	1,400	2,050
1860C CE	—	1,250	1,300	1,400	2,050
1860C PV	—	1,250	1,300	1,350	1,950
1861C PV	—	1,250	1,300	1,400	2,050
1861C CE	—	1,250	1,300	1,400	2,050
1862C CE	—	1,250	1,300	1,400	2,050
1863C CE	—	1,250	1,300	1,400	2,050
1864C CE	—	1,250	1,300	1,350	1,950

Date	Mintage	F12	VF20	XF40	MS60
1865C CE	—	1,250	1,300	1,350	1,950
1866/5C CE	—	1,250	1,300	1,350	1,950
1866C CE	—	1,250	1,300	1,350	1,950
1867C CB Error	—	1,250	1,300	1,350	1,950
1867C CE/CB	—	1,250	1,300	1,350	1,950
1868C CB Error	—	1,250	1,300	1,350	1,950
1869C CE	—	1,250	1,300	1,350	1,950
1870C CE	—	1,250	1,300	1,400	2,050

KM# 383.3 27.07 g., 0.875 Gold, 0.7615 oz. AGW
Obv: Facing eagle, snake in beak **Rev:** Hand holding cap on stick, open book **Obv. Legend:** REPUBLICA MEXICANA **Rev. Legend:** LA LIBERTAD.... **Mint:** Durango

Date	Mintage	F12	VF20	XF40	MS60	MS63
1832Do RM	—	1,250	1,300	2,900	4,300	—
1833Do RM/RL	—	1,250	1,300	1,400	2,050	—
1834Do RM	—	1,250	1,300	1,400	2,050	—
1835Do RM	—	1,250	1,300	1,400	2,050	—
1836Do RM/RL	—	1,250	1,300	1,400	2,050	—
1836Do RM	—	1,250	1,300	1,400	2,050	—
Note: M on snake						
1837Do RM	—	1,250	1,300	1,400	2,050	—
1838/6Do RM	—	1,250	1,300	1,400	2,050	—
1838Do RM	—	1,250	1,300	1,400	2,050	—
1839Do RM	—	1,250	1,300	1,400	2,050	2,600
1840/30Do RM/RL	—	1,250	1,450	1,650	2,700	—
1841/30Do RM	—	1,300	1,600	1,400	3,000	—
1841/0Do RM	—	1,250	1,300	1,350	2,050	—
1841/31Do RM	—	1,250	1,300	1,400	2,050	—
1841/34Do RM	—	1,250	1,300	1,400	2,050	—
1841Do RM/RL	—	1,250	1,300	1,400	2,050	—
1842/32Do RM	—	1,250	1,300	1,400	2,050	—
1843/33Do RM	—	1,300	1,600	1,950	3,000	—
1843/1Do RM	—	1,250	1,300	1,400	2,050	—
1843Do RM	—	1,250	1,300	1,400	2,050	—
1844/34Do RM/RL	—	1,400	1,950	2,300	3,650	—
1844Do RM	—	1,300	1,650	1,950	3,000	—
1845/36Do RM	—	1,250	1,450	1,650	2,700	—
1845Do RM	—	1,250	1,450	1,650	2,700	—
1846Do RM	—	1,250	1,300	1,400	2,050	—
1847/37Do RM	—	1,250	1,300	1,400	2,050	—
1848/37Do RM	—	—	—	—	—	—
1848/38Do CM	—	1,250	1,300	1,400	2,050	—
1849/39Do CM	—	1,250	1,300	1,400	2,050	—
1849Do J.M.R. Rare	—	—	—	—	—	—
1850Do .JMR.	—	1,250	1,600	1,950	3,000	—
1851Do JMR	—	1,250	1,600	1,950	3,000	—
1852/1Do JMR	—	1,250	1,650	1,950	3,000	—
1852Do CP	—	1,250	1,650	1,950	3,000	—
1853Do CP	—	1,250	1,650	1,950	3,000	—
1854Do CP	—	1,250	1,450	1,650	2,700	—
1855/4Do CP	—	1,250	1,300	1,400	2,050	—
1855Do CP	—	1,250	1,300	1,400	2,050	—

Date	Mintage	F12	VF20	XF40	MS60	MS63
1856Do CP	—	1,250	1,400	1,550	2,550	—
1857Do CP	—	1,250	1,300	1,400	2,050	—
Note: French style eagle, 1832-57						
1857Do CP	—	1,250	1,300	1,400	2,050	—
Note: Mexican style eagle						
1858Do CP	—	1,250	1,400	1,550	2,550	—
1859Do CP	—	1,250	1,300	1,400	2,050	—
1860/59Do CP	—	1,250	1,600	1,950	3,250	—
1861/0Do CP	—	1,250	1,450	1,650	2,700	—
1862/52Do CP	—	1,250	1,300	1,400	2,050	—
1862/1Do CP	—	1,250	1,300	1,400	2,050	—
1862Do CP	—	1,250	1,300	1,400	2,050	—
1863/53Do CP	—	1,250	1,300	1,400	2,050	—
1864Do LT	—	1,250	1,300	1,400	2,050	3,000
1865/4Do LT	—	1,400	1,950	2,450	4,000	—
1866/4Do CM	—	2,300	3,400	3,550	—	—
1866Do CM	—	1,250	1,450	1,650	2,700	—
1867/56Do CP	—	1,250	1,450	1,650	2,700	—
1867/4Do CP	—	1,250	1,300	1,400	2,050	—
1868/4Do CP/LT	—	—	—	—	—	—
1869Do CP	—	1,450	2,300	2,600	4,000	—
1870Do CP	—	1,250	1,450	1,650	2,700	—

KM# 383.4 27.07 g., 0.875 Gold, 0.7615 oz. AGW
Obv: Facing eagle, snake in beak **Rev:** Hand holding cap on stick, open book **Obv. Legend:** REPUBLICA MEXICANA **Rev. Legend:** LA LIBERTAD... **Mint:** Estado de Mexico

Date	Mintage	F12	VF20	XF40
1828EoMo LF Rare	—	—	—	—
1829EoMo LF	—	4,850	7,600	11,500

KM# 383.5 27.07 g., 0.875 Gold, 0.7615 oz. AGW
Obv: Facing eagle, snake in beak **Rev:** Hand holding cap on stick, open book **Obv. Legend:** REPUBLICA MEXICANA **Rev. Legend:** LA LIBERTAD... **Mint:** Guadalajara

Date	Mintage	F12	VF20	XF40	MS60
1825Ga FS	—	1,400	1,800	1,950	2,700
1826Ga FS	—	1,400	1,800	1,950	2,700
1830Ga FS	—	1,400	1,800	1,950	2,700
1836Ga FS	—	1,600	2,700	2,900	4,300
1836Ga JG	—	1,950	4,150	4,800	—
1837Ga JG	—	1,950	4,150	4,800	—
1840Ga MC Rare	—	—	—	—	—
1841/31Ga MC	—	1,950	4,150	—	—
1841Ga MC	—	1,750	2,900	3,100	—
1842Ga JG Rare	—	—	4,850	6,900	—
1843Ga MC	—	—	4,150	8,900	—
1845Ga MC Rare	—	—	—	—	—
1847Ga JG	—	3,250	—	—	—
1849Ga JG	—	1,400	1,800	1,950	2,700
1850Ga JG	—	1,300	1,700	1,800	2,550
1851Ga JG	—	1,950	4,150	4,800	—
1852/1Ga JG	—	1,400	1,800	1,950	2,700
1855Ga JG	—	1,950	4,150	4,800	—
1856Ga JG	—	1,300	1,700	1,800	2,550
1857Ga JG	—	1,300	1,700	1,800	2,550
1861/0Ga JG	—	1,400	1,800	1,950	2,700
1861Ga JG	—	1,250	1,500	1,900	2,700
1863/1Ga JG	—	1,400	1,800	1,950	2,700
1866Ga JG	—	1,300	1,700	1,800	2,550

KM# 383.6 27.07 g., 0.875 Gold, 0.7615 oz. AGW
Obv: Facing eagle, snake in beak **Rev:** Hand holding cap on stick, open book **Obv. Legend:** REPUBLICA MEXICANA **Rev. Legend:** LA LIBERTAD... **Mint:** Guadalupe y Calvo

Date	Mintage	F12	VF20	XF40	MS60	MS63
1844GC MP	—	1,300	1,600	1,950	3,000	—
1845GC MP	—	1,300	1,600	1,950	3,000	—
Note: Eagle's tail square						
1845GC MP	—	1,300	1,600	1,950	3,000	—
Note: Eagle's tail round						
1846GC MP	—	1,250	1,450	1,650	2,700	—
Note: Eagle's tail square						
1846GC MP	—	1,250	1,450	1,650	2,700	—
Note: Eagle's tail round						
1847GC MP	—	1,250	1,450	1,650	2,700	—
1848GC MP	—	1,300	1,600	1,950	3,000	—
1849GC MP	—	1,300	1,600	1,950	3,000	—
1850GC MP	—	1,250	1,450	1,650	2,700	—
1851GC MP	—	1,250	1,450	1,650	2,700	—
1852GC MP	—	1,300	1,600	1,950	3,000	—

KM# 383.7 27.07 g., 0.875 Gold, 0.7615 oz. AGW
Obv: Facing eagle, snake in beak **Rev:** Hand holding cap on stick, open book **Obv. Legend:** REPUBLICA MEXICANA **Rev. Legend:** LA LIBERTAD... **Mint:** Guanajuato

Date	Mintage	F12	VF20	XF40	MS60	MS63
1828Go MJ	—	1,600	3,050	3,200	4,300	—
1829Go MJ	—	1,450	2,700	2,900	4,000	—
1830Go MJ	—	1,250	1,300	1,350	1,700	—
1831Go MJ	—	1,450	2,700	2,900	4,000	—
1832Go MJ	—	1,300	1,950	2,300	3,650	—
1833Go MJ	—	1,250	1,300	1,350	1,700	—
1834Go PJ	—	1,250	1,300	1,350	1,700	—
1835Go PJ	—	1,250	1,300	1,350	1,700	—
1836Go PJ	—	1,250	1,450	1,550	2,050	—
1837Go PJ	—	1,250	1,450	1,550	2,050	—
1838/7Go PJ	—	1,250	1,300	1,350	1,700	—
1838Go PJ	—	1,250	1,300	1,400	1,950	—
1839/8Go PJ	—	1,250	1,300	1,350	1,700	—
1839Go PJ	—	1,250	1,300	1,400	1,950	—
Note: Regular eagle						
1840Go PJ	—	1,250	1,300	1,350	1,700	—
Note: Concave wings						
1841Go PJ	—	1,250	1,300	1,350	1,700	—
1842Go PJ	—	1,250	1,300	1,350	1,550	—
1842Go PM	—	1,250	1,300	1,350	1,700	—
1843Go PM	—	1,250	1,300	1,350	1,700	—
Note: Small eagle						
1844/3Go PM	—	1,250	1,450	1,550	2,050	—
1844Go PM	—	1,250	1,300	1,350	1,700	—
1845Go PM	—	1,250	1,300	1,350	1,700	—
1846/5Go PM	—	1,250	1,300	1,400	1,950	—
1846Go PM	—	1,250	1,300	1,350	1,700	—
1847Go PM	—	1,250	1,450	1,550	2,050	—
1848/7Go PM	—	1,250	1,300	1,350	1,700	—
1848Go PM	—	1,250	1,300	1,350	1,700	—
1848Go PF	—	1,250	1,300	1,350	1,700	—
1849Go PF	—	1,250	1,300	1,350	1,650	—
1850Go PF	—	1,250	1,300	1,350	1,650	—
1851Go PF	—	1,250	1,300	1,350	1,700	—
1852Go PF	—	1,250	1,300	1,350	1,700	—
1853Go PF	—	1,250	1,300	1,350	1,700	—
1854Go PF	—	1,250	1,300	1,350	1,700	—
Note: Eagle of 1853						
1854Go PF	—	1,250	1,300	1,350	1,700	—
Note: Eagle of 1855						
1855/4Go PF	—	1,250	1,300	1,350	1,700	—
1855Go PF	—	1,250	1,300	1,350	1,700	—
1856Go PF	—	1,250	1,300	1,350	1,700	—

Date	Mintage	F12	VF20	XF40	MS60	MS63
1857Go PF	—	1,250	1,300	1,350	1,700	—
1858Go PF	—	1,250	1,300	1,350	1,700	—
1859Go PF	—	1,250	1,300	1,350	1,550	—
1860/50Go PF	—	1,250	1,300	1,350	1,550	—
1860/59Go PF	—	1,250	1,300	1,350	1,850	—
1860Go PF	—	1,250	1,300	1,350	1,850	—
1861/0Go PF	—	1,250	1,300	1,350	1,500	—
1861Go PF	—	1,250	1,300	1,350	1,500	—
1862/1Go YE	—	1,250	1,300	1,350	1,700	—
1862Go YE	—	1,250	1,300	1,350	1,650	—
1862Go YF	—	—	—	—	—	—
1863/53Go YF	—	1,250	1,300	1,350	1,700	3,650
1863Go PF	—	1,250	1,300	1,350	1,700	—
1867/57Go YF/PF	—	1,250	1,300	1,350	1,700	—
1867Go YF	—	1,250	1,300	1,350	1,650	—
1868/58Go YF	—	1,250	1,300	1,350	1,700	2,700
1870Go FR	—	1,250	1,300	1,350	1,550	—

KM# 383.8 27.07 g., 0.875 Gold, 0.7615 oz. AGW **Obv:** Facing eagle, snake in beak **Rev:** Hand holding cap on stick, open book **Obv. Legend:** REPUBLICA MEXICANA. **Rev. Legend:** LA LIBERTAD... **Mint:** Hermosillo

Date	Mintage	F12	VF20	XF40	MS60	MS63
1863Ho FM	—	1,300	1,500	1,650	3,000	—
1864Ho FM	—	1,450	2,300	2,600	4,000	—
1864Ho PR/FM	—	1,300	1,500	1,650	3,000	—
1865Ho FM/PR	—	1,400	1,650	1,950	3,650	—
1867/57Ho PR	—	1,300	1,500	1,650	3,000	—
1868Ho PR	—	1,400	1,650	1,950	3,650	—
1868Ho PR/FM	—	1,400	1,650	1,950	3,650	—
1869Ho PR/FM	—	1,300	1,500	1,650	3,000	—
1869Ho PR	—	1,300	1,500	1,650	3,000	—
1870Ho PR	—	1,400	1,650	1,950	4,000	7,600
1871/0Ho PR	—	1,400	1,650	1,950	3,650	—
1871Ho PR	—	1,400	1,650	1,950	3,650	—
1872/1Ho PR	—	1,450	2,300	2,600	4,000	—
1873Ho PR	—	1,300	1,500	1,650	3,000	—

KM# 383.9 27.07 g., 0.875 Gold, 0.7615 oz. AGW **Obv:** Facing eagle, snake in beak **Rev:** Hand holding cap on stick, open book **Obv. Legend:** REPUBLICA MEXICANA **Rev. Legend:** LA LIBERTAD... **Mint:** Mexico City **Note:** Formerly reported 1825/3 JM is merely a reworked 5.

Date	Mintage	F12	VF20	XF40	MS60	MS63
1824Mo JM	—	1,400	1,750	1,950	3,000	—
Note: Large book reverse						
1825Mo JM	—	1,250	1,300	1,350	1,700	3,000
Note: Small book reverse						
1826/5Mo JM	—	1,600	2,850	3,200	4,300	—
1827/6Mo JM	—	1,250	1,300	1,350	1,700	—
1827Mo JM	—	1,250	1,300	1,350	1,700	—
1828Mo JM	—	1,250	1,300	1,350	1,700	—
1829Mo JM	—	1,250	1,300	1,350	1,700	—
1830Mo JM	—	1,250	1,300	1,350	1,700	—
1831Mo JM	—	1,250	1,300	1,350	1,700	—
1832/1Mo JM	—	1,250	1,300	1,350	1,700	—
1832Mo JM	—	1,250	1,300	1,350	1,700	—
1833Mo MJ	—	1,300	1,600	1,700	2,350	—
1833Mo ML	—	1,250	1,300	1,350	1,700	—
1834Mo ML	—	1,300	1,600	1,700	2,350	—
1835/4Mo ML	—	1,400	1,750	1,950	3,000	—
1836Mo ML	—	1,250	1,300	1,350	1,700	—
1836Mo MF	—	1,300	1,600	1,900	3,000	—
1837/6Mo ML	—	1,250	1,300	1,350	1,700	—
1838Mo ML	—	1,250	1,300	1,350	1,700	—
1839Mo ML	—	1,250	1,300	1,350	1,700	—
1840Mo ML	—	1,250	1,300	1,350	1,700	—
1841Mo ML	—	1,250	1,300	1,350	1,700	—
1842/1Mo ML	—	—	—	—	—	—
1842Mo ML	—	1,250	1,300	1,350	1,700	—
1842Mo MM	—	—	—	—	—	—
1843Mo MM	—	1,250	1,300	1,350	1,700	—
1844Mo MF	—	1,250	1,300	1,350	1,700	—
1845Mo MF	—	1,250	1,300	1,350	1,700	—
1846Mo MF	—	1,400	1,750	1,950	3,000	—
1847Mo MF	—	1,950	3,750	—	—	—
1847Mo RC	—	1,250	1,400	1,550	2,050	—
1848Mo GC	—	1,250	1,300	1,350	1,700	—
1849Mo GC	—	1,250	1,300	1,350	1,700	—
1850Mo GC	—	1,250	1,300	1,350	1,700	3,000
1851Mo GC	—	1,250	1,300	1,350	1,700	—
1852Mo GC	—	1,250	1,300	1,350	1,700	—
1853Mo GC	—	1,250	1,300	1,350	1,700	—
1854/44Mo GC	—	1,250	1,300	1,350	1,700	—
1854/3Mo GC	—	1,250	1,300	1,350	1,700	—
1855Mo GF	—	1,250	1,300	1,350	1,700	—
1856/5Mo GF	—	1,250	1,300	1,350	1,650	—
1856Mo GF	—	1,250	1,300	1,350	1,650	—
1857Mo GF	—	1,250	1,300	1,350	1,650	—

Date	Mintage	F12	VF20	XF40	MS60	MS63
1858Mo FH	—	1,250	1,300	1,350	1,650	—
1859Mo FH	—	1,300	1,600	1,700	2,350	—
1860Mo FH	—	1,250	1,300	1,350	1,650	—
1860Mo TH	—	1,250	1,300	1,350	1,650	—
1861/51Mo CH	—	1,250	1,300	1,350	1,650	—
1862Mo CH	—	1,250	1,300	1,350	1,650	—
1863/53Mo CH	—	1,250	1,300	1,350	1,650	6,600
1863/53Mo TH	—	1,250	1,300	1,350	1,650	—
1867Mo CH	—	1,250	1,300	1,350	1,650	—
1868Mo CH	—	1,250	1,300	1,350	1,650	—
1868Mo PH	—	1,250	1,300	1,350	1,650	—
1869Mo CH	—	1,250	1,300	1,350	1,650	—

KM# 383.10 27.07 g., 0.875 Gold, 0.7615 oz. AGW
Obv: Facing eagle, snake in beak **Rev:** Hand holding cap on stick, open book **Obv. Legend:** REPUBLICA MEXICANA **Rev. Legend:** LA LIBERTAD... **Mint:** Oaxaca

Date	Mintage	F12	VF20	XF40	MS60	MS63
1858Oa AE	—	3,200	4,800	5,500	8,600	—
1859O AE	—	1,950	4,150	5,100	7,600	—
1860O AE	—	1,950	4,150	5,100	7,600	—
1861O FR	—	1,400	1,750	1,950	4,000	—
1862O FR	—	1,400	1,750	1,950	4,000	—
1863O FR	—	1,400	1,750	1,950	4,000	—
1864O FR	—	1,400	1,750	1,950	4,000	—
1867O AE	—	1,400	1,750	1,950	4,000	—
1868O AE	—	1,400	1,750	1,950	4,000	—
1869O AE	—	1,400	1,750	1,950	4,000	—

KM# 383.11 27.07 g., 0.875 Gold, 0.7615 oz. AGW
Obv: Facing eagle, snake in beak **Rev:** Hand holding cap on stick, open book **Obv. Legend:** REPUBLICA MEXICANA **Rev. Legend:** LA LIBERTAD... **Mint:** Zacatecas

Date	Mintage	F12	VF20	XF40	MS60	MS63
1858Zs MO	—	1,300	1,600	1,650	3,000	—
1859Zs MO	—	1,250	1,300	1,350	1,700	—
1860/59Zs VL/MO	—	3,200	4,800	5,500	—	—
1860/9Zs MO	—	1,300	1,600	1,650	3,000	—
1860Zs MO	—	1,250	1,300	1,400	1,850	—
1861/0Zs VL	—	1,250	1,300	1,400	1,850	—

Date	Mintage	F12	VF20	XF40	MS60	MS63
1861Zs VL	—	1,250	1,300	1,400	1,850	4,300
1862Zs VL	—	1,250	1,300	1,400	1,900	—
1863Zs VL	—	1,250	1,300	1,400	1,950	—
1863Zs MO	—	1,250	1,300	1,400	1,850	—
1864Zs MO	—	1,600	1,950	2,300	4,950	—
1865Zs MO	—	1,600	1,950	2,400	5,300	—
1868Zs JS	—	1,250	1,400	1,550	2,050	—
1868Zs YH	—	1,250	1,400	1,550	2,050	—
1869Zs YH	—	1,250	1,400	1,550	2,050	—
1870Zs YH	—	1,250	1,400	1,550	2,050	—
1871Zs YH	—	1,250	1,400	1,550	2,050	—

EMPIRE OF MAXIMILIAN

RULER
Maximilian, Emperor, 1864-1867

MINT MARKS
Refer To Republic Coinage

MONETARY SYSTEM
100 Centavos = 1 Peso (8 Reales)

MILLED COINAGE

CENTAVO

KM# 384 Copper, **Ruler:** Maximilian **Obv:** Crowned facing eagle, snake in beak **Rev:** Value and date within wreath **Obv. Legend:** IMPERIO MEXICANO **Edge:** Coarsely reeded **Mint:** Mexico City

Date	Mintage	F12	VF20	XF40	MS60	MS63
1864M	—	50.00	100	250	1,250	1,850

5 CENTAVOS

KM# 385 1.35 g., 0.903 Silver, 0.0393 oz. ASW **Ruler:** Maximilian **Mint:** Guanajuato

Date	Mintage	F12	VF20	XF40	MS60	MS63
1864G	90,000	17.50	35.00	85.00	320	—
1865G	—	20.00	30.00	65.00	300	—
1866G	—	75.00	150	300	2,000	—

KM# 385.1 1.35 g., 0.903 Silver, 0.0393 oz. ASW **Ruler:** Maximilian **Mint:** Mexico City

Date	Mintage	F12	VF20	XF40	MS60	MS63
1864M	—	12.50	20.00	55.00	300	—
1866/4M	—	25.00	40.00	75.00	425	—
1866M	—	20.00	35.00	65.00	400	—

KM# 385.2 1.35 g., 0.903 Silver, 0.0393 oz. ASW
Ruler: Maximilian **Mint:** San Luis Potosi

Date	Mintage	F12	VF20	XF40	MS60	MS63
1864P	—	150	400	1,500	2,500	—

KM# 385.3 1.35 g., 0.903 Silver, 0.0393 oz. ASW **Ruler:** Maximilian **Obv:** Crowned facing eagle, snake in beak **Rev:** Value and date within wreath **Obv. Legend:** IMPERIO MEXICANO **Mint:** Zacatecas

Date	Mintage	F12	VF20	XF40	MS60	MS63
1865Z	—	25.00	45.00	150	450	650

10 CENTAVOS

KM# 386 2.71 g., 0.903 Silver, 0.0786 oz. ASW **Ruler:** Maximilian **Obv:** Crowned facing eagle, snake in beak **Rev:** Value and date within wreath **Obv. Legend:** IMPERIO MEXICANO **Mint:** Guanajuato

Date	Mintage	F12	VF20	XF40	MS60	MS63
1864G	45,000	20.00	45.00	90.00	325	—
1865G	—	30.00	60.00	110	375	—

KM# 386.1 2.71 g., 0.903 Silver, 0.0786 oz. ASW **Ruler:** Maximilian **Obv:** Crowned facing eagle, snake in beak **Rev:** Value and date within wreath **Obv. Legend:** IMPERIO MEXICANO **Mint:** Mexico City **Note:** Struck at Mexico City Mint, mint mark M.

Date	Mintage	F12	VF20	XF40	MS60	MS63
1864M	—	15.00	25.00	55.00	285	—
1866/4M	—	25.00	35.00	70.00	320	—
1866/5M	—	25.00	40.00	85.00	375	—
1866M	—	25.00	35.00	75.00	375	—

KM# 386.2 2.71 g., 0.903 Silver, 0.0786 oz. ASW **Ruler:** Maximilian **Mint:** San Luis Potosi

Date	Mintage	F12	VF20	XF40	MS60	MS63
1864P	—	70.00	150	300	700	—

KM# 386.3 2.71 g., 0.903 Silver, 0.0786 oz. ASW
Ruler: Maximilian **Mint:** Zacatecas

Date	Mintage	F12	VF20	XF40	MS60	MS63
1865Z	—	22.50	55.00	165	525	750

50 CENTAVOS

KM# 387 13.54 g., 0.903 Silver, 0.393 oz. ASW **Ruler:** Maximilian **Obv:** Head right, with beard **Rev:** Crowned oval shield **Obv. Legend:** MAXIMILIANO EMPERADOR **Rev. Legend:** IMPERIO MEXICANO **Designer:** S. Navalon **Mint:** Mexico City

Date	Mintage	F12	VF20	XF40	MS60	MS63
1866Mo	31,000	40.00	95.00	225	850	2,250

PESO

KM# 388 27.07 g., 0.903 Silver, 0.7859 oz. ASW **Ruler:** Maximilian **Obv:** Head right, with beard **Rev:** Crowned arms with supporters **Obv. Legend:** MAXIMILIANO EMPERADOR **Rev. Legend:** IMPERIO MEXICANO **Designer:** S. Navalon **Mint:** Guanajuato

Date	Mintage	F12	VF20	XF40	MS60	MS63
1866Go	—	375	575	1,200	3,750	—

KM# 388.1 27.07 g., 0.903 Silver, 0.7859 oz. ASW **Ruler:** Maximilian **Obv:** Head right, with beard **Rev:** Crowned arms with supporters **Obv. Legend:** MAXIMILIANO EMPERADOR **Rev. Legend:** IMPERIO MEXICANO **Designer:** S. Navalon **Mint:** Mexico City

Date	Mintage	F12	VF20	XF40	MS60	MS63
1866Mo	2,148,000	36.00	55.00	175	400	—
1867Mo	1,238,000	48.00	80.00	240	450	—

KM# 388.2 27.07 g., 0.903 Silver, 0.7859 oz. ASW **Ruler:** Maximilian **Obv:** Head right, with beard **Rev:** Crowned arms with supporters **Obv. Legend:** MAXIMILIANO EMPERADOR **Rev. Legend:** IMPERIO MEXICANO **Designer:** S. Navalon **Mint:** San Luis Potosi

Date	Mintage	F12	VF20	XF40	MS60	MS63
1866Pi	—	55.00	110	350	800	—

20 PESOS

KM# 389 33.84 g., 0.875 Gold, 0.952 oz. AGW **Ruler:** Maximilian **Obv:** Head right, with beard **Rev:** Crowned arms with supporters **Obv. Legend:** MAXIMILIANO EMPERADOR **Rev. Legend:** IMPERIO MEXICANO **Designer:** S. Navalon **Mint:** Mexico City

Date	Mintage	F12	VF20	XF40	MS60	MS63
1866Mo	8,274	1,650	2,000	3,200	5,000	—

REPUBLIC
SECOND

DECIMAL COINAGE

CENTAVO

KM# 390 Copper, 25mm. **Obv:** Seated Liberty **Rev:** Thick wreath. **Mint:** Mexico City

Date	Mintage	F12	VF20	XF40	MS60	MS63
1863Mo	—	13.50	32.50	75.00	500	—

Note: Round-top 3, reeded edge

1863Mo	—	13.50	32.50	75.00	500	—

Note: Round-top 3, plain edge

1863Mo	—	10.00	30.00	70.00	500	—

Note: Flat-top 3, reeded edge

KM# 390.1 Copper, 26.5mm. **Obv:** Seated liberty **Rev:** Value and date within wreath **Obv. Legend:** LIBERTAD V REFORMA. **Mint:** San Luis Potosi

Date	Mintage	F12	VF20	XF40	MS60	MS63
1863SLP	1,024,999	15.00	32.50	75.00	425	—

KM# 391 Copper, **Obv:** Facing eagle, snake in beak **Rev:** Value and date within wreath **Edge:** Reeded. **Mint:** Alamos

Date	Mintage	F12	VF20	XF40	MS60	MS63
1875As Rare	—	—	—	—	—	—
1876As	50,000	100	200	300	650	—
1880As	—	25.00	50.00	200	500	—
1881As	—	30.00	60.00	125	350	—

KM# 391.1 Copper, **Obv:** Facing eagle, snake in beak **Rev:** Value and date within wreath **Obv. Legend:** REPUBLICA MEXICANA **Edge:** Plain **Mint:** Culiacan

Date	Mintage	F12	VF20	XF40	MS60	MS63
1874Cn	266,000	12.50	17.50	35.00	250	—
1875/4Cn	153,000	15.00	20.00	45.00	250	—
1875Cn	Inc. above	10.00	15.00	25.00	250	—
1876Cn	154,000	5.00	8.00	15.00	200	—
1877/6Cn	993,000	7.50	11.50	17.50	200	—
1877Cn	Inc. above	6.00	9.00	15.00	200	—
1880Cn	142,000	7.50	10.00	12.50	200	—
1881Cn	167,000	7.50	10.00	25.00	200	—
1897Cn	300,000	2.50	5.00	12.00	50.00	—

Note: Large N in mint mark

1897Cn	Inc. above	2.50	5.00	9.00	45.00	—

Note: Small N in mint mark

KM# 391.2 Copper, **Obv:** Facing eagle, snake in beak **Rev:** Value and date within wreath **Mint:** Durango

Date	Mintage	F12	VF20	XF40	MS60	MS63
1879Do	110,000	10.00	35.00	60.00	200	—
1880Do	69,000	40.00	90.00	175	500	—
1891Do	—	8.00	25.00	50.00	200	—
1891Do/Mo	—	8.00	25.00	50.00	200	—

KM# 391.3 Copper, **Obv:** Facing eagle, snake in beak **Rev:** Value and date within wreath **Obv. Legend:** REPUBLICA MEXICANA **Mint:** Guadalajara

Date	Mintage	F12	VF20	XF40	MS60
1872Ga	263,000	15.00	30.00	60.00	225
1873Ga	333,000	6.00	9.00	25.00	200
1874Ga	76,000	15.00	25.00	50.00	200
1875Ga	—	10.00	15.00	30.00	200

Date	Mintage	F12	VF20	XF40	MS60
1876Ga	303,000	3.00	6.00	17.50	200
1877Ga	108,000	4.00	6.00	20.00	200
1878Ga	543,000	4.00	6.00	15.00	200
1881/71Ga	975,000	7.00	9.00	20.00	—
1881Ga	Inc. above	7.00	9.00	20.00	200
1889Ga/Mo	—	3.50	5.00	25.00	200
1890Ga	—	4.00	7.50	20.00	200

KM# 391.4 Copper, **Obv:** Facing eagle, snake in beak **Rev:** Value and date within wreath **Mint:** Guanajuato

Date	Mintage	F12	VF20	XF40	MS60
1874Go	—	20.00	40.00	80.00	250
1875Go	190,000	11.50	20.00	60.00	200
1876Go	—	125	200	350	750
1877Go Rare	—	—	—	—	—
1878Go	576,000	8.00	11.00	30.00	200
1880Go	890,000	6.00	10.00	25.00	200

KM# 391.5 Copper, **Obv:** Facing eagle, snake in beak **Rev:** Value and date within wreath **Obv. Inscription:** REPUBLICA MEXICANA **Mint:** Hermosillo

Date	Mintage	F12	VF20	XF40	MS60
1875Ho	3,500	450	—	—	—
1876Ho	8,508	50.00	100	225	500
1880Ho Short H, round O	102,000	7.50	15.00	50.00	200
1880Ho Tall H, oval O	Inc. above	7.50	15.00	50.00	200
1881Ho	459,000	5.00	10.00	50.00	200

KM# 391.6 7.40 g., Copper, **Obv:** Facing eagle, snake in beak **Rev:** Value and date within wreath **Obv. Legend:** REPUBLICA MEXICANA **Mint:** Mexico City **Note:** Varieties exist.

Date	Mintage	F12	VF20	XF40	MS60
1869Mo	1,874,000	7.50	25.00	60.00	200
1870/69Mo	1,200,000	10.00	25.00	60.00	225
1870Mo	Inc. above	8.00	20.00	50.00	200
1871Mo	918,000	8.00	15.00	40.00	200
1872/1Mo	1,625,000	6.50	10.00	30.00	200
1872Mo	Inc. above	6.00	9.00	25.00	200
1873Mo	1,605,000	4.00	7.50	20.00	200
1874/3Mo	1,700,000	5.00	7.00	15.00	100
1874Mo	Inc. above	3.00	5.50	15.00	100
1874Mo	Inc. above	5.00	10.00	25.00	200
1875Mo	1,495,000	6.00	8.00	30.00	100
1876Mo	1,600,000	3.00	5.50	12.50	100
1877Mo	1,270,000	3.00	5.50	13.50	100
1878/5Mo	1,900,000	7.50	11.00	22.50	125
1878/6Mo	Inc. above	7.50	11.00	22.50	125

Date	Mintage	F12	VF20	XF40	MS60
1878/7Mo	Inc. above	7.50	11.00	20.00	125
1878Mo	Inc. above	6.00	9.00	13.50	100
1879/8Mo	1,505,000	4.50	6.50	13.50	100
1879Mo	Inc. above	3.00	5.50	12.50	75.00
1880/70Mo	1,130,000	5.50	7.50	15.00	100
1880/72Mo	Inc. above	20.00	50.00	100	250
1880/79Mo	Inc. above	15.00	35.00	75.00	175
1880Mo	Inc. above	4.25	6.00	12.50	75.00
1881Mo	1,060,000	4.50	7.00	15.00	75.00
1886Mo	12,687,000	1.50	2.00	10.00	40.00
1887Mo	7,292,000	1.50	2.00	10.00	35.00
1888/78Mo	9,984,000	2.50	3.00	10.00	30.00
1888/7Mo	Inc. above	2.50	3.00	10.00	30.00
1888Mo	Inc. above	1.50	2.00	10.00	30.00
1889Mo	19,970,000	2.00	3.00	10.00	30.00
1890/89Mo	18,726,000	2.50	3.00	12.00	40.00
1890/990Mo	Inc. above	2.50	3.00	12.00	40.00
1890Mo	Inc. above	1.50	2.00	10.00	30.00
1891Mo	14,544,000	1.50	2.00	10.00	30.00
1892Mo	12,908,000	1.50	2.00	10.00	30.00
1893/2Mo	5,078,000	2.50	3.00	12.00	35.00
1893Mo	Inc. above	1.50	2.00	10.00	30.00
1894/3Mo	1,896,000	3.00	6.00	15.00	50.00
1894Mo	Inc. above	2.00	3.00	12.00	35.00
1895/3Mo	3,453,000	3.00	4.50	12.50	35.00
1895/85Mo	Inc. above	3.00	6.00	15.00	50.00
1895Mo	Inc. above	2.00	3.00	10.00	30.00
1896Mo	3,075,000	2.00	3.00	10.00	30.00
1897Mo	4,150,000	1.50	2.00	10.00	30.00

KM# 391.7 Copper, **Obv:** Facing eagle, snake in beak **Rev:** Value and date within wreath **Obv. Legend:** REPUBLICA MEXICANA **Mint:** Oaxaca

Date	Mintage	F12	VF20	XF40	MS60	MS63
1872Oa	16,000	300	500	1,200	—	—
1873Oa	11,000	350	600	—	—	—
1874Oa	4,835	450	—	—	—	—
1875Oa	2,860	500	—	—	—	—

KM# 391.8 Copper, **Obv:** Facing eagle, snake in beak **Rev:** Value and date within wreath **Obv. Legend:** REPUBLICA MEXICANA **Mint:** San Luis Potosi

Date	Mintage	F12	VF20	XF40	MS60	MS63
1871Pi Rare	—	—	—	—	—	—
1877Pi	249,000	15.00	50.00	200	—	—
1878Pi	751,000	12.50	25.00	50.00	200	—
1878	—	—	—	—	—	—
Note: Pp error mintmark - rare						
1891Pi/Mo	—	10.00	50.00	150	300	—
1891Pi	—	8.00	25.00	125	250	—

KM# 391.9 Copper, **Obv:** Facing eagle, snake in beak **Rev:** Value and date within wreath **Mint:** Zacatecas **Note:** Struck at Zacatecas Mint, mint mark Zs.

Date	Mintage	F12	VF20	XF40	MS60	MS63
1872Zs	55,000	22.50	30.00	100	300	—
1873Zs	1,460,000	4.00	8.00	25.00	150	—
1874/3Zs	685,000	5.50	11.00	30.00	250	—
1874Zs	Inc. above	4.00	8.00	25.00	200	—
1875/4Zs	200,000	8.50	17.00	45.00	250	—
1875Zs	Inc. above	7.00	14.00	35.00	200	—
1876Zs	—	5.00	10.00	25.00	200	—
1877Zs	—	50.00	125	300	750	—
1878Zs	—	4.50	9.00	25.00	200	—
1880Zs	100,000	5.00	10.00	30.00	200	—
1881Zs	1,200,000	4.25	8.00	25.00	150	—

KM# 392 Copper-Nickel, **Obv:** Crossed bow and quiver above date **Rev:** Value within wreath **Obv. Legend:** REPUBLICA MEXICANA **Mint:** Mexico City

Date	Mintage	F12	VF20	XF40	MS60	MS63
1882Mo	99,955,000	7.50	12.50	17.50	35.00	—
1883Mo	Inc. above	0.50	0.75	1.50	2.50	4.00

KM# 393 Copper, **Obv:** Facing eagle, snake in beak **Rev:** Value and date within wreath **Obv. Legend:** REPUBLICA MEXICANA **Mint:** Mexico City **Note:** Varieties exist.

Date	Mintage	F12	VF20	XF40	MS60	MS63
1898Mo	1,529,000	4.00	6.00	15.00	50.00	—

KM# 394 Copper, **Obv:** National arms **Rev:** Value below date within wreath **Mint:** Culiacan **Note:** Reduced size. Varieties exist.

Date	Mintage	F12	VF20	XF40	MS60	MS63
1901C	220,000	15.00	22.50	60.00	150	—
1902C	320,000	15.00	22.50	50.00	90.00	—
1903C	536,000	7.50	12.50	20.00	50.00	—
1904/3C	148,000	35.00	50.00	100	350	—
1905C	110,000	100	150	300	600	—

KM# 394.1 2.61 g., Copper, **Obv:** Facing eagle, snake in beak **Rev:** Value below date within wreath

Obv. Legend: REPUBLICA MEXICANA **Mint:** Mexico City **Note:** Reduced size. Varieties exist.

Date	Mintage	F12	VF20	XF40	MS60
1899M	51,000	150	175	300	800
1900M Wide date	4,010,000	2.50	4.00	8.00	28.00
1900M Narrow date	Inc. above	2.50	4.00	8.00	28.00
1901M	1,494,000	3.00	8.00	25.00	100
1902/899M	2,090,000	30.00	75.00	200	600
1902M	Inc. above	2.25	4.00	10.00	40.00
1903M	8,400,000	1.50	3.00	7.00	20.00
1904/3M	10,250,000	1.50	10.00	20.00	55.00
1904M	Inc. above	1.50	3.00	8.00	25.00
1905M	3,643,000	2.25	4.00	10.00	40.00

2 CENTAVOS

KM# 395 Copper-Nickel, **Obv:** Crossed bow and quiver above date **Rev:** Value within wreath **Obv. Legend:** REPUBLICA MEXICANA **Mint:** Mexico City

Date	Mintage	F12	VF20	XF40	MS60	MS63
1882	50,023,000	2.00	3.00	7.50	15.00	—
1883/2	Inc. above	2.00	3.00	7.50	15.00	—
1883	Inc. above	0.50	0.75	1.00	2.50	—

5 CENTAVOS

KM# 396 1.35 g., 0.903 Silver, 0.0393 oz. ASW **Obv:** Facing eagle, snake in beak **Rev:** Value within wreath **Obv. Legend:** REPUBLICA MEXICANA **Mint:** Chihuahua

Date	Mintage	F12	VF20	XF40	MS60	MS63
1868Ca	—	40.00	65.00	125	450	—
1869Ca	30,000	25.00	40.00	100	400	—
1870/69Ca	—	35.00	55.00	120	425	—
1870Ca	35,000	30.00	50.00	100	400	—

KM# 396.1 1.35 g., 0.903 Silver, 0.0393 oz. ASW **Obv:** Facing eagle, snake in beak **Rev:** Value within wreath **Mint:** San Luis Potosi

Date	Mintage	F12	VF20	XF40	MS60	MS63
1863SLP	—	37.50	135	350	1,200	—

KM# 397 1.35 g., 0.903 Silver, 0.0393 oz. ASW **Obv:** Facing eagle, snake in beak **Rev:** Radiant cap **Obv. Legend:** REPUBLICA MEXICANA **Mint:** Mexico City **Note:** Varieties exist.

Date	Mintage	F12	VF20	XF40	MS60	MS63
1867Mo	—	20.00	45.00	110	400	—
1867/3Mo	—	22.50	50.00	125	425	—
1868/7Mo	—	22.50	50.00	150	500	—
1868Mo	—	18.50	42.50	100	400	—

KM# 397.1 1.35 g., 0.903 Silver, 0.0393 oz. ASW
Obv: Facing eagle, snake in beak **Rev:** Radiant cap **Mint:** San Luis Potosi

Date	Mintage	F12	VF20	XF40	MS60	MS63
1868P	Inc. above	20.00	45.00	100	400	—
1868/7P	34,000	25.00	50.00	125	450	—
1869P	14,000	150	300	600	—	—

KM# 398 1.35 g., 0.903 Silver, 0.0393 oz. ASW
Obv: Facing eagle, snake in beak **Rev:** Value within 1/2 wreath **Mint:** Alamos

Date	Mintage	F12	VF20	XF40	MS60	MS63
1874As DL	—	10.00	20.00	40.00	150	—
1875As DL	—	10.00	20.00	40.00	150	—
1876As L	—	22.00	45.00	70.00	160	—
1878As L	—	250	350	650	950	—
Note: Mule, gold peso reverse						
1879As L	—	40.00	65.00	120	275	—
Note: Mule, gold peso obverse						
1880As L	12,000	55.00	85.00	165	325	—
Note: Mule, gold peso obverse						
1886As L	43,000	12.00	25.00	50.00	165	—
1886As L	Inc. above	55.00	85.00	165	300	—
Note: Mule, gold peso obverse						
1887As L	20,000	25.00	50.00	75.00	165	—
1888As L	32,000	12.00	25.00	50.00	125	—
1889As L	16,000	25.00	50.00	100	200	—
1890As L	30,000	25.00	50.00	85.00	175	—
1891As L	8,000	65.00	125	200	400	—
1892As L	13,000	20.00	40.00	60.00	125	—
1893As L	24,000	10.00	20.00	45.00	90.00	—
1895As L	20,000	10.00	20.00	45.00	90.00	—

KM# 398.1 1.35 g., 0.903 Silver, 0.0393 oz. ASW
Obv: Facing eagle, snake in beak **Rev:** Value within 1/2 wreath **Mint:** Chihuahua **Note:** Mint mark: *Ca or Ch*.

Date	Mintage	F12	VF20	XF40	MS60
1871* M	14,000	20.00	40.00	100	250
1873* M Crude date	—	100	150	250	500
1874* M Crude date	—	25.00	50.00	75.00	150
1886* M	25,000	7.50	15.00	30.00	100
1887* M	37,000	7.50	15.00	30.00	100
1887* Ca/MoM	Inc. above	10.00	20.00	40.00	125
1888* M	145,000	1.50	3.00	6.00	25.00
1889* M	44,000	5.00	10.00	20.00	50.00
1890* M	102,000	1.50	3.00	6.00	25.00
1891* M	164,000	1.50	3.00	6.00	25.00
1892* M	85,000	1.50	3.00	6.00	25.00
1892* M/U	—	2.00	4.00	7.50	30.00
1892* M 9/ inverted 9	Inc. above	2.00	4.00	7.50	30.00
1893* M	133,000	1.50	3.00	6.00	25.00
1894* M	108,000	1.50	3.00	6.00	25.00
1895* M	74,000	2.00	4.00	7.50	30.00

KM# 398.2 1.35 g., 0.903 Silver, 0.0393 oz. ASW
Obv: Facing eagle, snake in beak **Rev:** Value within 1/2 wreath **Mint:** Culiacan

Date	Mintage	F12	VF20	XF40	MS60
1871Cn P	—	125	200	350	—
1873Cn P	4,992	50.00	100	200	400
1874Cn P	—	25.00	50.00	100	200
1875Cn P Rare	—	—	—	—	—
1876Cn P	—	25.00	50.00	100	200
1886Cn M	10,000	25.00	50.00	100	200

Date	Mintage	F12	VF20	XF40	MS60
1887Cn M	10,000	25.00	50.00	100	200
1888Cn M	119,000	1.50	3.00	6.00	30.00
1889Cn M	66,000	4.00	7.50	15.00	50.00
189/80Cn M	—	2.00	4.00	8.00	40.00
1890Cn M	180,000	1.50	3.00	6.00	25.00
1890/9Cn M	—	2.00	4.00	8.00	40.00
1890Cn D Error	Inc. above	175	275	400	—
1891Cn M	87,000	2.00	4.00	7.50	25.00
1894Cn M	24,000	4.00	7.50	15.00	40.00
1896Cn M	16,000	7.50	12.50	25.00	75.00
1897Cn M	223,000	1.50	2.50	5.00	20.00

KM# 398.3 1.35 g., 0.903 Silver, 0.0393 oz. ASW
Obv: Facing eagle, snake in beak **Rev:** Value within 1/2 wreath **Mint:** Durango

Date	Mintage	F12	VF20	XF40	MS60	MS63
1874Do M	—	100	150	225	500	—
1877Do P	4,795	75.00	125	225	450	—
1878/7Do E/P	4,300	200	300	450	—	—
1879Do B	—	125	200	350	—	—
1880Do B Rare	—	—	—	—	—	—
1881Do P	3,020	300	500	800	—	—
1887Do C	42,000	5.00	8.00	17.50	60.00	—
1888/9Do C	91,000	6.00	10.00	20.00	70.00	—
1888Do C	Inc. above	4.00	7.50	15.00	55.00	125
1889Do C	49,000	3.50	6.00	12.50	50.00	—
1890Do C	136,000	4.00	7.50	15.00	55.00	—
1890Do P	Inc. above	5.00	8.00	17.50	60.00	—
1891/0Do P	48,000	3.50	6.00	12.50	50.00	—
1891Do P	Inc. above	3.00	5.00	10.00	45.00	—
1894Do D	38,000	3.50	6.00	12.50	50.00	—

KM# 398.4 1.35 g., 0.903 Silver, 0.0393 oz. ASW
Obv: Facing eagle, snake in beak **Rev:** Value within 1/2 wreath **Mint:** Guadalajara

Date	Mintage	F12	VF20	XF40	MS60
1877Ga A	—	15.00	30.00	60.00	150
1881Ga S	156,000	4.00	7.50	15.00	60.00
1886Ga S	87,000	2.00	4.00	7.50	25.00
1888Ga S Large G	262,000	2.00	4.00	10.00	30.00
1888Ga S Small G	Inc. above	2.00	4.00	10.00	30.00
1889Ga S	178,000	1.50	3.00	7.50	25.00
1890Ga S	68,000	4.00	7.50	12.50	35.00
1891Ga S	50,000	4.00	6.50	10.00	35.00
1892Ga S	78,000	2.00	4.00	7.50	25.00
1893Ga S	44,000	4.00	7.50	15.00	45.00

KM# 398.5 1.35 g., 0.903 Silver, 0.0393 oz. ASW
Obv: Facing eagle, snake in beak **Rev:** Value within 1/2 wreath **Obv. Legend:** REPUBLICA MEXICANA **Mint:** Guanajuato

Date	Mintage	F12	VF20	XF40	MS60	MS63
1869Go S	80,000	15.00	30.00	75.00	175	—
1871Go S	100,000	5.00	10.00	25.00	75.00	—

Date	Mintage	F12	VF20	XF40	MS60	MS63
1872Go S	30,000	30.00	60.00	125	250	—
1873Go S	40,000	30.00	60.00	125	250	—
1874Go S	—	7.00	12.00	25.00	75.00	—
1875Go S	—	8.00	15.00	30.00	75.00	—
1876Go S	—	8.00	15.00	30.00	75.00	—
1877Go S	—	7.00	12.00	20.00	75.00	—
1878/7Go S	20,000	8.00	15.00	25.00	75.00	—
1879Go S	—	8.00	15.00	25.00	75.00	—
1880Go S	55,000	15.00	30.00	60.00	200	—
1881Go S	160,000	5.00	8.00	17.50	60.00	150
1881Go S	Inc. above	4.00	6.00	12.00	45.00	110
1886Go R	230,000	1.50	3.00	6.00	30.00	75.00
1887Go R/S	—	1.50	3.00	6.00	30.00	75.00
1887Go R	230,000	1.50	2.50	5.00	30.00	75.00
1888Go R	320,000	1.50	2.50	5.00	20.00	60.00
1889Go R/S	—	4.00	6.00	12.00	45.00	110
1889Go R	60,000	4.00	6.00	12.00	45.00	110
1890/5Go R/S	—	1.50	3.00	6.00	30.00	75.00
1890Go R	250,000	1.50	2.50	5.00	20.00	60.00
1891/0Go R	168,000	1.80	3.00	6.00	30.00	75.00
1891Go R	Inc. above	1.50	2.50	5.00	20.00	60.00
1892Go R	138,000	1.50	3.00	6.00	25.00	65.00
1893Go R	200,000	1.25	2.50	5.00	20.00	60.00
1894Go R	200,000	1.25	2.50	5.00	20.00	60.00
1896Go R	525,000	1.25	2.00	4.00	15.00	50.00
1896Go R/S	—	1.50	3.00	6.00	25.00	65.00
1897Go R	596,000	1.50	2.00	4.00	15.00	50.00
1898Go R						

KM# 398.6 1.35 g., 0.903 Silver, 0.0393 oz. ASW
Obv: Facing eagle, snake in beak **Rev:** Value within 1/2 wreath **Mint:** Hermosillo

Date	Mintage	F12	VF20	XF40	MS60
1874/69Ho R	—	125	225	350	—
1874Ho R	—	100	200	325	—
1878/7Ho A Rare	22,000	—	—	—	—
1878Ho A	Inc. above	20.00	40.00	80.00	175
1878Ho A	Inc. above	40.00	80.00	150	300
Note: Mule, gold peso obverse					
1880Ho A	43,000	7.50	15.00	30.00	75.00
1886Ho G	44,000	5.00	10.00	20.00	75.00
1887Ho G	20,000	5.00	10.00	20.00	75.00
1888Ho G	12,000	7.50	15.00	30.00	85.00
1889Ho G	67,000	3.00	6.00	12.50	40.00
1890Ho G	50,000	3.00	6.00	12.50	40.00
1891Ho G	46,000	3.00	6.00	12.50	40.00
1893Ho G	84,000	2.50	5.00	10.00	30.00
1894Ho G	68,000	2.00	4.00	10.00	30.00

KM# 398.7 1.35 g., 0.903 Silver, 0.0393 oz. ASW
Obv: Facing eagle, snake in beak **Rev:** Value within 1/2 wreath **Obv. Legend:** REPUBLICA MEXICANA **Mint:** Mexico City **Note:** Mint mark Mo. Varieties exist.

Date	Mintage	F12	VF20	XF40	MS60
1869/8Mo C	40,000	8.00	15.00	40.00	120

Date	Mintage	F12	VF20	XF40	MS60
1870Mo C	140,000	4.00	7.00	20.00	60.00
1871Mo C	103,000	9.00	20.00	40.00	100
1871Mo M	Inc. above	7.50	12.50	25.00	60.00
1872Mo M	266,000	5.00	8.00	20.00	55.00
1873Mo M	20,000	40.00	60.00	100	225
1874/69Mo M	—	7.50	15.00	30.00	75.00
1874Mo M	—	4.00	7.00	17.50	50.00
1874/3Mo B	—	5.00	8.00	22.50	55.00
1874Mo B	—	5.00	8.00	22.50	55.00
1875Mo B	—	4.00	7.00	15.00	50.00
1875Mo B/M	—	6.00	9.00	17.50	60.00
1876/5Mo B	—	4.00	7.00	15.00	50.00
1876Mo B	—	4.00	7.00	12.50	50.00
1877/6Mo M	80,000	4.00	7.00	15.00	60.00
1877Mo M	Inc. above	4.00	7.00	12.50	60.00
1878/7Mo M	100,000	4.00	7.00	15.00	55.00
1878Mo M	Inc. above	2.50	5.00	12.50	45.00
1879/8Mo M	—	8.00	12.50	22.50	55.00
1879Mo M	—	4.50	7.00	15.00	50.00
1879Mo M 9/ inverted 9	—	10.00	15.00	25.00	75.00
1880/76Mo M/B	—	5.00	7.50	15.00	50.00
1880/76Mo M	—	5.00	7.50	15.00	50.00
1880Mo M	—	4.00	6.00	12.00	40.00
1881/0Mo M	180,000	4.00	6.00	10.00	35.00
1881Mo M	Inc. above	3.00	4.50	9.00	35.00
1886/0Mo M	398,000	2.00	2.75	7.50	25.00
1886/1Mo M	Inc. above	2.00	2.75	7.50	25.00
1886Mo M	Inc. above	1.75	2.25	6.00	20.00
1887Mo m	720,000	1.75	2.00	5.00	20.00
1887Mo M/m	Inc. above	1.75	2.00	6.00	20.00
1888/7Mo M	1,360,000	2.25	2.50	6.00	20.00
1888Mo M	Inc. above	1.75	2.00	5.00	20.00
1889/8Mo M	1,242,000	2.25	2.50	6.00	20.00
1889Mo M	Inc. above	1.75	2.00	5.00	20.00
1890/00Mo M	1,694,000	1.75	2.75	6.00	20.00
1890Mo M	Inc. above	1.50	2.00	5.00	20.00
1891Mo M	1,030,000	1.75	2.00	5.00	20.00
1892Mo M	1,400,000	1.75	2.00	5.00	20.00
1892Mo M 9/ inverted 9	Inc. above	2.00	2.75	7.50	20.00
1893Mo M	220,000	1.75	2.00	5.00	15.00
1894Mo M	320,000	1.75	2.00	5.00	15.00
1895Mo M	78,000	3.00	5.00	8.00	25.00
1896Mo B	80,000	1.75	2.00	5.00	20.00
1897Mo B	160,000	1.75	2.00	5.00	15.00

KM# 398.8 1.35 g., 0.903 Silver, 0.0393 oz. ASW **Obv:** Facing eagle, snake in beak **Rev:** Value within 1/2 wreath **Obv. Legend:** REPUBLICA MEXICANA **Mint:** Oaxaca

Date	Mintage	F12	VF20	XF40	MS60
1890Oa E Rare	48,000	—	—	—	—
1890Oa N	Inc. above	65.00	125	200	350

KM# 398.9 1.35 g., 0.903 Silver, 0.0393 oz. ASW **Obv:** Facing eagle, snake in beak **Rev:** Value within 1/2 wreath **Mint:** San Luis Potosi **Note:** Varieties exist.

Date	Mintage	F12	VF20	XF40	MS60
1869Pi S	—	375	500	625	—
1870Pi G/MoC	20,000	190	325	500	—
1870Pi O	Inc. above	250	375	575	—
1871Pi O Rare	5,400	—	—	—	—

Date	Mintage	F12	VF20	XF40	MS60
1872Pi O	—	75.00	100	175	400
1873Pi Rare	5,000	—	—	—	—
1874Pi H	—	30.00	50.00	100	225
1875Pi H	—	7.50	12.50	30.00	75.00
1876Pi H	—	10.00	20.00	45.00	100
1877Pi H	—	7.50	12.50	20.00	60.00
1878/7Pi H Rare	—	—	—	—	—
1878Pi H	—	60.00	90.00	150	300
1879 H	—	200	400	—	—
1880Pi H Rare	6,200	—	—	—	—
1881Pi H Rare	4,500	—	—	—	—
1886Pi R	33,000	12.50	25.00	50.00	125
1887/0Pi R	169,000	4.00	7.50	15.00	45.00
1887Pi R	Inc. above	3.00	5.00	10.00	32.00
1888Pi R	210,000	2.00	4.00	9.00	30.00
1889/7Pi R	197,000	2.50	5.00	10.00	32.00
1889Pi R	Inc. above	2.00	4.00	9.00	30.00
1890Pi R	221,000	2.00	3.00	6.00	25.00
1891/89Pi R/B	176,000	2.00	4.00	8.00	25.00
1891/0Pi R/B	—	2.00	4.00	8.00	25.00
1891Pi R	Inc. above	2.00	3.00	6.00	20.00
1892/89Pi R	182,000	2.00	4.00	8.00	25.00
1892/0Pi R	Inc. above	2.00	4.00	8.00	25.00
1892Pi R	Inc. above	2.00	3.00	6.00	20.00
1893Pi R	41,000	5.00	10.00	20.00	60.00

KM# 398.10 1.35 g., 0.903 Silver, 0.0393 oz. ASW **Obv:** Facing eagle, snake in beak **Rev:** Value within 1/2 wreath **Mint:** Zacatecas

Date	Mintage	F12	VF20	XF40	MS60
1870Zs H	40,000	12.50	25.00	50.00	125
1871Zs H	40,000	12.50	25.00	50.00	125
1872Zs H	40,000	12.50	25.00	50.00	125
1873/2Zs H	20,000	35.00	65.00	125	275
1873Zs H	Inc. above	25.00	50.00	100	250
1874Zs H	—	7.50	12.50	25.00	75.00
1874Zs A	—	40.00	75.00	150	300
1875Zs A	—	7.50	12.50	25.00	75.00
1876Zs A	—	50.00	75.00	150	500
1876/5Zs S	—	15.00	30.00	60.00	150
1876Zs S	—	12.50	25.00	50.00	125
1877Zs S	—	3.00	6.00	12.00	40.00
1878Zs S	60,000	3.00	6.00	12.00	40.00
1879/8Zs S	—	3.00	6.00	15.00	50.00
1879Zs S	—	3.00	6.00	12.00	40.00
1880/79Zs S	130,000	6.00	10.00	20.00	60.00
1880Zs S	Inc. above	5.00	8.00	16.00	45.00
1881Zs S	210,000	2.50	5.00	10.00	35.00
1886/4Zs S	360,000	6.00	10.00	20.00	60.00
1886Zs S	Inc. above	2.00	3.00	6.00	20.00
1886Zs Z	Inc. above	5.00	10.00	25.00	65.00
1887Zs Z	400,000	2.00	3.00	6.00	25.00
1888/7Zs Z	500,000	2.00	3.00	6.00	25.00
1888Zs Z	Inc. above	2.00	3.00	6.00	25.00
1889Zs Z	520,000	2.00	3.00	6.00	25.00
1889Zs Z 9/ inverted 9	Inc. above	2.00	3.00	6.00	25.00
1889Zs Z/MoM	Inc. above	2.00	3.00	6.00	25.00
1890Zs Z	580,000	1.75	2.50	5.00	20.00
1890Zs Z/MoM	Inc. above	2.00	3.00	6.00	25.00
1890Zs ZsZ 9/8	—	2.00	3.00	6.00	25.00
1890Zs ZsZ 0/9 Z/M	—	2.00	3.00	6.00	25.00

Date	Mintage	F12	VF20	XF40	MS60
1891Zs Z	420,000	1.75	2.50	5.00	20.00
1892Zs Z	346,000	1.75	2.50	5.00	20.00
1893Zs Z	258,000	1.75	2.50	5.00	20.00
1894Zs ZoZ Error	Inc. above	2.00	4.00	8.00	30.00
1894Zs Z	228,000	1.75	2.50	5.00	20.00
1895Zs Z	260,000	1.75	2.50	5.00	20.00
1895/4Zs ZsZ	—	2.00	3.00	6.00	25.00
1896Zs Z	200,000	1.75	2.50	5.00	20.00
1896Zs 6/ inverted 6	Inc. above	2.00	3.00	6.00	25.00
1897/6Zs Z	200,000	2.00	3.00	6.00	25.00
1897Zs Z	Inc. above	1.75	2.50	5.00	20.00

KM# 399 Copper-Nickel, **Obv:** Crossed bow and quiver above date **Rev:** Value within wreath **Obv. Legend:** REPUBLICA MEXICANA **Mint:** Mexico City

Date	Mintage	F12	VF20	XF40	MS60	MS63
1882	Inc. above	0.50	1.00	2.50	7.50	—
1883	Inc. above	25.00	50.00	80.00	250	—

KM# 400 1.35 g., 0.9027 Silver, 0.0393 oz. ASW 14mm. **Obv:** Facing eagle, snake in beak **Rev:** Value within 1/2 wreath **Obv. Legend:** REPUBLICA MEXICANA **Mint:** Culiacan **Note:** Varieties exist.

Date	Mintage	F12	VF20	XF40	MS60	MS63
1898Cn M	44,000	2.00	5.00	10.00	25.00	—
1899Cn M	111,000	7.00	10.00	25.00	60.00	—
1899Cn Q	Inc. above	2.00	3.00	5.00	18.00	—
1900/800 Cn Q	239,000	4.00	6.00	15.00	36.00	—
1900Cn Q	Inc. above	2.00	4.00	7.00	20.00	—
Note: Round Q, single tail						
1900Cn Q	Inc. above	2.00	4.00	7.00	20.00	—
Note: Narrow C, oval Q						
1900Cn Q	Inc. above	2.00	4.00	7.00	20.00	—
Note: Wide C, oval Q						
1901Cn Q	148,000	2.00	4.00	7.00	25.00	30.00
1902Cn Q	262,000	2.00	4.00	7.00	20.00	25.00
Note: Narrow C, heavy serifs						
1902Cn Q	Inc. above	2.00	4.00	7.00	20.00	25.00
Note: Wide C, light serifs						
1903/1Cn Q	331,000	2.50	4.00	7.00	20.00	25.00
1903Cn Q	Inc. above	2.00	3.00	5.00	18.00	23.00
1903Cn V	Inc. above	2.00	3.00	5.00	18.00	23.00
1904Cn H	352,000	2.00	2.75	6.00	20.00	25.00
1904Cn H/C Cn	—	2.00	3.00	6.00	20.00	25.00

KM# 400.1 1.35 g., 0.9027 Silver, 0.0393 oz. ASW **Obv:** Facing eagle, snake in beak **Rev:** Value within 1/2 wreath **Mint:** Guanajuato **Note:** Varieties exist.

Date	Mintage	F12	VF20	XF40	MS60	MS63
1898Go R	180,000	7.50	15.00	30.00	75.00	—

Note: Mule, gold peso obverse

Date	Mintage	F12	VF20	XF40	MS60	MS63
1899Go R	260,000	1.75	2.50	4.50	15.00	—
1900Go R	200,000	1.75	2.50	4.50	15.00	—

KM# 400.2 1.35 g., 0.9027 Silver, 0.0393 oz. ASW 15mm. **Obv:** Facing eagle, snake in beak **Rev:** Value within 1/2 wreath **Edge:** Reeded **Mint:** Mexico City

Date	Mintage	F12	VF20	XF40	MS60	MS63
1898Mo M	80,000	2.50	5.00	8.00	30.00	—
1899Mo M	168,000	2.00	3.00	5.00	18.00	—
1900/800Mo M	300,000	5.00	8.00	12.00	36.00	—
1900Mo M	Inc. above	2.00	3.00	5.00	18.00	—
1901Mo M	100,000	2.00	3.00	8.00	23.00	25.00
1902/1Mo MoM	—	2.00	4.00	10.00	23.00	25.00
1902Mo M	144,000	1.50	2.50	7.00	18.00	20.00
1903Mo M	500,000	1.50	2.50	6.00	15.00	18.00
1904/804Mo M	1,090,000	2.00	4.00	7.00	18.00	18.00
1904Mo M	Inc. above	2.00	4.00	7.00	15.00	20.00
1905Mo M	344,000	2.00	4.00	8.00	18.00	20.00

KM# 400.3 1.35 g., 0.9027 Silver, 0.0393 oz. ASW **Obv:** Facing eagle, snake in beak **Rev:** Value within 1/2 wreath **Mint:** Zacatecas

Date	Mintage	F12	VF20	XF40	MS60	MS63
1898Zs Z	100,000	2.00	2.75	5.00	15.00	—
1899Zs Z	50,000	2.50	4.00	8.00	25.00	—
1900Zs Z	55,000	2.00	3.00	6.00	20.00	—
1901Zs Z	40,000	2.50	5.00	11.00	30.00	35.00
1902/1Zs Z	34,000	2.50	5.00	11.00	28.00	30.00
1902Zs Z	Inc. above	5.00	11.00	35.00	40.00	
1903Zs Z	217,000	1.50	2.50	7.00	18.00	22.00
1904Zs Z	191,000	2.00	3.00	7.00	18.00	22.00
1904Zs M	Inc. above	4.00	10.00	18.00	60.00	75.00
1905Zs M	46,000	10.00	25.00	50.00	200	250
1905Zs M Repullica; Rare	Inc. above	75.00	125	250	600	900

10 CENTAVOS

KM# 402 2.71 g., 0.903 Silver, 0.0786 oz. ASW **Obv:** Facing eagle, snake in beak **Rev:** Radiant cap **Mint:** Mexico City

Date	Mintage	F12	VF20	XF40	MS60	MS63
1867/3Mo	—	50.00	100	200	550	—
1867Mo	—	20.00	50.00	150	450	—
1868/7Mo	—	20.00	50.00	175	500	—
1868Mo	—	20.00	55.00	175	500	—

KM# 402.1 2.71 g., 0.903 Silver, 0.0786 oz. ASW **Obv:** Facing eagle, snake in beak **Rev:** Radiant cap **Obv. Legend:** REPUBLICA MEXICANA **Mint:** San Luis Potosi

Date	Mintage	F12	VF20	XF40	MS60	MS63
1868/7P	38,000	50.00	95.00	200	675	—
1868P	Inc. above	25.00	45.00	125	575	—
1869/7P	4,900	60.00	130	275	825	—

KM# 401.1 2.71 g., 0.903 Silver, 0.0786 oz. ASW **Obv:** Facing eagle, snake in beak **Rev:** Value within wreath **Mint:** Chihuahua **Note:** Previous KM#401.

Date	Mintage	F12	VF20	XF40	MS60	MS63
1868/7Ca	—	30.00	60.00	150	550	—
1868Ca	—	30.00	60.00	150	550	—
1869Ca	15,000	25.00	50.00	125	600	—
1870Ca	17,000	22.50	45.00	100	550	—

KM# 401.2 2.71 g., 0.903 Silver, 0.0786 oz. ASW **Obv:** Facing eagle, snake in beak **Rev:** Value and date within wreath **Obv. Legend:** REPUBLICA MEXICANA **Mint:** San Luis Potosi

Date	Mintage	F12	VF20	XF40	MS60	MS63
1863SLP	—	75.00	150	275	900	—

KM# 403 2.71 g., 0.903 Silver, 0.0786 oz. ASW **Obv:** Facing eagle, snake in beak **Rev:** Value within 1/2 wreath **Mint:** Alamos **Note:** Varieties exist.

Date	Mintage	F12	VF20	XF40	MS60	MS63
1874As DL	—	20.00	40.00	80.00	175	—
1875As L	—	5.00	10.00	25.00	90.00	—
1876As L	—	10.00	18.00	40.00	110	—
1878As L	—	5.00	10.00	30.00	100	—
1878/7As L	—	10.00	18.00	45.00	120	—
1879As L	—	10.00	18.00	40.00	110	—
1880As L	13,000	10.00	18.00	40.00	110	—
1882As L	22,000	10.00	18.00	40.00	110	—
1883As L	8,520	25.00	50.00	100	225	—
1884As L	—	7.50	12.50	35.00	100	—
1885As L	15,000	7.50	12.50	35.00	100	—
1886As L	45,000	7.50	12.50	35.00	100	—
1887As L	15,000	7.50	12.50	35.00	100	—
1888As L	38,000	7.50	12.50	35.00	100	—
1889As L	20,000	7.50	12.50	35.00	100	—
1890As L	40,000	7.50	12.50	35.00	100	—
1891As L	38,000	7.50	12.50	35.00	100	—
1892As L	57,000	5.00	10.00	25.00	90.00	—
1893As L	70,000	10.00	18.00	40.00	110	—

Note: An 1891 As L over 1889 HoG exists which was evidently produced at the Alamos Mint using dies sent from the Hermosillo Mint

KM# 403.1 2.71 g., 0.903 Silver, 0.0786 oz. ASW **Obv:** Facing eagle, snake in beak **Rev:** Value within 1/2 wreath **Mint:** Chihuahua **Note:** Mint mark CH, Ca. Varieties exist.

Date	Mintage	F12	VF20	XF40	MS60
1871 M	8,150	15.00	30.00	60.00	150
1873 M Crude date	—	35.00	75.00	125	175
1874 M	—	10.00	17.50	35.00	100
1880/70 G	7,620	20.00	40.00	80.00	175
1880 G/g	Inc. above	15.00	25.00	50.00	125
1881 Rare	340	—	—	—	—
1883 M	9,000	10.00	20.00	40.00	125
1884/73	—	5.00	30.00	60.00	150
1884 M	—	10.00	20.00	40.00	125
1886 M	45,000	7.50	12.50	30.00	100
1887/3 M/G	96,000	5.00	10.00	20.00	75.00
1887 M/G	—	4.00	6.00	12.00	75.00

Date	Mintage	F12	VF20	XF40	MS60
1887 M	Inc. above	4.00	6.00	12.00	75.00
1888 M/G	—	4.00	6.00	12.00	75.00
1888 M	299,000	3.00	5.00	9.00	75.00
1888 Ca/Mo	Inc. above	3.00	5.00	9.00	75.00
1889 M	Inc. above	4.00	6.00	12.00	75.00
Note: Small 89 (5 Centavo font)					
1889/8 M	115,000	4.00	6.00	12.00	75.00
1890/80 M	140,000	4.00	6.00	12.00	75.00
1890/89 M	Inc. above	4.00	6.00	12.00	75.00
1890 M	Inc. above	3.00	5.00	11.00	75.00
1891 M	163,000	3.00	5.00	11.00	75.00
1892 M 9/ inverted 9	Inc. above	4.00	6.00	12.00	75.00
1892 M	169,000	3.00	5.00	11.00	75.00
1893 M	246,000	3.00	5.00	11.00	75.00
1894 M	163,000	3.00	5.00	11.00	75.00
1895 M	127,000	3.00	5.00	11.00	75.00

KM# 403.2 2.71 g., 0.903 Silver, 0.0786 oz. ASW
Obv: Facing eagle, snake in beak **Rev:** Value within 1/2 wreath **Mint:** Culiacan

Date	Mintage	F12	VF20	XF40	MS60
1871Cn P Rare	—	—	—	—	—
1873Cn P	8,732	20.00	50.00	100	225
1881Cn D	9,440	75.00	175	325	500
1882Cn D	12,000	75.00	125	200	400
1885Cn M	18,000	25.00	50.00	100	200
Note: Mule, gold 2-1/2 peso obverse					
1886Cn M	13,000	50.00	100	150	300
Note: Mule, gold 2-1/2 peso obverse					
1887Cn M	11,000	20.00	40.00	75.00	175
1888Cn M	56,000	5.00	10.00	25.00	125
1889Cn M	42,000	5.00	10.00	20.00	75.00
1890Cn M	132,000	4.00	6.00	12.00	75.00
1891Cn M	84,000	5.00	10.00	20.00	75.00
1892/1Cn M	37,000	5.00	9.00	17.00	75.00
1892Cn M	Inc. above	4.00	7.00	14.00	75.00
1894Cn M	43,000	4.00	7.00	14.00	75.00
1895Cn M	23,000	4.00	7.00	14.00	60.00
1896Cn M	121,000	3.00	5.00	9.00	50.00

KM# 403.3 2.71 g., 0.903 Silver, 0.0786 oz. ASW
Obv: Facing eagle, snake in beak **Rev:** Value within 1/2 wreath **Mint:** Durango

Date	Mintage	F12	VF20	XF40	MS60
1878Do E	2,500	100	175	300	600
1879Do B Rare	—	—	—	—	—
1880/70Do B Rare	—	—	—	—	—
1880/79Do B Rare	—	—	—	—	—
1884Do C	—	30.00	60.00	100	225
1886Do C	13,000	75.00	150	300	500
1887Do C	81,000	5.00	9.00	17.00	100
1888Do C	31,000	7.00	13.00	32.00	100
1889Do C	55,000	5.00	9.00	17.00	100
1890Do C	50,000	5.00	9.00	17.00	100
1891Do P	139,000	3.00	5.00	10.00	80.00
1892Do P	212,000	3.00	5.00	10.00	80.00
1892Do D	Inc. above	3.00	5.00	10.00	80.00
1893Do D	258,000	3.00	5.00	10.00	80.00
1893Do D/C	Inc. above	4.00	6.00	12.00	80.00
1894Do D	184,000	2.50	4.00	8.00	80.00
1894Do D/C	Inc. above	3.00	5.00	10.00	80.00
1895Do D	142,000	2.50	4.00	8.00	80.00

KM# 403.4 2.71 g., 0.903 Silver, 0.0786 oz. ASW
Obv: Facing eagle, snake in beak **Rev:** Value within 1/2 wreath **Mint:** Guadalajara **Note:** Varieties exist.

Date	Mintage	F12	VF20	XF40	MS60
1871Ga C	4,734	75.00	125	200	500
1873/1Ga C	25,000	10.00	15.00	35.00	150
1873Ga C	Inc. above	10.00	15.00	35.00	150
1874Ga C	—	10.00	15.00	35.00	150
1877Ga A	—	10.00	15.00	30.00	150
1881Ga S	115,000	6.00	11.00	27.50	150
1883Ga B	90,000	5.00	9.00	17.00	90.00
1884Ga B	—	6.00	11.00	22.50	90.00
1884Ga H	—	4.00	6.00	12.00	90.00
1884Ga B/S	—	7.00	14.00	27.50	90.00
1885Ga H	93,000	4.00	6.00	12.00	90.00
1886Ga S	151,000	4.00	5.00	11.00	90.00
1887Ga S	162,000	2.50	4.00	8.00	90.00
1888Ga S	225,000	2.50	4.00	8.00	90.00
1888Ga GaS/ HoG	Inc. above	2.50	4.00	8.00	90.00
1889Ga S	310,000	2.50	4.00	8.00	40.00
1890Ga S	303,000	2.50	4.00	8.00	40.00
1891Ga S	199,000	6.00	11.00	22.50	45.00
1892Ga S	329,000	2.50	4.00	8.00	40.00
1893Ga S	225,000	2.50	4.00	8.00	40.00
1894Ga S	243,000	4.00	7.00	14.00	40.00
1895Ga S	80,000	2.50	4.00	8.00	40.00

KM# 403.5 2.71 g., 0.903 Silver, 0.0786 oz. ASW
Obv: Facing eagle, snake in beak **Rev:** Value within 1/2 wreath **Mint:** Guanajuato **Note:** Varieties exist.

Date	Mintage	F12	VF20	XF40	MS60
1869Go S	7,000	20.00	40.00	80.00	200
1871/0Go S	60,000	15.00	25.00	50.00	125
1872Go S	60,000	15.00	25.00	50.00	125
1873Go S	50,000	15.00	25.00	50.00	125
1874Go S	—	15.00	25.00	50.00	125
1875Go S	—	250	350	500	800
1876Go S	—	10.00	20.00	40.00	100
1877Go S	—	80.00	120	200	400
1878/7Go S	10,000	10.00	20.00	45.00	110
1878Go S	Inc. above	7.50	12.00	20.00	75.00
1879Go S	—	7.50	12.00	20.00	75.00
1880Go S	—	100	200	300	450
1881/71Go S	100,000	4.00	6.00	12.00	75.00
1881/0Go S	Inc. above	5.00	6.00	12.00	75.00
1881Go S	Inc. above	4.00	6.00	12.00	75.00
1882/1Go S	40,000	4.00	7.00	14.00	75.00
1883Go B	—	4.00	6.00	12.00	75.00
1884Go S	—	2.50	4.00	8.00	75.00
1884Go S	—	7.00	14.00	27.50	90.00
1885Go R	100,000	2.50	4.00	8.00	75.00
1886Go R	95,000	4.00	6.00	12.00	75.00
1887Go R	330,000	4.00	6.00	12.00	75.00
1888Go R	270,000	2.50	4.00	8.00	75.00
1889Go R	205,000	3.00	5.00	10.00	75.00
1889Go GoR/ HoG	Inc. above	4.00	6.00	12.00	75.00
1890Go R	270,000	2.50	4.00	8.00	35.00
1890Go GoR/ Cn M	Inc. above	2.50	4.00	8.00	35.00
1891Go R	523,000	2.50	4.00	8.00	35.00
1891Go R/G	—	2.50	4.00	8.00	35.00
1891Go GoR/ HoG	Inc. above	2.50	4.00	8.00	35.00
1892Go R	440,000	2.50	4.00	8.00	35.00
1893/1Go R	389,000	4.00	6.00	12.00	35.00
1893Go R	Inc. above	2.50	4.00	8.00	35.00
1894Go R	400,000	2.50	4.00	7.00	35.00
1895Go R	355,000	2.50	4.00	7.00	35.00
1896Go R	190,000	2.50	4.00	7.00	35.00
1897Go R	205,000	2.50	4.00	7.00	35.00

KM# 403.6 2.71 g., 0.903 Silver, 0.0786 oz. ASW **Obv:** Facing eagle, snake in beak **Rev:** Value within 1/2 wreath **Mint:** Hermosillo

Date	Mintage	F12	VF20	XF40	MS60
1874Ho R	—	30.00	60.00	100	200
1876Ho F	3,140	200	300	450	750
1878Ho A	—	6.00	11.00	17.00	85.00
1879Ho A	—	25.00	50.00	90.00	175
1880Ho A	—	5.00	8.00	16.00	85.00
1881Ho A	28,000	5.00	9.00	19.00	85.00
1882/1Ho A	25,000	6.00	11.00	22.50	85.00
1882/1Ho a	Inc. above	7.00	14.00	27.50	85.00
1882Ho A	Inc. above	5.00	9.00	19.00	85.00
1883Ho	7,000	65.00	100	200	400
1884/3Ho M	—	10.00	20.00	40.00	90.00
1884Ho A	—	35.00	75.00	150	300
1884/3Ho M	—	7.50	15.00	30.00	85.00
1884Ho M	—	7.50	15.00	30.00	85.00
1885Ho M	21,000	12.50	25.00	50.00	100
1886Ho M Rare	10,000	—	—	—	—
1886Ho G	Inc. above	7.50	12.50	25.00	85.00
1887Ho G	—	25.00	50.00	75.00	150
1888Ho G	25,000	7.00	14.00	27.50	85.00
1889Ho G	42,000	5.00	8.00	14.00	85.00
1890Ho G	48,000	5.00	8.00	14.00	85.00
1891/80Ho G	136,000	5.00	8.00	14.00	85.00
1891/0Ho G	Inc. above	5.00	8.00	14.00	85.00
1891Ho G	Inc. above	5.00	8.00	14.00	85.00
1892Ho G	67,000	5.00	8.00	14.00	85.00
1893Ho G	67,000	5.00	8.00	14.00	85.00

KM# 403.7 2.71 g., 0.902 Silver, 0.0785 oz. ASW **Obv:** Facing eagle, snake in beak **Rev:** Value within 1/2 wreath **Obv. Legend:** REPUBLICA MEXICANA **Mint:** Mexico City **Note:** Varieties exist.

Date	Mintage	F12	VF20	XF40	MS60
1869/8Mo C	30,000	10.00	20.00	40.00	100
1869Mo C	Inc. above	8.00	17.50	35.00	90.00
1870Mo C	110,000	5.00	9.00	17.00	50.00
1871Mo C	84,000	50.00	75.00	125	250
1871Mo M	Inc. above	12.00	17.50	45.00	125
1872/69Mo M	198,000	10.00	20.00	35.00	100
1872Mo M	Inc. above	5.00	9.00	17.00	65.00
1873Mo M	40,000	10.00	15.00	30.00	75.00
1874Mo M	—	6.00	11.00	22.50	65.00
1874Mo M/C	—	6.00	11.00	22.50	65.00
1874/64Mo B	—	6.00	11.00	22.50	65.00
1874Mo B/M	—	20.00	40.00	60.00	125
1874Mo B	—	6.00	11.00	17.00	65.00
1875Mo B	—	20.00	40.00	60.00	125
1876/5Mo B	—	5.00	7.00	12.00	65.00
1876/5Mo B/M	—	5.00	7.00	12.00	65.00
1877/6Mo M	—	5.00	7.00	12.00	65.00
1877/6Mo M/B	—	5.00	7.00	12.00	65.00
1877Mo M	—	5.00	7.00	12.00	65.00
1878/7Mo M	100,000	5.00	7.00	12.00	65.00
1878Mo M	Inc. above	5.00	7.00	12.00	65.00
1879/69Mo M	—	5.00	7.00	12.00	65.00
1879Mo M/C	—	5.00	7.00	12.00	65.00
1880/79Mo M	—	5.00	7.00	12.00	65.00
1881/0Mo M	510,000	5.00	7.00	12.00	35.00
1881Mo M	Inc. above	5.00	7.00	12.00	35.00
1882/1Mo M	550,000	5.00	7.00	12.00	35.00
1882Mo M	Inc. above	5.00	7.00	12.00	35.00
1883/2Mo M	250,000	5.00	7.00	12.00	35.00

Date	Mintage	F12	VF20	XF40	MS60
1884Mo M	—	5.00	7.00	12.00	35.00
1885Mo M	470,000	5.00	7.00	12.00	35.00
1886Mo M	603,000	5.00	7.00	12.00	35.00
1887/6Mo M	—	5.00	7.00	12.00	35.00
1887Mo M	580,000	5.00	7.00	12.00	35.00
1888/7Mo MoM	710,000	5.00	7.00	12.00	35.00
1888Mo MoM	Inc. above	5.00	7.00	12.00	35.00
1888Mo MOM	Inc. above	5.00	7.00	12.00	35.00
1889/8Mo M	622,000	5.00	7.00	12.00	35.00
1889Mo M	Inc. above	5.00	7.00	12.00	35.00
1890/89Mo M	815,000	5.00	7.00	12.00	35.00
1890Mo M	Inc. above	5.00	7.00	12.00	35.00
1891Mo M	859,000	3.00	5.00	10.00	25.00
1892Mo M	1,030,000	3.00	5.00	10.00	25.00
1893Mo M	310,000	3.00	5.00	10.00	25.00
1893Mo M/C	Inc. above	3.00	5.00	10.00	25.00
1893Mo Mo/Ho M/G	—	3.00	5.00	10.00	25.00
1894/3Mo M	—	6.00	11.00	22.50	60.00
1894Mo M	350,000	6.00	11.00	22.50	60.00
1895Mo M	320,000	3.00	5.00	10.00	25.00
1896Mo B/G	340,000	3.00	5.00	10.00	25.00
1896Mo M	Inc. above	35.00	70.00	100	150
1897Mo M	170,000	3.00	5.00	8.00	22.00

KM# 403.8 2.71 g., 0.903 Silver, 0.0786 oz. ASW **Obv:** Facing eagle, snake in beak **Rev:** Value within 1/2 wreath **Mint:** Oaxaca

Date	Mintage	F12	VF20	XF40	MS60
1889Oa E	21,000	225	425	650	—
1890Oa N Rare	Inc. above	—	—	—	—
1890Oa E	31,000	125	175	275	550

KM# 403.9 2.71 g., 0.903 Silver, 0.0786 oz. ASW **Obv:** Facing eagle, snake in beak **Rev:** Value within 1/2 wreath **Mint:** San Luis Potosi **Note:** Varieties exist.

Date	Mintage	F12	VF20	XF40	MS60
1869/8Pi S Rare	4,000	—	—	—	—
1870/69Pi O Rare	18,000	—	—	—	—
1870Pi G	Inc. above	125	200	325	600
1871Pi O	21,000	50.00	100	150	300
1872Pi O	16,000	150	225	350	650
1873Pi O Rare	4,750	—	—	—	—
1874Pi H	—	25.00	50.00	100	200
1875Pi H	—	75.00	125	200	400
1876Pi H	—	75.00	125	200	400
1877Pi H	—	75.00	125	200	400
1878Pi H	—	250	500	750	—
1879Pi H	—	—	—	—	—
1880Pi H	—	150	250	350	—
1881Pi H	7,600	250	350	500	—
1882Pi H Rare	4,000	—	—	—	—
1883Pi H	—	125	200	300	500
1884Pi H	—	25.00	50.00	100	200
1885Pi H	51,000	25.00	50.00	100	200
1885Pi C Rare	Inc. above	—	—	—	—
1886Pi C	52,000	15.00	30.00	60.00	150
1886Pi R	Inc. above	6.00	11.00	22.50	65.00
1887Pi R	118,000	4.00	7.00	14.00	50.00
1888Pi R	136,000	4.00	7.00	14.00	50.00
1889/8Pi R/G	—	9.00	14.00	22.50	60.00
1889/7Pi R	131,000	9.00	14.00	22.50	60.00
1890Pi R/G	—	4.00	6.00	12.00	40.00
1890Pi R	204,000	3.00	5.00	11.00	40.00
1891/89Pi R	163,000	4.00	7.00	14.00	40.00
1891Pi R	Inc. above	3.00	6.00	10.00	30.00
1892/0Pi R/G	—	4.00	6.00	12.00	40.00
1892/0Pi R	200,000	4.00	6.00	12.00	40.00
1892Pi R	Inc. above	3.00	4.00	7.00	40.00

Date	Mintage	F12	VF20	XF40	MS60
1892Pi R/G	—	4.00	6.00	12.00	40.00
1893Pi R	48,000	9.00	11.00	20.00	60.00
1893Pi R/G	—	3.00	11.00	20.00	60.00

KM# 403.10 2.71 g., 0.903 Silver, 0.0786 oz. ASW
Obv: Facing eagle, snake in beak **Rev:** Value within 1/2 wreath **Obv. Legend:** REPUBLICA MEXICANA **Mint:** Zacatecas **Note:** Varieties exist.

Date	Mintage	F12	VF20	XF40	MS60
1870Zs H	20,000	100	150	200	400
1871Zs H	Inc. above	—	—	—	—
1871/0Zs H	10,000	—	—	—	—
1872Zs H	10,000	150	200	275	500
1873Zs H	10,000	250	350	600	—
1874/3Zs H	—	50.00	75.00	150	300
1874Zs A	—	200	300	500	—
1875Zs A	—	6.00	11.00	27.50	100
1876Zs A	—	6.00	11.00	27.50	100
1876Zs S	—	100	200	300	500
1877Zs S Small S	—	7.50	12.50	25.00	100
1877Zs Regular S over small S	—	7.50	12.50	25.00	100
1877Zs S Regular S	—	7.50	12.50	25.00	100
1878Zs S	Inc. above	6.00	11.00	22.50	80.00
1878/7Zs S	30,000	6.00	11.00	22.50	80.00
1879Zs S	—	6.00	11.00	22.50	80.00
1880Zs S	—	6.00	11.00	22.50	80.00
1881/0Zs S	120,000	5.00	8.00	15.00	50.00
1881Zs S	Inc. above	5.00	8.00	15.00	50.00
1882/1Zs S	64,000	12.50	25.00	50.00	125
1882Zs S	Inc. above	12.50	25.00	50.00	125
1883/73Zs S	102,000	4.00	6.00	12.00	50.00
1883Zs S	Inc. above	4.00	6.00	12.00	50.00
1884/3Zs S	—	4.00	6.00	12.00	50.00
1884Zs S	—	4.00	6.00	12.00	50.00
1885Zs S Small S in mint mark	Inc. above	4.00	6.00	12.00	50.00
1885Zs S	297,000	3.00	5.00	9.00	50.00
1885Zs Z	Inc. above	5.00	10.00	19.00	65.00

Note: Without assayers initials, error

Date	Mintage	F12	VF20	XF40	MS60
1886Zs S	274,000	3.00	5.00	9.00	30.00
1886Zs Z	Inc. above	12.50	25.00	50.00	125
1887Zs Z Z Error	Inc. above	5.00	11.00	27.50	100
1887Zs ZsZ	233,000	3.00	5.00	9.00	30.00
1888Zs Z Z Error	Inc. above	5.00	11.00	27.50	100
1888Zs ZsZ	270,000	3.00	5.00	9.00	30.00
1889/7Zs Z/S	240,000	6.00	9.00	15.00	40.00
1889Zs ZS	Inc. above	3.00	6.00	12.00	30.00
1889Zs Z/G	—	3.00	6.00	12.00	30.00
1889Zs Z	Inc. above	3.00	5.00	9.00	30.00
1890Zs Z Z Error	Inc. above	5.00	11.00	27.50	100
1890Zs ZsZ	410,000	3.00	5.00	9.00	30.00
1891Zs ZsZ Double s	Inc. above	4.00	6.00	11.00	30.00
1891Zs Z	1,105,000	3.00	5.00	9.00	30.00
1892Zs Z	1,102,000	3.00	5.00	9.00	30.00
1892Zs Z/G	—	4.00	6.00	11.00	30.00
1893/2Zs Z	—	4.00	6.00	12.00	40.00
1893Zs Z	1,010,999	3.00	5.00	9.00	25.00
1894Zs Z	892,000	3.00	5.00	9.00	30.00
1895Zs Z 9/5	—	4.00	6.00	12.00	30.00
1895Zs Z	920,000	3.00	5.00	9.00	30.00
1896/5Z S/O Z/G	—	4.00	6.00	12.00	30.00
1896/5Zs Z/G	—	3.00	5.00	9.00	30.00

Date	Mintage	F12	VF20	XF40	MS60
1896Zs Z/G	—	3.00	5.00	9.00	30.00
1896/5Zs ZsZ	700,000	3.00	5.00	9.00	30.00
1896Zs ZsZ	Inc. above	3.00	5.00	9.00	30.00
1896Zs Z Z Error	Inc. above	5.00	11.00	27.50	100
1897/6Zs Z Z Error	Inc. above	5.00	11.00	27.50	100
1897/6Zs ZsZ	900,000	4.00	7.00	12.00	30.00
1897Zs Z	Inc. above	3.00	5.00	9.00	30.00

KM# 404 2.71 g., 0.903 Silver, 0.0786 oz. ASW
Obv: Facing eagle, snake in beak **Rev:** Value within 1/2 wreath **Obv. Legend:** REPUBLICA MEXICANA **Mint:** Culiacan **Note:** Varieties exist.

Date	Mintage	F12	VF20	XF40	MS60	MS63
1898Cn M	9,870	50.00	100	200	500	—
1899Cn Q Oval Q, double tail	Inc. above	5.00	7.50	25.00	100	—
1899Cn Q Round Q, single tail	80,000	5.00	7.50	25.00	100	—
1900Cn Q	160,000	3.75	4.25	9.50	30.00	—
1901Cn Q	235,000	2.75	3.25	7.00	25.00	28.00
1902Cn Q	186,000	2.75	3.25	7.00	25.00	28.00
1903Cn Q	256,000	2.75	3.25	7.00	25.00	28.00
1903Cn V	Inc. above	2.75	3.25	7.00	25.00	28.00
1904Cn H	307,000	2.75	3.25	7.00	25.00	28.00

KM# 404.1 2.71 g., 0.903 Silver, 0.0786 oz. ASW
Obv: Facing eagle, snake in beak **Rev:** Value within 1/2 wreath **Mint:** Guanajuato

Date	Mintage	F12	VF20	XF40	MS60	MS63
1898Go R	435,000	3.00	4.50	9.00	20.00	—
1899Go R	270,000	3.00	4.50	9.00	25.00	—
1900Go R	130,000	7.50	12.50	25.00	60.00	—

KM# 404.2 2.71 g., 0.903 Silver, 0.0786 oz. ASW
Obv: Facing eagle, snake in beak **Rev:** Value within 1/2 wreath **Obv. Legend:** REPUBLICA MEXICANA **Mint:** Mexico City

Date	Mintage	F12	VF20	XF40	MS60	MS63
1898Mo M	130,000	3.75	6.00	10.00	27.50	—
1899Mo M	190,000	3.75	6.00	10.00	27.50	—
1900Mo M	311,000	3.75	6.00	10.00	27.50	—
1901Mo M	80,000	2.75	3.50	8.00	27.00	30.00
1902Mo M	181,000	2.75	3.50	8.00	25.00	28.00
1903Mo M	581,000	2.75	3.50	8.00	22.00	25.00
1904Mo MM (Error)	Inc. above	3.00	7.00	14.00	35.00	40.00
1904Mo M	1,266,000	2.75	3.50	9.00	22.00	25.00
1905Mo M	266,000	3.00	5.00	10.00	25.00	28.00

KM# 404.3 2.71 g., 0.902 Silver, 0.0785 oz. ASW
Obv: Facing eagle, snake in beak **Rev:** Value within 1/2 wreath **Mint:** Zacatecas

Date	Mintage	F12	VF20	XF40	MS60	MS63
1898Zs Z	240,000	3.75	6.00	15.00	30.00	—
1899Zs Z	105,000	3.75	6.00	18.00	35.00	—
1900Zs Z	219,000	10.00	14.00	27.50	60.00	—
1901Zs Z	70,000	3.00	7.00	18.00	45.00	60.00
1902Zs Z	120,000	3.00	7.00	14.00	30.00	35.00
1903Zs Z	228,000	2.75	4.00	12.00	25.00	28.00
1904Zs Z	368,000	2.75	4.00	12.00	25.00	28.00
1904Zs M	Inc. above	2.75	4.00	15.00	60.00	85.00
1905Zs M	66,000	10.00	27.50	70.00	200	275

20 CENTAVOS

KM# 405 5.42 g., 0.903 Silver, 0.1572 oz. ASW
Obv: Facing eagle, snake in beak **Rev:** Value
within 1/2 wreath **Mint:** Culiacan

Date	Mintage	F12	VF20	XF40	MS60	MS63
1898Cn M	114,000	5.50	11.50	36.00	145	—
1899Cn M	44,000	12.00	20.00	45.00	225	—
1899Cn Q	Inc. above	20.00	35.00	100	250	—
1900Cn Q	68,000	6.50	12.50	35.00	140	—
1901Cn Q	185,000	6.00	12.00	25.00	130	150
1902/802Cn Q	98,000	6.00	12.00	25.00	130	150
1902Cn Q	Inc. above	6.00	12.00	25.00	130	150
1903Cn Q	93,000	6.00	12.00	25.00	130	150
1904Cn H	258,000	6.00	12.00	25.00	130	150

KM# 405.1 5.42 g., 0.9027 Silver, 0.1572 oz. ASW
Obv: Facing eagle, snake in beak **Rev:** Value within
1/2 wreath **Obv. Legend:** REPUBLICA MEXICANA
Mint: Guanajuato

Date	Mintage	F12	VF20	XF40	MS60
1898Go R	135,000	7.00	12.00	25.00	115
1899Go R	215,000	7.00	12.00	25.00	115
1900/800Go R	38,000	12.00	22.00	65.00	265

KM# 405.2 5.42 g., 0.903 Silver, 0.1572 oz. ASW
Obv: Facing eagle, snake in beak **Rev:** Value within
1/2 wreath **Mint:** Mexico City **Note:** Varieties exist.

Date	Mintage	F12	VF20	XF40	MS60	MS63
1898Mo M	150,000	7.50	12.00	25.00	140	—
1899Mo M	425,000	7.50	12.00	25.00	140	—
1900/800Mo M	295,000	7.50	12.00	25.00	140	—
1901Mo M	110,000	6.00	12.00	25.00	110	125
1902Mo M	120,000	6.00	12.00	25.00	110	125
1903Mo M	213,000	6.00	12.00	25.00	110	125
1904Mo M	276,000	6.00	12.00	25.00	110	125
1905Mo M	117,000	6.00	20.00	45.00	160	190

KM# 405.3 5.42 g., 0.9027 Silver, 0.1572 oz. ASW
Obv: Facing eagle, snake in beak **Rev:** Value within
1/2 wreath **Obv. Legend:** REPUBLICA MEXICANA
Mint: Zacatecas

Date	Mintage	F12	VF20	XF40	MS60	MS63
1898Zs Z	195,000	8.00	14.00	30.00	115	—
1899Zs Z	210,000	8.00	14.00	30.00	115	—
1900/800Zs Z	97,000	8.00	14.00	50.00	215	—
1901Zs Z	Inc. above	6.00	12.00	25.00	130	150

Date	Mintage	F12	VF20	XF40	MS60	MS63
1901/0Zs Z	130,000	50.00	75.00	175	500	600
1902Zs Z	105,000	6.00	12.00	50.00	400	550
1903Zs Z	143,000	6.00	12.00	25.00	130	150
1904Zs Z	246,000	6.00	12.00	25.00	130	150
1904Zs M	Inc. above	6.00	15.00	40.00	300	350
1904/804Zs	—	20.00	50.00	125	350	500
1905Zs M	59,000	12.00	85.00	125	1,100	1,400

25 CENTAVOS

KM# 406 6.77 g., 0.903 Silver, 0.1965 oz. ASW
Obv: Facing eagle, snake in beak **Rev:** Radiant
cap above scales **Mint:** Alamos **Note:** Mint mark A,
As.

Date	Mintage	F12	VF20	XF40	MS60	MS63
1874 L	—	20.00	40.00	90.00	200	—
1875 L	—	15.00	30.00	70.00	200	—
1876 L	—	30.00	50.00	100	200	—
1877 L	11,000	200	300	500	—	—
1877.	Inc. above	10.00	25.00	60.00	200	—
1878 L	25,000	10.00	25.00	60.00	200	—
1879 L	—	10.00	25.00	60.00	200	—
1880 L	—	10.00	25.00	60.00	200	—
1880. L	—	10.00	25.00	60.00	200	—
1881 L	8,800	500	700	—	—	—
1882 L	7,777	15.00	35.00	80.00	200	—
1883 L	28,000	10.00	25.00	60.00	200	—
1884 L	—	10.00	25.00	60.00	200	—
1885 L	—	20.00	40.00	90.00	200	—
1886 L	46,000	15.00	30.00	70.00	200	—
1887 L	12,000	12.50	27.50	65.00	200	—
1888 L	20,000	12.50	27.50	65.00	200	—
1889 L	14,000	12.50	27.50	65.00	200	—
1890 L	23,000	10.00	25.00	60.00	200	—

KM# 406.1 6.77 g., 0.903 Silver, 0.1965 oz. ASW
Obv: Facing eagle, snake in beak **Rev:** Radiant
cap above scales **Mint:** Chihuahua **Note:** Mint mark
CA, CH, Ca.

Date	Mintage	F12	VF20	XF40	MS60
1871 M	18,000	25.00	50.00	100	200
1872 M Very crude date	24,000	50.00	100	150	300
1883 M	12,000	10.00	25.00	50.00	175
1885/3 M	35,000	10.00	25.00	50.00	175
1885 M	Inc. above	10.00	25.00	50.00	175
1886 M	22,000	10.00	25.00	50.00	175
1887/6 M	26,000	10.00	15.00	30.00	175
1887 M	Inc. above	10.00	15.00	30.00	175
1888 M	14,000	10.00	25.00	50.00	175
1889 M	50,000	10.00	15.00	30.00	175

KM# 406.2 6.77 g., 0.903 Silver, 0.1965 oz. ASW
Obv: Facing eagle, snake in beak **Rev:** Radiant
cap above scales **Mint:** Culiacan

Date	Mintage	F12	VF20	XF40	MS60
1871Cn P	—	250	500	750	—
1872Cn P	2,780	300	550	800	—
1873Cn P	20,000	100	150	250	500
1874Cn P	—	20.00	50.00	125	250
1875Cn P	—	250	500	750	—
1876Cn P Rare	—	—	—	—	—

Date	Mintage	F12	VF20	XF40	MS60
1878/7Cn D/S	—	100	150	250	500
1878Cn Cn/Go D/S	—	100	150	250	500
1878Cn D	—	100	150	250	500
1879Cn D	—	15.00	35.00	70.00	175
1880Cn D	—	250	500	750	—
1881/0Cn D	18,000	15.00	30.00	60.00	175
1882Cn D	—	200	350	600	—
1882Cn M Rare	—	—	—	—	—
1883Cn M	15,000	50.00	100	150	300
1884Cn M	—	20.00	40.00	80.00	175
1885/4Cn M	19,000	20.00	40.00	80.00	175
1886Cn M	22,000	12.50	20.00	50.00	175
1887Cn M	32,000	12.50	20.00	50.00	175
1888Cn M	86,000	8.00	15.00	30.00	175
1888Cn M Cn/Mo	—	—	—	—	—
1889Cn M	50,000	10.00	25.00	50.00	175
1890Cn M 9/8	—	9.00	17.50	40.00	175
1890Cn M	91,000	9.00	17.50	40.00	175
1892/0Cn M	16,000	20.00	40.00	80.00	200
1892Cn M	Inc. above	20.00	40.00	80.00	200

KM# 406.3 6.77 g., 0.903 Silver, 0.1965 oz. ASW
Obv: Facing eagle, snake in beak **Rev:** Radiant cap above scales **Mint:** Durango

Date	Mintage	F12	VF20	XF40	MS60
1873Do P Rare	892	—	—	—	—
1877Do P	—	25.00	50.00	100	200
1878/7Do E	—	250	500	750	—
1878Do B Rare	—	—	—	—	—
1879Do B	—	50.00	75.00	125	250
1880Do B Rare	—	—	—	—	—
1882Do C	17,000	25.00	50.00	100	225
1884/3Do C	—	25.00	50.00	100	200
1885Do C	15,000	20.00	40.00	80.00	200
1885Do C/S	—	20.00	40.00	80.00	200
1886Do C	33,000	15.00	30.00	60.00	200
1887Do C	27,000	10.00	20.00	50.00	200
1888Do C	25,000	10.00	20.00	50.00	200
1889Do C	29,000	10.00	20.00	50.00	200
1890Do C	68,000	8.00	15.00	40.00	200

KM# 406.4 6.77 g., 0.903 Silver, 0.1965 oz. ASW
Obv: Facing eagle, snake in beak **Rev:** Radiant cap above scales **Mint:** Guadalajara

Date	Mintage	F12	VF20	XF40	MS60
1880Ga A	38,000	25.00	50.00	100	200
1881/0Ga S	39,000	25.00	50.00	100	200
1881Ga S	Inc. above	25.00	50.00	100	200
1882Ga S	18,000	25.00	50.00	100	200
1883/2Ga B/S	—	50.00	100	150	300
1884Ga B	—	20.00	40.00	80.00	150
1889Ga S	30,000	20.00	40.00	80.00	150

KM# 406.5 6.77 g., 0.903 Silver, 0.1965 oz. ASW
Obv: Facing eagle, snake in beak **Rev:** Radiant cap above scales **Mint:** Guanajuato **Note:** Varieties exist.

Date	Mintage	F12	VF20	XF40	MS60
1870Go S	128,000	10.00	20.00	50.00	125
1871Go S	172,000	10.00	20.00	50.00	125
1872/1Go S	178,000	10.00	20.00	50.00	125
1872Go S	Inc. above	10.00	20.00	50.00	125
1873Go S	120,000	10.00	20.00	50.00	125
1874Go S	—	15.00	30.00	60.00	150
1875/4Go S	—	15.00	30.00	60.00	150
1875Go S	—	10.00	20.00	50.00	125
1876Go S	—	20.00	40.00	80.00	175
1877Go S	124,000	10.00	20.00	50.00	125
1878Go S	146,000	10.00	20.00	50.00	125
1879Go S	—	10.00	20.00	50.00	125
1880Go S	—	20.00	40.00	80.00	175
1881Go S	408,000	9.00	17.50	45.00	125
1882Go S	204,000	9.00	17.50	45.00	125

Date	Mintage	F12	VF20	XF40	MS60
1883Go B	168,000	9.00	17.50	45.00	125
1884/69Go B	—	9.00	17.50	45.00	125
1884/3Go B	—	9.00	17.50	45.00	125
1884/3Go B/R	—	9.00	17.50	45.00	125
1884Go B	—	9.00	17.50	45.00	125
1885/65Go R	300,000	9.00	17.50	45.00	125
1885/69Go R	Inc. above	9.00	17.50	45.00	125
1885Go R	Inc. above	9.00	17.50	45.00	125
1886/65Go R	—	9.00	17.50	45.00	125
1886/66Go R	322,000	9.00	17.50	45.00	125
1886/69Go R/S	Inc. above	9.00	17.50	45.00	125
1886/5/69Go R	Inc. above	9.00	15.00	45.00	125
1886Go R	Inc. above	9.00	15.00	45.00	125
1887Go R	254,000	9.00	15.00	45.00	125
1887Go/Cn R/D	Inc. above	9.00	15.00	45.00	125
1888Go R	312,000	8.00	15.00	45.00	125
1889/8Go R RS inverted B	—	—	—	—	—
1889/8Go R	304,000	8.00	15.00	45.00	125
1889/8Go/Cn R/D	Inc. above	8.00	15.00	45.00	125
1889Go R	Inc. above	8.00	15.00	45.00	125
1890Go R	236,000	8.00	15.00	45.00	125

KM# 406.6 6.77 g., 0.903 Silver, 0.1965 oz. ASW
Obv: Facing eagle, snake in beak **Rev:** Radiant cap above scales **Mint:** Hermosillo **Note:** Varieties exist.

Date	Mintage	F12	VF20	XF40	MS60
1874/64Ho R	Inc. above	10.00	20.00	40.00	125
1874/69Ho R	—	10.00	20.00	40.00	125
1874Ho R	23,000	10.00	20.00	40.00	125
1875Ho R Rare	—	—	—	—	—
1876/4Ho F/R	34,000	10.00	20.00	50.00	150
1876Ho F/R	Inc. above	10.00	25.00	60.00	150
1876Ho F	Inc. above	10.00	25.00	55.00	135
1877Ho F	—	10.00	20.00	50.00	125
1878Ho A	23,000	10.00	20.00	50.00	125
1879Ho A	—	10.00	20.00	50.00	125
1880Ho A	—	15.00	30.00	60.00	125
1881Ho A	19,000	15.00	30.00	60.00	125
1882Ho A	8,120	20.00	40.00	80.00	150
1883Ho M	2,000	100	200	300	600
1884Ho M	—	12.50	25.00	50.00	150
1885Ho M	—	10.00	20.00	50.00	125
1886Ho G	6,400	30.00	60.00	125	250
1887Ho G	12,000	10.00	20.00	40.00	125
1888Ho G	20,000	10.00	20.00	40.00	125
1889Ho G	28,000	10.00	20.00	40.00	125
1890/80Ho G	18,000	25.00	50.00	100	125
1890Ho G	Inc. above	25.00	50.00	100	125

KM# 406.7 6.77 g., 0.9027 Silver, 0.1964 oz. ASW
Obv: Facing eagle, snake in beak **Rev:** Radiant

cap above scales **Obv. Legend:** REPUBLICA MEXICANA **Mint:** Mexico City **Note:** Varieties exist.

Date	Mintage	F12	VF20	XF40	MS60
1869Mo C	76,000	10.00	25.00	50.00	125
1870/69Mo C	—	6.50	12.00	30.00	125
1870/9Mo C	136,000	6.50	12.00	30.00	125
1870Mo C	Inc. above	6.50	12.00	30.00	125
1871Mo M	138,000	6.50	12.00	30.00	125
1872Mo M	220,000	6.50	12.00	30.00	125
1873/1Mo M	48,000	10.00	25.00	50.00	125
1873Mo M	Inc. above	10.00	25.00	50.00	125
1874/69Mo B/M	—	10.00	25.00	50.00	125
1874/3Mo M	—	10.00	25.00	50.00	125
1874/3Mo B	—	10.00	25.00	50.00	125
1874/3Mo B/M	—	10.00	25.00	50.00	125
1874Mo M	—	6.50	12.00	30.00	125
1874Mo B/M	—	10.00	25.00	50.00	125
1875Mo B	—	6.50	12.00	30.00	125
1876/5Mo B	—	8.00	15.00	40.00	125
1876Mo B	—	6.50	12.00	30.00	125
1877Mo M	56,000	10.00	25.00	50.00	125
1878/1Mo M	120,000	10.00	25.00	50.00	125
1878/7Mo M	Inc. above	10.00	25.00	50.00	125
1878Mo M	Inc. above	6.50	12.00	30.00	125
1879Mo M	—	10.00	20.00	40.00	125
1880Mo M	—	8.00	15.00	35.00	125
1881/0Mo M	300,000	10.00	25.00	50.00	125
1881Mo M	Inc. above	10.00	25.00	50.00	125
1882Mo M	212,000	8.00	15.00	35.00	125
1883Mo M	108,000	8.00	15.00	35.00	125
1884/3Mo M	—	10.00	25.00	50.00	125
1884Mo M	—	10.00	20.00	40.00	125
1885Mo M	216,000	10.00	20.00	40.00	125
1886/5Mo M	436,000	8.00	15.00	35.00	125
1886Mo M	Inc. above	8.00	15.00	35.00	125
1887Mo M	376,000	8.00	15.00	35.00	125
1888Mo M	192,000	8.00	15.00	35.00	125
1889Mo M	132,000	8.00	15.00	35.00	125
1890Mo M	60,000	10.00	20.00	40.00	125

KM# 406.8 6.77 g., 0.903 Silver, 0.1965 oz. ASW **Obv:** Facing eagle, snake in beak **Rev:** Radiant cap above scales **Mint:** San Luis Potosi **Note:** Varieties exist.

Date	Mintage	F12	VF20	XF40	MS60
1869Pi S	—	25.00	75.00	150	300
1870Pi G	50,000	10.00	30.00	75.00	150
1870Pi O	Inc. above	15.00	35.00	85.00	175
1871Pi O	30,000	10.00	30.00	75.00	150
1872Pi O	46,000	10.00	30.00	75.00	150
1873Pi O	13,000	15.00	40.00	90.00	175
1874Pi H	—	15.00	40.00	90.00	200
1875Pi H	—	10.00	20.00	60.00	150
1876/5Pi H	—	15.00	30.00	80.00	175
1876Pi H	—	10.00	25.00	65.00	150
1877Pi H	19,000	10.00	25.00	65.00	150
1878Pi H	—	15.00	30.00	60.00	150
1879/8Pi H	—	10.00	25.00	60.00	150
1879Pi H	—	10.00	25.00	60.00	150
1879Pi E	—	100	200	300	600
1880Pi H	—	20.00	40.00	100	200
1880Pi H/M	—	20.00	40.00	100	200
1881Pi H	50,000	20.00	40.00	80.00	175
1881Pi E Rare	Inc. above	—	—	—	—
1882Pi H	20,000	10.00	20.00	60.00	150
1883Pi H	17,000	10.00	25.00	65.00	150
1884Pi H	—	10.00	25.00	65.00	150
1885/4Pi H	—	10.00	20.00	60.00	150
1885Pi H	43,000	10.00	20.00	60.00	150
1886Pi C	78,000	10.00	25.00	65.00	150
1886Pi R	Inc. above	9.00	20.00	50.00	150

Date	Mintage	F12	VF20	XF40	MS60
1886Pi R 6/ inverted 6	Inc. above	9.00	20.00	50.00	150
1887Pi/ZsR	92,000	9.00	20.00	50.00	150
1887Pi/ZsB	Inc. above	100	150	300	500
1887Pi R	—	9.00	20.00	50.00	150
1888Pi R	106,000	9.00	20.00	50.00	150
1888Pi/ZsR	Inc. above	10.00	20.00	50.00	150
1888Pi R/B	Inc. above	10.00	20.00	50.00	150
1889Pi R	115,000	8.00	15.00	40.00	150
1889Pi/ZsR	Inc. above	10.00	20.00	50.00	150
1889Pi R/B	Inc. above	10.00	20.00	50.00	150
1890Pi R	64,000	10.00	20.00	50.00	150
1890Pi/ZsR/B	Inc. above	8.00	15.00	40.00	150
1890Pi R	Inc. above	10.00	20.00	50.00	150

KM# 406.9 6.77 g., 0.903 Silver, 0.1965 oz. ASW **Obv:** Facing eagle, snake in beak **Rev:** Radiant cap above scales **Mint:** Zacatecas **Note:** Varieties exist.

Date	Mintage	F12	VF20	XF40	MS60
1870Zs H	152,000	8.00	15.00	50.00	125
1871Zs H	250,000	8.00	15.00	50.00	125
1872Zs H	260,000	8.00	15.00	50.00	125
1872Zs/Cn H	—	—	—	—	—
1872Zs H	—	—	—	—	—
1873Zs H	132,000	8.00	15.00	50.00	125
1874Zs H	—	10.00	20.00	60.00	125
1874Zs A	—	10.00	20.00	60.00	125
1875Zs A	—	9.00	20.00	60.00	125
1876Zs A	—	8.00	15.00	50.00	125
1876Zs S	—	8.00	15.00	50.00	125
1877Zs S	350,000	8.00	15.00	50.00	125
1878Zs S	252,000	8.00	15.00	50.00	125
1878/7Zs S	—	9.00	20.00	60.00	125
1878/1Zs S	—	9.00	20.00	60.00	125
1879Zs S	—	8.00	15.00	50.00	125
1880Zs S	—	8.00	15.00	50.00	125
1881/0Zs S	570,000	8.00	15.00	50.00	125
1881Zs S	Inc. above	8.00	15.00	50.00	125
1882/1Zs S	300,000	10.00	17.50	55.00	125
1882Zs S	Inc. above	8.00	15.00	50.00	125
1883/2Zs S	193,000	10.00	17.50	55.00	125
1883Zs S	Inc. above	8.00	15.00	50.00	125
1884/3Zs S	—	10.00	17.50	55.00	125
1884Zs S	—	8.00	15.00	50.00	125
1885Zs S	309,000	8.00	15.00	50.00	125
1886/2Zs S	—	10.00	17.50	55.00	125
1886/5Zs S	613,000	8.00	15.00	50.00	125
1886Zs S	Inc. above	8.00	15.00	50.00	125
1886Zs Z	Inc. above	8.00	15.00	55.00	125
1887Zs Z	389,000	8.00	15.00	50.00	125
1888Zs Z	408,000	8.00	15.00	50.00	125
1889Zs Z	400,000	8.00	15.00	50.00	125
1890Zs Z	269,000	8.00	15.00	50.00	125

50 CENTAVOS

KM# 407 13.54 g., 0.903 Silver, 0.393 oz. ASW **Obv:** Facing eagle, snake in beak **Rev:** Radiant cap above scales **Mint:** Alamos **Note:** Mint mark A, As.

Date	Mintage	F12	VF20	XF40	MS60	MS63
1875 L	—	14.00	27.50	75.00	400	—
1876/5 L	—	27.50	50.00	125	450	—
1876 L	—	14.00	27.50	75.00	400	—
1876. L	—	14.00	27.50	75.00	400	—
1877 L	26,000	17.00	32.00	90.00	450	—
1878 L	—	14.00	27.50	75.00	400	—
1879 L	—	27.50	52.00	125	450	—
1880 L	57,000	14.00	27.50	75.00	400	—
1881 L	18,000	17.00	32.00	85.00	450	—

Date	Mintage	F12	VF20	XF40	MS60	MS63
1884 L	6,286	65.00	120	250	650	—
1885As/HoL	21,000	17.00	37.00	95.00	450	—
1888 L	—	4,000	5,000	7,000	—	—

KM# 407.1 13.54 g., 0.903 Silver, 0.393 oz. ASW
Obv: Facing eagle, snake in beak **Mint:** Chihuahua **Note:** Mint mark Ca, CHa.

Date	Mintage	F12	VF20	XF40	MS60	MS63
1883 M	12,000	32.00	62.00	130	500	—
1884 M	—	27.50	52.00	130	500	—
1885 M	13,000	17.00	37.00	95.00	400	—
1886 M	18,000	22.50	42.00	105	450	—
1887 M	26,000	27.50	67.00	155	500	—

KM# 407.2 13.54 g., 0.903 Silver, 0.393 oz. ASW
Obv: Facing eagle, snake in beak **Rev:** Radiant cap above scales **Obv. Legend:** REPUBLICA MEXICANA **Mint:** Culiacan

Date	Mintage	F12	VF20	XF40	MS60
1871Cn P	—	400	550	750	1,500
1873Cn P	—	400	550	750	1,500
1874Cn P	—	200	300	500	1,000
1875/4Cn P	—	22.50	42.00	80.00	450
1875Cn P	—	14.00	27.50	55.00	450
1876Cn P	—	17.00	32.00	65.00	450
1877/6Cn G	—	17.00	32.00	65.00	450
1877Cn G	—	14.00	27.50	55.00	450
1878Cn G	18,000	22.50	42.00	80.00	450
1878Cn/Mo D	Inc. above	32.00	62.00	105	450
1878Cn D	Inc. above	17.00	37.00	80.00	450
1879Cn D	—	14.00	27.50	55.00	450
1879Cn D/G	—	14.00	27.50	55.00	450
1880/8Cn D	—	17.00	32.00	65.00	450
1880Cn D	—	17.00	32.00	65.00	450
1881/0Cn D	188,000	17.00	32.00	65.00	450
1881Cn D	Inc. above	17.00	32.00	65.00	450
1881Cn G	Inc. above	125	175	275	550
1882Cn D	—	175	300	500	2,000
1882Gn G	—	100	250	300	1,000
1883 D	19,000	27.50	82.00	110	500
1885Cn M/M/G	—	32.00	62.00	110	500
1885/3Cn M/H	9,254	32.00	62.00	110	500
1886Cn M/G	7,030	50.00	100	300	1,500
1886Cn M	Inc. above	42.00	82.00	160	800
1887Cn M	76,000	22.50	42.00	110	450
1888Cn M	—	4,000	6,000	—	—
1892Cn M	8,200	42.00	82.00	155	650

KM# 407.3 13.54 g., 0.903 Silver, 0.393 oz. ASW
Obv: Facing eagle, snake in beak **Rev:** Radiant cap above scales **Obv. Legend:** REPUBLICA MEXICANA **Mint:** Durango

Date	Mintage	F12	VF20	XF40	MS60
1871Do P Rare	591	—	—	—	—
1873Do P	4,010	150	250	500	1,250
1873Do M/P	Inc. above	150	250	500	1,250
1874Do M	—	22.50	42.00	180	750
1875Do M	—	22.50	42.00	85.00	350
1875Do H	—	150	250	450	1,000
1876/5Do M	—	37.00	72.00	155	500
1876Do M	—	37.00	72.00	155	500
1877Do P	2,000	32.00	47.00	155	1,250
1878Do B Rare	—	—	—	—	—
1879Do B Rare	—	—	—	—	—
1880Do P	—	32.00	62.00	130	500
1881Do P	10,000	42.00	82.00	155	550
1882Do C	8,957	32.00	77.00	205	800
1884/2Do C	—	22.50	52.00	130	600
1884Do C	—	—	—	—	—
1885Do B	—	17.00	42.00	110	500
1885Do B/P	—	17.00	42.00	110	500
1886Do C	16,000	17.00	42.00	110	500
1887Do C	—	17.00	42.00	110	500
1887Do/Mo C	28,000	17.00	42.00	110	500

KM# 407.4 13.54 g., 0.903 Silver, 0.393 oz. ASW
Obv: Facing eagle, snake in beak **Rev:** Radiant cap above scales **Mint:** Guanajuato **Note:** Struck at Guanajuato Mint, mitn mark Go. Varieties exist.

Date	Mintage	F12	VF20	XF40	MS60
1869Go S	—	17.00	37.00	80.00	550
1870Go S	166,000	14.00	27.50	55.00	450
1871Go S	148,000	14.00	27.50	55.00	450
1872/1Go S	144,000	17.00	32.00	65.00	500
1872Go S	Inc. above	14.00	27.50	55.00	450
1873Go S	50,000	14.00	27.50	55.00	450
1874Go S	—	14.00	27.50	55.00	450
1875Go S	—	17.00	37.00	80.00	450
1876/5Go S	—	14.00	27.50	55.00	450
1877Go S	76,000	14.00	27.50	65.00	450
1878Go S	37,000	17.00	32.00	80.00	550
1879/8Go S	—	17.00	32.00	65.00	500
1879Go S	—	14.00	27.50	55.00	450
1880Go S	—	14.00	27.50	55.00	450
1881/79Go S	32,000	17.00	32.00	65.00	500
1881Go S	Inc. above	14.00	27.50	55.00	450
1882Go S	18,000	14.00	27.50	55.00	450
1883/2Go B/S	—	17.00	32.00	65.00	500
1883Go B	—	14.00	27.50	55.00	450
1883Go S Rare	—	—	—	—	—
1884Go B/S	—	17.00	32.00	65.00	500
1885/4Go R/B	—	17.00	32.00	65.00	500
1885Go R	53,000	14.00	27.50	55.00	450
1886/5Go R/B	59,000	17.00	32.00	65.00	500
1886/5Go R/S	Inc. above	22.50	42.00	80.00	500
1886Go R	Inc. above	22.50	42.00	80.00	450
1887Go R	18,000	22.50	42.00	80.00	550
1888Go R 1 known; Rare	—	—	—	—	—

KM# 407.5 13.54 g., 0.903 Silver, 0.393 oz. ASW
Obv: Facing eagle, snake in beak **Rev:** Radiant cap above scales **Mint:** Hermosillo **Note:** With and without dot after 50 of denomination, in medal and coin alignment.

Date	Mintage	F12	VF20	XF40	MS60
1874Ho R	—	22.50	42.00	110	600
1875/4Ho R	—	22.50	52.00	135	600
1875Ho R	—	22.50	52.00	135	600
1876/5Ho F/R	—	17.00	37.00	110	550

Date	Mintage	F12	VF20	XF40	MS60
1876Ho F	—	17.00	37.00	110	550
1877Ho F	—	52.00	77.00	160	650
1880/70Ho A	—	17.00	37.00	110	550
1880Ho A	—	17.00	37.00	110	550
1881Ho A	13,000	17.00	37.00	110	550
1882Ho A	—	75.00	150	250	750
1888Ho G	—	2,000	3,000	6,000	—
1894Ho G	59,000	17.00	32.00	110	450
1895Ho G	8,000	250	350	700	1,500

KM# 407.6 13.54 g., 0.9027 Silver, 0.3928 oz. ASW **Obv:** Facing eagle, snake in beak **Rev:** Radiant cap above scales **Obv. Legend:** REPUBLICA MEXICANA **Mint:** Mexico City

Date	Mintage	F12	VF20	XF40	MS60
1869Mo C	46,000	17.00	37.00	100	600
1870Mo C	52,000	17.00	32.00	95.00	550
1871Mo C	14,000	42.00	77.00	155	650
1871Mo M/C	Inc. above	37.00	77.00	155	600
1872/1Mo M	60,000	37.00	77.00	155	550
1872Mo M	Inc. above	37.00	77.00	155	550
1873Mo M	6,000	37.00	77.00	155	600
1874/3Mo M	—	200	400	600	1,250
1874/2Mo B	—	17.00	32.00	80.00	500
1874/2Mo B/M	—	17.00	32.00	80.00	500
1874/3Mo B/M	—	17.00	32.00	80.00	500
1874Mo B	—	17.00	32.00	80.00	500
1875Mo B	—	17.00	32.00	80.00	550
1876Mo B	—	14.00	27.50	80.00	500
1876/5Mo B	—	17.00	32.00	80.00	500
1877Mo M	—	17.00	32.00	95.00	500
1877/2Mo M	—	22.50	42.00	105	550
1878Mo M	Inc. above	17.00	37.00	105	550
1878/7Mo M	8,000	27.50	52.00	130	600
1879Mo M	—	27.50	52.00	130	550
1880Mo M	—	100	150	250	750
1881Mo M	16,000	27.50	52.00	130	600
1881/0Mo M	—	32.00	52.00	130	600
1882/1Mo M	2,000	32.00	62.00	155	750
1883/2Mo M	4,000	150	225	350	1,000
1884Mo M	—	150	225	350	1,000
1885Mo M	12,000	32.00	62.00	155	600
1886/5Mo M	66,000	17.00	37.00	95.00	475
1886Mo M	Inc. above	14.00	27.50	80.00	450
1887Mo M	Inc. above	17.00	37.00	80.00	475
1887/6Mo M	88,000	17.00	37.00	95.00	475
1888Mo M	—	3,000	4,000	6,000	—

KM# 407.7 13.54 g., 0.903 Silver, 0.393 oz. ASW **Obv:** Facing eagle, snake in beak **Rev:** Radiant cap above scales **Mint:** San Luis Potosi

Date	Mintage	F12	VF20	XF40	MS60
1870Pi G	Inc. above	22.50	42.00	105	450
1870/780Pi G	50,000	27.50	47.00	115	500
1870Pi O	Inc. above	22.50	42.00	105	450
1871Pi O	—	17.00	32.00	85.00	400
1871Pi O/G	64,000	17.00	32.00	85.00	400
1872Pi O	52,000	17.00	32.00	85.00	400
1872Pi O/G	Inc. above	17.00	32.00	85.00	400

Date	Mintage	F12	VF20	XF40	MS60
1873Pi O	32,000	22.50	42.00	105	450
1873Pi H	Inc. above	27.50	52.00	130	550
1874Pi H/O	—	17.00	32.00	85.00	500
1875/3Pi H	—	17.00	32.00	85.00	400
1875Pi H	—	17.00	32.00	85.00	400
1876Pi H	—	32.00	62.00	155	700
1877Pi H	34,000	22.50	42.00	105	450
1878Pi H	9,700	22.50	42.00	105	450
1879/7Pi H	—	17.00	37.00	95.00	450
1879Pi H	—	17.00	37.00	95.00	400
1880Pi H	—	22.50	42.00	105	450
1881Pi H	28,000	22.50	42.00	105	450
1882Pi H	22,000	17.00	32.00	85.00	400
1883Pi H 8/8	29,000	50.00	100	200	750
1883Pi H	Inc. above	17.00	32.00	85.00	400
1884Pi H	—	50.00	100	175	600
1885/3Pi H	—	22.50	42.00	105	450
1885/0Pi H	45,000	22.50	42.00	105	450
1885/4Pi H	Inc. above	22.50	42.00	105	450
1885Pi H	Inc. above	27.50	52.00	130	450
1885Pi C	Inc. above	17.00	32.00	85.00	400
1886/1Pi R	92,000	50.00	100	175	600
1886/1Pi C	—	27.50	42.00	105	450
1886Pi C	Inc. above	17.00	32.00	85.00	400
1886Pi R	Inc. above	17.00	32.00	85.00	400
1887Pi R	32,000	17.00	32.00	95.00	450

KM# 407.8 13.54 g., 0.903 Silver, 0.393 oz. ASW **Obv:** Facing eagle, snake in beak **Rev:** Radiant cap above scales **Mint:** Zacatecas **Note:** Varieties exist.

Date	Mintage	F12	VF20	XF40	MS60
1870Zs H	86,000	14.00	27.50	65.00	450
1871Zs H	146,000	14.00	27.50	55.00	400
1872Zs H	132,000	14.00	27.50	55.00	400
1873Zs H	56,000	14.00	27.50	55.00	400
1874Zs A Rare	—	—	—	—	—
1874Zs H	—	14.00	27.50	55.00	400
1875Zs A	—	14.00	27.50	55.00	400
1876Zs S	—	100	200	350	750
1876/5Zs A	—	17.00	32.00	65.00	450
1876Zs A	—	14.00	27.50	55.00	400
1877Zs S	100,000	14.00	27.50	55.00	400
1878/7Zs S	254,000	17.00	32.00	65.00	450
1878Zs S	Inc. above	17.00	32.00	65.00	400
1879Zs S	—	14.00	27.50	55.00	400
1880Zs S	—	14.00	27.50	55.00	400
1881Zs S	201,000	14.00	27.50	55.00	400
1882/1Zs S	2,000	60.00	110	260	660
1882Zs S	Inc. above	60.00	110	260	660
1883Zs S	Inc. above	27.50	52.00	105	450
1883Zs/Za S	31,000	32.00	62.00	105	450
1884/3Zs S	—	17.00	32.00	65.00	450
1884Zs S	—	14.00	27.50	55.00	400
1885Zs S	Inc. above	27.50	52.00	130	450
1885/4Zs S	2,000	27.50	52.00	130	450
1886Zs Z	2,000	150	275	400	1,000
1887Zs Z	63,000	32.00	62.00	130	450

PESO

KM# 408 27.07 g., 0.903 Silver, 0.786 oz. ASW **Obv:** Facing eagle, snake in beak **Rev:** Radiant cap above scales **Mint:** Chihuahua

Date	Mintage	F12	VF20	XF40	MS60
1872CH P/M	747,000	750	1,500	3,500	—
1872CH P	Inc. above	350	700	1,500	—
1872/1CH M	Inc. above	35.00	55.00	100	525
1872CH M	Inc. above	27.50	38.50	70.00	325
1873CH M	320,000	30.00	44.00	85.00	350
1873CH M/P	Inc. above	35.00	55.00	100	450

KM# 408.1 27.07 g., 0.903 Silver, 0.786 oz. ASW **Obv:** Facing eagle, snake in beak **Rev:** Radiant cap above scales **Mint:** Culiacan

Date	Mintage	F12	VF20	XF40	MS60
1870Cn E	—	49.50	95.00	185	650
1871/11Cn P	478,000	33.00	55.00	125	575
1871Cn P	Inc. above	27.50	49.50	95.00	400
1872/1Cn P	—	27.50	49.50	95.00	400
1872Cn P	209,000	27.50	49.50	95.00	400
1873Cn P Narrow date	527,000	27.50	49.50	95.00	400
1873Cn P Wide date	Inc. above	27.50	49.50	95.00	400

KM# 408.2 27.07 g., 0.9027 Silver, 0.7857 oz. ASW **Obv:** Facing eagle, snake in beak **Rev:** Radiant cap above scales **Obv. Legend:** REPUBLICA MEXICANA **Mint:** Durango

Date	Mintage	F12	VF20	XF40	MS60
1870Do P	—	60.00	115	215	575
1871Do P	427,000	35.00	65.00	100	400
1872Do P	296,000	30.00	50.00	100	450
1872Do PT	Inc. above	110	195	300	1,100
1873Do P	203,000	35.00	60.00	115	450

KM# 408.3 27.07 g., 0.903 Silver, 0.786 oz. ASW **Obv:** Facing eagle, snake in beak **Rev:** Radiant cap above scales **Obv. Legend:** REPUBLICA MEXICANA **Mint:** Guadalajara

Date	Mintage	F12	VF20	XF40	MS60
1870Ga C	—	850	1,100	—	—
1871Ga C	829,000	37.00	85.00	175	775
1872Ga C	485,000	50.00	110	220	850
1873/2Ga C	277,000	50.00	110	220	900
1873Ga C	Inc. above	37.00	85.00	175	775

KM# 408.4 27.07 g., 0.9027 Silver, 0.7857 oz. ASW **Obv:** Facing eagle, snake in beak **Rev:** Radiant cap above scales **Obv. Legend:** REPUBLICA MEXICANA **Mint:** Guanajuato

Date	Mintage	F12	VF20	XF40	MS60
1871/0Go S	3,946,000	35.00	60.00	115	450
1871/3Go S	Inc. above	26.00	44.00	90.00	350
1871Go S	Inc. above	14.00	27.50	55.00	285
1872Go S	4,067,000	14.00	27.50	55.00	325
1873/2Go S	1,560,000	26.00	33.00	65.00	325
1873Go S	Inc. above	14.00	27.50	60.00	325
1873Go/ Mo/S/M	Inc. above	14.00	27.50	60.00	325

KM# 408.5 27.07 g., 0.903 Silver, 0.786 oz. ASW **Obv:** Facing eagle, snake in beak **Rev:** Radiant cap above scales **Mint:** Mexico City

Date	Mintage	F12	VF20	XF40	MS60
1869Mo C	—	50.00	90.00	180	775
1870Mo M/C	Inc. above	30.00	47.25	100	400
1870/69Mo C	5,115,000	27.50	42.00	85.00	350
1870Mo C	Inc. above	26.00	36.00	65.00	325

Date	Mintage	F12	VF20	XF40	MS60
1870Mo M	Inc. above	30.00	47.25	100	400
1871/0Mo M	6,974,000	27.50	42.00	85.00	350
1871Mo M	Inc. above	26.00	36.00	65.00	325
1872/1Mo M	—	27.50	41.50	80.00	350
1872/1Mo M/C	4,801,000	27.50	41.50	80.00	350
1872Mo M	Inc. above	26.00	36.00	65.00	325
1873Mo M	1,765,000	26.00	36.00	65.00	325

Note: The 1869 C with large LEY on the scroll
is a pattern

KM# 408.6 27.07 g., 0.903 Silver, 0.786 oz. ASW
Obv: Facing eagle, snake in beak **Rev:** Radiant
cap above scales **Obv. Legend:** REPUBLICA
MEXICANA **Mint:** Oaxaca

Date	Mintage	F12	VF20	XF40	MS60
1869Oa E	—	300	450	725	2,600
1870Oa E Small A	Inc. above	26.00	44.00	100	525
1870OA E Large A	Inc. above	110	165	350	1,150
1871/69Oa E	140,000	42.00	65.00	160	725
1871Oa E Small A	Inc. above	27.50	44.00	85.00	400
1871Oa E Large A	Inc. above	27.50	44.00	100	525
1872Oa E Small A	180,000	27.50	44.00	100	525
1872Oa E Large A	Inc. above	60.00	110	240	575
1873Oa E	105,000	27.50	44.00	100	450

KM# 408.7 27.07 g., 0.903 Silver, 0.786 oz. ASW
Obv: Facing eagle, snake in beak **Rev:** Radiant
cap above scales **Mint:** San Luis Potosi **Note:**
Varieties exist.

Date	Mintage	F12	VF20	XF40	MS60
1870Pi S	1,967,000	220	375	600	1,300
1870Pi S/A	Inc. above	220	375	650	1,550
1870Pi G	Inc. above	37.00	55.00	100	725
1870Pi H	Inc. above	—	—	—	—
Note: Contemporary counterfeits					
1870Pi O/G	Inc. above	37.00	55.00	100	725
1870Pi O	Inc. above	30.00	44.00	130	525
1871/69Pi O	2,103,000	90.00	120	265	650
1871Pi O/G	Inc. above	27.50	44.00	85.00	650
1871Pi O	—	27.50	44.00	85.00	650
1872Pi O	1,873,000	27.50	44.00	85.00	650
1873Pi H	Inc. above	27.50	44.00	85.00	650
1873Pi O	893,000	27.50	44.00	85.00	650

KM# 408.8 27.07 g., 0.903 Silver, 0.786 oz. ASW
Obv: Facing eagle, snake in beak **Rev:** Radiant cap
above scales **Mint:** Zacatecas **Note:** Varieties exist.

Date	Mintage	F12	VF20	XF40	MS60
1870Zs H	4,519,000	27.00	47.00	65.00	285
1871Zs H	4,459,000	26.00	36.00	65.00	285
1872Zs H	4,039,000	26.00	36.00	65.00	285
1873/1Zs H	Inc. above	26.00	36.00	65.00	285
1873Zs H	1,782,000	26.00	36.00	65.00	285

KM# 409 27.07 g., 0.903 Silver, 0.786 oz. ASW
39mm. **Obv:** Facing eagle, snake in beak **Rev:**
Radiant cap **Mint:** Culiacan

Date	Mintage	F12	VF20	XF40	MS60
1898Cn/MoAM	Inc. above	28.00	40.00	110	185
1898Cn AM	1,720,000	28.00	30.00	55.00	120
1899Cn AM	1,722,000	32.50	55.00	110	215
1899Cn JQ	Inc. above	28.00	30.00	70.00	155
1900Cn JQ	1,804,000	28.00	30.00	55.00	120
1901Cn JQ	1,473,000	28.00	30.00	65.00	160
1902Cn JQ	1,194,000	28.00	30.00	75.00	240
1903Cn JQ	1,514,000	28.00	30.00	55.00	160
1903Cn FV	Inc. above	40.00	80.00	175	425
1904Cn MH	1,554,000	28.00	30.00	44.00	145
1904Cn RP	Inc. above	80.00	160	265	650
1905Cn RP	598,000	40.00	80.00	175	475

KM# 409.1 27.07 g., 0.903 Silver, 0.786 oz. ASW
39mm. **Obv:** Facing eagle, snake in beak **Rev:**
Radiant cap **Mint:** Guanajuato **Note:** Varieties exist.

Date	Mintage	F12	VF20	XF40	MS60
1898Go/MoRS	Inc. above	27.50	35.00	70.00	150
1898Go RS	4,256,000	14.00	26.00	47.00	100
1899Go RS	3,207,000	14.00	26.00	42.00	95.00
1900Go RS	1,489,000	32.50	55.00	120	300

KM# 409.2 27.07 g., 0.9027 Silver, 0.7857 oz.
ASW 39mm. **Obv:** Facing eagle, snake in beak
Rev: Radiant cap **Obv. Legend:** REPUBLICA
MEXICANA **Mint:** Mexico City **Note:** Varieties exist.

Date	Mintage	F12	VF20	XF40	MS60
1898Mo AM	10,250,000	28.00	30.00	35.00	75.00

Note: Restrike (1949) - reverse with 134 beads

Date	Mintage	F12	VF20	XF40	MS60
1898Mo AM	10,156,000	28.00	30.00	35.00	85.00

Note: Original strike - reverse with 139 beads

Date	Mintage	F12	VF20	XF40	MS60
1899Mo AM	7,930,000	28.00	30.00	37.00	95.00
1900Mo AM	8,226,000	28.00	30.00	37.00	95.00
1901Mo AM	14,505,000	28.00	30.00	37.00	80.00
1902/1Mo AM	16,224,000	240	475	875	1,800
1902Mo AM	Inc. above	28.00	30.00	37.00	130
1903Mo AM	22,396,000	28.00	30.00	37.00	130
1903Mo MA (Error)	Inc. above	1,500	2,500	3,850	9,000
1904Mo AM	14,935,000	28.00	30.00	37.00	130
1905Mo AM	3,557,000	28.00	40.00	100	240
1908Mo AM	7,575,000	28.00	30.00	37.00	115
1908Mo GV	Inc. above	28.00	30.00	37.00	80.00
1909Mo GV	2,924,000	28.00	30.00	37.00	80.00

KM# 409.3 27.07 g., 0.903 Silver, 0.786 oz. ASW 39mm. **Obv:** Facing eagle, snake in beak **Rev:** Radiant cap **Mint:** Zacatecas **Note:** Mint mark Zs. Varieties exist.

Date	Mintage	F12	VF20	XF40	MS60
1898Zs FZ	5,714,000	27.50	32.50	49.50	130
1899Zs FZ	5,618,000	27.50	32.50	49.50	140
1900Zs FZ	5,357,000	27.50	32.50	49.50	140
1901Zs FZ	Inc. above	28.00	30.00	36.00	110
1901Zs AZ	5,706,000	4,000	6,000	11,000	—
1902Zs FZ	7,134,000	28.00	30.00	36.00	110
1903/2Zs FZ	3,080,000	28.00	30.00	90.00	240
1903Zs FZ	Inc. above	28.00	30.00	37.00	125
1904Zs FZ	2,423,000	28.00	50.00	50.00	160
1904Zs FM	Inc. above	28.00	30.00	45.00	145
1905Zs FM	995,000	32.00	65.00	110	290

KM# 410 1.69 g., 0.875 Gold, 0.0476 oz. AGW **Obv:** Facing eagle, snake in beak **Rev:** Value within 1/2 wreath **Obv. Legend:** REPUBLICA MEXICANA **Mint:** Alamos

Date	Mintage	F12	VF20	XF40	MS60
1888AsL/MoM Rare	—	—	—	—	—
1888As L Rare	—	—	—	—	—

KM# 410.1 1.69 g., 0.875 Gold, 0.0476 oz. AGW **Obv:** Facing eagle, snake in beak **Rev:** Value within 1/2 wreath **Obv. Legend:** REPUBLICA MEXICANA **Mint:** Chihuahua

Date	Mintage	F12	VF20	XF40	MS60
1888Ca/MoM Rare	104	—	—	—	—

KM# 410.2 1.69 g., 0.875 Gold, 0.0476 oz. AGW **Obv:** Facing eagle, snake in beak **Rev:** Value within 1/2 wreath **Obv. Legend:** REPUBLICA MEXICANA **Mint:** Culiacan

Date	Mintage	F12	VF20	XF40	MS60	MS63
1873Cn P	1,221	105	125	165	250	—
1875Cn P	—	115	150	165	250	—
1878Cn G	248	130	200	240	500	—
1879Cn D	—	130	175	215	475	—
1881/0Cn D	338	130	175	215	475	—
1882Cn D	340	130	175	215	475	—
1883Cn D	—	130	175	215	475	—
1884Cn M	—	130	175	215	475	—
1886/4Cn M	277	130	175	240	500	—
1888/7Cn M	2,586	130	175	215	450	—
1888Cn M	Inc. above	95.00	125	165	265	—
1889Cn M Rare	—	—	—	—	—	—
1891/89Cn M	969	105	125	165	275	—
1892Cn M	780	105	125	165	275	—
1893Cn M	498	115	150	165	275	—
1894Cn M	493	110	150	165	275	—
1895Cn M	1,143	95.00	125	165	250	350
1896/5Cn M	1,028	95.00	125	165	250	350
1897Cn M	785	95.00	125	165	250	350
1898Cn M	3,521	95.00	125	165	225	325
1898Cn/MoM	Inc. above	95.00	125	165	250	350
1899Cn Q	2,000	95.00	125	165	225	325
1901Cn Q	Inc. above	90.00	110	150	225	325
1901/0Cn Q	2,350	90.00	110	150	225	325
1902Cn Q	2,480	90.00	110	150	225	325
1902Cn/MoQ/C	Inc. above	90.00	110	150	225	325
1904Cn H	3,614	90.00	110	150	225	325
1904Cn/Mo/ H	Inc. above	90.00	110	150	250	350
1905Cn P	1,000	—	—	—	—	—

Note: Requires Confirmation

KM# 410.3 1.69 g., 0.875 Gold, 0.0476 oz. AGW **Obv:** Facing eagle, snake in beak **Rev:** Value within 1/2 wreath **Obv. Legend:** REPUBLICA MEXICANA **Mint:** Guanajuato

Date	Mintage	F12	VF20	XF40	MS60	MS63
1870Go S	—	130	150	165	265	—
1871Go S	500	130	200	240	475	—
1888Go R	210	165	225	265	550	—
1890Go R	1,916	100	125	165	265	—
1892Go R	533	130	175	190	350	—

Date	Mintage	F12	VF20	XF40	MS60	MS63
1894Go R	180	195	225	265	550	—
1895Go R	676	130	175	190	325	—
1896/5Go R	4,671	85.00	125	165	250	—
1897/6Go R	4,280	85.00	125	165	250	—
1897Go R	Inc. above	85.00	125	165	250	—
1898Go R	5,193	85.00	125	165	250	750

Note: Regular obverse

Date	Mintage	F12	VF20	XF40	MS60	MS63
1898Go R	Inc. above	100	125	165	250	750

Note: Mule, 5 Centavos obverse, normal reverse

Date	Mintage	F12	VF20	XF40	MS60	MS63
1899Go R	2,748	85.00	125	165	250	—
1900/800Go R	864	100	150	165	285	—

KM# 410.4 1.69 g., 0.875 Gold, 0.0476 oz. AGW
Obv: Facing eagle, snake in beak **Rev:** Value within 1/2 wreath **Obv. Legend:** REPUBLICA MEXICANA
Mint: Hermosillo

Date	Mintage	F12	VF20	XF40	MS60
1875Ho R Rare	310	—	—	—	—
1876Ho F Rare	—	—	—	—	—
1888Ho G/MoM Rare	—	—	—	—	—

KM# 410.5 1.69 g., 0.875 Gold, 0.0476 oz. AGW
Obv: Facing eagle, snake in beak **Rev:** Value within 1/2 wreath **Obv. Legend:** REPUBLICA MEXICANA
Mint: Mexico City

Date	Mintage	F12	VF20	XF40	MS60	MS63
1870Mo C	2,540	85.00	95.00	110	185	250
1871Mo M/C	1,000	95.00	120	165	250	250
1872Mo M/C	3,000	85.00	95.00	110	185	300
1873/1Mo M	2,900	85.00	95.00	115	200	250
1873Mo M	Inc. above	85.00	95.00	110	185	250
1874Mo M	—	85.00	95.00	110	185	250
1875Mo B/M	—	85.00	95.00	110	185	250
1876/5Mo B/M	—	85.00	95.00	110	185	250
1877Mo M	—	85.00	95.00	110	185	250
1878Mo M	2,000	85.00	95.00	110	185	250
1879Mo M	—	85.00	95.00	110	185	250
1880/70Mo M	—	85.00	95.00	110	185	250
1881/71Mo M	1,000	85.00	95.00	110	185	250
1882/72Mo M	—	85.00	95.00	110	185	250
1883/72Mo M	1,000	85.00	95.00	110	185	250
1884Mo M	—	85.00	95.00	110	185	250
1885/71Mo M	—	85.00	95.00	110	185	250
1885Mo M	—	85.00	95.00	110	185	250
1886Mo M	1,700	85.00	95.00	110	185	250
1887Mo M	2,200	85.00	95.00	110	185	250
1888Mo M	1,000	85.00	95.00	110	185	250
1889Mo M	500	125	170	215	285	—
1890Mo M	570	125	170	215	285	—
1891Mo M	746	125	170	215	285	—
1892/0Mo M	2,895	85.00	95.00	110	185	250
1893Mo M	5,917	85.00	95.00	110	185	250
1894/3MMo	—	85.00	95.00	110	185	250
1894Mo M	6,244	85.00	95.00	110	185	250
1895Mo M	8,994	85.00	95.00	110	185	250
1895Mo B	Inc. above	85.00	95.00	110	185	250
1896Mo B	7,166	85.00	95.00	110	185	250

Date	Mintage	F12	VF20	XF40	MS60	MS63
1896Mo M	Inc. above	85.00	95.00	110	185	250
1897Mo M	5,131	85.00	95.00	110	185	250
1898/7Mo M	5,368	85.00	95.00	110	185	250
1899Mo M	9,515	85.00	95.00	110	185	250
1900/800Mo M	9,301	85.00	95.00	110	185	250
1900/880Mo M	Inc. above	85.00	95.00	110	185	250
1900/890Mo M	Inc. above	85.00	95.00	110	185	250
1900Mo M	Inc. above	85.00	95.00	110	185	250
1901Mo M Small date	Inc. above	90.00	100	115	205	270
1901/801Mo M Large date	8,293	90.00	100	115	205	270
1902Mo M Large date	11,000	90.00	100	115	205	270
1902Mo M Small date	Inc. above	90.00	100	115	205	270
1903Mo M Large date	10,000	90.00	100	115	205	270
1903Mo M Small date	Inc. above	90.00	100	145	220	325
1904Mo M	9,845	90.00	100	115	205	270
1905Mo M	3,429	90.00	100	115	205	270

KM# 410.6 1.69 g., 0.875 Gold, 0.0476 oz. AGW
Obv: Facing eagle, snake in beak **Rev:** Value within 1/2 wreath **Obv. Legend:** REPUBLICA MEXICANA
Mint: Zacatecas

Date	Mintage	F12	VF20	XF40	MS60	MS63
1872Zs H	2,024	155	175	190	295	—
1875/3Zs A	—	155	175	215	350	—
1878Zs S	—	155	175	190	295	—
1888Zs Z	280	205	250	350	725	—
1889Zs Z	492	180	200	240	475	—
1890Zs Z	738	180	200	240	475	—

2-1/2 PESOS

KM# 411 4.23 g., 0.875 Gold, 0.119 oz. AGW **Obv:** Facing eagle, snake in beak **Rev:** Value within 1/2 wreath **Obv. Legend:** REPUBLICA MEXICANA
Mint: Alamos

Date	Mintage	F12	VF20	XF40	MS60	MS63
1888As/MoL Rare	—	—	—	—	—	—

KM# 411.1 4.23 g., 0.875 Gold, 0.119 oz. AGW
Obv: Facing eagle, snake in beak **Rev:** Value within 1/2 wreath **Mint:** Culiacan

Date	Mintage	F12	VF20	XF40	MS60	MS63
1893Cn M	141	1,500	2,000	2,500	3,500	—

KM# 411.2 4.23 g., 0.875 Gold, 0.119 oz. AGW
Obv: Facing eagle, snake in beak **Rev:** Value within 1/2 wreath **Mint:** Durango

Date	Mintage	F12	VF20	XF40	MS60
1888Do C Rare	—	—	—	—	—

KM# 411.3 4.23 g., 0.875 Gold, 0.119 oz. AGW
Obv: Facing eagle, snake in beak **Rev:** Value within
1/2 wreath **Obv. Legend:** REPUBLICA MEXICANA
Mint: Guanajuato

Date	Mintage	F12	VF20	XF40	MS60
1871Go S	600	1,250	2,000	2,500	3,250
1888Go/MoR	110	1,750	2,250	2,750	3,500

KM# 411.4 4.23 g., 0.875 Gold, 0.119 oz. AGW
Obv: Facing eagle, snake in beak **Rev:** Value within
1/2 wreath **Obv. Legend:** REPUBLICA MEXICANA
Mint: Hermosillo

Date	Mintage	F12	VF20	XF40	MS60
1874Ho R Rare	—	—	—	—	—
1888Ho G Rare	—	—	—	—	—

KM# 411.5 4.23 g., 0.875 Gold, 0.119 oz. AGW
Obv: Facing eagle, snake in beak **Rev:** Value
within 1/2 wreath **Mint:** Mexico City

Date	Mintage	F12	VF20	XF40	MS60	MS63
1870Mo C	820	215	300	400	800	—
1872Mo M/C	800	215	300	400	800	—
1873/2Mo M	—	250	400	800	1,400	—
1874Mo M	—	250	400	800	1,400	—
1874Mo B/M	—	250	400	800	1,400	—
1875Mo B	—	250	400	800	1,400	—
1876Mo B	—	300	550	1,050	1,900	—
1877Mo M	—	250	400	800	1,400	—
1878Mo M	400	250	400	800	1,400	—
1879Mo M	—	250	400	800	1,400	—
1880/79Mo M	—	250	400	800	1,400	—
1881Mo M	400	250	400	800	1,400	—
1882Mo M	—	275	450	900	1,550	2,000
1883/73Mo M	400	250	400	800	1,400	—
1884Mo M	—	300	550	1,050	1,650	—
1885Mo M	—	450	900	1,800	3,050	—
1886Mo M	400	250	400	800	1,400	—
1887Mo M	400	250	400	800	1,400	—
1888Mo M	540	250	400	800	1,400	—
1889Mo M	240	200	350	575	1,000	—
1890Mo M	420	250	400	800	1,400	—
1891Mo M	188	250	400	800	1,400	—
1892Mo M	240	250	400	800	1,400	—

KM# 411.6 4.23 g., 0.875 Gold, 0.119 oz. AGW
Obv: Facing eagle, snake in beak **Rev:** Value within
1/2 wreath **Obv. Legend:** REPUBLICA MEXICANA
Mint: Zacatecas

Date	Mintage	F12	VF20	XF40	MS60
1872Zs H	1,300	250	400	550	1,250
1873Zs H	—	225	375	525	950
1875/3Zs A	—	250	400	800	1,400
1877Zs S	—	250	400	800	1,400
1878Zs S	300	250	400	800	1,400
1888Zs/MoS	80	350	550	1,050	1,850
1889Zs/Mo Z	184	300	500	1,000	1,650
1890Zs Z	326	250	400	800	1,400

5 PESOS

KM# 412 8.46 g., 0.875 Gold, 0.238 oz. AGW
Obv: Facing eagle, snake in beak **Rev:** Radiant
cap above scales **Obv. Legend:** REPUBLICA
MEXICANA **Mint:** Alamos

Date	Mintage	F12	VF20	XF40	MS60	MS63
1875As L	—	—	—	—	—	—
1878As L	383	900	1,700	3,000	4,500	—

KM# 412.1 8.46 g., 0.875 Gold, 0.238 oz. AGW
Obv: Facing eagle, snake in beak **Rev:** Radiant
cap above scales **Obv. Legend:** REPUBLICA
MEXICANA **Mint:** Chihuahua

Date	Mintage	F12	VF20	XF40	MS60
1888Ca M Rare	120	—	—	—	—

KM# 412.2 8.46 g., 0.875 Gold, 0.238 oz. AGW
Obv: Facing eagle, snake in beak **Rev:** Radiant
cap above scales **Obv. Legend:** REPUBLICA
MEXICANA **Mint:** Culiacan

Date	Mintage	F12	VF20	XF40	MS60
1873Cn P	—	450	750	1,200	2,200
1874Cn P	—	—	—	—	—
1875Cn P	—	450	650	1,000	1,950

Date	Mintage	F12	VF20	XF40	MS60
1876Cn P	—	450	650	1,000	1,950
1877Cn G	—	450	650	1,000	1,950
1882Cn Rare	174	—	—	—	—
1888Cn M	—	650	1,150	1,450	2,200
1890Cn M	435	475	650	950	1,800
1891Cn M	1,390	450	550	750	1,200
1894Cn M	484	475	650	950	1,800
1895Cn M	142	650	900	1,500	2,700
1900Cn Q	1,536	450	500	675	1,100
1903Cn Q	1,000	450	475	550	1,000

KM# 412.3 8.46 g., 0.875 Gold, 0.238 oz. AGW
Obv: Facing eagle, snake in beak **Rev:** Radiant
cap above scales **Obv. Legend:** REPUBLICA
MEXICANA **Mint:** Durango

Date	Mintage	F12	VF20	XF40	MS60	MS63
1873/2Do P	—	750	1,250	1,850	3,000	—
1877Do P	—	750	1,250	1,850	3,000	—
1878Do E	—	750	1,250	1,850	3,000	—
1879Do B	—	750	1,250	1,850	3,000	—
1879/7Do B	—	750	1,250	1,850	3,000	—

KM# 412.4 8.46 g., 0.875 Gold, 0.238 oz. AGW
Obv: Facing eagle, snake in beak **Rev:** Radiant
cap above scales **Obv. Legend:** REPUBLICA
MEXICANA **Mint:** Guanajuato

Date	Mintage	F12	VF20	XF40	MS60
1871Go S	1,600	550	950	1,450	2,450
1887Go R	140	750	1,350	1,750	3,200
1888Go R Rare	65	—	—	—	—
1893Go R Rare	16	—	—	—	—

KM# 412.5 8.46 g., 0.875 Gold, 0.238 oz. AGW
Obv: Facing eagle, snake in beak **Rev:** Radiant
cap above scales **Obv. Legend:** REPUBLICA
MEXICANA **Mint:** Hermosillo

Date	Mintage	F12	VF20	XF40	MS60
1874Ho R	—	1,950	2,700	3,200	4,700
1877Ho R	990	800	1,150	1,800	2,800
1877Ho A	Inc. above	700	1,350	1,950	2,950
1888Ho G Rare	—	—	—	—	—

KM# 412.6 8.46 g., 0.875 Gold, 0.238 oz. AGW
Obv: Facing eagle, snake in beak **Rev:** Radiant
cap above scales **Obv. Legend:** REPUBLICA
MEXICANA **Mint:** Mexico City

Date	Mintage	F12	VF20	XF40	MS60	MS63
1870Mo C	550	475	550	750	1,650	—
1871/69Mo M	1,600	475	525	600	850	—
1871Mo M	Inc. above	475	525	600	850	—
1872Mo M	1,600	475	525	600	850	—
1873/2Mo M	—	475	550	700	1,000	—
1874Mo M	—	475	550	700	1,000	—
1875/3Mo B/M	—	475	550	700	1,100	—
1875Mo B	—	475	550	700	1,100	—
1876/5Mo B/M	—	475	550	700	1,150	—
1877Mo M	—	475	600	900	1,800	—
1878/7Mo M	400	475	550	700	1,400	—
1878Mo M	Inc. above	475	550	700	1,400	—
1879/8Mo M	—	475	550	700	1,400	—
1880Mo M	—	475	550	700	1,400	—
1881Mo M	—	475	550	700	1,400	—
1882Mo M	200	475	600	900	1,800	—
1883Mo M	200	475	600	900	1,800	—
1884Mo M	—	475	600	900	1,800	—
1886Mo M	200	475	600	900	1,800	—
1887Mo M	200	475	600	900	1,800	—
1888Mo M	250	475	550	700	1,800	—
1889Mo M	190	475	600	900	1,800	—
1890Mo M	149	475	600	900	1,800	—
1891Mo M	156	475	600	900	1,800	—
1892Mo M	214	475	600	900	1,800	—
1893Mo M	1,058	450	550	650	950	—
1897Mo M	370	475	550	700	1,150	—
1898Mo M	376	475	550	700	1,150	—
1900Mo M	1,014	450	475	500	850	1,200
1901Mo M	1,071	450	475	500	850	1,300
1902Mo M	1,478	450	475	500	850	1,300
1903Mo M	1,162	450	475	500	850	1,300
1904Mo M	1,415	450	475	500	850	1,300
1905Mo M	563	450	500	600	1,550	2,050

KM# 412.7 8.46 g., 0.875 Gold, 0.238 oz. AGW
Obv: Facing eagle, snake in beak **Rev:** Radiant
cap above scales **Obv. Legend:** REPUBLICA
MEXICANA **Mint:** Zacatecas

Date	Mintage	F12	VF20	XF40	MS60	MS63
1874Zs A	—	475	650	900	1,650	—
1875Zs A	—	450	550	650	1,150	—
1877Zs S/A	—	450	550	700	1,150	—
1878/7Zs S/A	—	450	550	700	1,150	—
1883Zs S	—	425	450	600	900	—
1888Zs Z	70	1,150	1,650	2,150	3,150	—
1889Zs Z	373	425	450	650	1,000	—
1892Zs Z	1,229	425	450	600	900	1,400

10 PESOS

KM# 413 16.92 g., 0.875 Gold, 0.476 oz. AGW
Obv: Facing eagle, snake in beak **Rev:** Radiant
cap above scales **Obv. Legend:** REPUBLICA
MEXICANA **Mint:** Alamos

Date	Mintage	F12	VF20	XF40	MS60
1874As DL Rare	—	—	—	—	—
1875As L	642	950	1,500	2,750	3,850
1878As L	977	900	1,250	2,250	3,350
1879As L	1,078	900	1,250	2,250	3,350
1880As L	2,629	900	1,250	2,250	3,350
1881As L	2,574	900	1,250	2,250	3,350
1882As L	3,403	900	1,250	2,250	3,350
1883As L	3,597	900	1,250	2,250	3,350
1884As L Rare	—	—	—	—	—
1885As L	4,562	900	1,250	2,250	3,350
1886As L	4,643	900	1,250	2,250	3,350
1887As L	3,667	900	1,250	2,250	3,350
1888As L	4,521	900	1,250	2,250	3,350
1889As L	5,615	900	1,250	2,250	3,350
1890As L	4,920	900	1,250	2,250	3,350
1891As L	568	900	1,250	2,250	3,350
1892As L	—	—	—	—	—
1893As L	817	900	1,250	2,250	3,350
1894/3As L	1,658	—	—	—	—
1894As L	Inc. above	900	1,250	2,250	3,350
1895As L	1,237	900	1,250	2,250	3,350

KM# 413.1 16.92 g., 0.875 Gold, 0.476 oz. AGW
Obv: Facing eagle, snake in beak **Rev:** Radiant
cap above scales **Obv. Legend:** REPUBLICA
MEXICANA **Mint:** Chihuahua

Date	Mintage	F12	VF20	XF40	MS60	MS63
1888Ca M	175	—	—	7,500	—	—

KM# 413.2 16.92 g., 0.875 Gold, 0.476 oz. AGW
Obv: Facing eagle, snake in beak **Rev:** Radiant
cap above scales **Obv. Legend:** REPUBLICA
MEXICANA **Mint:** Culiacan

Date	Mintage	F12	VF20	XF40	MS60
1881Cn D	—	875	900	1,300	2,050
1882Cn D	874	875	900	1,300	2,050
1882Cn E	Inc. above	875	900	1,300	2,050
1883Cn D	221	—	—	—	—
1883Cn M	Inc. above	875	900	1,300	2,050
1884Cn D	—	875	900	1,300	2,050
1884Cn M	—	875	900	1,300	2,050
1885Cn M	1,235	875	900	1,300	2,050
1886Cn M	981	875	900	1,300	2,050
1887Cn M	2,289	875	900	1,300	2,050
1888Cn M	767	875	900	1,300	2,050
1889Cn M	859	875	900	1,300	2,050
1890Cn M	1,427	875	900	1,300	2,050
1891Cn M	670	875	900	1,300	2,050
1892Cn M	379	875	900	1,300	2,050
1893Cn M	1,806	875	900	1,300	2,050
1895Cn M	179	900	1,300	1,800	2,800
1903Cn Q	774	875	950	1,100	2,100

KM# 413.3 16.92 g., 0.875 Gold, 0.476 oz. AGW
Obv: Facing eagle, snake in beak **Rev:** Radiant
cap above scales **Obv. Legend:** REPUBLICA
MEXICANA **Mint:** Durango

Date	Mintage	F12	VF20	XF40	MS60	MS63
1872Do P	1,755	875	950	1,100	1,550	—
1873/2Do P	1,091	875	950	1,150	1,650	—
1873/2Do M/P	Inc. above	875	950	1,200	1,750	—
1874Do M	—	875	950	1,200	1,750	—
1875Do M	—	875	950	1,200	1,750	—
1876Do M	—	900	1,050	1,550	2,300	—
1877Do P	—	875	950	1,200	1,750	—
1878Do E	582	875	950	1,200	1,750	—
1879/8Do B	—	875	950	1,200	1,750	—
1879Do B	—	875	950	1,200	1,750	—
1880Do P	2,030	875	950	1,200	1,750	4,050
1881/79Do P	2,617	875	950	1,200	1,750	—
1882Do P Rare	1,528	—	—	—	—	—
1882Do C	Inc. above	875	950	1,200	1,750	—
1883Do C	793	900	1,050	1,550	2,300	—
1884Do C	108	900	1,050	1,550	2,300	—

KM# 413.4 16.92 g., 0.875 Gold, 0.476 oz. AGW
Obv: Facing eagle, snake in beak **Rev:** Radiant
cap above scales **Obv. Legend:** REPUBLICA
MEXICANA **Mint:** Guadalajara

Date	Mintage	F12	VF20	XF40	MS60	MS63
1870Ga C	490	875	1,100	1,250	2,100	—
1871Ga C	1,910	875	1,100	1,500	2,600	—
1872Ga C	780	900	1,250	2,250	2,850	—

Date	Mintage	F12	VF20	XF40	MS60	MS63
1873Ga C	422	900	1,250	2,250	3,350	—
1874/3Ga C	477	900	1,250	2,250	3,350	—
1875Ga C	710	900	1,250	2,250	3,350	—
1878Ga A	183	925	1,450	2,750	3,850	—
1879Ga A	200	925	1,450	2,750	3,850	—
1880Ga S	404	900	1,250	2,250	3,350	—
1881Ga S	239	925	1,450	2,750	3,850	—
1891Ga S	196	925	1,450	2,750	3,850	—

KM# 413.5 16.92 g., 0.875 Gold, 0.476 oz. AGW
Obv: Facing eagle, snake in beak **Rev:** Radiant cap above scales **Obv. Legend:** REPUBLICA MEXICANA **Mint:** Guanajuato

Date	Mintage	F12	VF20	XF40	MS60
1872Go S	1,400	2,000	4,000	6,500	10,000
1887Go R Rare	80	—	—	—	—

Note: Stack's Rio Grande Sale 6-93, P/L AU realized, $12,650

Date	Mintage	F12	VF20	XF40	MS60
1888Go R Rare	68	—	—	—	—

KM# 413.6 16.92 g., 0.875 Gold, 0.476 oz. AGW
Obv: Facing eagle, snake in beak **Rev:** Radiant cap above scales **Obv. Legend:** REPUBLICA MEXICANA **Mint:** Hermosillo

Date	Mintage	F12	VF20	XF40	MS60
1874Ho R Rare	—	—	—	—	—
1876Ho F Rare	357	—	—	—	—
1878Ho A	814	1,750	3,000	3,500	5,500
1879Ho A	—	1,000	2,000	2,500	4,000
1880Ho A	—	1,000	2,000	2,500	4,000
1881Ho A Rare	—	—	—	—	—

Note: American Numismatic Rarities Eliasberg sale 4-05, MS-62 realized $34,500.

KM# 413.7 16.92 g., 0.875 Gold, 0.476 oz. AGW
Obv: Facing eagle, snake in beak **Rev:** Radiant cap above scales **Obv. Legend:** REPUBLICA MEXICANA **Mint:** Mexico City

Date	Mintage	F12	VF20	XF40	MS60	MS63
1870Mo C	480	875	1,200	1,500	2,300	—
1872/1Mo M/C	2,100	875	900	1,200	1,650	—
1873Mo M	—	875	900	1,250	1,750	—
1874/3Mo M	—	875	900	1,250	1,750	—
1875Mo B/M	—	875	900	1,250	1,750	—
1876Mo B Rare	—	—	—	—	—	—
1878Mo M	300	875	900	1,250	1,750	—
1879Mo M	—	—	—	—	—	—
1881Mo M	100	900	1,300	1,900	2,800	—
1882Mo M	—	875	900	1,250	1,750	—
1883Mo M	100	900	1,300	1,900	2,800	—
1884Mo M	—	900	1,300	1,900	2,800	—
1885Mo M	—	875	900	1,250	1,750	—
1886Mo M	100	900	1,300	1,900	2,800	—
1887Mo M	100	900	1,300	1,950	3,050	—
1888Mo M	144	875	1,050	1,500	2,300	—
1889Mo M	88	900	1,300	1,900	2,800	—
1890Mo M	137	900	1,300	1,900	2,800	—
1891Mo M	133	900	1,300	1,900	2,800	—
1892Mo M	45	900	1,300	1,900	2,800	—
1893Mo M	1,361	875	900	1,200	1,650	—
1897Mo M	239	875	900	1,250	1,750	—
1898/7Mo M	244	875	925	1,300	2,050	—
1900Mo M	733	875	900	1,250	1,750	—
1901Mo M	562	875	900	950	1,600	—
1902Mo M	719	875	900	950	1,600	2,800
1903Mo M	713	875	900	950	1,600	2,800
1904Mo M	694	875	900	950	1,600	—
1905Mo M	401	875	900	1,100	1,800	—

KM# 413.8 16.92 g., 0.875 Gold, 0.476 oz. AGW
Obv: Facing eagle, snake in beak **Rev:** Radiant cap above scales **Obv. Legend:** REPUBLICA MEXICANA **Mint:** Oaxaca

Date	Mintage	F12	VF20	XF40	MS60	MS63
1870Oa E	4,614	850	900	1,200	1,900	—
1871Oa E	2,705	850	900	1,250	1,950	—
1872Oa E	5,897	850	900	1,150	1,800	—
1873Oa E	3,537	850	900	1,150	1,800	—
1874Oa E	2,205	875	950	1,500	2,150	—
1875Oa E	312	875	1,050	1,700	2,550	—
1876Oa E	766	875	1,050	1,700	2,550	—
1877Oa E	463	875	1,050	1,700	2,550	—
1878Oa E	229	875	1,050	1,700	2,550	—
1879Oa E	210	875	1,050	1,700	2,550	—
1880Oa E	238	875	1,050	1,700	2,550	—
1881Oa E	961	875	950	1,500	2,300	—
1882Oa E	170	900	1,300	1,800	2,800	—
1883Oa E	111	900	1,300	1,800	2,800	—
1884Oa E	325	875	1,050	1,700	2,550	—
1885Oa E	370	875	1,050	1,700	2,550	—
1886Oa E	400	875	1,050	1,700	2,550	—
1887Oa E	—	1,000	1,550	2,550	4,300	—
1888Oa E	—	—	—	—	—	—

KM# 413.9 16.92 g., 0.875 Gold, 0.476 oz. AGW
Obv: Facing eagle, snake in beak **Rev:** Radiant
cap above scales **Obv. Legend:** REPUBLICA
MEXICANA **Mint:** Zacatecas

Date	Mintage	F12	VF20	XF40	MS60	MS63
1871Zs H	2,000	850	900	1,100	1,550	—
1872Zs H	3,092	850	900	1,050	1,450	—
1873Zs H	936	875	925	1,250	1,750	—
1874Zs H	—	875	925	1,250	1,750	—
1875/3Zs A	—	875	950	1,300	2,050	—
1876/5Zs S	—	875	950	1,300	2,050	—
1877Zs S/H	506	875	950	1,300	2,050	—
1878Zs S	711	875	950	1,300	2,050	—
1879/8Zs S	—	900	1,050	1,700	2,550	—
1879Zs S	—	900	1,050	1,700	2,550	—
1880Zs S	2,089	875	925	1,250	1,750	—
1881Zs S	736	875	950	1,300	2,050	—
1882/1Zs Z	—	875	950	1,300	2,050	2,800
1882Zs S	1,599	875	925	1,250	1,750	—
1883/2Zs S	256	875	950	1,300	2,050	—
1884/3Zs S	—	875	925	1,250	1,900	—
1884Zs S	—	875	925	1,250	1,900	—
1885Zs S	1,588	875	925	1,250	1,750	—
1886Zs S	5,364	875	925	1,250	1,750	—
1887Zs Z	2,330	875	925	1,250	1,750	—
1888Zs Z	4,810	875	925	1,250	1,750	—
1889Zs Z	6,154	850	875	1,050	1,550	—
1890Zs Z	1,321	850	925	1,250	1,750	—
1891Zs Z	1,930	850	925	1,250	1,750	3,550
1892Zs Z	1,882	850	925	1,250	1,750	—
1893Zs Z	2,899	850	925	1,250	1,750	—
1894Zs Z	2,501	850	925	1,250	1,750	—
1895Zs Z	1,217	850	925	1,250	1,750	—

20 PESOS

KM# 414 33.84 g., 0.875 Gold, 0.952 oz. AGW
Obv: Facing eagle, snake in beak **Rev:** Radiant
cap above scales **Mint:** Alamos

Date	Mintage	F12	VF20	XF40	MS60
1876As L Rare	276	—	—	—	—
1877As L Rare	166	—	—	—	—
1878As L	—	—	—	—	—
1888As L Rare	—	—	—	—	—

KM# 414.1 33.84 g., 0.875 Gold, 0.952 oz. AGW
Obv: Facing eagle, snake in beak **Rev:** Radiant
cap above scales **Mint:** Chihuahua **Note:** Mint mark
CH, Ca.

Date	Mintage	F12	VF20	XF40	MS60
1872CH M	995	1,250	1,750	1,850	3,500
1873CH M	950	1,250	1,750	1,850	3,500
1874CH M	1,116	1,250	1,750	1,850	3,500
1875CH M	750	1,250	1,750	1,850	3,500
1876CH M	600	1,250	1,800	2,000	3,750
1877CH Rare	55	—	—	—	—
1882CH M	1,758	1,250	1,750	1,850	3,500
1883CH M	161	1,750	1,850	2,500	4,000
1884CH M	496	1,250	1,750	1,850	3,500
1885CH M	122	1,750	1,850	2,500	4,000
1887Ca M	550	1,250	1,750	1,850	3,500
1888Ca M	351	1,250	1,750	1,850	3,500

Date	Mintage	F12	VF20	XF40	MS60
1889Ca M	464	1,250	1,750	1,850	3,500
1890Ca M	1,209	1,250	1,750	1,850	3,500
1891Ca M	2,004	1,250	1,750	1,800	3,250
1893Ca M	418	1,250	1,750	1,850	3,500
1895Ca M	133	1,750	1,850	2,500	4,000

KM# 414.2 33.84 g., 0.875 Gold, 0.952 oz. AGW
Obv: Facing eagle, snake in beak **Rev:** Radiant
cap above scales **Obv. Legend:** REPUBLICA
MEXICANA **Mint:** Culiacan

Date	Mintage	F12	VF20	XF40	MS60
1870Cn E	3,749	1,250	1,750	1,900	2,950
1871Cn P	3,046	1,250	1,750	1,900	2,950
1872Cn P	972	1,250	1,750	1,900	2,950
1873Cn P	1,317	1,250	1,750	1,900	2,950
1874Cn P	—	1,250	1,750	1,900	2,950
1875Cn P	—	1,750	2,000	2,750	3,500
1876Cn P	—	1,250	1,750	1,900	2,950
1876Cn G	—	1,250	1,750	1,900	2,950
1877Cn G	167	1,750	1,850	2,200	3,200
1878Cn Rare	842	—	—	—	—
1881/0Cn D	2,039	—	—	—	—
1881Cn D	Inc. above	1,250	1,750	1,900	2,950
1882/1Cn D	736	1,250	1,750	1,900	2,950
1883Cn M	1,836	1,250	1,750	1,900	2,950
1884Cn M	—	1,250	1,750	1,900	2,950
1885Cn M	544	1,250	1,750	1,900	2,950
1886Cn M	882	1,250	1,750	1,900	2,950
1887Cn M	837	1,250	1,750	1,900	2,950
1888Cn M	473	1,250	1,750	1,900	2,950
1889Cn M	1,376	1,250	1,750	1,900	2,950
1890Cn M	—	1,750	2,450	4,600	11,500
1891Cn M	237	1,250	1,800	2,000	3,200
1892Cn M	526	1,250	1,750	1,900	2,950
1893Cn M	2,062	1,250	1,750	1,850	2,950
1894Cn M	4,516	1,250	1,750	1,900	2,950
1895Cn M	3,193	1,250	1,750	1,900	2,950
1896Cn M	4,072	1,250	1,750	1,900	2,950
1897/6Cn M	959	1,250	1,750	1,900	2,950
1897Cn M	Inc. above	1,250	1,750	1,900	2,950
1898Cn M	1,660	1,250	1,750	1,900	2,950
1899Cn M	1,243	1,250	1,750	1,900	2,950
1899Cn Q	Inc. above	1,250	1,800	2,000	3,200
1900Cn Q	1,558	1,250	1,750	1,900	2,950
1901Cn Q	1,496	1,250	1,750	1,900	2,950
1901/0Cn Q	Inc. above	—	—	—	—
1902Cn Q	1,059	1,250	1,750	1,900	2,950
1903Cn Q	1,121	1,250	1,750	1,900	2,950
1904Cn H	4,646	1,250	1,750	1,900	2,950
1905Cn P	1,738	1,250	1,750	1,900	3,150

KM# 414.3 33.84 g., 0.875 Gold, 0.952 oz. AGW
Obv: Facing eagle, snake in beak **Rev:** Radiant
cap above scales **Obv. Legend:** REPUBLICA
MEXICANA **Mint:** Durango

Date	Mintage	F12	VF20	XF40	MS60
1870Do P	416	1,800	2,100	2,950	3,600
1871Do P	Inc. above	1,800	2,100	2,950	3,600
1871/0Do P	1,073	1,800	2,400	3,250	3,900
1872/1Do PT	—	2,000	3,750	6,100	9,300
1876Do M	—	1,800	2,100	2,950	3,600
1877Do P	94	2,000	2,950	3,900	4,500
1878Do Rare	258	—	—	—	—

KM# 414.4 33.84 g., 0.875 Gold, 0.952 oz. AGW
Obv: Facing eagle, snake in beak **Rev:** Radiant
cap above scales **Obv. Legend:** REPUBLICA
MEXICANA **Mint:** Guanajuato

Date	Mintage	F12	VF20	XF40	MS60	MS63
1870Go S	3,250	1,250	1,700	1,750	2,300	—
1871Go S	20,000	1,250	1,700	1,750	2,300	2,950
1872Go S	18,000	1,250	1,700	1,750	2,300	—
1873Go S	7,000	1,250	1,700	1,750	2,300	—
1874Go S	—	1,250	1,700	1,750	2,300	—
1875Go S	—	1,250	1,700	1,750	2,300	—
1876Go S	—	1,250	1,700	1,750	2,300	—
1876Go M/S	—	—	—	—	—	—
1877Go M/S Rare	15,000	—	—	—	—	—
1877Go R	Inc. above	1,250	1,700	1,750	2,300	—
1877Go S Rare	Inc. above	—	—	—	—	—
1878/7Go M/S	13,000	1,500	2,150	2,900	3,900	—

Date	Mintage	F12	VF20	XF40	MS60	MS63
1878Go M	Inc. above	1,500	2,150	2,900	3,900	—
1878Go S	Inc. above	1,250	1,700	1,750	2,300	—
1879Go S	8,202	1,250	1,700	1,750	3,300	—
1880Go S	7,375	1,250	1,700	1,750	2,300	—
1881Go S	4,909	1,250	1,700	1,750	2,300	—
1882Go S	4,020	1,250	1,700	1,750	2,300	—
1883/2Go B	3,705	1,250	1,700	1,950	3,200	—
1883Go B	Inc. above	1,250	1,700	1,750	2,300	—
1884Go B	1,798	1,250	1,700	1,750	2,300	—
1885Go R	2,660	1,250	1,700	1,750	2,300	—
1886Go R	1,090	1,500	1,750	1,950	3,550	—
1887Go R	1,009	1,500	1,750	1,950	3,550	—
1888Go R	1,011	1,500	1,750	1,950	3,550	—
1889Go R	956	1,500	1,750	1,950	3,550	—
1890Go R	879	1,500	1,750	1,950	3,550	—
1891Go R	818	1,500	1,750	1,950	3,550	—
1892Go R	730	1,500	1,750	1,950	3,550	—
1893Go R	3,343	1,250	1,700	1,850	2,700	—
1894/3Go R	6,734	1,250	1,700	1,750	2,300	—
1894Go R	Inc. above	1,250	1,700	1,750	2,300	—
1895/3Go R	7,118	1,250	1,700	1,750	2,300	—
1895Go R	Inc. above	1,250	1,700	1,750	2,300	—
1896Go R	9,219	1,250	1,700	1,750	2,300	7,200
1897/6Go R	6,781	1,250	1,700	1,750	2,300	—
1897Go R	Inc. above	1,250	1,700	1,750	2,300	—
1898Go R	7,710	1,250	1,700	1,750	2,300	—
1899Go R	8,527	1,250	1,700	1,750	2,300	—
1900Go R	4,512	1,250	1,750	1,950	3,350	—

KM# 414.5 33.84 g., 0.875 Gold, 0.952 oz. AGW
Obv: Facing eagle, snake in beak **Rev:** Radiant
cap above scales **Obv. Legend:** REPUBLICA
MEXICANA **Mint:** Hermosillo

Date	Mintage	F12	VF20	XF40	MS60
1874Ho R Rare	—	—	—	—	—

Note: Stack's Bowers & Ponterio Sale 161,
8-11, AU55 realized $6,500.

1875Ho R Rare	—	—	—	—	—
1876Ho F Rare	—	—	—	—	—
1888Ho g Rare	—	—	—	—	—

KM# 414.6 33.84 g., 0.875 Gold, 0.952 oz. AGW **Obv:** Facing eagle, snake in beak **Rev:** Radiant cap above scales **Obv. Legend:** REPUBLICA MEXICANA **Mint:** Mexico City

Date	Mintage	F12	VF20	XF40	MS60
1870Mo C	14,000	1,250	1,650	1,825	2,450
1871Mo M	21,000	1,250	1,650	1,825	2,450
1872/1Mo M	11,000	1,250	1,650	1,825	2,550
1872Mo M	Inc. above	1,250	1,650	1,825	2,450
1873Mo M	5,600	1,250	1,650	1,825	2,450
1874/2Mo M	—	1,250	1,650	1,825	2,450
1874/2Mo B	—	1,250	1,650	1,825	2,550
1875Mo B	—	1,250	1,650	1,825	2,500
1876Mo B	—	1,250	1,650	1,825	2,500
1876Mo M	—	—	—	—	—
Note: Requires Confirmation					
1877Mo M	2,000	1,250	1,775	2,200	3,000
1878Mo M	7,000	1,250	1,650	1,825	2,500
1879Mo M	—	1,250	1,650	1,825	2,700
1880Mo M	—	1,250	1,650	1,825	2,700
1881/0Mo M	11,000	1,250	1,650	1,825	2,450
1881Mo M	Inc. above	1,250	1,650	1,825	2,450
1882/1Mo M	5,800	1,250	1,650	1,825	2,450
1882Mo M	Inc. above	1,250	1,650	1,825	2,450
1883/1Mo M	4,000	1,250	1,650	1,825	2,450
1883Mo M	Inc. above	1,250	1,650	1,825	2,450
1884/3Mo M	—	1,250	1,650	1,825	2,500
1884Mo M	—	1,250	1,650	1,825	2,500
1885Mo M	6,000	1,250	1,650	1,825	2,700
1886Mo M	10,000	1,250	1,650	1,825	2,450
1887Mo M	12,000	1,250	1,775	2,600	3,500
1888Mo M	7,300	1,250	1,650	1,825	2,450
1889Mo M	6,477	1,250	1,825	2,750	5,000
1890Mo M	7,852	1,250	1,650	1,825	2,500
1891/0Mo M	8,725	1,250	1,650	1,825	2,500
1891Mo M	Inc. above	1,250	1,650	1,825	2,500
1892Mo M	11,000	1,250	1,650	1,825	2,450
1893Mo M	15,000	1,250	1,650	1,825	2,450
1894Mo M	14,000	1,250	1,650	1,825	2,450
1895Mo M	13,000	1,250	1,650	1,825	2,450
1896Mo B	14,000	1,250	1,650	1,825	2,450
1897/6Mo M	12,000	1,250	1,650	1,825	2,450
1897Mo M	Inc. above	1,250	1,650	1,825	2,450
1898Mo M	20,000	1,250	1,650	1,825	2,450
1899Mo M	23,000	1,250	1,650	1,825	2,450
1900Mo M	21,000	1,250	1,650	1,825	2,450
1901Mo M	29,000	1,250	1,650	1,825	2,450
1902Mo M	38,000	1,250	1,650	1,825	2,450
1903/2Mo M	31,000	1,250	1,650	1,825	2,450
1903Mo M	Inc. above	1,250	1,650	1,825	2,450
1904Mo M	52,000	1,250	1,650	1,825	2,450
1905Mo M	9,757	1,250	1,650	1,825	2,450

KM# 414.7 33.84 g., 0.875 Gold, 0.952 oz. AGW **Obv:** Facing eagle, snake in beak **Rev:** Radiant cap above scales **Obv. Legend:** REPUBLICA MEXICANA **Mint:** Oaxaca

Date	Mintage	F12	VF20	XF40	MS60	MS63
1870Oa E	1,131	1,800	2,500	3,600	6,800	—
1871Oa E	1,591	1,800	2,500	3,600	6,800	—
1872Oa E	255	1,800	2,200	4,200	9,300	—
1888Oa E	170	2,450	3,950	6,800	—	—

KM# 414.8 33.84 g., 0.875 Gold, 0.952 oz. AGW **Obv:** Facing eagle, snake in beak **Rev:** Radiant cap above scales **Mint:** Zacatecas

Date	Mintage	F12	VF20	XF40	MS60
1871Zs H	1,000	3,850	6,900	9,200	12,000
1875Zs A	—	4,350	6,400	9,800	12,500
1878Zs S	441	4,350	6,400	9,800	12,500
1888Zs Z Rare	50	—	—	—	—
1889Zs Z	640	3,900	5,900	9,200	12,000

ESTADOS UNIDOS MEXICANOS

DECIMAL COINAGE

CENTAVO

KM# 415 3.00 g., Bronze, 20mm. **Obv:** National arms **Rev:** Value below date within wreath **Mint:** Mexico City **Note:** Mint mark Mo.

Date	Mintage	F12	VF20	XF40	MS60	MS63
1905 Narrow date	6,040,000	4.00	6.50	14.00	75.00	—
1905 Wide date	—	4.00	6.50	14.00	75.00	—
1906 Narrow date	Est. 67505000	0.50	0.75	1.25	14.00	25.00
Note: 50,000,000 pcs. were struck at the Birmingham Mint						
1906 Wide date	Inc. above	0.75	1.50	2.50	22.00	—
1910 Narrow date	8,700,000	2.00	3.00	6.50	65.00	95.00
1910 Wide date	—	2.00	3.00	6.50	65.00	95.00
1911 Narrow date	16,450,000	0.60	1.00	2.75	22.50	—

Date	Mintage	F12	VF20	XF40	MS60	MS63
1911 Wide date	Inc. above	0.75	1.00	4.00	35.00	—
1912	12,650,000	1.00	1.35	3.25	35.00	—
1913	12,850,000	0.75	1.25	3.00	35.00	—
1914 Narrow date	17,350,000	0.75	1.00	3.00	15.00	20.00
1914 Wide date	Inc. above	0.75	1.00	3.00	15.00	20.00
1915	2,277,000	11.00	25.00	65.00	250	—
1916	500,000	45.00	80.00	170	1,200	—
1920	1,433,000	22.00	50.00	115	400	—
1921	3,470,000	5.50	15.50	47.00	260	—
1922	1,880,000	9.00	17.00	50.00	240	—
1923	4,800,000	0.75	1.25	1.75	13.50	—
1924/3	2,000,000	65.00	170	275	525	—
1924	Inc. above	4.50	11.00	22.00	245	300
1925	1,550,000	4.50	10.00	25.00	215	—
1926	5,000,000	1.00	2.00	4.00	20.00	28.00
1927/6	6,000,000	25.00	40.00	65.00	175	—
1927	Inc. above	0.75	1.25	4.50	30.00	45.00
1928	5,000,000	0.75	1.00	3.25	16.50	28.00
1929	4,500,000	0.75	1.00	1.75	15.00	25.00
1930	7,000,000	0.75	1.00	2.50	20.00	—
1933	10,000,000	0.25	0.35	1.75	15.00	22.00
1934	7,500,000	0.25	0.95	3.25	40.00	—
1935	12,400,000	0.15	0.25	0.40	10.00	15.00
1936	20,100,000	0.15	0.20	0.30	9.00	—
1937	20,000,000	0.15	0.25	0.35	4.00	6.00
1938	10,000,000	0.10	0.15	0.30	2.00	3.00
1939	30,000,000	0.10	0.20	0.30	1.00	2.50
1940	10,000,000	0.20	0.30	0.60	4.50	8.50
1941	15,800,000	0.15	0.25	0.35	2.00	3.00
1942	30,400,000	0.15	0.20	0.30	1.25	2.00
1943	4,310,000	0.30	0.50	0.75	8.00	12.50
1944	5,645,000	0.15	0.25	0.50	5.50	8.50
1945	26,375,000	0.10	0.15	0.25	1.00	1.75
1946	42,135,000	—	0.15	0.20	0.60	1.50
1947	13,445,000	—	0.10	0.15	0.80	1.50
1948	20,040,000	0.10	0.15	0.30	1.10	2.25
1949	6,235,000	0.10	0.15	0.30	1.25	3.00

Note: Varieties exist

KM# 416 1.50 g., Bronze, 16mm. **Obv:** National arms **Rev:** Value below date within wreath **Mint:** Mexico City **Note:** Zapata issue. Struck at Mexico City Mint, mint mark Mo. Reduced size. Weight varies 1.39-1.5g.

Date	Mintage	F12	VF20	XF40	MS60	MS63
1915	179,000	18.00	30.00	60.00	85.00	—

KM# 417 2.00 g., Brass, 16mm. **Obv:** National arms, eagle left **Rev:** Oat sprigs **Mint:** Mexico City **Note:** Mint mark Mo.

Date	Mintage	F12	VF20	XF40	MS60	MS63
1950	12,815,000	—	0.15	0.35	1.65	2.25
1951	25,740,000	—	0.15	0.35	0.65	1.25
1952	24,610,000	—	0.10	0.25	0.40	0.85
1953	21,160,000	—	0.10	0.25	0.40	0.85

Date	Mintage	F12	VF20	XF40	MS60	MS63
1954	25,675,000	—	0.10	0.15	0.85	1.50
1955	9,820,000	—	0.15	0.25	0.85	1.75
1956	11,285,000	—	0.15	0.25	0.80	1.75
1957	9,805,000	—	0.15	0.25	0.85	1.50
1958	12,155,000	—	0.10	0.25	0.45	0.75
1959	11,875,000	—	0.10	0.25	0.75	1.50
1960	10,360,000	—	0.10	0.15	0.40	0.65
1961	6,385,000	—	0.10	0.15	0.45	0.85
1962	4,850,000	—	0.10	0.15	0.55	0.90
1963	7,775,000	—	0.10	0.15	0.25	0.45
1964	4,280,000	—	0.10	0.15	0.20	0.30
1965	2,255,000	—	0.10	0.15	0.25	0.40
1966	1,760,000	—	0.10	0.25	0.60	1.00
1967	1,290,000	—	0.10	0.15	0.40	0.75
1968	1,000,000	—	0.10	0.20	0.85	1.45
1969	1,000,000	—	0.10	0.15	0.65	0.85

KM# 418 1.50 g., Brass, 13mm. **Obv:** National arms, eagle left **Rev:** Oat sprigs **Mint:** Mexico City **Note:** Reduced size.

Date	Mintage	F12	VF20	XF40	MS60	MS63
1970Mo	1,000,000	—	0.20	0.40	1.45	2.25
1972Mo	1,000,000	—	0.20	0.45	2.50	4.00
1972/2Mo	—	—	0.50	1.25	3.50	5.00
1973Mo	1,000,000	—	1.65	2.75	8.50	17.50

2 CENTAVOS

KM# 419 6.00 g., Bronze, 25mm. **Obv:** National arms **Rev:** Value below date within wreath **Mint:** Mexico City **Note:** Mint mark Mo.

Date	Mintage	F12	VF20	XF40	MS60	MS63
1905	50,000	150	300	500	1,150	1,350
1906 Inverted 6	9,998,000	30.00	55.00	120	375	—
1906 Wide date	Inc. above	5.00	11.00	28.00	85.00	110
1906 Narrow date	Inc. above	6.50	14.00	30.00	95.00	—

Note: 5,000,000 pieces were struck at the Birmingham Mint

Date	Mintage	F12	VF20	XF40	MS60	MS63
1920	1,325,000	6.50	17.50	75.00	200	350
1921	4,275,000	2.50	4.75	15.00	100	—
1922	—	225	550	1,750	5,500	—
1924	750,000	8.50	27.50	75.00	450	—
1925	3,650,000	2.50	3.50	7.50	35.00	40.00
1926	4,750,000	1.00	2.25	5.50	40.00	—
1927	7,250,000	0.60	1.00	4.50	22.00	35.00
1928	3,250,000	0.75	1.50	4.75	25.00	38.00
1929	250,000	85.00	225	550	1,200	—
1935	1,250,000	4.25	9.25	65.00	195	275
1939	5,000,000	0.60	0.90	2.25	20.00	30.00
1941	3,550,000	0.45	0.60	1.25	18.00	28.00

KM# 420 3.00 g., Bronze, 20mm.   **Obv:** National arms **Rev:** Value below date within wreath **Mint:** Mexico City **Note:** Zapata issue. Mint mark Mo. Reduced size. Weight varies 3-3.03g.

Date	Mintage	F12	VF20	XF40	MS60	MS63
1915	487,000	7.50	9.00	17.50	75.00	—

5 CENTAVOS

KM# 421 5.00 g., Nickel, 20mm.   **Obv:** National arms **Rev:** Value and date within beaded circle **Mint:** Mexico City **Note:** Mint mark Mo. Varieties exist.

Date	Mintage	F12	VF20	XF40	MS60	MS63
1905	1,420,000	7.00	10.00	28.00	295	385
1906/5	10,615,000	13.00	30.00	70.00	375	—
1906	Inc. above	0.75	1.35	3.25	50.00	75.00
1907	4,000,000	1.25	4.00	35.00	350	450
1909	2,052,000	3.25	10.00	50.00	370	—
1910	6,181,000	1.30	3.50	9.00	75.00	125
1911 Narrow date	4,487,000	1.00	3.00	7.00	85.00	135
1911 Wide date	Inc. above	2.50	5.00	9.00	110	170
1912 Small mint mark	420,000	90.00	100	230	725	—
1912 Large mint mark	Inc. above	70.00	95.00	200	575	—
1913	2,035,000	1.75	4.25	30.00	200	300

Note: Wide and narrow dates exist for 1913

| 1914 | 2,000,000 | 1.00 | 2.00 | 5.00 | 70.00 | 110 |

Note: 5,000,000 pieces appear to have been struck at the Birmingham Mint in 1914 and all of 1909-1911. The Mexican Mint report does not mention receiving the 1914 dated coins

KM# 422 9.00 g., Bronze, 28mm.   **Obv:** National arms **Rev:** Value below date within wreath **Mint:** Mexico City

Date	Mintage	F12	VF20	XF40	MS60	MS63
1914Mo	2,500,000	10.00	23.00	65.00	300	—
1915Mo	11,424,000	3.00	5.00	35.00	165	265
1916Mo	2,860,000	15.00	35.00	175	650	—
1917Mo	800,000	75.00	225	400	900	—
1918Mo	1,332,000	35.00	90.00	250	675	—
1919Mo	400,000	115	225	360	950	—
1920Mo	5,920,000	3.00	8.00	45.00	250	350
1921Mo	2,080,000	10.00	24.00	75.00	275	—
1924Mo	780,000	40.00	95.00	275	700	—
1925Mo	4,040,000	5.50	11.00	45.00	225	—
1926Mo	3,160,000	5.50	11.00	48.00	325	—
1927Mo	3,600,000	4.00	7.00	35.00	230	350
1928Mo Large date	1,740,000	11.00	18.00	65.00	250	375
1928Mo Small date	Inc. above	30.00	45.00	100	385	—
1929Mo	2,400,000	5.50	12.00	50.00	245	—
1930Mo	2,600,000	5.00	8.00	28.00	225	—

Note: Large oval O in date

| 1930Mo | Inc. above | 65.00 | 125 | 250 | 565 | — |

Note: Small square O in date

1931Mo	—	475	750	1,450	4,000	—
1933Mo	8,000,000	1.50	2.25	3.50	27.50	45.00
1934Mo	10,000,000	1.25	1.75	2.75	25.00	50.00
1935Mo	21,980,000	0.75	1.20	2.50	22.50	40.00

KM# 423 4.00 g., Copper-Nickel, 20.5mm.   **Obv:** National arms, eagle left **Rev:** Value and date within circle **Mint:** Mexico City

Date	Mintage	F12	VF20	XF40	MS60	MS63
1936M	46,700,000	—	0.65	1.25	7.50	8.50
1937M	49,060,000	—	0.50	1.00	7.00	8.00
1938M	3,340,000	—	4.00	10.00	80.00	200
1940M	22,800,000	—	0.75	1.25	8.00	10.00
1942M	7,100,000	—	1.50	3.00	30.00	50.00

KM# 424 6.50 g., Bronze, 25.5mm.   **Obv:** National arms, eagle left **Rev:** Head left **Mint:** Mexico City

Date	Mintage	F12	VF20	XF40	MS60	MS63
1942Mo	900,000	—	25.00	75.00	375	550
1943Mo	54,660,000	—	0.50	0.75	2.50	3.50
1944Mo	53,463,000	—	0.25	0.35	0.75	1.00
1945Mo	44,262,000	—	0.25	0.35	0.75	1.25
1946Mo	49,054,000	—	0.50	1.00	2.00	3.00
1951Mo	50,758,000	—	0.75	0.90	3.00	5.00
1952Mo	17,674,000	—	1.50	2.50	9.50	11.50
1953Mo	31,568,000	—	1.25	2.00	6.00	9.00
1954Mo	58,680,000	—	0.40	1.00	2.75	4.00
1955Mo	31,114,000	—	2.00	3.00	11.00	14.00

KM# 425 4.00 g., Copper-Nickel, 20.5mm. **Obv:** National arms, eagle left **Rev:** Bust right flanked by date and value **Mint:** Mexico City

Date	Mintage	F12	VF20	XF40	MS60	MS63
1950Mo	5,700,000	—	0.75	1.50	6.00	7.00

Note: 5,600,000 pieces struck at Connecticut melted

KM# 426 4.00 g., Brass, 20.4mm. **Obv:** National arms, eagle left **Rev:** Bust right **Mint:** Mexico City

Date	Mintage	F12	VF20	XF40	MS60	MS63
1954Mo Dot	—	—	10.00	50.00	290	375
1954Mo Without dot	—	—	15.00	35.00	265	325
1955Mo	12,136,000	—	0.75	1.50	7.50	12.50
1956Mo	60,216,000	—	0.20	0.30	0.75	1.25
1957Mo	55,288,000	—	0.15	0.20	0.90	1.50
1958Mo	104,624,000	—	0.15	0.20	0.60	1.00
1959Mo	106,000,000	—	0.15	0.25	0.75	1.25
1960Mo	99,144,000	—	0.10	0.15	0.50	0.75
1961Mo	61,136,000	—	0.10	0.15	0.50	0.75
1962Mo	47,232,000	—	0.10	0.15	0.25	0.35
1963Mo	156,680,000	—	—	0.15	0.25	0.40
1964Mo	71,168,000	—	—	0.15	0.20	0.40
1965Mo	155,720,000	—	—	0.15	0.25	0.35
1966Mo	124,944,000	—	—	0.15	0.40	0.65
1967Mo	118,816,000	—	—	0.15	0.25	0.40
1968Mo	189,588,000	—	—	0.15	0.50	0.75
1969Mo	210,492,000	—	—	0.15	0.55	0.80

KM# 426a Copper-Nickel, 20.5mm. **Obv:** National arms, eagle left **Rev:** Bust right **Mint:** Mexico City

Date	Mintage	F12	VF20	XF40	MS60	MS63
1960Mo	—	—	250	300	375	—
1962Mo	19	—	250	300	375	—
1965Mo	—	—	250	300	375	—

KM# 427 2.75 g., Brass, 18mm. **Obv:** National arms, eagle left **Rev:** Bust right **Note:** Due to some minor alloy variations this type is often encountered with a bronze-color toning. Reduced size.

Date	Mintage	F12	VF20	XF40	MS60	MS63
1970Mo	163,368,000	—	0.10	0.15	0.35	0.45
1971Mo	198,844,000	—	0.15	0.25	0.30	0.30
1972Mo	225,000,000	—	0.10	0.15	0.25	0.30
1973Mo Flat top 3	595,070,000	—	0.10	0.15	0.25	0.40

Date	Mintage	F12	VF20	XF40	MS60	MS63
1973Mo Round top 3	Inc. above	—	0.10	0.15	0.20	0.30
1974Mo	401,584,000	—	0.10	0.15	0.30	0.40
1975Mo	342,308,000	—	0.10	0.15	0.25	0.35
1976Mo	367,524,000	—	0.10	0.15	0.40	0.60

10 CENTAVOS

KM# 428 2.50 g., 0.800 Silver, 0.0643 oz. ASW 18mm. **Obv:** National arms **Rev:** Value and date within 3/4 wreath with Liberty cap above **Mint:** Mexico City **Note:** Mint mark Mo.

Date	Mintage	F12	VF20	XF40	MS60	MS63
1905	3,920,000	2.50	6.00	8.00	37.00	50.00
1906	8,410,000	2.50	5.50	7.50	27.00	40.00
1907/6	5,950,000	15.00	50.00	135	310	375
1907	Inc. above	2.50	5.50	6.25	35.00	50.00
1909	2,620,000	2.75	8.50	13.00	75.00	110
1910/00	3,450,000	3.00	10.00	25.00	60.00	85.00
1910	Inc. above	2.50	7.00	15.00	25.00	40.00
1911 Narrow date	2,550,000	3.00	11.00	17.00	80.00	125
1911 Wide date	Inc. above	2.50	7.50	10.00	45.00	65.00
1912	1,350,000	3.00	10.00	18.00	125	175
1912 Low 2	Inc. above	3.00	10.00	18.00	110	155
1913/2	1,990,000	3.00	10.00	25.00	40.00	70.00
1913	Inc. above	2.50	7.00	10.00	30.00	45.00
1914	3,110,000	2.50	5.50	7.00	15.00	25.00

Note: Wide and narrow dates exist for 1914

KM# 429 1.81 g., 0.800 Silver, 0.0466 oz. ASW 15mm. **Obv:** National arms **Rev:** Value and date within 3/4 wreath with Liberty cap above **Mint:** Mexico City **Note:** Mint mark Mo. Reduced size.

Date	Mintage	F12	VF20	XF40	MS60	MS63
1919	8,360,000	3.00	10.00	15.00	85.00	125

KM# 430 12.00 g., Bronze, 30.5mm. **Obv:** National arms **Rev:** Value below date within wreath **Mint:** Mexico City **Note:** Mint mark Mo.

ESTADOS UNIDOS

Date	Mintage	F12	VF20	XF40	MS60	MS63
1919	1,232,000	7.00	25.00	85.00	455	550
1920	6,612,000	5.00	15.00	50.00	385	475
1921	2,255,000	10.00	35.00	95.00	650	800
1935	5,970,000	4.50	14.00	35.00	125	200

KM# 431 1.66 g., 0.720 Silver, 0.0384 oz. ASW 15mm. **Obv:** National arms **Rev:** Value and date within wreath with Liberty cap above **Mint:** Mexico City **Note:** Mint mark Mo.

Date	Mintage	F12	VF20	XF40	MS60	MS63
1925/15	5,350,000	10.00	30.00	75.00	115	175
1925/3	Inc. above	8.00	20.00	40.00	110	175
1925	Inc. above	0.70	2.00	5.00	40.00	50.00
1926/16	2,650,000	10.00	30.00	75.00	115	175
1926	Inc. above	1.80	3.50	7.50	60.00	95.00
1927	2,810,000	0.70	2.25	3.00	17.50	25.00
1928	5,270,000	0.70	2.00	2.75	13.50	20.00
1930	2,000,000	1.75	3.75	5.00	18.50	28.00
1933	5,000,000	0.70	1.50	3.00	10.00	17.00
1934	8,000,000	0.70	1.75	2.50	8.00	16.00
1935	3,500,000	1.50	2.75	5.00	11.00	18.00

KM# 432 5.50 g., Copper-Nickel, 23.5mm. **Obv:** National arms, eagle left **Rev:** Value and date within circle **Mint:** Mexico City **Note:** Mint mark Mo.

Date	Mintage	F12	VF20	XF40	MS60	MS63
1936	33,030,000	—	0.75	2.50	10.00	14.00
1937	3,000,000	2.00	10.00	50.00	200	250
1938	3,650,000	1.25	2.00	7.00	65.00	90.00
1939	6,920,000	—	1.00	3.50	27.50	35.00
1940	12,300,000	—	0.40	1.25	5.00	8.00
1942	14,380,000	—	0.60	1.50	7.00	12.00
1945	9,558,000	—	0.40	0.70	3.50	5.00
1946	46,230,000	—	0.40	0.60	2.50	4.00

KM# 433 5.50 g., Bronze, 23.5mm. **Obv:** National arms, eagle left **Rev:** Bust left **Mint:** Mexico City **Note:** Mint mark Mo.

Date	Mintage	F12	VF20	XF40	MS60	MS63
1955	1,818,000	—	0.75	3.25	22.00	35.00
1956	5,255,000	—	0.75	3.25	20.00	32.00
1957	11,925,000	—	0.20	0.40	5.00	9.00
1959	26,140,000	—	0.30	0.45	0.65	1.25
1966	5,873,000	—	0.15	0.25	1.00	1.75
1967	32,318,000	—	0.10	0.15	0.30	0.40

Sharp stem

KM# 434.1 1.50 g., Copper-Nickel, **Obv:** National arms, eagle left **Rev:** Upright ear of corn **Edge:** Reeded **Mint:** Mexico City **Note:** Variety I- Sharp stem and wide date

Date	Mintage	F12	VF20	XF40	MS60	MS63
1974Mo	6,000,000	—	—	0.35	0.75	1.00
1975Mo	5,550,000	—	0.10	0.35	0.75	1.00
1976Mo	7,680,000	—	0.10	0.20	0.30	0.40
1977Mo	144,650,000	—	1.25	2.25	3.50	5.50
1978Mo	271,870,000	—	—	1.00	1.50	2.25
1979Mo	375,660,000	—	—	0.50	1.00	1.75
1980/79Mo	21,290,000	—	2.45	3.75	6.50	10.00
1980Mo	Inc. above	—	1.50	2.00	4.50	7.00

Blunt stem

KM# 434.2 1.50 g., Copper-Nickel, **Obv:** National arms, eagle left **Rev:** Upright ear of corn **Edge:** Reeded **Mint:** Mexico City **Note:** Variety II- Blunt stem and narrow date

Date	Mintage	F12	VF20	XF40	MS60	MS63
1974Mo	Inc. above	—	—	0.10	0.20	0.30
1977Mo	Inc. above	—	0.15	0.50	1.25	2.25
1978Mo	Inc. above	—	—	0.10	0.30	0.40
1979Mo	Inc. above	—	0.15	0.35	0.85	1.50
1980Mo	Inc. above	—	—	0.10	0.20	0.30

KM# 434.3 1.50 g., Copper-Nickel, **Obv:** National arms, eagle left **Rev:** Upright ear of corn **Edge:** Reeded **Mint:** Mexico City **Note:** Variety III- Blunt stem and wide date

Date	Mintage	F12	VF20	XF40	MS60	MS63
1980/79Mo	—	—	—	2.50	7.00	9.00

KM# 434.4 1.50 g., Copper-Nickel, **Obv:** National arms, eagle left **Rev:** Upright ear of corn **Edge:** Reeded **Mint:** Mexico City **Note:** Variety IV- Sharp stem and narrow date

Date	Mintage	F12	VF20	XF40	MS60	MS63
1974Mo	—	—	—	—	1.50	2.50
1979Mo	—	—	—	—	1.50	2.50

20 CENTAVOS

KM# 435 5.00 g., 0.800 Silver, 0.1286 oz. ASW 22mm. **Obv:** National arms **Rev:** Value and date within wreath with Liberty cap above **Mint:** Mexico City **Note:** Mint mark Mo.

Date	Mintage	F12	VF20	XF40	MS60	MS63
1905	2,565,000	5.00	12.00	25.00	145	195

Date	Mintage	F12	VF20	XF40	MS60	MS63
1906	6,860,000	4.75	9.00	16.50	50.00	85.00
1907 Straight 7	4,000,000	5.00	11.50	22.00	65.00	125
1907 Curved 7	5,435,000	4.50	7.50	15.00	60.00	120
1908	350,000	50.00	95.00	250	1,800	—
1910	1,135,000	5.00	11.00	16.00	75.00	110
1911	1,150,000	12.00	15.00	40.00	125	175
1912	625,000	20.00	40.00	70.00	325	420
1913	1,000,000	5.00	14.50	30.00	85.00	125
1914	1,500,000	5.00	10.00	22.50	60.00	90.00

KM# 436 3.63 g., 0.800 Silver, 0.0932 oz. ASW 19mm. **Obv:** National arms **Rev:** Value and date within wreath with Liberty cap above **Mint:** Mexico City **Note:** Mint mark Mo. Reduced size.

Date	Mintage	F12	VF20	XF40	MS60	MS63
1919	4,155,000	10.00	30.00	65.00	185	275

KM# 437 15.00 g., Bronze, 32.5mm. **Obv:** National arms **Rev:** Value below date within wreath **Mint:** Mexico City **Note:** Mint mark Mo.

Date	Mintage	F12	VF20	XF40	MS60	MS63
1920	4,835,000	12.00	35.00	125	550	775
1935	20,000,000	2.00	6.00	10.00	75.00	145

KM# 438 3.33 g., 0.720 Silver, 0.0772 oz. ASW 19mm. **Obv:** National arms **Rev:** Value and date within wreath with Liberty cap above **Mint:** Mexico City **Note:** Mint mark Mo.

Date	Mintage	F12	VF20	XF40	MS60	MS63
1920	3,710,000	3.00	9.00	20.00	165	220
1921	6,160,000	3.00	7.00	14.00	90.00	150
1925	1,450,000	4.00	12.00	20.00	135	165
1926/5	1,465,000	7.00	20.00	70.00	335	375
1926	Inc. above	2.75	5.00	11.00	80.00	110
1927	1,405,000	2.75	5.00	12.00	85.00	115
1928	3,630,000	2.75	6.00	8.00	18.00	28.00
1930	1,000,000	2.75	8.00	12.00	28.00	42.00

Date	Mintage	F12	VF20	XF40	MS60	MS63
1933	2,500,000	2.75	3.00	5.00	10.00	16.00
1934	2,500,000	2.75	3.00	6.00	12.00	20.00
1935	2,460,000	2.75	3.00	6.00	12.00	20.00
1937	10,000,000	1.40	2.75	3.00	6.00	9.00
1939	8,800,000	1.40	2.75	3.00	6.00	9.00
1940	3,000,000	1.40	2.75	3.00	5.00	9.00
1941	5,740,000	1.40	2.25	3.00	5.00	8.00
1942	12,460,000	1.40	2.25	3.00	5.00	8.00
1943	3,955,000	1.40	3.00	4.00	6.00	9.00

KM# 439 10.00 g., Bronze, 28.5mm. **Obv:** National arms, eagle left **Rev:** Liberty cap divides value above Pyramid of the Sun at Teotihuacán, volcanos Ixtaccihuatl and Popocatepet in background **Edge:** Plain **Mint:** Mexico City **Note:** Mint mark Mo.

Date	Mintage	F12	VF20	XF40	MS60	MS63
1943	46,350,000	—	1.25	3.00	18.00	28.00
1944	83,650,000	—	0.40	0.65	7.00	12.00
1945	26,801,000	—	1.25	3.50	8.50	15.00
1946	25,695,000	—	1.10	2.25	6.00	9.00
1951	11,385,000	0.50	3.00	8.75	85.00	120
1952	6,560,000	0.50	3.00	5.00	22.00	35.00
1953	26,948,000	—	0.35	0.80	7.00	15.00
1954	40,108,000	—	0.35	0.80	7.00	15.00
1955	16,950,000	0.50	2.75	7.00	55.00	75.00

KM# 440 10.00 g., Bronze, 28.5mm. **Obv:** National arms, eagle left **Rev:** Liberty cap divides value above Pyramid of the Sun at Teotihuacán, volcanos Ixtaccihuatl and Popocatepet in background **Edge:** Plain **Mint:** Mexico City **Note:** Mint mark Mo.

Date	Mintage	F12	VF20	XF40	MS60	MS63
1955 Inc. KM#439	Inc. above	—	0.75	1.75	16.00	22.00
1956	22,431,000	—	0.30	0.35	3.00	5.00
1957	13,455,000	—	0.45	1.25	7.00	13.00
1959	6,017,000	0.75	4.50	9.00	65.00	100
1960	39,756,000	—	0.15	0.25	0.75	1.00
1963	14,869,000	—	0.25	0.35	0.80	1.00
1964	28,654,000	—	0.25	0.40	0.90	1.25
1965	74,162,000	—	0.20	0.35	0.80	1.00
1966	43,745,000	—	0.15	0.25	0.75	1.00
1967	46,487,000	—	0.20	0.50	1.00	1.25
1968	15,477,000	—	0.30	0.55	1.35	1.65
1969	63,647,000	—	0.20	0.35	0.80	1.00
1970	76,287,000	—	0.15	0.20	0.90	1.30
1971	49,892,000	—	0.30	0.50	1.25	2.00

KM# 441 10.00 g., Bronze, 28.5mm. **Obv:** National arms, eagle left **Rev:** Liberty cap divides value above Pyramid of the Sun at Teotihuacán, volcanos Ixtaccihuatl and Popocatepet in background **Edge:** Plain **Mint:** Mexico City

Date	Mintage	F12	VF20	XF40	MS60	MS63
1971Mo Inc. KM#440	Inc. above	—	0.20	0.35	1.85	2.50
1973Mo	78,398,000	—	0.25	0.35	0.95	1.65
1974Mo	34,200,000	—	0.20	0.35	1.25	2.00

KM# 442 3.00 g., Copper-Nickel, 20mm. **Obv:** National arms, eagle left **Rev:** Bust 3/4 facing flanked by value and date **Edge:** Reeded **Mint:** Mexico City

Date	Mintage	F12	VF20	XF40	MS60	MS63
1974Mo	112,000,000	—	0.10	0.15	0.25	0.30
1975Mo	611,000,000	—	0.10	0.15	0.30	0.35
1976Mo	394,000,000	—	0.10	0.15	0.35	0.45
1977Mo	394,350,000	—	0.10	0.15	0.40	0.50
1978Mo	527,950,000	—	0.10	0.15	0.25	0.30
1979Mo	524,615,000	—	0.10	0.15	0.25	0.30
1979Mo	—	—	1.25	2.00	4.00	8.00
Note: Doubled die obv. small letters							
1979Mo	—	—	1.25	2.00	4.00	8.00
Note: Doubled die obv. large letters							
1980Mo	326,500,000	—	0.15	0.20	0.30	0.40
1981Mo Open 8	106,205,000	—	0.30	0.50	1.00	2.00
1981Mo Closed 8, high date	248,500,000	—	0.30	0.50	1.00	2.00
1981Mo Closed 8, low date	—	—	1.00	1.50	3.50	4.25
1981/1982Mo	—	10.00	40.00	75.00	165	195
Note: The 1981/1982 overdate is often mistaken as 1982/1981							
1982Mo	286,855,000	—	0.40	0.60	0.90	1.10
1983Mo Round top 3	100,930,000	—	0.25	0.40	1.75	2.25
1983Mo Flat top 3	Inc. above	—	0.25	0.50	1.25	1.75
1983 Mo	998	PF63 45.00					

KM# 491 3.00 g., Bronze, 20mm. **Subject:** Olmec Culture **Obv:** National arms, eagle left **Rev:** Mask 3/4 right with value below

Date	Mintage	VF20	XF40	MS60	MS63	MS65
1983 Mo	53	PF63 185					
1983 Mo	260,000,000	0.20	0.25	1.25	1.75	—
1984 Mo	180,320,000	0.20	0.35	1.85	2.25	—

25 CENTAVOS

KM# 443 3.33 g., 0.300 Silver, 0.0321 oz. ASW 21.5mm. **Obv:** National arms, eagle left **Rev:** Scale below Liberty cap **Edge:** Reeded **Mint:** Mexico City **Note:** Mint mark Mo.

Date	Mintage	F12	VF20	XF40	MS60	MS63
1950	77,060,000	—	1.25	1.50	2.00	2.50
1951	41,172,000	—	1.25	1.50	2.00	2.50
1952	29,264,000	—	1.25	1.50	2.25	2.75
1953	38,144,000	—	1.25	1.25	2.00	2.50

KM# 444 5.50 g., Copper-Nickel, 23mm. **Obv:** National arms, eagle left **Rev:** Bust 3/4 facing **Edge:** Reeded **Mint:** Mexico City

Date	Mintage	VF20	XF40	MS60	MS63
1964Mo	20,686,000	—	0.15	0.20	0.30
1966Mo Closed beak	180,000	0.75	1.25	3.00	4.50
1966Mo Open beak	Inc. above	2.00	4.00	12.00	15.00

50 CENTAVOS

KM# 445 12.50 g., 0.800 Silver, 0.3215 oz. ASW 30mm. **Obv:** National arms **Rev:** Value and date within 3/4 wreath with Liberty cap above **Mint:** Mexico City **Note:** Mint mark Mo.

Date	Mintage	F12	VF20	XF40	MS60	MS63
1905	2,446,000	12.00	20.00	35.00	170	250
1906 Open 9	16,966,000	6.00	12.00	15.00	50.00	85.00
1906 Closed 9	Inc. above	6.00	9.50	14.00	48.00	70.00
1907 Straight 7	18,920,000	6.00	9.00	13.50	32.00	42.00

Date	Mintage	F12	VF20	XF40	MS60	MS63
1907	14,841,000	6.00	9.50	14.00	35.00	45.00
Curved 7						
1908	488,000	25.00	80.00	175	525	675
1912	3,736,000	12.00	22.50	20.00	50.00	85.00
1913/07	10,510,000	15.00	40.00	90.00	225	300
1913/2	Inc. above	11.00	20.00	27.50	70.00	100
1913	Inc. above	6.00	9.00	12.50	32.00	42.00
1914	7,710,000	6.00	12.50	20.00	42.00	65.00
1916	480,000	20.00	60.00	85.00	245	350
Narrow date						
1916	Inc. above	20.00	60.00	85.00	245	350
Wide date						
1917	37,112,000	6.00	9.50	14.00	27.00	33.00
1918	1,320,000	20.00	70.00	135	300	425

KM# 446 9.06 g., 0.800 Silver, 0.2331 oz. ASW 27mm. **Obv:** National arms **Rev:** Value and date within 3/4 wreath with Liberty cap above **Mint:** Mexico City **Note:** Mint mark Mo. Reduced size.

Date	Mintage	F12	VF20	XF40	MS60	MS63
1918/7	2,760,000	175	525	700	1,450	—
1918	Inc. above	9.00	20.00	70.00	325	450
1919	29,670,000	4.25	12.00	25.00	140	180

KM# 447 8.33 g., 0.720 Silver, 0.1929 oz. ASW 27mm. **Obv:** National arms **Rev:** Value and date within 3/4 wreath with Liberty cap above **Edge Lettering:** INDEPENDENCIA Y LIBERTAD **Mint:** Mexico City **Note:** Mint mark Mo.

Date	Mintage	F12	VF20	XF40	MS60	MS63
1919	10,200,000	3.50	12.00	22.00	95.00	130
1920	27,166,000	3.50	7.50	17.00	70.00	90.00
1921	21,864,000	3.50	7.50	17.00	90.00	120
1925	3,280,000	6.50	17.50	35.00	145	185
1937	20,000,000	3.50	6.00	9.00	13.00	18.00
1938	100,000	15.00	50.00	95.00	245	365
1939	10,440,000	3.50	6.00	9.00	16.00	25.00
1942	800,000	3.50	6.50	10.00	18.00	22.00
1943	41,512,000	3.50	6.00	9.00	12.00	15.00
1944	55,806,000	3.50	6.00	9.00	12.00	15.00
1945	56,766,000	3.50	6.00	9.00	12.00	15.00

KM# 448 7.97 g., 0.420 Silver, 0.1077 oz. ASW 27mm. **Obv:** National arms **Rev:** Value and date within 3/4 wreath with Liberty cap above **Mint:** Mexico City **Note:** Mint mark Mo.

Date	Mintage	F12	VF20	XF40	MS60	MS63
1935	70,800,000	2.75	4.00	5.00	9.00	12.00

KM# 449 6.66 g., 0.300 Silver, 0.0642 oz. ASW 26mm. **Obv:** National arms, eagle left **Rev:** Head with head covering right **Mint:** Mexico City **Note:** Mint mark Mo.

Date	Mintage	F12	VF20	XF40	MS60	MS63
1950	13,570,000	—	2.50	2.75	5.00	8.00
1951	3,650,000	—	3.00	4.00	6.00	9.00

KM# 450 14.00 g., Bronze, 33mm. **Obv:** National arms, eagle left **Rev:** Head with headdress left **Edge:** Reeded **Mint:** Mexico City **Note:** Mint mark Mo.

Date	Mintage	F12	VF20	XF40	MS60	MS63
1955	3,502,000	—	1.50	3.00	4.00	8.00
1956	34,643,000	—	0.75	1.50	7.00	9.00
1957	9,675,000	—	1.00	2.00	6.50	8.00
1959	4,540,000	—	0.50	0.75	2.00	3.50

KM# 451 6.50 g., Copper-Nickel, 25mm. **Obv:** National arms, eagle left **Rev:** Head with headdress left **Edge:** Reeded **Mint:** Mexico City

Date	Mintage	F12	VF20	XF40	MS60	MS63
1964Mo	43,806,000	—	0.15	0.20	0.40	0.60
1965Mo	14,326,000	—	0.20	0.25	0.45	0.65
1966Mo	1,326,000	—	0.20	0.40	1.50	2.00
1967Mo	55,144,000	—	0.20	0.30	0.75	1.25
1968Mo	80,438,000	—	0.15	0.30	0.65	1.00
1969Mo	87,640,000	—	0.20	0.35	0.80	1.25

KM# 452 6.50 g., Copper-Nickel, 25mm. **Obv:** National arms, eagle left **Rev:** Head with headdress left **Edge:** Reeded **Mint:** Mexico City **Note:** Coins

ESTADOS UNIDOS

dated 1975 and 1976 exist with and without dots in centers of three circles on plumage on reverse. Edge varieties exist.

Date	Mintage	F12	VF20	XF40	MS60	MS63
1970Mo	76,236,000	—	0.15	0.20	0.80	1.35
1971Mo	125,288,000	—	0.15	0.20	0.90	1.45
1972Mo	16,000,000	—	1.25	2.00	3.50	5.50
1975Mo Dots	177,958,000	—	0.65	1.75	3.50	6.00
1975Mo No dots	Inc. above	—	0.15	0.20	0.75	1.25
1976Mo Dots	37,480,000	—	0.75	1.50	5.00	7.00
1976Mo No dots	Inc. above	—	0.15	0.20	0.50	0.90
1977Mo	12,410,000	—	6.50	10.00	32.50	45.00
1978Mo	85,400,000	—	0.15	0.25	0.50	1.20
1979Mo Round 2nd 9 in date	229,000,000	—	0.15	0.25	0.50	1.00
1979Mo Square 9's in date	Inc. above	—	0.20	0.40	1.60	2.25
1980Mo Narrow date, square 9	89,978,000	—	0.45	0.75	1.75	2.50
1980Mo Wide date, round 9	178,188,000	—	0.20	0.25	1.00	2.25
1981Mo Rectangular 9, narrow date	142,212,000	—	0.50	0.75	1.75	2.50
1981Mo Round 9, wide date	Inc. above	—	0.30	0.50	1.25	1.75
1982Mo	45,474,000	—	0.20	0.40	1.95	1.75
1983Mo	90,318,000	—	0.50	0.75	1.75	2.50
1983 Mo	998	PF63 45.00				

KM# 492 4.40 g., Stainless Steel, 22mm. **Subject:** Palenque Culture **Obv:** National arms, eagle left **Rev:** Head with headdress 3/4 left

Date	Mintage	VF20	XF40	MS60	MS63	MS65
1983 Mo	99,540,000	—	0.30	1.50	2.50	—
1983 Mo	53	PF63 195				

PESO

KM# 453 27.07 g., 0.903 Silver, 0.7859 oz. ASW 39mm. **Subject:** Caballito **Obv:** National arms **Rev:** Horse and rider facing left among sun rays **Designer:** Charles Pillet **Mint:** Mexico City **Note:** Mint mark Mo.

Date	Mintage	F12	VF20	XF40	MS60	MS63
1910	3,814,000	14.50	45.00	50.00	185	275
1911	1,227,000	14.50	45.00	75.00	200	300
Note: Long lower left ray on reverse						
1911	Inc. above	50.00	145	250	750	950
Note: Short lower left ray on reverse						
1912	322,000	35.00	100	210	365	500
1913/2	2,880,000	14.50	45.00	75.00	300	450
1913	Inc. above	14.50	45.00	70.00	195	300
Note: 1913 coins exist with even and unevenly spaced date						
1914	120,000	300	700	1,200	4,000	—

KM# 454 18.13 g., 0.800 Silver, 0.4663 oz. ASW 34mm. **Obv:** National arms **Rev:** Value and date within 3/4 wreath with Liberty cap above **Mint:** Mexico City **Note:** Mint mark Mo.

Date	Mintage	F12	VF20	XF40	MS60	MS63
1918/7	—	250	350	—	—	—
1918	3,050,000	20.00	45.00	150	1,350	2,500
1919	6,151,000	18.00	30.00	125	950	1,750

KM# 455 16.66 g., 0.720 Silver, 0.3857 oz. ASW 34mm. **Obv:** National arms **Rev:** Value and date within 3/4 wreath with Liberty cap above **Edge Lettering:** INDEPENDENCIA Y LIBERTAD **Mint:** Mexico City **Note:** Mint mark Mo.

Date	Mintage	F12	VF20	XF40	MS60	MS63
1920/10	8,830,000	18.00	50.00	90.00	325	—
1920	Inc. above	7.00	15.00	35.00	195	325
1921	5,480,000	7.00	15.00	35.00	195	275
1922	33,620,000	—	7.00	12.00	20.00	35.00
1923	35,280,000	—	7.00	12.00	20.00	35.00
1924	33,060,000	—	7.00	12.00	20.00	35.00
1925	9,160,000	—	7.00	12.00	60.00	85.00
1926	28,840,000	—	7.00	12.00	25.00	40.00
1927	5,060,000	7.00	12.00	16.00	70.00	90.00
1932 Open 9	50,770,000	—	—	7.00	12.00	16.00
1932 Closed 9	Inc. above	—	—	7.00	12.00	16.00
1933/2	43,920,000	14.00	20.00	35.00	100	—
1933	Inc. above	—	7.00	12.50	16.50	18.00
1934	22,070,000	—	—	7.00	15.00	22.00
1935	8,050,000	—	7.00	12.00	16.00	24.00
1938	30,000,000	—	—	7.00	12.00	16.50
1940	20,000,000	—	—	7.00	12.00	16.50
1943	47,662,000	—	—	7.00	12.00	16.50
1944	39,522,000	—	—	7.00	12.00	16.50
1945	37,300,000	—	—	7.00	12.00	16.50

KM# 456 14.00 g., 0.500 Silver, 0.2251 oz. ASW 32mm. **Obv:** National arms, eagle left **Rev:** Head with headcovering right **Edge:** Reeded **Mint:** Mexico City **Note:** Mint mark Mo.

Date	Mintage	F12	VF20	XF40	MS60	MS63
1947	61,460,000	—	—	4.25	7.00	10.00
1948	22,915,000	—	—	4.25	7.00	10.00
1949	—	PF63	4,500			
1949	4,000,000	350	650	1,300	1,800	2,750

Note: Not released for circulation

KM# 457 13.33 g., 0.300 Silver, 0.1286 oz. ASW 32mm. **Obv:** National arms, eagle left **Rev:** Armored bust 3/4 left **Mint:** Mexico City **Note:** Mint mark Mo.

Date	Mintage	F12	VF20	XF40	MS60	MS63
1950	3,287,000	—	5.00	6.00	10.00	15.00

KM# 458 16.00 g., 0.100 Silver, 0.0514 oz. ASW 34.5mm. **Subject:** 100th Anniversary of Constitution **Obv:** National arms, eagle left within wreath **Obv. Designer:** Manuel L. Negrete **Rev:** Head left **Edge Lettering:** INDEPENDENCIA Y LIBERTAD **Mint:** Mexico City **Note:** Mint mark Mo.

Date	Mintage	F12	VF20	XF40	MS60	MS63
1957	500,000	—	4.00	6.00	12.50	16.50

KM# 459 16.00 g., 0.100 Silver, 0.0514 oz. ASW 34.5mm. **Obv:** National arms, eagle left within wreath **Rev:** Armored bust right within wreath **Edge Lettering:** INDEPENDENCIA Y LIBERTAD **Mint:** Mexico City **Note:** Mint mark Mo.

Date	Mintage	F12	VF20	XF40	MS60	MS63
1957	28,273,000	—	0.90	2.00	3.00	10.00
1958	41,899,000	—	—	0.90	2.00	3.00
1959	27,369,000	—	0.90	2.00	5.50	8.00
1960	26,259,000	—	0.90	2.00	3.50	6.00
1961	52,601,000	—	—	0.90	2.50	5.00
1962	61,094,000	—	—	0.90	2.00	4.00
1963	26,394,000	—	—	0.90	2.00	2.50
1964	15,615,000	—	—	0.90	2.00	2.50
1965	5,004,000	—	—	0.90	2.00	2.50
1966	30,998,000	—	—	0.90	2.00	2.25
1967	9,308,000	—	—	0.90	2.75	4.50

Tall date

KM# 460 9.00 g., Copper-Nickel, 29mm. **Obv:** National arms, eagle left **Rev:** Head left **Edge:** Reeded **Mint:** Mexico City

Date	Mintage	F12	VF20	XF40	MS60	MS63
1970Mo Narrow date	102,715,000	—	0.25	0.35	0.65	0.80
1970Mo Wide date	Inc. above	—	1.25	2.50	7.50	10.00
1971Mo	426,222,000	—	0.20	0.25	0.55	0.75
1972Mo	120,000,000	—	0.20	0.25	0.40	0.65
1974Mo	63,700,000	—	0.20	0.25	0.65	0.90
1975Mo Tall narrow date	205,979,000	—	0.25	0.45	1.00	1.35
1975Mo Short wide date	Inc. above	—	0.30	0.40	0.75	1.00
1976Mo	94,489,000	—	0.15	0.20	0.50	0.75
1977Mo Thick date close to rim	94,364,000	—	0.25	0.45	1.00	1.25
1977Mo Thin date, space between sideburns and collar	Inc. above	—	1.00	2.50	8.50	16.50
1978Mo Closed 8	208,300,000	—	0.20	0.30	1.00	1.50
1978Mo Open 8	55,140,000	—	1.00	2.50	14.00	20.00
1979Mo Thin date	117,884,000	—	0.20	0.30	1.15	1.50
1979Mo Thick date	Inc. above	—	0.20	0.30	1.25	1.75
1980Mo Closed 8	318,800,000	—	0.25	0.35	1.00	1.25
1980Mo Open 8	23,865,000	—	0.75	1.50	8.00	15.00
1981Mo Closed 8	413,349,000	—	0.20	0.30	0.75	0.90
1981Mo Open 8	58,616,000	—	0.50	1.25	6.50	9.00
1982Mo Closed 8	235,000,000	—	0.25	0.75	2.25	2.50
1982Mo Open 8	—	—	0.75	1.50	8.00	15.00
1983Mo Wide date	100,000,000	—	0.30	0.45	3.00	3.50
1983Mo Narrow date	Inc. above	—	0.30	0.45	3.00	4.50
1983 Mo	1,051,000	PF63 38.00				

KM# 496 5.70 g., Stainless Steel, 24.5mm. **Obv:** National arms, eagle left **Rev:** Armored bust right

Date	Mintage	VF20	XF40	MS60	MS63	MS65
1984 Mo	722,802,000	0.10	0.25	0.65	1.45	—

Date	Mintage	VF20	XF40	MS60	MS63	MS65
1985 Mo	985,000,000	0.10	0.25	0.50	1.25	—
1986 Mo	740,000,000	0.10	0.25	0.50	1.25	—
1987 Mo	250,000,000	0.10	0.25	0.50	1.25	—
1987 Mo Proof; 2 known	—	PF63 1,000				

2 PESOS

KM# 461 1.67 g., 0.900 Gold, 0.0482 oz. AGW 13mm. **Obv:** National arms **Rev:** Date above value within wreath **Mint:** Mexico City **Note:** Mint mark Mo.

Date	Mintage	F12	VF20	XF40	MS60
1919	1,670,000	—	67.00	86.00	107
1920/10	—	67.00	86.00	96.00	145
1920	4,282,000	—	67.00	86.00	107
1944	10,000	67.00	86.00	96.00	135
1945	Est. 140000	—	—	—	77.00
1946	168,000	67.00	86.00	107	165
1947	25,000	67.00	86.00	107	145
1948 No specimens known	45,000	—	—	—	—

Note: During 1951-1972 a total of 4,590,493 pieces were restruck, most likely dated 1945. In 1996 matte restrikes were produced. An additional 260,000 pieces dated 1945 were struck during 2000-2017

KM# 462 26.67 g., 0.900 Silver, 0.7716 oz. ASW 39mm. **Subject:** Centennial of Independence **Obv:** National arms, eagle left within wreath **Rev:** Winged Victory **Designer:** Emilio del Moral **Mint:** Mexico City **Note:** Mint mark Mo.

Date	Mintage	F12	VF20	XF40	MS60	MS63
1921	1,278,000	25.00	40.00	75.00	400	675

2-1/2 PESOS

KM# 463 2.08 g., 0.900 Gold, 0.0603 oz. AGW 15.5mm. **Obv:** National arms **Rev:** Miguel Hidalgo y Costilla **Mint:** Mexico City **Note:** Mint mark Mo.

Date	Mintage	F12	VF20	XF40	MS60
1918	1,704,000	—	84.00	100	132
1919	984,000	—	84.00	100	132
1920/10	607,000	—	84.00	107	175
1920	Inc. above	—	84.00	100	132
1944	20,000	—	84.00	107	145
1945	Est. 180000	—	—	—	94.00
1946	163,000	—	84.00	107	145
1947	24,000	225	300	425	750
1948	63,000	—	84.00	100	132

Note: During 1951-1972 a total of 5,025,087 pieces were restruck, most likely dated 1945. In 1996 matte restrikes were produced. An additional 539,000 pieces dated 1945 were struck during 2000-2017

5 PESOS

KM# 464 4.17 g., 0.900 Gold, 0.1206 oz. AGW 19mm. **Obv:** National arms **Rev:** Miguel Hidalgo y Costilla **Mint:** Mexico City **Note:** Mint mark Mo.

Date	Mintage	F12	VF20	XF40	MS60	MS63
1905	18,000	200	230	325	700	—
1906	4,638,000	—	—	167	192	—
1907/6	—	—	—	—	—	—
1907	1,088,000	—	—	167	192	—
1910	100,000	—	—	167	207	—
1918/7	609,000	—	—	167	240	—
1918	Inc. above	—	—	167	207	—
1919	506,000	—	—	167	192	—
1920	2,385,000	—	—	167	192	—
1955	—	—	—	—	—	180

Note: During 1955-1972 a total of 1,767,645 pieces were restruck, most likely dated 1955. In 1996 matte restrikes were produced. An additional 111,400 pieces dated 1955 were struck during 2000-2017

KM# 465 30.00 g., 0.900 Silver, 0.8681 oz. ASW 40mm. **Obv:** National arms, eagle left **Rev:** Head with headdress left **Edge:** Reeded **Mint:** Mexico City **Note:** Mint mark Mo.

Date	Mintage	F12	VF20	XF40	MS60	MS63
1947	5,110,000	—	—	16.00	26.00	32.00
1948	26,740,000	—	—	16.00	26.00	32.00

KM# 466 27.78 g., 0.720 Silver, 0.6431 oz. ASW 40mm. **Subject:** Opening of Southern Railroad **Obv:** National arms, eagle left **Rev:** Radiant sun flanked by palm trees above train **Edge Lettering:** COMERCIO - AGRICULTURA - INDUSTRIA **Designer:** Manuel L. Negrete **Mint:** Mexico City **Note:** Mint mark Mo.

Date	Mintage	F12	VF20	XF40	MS60	MS63
1950	200,000	—	25.00	45.00	65.00	75.00

Note: It is recorded that 100,000 pieces were melted to be used for the 1968 Mexican Olympic 25 Pesos

KM# 467 27.78 g., 0.720 Silver, 0.6431 oz. ASW 40mm. **Obv:** National arms, eagle left **Rev:** Head left within wreath **Edge Lettering:** COMERCIO - AGRICULTURA - INDUSTRIA **Mint:** Mexico City **Note:** Mint mark Mo.

Date	Mintage	F12	VF20	XF40	MS60	MS63
1951	4,958,000	—	—	12.00	19.00	23.00
1952	9,595,000	—	—	12.00	19.00	23.00
1953	20,376,000	—	—	12.00	19.00	23.00
1954	30,000	—	30.00	60.00	70.00	85.00

ESTADOS UNIDOS

KM# 468 27.78 g.,   0.720 Silver, 0.6431 oz.
ASW 40mm.   **Subject:** Bicentennial of Hidalgo's
Birth **Obv:** National arms, eagle left **Rev:** Half-
length figure facing to right of building and dates
Edge Lettering: COMERCIO - AGRICULTURA
- INDUSTRIA **Designer:** Manuel L. Negrete **Mint:**
Mexico City **Note:** Mint mark Mo.

Date	Mintage	F12	VF20	XF40	MS60	MS63
1953	1,000,000	—	—	12.00	20.50	25.00

KM# 469 18.05 g., 0.720 Silver, 0.4178 oz. ASW
36mm.   **Obv:** National arms, eagle left **Rev:** Head
left **Mint:** Mexico City **Note:** Mint mark Mo.

Date	Mintage	F12	VF20	XF40	MS60	MS63
1955	4,271,000	—	—	7.75	12.50	17.00
1956	4,596,000	—	—	7.75	12.50	17.00
1957	3,464,000	—	—	7.75	12.50	17.00

KM# 470 18.05 g., 0.720 Silver, 0.4178 oz. ASW
36mm. **Subject:** 100th Anniversary of Constitution
Obv: National arms, eagle left **Rev:** Head left
Edge Lettering: INDEPENDENCIA Y LIBERTAD
Designer: Manuel L. Negrete **Mint:** Mexico City
Note: Mint mark Mo.

Date	Mintage	F12	VF20	XF40	MS60	MS63
1957	200,000	—	7.75	12.50	16.00	18.00

KM# 471 18.05 g., 0.720 Silver, 0.4178 oz. ASW
36mm.   **Subject:** Centennial of Carranza's Birth
Obv: National arms, eagle left **Rev:** Head left
Edge: Plain **Designer:** Manuel L. Negrete **Mint:**
Mexico City **Note:** Mint mark Mo.

Date	Mintage	F12	VF20	XF40	MS60	MS63
1959	1,000,000	—	—	7.75	12.50	17.00

Large date

KM# 472 14.00 g., Copper-Nickel, 33mm.   **Obv:**
National arms, eagle left **Rev:** Armored bust right
Edge Lettering: INDEPENDENCIA Y LIBERTAD
Mint: Mexico City **Note:** Small date, large date
varieties.

Date	Mintage	VF20	XF40	MS60	MS63
1971Mo	28,457,000	0.50	0.95	2.50	3.25
1972Mo	75,000,000	0.60	1.25	2.00	2.50
1973Mo	19,405,000	1.25	2.00	4.50	5.50
1974Mo	34,500,000	0.50	0.80	1.75	2.25
1976Mo Small date	26,121,000	0.75	1.45	3.25	4.00
1976Mo Large date	121,550,000	0.35	0.50	1.50	1.75
1977Mo	102,000,000	0.35	0.50	1.50	1.75
1978Mo	25,700,000	1.00	1.50	4.50	6.25

KM# 485 10.20 g., Copper-Nickel, 27mm.
Subject: Quetzalcoatl **Obv:** National arms, eagle
left **Rev:** Native sculpture to lower right of value
and dollar sign **Edge Lettering:** LIBERTAD Y
INDEPENDENCIA **Note:** Inverted and normal edge
legend varieties exist for the 1980 and 1981 dates.

Date	Mintage	VF20	XF40	MS60	MS63	MS65
1980 Mo	266,899,999	0.25	0.50	1.75	2.25	—
1981 Mo	30,500,000	0.45	0.65	2.75	3.25	—
1982 Mo	20,000,000	1.50	2.35	4.25	5.25	—
1982 Mo	1,051	PF63 50.00				
1983 Mo Proof; 7 known	—	PF63 1,200				
1984 Mo	16,300,000	1.25	2.00	4.75	6.00	—
1985 Mo	76,900,000	2.00	3.25	4.25	5.00	—

KM# 502 3.10 g., Brass, 17mm. **Obv:** National arms, eagle left **Rev:** Date and value **Edge:** Reeded

Date	Mintage	VF20	XF40	MS60	MS63	MS65
1985 Mo	30,000,000	—	0.15	0.35	0.50	—
1987 Mo	81,900,000	7.00	9.00	12.50	16.50	—
1988 Mo	76,600,000	—	0.10	0.25	0.35	—
1988 Mo Proof; 2 known	—	PF63 600				

10 PESOS

KM# 473 8.33 g., 0.900 Gold, 0.2411 oz. AGW 22.5mm. **Obv:** National arms **Rev:** Miguel Hidalgo y Costilla **Mint:** Mexico City **Note:** Mint mark Mo.

Date	Mintage	F12	VF20	XF40	MS60	MS63
1905	39,000	—	335	375	445	495
1906	2,949,000	—	335	375	445	495
1907	1,589,000	—	335	375	445	495
1908	890,000	—	335	375	445	495
1910	451,000	—	335	375	445	495
1916	26,000	—	335	415	480	530
1917	1,967,000	—	335	375	445	495
1919	266,000	—	335	375	445	495
1920	12,000	—	335	495	850	1,000
1959	Est. 50000	—	—	—	340	—

Note: *During 1961-1972 a total of 954,983 pieces were restruck, most likely dated 1959. In 1996 matte restrikes were produced. An additional 84,300 pieces dated 1959 were struck during 2000-2017

KM# 474 28.89 g., 0.900 Silver, 0.8359 oz. ASW 40mm. **Obv:** National arms **Rev:** Head left **Edge:** Reeded **Mint:** Mexico City **Note:** Mint mark Mo.

Date	Mintage	F12	VF20	XF40	MS60	MS63
1955	585,000	—	—	15.50	30.00	35.00
1956	3,535,000	—	—	15.50	28.00	32.00

KM# 475 28.88 g., 0.900 Silver, 0.8357 oz. ASW 40mm. **Subject:** 100th Anniversary of Constitution **Obv:** National arms, eagle left **Rev:** Head left **Edge Lettering:** INDEPENDENCIA Y LIBERTAD **Designer:** Manuel L. Negrete **Mint:** Mexico City **Note:** Mint mark Mo.

Date	Mintage	F12	VF20	XF40	MS60	MS63
1957	100,000	15.50	30.00	40.00	55.00	60.00

KM# 476 28.89 g., 0.900 Silver, 0.8359 oz. ASW 40mm. **Subject:** 150th Anniversary - War of Independence **Obv:** National arms, eagle left **Rev:** Conjoined busts facing flanked by dates **Edge:** Reeded **Designer:** Manuel L. Negrete **Mint:** Mexico City **Note:** Mint mark Mo.

Date	Mintage	F12	VF20	XF40	MS60	MS63
1960	1,000,000	—	—	15.50	30.00	35.00

KM# 477.1 10.00 g., Copper-Nickel, 30.5mm. **Subject:** Miguel Hidalgo y Costilla **Obv:** National

arms, eagle left **Rev:** Head left **Shape:** 7-sided **Mint:** Mexico City **Note:** Thin flan - 1.6mm

Date	Mintage	F12	VF20	XF40	MS60	MS63
1974Mo	3,900,000	—	0.50	1.00	3.00	4.50
1974 Mo	—	PF63 650				
1975Mo	1,000,000	—	2.25	3.25	7.50	8.50
1976Mo	74,500,000	—	0.25	0.75	1.75	2.75
1977Mo	79,620,000	—	0.50	1.00	2.00	3.00

KM# 477.2 11.50 g., Copper-Nickel, 30.5mm. **Subject:** Miguel Hidalgo y Costilla **Obv:** National arms, eagle left **Rev:** Head left **Shape:** 7-sided **Mint:** Mexico City **Note:** Thick flan - 2.3mm

Date	Mintage	F12	VF20	XF40	MS60	MS63
1978Mo	124,850,000	—	0.50	0.75	2.50	2.75
1979Mo	57,200,000	—	0.50	0.75	2.50	2.75
1980Mo	55,200,000	—	0.50	0.75	2.50	3.75
1981Mo	222,768,000	—	0.40	0.60	2.25	2.75
1982 Mo	1,051	PF63 45.00				
1982Mo	151,770,000	—	0.50	0.80	2.50	3.50
1983 Mo Proof; 3 known	—	PF63 1,800				
1985Mo	58,000,000	—	1.25	1.75	5.75	8.00

KM# 512 3.84 g., Stainless Steel, 19mm. **Obv:** National arms, eagle left **Rev:** Head facing with diagonal value at left **Note:** Date varieties exist.

Date	Mintage	VF20	XF40	MS60	MS63	MS65
1985 Mo	257,000,000	—	0.15	0.50	0.75	—
1986 Mo	392,000,000	—	0.15	0.50	1.50	—
1987 Mo	305,000,000	—	0.15	0.35	0.50	—
1988 Mo	500,300,000	—	0.15	0.25	0.35	—
1989 Mo	336,900,000	0.20	0.25	0.75	1.50	—
1990 Mo Proof; 2 known	—	PF63 550				
1990 Mo	101,000,000	—	0.25	0.75	1.25	—

20 PESOS

KM# 478 16.67 g., 0.900 Gold, 0.4823 oz. AGW 27.5mm. **Obv:** National arms, eagle left **Rev:** Aztec Sunstone with denomination below **Edge:** Lettered

Edge Lettering: INDEPEDENCIA Y LIBERTAD **Note:** Mint mark Mo.

Date	Mintage	VF20	XF40	MS60	MS63	MS65
1917	852,000	—	670	730	860	960
1918	2,831,000	—	670	730	860	960
1919	1,094,000	—	670	730	860	960
1920/10	462,000	—	670	730	860	960
1920	Inc. above	—	670	730	860	960
1921/11	922,000	—	670	730	860	960
1921/10	—	—	800	860	975	1,850
1921	Inc. above	—	670	730	860	960
1959	Est. 13000	—	680	—	—	—

Note: During 1960-1971 a total of 1,158,414 pieces were restruck, most likely dated 1959. In 1996 matte restrikes were produced. An additional 113,300 pieces dated 1959 were struck in 2000-2017

KM# 486 15.20 g., Copper-Nickel, 32mm. **Obv:** National arms, eagle left **Rev:** Figure with headdress facing left within circle **Edge Lettering:** INDEPENDENCIA Y LIBERTAD

Date	Mintage	VF20	XF40	MS60	MS63	MS65
1980 Mo	84,900,000	0.50	0.85	2.25	3.25	—
1981 Mo	250,573,000	0.60	0.80	2.25	3.25	—
1982 Mo	236,892,000	1.00	1.75	2.50	3.75	—
1982 Mo	1,051	PF63 50.00				
1983 Mo Proof; 3 known	—	PF63 575				
1984 Mo	55,000,000	1.00	1.50	2.50	4.75	—

KM# 508 6.00 g., Brass, 21mm. **Obv:** National arms, eagle left **Rev:** Bust facing with diagonal value at left **Edge:** Reeded

Date	Mintage	VF20	XF40	MS60	MS63
1985 Mo Wide date	25,000,000	0.10	0.20	1.00	1.50
1985 Mo Narrow date	Inc. above	0.10	0.25	1.50	2.25
1986 Mo	10,000,000	1.00	1.75	5.00	6.00
1988 Mo	355,200,000	0.10	0.20	0.45	0.75
1989 Mo	289,100,000	0.15	0.30	1.50	2.00
1990 Mo	126,550,000	0.15	0.30	1.50	2.50
1990 Mo Proof; 3 known	—	PF63 600			

25 PESOS

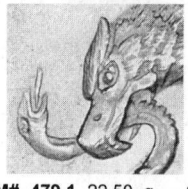

Snake's tongue straight

KM# 479.1 22.50 g., 0.720 Silver, 0.5208 oz. ASW 38mm. **Obv:** National arms, eagle left **Rev:** Olympic rings below dancing native left, numeral design in background **Designer:** Lorenzo Rafael **Note:** Type I, Rings aligned.

Date	Mintage	F12	VF20	XF40	MS60	MS63
1968Mo	27,182,000	—	—	9.50	16.00	20.00

KM# 479.2 22.50 g., 0.720 Silver, 0.5208 oz. ASW 38mm. **Subject:** Summer Olympics - Mexico City **Obv:** National arms, eagle left **Rev:** Olympic rings below dancing native left, numeral design in background **Mint:** Mexico City **Note:** Type II, center ring low.

Date	Mintage	F12	VF20	XF40	MS60	MS63
1968Mo	Inc. above	—	9.50	14.50	16.50	20.00

Snake's tongue curved

KM# 479.3 22.50 g., 0.720 Silver, 0.5208 oz. ASW 38mm. **Subject:** Summer Olympics - Mexico City **Obv:** National arms, eagle left **Rev:** Olympic rings below dancing native left, numeral design in background **Mint:** Mexico City **Note:** Snake with long curved or normal tongue. Type III, center rings low.

Date	Mintage	F12	VF20	XF40	MS60	MS63
1968Mo	Inc. above	—	9.50	16.00	20.00	22.50

KM# 480 22.50 g., 0.720 Silver, 0.5208 oz. ASW 38mm. **Obv:** National arms, eagle left **Rev:** Bust facing **Mint:** Mexico City

Date	Mintage	F12	VF20	XF40	MS60	MS63
1972Mo	2,000,000	—	9.50	14.50	16.50	20.00

KM# 497 7.78 g., 0.720 Silver, 0.180 oz. ASW **Subject:** 1986 World Cup Soccer Games **Obv:** National arms, eagle left **Rev:** Value above soccer ball with date below, with fineness

Date	Mintage	VF20	XF40	MS60	MS63	MS65
1985 Mo	473,605	—	—	—	10.00	—

KM# 497a 8.41 g., 0.925 Silver, 0.250 oz. ASW **Subject:** 1986 World Cup Soccer Games **Obv:** National arms, eagle left **Rev:** Value above soccerball with date below **Note:** Without fineness statement- reverse description

Date	Mintage	VF20	XF40	MS60	MS63	MS65
1986 Mo	22,552		PF63 14.00			

KM# 503 8.41 g., 0.925 Silver, 0.250 oz. ASW **Subject:** 1986 World Cup Soccer Games **Obv:** National arms, eagle left **Rev:** Pre-Columbian hieroglyphs, ojo de buey, and soccer ball

Date	Mintage	VF20	XF40	MS60	MS63	MS65
1985 Mo	52,002		PF63 14.00			

ESTADOS UNIDOS

KM# 514 8.41 g., 0.925 Silver, 0.250 oz. ASW **Subject:** 1986 World Cup Soccer Games **Obv:** National arms, eagle left **Rev:** Value above soccer ball

Date	Mintage	VF20	XF40	MS60	MS63	MS65
1985 Mo	21,260	PF63 14.00				

KM# 519 8.41 g., 0.925 Silver, 0.250 oz. ASW **Subject:** 1986 World Cup Soccer Games **Obv:** National arms, eagle left **Rev:** Soccer ball within net, date and value to left

Date	Mintage	VF20	XF40	MS60	MS63	MS65
1986 Mo	20,172	PF63 14.00				

50 PESOS

KM# 481 41.67 g., 0.900 Gold, 1.2057 oz. AGW 37mm. **Subject:** Centennial of Independence **Obv:** National arms **Rev:** Winged Victory **Edge:** Reeded **Designer:** Emilio del Moral **Note:** During 1949-1972 a total of 3,975,654 pieces were restruck, most likely dated 1947 and an additional 388,800 pieces dated 1947 were struck during 2000-2013. In 1996 matte restrikes were produced. Mint mark Mo.

Date	Mintage	VF20	XF40	MS60	MS63	MS65
1921	180,000	—	1,675	1,750	2,000	2,650
1922	463,000	—	1,675	1,725	1,825	2,150
1923	432,000	—	1,675	1,725	1,825	2,150
1924	439,000	—	1,675	1,725	1,825	2,150
1925	716,000	—	1,675	1,725	1,825	2,150
1926	600,000	—	1,675	1,725	1,825	2,150
1927	606,000	—	1,675	1,725	1,825	2,150
1928	538,000	—	1,675	1,725	1,825	2,150
1929	458,000	—	1,675	1,725	1,825	2,150

Date	Mintage	VF20	XF40	MS60	MS63	MS65
1930	372,000	—	1,675	1,725	1,825	2,150
1931	137,000	—	1,675	1,725	1,875	2,250
1944	593,000	—	1,675	1,725	1,825	2,000
1945	1,012,000	—	1,675	1,725	1,825	2,000
1946	1,588,000	—	1,675	1,725	1,825	2,000
1947	309,000	—	—	—	1,725	—

Note: During 1949-1972 a total of 3,975,654 pieces, most likely dated 1947, were restruck an an additional 473,900 pieces dated 1947 were restruck during 2000-2017. In 1996 matte restrikes were produced.

1947 Specimen	—	—	—	—	—	—

Note: Value, $6,500

KM# 481a Platinum, APW **Subject:** Centennial of Independence **Obv:** National arms **Rev:** Winged Victory **Edge:** Reeded

Date	Mintage	VF20	XF40	MS60	MS63	MS65
1947 Mo	Est. 5	—	—	—	—	13,500

KM# 482 41.67 g., 0.900 Gold, 1.2057 oz. AGW 37mm. **Obv:** National arms **Rev:** Winged Victory

Date	Mintage	VF20	XF40	MS60	MS63	MS65
1943 Mo	89,000	—	—	1,725	1,825	2,000

KM# 490 19.84 g., Copper-Nickel, 39mm. **Subject:** Coyolxauhqui **Obv:** National arms, eagle left **Rev:** Value to right of artistic designs **Edge:** Reeded **Note:** Doubled die examples of 1982 and 1983 dates exist.

Date	Mintage	VF20	XF40	MS60	MS63	MS65
1982 Mo	222,890,000	1.00	2.50	5.00	6.50	—
1983 Mo	45,000,000	1.50	3.00	6.00	7.00	—
1983 Mo	1,051	PF63 55.00				
1984 Mo	73,537,000	1.00	1.35	3.50	4.50	—
1984 Mo Proof; 4 known	—	PF63 750				

KM# 495 8.60 g., Copper-Nickel, 23.5mm.
Subject: Benito Juarez **Obv:** National arms, eagle left **Rev:** Bust 1/4 left with diagonal value at left **Edge:** Reeded

Date	Mintage	VF20	XF40	MS60	MS63	MS65
1984 Mo	94,216,000	0.65	1.25	2.70	3.25	—
1985 Mo	296,000,000	0.25	0.45	1.25	2.25	—
1986 Mo	50,000,000	6.00	10.00	12.00	14.00	—
1987 Mo	210,000,000	0.25	0.45	1.00	1.25	—
1988 Mo	80,200,000	6.25	9.00	13.50	16.00	—

KM# 495a 7.10 g., Stainless Steel, 23.5mm.
Subject: Benito Juarez **Obv:** National arms, eagle left **Rev:** Bust 1/4 left with diagonal value at left **Edge:** Plain

Date	Mintage	VF20	XF40	MS60	MS63	MS65
1988 Mo	353,300,000	—	0.20	1.25	1.75	—
1989 Mo	20,000	—	—	—	—	—
Note: Reported not confirmed.						
1990 Mo	180,000,000	—	0.30	1.00	2.00	—
1992 Mo	84,520,000	—	0.25	1.00	2.75	—

KM# 498 15.55 g., 0.720 Silver, 0.360 oz. ASW
Subject: 1986 World Cup Soccer Games **Obv:** National arms, eagle left **Rev:** Pair of feet and soccer ball, with fineness

Date	Mintage	VF20	XF40	MS60	MS63	MS65
1985 Mo	439,763	—	—	—	16.00	—

KM# 504 16.83 g., 0.925 Silver, 0.5005 oz. ASW
Subject: 1986 World Cup Soccer Games **Obv:**

National arms, eagle left **Rev:** Styilized athlete as soccer forerunner

Date	Mintage	VF20	XF40	MS60	MS63	MS65
1985 Mo	41,255	PF63 22.00				

KM# 515 16.83 g., 0.925 Silver, 0.5005 oz. ASW
Subject: 1986 World Cup Soccer Games **Obv:** National arms, eagle left **Rev:** Value to right of soccer player

Date	Mintage	VF20	XF40	MS60	MS63	MS65
1985 Mo	24,907	PF63 22.00				

KM# 498a 16.83 g., 0.925 Silver, 0.5005 oz. ASW
Subject: 1986 World Cup Soccer Games **Obv:** National arms, eagle left **Rev:** Without fineness statement

Date	Mintage	VF20	XF40	MS60	MS63	MS65
1986 Mo	19,564	PF63 22.00				

KM# 523 16.83 g., 0.925 Silver, 0.5005 oz. ASW
Subject: 1986 World Cup Soccer Games **Obv:** National arms, eagle left **Rev:** Value to left of soccer balls

Date	Mintage	VF20	XF40	MS60	MS63	MS65
1986 Mo	18,653	PF63 22.00				

KM# 532 15.55 g., 0.999 Silver, 0.4994 oz. ASW
Subject: 50th Anniversary - Nationalization of Oil Industry **Obv:** National arms, eagle left **Rev:** Monument

Date	Mintage	VF20	XF40	MS60	MS63
ND-1988 Mo	20,000	—	—	20.00	24.00

100 PESOS

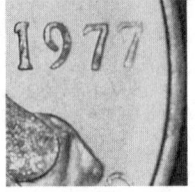

Low 7s

KM# 483.1 27.77 g., 0.720 Silver, 0.6428 oz. ASW 39mm. **Obv:** National arms, eagle left **Rev:** Bust facing, sloping right shoulder, round left shoulder with no clothing folds **Edge:** Reeded **Mint:** Mexico City

Date	Mintage	F12	VF20	XF40	MS60	MS63
1977Mo Low 7's	5,225,000	—	—	12.00	19.50	25.00
1977Mo High 7s	Inc. above	—	—	12.00	19.50	25.00

High 7s

KM# 483.2 27.77 g., 0.720 Silver, 0.6428 oz. ASW 39mm. **Obv:** National arms, eagle left **Rev:** Bust facing, higher right shoulder, left shoulder with clothing folds. **Mint:** Mexico City **Note:** Mintage inc. KM#483.1

Date	Mintage	F12	VF20	XF40	MS60	MS63
1977Mo Date in line	—	—	—	12.00	19.50	25.00

Date	Mintage	F12	VF20	XF40	MS60	MS63
1978Mo	9,879,000	—	—	12.00	19.50	25.00
1979Mo	784,000	—	—	12.00	19.50	25.00
1979 Mo	—	PF63 650				

KM# 493 11.70 g., Aluminum-Bronze, 26.5mm. **Obv:** National arms, eagle left **Rev:** Head 1/4 right with diagonal value at right **Edge:** Segmented reeding

Date	Mintage	VF20	XF40	MS60	MS63
1984 Mo	227,809,000	0.45	0.60	2.50	4.00
1985 Mo	377,423,000	0.30	0.50	2.00	3.00
1986 Mo	43,000,000	1.00	2.50	4.75	7.50
1987 Mo	165,000,000	0.60	1.25	2.25	3.00
1988 Mo	433,100,000	0.30	0.50	2.00	2.75
1989 Mo	135,630,000	0.35	0.65	2.00	2.75
1990 Mo	248,350,000	0.15	0.40	1.50	2.50
1990 Mo Proof; 1 known	—	PF63 650			
1991 Mo	189,900,000	0.15	0.25	1.00	2.50
1992 Mo	277,310,000	0.30	0.75	1.75	3.00

KM# 499 31.10 g., 0.720 Silver, 0.720 oz. ASW **Subject:** 1986 World Cup Soccer Games - Prehispanic **Obv:** National arms, eagle left **Rev:** Value above artistic designs and soccer ball

Date	Mintage	VF20	XF40	MS60	MS63	MS65
1985 Mo	449,247	—	—	—	27.00	—

KM# 499a 32.63 g., 0.925 Silver, 0.9702 oz. ASW **Subject:** 1986 World Cup Soccer Games - Prehispanic **Obv:** National arms, eagle left **Rev:** Without fineness statement

Date	Mintage	VF20	XF40	MS60	MS63	MS65
1985 Mo	26,964		PF63 47.00		PF65 52.00	

KM# 505 32.63 g., 0.925 Silver, 0.9702 oz. ASW
38mm. **Subject:** 1986 World Cup Soccer Games
- Nat Player **Obv:** National arms, eagle left **Rev:**
Without fineness statement

Date	Mintage	VF20	XF40	MS60	MS63	MS65
1985 Mo	71,718	PF63 42.00		PF65 47.00		

KM# 521 32.63 g., 0.925 Silver, 0.9702 oz.
ASW **Subject:** 1986 World Cup Soccer Games -
Goalkeeper **Obv:** National arms, eagle left **Rev:**
Without fineness statement

Date	Mintage	VF20	XF40	MS60	MS63	MS65
1986 Mo	19,279	PF63 47.00		PF65 52.00		

KM# 524 32.63 g., 0.925 Silver, 0.9702 oz. ASW
Subject: 1986 World Cup Soccer Games - Ball
World **Obv:** National arms, eagle left **Rev:** Without
fineness statement

Date	Mintage	VF20	XF40	MS60	MS63	MS65
1986 Mo	18,510	PF63 47.00		PF65 52.00		

KM# 537 32.63 g., 0.720 Silver, 0.7552 oz. ASW
Subject: World Wildlife Fund **Obv:** National arms,
eagle left **Rev:** Monarch butterflies

Date	Mintage	VF20	XF40	MS60	MS63	MS65
1987 Mo	28,500	PF63 57.00		PF65 62.00		

KM# 533 31.10 g., 0.999 Silver, 0.999 oz. ASW
Subject: 50th Anniversary - Nationalization of Oil
Industry **Obv:** National arms, eagle left **Rev:** Bust
facing above sprigs and dates

Date	Mintage	VF20	XF40	MS60	MS63	MS65
1988 Mo	20,000	—	—	—	42.00	47.00

KM# 539 33.63 g., 0.925 Silver, 1.000 oz. ASW
Subject: Save the Children **Obv:** National arms,
eagle left **Rev:** Child flying kite, two others sitting
and playing

Date	Mintage	VF20	XF40	MS60	MS63	MS65
1991 Mo	11,000	PF63 42.00		PF65 47.00		

KM# 540 27.00 g., 0.925 Silver, 0.803 oz. ASW
40mm. **Obv:** National arms, eagle left within center
of assorted arms **Rev:** Maps within circles flanked
by pillars above sailboats **Series:** Ibero - America

Date	Mintage	VF20	XF40	MS60	MS63	MS65
1991 Mo	30,000	PF63 70.00		PF65 80.00		
1992 Mo	20,000	PF63 32.00		PF65 37.00		

KM# 566 31.10 g., 0.999 Silver, 0.999 oz. ASW
Subject: Save the Vaquita Porpoise **Obv:** National
arms, eagle left **Rev:** Swimming vaquita porpoise

Date	Mintage	VF20	XF40	MS60	MS63	MS65
1992 Mo	28,007	PF63 52.00		PF65 57.00		

200 PESOS

KM# 509 Copper-Nickel, 29.5mm. **Subject:** 175th
Anniversary of Independence **Obv:** National arms,
eagle left **Rev:** Conjoined busts left

Date	Mintage	VF20	XF40	MS60	MS63	MS65
1985 Mo	75,000,000	—	2.00	3.50	5.50	—

KM# 510 Copper-Nickel, 29.5mm. **Subject:** 75th
Anniversary of 1910 Revolution **Obv:** National
arms, eagle left **Rev:** Conjoined heads left below
building

Date	Mintage	VF20	XF40	MS60	MS63	MS65
1985 Mo	98,590,000	—	2.00	4.00	6.00	—

KM# 525 Copper-Nickel, 29.5mm. **Subject:** 1986
World Cup Soccer Games **Obv:** National arms,
eagle left **Rev:** Soccer players **Edge:** Reeded

Date	Mintage	VF20	XF40	MS60	MS63	MS65
1986 Mo	50,000,000	—	2.50	4.00	6.00	—

KM# 526 62.21 g., 0.999 Silver, 1.998 oz. ASW
Subject: 1986 World Cup Soccer Games **Obv:**
National arms, eagle left **Rev:** Value above 3 soccer
balls

Date	Mintage	VF20	XF40	MS60	MS63	MS65
1986 Mo	23,489	—	—	—	75.00	85.00

250 PESOS

KM# 500.1 8.64 g., 0.900 Gold, 0.250 oz. AGW
Subject: 1986 World Cup Soccer Games **Obv:**
National arms, eagle left **Rev:** Soccer ball within top
1/2 of design with value, date, and state below

Date	Mintage	VF20	XF40	MS60	MS63	MS65
1985 Mo	54,770	—	—	—	445	—
1986 Mo	Inc. above	—	—	—	445	—

KM# 500.2 8.64 g., 0.900 Gold, 0.250 oz. AGW
Subject: 1986 World Cup Soccer Games **Obv:**
National arms, eagle left **Rev:** Without fineness
statement

Date	Mintage	VF20	XF40	MS60	MS63	MS65
1985 Mo	Incl. above			**PF63** 480		
1986 Mo	Inc. above			**PF63** 480		

KM# 506.1 8.64 g., 0.900 Gold, 0.250 oz. AGW
Subject: 1986 World Cup Soccer Games **Obv:**
National arms, eagle left **Rev:** Equestrian left within
circle

Date	Mintage	VF20	XF40	MS60	MS63	MS65
1985 Mo	44,595	—	—	—	445	—

KM# 506.2 8.64 g., 0.900 Gold, 0.250 oz. AGW
Subject: 1986 World Cup Soccer Games **Obv:**
National arms, eagle left **Rev:** Without fineness
statement

Date	Mintage	VF20	XF40	MS60	MS63	MS65
1985 Mo	Inc. above			**PF63** 480		

500 PESOS

KM# 501.1 17.28 g., 0.900 Gold, 0.500 oz. AGW
Subject: 1986 World Cup Soccer Games **Obv:**
National arms, eagle left **Rev:** Soccer player to right
within emblem

Date	Mintage	VF20	XF40	MS60	MS63	MS65
1985 Mo	51,776	—	—	—	890	—
1986 Mo	Inc. above	—	—	—	890	—

KM# 501.2 17.28 g., 0.900 Gold, 0.500 oz. AGW
Subject: 1986 World Cup Soccer Games **Obv:**
National arms, eagle left **Rev:** Without fineness
statement

Date	Mintage	VF20	XF40	MS60	MS63	MS65
1985 Mo	Inc. above			**PF63** 960		
1986 Mo	Inc. above			**PF63** 960		

KM# 507.1 17.28 g., 0.900 Gold, 0.500 oz. AGW
Subject: 1986 World Cup Soccer Games **Obv:**
National arms, eagle left **Rev:** Soccer ball within
emblem flanked by value and date

Date	Mintage	VF20	XF40	MS60	MS63	MS65
1985 Mo	6,267	—	—	—	890	—

KM# 507.2 17.28 g., 0.900 Gold, 0.500 oz. AGW
Subject: 1986 World Cup Soccer Games **Obv:**
National arms, eagle left **Rev:** Without fineness
statement

Date	Mintage	VF20	XF40	MS60	MS63	MS65
1985 Mo	Inc. above			**PF63** 960		

KM# 511 33.45 g., 0.925 Silver, 0.9948 oz. ASW
Subject: 75th Anniversary of 1910 Revolution **Obv:**
National arms, eagle left **Rev:** Conjoined heads left
below building

Date	Mintage	VF20	XF40	MS60	MS63	MS65
1985 Mo	40,002			**PF65** 60.00		

KM# 529 12.60 g., Copper-Nickel, 28.5mm. **Obv:**
National arms, eagle left **Rev:** Head 1/4 right **Edge:**
Reeded

Date	Mintage	VF20	XF40	MS60	MS63	MS65
1986 Mo	20,000,000	—	1.00	3.25	4.00	—
1987 Mo	180,000,000	—	0.75	2.25	3.00	—
1988 Mo	230,000,000	—	0.50	2.25	3.00	—

ESTADOS UNIDOS

Date	Mintage	VF20	XF40	MS60	MS63	MS65
1988 Mo	—	**PF63** 650				
Proof; 2 known						
1989 Mo	40,000,000	—	0.75	2.25	3.50	—
1992 Mo	20,000,000	—	1.00	2.25	4.00	—

KM# 534 17.28 g., 0.900 Gold, 0.500 oz. AGW **Subject:** 50th Anniversary - Nationalization of Oil Industry **Obv:** National arms, eagle left **Rev:** Monument **Note:** Similar to 5000 Pesos, KM#531.

Date	Mintage	VF20	XF40	MS60	MS63	MS65
1988 Mo	611	—	—	—	925	—

1000 PESOS

KM# 513 17.28 g., 0.900 Gold, 0.500 oz. AGW **Subject:** 175th Anniversary of Independence **Obv:** National arms, eagle left **Rev:** Conjoined heads left below value

Date	Mintage	VF20	XF40	MS60	MS63	MS65
1985 Mo	3,721	**PF63** 930				

KM# 527 31.11 g., 0.999 Gold, 0.999 oz. AGW **Subject:** 1986 World Cup Soccer Games **Obv:** National arms, eagle left **Rev:** Value above soccer ball and two hemispheres

Date	Mintage	VF20	XF40	MS60	MS63	MS65
1986 Mo	1,279	—	—	—	1,775	1,975

KM# 535 34.56 g., 0.900 Gold, 1.000 oz. AGW **Subject:** 50th Anniversary - Nationalization of Oil Industry **Obv:** National arms, eagle left **Rev:** Portrait of Cardenas **Note:** Similar to 5000 Pesos, KM#531.

Date	Mintage	VF20	XF40	MS60	MS63	MS65
1988 Mo	657	**PF63** 2,100				

KM# 536 15.00 g., Aluminum-Bronze, 30.5mm. **Subject:** Juana de Asbaje **Obv:** National arms,

eagle left **Rev:** Bust 1/4 left with diagonal value at left **Edge:** Reeded

Date	Mintage	VF20	XF40	MS60	MS63	MS65
1988 Mo	229,300,000	0.85	2.00	4.25	5.75	—
1989 Mo	215,716,000	0.85	2.00	4.25	5.75	—
1990 Mo	41,291,000	0.85	2.00	4.00	5.50	—
1990 Mo	—	**PF63** 550				
Proof; 2 known						
1991 Mo	42,468,000	1.00	2.00	3.00	7.00	—
1992 Mo	84,725,000	1.00	2.00	3.50	7.50	—

2000 PESOS

KM# 528 62.20 g., 0.999 Gold, 1.9978 oz. AGW **Subject:** 1986 World Cup Soccer Games **Obv:** National arms, eagle left **Rev:** Value above soccer ball and two hemispheres

Date	Mintage	VF20	XF40	MS60	MS63	MS65
1986 Mo	964	—	—	—	3,700	3,950

5000 PESOS

KM# 531 Copper-Nickel, 33.5mm. **Subject:** 50th Anniversary - Nationalization of Oil Industry **Obv:** National arms, eagle left **Rev:** Monument above dates with diagonal value at left

Date	Mintage	VF20	XF40	MS60	MS63
ND-1988 Mo	50,000,000	—	4.75	7.75	10.00

REFORM COINAGE

1 New Peso = 1000 Old Pesos;
100 Centavos = 1 New Peso;
100 Centavos = 1 Peso

5 CENTAVOS

KM# 546 1.58 g., Stainless Steel, 15.5mm. **Obv:** National arms **Rev:** Large value **Edge:** Plain

Date	Mintage	VF20	XF40	MS60	MS63
1992 Mo	136,800,000	—	0.15	0.20	0.50
1993 Mo	234,000,000	—	0.15	0.20	0.50
1994 Mo	125,000,000	—	0.15	0.20	0.50
1995 Mo	195,000,000	—	0.15	0.20	0.50
1995 Mo	6,981	PF63 2.00			
1996 Mo	104,831,000	—	0.15	0.20	0.50
1997 Mo	153,675,000	—	0.15	0.20	0.50
1998 Mo	64,417,000	—	0.15	0.20	0.50
1999 Mo	9,949,000	—	0.20	0.75	1.00
2000 Mo	10,871,000	—	0.20	0.75	1.00
2001 Mo	34,811,000	—	0.15	0.20	0.50
2002 Mo	14,901,000	—	0.20	0.75	1.00

10 CENTAVOS

KM# 547 2.08 g., Stainless Steel, 17mm. **Obv:** National arms, eagle left **Rev:** Large value

Date	Mintage	VF20	XF40	MS60	MS63
1992 Mo	121,250,000	—	0.20	0.25	0.60
1993 Mo	755,000,000	—	0.20	0.25	0.60
1994 Mo	557,000,000	—	0.20	0.25	0.60
1995 Mo	560,000,000	—	0.20	0.25	0.60
1995 Mo	6,981	PF63 2.00			
1996 Mo	594,216,000	—	0.20	0.25	0.60
1997 Mo	581,622,000	—	0.20	0.25	0.60
1998 Mo	602,667,000	—	0.20	0.25	0.60
1999 Mo	488,346,000	—	0.20	0.25	0.60
2000 Mo	577,546,000	—	0.20	0.30	0.75
2001 Mo	618,061,000	—	0.20	0.25	0.30
2002 Mo	463,968,000	—	0.20	0.25	0.30
2003 Mo	378,938,000	—	0.20	0.25	0.30
2004 Mo	393,705,000	—	0.20	0.25	0.30
2005 Mo	488,594,000	—	0.20	0.25	0.30
2006 Mo	473,261,000	—	0.20	0.25	0.30
2007 Mo	498,735,000	—	0.20	0.25	0.30
2008 Mo	433,951,000	—	0.20	0.25	0.30
2009 Mo	90,968,000	—	0.20	0.25	0.30

KM# 934 1.75 g., Stainless Steel, 14mm. **Obv:** National arms **Rev:** Large value **Edge:** Grooved

Date	Mintage	VF20	XF40	MS60	MS63
2009 Mo	343,772,000	—	—	0.10	0.25

Date	Mintage	VF20	XF40	MS60	MS63
2010 Mo	453,849,000	—	—	0.10	0.25
2011 Mo	463,960,000	—	—	0.10	0.25
2012 Mo	419,017,000	—	—	0.10	0.25
2013 Mo	399,143,000	—	—	0.10	0.25
2014 Mo	195,442,000	—	—	0.10	0.25
2015 Mo	202,546,000	—	—	0.10	0.25
2016 Mo	122,000,000	—	—	0.10	0.25
2017 Mo	61,000,000	—	—	0.15	0.30

20 CENTAVOS

KM# 548 3.04 g., Aluminum-Bronze, 19.5mm. **Obv:** National arms, eagle left **Rev:** Value and date within 3/4 wreath **Shape:** 12-sided

Date	Mintage	VF20	XF40	MS60	MS63
1992 Mo	95,000,000	—	0.25	0.35	1.00
1993 Mo	95,000,000	—	0.25	0.35	1.00
1994 Mo	105,000,000	—	0.25	0.35	11.00
1995 Mo	180,000,000	—	0.25	0.35	1.00
1995 Mo	6,981	PF63 3.00			
1996 Mo	54,896,000	—	0.25	0.35	1.00
1997 Mo	178,807,000	—	0.25	0.35	1.00
1998 Mo	223,847,000	—	0.25	0.35	1.00
1999 Mo	233,753,000	—	0.25	0.35	1.00
2000 Mo	223,973,000	—	0.25	0.35	1.00
2001 Mo	234,360,000	—	0.25	0.35	0.40
2002 Mo	229,256,000	—	0.25	0.35	0.40
2003 Mo	149,518,000	—	0.25	0.35	0.40
2004 Mo	174,351,000	—	0.25	0.35	0.40
2005 Mo	204,426,000	—	0.25	0.35	0.40
2006 Mo	234,263,000	—	0.25	0.35	0.40
2007 Mo	234,301,000	—	0.25	0.35	0.40
2008 Mo	214,313,000	—	0.25	0.35	0.40
2009 Mo	41,167,000	—	0.25	0.35	0.40

50 CENTAVOS

KM# 549 4.39 g., Aluminum-Bronze, 22mm. **Obv:** National arms, eagle left **Rev:** Value and date within 1/2 designed wreath **Shape:** 12-sided

Date	Mintage	VF20	XF40	MS60	MS63
1992 Mo	120,150,000	—	0.45	0.85	1.75
1993 Mo	330,000,000	—	0.45	0.75	1.50
1994 Mo	100,000,000	—	0.45	0.75	1.50
1995 Mo	60,000,000	—	0.45	0.75	1.50
1995 Mo	6,981	PF63 5.00			
1996 Mo	69,956,000	—	0.45	0.75	1.50
1997 Mo	129,029,000	—	0.45	0.75	1.50
1998 Mo	223,605,000	—	0.45	0.75	1.50
1999 Mo	89,516,000	—	0.45	0.75	1.50
2000 Mo	135,112,000	—	0.45	0.75	1.50
2001 Mo	199,006,000	—	0.45	0.75	1.00
2002 Mo	94,552,000	—	0.45	0.75	1.00
2003 Mo	124,522,000	—	0.45	0.75	1.00
2004 Mo	154,434,000	—	0.45	0.75	1.00

Date	Mintage	VF20	XF40	MS60	MS63
2005 Mo	179,296,000	—	0.45	0.75	1.00
2006 Mo	234,142,000	—	0.45	0.75	1.00
2007 Mo	253,634,000	—	0.45	0.75	1.00
2008 Mo	249,279,000	—	0.45	0.75	1.00
2009 Mo	90,602,000	—	0.45	0.75	1.00

KM# 936 3.10 g., Stainless Steel, 17mm. **Obv:** National arms **Rev:** Value and date within wreath **Edge:** Reeded

Date	Mintage	VF20	XF40	MS60	MS63	MS65
2009 Mo	19,910,000	—	—	0.75	1.00	—
2010 Mo	114,567,000	—	—	0.75	1.00	—
2011 Mo	194,480,000	—	—	0.75	1.00	—
2012 Mo	359,183,000	—	—	0.60	0.75	—
2013 Mo	359,338,000	—	—	0.60	0.75	—
2014 Mo	316,132,000	—	—	0.50	0.60	—
2015 Mo	371,136,000	—	—	0.50	0.60	—
2016 Mo	714,000,000	—	—	0.50	0.60	—
2017 Mo	686,000,000	—	—	0.50	0.60	—

NUEVOS PESO

KM# 550 3.95 g., Bi-Metallic Aluminum-Bronze center in Stainless Steel ring, 21mm. **Obv:** National arms, eagle left **Rev:** Value

Date	Mintage	VF20	XF40	MS60	MS63
1992 Mo	144,000,000	—	0.60	1.50	2.75
1993 Mo	329,860,000	—	0.60	1.50	2.75
1994 Mo	221,000,000	—	0.60	1.50	2.75
1995 Mo Small date	125,000,000	—	0.60	1.50	2.75
1995 Mo Large date	Inc. above	—	0.60	1.50	2.75
1995 Mo	6,981	PF63 6.00			

PESO

KM# 603 3.95 g., Bi-Metallic Aluminum-Bronze center in Stainless Steel ring, 21mm. **Obv:** National arms, eagle left within circle **Rev:** Value and date within circle **Note:** Similar to KM#550 but without N.

Date	Mintage	VF20	XF40	MS60	MS63
1996 Mo	169,510,000	—	—	1.25	2.25
1997 Mo	222,870,000	—	—	1.25	2.25
1998 Mo	261,942,000	—	—	1.25	2.25
1999 Mo	99,168,000	—	—	1.25	2.25
2000 Mo	158,379,000	—	—	1.25	2.25
2001 Mo	208,576,000	—	—	1.25	2.75
2002 Mo	119,514,000	—	—	1.25	2.75
2003 Mo	169,320,000	—	—	1.25	2.75
2004 Mo	208,611,000	—	—	1.25	2.75
2005 Mo	253,923,000	—	—	1.25	2.75
2006 Mo	289,834,000	—	—	1.25	2.75
2007 Mo	368,408,000	—	—	1.25	2.75
2008 Mo	363,878,000	—	—	1.25	2.75

Date	Mintage	VF20	XF40	MS60	MS63
2009 Mo	239,229,000	—	—	1.25	2.75
2010 Mo	209,313,000	—	—	0.75	1.25
2011 Mo	199,283,000	—	—	0.75	1.00
2012 Mo	383,908,000	—	—	0.75	1.00
2013 Mo	264,288,000	—	—	0.75	1.00
2014 Mo	402,812,000	—	—	0.60	0.75
2015 Mo	373,818,000	—	—	0.60	0.75
2016 Mo	722,000,000	—	—	0.60	0.75
2017 Mo	1,015,400,000	—	—	0.60	0.75

2 NUEVOS PESOS

KM# 551 5.19 g., Bi-Metallic Aluminum-Bronze center in Stainless Steel ring, 23mm. **Obv:** National arms, eagle left within circle **Rev:** Value and date within circle with assorted emblems around border

Date	Mintage	VF20	XF40	MS60	MS63	MS65
1992 Mo	60,000,000	—	1.00	2.50	4.00	—
1993 Mo	77,000,000	—	1.00	2.50	4.00	—
1994 Mo	44,000,000	—	1.00	2.50	4.00	—
1995 Mo	20,000,000	—	1.00	2.50	4.00	—
1995 Mo	6,981	PF63 6.00				

2 PESOS

KM# 604 5.19 g., Bi-Metallic Aluminum-Bronze center in Stainless Steel ring, 23mm. **Obv:** National arms, eagle left within circle **Rev:** Value and date within center circle of assorted emblems **Note:** Similar to KM#551, but denomination without N.

Date	Mintage	VF20	XF40	MS60	MS63
1996 Mo	24,902,000	—	—	2.50	4.00
1997 Mo	34,560,000	—	—	2.50	4.00
1998 Mo	104,138,000	—	—	2.50	4.00
1999 Mo	34,713,000	—	—	2.50	4.00
2000 Mo	69,322,000	—	—	2.50	4.00
2001 Mo	74,563,000	—	—	2.35	4.00
2002 Mo	74,547,000	—	—	2.35	4.00
2003 Mo	39,814,000	—	—	2.35	4.00
2004 Mo	89,496,000	—	—	2.35	4.00
2005 Mo	94,532,000	—	—	2.35	4.00
2006 Mo	144,123,000	—	—	2.35	4.00
2007 Mo	129,422,000	—	—	2.35	4.00
2008 Mo	134,235,000	—	—	2.35	4.00
2009 Mo	64,650,000	—	—	2.35	4.00
2010 Mo	34,878,000	—	—	1.00	1.50
2011 Mo	114,522,000	—	—	1.00	1.50
2012 Mo	134,445,000	—	—	0.75	1.00
2013 Mo	104,596,000	—	—	0.75	1.00
2015 Mo	29,859,000	—	—	0.75	1.00
2016 Mo	135,600,000	—	—	0.75	1.00
2017 Mo	259,400,000	—	—	0.75	1.00

5 NUEVOS PESOS

KM# 552 7.07 g., Bi-Metallic Aluminum-Bronze center in Stainless Steel ring, 25.5mm. **Obv:** National arms, eagle left within circle **Rev:** Value and date within circle with bow below

Date	Mintage	VF20	XF40	MS60	MS63	MS65
1992 Mo	70,000,000	—	2.00	6.00	8.50	—
1993 Mo	168,240,000	—	2.00	6.00	8.50	—
1994 Mo	58,000,000	—	2.00	6.00	8.50	—
1995 Mo	6,981	PF63 25.00				

KM# 588 27.00 g., 0.925 Silver, 0.803 oz. ASW **Subject:** Environmental Protection **Obv:** National arms, eagle left within center of past and present arms **Rev:** Pacific Ridley Sea Turtle **Series:** Ibero-America

Date	Mintage	VF20	XF40	MS60	MS63	MS65
1994 Mo	11,005	PF65 45.00				

5 PESOS

KM# 605 7.07 g., Bi-Metallic Aluminum-Bronze center in Stainless Steel ring, 25.5mm. **Obv:** National arms, eagle left within circle **Rev:** Value within circle **Note:** Similar to KM#552 but denomination without N.

Date	Mintage	VF20	XF40	MS60	MS63	MS65
1997 Mo	39,468,000	—	2.00	4.00	7.00	—
1998 Mo	103,729,000	—	2.00	4.00	7.00	—
1999 Mo	59,427,000	—	2.00	4.00	7.00	—
2000 Mo	20,869,000	—	2.00	4.50	7.00	—
2001 Mo	79,169,000	—	2.00	3.50	8.00	—
2002 Mo	34,754,000	—	2.00	3.50	6.00	—
2003 Mo	54,676,000	—	2.00	3.50	6.00	—
2004 Mo	89,518,000	—	2.00	3.50	6.00	—
2005 Mo	94,482,000	—	2.00	3.50	6.00	—

Date	Mintage	VF20	XF40	MS60	MS63	MS65
2006 Mo	89,447,000	—	2.00	3.50	6.00	—
2007 Mo	123,382,000	—	2.00	3.50	6.00	—
2008 Mo	9,939,000	—	2.50	4.00	6.00	—
2009 Mo	9,898,000	—	2.50	4.00	6.00	—
2010 Mo	6,929,000	—	2.50	3.00	3.50	—
2011 Mo	209,214,000	—	1.00	1.75	2.00	—
2012 Mo	159,398,000	—	—	1.75	2.00	—
2013 Mo	129,464,000	—	—	1.75	2.00	—
2014 Mo	105,614,000	—	—	1.25	1.50	—
2015 Mo	121,570,000	—	—	1.25	1.50	—
2016 Mo	246,800,000	—	—	1.25	1.50	—
2017 Mo	279,200,000	—	—	1.25	1.50	—

KM# 627 31.10 g., 0.999 Silver, 0.999 oz. ASW **Subject:** World Wildlife Fund **Obv:** National arms, eagle left **Rev:** Wolf with pup

Date	Mintage	VF20	XF40	MS60	MS63	MS65
1997 Mo	—	—	—	—	—	—
1998 Mo	13,004	PF65 75.00				

KM# 629 27.00 g., 0.925 Silver, 0.803 oz. ASW 40mm. **Subject:** Jarabe Tapatio **Obv:** National arms, eagle left within center of assorted arms **Rev:** Mexican dancers **Series:** Ibero-America

Date	Mintage	VF20	XF40	MS60	MS63	MS65
1997 Mo	8,011	PF65 275				
1998 Mo	3,000	PF65 295				

KM# 630 31.18 g., 0.999 Silver, 1.0015 oz. ASW
Subject: Millennium Series **Obv:** National arms,
eagle left within center of past and present arms
Rev: Butterfly flanked by sprigs above hands **Rev.
Designer:** Francisco Ortega Romero

Date	Mintage	VF20	XF40	MS60	MS63	MS65
1999-2000 Mo	47,435		PF65 50.00			

KM# 631 31.18 g., 0.999 Silver, 1.0015 oz.
ASW **Subject:** Millennium Series **Obv:** National
arms, eagle left within center of past and present
arms **Rev:** Stylized dove as hand of peace **Rev.
Designer:** Omar Jiminez Torres

Date	Mintage	VF20	XF40	MS60	MS63	MS65
1999-2000 Mo	47,389		PF65 40.00			

KM# 632 31.18 g., 0.999 Silver, 1.0015 oz. ASW
Subject: Millennium Series **Obv:** National arms,

eagle left within center of past and present arms
Rev: Aztec bird design and value

Date	Mintage	VF20	XF40	MS60	MS63	MS65
1999-2000 Mo	48,080		PF65 40.00			

KM# 635 19.60 g., 0.925 Silver, 0.5829 oz. ASW
Subject: Millennium Series **Obv:** National arms,
eagle left **Rev:** Naval training ship Cuauhtemoc
sailing into world globe

Date	Mintage	VF20	XF40	MS60	MS63	MS65
1999 Mo	15,504		PF65 32.00			

KM# 640 31.10 g., 0.999 Silver, 0.999 oz. ASW
40mm. **Subject:** UNICEF **Obv:** National arms,
eagle left **Rev:** Two children flying kite **Edge:**
Reeded

Date	Mintage	VF20	XF40	MS60	MS63	MS65
1999 Mo	4,010		PF65 60.00			

KM# 652 31.10 g., 0.999 Silver, 0.999 oz. ASW
40mm. **Subject:** Aguila Real **Obv:** National arms,
eagle left within center of past and present arms
Rev: Golden Eagle on branch, value and date
Series: Endangered Wildlife

Date	Mintage	VF20	XF40	MS60	MS63	MS65
2000 Mo	30,000	—	—	—	40.00	45.00

KM# 655 31.10 g., 0.999 Silver, 0.999 oz. ASW 40mm. **Subject:** Cocodrilo de Rio **Obv:** National arms, eagle left within center of past and present arms **Rev:** American Crocodile, value and date **Series:** Endangered Wildlife

Date	Mintage	VF20	XF40	MS60	MS63	MS65
2000 Mo	30,000	—	—	—	40.00	45.00

KM# 656 31.10 g., 0.999 Silver, 0.999 oz. ASW 40mm. **Subject:** Nutria de Rio **Obv:** National arms, eagle left within center of past and present arms **Rev:** Neotropical River Otter, value and date **Series:** Endangered Wildlife

Date	Mintage	VF20	XF40	MS60	MS63	MS65
2000 Mo	30,000	—	—	—	40.00	45.00

KM# 657 31.10 g., 0.999 Silver, 0.999 oz. ASW 40mm. **Subject:** Endangered Wildlife - American Antelope **Obv:** National arms, eagle left within center of past and present arms **Rev:** Peninsular Pronghorn, giant cardon cactus in back, value and date

Date	Mintage	VF20	XF40	MS60	MS63	MS65
2000 Mo	30,000	—	—	—	40.00	45.00

KM# 670 27.00 g., 0.925 Silver, 0.803 oz. ASW 40mm. **Obv:** National arms, eagle left within center of past and present arms **Rev:** Cowboy trick riding two horses **Series:** Ibero-American **Edge:** Reeded

Date	Mintage	VF20	XF40	MS60	MS63	MS65
2000 Mo	9,000		PF65 85.00			

KM# 651 31.10 g., 0.999 Silver, 0.999 oz. ASW 40mm. **Subject:** Endangered Wildlife - Manatee **Obv:** National arms in center of past and present arms **Rev:** Manatee, value and date **Edge:** Reeded

Date	Mintage	VF20	XF40	MS60	MS63	MS65
2001 Mo	30,000	—	—	—	40.00	45.00

KM# 653 31.10 g., 0.999 Silver, 0.999 oz. ASW 40mm. **Subject:** Harpy Eagle (Aguila Arpia) **Obv:** National arms in center of past and present arms **Rev:** Crowned Harpy Eagle perched on branch, value and date **Series:** Endangered Wildlife

Date	Mintage	VF20	XF40	MS60	MS63	MS65
2001 Mo	30,000	—	—	—	40.00	45.00

ESTADOS UNIDOS

KM# 654 31.10 g.,   0.999 Silver, 0.999 oz. ASW 40mm. **Subject:** Black Bear (Oso Negro) **Obv:** National arms in center of past and present arms **Rev:** Black bear, value and date **Series:** Endangered Wildlife

Date	Mintage	VF20	XF40	MS60	MS63	MS65
2001 Mo	30,000	—	—	—	40.00	45.00

KM# 658 31.10 g.,   0.999 Silver, 0.999 oz. ASW 40mm. **Subject:** Endangered Wildlife - Jaguar **Obv:** National arms in center of past and present arms **Rev:** Jaguar, value and date

Date	Mintage	VF20	XF40	MS60	MS63	MS65
2001 Mo	30,000	—	—	—	40.00	45.00

KM# 659 31.10 g.,   0.999 Silver, 0.999 oz. ASW 40mm. **Subject:** Endangered Wildlife - Prairie Dog **Obv:** National arms in center of past and present arms **Rev:** Prairie dog, value and date

Date	Mintage	VF20	XF40	MS60	MS63	MS65
2001 Mo	30,000	—	—	—	40.00	45.00

KM# 660 31.10 g.,   0.999 Silver, 0.999 oz. ASW 40mm. **Subject:** Endangered Wildlife - Volcano Rabbit **Obv:** National arms in center of past and present arms **Rev:** Volcano rabbit, value and date

Date	Mintage	VF20	XF40	MS60	MS63	MS65
2001 Mo	30,000	—	—	—	40.00	45.00

KM# 678 27.00 g.,   0.925 Silver, 0.803 oz. ASW 40mm. **Subject:** Acapulco Galleon **Obv:** National arms in center of past and present arms **Rev:** Spanish galleon with Pacific Ocean background and trading scene in foreground **Series:** Ibero-America **Edge:** Reeded

Date	Mintage	VF20	XF40	MS60	MS63	MS65
2003 Mo	17,015	**PF65** 55.00				

KM# 765 31.10 g.,   0.925 Silver, 0.925 oz. ASW 40mm. **Subject:** Palacio de Bellas Artes **Obv:** Mexican Eagle and Snake **Rev:** Palace of Fine Arts **Series:** Ibero-America **Edge:** Reeded

Date	Mintage	VF20	XF40	MS60	MS63	MS65
2005 Mo	8,005	**PF65** 85.00				

ESTADOS UNIDOS

KM# 770 31.10 g., 0.999 Silver, 0.999 oz. ASW 40mm. **Subject:** World Cup Soccer **Obv:** Mexican Eagle and Snake **Rev:** Mayan Pelota player and soccer ball

Date	Mintage	VF20	XF40	MS60	MS63	MS65
2006 Mo	40,005			PF65 80.00		

KM# 805 31.11 g., 0.925 Silver, 0.925 oz. ASW 40mm. **Obv:** Eagle on cactus within shields **Rev:** Mayan ball game **Series:** Ibero-America

Date	Mintage	VF20	XF40	MS60	MS63	MS65
2008 Mo	8,013			PF65 75.00		

KM# 894 7.07 g., Bi-Metallic Aluminum-bronze center in stainless steel ring, 25.5mm. **Subject:** Ignacio Rayon **Obv:** National arms - eagle left **Rev:** Ignacio Rayon bust left **Series:** Mexican Independence, 200th Anniversary

Date	Mintage	VF20	XF40	MS60	MS63
2008 Mo	9,934,397	—	0.75	1.50	—
2008 Mo Prooflike	4,267	—	—	—	7.50

KM# 895 7.07 g., Bi-Metallic Aluminum-bronze center in stainless steel ring, 25.5mm. **Subject:** Alvaro Obregon **Obv:** National arms - eagle left **Rev:** Alvaro Obregon bust 3/4 facing left **Series:** Mexican Revolution 100th Anniversary

Date	Mintage	VF20	XF40	MS60	MS63
2008 Mo	9,948,722	—	0.75	1.50	—
2008 Mo Prooflike	4,727	—	—	—	7.50

KM# 896 7.07 g., Bi-Metallic Aluninum-bronze center in stainless steel ring, 25.5mm. **Subject:** Carlos Maria de Bustamante **Obv:** National arms - eagle left **Rev:** Carlos Maria de Bustamante bust left **Series:** Mexican Independence 200th Anniversary

Date	Mintage	VF20	XF40	MS60	MS63
2008 Mo	9,941,302	—	0.75	1.50	—
2008 Mo Prooflike	4,852	—	—	—	7.50

KM# 897 7.07 g., Bi-Metallic Aluminum-bronze center in stainless steel ring, 25.5mm. **Subject:** Jose Vasconcelos **Obv:** National arms - eagle left **Rev:** Jose Vasconcelos bust left **Series:** Mexican Revolution 100th Anniversary

Date	Mintage	VF20	XF40	MS60	MS63
2008 Mo	9,939,839	—	0.75	1.50	—
2008 Mo Prooflike	4,767	—	—	—	7.50

KM# 898 7.07 g., Bi-Metallic Aluminum-bronze center in stainless steel ring, 25.5mm. **Subject:** Francisco Xavier Mina **Obv:** National arms - eagle left **Rev:** Francisco Mina bust 3/4 facing left **Series:** Mexican Independence 200th Anniversary

Date	Mintage	VF20	XF40	MS60	MS63
2008 Mo	9,914,938	—	0.75	1.50	—
2008 Mo Prooflike	4,523	—	—	—	7.50

KM# 899 7.07 g., Bi-Metallic Aluminum-bronze center in stainless steel ring, 25.5mm. **Subject:** Francisco Villa **Obv:** National arms - eagle left **Rev:** Francisco Villa on horseback left **Series:** Mexican Revolution 100th Anniversary

Date	Mintage	VF20	XF40	MS60	MS63
2008 Mo	9,917,084	—	0.75	1.50	—
2008 Mo Prooflike	4,866	—	—	—	7.50

KM# 900.1 7.07 g., Bi-Metallic Aluminum-Bronze center in Stainless Steel ring, 25.5mm. **Subject:** Francisco Primo de Verdad y Ramos **Obv:** National arms - eagle left **Rev:** Francisco Primode Verdad y Ramos bust right **Series:** Mexican Independence 200th Anniversary **Note:** Pellets at 4 and 7 o'clock in legend.

Date	Mintage	VF20	XF40	MS60	MS63
2008 Mo	9,937,000	—	0.75	1.50	—
2008 Mo Prooflike	4,279	—	—	—	7.50

KM# 900.2 7.07 g., Bi-Metallic Aluminum-Bronze center in Stainless Steel ring, 25.5mm. **Subject:** Francisco Primode Verdad y Ramos **Obv:** National arms - eagle left **Rev:** Francisco Primode Verdad y Ramos bust right **Series:** Mexican Independence 200th Anniversary **Note:** No pellets at 4 and 7 o'clock in legend.

Date	Mintage	VF20	XF40	MS60	MS63	MS65
2008 Mo	Inc. above	—	—	10.00	15.00	—

KM# 901 7.07 g., Bi-Metallic Aluminum-Bronze center in Stainless Steel ring, 25.5mm. **Subject:** Heriberto Jara **Obv:** National arms - eagle left **Rev:** Heriberto Jara bust 3/4 left **Series:** Mexican Revolution 100th Anniversary

Date	Mintage	VF20	XF40	MS60	MS63
2008 Mo	9,936,333	—	0.75	1.50	—
2008 Mo Prooflike	4,870	—	—	—	7.50

KM# 902 7.07 g., Bi-Metallic Aluminum-Bronze center in Stainless Steel ring, 25.5mm. **Subject:** Mariano Matamoros **Obv:** National arms - eagle left **Rev:** Mariano Matamoros bust 3/4 facing right **Series:** Mexican Independence 200th Anniversary

Date	Mintage	VF20	XF40	MS60	MS63
2008 Mo	9,947,802	—	0.75	1.50	—
2008 Mo Prooflike	4,820	—	—	—	7.50

KM# 903 7.07 g., Bi-Metallic Aluminum-Bronze center in Stainless Steel ring, 25.5mm. **Subject:** Ricardo Magon **Obv:** National arms - eagle left **Rev:** Ricardo Magon bust right **Series:** Mexican Revolution 100th Anniversary

Date	Mintage	VF20	XF40	MS60	MS63
2008 Mo	9,940,278	—	0.75	1.50	—
2008 Mo Prooflike	4,690	—	—	—	7.50

KM# 904 7.07 g., Bi-Metallic Aluminum-Bronze center in Stainless Steel ring, 25.5mm. **Subject:** Miguel Ramos Arizpe **Obv:** National arms - eagle left **Rev:** Miguel Ramos Arizpe bust right **Series:** Mexican Independence 200th Anniversary

Date	Mintage	VF20	XF40	MS60	MS63
2008 Mo	9,927,433	—	0.75	1.50	—
2008 Mo Prooflike	4,863	—	—	—	7.50

KM# 905 7.07 g., Bi-Metallic Aluminum-Bronze center in Stainless Steel ring, 25.5mm. **Subject:** Francisco J. Mugica **Obv:** National arms, eagle left **Rev:** Francisco J. Mugica bust 3/4 facing left **Series:** Mexican Revolution 100th Anniversary

Date	Mintage	VF20	XF40	MS60	MS63
2008 Mo	9,926,537	—	0.75	1.50	—
2008 Mo Prooflike	4,588	—	—	—	7.50

KM# 906 7.07 g., Bi-Metallic Aluminum-Bronze center in Stainless Steel ring, 25.5mm. **Subject:** Hermenegildo Galeana **Obv:** National arms - eagle left **Rev:** Hermenegildo Galeana bust 3/4 facing left **Series:** Mexican Independence 200th Anniversary

Date	Mintage	VF20	XF40	MS60	MS63
2008 Mo	9,935,901	—	0.75	1.50	—
2008 Mo Prooflike	4,966	—	—	—	7.50

KM# 907 7.07 g., Bi-Metallic Aluminum-Bronze center in Stainless Steel ring, 25.5mm. **Subject:** Filomeno Mata **Obv:** National arms, eagle left **Rev:** Filomeno Mata bust facing left **Series:** Mexican Revolution, 100th Anniversary

Date	Mintage	VF20	XF40	MS60	MS63
2009 Mo	9,935,689	—	0.75	1.50	—
2009 Mo Prooflike	4,920	—	—	—	7.50

KM# 908 7.07 g., Bi-Metallic Aluminum-Bronze cetner in Stainless Steel ring, 25.5mm. **Subject:** Jose Maria Cos **Obv:** National arms - eagle left **Rev:** Jose Maria Cos bust right **Series:** Mexican Independence 200th Anniversary

Date	Mintage	VF20	XF40	MS60	MS63
2009 Mo	9,935,040	—	0.75	1.50	—
2009 Mo Prooflike	4,950	—	—	—	7.50

KM# 909 7.07 g., Bi-Metallic Aluminum-Bronze center in Stainless Steel ring, 25.5mm. **Subject:** Carmen Serdan **Obv:** National arms - eagle left **Rev:** Carmen Serdan bust facing slightly right **Series:** Mexican Revolution 100th Anniversary

Date	Mintage	VF20	XF40	MS60	MS63
2009 Mo	7,160,841	—	0.75	1.50	—
2009 Mo Prooflike	4,787	—	—	—	7.50

KM# 910 7.07 g., Bi-Metallic Aluminum-Bronze center in Stainless Steel ring, 25.5mm. **Subject:** Pedro Moreno **Obv:** National arms - eagle left **Rev:** Pedro Moreno bust 3/4 right **Series:** Mexican Independence, 200th Anniversary

Date	Mintage	VF20	XF40	MS60	MS63
2009 Mo	6,942,480	—	0.75	1.50	—
2009 Mo Prooflike	4,940	—	—	—	7.50

KM# 911 7.07 g., Bi-Metallic Aluminum-Bronze center in Stainless Steel ring, 25.5mm. **Subject:** Andres Molina Enriquez **Obv:** National arms - eagle left **Rev:** Andres Molina Enriquez, bust 3/4 right **Series:** Mexican Revolution 100th Anniversary

Date	Mintage	VF20	XF40	MS60	MS63
2009 Mo	6,942,763	—	0.75	1.50	—
2009 Mo Prooflike	4,666	—	—	—	7.50

KM# 912 7.07 g., Bi-Metallic Aluminum-Bronze center in Stainless Steel ring, 25.5mm. **Subject:** Agustin de Iturbide **Obv:** National arms, eagle left **Rev:** Agustin de Iturbide bust left **Series:** Mexican Independence, 200th Anniversary

Date	Mintage	VF20	XF40	MS60	MS63
2009 Mo	6,944,222	—	0.75	1.50	—
2009 Mo Prooflike	4,838	—	—	—	7.50

KM# 913 7.07 g., Bi-Metallic Aluminumn-Bronze center in Stainless Steel ring, 25.5mm. **Subject:** Luis Cabrera **Obv:** National arms - eagle left **Rev:** Luis Cabrera bust 3/4 facing left **Series:** Mexican Revolution 100th Anniversary

Date	Mintage	VF20	XF40	MS60	MS63
2009 Mo	6,902,593	—	0.75	1.50	—
2009 Mo Prooflike	4,656	—	—	—	7.50

KM# 914 7.07 g., Bi-Metallic Aluminum-Bronze center Stainless Steel ring, 25.5mm. **Subject:** Nicolas Bravo **Obv:** National arms - eagle left **Rev:**

Nicolas Bravo bust 3/4 facing left **Series:** Mexican Independence 200th Anniversary

Date	Mintage	VF20	XF40	MS60	MS63
2009 Mo	6,930,174	—	0.75	0.50	—
2009 Mo Prooflike	4,780	—	—	—	7.50

KM# 915 7.07 g., Bi-Metallic Aluminum-bronze center in Stainless steel ring, 25.5mm. **Subject:** Eulalio Gutierrez **Obv:** National arms - eagle left **Rev:** Eulalio Gutierrez bust 3/4 right **Series:** Mexican Revolution 100th Anniversary

Date	Mintage	VF20	XF40	MS60	MS63
2009 Mo	6,908,760	—	0.75	1.50	—
2009 Mo Prooflike	4,862	—	—	—	7.50

KM# 916 7.07 g., Bi-Metallic Aluminum-Bronze center in Stainless Steel ring, 25.5mm. **Subject:** Servando Teresa de Mier **Obv:** National arms - eagle left **Rev:** Servando Teresa de Mier bust left **Series:** Mexican Independence 200th Anniversary

Date	Mintage	VF20	XF40	MS60	MS63
2009 Mo	6,937,421	—	0.75	1.50	—
2009 Mo Prooflike	4,675	—	—	—	7.50

KM# 917 7.07 g., Bi-Metallic Aluminum-Bronze center in Stainless Steel ring, 25.5mm. **Subject:** Otilio Montano **Obv:** National arms - eagle left **Rev:** Otilio Montano bust left **Series:** Mexican Revolution 100th Anniversary

Date	Mintage	VF20	XF40	MS60	MS63
2009 Mo	6,890,052	—	0.75	1.50	—
2009 Mo Prooflike	4,923	—	—	—	7.50

KM# 918 7.07 g., Bi-Metallic Aluminum-Bronze center in Stainless Steel ring, 25.5mm. **Subject:** Belisario Dominguez **Obv:** National arms - eagle left **Rev:** Belisario Dominguez bust 3/4 left **Series:**

Mexican Revolution 100th Anniversary

Date	Mintage	VF20	XF40	MS60	MS63
2009 Mo	6,926,606	—	0.75	1.50	—
2009 Mo Prooflike	4,773	—	—	—	7.50

KM# 919 7.07 g., Bi-Metallic Aluminum-Bronze center in Stainless Steel ring, 25.5mm. **Subject:** Leona Vicario **Obv:** National arms - eagle left **Rev:** Leona Vicario bust left **Series:** Mexican Independence 200th Anniversary

Date	Mintage	VF20	XF40	MS60	MS63
2009 Mo	6,937,872	—	0.75	1.50	—
2009 Mo Prooflike	4,730	—	—	—	7.50

KM# 920 7.07 g., Bi-Metallic Aluminum-Bronze center in Stainless Steel ring, 25.5mm. **Subject:** Miguel Hidalgo y Costilla **Obv:** National arms - eagle left **Rev:** Miguel Hidalgo y Costilla bust **Series:** Mexican Independence 200th Anniversary

Date	Mintage	VF20	XF40	MS60	MS63
2010 Mo	6,932,486	—	0.75	1.50	—
2010 Mo Prooflike	4,763	—	—	—	7.50

KM# 926 7.07 g., Bi-Metallic Aluminum-Bronze center in Stainless Steel ring, 25.5mm. **Subject:** Venustiano Carranza **Rev:** Venustiano Carranza head 1/4 facing left **Series:** Mexican Revolution 100th Anniversary

Date	Mintage	VF20	XF40	MS60	MS63
2010 Mo	6,936,993	—	0.75	1.50	—
2010 Mo Prooflike	4,837	—	—	—	7.50

KM# 962 27.00 g., 0.925 Silver, 0.803 oz. ASW 40mm. **Obv:** National arms within circle of other national arms **Rev:** Horse Peso **Series:** Ibero-American Series

Date	Mintage	VF20	XF40	MS60	MS63	MS65
2011 Mo	8,000		PF65 80.00			

KM# 977 27.00 g., 0.925 Silver, 0.803 oz. ASW 40mm. **Subject:** 20th Anniversary of Ibero-American Coin Series **Obv:** Old national arms (eagle and snake facing right) **Rev:** Maps of America and Europe, Columbus' ships on water **Edge:** Reeded

Date	Mintage	VF20	XF40	MS60	MS63	MS65
2012	2,000		PF63 80.00			

ESTADOS UNIDOS

10 NUEVOS PESOS

KM# 553 11.18 g., Bi-Metallic 0.925 Silver center, .1667 oz. ASW within Aluminum-Bronze ring, 28mm. **Obv:** National arms **Rev:** Assorted shields within circle **Obv. Legend:** Estados Unidos Mexicanos **Edge:** Grooved

Date	Mintage	VF20	XF40	MS60	MS63	MS65
1992 Mo	20,000,000	—	7.00	10.00	14.00	—
1993 Mo	47,981,000	—	7.00	10.00	14.00	—
1994 Mo	15,000,000	—	7.00	10.00	14.00	—
1995 Mo	6,981	PF63 20.00				
1995 Mo	15,000,000	—	7.00	10.00	14.00	—

10 PESOS

KM# 616 10.33 g., Bi-Metallic Copper-Nickel-Zinc center in Aluminum-Bronze ring, 28mm. **Obv:** National arms **Rev:** Aztec design of Tonatiuh with the Fire Mask **Obv. Legend:** ESTADOS UNIDOS MEXICANOS

Date	Mintage	VF20	XF40	MS60	MS63	MS65
1997 Mo	44,837,000	—	2.50	4.00	8.00	—
1998 Mo	203,735,000	—	2.50	4.00	8.00	—
1999 Mo	29,842,000	—	2.50	4.00	8.00	—
2002 Mo	44,721,000	—	2.50	4.00	8.00	—
2004 Mo	74,739,000	—	2.50	4.00	8.00	—
2005 Mo	64,616,000	—	2.50	4.00	8.00	—
2006 Mo	84,575,000	—	2.50	4.00	8.00	—
2007 Mo	89,678,000	—	2.50	4.00	8.00	—
2008 Mo	64,744,000	—	2.50	4.00	8.00	—
2009 Mo	54,812,000	—	2.00	3.00	6.00	—
2010 Mo	54,822,000	—	2.00	3.00	6.00	—
2011 Mo	69,731,000	—	—	3.00	6.00	—
2012 Mo	89,732,000	—	—	3.00	6.00	—
2013 Mo	44,769,000	—	—	2.50	3.00	—
2014 Mo	99,962,000	—	—	2.00	2.50	—
2015 Mo	157,406,000	—	—	1.75	2.00	—
2016 Mo	220,000,000	—	—	1.75	2.00	—
2017 Mo	286,300,000	—	—	1.75	2.00	—

KM# 633 62.03 g., 0.999 Silver, 1.9923 oz. ASW **Subject:** Millennium Series **Obv:** National arms, eagle left within center of past and present arms **Rev:** Ancient and modern buildings within circle

Date	Mintage	VF20	XF40	MS60	MS63
1999-2000 Mo	47,641	PF65 75.00			

KM# 636 10.33 g., Bi-Metallic Copper-Nickel-Zinc center in Aluminum-Bronze ring, 28mm. **Obv:** National arms **Rev:** Aztec carving **Series:** Millennium **Obv. Legend:** ESTADOS UNIDOS MEXICANOS **Edge Lettering:** ANO (year) repeated 3 times

Date	Mintage	VF20	XF40	MS60	MS63	MS65
2000 Mo	24,839,000	—	3.50	4.50	8.50	—
2001 Mo	44,768,000	—	3.00	4.00	8.00	—

KM# 679 31.10 g., 0.999 Silver, 0.999 oz. ASW 39.9mm. **Subject:** 180th Anniversary of Federation **Obv:** National arms **Rev:** State Arms **Series:** First **Obv. Legend:** ESTADOS UNIDOS MEXICANOS **Rev. Legend:** ESTADO DE ZACATECAS **Edge:** Reeded

Date	Mintage	VF20	XF40	MS60	MS63	MS65
2003 Mo	10,000	PF65 65.00				

KM# 680 31.10 g., 0.999 Silver, 0.999 oz. ASW 39.9mm. **Subject:** 180th Anniversary of Federation **Obv:** National arms **Rev:** State arms **Series:** First **Obv. Legend:** ESTADO UNIDOS MEXICANOS **Rev. Legend:** ESTADO DE YUCATÁN **Edge:** Reeded

Date	Mintage	VF20	XF40	MS60	MS63	MS65
2003 Mo	10,000		PF65 55.00			

KM# 681 31.10 g., 0.999 Silver, 0.999 oz. ASW 39.9mm. **Subject:** 180th Anniversary of Federation **Obv:** National arms **Rev:** State arms **Series:** First **Obv. Legend:** ESTADOS UNIDOS MEXICANOS **Rev. Legend:** ESTADO DE VERACRUZ-LLAVE **Edge:** Reeded

Date	Mintage	VF20	XF40	MS60	MS63	MS65
2003 Mo	10,000		PF65 55.00			

KM# 682 31.10 g., 0.999 Silver, 0.999 oz. ASW 39.9mm. **Subject:** 180th Anniversary of Frederation **Obv:** National arms **Rev:** State arms **Series:** First **Obv. Legend:** ESTADOS UNIDOS MEXICANOS **Rev. Legend:** ESTADO DE TLAXCALA **Edge:** Reeded

Date	Mintage	VF20	XF40	MS60	MS63	MS65
2003 Mo	10,000		PF65 55.00			

KM# 683 31.10 g., 0.999 Silver, 0.999 oz. ASW 39.9mm. **Subject:** 180th Anniversary of Federation **Obv:** National arms **Rev:** State arms **Series:** First **Obv. Legend:** ESTADOS UNIDOS MEXICANOS **Rev. Legend:** ESTADO DE TAMAULIPAS **Edge:** Reeded

Date	Mintage	VF20	XF40	MS60	MS63	MS65
2004 Mo	10,000		PF65 55.00			

KM# 684 31.10 g., 0.999 Silver, 0.999 oz. ASW 39.9mm. **Subject:** 180th Anniversary of Federation **Obv:** National arms **Rev:** State arms **Series:** First **Obv. Legend:** ESTADOS UNIDOS DE MEXICANOS **Rev. Legend:** ESTADO DE TABASCO **Edge:** Reeded

Date	Mintage	VF20	XF40	MS60	MS63	MS65
2004 Mo	10,000		PF65 55.00			

KM# 685 31.10 g., 0.999 Silver, 0.999 oz. ASW 39.9mm. **Subject:** 180th Anniversary of Federation **Obv:** National arms **Rev:** State arms **Series:** First **Obv. Legend:** ESTADOS UNIDOS MEXICANOS **Rev. Legend:** ESTADO DE SONORA **Edge:** Reeded **Note:** Mexican States: Sonora

Date	Mintage	VF20	XF40	MS60	MS63	MS65
2004 Mo	10,000		PF65 55.00			

KM# 686 31.10 g., 0.999 Silver, 0.999 oz. ASW 39.9mm. **Subject:** 180th Anniversary of Federation **Obv:** National arms **Rev:** State arms **Series:** First **Obv. Legend:** ESTADOS UNIDOS DE MEXICANOS **Rev. Legend:** ESTADO DE SINALOA **Edge:** Reeded **Note:** Mexican States: Sinaloa

Date	Mintage	VF20	XF40	MS60	MS63	MS65
2004 Mo	10,000		PF65 55.00			

KM# 687 31.10 g., 0.999 Silver, 0.999 oz. ASW 39.9mm. **Subject:** 180th Anniversary of Federation **Obv:** National arms **Rev:** State arms **Series:** First **Obv. Legend:** ESTADOS UNIDOS MEXICANOS **Rev. Legend:** ESTADO DE SAN LUIS POTOSÍ **Edge:** Reeded

Date	Mintage	VF20	XF40	MS60	MS63	MS65
2004 Mo	10,000		PF65 55.00			

KM# 733 31.10 g., 0.999 Silver, 0.999 oz. ASW 39.9mm. **Subject:** 180th Anniversary of Federation **Obv:** National arms **Rev:** State arms **Series:** First **Obv. Legend:** ESTADOS UNIDOS MEXICANOS **Rev. Legend:** ESTADO DE QUERÉTARO ARTEAGA **Edge:** Reeded

Date	Mintage	VF20	XF40	MS60	MS63	MS65
2004 Mo	10,000		PF65 55.00			

KM# 735 31.10 g., 0.999 Silver, 0.999 oz. ASW 39.9mm. **Subject:** 180th Anniversary of Federation **Obv:** National arms **Rev:** State arms **Series:** First **Obv. Legend:** ESTADOS UNIDOS MEXICANOS **Rev. Legend:** ESTADO DE QUINTANA ROO

Date	Mintage	VF20	XF40	MS60	MS63	MS65
2004 Mo	10,000		PF65 55.00			

KM# 737 31.10 g., 0.999 Silver, 0.999 oz. ASW 39.9mm. **Subject:** 180th Anniversary of Federation **Obv:** National arms **Rev:** State arms **Series:** First **Obv. Legend:** ESTADOS UNIDOS MEXICANOS **Rev. Legend:** ESTADO DE PUEBLA **Edge:** Reeded

Date	Mintage	VF20	XF40	MS60	MS63	MS65
2004 Mo	10,000		PF65 55.00			

KM# 739 31.10 g., 0.999 Bi-Metallic, 0.999 oz. 39.9mm. **Subject:** 180th Anniversary of Federation **Obv:** National arms **Rev:** State arms **Series:** First **Obv. Legend:** ESTADOS UNIDOS MEXICANOS **Rev. Legend:** ESTADO DE OAXACA **Edge:** Reeded

Date	Mintage	VF20	XF40	MS60	MS63	MS65
2004 Mo	10,000		PF65 55.00			

KM# 741 31.10 g., 0.999 Silver, 0.999 oz. ASW
39.9mm. **Subject:** 180th Anniversary of Federation
Obv: National arms **Rev:** State arms **Series:** First
Obv. Legend: ESTADOS UNIDOS MEXICANOS
Rev. Legend: ESTADO DE NUEVO LEÓN **Edge:**
Reeded

Date	Mintage	VF20	XF40	MS60	MS63	MS65
2004 Mo	10,000			PF65 55.00		

KM# 747 31.10 g., 0.999 Silver, 0.999 oz. ASW
39.9mm. **Subject:** 180th Anniversary of Federation
Obv: National arms **Rev:** State arms **Series:** First
Obv. Legend: ESTADOS UNIDOS MEXICANOS
Rev. Legend: ESTADO DE MÉXICO **Edge:**
Reeded

Date	Mintage	VF20	XF40	MS60	MS63	MS65
2004 Mo	10,000			PF65 55.00		

KM# 743 31.10 g., 0.999 Silver, 0.999 oz. ASW
39.9mm. **Subject:** 180th Anniversary of Federation
Obv: National arms **Rev:** State arms **Series:** First
Obv. Legend: ESTADOS UNIDOS MEXICANOS
Rev. Legend: ESTADO DE NAYARIT **Edge:**
Reeded

Date	Mintage	VF20	XF40	MS60	MS63	MS65
2004 Mo	10,000			PF65 55.00		

KM# 749 31.10 g., 0.999 Silver, 0.999 oz. ASW
39.9mm. **Subject:** 180th Anniversary of Federation
Obv: National arms **Rev:** State arms **Series:** First
Obv. Legend: ESTADOS UNIDOS MEXICANOS
Rev. Legend: ESTADO DE JALISCO **Edge:**
Reeded

Date	Mintage	VF20	XF40	MS60	MS63	MS65
2004 Mo	10,000			PF65 55.00		

KM# 745 31.10 g., 0.999 Silver, 0.999 oz. ASW
39.9mm. **Subject:** 180th Anniversary of Federation
Obv: National arms **Rev:** State arms **Series:** First
Obv. Legend: ESTADOS UNIDOS MEXICANOS
Rev. Legend: ESTADO DE MORELOS **Edge:**
Reeded

Date	Mintage	VF20	XF40	MS60	MS63	MS65
2004 Mo	10,000			PF65 55.00		

KM# 796 31.10 g., 0.999 Silver, 0.999 oz. ASW
39.9mm. **Subject:** 180th Anniversary of Federation
Obv: National arms **Rev:** State arms **Series:** First
Obv. Legend: ESTADOS UNIDOS MEXICANOS
Rev. Legend: ESTADO DE MICHOACÁN DE
OCAMPO **Edge:** Reeded

Date	Mintage	VF20	XF40	MS60	MS63	MS65
2004 Mo	10,000			PF65 55.00		

KM# 961 31.10 g., 0.999 Silver, 0.9989 oz. ASW 40mm. **Subject:** National University, 75th Anniversary

Date	Mintage	VF20	XF40	MS60	MS63	MS65
2004	—	PF65 100				

KM# 706 31.10 g., 0.999 Silver, 0.999 oz. ASW 39.9mm. **Subject:** 180th Anniversary of Federation **Obv:** National arms **Rev:** State arms **Series:** First **Obv. Legend:** ESTADOS UNIDOS MEXICANOS **Rev. Legend:** ESTADO DE CHIAPAS **Edge:** Reeded

Date	Mintage	VF20	XF40	MS60	MS63	MS65
2005 Mo	10,000	PF65 55.00				

KM# 707 31.10 g., 0.999 Silver, 0.999 oz. ASW 39.9mm. **Subject:** 180th Anniversary of Federation **Obv:** National arms **Rev:** Federal District arms **Series:** First **Obv. Legend:** ESTADOS UNIDOS MEXICANOS **Rev. Legend:** DISTRITO FEDERAL **Edge:** Reeded

Date	Mintage	VF20	XF40	MS60	MS63	MS65
2005 Mo	10,000	PF65 55.00				

KM# 708 31.10 g., 0.999 Silver, 0.999 oz. ASW 39.9mm. **Subject:** 180th Anniversary of Federation **Obv:** National arms **Rev:** State arms **Series:** First **Obv. Legend:** ESTADOS UNIDOS MEXICANOS **Rev. Legend:** ESTADO DE DURANGO **Edge:** Reeded

Date	Mintage	VF20	XF40	MS60	MS63	MS65
2005 Mo	10,000	PF65 55.00				

KM# 709 31.10 g., 0.999 Silver, 0.999 oz. ASW 39.9mm. **Subject:** 180th Anniversary of Federation **Obv:** National arms **Rev:** State arms **Series:** First **Obv. Legend:** ESTADOS UNIDOS MEXICANOS **Rev. Legend:** ESTADO DE GUANAJUATO **Edge:** Reeded

Date	Mintage	VF20	XF40	MS60	MS63	MS65
2005 Mo	10,000	PF65 55.00				

KM# 710 31.10 g., 0.999 Silver, 0.999 oz. ASW 39.9mm. **Subject:** 180th Anniversary of Federation **Obv:** National arms **Rev:** State arms **Series:** First **Obv. Legend:** ESTADOS UNIDOS MEXICANOS **Rev. Legend:** ESTADO DE GUERRERO **Edge:** Reeded

Date	Mintage	VF20	XF40	MS60	MS63	MS65
2005 Mo	10,000	PF65 55.00				

KM# 711 31.10 g., 0.999 Silver, 0.999 oz. ASW 39.9mm. **Subject:** 180th Anniversary of Federation

Obv: National arms **Rev:** State arms **Series:** First
Obv. Legend: ESTADOS UNIDOS MEXICANOS
Rev. Legend: ESTADO DE HIDALGO **Edge:**
Reeded

Date	Mintage	VF20	XF40	MS60	MS63	MS65
2005 Mo	10,000		PF65 55.00			

KM# 718 31.10 g., 0.999 Silver, 0.999 oz. ASW
40mm. **Obv:** National arms **Rev:** Facade of the San
Marcos garden above sculpture of national emblem
at left, San Antonio Temple at right **Series:** Second
Obv. Legend: ESTADOS UNIDOS MEXICANOS
Rev. Legend: AGUASCALIENTES **Edge:** Reeded

Date	Mintage	VF20	XF40	MS60	MS63	MS65
2005 Mo	6,000		PF65 60.00			

KM# 720 31.10 g., 0.999 Silver, 0.999 oz. ASW
39.9mm. **Subject:** 180th Anniversary of Federation
Obv: National arms **Rev:** State arms **Series:** First
Obv. Legend: ESTADOS UNIDOS MEXICANOS
Rev. Legend: ESTADO DE AGUASCALIENTES
Edge: Reeded

Date	Mintage	VF20	XF40	MS60	MS63	MS65
2005 Mo	10,000		PF65 55.00			

KM# 722 31.10 g., 0.999 Silver, 0.999 oz. ASW
39.9mm. **Subject:** 180th Anniversary of Federation
Obv: National arms **Rev:** State arms **Series:** First

Obv. Legend: ESTADOS UNIDOS MEXICANOS
Rev. Legend: ESTADO DE BAJA CALIFORNIA
Edge: Reeded

Date	Mintage	VF20	XF40	MS60	MS63	MS65
2005 Mo	10,000		PF65 55.00			

KM# 724 31.10 g., 0.999 Silver, 0.999 oz. ASW
39.9mm. **Subject:** 180th Anniversary of Federation
Obv: National arms **Rev:** State arms **Series:** First
Obv. Legend: ESTADOS UNIDOS MEXICANOS
Rev. Legend: ESTADO DE BAJA CALIFORNIA
SUR **Edge:** Reeded

Date	Mintage	VF20	XF40	MS60	MS63	MS65
2005 Mo	10,000		PF65 55.00			

KM# 726 31.10 g., 0.999 Silver, 0.999 oz. ASW
39.9mm. **Subject:** 180th Anniversary of Federation
Obv: National arms **Rev:** State arms **Series:** First
Obv. Legend: ESTADOS UNIDOS MEXICANOS
Rev. Legend: ESTADO DE CAMPECHE **Edge:**
Reeded

Date	Mintage	VF20	XF40	MS60	MS63	MS65
2005 Mo	10,000		PF65 55.00			

KM# 728 31.10 g., 0.999 Silver, 0.999 oz. ASW
39.9mm. **Subject:** 180th Anniversary of Federation
Obv: National arms **Rev:** State arms **Series:** First
Obv. Legend: ESTADOS UNIDOS MEXICANOS

Rev. Legend: ESTADO DE COLIMA **Edge:** Reeded

Date	Mintage	VF20	XF40	MS60	MS63	MS65
2005 Mo	10,000		**PF65** 55.00			

KM# 751 31.10 g., 0.999 Silver, 0.999 oz. ASW 39.9mm. **Subject:** 180th Anniversary of Federation **Obv:** National arms **Rev:** State arms **Series:** First **Obv. Legend:** ESTADOS UNIDOS MEXICANOS **Rev. Legend:** ESTADO DE COAHUILA DE ZARAGOZA **Edge:** Reeded

Date	Mintage	VF20	XF40	MS60	MS63	MS65
2005 Mo	10,000		**PF65** 55.00			

KM# 753 31.10 g., 0.999 Silver, 0.999 oz. ASW 39.9mm. **Subject:** 180th Anniversary of Federation **Obv:** National arms **Rev:** State arms **Series:** First **Obv. Legend:** ESTADOS UNIDOS MEXICANOS **Rev. Legend:** ESTADO DE CHIHUAHUA **Edge:** Reeded

Date	Mintage	VF20	XF40	MS60	MS63	MS65
2005 Mo	10,000		**PF65** 55.00			

KM# 755 31.10 g., 0.999 Silver, 0.999 oz. ASW 40mm. **Obv:** National arms **Rev:** Baja California del Norte arms

Date	Mintage	VF20	XF40	MS60	MS63	MS65
2005 Mo	—		**PF65** 70.00			

KM# 757 31.10 g., 0.999 Silver, 0.999 oz. ASW 40mm. **Obv:** National arms **Rev:** Rams head, mountain outline in background **Series:** Second **Obv. Legend:** ESTADOS UNIDOS MEXICANOS **Rev. Legend:** BAJA CALIFORNIA - GOBIERNO DEL ESTADO **Edge:** Reeded

Date	Mintage	VF20	XF40	MS60	MS63	MS65
2005 Mo	6,000		**PF65** 60.00			

KM# 759 31.10 g., 0.999 Silver, 0.999 oz. ASW 40mm. **Obv:** National arms **Rev:** Jade mask - Calakmul, Campeche **Series:** Second **Obv. Legend:** ESTADOS UNIDOS MEXICANOS **Rev. Legend:** ESTADO DE CAMPECHE **Edge:** Reeded

Date	Mintage	VF20	XF40	MS60	MS63	MS65
2006 Mo	6,000		**PF65** 60.00			

KM# 761 31.10 g., 0.999 Silver, 0.999 oz. ASW 40mm. **Obv:** National arms **Rev:** Outlined map of peninsula at center, cave painting of deer behind, cactus at right **Series:** Second **Obv. Legend:** ESTADOS UNIDOS MEXICANOS **Rev. Legend:** ESTADO DE BAJA CALIFORNIA SUR **Edge:** Reeded

Date	Mintage	VF20	XF40	MS60	MS63	MS65
2006 Mo	6,000		**PF65** 60.00			

KM# 763 31.10 g., 0.999 Silver, 0.999 oz. ASW 40mm. **Obv:** National arms **Rev:** Benito Juarez **Edge:** Reeded

Date	Mintage	VF20	XF40	MS60	MS63	MS65
2006 Mo	—		**PF65** 70.00			

KM# 772 31.10 g., 0.999 Silver, 0.999 oz. ASW 40mm. **Obv:** National arms **Rev:** Head of Pakal, ancient Mayan king, Palenque **Series:** Second **Obv. Legend:** ESTADOS UNIDOS MEXICANOS **Rev. Legend:** ESTADO DE CHIAPAS - CABEZA MAYA DEL REY PAKAL, PALENQUE **Edge:** Reeded

Date	Mintage	VF20	XF40	MS60	MS63	MS65
2006 Mo	6,000		**PF65** 60.00			

KM# 774 31.10 g., 0.999 Silver, 0.999 oz. ASW 40mm. **Obv:** National arms **Rev:** Angel of Liberty **Series:** Second **Obv. Legend:** ESTADOS UNIDOS MEXICANOS **Rev. Legend:** MÉXICO - ANGEL DE LA LIBERTAD, CHIHUAHUA **Edge:** Reeded

Date	Mintage	VF20	XF40	MS60	MS63	MS65
2006 Mo	6,000		**PF65** 60.00			

KM# 776 31.10 g., 0.999 Silver, 0.999 oz. ASW 40mm. **Obv:** National arms **Rev:** State arms at lower center, Nevado de Colima and Volcan de Fuego volcanos in background **Series:** Second **Obv. Legend:** ESTADOS UNIDOS MEXICANOS **Rev. Legend:** Colima **Rev. Inscription:** GENEROSO **Edge:** Reeded

Date	Mintage	VF20	XF40	MS60	MS63	MS65
2006 Mo	6,000		**PF65** 60.00			

KM# 778 31.10 g., 0.999 Silver, 0.999 oz. ASW 40mm. **Obv:** National arms **Rev:** National Palace **Series:** Second **Obv. Legend:** ESTADOS UNIDOS MEXICANOS **Rev. Legend:** DISTRITO FEDERAL - ANTIGUO AYUNTAMIENTO **Edge:** Reeded

Date	Mintage	VF20	XF40	MS60	MS63	MS65
2006 Mo	6,000		**PF65** 60.00			

KM# 780 31.10 g., 0.999 Silver, 0.999 oz. ASW 40mm. **Obv:** National arms **Rev:** Outlined map with turtle, mine cart above grapes at center, Friendship dam above Christ of the Nodas at left, chimneys above crucibles and bell tower of Santiago's cathedral at right **Series:** Second **Obv. Legend:** ESTADOS UNIDOS MEXICANOS **Rev. Inscription:** COAHUILA DE ZARAGOZA **Edge:** Reeded

Date	Mintage	VF20	XF40	MS60	MS63	MS65
2006 Mo	6,000		**PF65** 60.00			

KM# 786 31.10 g., 0.999 Silver, 0.999 oz. ASW 40mm. **Obv:** National arms **Rev:** Tree **Series:** Second **Obv. Legend:** ESTADOS UNIDOS MEXICANOS **Rev. Legend:** PRIMERA RESERVA NACIONAL FORESTAL - DURANGO **Edge:** Reeded

Date	Mintage	VF20	XF40	MS60	MS63	MS65
2006 Mo	6,000		**PF65** 60.00			

KM# 788 31.10 g.,   0.999 Silver, 0.999 oz. ASW 40mm. **Obv:** National arms **Rev:** State arms at center, statue of Miguel Hidalgo at left, monument to Pípila at lower right **Series:** Second **Obv. Legend:** ESTADOS UNIDOS MEXICANOS **Rev. Inscription:** Guanajuato **Edge:** Reeded

Date	Mintage	VF20	XF40	MS60	MS63	MS65
2006 Mo	6,000			PF65 60.00		

KM# 790 31.10 g.,   0.999 Silver, 0.999 oz. ASW 40mm. **Obv:** National arms **Rev:** Stylized portrait of Vicente Guerrero at left, church of Taxco at upper center, Acapulco's la Quebrada with diver above Christmas Eve flower and mask **Series:** Second **Obv. Legend:** ESTADOS UNIDOS MEXICANOS **Rev. Legend:** GUERRERO **Edge:** Reeded

Date	Mintage	VF20	XF40	MS60	MS63	MS65
2006 Mo	6,000			PF65 60.00		

KM# 792 31.10 g.,   0.999 Silver, 0.999 oz. ASW 40mm. **Obv:** National arms **Rev:** Monument of Pachuca Hidalgo **Series:** Second **Obv. Legend:** ESTADOS UNIDOS MEXICANOS **Rev. Inscription:** RELOJ / MONUMENTAL / DE / PACHUCA / HIDALGO - La / Bella / Airosa **Edge:** Reeded

Date	Mintage	VF20	XF40	MS60	MS63	MS65
2006 Mo	6,000			PF65 60.00		

KM# 794 31.10 g.,   0.999 Silver, 0.999 oz. ASW 40mm.   **Obv:**   National arms **Rev:** Hospicio Cabañas orphanage **Series:** Second **Obv. Legend:** ESTADOS UNIDOS MEXICANOS **Rev. Legend:** ESTADO DE JALISCCO **Edge:** Reeded

Date	Mintage	VF20	XF40	MS60	MS63	MS65
2006 Mo	6,000			PF65 60.00		

KM# 830 31.10 g.,   0.999 Silver, 0.999 oz. ASW 40mm. **Obv:** National arms **Rev:** Pyramid de la Loona (Moon) **Series:** Second **Obv. Legend:** ESTADOS UNIDOS MEXICANOS **Rev. Legend:** ESTADO DE MÉXICO **Edge:** Reeded

Date	Mintage	VF20	XF40	MS60	MS63	MS65
2006 Mo	6,000			PF65 60.00		

KM# 831 31.10 g.,   0.999 Silver, 0.999 oz. ASW 40mm. **Obv:** National arms **Rev:** Four Monarch butterflies **Series:** Second **Obv. Legend:** ESTADOS UNIDOS MEXICANOS **Rev. Legend:** ESTADO DE MICHOACÁN **Edge:** Reeded

Date	Mintage	VF20	XF40	MS60	MS63	MS65
2006 Mo	6,000			PF65 60.00		

KM# 832 31.10 g., 0.999 Silver, 0.999 oz. ASW 40mm. **Obv:** National arms **Rev:** 1/2 length figure of Chinelo (local dancer) at right, Palacio de Cortes in background **Series:** Second **Obv. Legend:** ESTADOS UNIDOS MEXICANOS **Rev. Inscription:** ESTADO DE / MORELOS **Edge:** Reeded

Date	Mintage	VF20	XF40	MS60	MS63	MS65
2006 Mo	6,000		PF65 60.00			

KM# 833 31.10 g., 0.999 Silver, 0.999 oz. ASW 40mm. **Obv:** National arms **Rev:** Isle de Mexcaltitlán **Series:** Second **Obv. Legend:** ESTADOS UNIDOS MEXICANOS **Rev. Legend:** ESTADO DE NAYARIT **Edge:** Reeded

Date	Mintage	VF20	XF40	MS60	MS63	MS65
2007 Mo	6,000		PF65 60.00			

KM# 834 31.10 g., 0.999 Silver, 0.999 oz. ASW 40mm. **Obv:** National arms **Rev:** Old foundry in Pargue Fundidora (public park) at right, Cerro de la Silla (Saddle Hill) in background **Series:** Second **Obv. Legend:** ESTADOS UNIDOS MEXICANOS **Rev. Legend:** ESTADO DE NUEVO LEÓN **Edge:** Reeded

Date	Mintage	VF20	XF40	MS60	MS63	MS65
2007 Mo	6,000		PF65 60.00			

KM# 835 31.10 g., 0.999 Silver, 0.999 oz. ASW 40mm. **Obv:** National arms **Rev:** Teatro Macedonio Alcala (theater) **Series:** Second **Obv. Legend:** ESTADOS UNIDOS MEXICANOS **Rev. Legend:** OAXACA **Edge:** Reeded

Date	Mintage	VF20	XF40	MS60	MS63	MS65
2007 Mo	6,000		PF65 60.00			

KM# 836 31.10 g., 0.999 Silver, 0.999 oz. ASW 40mm. **Obv:** National arms **Rev:** Talavera porcelain dish **Series:** Second **Obv. Legend:** ESTADOS UNIDOS MEXICANOS **Rev. Legend:** ESTADO DE PUEBLA **Edge:** Reeded

Date	Mintage	VF20	XF40	MS60	MS63	MS65
2007 Mo	6,000		PF65 60.00			

KM# 837 31.10 g., 0.999 Silver, 0.999 oz. ASW 40mm. **Obv:** National arms **Rev:** Mask at left, rays above state arms at center, Mayan ruins at right **Series:** Second **Obv. Legend:** ESTADOS UNIDOS MEXICANOS **Rev. Legend:** QUINTANA ROO **Edge:** Reeded

Date	Mintage	VF20	XF40	MS60	MS63	MS65
2007 Mo	6,000		PF65 60.00			

KM# 838 31.10 g., 0.999 Silver, 0.999 oz. ASW 40mm. **Obv:** National arms **Rev:** Acqueduct of Querétaro at left, church of Santa Rosa de Viterbo at right **Series:** Second **Obv. Legend:** ESTADOS UNIDOS MEXICANOS **Rev. Legend:** ESTADO DE QUERÉTARO ARTEAGA **Edge:** Reeded

Date	Mintage	VF20	XF40	MS60	MS63	MS65
2007 Mo	6,000		PF65 60.00			

KM# 839 31.10 g., Silver, 40mm. **Obv:** National arms **Rev:** Facade of Caja Real **Series:** Second **Obv. Legend:** ESTADOS UNIDOS MEXICANOS **Rev. Legend:** • SAN LUIS POTOSÍ • **Edge:** Reeded

Date	Mintage	VF20	XF40	MS60	MS63	MS65
2007 Mo	6,000		PF65 60.00			

KM# 840 31.10 g., 0.999 Silver, 0.999 oz. ASW 40mm. **Obv:** National arms **Rev:** Shield on pile of cactus fruits **Series:** Second **Obv. Legend:** ESTADOS UNIDOS MEXICANOS **Rev. Legend:** ESTADO DE SINALOA - LUGAR DE PITAHAYAS **Edge:** Reeded

Date	Mintage	VF20	XF40	MS60	MS63	MS65
2007 Mo	6,000		PF65 60.00			

KM# 841 31.10 g., 0.999 Silver, 0.999 oz. ASW 40mm. **Obv:** National arms **Rev:** Local in Dance of the Deer at left, cactus at right, mountains in background **Series:** Second **Obv. Legend:** ESTADOS UNIDOS MEXICANOS **Rev. Legend:** ESTADO DE SONORA **Edge:** Reeded

Date	Mintage	VF20	XF40	MS60	MS63	MS65
2007 Mo	6,000		PF65 60.00			

KM# 842 31.10 g., 0.999 Silver, 0.999 oz. ASW 40mm. **Obv:** National arms **Rev:** Fuente de los Pescadores (fisherman fountain) at lower left, giant head from the Olmec-pre-Hispanic culture at right, Planetario Tabasco in background **Series:** Second **Obv. Legend:** ESTADOS UNIDOS MEXICANOS **Rev. Legend:** TABASCO **Edge:** Reeded

Date	Mintage	VF20	XF40	MS60	MS63	MS65
2007 Mo	6,000		PF65 60.00			

KM# 843 31.10 g., 0.999 Silver, 0.999 oz. ASW 40mm. **Obv:** National arms **Rev:** Ridge - Cerro Del Bernal, Gonzáles **Series:** Second **Obv. Legend:** ESTADOS UNIDOS MEXICANOS **Rev. Legend:** TAMAULIPAS **Edge:** Reeded

Date	Mintage	VF20	XF40	MS60	MS63	MS65
2007 Mo	6,000		PF65 60.00			

ESTADOS UNIDOS

KM# 844 31.10 g., 0.999 Silver, 0.999 oz. ASW 40mm. **Obv:** National arms **Rev:** Basilica de Ocotlán at left, state arms above Capilla Abierta, Plaza de Toros Ranchero Aguilar below, Exconvento de San Francisco at right **Series:** Second **Obv. Legend:** ESTADOS UNIDOS MEXICANOS **Rev. Legend:** ESTADO DE TLAXCALA **Edge:** Reeded

Date	Mintage	VF20	XF40	MS60	MS63	MS65
2007 Mo	6,000		PF65 60.00			

KM# 845 31.10 g., 0.999 Silver, 0.999 oz. ASW 40mm. **Obv:** National arms **Rev:** Pyramid of El Tajín **Series:** Second **Obv. Legend:** ESTADOS UNIDOS MEXICANOS **Rev. Legend:** • VERACRUZ • - • DE IGNACIO DE LA LLAVE • **Edge:** Reeded

Date	Mintage	VF20	XF40	MS60	MS63	MS65
2007 Mo	6,000		PF65 60.00			

KM# 846 31.10 g., 0.999 Silver, 0.999 oz. ASW 40mm. **Obv:** National arms **Rev:** Stylized pyramid of Chichén-Itzá **Series:** Second **Obv. Legend:** ESTADOS UNIDOS MEXICANOS **Rev. Legend:** Castillo de Chichén Itzá **Rev. Inscription:** YUCATÁN **Edge:** Reeded

Date	Mintage	VF20	XF40	MS60	MS63	MS65
2007 Mo	6,000		PF65 60.00			

KM# 847 31.10 g., 0.999 Silver, 0.999 oz. ASW 40mm. **Obv:** National arms **Rev:** Cable car above Monumento al Minero at left, Cathedral de Zacatecas at center right **Series:** Second **Obv. Legend:** ESTADOS UNIDOS MEXICANOS **Rev. Legend:** Zacatecas **Edge:** Reeded

Date	Mintage	VF20	XF40	MS60	MS63	MS65
2007 Mo	6,000		PF65 60.00			

20 NUEVOS PESOS

KM# 561 16.92 g., Bi-Metallic 0.925 Silver (.250 oz. ASW) center within Aluminum-Bronze ring, 31.86mm. **Obv:** National arms **Rev:** Head of Hidalgo left within wreath **Obv. Legend:** ESTADOS UNIDOS MEXICANOS **Edge:** Reeded

Date	Mintage	VF20	XF40	MS60	MS63	MS65
1993 Mo	25,000,000	—	10.00	12.00	15.00	—
1994 Mo	5,000,000	—	10.00	12.00	15.00	—
1995 Mo	5,000,000	—	10.00	12.00	15.00	—

20 PESOS

KM# 641 6.22 g., 0.999 Gold, 0.1998 oz. AGW 21.9mm. **Subject:** UNICEF **Obv:** National arms, eagle left **Rev:** Child playing with lasso **Edge:** Reeded

Date	Mintage	VF20	XF40	MS60	MS63	MS65
1999 Mo	1,510	PF65 330	PF67 370			

KM# 637 Bi-Metallic Copper-Nickel center within Brass ring, 32mm. **Subject:** Xiuhtecuhtli **Obv:**

National arms, eagle left within circle **Rev:** Aztec with torch within spiked circle

Date	Mintage	VF20	XF40	MS60	MS63	MS65
2000 Mo	14,850,000	2.50	3.50	15.00	18.50	—
2001 Mo	2,478,000	2.50	3.50	16.00	18.00	—

KM# 638 Bi-Metallic Copper-Nickel center within Brass ring, 32mm. **Subject:** Octavio Paz **Obv:** National arms, eagle left within circle **Rev:** Head 1/4 right within circle

Date	Mintage	VF20	XF40	MS60	MS63	MS65
2000 Mo	14,943,000	2.50	3.50	15.00	18.50	—
2001 Mo	2,515,000	2.50	3.50	16.00	18.50	—

KM# 704 62.40 g., 0.999 Silver, 2.0042 oz. ASW 48.1mm. **Subject:** 400th Anniversary of Don Quijote de la Manchia **Obv:** National arms **Rev:** Skeletal figure horseback with spear galloping right **Edge:** Plain

Date	Mintage	VF20	XF40	MS60	MS63	MS65
ND-2005 Mo	3,605			PF65 85.00		

KM# 767 62.40 g., 0.999 Silver, 2.0042 oz. ASW 48mm. **Subject:** 80th Anniversary - Bank of Mexico **Obv:** National arms **Rev:** 100 Peso banknote design of 1925

Date	Mintage	VF20	XF40	MS60	MS63	MS65
2005 Mo	3,005			PF65 90.00		

KM# 969 15.95 g., Bi-Metallic Copper-Nickel center in Aluminum-Bronze ring, 32mm. **Subject:** Armed Forces, 100th Anniversary **Obv:** National arms **Rev:** Silhouette of soldier with a helmet **Edge:** Segmented reeding

Date	Mintage	VF20	XF40	MS60	MS63	MS65
2013 Mo	4,956,000	—	—	3.50	4.00	—

50 NUEVOS PESOS

KM# 571 34.11 g., Bi-Metallic 0.925 Silver .500 ASW center within Brass ring, 38.87mm. **Subject:** Nino Heroes **Obv:** National arms **Rev:** Six heads facing with date at upper right, all within circle and 1/2 wreath **Obv. Legend:** ESTADOS UNIDOS MEXICANOS **Edge:** Reeded

Date	Mintage	VF20	XF40	MS60	MS63	MS65
1993 Mo	2,000,000	—	18.00	25.00	32.50	—
1994 Mo	1,500,000	—	18.00	25.00	32.50	—
1995 Mo	1,500,000	—	18.00	25.00	32.50	—

100 PESOS

KM# 688 33.94 g., Bi-Metallic .925 Silver 16.812g center in Aluminum-Bronze ring, 39.04mm. **Subject:** 180th Anniversary of Federation **Obv:** National arms **Rev:** State arms **Series:** First **Obv. Legend:** ESTADOS UNIDOS MEXICANOS **Rev. Legend:** ESTADO DE ZACATECAS **Edge:** Segmented reeding

Date	Mintage	VF20	XF40	MS60	MS63	MS65
2003 Mo	244,900	—	—	35.00	45.00	—

KM# 689 33.94 g., Bi-Metallic .925 Silver 16.812g center in Aluminum-Bronze ring, 39.04mm.

Subject: 180th Anniversary of Federation **Obv:** National arms **Rev:** State arms **Series:** First **Obv. Legend:** ESTADOS UNIDOS MEXICANOS **Rev. Legend:** ESTADO DE YUCATÁN **Edge:** Segmented reeding

Date	Mintage	VF20	XF40	MS60	MS63	MS65
2003 Mo	235,763	—	—	35.00	45.00	—

KM# 690 33.94 g., Bi-Metallic .925 Silver 16.812g center in Aluminum-Bronze ring, 39.04mm. **Subject:** 180th Anniversary of Federation **Obv:** National arms **Rev:** State arms **Series:** First **Obv. Legend:** ESTADOS UNIDOS MEXICANOS **Rev. Legend:** ESTADO DE VERACRUZ-LLAVE **Edge:** Segmented reeding

Date	Mintage	VF20	XF40	MS60	MS63	MS65
2003 Mo	248,810	—	—	35.00	45.00	—

KM# 691 33.94 g., Bi-Metallic .925 Silver 16.812g center in Aluminum-Bronze ring, 39.9mm. **Subject:** 180th Anniversary of Federation **Obv:** National arms **Rev:** State arms **Series:** First **Obv. Legend:** ESTADOS UNIDOS MEXICANOS **Rev. Legend:** ESTADO DE TLAXCALA **Edge:** Segmented reeding

Date	Mintage	VF20	XF40	MS60	MS63	MS65
2003 Mo	248,976	—	—	30.00	35.00	—

KM# 696 29.17 g., Bi-Metallic .999 Gold 17.154g center in .999 Silver 12.015g ring, 34.5mm. **Subject:** 180th Anniversary of Federation **Obv:** National arms **Rev:** State arms **Series:** First **Obv. Legend:** ESTADOS UNIDOS MEXICANOS **Rev. Legend:** ESTADO DE ZACATECAS **Edge:** Segmented reeding

Date	Mintage	VF20	XF40	MS60	MS63	MS65
2003 Mo	1,000		PF65 1,200			

KM# 697 29.17 g., Bi-Metallic .999 Gold 17.154g center in .999 Silver 12.015g ring, 34.5mm. **Subject:** 180th Anniversary of Federation **Obv:** National arms **Rev:** State arms **Series:** First **Obv. Legend:** ESTADOS UNIDOS MEXICANOS **Rev. Legend:** ESTADO DE YUCATÁN **Edge:** Segmented reeding

Date	Mintage	VF20	XF40	MS60	MS63	MS65
2003 Mo	1,000		PF65 1,200			

KM# 698 29.17 g., Bi-Metallic .999 Gold 17.154g center in .999 Silver 12.015g ring, 34.5mm. **Subject:** 180th Anniversary of Federation **Obv:** National arms **Rev:** State arms **Series:** First **Obv. Legend:** ESTADOS UNIDOS MEXICANOS **Rev. Legend:** ESTADO DE VERACRUZ-LLAVE **Edge:** Segmented reeding

Date	Mintage	VF20	XF40	MS60	MS63	MS65
2003 Mo	1,000		PF65 1,200			

KM# 699 29.17 g., Bi-Metallic .999 Gold 17.154g center in .999 Silver 12.015g ring, 34.5mm. **Subject:** 180th Anniversary of Federation **Obv:** National arms **Rev:** State arms **Series:** First **Obv. Legend:** ESTADOS UNIDOS MEXICANOS **Rev. Legend:** ESTADO DE TLAXCALA **Edge:** Segmented reeding

Date	Mintage	VF20	XF40	MS60	MS63	MS65
2003 Mo	1,000		PF65 1,200			

KM# 692 33.94 g., Bi-Metallic .925 Silver 16.812g center in Aluminum-Bronze ring, 39.04mm. **Subject:** 180th Anniversay of Federation **Obv:** National arms **Rev:** State arms **Series:** First **Obv. Legend:** ESTADOS UNIDOS MEXICANOS **Rev. Legend:** ESTADO DE TAMAULIPAS **Edge:** Segmented reeding

Date	Mintage	VF20	XF40	MS60	MS63	MS65
2004 Mo	249,398	—	—	30.00	35.00	—

KM# 693 33.94 g., Bi-Metallic .925 Silver 16.812g center in Aluminum-Bronze ring, 39.04mm. **Subject:** 180th Anniversary of Federation **Obv:** National arms **Rev:** State arms **Series:** First **Obv. Legend:** ESTADOS UNIDOS MEXICANOS

Rev. Legend: ESTADO DE TABASCO **Edge:** Segmented reeding

Date	Mintage	VF20	XF40	MS60	MS63	MS65
2004 Mo	249,318	—	—	30.00	35.00	—

KM# 694 33.94 g., Bi-Metallic .925 Silver 16.812g center in Aluminum-Bronze ring, 39.04mm. **Subject:** 180th Anniversary of Federation **Obv:** National arms **Rev:** State arms **Series:** First **Obv. Legend:** ESTADOS UNIDOS MEXICANOS **Rev. Legend:** ESTADO DE SONORA **Edge:** Segmented reeding

Date	Mintage	VF20	XF40	MS60	MS63	MS65
2004 Mo	249,300	—	—	30.00	35.00	—

KM# 695 33.94 g., Bi-Metallic .925 Silver 16.812g center in Aluminum-Bronze ring, 39.04mm. **Subject:** 180th Anniversary of Federation **Obv:** National arms **Rev:** State arms **Series:** First **Obv. Legend:** ESTADOS UNIDOS MEXICANOS **Rev. Legend:** ESTADO DE SINALOA **Edge:** Segmented reeding

Date	Mintage	VF20	XF40	MS60	MS63	MS65
2004 Mo	244,722	—	—	30.00	35.00	—

KM# 700 29.17 g., Bi-Metallic .999 Gold 17.154g center in .999 Silver 12.015g ring, 34.5mm. **Subject:** 180th Anniversary of Federation **Obv:** National arms **Rev:** State arms **Series:** First **Obv. Legend:** ESTADOS UNIDOS MEXICANOS **Rev. Legend:** ESTADO DE TAMAULIPAS **Edge:** Segmented reeding

Date	Mintage	VF20	XF40	MS60	MS63	MS65
2004 Mo	1,000		PF65 1,200			

KM# 701 29.17 g., Bi-Metallic .999 Gold 17.154g center in .999 Silver 12.015g ring, 34.5mm. **Subject:** 180th Anniversary of Federation **Obv:** National arms **Rev:** State arms **Series:** First **Obv. Legend:** ESTADOS UNIDOS MEXICANOS **Rev. Legend:** ESTADO DE TABASCO **Edge:** Segmented reeding

Date	Mintage	VF20	XF40	MS60	MS63	MS65
2004 Mo	1,000		PF65 1,200			

KM# 702 29.17 g., Bi-Metallic .999 Gold 17.154g center in .999 Silver 12.015g ring, 34.5mm. **Subject:** 180th Anniversary of Federation **Obv:** National arms **Rev:** State arms **Series:** First **Obv. Legend:** ESTADOS UNIDOS MEXICANOS **Rev. Legend:** ESTADO DE SONORA **Edge:** Segmented reeding

Date	Mintage	VF20	XF40	MS60	MS63	MS65
2004 Mo	1,000		PF65 1,200			

KM# 703 29.17 g., Bi-Metallic .999 Gold 17.154g center in .999 Silver 12.015g ring, 34.5mm. **Subject:** 180th Anniversary of Federation **Obv:** National arms **Rev:** State arms **Series:** First **Obv. Legend:** ESTADOS UNIDOS MEXICANOS **Rev. Legend:** ESTADO DE SINALOA **Edge:** Segmented reeding

Date	Mintage	VF20	XF40	MS60	MS63	MS65
2004 Mo	1,000		PF65 1,200			

KM# 734 33.94 g., Bi-Metallic .925 Silver 16.812g center in Aluminum-Bronze ring, 39.04mm. **Subject:** 180th Anniversary of Federation **Obv:** National arms **Rev:** State arms **Series:** First **Obv. Legend:** ESTADOS UNIDOS MEXICANOS **Rev. Legend:** ESTADO DE QUERÉTARO ARTEAGA **Edge:** Segmented reeding

Date	Mintage	VF20	XF40	MS60	MS63	MS65
2004 Mo	249,263	—	—	30.00	35.00	—

KM# 736 33.94 g., Bi-Metallic .925 Silver 16.812g center in Aluminum-Bronze ring, 39.04mm. **Subject:** 180th Anniversary of Federation **Obv:** National arms **Rev:** State arms **Series:** First **Obv. Legend:** ESTADOS UNIDOS MEXICANOS **Rev. Legend:** ESTADO DE QUINTANA ROO **Edge:** Segmented reeding

Date	Mintage	VF20	XF40	MS60	MS63	MS65
2004 Mo	249,134	—	—	30.00	35.00	—

ESTADOS UNIDOS

KM# 738 33.94 g., Bi-Metallic .925 Silver 16.812g center in Aluminum-Bronze ring, 39.04mm. **Subject:** 180th Anniversary of Federation **Obv:** National arms **Rev:** State arms **Series:** First **Obv. Legend:** ESTADOS UNIDOS MEXICANOS **Rev. Legend:** ESTADO DE PUEBLA **Edge:** Segmented reeding

Date	Mintage	VF20	XF40	MS60	MS63	MS65
2004 Mo	248,850	—	—	30.00	35.00	—

KM# 744 33.94 g., Bi-Metallic .925 Silver 16.812g center in Aluminum-Bronze ring, 39.04mm. **Subject:** 180th Anniversary of Federation **Obv:** National arms **Rev:** State arms **Series:** First **Obv. Legend:** ESTADOS UNIDOS MEXICANOS **Rev. Legend:** ESTADO DE NAYARIT **Edge:** Segmented reeding

Date	Mintage	VF20	XF40	MS60	MS63	MS65
2004 Mo	248,305	—	—	30.00	35.00	—

KM# 740 33.94 g., Bi-Metallic .925 Silver 16.812g center in Aluminum-Bronze ring, 39.04mm. **Subject:** 180th Anniversary of Federation **Obv:** National arms **Rev:** State arms **Series:** First **Obv. Legend:** ESTADOS UNIDOS MEXICANOS **Rev. Legend:** ESTADO DE OAXACA **Edge:** Segmented reeding

Date	Mintage	VF20	XF40	MS60	MS63	MS65
2004 Mo	249,589	—	—	30.00	35.00	—

KM# 746 33.94 g., Bi-Metallic .925 Silver 16.812g center in Aluminum-Bronze ring, 39.04mm. **Subject:** 180th Anniversary of Federation **Obv:** National arms **Rev:** State arms **Series:** First **Obv. Legend:** ESTADOS UNIDOS MEXICANOS **Rev. Legend:** ESTADO DE MORELOS **Edge:** Segmented reeding

Date	Mintage	VF20	XF40	MS60	MS63	MS65
2004 Mo	249,260	—	—	30.00	35.00	—

KM# 742 33.94 g., Bi-Metallic .925 Silver 16.812g center in Aluminum-Bronze ring, 39.04mm. **Subject:** 180th Anniversary of Federation **Obv:** National arms **Rev:** State arms **Series:** First **Obv. Legend:** ESTADOS UNIDOS MEXICANOS **Rev. Legend:** ESTADO DE NUEVO LEÓN **Edge:** Segmented reeding

Date	Mintage	VF20	XF40	MS60	MS63	MS65
2004 Mo	249,199	—	—	30.00	35.00	—

KM# 748 33.94 g., Bi-Metallic .925 Silver 16.812g center in Aluminum-Bronze ring, 39.04mm. **Subject:** 180th Anniversary of Federation **Obv:** National arms **Rev:** State arms **Series:** First **Obv. Legend:** ESTADOS UNIDOS MEXICANOS **Rev. Legend:** ESTADO DE MÉXICO **Edge:** Segmented reeding

Date	Mintage	VF20	XF40	MS60	MS63	MS65
2004 Mo	249,800	—	—	30.00	35.00	—

KM# 750 33.94 g., Bi-Metallic .925 Silver 16.812g center in Aluminum-Bronze ring, 39.04mm. **Subject:** 180th Anniversary of Federation **Obv:** National arms **Rev:** State arms **Series:** First **Obv. Legend:** ESTADOS UNIDOS MEXICANOS **Rev. Legend:** ESTADO DE JALISCO **Edge:** Segmented reeding

Date	Mintage	VF20	XF40	MS60	MS63	MS65
2004 Mo	249,115	—	—	30.00	35.00	—

KM# 803 33.94 g., Bi-Metallic .925 Silver 16.812g center in Aluminum-Bronze ring, 39.04mm. **Subject:** 180th Anniversary of Federation **Obv:** National arms **Rev:** State arms **Series:** First **Obv. Legend:** ESTADOS UNIDOS MEXICANOS **Rev. Legend:** ESTADO DE SAN LUIS POTOSÍ **Edge:** Segmented reeding

Date	Mintage	VF20	XF40	MS60	MS63	MS65
2004 Mo	249,662	—	—	30.00	35.00	—

KM# 804 33.94 g., Bi-Metallic .925 Silver 16.812g center in Aluminum-Bronze ring, 39.04mm. **Subject:** 180th Anniversary of Federation **Obv:** National arms **Rev:** State arms **Series:** First **Obv. Legend:** ESTADOS UNIDOS MEXICANOS **Rev. Legend:** ESTADO DE MICHOACÁN DE OCAMPO **Edge:** Segmented reeding

Date	Mintage	VF20	XF40	MS60	MS63	MS65
2004 Mo	249,492	—	—	30.00	35.00	—

KM# 806 29.17 g., Bi-Metallic .999 Gold 17.154g center in .999 silver 12.015 ring, 34.5mm. **Subject:** 180th Anniversary of Federation **Obv:** National arms **Rev:** State arms **Series:** First **Obv. Legend:** ESTADOS UNIDOS MEXICANOS **Rev. Legend:** ESTADO DE SAN LUIS POTOSÍ **Edge:** Segmented reeding

Date	Mintage	VF20	XF40	MS60	MS63	MS65
2004 Mo	1,000		PF65 1,200			

KM# 807 29.17 g., Bi-Metallic .999 Gold 17.154g center in .999 Silver 12.015g ring, 34.5mm. **Subject:** 180th Anniversary of Federation **Obv:** National arms **Rev:** State arms **Series:** First **Obv. Legend:** ESTADOS UNIDOS MEXICANOS **Rev. Legend:** ESTADO DE QUINTANA ROO **Edge:** Segmented reeding

Date	Mintage	VF20	XF40	MS60	MS63	MS65
2004 Mo	1,000		PF65 1,200			

KM# 808 29.17 g., Bi-Metallic .999 Gold 17.154g center in .999 Silver 12.015g ring, 34.5mm. **Subject:** 180th Anniversary of Federation **Obv:** National arms **Rev:** State arms **Series:** First **Obv. Legend:** ESTADOS UNIDOS MEXICANOS **Rev. Legend:** ESTADO DE QUERÉTARO ARTEAGA **Edge:** Segmented reeding

Date	Mintage	VF20	XF40	MS60	MS63	MS65
2004 Mo	1,000		PF65 1,200			

KM# 809 29.17 g., Bi-Metallic .999 Gold 17.154g center in .999 Silver 12.015g ring, 34.5mm. **Subject:** 180th Anniversary of Federation **Obv:** National arms **Rev:** State arms **Series:** First **Obv. Legend:** ESTADOS UNIDOS MEXICANOS **Rev. Legend:** ESTADO DE PUEBLA **Edge:** Segmented reeding

Date	Mintage	VF20	XF40	MS60	MS63	MS65
2004 Mo	1,000		PF65 1,200			

KM# 810 29.17 g., Bi-Metallic .999 Gold 17.154g center in .999 Silver 12.015g ring, 34.5mm. **Subject:** 180th Anniversary of Federation **Obv:** National arms **Rev:** State arms **Series:** First **Obv. Legend:** ESTADOS UNIDOS MEXICANOS **Rev. Legend:** ESTADO DE OAXACA **Edge:** Segmented reeding

Date	Mintage	VF20	XF40	MS60	MS63	MS65
2004 Mo	1,000		PF65 1,200			

KM# 811 29.17 g., Bi-Metallic .999 Gold 17.154g center in .999 Silver 12.015g ring, 34.5mm. **Subject:** 180th Anniversary of Federation **Obv:** National arms **Rev:** State arms **Series:** First **Obv. Legend:** ESTADOS UNIDOS MEXICANOS **Rev. Legend:** ESTADO DE NUEVO LEÓN **Edge:** Segmented reeding

Date	Mintage	VF20	XF40	MS60	MS63	MS65
2004 Mo	1,000		PF65 1,200			

KM# 812 29.17 g., Bi-Metallic .999 Gold 17.154g center in .999 Silver 12.015g ring, 34.5mm. **Subject:** 180th Anniversary of Federation **Obv:** National arms **Rev:** State arms **Series:** First **Obv. Legend:** ESTADOS UNIDOS MEXICANOS **Rev. Legend:** ESTADO DE NAYARIT **Edge:** Segmented reeding

Date	Mintage	VF20	XF40	MS60	MS63	MS65
2004 Mo	1,000		PF65 1,200			

KM# 813 29.17 g., Bi-Metallic .999 Gold 17.154g center in .999 Silver 12.015g ring, 34.5mm. **Subject:** 180th Anniversary of Federation **Obv:** National arms **Rev:** State arms **Series:** First **Obv. Legend:** ESTADOS UNIDOS MEXICANOS **Rev. Legend:** ESTADO DE MORELOS **Edge:** Segmented reeding

Date	Mintage	VF20	XF40	MS60	MS63	MS65
2004 Mo	1,000		PF65 1,200			

KM# 814 29.17 g., Bi-Metallic .999 Gold 17.154g center in .999 12.015g ring, 34.5mm. **Subject:** 180th Anniversary of Federation **Obv:** National arms **Rev:** State arms **Series:** First **Obv. Legend:** ESTADOS UNIDOS MEXICANOS **Rev. Legend:** ESTADO DE MICHOACÁN DE OCAMPO **Edge:** Segmented reeding

Date	Mintage	VF20	XF40	MS60	MS63	MS65
2004 Mo	1,000			PF65 1,200		

KM# 815 29.17 g., Bi-Metallic .999 Gold 17.154 center in .999 Silver 12.015 ring, 34.5mm. **Subject:** 180th Anniversary of Federation **Obv:** National arms **Rev:** State arms **Series:** First **Obv. Legend:** ESTADOS UNIDOS MEXICANOS **Rev. Legend:** ESTADO DE MÉXICO **Edge:** Segmented reeding

Date	Mintage	VF20	XF40	MS60	MS63	MS65
2004 Mo	1,000			PF65 1,200		

KM# 816 29.17 g., Bi-Metallic .999 Gold 17.154g center in .999 Silver 12.015g ring, 34.5mm. **Subject:** 180th Anniversary of Federation **Obv:** National arms **Rev:** State arms **Series:** First **Obv. Legend:** ESTADOS UNIDOS MEXICANOS **Rev. Legend:** ESTADO DE JALISCO **Edge:** Segmented reeding

Date	Mintage	VF20	XF40	MS60	MS63	MS65
2004 Mo	1,000			PF65 1,200		

KM# 705 33.74 g., Bi-Metallic .925 16.812g Silver center in Aluminum-Bronze ring, 39mm. **Subject:** 400th Anniversary of Don Quijote de la Manchia **Obv:** National arms **Rev:** Skeletal figure on horseback with spear galloping right **Obv. Legend:** ESTADOS UNIDOS MEXICANOS **Edge:** Segmented reeding

Date	Mintage	VF20	XF40	MS60	MS63
2005 Mo	726,833	—	—	25.00	32.00
2005 Mo Prooflike	3,761	—	—	—	75.00
2006 Mo Prooflike	5,201	—	—	—	60.00

KM# 712 33.94 g., Bi-Metallic .925 Silver 16.812g center in Brass ring, 39.04mm. **Subject:** 180th Anniversary of Federation **Obv:** National arms **Rev:** State arms **Series:** First **Obv. Legend:** ESTADOS UNIDOS MEXICANOS **Rev. Legend:** ESTADO DE CHIAPAS **Edge:** Segmented reeding

Date	Mintage	VF20	XF40	MS60	MS63	MS65
2005 Mo	249,417	—	—	30.00	35.00	—

KM# 713 33.94 g., Bi-Metallic .925 Silver 16.812g center in Brass ring, 39.04mm. **Subject:** 180th Anniversary of Federation **Obv:** National arms **Rev:** Federal District arms **Series:** First **Obv. Legend:** ESTADOS UNIDOS MEXICANOS **Rev. Legend:** DISTRITO FEDERAL **Edge:** Segmented reeding

Date	Mintage	VF20	XF40	MS60	MS63	MS65
2005 Mo	249,461	—	—	30.00	35.00	—

KM# 714 33.94 g., Bi-Metallic .925 Silver 16.812g center in Brass ring, 39.04mm. **Subject:** 180th Anniversary of Federation **Obv:** National arms **Rev:** State arms **Series:** First **Obv. Legend:** ESTADOS UNIDOS MEXICANOS **Rev. Legend:** ESTADO DE DURANGO **Edge:** Segmented reeding

Date	Mintage	VF20	XF40	MS60	MS63	MS65
2005 Mo	249,774	—	—	30.00	35.00	—

KM# 715 33.94 g., Bi-Metallic .925 Silver 16.812g center in Brass ring, 39.04mm. **Subject:** 180th Anniversary of Federation **Obv:** National arms **Rev:** State arms **Series:** First **Obv. Legend:** ESTADOS UNIDOS MEXICANOS **Rev. Legend:** ESTADO DE GUANAJUATO **Edge:** Segmented reeding

Date	Mintage	VF20	XF40	MS60	MS63	MS65
2005 Mo	249,489	—	—	30.00	35.00	—

KM# 716 33.94 g., Bi-Metallic .925 Silver 16.812g center in Brass ring, 39.04mm. **Subject:** 180th Anniversary of Federation **Obv:** National arms **Rev:** State arms **Series:** First **Obv. Legend:** ESTADOS UNIDOS MEXICANOS **Rev. Legend:** ESTADO DE GUERRERO **Edge:** Segmented reeding

Date	Mintage	VF20	XF40	MS60	MS63	MS65
2005 Mo	248,850	—	—	30.00	35.00	—

KM# 717 33.94 g., Bi-Metallic .925 Silver 16.812g center in Brass ring, 39.04mm. **Subject:** 180th Anniversary of Federation **Obv:** National arms **Rev:** State arms **Series:** First **Obv. Legend:** ESTADOS UNIDOS MEXICANOS **Rev. Legend:** ESTADO DE HIDALGO **Edge:** Segmented reeding

Date	Mintage	VF20	XF40	MS60	MS63	MS65
2005 Mo	249,820	—	—	30.00	35.00	—

KM# 719 33.83 g., Bi-Metallic .925 Silver 16.812g center in Aluminum-Bronze ring, 39.04mm. **Obv:** National arms **Rev:** Facade of the San Marcos garden above sculpture of national emblem at left, San Antonio Temple at right **Series:** Second **Obv. Legend:** ESTADOS UNIDOS MEXICANOS **Rev. Legend:** AGUASCALIENTES **Edge:** Segmented reeding

Date	Mintage	VF20	XF40	MS60	MS63	MS65
2005 Mo	149,705	—	—	20.00	25.00	—

KM# 721 33.94 g., Bi-Metallic .925 Silver 16.812g center in Aluminum-Bronze ring, 39.04mm. **Subject:** 180th Anniversary of Federation **Obv:** National arms **Rev:** Estados de Aguascalientes state arms **Series:** First **Obv. Legend:** ESTADOS UNIDOS MEXICANOS **Rev. Legend:** ESTADO DE AGUASCALIENTES **Edge:** Segmented reeding

Date	Mintage	VF20	XF40	MS60	MS63	MS65
2005 Mo	248,410	—	—	30.00	35.00	—

KM# 723 33.94 g., Bi-Metallic .925 Silver 16.812g center in Aluminum-Bronze ring, 39.04mm. **Subject:** 180th Anniversary of Federation **Obv:** National arms **Rev:** State arms **Series:** First **Obv. Legend:** ESTADOS UNIDOS MEXICANOS **Rev. Legend:** ESTADO DE BAJA CALIFORNIA **Edge:** Segmented reeding

Date	Mintage	VF20	XF40	MS60	MS63	MS65
2005 Mo	249,263	—	—	30.00	35.00	—

KM# 725 33.94 g., Bi-Metallic .925 Silver 16.812g center in Aluminum-Bronze ring, 39.04mm. **Subject:** 180th Anniversary of Federation **Obv:** National arms **Rev:** State arms **Series:** First **Obv. Legend:** ESTADOS UNIDOS MEXICANOS **Rev. Legend:** ESTADO DE BAJA CALIFORNIA SUR **Edge:** Segmented reeding

Date	Mintage	VF20	XF40	MS60	MS63	MS65
2005 Mo	249,585	—	—	30.00	35.00	—

KM# 727 33.94 g., Bi-Metallic .925 Silver 16.812g center in Aluminum-Bronze ring, 39.04mm. **Subject:** 180th Anniversary of Federation **Obv:** National arms **Rev:** State arms **Series:** First **Obv. Legend:** ESTADOS UNIDOS MEXICANOS **Rev. Legend:** ESTADO DE CAMPECHE **Edge:** Segmented reeding

Date	Mintage	VF20	XF40	MS60	MS63	MS65
2005 Mo	249,040	—	—	30.00	35.00	—

KM# 729 33.83 g., Bi-Metallic .925 Silver 16.812g center in Aluminum-Bronze ring, 39.04mm. **Subject:** 180th Anniversary of Federation **Obv:** National arms **Rev:** State arms **Series:** First **Obv. Legend:** ESTADOS UNIDOS MEXICANOS **Rev. Legend:** ESTADO DE COLIMA **Edge:** Segmented reeding

Date	Mintage	VF20	XF40	MS60	MS63	MS65
2005 Mo	248,850	—	—	30.00	35.00	—

KM# 730 33.83 g., Bi-Metallic .925 Silver 16.812g center in Aluminum-Bronze ring, 39.9mm. **Subject:** Monetary Reform Centennial **Obv:** National arms **Rev:** Radiant Liberty Cap divides date above value within circle **Edge:** Segmented reeding

Date	Mintage	VF20	XF40	MS60	MS63	MS65
2005 Mo	49,716	—	—	35.00	40.00	—
2005 Mo	—		PF65	75.00		

KM# 731 33.83 g., Bi-Metallic .925 Silver 16.812g center in Aluminum-Bronze ring, 39.9mm. **Subject:** Mexico City Mint's 470th Anniversary **Obv:** National arms **Rev:** Screw press, value and date within circle **Edge:** Segmented reeding

Date	Mintage	VF20	XF40	MS60	MS63	MS65
2005 Mo	49,895	—	—	35.00	40.00	—
2005 Mo	—		PF65	95.00		

KM# 732 33.83 g., Bi-Metallic .925 Silver 16.812g center in Aluminum-Bronze ring, 39.9mm. **Subject:** Bank of Mexico's 80th Anniversary **Obv:** National arms **Rev:** Back design of the 1925 hundred peso note **Edge:** Segmented reeding

Date	Mintage	VF20	XF40	MS60	MS63	MS65
2005 Mo	49,712	—	—	35.00	40.00	—
2005 Mo	—		PF65	95.00		

KM# 752 33.94 g., Bi-Metallic .925 Silver 16.812g center in Aluminum-Bronze ring, 39.04mm. Subject: 180th Anniversary of Federation Obv: National arms Rev: State arms Series: First Obv. Legend: ESTADOS UNIDOS MEXICANOS Rev. Legend: ESTADO DE COAHUILA DE ZARAGOZA Edge: Segmented reeding

Date	Mintage	VF20	XF40	MS60	MS63	MS65
2005 Mo	247,991	—	—	30.00	35.00	—

KM# 754 33.94 g., Bi-Metallic .925 Silver 16.812g center in Aluminum-Bronze ring, 39.04mm. Subject: 180th Anniversary of Federation Obv: National arms Rev: State arms Series: First Obv. Legend: ESTADOS UNIDOS MEXICANOS Rev. Legend: ESTADO DE CHIHUAHUA Edge: Segmented reeding

Date	Mintage	VF20	XF40	MS60	MS63	MS65
2005 Mo	249,102	—	—	30.00	35.00	—

KM# 758 33.94 g., Bi-Metallic .925 Silver 16.812g center in Aluminum-Bronze ring, 39.04mm. Obv:

National arms Rev: Ram's head and value within circle Series: Second Obv. Legend: ESTADOS UNIDOS MEXICANOS Rev. Legend: BAJA CALIFORNIA - GOBIERNO DEL ESTADO Edge: Segmented reeding

Date	Mintage	VF20	XF40	MS60	MS63	MS65
2005 Mo	149,771	—	—	25.00	30.00	—

KM# 762 33.94 g., Bi-Metallic .925 Silver 16.812g center in Aluminum-Bronze ring, 39.04mm. Obv: National arms Rev: Outlined map of peninsula at center, cave painting of deer behind, cactus at right Series: Second Obv. Legend: ESTADOS UNIDOS MEXICANOS Rev. Legend: ESTADO DE BAJA CALIFORNIA SUR Edge: Segmented reeding

Date	Mintage	VF20	XF40	MS60	MS63	MS65
2005 Mo	149,152	—	—	25.00	30.00	—

KM# 817 29.17 g., Bi-Metallic .999 Gold 17.154g center in .999 Silver 12.015g ring, 34.5mm. Subject: 180th Anniversary of Federation Obv: National arms Rev: State arms Series: First Obv. Legend: ESTADOS UNIDOS MEXICANOS Rev. Legend: ESTADO DE HIDALGO Edge: Segmented reeding

Date	Mintage	VF20	XF40	MS60	MS63	MS65
2005 Mo	1,000		PF65 1,200			

KM# 818 29.17 g., Bi-Metallic .999 Gold 17.154g center in .999 Silver 12.015 ring, 34.5mm. Subject: 180th Anniversary of Federation Obv: National arms Rev: State arms Series: First Obv. Legend: ESTADOS UNIDOS MEXICANOS Rev. Legend: ESTADO DE GUERRERO Edge: Segmented reeding

Date	Mintage	VF20	XF40	MS60	MS63	MS65
2005 Mo	1,000		PF65 1,200			

KM# 819 29.17 g., Bi-Metallic .999 Gold 17.154g center in .999 Silver 12.015g ring, 34.5mm. Subject: 180th Anniversary of Federation Obv: National arms Rev: State arms Series: First Obv. Legend: ESTADOS UNIDOS MEXICANOS Rev. Legend: ESTADO DE GUANAJUATO Edge: Segmented reeding

Date	Mintage	VF20	XF40	MS60	MS63	MS65
2005 Mo	1,000		PF65 1,200			

KM# 820 29.17 g., Bi-Metallic .999 Gold 17.154g center in .999 silver 12.015g ring, 34.5mm. Subject: 180th Anniversary of Federation Obv: National arms Rev: State arms Series: First Obv. Legend: ESTADOS UNIDOS MEXICANOS Rev. Legend: ESTADO DE DURANGO Edge: Segmented reeding

Date	Mintage	VF20	XF40	MS60	MS63	MS65
2005 Mo	1,000		PF65 1,200			

ESTADOS UNIDOS

KM# 821 29.17 g., Bi-Metallic .999 Gold 17.154g center in .999 Silver 12.015g ring, 34.5mm. **Subject:** 180th Anniversary of Federation **Obv:** National arms **Rev:** Federal District arms **Series:** First **Obv. Legend:** ESTADOS UNIDOS MEXICANOS **Rev. Legend:** DISTRITO FEDERAL **Edge:** Segmented reeding

Date	Mintage	VF20	XF40	MS60	MS63	MS65
2005 Mo	1,000		PF65 1,200			

KM# 822 29.17 g., Bi-Metallic .999 Gold 17.154g center in .999 Silver 12.015g ring, 34.5mm. **Subject:** 180th Anniversary of Federation **Obv:** National arms **Rev:** State arms **Series:** First **Obv. Legend:** ESTADOS UNIDOS MEXICANOS **Rev. Legend:** ESTADO DE CHIHUAHUA **Edge:** Segmented reeding

Date	Mintage	VF20	XF40	MS60	MS63	MS65
2005 Mo	1,000		PF65 1,200			

KM# 823 29.17 g., Bi-Metallic .999 Gold 17.154g center in .999 Silver 12.015g ring, 34.5mm. **Subject:** 180th Anniversary of Federation **Obv:** National arms **Rev:** State arms **Series:** First **Obv. Legend:** ESTADOS UNIDOS MEXICANOS **Rev. Legend:** ESTADO DE CHIAPAS **Edge:** Segmented reeding

Date	Mintage	VF20	XF40	MS60	MS63	MS65
2005 Mo	1,000		PF65 1,200			

KM# 824 29.17 g., Bi-Metallic .999 Gold 17.154g center in .999 Silver 12.015g ring, 34.5mm. **Subject:** 180th Anniversary of Federation **Obv:** National arms **Rev:** State arms **Series:** First **Obv. Legend:** ESTADOS UNIDOS MEXICANOS **Rev. Legend:** ESTADO DE COLIMA **Edge:** Segmented reeding

Date	Mintage	VF20	XF40	MS60	MS63	MS65
2005 Mo	1,000		PF65 1,200			

KM# 825 29.17 g., Bi-Metallic .999 Gold 17.154g center in .999 Silver 12.015g ring, 34.5mm. **Subject:** 180th Anniversary of Federation **Obv:** National arms **Rev:** State arms **Series:** First **Obv. Legend:** ESTADOS UNIDOS MEXICANOS **Rev. Legend:** ESTADO DE COAHUILA DE ZARAGOZA **Edge:** Segmented reeding

Date	Mintage	VF20	XF40	MS60	MS63	MS65
2005 Mo	1,000		PF65 1,200			

KM# 826 29.17 g., Bi-Metallic .999 Gold 17.154g center in .999 Silver 12.015g ring, 34.5mm. **Subject:** 180th Anniversary of Federation **Obv:** National arms **Rev:** State arms **Series:** First **Obv. Legend:** ESTADOS UNIDOS MEXICANOS **Rev. Legend:** ESTADO DE CAMPECHE **Edge:** Segmented reeding

Date	Mintage	VF20	XF40	MS60	MS63	MS65
2005 Mo	1,000		PF65 1,200			

KM# 827 29.17 g., Bi-Metallic .999 Gold 17.154g center in .999 Silver 12.015g ring, 34.5mm. **Subject:** 180th Anniversary of Federation **Obv:** National arms **Rev:** State arms **Series:** First **Obv. Legend:** ESTADOS UNIDOS MEXICANOS **Rev. Legend:** ESTADO DE BAJA CALIFORNIA SUR **Edge:** Segmented reeding

Date	Mintage	VF20	XF40	MS60	MS63	MS65
2005 Mo	1,000		PF65 1,200			

KM# 828 29.17 g., Bi-Metallic .999 Gold 17.154g center in .999 Silver 12.015g ring, 34.5mm. **Subject:** 180th Anniversary of Federation **Obv:** National arms **Rev:** State arms **Series:** First **Obv. Legend:** ESTADOS UNIDOS MEXICANOS **Rev. Legend:** ESTADO DE BAJA CALIFORNIA **Edge:** Segmented reeding

Date	Mintage	VF20	XF40	MS60	MS63	MS65
2005 Mo	1,000		PF65 1,200			

KM# 829 29.17 g., Bi-Metallic .999 Gold 17.154g center in .999 Silver 12.015g ring, 34.5mm. **Subject:** 180th Anniversary of Federation **Obv:** National arms **Rev:** State arms **Series:** First **Obv. Legend:** ESTADOS UNIDOS MEXICANOS **Rev. Legend:** ESTADO DE AGUASCALIENTES **Edge:** Segmented reeding

Date	Mintage	VF20	XF40	MS60	MS63	MS65
2005 Mo	1,000		PF65 1,200			

KM# 862 29.17 g., Bi-Metallic .999 Gold 17.154g center in .999 Silver 12.015g ring, 34.5mm. **Obv:** National arms **Rev:** Facade of the San Marcos garden above sculpture of national emblem at left, San Antonio temple at right **Series:** Second **Obv. Legend:** ESTADOS UNIDOS MEXICANOS **Rev. Legend:** AGUASCALIENTES **Edge:** Segmented reeding

Date	Mintage	VF20	XF40	MS60	MS63	MS65
2005 Mo	600		PF65 1,200			

KM# 863 29.17 g., Bi-Metallic .999 Gold 17.154g center in .999 Silver 12.015g ring, 34.5mm. **Obv:** National arms **Rev:** Ram's head, mountain outline in background **Series:** Second **Obv. Legend:** ESTTADOS UNIDOS MEXICANOS **Rev. Legend:** BAJA CALIFORNIA - GOBIERNO DEL ESTADO **Edge:** Segmented reeding

Date	Mintage	VF20	XF40	MS60	MS63	MS65
2005 Mo	600		PF65 1,200			

KM# 760 33.94 g., Bi-Metallic .925 Silver 16.812g center in Aluminum-Bronze ring, 39.04mm. **Subject:** Estado de Campeche **Obv:** National arms **Rev:** Jade mask - Calakmul, Campeche **Series:** Second **Obv. Legend:** ESTADOS UNIDOS MEXICANOS **Rev. Legend:** ESTADO DE CAMPECHE **Edge:** Segmented reeding

Date	Mintage	VF20	XF40	MS60	MS63	MS65
2006 Mo	149,803	—	—	25.00	30.00	—

KM# 764 33.70 g., Bi-Metallic .925 Silver 16.812g center in Aluminum-Bronze ring, **Subject:** 200th Anniversary Birth of Benito Juarez Garcia **Obv:** National arms **Rev:** Bust 1/4 left within circle

Date	Mintage	VF20	XF40	MS60	MS63	MS65
2006 Mo	49,913	—	—	35.00	40.00	—

KM# 773 33.94 g., Bi-Metallic .925 Silver 16.812g center in Aluminum-Bronze ring, 39.04mm. **Obv:** National arms **Rev:** Head of Pakal, ancient Mayan king, Palenque **Series:** Second **Obv. Legend:** ESTADOS UNIDOS MEXICANOS **Rev. Legend:** ESTADO DE CHIAPAS - CABEZA MAYA DEL REY PAKAL, PALENQUE **Edge:** Segmented reeding

Date	Mintage	VF20	XF40	MS60	MS63	MS65
2006 Mo	149,491	—	—	25.00	30.00	—

KM# 775 33.94 g., Bi-Metallic .925 Silver 16.812g center in Aluminum-Bronze ring, 39.04mm. **Obv:** National arms **Rev:** Angel of Liberty **Series:** Second **Obv. Legend:** ESTADOS UNIDOS MEXICANOS **Rev. Legend:** MÉXICO - ANGEL DE LA LIBERTAD, CHIHUAHUA **Edge:** Segmented reeding

Date	Mintage	VF20	XF40	MS60	MS63	MS65
2006 Mo	149,557	—	—	25.00	30.00	—

KM# 777 33.94 g., Bi-Metallic .925 Silver 16.812g center in Aluminum-Bronze ring, 39.04mm. **Obv:** National arms **Rev:** State arms at lower center,

Nevado de Colima and Volcan de Fuego volcanos in background **Series:** Second **Obv. Legend:** ESTADOS UNIDOS MEXICANOS **Rev. Legend:** Colima **Rev. Inscription:** GENEROSO **Edge:** Segmented reeding

Date	Mintage	VF20	XF40	MS60	MS63	MS65
2006 Mo	149,041	—	—	25.00	30.00	—

KM# 779 33.94 g., Bi-Metallic .925 Silver 16.812g center in Aluminum-Bronze ring, 39.04mm. **Obv:** National arms **Rev:** National Palace **Series:** Second **Obv. Legend:** ESTADOS UNIDOS MEXICANOS **Rev. Legend:** DISTRITO FEDERAL - ANTIGUO AYUNTAMIENTO **Edge:** Segmented reeding

Date	Mintage	VF20	XF40	MS60	MS63	MS65
2006 Mo	149,525	—	—	25.00	30.00	—

KM# 781 33.70 g., Bi-Metallic .925 Silver 16.812g center in Aluminum-Bronze ring, 39.04mm. **Obv:** National arms **Rev:** Outlined map with turtle, mine cart above grapes at center, Friendship Dam above Christ of the Nodas at left, chimneys above crucibles and bell tower of Santiago's cathedral at right **Series:** Second **Obv. Legend:** ESTADOS UNIDOS MEXICANOS **Rev. Legend:** COAHUILA DE ZARAGOZA **Edge:** Segmented reeding

Date	Mintage	VF20	XF40	MS60	MS63	MS65
2006 Mo	149,560	—	—	25.00	30.00	—

KM# 785 33.94 g., Bi-Metallic .925 Silver 16.812g center in Aluminum-Bronze ring, 39.04mm. **Obv:** National arms **Rev:** Four Monarch butterflies **Series:** Second **Obv. Legend:** ESTADOS UNIDOS MEXICANOS **Rev. Legend:** ESTADO DE MICHOACÁN **Edge:** Segmented reeding

Date	Mintage	VF20	XF40	MS60	MS63	MS65
2006 Mo	149,730	—	—	25.00	30.00	—

KM# 787 33.94 g., Bi-Metallic .925 Silver 16.812g center in Brass ring, 39.04mm. **Obv:** National arms **Rev:** Tree **Series:** Second **Obv. Legend:** ESTADOS UNIDOS MEXICANOS **Rev. Legend:** PRIMERA RESERVA NACIONAL FORESTAL - DURANGO **Edge:** Segmented reeding

Date	Mintage	VF20	XF40	MS60	MS63	MS65
2006 Mo	149,034	—	—	25.00	30.00	—

KM# 789 33.94 g., Bi-Metallic .925 Silver 16.812g center in Brass ring, 39.04mm. **Obv:** National arms **Rev:** State arms at center, statue of Miguel Hidalgo at left, monument to Pipla at lower right **Series:** Second **Obv. Legend:** ESTADOS UNIDOS MEXICANOS **Rev. Inscription:** Guanajuato **Edge:** Segmented reeding

Date	Mintage	VF20	XF40	MS60	MS63	MS65
2006 Mo	149,921	—	—	25.00	30.00	—

KM# 791 33.94 g., Bi-Metallic .925 Silver 16.812g center in Brass ring, 39.04mm. **Obv:** National arms **Rev:** Stylized portrait of Vicente Guerrero at left, church of Taxco at upper center, Acapulco's la Quebrada with diver above Christmas Eve flower and mask **Series:** Second **Obv. Legend:** ESTADOS UNIDOS MEXICANOS **Rev. Legend:** GUERRERO **Edge:** Segmented reeding

Date	Mintage	VF20	XF40	MS60	MS63	MS65
2006 Mo	149,675	—	—	25.00	30.00	—

KM# 793 33.94 g., Bi-Metallic .925 Silver 16.812g center in Aluminum-Bronze ring, 39.04mm. **Obv:** National arms **Rev:** Monument of Pachuca Hidalgo **Series:** Second **Obv. Legend:** ESTADOS UNIDOS MEXICANOS **Rev. Inscription:** RELOJ / MONUMENTAL / DE / PACHUCA / HIDALGO - La / Bella / Airosa **Edge:** Segmented reeding

Date	Mintage	VF20	XF40	MS60	MS63	MS65
2006 Mo	149,273	—	—	25.00	30.00	—

KM# 795 33.94 g., Bi-Metallic .925 Silver 16.812g center in Brass ring, 39.04mm. **Obv:** National arms **Rev:** Hospicio Cabañas orphanage **Series:** Second **Obv. Legend:** ESTADOS UNIDOS MEXICANOS **Rev. Legend:** ESTADO DE JALISCO **Edge:** Segmented reeding

Date	Mintage	VF20	XF40	MS60	MS63	MS65
2006 Mo	149,750	—	—	25.00	30.00	—

KM# 800 33.94 g., Bi-Metallic .925 Silver 16.812g center in Aluminum-Bronze ring, 39.04mm. **Obv:** National arms **Rev:** 1/2 length figure of Chinelo (local dancer) at right, Palacio de Cortes in background **Series:** Second **Obv. Legend:** ESTADOS UNIDOS MEXICANOS **Rev. Inscription:** ESTADO DE / MORELOS **Edge:** Segmented reeding

Date	Mintage	VF20	XF40	MS60	MS63	MS65
2006 Mo	149,648	—	—	25.00	30.00	—

KM# 802 33.94 g., Bi-Metallic .925 Silver 16.812g center in Aluminum-Bronze ring, 39.04mm. **Obv:** National arms **Rev:** Pyramid de la Loona (moon) **Series:** Second **Obv. Legend:** ESTADOS UNIDOS MEXICANOS **Rev. Legend:** ESTADO DE MÉXICO **Edge:** Segmented reeding

Date	Mintage	VF20	XF40	MS60	MS63	MS65
2006 Mo	149,377	—	—	25.00	30.00	—

KM# 864 29.17 g., Bi-Metallic .999 Gold 17.154g center in .999 Silver 12.015g ring, 34.5mm. **Obv:** National arms **Rev:** Outlined map of peninsula at center, cave painting of deer behind, cactus at right **Series:** Second **Obv. Legend:** ESTADOS UNIDOS MEXICANOS **Rev. Legend:** ESTADO DE BAJA CALIFORNIA SUR **Edge:** Segmented reeding

Date	Mintage	VF20	XF40	MS60	MS63	MS65
2006 Mo	600		PF65 1,200			

KM# 865 29.17 g., Bi-Metallic .999 Gold 17.154g center in .999 Silver 12.015g ring, 34.5mm. **Obv:** National arms **Rev:** Jade mask - Calakmul, Campeche **Series:** Second **Obv. Legend:** ESTADOS UNIDOS MEXICANOS **Rev. Legend:** ESTADO DE CAMPECHE **Edge:** Segmented reeding

Date	Mintage	VF20	XF40	MS60	MS63	MS65
2006 Mo	600		PF65 1,200			

KM# 866 29.17 g., Bi-Metallic .999 Gold 17.154g center in .999 Silver 12.015g ring, 34.5mm. **Obv:** National arms **Rev:** Outlined map with turtle, mine cart above grapes at center, Friendship dam above Christ of the Nodas at left, chimneys above crucibles and bell tower of Santiago's cathedral at right **Series:** Second **Obv. Legend:** ESTADOS UNIDOS MEXICANOS **Rev. Inscription:** COAHUILA DE ZARAGOZA **Edge:** Segmented reeding

Date	Mintage	VF20	XF40	MS60	MS63	MS65
2006 Mo	600		PF65 1,200			

KM# 867 29.17 g., Bi-Metallic .999 Gold 17.154g center in .999 Silver 12.015 ring, 34.5mm. **Obv:** National arms **Rev:** State arms at lower center, Nevado de Colima and Volcan de Fuego volcanos in background **Series:** Second **Obv. Legend:** ESTADOS UNIDOS MEXICANOS **Rev. Legend:** Colima **Rev. Inscription:** GENEROSO **Edge:** Segmented reeding

Date	Mintage	VF20	XF40	MS60	MS63	MS65
2006 Mo	600		PF65 1,200			

KM# 868 29.17 g., Bi-Metallic .999 Gold 17.154g center in .999 Silver 12.015g ring, 34.5mm. **Obv:** National arms **Rev:** Head of Pakal, ancient Mayan king, Palenque **Series:** Second **Obv. Legend:** ESTADOS UNIDOS MEXICANOS **Rev. Legend:** ESTADO DE CHIAPAS - CABEZA MAYA DEL REY PAKAL, PALENQUE **Edge:** Segmented reeding

Date	Mintage	VF20	XF40	MS60	MS63	MS65
2006 Mo	600		PF65 1,200			

KM# 869 29.17 g., Bi-Metallic .999 Gold 17.154g center in .999 Silver 12.015g ring, 34.5mm. **Obv:** National arms **Rev:** Angel of Liberty **Series:** Second **Obv. Legend:** ESTADOS UNIDOS MEXICANOS **Rev. Legend:** MÉXICO - ANGEL DE LA LIBERTAD, CHIHUAHUA **Edge:** Segmented reeding

Date	Mintage	VF20	XF40	MS60	MS63	MS65
2006 Mo	600		PF65 1,200			

KM# 870 29.17 g., Bi-Metallic .999 Gold 17.154g center in .999 Silver 12.015g ring, 34.5mm. **Obv:** National arms **Rev:** National palace **Series:** Second **Obv. Legend:** ESTADOS UNIDOS MEXICANOS **Rev. Legend:** DISTRITO FEDERAL - ANTIGUO AYUNTAMIENTO **Edge:** Segmented reeding

Date	Mintage	VF20	XF40	MS60	MS63	MS65
2006 Mo	600		PF65 1,200			

KM# 871 29.17 g., Bi-Metallic .999 Gold 17.154g center in .999 Silver 12.015g ring, 34.5mm. **Obv:** National arms **Rev:** Tree **Series:** Second **Obv. Legend:** ESYADOS UNIDOS MEXICANOS **Rev. Legend:** PRIMERA RESERVA NACIONAL RORESTAL - DURANGO **Edge:** Segmented reeding

Date	Mintage	VF20	XF40	MS60	MS63	MS65
2006 Mo	600		PF65 1,200			

KM# 872 29.17 g., Bi-Metallic .999 Gold 17.154g center in .999 Silver 12.015g ring, 34.50mm. **Obv:** National arms **Rev:** State arms at lower center, statue of Miguel Hidalgo at left, monument to Pipila at lower right **Series:** Second **Obv. Legend:** ESTADOS UNIDOS MEXICANOS **Rev. Inscription:** Guanajauto **Edge:** Segmented reeding

Date	Mintage	VF20	XF40	MS60	MS63	MS65
2006 Mo	600		PF65 1,200			

KM# 873 29.17 g., Bi-Metallic .999 Gold 17.154g center in .999 Silver 12.015g ring, 34.5mm. **Obv:** National arms **Rev:** Stylized portrait of Vicente Guerrero at left, church of Taxco at upper center, Acapulco's la Quebrada with diver over Christmas Eve flower and mask **Series:** Second **Obv. Legend:** ESTADOS UNIDOS MEXICANOS **Rev. Legend:** GUERRERO **Edge:** Segmented reeding

Date	Mintage	VF20	XF40	MS60	MS63	MS65
2006 Mo	600		PF65 1,200			

KM# 874 29.17 g., Bi-Metallic .999 Gold 17.154g center in .999 Silver 12.015g ring, 34.5mm. **Obv:** National arms **Rev:** Monument of Pachuca Hidalgo **Series:** Second **Obv. Legend:** ESTADOS UNIDOS MEXICANOS **Rev. Inscription:** RELOJ / MONUMENTAL / DE / PACHUCA / HIDALGO **Edge:** Segmented reeding

Date	Mintage	VF20	XF40	MS60	MS63	MS65
2006 Mo	600		PF65 1,200			

KM# 875 29.17 g., Bi-Metallic .999 Gold 17.154g center in .999 Silver 12.015g ring, 34.5mm. **Obv:** National arms **Rev:** Hospicio Cabañas orphanage **Series:** Second **Obv. Legend:** ESTADOS UNIDOS MEXICANOS **Rev. Legend:** ESTADO DE JALISCO **Edge:** Segmented reeding

Date	Mintage	VF20	XF40	MS60	MS63	MS65
2006 Mo	600		PF65 1,200			

KM# 876 29.17 g., Bi-Metallic .999 Gold 17.154g center in .999 Silver 12.015g ring, 34.5mm. **Obv:** National arms **Rev:** Pyramid de la Looona (moon) **Series:** Second **Obv. Legend:** ESTADOS UNIDOS MEXICANOS **Rev. Legend:** ESTADO DE MÉXICO **Edge:** Segmented reeding

Date	Mintage	VF20	XF40	MS60	MS63	MS65
2006 Mo	600		PF65 1,200			

KM# 877 29.17 g., Bi-Metallic .999 Gold 17.154g center in .999 Silver 12.015g ring, 34.5mm. **Obv:** National arms **Rev:** Four Monarch butterflies **Series:** Second **Obv. Legend:** ESTADOS UNIDOS MEXICANOS **Rev. Legend:** ESTADO DE MICHOACÁN **Edge:** Segmented reeding

Date	Mintage	VF20	XF40	MS60	MS63	MS65
2006 Mo	600		PF65 1,200			

KM# 878 29.17 g., Bi-Metallic .999 Gold 17.154g center in .999 Silver 12.015g ring, 34.5mm. **Obv:** National arms **Rev:** 1/2 length figure of Chinelo (local dancer) at right, Palacio de Cortes in background **Series:** Second **Obv. Legend:** ESTADOS UNIDOS MEXICANOS **Rev. Inscription:** ESTADO DE / MORELOS **Edge:** Segmented reeding

Date	Mintage	VF20	XF40	MS60	MS63	MS65
2006 Mo	600		**PF65** 1,200			

KM# 798 33.94 g., Bi-Metallic .925 Silver 16.812g center in Aluminum-Bronze ring, 39.04mm. **Obv:** National arms **Rev:** Isle de Mexcaltitlán **Series:** Second **Obv. Legend:** ESTADOS UNIDOS MEXICANOS **Rev. Legend:** ESTADO DE NAYARIT **Edge:** Segmented reeding

Date	Mintage	VF20	XF40	MS60	MS63	MS65
2007 Mo	149,560	—	—	25.00	30.00	—

KM# 848 33.94 g., Bi-Metallic .925 Silver 20.1753 center in Aluminum-Bronze ring, 39.04mm. **Obv:** National arms **Rev:** Old foundry in Parque Fundidora (public park) at right, Cerro de la Silla (Saddle Hill) in background **Series:** Second **Obv. Legend:** ESTADOS UNIDOS MEXICANOE **Rev. Legend:** ESTADO DE NUEVO LÉON **Edge:** Segmented reeding

Date	Mintage	VF20	XF40	MS60	MS63	MS65
2007 Mo	149,425	—	—	25.00	30.00	—

KM# 849 33.94 g., Bi-Metallic .925 Silver 20.1753g center in Aluminum-Bronze ring, 39.04mm. **Obv:** National arms **Rev:** Teatro Macedonio Alcala (theater) **Series:** Second **Obv. Legend:** ESTADOS UNIDOS MEXICANOS **Rev. Legend:** OAXACA **Edge:** Segmented reeding

Date	Mintage	VF20	XF40	MS60	MS63	MS65
2007 Mo	149,892	—	—	25.00	30.00	—

KM# 850 33.94 g., Bi-Metallic .925 Silver 20.1753g center in Aluminum-Bronze ring, 39.04mm. **Obv:** National arms **Rev:** Talavera porcelain dish **Series:** Second **Obv. Legend:** ESTADOS UNIDOS MEXICANOS **Rev. Legend:** ESTADO DE PUEBLA **Edge:** Segmented reeding

Date	Mintage	VF20	XF40	MS60	MS63	MS65
2007 Mo	149,474	—	—	25.00	30.00	—

KM# 851 33.94 g., Bi-Metallic .925 Silver 20.1753g center in Aluminum-Bronze ring, 39.04mm. **Obv:** National arms **Rev:** Mask at left, rays above state arms at center, Mayan ruins at right **Series:** Second **Obv. Legend:** ESTADOS UNIDOS MEXICANOS **Rev. Legend:** QUINTANA ROO **Edge:** Segmented reeding

Date	Mintage	VF20	XF40	MS60	MS63	MS65
2007 Mo	149,582	—	—	25.00	30.00	—

ESTADOS UNIDOS

KM# 852 33.94 g., Bi-Metallic .925 Silver 20.1753 center in Aluminum-Bronze ring, 39.04mm. **Obv:** National arms **Rev:** Aqueduct of Querétaro at left, church of Santa Rosa de Viterbo at right **Series:** Second **Obv. Legend:** ESTADOS UNIDOS MEXICANOS **Rev. Legend:** ESTADO DE QUERÉTARO ARTEAGA **Edge:** Segmented reeding

Date	Mintage	VF20	XF40	MS60	MS63	MS65
2007 Mo	149,127	—	—	25.00	30.00	—

KM# 853 33.94 g., Bi-Metallic .925 Silver 20.1753g center in Aluminum-Bronze ring, 39.04mm. **Obv:** National arms **Rev:** Facade of Caja Real **Series:** Second **Obv. Legend:** ESTADOS UNIDOS MEXICANOS **Rev. Legend:** • SAN LUIS POTOSÍ • **Edge:** Segmented reeding

Date	Mintage	VF20	XF40	MS60	MS63	MS65
2007 Mo	148,750	—	—	25.00	30.00	—

KM# 854 33.94 g., Bi-Metallic .925 Silver 20.1753g center in Aluminum-Bronze ring, 39.04mm. **Obv:** National arms **Rev:** Shield on pile of cactus fruits **Series:** Second **Obv. Legend:** ESTADOS UNIDOS MEXICANOS **Rev. Legend:** ESTADO DE SINALOA - LUGAR DE PITAHAYAS **Edge:** Segmented reeding

Date	Mintage	VF20	XF40	MS60	MS63	MS65
2007 Mo	149,032	—	—	25.00	30.00	—

KM# 855 33.94 g., Bi-Metallic .925 Silver 20.1753g center in Aluminum-Bronze ring, 39.04mm. **Obv:** National arms **Rev:** Local in Dance of the Deer at left, cactus at right, mountains in background **Series:** Second **Obv. Legend:** ESTADOS UNIDOS MEXICANOS **Rev. Legend:** ESTADO DE SONORA **Edge:** Segmented reeding

Date	Mintage	VF20	XF40	MS60	MS63	MS65
2007 Mo	149,891	—	—	25.00	30.00	—

KM# 856 33.94 g., Bi-Metallic .925 Silver 20.1753 center in Aluminum-Bronze ring, 39.04mm. **Obv:** National arms **Rev:** Fuente de los Pescadores (fisherman fountain) at lower left, giant head from the Olmec-pre-Hispanic culture at right, Planetario Tabasco in background **Series:** Second **Obv. Legend:** ESTADOS UNIDOS MEXICANOS **Rev. Legend:** TABASCO **Edge:** Segmented reeding

Date	Mintage	VF20	XF40	MS60	MS63	MS65
2007 Mo	149,715	—	—	25.00	30.00	—

KM# 857 33.94 g., Bi-Metallic .925 Silver 20.1753g center in Aluminum-Bronze ring, 39.04mm. **Obv:** National arms **Rev:** Ridge - Cerro Del Bermal, Gonzáles **Series:** Second **Obv. Legend:** ESTADOS UNIDOS MEXICANOS **Rev. Legend:** TAMAULIPAS **Edge:** Segmented reeding

Date	Mintage	VF20	XF40	MS60	MS63	MS65
2007 Mo	149,776	—	—	25.00	30.00	—

KM# 858 33.94 g., Bi-Metallic .925 Silver 20.1753g center in Aluminum-Bronze ring, 39.04mm. **Obv:** National arms **Rev:** Basilica de Ocotlán at left, state arms above Capilla Abierta, Plaza de Toros Ranchero Aguilar below, Exconvento de San Francisco at right **Series:** Second **Obv. Legend:** ESTADOS UNIDOS MEXICANOS **Rev. Legend:** ESTADO DE TLAXCALA **Edge:** Segmented reeding

Date	Mintage	VF20	XF40	MS60	MS63	MS65
2007 Mo	149,465	—	—	25.00	30.00	—

KM# 859 33.94 g., Bi-Metallic .912 Silver 20.1753g center in Aluminum-Bronze ring, 39.04mm. **Obv:** National arms **Rev:** Pyramid of El Tajín **Series:** Second **Obv. Legend:** ESTADOS UNIDOS MEXICANOS **Rev. Legend:** • VERACRUZ • - • DE IGNACIO DE LA LLAVE • **Edge:** Segmented reeding

Date	Mintage	VF20	XF40	MS60	MS63	MS65
2007 Mo	149,703	—	—	25.00	30.00	—

KM# 860 33.94 g., Bi-Metallic .925 Silver 20.1753 center in Aluminum-Bronze ring, 39.04mm. **Obv:** National arms **Rev:** Stylized pyramid of Chichén Itzá **Series:** Second **Obv. Legend:** ESTADOS UNIDOS MEXICANOS **Rev. Legend:** Castillo de Chichén Itzá **Edge:** Segmented reeding

Date	Mintage	VF20	XF40	MS60	MS63	MS65
2007 Mo	149,579	—	—	25.00	30.00	—

KM# 861 33.94 g., Bi-Metallic .925 Silver 20.1753g center in Aluminum-Bronze ring, 39.04mm. **Obv:** National arms **Rev:** Cable car above Monumento al Minero at left, Cathedral de Zacatecas at center right **Series:** Second **Obv. Legend:** ESTADOS UNIDOS MEXICANOS **Rev. Legend:** ZACATECAS **Edge:** Segmented reeding

Date	Mintage	VF20	XF40	MS60	MS63	MS65
2007 Mo	148,833	—	—	25.00	30.00	—

KM# 879 29.17 g., Bi-Metallic .999 Gold 17.154g center in .999 12.015g ring, 34.5mm. **Obv:** National arms **Rev:** Isle de Mexcaltitlán **Series:** Second **Obv. Legend:** ESTADOS UNIDOS MEXICANOS **Rev. Legend:** ESTADO DE NAYARIT **Edge:** Segmented reeding

Date	Mintage	VF20	XF40	MS60	MS63	MS65
2007 Mo	600	PF65 1,200				

KM# 880 29.17 g., Bi-Metallic .999 Gold 17.154g center in .999 Silver 12.015g ring, 34.5mm. **Obv:** National arms **Rev:** Old foundry in Parque Fundidora (public park) at right, Cerro de la Silla (Saddle hill) in background **Series:** Second **Obv. Legend:** ESTADOS UNIDOS MEXICANOS **Rev. Legend:** ESTADO DE NUEVO LEÓN **Edge:** Segmented reeding

Date	Mintage	VF20	XF40	MS60	MS63	MS65
2007 Mo	600	PF65 1,200				

KM# 881 29.17 g., Bi-Metallic .999 Gold 17.154g center in .999 Silver 12.015g ring, 34.50mm. **Obv:** National arms **Rev:** Teatro Macedonio Alcala (theater) **Series:** Second **Obv. Legend:** ESTADOS UNIDOS MEXICANOS **Rev. Legend:** OAXACA **Edge:** Segmented reeding

Date	Mintage	VF20	XF40	MS60	MS63	MS65
2007 Mo	600	PF65 1,200				

KM# 882 29.17 g., Bi-Metallic .999 Gold 17.154g center in .999 Silver 12.015g ring, 34.5mm. **Obv:** National arms **Rev:** Talavera porcelain dish **Series:** Second **Obv. Legend:** ESTADOS UNIDOS MEXICANOS **Rev. Legend:** ESTADO DE PUEBLA **Edge:** Segmented reeding

Date	Mintage	VF20	XF40	MS60	MS63	MS65
2007 Mo	600	PF65 1,200				

KM# 883 29.17 g., Bi-Metallic .999 Gold 17.154g center in .999 Silver 12.015g ring, 34.5mm. **Obv:** National arms **Rev:** Mask at left, rays above state arms at center, Mayan ruins at right **Series:** Second **Obv. Legend:** ESTADOS UNIDOS MEXICANOS **Rev. Legend:** QUINTANA ROO **Edge:** Segmented reeding

Date	Mintage	VF20	XF40	MS60	MS63	MS65
2007 Mo	600	PF65 1,200				

KM# 884 29.17 g., Bi-Metallic .999 Gold 17.154g center in .999 Silver 12.015g ring, 34.5mm. **Obv:** National arms **Rev:** Aqueduct of Querétaro at left, church of Santa Rosa de Viterbo at right **Series:** Second **Obv. Legend:** ESTADOS UNIDOS MEXICANOS **Rev. Legend:** ESTADO DE QUERÉTARO ARTEAGA **Edge:** Segmented reeding

Date	Mintage	VF20	XF40	MS60	MS63	MS65
2007 Mo	600		PF65 1,200			

KM# 885 29.17 g., Bi-Metallic .999 Gold 17.154g center in .999 Silver 12.015 ring, 34.5mm. **Obv:** National arms **Rev:** Facade of Caja Real **Series:** Second **Obv. Legend:** ESTADOS UNIDOS MEXICANOS **Rev. Legend:** • SAN LUIS POTOSÍ • **Edge:** Segmented reeding

Date	Mintage	VF20	XF40	MS60	MS63	MS65
2007 Mo	600		PF65 1,200			

KM# 886 29.17 g., Bi-Metallic .999 Gold 17.154 center in .999 Silver 12.015g ring, 34.5mm. **Obv:** National arms **Rev:** Shield on pile of cactus fruits **Series:** Second **Obv. Legend:** ESTADOS UNIDOS MEXICANOS **Rev. Legend:** ESTADO DE SINALOA - LUGAR DE PITAHAYES **Edge:** Segmented reeding

Date	Mintage	VF20	XF40	MS60	MS63	MS65
2007 Mo	600		PF65 1,200			

KM# 887 29.17 g., Bi-Metallic .999 Gold 17.154g center in .999 Silver 12.015g ring, 34.5mm. **Obv:** National arms **Rev:** Local in Dance of the Deer at left, cactus at right, mountains in background **Series:** Second **Obv. Legend:** ESTADOS UNIDOS MEXICANOS **Rev. Legend:** ESTADO DE SONORA **Edge:** Segmented reeding

Date	Mintage	VF20	XF40	MS60	MS63	MS65
2007 Mo	600		PF65 1,200			

KM# 888 29.17 g., Bi-Metallic .999 Gold 17.154g center in .999 Silver 12.015g ring, 34.5mm. **Obv:** National arms **Rev:** Fuente de los Pescadores (fisherman fountain) at lower left, giant head from the Olmec-pre-Hispanic culture at right, Planetario Tabasco in background **Series:** Second **Obv. Legend:** ESTADOS UNIDOS MEXICANOS **Rev. Legend:** TABASCO **Edge:** Segmented reeding

Date	Mintage	VF20	XF40	MS60	MS63	MS65
2007 Mo	600		PF65 1,200			

KM# 889 29.17 g., Bi-Metallic .999 Gold 17.154g center in .999 Silver 12.015g ring, 34.5mm. **Obv:** National arms **Rev:** Ridge - Cerro Del Bemal, Gonzáles **Series:** Second **Obv. Legend:** ESTADOS DE MEXICANOS **Rev. Legend:** TAMAULIPAS **Edge:** Segmented reeding

Date	Mintage	VF20	XF40	MS60	MS63	MS65
2007 Mo	600		PF65 1,200			

KM# 890 29.17 g., Bi-Metallic .999 Gold 17.154g center in .999 Silver 12.015g ring, 34.5mm. **Obv:** National arms **Rev:** Basilica de Ocotlán at left, state arms above Capilla Abierta, Plaza de Toros Ranchero Aguilar below, Exconvento de San Francisco at right **Series:** Second **Obv. Legend:** ESTADOS UNIDOS MEXICANOS **Rev. Legend:** ESTADO DE TLAXCALA **Edge:** Segmented reeding

Date	Mintage	VF20	XF40	MS60	MS63	MS65
2007 Mo	600		PF65 1,200			

KM# 891 29.17 g., Bi-Metallic .999 Gold 17.154g center in .999 Silver 12.015g ring, 34.5mm. **Obv:** National arms **Rev:** Pyramid of El Tajin **Series:** Second **Obv. Legend:** ESTADOS UNIDOS MEXICANOS **Rev. Legend:** VERACRUZ • - • DE IGNACIO DE LA LLAVE • **Edge:** Segmented reeding

Date	Mintage	VF20	XF40	MS60	MS63	MS65
2007 Mo	600		PF65 1,200			

KM# 892 29.17 g., Bi-Metallic .999 Gold 17.154g center in .999 Silver 12.015g ring, 34.5mm. **Obv:** National arms **Rev:** Stylized pyramid of Chichén-Itzá **Series:** Second **Obv. Legend:** ESTADOS UNIDOS MEXICANOS **Rev. Inscription:** YUCATÁN **Edge:** Segmented reeding

Date	Mintage	VF20	XF40	MS60	MS63	MS65
2007 Mo	600		PF65 1,200			

KM# 893 29.17 g., Bi-Metallic .999 Gold 17.154g center in .999 Silver 12.015g ring, 34.5mm. **Obv:** National arms **Rev:** Cable car above Monumento al Minero at left, Cathedral de Zacatecas at center right **Series:** Second **Obv. Legend:** ESTADOS UNIDOS MEXICANOS **Rev. Legend:** Zacatecas **Edge:** Segmented reeding

Date	Mintage	VF20	XF40	MS60	MS63	MS65
2007 Mo	600		PF65 1,200			

KM# 963 33.97 g., Bi-Metallic .925 Silver 0.500 oz. ASW center in Aluminum-Bronze ring, 39mm. **Subject:** Numismatic Heritage of Mexico **Obv:** National arms **Rev:** Obverse of 1804Mo 8 Reale coin with chopmarks **Edge:** Segmented reeding

Date	Mintage	VF20	XF40	MS60	MS63
2012 Mo Prooflike	8,000	—	—	—	40.00

KM# 964 Bi-Metallic 33.97 g., .925 Silver 0.500 oz., ASW center in Aluminum-Bronze ring, 39mm. **Subject:** Numismatic Heritage of Mexico **Obv:** National arms **Rev:** 1608Mo 8 Reales Cob coin of Philip III **Edge:** Segmented reeding

Date	Mintage	VF20	XF40	MS60	MS63
2012 Mo Prooflike	8,000	—	—	—	40.00

KM# 965 33.97 g., Bi-Metallic .925 Silver 0.500 oz. ASW center in Aluminum-Bronze ring, 39mm. **Subject:** Numismatic Heritage of Mexico **Obv:** National arms **Rev:** 1811Zs 8 Reale Royalist Provisional Coin **Edge:** Segmented reeding

Date	Mintage	VF20	XF40	MS60	MS63
2012 Mo Prooflike	8,000	—	—	—	40.00

KM# 966 33.97 g., Bi-Metallic .925 Silver 0.500 oz., ASW center in Aluminum-Bronze ring, 39mm. **Subject:** Numismatic Heritage of Mexico **Obv:** National arms **Rev:** 1866Mo 1 Peso coin **Edge:** Segmented reeding

Date	Mintage	VF20	XF40	MS60	MS63
2012 Mo Prooflike	8,000	—	—	—	40.00

KM# 967 33.97 g., Bi-Metallic .925 Silver 0.500 oz., ASW center in Aluminum-Bronze ring, 39mm. **Subject:** Numismatic Heritage of Mexico **Obv:** National arms **Rev:** 1828Mo 8 Escudo coin **Edge:** Segmented reeding

Date	Mintage	VF20	XF40	MS60	MS63
2012 Mo Prooflike	8,000	—	—	—	40.00

KM# 968 33.97 g., Bi-Metallic .925 Silver 0.500 oz., ASW center in Aluminum-Bronze ring, 39mm. **Subject:** Numismatic Heritage of Mexico **Obv:** National arms **Rev:** 1950Mo 5 Peso Southeast Railway Inauguration coin **Edge:** Segmented reeding

Date	Mintage	VF20	XF40	MS60	MS63
2012 Mo Prooflike	8,000	—	—	—	40.00

KM# 971 33.97 g., Bi-Metallic .925 Silver 0.500 oz., ASW center in Aluminum-Bronze ring, 39mm. **Subject:** Numismatic Heritage of Mexico **Obv:** National arms **Rev:** 1915Gro. 2 Peso Zapatista coin from Suriana **Edge:** Segmented reeding

Date	Mintage	VF20	XF40	MS60	MS63
2013 Mo Prooflike	8,000	—	—	—	40.00

KM# 972 33.97 g., Bi-Metallic .925 Silver 0.500 oz. ASW center in Aluminum-Bronze ring, 39mm. **Subject:** Numismatic Heritage of Mexico **Obv:** National arms **Rev:** Early MoR Charles and Joanna 3 Reale coin **Edge:** Segmented reeding

Date	Mintage	VF20	XF40	MS60	MS63
2013 Mo Prooflike	8,000	—	—	—	40.00

KM# 973 33.97 g., Bi-Metallic .925 Silver 0.500 oz. ASW center in Aluminum-Bronze ring, 39mm. **Subject:** Numismatic Heritage of Mexico **Obv:** National arms **Rev:** Zs 1 Peso Scale of Justice coin

Date	Mintage	VF20	XF40	MS60	MS63
2013 Mo Prooflike	8,000	—	—	—	40.00

KM# 974 33.97 g., Bi-Metallic .925 Silver 0.500 oz. ASW center in Aluminum-Bronze ring, 39mm. **Subject:** Numismatic Heritage of Mexico **Obv:** National arms **Rev:** Ca M.M. 8 Reale Republican coin with counterstamp **Edge:** Segmented reeding

Date	Mintage	VF20	XF40	MS60	MS63
2013 Mo Prooflike	8,000	—	—	—	40.00

KM# 975 33.97 g., Bi-Metallic .925 Silver 0.500 oz. ASW center in Aluminum-Bronze ring, 39mm. **Subject:** Numismatic Heritage of Mexico **Obv:** National arms **Rev:** 1811 8 Reale insurgent coin of the Supreme American Governing Board **Edge:** Segmented reeding

Date	Mintage	VF20	XF40	MS60	MS63
2013 Mo Prooflike	8,000	—	—	—	40.00

KM# 976 33.97 g., Bi-Metallic .925 Silver 0.500 oz. ASW center in Aluminum-Bronze ring, 39mm. **Subject:** Numismatic Heritage of Mexico **Obv:** National arms **Rev:** 1822Mo 8 Escudo **Edge:** Segmented reeding

Date	Mintage	VF20	XF40	MS60	MS63
2013 Mo Prooflike	8,000	—	—	—	40.00

KM# 980 33.96 g., Bi-Metallic .925 Silver 16.812g center in Aluminum-Bronze ring, 33.96mm. **Subject:** Numismatic Heritage of Mexico **Obv:** National arms **Rev:** 1806 Charles IV 8 Reales with British Guiana counterstamp **Obv. Legend:** HERENCIA NUMISMATICA DE MEXICO **Edge:** Segmented reeding

Date	Mintage	VF20	XF40	MS60	MS63
2014 Prooflike	8,000	—	—	—	40.00

KM# 981 33.96 g., Bi-Metallic .925 Silver 16.812g center in Aluminum-Bronze ring, 33.96mm. **Subject:** Numismatic Heritage of Mexico **Obv:** National arms **Rev:** 1748 Ferdinand VI 8 Escudo coin **Obv. Legend:** HERENCIA NUMISMATICA DE MEXICO **Edge:** Segmented reeding

Date	Mintage	VF20	XF40	MS60	MS63
2014 Prooflike	8,000	—	—	—	40.00

KM# 982 33.96 g., Bi-Metallic .925 Silver 16.812g center in Aluminum-Bronze ring, 33.96mm. **Subject:** Numismatic Heritage of Mexico **Obv:** National arms **Rev:** 1916 60 Peso Oaxaca State revolutionary coin **Obv. Legend:** HERENCIA NUMISMATICA DE MEXICO **Edge:** Segmented reeding

Date	Mintage	VF20	XF40	MS60	MS63
2014 Prooflike	8,000	—	—	—	40.00

KM# 983 33.96 g., Bi-Metallic .925 Silver 16.812g center in Aluminum-Bronze ring, 33.96mm. **Subject:** Numismatic Heritage of Mexico **Obv:** National arms **Rev:** 1812 8 Reales Oaxaca provisional coin **Obv. Legend:** HERENCIA NUMISMATICA DE MEXICO **Edge:** Segmented reeding

Date	Mintage	VF20	XF40	MS60	MS63
2014 Prooflike	8,000	—	—	—	40.00

KM# 984 33.96 g., Bi-Metallic .925 Silver 16.812g center in Aluminum-Bronze ring, 33.96mm. **Subject:** Numismatic Heritage of Mexico **Obv:** National arms **Rev:** 1834A Republican 1/4 Real coin **Obv. Legend:** HERENCIA NUMISMATICA DE MEXICO **Edge:** Segmented reeding

Date	Mintage	VF20	XF40	MS60	MS63
2014 Prooflike	8,000	—	—	—	40.00

KM# 985 33.96 g., Bi-Metallic .925 Silver 16.812g center in Aluminum-Bronze ring, 33.96mm. **Subject:** Numismatic Heritage of Mexico **Obv:** National arms **Rev:** 1914 Peso Villa revolutionary coin **Obv. Legend:** HERENCIA NUMISMATICA DE MEXICO **Edge:** Segmented reeding

Date	Mintage	VF20	XF40	MS60	MS63
2014 Prooflike	8,000	—	—	—	40.00

50000 PESOS

KM# 771 7.77 g., 0.999 Gold, 0.2496 oz. AGW 23mm. **Subject:** World Cup Soccer **Obv:** Mexican Eagle and Snake **Rev:** Kneeling Mayan Pelota player and soccer ball

Date	Mintage	VF20	XF40	MS60	MS63	MS65
2006 Mo	9,505			PF65 600		

SILVER BULLION COINAGE

100 PESOS

KM# 921 1000.00 g., 0.999 Silver, 32.1186 oz. ASW 110mm. **Obv:** National arms in center of past and present arms **Rev:** Aztec Calendar **Edge:** Plain

Date	Mintage	VF20	XF40	MS60	MS63
2007 Mo Prooflike	303	—	—	—	1,800
2008 Mo Prooflike	1,000	—	—	—	1,500
2009 Mo Prooflike	1,500	—	—	—	1,200
2010 Mo Prooflike	1,500	—	—	—	1,200
2011 Mo Prooflike	1,500	—	—	—	1,200
2012 Mo Prooflike	1,500	—	—	—	1,200
2013 Mo Prooflike	500	—	—	—	1,500
2014 Mo Prooflike	500	—	—	—	1,500
2015 Mo Prooflike	800	—	—	—	1,500
2016 Mo Prooflike	1,000	—	—	—	1,500
2017 Mo Antique finish	1,000	—	—	—	1,500
2017 Mo Prooflike	500	—	—	—	1,500

1/20 ONZA (1/20 TROY OUNCE OF SILVER)

KM# 542 1.56 g., 0.999 Silver, 0.0499 oz. ASW 16mm. **Obv:** National arms, eagle left **Rev:** Winged Victory

Date	Mintage	VF20	XF40	MS60	MS63	MS65
1991 Mo	50,017	—	—	—	—	5.50
1992 Mo	295,783	—	—	—	—	4.50
1992 Mo	5,000		PF65 10.00			
1993 Mo	100,000	—	—	—	—	4.50
1993 Mo	5,002		PF65 10.00			
1994 Mo	90,100	—	—	—	—	4.50
1994 Mo	5,002		PF65 10.00			

Date	Mintage	VF20	XF40	MS60	MS63	MS65
1995 Mo	50,000	—	—	—	—	5.50
1995 Mo	2,000		PF65 12.00			

KM# 609 1.56 g., 0.999 Silver, 0.0499 oz. ASW 16mm. **Obv:** National arms, eagle left **Rev:** Winged Victory

Date	Mintage	VF20	XF40	MS60	MS63	MS65
1996 Mo	50,000	—	—	—	—	20.00
1996 Mo	1,000		PF65 30.00			
1997 Mo	20,000	—	—	—	—	20.00
1997 Mo	800		PF65 30.00			
1998 Mo	6,400	—	—	—	—	30.00
1998 Mo	300		PF65 37.00			
1999 Mo	8,001	—	—	—	—	25.00
1999 Mo	600		PF65 32.00			
2000 Mo	57,500	—	—	—	—	25.00
2000 Mo	900		PF65 32.00			
2001 Mo	25,000	—	—	—	—	25.00
2001 Mo	1,500		PF65 30.00			
2002 Mo	45,000	—	—	—	—	16.00
2002 Mo	2,800		PF65 25.00			
2003 Mo	50,000	—	—	—	—	16.00
2003 Mo	4,400		PF65 25.00			
2004 Mo	30,000	—	—	—	—	16.00
2004 Mo	2,700		PF65 25.00			
2005 Mo	15,000	—	—	—	—	16.00
2005 Mo	2,600		PF65 25.00			
2006 Mo	20,000	—	—	—	—	16.00
2006 Mo	3,300		PF65 25.00			
2007 Mo	3,500	—	—	—	—	16.00
2007 Mo	4,000		PF65 25.00			
2008 Mo	7,000	—	—	—	—	16.00
2008 Mo	3,300		PF65 25.00			
2009 Mo	10,000	—	—	—	—	10.00
2009 Mo	5,000		PF65 12.00			
2010 Mo	12,000	—	—	—	—	10.00
2010 Mo	10,000		PF65 12.00			
2011 Mo	15,000	—	—	—	—	10.00
2011 Mo	10,000		PF65 12.00			
2013 Mo	13,500	—	—	—	—	8.00
2013 Mo	4,200		PF65 12.00			
2014 Mo	5,700	—	—	—	—	8.00
2014 Mo	1,850		PF65 12.00			
2015 Mo	18,400	—	—	—	—	8.00
2015 Mo	5,500		PF65 12.00			
2016 Mo	12,550		PF65 12.00			
2016 Mo	22,900	—	—	—	—	8.00
2017 Mo	9,050		PF65 12.00			
2017 Mo	8,550	—	—	—	—	8.00

1/10 ONZA (1/10 TROY OUNCE OF SILVER)

KM# 543 3.11 g., 0.999 Silver, 0.0999 oz. ASW 20mm. **Obv:** National arms, eagle left **Rev:** Winged Victory

Date	Mintage	VF20	XF40	MS60	MS63	MS65
1991 Mo	50,017	—	—	—	—	7.50
1992 Mo	299,983	—	—	—	—	6.50
1992 Mo	5,000		PF65 12.00			
1993 Mo	100,000	—	—	—	—	6.50
1993 Mo	5,002		PF65 12.00			
1994 Mo	90,100	—	—	—	—	6.50
1994 Mo	5,002		PF65 12.00			
1995 Mo	50,000	—	—	—	—	7.50
1995 Mo	2,000		PF65 13.50			

KM# 610 3.11 g., 0.999 Silver, 0.0999 oz. ASW 20mm. **Obv:** National arms, eagle left **Rev:** Winged Victory

Date	Mintage	VF20	XF40	MS60	MS63	MS65
1996 Mo	50,000	—	—	—	—	25.00
1996 Mo	1,000		PF65 35.00			
1997 Mo	20,000	—	—	—	—	25.00
1997 Mo	800		PF65 35.00			
1998 Mo	6,400	—	—	—	—	33.00
1998 Mo	300		PF65 45.00			
1999 Mo	8,000	—	—	—	—	27.50
1999 Mo	600		PF65 40.00			
2000 Mo	27,500	—	—	—	—	27.50
2000 Mo	1,000		PF65 40.00			
2001 Mo	25,000	—	—	—	—	27.50
2001 Mo	1,500		PF65 36.00			
2002 Mo	35,000	—	—	—	—	20.00
2002 Mo	2,800		PF65 30.00			
2003 Mo	20,000	—	—	—	—	20.00
2003 Mo	4,900		PF65 30.00			
2004 Mo	15,000	—	—	—	—	20.00
2004 Mo	2,500		PF65 30.00			
2005 Mo	9,277	—	—	—	—	20.00
2005 Mo	3,000		PF65 27.50			
2006 Mo	15,000	—	—	—	—	20.00
2006 Mo	3,000		PF65 27.50			
2007 Mo	3,500	—	—	—	—	20.00
2007 Mo	4,000		PF65 27.50			
2008 Mo	10,000	—	—	—	—	20.00
2008 Mo	5,000		PF65 27.50			
2009 Mo	10,000	—	—	—	—	20.00
2009 Mo	5,000		PF65 27.50			
2010 Mo	12,000	—	—	—	—	12.00
2010 Mo	10,000		PF65 15.00			
2011 Mo	15,000	—	—	—	—	12.00
2011 Mo	10,000		PF65 15.00			
2012 Mo	3,300	—	—	—	—	15.00
2013 Mo	18,900	—	—	—	—	10.00
2013 Mo	4,100		PF65 15.00			
2014 Mo	6,350	—	—	—	—	10.00
2014 Mo	1,950		PF65 15.00			
2015 Mo	19,900	—	—	—	—	10.00
2015 Mo	5,300		PF65 15.00			
2016 Mo	24,400	—	—	—	—	10.00
2016 Mo	12,650		PF65 15.00			
2017 Mo	7,850		PF65 15.00			
2017 Mo	8,850	—	—	—	—	10.00

ESTADOS UNIDOS

1/4 ONZA
(1/4 TROY OUNCE OF SILVER)

KM# 544 7.78 g., 0.999 Silver, 0.2497 oz. ASW
25mm. **Obv:** National arms, eagle left **Rev:**
Winged Victory

Date	Mintage	VF20	XF40	MS60	MS63	MS65
1991 Mo	50,017	—	—	—	—	11.50
1992 Mo	104,000	—	—	—	—	10.00
1992 Mo	5,000		PF65 16.50			
1993 Mo	90,500	—	—	—	—	10.00
1993 Mo	5,002		PF65 16.50			
1994 Mo	90,100	—	—	—	—	10.00
1994 Mo	5,002		PF65 16.50			
1995 Mo	50,000	—	—	—	—	11.50
1995 Mo	2,000		PF65 17.50			

KM# 611 7.78 g., 0.999 Silver, 0.2497 oz. ASW
27mm. **Obv:** National arms, eagle left **Rev:**
Winged Victory

Date	Mintage	VF20	XF40	MS60	MS63	MS65
1996 Mo	50,000	—	—	—	—	30.00
1996 Mo	1,000		PF65 40.00			
1997 Mo	20,000	—	—	—	—	32.00
1997 Mo	800		PF65 40.00			
1998 Mo	6,400	—	—	—	—	40.00
1998 Mo	300		PF65 65.00			
1999 Mo	7,000	—	—	—	—	35.00
1999 Mo	600		PF65 50.00			
2000 Mo	21,000	—	—	—	—	35.00
2000 Mo	700		PF65 50.00			
2001 Mo	25,000	—	—	—	—	35.00
2001 Mo	1,000		PF65 42.00			
2002 Mo	35,000	—	—	—	—	27.50
2002 Mo	2,800		PF65 40.00			
2003 Mo	22,000	—	—	—	—	27.50
2003 Mo	3,900		PF65 40.00			
2004 Mo	15,000	—	—	—	—	27.50
2004 Mo	2,500		PF65 40.00			
2005 Mo	15,000	—	—	—	—	27.50
2005 Mo	2,400		PF65 37.00			
2006 Mo	15,000	—	—	—	—	25.00
2006 Mo	2,900		PF65 37.00			
2007 Mo	3,500	—	—	—	—	25.00
2007 Mo	3,000		PF65 37.00			
2008 Mo	9,000	—	—	—	—	25.00
2008 Mo	2,900		PF65 37.00			
2009 Mo	10,000	—	—	—	—	25.00
2009 Mo	3,000		PF65 37.00			
2010 Mo	15,500	—	—	—	—	25.00
2010 Mo	5,000		PF65 37.00			

Date	Mintage	VF20	XF40	MS60	MS63	MS65
2011 Mo	15,500	—	—	—	—	25.00
2011 Mo	5,000		PF65 37.00			
2012 Mo	16,700	—	—	—	—	25.00
2013 Mo	9,600	—	—	—	—	12.00
2013 Mo	3,200		PF65 30.00			
2014 Mo	6,950	—	—	—	—	12.00
2014 Mo	1,700		PF65 30.00			
2015 Mo	17,900	—	—	—	—	12.00
2015 Mo	2,400		PF65 30.00			
2016 Mo	17,700	—	—	—	—	12.00
2016 Mo	9,550		PF65 30.00			
2017 Mo	8,100	—	—	—	—	12.00
2017 Mo	4,850		PF65 30.00			

1/2 ONZA
(1/2 TROY OUNCE OF SILVER)

KM# 545 15.55 g., 0.999 Silver, 0.4995 oz. ASW
30mm. **Obv:** National arms, eagle left **Rev:**
Winged Victory

Date	Mintage	VF20	XF40	MS60	MS63	MS65
1991 Mo	50,618	—	—	—	—	24.00
1992 Mo	119,000	—	—	—	—	22.00
1992 Mo	5,000		PF65 27.00			
1993 Mo	90,500	—	—	—	—	22.00
1993 Mo	5,002		PF65 27.00			
1994 Mo	90,100	—	—	—	—	22.00
1994 Mo	5,002		PF65 27.00			
1995 Mo	50,000	—	—	—	—	22.00
1995 Mo	2,000		PF65 28.00			

KM# 612 15.55 g., 0.999 Silver, 0.4995 oz. ASW
33mm. **Obv:** National arms, eagle left **Rev:**
Winged Victory

Date	Mintage	VF20	XF40	MS60	MS63	MS65
1996 Mo	50,000	—	—	—	—	35.00
1996 Mo	1,000		PF65 60.00			
1997 Mo	20,000	—	—	—	—	40.00
1997 Mo	800		PF65 60.00			
1998 Mo	6,400	—	—	—	—	60.00
1998 Mo	2,500		PF65 90.00			
1999 Mo	7,000	—	—	—	—	45.00
1999 Mo	600		PF65 70.00			
2000 Mo	20,000	—	—	—	—	45.00
2000 Mo	700		PF65 70.00			
2001 Mo	20,000	—	—	—	—	45.00

Date	Mintage	VF20	XF40	MS60	MS63	MS65
2001 Mo	1,000		PF65 60.00			
2002 Mo	35,000	—	—	—	—	37.00
2002 Mo	2,800		PF65 50.00			
2003 Mo	28,000	—	—	—	—	37.00
2003 Mo	3,400		PF65 50.00			
2004 Mo	20,000	—	—	—	—	37.00
2004 Mo	2,500		PF65 50.00			
2005 Mo	10,000	—	—	—	—	37.00
2005 Mo	2,800		PF65 45.00			
2006 Mo	15,000	—	—	—	—	37.00
2006 Mo	2,900		PF65 45.00			
2007 Mo	3,500	—	—	—	—	37.00
2007 Mo	1,500		PF65 45.00			
2008 Mo	9,000	—	—	—	—	37.00
2008 Mo	2,500		PF65 45.00			
2009 Mo	10,000	—	—	—	—	37.00
2009 Mo	3,000		PF65 45.00			
2010 Mo	20,000	—	—	—	—	37.00
2010 Mo	5,000		PF65 45.00			
2011 Mo	30,000	—	—	—	—	37.00
2011 Mo	5,000		PF65 45.00			
2012 Mo	17,000	—	—	—	—	37.00
2013 Mo	24,500	—	—	—	—	20.00
2013 Mo	3,000		PF65 45.00			
2014 Mo	23,000	—	—	—	—	20.00
2014 Mo	1,750		PF65 45.00			
2015 Mo	16,000	—	—	—	—	20.00
2015 Mo	2,500		PF65 45.00			
2016 Mo	30,900	—	—	—	—	20.00
2016 Mo	13,150		PF65 45.00			
2017 Mo	9,050	—	—	—	—	20.00
2017 Mo	12,750		PF65 45.00			

ONZA
(TROY OUNCE OF SILVER)

KM# 494.1 31.10 g., 0.999 Silver, 0.9989 oz. ASW 36mm. **Subject:** Libertad **Obv:** National arms, eagle left **Rev:** Winged Victory **Edge:** Plain

Date	Mintage	VF20	XF40	MS60	MS63	MS65
1982 Mo	1,049,680	—	—	—	—	35.00
1983 Mo	1,001,768	—	—	—	—	35.00
1983 Mo	998		PF65 600			
1984 Mo	1,014,000	—	—	—	—	32.00
1985 Mo	2,017,000	—	—	—	—	32.00
1986 Mo	1,699,426	—	—	—	—	35.00
1986 Mo	30,006		PF65 45.00			
1987 Mo	500,000	—	—	—	—	70.00
1987 Mo Doubled die	Inc. above	—	—	—	—	70.00
1987 Mo	12,000		PF65 60.00			
1988 Mo	1,500,500	—	—	—	—	80.00
1989 Mo	1,396,500	—	—	—	—	45.00
1989 Mo	10,000		PF65 95.00			

KM# 494.2 31.10 g., 0.999 Silver, 0.9989 oz. ASW 36mm. **Obv:** National arms, eagle left **Rev:** Winged Victory **Edge:** Reeded

Date	Mintage	VF20	XF40	MS60	MS63	MS65
1988 Mo	10,000		PF65 100			
1990 Mo	1,200,000	—	—	—	—	60.00
1990 Mo	10,000		PF65 90.00			
1991 Mo	1,650,518	—	—	—	—	52.00

KM# 494.5 31.10 g., 0.999 Silver, 0.9989 oz. ASW **Subject:** Libertad **Obv:** National arms, eagle left, KM#494.3 **Rev:** Winged Victory, KM#494.2 **Edge:** Reeded **Note:** Mule

Date	Mintage	VF20	XF40	MS60	MS63	MS65
1991 Mo	10,000		PF65 85.00			

KM# 494.3 31.10 g., 0.999 Silver, 0.9989 oz. ASW 36mm. **Subject:** Libertad **Obv:** National arms, eight dots below eagle's left talons **Rev:** Winged Victory with revised design and lettering **Edge:** Reeded

Date	Mintage	VF20	XF40	MS60	MS63	MS65
1991 Mo	Inc. above	—	—	—	—	50.00
1991 Mo	10,000		PF65 85.00			
1992 Mo	2,458,000	—	—	—	—	50.00
1992 Mo	10,000		PF65 85.00			

KM# 494.4 31.10 g., 0.999 Silver, 0.9989 oz. ASW 36mm. **Subject:** Libertad **Obv:** National arms, Seven dots below eagle's left talon, dull claws on right talon, thick lettering **Rev:** Winged Victory with revised design and lettering **Edge:** Reeded

Date	Mintage	VF20	XF40	MS60	MS63	MS65
1993 Mo	1,000,000	—	—	—	—	45.00
1993 Mo	5,002		PF65 90.00			
1994 Mo	400,000	—	—	—	—	45.00
1994 Mo	5,002		PF65 85.00			
1995 Mo	500,000	—	—	—	—	45.00
1995 Mo	2,000		PF65 85.00			

KM# 613 31.11 g., 0.999 Silver, 0.999 oz. ASW 40mm. **Obv:** National arms, eagle left **Rev:** Winged Victory

Date	Mintage	VF20	XF40	MS60	MS63	MS65
1996 Mo	300,000	—	—	—	—	48.00
1996 Mo	2,000	PF65 90.00				
1997 Mo	100,000	—	—	—	—	80.00
1997 Mo	1,500	PF65 70.00				
1998 Mo	67,000	—	—	—	—	135
1998 Mo	500	PF65 200				
1999 Mo	95,000	—	—	—	—	140
1999 Mo	600	PF65 95.00				

Date	Mintage	VF20	XF40	MS60	MS63	MS65
2005 Mo	3,300	PF65 125				
2006 Mo	300,000	—	—	—	—	50.00
2006 Mo	4,000	PF65 140				
2007 Mo	200,000	—	—	—	—	100
2007 Mo	5,800	PF65 150				
2008 Mo	950,000	—	—	—	—	60.00
2008 Mo	11,000	PF65 120				
2009 Mo	1,650,000	—	—	—	—	40.00
2009 Mo	10,000	PF65 100				
2010 Mo	1,000,000	—	—	—	—	50.00
2010 Mo	10,000	PF65 125				
2011 Mo	1,200,000	—	—	—	—	30.00
2011 Mo	10,000	PF65 80.00				
2012 Mo	746,400	—	—	—	—	30.00
2012 Mo	4,200	PF65 80.00				
2013 Mo	774,100	—	—	—	—	30.00
2013 Mo	9,100	PF65 40.00				
2014 Mo	429,200	—	—	—	—	30.00
2014 Mo	4,700	PF65 40.00				
2015 Mo	901,500	—	—	—	—	30.00
2015 Mo Prooflike	1,500	—	—	—	—	35.00
2015 Mo	6,400	PF65 40.00				
2016 Mo	1,437,500	—	—	—	—	30.00
2016 Mo Prooflike	1,700	—	—	—	—	35.00
2016 Mo	13,250	PF65 40.00				
2017 Mo	636,000	—	—	—	—	30.00
2017 Mo Prooflike	1,050	—	—	—	—	35.00
2017 Mo	8,650	PF65 40.00				

2 ONZAS (2 TROY OUNCES OF SILVER)

KM# 639 31.10 g., 0.999 Silver, 0.9989 oz. ASW 40mm. **Subject:** Libertad **Obv:** National arms, eagle left within center of past and present arms **Rev:** Winged Victory **Edge:** Reeded

Date	Mintage	VF20	XF40	MS60	MS63	MS65
2000 Mo	340,000	—	—	—	—	55.00
2000 Mo	1,600	PF65 140				
2001 Mo	725,000	—	—	—	—	55.00
2001 Mo	2,000	PF65 140				
2002 Mo	850,000	—	—	—	—	55.00
2002 Mo	3,800	PF65 150				
2003 Mo	805,000	—	—	—	—	60.00
2003 Mo	5,400	PF65 120				
2004 Mo	450,000	—	—	—	—	50.00
2004 Mo	3,000	PF65 125				
2005 Mo	698,281	—	—	—	—	50.00

KM# 614 62.21 g., 0.999 Silver, 1.998 oz. ASW 48mm. **Subject:** Libertad **Obv:** National arms, eagle left within center of past and present arms **Rev:** Winged Victory **Edge:** Reeded

Date	Mintage	VF20	XF40	MS60	MS63	MS65
1996 Mo	50,000	—	—	—	—	90.00
1996 Mo	1,200	PF65 275				

Date	Mintage	VF20	XF40	MS60	MS63	MS65
1997 Mo	15,000	—	—	—	—	100
1997 Mo	1,300	PF65 150				
1998 Mo	7,000	—	—	—	—	100
1998 Mo	400	PF65 450				
1999 Mo	5,000	—	—	—	—	110
1999 Mo	280	PF65 7,000				
2000 Mo	7,500	—	—	—	—	100
2000 Mo	500	PF65 300				
2001 Mo	6,700	—	—	—	—	120
2001 Mo	500	PF65 300				
2002 Mo	8,700	—	—	—	—	110
2002 Mo	1,000	PF65 225				
2003 Mo	9,500	—	—	—	—	110
2003 Mo	800	PF65 225				
2004 Mo	8,000	—	—	—	—	100
2004 Mo	1,000	PF65 175				
2005 Mo	3,549	—	—	—	—	100
2005 Mo	600	PF65 500				
2006 Mo	5,800	—	—	—	—	100
2006 Mo	1,100	PF65 175				
2007 Mo	8,000	—	—	—	—	100
2007 Mo	500	PF65 250				
2008 Mo	17,000	—	—	—	—	110
2008 Mo	1,000	PF65 170				
2009 Mo	46,000	—	—	—	—	90.00
2009 Mo	6,200	PF65 100				
2010 Mo	14,000	—	—	—	—	75.00
2010 Mo	1,300	PF65 120				
2011 Mo	14,000	—	—	—	—	110
2011 Mo	1,000	PF65 140				
2012 Mo	18,600	—	—	—	—	70.00
2013 Mo	17,400	—	—	—	—	60.00
2013 Mo	1,300	PF65 110				
2014 Mo	9,000	—	—	—	—	60.00
2014 Mo	750	PF65 110				
2015 Mo	20,100	—	—	—	—	60.00
2015 Mo	1,300	PF65 110				
2016 Mo	17,600	—	—	—	—	60.00
2016 Mo	3,950	PF65 110				
2017 Mo	8,900	—	—	—	—	60.00
2017 Mo	2,000	—	—	—	—	80.00
Prooflike						
2017 Mo	3,050	PF65 110				

5 ONZAS
(5 TROY OUNCES OF SILVER)

KM# 615 155.52 g., 0.999 Silver, 4.995 oz. ASW 65mm. **Subject:** Libertad **Obv:** National arms, eagle left within center of past and present arms **Rev:** Winged Victory **Edge:** Reeded **Note:** Illustration reduced.

Date	Mintage	VF20	XF40	MS60	MS63	MS65
1996 Mo	20,000	—	—	—	—	265
1996 Mo	1,200	PF65 295				
1997 Mo	10,000	—	—	—	—	265
1997 Mo	1,300	PF65 295				
1998 Mo	3,500	—	—	—	—	325
1998 Mo	400	PF65 1,000				
1999 Mo	2,800	—	—	—	—	255
1999 Mo	100	PF65 1,250				
2000 Mo	4,000	—	—	—	—	255
2000 Mo	500	PF65 375				
2001 Mo	4,000	—	—	—	—	190
2001 Mo	600	PF65 325				
2002 Mo	5,200	—	—	—	—	190
2002 Mo	1,000	PF65 325				
2003 Mo	6,000	—	—	—	—	180
2003 Mo	1,500	PF65 250				
2004 Mo	3,923	—	—	—	—	180
2004 Mo	800	PF65 225				
2005 Mo	2,401	—	—	—	—	205
2005 Mo	1,000	PF65 225				
2006 Mo	3,000	—	—	—	—	180
2006 Mo	700	PF65 265				
2007 Mo	3,000	—	—	—	—	180
2007 Mo	500	PF65 205				
2008 Mo	9,000	—	—	—	—	205
2008 Mo	900	PF65 270				
2009 Mo	21,000	—	—	—	—	250
2009 Mo	5,000	PF65 270				
2010 Mo	9,500	—	—	—	—	220
2010 Mo	2,000	PF65 230				
2011 Mo	10,000	—	—	—	—	220
2011 Mo	2,000	PF65 230				
2012 Mo	9,500	—	—	—	—	220
2013 Mo	10,400	—	—	—	—	150
2013 Mo	1,600	PF65 220				
2014 Mo	6,400	—	—	—	—	150
2014 Mo	800	PF65 220				
2015 Mo	9,500	—	—	—	—	150
2015 Mo	1,600	PF65 220				
2016 Mo	11,400	—	—	—	—	150
2016 Mo	2,750	PF65 220				
2017 Mo	5,050	—	—	—	—	150
2017 Mo	2,000	—	—	—	—	180
Prooflike						
2017 Mo	2,350	PF65 220				

KILO (32.15 TROY OUNCES OF SILVER)

KM# 677 999.98 g., 0.999 Silver, 32.1178 oz. ASW 110mm. **Subject:** Collector Bullion **Obv:** National arms in center of past and present arms **Rev:** Winged Victory **Edge:** Reeded

Date	Mintage	XF40	MS60	MS63	MS65
2001 Mo Prooflike	—	—	—	—	2,200
2002 Mo Prooflike	1,820	—	—	—	1,750
2003 Mo Prooflike	1,514	—	—	—	1,650
2004 Mo Prooflike	1,501	—	—	—	1,800
2005 Mo Prooflike	500	—	—	—	1,750
2006 Mo Prooflike	874	—	—	—	1,650
2007 Mo Prooflike	700	—	—	—	1,650
2008 Mo	2,003	—	—	—	1,200
2008 Mo Prooflike	1,700	—	—	—	1,500
2009 Mo	4,000	—	—	—	1,200
2009 Mo Prooflike	1,700	—	—	—	1,500
2010 Mo	4,000	—	—	—	1,200
2010 Mo Prooflike	1,500	—	—	—	1,500
2011 Mo	6,000	—	—	—	1,200
2011 Mo Prooflike	1,000	—	—	—	1,500
2012 Mo	2,300	—	—	—	1,200
2012 Mo Prooflike	500	—	—	—	1,500
2013 Mo Prooflike	400	—	—	—	1,500
2014 Mo Prooflike	500	—	—	—	1,500
2015 Mo	2,000	—	—	—	1,200
2015 Mo Prooflike	800	—	—	—	1,500
2016 Mo	2,000	—	—	—	1,200
2016 Mo Prooflike	800	—	—	—	—
2017 Mo	200	—	—	—	1,350
2017 Mo Prooflike	500	—	—	—	1,500
2017 Mo Proof, very high relief	1,000	PF65 2,000			

GOLD BULLION COINAGE

1/25 ONZA (1/25 OUNCE OF PURE GOLD)

KM# 957 1.67 g., 0.0402 Gold, 0.0022 oz. AGW 13mm. **Subject:** Spaniard and Indigenous **Obv:** National arms (eagle and snake facing left) and legend **Rev:** Heads in profile, mail, woman with a plume **Series:** Cultural Fusion **Obv. Legend:** ESTADOS UNIDOS MEXICANOS **Rev. Legend:** FUSIÓN CULTURAL and 1.25 g DE ORO PURO LEY 0.750

Date	Mintage	VF20	XF40	MS60	MS63	MS65
2011 Mo	2,000	PF65 110				

KM# 958 1.67 g., 0.750 Gold, 0.0402 oz. AGW 13mm. **Subject:** Architecture **Obv:** Natioan arms (eagle and snake facing left) and legend **Rev:** Pyramid, aquedect, church dome and cacao fruit **Series:** Cultural fusion **Obv. Legend:** ESTADOS UNIDOS MEXICANOS **Rev. Legend:** FUSIÓN CULTURAL and 1.25 g DE ORO PURO LEY 0.750

Date	Mintage	VF20	XF40	MS60	MS63	MS65
2011 Mo	2,000	PF65 110				

KM# 959 1.67 g., 0.750 Gold, 0.0402 oz. AGW 13mm. **Subject:** Cacao **Obv:** National arms (eagle and snake facing left) and legend **Rev:** Aztec scuplture of a man carrying a cacao husk, legend **Series:** Cultural Fusion **Obv. Legend:** ESTADOS UNIDOS MEXICANOS **Rev. Legend:** XOCOLATL PARA EL MUNDS, EL CACAO and 1.25 g DE ORO PURO LEY

Date	Mintage	VF20	XF40	MS60	MS63	MS65
2011 Mo	2,000	PF65 110				

KM# 960 1.67 g., 0.750 Gold, 0.0402 oz. AGW 13mm. **Subject:** Merchandise **Obv:** National arms (eagle and snake facing left) and legend **Rev:** Allegory of Mesoamerican and Spanish cultural fusion. **Series:** Cultural Fusion **Obv. Legend:** ESTADOS UNIDOS MEXICANOS **Rev. Legend:** FUSIÒN CULTURAL and 1.25 g DE ORO PURO LEY

Date	Mintage	VF20	XF40	MS60	MS63	MS65
2011 Mo	2,000	PF65 110				

1/20 ONZA (1/20 OUNCE OF PURE GOLD)

KM# 530 1.75 g., 0.900 Gold, 0.0506 oz. AGW **Obv:** Winged Victory **Rev:** Calendar stone

Date	Mintage	VF20	XF40	MS60	MS63	MS65
1987 Mo	—	—	—	—	—	275
1988 Mo	—	—	—	—	—	—

KM# 589 1.56 g., 0.999 Gold, 0.0499 oz. AGW 13mm. **Obv:** Winged Victory **Rev:** National arms, eagle left

Date	Mintage	VF20	XF40	MS60	MS63	MS65
1991 Mo	10,000	—	—	—	—	86.00
1992 Mo	65,225	—	—	—	—	86.00

Note: According to Mexican mint records combined mintages of 1991 and 1992 BU and proof coins are 73,858.

Date	Mintage	VF20	XF40	MS60	MS63	MS65
1993 Mo	10,000	—	—	—	—	86.00
1994 Mo	10,000	—	—	—	—	86.00

KM# 642 1.56 g., 0.999 Gold, 0.0499 oz. AGW **Obv:** National arms, eagle left **Rev:** Native working

Date	Mintage	VF20	XF40	MS60	MS63	MS65
2000 Mo	—	PF65 100				

KM# 671 1.56 g., 0.999 Gold, 0.0499 oz. AGW 13mm. **Obv:** National arms, eagle left **Rev:** Winged Victory **Edge:** Reeded **Note:** Design similar to KM#609. Value estimates do not include the high taxes and surcharges added to the issue prices by the Mexican Government.

Date	Mintage	VF20	XF40	MS60	MS63	MS65
2000 Mo	5,300	—	—	—	—	86.00
2002 Mo	5,000	—	—	—	—	86.00
2003 Mo	800	—	—	—	—	87.00
2004 Mo	4,000	PF65 89.00				
2005 Mo	3,200	—	—	—	—	86.00
2005 Mo	400	PF65 89.00				
2006 Mo	3,000	—	—	—	—	86.00
2006 Mo	520	PF65 89.00				
2007 Mo	1,200	—	—	—	—	86.00
2007 Mo	500	PF65 89.00				
2008 Mo	800	—	—	—	—	86.00
2008 Mo	500	PF65 89.00				
2009 Mo	2,000	—	—	—	—	86.00
2009 Mo	600	PF65 89.00				
2010 Mo	1,500	—	—	—	—	86.00
2010 Mo	600	PF65 89.00				
2011 Mo	2,500	—	—	—	—	86.00
2011 Mo	1,100	PF65 89.00				
2013 Mo	650	—	—	—	—	86.00
2013 Mo	300	PF65 89.00				
2014 Mo	1,050	—	—	—	—	86.00
2014 Mo	250	PF65 89.00				
2015 Mo	1,300	—	—	—	—	86.00
2015 Mo	500	PF65 89.00				

Date	Mintage	VF20	XF40	MS60	MS63	MS65
2016 Mo	2,900	—	—	—	—	86.00
2016 Mo	2,100	PF65 89.00				
2017 Mo	1,000	—	—	—	—	86.00
2017 Mo	600	PF65 89.00				

Date	Mintage	VF20	XF40	MS60	MS63	MS65
2016 Mo	3,800	—	—	—	—	160
2016 Mo	2,100	PF65 162				
2017 Mo	300	—	—	—	—	165
2017 Mo	1,500	PF65 162				

1/15 ONZA
(1/15 OUNCE OF PURE GOLD)

KM# 628 0.999 Gold, **Obv:** Winged Victory above legend **Rev:** National arms, eagle left within circle

Date	Mintage	VF20	XF40	MS60	MS63	MS65
1987 Mo	—	—	—	—	—	250

1/10 ONZA
(1/10 OUNCE OF PURE GOLD)

KM# 541 3.11 g., 0.999 Gold, 0.0999 oz. AGW 16mm. **Obv:** National arms, eagle left **Rev:** Winged Victory

Date	Mintage	VF20	XF40	MS60	MS63	MS65
1991 Mo	10,000	—	—	—	—	160
1992 Mo	50,777	—	—	—	—	160
1993 Mo	10,000	—	—	—	—	160
1994 Mo	10,000	—	—	—	—	160

Note: According to Mexican mint records combined mintages of 1991 and 1992 coins are 60,592.

KM# 672 3.11 g., 0.999 Gold, 0.0999 oz. AGW 16mm. **Obv:** National arms, eagle left **Rev:** Winged Victory **Edge:** Reeded **Note:** Design similar to KM#610. Value estimates do not include the high taxes and surcharges added to the issue prices by the Mexican Government.

Date	Mintage	VF20	XF40	MS60	MS63	MS65
2000 Mo	3,500	—	—	—	—	160
2002 Mo	5,000	—	—	—	—	160
2003 Mo	300	—	—	—	—	162
2004 Mo	2,000	—	—	—	—	160
2005 Mo	500	—	—	—	—	160
2005 Mo	400	PF65 162				
2006 Mo	2,500	—	—	—	—	160
2006 Mo	520	PF65 162				
2007 Mo	1,200	—	—	—	—	160
2007 Mo	500	PF65 162				
2008 Mo	2,500	—	—	—	—	160
2008 Mo	500	PF65 162				
2009 Mo	9,000	—	—	—	—	160
2009 Mo	600	PF65 162				
2010 Mo	4,500	—	—	—	—	160
2010 Mo	600	PF65 162				
2011 Mo	6,500	—	—	—	—	160
2011 Mo	1,100	PF65 162				
2013 Mo	2,150	—	—	—	—	160
2013 Mo	300	PF65 162				
2014 Mo	2,450	—	—	—	—	160
2014 Mo	250	PF65 162				
2015 Mo	4,100	—	—	—	—	160
2015 Mo	500	PF65 162				

1/4 ONZA
(1/4 OUNCE OF PURE GOLD)

KM# 487 8.64 g., 0.900 Gold, 0.250 oz. AGW **Obv:** National arms, eagle left **Rev:** Winged Victory **Note:** Similar to KM#488.

Date	Mintage	VF20	XF40	MS60	MS63	MS65
1981 Mo	313,000	—	—	—	—	370
1982 Mo		—	—	—	—	370

KM# 590 7.78 g., 0.999 Gold, 0.2497 oz. AGW 23mm. **Obv:** Winged Victory above legend **Rev:** National arms, eagle left

Date	Mintage	VF20	XF40	MS60	MS63	MS65
1991 Mo	10,000	—	—	—	—	365
1992 Mo	28,106	—	—	—	—	365
1993 Mo	2,500	—	—	—	—	365
1994 Mo	2,500	—	—	—	—	365

Note: According to Mexican mint records, combined mintages of 1991 and 1992 are 37,321.

KM# 673 7.78 g., 0.999 Gold, 0.2497 oz. AGW 23mm. **Obv:** National arms, eagle left **Rev:** Winged Victory **Edge:** Reeded **Note:** Design similar to KM#611. Value estimates do not include the high taxes and surcharges added to the issue prices by the Mexican Government.

Date	Mintage	VF20	XF40	MS60	MS63	MS65
2000 Mo	2,500	—	—	—	—	370
2002 Mo	5,000	—	—	—	—	370
2003 Mo	300	—	—	—	—	375
2004 Mo	1,500	—	—	—	—	370
2004 Mo	1,000	PF65 380				
2005 Mo	500	—	—	—	—	375
2005 Mo	2,600	PF65 380				
2006 Mo	1,500	—	—	—	—	370
2006 Mo	2,120	PF65 380				
2007 Mo	500	—	—	—	—	375
2007 Mo	1,500	PF65 380				
2008 Mo	800	—	—	—	—	375
2008 Mo	800	PF65 380				
2009 Mo	3,000	—	—	—	—	370
2009 Mo	1,700	PF65 380				
2010 Mo	1,500	—	—	—	—	370
2010 Mo	1,000	PF65 380				
2011 Mo	1,500	—	—	—	—	370
2011 Mo	2,000	PF65 380				
2013 Mo	750	—	—	—	—	370
2013 Mo	600	PF65 380				
2014 Mo	1,000	—	—	—	—	370
2014 Mo	250	PF65 380				
2015 Mo	1,300	—	—	—	—	370
2015 Mo	500	PF65 380				
2016 Mo	1,000	—	—	—	—	370
2016 Mo	2,100	PF65 380				
2017 Mo	500	—	—	—	—	370
2017 Mo	1,500	PF65 380				

1/2 ONZA
(1/2 OUNCE OF PURE GOLD)

KM# 488 17.28 g., 0.900 Gold, 0.500 oz. AGW
Obv: National arms, eagle left **Rev:** Winged Victory

Date	Mintage	VF20	XF40	MS60	MS63	MS65
1981 Mo	193,000	—	—	—	—	720
1982 Mo	—	—	—	—	—	720
1989 Mo	704	**PF65** 850				

KM# 591 15.55 g., 0.999 Gold, 0.4995 oz. AGW
29mm. **Obv:** Winged Victory above legend **Rev:**
National arms, eagle left

Date	Mintage	VF20	XF40	MS60	MS63	MS65
1991 Mo	10,000	—	—	—	—	710
1992 Mo	25,220	—	—	—	—	710
1993 Mo	2,500	—	—	—	—	710
1994 Mo	2,500	—	—	—	—	710

Note: According to Mexican mint records, combined mintages of 1981-1992 BU and proof coins are 35,047.

KM# 674 15.55 g., 0.999 Gold, 0.4995 oz. AGW
29mm. **Obv:** National arms, eagle left **Rev:**
Winged Victory **Edge:** Reeded **Note:** Design similar
to KM#612. Value estimates do not include the high
taxes and surcharges added to the issue prices by
the Mexican Government.

Date	Mintage	VF20	XF40	MS60	MS63	MS65
2000 Mo	1,500	—	—	—	—	710
2002 Mo	5,000	—	—	—	—	710
2003 Mo	300	—	—	—	—	730
2004 Mo	500	—	—	—	—	710
2005 Mo	500	—	—	—	—	730
2005 Mo	400	**PF65** 740				
2006 Mo	500	—	—	—	—	730
2006 Mo	520	**PF65** 740				
2007 Mo	500	—	—	—	—	730
2007 Mo	500	**PF65** 740				
2008 Mo	300	—	—	—	—	730
2008 Mo	500	**PF65** 740				
2009 Mo	3,000	—	—	—	—	710
2009 Mo	600	**PF65** 740				
2010 Mo	1,500	—	—	—	—	710
2010 Mo	600	**PF65** 740				
2011 Mo	1,500	—	—	—	—	710
2011 Mo	1,100	**PF65** 740				
2013 Mo	500	—	—	—	—	710
2013 Mo	300	**PF65** 740				
2014 Mo	1,000	—	—	—	—	710
2014 Mo	250	**PF65** 740				
2015 Mo	1,100	—	—	—	—	710
2015 Mo	500	**PF65** 740				
2016 Mo	1,200	—	—	—	—	710
2016 Mo	2,100	**PF65** 740				
2017 Mo	700	—	—	—	—	710
2017 Mo	700	**PF65** 740				

ONZA (OUNCE OF PURE GOLD)

KM# 489 34.56 g., 0.900 Gold, 1.000 oz. AGW
Obv: National arms, eagle left **Rev:** Winged Victory
Note: Similar to KM#488.

Date	Mintage	VF20	XF40	MS60	MS63	MS65
1981 Mo	596,000	—	—	—	—	1,375
1985 Mo	—	—	—	—	—	1,375
1988 Mo	—	—	—	—	—	1,375

KM# 592 31.10 g., 0.999 Gold, 0.999 oz. AGW
34.5mm. **Obv:** Winged Victory above legend **Rev:**
National arms, eagle left

Date	Mintage	VF20	XF40	MS60	MS63	MS65
1991 Mo	109,193	—	—	—	—	1,375
1992 Mo	46,281	—	—	—	—	1,375
1993 Mo	73,881	—	—	—	—	1,375
1994 Mo	1,000	—	—	—	—	1,400

Note: According to Mexican mint records, combined mintages of 1981-1992 BU and proof coins are 90,384.

KM# 675 31.10 g., 0.999 Gold, 0.999 oz. AGW
34.5mm. **Obv:** National arms, eagle left **Rev:**
Winged Victory **Edge:** Reeded **Note:** Design similar
to KM#639. Value estimates do not include the high
taxes and surcharges added to the issue prices by
the Mexican Government.

Date	Mintage	VF20	XF40	MS60	MS63	MS65
2000 Mo	2,370	—	—	—	—	1,375
2002 Mo	15,000	—	—	—	—	1,375
2003 Mo	500	—	—	—	—	1,375
2004 Mo	3,000	—	—	—	—	1,375
2005 Mo	3,000	—	—	—	—	1,375
2005 Mo	250	**PF65** 1,400				
2006 Mo	4,000	—	—	—	—	1,375
2006 Mo	520	**PF65** 1,400				
2007 Mo	2,500	—	—	—	—	1,375
2007 Mo	500	**PF65** 1,400				
2008 Mo	800	—	—	—	—	1,375
2008 Mo	500	**PF65** 1,400				
2009 Mo	6,200	—	—	—	—	1,375
2009 Mo	600	**PF65** 1,400				
2010 Mo	4,000	—	—	—	—	1,375
2010 Mo	600	**PF65** 1,400				
2011 Mo	3,000	—	—	—	—	1,375
2011 Mo	1,100	**PF65** 1,400				
2012 Mo	3,000	—	—	—	—	1,375
2013 Mo	2,350	—	—	—	—	1,375
2013 Mo	400	**PF65** 1,400				
2014 Mo	4,050	—	—	—	—	1,375
2014 Mo	250	**PF65** 1,400				
2015 Mo	4,800	—	—	—	—	1,375
2015 Mo	500	**PF65** 1,400				
2016 Mo	4,100	—	—	—	—	1,375
2016 Mo	2,100	**PF65** 1,400				
2017 Mo	900	—	—	—	—	1,375
2017 Mo	600	**PF65** 1,400				

PLATINUM
BULLION COINAGE

1/4 ONZA (1/4 OUNCE)

KM# 538 7.78 g., 0.999 Platinum, 0.2498 oz. APW **Obv:** National arms, eagle left **Rev:** Winged Victory

Date	Mintage	VF20	XF40	MS60	MS63	MS65
1989 Mo	3,500	PF65 450				

BULLION COINAGE AZTEC SERIES

NUEVOS PESO

KM# 644 7.77 g., 0.999 Silver, 0.2496 oz. ASW 27mm. **Subject:** Eagle Warrior **Obv:** National arms, eagle left within D-shaped circle and dotted border **Rev:** Eagle warrior within D-shaped circle and dotted border **Edge:** Reeded

Date	Mintage	VF20	XF40	MS60	MS63	MS65
1993 Mo	1,500	—	—	—	—	18.00
1993 Mo	900	PF65 30.00				

2 NUEVOS PESOS

KM# 645 15.42 g., 0.999 Silver, 0.4953 oz. ASW 33mm. **Subject:** Eagle Warrior **Obv:** National arms, eagle left **Rev:** Eagle warrior **Edge:** Reeded

Date	Mintage	VF20	XF40	MS60	MS63	MS65
1993 Mo	1,500	—	—	—	—	20.00
1993 Mo	800	PF65 40.00				

5 NUEVOS PESOS

KM# 646 31.05 g., 0.999 Silver, 0.9973 oz. ASW 40mm. **Subject:** Eagle Warrior **Obv:** National arms, eagle left **Rev:** Eagle warrior **Edge:** Reeded

Date	Mintage	VF20	XF40	MS60	MS63	MS65
1993 Mo	2,000	—	—	—	—	35.00
1993 Mo	1,000	PF65 70.00				

KM# 647 31.00 g., 0.999 Silver, 0.9957 oz. ASW 40mm. **Subject:** Xochipilli **Obv:** National arms, eagle left within D-shaped circle and flower blossom border **Rev:** Seated figure sculpture within D-shaped circle and flower blossom border **Edge:** Reeded

Date	Mintage	VF20	XF40	MS60	MS63	MS65
1993 Mo	2,000	—	—	—	—	35.00
1993 Mo	800	PF65 75.00				

KM# 648 31.00 g., 0.999 Silver, 0.9957 oz. ASW 40mm. **Subject:** Brasero Efigie **Obv:** National arms, eagle left within D-shaped circle and designed border **Rev:** Sculpture within D-shaped circle and designed border **Edge:** Reeded

Date	Mintage	VF20	XF40	MS60	MS63	MS65
1993 Mo	2,000	—	—	—	—	35.00
1993 Mo	500	PF65 75.00				

KM# 649 31.00 g., 0.999 Silver, 0.9957 oz. ASW 40mm. **Subject:** Huchucteotl **Obv:** National arms, eagle left within D-shaped circle and designed border **Rev:** Aztec sculpture within D-shaped circle and designed border **Edge:** Reeded

Date	Mintage	VF20	XF40	MS60	MS63	MS65
1993 Mo	5,000	—	—	—	—	25.00
1993 Mo	800	PF65 75.00				

10 NUEVOS PESOS

KM# 650 155.31 g., 0.999 Silver, 4.9883 oz. ASW 65mm. **Subject:** Piedra de Tizoc **Obv:** National arms, eagle left **Rev:** Warrior capturing woman **Edge:** Reeded **Note:** Illustration reduced, similar to 100 Pesos, KM# 557

Date	Mintage	VF20	XF40	MS60	MS63	MS65
1992 Mo	—	PF65 300				
1993 Mo	1,000	PF65 200				
1993 Mo	1,000	—	—	—	—	175

25 PESOS

KM# 554 7.78 g., 0.999 Silver, 0.2497 oz. ASW 27mm. **Obv:** National arms, eagle left within D-shaped circle and designed border **Rev:** Eagle warrior right within D-shaped circle and a designed border

Date	Mintage	VF20	XF40	MS60	MS63	MS65
1992 Mo	50,000	—	—	—	—	15.00
1992 Mo	3,000	PF65 30.00				

Note: Combined mintages of KM#554 and KM#644 through 2013 are 54,005 Unc. and 2,700 Proof.

50 PESOS

KM# 555 15.55 g., 0.999 Silver, 0.4995 oz. ASW 33mm. **Obv:** National arms, eagle left within D-shaped circle designed border **Rev:** Eagle warrior right within D-shaped circle and designed border

Date	Mintage	VF20	XF40	MS60	MS63	MS65
1992 Mo	50,000	—	—	—	—	20.00
1992 Mo	3,000	PF65 40.00				

Note: Combined mintages for KM#555 and #645 through 2013 are 52,000 Unc. and 4,300 Proof.

100 PESOS

KM# 556 31.10 g., 0.999 Silver, 0.999 oz. ASW 40mm. **Obv:** National arms, eagle left **Rev:** Eagle warrior

Date	Mintage	VF20	XF40	MS60	MS63	MS65
1992 Mo	205,000	—	—	—	—	35.00
1992	4,000	PF65 75.00				

Note: KM#556 and #646 have a combined mintage through 2013 of 208,400 Unc and 7,000 Proof.

KM# 562 31.10 g., 0.999 Silver, 0.999 oz. ASW 40mm. **Obv:** National arms, eagle left within D-shaped circle and designed border **Rev:** Seated figure sculpture within D-shaped circle and designed border

Date	Mintage	VF20	XF40	MS60	MS63	MS65
1992 Mo	4,000	PF65 90.00				

Note: KM#562 and #647 have a combined mintage through 2013 of 3,511 Unc and 6,200 Proof.

KM# 563 31.10 g., 0.999 Silver, 0.999 oz. ASW 40mm. **Obv:** National arms, eagle left within D-shaped circle and designed border **Rev:** Brasero Efigie - The God of Rain within D-shaped circle and designed border

Date	Mintage	VF20	XF40	MS60	MS63	MS65
1992 Mo	4,000	PF65 60.00				

Note: KM#563 and #648 have combined mintage through 2013 of 4,580 Unc. and 6,400 Proof.

KM# 564 31.10 g., 0.999 Silver, 0.999 oz. ASW 40mm. **Obv:** National arms, eagle left within D-shaped circle and designed border **Rev:** Huehueteotl - The God of Fire within D-shaped circle and designed border

Date	Mintage	VF20	XF40	MS60	MS63	MS65
1992 Mo	4,000	PF65 70.00				

Note: KM#564 and #649 have combined mintage through 2013 of 6,105 Unc. and 6,400 Proof.

250 PESOS

KM# 558 7.78 g., 0.999 Gold, 0.2497 oz. AGW 23mm. **Subject:** Native Culture **Obv:** National arms, eagle left within D-shaped circle and designed border **Rev:** Sculpture of Jaguar head within D-shaped circle and designed border

Date	Mintage	VF20	XF40	MS60	MS63	MS65
1992 Mo	12,000	—	—	—	—	475
1992 Mo	2,000	PF65 450				

500 PESOS

KM# 559 15.55 g., 0.999 Gold, 0.4995 oz. AGW 29mm. **Subject:** Native Culture **Obv:** National arms, eagle left within D-shaped circle and designed border **Rev:** Sculpture of Jaguar head within D-shaped circle and designed border

Date	Mintage	VF20	XF40	MS60	MS63	MS65
1992 Mo	12,000	—	—	—	—	900
1992 Mo	2,000	PF65 925				

1000 PESOS

KM# 560 31.10 g., 0.999 Gold, 0.999 oz. AGW 34.5mm. **Subject:** Native Culture **Obv:** National arms, eagle left within D-shaped circle and designed border **Rev:** Sculpture of Jaguar head within D-shaped circle and designed border

Date	Mintage	VF20	XF40	MS60	MS63	MS65
1992 Mo	19,850	—	—	—	—	1,750
1992 Mo	2,000	PF65 1,800				

10000 PESOS

KM# 557 155.52 g., 0.999 Silver, 4.995 oz. ASW 64mm. **Subject:** Pieora De Tizoc **Obv:** National arms, eagle left within D-shaped circle and designed border **Rev:** Native warriors within D-shaped circle and designed border **Note:** Similar to 10 Nuevo Pesos, KM#650

Date	Mintage	VF20	XF40	MS60	MS63	MS65
1992 Mo	51,900	—	—	—	—	175
1992 Mo	3,300	**PF65** 275				

Note: KM#557 and #650 have combined mint-age through 2013 of 54,305 Unc. and 5,400 Proof.

CENTRAL VERACRUZ SERIES

NUEVOS PESO

KM# 567 7.76 g., 0.999 Silver, 0.2492 oz. ASW 27mm. **Subject:** Bajo relieve de el Tajin **Obv:** National arms, eagle left within D-shaped circle and designed border **Rev:** Design within D-shaped circle and designed border

Date	Mintage	VF20	XF40	MS60	MS63	MS65
1993 Mo	100,005	—	—	—	—	20.00
1993 Mo	4,305	**PF65** 35.00				

2 NUEVOS PESOS

KM# 568 15.55 g., 0.999 Silver, 0.4995 oz. ASW 33mm. **Subject:** Bajo relieve de el Tajin **Obv:** National arms, eagle left within D-shaped circle and designed border **Rev:** Design within D-shaped circle and designed border

Date	Mintage	VF20	XF40	MS60	MS63	MS65
1993 Mo	100,005	—	—	—	—	25.00
1993 Mo	3,005	**PF65** 35.00				

5 NUEVOS PESOS

KM# 569 31.10 g., 0.999 Silver, 0.999 oz. ASW 40mm. **Subject:** Bajo relieve de el Tajin **Obv:** National arms, eagle left within D-shaped circle and designed border **Rev:** Design within D-shaped circle and designed border

Date	Mintage	VF20	XF40	MS60	MS63	MS65
1993 Mo	101,005	—	—	—	—	37.50
1993 Mo	4,405	**PF65** 70.00				

KM# 582 31.10 g., 0.999 Silver, 0.999 oz. ASW 40mm. **Subject:** Palma Con Cocodrilo **Obv:** National arms, eagle left within D-shaped circle and designed border **Rev:** Aerial view of crocodile within D-shaped circle and designed border

Date	Mintage	VF20	XF40	MS60	MS63	MS65
1993 Mo	5,105	—	—	—	—	37.50
1993 Mo	3,855	PF65 75.00				

KM# 583 31.10 g., 0.999 Silver, 0.999 oz. ASW 40mm. **Subject:** Anciano Con Brasero **Obv:** National arms, eagle left within D-shaped circle and designed border **Rev:** Kneeling figure sculpture within D-shaped circle and designed border

Date	Mintage	VF20	XF40	MS60	MS63	MS65
1993 Mo	3,800	—	—	—	—	37.50
1993 Mo	4,160	PF65 75.00				

KM# 584 31.10 g., 0.999 Silver, 0.999 oz. ASW 40mm. **Subject:** Carita Sonriente **Obv:** National arms, eagle left **Rev:** Sculptured head

Date	Mintage	VF20	XF40	MS60	MS63	MS65
1993 Mo	5,105	—	—	—	—	37.50
1993 Mo	4,705	PF65 75.00				

10 NUEVOS PESOS

KM# 570 155.52 g., 0.999 Silver, 4.995 oz. ASW 65mm. **Subject:** Piramide Del El Tajin **Obv:** National arms, eagle left within flat shaped circle and designed border **Rev:** Pyramid within flat shaped circle and designed border **Note:** Illustration reduced.

Date	Mintage	VF20	XF40	MS60	MS63	MS65
1993 Mo	50,905	—	—	—	—	175
1993 Mo	4,148	PF65 190				

25 NUEVOS PESOS

KM# 585 7.78 g., 0.999 Gold, 0.2497 oz. AGW 23mm. **Subject:** Hacha Ceremonial **Obv:** National arms, eagle left **Rev:** Mask left **Note:** Similar to 100 New Pesos, KM#587.

Date	Mintage	VF20	XF40	MS60	MS63	MS65
1993 Mo	802	PF65 500				
1993 Mo	15,508	—	—	—	—	475

50 NUEVOS PESOS

KM# 586 15.55 g., 0.999 Gold, 0.4995 oz. AGW 29mm. **Subject:** Hacha Ceremonial **Obv:** National arms, eagle left **Rev:** Mask left **Note:** Similar to 100 New Pesos, KM#587.

Date	Mintage	VF20	XF40	MS60	MS63	MS65
1993 Mo	15,508	—	—	—	—	900
1993 Mo	802	PF65 925				

100 NUEVOS PESOS

KM# 587 31.10 g., 0.999 Gold, 0.999 oz. AGW 34.5mm. **Subject:** Hacha Ceremonial **Obv:** National arms, eagle left **Rev:** Mask left

Date	Mintage	VF20	XF40	MS60	MS63	MS65
1993 Mo	7,160	—	—	—	—	1,800
1993 Mo	500	PF65 1,850				

ESTADOS UNIDOS

MAYAN SERIES

NUEVOS PESO

KM# 572 7.76 g., 0.999 Silver, 0.2492 oz. ASW 27mm. **Subject:** Chaac Mool **Obv:** National arms, eagle left within six-sided shield and designed border **Rev:** Reclining figure within six-sided shield and designed border

Date	Mintage	VF20	XF40	MS60	MS63	MS65
1994 Mo	53,505	—	—	—	—	20.00
1994 Mo	2,700	**PF65** 35.00				

2 NUEVOS PESOS

KM# 573 15.55 g., 0.999 Silver, 0.4995 oz. ASW 33mm. **Subject:** Chaac Mool **Obv:** National arms, eagle left within six-sided shield and designed border **Rev:** Reclining figure within six-sided shield and designed border

Date	Mintage	VF20	XF40	MS60	MS63	MS65
1994 Mo	51,500	—	—	—	—	25.00
1994 Mo	4,300	**PF65** 35.00				

5 NUEVOS PESOS

KM# 574 31.10 g., 0.999 Silver, 0.999 oz. ASW 40mm. **Subject:** Chaac Mool **Obv:** National arms,

eagle left within six-sided shield and designed border **Rev:** Reclining figure within six-sided shield and designed border

Date	Mintage	VF20	XF40	MS60	MS63	MS65
1994 Mo	208,300	—	—	—	—	37.00
1994 Mo	6,700	**PF65** 70.00				

KM# 575 31.10 g., 0.999 Silver, 0.999 oz. ASW 40mm. **Subject:** Chaac Mool **Obv:** National arms, eagle left within six-sided shield and designed border **Rev:** Tomb of Palenque Memorial Stone within six-sided shield and designed border

Date	Mintage	VF20	XF40	MS60	MS63	MS65
1994 Mo	5,905	—	—	—	—	37.00
1994 Mo	6,300	**PF65** 70.00				

KM# 577 31.10 g., 0.999 Silver, 0.999 oz. ASW 40mm. **Subject:** Mascaron Del Dios Chaac **Rev:** Elaborately carved wall segment

Date	Mintage	VF20	XF40	MS60	MS63	MS65
1994 Mo	3,011	—	—	—	—	37.00
1994 Mo	6,300	**PF65** 70.00				

KM# 578 31.10 g., 0.999 Silver, 0.999 oz. ASW 40mm. **Subject:** Lintel 26 **Obv:** National arms, eagle left within six-sided shield and designed border **Rev:** Two seated figures wall carving within six-sided shield and designed border

Date	Mintage	VF20	XF40	MS60	MS63	MS65
1994 Mo	4,080	—	—	—	—	45.00
1994 Mo	6,000	PF65 75.00				

10 NUEVOS PESOS

KM# 676 155.52 g., 0.999 Silver, 4.995 oz. ASW 65mm. **Subject:** Piramide Del Castillo **Obv:** National arms, eagle left above metal content statement **Rev:** Pyramid above two-line inscription **Rev. Inscription:** PIRAMIDE DEL CASTILLO / CHICHEN-ITZA **Edge:** Reeded

Date	Mintage	VF20	XF40	MS60	MS63	MS65
1993 Mo	—	PF65 650				

KM# 576 155.70 g., 0.999 Silver, 5.0009 oz. ASW 65mm. **Subject:** Piramide del Castillo **Obv:** National arms, eagle left **Rev:** Pyramid **Note:** Illustration reduced.

Date	Mintage	VF20	XF40	MS60	MS63	MS65
1994 Mo	54,305	—	—	—	—	175
1994 Mo	5,500	PF65 225				

25 NUEVOS PESOS

KM# 579 7.78 g., 0.999 Gold, 0.2497 oz. AGW 23mm. **Subject:** Personaje de Jaina **Rev:** Seated figure

Date	Mintage	VF20	XF40	MS60	MS63	MS65
1994 Mo	501	PF65 500				
1994 Mo	2,000	—	—	—	—	475

50 NUEVOS PESOS

KM# 580 15.55 g., 0.999 Gold, 0.4995 oz. AGW 29mm. **Subject:** Personaje de Jaina **Rev:** Seated figure

Date	Mintage	VF20	XF40	MS60	MS63	MS65
1994 Mo	1,000	—	—	—	—	900
1994 Mo	501	PF65 925				

100 NUEVOS PESOS

KM# 581 31.10 g., 0.999 Gold, 0.999 oz. AGW 34.5mm. **Subject:** Personaje de Jaina **Obv:** National arms, eagle left within six-sided shield and designed border **Rev:** Seated figure within six-sided shield and designed border

Date	Mintage	VF20	XF40	MS60	MS63	MS65
1994 Mo	1,000	—	—	—	—	1,800
1994 Mo	501	PF65 1,850				

OLMEC SERIES

PESO

KM# 593 7.78 g., 0.999 Silver, 0.2497 oz. ASW 27mm. **Subject:** Senor De Las Limas **Obv:** National arms, eagle left within square and designed border **Rev:** Sitting figure facing within square and designed border **Note:** Similar to 5 Pesos, KM#595.

Date	Mintage	VF20	XF40	MS60	MS63	MS65
1996 Mo	6,400	—	—	—	—	20.00
1996 Mo	3,700	PF65 35.00				
1998 Mo Matte	2,400	—	—	—	—	22.00

2 PESOS

KM# 594 15.55 g., 0.999 Silver, 0.4995 oz. ASW 33mm. **Subject:** Senor De Las Limas **Obv:** National arms, eagle left within square and designed

border **Rev:** Sitting figure facing within square and designed border **Note:** Similar to 5 Pesos, KM#595.

Date	Mintage	VF20	XF40	MS60	MS63	MS65
1996 Mo	6,500	—	—	—	—	25.00
1996 Mo	2,200	PF65 35.00				
1998 Mo Matte	2,400	—	—	—	—	28.00

5 PESOS

KM# 595 31.10 g., 0.999 Silver, 0.999 oz. ASW 40mm. **Subject:** Senor De Las Limas **Obv:** National arms, eagle left within square and designed border **Rev:** Seated figure facing within square and designed border

Date	Mintage	VF20	XF40	MS60	MS63	MS65
1996 Mo	9,200	—	—	—	—	37.50
1996 Mo	4,100	PF65 70.00				
1998 Matte	3,400	—	—	—	—	40.00

KM# 596 31.10 g., 0.999 Silver, 0.999 oz. ASW 40mm. **Subject:** Hombre Jaguar **Obv:** National arms, eagle left within square and designed border **Rev:** Statue facing within square and designed border

Date	Mintage	VF20	XF40	MS60	MS63	MS65
1996 Mo	6,000	—	—	—	—	90.00
1996 Mo	4,200	PF65 70.00				
1998 Mo Matte	6,000	—	—	—	—	37.50
1998 Mo	4,800	PF65 75.00				

KM# 597 31.10 g., 0.999 Silver, 0.999 oz. ASW

40mm. **Subject:** El Luchador **Obv:** National arms, eagle left **Rev:** El Luchador

Date	Mintage	VF20	XF40	MS60	MS63	MS65
1996 Mo	7,100	—	—	—	—	37.50
1996 Mo	3,800	PF65 70.00				
1998 Matte	2,000	—	—	—	—	40.00

KM# 598 31.10 g., 0.999 Silver, 0.999 oz. ASW 40mm. **Subject:** Hacha Ceremonial **Obv:** National arms, eagle left within square and designed border **Rev:** Statue within square and designed border

Date	Mintage	VF20	XF40	MS60	MS63	MS65
1996 Mo	7,500	—	—	—	—	37.50
1996 Mo	3,700	PF65 70.00				
1998 Mo Matte	2,000	—	—	—	—	40.00

10 PESOS

KM# 599 155.52 g., 0.999 Silver, 4.995 oz. ASW 65mm. **Subject:** Cabeza Olmeca **Obv:** National arms, eagle left **Rev:** Native mask **Note:** Illustration reduced.

Date	Mintage	VF20	XF40	MS60	MS63	MS65
1996 Mo	5,560	—	—	—	—	180
1996 Mo	3,900	PF65 190				
1998 Matte	2,150	—	—	—	—	180

25 PESOS

KM# 600 7.78 g., 0.999 Gold, 0.2497 oz. AGW 23mm. **Subject:** Sacerdote **Obv:** National arms, eagle left **Rev:** Sculpture **Note:** Similar to 100 Pesos, KM#602.

Date	Mintage	VF20	XF40	MS60	MS63	MS65
1996 Mo	500	—	—	—	—	475
1996 Mo	750	PF65 500				

50 PESOS

KM# 601 15.55 g., 0.999 Gold, 0.4995 oz. AGW 29mm. **Subject:** Sacerdote **Obv:** National arms, eagle left **Rev:** Sculpture **Note:** Similar to 100 Pesos, KM#602.

Date	Mintage	VF20	XF40	MS60	MS63	MS65
1996 Mo	500	PF65 925				
1996 Mo	500	—	—	—	—	900

100 PESOS

KM# 602 31.10 g., 0.999 Gold, 0.999 oz. AGW 34.5mm. **Subject:** Sacerdote **Obv:** National arms, eagle left within square and designed border **Rev:** Sculpture within square and designed border

Date	Mintage	VF20	XF40	MS60	MS63	MS65
1996 Mo	500	—	—	—	—	1,800
1996 Mo	500	PF65 1,850				

TEOTIHUACAN SERIES

PESO

KM# 617 7.78 g., 0.999 Silver, 0.2498 oz. ASW 27mm. **Subject:** Disco De La Muerte **Obv:** National arms, eagle left within oblong circle and designed border **Rev:** Sculpture within oblong circle and designed border

Date	Mintage	VF20	XF40	MS60	MS63	MS65
1997 Mo	3,100	—	—	—	—	20.00
1997 Mo	1,906	PF65 35.00				
1998 Mo Matte	2,400	—	—	—	—	25.00
1998 Mo	500	PF65 45.00				

2 PESOS

KM# 618 15.55 g., 0.999 Silver, 0.4995 oz. ASW 33mm. **Subject:** Disco De La Muerte **Obv:** National arms, eagle left within oblong circle and designed border **Rev:** Sculpture within oblong circle and designed border

Date	Mintage	VF20	XF40	MS60	MS63	MS65
1997 Mo	3,500	—	—	—	—	25.00
1997 Mo	1,606	PF65 35.00				
1998 Mo	500	PF65 50.00				
1998 Mo	2,400	—	—	—	—	30.00

5 PESOS

KM# 619 31.10 g., 0.999 Silver, 0.999 oz. ASW 40mm. **Subject:** Teotihuacan **Obv:** National arms, eagle left within oblong circle and designed border **Rev:** Sculpture within oblong circle and designed border

Date	Mintage	VF20	XF40	MS60	MS63	MS65
1997 Mo	4,700	—	—	—	—	37.50
1997 Mo	3,206	PF65 75.00				
1998 Mo	3,400	—	—	—	—	40.00
1998 Mo	500	PF65 150				

KM# 620 31.10 g., 0.999 Silver, 0.999 oz. ASW 40mm. **Subject:** Teotihuacan - Mascara **Obv:** National arms, eagle left within oblong circle and designed border **Rev:** Face sculpture within oblong circle and designed border

Date	Mintage	VF20	XF40	MS60	MS63	MS65
1997 Mo	5,200	—	—	—	—	37.50
1997 Mo	2,906	PF65 75.00				
1998 Mo	2,000	—	—	—	—	40.00
1998 Mo	500	PF65 150				

KM# 621 31.10 g., 0.999 Silver, 0.999 oz. ASW 40mm. **Subject:** Teotihuacan - Vasija **Obv:** National arms, eagle left within oval and designed border **Rev:** Seated woman joined to pottery vase within oval and designed border

Date	Mintage	VF20	XF40	MS60	MS63	MS65
1997 Mo	3,006	PF65 75.00				
1997 Mo	5,300	—	—	—	—	42.00
1998 Mo Matte	2,000	—	—	—	—	42.00
1998 Mo	3,006	PF65 150				

KM# 622 31.10 g., 0.999 Silver, 0.999 oz. ASW 40mm. **Subject:** Teotihuacan - Jugador de Pelota **Obv:** National arms, eagle left

Date	Mintage	VF20	XF40	MS60	MS63	MS65
1997 Mo	3,206	PF65 75.00				
1997 Mo	5,400	—	—	—	—	37.50
1998 Mo Matte	2,000	—	—	—	—	40.00
1998 Mo	500	PF65 150				

10 PESOS

KM# 623 155.52 g., 0.999 Silver, 4.995 oz. ASW 65mm. **Subject:** Piramide Del Sol **Obv:** National arms, eagle left within oblong circle and designed border **Rev:** Pyramid within oblong circle and designed border **Note:** Illustration reduced.

Date	Mintage	VF20	XF40	MS60	MS63	MS65
1997 Mo	3,306	PF65 225				
1997 Mo	3,136	—	—	—	—	200
1998 Mo Matte	2,150	—	—	—	—	200

25 PESOS

KM# 624 7.78 g., 0.999 Gold, 0.2497 oz. AGW 23mm. **Subject:** Serpiente Emplumada **Obv:** National arms, eagle left **Note:** Similar to 100 Pesos, KM#626.

Date	Mintage	VF20	XF40	MS60	MS63	MS65
1997 Mo	500	—	—	—	—	475
1997 Mo	206	PF65 525				

50 PESOS

KM# 625 15.55 g., 0.999 Gold, 0.4995 oz. AGW 29mm. **Subject:** Serpiente Emplumada **Obv:** National arms, eagle left **Note:** Similar to 100 Pesos, KM#626.

Date	Mintage	VF20	XF40	MS60	MS63	MS65
1997 Mo	206	PF65 950				
1997 Mo	500	—	—	—	—	925

100 PESOS

KM# 626 31.10 g., 0.999 Gold, 0.999 oz. AGW 24.5mm. **Subject:** Teotihuacan - Serpiente Emplumada **Obv:** National arms, eagle left

Date	Mintage	VF20	XF40	MS60	MS63	MS65
1997 Mo	206	PF65 1,900				
1997 Mo	500	—	—	—	—	1,850

TOLTEC SERIES

PESO

KM# 661 7.78 g., 0.999 Silver, 0.2498 oz. ASW
27mm. **Subject:** Jaguar **Obv:** National arms, eagle
left **Rev:** Jaguar carving **Edge:** Reeded

Date	Mintage	VF20	XF40	MS60	MS63	MS65
1998 Mo	6,400	—	—	—	—	20.00
1998 Mo	4,000	PF65 30.00				

2 PESOS

KM# 662 15.55 g., 0.999 Silver, 0.4995 oz. ASW
33mm. **Subject:** Jaguar **Obv:** National arms, eagle
left **Rev:** Jaguar carving **Edge:** Reeded

Date	Mintage	VF20	XF40	MS60	MS63	MS65
1998 Mo	6,600	—	—	—	—	25.00
1998 Mo	2,200	PF65 35.00				

5 PESOS

KM# 663 31.10 g., 0.999 Silver, 0.999 oz. ASW
40mm. **Subject:** Jaguar **Obv:** National arms,
eagle left within shield and designed border **Rev:**
Jaguar carving within shield and designed border
Edge: Reeded

Date	Mintage	VF20	XF40	MS60	MS63	MS65
1998 Mo	5,800	—	—	—	—	37.50
1998 Mo	4,300	PF65 75.00				

KM# 664 31.10 g., 0.999 Silver, 0.999 oz. ASW
40mm. **Obv:** National arms, eagle left **Rev:**
Sacerdote sculpture **Edge:** Reeded

Date	Mintage	VF20	XF40	MS60	MS63	MS65
1998 Mo	7,800	—	—	—	—	35.00
1998 Mo	3,800	PF65 75.00				

KM# 665 31.10 g., 0.999 Silver, 0.999 oz. ASW
40mm. **Subject:** Quetzalcoatl **Obv:** National
arms, eagle left **Rev:** Quetzalcoatl sculpture **Edge:**
Reeded

Date	Mintage	VF20	XF40	MS60	MS63	MS65
1998 Mo	7,100	—	—	—	—	37.50
1998 Mo	3,900	PF65 75.00				

KM# 666 31.10 g., 0.999 Silver, 0.999 oz. ASW
40mm. **Subject:** Serpiente con Craneo **Obv:**
National arms, eagle left **Rev:** Large sculpture
Edge: Reeded

Date	Mintage	VF20	XF40	MS60	MS63	MS65
1998 Mo	8,700	—	—	—	—	37.50
1998 Mo	4,100	PF65 75.00				

10 PESOS

KM# 634 155.73 g., 0.999 Silver, 5.0018 oz. ASW 65mm. **Subject:** Atlantes **Obv:** National arms, eagle left within shield and designed border **Rev:** Three carved statues within shield and designed border

Date	Mintage	VF20	XF40	MS60	MS63	MS65
1998 Mo	5,560	—	—	—	—	180
1998 Mo	3,650	PF65 200				

25 PESOS

KM# 667 7.78 g., 0.999 Gold, 0.2498 oz. AGW 23mm. **Subject:** Aguila **Obv:** National arms, eagle left **Rev:** Eagle sculpture **Edge:** Reeded

Date	Mintage	VF20	XF40	MS60	MS63	MS65
1998 Mo	303	PF65 525				
1998 Mo	303	—	—	—	—	500

50 PESOS

KM# 668 15.55 g., 0.999 Gold, 0.4995 oz. AGW 29mm. **Subject:** Aguila **Obv:** National arms, eagle left **Rev:** Eagle sculpture **Edge:** Reeded

Date	Mintage	VF20	XF40	MS60	MS63	MS65
1998 Mo	303	PF65 950				
1998 Mo	303	—	—	—	—	925

100 PESOS

KM# 669 31.10 g., 0.999 Gold, 0.999 oz. AGW 34.5mm. **Subject:** Aguila **Obv:** National arms, eagle left within designed shield **Rev:** Eagle sculpture within designed shield **Edge:** Reeded

Date	Mintage	VF20	XF40	MS60	MS63	MS65
1998 Mo	303	PF65 1,900				
1998 Mo	303	—	—	—	—	1,850

MEDALLIC SILVER BULLION COINAGE

ONZA

KM# M49a 33.63 g., 0.925 Silver, 1.000 oz. ASW 41mm. **Obv:** Mint mark above coin press

Date	Mintage	VF20	XF40	MS60	MS63	MS65
1949	1,000,000	30.50	40.00	45.00	60.00	—

KM# M49b.1 33.63 g., 0.925 Silver, 1.000 oz. ASW 41mm. **Obv:** Wide spacing between DE MONEDA **Rev:** Mint mark below balance scale **Note:** Type I

Date	Mintage	VF20	XF40	MS60	MS63	MS65
1978 Mo	280,000	—	18.50	33.00	45.00	—

KM# M49b.2 33.63 g., 0.925 Silver, 1.000 oz. ASW 41mm. **Obv:** Close spacing between DE MONEDA **Rev:** Mint mark below balance scale **Note:** Type II

Date	Mintage	VF20	XF40	MS60	MS63	MS65
1978 Mo	Inc. above	—	18.50	35.00	50.00	—

KM# M49b.3 33.63 g., 0.925 Silver, 1.000 oz. ASW 41mm. **Obv:** Close spacing between DE MONEDA **Rev:** Left scale pan points to U in UNA **Note:** Type III

Date	Mintage	VF20	XF40	MS60	MS63	MS65
1979 Mo	4,508,000	—	18.50	31.50	42.00	—

KM# M49b.4 33.63 g., 0.925 Silver, 1.000 oz. ASW 41mm. **Obv:** Close spacing between DE MONEDA **Rev:** Left scale pan points between U and N of UNA **Note:** Type IV

Date	Mintage	VF20	XF40	MS60	MS63	MS65
1979 Mo	Inc. above	—	18.50	31.50	42.00	—

KM# M49b.5 33.63 g., 0.925 Silver, 1.000 oz. ASW 41mm. **Obv:** Close spacing between DE MONEDA **Rev:** Left scale pan points between U and N of UNA **Note:** Type V

Date	Mintage	VF20	XF40	MS60	MS63
1980/70 Mo	Inc. above	—	18.50	35.00	47.00
1980 Mo	6,104,000	—	18.50	31.50	42.00

MEDALLIC GOLD COINAGE

10 PESOS

KM# M91a 8.33 g., 0.900 Gold, 0.2411 oz. AGW **Subject:** 200th Anniversary - Birth of Hidalgo

Date	Mintage	VF20	XF40	MS60	MS63	MS65
1953	—	—	—	—	335	400

KM# M123a 8.33 g., 0.900 Gold, 0.2411 oz. AGW **Subject:** Centennial of Constitution

Date	Mintage	VF20	XF40	MS60	MS63	MS65
1957	—	—	—	—	335	400

Note: Mintage includes #M122a

20 PESOS

KM# M92a 16.67 g., 0.900 Gold, 0.4823 oz. AGW **Subject:** 200th Anniversary - Birth of Hidalgo

Date	Mintage	VF20	XF40	MS60	MS63	MS65
1953	—	—	—	—	670	780

50 PESOS

KM# M122a 41.67 g., 0.900 Gold, 1.2057 oz. AGW
Subject: Centennial of Constitution

Date	Mintage	VF20	XF40	MS60	MS63	MS65
1957	—	—	—	—	1,675	1,950

Note: Mintage included in total for KM#M123a.

MEXICO-REVOLUTIONARY

AGUASCALIENTES

Aguascalientes is a state in central Mexico. Its coin issues, struck by authority of Pancho Villa, represent his deepest penetration into the Mexican heartland. Lack of silver made it necessary to make all denominations in copper.

FRANCISCO PANCHO VILLA

REVOLUTIONARY COINAGE

CENTAVO

KM# 601 3.55 g., Copper, 17mm. **Obv:** Liberty cap **Rev:** Value within 3/4 wreath below date **Note:** Large date weight 3.55g.

Date	Mintage	VG8	F12	VF20	XF40	MS60
1915	—	30.00	60.00	100	300	—

Note: Large date, reeded edge

Date	Mintage	VG8	F12	VF20	XF40	MS60
1915	—	30.00	60.00	100	300	—

Note: Small date, plain edge

| 1915 | — | 250 | 350 | 450 | — | — |

Note: Large date, plain edge

| 1915 | — | 30.00 | 60.00 | 80.00 | 250 | — |

Note: Small date, reeded edge

2 CENTAVOS

KM# 602.1 4.28 g., Copper, **Obv:** Liberty cap **Rev:** Value within 3/4 wreath below date

Date	Mintage	VG8	F12	VF20	XF40	MS60
1915	—	40.00	100	300	450	—

Note: Round front 2, plain edge

KM# 602.2 3.35 g., Copper, 19mm. **Obv:** Liberty cap **Rev:** Value within 1/2 wreath below date

Date	Mintage	VG8	F12	VF20	XF40
1915 Plain edge	—	50.00	90.00	200	500

Note: Square front 2

Date	Mintage	VG8	F12	VF20	XF40
1915	—	35.00	60.00	85.00	300

Note: Square front 2, reeded edge

5 CENTAVOS

KM# 603 Copper, 25mm. **Obv:** National arms **Rev:** Liberty cap and value above sprigs

Date	Mintage	VG8	F12	VF20	XF40
1915 Plain edge; Rare	—	—	—	—	—
1915 Reeded edge	—	10.00	20.00	30.00	75.00

KM# 604.1 7.13 g., Copper, 25mm. **Obv:** National arms **Rev:** Vertically shaded 5 within sprigs

Date	Mintage	VG8	F12	VF20	XF40	MS60
1915	—	20.00	40.00	50.00	175	—

Note: Reeded edge

| 1915 | — | 100 | 150 | 225 | 400 | — |

Note: Plain edge

KM# 604.2 Copper, 25mm. **Obv:** National arms **Rev:** Horizontally shaded 5 within sprigs

Date	Mintage	VG8	F12	VF20	XF40	MS60
1915	—	25.00	40.00	65.00	150	—

Note: Reeded edge

| 1915 | — | 35.00 | 60.00 | 90.00 | 275 | — |

Note: Plain edge

20 CENTAVOS

KM# 600 Copper, **Obv:** National arms **Rev:** Value below Liberty cap within sprigs **Edge:** Reeded

Date	Mintage	VG8	F12	VF20	XF40	MS60
1915	—	15.00	20.00	50.00	100	—

Note: Varieties exist with both plain and milled edges and many variations in the shading of the numerals

KM# 605 Copper, 29mm. **Obv:** National arms **Rev:** Value below Liberty cap within sprigs

Date	Mintage	VG8	F12	VF20	XF40
1915 Reeded edge	—	11.00	30.00	85.00	150

KM# 606 Copper, 29mm. **Obv:** National arms **Rev:** Value below Liberty cap within sprigs

Date	Mintage	VG8	F12	VF20	XF40
1915 Reeded edge	—	10.00	20.00	60.00	100

CHIHUAHUA

Chihuahua is a northern state of Mexico bordering the U.S. It was the arena that introduced Pancho Villa to the world. Villa, an outlaw, was given a title when asked by Madero to participate in maintaining order during Madero's presidency. After Madero's death in February 1913, Villa became a persuasive leader. Chihuahua was where he made his first coins - the Parral series. The *Army of the North* pesos also came from this state. This coin helped Villa recruit soldiers because of his ability to pay in silver while others were paying in worthless paper money.

ARMY OF THE NORTH
REVOLUTIONARY COINAGE
PESO

KM# 619 29.27 g., Silver, **Obv:** National arms **Rev:** Liberty cap

Date	Mintage	VG8	F12	VF20	XF40	MS60
1915	—	25.00	40.00	75.00	200	800

KM# 619a Copper, **Obv:** National arms **Rev:** Liberty cap

Date	Mintage	VG8	F12	VF20	XF40	MS60
1915	—	500	1,000	1,500	3,500	—

KM# 619b Brass, **Obv:** National arms **Rev:** Liberty cap **Note:** Uniface obverse

Date	Mintage	VG8	F12	VF20	XF40	MS60
1915 Rare	—	—	—	—	—	—

CONSTITUTIONALIST ARMY
5 CENTAVOS

KM# 612 Copper, **Obv:** Liberty cap **Rev:** Value above date

Date	Mintage	VG8	F12	VF20	XF40	MS60
1914	—	25.00	45.00	100	250	—

KM# 613 6.60 g., Copper, 25mm. **Obv:** Liberty cap **Rev:** Value above date **Note:** Numerous varieties exist. Weight varies 6.3-6.93g.

Date	Mintage	VG8	F12	VF20	XF40	MS60
1914	—	1.00	2.50	4.00	10.00	—
1915	—	1.00	2.50	4.00	10.00	—

KM# 613a Brass, **Obv:** Liberty cap **Rev:** Value above date **Note:** Numerous varieties exist.

Date	Mintage	VG8	F12	VF20	XF40	MS60
1914	—	2.00	3.00	8.00	10.00	—
1915	—	2.00	3.00	8.00	10.00	—

KM# 613b Cast Copper, **Obv:** Liberty cap **Rev:** Value above date

Date	Mintage	VG8	F12	VF20	XF40	MS60
1914	—	75.00	200	300	450	—

KM# 614 Copper, **Obv:** National arms **Rev:** Value below date within sprigs with double-lined V

Date	Mintage	VG8	F12	VF20	XF40	MS60
1915 SS Unique	—	—	—	—	—	—

KM# 614a Copper, **Obv:** National arms **Rev:** Value below date within sprigs with solid V

Date	Mintage	VG8	F12	VF20	XF40	MS60
1915 Rare	—	—	—	—	—	—

KM# 614b Copper, **Obv:** National arms **Rev:** Value above date **Note:** Mule.

Date	Mintage	VG8	F12	VF20	XF40	MS60
1915	—	—	500	—	—	—

KM# 614c Copper, **Obv:** National arms **Rev:** Liberty cap **Note:** Mule.

Date	Mintage	VG8	F12	VF20	XF40	MS60
1915 Rare	—	—	—	—	—	—

10 CENTAVOS

KM# 615 8.79 g., Copper, 27.5mm. **Obv:** Liberty cap **Rev:** Value above date

Date	Mintage	VG8	F12	VF20	XF40	MS60
1915	—	1.25	2.50	3.50	8.00	20.00

KM# 615a 8.89 g., Brass, 27.5mm. **Obv:** Liberty cap **Rev:** Value above date

Date	Mintage	VG8	F12	VF20	XF40	MS60
1915	—	5.00	10.00	30.00	50.00	—

Note: Many varieties exist

HIDALGO DEL PARRAL

2 CENTAVOS

KM# 607 6.85 g., Copper, 25mm. **Obv:** Liberty cap within circle flanked by sprigs **Rev:** Value flanked by sprigs within circle

Date	Mintage	VG8	F12	VF20	XF40	MS60
1913	—	5.00	10.00	25.00	50.00	—

KM# 607a Brass, **Obv:** Liberty cap within circle flanked by sprigs **Rev:** Value flanked by sprigs within circle

Date	Mintage	VG8	F12	VF20	XF40	MS60
1913	—	95.00	150	200	400	—

50 CENTAVOS

KM# 608 12.65 g., Silver, **Obv:** Liberty cap **Rev:** Value flanked by sprigs below Liberty cap **Edge:** Reeded

Date	Mintage	VG8	F12	VF20	XF40	MS60
1913	—	18.00	40.00	80.00	150	—

KM# 609 12.17 g., Silver, 30mm. **Edge:** Plain

Date	Mintage	VG8	F12	VF20	XF40	MS60
1913	—	50.00	70.00	125	250	—

KM# 609a Copper, **Edge:** Plain

Date	Mintage	VG8	F12	VF20	XF40	MS60
1913 rare	—	200	500	800	1,000	—

PESO

KM# 610 30.00 g., Silver, **Obv:** Inscription **Rev:** 1 through PESO and small circle above sprigs **Note:** Weight varies 29.18-30.9g.

Date	Mintage	VG8	F12	VF20	XF40	MS60
1913	—	1,200	2,000	3,000	6,500	14,000

KM# 611 Silver, 38mm. **Obv:** Inscription **Rev:** Value above sprigs **Note:** Well struck counterfeits of this coin exist with the dot at the end of the word Peso even with the bottom of the O. On legitimate pieces the dot is slightly higher. Weight varies 27.3-28.85g.

Date	Mintage	VG8	F12	VF20	XF40	MS60
1913	—	35.00	45.00	125	275	475

DURANGO

A state in north central Mexico. Another area of operation for Pancho Villa. The *Muera Huerta* peso originates in this state. The coins were made in Cuencame under the orders of Generals Cemceros and Contreras.

CUENCAME
REVOLUTIONARY COINAGE
PESO

KM# 620 Silver, 38mm. **Obv:** National arms **Rev:** Liberty cap with written value flanked by stars

Date	Mintage	VG8	F12	VF20	XF40	MS60
1914	—	1,000	2,000	4,000	8,000	15,000

KM# 621 23.20 g., Silver, 39mm. **Obv:** National arms with continuous border **Rev:** Liberty cap with continuous border

Date	Mintage	VG8	F12	VF20	XF40	MS60
1914	—	75.00	150	300	700	1,200

KM# 621a Copper, **Obv:** National arms with continuous border **Rev:** Liberty cap with continuous border **Note:** Varieties exist.

Date	Mintage	VG8	F12	VF20	XF40	MS60
1914	—	400	600	2,000	3,000	—

KM# 621b Brass, **Obv:** National arms **Rev:** Liberty cap

Date	Mintage	VG8	F12	VF20	XF40	MS60
1914	—	—	2,000	3,000	4,000	—

KM# 622 23.40 g., Silver, 38.5mm. **Obv:** National arms with dot and dash border **Rev:** Liberty cap with continuous border **Note:** The so-called 20 Pesos gold Muera Huerta pieces are modern fantasies. Refer to Unusual World Coins, 4th edition, ©2005, KP Books, Inc.

Date	Mintage	VG8	F12	VF20	XF40	MS60
1914	—	65.00	120	300	600	1,100

ESTADO DE DURANGO
CENTAVO

KM# 624 Lead, **Obv:** Date **Rev:** Value within wreath **Note:** Cast.

Date	Mintage	VG8	F12	VF20	XF40	MS60
1914	—	45.00	75.00	100	200	—

KM# 625 3.29 g., Copper, 20mm. **Obv:** Large date in center **Rev:** Value within wreath

Date	Mintage	VG8	F12	VF20	XF40	MS60
1914	—	2.00	4.00	10.00	20.00	—

KM# 625a Brass, **Obv:** Large date in center **Rev:** Value within wreath

Date	Mintage	VG8	F12	VF20	XF40	MS60
1914	—	75.00	200	400	500	—

KM# 625b Lead, **Obv:** Large date in center **Rev:** Value within wreath

Date	Mintage	VG8	F12	VF20	XF40	MS60
1914	—	20.00	40.00	65.00	90.00	—

KM# 625c Copper, **Obv:** Large date in center **Rev:** Value within wreath

Date	Mintage	VG8	F12	VF20	XF40	MS60
1914	—	25.00	50.00	80.00	125	—

KM# 626 2.80 g., Copper, 20mm. **Obv:** Date **Rev:** Value within wreath **Note:** Weight varies 2.46-2.78g.

Date	Mintage	VG8	F12	VF20	XF40	MS60
1914	—	15.00	20.00	40.00	50.00	—

KM# 626a Brass, **Obv:** Date **Rev:** Value within wreath

Date	Mintage	VG8	F12	VF20	XF40	MS60
1914	—	75.00	100	300	500	—

KM# 626b Lead, **Obv:** Date **Rev:** Value within wreath

Date	Mintage	VG8	F12	VF20	XF40	MS60
1914	—	20.00	40.00	70.00	125	—

Note: Varieties in size exist

KM# 627 Copper, 20mm. **Obv:** Stars below date **Rev:** Value with retrograde N

Date	Mintage	VG8	F12	VF20	XF40	MS60
1914	—	6.00	12.00	30.00	45.00	—

KM# 627a Lead, 20mm. **Obv:** Stars below date **Rev:** Value with retrograde N

Date	Mintage	VG8	F12	VF20	XF40	MS60
1914	—	20.00	40.00	60.00	125	—

KM# 628 Aluminum, **Obv:** National arms within sprigs **Rev:** Value

Date	Mintage	VG8	F12	VF20	XF40	MS60
1914	—	0.65	1.00	2.00	4.00	12.00

5 CENTAVOS

KM# 629 6.20 g., Copper, 24mm. **Obv:** Date above sprigs **Rev:** Value within designed wreath **Obv. Legend:** ESTADO DE DURANGO

Date	Mintage	VG8	F12	VF20	XF40	MS60
1914	—	2.00	3.00	8.00	15.00	—

KM# 630 Copper, **Obv:** Date above sprigs **Rev:** Value within designed wreath **Obv. Legend:** E. DE DURANGO

Date	Mintage	VG8	F12	VF20	XF40	MS60
1914	—	125	275	450	700	—

KM# 631 5.05 g., Copper, 23.5mm. **Obv:** Date above sprigs **Rev:** Value within designed wreath **Obv. Legend:** E. DE DURANGO

Date	Mintage	VG8	F12	VF20	XF40	MS60
1914	—	1.25	3.00	6.00	15.00	—

KM# 631a Brass, **Obv:** Date above sprigs **Rev:** Value within designed wreath **Obv. Legend:** E. DE DURANGO

Date	Mintage	VG8	F12	VF20	XF40	MS60
1914	—	30.00	40.00	70.00	100	—

KM# 631b Lead, **Obv:** Date above sprigs **Rev:** Value within designed wreath **Obv. Legend:** E. DE DURANGO

Date	Mintage	VG8	F12	VF20	XF40	MS60
1914	—	45.00	70.00	100	180	—

KM# 632 4.61 g., Copper, 23.5mm. **Obv:** Date above sprigs **Rev:** Roman numeral value **Obv. Legend:** E. DE DURANGO

Date	Mintage	VG8	F12	VF20	XF40	MS60
1914	—	4.00	8.00	20.00	50.00	—

KM# 632a Lead, **Obv:** Date above sprigs **Rev:** Roman numeral value **Obv. Legend:** E. DE DURANGO

Date	Mintage	VG8	F12	VF20	XF40	MS60
1914	—	50.00	75.00	100	150	—

KM# 633 Lead, **Obv:** Three stars below 1914 **Rev:** 5 CVS **Note:** Counterfeits are prevalent in the market

Date	Mintage	VG8	F12	VF20	XF40	MS60
1914	—	—	600	2,000	—	—

KM# 634 Brass, **Obv:** National arms above sprigs **Rev:** Value **Obv. Legend:** REPUBLICA MEXICANA **Rev. Legend:** ESTADO DE DURANGO

Date	Mintage	VG8	F12	VF20	XF40	MS60
1914	—	0.50	1.00	2.50	6.00	12.00

KM# 634a Copper, **Obv:** National arms above sprigs **Rev:** Value **Obv. Legend:** REPUBLICA MEXICANA **Rev. Legend:** ESTADO DE DURANGO **Note:** There are numerous varieties of these general types of the Durango 1 and 5 Centavo pieces.

Date	Mintage	VG8	F12	VF20	XF40	MS60
1914	—	75.00	125	175	250	—

KM# 634b 6.89 g., Copper-Nickel, 25.53mm. **Obv:** National arms above sprigs **Rev:** Value **Obv. Legend:** REPUBLICA MEXICANA **Rev. Legend:** ESTADO DE DURANGO **Edge:** Plain

Date	Mintage	F12	VF20	XF40	MS60	MS63
1914	—	25.00	50.00	85.00	135	200

GUERRERO

Guerrero is a state on the southwestern coast of Mexico. It was one of the areas of operation of Zapata and his forces in the south of Mexico. The Zapata forces operated seven different mints in this state. The date ranges were from 1914 to 1917 and denominations from 2 Centavos to 2 Pesos. Some were cast but most were struck and the rarest coin of the group is the Suriana 1915 2 Pesos.

EMILIANO ZAPATA
REVOLUTIONARY COINAGE
2 CENTAVOS

KM# 638 6.00 g., Copper, 22mm. **Obv:** National arms **Rev:** Value within wreath **Obv. Legend:** REPUBLICA H MEXICANA **Note:** Weight varies 5.4-6.03g.

Date	Mintage	VG8	F12	VF20	XF40	MS60
1915	—	75.00	125	175	250	—

3 CENTAVOS

KM# 635 Copper, 25mm. **Obv:** National arms **Rev:** Value within wreath **Obv. Legend:** REPUBLICA MEXICANA **Note:** Weight varies 4.63-6.87g.

Date	Mintage	VG8	F12	VF20	XF40	MS60
1915	—	500	1,500	2,000	3,000	—

5 CENTAVOS

KM# 636 Copper, 26mm. **Obv:** National arms **Rev:** Value within wreath **Mint:** Guerrero

Date	Mintage	VG8	F12	VF20	XF40	MS60
1915 GRO	—	800	1,200	2,000	3,000	—

10 CENTAVOS

KM# 637.1 Copper, 27-28.5mm. **Obv:** National arms, snake head ends at L in REPUBLICA **Rev:** Date and value within wreath **Obv. Legend:** REPUBLICA MEXICANA **Mint:** Guerrero **Note:** Size varies.

Date	Mintage	VG8	F12	VF20	XF40	MS60
1915 GRO	—	600	1,000	1,500	2,000	—

KM# 637.2 Copper, 27-28.5mm. **Obv:** National arms, snake head ends at C in REPUBLICA **Rev:** Value within wreath **Obv. Legend:** REPUBLICA MEXICANA **Mint:** Guerrero **Note:** Size varies.

Date	Mintage	VG8	F12	VF20	XF40	MS60
1915 GRO	—	3.00	5.00	8.00	15.00	—

KM# 637.2a 8.23 g., Brass, 26mm. **Obv:** National arms, snake head ends at C in REPUBLICA **Rev:** Value within wreath **Obv. Legend:** REPUBLICA MEXICANA **Mint:** Guerrero

Date	Mintage	VG8	F12	VF20	XF40	MS60
1915 GRO	—	8.00	15.00	25.00	50.00	—

KM# 637.2b Lead, **Obv:** National arms, snake head ends at C in REPUBLICA **Rev:** Value within wreath **Obv. Legend:** REPUBLICA MEXICANA **Mint:** Guerrero

Date	Mintage	VG8	F12	VF20	XF40	MS60
1915 GRO	—	50.00	75.00	175	275	—

KM# 637.3 Copper, **Obv:** National arms, snake head ends before A in REPUBLICA **Rev:** Date and value within wreath **Obv. Legend:** REPUBLICA MEXICANA **Mint:** Guerrero

Date	Mintage	VG8	F12	VF20	XF40	MS60
1915 GRO	—	3.00	5.00	8.00	15.00	—

KM# 637.3a Brass, **Obv:** National arms, snake head ends before A in REPUBLICA **Rev:** Value and date within wreath **Obv. Legend:** REPUBLICA MEXICANA **Mint:** Guerrero

Date	Mintage	VG8	F12	VF20	XF40	MS60
1915 GRO	—	12.00	20.00	50.00	100	—

25 CENTAVOS

KM# 639 7.50 g., Silver, 25mm. **Obv:** Liberty cap **Rev:** Value above date **Obv. Legend:** Mexicana REPUbLICA **Note:** Weight varies 7.41-7.5g.

Date	Mintage	VG8	F12	VF20	XF40	MS60
1915	—	125	300	800	1,200	—

50 CENTAVOS

KM# 640 14.80 g., Silver, 34mm. **Obv:** Liberty cap **Rev:** Date and value within beaded border **Note:** Weight varies 14.5-14.8g.

Date	Mintage	VG8	F12	VF20	XF40	MS60
1915	—	1,000	2,000	6,000	15,000	—

PESO (UN)

KM# 641 0.300 Gold with Silver, 29-31mm. **Obv:** National arms **Rev:** Liberty cap and rays within sprigs **Obv. Legend:** REPUBLICA MEXICANA - * UN PESO **Rev. Legend:** REFORMA LIBERTAD JUSTICIA Y LEY **Rev. Inscription:** Oro: 0,300 **Mint:** Guerrero **Note:** Many die varieties exist. Size varies. Weight varies 10.28-14.84g.

Date	Mintage	VG8	F12	VF20	XF40	MS60
1914 GRO	—	20.00	30.00	40.00	85.00	—

KM# 641a Copper, **Obv:** National arms **Rev:** Liberty cap and rays within sprigs **Obv. Legend:** REPUBLICA MEXICANA - * UN PESO **Rev. Legend:** REFORMA LIBERTAD JUSTICIA Y LEY **Mint:** Guerrero

Date	Mintage	G4	VG8	F12	VF20	XF40
1914GRO	—	32.00	80.00	200	500	1,500

KM# 642 0.300 Gold with Silver, 30.5-31mm. **Obv:** National arms **Rev:** Liberty cap and rays within sprigs **Obv. Legend:** REPUBLICA MEXICANA - * UN PESO * **Rev. Legend:** REFORMA.LIBERTAD. JUSTICIA Y LEY **Rev. Inscription:** Oro: 0,300 **Mint:** Guerrero **Note:** Weight varies 12.93-14.66g.

Date	Mintage	VG8	F12	VF20	XF40	MS60
1914 GRO	—	50.00	75.00	100	180	—
1915 GRO	—	600	1,000	1,500	1,850	—

2 PESOS (DOS)

KM# 643 Gold with Silver, 38.25-39.6mm. **Obv:** National arms **Rev:** Radiant sun face above high mountain peaks **Obv. Legend:** REPUBLICA MEXICANA **Rev. Legend:** REFORMA LIBERTAD, JUSTICIA Y LEY **Rev. Inscription:** Oro:0,595 **Mint:** Guerrero **Note:** Many varieties exist. Coin is 0.595g fine Gold.

Date	Mintage	VG8	F12	VF20	XF40	MS60
1914 GRO	—	25.00	45.00	125	200	600

KM# 643a Copper, 38-38.5mm. **Obv:** National arms **Rev:** Radiant sun face above high mountain peaks **Obv. Legend:** REPUBLICA MEXICANA **Rev. Legend:** REFORMA, LIBERTAD, JUSTICIA Y LEY **Mint:** Guerrero **Note:** Size varies.

Date	Mintage	G4	VG8	F12	VF20	XF40
1914GRO	—	—	—	1,400	1,800	4,000

KM# 644 Gold with Silver, 39-40mm. **Obv:** National arms **Rev:** Radiant sun face above high and low mountain peaks **Obv. Legend:** REPUBLICA MEXICANA **Rev. Legend:** REFORMA, LIBERTAD, JUSTICIA Y LEY **Rev. Inscription:** Oro: 0,595 **Mint:** Guerrero **Note:** Weight varies 21.71-26.54g. Coin is 0.595g fine Gold.

Date	Mintage	VG8	F12	VF20	XF40	MS60
1915 GRO	—	65.00	85.00	160	250	550

KM# 644a Copper, **Obv:** National arms **Rev:** Radiant sun face above high and low mountain peaks **Obv. Legend:** REPUBLICA MEXICANA **Rev. Legend:** REFORMA, LIBERTAD, JUSTICIA Y LEY **Mint:** Guerrero

Date	Mintage	VG8	F12	VF20	XF40	MS60
1915 GRO	—	400	1,000	1,500	2,500	—

ATLIXTAC
10 CENTAVOS

KM# 645 Copper, 27.5-28mm. **Obv:** National arms **Rev:** Value within sprigs **Obv. Legend:** REPUBLICA MEXICANA **Note:** Size varies. Weight varies 4.76-9.74g.

Date	Mintage	VG8	F12	VF20	XF40	MS60
1915	—	3.00	5.00	8.00	15.00	—

KM# 646 Copper, 27.55-28mm. **Obv:** National arms **Rev:** Value within sprigs **Obv. Legend:** REPUBLICA ★ MEXICANA **Note:** Size varies. Weight varies 6.13-7.94g.

Date	Mintage	VG8	F12	VF20	XF40	MS60
1915	—	3.00	5.00	8.00	15.00	—

CACAHUATEPEC
5 CENTAVOS

KM# 648 12.19 g., Copper, 28mm. **Obv:** National arms **Rev:** Value within wreath **Obv. Legend:** ESTADOS UNIDOS MEXICANOS

Date	Mintage	VG8	F12	VF20	XF40	MS60
1917	—	12.00	25.00	40.00	75.00	—

20 CENTAVOS

KM# 649 Silver, 21-23.8mm. **Obv:** National arms **Rev:** Value within sprigs below liberty cap and rays **Obv. Legend:** ESTADOS UNIDOS MEXICANOS **Note:** Size varies. Weight varies 3.99-6.2g.

Date	Mintage	VG8	F12	VF20	XF40	MS60
1917	—	100	200	350	400	—

50 CENTAVOS

KM# 650 13.80 g., Silver, 30-30.3mm. **Obv:** National arms **Rev:** Value and date within sprigs below Liberty cap **Obv. Legend:** ESTADOS UNIDOS MEXICANOS **Note:** Size varies. Weight varies 13.45-13.78g.

Date	Mintage	VG8	F12	VF20	XF40	MS60
1917	—	25.00	65.00	150	375	—

PESO (UN)

KM# 651 Silver, 38mm. **Obv:** National arms **Rev:** Liberty cap **Note:** Weight varies 26.81-32.05g.

Date	Mintage	VG8	F12	VF20	XF40
1917 L.V. Go	—	2,000	4,000	10,000	12,000

CACALOTEPEC
20 CENTAVOS

KM# 652 Silver, 22.5mm. **Obv:** National arms **Rev:** Date and value within sprigs below Liberty cap and rays **Obv. Legend:** ESTADOS UNIDOS MEXICANOS **Note:** Weight varies 3.89-5.73g.

Date	Mintage	VG8	F12	VF20	XF40	MS60
1917	—	1,000	1,800	4,000	8,000	—

CAMPO MORADO
5 CENTAVOS

KM# 653 4.37 g., Copper, 23.5-24mm. **Obv:** National arms **Rev:** Value within wreath **Note:** Size varies.

Date	Mintage	VG8	F12	VF20	XF40	MS60
1915 C.M.	—	9.00	15.00	22.50	50.00	—

10 CENTAVOS

KM# 654 Copper, 25.25-26mm. **Obv:** National arms **Rev:** Value and date within wreath **Note:** Size varies. Weight varies. 4.48-8.77g.

Date	Mintage	VG8	F12	VF20	XF40
1915 C.M. GRO	—	6.00	10.00	20.00	30.00

20 CENTAVOS

KM# 655 Copper, 28mm. **Obv:** National arms **Rev:** Date above star and value within wreath **Note:** Weight varies 4.48-9g.

Date	Mintage	VG8	F12	VF20	XF40
1915 C.M. GRO	—	15.00	25.00	35.00	50.00

50 CENTAVOS

KM# 656 Copper, 29-31mm. **Obv:** National arms **Rev:** Date and value within wreath **Note:** Size varies. Weight varies 9.81-16.77g.

Date	Mintage	VG8	F12	VF20	XF40
1915 C.M. GRO	—	12.00	20.00	30.00	60.00

KM# 657 Copper, 30-31mm. **Obv:** National arms **Rev:** Date and value within wreath **Note:** Regular obverse. Size varies. Weight varies 6.49-13.19g.

Date	Mintage	VG8	F12	VF20	XF40
1915 C.M. GRO	—	6.00	10.00	15.00	50.00

KM# 657a Billon, **Obv:** National arms **Rev:** Date and value within wreath **Note:** Regular obverse.

Date	Mintage	VG8	F12	VF20	XF40
1915 C.M. GRO	—	200	300	500	1,000

PESO (UN)

KM# 658 Gold with Silver, 32-32.5mm. **Obv:** National arms **Rev:** Liberty cap **Rev. Inscription:** Oro: 0,300 **Note:** Weight varies 12.42-16.5g. Coin is 0.300g fine Gold.

Date	Mintage	VG8	F12	VF20	XF40
1914 Co Mo Gro	—	500	600	1,000	1,200

KM# 658a Brass, **Obv:** National arms **Rev:** Liberty cap

Date	Mintage	VG8	F12	VF20	XF40
1914 Co Mo Gro Unique	—	—	—	—	10,000

KM# 659 Gold with Silver, 30-31mm. **Obv:** National arms **Rev:** Liberty cap within sprigs **Rev. Inscription:** Oro: 0,300 **Note:** Weight varies 12.26-15.81g. Coin is 0.300g fine Gold.

Date	Mintage	VG8	F12	VF20	XF40
1914 CAMPO Mo	—	20.00	35.00	50.00	85.00

2 PESOS (DOS)

KM# 660 Gold with Silver, 38.9-39mm. **Obv:** National arms **Rev:** Sun over mountains **Rev. Inscription:** Oro: 0,595 **Note:** Weight varies 20.6-26.02g. Coin is 0.595g fine Gold.

Date	Mintage	VG8	F12	VF20	XF40	MS60
1915 Co. Mo.	—	18.00	22.00	40.00	85.00	425

KM# 660a Copper, **Obv:** National arms **Rev:** Sun over mountains

Date	Mintage	VG8	F12	VF20	XF40
1915 Co. Mo.	—	—	800	1,000	1,200

KM# 661 29.44 g., Gold with Silver, 39mm. **Obv:** National arms **Rev:** Sun and mountains **Rev. Inscription:** Oro: 0,595 **Note:** Coin is 0.595g fine Gold.

Date	Mintage	VG8	F12	VF20	XF40
1915 Co. Mo.	—	2,500	5,000	9,000	15,000

KM# 662 0.60 g., 1.000 Gold with Silver, 0.0191 oz. 34.5-35mm. **Obv:** National arms **Rev:** Liberty cap **Note:** Size varies. Weight varies 18.27-20.08g.

Date	Mintage	VG8	F12	VF20	XF40
1915 C. M. GRO	—	25.00	35.00	65.00	125

KM# 662a.1 Copper, **Obv:** National arms **Rev:** Liberty cap

Date	Mintage	VG8	F12	VF20	XF40
1915 C. M. GRO	—	—	—	—	1,200

KM# 662a.2 Copper, **Obv:** National arms **Rev:** Liberty cap

Date	Mintage	VG8	F12	VF20	XF40
1915 C. M. GRO Unique	—	—	—	—	—

CHILPANCINGO

10 CENTAVOS

KM# 663 2.52 g., Cast Silver, 18mm. **Obv:** National arms **Rev:** Sun above value and sprigs

Date	Mintage	VG8	F12	VF20	XF40	MS60
1914	—	700	1,000	1,200	1,500	—

Note: Many counterfeits exist

20 CENTAVOS

KM# 664 4.94 g., Cast Silver, 21.5mm. **Obv:** National arms **Rev:** Sun above value and sprigs

Date	Mintage	VG8	F12	VF20	XF40	MS60
1914	—	700	1,000	1,200	1,500	—

Note: Many counterfeits exist

SURIANA
2 PESOS (DOS)

KM# 665 22.93 g., Gold with Silver, 39mm. **Obv:** National arms **Rev:** Sun over mountains **Rev. Inscription:** Oro: 0,595 **Note:** Coin is 0.595g fine Gold.

Date	Mintage	VG8	F12	VF20	XF40	MS60
1915 Rare	—	—	—	20,000	35,000	—

Note: Ira & Larry Goldberg - Millenia sale, 5-08 AU-55 replica. Ponterio & Associates sale, 4-09 VF realized $17,000. Spink America Gerber sale part 2, 6-96 VF realized $16,500

TAXCO
2 CENTAVOS

KM# 667 Copper, 25.25-26mm. **Obv:** National arms **Rev:** Value within sprigs **Obv. Legend:** EDO.

DE.GRO **Note:** Size varies. Weight varies 6.81-8.55g.

Date	Mintage	VG8	F12	VF20	XF40	MS60
1915 O/T	—	25.00	40.00	60.00	90.00	—

5 CENTAVOS

KM# 668 Copper, **Obv:** National arms **Rev:** Value within sprigs **Obv. Legend:** REPUBLICA * MEXICANA **Note:** Weight varies 7.13-7.39g.

Date	Mintage	VG8	F12	VF20	XF40	MS60
1915	—	10.00	20.00	40.00	80.00	—

10 CENTAVOS

KM# 669 Copper, 27-28mm. **Obv:** National arms **Rev:** Date and value within sprigs **Obv. Legend:** REPUBLICA * MEXICANA **Note:** Size varies. Weight varies 7.51-8.67g.

Date	Mintage	VG8	F12	VF20	XF40	MS60
1915	—	9.00	20.00	35.00	50.00	—

50 CENTAVOS

KM# 670 5.45 g., Copper, 27-28mm. **Obv:** National arms with legend in large letters **Rev:** Value within sprigs **Note:** Size varies.

Date	Mintage	VG8	F12	VF20	XF40	MS60
1915	—	15.00	25.00	50.00	65.00	—

KM# 671 Silver, 27.6-28mm. **Obv:** National arms **Rev:** Sun above value and sprigs **Note:** Size varies. Weight varies 8.95-10.85g.

Date	Mintage	VG8	F12	VF20	XF40	MS60
1915	—	25.00	40.00	80.00	150	—

PESO (UN)

KM# 672 Gold with Silver, 30-31mm. **Obv:** National arms **Rev:** Liberty cap within sprigs **Rev. Inscription:** Oro: 0,300 **Note:** Weight varies 30-31g. Coin is 0.300g fine Gold.

Date	Mintage	VG8	F12	VF20	XF40	MS60
1915	—	18.00	22.00	50.00	90.00	—

KM# 672a Brass, **Obv:** National arms **Rev:** Liberty cap within sprigs

Date	Mintage	VG8	F12	VF20	XF40	MS60
1915	—	300	500	700	1,000	—

KM# 672b Lead, **Obv:** National arms **Rev:** Liberty cap within sprigs

Date	Mintage	VG8	F12	VF20	XF40	MS60
1915	—	50.00	200	300	500	—

KM# 672c Copper, **Obv:** National arms **Rev:** Liberty cap within sprigs

Date	Mintage	VG8	F12	VF20	XF40	MS60
1915	—	200	300	400	650	—

KM# 673 11.60 g., Gold with Silver, 30mm. **Obv:** National arms **Rev:** Liberty cap within sprigs **Rev. Inscription:** Oro: 0,300 **Note:** Coin is 0.300g fine Gold.

Date	Mintage	VG8	F12	VF20	XF40	MS60
1915	—	250	500	800	1,000	—

KM# 674 Gold with Silver, 30mm. **Obv:** National arms **Rev:** Liberty cap within sprigs **Rev. Inscription:** Oro: 0,300 **Note:** Weight varies 10.51-12.79g. Coin is 0.300g fine Gold.

Date	Mintage	VG8	F12	VF20	XF40	MS60
1915	—	100	200	300	550	—

JALISCO

Jalisco is a state on the west coast of Mexico. The few coins made for this state show that the *Army of the North* did not restrict their operations to the northern border states. The coins were made in Guadalajara under the watchful eye of General Dieguez, commander of this segment of Villa's forces.

GUADALAJARA

REVOLUTIONARY COINAGE

CENTAVO

KM# 675 Copper, **Obv:** Liberty cap **Rev:** Value

Date	Mintage	VG8	F12	VF20	XF40	MS60
1915	—	9.50	15.00	20.00	30.00	—

KM# 675a Brass, **Obv:** Liberty cap **Rev:** Value

Date	Mintage	VG8	F12	VF20	XF40	MS60
1915	—	—	—	400	550	—

KM# A676 Copper, **Obv:** Liberty cap **Rev:** Retrograde value **Note:** Varieties exist.

Date	Mintage	VG8	F12	VF20	XF40	MS60
1915	—	100	300	600	1,000	—

2 CENTAVOS

KM# 676.1 Copper, 20mm. **Obv:** Liberty cap **Rev:** Value

Date	Mintage	VG8	F12	VF20	XF40	MS60
1915	—	10.00	18.00	20.00	35.00	—

Note: Varieties exist.

KM# 676.2 Copper, **Obv:** Sm. Liberty cap **Rev:** Value

Date	Mintage	VG8	F12	VF20	XF40	MS60
1915	—	200	300	500	800	—

5 CENTAVOS

KM# 677 Copper, 24mm. **Obv:** Liberty cap **Rev:** Value

Date	Mintage	VG8	F12	VF20	XF40	MS60
1915	—	6.50	20.00	40.00	60.00	—

KM# 677a Brass, **Obv:** Liberty cap **Rev:** Value

Date	Mintage	VG8	F12	VF20	XF40	MS60
1915 rare	—	—	—	—	—	—

10 CENTAVOS

KM# 678 Copper, **Obv:** Liberty cap above value and date **Rev:** Crowned shield

Date	Mintage	VG8	F12	VF20	XF40	MS60
1915	—	—	—	5,000	12,000	—

PESO

KM# A678 Copper, **Obv:** Liberty cap above value and date **Rev:** Crowned shield

Date	Mintage	VG8	F12	VF20	XF40	MS60
1915	—	—	—	—	20,000	—

MEXICO, ESTADO DE

Estado de Mexico is a state in central Mexico that surrounds the Federal District on three sides. The issues by the Zapata forces in this state have two distinctions – the Amecameca pieces are the crudest and the Toluca cardboard piece is the most unusual. General Tenorio authorized the crude incuse Amecameca pieces.

AMECAMECA

REVOLUTIONARY COINAGE

5 CENTAVOS

KM# 679 12.55 g., Brass, 24.5mm. **Obv:** Legend **Rev:** Value above cent sign **Obv. Legend:** EJERCITO CONVENCIONISTA

Date	Mintage	VG8	F12	VF20	XF40	MS60
ND unique	—	—	—	—	—	—

KM# 680 12.77 g., Brass, 24.6mm. **Obv:** National arms above RM **Rev:** Value above cent sign **Note:** Hand stamped.

Date	Mintage	VG8	F12	VF20	XF40	MS60
ND	—	300	500	800	1,000	—

10 CENTAVOS

KM# 681 15.00 g., Brass, 24.5-24.8mm. **Obv:** National arms above RM **Rev:** Value above cent sign **Note:** Hand stamped. Varieties exist. Size varies.

Date	Mintage	VG8	F12	VF20	XF40	MS60
ND	—	60.00	90.00	150	200	—

KM# 681a Copper, **Obv:** National arms above RM **Rev:** Value above cent sign **Note:** Hand stamped.

Date	Mintage	VG8	F12	VF20	XF40	MS60
ND	—	75.00	125	225	350	—

20 CENTAVOS

KM# 682 Brass, 24-25mm. **Obv:** National arms above RM **Rev:** Value above cent sign **Note:** Hand stamped. Varieties exist. Size varies. Weight varies 11.34-12.86g.

Date	Mintage	VG8	F12	VF20	XF40	MS60
ND	—	15.00	22.50	35.00	60.00	—

KM# 682a Copper, **Obv:** National arms above RM **Rev:** Value above cent sign **Note:** Hand stamped.

Date	Mintage	VG8	F12	VF20	XF40	MS60
ND	—	25.00	50.00	175	250	—

KM# 683 Copper, 19-20mm. **Obv:** National arms above A. D. J. **Rev:** Value **Note:** Size varies. Weight varies 3.99-5.35g.

Date	Mintage	VG8	F12	VF20	XF40	MS60
ND	—	7.50	12.50	20.00	35.00	—

KM# 683a Brass, **Obv:** National arms above A. D. J. **Rev:** Value

Date	Mintage	VG8	F12	VF20	XF40	MS60
ND	—	—	—	300	500	—

25 CENTAVOS

KM# 684 Brass, **Obv:** Legend **Rev:** Value above cent sign **Obv. Legend:** EJERCITO CONVENCIONISTA

Date	Mintage	VG8	F12	VF20	XF40	MS60
ND unique	—	—	—	—	—	—

KM# 685 Copper, 25mm. **Obv:** National arms above sprigs **Rev:** Large numeral value **Note:** Hand stamped. Many modern counterfeits exist in all metals. Weight varies 6.32-6.99g.

Date	Mintage	VG8	F12	VF20	XF40	MS60
ND	—	15.00	20.00	30.00	40.00	—

KM# 685a 7.92 g., Brass, 25mm. **Obv:** National arms above sprigs **Rev:** Large numeral value **Note:** Hand stamped.

Date	Mintage	VG8	F12	VF20	XF40	MS60
ND	—	—	—	100	300	—

KM# 685b Silver, **Obv:** National arms above sprigs **Rev:** Large numeral value **Note:** Hand stamped.

Date	Mintage	VG8	F12	VF20	XF40	MS60
ND	—	—	—	300	500	—

50 CENTAVOS

KM# 686 Copper, 28-28.5mm. **Obv:** Eagle over sprays **Note:** Hand stamped. Size varies.

Date	Mintage	VG8	F12	VF20	XF40	MS60
ND	—	8.00	10.00	18.00	30.00	—

KM# 686a 16.04 g., Brass, 28.5mm. **Obv:** National arms above sprigs **Rev:** Large numeral value **Note:** Hand stamped.

Date	Mintage	VG8	F12	VF20	XF40	MS60
ND	—	100	200	300	400	—

Note: Stem of "$\cent$" above the 5

KM# 687 Copper, 23.5-29mm. **Obv:** National arms above sprigs **Rev:** Large numeral value **Note:** Contemporary counterfeit, hand engraved. Size varies. Weight varies 8.8-10.8g.

Date	Mintage	VG8	F12	VF20	XF40	MS60
ND	—	12.00	30.00	50.00	80.00	—

Note: "$\cent$" clears top of 5

TENANCINGO, TOWN

2 CENTAVOS

KM# 688.1 Copper, **Obv:** National arms **Rev:** Value within wreath without TM below value

Date	Mintage	VG8	F12	VF20	XF40	MS60
1915	—	—	400	2,000	6,000	—

KM# 688.2 Copper, **Obv:** National arms **Rev:** Value within wreath with TM below value

Date	Mintage	VG8	F12	VF20	XF40	MS60
1915	—	—	400	1,000	5,000	—

5 CENTAVOS

KM# 689.1 Copper, 19mm. **Obv:** National arms **Rev:** Numeral value over lined C within wreath **Note:** Weight varies 2.83-2.84g.

Date	Mintage	VG8	F12	VF20	XF40	MS60
1915	—	10.00	20.00	40.00	60.00	—

KM# 689.2 Copper, 19mm. **Obv:** National arms **Rev:** Numeral value over solid C within wreath **Note:** Weight varies 2.83-2.84g.

Date	Mintage	VG8	F12	VF20	XF40	MS60
1915	—	200	400	800	1,200	—

10 CENTAVOS

KM# 690.1 Copper, 25.25mm. **Obv:** National arms **Rev:** Value within wreath below date **Note:** Weight varies 4.27-5.64g.

Date	Mintage	VG8	F12	VF20	XF40	MS60
1916	—	10.00	20.00	40.00	80.00	—

KM# 690.2 Copper, 25.25mm. **Obv:** National arms **Rev:** Value over lined C within wreath **Note:** Weight varies 4.27-5.64g.

Date	Mintage	VG8	F12	VF20	XF40	MS60
1916	—	100	300	500	800	—

20 CENTAVOS

KM# 691 Copper, 27.5-28mm. **Obv:** National arms **Rev:** Value and date above sprigs **Note:** Size varies. Weight varies 8.51-11.39g.

Date	Mintage	VG8	F12	VF20	XF40	MS60
1915	—	25.00	40.00	55.00	85.00	—

TOLUCA, CITY

5 CENTAVOS

KM# 692.1 Cardboard grey in color, 27-28mm. **Obv:** Crowned shield within sprigs **Rev:** Banner across large numeral value **Note:** Size varies. Weight varies 1.04-1.16g.

Date	Mintage	VG8	F12	VF20	XF40	MS60
1915	—	15.00	30.00	50.00	100	—

KM# 692.2 Cardboard grey in color, 27-28mm. **Obv:** Crowned shield within sprigs **Rev:** Banner accross large numeral value **Note:** Size varies. Weight varies 1.04-1.16g.

Date	Mintage	VG8	F12	VF20	XF40	MS60
1915	—	15.00	30.00	50.00	100	—

COUNTERMARKED COINAGE

20 CENTAVOS

KM# 693.1 Copper, 20mm. **Obv:** National arms **Rev:** Numeral 20 within C and inner circle within sprigs **Note:** Countermark on 1 Centavo, KM#415. Varieties exist. Weight varies 2.65-2.95g.

CM Date	Host Date	VG8	F12	VF20	XF40	MS60
ND(1915)		20.00	40.00	55.00	95.00	—

KM# 693.2 Copper, 20mm. **Obv:** National arms **Rev:** Numeral 20 within C and inner circle within 3/4 wreath **Note:** Countermark on 1 Centavo, KM#394.1. Weight varies 2.65-2.95g.

CM Date	Host Date	VG8	F12	VF20	XF40	MS60
ND(1915)	1904	30.00	50.00	90.00	165	—

40 CENTAVOS

KM# 694 5.86 g., Copper, 24.75-25mm. **Obv:** National arms **Rev:** Numeral 40 within C and inner circle within wreath **Note:** Countermark on 2 Centavos, KM#419. Varieties exist. Size varies.

CM Date	Host Date	VG8	F12	VF20	XF40	MS60
ND(1915)		25.00	60.00	80.00	150	—

MORELOS

Morelos is a state in south central Mexico, adjoining the federal district on the south. It was the headquarters of Emiliano Zapata. His personal quarters were at Tlatizapan in Morelos. The Morelos coins from 2 Centavos to 1 Peso were all copper except one type of 1 Peso in silver. The two operating Zapatista mints in Morelos were Atlihuayan and Tlaltizapan.

EMILIANO ZAPATA

REVOLUTIONARY COINAGE

2 CENTAVOS

KM# 695 Copper, 23mm. **Obv:** National arms **Rev:** Value within wreath **Obv. Legend:** E.L. DE MORELOS

Date	Mintage	VG8	F12	VF20	XF40	MS60
1915	—	1,000	1,400	1,800	2,750	—

5 CENTAVOS

KM# 696 9.00 g., Copper, 25.9mm. **Obv:** National arms **Rev:** Value within 3/4 wreath **Rev. Legend:** E. DE MOR. 1915

Date	Mintage	VG8	F12	VF20	XF40	MS60
1915	—	300	800	2,000	5,000	—

10 CENTAVOS

KM# 697 8.69 g., Copper, 24mm. **Obv:** National arms **Rev:** Value within lined C and wreath

Date	Mintage	VG8	F12	VF20	XF40	MS60
1915	—	12.00	20.00	30.00	40.00	—

KM# 698 Copper, 24-24.5mm. **Obv:** National arms **Rev:** Value within lined C and wreath with date effaced from die **Note:** Size varies. Weight varies 4.83-6.8g.

Date	Mintage	VG8	F12	VF20	XF40	MS60
ND	—	12.00	20.00	35.00	55.00	—

KM# 699 Copper, **Obv:** National arms **Rev:** Date and value within wreath **Rev. Legend:** E. DE MOR

Date	Mintage	VG8	F12	VF20	XF40	MS60
1915	—	1,000	2,000	3,000	8,000	—

KM# 700 Copper, 28mm. **Obv:** National arms **Rev:** Date and value within wreath **Rev. Legend:** MOR **Note:** Weight varies 5.56-8.36g.

Date	Mintage	VG8	F12	VF20	XF40	MS60
1916	—	5.00	20.00	40.00	60.00	—

20 CENTAVOS

KM# 701 Copper, 23.75-24.75mm. **Obv:** National arms **Rev:** Value within lined C and 3/4 wreath **Note:** Size varies. Weight varies 3.88-4.15g.

Date	Mintage	VG8	F12	VF20	XF40	MS60
1915	—	9.00	15.00	25.00	35.00	—

50 CENTAVOS

KM# 702 Copper, 28.8mm. **Obv:** National arms with MOR beneath eagle **Rev:** 50C monogram

Date	Mintage	VG8	F12	VF20	XF40	MS60
1915	—	300	500	900	1,450	—

KM# 703 Copper, 28-29.5mm. **Obv:** National arms **Rev:** Numeral value within lined C and 1/2 wreath **Note:** This coin exists with a silver and also a brass wash. Size varies. Weight varies 5.73-13.77g.

Date	Mintage	VG8	F12	VF20	XF40	MS60
1915	—	12.50	17.50	30.00	50.00	—

KM# 703a Brass, **Obv:** National arms above sprigs **Rev:** 50C monogram

Date	Mintage	VG8	F12	VF20	XF40	MS60
1915	—	100	200	400	600	—

KM# 706 Copper, 28mm. **Obv:** National arms **Rev:** Date above large numeral value **Rev. Legend:** REFORMA LIBERTAD JUSTICIA Y LEY

Date	Mintage	VG8	F12	VF20	XF40	MS60
1915	—	400	600	1,000	1,800	—

KM# 704 Copper, 29-30mm. **Obv:** National arms with Morelos written below **Rev:** Value within wreath **Note:** Size varies. Weight varies 8.56-11.47g.

Date	Mintage	VG8	F12	VF20	XF40	MS60
1916	—	12.50	20.00	40.00	60.00	—

PESO (UN)

KM# 708 Silver, **Obv:** National arms **Rev:** Liberty cap within wreath

Date	Mintage	VG8	F12	VF20	XF40	MS60
1916	—	450	750	1,150	1,850	—

KM# 708a 10.00 g., Copper, 30mm. **Obv:** National arms **Rev:** Liberty cap within wreath

Date	Mintage	VG8	F12	VF20	XF40	MS60
1916	—	500	1,000	1,200	2,300	—

OAXACA

Oaxaca is one of the southern states in Mexico. The coins issued in this state represent the most prolific series of the Revolution. Most of the coins bear the portrait of Benito Juarez, have corded or plain edges and were issued by a provisional government in the state. The exceptions are the rectangular 1 and 3 Centavos pieces that begin the series.

REVOLUTIONARY COINAGE

PROVISIONAL GOVERNMENT

REVOLUTIONARY COINAGE

CENTAVO (UN)

KM# 709 Copper, 19mm. **Obv:** Legend within beaded rectangle **Rev:** Legend within beaded rectangle **Note:** Rectangular flan.

Date	Mintage	VG8	F12	VF20	XF40	MS60
1915	—	90.00	125	400	650	—

KM# 710 Copper, 18mm. **Obv:** Bust left with date flanked by stars below **Rev:** Value within lined C and 1/2 wreath

Date	Mintage	VG8	F12	VF20	XF40	MS60
1915	—	12.00	17.50	25.00	40.00	—

KM# 710a Brass, **Obv:** Head left with date flanked by stars below **Rev:** Value within lined C and 1/2 wreath

Date	Mintage	VG8	F12	VF20	XF40	MS60
1915	—	50.00	100	200	350	—

3 CENTAVOS (TRES)

KM# 711 Copper, 24mm. **Obv:** Legend within rectangle with date below, stars in corners **Rev:** Legend within rectangle with stars in corners **Rev. Legend:** PROVISIO... **Note:** Rectangular flan.

Date	Mintage	VG8	F12	VF20	XF40	MS60
1915	—	100	200	400	600	—

KM# 712 Copper, **Obv:** Legend within rectangle with date below, stars in corners **Rev:** Legend within rectangle with stars in corners **Rev. Legend:** PROVISI... **Note:** Rectangular flan.

Date	Mintage	VG8	F12	VF20	XF40	MS60
1915	—	2,000	4,000	6,000	10,000	—

KM# 713.1 2.25 g., Copper, 20mm. **Obv:** Bust left flanked by stars below **Rev:** Value above sprigs **Note:** Without TM below value

Date	Mintage	VG8	F12	VF20	XF40	MS60
1915	—	3.00	5.00	12.00	50.00	—

KM# 713.2 2.25 g., Copper, 20mm. **Obv:** Bust left flanked by stars below **Rev:** Value above sprigs **Edge:** Plain **Note:** Without TM below value

Date	Mintage	VG8	F12	VF20	XF40	MS60
1915	—	—	—	70.00	100	—

KM# 713.3 2.25 g., Copper, 20mm. **Obv:** Bust left flanked by stars below **Rev:** Value above sprigs **Note:** With TM below value

Date	Mintage	VG8	F12	VF20	XF40	MS60
1915	—	100	200	500	600	—

KM# 714 Copper, 20mm. **Obv:** Bust left **Rev:** Value above sprigs **Note:** Small 3

Date	Mintage	VG8	F12	VF20	XF40	MS60
1915	—	6.00	10.00	15.00	30.00	—

5 CENTAVOS

KM# 715 Copper, **Note:** JAN. 15 1915. incuse lettering

Date	Mintage	VG8	F12	VF20	XF40	MS60
1915 Rare	—	—	—	—	—	—

KM# 717 Copper, 22mm. **Obv:** Low relief bust left with date flanked by stars below **Rev:** Value above sprigs **Note:** Low relief with long, pointed truncation

Date	Mintage	VG8	F12	VF20	XF40	MS60
1915	—	1.50	3.00	4.50	12.00	—

KM# 718 Copper, 22mm. **Obv:** Raised bust left with date flanked by stars below **Rev:** Value above sprigs **Note:** Heavy with short unfinished lapels

Date	Mintage	VG8	F12	VF20	XF40	MS60
1915	—	1.50	2.50	4.00	12.00	—

KM# 719 Copper, 22mm. **Obv:** Raised bust left with date flanked by stars below **Rev:** Value above sprigs **Note:** Curved bottom

Date	Mintage	VG8	F12	VF20	XF40	MS60
1915	—	1.50	2.50	4.00	12.00	—

KM# 720 Copper, 22mm. **Obv:** Bust left with date flanked by stars below **Rev:** Value above sprigs **Note:** Short truncation with closed lapels

Date	Mintage	VG8	F12	VF20	XF40	MS60
1915	—	1.50	3.00	4.50	12.00	—

KM# 721 Copper, 22mm. **Obv:** Bust left with date flanked by stars below **Rev:** Value above sprigs **Note:** Short curved truncation

Date	Mintage	VG8	F12	VF20	XF40	MS60
1915	—	1.50	2.50	5.00	12.00	—

KM# 716 Copper, **Obv:** Bust facing within circle **Rev:** Value above sprigs

Date	Mintage	VG8	F12	VF20	XF40	MS60
1915	—	—	—	—	12,000	—

10 CENTAVOS

KM# 722 Copper, **Obv:** Low relief bust left with date flanked by stars below **Rev:** Value above sprigs **Note:** Low relief with long pointed truncation

Date	Mintage	VG8	F12	VF20	XF40	MS60
1915	—	1.50	2.50	5.00	12.00	—

KM# 723 Copper, **Obv:** Bust left with date flanked by stars below **Rev:** Value above sprigs **Note:** Obverse and reverse legend retrograde.

Date	Mintage	VG8	F12	VF20	XF40	MS60
1915 Rare	—	—	—	—	—	—

KM# 724 Copper, 26.5mm. **Obv:** Raised bust left with date flanked by stars below **Rev:** Value above sprigs **Note:** Bold and unfinished truncation using 1 peso obverse die of KM#740

Date	Mintage	VG8	F12	VF20	XF40	MS60
1915	—	3.00	5.00	8.00	12.00	—

KM# 725 Copper, 26.5mm. **Obv:** Bust left with date flanked by stars below **Rev:** Value above sprigs **Note:** Heavy with short unfinished lapels centered high

Date	Mintage	VG8	F12	VF20	XF40	MS60
1915	—	1.50	2.50	4.00	12.00	—

KM# 726 Copper, **Obv:** Raised bust left with date flanked by stars below **Rev:** Value above sprigs **Note:** Curved bottom

Date	Mintage	VG8	F12	VF20	XF40	MS60
1915	—	1.50	2.50	4.00	12.00	—

KM# 727.1 Copper, **Obv:** Raised bust left with date flanked by stars below **Rev:** Value above sprigs **Note:** Short truncation with closed lapels

Date	Mintage	VG8	F12	VF20	XF40	MS60
1915	—	1.50	2.50	4.00	12.00	—

KM# 727.2 Copper, **Obv:** Bust left with date flanked by stars below **Rev:** Value above sprigs **Note:** At present, only four pieces of this type are known. All are VF or better; T below bow with M below first leaf

Date	Mintage	VG8	F12	VF20	XF40	MS60
1915	—	—	—	500	700	—

KM# 727.3 Copper, **Obv:** Raised bust left flanked by letters GV with date flanked by stars below **Rev:** Value above sprigs **Note:** This counterstamp appears on several different type host 10 cent coins.

Date	Mintage	VG8	F12	VF20	XF40	MS60
1915	—	100	200	400	500	—

Note: Letters GV correspond to General Garcia Vigil

20 CENTAVOS

KM# 728 Silver, 19mm. **Obv:** Low relief bust left with date flanked by stars below **Rev:** Value above sprigs **Note:** Low relief with long pointed truncation

Date	Mintage	VG8	F12	VF20	XF40	MS60
1915	—	800	2,000	4,000	6,000	—

KM# 728a Copper, 19mm. **Obv:** Bust left with date flanked by stars below **Rev:** Value above sprigs **Note:** Low relief with long pointed truncation

Date	Mintage	VG8	F12	VF20	XF40	MS60
1915 Rare	—	—	—	—	—	—

KM# 729.1 Copper, **Obv:** Raised bust left with date flanked by stars below **Rev:** Value above sprigs **Note:** Unfinished truncation using 1 peso obverse die

Date	Mintage	VG8	F12	VF20	XF40	MS60
1915	—	1.50	3.00	4.50	12.00	—

KM# 729.2 Copper, **Obv:** Bust left with date flanked by stars below **Rev:** Value above sprigs **Note:** Counterstamp: Liberty cap and rays with bold unfinished truncation using 1 peso obverse die

Date	Mintage	VG8	F12	VF20	XF40	MS60
1915	—	100	150	300	375	—

KM# 730 Copper, **Obv:** Bust left with date flanked by stars below **Rev:** Value above sprigs **Note:** 5th bust, heavy with short unfinished lapels using 20 Pesos obverse die

Date	Mintage	VG8	F12	VF20	XF40	MS60
1915	—	5.00	7.00	10.00	15.00	—

KM# 731.1 Copper, 31mm. **Obv:** Raised bust left with date flanked by stars below **Rev:** Value above sprigs **Note:** Curved bottom

Date	Mintage	VG8	F12	VF20	XF40	MS60
1915	—	1.50	2.50	5.00	12.00	—

KM# 731.2 Copper, **Obv:** Raised bust left with date flanked by stars below **Rev:** Value above sprigs **Note:** Similar to KM#731.1 but with fourth bust.

Date	Mintage	VG8	F12	VF20	XF40	MS60
1915 Unique	—	—	—	—	—	—

REVOLUTIONARY COINAGE

KM# 732 Copper, **Obv:** Raised bust left with date flanked by stars below **Rev:** Value above sprigs

Date	Mintage	VG8	F12	VF20	XF40	MS60
1915	—	1.50	2.50	4.00	12.00	—

KM# 733 Copper, **Obv:** Bust left with date flanked by stars below **Rev:** Value above sprigs **Note:** 7th bust, short truncation with closed lapels

Date	Mintage	VG8	F12	VF20	XF40	MS60
1915	—	1.50	3.00	4.50	12.00	—

50 CENTAVOS

KM# 734 4.07 g., Silver, 22mm. **Obv:** Raised bust left with date flanked by stars below **Rev:** Value above sprigs **Note:** Heavy with short unfinished lapels

Date	Mintage	VG8	F12	VF20	XF40	MS60
1915	—	10.00	20.00	50.00	100	—

KM# 735 Silver, 22mm. **Obv:** Raised bust left with date flanked by stars below **Rev:** Value above sprigs **Note:** Curved bottom

Date	Mintage	VG8	F12	VF20	XF40	MS60
1915	—	8.00	15.00	30.00	75.00	—

KM# 736 Silver, **Obv:** Bust left with date flanked by stars below **Rev:** Value above sprigs **Note:** Short truncation with closed lapels

Date	Mintage	VG8	F12	VF20	XF40	MS60
1915	—	8.00	15.00	30.00	75.00	—

KM# 737 4.54 g., Silver, 22mm. **Obv:** Bust left with date flanked by stars below **Rev:** Value above sprigs **Note:** Short truncation with pronounced curve

Date	Mintage	VG8	F12	VF20	XF40	MS60
1915	—	10.00	15.00	25.00	75.00	—

KM# 739 Billon, 28mm. **Obv:** Raised bust left with date flanked by stars below **Rev:** Value above sprigs **Note:** Ninth bust, high nearly straight truncation

Date	Mintage	VG8	F12	VF20	XF40	MS60
1915	—	—	—	8,000	—

KM# 739a Copper, 28mm. **Obv:** Raised bust left with date flanked by stars below **Rev:** Value above sprigs **Note:** Ninth bust, high nearly straight truncation

Date	Mintage	VG8	F12	VF20	XF40	MS60
1915	—	—	—	8,000	—

PESO (UN)

KM# 740.1 Silver, 26mm. **Obv:** Raised bust left with date flanked by stars below **Rev:** Written value above sprigs **Note:** Fourth bust with heavy unfinished truncation

Date	Mintage	VG8	F12	VF20	XF40	MS60
1915	—	7.00	12.00	30.00	50.00	—

KM# 740.2 Silver, 26mm. **Obv:** Raised bust left with date flanked by stars below **Rev:** Written value above sprigs **Note:** Fourth bust with heavy unfinished truncation w/TM.

Date	Mintage	VG8	F12	VF20	XF40	MS60
1915	—	150	300	400	1,000	—

KM# 741 Silver, **Obv:** Raised bust with date flanked by stars below **Rev:** Value above sprigs **Note:** Fifth bust, heavy with short unfinished lapels, centered high

Date	Mintage	VG8	F12	VF20	XF40	MS60
1915	—	8.00	10.00	35.00	45.00	—

KM# 742 Silver, **Obv:** Low relief bust left with date flanked by stars below **Rev:** Value above sprigs **Note:** Sixth bust; curved bottom line

Date	Mintage	VG8	F12	VF20	XF40	MS60
1915	—	10.00	15.00	30.00	50.00	—

KM# 742a Copper, **Obv:** Low relief bust left with date flanked by stars below **Rev:** Value above sprigs **Note:** Sixth bust; curved bottom line

Date	Mintage	VG8	F12	VF20	XF40	MS60
1915	—	—	—	—	600	—

KM# 743 Silver, **Obv:** Low relief bust left with date flanked by stars below **Rev:** Value above sprigs **Note:** Seventh bust, short truncation with closed lapels

Date	Mintage	VG8	F12	VF20	XF40	MS60
1915	—	10.00	20.00	30.00	50.00	—

KM# 743a Silver, **Obv:** Low relief bust left with date flanked by stars below **Rev:** Value above sprigs **Note:** Seventh bust, short truncation with closed lapels

Date	Mintage	VG8	F12	VF20	XF40	MS60
1915	—	35.00	75.00	150	200	—

2 PESOS (DOS)

KM# 744 Silver, 30mm. **Obv:** Raised bust left with date flanked by stars below **Rev:** Value above sprigs **Note:** Fourth bust, using 1 peso obverse die

Date	Mintage	VG8	F12	VF20	XF40	MS60
1915	—	18.00	28.00	45.00	75.00	—

KM# 744a Copper, **Obv:** Raised bust left with date flanked by stars below **Rev:** Value above sprigs **Note:** Fourth bust, using 1 peso obverse die

Date	Mintage	VG8	F12	VF20	XF40	MS60
1915 Rare	—	—	—	—	—	—

KM# 745 Gold with Silver, 22mm. **Obv:** Low relief bust left with date flanked by stars below **Rev:** Value above sprigs **Note:** 0.902 Silver, 0.010 Gold. Fifth bust, curved bottom 2 over pesos

Date	Mintage	VG8	F12	VF20	XF40	MS60
1915	—	15.00	25.00	50.00	110	—

KM# 745a Copper, **Obv:** Low relief bust left with date flanked by stars below **Rev:** Value above sprigs **Note:** Fifth bust, curved bottom 2 over pesos

Date	Mintage	VG8	F12	VF20	XF40	MS60
1915	—	75.00	100	200	400	—

KM# A746 Copper, **Obv:** Raised bust left with date flanked by stars below **Rev:** Balance scale below liberty cap **Note:** Seventh bust, short truncation with closed lapels

Date	Mintage	VG8	F12	VF20	XF40	MS60
1915 Unique	—	—	—	—	—	—

KM# 746 Silver, **Obv:** Raised bust left with date flanked by stars below **Rev:** Balance scale below liberty cap

Date	Mintage	VG8	F12	VF20	XF40	MS60
1915	—	22.00	28.00	50.00	75.00	—

KM# 746a Copper, **Obv:** Bust left with date flanked by stars below **Rev:** Balance scale below liberty cap

Date	Mintage	G4	VG8	F12	VF20	XF40
1915	—	—	150	200	600	1,000

KM# A747 Silver, **Obv:** Bust left with date flanked by stars below **Rev:** Balance scale below liberty cap **Note:** Obverse die is free hand engraved.

Date	Mintage	VG8	F12	VF20	XF40	MS60
1915	—	—	—	185	275	—

KM# 747.1 13.44 g., Silver, 33mm. **Obv:** Bust left with date flanked by stars below **Rev:** Balance scale below liberty cap

Date	Mintage	VG8	F12	VF20	XF40	MS60
1915	—	20.00	25.00	55.00	95.00	—

KM# 747.2 13.44 g., Silver, 33mm. **Obv:** Bust left with date flanked by stars below **Rev:** Balance scale below liberty cap

Date	Mintage	VG8	F12	VF20	XF40	MS60
1915	—	22.00	28.00	60.00	100	—

KM# 747.3 13.44 g., Silver, 33mm. **Obv:** Bust left with date flanked by stars below **Rev:** Balance scale below liberty cap

Date	Mintage	VG8	F12	VF20	XF40	MS60
1915	—	20.00	30.00	60.00	100	—

KM# 748 0.902 Silver, 22mm. **Obv:** Bust left with date flanked by stars below **Rev:** Value above sprigs

Date	Mintage	VG8	F12	VF20	XF40	MS60
1915	—	20.00	30.00	60.00	100	—

KM# 749 Silver, **Obv:** Head left with date flanked by stars below **Rev:** Value above sprigs

Date	Mintage	VG8	F12	VF20	XF40	MS60
1915 Unique	—	—	—	—	5,000	—

5 PESOS

KM# 750 0.175 Gold, 19mm. **Obv:** Bust left **Rev:** Value above sprigs **Note:** Third bust, heavy, with short unfinished lapels

Date	Mintage	VG8	F12	VF20	XF40	MS60
1915	—	175	225	350	550	900

KM# 750a Copper, **Obv:** Bust left **Rev:** Value above sprigs **Note:** Third bust, heavy, with short unfinished lapels

Date	Mintage	VG8	F12	VF20	XF40	MS60
1915 Unique	—	—	—	—	—	—

KM# 751 16.77 g., Silver, 30mm. **Obv:** Low relief bust left with date flanked by stars below **Rev:** Value above sprigs **Note:** Seventh bust, short truncation with closed lapels

Date	Mintage	VG8	F12	VF20	XF40	MS60
1915	—	50.00	80.00	175	275	—

KM# 751a Copper, **Obv:** Low relief bust left with date flanked by stars below **Rev:** Value above sprigs **Note:** Seventh bust, short truncation with closed lapels

Date	Mintage	VG8	F12	VF20	XF40	MS60
1915	—	125	200	300	1,000	—

10 PESOS

KM# A752 0.150 Gold, **Obv:** Bust left with date flanked by stars below **Rev:** Value above sprigs

Date	Mintage	VG8	F12	VF20	XF40	MS60
1915 Rare	—	—	—	—	—	—

KM# 752 0.175 Gold, 23mm. **Obv:** Bust left with date flanked by stars below **Rev:** Value above sprigs

Date	Mintage	VG8	F12	VF20	XF40	MS60
1915	—	225	350	450	650	1,000

KM# 752a Copper, **Obv:** Bust left with date flanked by stars below **Rev:** Value above sprigs

Date	Mintage	VG8	F12	VF20	XF40	MS60
1915	—	800	1,500	2,000	4,000	—

20 PESOS

KM# A753 0.150 Gold, **Obv:** Bust left with date flanked by stars below **Rev:** Value above sprigs **Note:** Fourth bust

Date	Mintage	VG8	F12	VF20	XF40	MS60
1915 Unique	—	—	—	—	—	—

KM# 753 O.175 Gold, **Obv:** Bust left with date flanked by stars below **Rev:** Value above sprigs

Date	Mintage	VG8	F12	VF20	XF40	MS60
1915	—	400	500	800	1,000	1,500

KM# 754 0.175 Gold, 27mm. **Obv:** Bust left with date flanked by stars below **Rev:** Value above sprigs

Date	Mintage	VG8	F12	VF20	XF40	MS60
1915	—	250	450	650	950	1,700

60 PESOS

KM# 755 50.00 g., 0.859 Gold, 1.3809 oz. AGW **Obv:** Head left within 3/4 wreath **Rev:** Balance scale below liberty cap **Edge:** Reeded

Date	Mintage	F12	VF20	XF40	MS60	MS63
1916 Rare	—	—	10,000	20,000	35,000	—

KM# 755a Silver, **Obv:** Head left within 3/4 wreath **Rev:** Balance scales below liberty cap **Edge:** Reeded

Date	Mintage	F12	VF20	XF40	MS60	MS63
1916	—	—	—	—	—15,000	—

KM# 755b Copper, **Obv:** Head left within 3/4 wreath **Rev:** Balance scales below liberty cap **Edge:** Plain

Date	Mintage	F12	VF20	XF40	MS60	MS63
1916	—	—	—	2,000	5,000	—

PUEBLA

A state of central Mexico. Puebla was a state that occasionally saw Zapata forces active within its boundaries. Also active, and an issuer of coins, was the Madero brigade who issued coins with their name two years after Madero's death. The state issue of 2, 5, 10 and 20 Centavos saw limited circulation and recent hoards have been found of some values.

CHICONCUAUTLA

REVOLUTIONARY COINAGE

10 CENTAVOS

KM# 756 6.73 g., Copper, 27mm. **Obv:** Date below national arms **Rev:** Letters X and C entwined

Date	Mintage	VG8	F12	VF20	XF40	MS60
1915	—	7.50	12.50	17.50	25.00	—

20 CENTAVOS

KM# 757 Copper, 28mm. **Obv:** Date below national arms **Rev:** Value **Note:** Varieties exist.

Date	Mintage	VG8	F12	VF20	XF40	MS60
1915	—	2.50	4.00	6.50	12.00	—

KM# 758 Copper, 28mm. **Obv:** Date below national arms **Rev:** Value

Date	Mintage	VG8	F12	VF20	XF40	MS60
1915	—	2.50	4.00	6.50	12.00	—

TETELA DEL ORO Y OCAMPO

2 CENTAVOS

KM# 759 Copper, 16mm. **Obv:** National arms above date **Rev:** Value

Date	Mintage	VG8	F12	VF20	XF40
1915	—	12.50	20.00	28.00	45.00
1915 Restrikes	—	—	1.00	1.50	2.00

KM# 760 Copper, 20mm. **Obv:** National arms within beaded circle **Rev:** Value within beaded circle **Rev. Legend:** E. DE PU.

Date	Mintage	VG8	F12	VF20	XF40	MS60
1915	—	15.00	25.00	35.00	90.00	—

KM# 761 Copper, 20mm. **Obv:** National arms within beaded circle **Rev:** Value within beaded circle **Rev. Legend:** E. DE PUE.

Date	Mintage	VG8	F12	VF20	XF40	MS60
1915	—	9.00	20.00	25.00	50.00	—

5 CENTAVOS

KM# 762 Copper, 21mm. **Obv:** National arms within beaded circle **Rev:** Value within beaded circle

Date	Mintage	VG8	F12	VF20	XF40	MS60
1915	—	100	200	300	400	—

20 CENTAVOS

KM# 764 Copper, 24mm. **Obv:** National arms **Rev:** Value above sprigs

Date	Mintage	VG8	F12	VF20	XF40	MS60
1915	—	50.00	100	150	225	—

SINALOA

A state along the west coast of Mexico. The cast pieces of this state have been attributed to two people - Generals Rafael Buelna and Juan Carrasco. The cap and rays 8 Reales is usually attributed to General Buelna and the rest of the series to Carrasco. Because of their crude nature it is questionable whether separate series or mints can be determined.

BUELNA / CARRASCO

CAST COINAGE

Revolutionary

50 CENTAVOS

KM# 766 Cast Silver, 29-31mm. **Obv:** National arms **Rev:** Numeral value within wreath **Note:** Sand molded using regular 50 Centavos, KM#445. Size varies. Weight varies 12.81-14.8g.

Date	Mintage	G4	VG8	F12	VF20
ND(1905-1918)	—	200	300	—	—

COUNTERMARKED COINAGE

Revolutionary

These are all crude sand cast coins using regular coins to prepare the mold. Prices below give a range for how much of the original coin from which the mold was prepared is visible.

20 CENTAVOS

KM# 765 Cast Silver, **Obv:** National arms within beaded circle **Rev:** Value within beaded circle **Note:** Sand molded using regular 20 Centavos.

Date	Mintage	G4	VG8	F12	VF20
ND(1898-1905)	—	200	300	—	—

50 CENTAVOS

KM# 767 Cast Silver, **Obv:** National arms with additional countermark **Rev:** Value and date within wreath with liberty cap above **Countermark:** G.C. **Note:** Sand molded using regular 50 Centavos, KM#445.

CM Date	Host Date	G4	VG8	F12	VF20
ND0	(1905-1918)	100	150	200	300

PESO

KM# 768.1 Cast Silver, 38.8-39mm. **Note:** Sand molded using regular 8 Reales, KM#377. Size varies. Weight varies 26-33.67g.

Date	Mintage	G4	VG8	F12	VF20
ND(1824-97)	—	20.00	35.00	45.00	60.00

KM# 768.2 Cast Silver, 38.5-39mm. **Obv:** With additional countermark **Countermark:** G.C. **Note:** Sand molded using regular 8 Reales, KM#377. Size varies. Weight varies 26-33.67g.

CM Date	Host Date	G4	VG8	F12	VF20
ND(ca.1915)	(1824-97)	25.00	45.00	100	150

KM# 769 Cast Silver, **Note:** Sand molded using regular Peso, KM#409.

Date	Mintage	G4	VG8	F12	VF20
ND(1898-1909)	—	15.00	25.00	40.00	55.00

KM# 770 Cast Silver, 38.5mm. **Obv:** National arms with additional countermark **Rev:** Liberty cap with additional countermark **Countermark:** G.C **Note:** Sand molded using regular Peso, KM#409.

CM Date	Host Date	G4	VG8	F12	VF20
ND(ca.1915)	(1898-1909)	35.00	65.00	150	185

Note: Many C/S counterfeits exist

Resources

The following list contains industry contact information pertaining to each country included in *North American Coins & Prices*. We have provided lists for each country containing national mint, auction and dealer information to help you seek out additional information based upon your needs. We have also included information on some of the organizations, grading services and publications that round out the North American numismatic community. We hope that this guide will help in your enjoyment of coin collecting.

United States	**Canada**	**Mexico**
www.usmint.gov	www.mint.ca	www.cmm.gob.mx
www.ha.com	www.canadiancoinsandpaper money.com	www.SedwickCoins.com
www.goldbergcoins.com	www.stacksbowers.com	www.elmundodelamoneda.com
www.lccoins.com	www.cdncoin.com	www.donbailey-mexico.com
www.coastcoin.com	www.TalismanCoins.com	www.blackmountaincoins.com
www.apmex.com	www.gatewestcoin.com	www.worldnumismatics.com

ORGANIZATIONS:

American Numismatic Association (ANA)

American Numismatic Association
818 North Cascade Avenue
Colorado Springs, CO 80903
General Phone: 800-367-9723
Membership Phone: 800-514-2646
Email the Membership Department:
  membership@money.org
Email the ANA: ana@money.org
Fax: 719-634-4085
Website: www.money.org
Facebook: www.facebook.com/numismatics

The Royal Canadian Numismatic Association (RCNA)

The Royal Canadian Numismatic Association
5694 Highway #7 East, Suite 432 Markham
  ON Canada L3P 1B4
Telephone / Téléphone: 647-401-4014
Email / Courriel: info@rcna.ca
Website: www.rcna.ca
Facebook: www.facebook.com/TheRCNA

U.S. Mexican Numismatic Association

Produce a quarterly journal of scholarly articles –
membership is required for full access.
Website: www.usmex.org

GRADING COMPANIES:

NGC

NGC
United States
P.O. Box 4776
Sarasota, FL 34230

Phone: 1-800-NGC-COIN toll free
  (+1) 941 360 3990
  (+1) 941 360 2553 fax
Email: Service@NGCcoin.com
Website: www.ngccoin.com

PCGS

PCGS
P.O. Box 9458
Newport Beach, CA 92658
Phone: 800-447-8848;
  Outside the Unites States: 949-833-0600
Fax: (949) 567-1253
Email: info@pcgs.com
Website: www.pcgs.com
Facebook: www.facebook.com/PCGSCOIN/

International Coin Certification Service

Specializes in grading Canadian dollars
Website: www.iccscoins.webs.com

PUBLICATIONS:

Numismatic News
5225 Joerns Drive, Suite 2
Stevens Point, WI 54481
(715) 445-2214
Website: www.numismaticnews.net
Facebook: www.facebook.com/kpnumismatics/

Canadian Coin News
PO Box 28103
Lakeport PO
600 Ontario St
St. Catharines, Ontario L2N 7P8
Phone: (905) 646-7744
Website: www.canadiancoinnews.com
Facebook: www.facebook.com/CanadianCoinNews